spectrum
Literaturwissenschaft/
spectrum Literature

Komparatistische Studien/Comparative Studies

Herausgegeben von/Edited by
Moritz Baßler, Werner Frick,
Monika Schmitz-Emans

Band 81

D1674109

Mario Zanucchi

Expressionismus im internationalen Kontext

Mario Zanucchi

Expressionismus im internationalen Kontext

Studien zur Europa-Reflexion, Übersetzungskultur
und Intertextualität der deutschsprachigen Avantgarde

DE GRUYTER

ISBN 978-3-11-101002-1
e-ISBN (PDF) 978-3-11-101054-0
e-ISBN (EPUB) 978-3-11-101202-5
ISSN 1860-210X

Library of Congress Control Number: 2022944207

Bibliografische Information der Deutschen Nationalbibliothek
Die Deutsche Nationalbibliothek verzeichnet diese Publikation in der Deutschen Nationalbibliografie;
detaillierte bibliografische Daten sind im Internet über http://dnb.dnb.de abrufbar.

Vorwort

Mein Dank gilt zunächst der Deutschen Forschungsgemeinschaft, ohne deren generöse Förderung meines Forschungsprojekts „Expressionismus international – Interkulturelle Transferprozesse in der expressionistischen Poetik" vorliegende Studie nicht möglich gewesen wäre.

Zu Dank verpflichtet bin ich auch etlichen wissenschaftlichen Einrichtungen und Institutionen für ihre Unterstützung und ggfs. für die erteilte Druckgenehmigung ihrer Archivalien, u.a.: dem Deutschen Literaturarchiv Marbach, der Klassik Stiftung Weimar/Goethe und Schiller-Archiv, der Staatsbibliothek Berlin Preußischer Kulturbesitz, dem Literaturarchiv der Akademie der Künste Berlin, der Theaterwissenschaftlichen Sammlung der Universität zu Köln, dem Paul Raabe-Archiv Oldenburg, dem Lindenau-Museum, Altenburg, dem Archiv Yvan Goll, Saint-Dié-des-Vosges, und dem EYE Film Instituut Nederland.

Für ihre tatkräftige Unterstützung bei der Einrichtung des Druckmanuskripts bedanke ich mich bei Katharina Wituschek, Milena Kirwald und Helene Weinbrenner. Frau Prof. Dr. Elisabeth Cheauré und Dr. Yvonne Pörzgen danke ich für ihre slawistische Expertise.

Freiburg i. Br., im Oktober 2022
Mario Zanucchi

https://doi.org/10.1515/9783111010540-001

Inhalt

Einleitung

Vorliegende Studie ist aus dem DFG-Projekt „Expressionismus international –
Interkulturelle Transferprozesse in der expressionistischen Poetik" hervorgegangen und hat das Ziel, den Expressionismus in komparatistischer Perspektive zu
profilieren. Die Modernisierung der ästhetischen Formensprache, die zu Beginn
des 20. Jahrhunderts die europäische Kunst und Literatur revolutionierte und
unter dem Label der ‚Avantgarde' in die Forschung eingegangen ist,[1] war ein
grundsätzlich plurales und vor allem internationales Projekt. Sie führte zu einem
Bruch nicht nur mit dem bürgerlichen Ästhetik-Verständnis, sondern auch mit
dem nationalen Publikum und den nationalliterarischen Institutionen, die nicht
selten zur Zielscheibe ästhetischer Provokation wurden.[2] Umso wichtiger wurde
für die einzelnen Avantgarden der Schulterschluss mit den Künstlergruppen des
Auslands. Zu Recht haben Hubert van den Berg und Walter Fähnders bei ihrer
Definition von ‚Avantgarde' die heuristische Fruchtbarkeit des ‚Netzwerk'-Begriffs
hervorgehoben.[3] Die Avantgarden waren im supranationalen Rahmen intensiv
untereinander verlinkt und entfalteten ihr Modernisierungspotential erst im Horizont eines internationalen Austausch- und Diskussionsraums.[4]

---

1 Der ursprünglich militärische Terminus ‚Avantgarde' für die Vorhut einer Armee, die als erste in
unbekanntes Gelände vordringt und neuen Handlungsraum erschließt, etablierte sich schon im
19. Jahrhundert in der kunst- und literaturhistorischen Diskussion als Umschreibung für kämp-
ferisch-emphatisch ausgefochtene Innovationsprozesse im ästhetischen Feld, vor allem im Sinne
der „Überführung der Kunst in die Lebenspraxis", nach der berühmten Avantgarde-Definition von
Peter Bürger: „Die Avantgarde intendiert die Aufhebung der autonomen Kunst im Sinne einer
Überführung der Kunst in Lebenspraxis" (Peter Bürger: Theorie der Avantgarde. Frankfurt/Main:
Suhrkamp 1974, S. 72).
2 Die provokatorische Attitüde gegenüber den nationalliterarischen Institutionen kennzeichnete
bereits den französischen Symbolismus als Protoavantgarde – man denke nur an Charles Baudelaires Kandidatur für die *Académie française*. Dazu Pierre Bourdieu: Die Regeln der Kunst.
Genese und Struktur des literarischen Feldes. Übers. von Bernd Schwips und Achim Russer.
Frankfurt a. M.: Suhrkamp 1999, S. 103 – 107.
3 Hubert van den Berg/Walter Fähnders: Die künstlerische Avantgarde im 20. Jahrhundert –
Einleitung. In: Metzler Lexikon Avantgarde. Hg. von H. v. d. B. und W. F. Stuttgart/Weimar: Metzler
2009, S. 1 – 19, hier S. 11 – 14. Zu den expressionistischen Netzwerken vgl. die fundierte umfang-
reiche Studie von Simone Zupfer: Netzwerk Avantgarde. Strategien der Literaturkritik in den
Zeitschriften des Expressionismus. Dresden: Thelem 2021.
4 Dazu Hubert van den Berg: ‚Übernationalität' der Avantgarde – (Inter-)Nationalität der For-
schung. Hinweis auf den internationalen Konstruktivismus in der europäischen Literatur und die
Problematik ihrer literaturwissenschaftlichen Erfassung. In: Der Blick vom Wolkenkratzer.
Avantgarde – Avantgardekritik – Avantgardeforschung. Hg. von Wolfgang Asholt und Walter
Fähnders. Amsterdam/Atlanta: Rodopi 2000, S. 255 – 288.

https://doi.org/10.1515/9783111010540-002

Spätestens seit den siebziger Jahren beschäftigte die Internationalität des Expressionismus die Forschung. Zu den Pionierbeiträgen dürfte 1970 der Aufsatz von Jean–Pierre Meylan über die Rezeption der französischen Literatur in der *Aktion* zählen.[5] Arnim Arnold legte 1972 eine Studie zur Internationalität der expressionistischen Prosa vor, die sich allerdings oft in einem aperçuhaften *name dropping* erschöpft, das die unterschiedlichen Einflüsse nicht priorisiert und keine substantiellen Werkanalysen aufweist.[6] Bei dem von Ulrich Weisstein 1973 herausgegebenen Sammelband *Expressionism as an international literary phenomenon*[7] liegt der Akzent eher auf der Konstruktion eines internationalen, vor allem angelsächsischen und amerikanischen ,expressionism', während die anregenden, dem deutschen Expressionismus gewidmeten Beiträge aufgrund ihrer überblickshaften Kürze der internationalen Signatur des Expressionismus in den Hauptgattungen Lyrik, Prosa und Drama nicht gerecht werden können.[8] Helmut Gier gebührt das Verdienst, in seiner bahnbrechenden Studie über Ernst Stadler von 1977 die zentrale Bedeutung des Übersetzens im Expressionismus verdeutlicht zu haben. Er konnte zeigen, dass die deutschsprachige Avantgarde ihr poetisches Selbstverständnis aus der „antisymbolistischen Reaktion" entwickelte, welche ein Jahrzehnt vorher die literaturästhetische Debatte in Frankreich geprägt hatte.[9] Als Hauptakteure dieser antisymbolistischen Reaktion wirkten in Deutschland die beiden Vertreter des *Renouveau catholique* Francis Jammes und Charles Péguy, die durch Ernst Stadlers Nachdichtungen im Expressionismus als Vorbilder etabliert wurden. Der 1979 von Ingo Walther herausgegebene Band *Paris, Berlin: 1900 – 1933* besticht durch seine transdisziplinäre und intermediale Methodik, verengt jedoch die Perspektive auf den französisch-deutschen Dialog und berücksichtigt das Medium ,Literatur' nur am Rande.[10] Etwa zeitgleich

---

5 Jean–Pierre Meylan: Les Expressionistes allemands et la littérature française, la revue *Die Aktion*. In: Études littéraires 3 (1970), S. 303 – 328.

6 Armin Arnold: Prosa des Expressionismus. Herkunft, Analyse, Inventar. Stuttgart: Kohlhammer 1972.

7 Expressionism as an international literary phenomenon. Hg. von Ulrich Weisstein. Paris: Didier 1973.

8 H. F Garten: Foreign Influences on German Expressionist Drama. In: Expressionism, S. 59 – 68; Armin Arnold: Foreign Influences on German Expressionist Prose. In: ebd., S. 79 – 96; Ders. und Henry J. Schmidt: Foreign influences on German Expressionist Poetry. In: ebd., S. 69 – 78.

9 Helmut Gier: Die Entstehung des deutschen Expressionismus und die antisymbolistische Reaktion in Frankreich: die literarische Entwicklung Ernst Stadlers. München: Fink 1977.

10 Paris, Berlin: 1900 – 1933; Übereinstimmungen und Gegensätze Frankreich–Deutschland; Kunst, Architektur, Graphik, Literatur, Industriedesign, Film, Theater, Musik [Koordination und Red. der dt. Ausg.: Ingo Walther. Mitarb. und Übers.: Brigitte Hilmer ... Mit einem Vorw. zur dt.

wurden auch die ersten Studien zur expressionistischen Futurismus-Rezeption publiziert.[11] In den 1980er Jahren nahm das Forschungsinteresse ab, mit Ausnahme des wichtigen Beitrags von Lothar Jordan über die französische Literatur im *Sturm*.[12] In den 1990er Jahren hingegen erschienen tiefschürfende Studien, welche mittlerweile zu Standardwerken der Forschung avanciert sind. Zu ihnen zählen die beiden wichtigsten Beiträge zur Futurismus-Rezeption, namentlich die Studien von Peter Demetz und Hansgeorg Schmidt-Bergmann.[13] 1991 legte Walter Grünzweig seine große Monographie zur deutschen Whitman-Rezeption vor, welche auch den expressionistischen Whitman-Kult rekonstruiert.[14] 1993 folgte die Untersuchung von Valentin Belentschikow über die Rezeption russischer Literatur im Expressionismus[15] und 1996 die Studie von Johannes F. Evelein über den Einfluss August Strindbergs auf das expressionistische Stationendrama.[16]

Der 2008 von Frank Krause herausgegebene, ausgesprochen ertragreiche Band *Frankreich und der deutsche Expressionismus: France and German Expressionism* geht den vernachlässigten Verbindungslinien zwischen Frankreich und der deutschsprachigen Avantgarde nach, untersucht allerdings vorwiegend die frankophone Expressionismus-Rezeption (etwa Wassily Kandinskys und Georg

Ausg. von Werner Spies]. Erw. und in einem Band zsgef. dt. Ausg. des Handbuches und Kataloges der Ausstellung im Centre Georges Pompidou, Paris. München: Prestel 1979.

11 János Riesz: Deutsche Reaktionen auf den italienischen Futurismus. In: Arcadia 2 (1976), S. 256 – 271; Carmine Chiellino: Die Futurismusdebatte. Zur Bestimmung des futuristischen Einflusses in Deutschland. Frankfurt/Main: Lang 1978.

12 Lothar Jordan: ‚À travers l'Europe'. Französische Literatur in der Zeitschrift *Der Sturm* 1910 – 1920. Ein Abriß. In: Interferenzen Deutschland-Frankreich. Literatur, Wissenschaft, Sprache. Hg. von L. J. und Bernd Kortländer. Düsseldorf: Droste Verlag 1983, S. 104 – 110.

13 Peter Demetz: Worte in Freiheit. Der italienische Futurismus und die deutsche literarische Avantgarde 1912–1934. München: Piper 1990; Hansgeorg Schmidt-Bergmann: Die Anfänge der literarischen Avantgarde in Deutschland – Über Anverwandlung und Abwehr des italienischen Futurismus. Ein literarhistorischer Beitrag zum expressionistischen Jahrzehnt. Stuttgart: M & P, Verl. für Wiss. und Forschung 1991.

14 Walter Grünzweig: Walt Whitman: Die deutschsprachige Rezeption als interkulturelles Phänomen. München: Fink 1991 (zugleich: Constructing the German Walt Whitman. Iowa City: University of Iowa Press 1995).

15 Valentin Belentschikow: Russland und die deutschen Expressionisten. Bd. 1. Frankfurt/Main u. a.: Lang 1993. Hinzuweisen ist auch auf den Aufsatz von Karlheinz F. Auckenthaler: Dostojevskijs und Tolstois Einfluss auf Franz Werfels Schaffen. In: Dostojewskij und die russische Literatur in Österreich seit der Jahrhundertwende (Literatur, Theater). Hg. von Alexandr W. Belobratow und Alexej I. Žerebin. St. Petersburg: Verl. Fantakt 1994, S. 64 – 85.

16 Johannes F. Evelein: August Strindberg und das expressionistische Stationendrama. Eine Formstudie. New York u. a.: Lang 1996.

Kaisers).[17] Zu den weiteren Forschungsakzenten der 2000er Jahre zählen Untersuchungen zur Zeitschrift *Der Sturm*. Ein 2013 von Irene Chytraeus-Auerbach und Elke Uhl herausgegebener Sammelband visiert Waldens Periodikum im Hinblick auf seinen Dialog mit der europäischen Avantgarde an,[18] während die 2015 von Henriette Herwig und Andrea von Hülsen-Esch vorgelegte, monumentale Dokumentation – Der Sturm: *Literatur, Musik, Graphik und die Vernetzung in der Zeit des Expressionismus* – Waldens Zeitschrift als Plattform der europäischen Avantgarde-Kunst präsentiert.[19] Besonders verdienstvoll ist auch die von Marjam Trautmann und Torsten Schrade konzipierte, digitale *Sturm*-Edition, die von der Mainzer Akademie der Wissenschaften und der Literatur gefördert wird und u.a. auch das Corpus der *Sturm*-Briefe erstmals einer breiten Öffentlichkeit zugänglich machen soll. Hervorzuheben ist schließlich eine Vielzahl neuerer Beiträge zur Futurismus-Rezeption, die von Maurice Godé, Sara Terpin, Marina Bressan, Petra Brunnhuber und Irene Chytraeus-Auerbach firmiert wurden.[20]

An diesem Forschungsüberblick fällt auf, dass einige internationale Aspekte in der expressionistischen Diskursbildung bisher unterschätzt wurden. Zu ihnen zählt etwa die intensive Europa-Reflexion der expressionistischen Generation in ihrem diachronen Wandel, die bislang so gut wie keine Aufmerksamkeit erfahren hat. Neben dieser *diskursiv-programmatischen* Internationalität blieb auch eine weitere zentrale Dimension der expressionistischen Internationalität vernachlässigt, nämlich die *translatorische*. Gerade für die kosmopolitische Vernetzung der expressionistischen Avantgarde spielte das Medium ‚Übersetzung‘ eine fun-

---

17 Frankreich und der deutsche Expressionismus: France and German Expressionism. Hg. von Frank Krause Göttingen: V&R unipress 2008. Mit der übersetzerischen Voltaire-Rezeption befasst sich allerdings der verdienstvolle Beitrag von Robert Vilain: „Maske des Lächelns". Voltaire im deutschen Expressionismus, S. 115 – 140.

18 Irene Chytraeus-Auerbach/Elke Uhl: Der Aufbruch in die Moderne: Herwarth Walden und die europäische Avantgarde. Berlin: LiT 2013 (Kultur und Technik. Schriftenreihe des Internationalen Zentrums für Kultur- und Technikforschung der Universität Stuttgart, Bd. 24).

19 *Der Sturm:* Literatur, Musik, Graphik und die Vernetzung in der Zeit des Expressionismus. Hg. von Henriette Herwig und Andrea von Hülsen-Esch. Berlin/Boston: De Gruyter 2015.

20 Maurice Godé: Un malentendu fécond: la réception du futurisme en Allemagne. In: Expressionisme(s) et avant-gardes. Études réunies et présentées par Isabelle Krzywkowski et Cécile Millot. Paris: L'improviste 2007, S. 227–250; Sara Terpin: Die Rezeption des italienischen Futurismus im Spiegel der deutschen expressionistischen Prosa. München: Meidenbauer 2009; Marina Bressan: *Der Sturm* e il futurismo. Mariano del Friuli: Edizioni della laguna 2010; Petra Brunnhuber: Die Rezeption des Futurismus in Deutschland und der Einfluss auf die deutschsprachige Literatur. In: Futurismus: Kunst, Technik, Geschwindigkeit und Innovation zu Beginn des 20. Jahrhunderts. Hg. von Irene Chytraeus-Auerbach und Georg Maag. Münster: LIT 2016, S. 245 – 262; Irene Chytraeus-Auerbach: Germany. In: Handbook of International Futurism. Hg. von Günter Berghaus. Berlin/Boston: De Gruyter 2019, S. 484–505.

damentale Rolle. Seit Helmut Giers bahnbrechender Untersuchung hat das expressionistische Übersetzen allerdings kaum Aufmerksamkeit erfahren. Symptomatisch für die defizitäre Forschungslage ist, dass die Übersetzungen der expressionistischen Generation nicht einmal vollständig bibliographisch erfasst wurden. Die Internationalität der Avantgarde betraf schließlich auch ihre formalästhetischen Vorbilder und prägte somit auch die Intertextualität der expressionistischen Poetik. Auch diese *intertextuelle* Internationalität wurde von der germanistischen Forschung manchmal unterschätzt.

Angesichts der genannten Forschungslücken rekonstruiert die vorliegende Studie drei Formen der Internationalität in der expressionistischen Avantgarde: eine *diskursiv-programmatische*, eine *translatorische* und eine *intertextuelle* Internationalität. Die Untersuchung gliedert sich in drei Makro-Kapitel. Der erste Teil („Internationale Signaturen in der expressionistischen Programmatik") rekonstruiert unterschiedliche Facetten programmatischer Internationalität im Expressionismus. Zunächst wird das antinationalistische Selbstverständnis der Avantgarde und ihre Opposition gegen den Wilhelminischen Nationalismus profiliert. Daran anschließend wird die expressionistische Europa-Reflexion rekonstruiert. Zentrale Bedeutung besitzt in diesem Kontext Nietzsches Denkfigur des ‚guten Europäers‘, welche den expressionistischen Europäismus entscheidend prägte. An den semantischen Transformationen, welche Nietzsches Kategorie im expressionistischen Jahrzehnt erfahren hat, wird der Wandel der expressionistischen Europa-Reflexion nachgezeichnet. Abschließend finden auch die expressionistischen Aktualisierungsversuche von Goethes Kategorie der ‚Weltliteratur‘ Berücksichtigung.

Das zweite Kapitel („Übersetzen im Expressionismus") ist dem expressionistischen Übersetzungskanon gewidmet, der als bisher unerforschtes Terrain erstmalig systematisch erschlossen wird. Die hier vorgelegten Untersuchungen zur ‚expressionistischen Übersetzungskultur‘ schließen an das in der Germanistik (etwa in der Frühe Neuzeit-Forschung) inzwischen erstarkte Interesse für die literarische Übersetzung an[21] und stellen ein Plädoyer dar, translatorischen Prozessen in der Moderne-Forschung stärkere Beachtung zu schenken. Methodologischer Ausgangspunkt ist das formalästhetische Kreativitätspotential des literarischen Übersetzens, auf welches die *Descriptive Translation Studies* seit langem aufmerksam gemacht haben und das gerade im Falle von Autoren/-innen, die sich übersetzerisch betätigten, eklatant ist. Gerade die Einsicht in den mani-

---

21 Vgl. das neuerdings vorgelegte Handbuch: Übersetzen in der Frühen Neuzeit: Konzepte und Methoden = Concepts and Practices of Translation in the Early Modern Period. Hg. von Regina Toepfer, Peter Burschel, Jörg Wesche; unter Mitarbeit von Annkathrin Koppers. Berlin: De Gruyter 2021 (Übersetzungskulturen der Frühen Neuzeit 1).

pulativ-schöpferischen Charakter des literarischen Übersetzens und in die Spezifik ‚translatorischer Autorschaft' macht den Weg frei, um die Dialektik von
Aneignung und Projektion nachzuvollziehen, die auch in der Avantgarde mit dem
Übersetzen verbunden ist. Übersetzungen wirkten im Expressionismus als Medien
der Internationalisierung und als Motoren formalästhetischer Innovation. Zugleich besaßen sie, neben dieser Funktion als Medium der Aufnahme ausländi-
scher Muster, auch einen stark projektiv-überschreibenden Charakter. Sie stellten
eine Form der poetologischen Selbstvergewisserung der übersetzenden Autoren/-
innen dar und dienten der Traditionsstiftung und der historisierenden Legitimation der Avantgarde, welche durch die Translationen nichts Geringeres als ihre
eigene Genealogie entwarf. Die von Paul Raabe zusammengestellte Bibliographie
der übersetzerisch tätigen expressionistischen Autoren/-innen wurde im Folgenden durch etliche neue Funde angereichert, nach Literaturräumen katalogi-
siert und exemplarisch ausgewertet. Berücksichtigt wurden zudem auch die in
Zeitschriften und Anthologien der deutschsprachigen Avantgarde publizierten
Übertragungen, in der Größenordnung von etwa 1600 übersetzten Einzeltexten,
mit dem Ziel, einen Überblick auch über die Grundtendenzen der expressionistischen Übersetzungspoetik in den Periodika zu geben. Als Fallstudie wurden
ferner sämtliche Nachdichtungen italienischer und französischer Futuristen
ausgewertet.

Das dritte Kapitel schließlich („Von der Translation zur Produktion: intertextuelle und intermediale Dialoge") visiert das Übersetzen in einer anderen,
werkgenerativen Perspektive an und beleuchtet die Internationalität des Expressionismus anhand exemplarischer ‚case studies', welche den drei Gattungen Lyrik, Prosa und Drama, dem Stummfilm und der bildenden Kunst gelten. Die
Werkanalysen belegen die Bedeutung, welche auch nicht-expressionistische
Übersetzungen – etwa die Verhaeren-Nachdichtungen Stefan Zweigs – für die
expressionistische Poetik besaßen.[22] Vom vitalistischen Frühexpressionismus, in
dem Symbolisten wie Charles Baudelaire und Émile Verhaeren noch stark präsent
waren, bis hin zum kommunitaristischen Spätexpressionismus, der von dem
messianischen Dostojewski-Kult dominiert wurde, zeichnet die intertextuelle
Perspektivierung der expressionistischen Internationalität zugleich den diachronen Wandel der Avantgarde-Poetik nach.

---

22 So erfolgte Georg Heyms Verhaeren-Rezeption über Stefan Zweigs Nachdichtungen. Gottfried
Benn las Charles Baudelaire vermutlich in den Umdichtungen Stefan Georges. Gustave Le Bons
Psychologie der Massen wurde Alfred Lemm von der Übersetzung von Rudolf Eisler vermittelt. Im
Falle August Strindbergs war Emil Schering der Mittler. Dostojewski schließlich wurde im Ex-
pressionismus vorwiegend durch die Übertragungen von Elisabeth Kaerrick rezipiert.

I Internationale Signaturen in der expressionistischen Programmatik

1 ,Expressionismus' – eine jugendliche Protestkultur

1.1 Kurze Begriffsgeschichte

,Expressionismus' gilt gemeinhin als eine typisch deutsche Ausprägung der europäischen Avantgarde. Dass es sich *realiter* um ein Phänomen handelt, das vom Ausland nicht unerheblich profitierte, verrät bereits die Begriffsgeschichte. Der Terminus ist ein Fremdwort, das Anfang des Jahrhunderts in Frankreich geprägt wurde, um die Ästhetik der modernen Malerei zu charakterisieren. Der Begriff wurde wohl vom obskuren Maler Julien-Auguste Hervé 1901 eingeführt, um seine Bilder gegen die herrschende Richtung des „impressionisme" abzugrenzen.[1] In der Tat stellte Hervé 1901 im *Salon des Indépendants*, der von den Neoimpressionisten Georges Seurat, Paul Signac und Henri Edmond Cross 1884 gegründet worden war, ein Ensemble von Werken aus, die er „expressionismes" betitelte, um seinen Abstand von der impressionistischen Ästhetik zu markieren. „Expression" war indessen eine ästhetische Losung, welche eine allgemeinere Tendenz der französischen avantgardistischen Malerei zu Beginn des Jahrhunderts auszeichnete.[2] Kein Geringerer als Henri Matisse erklärte 1908 in seinen *Notes d'un peintre*: „Ce que je poursuis par-dessus tout, c'est l'expression".[3] 1909 erschienen Matisses *Notizen* auch in deutscher Übersetzung: „Was ich vor allem zu erreichen suche, ist der Ausdruck".[4] Unter ,Ausdruck' versteht Matisse, im Unterschied zum Expressionismus, die harmonisch ausbalancierte und dekorative Komposition eines Werkes:

---

[1] Raymond Bouyer: XVIIᵉ Exposition de la société des Artistes indépendants. In: La chronique des arts et de la curiosité 18 (1901), S. 138 f., hier S. 138.

[2] Dazu vgl. den instruktiven Beitrag von Donald E. Gordon: On the Origin of the Word Expressionism. In: Journal of the Warburg and Courtauld Institutes 29 (1966), S. 368–385.

[3] Henri Matisse: Notes d'un peintre. In: La Grande Revue (25 Dez. 1908), S. 731–745. Expressivität war bereits der Ästhetik von Matisses symbolistischem Lehrer Gustave Moreau zugeschrieben worden. Paul Flat bemerkt in seiner Veröffentlichung zum *Museée Moreau* von 1899, dass das höchste Ziel der Kunst nach Moreau sei, sich auszudrücken: „la haute mission de l'art, la function vraie de l'artiste, se résumant toute en ces mots: s'exprimer soi-même" (Paul Flat: Le musée Gustave Moreau: l'artiste – son œuvre – son influence. Paris: Société d'édition artistique 1899, S. 30). Der Kunstkritiker Gustave Geffroy betonte 1903 wiederum in Bezug auf Moreau, dass höchstes Ziel der Kunst gerade die „expression" sei: „le but le plus haut de l'art est l'expression" (Gustav Geffroy: L'œuvre de Gustave Moreau. Paris: L'Œuvre d'Art 1900, S. 29).

[4] Henri Matisse: Notizen eines Malers. In: Kunst und Künstler – illustrierte Monatsschrift für bildende Kunst und Kunstgewerbe 7 (1909), S. 335–347, hier S. 336.

https://doi.org/10.1515/9783111010540-003

> Der Ausdruck steckt für mich nicht etwa in der Leidenschaft, die auf einem Gesicht losbricht oder sich durch eine heftige Bewegung kundgiebt. Er ist vielmehr in der ganzen Anordnung meines Bildes: der Raum, den die Körper einnehmen, die leeren Partien um sie, die Proportionen: dies alles hat seinen Teil daran. Die Komposition ist die Kunst, in dekorativer Weise die verschiedenen Elemente anzuordnen, über die der Maler verfügt, um seine Gefühle auszudrücken.[5]

Wiewohl Matisse ein ganz anderer ‚Ausdruck' als den Expressionisten/-innen vorschwebte, nämlich kein disharmonisch-dynamisierendes, sondern ein harmonisch-stabilisierendes Prinzip, war sein Vorstoß für die expressionistische Ästhetik von nicht zu unterschätzender Bedeutung. In seinem Essay nämlich vertieft Matisse die Lösung von dem impressionistischen Gegenstandsbezug und die Autonomisierung der formalästhetischen Mittel in Richtung Abstraktion. Er plädiert für einen „instinktiven", d. h. verinnerlicht-autonomisierten und nicht länger mimetisch-abbildenden Einsatz von Farbwerten:

> Die Ausdruckswerte der Farben drängen sich mir in ganz instinktiver Weise auf. Um eine Herbstlandschaft wiederzugeben, werde ich nicht versuchen, mir ins Gedächtnis zu rufen, welche Färbungen zu dieser Jahreszeit gehören; ich werde mich nur durch die Empfindung inspirieren lassen, die sie mir erweckt [...]. Meine Empfindung selbst kann verschieden sein. Der Herbst kann milde und warm sein wie eine Verlängerung des Sommers, oder im Gegenteil kühl mit kaltem Himmel und zitronengelben Bäumen, die einen Eindruck von Frost geben und schon den Winter ankündigen.[6]

An die Stelle des impressionistischen Eindrucks der Außenwelt tritt der Ausdruck des Inneren. Zu diesem Expressivitätsideal bekannte sich Matisse auch in seinen Werken. Er betitelte ein Porträt seiner Gattin Amélie Noellie Parayre Matisse, das auf dem *Salon d'Automne* von 1907 ausgestellt wurde, *Tête d'expression* (späterer Titel: *Madras Rouge*). Guillaume Apollinaire führte die Prägung des deutschen

---

5 Ebd., S. 339 („L'expression, pour moi, ne réside pas dans la passion qui éclatera sur un visage ou qui s'affirmera pas un mouvement violent. Elle est dans toute la disposition de mon tableau: la place qu'occupent les corps, les vides qui sont autour d'eux, les proportions, tout cela y a sa part. La composition est l'art d'arranger de manière décorative les divers élements dont le peintre dispose pour exprimer ses sentiments". Notes d'un peintre, S. 733 f.).

6 Henri Matisse: Notizen eines Malers, S. 342 („Le côté expressif des couleurs s'impose à moi de façon purement instinctive. Pour rendre un paysage d'automne, je n'essaierai pas de me rappeler quelles teintes conviennent à cette saison, je m'inspirerai seulement de la sensation qu'elle me procure [...]. Ma sensation elle même peut varier: l'automne peut être doux et chaud comme un prolongement de l'été, ou au contraire fraus avec un ciel froid et des arbres jaune citron qui donnent une impression de froid et déjà annoncent l'hiver", Notes d'un peintre, S. 739 f.).

Terminus ‚Expressionismus' auf dieses epochemachende Bild zurück.[7] Matisse sowie die Maler seiner Gruppe, die der Kritiker Louis Vauxcelles in der Ausstellungsankündigung des Pariser *Salon d'Automne* von 1905 aufgrund ihrer stürmischen Malweise die „Fauves" (die „Wilden") genannt hatte – zu ihnen zählten etwa André Derain und Maurice de Vlaminck –, übten einen großen Einfluss auf die Expressionisten/-innen aus. So taufte Franz Marc in seinem Manifest vom Herbst 1911, im Almanach *Der blaue Reiter* 1912 erschienen, die Maler der *Brücke*, der *Neuen Sezession* in Berlin und der *Neuen Vereinigung* in München nicht Expressionisten, sondern „Wilde". *„Die Wilden" Deutschlands* lautet der Titel seines programmatischen Essays von 1912.[8]

Die in Frankreich lancierten Stichworte „expressionisme", „expression", „expressif" wurden auch von der europäischen Kunstkritik aufgegriffen, um die Ästhetik der französischen Avantgarde zu charakterisieren. Künstler wie Paul Cézanne und Paul Gauguin wurden als „Expressionisten" apostrophiert. Der anonyme britische Rezensent einer Ausstellung zeitgenössischer französischer Maler, darunter Cézanne, Gauguin und Matisse, die im Juni 1910 in Brighton veranstaltet wurde, bezeichnet sie als „expressionists".[9] Auch der junge tschechische Kunsthistoriker Antonín Matějček bediente sich des Terminus ‚Expressionismus', um die französische Avantgarde zu beschreiben. In seiner Besprechung der Prager Ausstellung *Les Indépendants*, die von Februar bis März 1910 Werke fauvistischer Maler zeigte, heißt es über den Paradigmenwechsel vom Eindruck zum Ausdruck: „Der Impressionismus als malerisches Vorbild entwickelte sich zum Expressionismus, der Wille zum neuen Ausdruck verlangte die Synthese anstelle der

---

7 Guillaume Apollinaire: „Je crois que l'avenir..." (1913). In: Ders.: Œuvres en prose complètes. Textes établis, présentés et annotés par Michel Décaudin. Bd. 2. Paris: Gallimard 1991, S. 1595 f., hier S. 1595.

8 Franz Marc: „Die Wilden" Deutschlands. In: Der Blaue Reiter. Hg. von Franz Marc und [Wassily] Kandinsky. München: R. Piper 1912, S. 4–7.

9 „It has not yet got any single name for itself, and indeed it really consists of several movements, some reacting against impressionism, some developed out of it. There are symbolists and primitives, and intimists and neo-impressionists: and it is difficult to define any of them. But of all it may be said that their aim is rather to present a mental image, more or less controlled by theories, than to set down a direct impression of a real scene. They would first of all eliminate from their pictures all facts that are irrelevant to what they wish to express: and besides this they claim the liberty to deal as they choose with the facts that remain, still in the interests of expression. Perhaps therefore, we should call them expressionists rather than impressionists, since they have given up the impressionist curiosity about new aspects of reality and new methods of representing them for a curiosity about new methods of expressing the emotions aroused by reality." (Anon. [Roger Frey?]: Modern French Pictures At Brighton. In: The Times, 11. Juli 1910, S. 12).

Analyse, die subjektive anstelle der objektiven Beschreibung."[10] Im April 1911 fand der Begriff ,Expressionismus' schließlich auch in Deutschland ein Echo. Die in Berlin gezeigten Fauvisten[11] wurden im Katalog der XXII. Berliner Sezessionsausstellung als französische „Expressionisten" tituliert.[12] In der Zeitschrift *Der Sturm* nahmen gleich drei Essays auf diesen Begriff Bezug.[13] Wenn der Wortführer der Berliner Avantgarde Kurt Hiller im Juli 1911 in seinem Manifest *Die Jüngst-Berliner* die Kategorie ,Expressionismus' auf die Literatur übertrug, war sie in der internationalen Avantgardediskussion bereits fest etabliert.[14]

Auch in Hillers Transposition des Begriffs von der Malerei auf die Literatur ist der bildkünstlerische Gegensatz zum Impressionismus weiterhin maßgeblich:

> Wenigstens erscheinen uns jene Ästheten, die nur zu reagieren verstehen, die nur Wachs-platten für Eindrücke sind und exakt-nuancensam arbeitende Deskribiermaschinen [...] als ehrlich inferior. Wir sind Expressionisten. Es kommt uns wieder auf den Gehalt, das Wollen, das Ethos an. So ist in der Dichtung unser bewußtes Ziel: die Formung des Erlebnisses des

---

10 „Impresionismus jako malířský zor (obzor) přerostl v expresionismus, vůle nového výrazu vyžádala si syntézu místo analýzy, subjektivní přepis místo objektivního popisu" [„Der Impressionismus als malerisches Vorbild entwickelte sich zum Expressionismus, der Wille zum neuen Ausdruck verlangte die Synthese anstelle der Analyse, die subjektive anstelle der objektiven Beschreibung"] (Antonín Matějček: Les Indépendents: xxxi výstava Sp. výtv. um. „Mánes". Prag: Mánes 1910. Zit. nach Vojtěch Lahoda: Smysly a výraz: Osma a expresionismus. In: Expresionismus a české umění: 1905–1927. Hg. von Alena Pomajzlová. Prag: Národní galerie v Praze 1994, S. 37–61, hier S. 38).

11 Zu den in der XXII. Berliner Sezessionsausstellung ausgestellten Künstlern gehörten André Derain, Kees Van Dongen, Maurice de Vlaminck, Georges Braque, Othon Friesz, Albert Marquet, Henry Manguin und Jean Puy.

12 Katalog der XXII. Ausstellung der Berliner Secession. Berlin: Verlag der „Ausstellungshaus am Kurfürstendamm" 1911, S. 11 (Vorwort).

13 „Die meiste Aufregung erzielten die Expressionisten. Herr Donath hat folgendes über sie zu sagen: ,Ich möchte nur kurz noch den jüngsten französischen Import erwähnen: Die *Expressionisten* Henry Manguin, Jean Puy und Konsorten. Was jene mit ihrem rohem Geklexe wollen, das mögen ja die ,neusten' Ziele französischer Malerei sein; was sie aber *ausdrücken*, ist nichts weiter als Unfähigkeit'" (Trust [Herwarth Walden]: Die Kunst am Montag / Sezession. In: Der Sturm 2 [29. April 1911] 61, S. 484); „Um Verklärung, Steigerung, Ausdruckskraft, Expression geht dies allgemeine Ringen. Eine französisch-belgische Malverbindung nennt sich die ,Expressionisten'" (Walther Heymann: Berliner Sezession 1911. In: Der Sturm 2 [Juli 1911] 68, S. 543); „Aus derselben Notwendigkeit heraus, aus der wir den jungpariser Synthetisten und Expressionisten ein williges Verstehen entgegenbringen, ist in uns ein neues Organ lebendig geworden für die primitive Kunst" (Wilhelm Worringer: Zur Entwicklungsgeschichte der modernen Malerei. In: Der Sturm 2 [August 1911] 75, S. 597 f., hier S. 597).

14 Zur Ausbreitung des Begriffs ,Expressionismus' vgl. den vorzüglichen Dokumentationsband: Expressionismus. Manifeste und Dokumente zur deutschen Literatur 1910–1920. Mit Einleitungen und Kommentaren hg. von Thomas Anz und Michael Stark. Stuttgart: Metzler 1982.

intellektuellen Städters. Wir behaupten (beispielsweise), daß der Potsdamerplatz uns schlechthin mit gleich starker Innigkeit zu erfüllen vermag, wie das Dörfli im Tal den Herrn Hesse.[15]

Die Ästheten, die Hiller als „Wachsplatten für Eindrücke", als „Deskribiermaschinen" charakterisiert und somit mit der impressionistischen Ästhetik identifiziert, wissen „nur zu reagieren", ihre Empfindungen zu analysieren. Der Expressionist erscheint dagegen als willensbestimmter Künstler der Tat, der anstelle des impressionistischen Registrationsapparats die aktive Formung setzt. Auch in einem späteren Beitrag von 1913 kontrastiert Hiller den aktivischen Expressionismus mit dem passivischen Impressionismus.[16] Der Antithese Impressionismus/Expressionismus tritt bei Hiller ferner der Gegensatz zwischen Natur und Urbanität hinzu. Dem Impressionismus als vormoderner Naturidyllik wird der Expressionismus als Poetik der Großstadt entgegengesetzt. Schließlich gab Hiller nach 1917 den Termin für den prägnanteren ‚Aktivismus' auf, der von dem ihm vorschwebenden voluntaristischen Aspekt definitorisch eher Rechnung trug.[17]

Obwohl bereits 1911 auf die Literatur übertragen, konnte sich der Expressionismusbegriff erst in der zweiten Hälfte des Jahrzehnts allmählich durchsetzen, wobei die pikturale Semantik weiterhin zentral blieb. So liest man in einem Aufsatz von 1914 *Die Grundlagen des Expressionismus:* „Wenn man heute von ‚Expressionismus' spricht, so meint man in den meisten Fällen den Malerischen Expressionismus."[18] Auch Ernst Stadler charakterisierte 1914 Carl Sternheims Dramenästhetik durch den Vergleich mit der expressionistischen Malerei: „Keine Frage, daß die Technik moderner Malerei diesem Stil wichtigste Anregungen und Wirkungsmittel gegeben hat. Vor diesen Werken darf man wirklich das viel miß-

---

15 Kurt Hiller: Die Jüngst Berliner. In: Heidelberger Zeitung 53 (22 Juli 1911) 169, S. 3.

16 „Den Impressionismus schreibt längst niemand mehr auf ein Panier. Man stellt sich unter ihm heut weniger einen Stil vor als eine unaktive, reaktive, nichts-als-ästhetische Gefühlsart, der man als allein bejahrbar eine wieder moralhafte entgegengesetzt (Gesinnung; Wille; Intensität; Revolution); und man neigt dazu, den Stil, den diese neue Gefühlsart erzeugt, wegen seiner konzentrierten Hervortreibung des voluntarisch Wesentlichen Expressionismus zu nennen" (Kurt Hiller: Expressionismus. In: Ders.: Die Weisheit der Langenweile. Eine Zeit- und Streitschrift. Bd. 1. Leipzig: Kurt Wolff 1913, S. 103).

17 Kurt Hiller: Vom Aktivismus. In: Die Weißen Blätter 4 (1917), S. 88–94.

18 „Auf dem Gebiete der Malerei nämlich hat sich die Abwendung vom Naturalismus zu diesem neuen Kunststil und dieser neuen Kunstauffassung am energischsten und – mit dem meisten Geräusche vollzogen." (Willi Warstat: Die Grundlagen des Expressionismus. In: Die Grenzboten 73 (20. Mai 1914) 20, S. 312–318, hier S. 312).

brauchte Wort Expressionismus aussprechen."[19] Man war allerdings begrifflich wenig festgelegt. So koexistierte die Formel ‚Expressionismus' neben konkurrierenden Labels wie ‚futuristischer', ‚neopathetischer', ‚moderner' oder ‚jüngster' Dichtung.[20] Gerade aufgrund ihres stark anarchistisch-individualistischen Profils wehrten sich die jungen Autoren/-innen gegen kollektive Etikettierungen, die ihre ästhetische Originalität in Frage gestellt hätten und sie als bloße Mitläufer/-innen hätten erscheinen lassen.[21] Aussagekräftig in dieser Hinsicht war 1913 Alfred Döblins Polemik gegen Marinetti und sein Bekenntnis zum „Döblinismus".[22] Vor diesem Hintergrund sind die Reserven der jungen Generation gegenüber dem Expressionismus-Schlagwort allzu verständlich. Der Herausgeber der *Weißen Blätter*, René Schickele, maß dem Begriff nur den Wert eines Schlagworts bei.[23]

---

19 Ernst Stadler: Carl Sternheim: *Die Hose*, Leipzig 1911 – *Die Kassette*. Leipzig 1912 – *Bürger Schippel*. Leipzig 1913 – *Der Snob*. Leipzig 1914. Zit. nach: Carl Sternheim. Materialienbuch. Hg. von Wolfgang Wendler. Darmstadt/Neuwied: Luchterhand 1980, S. 17–19, hier S. 19.
20 Expressionismus. Manifeste und Dokumente, S. 30.
21 Ebd., S. 62. Darin ist Ralf Georg Bogner zuzustimmen: „Die Etablierung eines weithin akzeptierten Begriffs für die Bewegung kann demnach auch schon als Krisen- oder Niedergangssymptom gewertet werden. Überdies entziehen sich wichtige Vertreter dieser Autorengeneration ostentativ der Etikettierung ihres Werks mit diesem Begriff, und viele von ihnen sind längst verstorben, bevor derselbe noch größere Verbreitung und Akzeptanz findet. Der Expressionismus stellt sich somit als eine Epoche der Literaturgeschichte dar, deren Bezeichnung sich in der kulturellen Öffentlichkeit nicht von Beginn an, jedoch noch während ihres Fortdauerns einbürgert, ohne allerdings völlig konsensuell von ihren Vertretern gebraucht zu werden." (Ralf Georg Bogner: Einführung in die Literatur des Expressionismus. Darmstadt: Wiss. Buchges. 2005, S. 10).
22 „Pflegen Sie Ihren Futurismus. Ich pflege meinen Döblinismus" (Alfred Döblin: Futuristische Worttechnik. Offener Brief an Marinetti. In: Der Sturm 3 (März 1913) 150/151, S. 280–282, hier S. 282).
23 „Da wir schon beim ‚Expressionismus' sind, will ich mit meiner Meinung über ihn nicht hinter dem Berg halten. Der Expressionismus ist ebensoviel und ebensowenig wert, wie jedes Schlagwort. Es gab expressionistische Dichtungen, expressionistische Gemälde, bevor es einen ‚Expressionismus' gab. Vielfach nennen wir heute expressionistisch, was früher romantisch hieß, und deshalb ist es nicht richtig, daß uns die Intensität des Ausdrucks, die ihn kennzeichnen soll, erst durch französische Werke vermittelt werden mußte. Jedenfalls hat das Schlagwort den Wert eines Schlagworts, es ist mit ihm bestellt wie mit dem Realismus und Naturalismus früherer Generationen. Es kann eine moralische Macht werden oder in der Literaturgeschichte stecken bleiben. Der Essai von Heinrich Mann im Novemberheft [gemeint ist Heinrich Manns Zola-Essay, Anm. d. Verf.] zeigte, zu welcher politischen Macht der Naturalismus in Frankreich gelangen konnte, ein Vergleich mit der sozialisierenden Liebhaberei der schnell emporgekommenen deutschen Naturalisten, die eben nur Literaturbeflissene waren, Literaten, die, wenigstens bildlich gesprochen, eilig nach Berlin W übersiedelten, würde das Mißverhältnis in ein noch grelleres Licht setzen. Der Expressionismus, so, wie ihn die sehn, die als Expressionisten angesprochen werden, ist natürlich auch eine technische Ausdrucksform – der die Naturalisten genau so gegenüberstehn, wie die ‚totalen' Deutschen der achtziger Jahre den Naturalismus ansahn. Er be-

Das Erscheinen von Hermann Bahrs Expressionismus-Monographie 1916[24] trug in den Kreisen der Avantgarde dazu bei, den Begriff in Misskredit zu bringen. Die Rezension von Adolf Behne in der *Aktion* fiel vernichtend aus.[25] Auch Friedrich Koffka nahm 1917 Bahrs Schrift zum Anlass für eine Abrechnung mit dem Begriff.[26] Durchsetzen konnte sich der Terminus letztlich dank Paul Hatvanis *Ver-*

---

deutet aber vor allem den Wunsch, neben die Schilderung einen moralischen Willen zu setzen, er ist kämpferisch, er ist radikal, er schleudert die Kunst, die in und seit unsrer Klassik ein vornehmes Privatleben führte, durch die Straße – selbst auf die Gefahr hin, daß sie dort zugrunde gehe." (René Schickele: [Expressionismus.] In: Die Weißen Blätter 3 (1916), S. 135f.).

24 Hermann Bahr: Expressionismus. München: Delphin Verlag 1916.

25 „Hermann Bahr hat also wieder einmal der Jugend das Leben gerettet. Denn seiner letzten Sammlung bunter Aufsätze, die für den Buchhandel fällig war, gab er bekennerhaft die Überschrift: ,Expressionismus' – – und half ihr dadurch nach. [...] Freilich – das Buch sollte doch das Publikum zum Expressionismus hinführen. Die Geste des Buches ist nach den Ankündigungen die: Hermann Bahr, von der Jugend vorgeschickt, wendet sich an das Publikum und bekehrt es zur modernen Kunst. Und nun dreht Hermann Bahr selbst sich um und wird zum Sprachrohr des Publikums? [...] Hermann Bahr steht vor dem Publikum, von dessen Ahnungen und Begriffen geheimnisvoll gepackt; er spricht also – gelegentlich auch mal zum Thema Expressionismus – auf die Künstler ein. Es verhält sich also offenbar gar nicht so, daß Bahr das Publikum zum Expressionismus leiten will, nein, er möchte, daß die Expressionisten den Vorstellungen seines Publikums gerecht werden. Nach Bahr kommt ja alles auf das ,Sehen' an: ,Werdet so, wie das Publikum Euch sehen möchte!' Hermann Bahr hat wieder einmal die Jugend herausgehauen!" (Adolf Behne: Bahr, Hermann: Expressionismus [Rezension]. In: Die Aktion 6 (19. August 1916) 33/34, Sp. 473–476, hier Sp. 473f.).

26 „Hermann Bahr veröffentlicht eine Schrift über den Expressionismus. (Die *Schaubühne* brachte eine Probe und eine Kritik.) Es macht diesem Schriftsteller anscheinend Freude, jeder neuen Parole seine Genehmigung zu erteilen und durch entsprechende Nachworte allemal sicherzustellen, daß er auf dem laufenden sei. Unter den Programmen der letzten Jahrfünfte ward kaum eines ohne die gütige Mitwirkung Hermann Bahrs vom Stapel gelassen. Immer wieder erstaunt man, was so ein Wiener Magen alles verdaut. Es geht hier nicht um den geistreichen, sehr gebildeten Schriftsteller Bahr. Man hat sich vielmehr zu fragen, ob ein Anlaß besteht, auf jede Torheit hereinzufallen; ein bündiger Grund, jeden Mist, von heutigen Maler- und Dichterschulen bedeutungsvoll vor die Tür geschaufelt, mit dem geduldigen I-A des nickenden Esels zu grüßen. Haben wir, weil wir jung sind, kein Recht darauf, eine Banalität, die jung ist, beim Namen zu nennen? Müssen wir Kategorien für Brot nehmen? Einfältige Benennungen für Speise? Und soll das immer so weitergehen, daß man Prinzipien für Geschöpfe in die Welt setzt und Bewegungen für Bewegtes? Es hört sich gut an: die Kunst sei in Frage, nicht das einzelne Kunstwerk. Aber man kann den Satz auch umgekehrt lesen, und ich stimme mit einiger Entschiedenheit für die Umkehrung. Es ist das Verhängnis dieser Zeitläufe, daß immerfort neue ,Strömungen' sichtbar werden, nirgends ein Strom. Wenn nichts noch, aber auch gar nichts vorhanden ist: der Name liegt immer schon vor; die Kategorie ist parat. Man mag diesen Herren manches nachsagen: aber ihre Begriffe haben sie fest am Schnürchen, und mit der Luft verstehen sie wie nur einer zu hantieren. Lucius, als er sich eine Frau nahm, beschloß, den ersten seiner Söhne Manfred, den zweiten

such über den Expressionismus, der 1917 in der *Aktion* erschien,[27] sowie Kasimir Edschmids Vortrag *Expressionismus in der Dichtung*, der im März 1918 in der *Neuen Rundschau* publiziert wurde.[28] Trotzdem lieferte die bildende Kunst weiterhin die Grundlage für die definitorische Erfassung des literarischen Expressionismus. So kontrastierte der jüdisch-österreichische Expressionist Hatvani den Impressionismus als harmonischen Gleichklang von Innen und Außen mit dem Expressionismus, der auf eine „Überflutung" der Außenwelt durch die dichterische Subjektivität hinauslaufe: „Im Impressionismus hatten sich Welt und Ich, Innen und Außen, zu einem Gleichklang verbunden. *Im Expressionismus überflutet das Ich die Welt.* So gibt es auch kein Außen mehr: der Expressionist verwirklicht die Kunst auf eine bisher unerwartete Weise."[29] Im Primat des Bewusstseins, das nicht mehr passiv-rezeptiv ist, sondern eine neue, vergeistigte Welt aus sich heraus entlässt, liege das schöpferische Adelsprädikat des Expressionismus gegenüber dem noch im Nachahmungsgebot befangenen Impressionismus:

> Der Expressionismus stellt wiederum die Apriorität des Bewußtseins her. Der Künstler spricht: Ich bin das Bewußtsein, die Welt ist mein Ausdruck. Die Kunst vermittelt also zwischen Bewußtsein und Welt; oder, wenn man will, sie entsteht im Werden des Bewußtseins. So ist also die große Umkehrung des Expressionismus: das Kunstwerk hat das Bewußtsein zur Voraussetzung und die Welt zur Folge; es ist also schöpferischer, als es das impressionistische Kunstwerk sein konnte. Dort „brachte" das Kunstwerk die Welt „ins Bewußtsein"; – / *Der Expressionismus macht die Welt bewußt.* Er apperzipiert das Weltall und führt es in das Reich des Geistes ein. –[30]

Damit benennt Hatvani zugleich eine zentrale Dimension der expressionistischen Poetik, d. h. den mystischen Wesenszug, das Konzept der Subjektivität als Schlüssel zum Weltganzen. Je tiefer sich das Subjekt durch Innenschau seines

---

Heinrich, den dritten Sebastian zu nennen. Aber seine Ehe blieb unfruchtbar" (Friedrich Koffka: Expressionismus und einiges Andre. In: Die Schaubühne 13/1 (1917) 5, S. 104–107, hier S. 104).
27 Paul Hatvani: Versuch über den Expressionismus. In: Die Aktion 7 (17. März 1917) 11/12, Sp. 146–150.
28 Kasimir Edschmid: Expressionismus in der Dichtung. Rede gehalten am 13. Dezember 1917 vor dem Bund Deutscher Gelehrter und Künstler und der Deutschen Gesellschaft 1914. In: Die Neue Rundschau 29 (1918) 1, S. 359–374. Wiederabgedruckt wurde die Rede unter dem Titel „Über den dichterischen Expressionismus", zusammen mit dem im März 1918 in Schweden gehaltenen Vortrag „Über die dichterische deutsche Jugend", in dem Band: Über den Expressionismus in der Literatur und die neue Dichtung. Berlin: Erich Reiß 1921. Gewidmet ist der Band Malte Jacobsson und Ernst Norlind.
29 Paul Hatvani: Versuch über den Expressionismus, Sp. 146.
30 Ebd., Sp. 149.

eigenen Wesens vergewissere, desto umfassender – so die idealistische Präsup-
position – werde es des Kosmos teilhaftig. Als Konsequenz dieser Abwendung von
Impressionismus und Naturalismus kennt die neue Ästhetik keine außerästheti-
schen Voraussetzungen mehr. Vielmehr wird die Innerlichkeit selbst zum neuen
Stoff, zum „Elementaren" gekürt, was zugleich formalästhetisch den Weg zur
Abstraktion beschreibt. „Nach dieser ungeheuerlichen Verinnerlichung hat die
Kunst keine Voraussetzung mehr. So wird sie elementar. Der Expressionismus war
vor Allem die Revolution für das Elementare",[31] wobei Hatvani spezifiziert: „Der
Weg zum Elementaren ist die Abstraktion."[32]

Auch bei Edschmid lieferte die bildende Kunst den kategorialen Rahmen, um
den literarischen Expressionismus definitorisch zu erfassen. Neu ist die Abgrenzung vom Futurismus, den Edschmid dem Impressionismus zuschlägt. Die im-
pressionistische Ästhetik erscheint Edschmid in ihrer mosaikartigen Zerlegung
des Raums als die äußerste Entwicklung der geometrischen Kunst der Renaissance:

> Der Impressionismus, der so nie total ward, nur Stückwerk gab, nur dramatisch oder lyrisch
> oder sentimental für *einen* Gestus, *ein* Gefühl war, diese kleinen Ausschnitte der großen Welt
> aber formte, wurde und mußte werden dem Kosmos gegenüber, im Auge die Schöpfung,
> Mosaik. In unzählige kleine Teile zerlegte er die Welt, um ihr den tieferen Atem einzuhau-
> chen. Er war das Ende einer langen Entwicklung. Das große Raumgefühl der Renaissance
> erreichte in ihm den Schluß. Er zersetzte, löste auf und parzellierte, formte das Zerschlagene
> in kleine Gefühle, nicht zu massiv verschmolzenen Zusammenhängen.[33]

Den Futurismus verortet Edschmid in derselben Traditionslinie. Seine additive
Ästhetik zersprengter Sinneseindrücke profiliert ihn als einen gehetzten, hyper-
bolischen Impressionismus. Die Nachahmungsästhetik werde dort keineswegs
verlassen, nur bis zur äußersten Konsequenz getrieben:

> Über ihn [den Impressionismus] hinaus gab es nur Anarchie. Seine letzte Zerstäubung ist der
> Futurismus. Expressionismus hat nicht die Spur mit ihm zu tun. Futuristen waren es, die den
> schon in Teile, Minuten, Fermaten zerteilten Raum noch einmal zum Explodieren brachten,
> indem sie das Weltbild als ein gleichzeitiges Nebeneinander von Sinneseindrücken dar-
> stellten. Sie spitzten die Teile des Impressionismus nur zu, glätteten sie, gaben ihnen
> schärfere Form und gespenstigeren Umriß, vermieden das Kokette und schoben das Nach-

---

31 Ebd., Sp. 146.
32 Ebd.
33 Kasimir Edschmid: Über den dichterischen Expressionismus. In: Über den Expressionismus,
S. 39–78, hier S. 48f.

einander des impressionistischen Weltlaufs zu einem hastigen, gehetzten Nebeneinander, Ineinander.[34]

Den Expressionismus grenzt Edschmid von Impressionismus und Futurismus gleichermaßen ab, als Paradigmenwechsel von einer Ästhetik der „nackten Tatsachen" hin zu einer Kunst des „Gefühls". An die Stelle fotografischer Reproduktion trete dort die innere Vision, während die parzellierende Analyse von einem synthetischen und umspannenden „Weltgefühl" abgelöst werde, das sich auch nicht im impressionistischen Augenblick erschöpfe, sondern die Zeitlichkeit transzendiere:

> Es kamen die Künstler der neuen Bewegung. Sie gaben nicht mehr die leichte Erregung. Sie gaben nicht mehr die nackte Tatsache. Ihnen war der Moment, die Sekunde der impressionistischen Schöpfung nur ein taubes Korn in der mahlenden Zeit. Sie waren nicht mehr unterworfen den Ideen, Nöten und persönlichen Tragödien bürgerlichen und kapitalistischen Denkens.
> Ihnen entfaltete das Gefühl sich maßlos.
> Sie sahen nicht.
> Sie schauten.
> Sie photographierten nicht.
> Sie hatten Gesichte.
> Statt der Rakete schufen sie die dauernde Erregung.
> Statt dem Moment die Wirkung in die Zeit. Sie wiesen nicht die glänzende Parade eines Zirkus. Sie wollten das Erlebnis, das anhält.
> Vor allem gab es gegen das Atomische, Verstückte der Impressionisten nun ein großes, umspannendes *Weltgefühl*.
> In ihm stand die Erde, das Dasein als eine große Vision. Es gab Gefühle darin und Menschen. Sie sollten erfaßt werden im Kern und im Ursprünglichen.[35]

Die neue Kunst charakterisiert Edschmid als Überwindung der Mimesis durch eine wesentlich amimetische, poietische Ästhetik. „Die Welt ist da. Es wäre sinnlos, sie zu wiederholen. Sie im letzten Zucken, im eigentlichsten Kern aufzusuchen und neu zu schaffen, das ist die größte Aufgabe der Kunst."[36]

Der Abgrenzung vom Futurismus entspricht bei Edschmid schließlich der Anschluss an den Symbolismus. Die expressionistische Vision bedeutet zugleich, der Wirklichkeit einen neuen symbolischen Sinn zu entlocken. Dadurch markiert Edschmid die Kontinuitäten zwischen Expressionismus und Symbolismus, die in ihrer gemeinsamen amimetischen Disposition wurzeln:

---

34 Ebd., S. 49.
35 Ebd., S. 51 f.
36 Ebd., S. 56 f.

Die Realität muß von uns geschaffen werden. Der Sinn des Gegenstands muß erwühlt sein. Begnügt darf sich nicht werden mit der geglaubten, gewähnten, notierten Tatsache, es muß das Bild der Welt rein und unverfälscht gespiegelt werden. Das aber ist nur ·in uns selbst.

So wird der ganze Raum des expressionistischen Künstlers Vision. Er sieht nicht, er schaut. Er schildert nicht, er erlebt. Er gibt nicht wieder, er gestaltet. Er nimmt nicht, er sucht. Nun gibt es nicht mehr die Kette der Tatsachen: Fabriken, Häuser, Krankheit, Huren, Geschrei und Hunger. Nun gibt es ihre Vision.

Die Tatsachen haben Bedeutung nur so weit, als, durch sie hindurchgreifend, die Hand des Künstlers nach dem faßt, was hinter ihnen steht.[37]

1.2 Expressionismus – in gruppensoziologischer Perspektive

Wiewohl der Expressionismusbegriff bei Hiller, Hatvani und Edschmid ein identifikatorisches Potential entfaltete und zur Selbstcharakterisierung der neuen literarischen Ästhetik im Anschluss an die bildende Kunst eingesetzt wurde, hat die Begriffsresistenz bzw. -indifferenz der anderen ‚Expressionisten/-innen‘ die Forschung vor das Problem einer adäquaten Definition der ‚expressionistischen‘ Bewegung gestellt.[38] Angesichts der zum Teil stark divergierenden Profile der Autoren/-innen entbehren substantialistische Definitionsversuche, die den ‚Expressionismus‘ auf wesensspezifisch-notwendige stilistische oder ideologische Kennzeichen festzulegen versuchen, der Stringenz und haben auch eine bedenkliche Komplexitätsreduktion zur Folge, wie Ralf Georg Bogner zu Recht hervorgehoben hat.[39] Sein Vorschlag eines konstruktivistischen Definitionsansatzes hat den Vorteil, literaturhistorischer Komplexität Rechnung zu tragen, ohne auf den kategorialen Zugriff verzichten zu müssen. Die Konstruktion eines idealtypischen Begriffs, der realtypisch unterschiedliche Aktualisierungen erfahren kann, wird der geschichtlichen Komplexität gerecht, ohne ideologischen Einseitigkeiten zum Opfer zu fallen oder Differenzen einzuebnen. Vor diesem Hintergrund wird auch im Folgenden für eine konstruktivistische Expressionismus-Definition plädiert, welche das breite Spektrum der in der Forschung sedimentierten, ideologischen[40] und formalästhetischen[41] Merkmale der expressio-

---

37 Ebd., S. 53 f.

38 Dazu schon Richard Brinkmann: Geschichte der Termini „Expressionismus" und „expressionistisch". In: R. B.: Expressionismus. Internationale Forschung zu einem internationalen Phänomen. Stuttgart: Metzler 1980, S. 1–4, hier S. 1.

39 Ralf Georg Bogner: Einführung, S. 23.

40 Vgl. dazu Thomas Anz: Themen und Ordnungen der Diskurse. In: Literatur des Expressionismus. Stuttgart/Weimar: Metzler 2002, S. 44–147, sowie Frank Krause: Literarischer Expressionismus. Paderborn: Fink 2008, S. 67–141 („Probleme der Epoche").

nistischen Avantgarde zugrunde legt. Zusammen konstituieren sie den Idealtypus des literarischen Expressionismus, der realtypisch von den einzelnen Autoren/-innen unterschiedlich eingelöst wurde.

Im Hinblick auf die Zugehörigkeit zur expressionistischen Avantgarde ist ferner die gruppensoziologische Betrachtung heuristisch versprechend. An erster Stelle bedeutsam ist der gemeinsame bürgerliche Hintergrund. Die überwiegende Mehrheit der literaturgeschichtlich als ‚expressionistisch' eingestuften Autoren/-innen war bildungsbürgerlicher Abstammung. Mehr als 80 % von ihnen waren Akademiker/-innen.[42] Tatsächlich findet man unter den führenden Expressionisten/-innen keinen/keine Vertreter/in des Arbeitermilieus. „Fast alle Expressionisten kamen aus gutbürgerlichem Milieu, hatte höhere Schulen, meist Gymnasien, besucht und waren oft Söhne von Akademikern".[43] Paul Raabe hat zu Recht festgestellt, dass der Expressionismus „eine von Intellektuellen getragene und geführte Bewegung" war.[44] Die Hälfte der jungen Autoren/-innen studierte an der Philosophischen Fakultät (Germanistik, Philosophie und Kunstgeschichte). Wie Werner Kohlschmidt konstatiert hat, gab es trotz des „Bruder Mensch"-Pathos unter den Expressionisten/-innen keine Theologie-Studierenden. Der Anteil der Mediziner war dagegen auffallend hoch: Gottfried Benn, Richard Huelsenbeck, Reinhard Goering, Wilhelm Klemm, Ernst Weiß waren Ärzte, Hanns Johst und Johannes R. Becher begannen immerhin ein Medizinstudium, ohne es abzuschließen.[45] Doppelt so hoch war der Anteil der Juristen. Kurt Hiller, Georg Heym, Max Brod und Alfred Lichtenstein betrieben ihr Jura-Studium mit ziemlicher Energie.

Der Expressionismus war eine Jugendbewegung, die sich hauptsächlich aus der Alterskohorte der zwischen 1885 und 1896 Geborenen rekrutierte.[46] Zu ihnen gehörten etwa Gottfried Benn (1886–1956), Albert Ehrenstein (1886–1950), Georg Heym (1887–1912), Jakob van Hoddis (1887–1942), Oskar Kanehl (1888–1929), Rudolf Leonhard (1889–1953), Klabund (1890–1928), Kasimir Edschmid (1890–1966), Iwan Goll (1891–1950), Johannes R. Becher (1891–1958) u. a. Hinzu kamen

---

41 Vgl. Thomas Anz: Literatur des Expressionismus, S. 148–192 („Ästhetik und Poetik"), sowie Frank Krause: Literarischer Expressionismus, S. 142–228 („Formen der Epoche").
42 Raabe 1985, S. 7.
43 Ebd., S. 8.
44 Ebd., S. 7.
45 Werner Kohlschmidt: Zu den soziologischen Voraussetzungen des literarischen Expressionismus in Deutschland. In: Begriffsbestimmung des literarischen Expressionismus. Hg. von Hans Gerd Rötzer. Darmstadt: Wiss. Buchges. 1976, S. 427–446, hier S. 442.
46 Raabe 1985, S. 7 („Die zwischen 1885 und 1896, also in einem Zeitraum von 12 Jahren geborenen Autoren, die zwischen 1910 und 1921 Fünfundzwanzigjährigen, machen zwei Drittel aller am Expressionismus beteiligten Schriftsteller aus").

ältere Vorbilder, Netzwerkbildner, Organisatoren und Herausgeber. Zu ihnen zählte Ernst Stadler (1883–1914), der seinen ersten, noch ästhetizistischen Gedichtband, die *Präludien*, bereits 1904 publiziert hatte, zugleich aber mit der Sammlung *Der Aufbruch* (1914) zu einer Leitfigur des Frühexpressionismus avancierte. Im Falle von August Stramm (1874–1915), dessen Zeilenstil vielfach imitiert wurde, ist der Altersunterschied zu den jungen Autoren/-innen noch größer. Als Mentoren/-innen wirkten ferner Theodor Däubler, Jahrgang 1876, sowie die 1869 geborene Else Lasker-Schüler. Auch der 1878 geborene Alfred Döblin kann generationsmäßig nicht zu den jungen Autoren/-innen gezählt werden, da er schon Familienvater war. Im Unterschied etwa zu Else-Lasker Schüler und Theodor Däubler allerdings war Döblins Distanz zur expressionistischen Generation auch ästhetisch begründet, da seine naturalistische Ästhetik der im *Sturm* vertretenen Wortkunst diametral entgegengesetzt war.[47] Döblins naturalistisches Programm verdichtete sich in der expressionismusfernen Devise „Los vom Menschen" aus dem ‚Berliner Programm' *An Romanautoren und ihre Kritiker* (1913),[48] wiewohl einzelne Aspekte seiner frühen Erzählästhetik, allen voran die Überwindung der Psychologie, im Expressionismus anknüpfungsfähig waren. Die im *Sturm* erschienene Besprechung der Novellensammlung *Die Ermordung einer Butterblume* (1913) würdigt an Döblin bezeichnenderweise gerade die Überwindung „psychologischer Kleinarbeit" durch die groteske Verschmelzung von Realität und Phantasie.[49] Eine zentrale Vaterfigur der neuen Generation war Heinrich

---

47 Döblins Avantgarde-Kontakte erschöpften sich in der Beziehung zu Herwarth Walden (Sabina Becker: Döblin und die literarische Moderne 1910–1933. In: Döblin-Handbuch. Leben – Werk – Wirkung. Hg. von S. B. Stuttgart: Metzler 2016, S. 330–340, hier S. 333). Zu Döblins frühen Versuchen, seine Ästhetik mit der im *Sturm* propagierten Wortkunst-Theorie in Übereinstimmung zu bringen, vgl. den fundierten Überblick bei Simone Zupfer: Netzwerk Avantgarde, S. 138 f., S. 147. In einer späteren Stellungnahme von 1948 äußert sich Döblin selbst retrospektiv über das expressionistische Missverständnis seines Frühwerks: „Die Herrschaften im *Sturm* (zu denen Rudolf Blümner, Lothar Schreyer, Stramm und Maler wie Franz Marc, Kokoschka stießen) goutierten diese Sachen. Sie schienen ihnen ‚expressionistisch' zu sein. Als ich aber das Visier hob und vom Leder zog im *Wang-lun* (1912), da war es aus, – dabei fing ich erst an. Kein Wort äußerte Walden oder ein anderer aus dem Kreis der Orthodoxen über den Roman. Wir blieben aber freundschaftlich verbunden. Immerhin, daß ich nicht zur Gilde gehörte, war abgemacht. Sie entwickelten sich (geführt von Schramm [sic] und Nebel) ganz zu Wortkünstlern, überhaupt zu Künstlern. Ich ging andere Wege. Ich verstand sie gut, sie mich nicht" (A. D.: Epilog. In: Ders. Auswahl aus dem erzählenden Werk. Einleitung E. H. Paul Lüth. Wiesbaden: Limes-Verlag 1948, S. 391–404, hier 391 f.).
48 Alfred Döblin: An Romanautoren und ihre Kritiker. Berliner Programm. In: Der Sturm 4 (1913) 158/159, S. 17 f., hier S. 18.
49 „*Döblins* Phantasie ist einzigartig. Sie umspannt alles. Reales und Märchenhaftes, längst Vergangenes und Gegenwärtiges drängt sie titanisch aneinander. Die gruslige Sage wird zur be-

Mann (1871–1950), dessen Essays über französische Literatur breite Resonanz fanden.[50] *Geist und Tat*, 1910 im *Pan* veröffentlicht, wurde 1916 in Kurt Hillers *Ziel* noch einmal publiziert[51] und trug maßgeblich zur Politisierung des Expressionismus bei. Ähnliches lässt sich von Manns *Zola*-Essay sagen, der 1915 in den *Weißen Blättern* erschien und den französischen Romancier vor allem als Verfasser des *J'accuse* (1898) perspektivierte.[52] Auch die drei wichtigsten Herausgeber und Organisatoren René Schickele (1883–1940), Herwarth Walden (1878–1941) und Franz Pfemfert (1879–1954) waren älter als die zwischen 1885 und 1896 geborenen jungen Autoren/-innen.

1.3 Expressionismus und Judentum

Gruppensoziologisch ebenfalls bedeutsam ist die jüdische Herkunft von etwa der Hälfte der Expressionisten/-innen.[53] Bekanntlich ging die Keimzelle des Berliner

---

ängtigenden Tragödie geklärt, das arme Ammenmärchen verwandelt sich an den Brüsten des Naturalismus zu einem zeitlichen Roman, die Phantasie gibt dem Phantastischen Plastik, und Puppentheatergestalten werden zu Menschen, in deren Brust noch Raum ist für das himmlische Spiel aller höllischen Leidenschaften. [...] Es ist nun einmal keine Zeit für schleppende Handlungen, Postkutschenstil und psychologische Kleinarbeit. [...] Ich könnte den ganzen *grünen Heinrich* nicht ein zweites Mal lesen, und Raabe ist Lektüre für Altpensionäre. [...] Es sind keine manierierten Nachzeichnungen darin; keine idyllischen Betrachtungen" (Joseph Adler: Ein Buch von Döblin. In: Der Sturm 4 (Juli 1913), 170/171, S. 71).

50 Zu Heinrich Manns Wirkung auf die expressionistische Generation vgl. Hans-Jörg Knobloch: „Der Schriftsteller ist Führer jeder Demokratie". Heinrich Mann, die Expressionisten und die Weimarer Republik. In: Endzeitvisionen: Studien zur Literatur seit dem Beginn der Moderne. Würzburg: Königshausen & Neumann 2008, S. 55–66.

51 Heinrich Mann: Geist und Tat. In: Das Ziel. Aufrufe zu tätigem Geist. Hg. von Kurt Hiller. Zweite Aufl. München; Berlin: Georg Müller Verlag 1916, S. 1–8.

52 Heinrich Mann: Zola. In: Die Weißen Blätter 2 (November 1915) 11, S. 1312–1382.

53 Hans Tramer: Der Expressionismus. Bemerkungen zum Anteil der Juden an einer Kunstepoche. In: Bulletin des Leo Baeck Instituts 2 (1958) 5, S. 33–46, hier S. 33. Auch Walter Benjamin betonte eine „Wortführerschaft jüdischer Schriftsteller und Dichter im Expressionismus" (W. B.: Juden in der deutschen Kultur. In: Gesammelte Schriften. Frankfurt/Main: Suhrkamp 1980. Bd. II.2, S. 807–813, hier S. 807). Dazu vgl. Hanni Mittelmann: Expressionismus und Judentum. In: Conditio Judaica. Judentum, Antisemitismus und deutschsprachige Literatur. Interdisziplinäres Symposion der Werner-Reimers-Stiftung Bad Homburg. Bd. 3: Vom Ersten Weltkrieg bis 1933/1938. Hg. von Hans-Otto Horch und Horst Denkler. Tübingen: Niemeyer 1993, S. 251–259; Dies.: Jüdische Expressionisten. Identität im Aufbruch – Leben ‚im Aufschub'. In: Jüdische Selbstwahrnehmung. Hg. von Hans-Otto Horch und Charlotte Wardi. Tübingen: Niemeyer 1997, S. 181–194, sowie Manfred Voigts: Berliner Moderne – Expressionismus und Judentum. In: Handbuch der deutschjüdischen Literatur. Hg. von Hans Otto Horch. Berlin/Boston: De Gruyter 2015, S. 282–295. Leider

Frühexpressionismus, der von Kurt Hiller 1909 gegründete *Neue Club*, aus einer nichtschlagenden Studentenverbindung, der *Freien Wissenschaftlichen Vereinigung* hervor. Weniger bekannt ist, dass die 1881 an der Berliner Friedrich-Wilhelms-Universität gegründete Vereinigung eine liberale und judenfreundliche Studentenverbindung war, die sich als Reaktion auf die antisemitischen Ausfälle Heinrich von Treitschkes gebildet hatte.[54] Von den Mitgliedern des *Neuen Clubs* waren Kurt Hiller, Jakob van Hoddis (Hans Davidsohn), Erwin Loewenson, Erich Unger, David Baumgardt, Ernst Blass, Simon Guttmann und Oskar Goldberg jüdischer Herkunft. Explizit jüdische Fragen und Themen, das jüdische Gemeindeleben oder der jüdische Kult waren im Repertoire des *Neuen Clubs* zwar von untergeordneter Bedeutung,[55] zumal seine jüdische Mitglieder aus säkularisierten und assimilierten Familien stammten.[56] Trotzdem machte sich der jüdische Anteil bemerkbar, und zwar im kosmopolitisch-übernationalen Denkhabitus und in der kritischen Distanz zum Nationalismus des Kaiserreichs. Gerade in der Fremdheit gegenüber jener national-patriotischen Gemeinschaft, welche das Judentum systematisch diskriminierte und als Fremdkörper behandelte, zeigt sich die Sonderstellung der jungen Autoren/-innen. Als ihre Heimat betrachteten sie nicht das Kaiserreich, sondern das grenzüberschreitende „Geisterreich".[57] Auch die Frankophilie bekräftigt ihre Distanz zur nationalistischen Rhetorik – war doch das kulturelle Selbstverständnis des Kaiserreichs auf den Sieg über den französischen ‚Erbfeind‘ gegründet.[58]

Vor diesem Hintergrund entwickelte sich im Expressionismus ein säkularisiertes Verständnis des ‚Jüdischen‘, das von einer ethnischen oder religiösen Kategorie allmählich zu einem Synonym für ‚modern‘ wurde. Symptomatisch

---

unterlässt Voigts es, Alfred Wolfensteins wichtigen Essay *Jüdisches Wesen und neue Dichtung* (1922) zu erwähnen.

54 Manfred Voigts: Berliner Moderne, S. 283. Der Gründer des Freien Wissenschaftlichen Vereinigung, Max Spangenberg, wollte im Medium der Wissenschaft dazu beitragen, auch die Spaltung zwischen Antisemiten und Juden zu überwinden (M. S.: Der Standpunkt der Freien Wissenschaftlichen Vereinigung zur Judenfrage. In: Freie Wissenschaftliche Vereinigung. Eine Berliner anti-antisemitische Studentenorganisation stellt sich vor – 1908 und 1931. Hg. von Manfred Voigts. Potsdam: Universitätsverlag 2008, S. 55 – 63, hier S. 55).

55 Manfred Voigts: Berliner Moderne, S. 289.

56 Ebd., S. 290.

57 So schreibt Ernst Blass über Alfred Kerr: „Wenn man mir die Frage stellt: ‚Ist in Kerrs Wesen für das Judentum Charakteristisches zu entdecken?‘, so antworte ich: seine erste Heimat ist das Geisterreich, danach das Domizil Westeuropa, drittens sind allerdings Eigenschaften vorhanden, die man als ‚jüdische‘ bezeichnen kann" (E. B.: Alfred Kerr. In: Juden in der deutschen Literatur. Essays über zeitgenössische Schriftsteller. Hg. von Gustav Krojanker. Berlin: Welt-Verlag 1922, S. 41–54, hier S. 53).

58 Manfred Voigts: Berliner Moderne, S. 291.

dafür ist Alfred Wolfensteins Identifikation des modernen Dichters mit dem ‚Juden' in seinem Essay *Jüdisches Wesen und neue Dichtung*, der 1922 in Kasimir Edschmids Reihe „Tribüne der Zeit" erschien:

> Der Dichter ist der unter die Völker Verstreute, aus tiefem Grunde kommend und in höherem Sinne ortlos, der Verbannte. Er ist, heute zumal, der ungewiß Wohnende unter Fremden, – denen er sich doch glühend zugehörig fühlt. Sie übertragen sein Werk in ihr Leben, in ihren Glauben. Aber ihn selbst und seinesgleichen sehen sie mit anderen Augen an, und täglich wird die Mauer seines Zion neu zerstört. Besitz von seinem Lande ergreift der Bürger, eine dem Dichter fremde Einrichtung: der fremde Staat. [...] Ähnlich ergeht es dem Juden. [...] Ist der Jude aber ein Dichter, so sieht er sein Schicksal doppelt erfüllt.[59]

Auch nicht-jüdische Expressionisten wie Otto Flake nahmen die Gleichsetzung von ‚modern' und ‚jüdisch' in Anspruch, um ihre Isolation in der bürgerlichen Gesellschaft zu artikulieren. Flake konstatierte 1920:

> Wir Intellektuellen teilen im jetzigen Deutschland das Los der Juden, außerhalb zu stehen, geistig heimatlos zu sein, keine Gemeinschaft mit dem zu haben, was als nationales Denken gilt.[60]

Der supranationale Habitus der jungen Autoren/-innen und ihre fehlende Identifikation mit dem Kaiserreich wurden von den Zeitgenossen/-innen nicht übersehen. So prangerte der völkische Schriftsteller Börries von Münchhausen 1933 den Expressionismus aus der Retrospektive als „Verfall des Völkischen"[61] an. Die expressionistische Moderne diffamiert er als Literatur von „Deserteuren, Verbrechern, Zuchthäuslern" und als ein nicht nur undeutsches, sondern spezifisch „jüdisches" Entsittlichungsphänomen:

> Jede Betrachtung einer Zeitspanne muß damit beginnen, sie von ihrer Vorgängerin abzuheben, – also: Was war und wollte der Expressionismus? Volk und Vaterland waren abgelebte Dinge, der einzelne allein hatte Recht. Das Äußere wurde unwesentlich, nur wie es auf den Dichter wirkte, war wertvoll. Ob dessen Seele ein reiner Spiegel war, oder ob dieser Spiegel durch Rassenhochmut und Rassenhaß, Minderwertigkeitsgefühle, Unbildung getrübt war, ist völlig gleichgültig. Man bekommt Bücher von Deserteuren, Verbrechern, Zuchthäuslern mit derselben Unbefangenheit vorgelegt mit der die Verfasser sich ihren Taten rühmen. Der Anteil der Juden ist etwa hundert- bis zweihundertmal so stark wie ihr Anteil an

---

59 Alfred Wolfenstein: Jüdisches Wesen und neue Dichtung. (Tribüne der Zeit. Eine Schriftensammlung. Hg. von Kasimir Edschmid.) Berlin: Erich Reiß Verlag 1922, S. 10 – 12.

60 Otto Flake: Die großen Worte. In: Der Neue Merkur 4 (1920), S. 68–72, S. 72.

61 Börries von Münchhausen: Die neue Dichtung. In: Deutscher Almanach auf das Jahr 1934. Leipzig: Reclam 1933, S. 28 – 36, hier S. 28.

der Bevölkerungszahl. Die Form hat sich in demselben Maße aufgelöst wie die Sittlichkeit der Inhalte.[62]

Der Expressionismus stelle eine sterile „Angelegenheit der Dichter" dar, die vom „Volk" so gut wie ignoriert worden sei, und daher auch nicht entfernt den Anspruch auf nationalliterarische Relevanz erheben könne. Mit ihm habe sich vielmehr die unheilvolle „Lösung des Schrifttums vom seelischen Leben des Volkes" vollzogen, so die Diagnose:

[...] der ganze Expressionismus war eine Angelegenheit der Dichter, die allermeisten seiner Werke sind nicht ein zweites Mal aufgelegt worden, und wie viel Stücke der ersten Auflage den Weg in die Papierfabriken antraten, könnten uns nur ehrliche Verleger aus ihren Geschäftsbüchern verraten! Das *Volk* blieb von diesem ganzen Hexensabbath völlig unberührt, kaufte zu vielen Hunderttausenden die in neuen Ausgaben herauskommenden Bände Dikkens und die Bücher Gustav Frenssens und begeisterte sich draußen im Wandern an den Liedern von Hermann Löns. Dieselben Studenten, die George, Rilke, Hofmannsthal (alle drei nicht Expressionisten, aber Dichter jener Zeit) lasen und priesen, sangen nie eines der Lieder dieser Dichter, sondern die alten der so heftig totgeschlagenen Geibel, Scheffel, Baumbach! Früher ging ein Lieblingsbuch durchs Leben neben einem her (wie oft haben nicht unsere Eltern den Eckehard gelesen!), jetzt wurde das neue Buch nach Kenntnisnahme auf Nimmerwiedersehen in den Schrank verbannt. Die schon in der Moderne – etwa von 1890 bis 1910 – vorbereitete *Lösung des Schrifttums vom seelischen Leben des Volkes* wurde im Expressionismus vollendet, obgleich doch die Grundhaltung der Masse des Volkes und ihrer Führer durchaus diesem Schrifttum entsprach. Man guckte in das Schrifttum und die Malerei hinein, wie ein Besucher der Börse in das wilde Gewühl spektakelnder Zeitgenossen da unten in der Corbeille des Parketts, halb angewidert und halb angezogen durch die seltsam prickelnde Wollust des Menageriegefühls. – Der Expressionismus war eine Angelegenheit der Literaten, und es waren überall nur die Snobs im Bürgertum, die jene Bücher wirklich aufnahmen, jene Bilder kauften und etwas bedrückt an die Wände ihrer ernsthaften Stuben hingen.[63]

Die Vaterlandsliebe der damaligen Erfolgsliteraten, allen voran Hans Grimm – Autor des Verkaufsschlagers *Volk ohne Raum* (1926) –, kontrastiert von Münchhausen mit dem expressionistischen Kosmopolitismus, den er als Fremdländerei und ‚ästhetischen Landesverrat' anprangert:

Welch eine Leidenschaft zum Deutschtum bei dem prachtvollen Hans Grimm! Wer 1920 solche Bücher lobte, der sah am Tische der Ewig-heutigen (die eben deshalb die Ewig-Gestrigen sind!) steinerne Gesichter – er war ein unmöglicher Mann! Wer damals das Wort Deutsch gebrauchte, dem konnte es im Bereich des Berliner Westens geschehen, daß jemand ganz ernsthaft sagte: „Ich höre ‚*Deutsch*' – Kellner einen Kognak!" [...] es war schlechthin

---

62 Ebd., S. 28 f.
63 Ebd., S. 29 f.

alles Deutsche, das niedergetreten wurde durch kaltschnäuzische Ironie, durch eisige Ablehnung, häufig durch eine geradezu teuflische Geschicklichkeit der Zeitungsurteiler. Sobald diese ein deutsches Werk nur witterten, legten sie den strengen Maßstab der Jahrhunderte an, so daß selbst der Verteidiger kaum gegen Maßstab und Anwendung aufzutreten wagte, oder sie spöttelten – mit Spott kann man jede tiefe Verehrung, jedes echte ernste Empfinden lächerlich machen. Wenn aber einer von ihren Leuten ein Buch geschrieben hatte, so verwechselten sie blitzschnell wie Taschenspieler den Maßstab, tobten vor Begeisterung (die nie nachzuprüfen ist), geistreichelten unendlichen Gallimathias mit unendlich vielen Anführungen aus fremdsprachlichem Schrifttum zusammen, und ihr korybantischer Lärm peitschte den Marktwert eines Papiers in die Höhe, wie der Lärm betrügerischer Börsianer eine faule Aktie.[64]

Dass von Münchhausens polemische Charakterisierung des Expressionismus als einer im Grunde undeutschen, fremden Strömung, als einer elitären „Angelegenheit für Literaten", durchaus einen Wahrheitskern trifft, zeigt ein Blick auf die Auflagenzahlen. Die Kluft zwischen der expressionistischen Generation und dem zeitgenössischen Lesepublikum ist durch die extrem niedrige Auflagenhöhe ihrer Publikationen bestätigt, welche das paradoxe Bild einer Avantgarde ohne Nachhut entstehen lässt. Dies gilt bereits im Falle des auflagenstärksten Mediums ‚Zeitschrift‘.[65] Die erfolgreichste Revue – *Der Sturm* – erreichte eine Auflagenhöhe von bis zu 30.000 Exemplaren. Deutlich niedriger liegt die Auflage der anderen Gallionszeitschrift, *Die Aktion*, deren Verbreitung zwischen 2.000 und 7.000 schwankte.[66] Die drittgrößte expressionistische Zeitschrift, *Die Weißen Blätter* von René Schickele, erzielte eine Auflage von 5.000. Alle anderen Zeitschriften hatten einen noch geringeren Verbreitungsradius: *Das Neue Pathos* 3.500, *Revolution* und *Das Forum* 3.000, *Das Kunstblatt* 2.500, *Die Rote Erde* 1.000 Abzüge. Als Vergleichsbasis können die Auflagenzahlen der massenwirksamen *Jugend* und des *Simplicissimus* dienen, die sich 1908 respektive auf dem Niveau von etwa 74.000 und 90–100.000 bewegten. Die Randständigkeit der expressionistischen Generation im literarischen Feld wird noch deutlicher, wenn man die Auflagen der einzelnen Autoren/-innen betrachtet. Zu den publikumswirksamsten Lyrikern/-innen zählte Klabund: Von seinen chinesischen Nachdichtungen *Dumpfe Trommel und berauschtes Gong* (1915) wurden bis 1921 25.000 Abzüge beim Insel-Verlag gedruckt, und auch seine Li-Tai-Pe-Nachdichtungen (1916) erreichten bis 1919 dieselbe Auflagenhöhe. Eines der maßstabsetzenden Werke der expressionistischen Dramenästhetik, Georg Kaisers *Von morgens bis mitternachts*, erlebte da-

---

64 Ebd., S. 32f.
65 Zu den Auflagenhöhen siehe Lilian Schacherl: Die Zeitschriften des Expressionismus: Versuch einer zeitungswissenschaftlichen Analyse. Diss. München 1958.
66 Thomas Anz: Literatur des Expressionismus, S. 42.

gegen bis 1919 eine Auflage von nur 5.000. Eine der bedeutendsten Sammlungen des Frühexpressionismus, Gottfried Benns *Morgue und andere Gedichte* (1912), erschien im A. R. Meyer-Verlag in nur 500 Exemplaren. Paul Zechs *Das schwarze Revier* erschien 1909 in Elberfeld als Privatdruck von 100, *Schollenbruch* dagegen im Berliner A. R. Meyer-Verlag 1912 mit einer Auflage von 400. Von den beiden Bänden von Johannes R. Bechers *Verfall und Triumph*, die 1914 im Hyperion-Verlag erschienen, wurden je 25 nummerierte Exemplaren abgezogen. Wilhelm Klemms Gedichtfolge *Entfaltung* wurde 1919 in der Frankfurter Kleuken Presse in 250 nummerierten Abzügen verlegt, *Ergriffenheit* (1919 im Münchner Kurt Wolff Verlag erschienen) erreichte dagegen eine Auflage von 1.100. Walter Rheiners Novelle *Kokain* wurde 1917 im Dresdner Verlag in 300 nummerierten Exemplaren gedruckt. Diese Zahlen lassen sich mit den Auflagen der damaligen Lieblinge des bürgerlich-nationalistischen Lesepublikums leicht kontrastieren. Zu ihnen gehörte Walter Bloem, einer der beliebtesten Romanautoren der Wilhelminischen Zeit, der insgesamt zwei Millionen verkaufte Exemplare erreichte. Er war einer der Lieblingsautoren von Kaiser Wilhelm II., der ihn für seine Trilogie über den für Frankreich verheerenden Deutsch-Französischen Krieg von 1870/71 auszeichnete (*Das eiserne Jahr*, 1910, *Volk wider Volk*, 1912 *Die Schmiede der Zukunft*, 1913). Ein anderer Publikumsliebling war Rudolf Herzog (1869–1943), ebenfalls persönlicher Freund des Kaisers. Seine Romane (*Die vom Niederrhein*, 1903, *Die Wiskottens*, 1905, *Hanseaten*, 1909, *Die Burgkinder*, 1911) erreichten ebenfalls Millionenauflagen. Vor diesem Hintergrund erscheint der Expressionismus als eine literarische Subkultur,[67] die sich deutlich unterhalb und außerhalb des dominanten, bürgerlich-nationalistischen Literaturfeldes bewegte.

1.4 Antibürgerliche Traditionspflege

Der Abstand des Expressionismus vom bürgerlich-nationalistischen Literaturverständnis zeigt sich schließlich auch in seiner spezifischen Traditionspflege, welche gegen den offiziellen Literaturkanon aufbegehrte.[68] Die Funktionalisierung von Literaturgeschichte im Dienst der Nationalgeschichte war seit ihrer Gründung einer der Schwerpunkte der deutschen Germanistik gewesen. Georg Gottfried Gervinus hatte dieses Ziel in seiner *Geschichte der poetischen National-Literatur der Deutschen* (1835–1842) formuliert, noch zu einer Zeit, als die na-

---

[67] So bereits Anz: ebd., S. 23–43 („Soziologie einer Subkultur").
[68] Zum expressionistischen Bruch mit dem bürgerlichen Selbstverständnis vgl. Thomas Anz: Literatur des Expressionismus, S. 75–79, sowie Ralf Georg Bogner: Einführung, S. 18.

tionale Neugründung nur eine Hoffnung war. Nach dem nationalen Einigungsprozess wurde die „Nationbildung auf literaturgeschichtlicher Grundlage"[69] zu einer Hauptaufgabe der Germanistik. Im Kaiserreich gewann vor allem die Deutsche Klassik den Status eines systemstabilisierenden, die nationale Identität stiftenden Kulturguts. Die Traditionspflege der Avantgarde besaß dagegen einen stark systemdestabilisierenden, antibürgerlichen und subversiven Charakter. Bei aller sakralen Überhöhung ins Übermenschliche werden die im Expressionismus kanonisierten Dichter stets als Fremde, Aussteiger und Vereinsamte charakterisiert, die sich einer nationalistischen Vereinnahmung grundsätzlich entziehen.[70] Selbst den Rhapsoden Homer, der seine Epen einem aristokratischen Publikum vortrug, präsentiert Albert Ehrenstein als einen *einsamen* Sänger (V. 4):

> Ich sang die Gesänge der rot aufschlitzenden Rache,
> Und ich sang die Stille des waldumbuchteten Sees;
> Aber zu mir gesellte sich niemand,
> Steil, einsam
> Wie die Zikade sich singt,
> Sang ich mein Lied vor mich.[71]

Im expressionistischen Dichterkanon ragt Friedrich Hölderlin heraus. Ihm sind eine Vielzahl von Dichtergedichten gewidmet.[72] Der Hölderlin-Kult ist eines der markantesten Zeichen der expressionistischen George-Nachfolge.[73] Auch Höl-

---

69 Michael Ansel: G. G. Gervinus' *Geschichte der poetischen National-Literatur der Deutschen. Nationbildung auf literaturgeschichtlicher Grundlage*. Frankfurt a. M. u. a.: Lang 1990.

70 Dazu Walter H. Sokel: Der literarische Expressionismus: der Expressionismus in der deutschen Literatur des zwanzigsten Jahrhunderts. München/Wien: Langen-Müller 1970, S. 73–107 (*Poeta dolorosus*).

71 Albert Ehrenstein: Homer. In: Ders.: Die Gedichte. Leipzig, Prag u. Wien: Strache 1920, S. 9, V. 1–6.

72 Dazu Kurt Bartsch: Die Hölderlin-Rezeption im deutschen Expressionismus. Frankfurt/Main: Akad. Verlagsges. 1974.

73 Damals gehörte Hölderlin noch keineswegs zum bildungsbürgerlichen Kanon und begann erst allmählich ins Bewusstsein der Literaturgeschichtsschreibung zu treten. In der zeitgenössischen Literaturgeschichtsschreibung setzte sich der deutsche Literaturkanon aus den ‚geheiligten Sechs' zusammen: Klopstock und Lessing, Herder und Wieland, Goethe und Schiller. Vgl. Richard M. Meyer: Der Kanon der deutschen Klassiker. In: Neue Jahrbücher für das klassische Altertum, Geschichte und deutsche Literatur 14 (1911), S. 208–227, sowie Ders.: Die deutsche Literatur bis zum Beginn des 19. Jahrhunderts. Berlin: Georg Bondi 1920, S. 395. In Meyers Literaturgeschichte wird Hölderlin nicht einmal genannt. Arnold etwa widmet Hölderlin nur einen kurzen Absatz (vgl. E. Arnold: Illustrierte deutsche Literaturgeschichte. Berlin: Ullstein & Co 1909, S. 263). Kummer rügt die angebliche Monotonie seines Idealismus: „Hölderlin glaubte als Dichter den geringsten Erdenrest abstreifen zu müssen, alles in seiner Dichtung war streng stilisiert, und da er das Ge-

derlin wurde im Expressionismus immer wieder als Außenseiter profiliert. In seinem Gedicht *An Hölderlin* (1905) charakterisiert Georg Heym den verkannten Dichter als Opfer seiner Zeitgenossen: „ Denn diese griffen töricht / Nach deiner reinen Flamme aus / Und löschten sie, denn immer ward / Das Große diesem Tier verhaßt."[74] Fritz Alfred Zimmer apostrophiert ihn in seiner lyrischen Hommage als den „deutschen Fremdling".[75] Bei Wilhelm Michel war er „gewohnt eines Lebens, / das die Sterblichen nicht verstehn."[76] Walter Rheiner zufolge schließlich

---

wöhnliche auch im Leben scheute, so fehlte es seinen Dichtungen an Schatten, an Abwechslung, an eigentlichem Leben; ihr hoher idealischer Ton ermüdet" (Friedrich Kummer: Deutsche Literaturgeschichte des neunzehnten Jahrhunderts. Dresden: C. Reissner 1909, S. 65 – 70, hier S. 70). Es waren Stefan George und Karl Wolfskehl gewesen, die um 1900 durch die Anthologie *Das Jahrhundert Goethes* (1902, 2. Aufl. 1910) die Hölderlin-Renaissance inauguriert hatten (dazu Alessandro Pellegrini: Friedrich Hölderlin: sein Bild in der Forschung. Berlin: de Gruyter 1965, S. 50). In ihre Anthologie nahmen George und Wolfskehl nicht weniger als 21 Hölderlin-Gedichte auf. Darauf folgte die Publikation der von Norbert von Hellingrath in der Bibliothek Stuttgart entdeckten späten Hymnen und Pindar-Übertragungen in den *Blättern für die Kunst* (1910) und im Verlag der *Blätter für die Kunst* (1911). 1913 erschien der erste Band der von Hellingrath geplanten Hölderlin-Ausgabe, die nach dessen Tod an der Front von seinen Freunden Friedrich Seebaß und Ludwig von Pigenot zum Abschluss gebracht wurde: Friedrich Hölderlin: Sämtliche Werke. Historische-kritische Ausgabe. Unter Mitarbeit von Friedrich Seebass besorgt durch Norbert v. Hellingrath. Erster Band: Jugendgedichte und Briefe 1784 – 1794. München: Georg Müller Verlag 1913.
74 Georg Heym: Dichtungen und Schriften. Hg. von Karl Ludwig Schneider. Bd. 1: Lyrik. Hamburg: Ellermann 1964, S. 596f., V. 6–9.
75 „Wenn im obstroten Hain ferneher welcher Wind / Durch das Blätterlaub streicht und von den Hügeln sanft / Durch den bläulichen Abend / Heimliche Herdenglocken geh'n // Zu des Neckars Gefild und in das schwäbische Tal, / (Rebenglück-umkränzt, ewig verklärt vom Glanz / Einer einzigen Jugend) – / Fühlt der Wanderer seltsamen Sang. // Wie aus sternender Nacht. Wie aus dem Lichtgewölk / Über fernem Berg: Reine, süße Kraft / Aus den Blütenglocken / Einsam klingender Natur: // Funkel-dunkeln Pfads, nur von der Liebe so / Mildem Mondlicht betreut, und traum-zweisam stets / Singt ein deutscher Fremdling / Griechenselig sein hohes Lied. // Singt zum Saitenspiel himmlischer Harfenkunst, / Seelisch köstlich verzückt, schwärmendes Weltgefühl, / Erdenfeier und Menschenschöne, / Lachender Lebensliebe voll –// Reifste Sehnsucht verklingt … Sehnsucht weint und klagt: / Ruhlos leidet und kämpft, schicksalgestoßen, der Mensch – / Doch aus nächtigem Dunkel / Strahlt uns ewig ein göttlicher Stern!" (Fritz Alfred Zimmer: Friedrich Hölderlin. In: Die Flöte 4 (1921/22), S. 132).
76 „Ins Dunkel ging er. Hart stockte der Schritt / der folgenden Freunde. Jäh versank er / vor ihren Augen in Schatten. / Schatten nur, nichtklirrende Feinde, / Schatten schlangen ihn ein. / Im Dunkel nur blieb seine Stimme schweben, / leiblos, ein Dämon. Und dem Liede / lauschten noch eine Zeit lang sie und sahen ins Finstre. / Aber Er indessen / saß in der Götter Halle schon längst, / lächelnd, Jahrtausende alt und gewohnt eines Lebens, / das die Sterblichen nicht verstehn." (Wilhelm Michel: Hölderlin. In: Die Bücherei Maiandros, Buch 4/5: Der Mistral. Eine lyrische Anthologie, 1. Mai 1913, S. 42f.).

war Hölderlins „Heimat" eine „*innere*".⁷⁷ Georg Trakl stilisierte auch Novalis zum „Fremdling":

An Novalis

Ruhend in kristallner Erde, heiliger Fremdling
Vom dunklen Munde nahm ein Gott ihm die Klage,
Da er in seiner Blüte hinsank
Friedlich erstarb ihm das Saitenspiel
In der Brust,   5
Und es streute der Frühling seine Palmen <?> vor ihn,
Da er mit zögernden Schritten
Schweigend das nächtige Haus verließ.⁷⁸

Die Apostrophe „Heiliger Fremdling" ist an Hölderlins „heilige Fremdlingin" an-gelehnt⁷⁹ und erinnert zugleich an Hardenbergs Gedicht *Der Fremdling* (1798). Darin dialogisiert der Expressionismus mit der romantischen Kulturkritik. Der ‚Fremdling' ist bereits bei Novalis der Typus des romantischen Dichters, dessen ‚unglückliches Bewußtsein' zwischen Vergangenheit und Zukunft gespannt, der Gegenwart aber entrückt ist.⁸⁰ In einer Vorstufe des Gedichts verschmilzt Trakls Novalis übrigens mit dem Findling Caspar Hauser. Die von Trakl erwogene Epit-aph-Form („Grabstein")⁸¹ nähert den Text an Kaspar Hausers Grabschrift an („HIC

---

77 „Schräge Linie im blühenden Raum, / Pfosten am Tor halb schwebender Gärten, / verflatterter Vogel, firmamentenfern, / – Hölderlin, Bruder, du lebst! // Bruder in Nacht, du schläfst! Die Farben / schwindender Wolken hüllen dich ein. / Buntes Gras deine Stirn. Eine Wunde / der brechende Mund des Gedichts. // Mystische Sonne brennt im Haupt; / transparente Schläfen künden sie. Regungslos, / Insel unsichtbar stehst du in goldenen Lüften: / klareres, innen ver-brennendes Tier ... // Heimat dir zitternde Landschaft, innere. / Dunkeler Klang die Brust. Herz regt sich, ein Gong. / Zähne silbern Geläut in Schädels Wölbung, / ... magisches Mosaik. // Trunken zwischen den Hügeln versinkst du, / Antlitz des toten Freundes, ein Irres Signal; / ein Moor, phosphorene Flamme – Geflüster im Schilf. // Aus der Morgen gelber Fanfare tönt deine Stimme. / Traumschlucht dein Gesang. Wetterleuchten / verloren in letzter Vergängnis das Lied. / : – Du bists, unendliche Symphonie. Mensch über Göttern!" (Walter Rheiner: An Hölderlin. In: Die Flöte 2 (Februar 1920) 11, S. 180).
78 Georg Trakl: Novalis. In: Ders.: Dichtungen und Briefe. Hg. von Walther Killy und Hans Szk-lenar. Salzburg: Otto Müller 1969. Bd. 1, S. 324 (1. Fassung).
79 Friedrich Hölderlin: Gesammelte Werke. Bd. 2: Gedichte. Hg. von Paul Ernst. Jena: Diederichs 1905, S. 280, V. 24, *An die Erbprinzessin Amalie von Anhalt-Dessau*.
80 Novalis: Werke, Tagebücher und Briefe Friedrich von Hardenbergs. Hg. von Hans-Joachim Mähl und Richard Samuel. Bd. 3. Hg. von Hans Jürgen Balmes. Darmstadt: Wissenschaftliche Buchgesellschaft 1999, S. 53.
81 Georg Trakl: Dichtungen und Briefe. Bd. 2, S. 415, H¹.

JACET / CASPARUS HAUSER / AENIGMA / SUI TEMPORIS / IGNOTA NATIVITAS / OCCULTA MORS").[82]

Die Fremdheitsproblematik spielt selbst bei einem später nationalistisch ausgerichteten Autor wie Hanns Johst eine Rolle. So erhält Christian Dietrich Grabbe bei ihm den Beinamen „Der Einsame".[83] In Johsts Grabbe-Drama von 1917 wird der Vormärz-Dramatiker in einer Spelunke von Spießbürgern öffentlich gedemütigt. Der Kontrast zwischen den versammelten Zechern, die von ihm Belustigung erwarten, und Grabbes ekstatischem Vortrag aus dem Dramenentwurf *Alexander der Große* (1835) könnte kaum größer sein. Verständnis bringt ihm nur ein anderer Außenseiter entgegen:

> *Der verlumpte Mensch.* Da war ein Ton in dem!! Ein Ton! Dem bin ich noch in keinem Instrument begegnet. Und aus keiner Melodie hat er mir geklungen. Ich will suchen, daß ich den Ton halte! Diesen Ton! Diesen unendlichen Ton![84]

Franz Richard Behrens' Kataloggedicht *Roman der Lyrik* (1921)[85] präsentiert die universelle Geschichte der Dichtung als eine alles andere als romanhaft spannende, sondern durch und durch monotone und trübe Repetition derselben Grundfigur existenziellen Scheiterns. Der Dichter erscheint unweigerlich als Aussteiger, als der Typus des Unangepassten und Außenseiters, der an der Gesellschaft zugrunde geht. Die einzeilige Evokation der scheiternden Poeten alterniert sarkastisch mit Firmennamen und Aktienkursen. Behrens Text ist als Weltgeschichte der Lyrik angelegt und stellt die Kategorie von ‚Nationalliteratur' radikal in Frage, indem er die Dichter gerade als Opfer ihrer eigenen Nation präsentiert:

Cable Transfers
350.50
Blinder Bettler Homer hungert über die Dörfer
Baltimore and Ohio
47.87
Hesiod ermordet und ins Meer geschmissen
Canada Pacific
127.87
Archilochos erdolcht

---

82 Jakob Wassermann: Caspar Hauser oder die Trägheit des Herzens. Stuttgart/Leipzig: Deutsche Verlangs-Anstalt 1908, S. 557.
83 Hanns Johst: Der Einsame. Ein Menschenuntergang. München: Delphin 1917.
84 Ebd., S. 64.
85 Franz Richard Behrens: B = C. Der Roman der Lyrik. Für Rudolf Blümner und Fernand Leger. In: Der Sturm 12 (November 1921) 11, S. 186–192.

Chic Rock Island
38.00
Der Bruder erschiesst Anacharsis
Denver and Rio
2.25
auf der Hochzeit steklettiert Stesichoros
Erie Common
19.12
Sklave Aesop vom Felsen geschmettert
Great North.
78.75, [...]
Hölderlin ist gegangen
Ilse Bergbau
1175 b. G.
Sargtischlehrling Kerner
Zschipkau Finsterwalder
80 B.
Heine säuft das Sakrament
Grosse Berliner Straßenbahn
80.90
Grabbe im Zuchthaus geboren
Ufa
243
Hebbel hinter Kutsche und Stallmagd
Laurahütte
650 5 41
Heisse Zitrone an Ludwigs Bett
Deutsch Luxemburg
794 b.
Seine Möbel verfeuert Gutzkow
Rheinmetall
551
Über Grenzpfähle strauchelt Fallersleben
Argo Dampfschiff
333
Eingesperrter Freiligrath
Reisholz
Papier 99 ¾ b. G.
Mörike muss seine Frau für sich arbeiten lassen
Sarotti
103 G.
Lenau lacht in Nachtigallennacht
Aachener Leder
720 b. G.
Grillparzer bettelt Gnadenstoss
Hackethal Draht
537

Blind taub lahm Lorm
Hohenlohe 61 1/8
Conradi entstirbt dem Irrenarzt
Concordia Lebensversicherung
775
Kennen Sie Nietzsche
Viktoria Feuerversicherung
2525
Gött küsst Brotkruste
Gasmotoren Deutz
685. 80
Hille verhungert öffentlicher Wohltätigkeit
Hirsch Kupfer
720
Hartleben Zustand
Schantung Genusschein
Dollars kauft Dollars
Liliencron spuckt aus und geht
Weiter[86]

Das abschließende „Weiter" signalisiert die Unabgeschlossenheit des gleichermaßen monotonen wie düsteren *Romans der Lyrik* und bezieht somit die Avantgarde mit ein, als legitime Erbin einer jahrhundertealten Tradition des lyrischen
Scheiterns an der Gesellschaft.

Im Expressionismus wurden nicht nur verkannte Autoren kanonisiert, sondern auch anerkannte Vorbilder des nationalliterarischen Kanons verfremdet und
dem bürgerlichen Literaturdiskurs somit entzogen. Paradigmatisch dafür ist
Gottfried Benns Gedicht *Der Räuber-Schiller* (1913), das in der Forschung bislang
vernachlässigt wurde und abschließend eingehend untersucht werden soll:

Ich bringe Pest. Ich bin Gestank.
Vom Rand der Erde komm ich her.
Mir läuft manchmal im Maule was zusammen,
Wenn ich das speie, zischten noch die Sterne
Und hier ersöffe das ganze feige   5
Pietzengeschlabber und Abel-Blut.

Weil meine Mutter weint? Weil meinem Vater
Das Haar vergreist? Ich schreie:
Ihr grauer Schlaf! Ihr ausgeborenen Schluchten!
Bald sä'n euch ein paar Handvoll Erde zu.   10
Mir aber rauscht die Stirn wie Wolken Flug.

---

86 Ebd., S. 192.

Das bißchen Seuche
Aus Hurenschleim in mein Blut gesickert?
Ein Bröckel Tod stinkt immer aus der Erde –
Pfeif drauf! Wisch ihm eins! Pah![87]   15

In geradezu genüsslicher Weise betreibt Benns Rollengedicht die systematische
Demontage und Zerstörung des offiziellen Schiller-Kults als provozierenden Ta-
bubruch. Gezielt legt Benn den Fokus auf das im Kaiserreich nicht sonderlich
geschätzte Erstlingsdrama *Die Räuber* und etabliert somit eine genealogische,
literaturgeschichtliche Achse zwischen Sturm und Drang und Expressionismus.[88]
Benn knüpft an die in den *Räubern* erprobte Ästhetik des Hässlichen an, die er als
Antizipation der expressionistischen Destruktion des bürgerlichen Schönheit-
skanons perspektiviert. Darüber hinaus profiliert er den jungen Dramatiker auch
als Vorläufer des expressionistischen Generationenkriegs, indem er ihn als Sohn
porträtiert, der gegen die bürgerliche Familienordnung rebelliert.

Die ambivalente Überschrift charakterisiert Schiller nicht nur als Verfasser
der *Räuber* (1781), sondern verschränkt ihn zugleich mit seinem eigenen Drama
und verleiht ihm als „Räuber-Schiller" die verrufenen Züge seiner Dramenfiguren.
Die metafiktionale Überblendung von fiktivem Dramengeschehen und Dichter-
biographie destruiert das reichsoffizielle monumentale Narrativ und perspektiviert Schiller neu als anstößigen und verruchten *poète maudit*. Damit grenzt sich
Benn von der 1905 anlässlich des Schiller-Jubiläums entstandenen, nationalistischen Panegyrik entschieden ab. Folgendes Lobgedicht von Wilhelm Busch dürfte
dafür repräsentativ sein:

---

[87] Gottfried Benn: Der Räuber-Schiller. In: Die Aktion 3 (25. Juni 1913), Sp. 640 f. Dazu vgl. bisher
nur Ursula Kirchdörfer-Boßmann: „Eine Pranke in den Nacken der Erkenntnis". Zur Beziehung
von Dichtung und Naturwissenschaft im Frühwerk Gottfried Benns. St. Ingbert: Röhrig Universitätsverlag 2003, S. 141, und Anja Schonlau: Syphilis in der Literatur: über Ästhetik, Moral, Genie
und Medizin (1880 – 2000). Würzburg: Königshausen & Neumann 2005, S. 401 f. Antje Büssgens
Schiller-Artikel im Benn-Handbuch (A. B.: Friedrich Schiller. In: Benn-Handbuch: Leben – Werk –
Wirkung. Hg. von Christian M. Hanna und Friederike Reents. Stuttgart: J.B. Metzler 2016, S. 31 f.)
unterlässt eine genauere Analyse des Gedichts.
[88] Zur Zeit der Entstehung von Benns Gedicht hatte die Schiller-Rezeption im Kaiserreich bereits
ihren Zenit überschritten. Das Jubiläumsjahr 1905 war mit den Feierlichkeiten von 1859 nicht zu
vergleichen. Trotzdem ließ sich, zumal in Festreden, eine Tendenz beobachten, Schiller ins Monumentale zu stilisieren, gegen welche Benn aufbegehrt. Zur Schiller-Rezeption im Kaiserreich
vgl.: Schiller – Zeitgenosse aller Epochen: Dokumente zur Wirkungsgeschichte Schillers in
Deutschland. Hg., eingel. und komm. von Norbert Oellers. Bd. 2: 1860 – 1966. Frankfurt/M.:
Athenaeum-Verl. 1976, sowie Ute Frevert: Ein Dichter für viele deutsche Nationen. In: Friedrich
Schiller: Dichter, Denker, Vor- und Gegenbild. Hg. von Jan Bürger und Giuseppe Bevilacqua.
Göttingen: Wallstein-Verl. 2007, S. 57 – 75.

Schiller
Früh starb er. Seine kargen Zeitgenossen,
Sie hatten ihn, den Kranken, schlecht gepflegt.
Doch was in ihm, dem tiefsten Grund entsprossen,
Zum Lichte strebend, mächtig sich geregt,
Er hat's in Formen höchster Kunst gegossen
Und seinem Volke dauernd eingeprägt.
So schreitet nun, gesegnet und bewundert,
Sein Genius von Jahrhundert zu Jahrhundert.[89]

Dem monumentalen Schiller-Kult erteilt Benn durch die Überformung des Klassikers zum Räuber eine Absage. Dies geschieht durch einen dichten intertextuellen Dialog mit Schillers Drama. An dessen Prosa-Form orientiert sich Benn übrigens auch im Verzicht auf regelmäßige Prosodie und Reim.[90] Die Anfangsverse des provokatorischen Rollengedichts präsentieren Schiller als monströsen Syphilitiker, der Pest und Gestank um sich verbreitet. Darin evoziert Benn die lügenhafte Schilderung von dem ekelhaften körperlichen Verfall des Räubers Moor durch seine angebliche Syphilis-Infektion, welche sein verlogener Bruder und Rivale Franz erdichtet, um ihn in den Augen der geliebten Amalia zu diskreditieren:

> Franz. [...] Ruf dieses Bild noch einmal ganz in deine Seele zurück, und Karl steht vor dir! – Seine Küsse sind Pest, seine Lippen vergiften die deinen![91]

Das syphilitische Ekel-Porträt, das Franz von Karl entwirft, widmet Benn auf Schiller selbst um, was einen markanten Bruch mit der hagiographischen Schiller-Panegyrik darstellt und einem regelrechten Attentat auf den bürgerlich-nationa-

---

89 Zit. n. Schiller – Zeitgenosse aller Epochen, S. 480.
90 Dass sich trotzdem metrische Regelmäßigkeiten finden lassen, zeigt bereits V. 1, der aus zwei identischen jambischen Sequenzen (V_V_ |V_V_) gebaut ist. Dieses Modul findet auch zu Beginn der zweiten Strophe ein Echo („Das Haar vergreist?", „Ihr grauer Schlaf!"). Ihrerseits sind V. 10 und 11 symmetrisch und weisen dasselbe Metrum, einen akatalektischen jambischen Fünfheber, auf (V_V_ V_V_V_: „Bald sä'n euch *ein* paar *H*andvoll *E*rde *zu*", [zu Beginn von V. 11 ist eine Anaklasis vorzunehmen:] „*Mir* aber *rau*scht die *S*tirn wie *W*olken *F*lug").
91 Die Herkunft vom Rand der Erde (V. 2) könnte auf die Hässlichkeit des Franz Moor anspielen: „FRANZ. [...] Warum mußte sie mir diese Bürde von Häßlichkeit aufladen? gerade mir? Nicht anders, als ob sie bei meiner Geburt einen Rest gesetzt hätte. Warum gerade mir die Lappländersnase? Gerade mir dieses Mohrenmaul? Diese Hottentottenaugen? Wirklich, ich glaube, sie hat von allen Menschensorten das Scheußliche auf einen Haufen geworfen und mich daraus gebacken." (Friedrich Schiller: Die Räuber. In: Sämtliche Werke in 5 Bänden. Auf der Grundlage der Textedition von Herbert G. Göpfert hg. von Peter-André Alt, Albert Meier und Wolfgang Riedel. Bd. 1. München/Wien: Hanser 2004, S. 500).

listischen Klassikerkult gleichkommt. Zugleich lässt die Insistenz des Personalpronomens Ich, das in nur zwei Versen dreimal vorkommt – „*Ich* bringe Pest. *Ich* bin Gestank. / Vom Rand der Erde komm *ich* her" –, die von Karl Moor verehrten „großen Menschen" des Plutarch[92] sowie den Typus des ‚Kraftgenies' des Sturm und Drangs anklingen.

Noch überboten wird die provokatorische Sabotage des klassizistischen Schiller-Kults in den Folgeversen durch die metaphorische Gleichsetzung des Dichtens mit dem Speien, eine für das damalige Publikum beispiellose Entweihung, die auch Schillers eigener idealistisch-veredelnden Auffassung des Dichtens drastisch zuwiderläuft. Die Verse („Mir läuft manchmal im Maule was zusammen, / Wenn ich das speie, zischten noch die Sterne") belegen, dass Benn Schiller offensichtlich von Marinetti her in den Blick nimmt. „Bisogna *sputare* ogni giorno sull'*Altare dell'Arte!*",[93] „Es ist notwendig, jeden Tag auf den *Altar der Kunst* zu *spucken*", hatte Marinetti nur ein Jahr vorher, im Mai 1912, im *Technischen Manifest der Futuristischen Literatur* verkündet. Marinettis Manifest war bereits im Oktober 1912 im *Sturm* erschienen und wurde von Benn in seinem Schiller-Gedicht offenbar rezipiert.[94] Die für Benn zentrale Passage aus Marinettis Manifest gilt gerade der Ästhetik des Hässlichen:

> Man schreit: „Eure Literatur wird nicht schön sein! Wir werden nicht mehr eine Wortsymphonie haben mit den harmonischen Schwankungen und beruhigenden Kadenzen." Natürlich. Ein Glück. Im Gegenteil, wir werden alle brutalen Töne gebrauchen, alle ausdrucksvollen Schreie des heftigen Lebens, das uns umkreist.
> Gebrauchen wir das „Häßliche" in der Literatur und töten wir überall die Feierlichkeit. Nehmt doch nicht die Allüren von Hohepriestern an, wenn ihr mir zuhört. Man muß täglich den „Altar der Kunst" anspeien. Wir betreten die unbegrenzten Gebiete der freien Intuition. Nach dem freien Vers auch das freie Wort.[95]

Marinettis Forderung nach Abtötung der „Feierlichkeit", „brutalen Töne[n]" und „ausdrucksvollen Schreie[n] des heftigen Lebens" (V. 8: „Ich schreie") löst Benn in seinem Schiller-Porträt ein. Die in seinem Gedicht herrschende expressionistische Animalität („Maul") geht mit einer ebenso überbordenden Vitalität einher. Dass das poetische *sputum* die Sterne „zischen" lässt („Wenn ich das speie, zischten

---

92 „KARL VON MOOR *(legt das Buch weg).* Mir ekelt vor diesem tintenklecksenden Säkulum, wenn ich in meinem Plutarch lese von großen Menschen." (Ebd., S. 502).
93 Filippo Tommaso Marinetti: Manifesto tecnico della Letteratura futurista. In: I Manifesti del Futurismo. Firenze: Lacerba 1914, S. 88–96, hier S. 95 (Hervor. vom Verf.).
94 Filippo Tommaso Marinetti: Die futuristische Literatur. Technisches Manifest. Übers. von Jean-Jacques. In: Der Sturm 3 (Oktober 1912) 133, S. 194 f.
95 Ebd., S. 195.

noch die Sterne"), stellt die geradezu kosmische Wucht des Gesangs dar.[96] Nicht weniger hyperbolisch ist der Wunsch, die als feige Muttersöhnchen und Schwächlinge verachteten, bürgerlichen Dutzendmenschen mögen im dichterischen Speichel ertrinken ("Und hier ersöffe das ganze feige / Pietzengeschlabber und Abel-Blut").[97] Ihrerseits unterstreicht die Erwähnung von "Abel", dass das lyrische Ich sich als dessen neidischen Mörder Kain sieht und für sich die Rolle des verbrecherischen Bruders provokativ beansprucht. Durch die Evokation der Pest schlüpft es bereits zu Beginn in die Kain-Rolle des Franz Moor. Wenn die Durchschnittsmenschen das Abelgeschlecht sind, so tritt das lyrische Ich als Kain auf – beide, Dichter und Masse, stehen einander ebenso unversöhnlich gegenüber wie die biblischen Ur-Brüder. Die gewählte Konjunktivform ("ersöffe") steht übrigens in geradezu groteskem Kontrast zu dem saloppen Verb "ersaufen" und den weiteren, antihöfischen Grobianismen des Textes, welche die stilistischen Derbheiten von Schillers Drama anklingen lassen. Das auffällig preziöse Stilistikum,

---

96 Die Hyperbel von den ,zischenden Sternen' entstand offenbar aus der intertextuellen Transformation einer Passage aus dem Fünften Akt, in welcher Franz Moor von Schuldgefühlen geplagt wird: "Fürchterlich *zischelts* um mich: Richtet droben einer über den *Sternen!*" (Friedrich Schiller: Die Räuber, S. 602, Hervorh. d. Verf.). Das Bild wird von Benn so transformiert, dass der angebliche Sternensitz des göttlichen Richters jetzt von der unbändigen Wucht des herkulischen Kraftmenschen geradezu erschüttert wird.

97 Das mit dem dialektalen und derben Kompositum "Pietzengeschlabber" umschriebene Saugen an der Brust spielt intertextuell auf die "Wickelkinder" in Schufterles schauriger Erzählung seiner Mordtaten an Kranken, Greisen, Müttern und Kindern im Zweiten Akt der *Räuber* an. Für seine Untaten, die Benn in seinem Gedicht adaptiert, wird Schufterle von Karl Moor allerdings durch einen Bann bestraft: "SCHUFTERLE. Pah! pah! was heißt aber das? – ja, wenns Männer gewesen wären – aber da warens Wickelkinder, die ihre Laken vergolden, eingeschnurrte Mütterchen, die ihnen die Mücken wehrten, ausgedörrte Ofenhocker, die keine Türe mehr finden konnten – Patienten, die nach dem Dokter winselten, der in seinem gravitätischen Trab der Hatz nachgezogen war – Was leichte Beine hatte, war ausgeflogen, der Komödie nach, und nur der Bodensatz der Stadt blieb zurück, die Häuser zu hüten. MOOR. Oh der armen Gewürme! Kranke, sagst du, Greise und Kinder? – SCHUFTERLE. Ja zum Teufel! und Kindbetterinnen dazu, und hochschwangere Weiber, die befürchteten, unterm lichten Galgen zu abortieren, junge Frauen, die besorgten, sich an den Schindersstückchen zu versehen und ihrem Kind im Mutterleib den Galgen auf den Buckel zu brennen – Arme Poeten, die keinen Schuh anzuziehen hatten, weil sie ihr einziges Paar in die Mache gegeben, und was das Hundsgesindel mehr ist, es lohnt sich der Mühe nicht, daß man davon redt. Wie ich von ungefähr so an einer Baracke vorbeigehe, hör ich drinnen ein Gezeter, ich guck hinein, und wie ichs beim Lichte besehe, was wars? Ein Kind wars, noch frisch und gesund, das lag auf dem Boden unterm Tisch, und der Tisch wollte eben angehen, – Armes Thierchen, sagt' ich, du verfrierst ja hier, und warfs in die Flamme – MOOR. Wirklich, Schufterle? – Und diese Flamme brenne in deinem Busen, bis die Ewigkeit grau wird! – Fort. Ungeheuer! Laß dich nimmer unter meiner Bande sehen! –" (Friedrich Schiller: Die Räuber, S. 547).

das Georges erlesene Konjunktive evoziert, führt paradoxerweise nicht zu einer Stilerhöhung, sondern erst recht zu einer Destruktion des ‚Lyrischen‘, dem bereits Kurt Hiller in seinem Pamphlet *Gegen Lyrik* (1911)[98] und Marinetti in seinem Manifest eine Abfuhr erteilt hatten.

Auf die Revolte gegen die veralteten Convenus der bürgerlichen Ästhetik folgt in der zweiten Strophe der nicht weniger expressionistische Aufstand des Sohns gegen das biedere Elternhaus. Dem ästhetischen Bruch entspricht jetzt ein Bruch zwischen den Generationen. Der Sohn stigmatisiert die altersbedingte Erschöpfung und Mattigkeit der Eltern, ihren „grauen Schlaf“ (V. 9), und setzt sie als „ausgeborene Schluchten“ (V. 9) den von ihm erstiegenen Höhen entgegen. Als Bild bereiten die „Schluchten“ die Vision des Grabes in der nächsten Zeile vor und bilden zu dem Wolkenflug im übernächsten Vers einen markanten Kontrast. Der ‚Rabensohn‘ sehnt den überfälligen Tod der Eltern herbei – „Bald sä‘n euch ein paar Handvoll Erde zu“ – und setzt sich über sie hinweg. Durch den Vergleich seines schöpferischen Lebensrausches mit dem „Flug“ der Wolken erweist sich Schiller als Doppelgänger des mephistophelischen Franz Moor, der seinen *„hochfliegenden* Geist“ nicht „an den Schneckengang der Materie ketten lassen“ will.[99]

In der letzten Strophe gibt sich Benns Schiller schließlich als Syphilitiker zu erkennen. Er setzt sich indes über das „bißchen Seuche“ tollkühn hinweg, wobei die drastische Bezeichnung „Hurenschleim“ als Umschreibung für die durch Schleimhautkontakt beim Geschlechtsverkehr übertragbare Geschlechtskrankheit den derb-obszönen Duktus des Textes erneut bekräftigt. Der Idealist Schiller wird bei Benn somit zum Sprachrohr einer anti-idealistischen Entzauberung, welche den Jargon seiner Räuber noch überbietet. Der Mensch sei nichts anderes als ein Krümel der Verwesung, „Ein Bröckel Tod stinkt immer aus der Erde“ (V. 14). Daher soll ihn auch die Syphilis recht wenig kümmern – „Pfeif drauf!“ (V. 15). Die umgangssprachliche Redewendung ‚jemandem eins auswischen‘ – „Wisch ihm eins!“ (V. 15) – bezieht sich offenbar auf den Tod, vor dem man nicht nur keine Angst haben, sondern an dem man draufgängerisch auch noch Rache nehmen soll. Die barsche Interjektion, die das Gedicht abrundet – „Pah!“ –, lässt noch einmal Schufterles rauen Idiolekt intertextuell anklingen – „*Schufterle.* Pah! pah! was heißt aber das? –“[100] und Schiller mit dem verruchtesten seiner Räuber verschmelzen.

---

98 Kurt Hiller: Gegen „Lyrik“. In: Der Sturm 1 (25. Februar 1911) 52, S. 414 f.
99 Friedrich Schiller: Die Räuber, S. 521.
100 Ebd., S. 547.

Benns Schiller-Porträt läuft auf die immanente Demontage eines bürgerlichen Klassikers hinaus, die ihn ‚beim Wort' nimmt und sein eigenes Werk gegen seinen musealen Kult mobilisiert. Sein Gedicht stellt in seiner provokatorischen Radikalität einen Affront gegen das zeitgenössische Schiller-Bild dar und bildet zugleich einen von der Forschung bislang unterschätzten Höhepunkt der antibürgerlichen Traditionspflege im Expressionismus. Zugleich lässt sich darin auch eine markante anarchistische Radikalisierung der bürgerlichen Signatur von Schillers Drama konstatieren. Am Vorabend der bürgerlichen Revolution entstanden, geben Schillers *Räuber* einem antifeudalen Freiheitsbedürfnis Ausdruck. Seine Banditen sind die Vorreiter der bürgerlichen Revolutionäre. Das Drama durchziehen die Empörung gegen die feudale Gesellschaft, die durch das Majoratsrecht repräsentiert ist, sowie das enthusiastische Plädoyer für die bürgerliche Freiheit. Karls Seelengröße ist republikanisch konnotiert und begehrt gegen die feudale Enge seiner Zeit auf: „Stelle mich vor ein Heer Kerls wie ich, und aus Deutschland soll eine Republik werden, gegen die Rom und Sparta Nonnenklöster sein sollen".[101] Benns Schiller-Porträt verkörpert dagegen einen Frontalangriff auf das zeitgenössische Bürgertum, das sich nach dem Scheitern der Revolution von 1848 auf seine wirtschaftlichen Interessen beschränkt, mit dem monarchistischen Autoritätsstaat seinen Frieden geschlossen und zugleich seine liberale Mission verraten hatte.[102] Überformt Benn den ‚Klassiker-Schiller' zum ‚Räuber-Schiller', so radikalisiert er auch den Wortführer der bürgerlichen Freiheit zum anarchistischen Bürgerschreck.

---

101 Ebd., S. 504.
102 So betonte etwa Konrad Burdach, damals Leiter der Forschungsstelle für Sprachwissenschaft bei der Akademie der Wissenschaften, in seiner offiziellen Schiller-Rede bei der Gedächtnis-Feier von 1905 in Berlin gerade Schillers „aristokratische Weltanschauung": „Nicht im demokratischen Parteisinn fasse man diesen Schillerschen Begriff der Freiheit. Wohl hat der Dichter in den *Räubern*, *Kabale und Liebe* und noch im *Tell* das Recht der Revolution proklamiert. [...] Aber seit seiner Reife, seit den furchtbaren Enttäuschungen der französischen Revolution bekannte er sich zu einer aristokratischen Weltanschauung" (K. B.: Schiller-Rede. Gehalten bei der Gedächtnisfeier in der Philharmonie zu Berlin am 8. Mai 1905. In: Schiller – Zeitgenosse aller Epochen. Bd. 2, S. 184–202, hier S. 189).

2 Expressionistische Europa-Konstruktionen – mit Blick auf Nietzsche

Wiewohl Europa in der Poetik und in der kulturkritischen Publizistik der expressionistischen Generation eine zentrale Rolle spielte, schenkte die Forschung der expressionistischen Europa-Reflexion bisher kaum Beachtung.[1] Im Folgenden soll zumindest ansatzweise die Bedeutung des europäischen Horizontes im Expressionismus verdeutlicht werden. Zugleich soll auch dargelegt werden, dass das Nachdenken der expressionistischen Generation über Europa wiederholt von Nietzsches Europa-Reflexion und von dessen Konzeption des ‚guten Europäers‘ profitiert.[2]

,Europa' stellte eine Konstante in der expressionistischen Publizistik dar. Die Polyphonie ihrer Europa-Diskurse zeigt, dass bei allen Differenzen im Einzelnen ‚Europa' eine zentrale Bezugsgröße ist, durch welche die expressionistische Generation ihr Selbstverständnis gewann. Entsprechend der üblichen Periodisierung des Expressionismus in Früh-, Kriegs- und Spätexpressionismus lassen sich auch in der Europa-Reflexion drei Phasen ausdifferenzieren.

2.1 Europa-Diskurse der Vorkriegszeit

2.1.1 Die „deutsche" Avantgarde als europäische „Mischkultur"

Im Frühexpressionismus bildete Europa den impliziten, ja quasi selbstverständlichen Bedingungsrahmen der expressionistischen Poetik. Im Unterschied zum Naturalismus, der sein ästhetisches Programm mit einem klaren nationalen Auftrag und einem Volkserziehungsprogramm verband,[3] herrschte im Expres-

---

1 Teile der folgenden Ausführungen basieren auf meinem Beitrag: Europa-Konstruktionen im deutschen Expressionismus – mit Blick auf Nietzsche. In: Cultura Tedesca. Hg. von Luca Crescenzi, Carlo Gentili und Aldo Venturelli. Rom: Istituto Italiano di Studi Germanici 2018, S. 147–162.
2 Dazu Aldo Venturelli: Die „Gaya Scienza" der „Guten Europäer". Einige Anmerkungen zum Aphorismus Nr. 377 des V. Buches der *Fröhlichen Wissenschaft*, in Nietzsche-Studien 39 (2010), S. 180–200, sowie: Vivetta Vivarelli: Nietzsche als guter Europäer. In Nietzsche und die Kultur – ein Beitrag zu Europa? Hg. von Georges Goedert und Uschi Nussbaumer-Benz. Hildesheim/Zürich/New York: Olms 2002, S. 112–123.
3 Dazu Heinz Linduschka: Die Auffassung vom Dichterberuf im deutschen Naturalismus. Frankfurt am Main u. a.: Lang 1978, S. 202.

https://doi.org/10.1515/9783111010540-004

sionismus eine antinationalistische und ausgeprägte europäische Orientierung. Von dieser Internationalität zeugen bereits die Biographien. Zahlreiche Autoren/-innen stammten aus mehrsprachigen Gebieten wie dem Elsass oder Österreich-Ungarn. Der hohe Anteil von Autoren/-innen jüdischer Herkunft und von vor allem russischen Migranten/-innen verstärkte die internationale Matrix der deutschsprachigen Avantgarde. Aus dem bilingualen Elsass stammten Ernst Stadler, René Schickele, Hans Arp und Otto Flake. In seiner Rezension von Hans Karl Abels Roman *Die Elsässische Tragödie* (1911)[4] betont Stadler die historische Mittlerrolle des Elsass und verteidigt gerade die Vorzüge von Mischkulturen:

> Warum sollte Mischkultur etwas Verwerfliches sein? Alles Feinste und Letzte ist noch immer aus Mischung gezogen worden, und nur vierschrötige Germanisatoren können wünschen, das, was das Elsaß unter französischer Herrschaft an wertvollem Kulturbesitz aus dem Nachbarland sich zu eigen gemacht hat, bei Stumpf und Stiel auszurotten.[5]

Die Formel der „Mischukultur", die Stadler in Bezug auf das Elsaß verwendet, lässt sich als Metapher für die Vorkriegsavantgarde überhaupt generalisieren. Viele ihrer Vertreter/-innen teilten die Herkunft aus einer „Mischkultur". Yvan Goll kam in dem nach 1871 französisch gebliebenen Teil von Lothringen zur Welt, er schrieb Zeit seines Lebens in beiden Sprachen und fühlte sich gerade aufgrund seiner Zweisprachigkeit als Europäer. An Majakowski schrieb er am 5. Juni 1924: „J'écris en allemand et en français, mais je n'appartiens qu'à l'Europe".[6] Andere Expressionisten kamen aus dem mehrsprachigen österreichisch-ungarischen Reich, wie die in Prag geborenen Franz Kafka und Max Brod, der in Triest geborene Theodor Däubler, oder Albert Ehrenstein und Arthur Holitscher, welche jüdisch-ungarische Eltern hatten. Der österreichische Expressionist Hans Kaltneker stammte aus dem ungarischen Banat. Hinzu kamen die Migranten/-innen, etwa die russischen Maler/-innen Kandinsky, Marianne von Werefkin, Alexej von Jawlensky sowie der rumänische Dichter Tristan Tzara und die russische Übersetzerin Alexandra Ramm-Pfemfert, seit 1913 die Ehefrau von Franz Pfemfert, die für die Russland-Rezeption der Zeitschrift *Die Aktion* eine Schlüsselrolle spielte und sich auch als Übersetzerin einiger Schriften Leo Trotzkis, darunter der Autobiografie *Mein Leben* (1928), profilierte. Zwei der zentralen Gallionsfiguren von Waldens *Sturm*, der russische Maler Marc Chagall und der ukrainische Bildhauer

---

4 Ernst Stadler: Hans Karl Abel: Die Elsässische Tragödie. Ein Volksroman. Berlin 1911. [Rez.]. In: E. S.: Dichtungen, Schriften, Briefe. Kritische Ausgabe. Hg. von Klaus Hurlebusch und Karl Ludwig Schneider. München: Beck 1983, S. 385–391.
5 Ebd., S. 389.
6 Ms. 609, 510.319, Archiv Yvan Goll, Saint-Dié-des-Vosges.

Alexander Archipenko, hatten beide eine französische Akkulturation.[7] Als er in der Vorkriegszeit in Paris wohnte, schloss Ludwig Rubiner mit Chagall, dessen Werke er an Walden vermittelte, eine enge Freundschaft. Rubiners Frau Frida Ichak-Rubiner übersetzte übrigens 1921 die erste russische Monographie über Chagall ins Deutsche.

Im Zeichen der expressionistischen „Mischkultur" standen auch die Zeitschriften, allen voran *Der Sturm*, dessen Herausgeber Herwarth Walden einen ästhetischen Europäismus propagierte. Davon zeugen die zahlreichen dem Ausland gewidmeten Expositionen der Galerie *Der Sturm*, beginnend mit der Futuristen-Ausstellung vom April 1912.[8] Hinzu kamen die Salons des *Sturms*, die der französischen, belgischen, russischen, tschechischen, schwedischen und schweizerischen Avantgarde gewidmet waren, sowie die monographischen Ausstellungen zu Wassily Kandinsky, Gino Severini, Alexander Archipenko, Alexej von Jawlensky, Marc Chagall und Jacoba van Heemskerck.

2.1.2 Zur Dekonstruktion des Nationalismus in Franz Pfemferts *Aktion:* von Tolstoi bis Wagner

Unterstützt wurde dieser ästhetische Europäismus von Anbeginn durch eine explizite Nationalismus-Kritik. Vor allem *Die Aktion* betrieb bereits in der Vorkriegszeit eine energische Dekonstruktion des nationalistischen Diskurses. Im März 1911 ließ Franz Pfemfert einen Auszug aus Tolstois Essay *Patriotismus und Regierung* (aus der ins Deutsche übersetzten Sammlung *Über Krieg und Staat*) publizieren,[9] der den Patriotismus – verstanden als nationalistische „Bevorzugung seines Volkes oder Staates allen anderen Völkern oder Staaten gegenüber" – als ein „unnatürliches, unvernünftiges und schädliches Gefühl" diagnostiziert, das mit allen Mitteln zu bekämpfen ist.[10] Die Frage nach den Gründen für das

---

7 Ihre Schwester Maria heiratete 1913 Carl Einstein. Eine Liste der Übersetzungen findet sich bei Julijana Ranc: Alexandra Ramm-Pfemfert. Ein Gegenleben. Hamburg: Nautilus 2004, S. 550–553.

8 Vertreten waren dort Umberto Boccioni, Carlo Carrà, Luigi Russolo und Gino Severini.

9 Leo Tolstoi: Über Krieg und Staat. Deutsch von A. Syrkin. Berlin: Globus Vlg. o.J. (ca. 1900).

10 „Der Patriotismus, unter dessen Einfluß sich die Mehrheit aller Menschen unserer Zeit befindet, und unter dem die Menschheit so schwer leidet – ist nicht etwa der Wunsch geistiger Güter für sein Volk (geistige Güter kann man nicht seinem Volke allein wünschen) noch auch die Eigenart nationaler Individuen (diese ist eine Eigenschaft, und durchaus kein Gefühl) – sondern der Patriotismus ist das sehr bestimmte Gefühl der Bevorzugung seines Volkes oder Staates allen anderen Völkern oder Staaten gegenüber und darum der Wunsch, daß das eigene Volk oder der eigene Staat möglichst viel Wohlstand und Macht erringe, Dinge die nicht anders gewonnen werden können und gewonnen werden als auf Kosten des Wohlstandes und der Macht anderer

Erstarken des Nationalismus gerade in einer Zeit der internationalen Vernetzung des europäischen Kontinents auf allen relevanten Ebenen (Verkehr, Industrie, Handel, Künste und Wissenschaften)[11] beantwortet Tolstoi durch den Hinweis auf die Selbsterhaltungsdynamik staatlicher Apparate, welche ihrem Wesen nach national grundiert seien und den Nationalismus auf allen gesellschaftlichen Ebenen, in den Schulen, der Universität, der Verwaltung und der Presse entsprechend fördern würden:

> Es kommt das daher, weil die regierenden Klassen (ich verstehe hierunter nicht allein die Regierungen mit ihren Beamten, sondern auch alle Klassen, die sich einer ausschließlichen vorteilhaften Position erfreuen: die Kapitalisten, Journalisten, die Mehrzahl der Künstler und Gelehrten), weil diese ihre ausschließlich günstige Stellung – im Vergleich mit den Volksmassen – nur dank der staatlichen Organisation, welche sich auf den Patriotismus stützt – erhalten können. Da sie aber alle starken und mächtigen Mittel zur Beeinflussung des Volkes in der Hand haben, erhalten sie unentwegt in sich selbst und in anderen die politischen Gefühle, um so mehr, als diese Gefühle, weil sie die Staatsgewalt stützen, von dieser Gewalt höher als alles andere belohnt werden. Jeder Beamte hat um so mehr Erfolg in seinem Dienst, je mehr Patriot er ist; ebenso kann ein Soldat in seinem Beruf nur im Kriege avan-

---

Völker und Staaten". (Leo Tolstoi: Patriotismus. Übers. von N. N. In: Die Aktion 1 (13. März 1911) 4, Sp. 101–104, hier Sp. 101).

11 „Dank der Erleichterung der Verkehrsmittel, der Einheit der Industrie, des Handels, der Künste und Wissenschaften sind die Menschen unserer Zeit in einem solchen Maße miteinander verbunden, daß die Gefahr einer Eroberung, Vernichtung, Vergewaltigung durch die benachbarten Völker schon ganz verschwunden ist und daß alle Völker (die Völker, nicht die Regierungen) miteinander in friedlichen, gegenseitig sich fördernden, freundschaftlichen Beziehungen leben, im Handel wie in der Industrie und dem geistigen Leben, Beziehungen, die zu untergraben für sie weder eine Notwendigkeit noch ein vernünftiger Sinn vorliegt. Und daher, so sollte es scheinen, müßte das überlebte Gefühl des Patriotismus als überflüssig geworden und unvereinbar mit dem ins Leben getretenen Bewußtsein der Verbrüderung der Völker verschiedener Nationalität immer mehr zurücktreten und ganz verschwinden. Aber statt dessen geschieht das Gegenteil davon: dieses schädliche überlebte Gefühl fährt nicht nur fort zu existieren, es entbrennt noch immer heftiger. [...] Die Völker sympathisieren nicht nur ohne allen vernünftigen Grund, und im Gegensatz zu ihrem Bewußtsein und ihrem Vorteil, mit ihren Regierungen, bei deren Überfällen anderer Völker, bei ihren Besitzergreifungen eines fremden Gebietes, und bei der gewaltsamen Festhaltung desjenigen, dessen sie sich schon bemächtigt haben; – sie fordern vielmehr selbst diese Überfälle, diese Besitzergreifungen und Festhaltungen, freuen sich ihrer, sind stolz auf sie. Kleine unterdrückte Nationen, die unter die Macht großer Staaten gelangt sind – die Polen, Irländer, Tschechen, Finnländer, Armenier – sind, während sie selbst gegen den sie erdrückenden Patriotismus ihrer Unterdrücker reagieren, doch in dem Maße von diesem überlebten, überflüssig gewordenen, sinnlosen und schädlichen Gefühl des Patriotismus angesteckt, daß ihre ganze Tätigkeit sich auf ihn konzentriert und sie selber, die sie unter dem Patriotismus der starken Völker leiden, bereit sind, an anderen Völkern das zu üben, von demselben Patriotismus geleitet, was die Nationen, die sie sich unterworfen, an ihnen geübt haben und noch üben." (Ebd., Sp. 103).

cieren, der ja durch den Patriotismus erregt wird. Der Patriotismus und seine Begleiterscheinungen, die Kriege, führen den Zeitungsschreibern und der Mehrheit der Kaufleute große Gewinne zu. Jeder Schriftsteller, Lehrer, Professor stellt seine Stellung um so sicherer, je mehr er den Patriotismus predigt. Jeder Kaiser und König erringt sich um so mehr Ruhm, je mehr er dem Patriotismus ergeben ist.

In den Händen der herrschenden Klassen ist das Geld, die Armee, die Schule, die Religion, die Presse. In den Schulen erregen sie in den Kindern den Patriotismus durch Geschichten, in denen sie ihr Volk als das beste unter allen Völkern, welches immer recht hat, darstellen; in den Erwachsenen wird dieses Gefühl entzündet durch Schaustellungen, Feierlichkeiten, Denkmäler und durch die patriotische bürgerliche Presse; aber was die Hauptsache ist, der Patriotismus wird erregt, indem man zuerst allerhand Ungerechtigkeiten und Grausamkeiten gegen andere Völker begeht, bis man in diesen Feindschaft gegen das eigene Volk erweckt; dann aber benutzt man diese Feindschaft, um auch im eigenen Volke Feindschaft gegen das fremde Volk zu erregen.[12]

Der Schweizer Psychiater, Pazifist und Sozialreformer August Forel (1848–1931) veröffentlichte im August 1911 in der *Aktion* eine nicht weniger kritische Charakterisierung des Patriotismus. Auf eine für damalige Verhältnisse unerhört-radikale und provokatorische Weise entzaubert Forel den numinosen Begriff des ‚Vaterlandes‘, den er drastisch als eine „zufällige Anhäufung von Menschen auf einem bestimmten Stück Erde, die infolge von blutigen Kriegen da zusammengepfercht wurden",[13] definiert.[14] Von dem sozialistischen Anarchisten Gustave Hervé (1871–1944), der wegen seiner antinationalen Einstellung in Frankreich gerade eine Haftstrafe verbüßte, publizierte *Die Aktion* 1911 und 1912 zwei Beiträge, in denen der Chauvinismus als Religionssurrogat eingeschätzt wird.[15] 1912 veröffentlichte

---

12 Ebd., Sp. 103 f.

13 August Forel: Der Patriotismus. In: Die Aktion 1 (7. August 1911) 25, Sp. 773 f., hier Sp. 773.

14 „Die Moral des Patriotismus ist eine falsche, heute veraltete; sie ist die Mutter der Kriege, und der schlimmsten Unmoralitäten, weil sie zu einer übertriebenen Liebe einer Gruppe von Menschen zum Nachteil aller Anderen treibt, und weil sie so Nebenbuhlerschaft, Haß und Kampf zwischen den Nationen erzeugt. Man liebe seine Heimat und seine Landsleute, das ist sehr gut, und dagegen ist gewiß nichts einzuwenden. Aber diese Zuneigung muß der viel höher stehenden Liebe zur Menschheit untergeordnet werden. Wird sie das nicht, so gebiert sie notwendigerweise den Chauvinismus und alle mit diesem zusammenhängenden Übel." (Ebd., Sp. 774).

15 „Die alten Religionen waren zur Zeit, als noch der Glaube lebendig in allen Herzen war, voll Haß und Mißtrauen gegen alle Ketzer und Ungläubigen; die Katholiken verabscheuten glühend die Juden und andere Ungläubige, für die die Scheiterhaufen der heiligen Inquisition angezündet wurden; sie unternahmen im Namen des Gottes des Friedens und der Liebe Kreuzzüge gegen die Muselmänner im Orient; sie behandelten, nach dem, was die Geschichte berichtet, die Protestanten mit ungeheurer Strenge. Protestanten und Muselmänner waren ihnen gleich unangenehm, da beide nicht ihre Religion teilten. Die Patrioten aller Länder nähren die gleichen Gefühle für den Ausländer, für ihn, der das große Verbrechen begangen hat, nicht in ihrem Vaterlande geboren zu sein. Und die Schule trägt [...] Sorge, die blutige Erinnerung der Völker an vergangene Kriege zu

Die Aktion ferner einen Essay des deutsch-italienischen Soziologen Robert Michels (1876–1936), dem in Deutschland aufgrund seiner sozialistischen Einstellung die Habilitation verwehrt worden war. In seinem Beitrag *Die historische Entwicklung des Vaterlands-Gedankens* unternimmt Michels eine historische Dekonstruktion des Patriotismus, der auf die Zeit der Entstehung linguistisch homogener zentralistischer Nationalstaaten im 17. Jahrhundert zurückgeführt wird.[16] Trotzdem behauptete sich gerade in der Zeit der Religionskriege die Glaubensgemeinschaft vor der Vaterlandsgemeinschaft. Als historischen Wendepunkt charakterisiert Michels das Eintreten des katholischen Frankreichs zugunsten Schwedens und der deutschen Protestanten im letzten Drittel des Dreißigjährigen Krieges (1635–1659) auf Betreiben des Kardinals Richelieu.[17] Im Laufe des 18. Jahrhunderts dann wurde der Patriotismus zunehmend mit dem Republikanismus identisch.[18] So zeichnet für Charles de Montesquieu in seinem *Esprit des*

---

unterstützen." (Gustave Hervé: Patriotismus als Religion. In: Die Aktion 1 (18. Dezember 1911) 44, Sp. 1377–1379, hier Sp. 1378. Vgl. auch: Gustave Hervé: Die Wirkungen des Patriotismus. In: Die Aktion 2 (3. Juli 1912) 27, Sp. 839 f.).

16 „Die Entstehung des Patriotismus oder dessen, was man heute als solchen betrachtet, fällt, wenn wir von der Antike absehen, in relativ sehr späte Zeiten. Im Mittelalter war das Band der Christenheit so stark, dass ausser dem Städtebewusstsein kein starkes Sonderbewusst-sein aufkommen konnte. Der grosse Gegensatz bestand zwischen christlicher und islamitischer Weltensphäre und nicht zwischen Germanen und Romanen, oder gar zwischen Deutschland und Frankreich. Als Substitut des Patriotismus mag höchstens das Vasallentum, ein juridisch-staatliches Verhältnis aber ohne jeden ethnologischen oder linguistischen Beigeschmack, angesehen werden. Daran änderte auch die Renaissance-Periode nichts, die im Gegenteil die Völker einander näher brachte und den Austausch, ja, den schnellen Austausch zwischen ihren Eliteelementen erleichterte und beschleunigte. Die ersten grossen Ansätze zu einem zugleich auf staatlicher wie auf linguistischer Homogenität beruhenden Vaterlandsgedanken lassen sich in den sich allmählich immer mehr zentralisierenden grossen Nationalstaaten, insbesondere in Frankreich und England, am Ende des 17. Jahrhunderts beobachten." (Robert Michels: Die historische Entwicklung des Vaterlands-Gedankens. In: Die Aktion 2 (6. November 1912) 45, Sp. 1415–1417, hier Sp. 1415. Wiederabgedruckt in: Das Aktionsbuch. Hg. von Franz Pfemfert. Berlin-Wilmersdorf: Verlag Die Aktion 1917, S. 85–87).

17 „Die Religionskriege Frankreichs und Deutschlands liessen den Vaterlandsgedanken hinter dem der Religionsgemeinschaft völlig zurücktreten. Vaterlandsverrat zu Heilzwecken der Religion wurde zur Tagesordnung. Der letzte Teil des dreissigjährigen Krieges, insbesondere das Eintreten des katholischen Frankreichs zu Gunsten der deutschen Protestanten bedeutet den Beginn eines Wendepunktes. Die Nationen beginnen sich allmählich, beeinflusst vor allem von literarischem Ruhm, auf ihre, insbesondere sprachliche, aber auch traditionelle Eigenart zu besinnen." (ebd., Sp. 1415).

18 „Die Verfassungskämpfe der Revolutionszeit geben dem Patriotismus aber ein ganz besonderes einseitiges Gepräge. Patriot war der Freiheitskämpfer, ja, das Wort wurde ein Dezennium lang fast gleichbedeutend mit revolutionär." (ebd., Sp. 1415 f.).

lois (1748) die Vaterlandsliebe gerade die republikanische Staatsform aus. In der politischen Situation der Gegenwart dagegen betont Michels den imperialistischen Charakter des Patriotismus. Er stelle eine Ideologie für die kapitalistische Expansion der einzelnen Staaten auf der Suche nach neuen Absatzmärkten bereit und liefere so die ideologische Grundlage imperialistischer Politik als aggressive Form des kapitalistischen Nationalismus.[19] Die Ethisierung des Patriotismus stellt Michels entschieden in Frage.[20] *Last but not least* figurierte Richard Wagner in der *Aktion* als Nationalismusgegner. Ausgerechnet vom geistigen Hüter des Germanentums druckte Pfemfert im Juni 1913 in provokatorischer Absicht einen Auszug aus der Schrift *Über Staat und Religion* (1864), aus welcher Wagners Opposition gegen den Patriotismus als „Blindheit für das Interesse der Menschheit" unmissverständlich hervorgeht:

> *Patriotismus*...: Der Wahn, daß eine gewaltsame Veränderung des Staates den Bürger ganz persönlich treffen und vernichten müsse, so daß er sie nicht überleben zu können glaubt, beherrscht ihn hiebei in der Weise, daß er das dem Staat drohende Übel als ein persönlich zu erleidendes, mit ganz demselben, und wohl gar größerem Eifer als dieser abzuwenden bemüht ist. Wie der Patriotismus den Bürger für das Interesse des Staates hellsehend macht, läßt er ihn in *Blindheit* für das Interesse der *Menschheit* überhaupt, ja, seine wirksamste Kraft übt er darin aus, daß er diese Blindheit, die im gemeinen Lebensverkehr von Mensch zu Mensch oft schon bricht, auf das eifrigste *verstärkt* ... *Ungerechtigkeit* und *Gewaltsamkeit* gegen andere Staaten und Völker ist daher von je die *wahre Kraftäußerung des Patriotismus* gewesen. [...] Da wir diesen Wahn, als Patriotismus, *nicht* für wirklich rein und dem Zweck der menschlichen Gattung, als solcher, vollkommen entsprechend erkennen mußten, so haben wir nun auch in diesem Wahn zugleich den *gefährlichen Feind der öffentlichen Ruhe und Gerechtigkeit* in das Auge zu fassen.[21]

---

19 „Das schnellere Wachstum der Sonderaktivität der Arbeit weit über die Kauffähigkeit der Massen der Nation hinweg und die daraus entstehende Notwendigkeit der Schaffung neuer Absatzmärkte erzeugt, zusammen mit nationalem Stolz, den Imperialismus, der als eine wirtschaftliche und aggressive Form des spezifisch kapitalistischen Patriotismus zu betrachten ist." (Ebd., Sp. 1416).
20 „In ganzen lehrt der Blick auf die Geschichte des Vaterlandsgedankens, dass wir es hier teils mit einem gefühlsmässigen, teils mit einem juridischen Begriff zu tun haben, der aber jeder logischen oder ethischen Festhaltung spottet. Der Patriotismus wird, je nach den einzelnen Milieus, in denen er sich vorfindet, durch die verschiedenartigsten Elemente gebildet, die ihren Ingredenzien wie ihrer Zielsetzung nach nichts mit einander gemeinsam zu haben brauchen. Er ist bald Staat, bald Rasse, bald lediglich Gefühl und diese Einzelelemente kommen überdies in den verschiedensten Mischungen vor. Die Evolutionen und Revolutionen, die der Begriff des Vaterlandsgedanken im Laufe der Jahrhunderte durchgemacht hat, tun dar, dass er nie eine sittliche Forderung, sondern allenfalls eine historische Notwendigkeit sein kann." (Ebd., Sp. 1416 f.).
21 Richard Wagner: Über den Patriotismus. In: Die Aktion 3 (4. Juni 1913) 23, Sp. 563 f. Vgl. zugleich: Wagner-Lexikon: Hauptbegriffe der Kunst- und Weltanschauung Richard Wagner's, in

2.1.3 Nietzsche als Kronzeuge: das Konzept des „guten Europäers"

Parallel zu der Dekonstruktion des nationalistischen Diskurses zeichnete sich bereits im Frühexpressionismus auch eine Reflexion über die europäische Identität ab, die von Friedrich Nietzsche profitierte. Dazu zählt der 1911 in der *Aktion* publizierte Essay *Europäertum*.[22] Dort rechnet der Publizist Otto Corbach (1877–1938) mit dem preußischen Nationalismus ab, indem er auf provokatorische Weise ausgerechnet Napoleon als den ersten wahrhaftigen Europäer mit einer paneuropäischen Vision charakterisiert.[23] Andererseits verdeutlicht Corbachs Aufsatz die Bedeutung, die Nietzsches Europa-Reflexion für die expressionistische Generation besaß. Corbach erhebt gerade Nietzsche zum Kronzeugen seiner antinationalistischen Europa-Vision und beschließt seinen Essay mit einem Zitat aus *Jenseits von Gut und Böse* (1886), in dem Nietzsche sein Konzept eines „Europäers der Zukunft" entwirft:

> Bei allen tieferen und umfänglicheren Menschen dieses Jahrhunderts war es die eigentliche Gesammt-Richtung in der geheimnissvollen Arbeit ihrer Seele, den Weg zu jener neuen *Synthesis* vorzubereiten und versuchsweise den Europäer der Zukunft vorwegzunehmen: nur mit ihren Vordergründen, oder in schwächeren Stunden, etwa im Alter, gehörten sie zu den „Vaterländern", – sie ruhten sich nur von sich selber aus, wenn sie „Patrioten" wurden. Ich denke an Menschen wie Napoleon, Goethe, Beethoven, Stendhal, Heinrich Heine, Schopenhauer [...]. Sie sind sich in allen Höhen und Tiefen ihrer Bedürfnisse verwandt, grundverwandt: Europa ist es, das Eine Europa, dessen Seele sich durch ihre vielfältige und ungestüme Kunst hinaus, hinauf drängt und sehnt – wohin? in ein neues Licht? nach einer neuen Sonne? Aber wer möchte genau aussprechen, was alle diese Meister neuer Sprachmittel nicht deutlich auszusprechen wussten? Gewiss ist, dass der gleiche Sturm und Drang sie quälte, dass sie auf gleiche Weise *suchten*, diese letzten grossen Suchenden![24]

Dass dieser Nietzsche-Aphorismus über den „Europäer der Zukunft" für Corbach eine besondere Bedeutung besaß, geht daraus hervor, dass er ihn ein Jahr später in seinem in der Zeitschrift *Pan* publizierten Essay *Sprache und Politik* erneut zi-

---

wörtlichen Anführungen aus seinen Schriften zusammengestellt von Carl Friedrich Glasenapp und Heinrich von Stein. Stuttgart: Verlag der J. G. Cotta'schen Buchhandlung 1888, S. 595 f.

22 Otto Corbach: Europäertum. In Die Aktion 1 (15. Mai 1911) 13, Sp. 387–391.

23 „Er [Napoleon] war eben mehr als bloßer Franzose, er war der erste Europäer großen Stils, dessen Geist die europäischen Raumverhältnisse beherrschte und sich dadurch über das Nationalitätsprinzip erhob. [...] Europäischer Geist herrschte im Zeitalter Napoleons auch im literarischen Deutschland. Die damaligen deutschen Geistesheroen waren Europäer im besten Sinne des Wortes" (ebd., Sp. 390).

24 KSA 5, S. 201 f.

tiert, diesmal im Zusammenhang mit der Sprachproblematik und der Vielfalt der europäischen Sprachen.[25]

Der von Corbach zitierte Aphorismus führt ins Zentrum von Nietzsches Reflexion über die ‚guten Europäer'. Wie bereits Gert Mattenklott hervorgehoben hat, sind Nationen für Nietzsche „keine Naturprodukte organischer Entwicklung in geographisch-klimatisch definierten Räumen, wie [...] die Generation der Romantiker vermeinte, sie sind vielmehr artifizielle Konstrukte und Symptome eines Ressentiments gegen den Gang der Zeit."[26] Den Nationalismus betrachtet Nietzsche nicht als Modernisierungsfaktor, sondern als anachronistische Reaktion auf den globalen Verschmelzungsprozess der Kulturen. Denkwürdig ist in diesem Kontext ein weiterer Aphorismus, der aus der Sammlung *Menschliches, Allzumenschliches* (1878) stammt und die prägnante Überschrift *Der europäische Mensch und die Vernichtung der Nationen* trägt. Dort reflektiert Nietzsche über die unaufhaltsame Verflechtung der nationalen Gebilde, die sich bereits im ‚Jahrhundert der Nationen' in Europa auf merkantiler, industrieller, kommunikations- und transporttechnologischer Ebene anbahnte und die ihm als Vorbote des ‚guten Europäers' als einer neuen, transnationalen ‚Mischrasse' erscheint:

> *Der europäische Mensch und die Vernichtung der Nationen.* – Der Handel und die Industrie, der Bücher- und Briefverkehr, die Gemeinsamkeit aller höheren Cultur, das schnelle Wechseln von Ort und Landschaft, das jetzige Nomadenleben aller Nicht-Landbesitzer, – diese Umstände bringen nothwendig eine Schwächung und zuletzt eine Vernichtung der Nationen, mindestens der europäischen, mit sich: so dass aus ihnen allen, in Folge fortwährender Kreuzungen, eine Mischrasse, die des europäischen Menschen, entstehen muss. Diesem Ziele wirkt jetzt bewusst oder unbewusst die Abschliessung der Nationen durch Erzeugung *nationaler* Feindseligkeiten entgegen, aber langsam geht der Gang jener Mischung dennoch vorwärts, trotz jener zeitweiligen Gegenströmungen: dieser künstliche Nationalismus ist übrigens so gefährlich wie der künstliche Katholicismus es gewesen ist, denn er ist in seinem Wesen ein gewaltsamer Noth- und Belagerungszustand, welcher von Wenigen über Viele verhängt ist, und braucht List, Lüge und Gewalt, um sich in Ansehen zu halten. Nicht das Interesse der Vielen (der Völker), wie man wohl sagt, sondern vor Allem das Interesse bestimmter Fürstendynastien, sodann das bestimmter Classen des Handels und der Gesellschaft, treibt zu diesem Nationalismus; hat man dies einmal erkannt, so soll man sich nur ungescheut als *guten Europäer* ausgeben und durch die That an der Verschmelzung der Nationen arbeiten: wobei die Deutschen durch ihre alte bewährte Eigenschaft, *Dolmetscher und Vermittler der Völker* zu sein, mitzuhelfen vermögen.[27]

---

25 Otto Corbach: Sprache und Politik. In: Pan 2 (29. Februar 1912) 15, S. 452–455.

26 Gert Mattenklott: Der „werdende Europäer" als Nomade. Völker, Vaterländer und Europa. In: Nietzsche – Philosoph der Kultur(en)? Hg. von Andreas Urs Sommer. Berlin u. a.: De Gruyter 2008, S. 125–148, hier S. 127.

27 KSA 2, S. 309–311, hier S. 309.

Im Aphorismus 377 des Fünften Buches der *Fröhlichen Wissenschaft* (1882) schließlich präzisiert Nietzsche weiter seine Konzeption des ‚guten Europäers‘ und verleiht ihr jetzt aristokratische Züge. Die ‚guten Europäer‘, mit denen sich Nietzsche im einvernehmlichen ‚Wir‘ zusammen mit seiner Leserschaft identifiziert, erscheinen als „die reichen, überhäuften, aber auch überreich verpflichteten Erben von Jahrtausenden des europäischen Geistes“. Sie sind aus dem Christentum hinausgewachsen und also Repräsentanten einer neuen geistigen Elite, die aus Nietzsches Kreuzzug gegen das Christentum hervorgehen soll.[28] Der ‚gute Europäer‘ erscheint somit als aristokratische Gegenfigur zum plebejischen ‚Herden-Europäer‘, den Christentum und Demokratie hervorgebracht haben. So repräsentiert in der Vorrede zu *Jenseits von Gut und Böse* (1886) der ‚gute Europäer‘ den elitären Antipoden zu den anthropologischen Typen des „Jesuiten“, des „Demokraten“ und des „Deutschen“.[29] In einem nachgelassenen Fragment von 1884 wird der ‚gute Europäer‘ als Sprössling einer neuen aristokratischen Rasse charakterisiert. Nietzsche notiert als Titelentwurf: *„Die guten Europäer.* | Vorschläge zur Züchtung eines neuen Adels“.[30]

Im Frühexpressionismus wurde vor allem die antinationalistische Semantik des ‚guten Europäers‘ aktualisiert, während sein antichristlich-aristokratisches Ethos in den Hintergrund trat. Dies zeigt auch Wilhelm Herzog, der unmittelbar vor Kriegsausbruch in einem antipatriotischen Appell die europäischen Intellektuellen als ‚gute Europäer‘ apostrophiert.[31]

---

28 „Wir Heimatlosen, wir sind der Rasse und Abkunft nach zu vielfach und gemischt, als ‚moderne Menschen‘, und folglich wenig versucht, an jener verlognen Rassen-Selbstbewunderung und Unzucht theilzunehmen, welche sich heute in Deutschland als Zeichen deutscher Gesinnung zur Schau trägt und die bei dem Volke des ‚historischen Sinns‘ zwiefach falsch und unanständig anmuthet. Wir sind, mit Einem Worte – und es soll unser Ehrenwort sein! – *gute Europäer*, die Erben Europa’s, die reichen, überhäuften, aber auch überreich verpflichteten Erben von Jahrtausenden des europäischen Geistes: als solche auch dem Christenthum entwachsen und abhold, und gerade, weil wir *aus* ihm gewachsen sind, weil unsre Vorfahren Christen von rücksichtsloser Rechtschaffenheit des Christenthums waren, die ihrem Glauben willig Gut und Blut, Stand und Vaterland zum Opfer gebracht haben.“ (Ebd., hier S. 630 f.).

29 „Aber wir, die wir weder Jesuiten, noch Demokraten, noch selbst Deutsche genug sind, wir guten Europäer und freien, sehr freien Geister –“ (KSA 5, S. 13).

30 KSA 11, S. 234, 26 [320].

31 „Organisiert Euch, beruft einen Kongreß der Kopfarbeiter aller Länder ein, wie er nicht nur mir vorschwebt, fürchtet weder die überlegene Geste der Snobs noch das breitspurige Pathos der Vaterländer. Alle guten Europäer werden kommen: Anatole France, Octave Mirbeau, Romain Rolland, Bernhard Shaw, Chesterton, Wedekind, Hauptmann, Heinrich und Thomas Mann, Rainer Maria Rilke, Andrejew, Gorki, Rodin, Liebermann, Simmel, Brentano, Mereschkowski und viele junge leidenschaftliche Köpfe, die – als Künstler oder Gelehrte – keine nationale Grenze, keine völkischen Interessen kennen, denen die Gerechtigkeit mehr gilt als die Justiz, denen der Geist,

2.2 Weltkriegszäsur

Mit dem Weltkrieg verlor das europäische Bewusstsein der Avantgarde auf einmal seine Selbstverständlichkeit und entwickelte sich mehr und mehr zum Problem. Bekanntlich verklärten zahlreiche Expressionisten im Fahrwasser der Kriegspropaganda den Weltkrieg zum Erlebnis der Verbrüderung und moralischen Läuterung. Viele Vertreter der Avantgarde meldeten sich als Freiwillige.[32] Die expressionistische Kriegslyrik der ersten Kriegsmonate zelebrierte das ‚August-Erlebnis‘ als vitalen Aufbruch und Schaffung einer neuen klassenübergreifenden Gemeinschaft und literarisierte somit den ideologischen Komplex der ‚Ideen von 1914‘.[33] Mit der Kriegsbegeisterung verbreitete sich auch der Hass gegen kulturelle Alterität, auch gegen Fremdwörter und Fremdsprachen. Vor allem die Aktivitäten des Allgemeinen Deutschen Sprachvereins sind in diesem Zusammenhang zu nennen.[34] Der Vorsitzende, Otto Sarrazin, verfasste im August 1914 einen Aufruf *An alle Deutschen!*, der auch als Flugblatt zirkulierte und im September-Heft der *Zeitschrift des Allgemeinen Deutschen Sprachvereins* abgedruckt wurde, in welchem der Weltkrieg als Erwachen des Sprachgewissens des deutschen Volkes, als großer Sprachreiniger gefeiert wurde:

> An alle Deutschen!
> Die Saat, die der Allgemeine Deutsche Sprachverein in dreißigjähriger unermüdlicher Arbeit für die *Pflege der deutschen Muttersprache* ausgestreut hat, ist herrlich aufgegangen. In dieser schwerernsten Zeit, da halb Europa, da Rußland, Frankreich, England uns überfallen haben, um Deutschland zu zermalmen, das Deutschtum zu vernichten, ist wie mit einem Schlage auch das *Sprachgewissen* des ganzen Volkes erwacht. Mit Urgewalt hat sich die Erkenntnis durchgerungen, daß die unverfälschte Muttersprache des Deutschtums festestes Band, seine vornehmste und stärkste Stütze, seine *unerschütterliche Grundfeste* ist!

---

die Wissenschaft und die Kunst höher steht als jenes geräuschvolles Etwas, was man heute für Patriotismus verschleißt" (Wilhelm Herzog: Tagebuch. In Das Forum 1 (April 1914) 1, S. 1–16, hier S. 3 f.).

32 Zu ihnen zählten Franz Marc, Oskar Kokoschka, der 1916 Kriegsmaler an der Isonzofront war, Carl Zuckmayer, Paul Zech, Ernst Toller, Rudolf Leonhard, Alfred Lichtenstein, Walter Hasenclever, Wieland Herzfelde, Ernst Wilhelm Lotz, Fritz von Unruh. Franz Jung desertierte schon im Dezember 1914, ohne an einer Schlacht teilgenommen zu haben. Hugo Ball meldete sich als Kriegsfreiwilliger, wurde aber ausgemustert, wie auch Georg Grosz, der sich 1914 freiwillig als Infanterist gemeldet hatte und 1915 als dienstuntauglich ausgeschieden wurde.

33 Dazu Hermann Korte: Der Krieg in der Lyrik des Expressionismus: Studien zur Evolution eines literarischen Themas. Bonn: Bouvier 1981.

34 Dazu Anja Stukenbrock: Sprachnationalismus: Sprachreflexion als Medium kollektiver Identitätsstiftung in Deutschland (1617–1945). Berlin u. a.: de Gruyter 2005, und Karl-Heinz Göttert: Die Sprachreiniger: der Kampf gegen Fremdwörter und der deutsche Nationalismus. Berlin: Propyläen 2019, vor allem S. 175–197.

Das Volk stand auf, der Sturm brach los – der Sturm auch wider die Schänder der deutschen Edelsprache, wider das alte Erbübel der deutschen Fremdtümelei, wider alle würdelose Ausländerei, wider Engländerei und Französelei. Allerorten geht man mit Eifer, ja mit Begeisterung ans Werk, die *öffentlich* zur Schau getragenen fremdländischen Inschriften, Ladenschilder, Geschäftsanzeigen und -anpreisungen usw., diese traurigen Zeigen einstmaliger Erniedrigung Deutschlands, zu beseitigen und durch gutes Deutsch zu ersetzen. [...] Schmach über jeden Deutschen, der fürder seine heilige Muttersprache schändet! „Gedenke, daß du ein Deutscher bist!"[35]

Die wissenschaftliche Haltlosigkeit des vom Sprachverein vertretenen Purismus belegte vergeblich ein junger Wiener Privatdozent, Leo Spitzer, der in seiner Abhandlung *Fremdwörterhatz und Fremdvölkerhaß. Eine Streitschrift gegen die Sprachreinigung* (1918) nicht nur das sprachliche Heimatrecht von Fremdwörtern verteidigte, sondern auch die Verbindung zwischen Fremdwortjagd und Fremdenhass herausarbeitete: „Die wilden Instinkte des Volkes kann man künstlich aufpeitschen: die Alldeutschen erregen sie gegen die Fremdvölker, die Allesverdeutscher gegen die Fremdwörter".[36]

Gegenüber der Verketzerung kultureller Alterität waren die Expressionisten keineswegs immun. Albert Ehrenstein etwa plädierte 1915 im *Merker* für die Streichung des damals fest etablierten Französisch- und Lateinunterrichts an den österreichisch-ungarischen Gymnasien als Ausmerzung des „romanischen Elements" und setzte sich im Sinne der Pflege des nationalen literarischen Erbes für das Mittelhochdeutsche der Mystiker ein:

Ich trete ein für die Entfernung des romanischen Elements: des Lateinischen und Französischen aus den Schul- und Erziehungsplänen. Jeder bessere Gymnasiast weiß, daß die Römer in literarischer Beziehung von jeder Originalität entfernte Epigonen waren. Und Tausende und Abertausende von Mittel- und Hochschülern gibt es, die zwar ihren – nicht unseren – Horaz oder den minderwertigen Livius flott übersetzen können – aber dem Mittelhochdeutsch unserer Mystiker, die ihnen in religiöser, ethischer, philosophischer Beziehung tausendmal mehr zu geben vermögen als die Lateiner, nicht gewachsen wären. Das mit Unrecht immer mehr und mehr zurückgedrängte Griechische hingegen ist die Sprache eines künstlerisch und dichterisch höchst veranlagten, autochthonen Kulturvolkes. [...] Und vor Allem muß in Hinkunft in den nichtdeutschen Schulen Österreich-Ungarns die deutsche Sprache vor jeder andern alten oder neuen Fremdsprache rangieren! Gewiß hat uns die französische Sprache – und nicht nur, weil sie ein Verkehrsmittel heutiger Menschen ist – unsäglich mehr zu bieten als die lateinische. Aber ebenso, wie wir ablassen müssen, der Jugend die Sprache etlicher in der Entwicklungsgeschichte der Menschheit sicher höchst

---

35 Otto Sarrazin: An alle Deutschen! In: Zeitschrift des Allgemeinen Deutschen Sprachvereins 29 (September 1914) 9, S. 305.
36 Leo Spitzer: Fremdwörterhatz und Fremdvölkerhaß. Eine Streitschrift gegen die Sprachreinigung. Wien: Manzsche Hof-, Verlags- und Universitätsbuchhandlung 1918, S. 47.

wertvoll gewesener Römer aufzuhalsen, ebenso kann und darf sie nicht die Sprache jedes im Abstieg begriffenen, kultivierten 40 Millionenvolkes erlernen.[37]

Die nationalistische Einstellung koexistierte allerdings bei vielen expressionistischen Autoren/-innen auf paradoxe Weise mit einem europäischen Bekenntnis. Als Akteure der international agierenden Avantgarde war man offenbar nicht bereit, die eigene Modernität, die eine wesentlich transnationale Signatur trug, über Bord zu werfen. So versuchte man, dem nationalistischen Militarismus ein supranationales Format zu verleihen. Häufig wurden die Bekenntnisse zu Deutschland und zu Europa daher fast im selben Atemzug formuliert. Kurt Hiller zitierte in seiner Gedenkrede auf den gefallenen Ernst Wilhelm Lotz im Februar 1915 aus einem Brief des Dichters die Zeilen: „O mein Vaterland, das ich klirrend besingen werde! O Zukunft, Europa!"[38] Ein ähnliches Schwanken charakterisiert Georg Kaisers Tanzspiel *Europa* (1915), das in Anlehnung an Gustav Schwab das Europa-Sujet remythisiert und den Raub der phönizischen Königstochter durch Zeus in Stiergestalt inszeniert.[39]

---

[37] Albert Ehrenstein: Von der echten Kunst und fremden Sprachen. In: Ders.: Werke. Hg. von Hanni Mittelmann. Bd. 5: Aufsätze und Essays. Göttingen 2004, S. 73–77, hier S. 75 f.
[38] Kurt Hiller: Gedenkrede für meinen Freund Ernst Wilhelm Lotz. In: E. W. L.: Prosaversuche und Feldpostbriefe. Aus dem bisher unveröffentlichten Nachlass hg. von H. Draws-Tychsen. Diessen vor München: Huber 1955, S. 13.
[39] Die militaristische Stoßrichtung von Kaisers Tanzspiel wird im Finale überdeutlich. Dort wird Europa als ein kriegsschwangeres Land charakterisiert. Die Krieger erklären zum Schluss, dass ihre Söhne einst von ihrem neuen Land, Europa, kommend das Reich des alten phönizischen Königs Agenor – Europas Vater – vernichten werden (Edith Lach: Die Quellen zu Georg Kaisers Stücken. Phil. Diss. [Masch.] McGill University [Canada], S. 170). Auch der alte König drückt dieser Gewalteskalation sein Siegel auf, indem er als „echt" allein das Leben gelten lässt, das sich im Kampf bewährt: „AGENOR *Zu den Kriegern.* Kommt später und meßt euch mit diesem neuen Geschlecht. Kämpft um das Leben, das allein besteht: echtes Leben ist starkes Leben – und das stärkste ist das beste." (Georg Kaiser: Europa – Spiel und Tanz in fünf Aufzügen. Berlin: S. Fischer 1915, S. 166). Das musikalische Motto, das Kaiser dem Tanzspiel voranstellt, unterstützt ebenfalls diesen militärischen Diskurs: Es ist die Cherubino-Arie aus Mozarts *Nozze di Figaro*, welche die Wandlung eines Frauenhelden in einen Kriegshelden beschreibt. Die Losung, die Figaro auf den schönen Pagen münzt, adressiert Kaiser offenbar mit militärischem Impetus an die zartbesaitete europäische Jugend: „Cherubino, alla vittoria! / alla gloria militar!" Zugleich aber rekonstruiert Kaisers Tanzspiel auch die antike Aitiologie des europäischen Gründungsmythos, den Raub der Europa durch Zeus, und hält somit mitten im Weltkrieg die Erinnerung an die europäische Identität wach. Dieser widersprüchliche Nationaleuropäismus schlägt sich auch in der Publikationspolitik nieder. So veröffentlichte etwa Wilhelm Klemm seine Kriegsgedichte im extrem patriotisch gewordenen *Simplizissimus* und zugleich in Pfemferts pazifistischer *Aktion*.

2.2.1 Der 'gute Europäer' im Schützengraben: Franz Marc

Die janusköpfige Synthese von Nationalismus und Europäismus kehrt auch bei Franz Marc wieder, der sich ebenfalls Nietzsches Kategorie des ‚guten Europäers‘ zu eigen machte. Wirkte Nietzsche in der Vorkriegszeit als Sprachrohr eines antinationalistischen Diskurses, so wurde er im Krieg zunehmend zum Kronzeugen einer pangermanischen Europa-Idee umgedeutet, nach dem elitären Vorbild von Stefan Georges Konstrukt des *Geheimen Deutschlands*. Karl Wolfskehl hatte diese Formel bereits 1910 im *Jahrbuch für die geistige Bewegung* geprägt, um damit den George-Kreis vom wilhelminischen Deutschland abzugrenzen.[40] In seinem Essay *Das Geheime Europa* (1915) greift Marc dieses elitäre Gemeinschaftskonzept auf und verbindet es mit Nietzsches Begriff des ‚guten Europäers‘:

> es gibt ein geheimes Europa, das vielwissende alleshoffende Europa der geheimen Geister, den Typ des ‚guten Europäers‘, den schon Nietzsche entdeckt und geliebt hat. Hier schlägt das Herz der Welt, überschrien vom Vordergrundsgeschrei der Tagesgeister, nur hörbar dem, der in der Nacht vielleicht in einer Biwaknacht – das Ohr an die alte europäische Erde legt.[41]

Im Unterschied zum Vorkriegsexpressionismus betont Marc jetzt die elitären Züge von Nietzsches Begriff. Dafür tritt dessen antinationalistische Dimension in den Hintergrund. In Marcs Essay *Im Fegefeuer des Krieges* (Herbst 1914) erscheint der Europäismus, zu dem sich der deutsche Geist emporheben soll, nur als Durchbruch zu einem gesteigerten Nationalismus. Erst als ‚guter Europäer‘ kann der ‚Deutsche‘ seiner künftigen Aufgabe gewachsen sein, nach dem militärischen Sieg Frankreich abzulösen und die kulturelle Führung Europas zu übernehmen.

---

40 „Denn was heute unter dem wüsten oberflächenschorf noch halb im traume sich zu regen beginnt, das *geheime Deutschland*, das einzig lebendige in dieser zeit, das ist hier, nur hier zu Wort gekommen. Daß dies geheime Deutschland nicht verdorrt ist, daß es vernehmlicher denn seit langem aus seiner Berg- und Höhlenentrückung herauf will ans Licht, das gibt uns die tiefe Zuversicht für eine Zukunft, die gewiß ernst, schwer und düster, gewiß voll der unerhörtesten Erschütterungen sein wird, in der aber auch zum letzten Male vielleicht die Tiefen sich offenbaren wollen." (Karl Wolfskehl: Die Blätter für die Kunst und die neuste Literatur. In: Jahrbuch für die geistige Bewegung [1910], S. 1–18, hier S. 10). Mit Franz Marc stand Wolfskehl in freundschaftlichem Austausch und besaß auch ein Bild von ihm (das Gemälde *Lamm*) (vgl. Sebastian Schütze: Bildkünstlerische Rezepion. In: Stefan George und sein Kreis: ein Handbuch. Hg. von Achim Aurnhammer, Wolfgang Braungart, Stefan Breuer und Ute Oelmann, in Zusammenarbeit mit Kai Kauffmann. Berlin/Boston: De Gruyter 2016, Bd. 2, S. 919–938, S. 925).
41 Franz Marc: Das geheime Europa. In: Das Forum 1 (März 1915) 12, S. 632–638, hier S. 633.

Dass der ‚Deutsche' zum ‚guten Europäer' wird, ist somit nur ein Zwischenschritt. Das Ziel ist, dass er zum ‚Europäer' wird.[42]

2.2.2 Bellizistischer Europäismus: Rudolf Leonhard

Dasselbe Bekenntnis zum Krieg *und* zu Europa lässt sich auch in der expressionistischen Kriegslyrik beobachten,[43] am markantesten in Rudolf Leonhards von der Militärzensur konfiszierter Kriegslyriksammlung *Über den Schlachten* (1914).[44] Die paradoxe Dyade von Bellizismus und Europäismus prägt bereits das Eröffnungsgedicht der Sammlung. Es charakterisiert den Krieg nicht aus einer nationalistischen Perspektive, sondern als ein länderübergreifendes, das gesamte dekadente Europa aufrüttelndes Ereignis, das als eine paneuropäische Erneuerungschance präsentiert wird:

Europa

Dieser Krieg muß in allen Ländern
Berge versetzen, Ströme ertränken und den Boden verändern.
Mondschein verendet. Blut kriecht auf dem Boden.
Die überreifen Ähren an verlaßnen Halmen
lockern sich, fallen, quellen. Wälder beginnen Wolken zu qualmen.<IMA ul?>5
Städte versanden. Wasserfälle stürzen noch hin,
aber selbstgenügsam, vergessen und ohne Sinn.

Trompeten herrschen. Über Europa geht ein Getöse.
Wir lieben den Krieg, wir wollen das Böse![45]

Europaweit (V. 1: „in allen Ländern") wird der Krieg Wunder wirken (V. 2: „Berge versetzen, Ströme ertränken") und die dekadente europäische Kultur regenerieren

---

42 „Soll der Krieg uns das bringen, was wir ersehnen und das in einem Verhältnis zu unsern Opfern steht – der Atem stockt vor dieser Riesengleichung – wird sie aufgehen? –, so müssen wir Deutsche nichts leidenschaftlicher meiden als die Enge des Herzens und des nationalen Wollens. Sie verdürbe uns alles. Wer hat, dem wird gegeben werden. Nur mit dieser Devise werden wir auch geistig die Sieger bleiben und die ersten Europäer sein. Der kommende Typ des Europäers wird der deutsche Typ sein; aber zuvor muß der Deutsche ein guter Europäer werden. Das ist er heute nicht immer und überall." (Franz Marc: Im Fegefeuer des Krieges. In: Der Sturm 7 (April 1916) 1, S. 2).
43 Zur expressionistischen Kriegslyrik vgl. das Standardwerk von Hermann Korte: Der Krieg (darin über Leonhards *Über den Schlachten*: S. 151–157).
44 Dazu ebd., S. 151, sowie Rudolf Stöber: Rudolf Leonhard. Seine literarische und weltanschauliche Entwicklung. Diss. Halle/Wittenberg 1963, S. 18.
45 Rudolf Leonhard: Über den Schlachten. Berlin-Wilmersdorf: A. R. Meyer-Verlag 1914, S. 1.

(„den Boden verändern"). Zugleich schreibt Leonhard dem Krieg das Potential zu, einen formalästhetischen Paradigmenwechsel auszulösen. Signalcharakter besitzt in dieser Hinsicht bereits das verkündete Ende des Mondscheins („Mondschein verendet"). Es markiert die Liquidation der idyllisch-trivialen bürgerlichen Kunst und spielt auf Marinettis Parole „Tod dem Mondschein!" an.[46] Der Krieg („Blut kriecht auf dem Boden", V. 3) läutet das Ende der spätromantisch-bürgerlichen Dichtung ein und eröffnet somit zugleich Perspektiven formalästhetischer Innovation. Dass die „überreifen Ähren" (V. 4) fallen, verbindet ebenfalls mit dem Fallen der Soldaten an der Front das Ende der überreifen, epigonalen Naturlyrik. Das „Qualmen" der Wälder (V. 5) indiziert, dass auch sie sich inzwischen in Kriegsschauplätze verwandelt haben. Dass die „Städte versanden" (V. 6), spielt offenbar auf die mit Sandsäcken gebildeten Barrikaden zur Verteidigung belagerter Städte an. Das Bild der immer noch stürzenden Wasserfälle schließlich ist poetologisch kodiert. Seit Horaz' Pindar-Porträt in den Carmina IV 2 ist der Wasserfall ein Symbol für das genialische Dichten. Dass „Wasserfälle" immer noch hinstürzen, bedeutet demzufolge, dass es zwar noch Dichterstimmen gibt, aber nur „selbstgenügsame", d.h. ästhetizistische und selbstreferentielle. Ihr Schaffen ist wirkungs- und sinnlos – „vergessen und ohne Sinn".

Der Strophensprung markiert auch graphisch die vom Kriegsausbruch herrührende Zäsur. Der Konflikt, der vorher als Voraussetzung für die Überwindung der spießigen Naturdichtung und bürgerlichen Idyllen-Ästhetik aufgewertet wurde, ermöglicht jetzt auch die Überwindung der bürgerlichen Moral: „Wir lieben den Krieg, wir wollen das Böse!", lautet der provokative Schlussvers. Auffallend ist, dass der Krieg nicht vaterländisch konnotiert und – im Unterschied zum diskursiven Komplex der Ideen von 1914 – auch nicht ethisiert wird. Vielmehr wird er umgekehrt als das „Böse", d.h. als eine Befreiung aus der Enge der bürgerlich-christlichen Moral gefeiert.

Zwar fehlen in Leonhards Gedichtsammlung die chauvinistischen Akzente keineswegs. Die Briten werden als Bourgeois, Kaufleute und Diebe internationaler Rechte charakterisiert.[47] Der gefangene japanische Offizier wird als „gelbe[s] Vieh" apostrophiert.[48] Von dem erschossenen französischen Spion heißt es, dass seine Nägel glänzten – offenbar ein Indiz des femininen und dekadenten Charakters der Franzosen.[49] Meist wird aber der Krieg nicht in der Perspektive des

---

46 Filippo Tommaso Marinetti: Tod dem Mondschein. Zweites Manifest des Futurismus. Übertr. von Jean Jacques. In: Der Sturm 3 (Mai 1912) 111, S. 50f.
47 Rudolf Leonhard: Über den Schlachten, S. 8, V. 24–28 (*Der Flieger*).
48 Ebd., S. 13, V. 5 (*Männer*).
49 „Ein französischer Fliegeroffizier / war in der Gegend von Trier / vor Ausbruch des Krieges niedergegangen, / erlitt eine Wunde und wurde gefangen. // Er führte Bomben und schon be-

nationalistischen Kollektivs, sondern eher aus einem individualistischen und anarchistischen Blickwinkel als eine vitalistische Steigerung des Erlebens profiliert.[50] Ferner markiert Leonhards Sammlung bereits den Übergang zu einer pazifistischen Position.[51] Nicht zufällig trägt sie den Titel *Über den Schlachten*, der – dies hat die Forschung bisher übersehen – ein intertextuelles Echo von Romain Rollands berühmter pazifistischer Stellungnahme *Au-dessus de la mêlée* (erschienen im *Journal de Genève* am 22. September 1914) darstellt. So entsteht eine markante Dissonanz zwischen der Überschrift und dem kriegsapologetischen Eröffnungsgedicht. Auch das auf dem Titelblatt angebrachte Exergum, das den Charakter einer Palinodie besitzt, perspektiviert die bellizistischen Texte bereits aus der Retrospektive und konstatiert die Abkühlung des Kriegsrausches der ersten Kriegswochen:

> Im Taumel der ersten Wochen geschrieben –
> Der Rausch ist verdunstet, die Kraft geblieben –
> Wir werden uns wieder besinnen und lieben.[52]

Nicht alle Texte in Leonhards Sammlung sind übrigens kriegsapologetisch. Die Koexistenz von Bellizismus und Pazifismus spiegelt die allmähliche Lösung des jungen Autors von seiner anfänglichen Kriegsbegeisterung wider.[53]

---

lichtete Platten, / Die großen Wert für den französischen Angriff hatten. / Mit vorgeschobnem Kiefer sprach er, schnell und böse, und leugnete nicht. / Das Kriegsgericht / hat nach kurzer Beratung seine Erschießung beschlossen. / Im Niedern Feld, vor einer weißen Mauer, wurde er erschossen. // Ein junger Infanterieoffizier / diente dem Kriegsgericht als Schreiber. / Er trat nachher an den zusammengefallnen Haufen Mann, / hob seine schmalen Finger, sah sie an / und sah, daß die Leiche glatte / spiegelnde Fingernägel hatte. / Er ließ sie fallen. Verzerrte die Lippen. Dachte: ‚Leiber wie wir –!‘" (Ebd., S. 2, *Der Spion*).

50 „So wacht ich nie, und habe doch geträumt – / Aber so lief ich nie eine Treppe hinan / wie heute: / nie sahn mich so die runden Urweltaugen der Tiere an / und alle Leute. // So liebt ich nie. So wissend trat ich nie die Erde / wie heut im leiblichen Gefühl des Festest, daß ich fallen werde". (Rudolf Leonhard: Der Fähnrich. In: ebd., S. 12). Hermann Korte (Der Krieg, S. 155) konstatiert bei Leonhard zu Recht einen „‚moralfreien‘ Erlebnisfetischismus", der mit den Klischees der zeitgenössischen apologetischen Kriegslyrik unvereinbar war, ohne dafür als oppositionell wahrgenommen zu werden.

51 Dieser Aspekt kommt bei Hermann Korte (Der Krieg) zu kurz, der bei Leonhard nur eine erlebniszentrierte Kriegsapologetik und moralfreie Abenteurer-Ideologie erkennt. Die keinesfalls kriegsapologetischen Texte *Der Flieger* und *Tedeum* werden von Korte.

52 Rudolf Leonhard: Über den Schlachten, Titelblatt.

53 In *Der Flieger* etwa folgt auf die pantheistische Anteilnahme am Leiden der Welt eine antibritische Hassdeklaration: „Ich fühle in meinem Leibe jedes wunde Blut / der ganzen Welt. [...] / Aber ich habe noch eine Wut / über alle meine erstarrende Liebe: / nur gegen die englischen Händler, Bürger und Völkerrechtsdiebe" (ebd., S. 8, V. 24–28, *Der Flieger*). Zugleich hinterfragt

2.3 Zum Bedeutungsverlust des Europa-Narrativs in der Nachkriegszeit

2.3.1 Kulturtransfer als „unerwiderte Liebe": Kasimir Edschmid

In der Nachkriegszeit kam es zu einem allgemeinen Bedeutungsverlust der Europa-Idee, der man in den Kreisen der Avantgarde zunehmend mit Skepsis, Desillusion und Sarkasmus begegnete. Die Kriegsniederlage und der Versailler Vertrag führten auch im Expressionismus zu einer Wiederaufwertung des nationalen Diskurses. Diese Transformation lässt sich an Kasimir Edschmid anschaulich aufzeigen. Noch in seinem Vortrag *Über den dichterischen Expressionismus* vom Herbst 1917 hatte Edschmid die internationalen Vorbilder des Expressionismus betont: „Der Expressionismus hat vielerlei Ahnen, gemäß dem Großen und

---

das Gedicht in pazifistischer Perspektive die Technisierung des Tötens im Luftkrieg. Leonhard perspektiviert den Luftkrieg als eine distanzierte und technisierte Form des Tötens, durch welche der Täter sich nicht verantwortlich fühlt, da er mit seinem Zerstörungswerk nicht unmittelbar konfrontiert ist. In diesem Sinne erklärt der Pilot bei Leonhard: „Den einzelnen Tod kann ich nicht ertragen, / aber Tausende niederschlagen" (ebd., V. 37 f.). Von oben erscheint das Ausklinken der Bombe wie ein Kinderspiel: „Ich weiß, eine leichte Bewegung meiner ruhenden Hand – / Sie kann wie in vergeßnen Knabenspielen / den zerspringenden Ball der Bombe zielen – / trifft und setzt eine Stadt in Brand" (ebd., V. 33 – 36). Die Vogelperspektive erscheint als eine entfremdete Perspektive, denn sie verhindert beim Flieger jede Empathie mit den Opfern. Leonhard korrigiert zudem den Fliegerheroismus dadurch, dass er den Piloten in der zweiten Strophe landen und die von ihm angerichteten Kriegsverwüstungen aus der Nähe beschreiben lässt. Die Perspektive von oben wird somit durch eine Sicht von unten ergänzt und korrigiert („die ich in breite Lachen gekrümmt verbluten sehe"; „Ich sah, daß ein Schrapnell zweiundsiebzig Leiber zerrissen in einen Graben schmeißt. / ich sah es an!" (Ebd., V. 47 f.). Der Schluss ist sarkastisch: „Aber wir kämpfen für den Geist" (ebd., V. 49). Noch weiter entfernt vom bellizistischen Enthusiasmus ist das Gedicht *Tedeum*, das den ideologischen Missbrauch der Religion zur Kriegslegitimation denunziert. Die Rhetorik vom Heiligen Krieg wird dort durch die groteske Inszenierung eines hünenhaften kriegslüsternen Priesters, der ein Kriegsmassaker mit einem Dankeslied feiern lässt, *ad absurdum* geführt und parodistisch demontiert. Vgl.: „Der Priester, ein Riese mit schwarzem Haar, / tritt aufgerichtet vor den Altar / mit breit zum Kreuz erhobnen Armen. / Beide Fäuste fahren weit aus dem Talar. / Er beugt sich Gottes großem Erbarmen. // ,Lasset uns, Brüder, mit allen Gedanken, / unsres Gottes allmächtiger Güte danken! / In seinen wissenden Händen ruhen die Wogen / und Taten, die an den Ufern gelangen: / In England ist ein fester Hafen in die Luft geflogen, / Und Achtzehntausend verbrannten, ertranken. / Nur Asche und Knochen wurden gefangen, / kein Lebender wurde herausgezogen.' // Die Orgel zögert. Aber lauter brausend / geht es zurück, Choral und Chor, / die vielen Soprane jubeln klar hervor: / ,In Fetzen gerissen! Achtzehntausend!' (Rudolf Leonhard: Über den Schlachten, S. 5 f.).

Totalen, das seiner Idee zugrunde liegt, in aller Welt, in aller Zeit".[54] Und: „Diese Art des Ausdrucks ist nicht deutsch, nicht französisch. Sie ist übernational."[55] ‚Expressionismus' verliert somit jedes nationale Profil. Er wird zu einem ästhetischen Habitus, der keine konkreten Raum- und Zeit-Konturen mehr kennt, sondern große Literatur und Kunst überhaupt auszeichnet, im serbischen Volkslied so gut wie bei Rabelais, bei Goethe wie bei Boccaccio oder Gogol oder Flaubert.[56] Im Kontext der Nachkriegszeit und des Versailler Vertrags korrigierte Edschmid diese Position in seinem *Bücher-Dekameron* (1923) durch das Argument von der Zuspitzung des eigenen Volkstums als Voraussetzung eines wahren Europäismus. Edschmids Schrift ist, wie der Untertitel präzisiert, *Eine Zehn-Nächte-Tour durch die europäische Gesellschaft und Literatur*. In seinen von Boccaccio angeregten und an ein fiktives Gegenüber („Mijnheer" [„mein Herr"]) in zehn Nächten und zwei Vormittagen gerichteten, literaturkritischen Betrachtungen nimmt Edschmid Abstand vom Erstarken des deutschen Nationalismus infolge des Versailler Vertrags.[57] Er verurteilt ihn allerdings nicht *in toto*, sondern setzt ihm die „innerliche Kraft zu dem echten Deutschtum" entgegen.[58] Man merkt, dass die nationale Frage jetzt auch im Diskurs der Avantgarde eine zentrale geworden ist. In puncto Frankreich lässt sich ein Schwanken zwischen Bewunderung und Ressentiment konstatieren. Edschmids *Bücher-Dekameron* dokumentiert zum einen seine geradezu stupende Kenntnis der französischen Literaturgeschichte. Andererseits moniert der Autor immer wieder die Einseitigkeit des Kulturtransfers. Deutschlands Faszination für die französische Kultur sei eine „unerwiderte" Liebe geblieben.[59] Mit Leib und Seele habe sich Deutschland, das außer Russland „die besten Übersetzer der Welt" habe, der französischen Kultur verschrieben. In diesem Zusammenhang würdigt er auch die interkultu-

54 Kasimir Edschmid: Über den Expressionismus in der Literatur und die neue Dichtung. 8. Aufl. Berlin: Erich Reiß 1921, S. 50.
55 Ebd., S. 70.
56 „Wo dies [der Glaube, die Kraft und die Inbrunst] aber beisammen sich fand zur mystischen Hochzeit, war Expressionismus in jeder Kunst, in jeder Tat. Am Anfang die Schöpfung, die großen Kreise der Mythen, die Edda. Bei Hamsun, bei Baalschem, bei Hölderlin, Novalis, Dante, bei den Utas, im Sanskrit, bei De Coster, bei Gogol, bei Flaubert, bei der Mystik des Mittelalters, in den Briefen van Goghs, in Achim von Arnim. Bei dem Flamen Demolder, bei Goethe, manchmal bei Heinse. Im serbischen Volkslied, bei Rabelais, bei Georg Büchner, bei Bocacce." (Ebd., S. 74 f.).
57 Kasimir Edschmid: Das Bücher-Dekameron. Eine Zehn-Nächte-Tour durch die europäische Gesellschaft und Literatur. Erich Reiß Verlag: Berlin 1923, S. 211.
58 Ebd.
59 Ebd., S. 277.

relle Vermittlungsleistung der Expressionisten/-innen.[60] Der Transfer sei indes unilateral gewesen: „Deutschland hat das Glück, daß seine besten Stilisten seine glücklichsten Pioniere sind, während die guten Autoren des Auslands es kaum der Mühe wert finden, Deutsch zu verstehen und schreien würden vor Heiterkeit, wenn man ihnen vorschlüge, deutsche Zeitgenossen in ihre Sprache zu bringen".[61] Deutschland habe eine dienliche Funktion für das literarische Ausland gespielt, darüber aber sich selbst vergessen: „Alles wollten wir haben, alles haben wir eingeführt, allen haben wir geholfen, an die europäische Rampe zu kommen. [...] Wir waren so lüstern nach allen Möglichkeiten, daß wir übersahen, daß niemand sich revanchierte".[62] Der Kulturtransfer erscheint jetzt als Defizit. Vor diesem Hintergrund ruft Edschmid einen Paradigmenwechsel von einem gallozentrischen zu einem germanozentrischen Europäismus aus:

> Was haben wir von verwaschenem Internationalismus unserer Gewohnheiten, wenn der deutsche Nationalausdruck noch nicht geprägt ist? Was tut der deutsche Commis in schlotternden englischen Hosen, wenn er sein deutsches Herz noch gar nicht kennt. Hat man sich aber besonnen auf den deutschen Charakter, dann ist das Deutsche so sicher, daß es auch die Welt mit umfaßt. Dann aber werden auch die anderen gezwungen sein, uns zu besitzen.
>
> Man erlangt nur Europa, wenn man sein Volkstum auf die schönste Spitze treibt, nicht indem man es wegwirft. Der Europäer ist der aus der Klarheit und aus der Vollkommenheit seines Stammes-Blutes heraus geformte und nur dadurch Überlegene. Er ist kein Gebräu aus internationalen Theorien, deren Geruch so schlecht ist wie jener der unreifen Schwertrufer des Vaterlandes. Man wird daher nicht deklamatorisch eines Tages sagen wie der Gallier: Weil Frankreich ist, ist Europa. Sondern: vielleicht wird Europa durch den Deutschen zurückgeführt.[63]

2.3.2 Nationalistische Wandlungen: Heinrich Schilling und Hanns Johst

Noch entschiedener als Edschmid wandten sich in der Nachkriegszeit Heinrich ‚Heinar' Schilling und Hanns Johst dem nationalistischen Diskurs zu. Der Dresdner Schilling vertrat zunächst pazifistische und sozialistische Ideen, er war mit Walter Hasenclever und Rudolf Leonhard befreundet und verfasste 1919 gar

---

60 „Deutschland hat außer den Russen überhaupt die besten Übersetzer der Welt. Heinrich Mann hat Anatole France, Schickele den Balzac, Rilke die Barret-Browning, George den Baudelaire und Dante, Dehmel den Verlaine, Werfel die Tschechen, Flake den Suarèz, Blei den Claudel, Vollmöller den d'Annunzio, Däubler den Vildrac, Annette Kolb den Chesterton, Stefan Zweig den Verhaeren, Krell den Kipling übertragen." (Ebd., S. 278f.).
61 Ebd., S. 279.
62 Ebd., S. 289.
63 Ebd., S. 290.

einen Nachruf auf den ermordeten Karl Liebknecht. In der Nachkriegszeit flüchtete er aber immer mehr in eine von deutsch-nationaler Ideologie geprägte Phantasiewelt, die in einer Vielzahl von Werken, u. a. in dem zwischen 1923 und 1930 verfassten, das Germanentum verherrlichenden *Königslied* Ausdruck fand.[64] Seinerseits war auch Johst, der einer der prominentesten Literaten des NS-Regimes werden sollte, zu Beginn seiner Laufbahn noch dem expressionistischen Kosmopolitismus verpflichtet.[65] In seinem Drama *Die Stunde der Sterbenden* (1914) erklingt das Wort „Bruder" auf Deutsch und Französisch, die Kriegsgegner werden als Brüder im Tod versöhnt.[66] In einem langen Brief *An Herrn Maurice Maeterlinck* von 1915[67] versuchte Johst, zwischen dem antideutschen Ressentiment des belgischen Dramatikers und der antifranzösischen Reichspropaganda zu vermitteln. Johsts Wandlung vom „menschheitlich gesinnten Europäer" zum „bewußten Deutschen" setzte wie bei Edschmid erst nach Kriegsende ein.[68] ‚Ethos der Begrenzung' lautete jetzt die Parole, die an die ‚Ideen von 1914' wieder anknüpfte. ‚Begrenzung' bedeutete die konsequente Beschränkung auf die Muttersprache und die Abwehr jeden internationalen Einflusses als Fremdkörper und Fehlentwicklung: „Die Dichtung ist völkisch, ist Besitz eines Volkes, wie Erze, wie Kohle, wie Wald und Feld."[69] Als Gewährsmann dieser ‚Ethik der Begrenzung' musste Martin Luther herhalten, dessen Reformation Johst als eine völkisch-germanische Neustiftung des Christentums in Abgrenzung vom katholischen Universalismus verherrlicht. Im Drama *Propheten* (1923) zeichnet sich der Reformator gerade durch sein organisches Verhältnis zur Muttersprache aus. Er gibt die internationalen Gelehrtensprachen Latein und Griechisch auf, um Deutsch zu

---

64 Heinar Schilling: Das Königslied. 14 Bände. Mit 14 Orig.-Radierungen (je 7 von Alexander Friedrich und Friedrich Strüver). Hellerau: Verlag des Hochstifts für Deutsche Art/Verlag des Königsliedes 1925–1928.

65 Zu Johst vgl. Helmut F. Pfanner: Hanns Johst. Vom Expressionismus zum Nationalsozialismus. The Hague: Mouton 1970.

66 „EINE SCHLUCHZENDE STIMME: Oh! Ma jeunesse! ... Oh frère / ERSTE STIMME: Was sagte was? / ZWEITE STIMME: Ein Franzose wimmerte. Wir wollen ihm ein gutes Wort geben. Spreche einer mit ihm. (Pause.) Spricht keiner französisch? So mag das genügen: frère!! DIE STIMME: Merci beaucoup. Oh frère! / ERSTE STIMME: Was sagt der Fremde? Was sagtest du? / ZWEITE STIMME: Bruder rief ich. ‚Danke', sagte er und wieder ‚o Bruder'" (Hanns Johst: Die Stunde der Sterbenden. Leipzig: Verlag der weißen Bücher 1914, S. 16).

67 DLA Marbach a. N. 85.1336. Abgedruckt in Peter Sprengel: Die Dichter und der Krieg. „Wir haben eine Erscheinung" – Maeterlincks Einfluß auf deutsche Kriegsdichtungen (Goering, Johst, Rilke). In: Literatur im Kaiserreich: Studien zur Moderne. Berlin: Erich Schmidt 1993, S. 233–259.

68 Hanns Johst: Wissen und Gewissen. Essen: Otto Schlingloff-Verlag 1924, S. 12 (Sammlung Schollenbücher Buch 2) („Den letzten Goten, den Kreuzfahrern, den Schwarmgeistern und Flagellanten, den Freikorps und Sturmtrupps der deutschen Sehnsucht!").

69 Hanns Johst: Vom Ethos der Begrenzung. In: ders.: Wissen und Gewissen, S. 13–49.

seiner Kampfessprache zu machen. Johst stellt dem Stück ein biblisches Motto (Joh. 17.9) voran, das chauvinistisch umgedeutet wird:

> Ich bitte nicht für die Welt, sondern
> Für die, die Du mir gegeben hast.
> Johannes Evang.[70]

Dadurch widerruft Johst den eigenen expressionistischen Internationalismus und verleiht dem Nationalismus die Züge einer neuen Religion.

2.3.3 Europa-Skepsis im internationalistischen Lager: Yvan Goll, Albert Ehrenstein, Hugo Sonnenschein, Hermann Kasack

Nicht nur bei Nationalisten wie Schilling und Johst, auch bei weiterhin internationalistisch agierenden Autoren/-innen breitete sich in der Nachkriegszeit eine europaskeptische Einstellung aus. Hielt Goll noch 1917 in seiner Romain Rolland gewidmeten Dichtung *Requiem. Für die Gefallenen von Europa* an der Güte des europäischen Menschen fest,[71] so wurde nur ein Jahr danach seine Diagnose pessimistischer. Im vierten Abschnitt des freirhythmischen Langgedichts *Der Torso* (1918) erscheint Europa als ein lädierter Rumpf, eine Ruine, die an den Massenmord erinnert. Dem Kontinent prophezeit Goll den Verlust der politischen Freiheit durch einen neuen Weltkrieg:

Der Torso IV

Europa, du schütternder Torso!
Auf dem Sockel der Massengräber stehst du, tief im Jahrhundertschutt der Schlachten.
Nichts als ein schwarzer Knäuel, ein rauher Krampf der Erde gegen den Himmel.
Du massige Anklage gegen den Menschen: Torso, du unsterbliches Denkmal des Mords,
Um dich tanzen die nächsten Sieger schon, du Götze des eisernen Kriegs.   5
Gelbes Meer wird kommen, dich umrauschen. Die weißen Neger von Amerika werden dich
    umschleichen.
All deine Freiheit wird als schöner Traum entflattern. Deine Märtyrer werden ihre Tyrannen
    auf Knien küssen.
Auf dem Newsky-Prospekt wird ewiges Begräbnis sein. In Kaiserschlössern harter Tower

---

70 Hanns Johst: Propheten. Schauspiel. München: Albert Langen Verlag 1923, S. 5.
71 „Ihr Europäer! Antlitze von Milch und Blut! Jeder von einer herrlichen Mutter! Ihr alle, in denen ich das Symbol der ewigen Dinge sah: der Liebe im leuchtenden Auge, der Güte im lächelnden Mund und der Erkenntnis in der denkerischen Stirn!" (Iwan Goll: Requiem. Für die Gefallenen von Europa. Genf: Bücherei der Zeitschrift *Demain* 1917, S. 30).

eingerichtet.
Europa, du bröckelnder Torso, du Rumpf der Welt![72]

Den Schritt von der Europa-Klage zur Europa-Schelte vollzog Albert Ehrenstein, der die kriegsbedingte Dekulturation des Kontinents mit dem markanten Neologismus „Barbaropa" umschreibt. In einem ironisch als *Ode* überschriebenen Gedicht von 1919 entpuppt sich Europa als „Banditenasyl":

Ode

Barbaropa, humanes Banditenasyl,
Krupp, Creuzot, Putilow, Maxim,
Heimatkünstler, Wohltäter der Menschheit,
Euch grüßen in Ehrfurcht
Buddho und Jesus,
Beide winseln um die Ehrenlegion,
Das Eiserne Kreuz dritter Klasse
Oder die Lotosblume mit Schwertern. [...][73]

Es sind die Profiteure des Krieges, die Rüstungsproduzenten, die Ehrenstein sarkastisch als Philanthropen apostrophiert: Krupp für Deutschland, Schneider-Creuzot für Frankreich, Putilow für das zaristische Russland und Hiram S. Maxim, der das Maxim-Maschinengewehr entwickelte, für die USA. Dass auch die Religion in den Dienst des Kriegs genommen wurde, zeigen Jesus und Buddha. Sie betteln um die Kriegsauszeichnungen, die aus der Manipulation ihrer Symbole hervorgegangen sind – so das Eiserne Kreuz, dem Ehrenstein eine groteske „Lotosblume mit Schwertern" zufügt, um die militärische Manipulation der Religion *ad absurdum* zu führen.

Einen ausgesprochen drastischen Ausdruck fand die Europa-Schelte bei Hugo Sonnenschein (1889–1953).[74] Sein makabres Gedicht *Ekel vor Europa* entstand bereits in der zweiten Hälfte 1914 und erschien 1915 in der als Privatdruck publizierten Sammlung *Erde auf Erden*. Es wurde aber erst 1919 durch Karl Kraus in der *Fackel* einer breiteren Öffentlichkeit zugänglich gemacht:

Ekel vor Europa

---

72 Iwan Goll: Der Torso IV. In: ders. Der Torso – Stanzen und Dithyramben. München: Roland-Verlag Dr. Albert Mundt 1918, S. 37.
73 Albert Ehrenstein: Den ermordeten Brüdern. Zürich: Max Rascher 1919, S. 22.
74 Raabe 1985, S. 441f., Nr. 282. Sonnenschein stammte aus Kyjov (Mähren) und hielt sich 1913–1914 meist in Wien auf. Er veröffentlichte unter dem Pseudonym „Sonka".

Andersfarbener Menschenfresser meint:
Kriegsverseuchte Hure,
geil ...

in formlos eitriges Geschwür wühlt sich
mein züngelnder Zungenstachel,   5

Phosphorschimmer umschleimt
dein krätziges Skelett;

unter meinen kitzlerschabenden Zähnen
erzucken deines Totenkopfes Höhlen,
Zerfall der Brüste   10
zittert wie Faulfischgallerte,

weißgrünbläuliches Aas:
mistiges Biest,

eines unarischen Christen
afrikanischer Rüssel   15
peitscht dich christlich
ins wiehernde Paradies,
dein zahnloses Maul zischt Lust.[75]

In obszöner Drastik wird der kriegszerfressene Körper Europas dem „Ekel" der Leserschaft zugeführt. Die zerfetzte formale Gestalt des Textes, der in sechs unregelmäßige reimlose freirhythmische Strophen zerfällt, entspricht dem verfallenen Leib des Kontinents, der bereits die Züge eines Kadavers (V. 7: „Skelett", V. 9: „Totenkopf", V. 12: „Aas") besitzt. Der „Phosphorschimmer" (V. 6), der das Skelett „umschleimt", spielt vermutlich auf den weißen Phosphor an, der bereits im Ersten Weltkrieg für Chemiewaffen verwendet wurde. Geschildert wird eine Leichenschändung, die Vergewaltigung des allegorisch als „kriegsverseuchte Hure" (V. 1) vorgestellten Europas durch einen außereuropäischen (V. 1: „andersfarbene[n]"), „afrikanische[n]" (V. 15) „Menschenfresser", der – so Sonnenscheins sarkastische Pointe – sich von den europäischen Kriegskannibalen lediglich durch die ‚andere' Hautfarbe unterscheidet. Im grotesken Rollengedicht beschreibt das als Vergewaltiger auftretende lyrische Ich seine nekrophile Kopulation mit der verwüsteten Leiche Europas, welche animalische Züge („weißgrün-

---

75 Hugo Sonnenschein: Erde auf Erden. [Wien] Privatdruck 1915. Die Gedichtsammlung erschien in nur 100 Exemplaren. In der zweiten Ausgabe von 1920 wurde *Ekel vor Europa* durch das Gedicht *Klagegesang 1915* ersetzt. Zit. nach: Karl Kraus: Proteste. In: Die Fackel 21 (1919) 514–518, S. 1–20, hier S. 11.

bläuliches Aas", „mistiges Biest") trägt.[76] Offenkundig ist der intertextuelle Bezug auf Gottfried Benns *Negerbraut* aus der Sammlung *Morgue* (1912).[77] Dafür spricht bereits die Konstellation ‚schwarzer Mann' und ‚weiße Frau'.[78] Was sich bei Sonnenschein abzeichnet, ist indes die Verzerrung von Benns Vorlage ins Bestialische. Schon das „wiehernde Paradies" (V. 17) verfremdet und animalisiert den „Aufbruch vieler Himmelfahrten / des jungen warmen Blutes" (V. 13 f.) als Metapher sexueller Erfüllung aus Benns *Negerbraut*. In Sonnenscheins entfesselter Ästhetik des Ekelhaften wird auch Benns Kontrastierung zwischen Reinheit und Unreinheit[79] fallen gelassen. Jetzt ist gerade die weiße Frau, bei Benn die Quintessenz des Reinen, verkommen und zerfallen. In *Negerbraut* ist sie jungfräulich, sie wird als junge „Braut" (V. 11) vorgestellt, ihre Brüste sind „noch unentstellt durch Laster und Geburt" (V. 6). Bei Sonnenschein ist Europa die verwesende Leiche einer Prostituierten. So wird Benns Vorlage von der Überbietungsdynamik der Avantgarde selbst aufgezehrt und unterliegt einem ähnlichen Entzauberungsprozess, wie die poetologischen Vorbilder Hugo von Hofmannsthal und Stefan George vor ihm. Gerade über die Deformation seines Prätextes gelangt Sonnenschein zu seiner sarkastischen Europa-Reflexion. Im Unterschied zu Benn stellt das Europäische bei ihm nicht mehr das Reine, Unschuldige und Makellose

---

76 Umschrieben wird die Vergewaltigung durch das obszöne Bild vom phallischen „Rüssel", der das europäische Aas ins Tierparadies „peitscht", was den gewaltsamen Sexualakt umschreibt. „Erzucken" („erzucken deines Totenkopfes Höhlen", V. 9) bestätigt die expressionistische Vorliebe für Komposita und mit Präfixen gebildete Verbformen (Heinz Peter Dürsteler: Sprachliche Neuschöpfungen im Expressionismus. Diss. Bern 1954, S. 35).
77 Gottfried Benn: Negerbraut. In: Gesammelte Werke in vier Bänden. Hg. von Dieter Wellershoff. Stuttgart: Klett-Cotta 1977, Bd. 3: Gedichte, S. 9. Dazu Christian M. Hanna: *Morgue und andere Gedichte* (1912). In: Benn-Handbuch: Leben – Werk – Wirkung. Hg. von Christian M. Hanna und Friederike Reents. Stuttgart: Metzler 2016, S. 74–83, hier S. 80.
78 Auf das Vorspiel, das in beiden Texten als Zungentasten vorgestellt ist (Benn: „Die Sonne wütete in ihrem Haar / und leckte ihr die hellen Schenkel lang / und kniete um die bräunlicheren Brüste", V. 3–5, Sonnenschein: „in formlos eitriges Geschwür wühlt sich / mein züngelnder Zungenstachel", V. 4 f.), folgt der Geschlechtsakt, der sich bei Benn als mentale Phantasie des voyeurhaften Pathologen (V. 8–10: „Der bohrte / zwei Zehen seines schmutzigen linken Fußes / Ins Innere ihres kleinen weißen Ohrs") und später als symbolische Defloration durch das Seziermesser (V. 15–18: „Bis man ihr / das Messer in die weiße Kehle senkte / und einen Purpurschurz aus totem Blut / ihr um die Hüften warf") abspielt.
79 Christian M. Hanna: *Morgue und andere Gedichte* (1912), S. 80. Vgl.: „Dieser Sphäre der Reinheit, Makellosigkeit und Unschuld sind die Begriffe ‚der blonde Nacken', ‚einer weißen Frau', ‚die hellen Schenkel', ‚kleinen weißen Ohrs' und ‚weiße Kehle' zugeordnet, während ‚dunklen Bluts', ‚schmutzigen linken Fußes', ‚Nigger' sowie ‚die bräunlicheren Brüste' der jungen Frau, der Sphäre des Verderbten, des Sinnlich-Lasterhaften und teilweise auch des Abstoßenden angehören." (Ebd.).

dar. Vielmehr erhält es die Attribute, die in *Negerbraut* den ‚Nigger' charakterisieren: das Animalische, Lasterhafte und Verdorbene.[80]

Mit ihrer Europa-Skepsis waren Goll, Ehrenstein und Sonnenschein nicht allein. In dem von Carl Einstein und Paul Westheim herausgegebenen internationalen *Europa-Almanach* von 1925 erteilte Hermann Kasack (1896–1966)[81] Coudenhove-Kalergis neoaristokratischer Paneuropa-Bewegung und seiner Parole von den ‚Vereinigten Staaten von Europa'[82] eine entschiedene Absage: „Auf unserm Kontinent sind die Fliegen geistig geworden und die Mücken politisch. ‚Vereinigte Staaten von Europa' ihr Denk-Sport. Die Krebse gedeihen. Amerika steht konkurrenzlos da. [...] Denn Europa: ein Fetzen Lächerlichkeit / sein europäischer Mensch eine Katheder-Proklamation".[83] Angesichts der europaweiten Repressionswelle der sozialistischen Revolutionsbestrebungen erscheint der Kontinent in einer anonymen Bildbeigabe des Almanachs als *Zuchthaus Europa*. Abgeschlossen wird der Band von einer Collage von *objets trouvés* und Fahnen, die unter der Überschrift *EUROPA, gezeichnet von einem Irren* ein sarkastisches Kontrastprogramm zu Coudenhove-Kalergis Europa-Idealisierung darstellt.

Ihre womöglich konsequenteste Ausformung fand die expressionistische Europa-Skepsis in Yvan Golls surrealistischem Roman *Die Eurokokke* (1927).[84] Bei dem Bazillus, der den alten Kontinent und auch den heimatlosen Protagonisten befallen hat, handelt es sich – wie ein amerikanischer Professor verrät[85] – um

---

80 Im *Alaska*-Zyklus (1913) wird auch Benn den europäischen Ethnozentrismus zur Zielscheibe nehmen. Vgl. zu Beginn des Zyklus die Apostrophierung Europas als „Nasenpopel / Aus einer Konfirmandennase" (Gottfried Benn: Alaska. In: Die Aktion 3 (26. Februar 1913) 9, Sp. 269f., hier Sp. 269, V. 1f.). Dazu Hermann Korte: „Europa, dieser Nasenpopel aus einer Konfirmandennase". In: Benn-Forum 2 (2010/2011), S. 3 – 29.

81 Raabe 1985, S. 260 – 263, Nr. 151. Kasack publizierte ab 1915 zahlreiche Beiträge in expressionistischen Zeitschriften (*Die Aktion, Die Dichtung, Marsyas, Die Flöte, Menschen, Neue Erde, Die Neue Schaubühne, Saturn, Der Silberne Spiegel* u. a.). Während des Ersten Weltkriegs verkehrte er in Brüssel mit Carl Einstein und Gottfried Benn. Befreundet war er ferner mit Wolf Przygode, Walter Gramatté und Oskar Loerke. Kasacks erste expressionistische Gedichtsammlung (*Der Mensch. Verse*) erschien 1918 im Münchner Roland-Verlag Albert Mundt.

82 Dazu Anita Ziegerhofer: Botschafter Europas: Richard Nikolaus Coudenhove-Kalergi und die Paneuropa-Bewegung in den zwanziger und dreißiger Jahren. Wien: Böhlau Verlag 2004.

83 Hermann Kasack: Jahrmarkt Europa. In: Europa-Almanach. Hg. von Carl Einstein und Paul Westheim. Potsdam: Gustav Kiepenheuer Verlag 1925, S. 5f., hier S. 5.

84 Dazu Edward Reichel: Yvan Goll als Romancier – in Frankreich und in Deutschland. In: Offene Gefüge. Literatursystem und Lebenswirklichkeit: Festschrift für Fritz Nies zum 60. Geburtstag. Hg. von Henning Krauß. Tübingen: Narr 1994, S. 471–487.

85 „Nicht wahr, Sie haben auch kein Pflichtgefühl mehr, keine Ehrfurcht vor Eltern und Gott, keinen Respekt, keine Vernunft, keine Zucht und kein Ziel? Sie haben die Krankheit der Leere,

einen durch Aufklärung und Säkularisation herbeigeführten, moralischen und spirituellen Werteverfall, der das Endstadium der europäischen Zivilisation darstellt. In der *Bar de l'Ennui* trifft der Erzähler seinen Hotelnachbarn Henry d'Anglade wieder, der ihm den Untergang des „europäische[n] Zeitalter[s]" bestätigt: „Wir sind fertige, erledigte, leere Erben. [...] Das europäische Zeitalter ist im Verlöschen".[86]

2.3.4 „Ex oriente lux": Europas Regeneration durch Asien

Die Europa-Skepsis ging mit einer Reorientierung nach Asien einher, aus welcher man sich einen Ausweg aus der europäischen Dekadenz erhoffte. So begegnet man dem Topos des „Ex Oriente Lux" in zahlreichen expressionistischen Dichtungen der Nachkriegszeit.[87] Vorrangig identifizierte man die von Asien ersehnte Erneuerung mit der Russischen Revolution vom Februar 1917, die zumindest anfänglich von vielen Expressionisten als Befreiung von der Autokratie des Zarenreichs und als politisches Korrelat ihrer eigenen ästhetischen Revolution begrüßt wurde.[88] Die prorevolutionäre Haltung wurde vor allem in der *Aktion* propagiert. Zwischen 1918 und 1922 publizierte die Zeitschrift eine Vielzahl von Lenin-Texten[89]

---

auch Langeweile genannt, Sie haben die Eurokokke" (Iwan Goll: Die Eurokokke. Berlin: Wasservogel 1927, S. 109).

86 Ebd., S. 130.

87 Dazu Dieter Martin: Ex oriente lux. Transfer und Transformation eines Topos zwischen Oktoberrevolution und deutschem Expressionismus. In: Russische Revolutionen 1917. Kulturtransfer im europäischen Raum. Hg. von Elena Korowin und Jurij Lileev. Paderborn u.a.: Fink 2020, S. 127–140.

88 Zur ambivalenten Aufnahme der Russischen Revolution im Kontext der expressionistischen Avantgarde vgl. Mario Zanucchi: Die deutschen Expressionisten und die Oktoberrevolution. In: Russische Revolutionen 1917, S. 141–164.

89 Insgesamt wurden zwischen 1918 und 1922 nicht weniger als 13 Textbeiträge Lenins in der *Aktion* publiziert. Vgl. V. I. Lenin: Kautskys *Diktatur des Proletariat*. In: Die Aktion 8 (30. November 1918) 47/48, Sp. 620–624; Ein Brief an die Amerikanischen Arbeiter. In: ebd., 8 (28. Dezember 1918) 51/52, Sp. 667–678; Proletariat und Schule. In: ebd., 9 (15. März 1919) 10/11, Sp. 154–156; Ein Brief Lenins an die Arbeiter von Europa und Amerika. In: ebd. 9 (29. März 1919) 12/13, Sp. 185–190; Thesen über ‚bürgerliche Demokratie' und ‚proletarische Diktatur'. In: ebd. 9 (24. Mai 1919) 20, Sp. 313–319; Zur kommunistischen Internationale. In: Die Aktion 9 (7. Juni 1919) 21/22, Sp. 341f.; Gruss den ungarischen Arbeitern. In: ebd. 9 (2. August 1919) 30/31, Sp. 519–521; Auf dem Wege zur Weltrevolution. In: ebd. 9 (6. September 1919) 35/36, Sp. 593–596; Der Opportunismus und der Zusammenbruch der I. Internationale. In: 10 (20. März 1920) 11/12, Sp. 141–151; Von der alten zur neuen Ordnung. In: ebd. 10 (29. Mai 1920) 21/22, Sp. 301f.; Der Brief Lenins. In: ebd. 10 (7. August 1920) 31/32, Sp. 431–434; Wiederaufbau der Internationalen. In: ebd. 10 (11. Dezember 1920) 49/50,

sowie einige Beiträge Trotzkis,[90] wiewohl diese Rezeption des russischen Bolschewismus von einer noch stärkeren Affinität zum Anarchismus des Fürsten Pjotr Alexejewitsch Kropotkin flankiert wurde, die bis zu Kropotkins Tod 1921 anhielt.[91] Als Beleg für die initiale Revolutions-Begeisterung der *Aktion* sei das emphatische Incipit der hymnischen Langzeilendichtung *Ex oriente Lux!* angeführt, die Karl Otten 1919 in der Zeitschrift veröffentlichte:

> Rußland, Land der Freiheit,
> Land des Mutes, Land der Liebe, Bruderland!
> Dich segnen, einzig ihre Hoffnung, alle die sich verschworen,
> Rache zu nehmen! Rache! Rache!
> Bleibe stark, hüte deinen Schatz, führ zum Siege zur Erlösung Europa!
> Du Tugend der Jünglinge, Keuschheit der Frauen,
> Du Stärke des Löwen, Stolz des Menschen!
> Du Idee Gottes, Fleisch geworden da die Zeit reif war!
> Bruder im Westen, durch unsere Hände vereint im Geiste:
> Nicht länger wollen wir die Befleckung ertragen!
> Bruder im Osten gib uns den Mut deiner Verbannten, deiner Eingekerkerten, deiner Heiligen
> Damit wir den Weg finden aus dem Bluttal der Knechtschaft,
> Der Lüge, der Dummheit, der verbrecherischen Liebe zu vorgegaukeltem Idol,
> Der Feigheit, lästerlichen Geduld, des Stumpfsinns, der Gleichgültigkeit –
> Zum wahren Mut der wahren Freiheit,
> Zum heiligen Krieg gegen den ewigen jetzt zeitlichen nahen nächsten wahren Feind

---

Sp. 692–696; Zum vierten Jahrestag der Oktoberrevolution. In: ebd. 12 (4. Februar 1922) 5/6, Sp. 80–8

90 Leo Trotzki, Leo: An die arbeitenden, unterdrückten und verblutenden Völker Europas. In: Die Aktion 9 (6. September 1919) 35/36, Sp. 601–604; Die Pariser Kommune und Sowjetrussland. In: Die Aktion 10 (24. Juli 1920) 29/30, Sp. 393–396; Die Jugend tritt in die Bresche. In: ebd. 10 (4. September 1920) 35/36, Sp. 489f.; Über die Parole der ‚Vereinigten Staaten Europas'. In: Die Aktion 13 (31. Juli 1923) 14, Sp. 365–371; Der neue Kurs. In: ebd. 14 (20. Januar 1924) 1, Sp. 9–22.

91 Der erste Beitrag von Kropotkin in der *Aktion* wurde bereits 1911 publiziert. Zwischen 1911 und 1921 wurden insgesamt 14 Texte Kropotkins veröffentlicht. Vgl. Peter Krapotkin [sic]: Die Revolution der Zukunft. In: Die Aktion 1 (12. Juni 1911) 17, Sp. 515–518); Was ist Sozialismus? In: ebd. 1 (10. Juli 1911) 21, Sp. 646–648; Wem dient der industrielle Fortschritt? In: ebd. 1 (17. Juli 1911) 22, Sp. 676–679; Der Philosophische Versuch Herbert Spencer's. In: ebd. 1 (31. Juli 1911) 24, Sp. 749–752; Die Rolle des Gesetzes im Gesellschaftsleben. In: ebd. 1 (18. September 1911) 31, Sp. 964–967; Die intellektuelle Bewegung des 18. Jahrhunderts. In: ebd. 1 (9. Oktober 1911) 34, Sp. 1069–1071; Wissenschaft und Reaktion. In: ebd. 1 (4. Dezember 1911) 42, Sp. 1321–1324; Das Erwachen in den Jahren 1856–1862. In: ebd. 2 (12. Februar 1912) 7, Sp. 198–202; Die Bedrohte Ordnung. In: ebd. 2 (11. Dezember 1912) 50, Sp. 1575–1578; Der Geist der Empörung. In: ebd. 4 (24. Januar 1914) 4, Sp. 69–71; Die Anfänge des Anarchismus. In: ebd. 4 (28. Februar 1914) 9, Sp. 179–181; Einige theoretische Gesichtspunke des Anarchismus. In: ebd. 10 (10. Juli 1920) 27/28, Sp. 365–374; Die Expropriation. In: ebd. 10 (13. November 1920) 45/46, Sp. 639–642; Die bedrohte Ordnung. In: ebd. 11 (2. April 1921) 13/14, Sp. 177–179.

Zur endlichen Erlösung,
Zur Gnade die abwischt alle unsere Sünde, alles schuldlos vergossene unschuldige Blut,
Damit aufgehe unser Auge und abfallen die Schuppen und wir erkennen:
Den Bruder, das Ziel, die Freiheit, den Feind![92]

Durch die Apostrophe „Bruderland" (V. 2) etabliert Otten einen ideellen Bund zwischen dem revolutionären Russland und dem erlösungsbedürftigen „Europa" (V. 5). Dem parareligiösen Duktus seiner Hymne entsprechend verklärt er Russland zum Land Gottes (V. 8) und das Licht aus dem Osten zur Quelle von Erkenntnis (V. 19) und Erlösung (V. 17).

Ausdruck fand der Revolutionsenthusiasmus in der *Aktion* auch in Alfred Grünwalds kommunistisch-vitalistischer Revolutionsphantasie *Ich lobe die Vergewaltigung* (1919), die dem sowjetischen Kulturpolitiker Anatoli Lunatscharski gewidmet ist,[93] sowie in Jean de Saint-Prix' *Nachtwache in Russland* (1919), die von Josef Kalmer übersetzt wurde und Lenin, Alexandra Kollontai, Lunatscharski und Trotzki zu Erlösergestalten stilisiert.[94] Die anfängliche Revolutionsbegeisterung war übrigens nicht auf den Berliner Expressionismus und auf die *Aktion* beschränkt. Sie war auch in München stark ausgeprägt, wo am 7. April 1919 die Bayerische Räterepublik ausgerufen wurde, an welcher auch deutsch-russische Kommunisten wie Max Levien, Eugen Leviné und Tovia Aksel'rod führend beteiligt waren. In Wien wurde die *Rote Fahne* zum Sprachrohr und Multiplikator der sowjetischen Revolution.[95]

Auf Europa hin perspektiviert wurde die Russische Revolution besonders eindringlich in der kulturkritischen Diagnose von Iwan Goll, der sie als Ausweg aus der dekadenten Sackgasse der europäischen Geschichte deutete und als Einlösung des irrationalistischen Primitivismus-Ideals des Expressionismus verklärte. Golls primitivistische Überformung des revolutionären Russlands zum dionysischen Barbarenland prägt das Vorwort zu seiner Anthologie *Russische Revolutionslyrik*, die 1921 in der Zeitschrift *Menschen* erschien. Die dort gesam-

---

92 Karl Otten: Ex Oriente Lux. In: Die Aktion 9 (29. März 1919) 12/13, Sp. 190f.
93 Alfred Grünwald: Ich lobe die Vergewaltigung. In: Die Aktion 9 (13. Dezember 1919) 49/50, Sp. 812f.
94 Jean de Saint-Prix: Nachtwache in Russland. Deutsch von Josef Kalmer. In: Die Aktion 9 (15. November 1919) 45/46, Sp. 734–736.
95 Zur Rezeption der Oktoberrevolution in Österreich vgl. den instruktiven Band: Der lange Schatten des ‚Roten Oktober': Zur Relevanz und Rezeption sowjet-russischer Kunst, Kultur und Literatur in Österreich 1918–1938. Hg. von Primus-Heinz Kucher und Rebecca Unterberger. Bern: Lang 2019 (dort u. a. die Aufsätze von Stefan Simonek: „Hört Moskau!" Russische Literatur in der *Roten Fahne*, S. 369–386, und Martin Erian: „Endlich unser Vaterland, Sowjetrußland". Zu Russland-Diskursen im Feuilleton der Wiener *Roten Fahne*, S. 387–404).

melten Dichtungen Majakowskis, Jessenins und anderer prorevolutionärer Dichter feiert der Übersetzer als vorzivilisatorische „Urdichtung" einer im dekadenten Westen entschwundenen Vitalität:

> Vorbereitend doch unerlöst, zu zielhaft um ganz frei zu sein: Krampf, Forderung, Analyse war die europäische Dichtung der Kriegszeit. Erst in Rußland explodierte die Bombe des schweren Herzens. In roter Märzluft, in Feuern gesäubertes Urgefühl schwang sich wieder aus der verhaltenen Brust, dem verknorpelten Leib des Menschen. Wenn bis heute der Osten, ausblutend seine Schöpfertat, nichts weiter produziert hätte als diese räubrische Revolutionslyrik: sie genügte, um über dem Scheiterhaufen verwesenden Jahrhunderts Signal aufwärtsschreitender Menschheit zu sein.
>
> Männer, die die Zeiten Sibiriens, der Offensiven, des Petrograder Hungers und der Befreiungsrevolver Lenins erlebt haben: diesen Männern sind alte Säfte aus den Knochen geperlt. Barbarisch, mongolisch, asiatisch, stampft ein unentdecktes Geschlecht gegen den Westen versüßter Zivilisation. Dichtung ist ein Schrei aus blutiger Erdentiefe. Die Revolution eine tränenselige Mutter. Endlich, in heißer Liebe, eine Mutter! Ihre Söhne, die „Zwölf", marschieren.
>
> Glückliche Barbaren ihr, Besitzer eines Ur-Bluts! Wir Europäer brauchten verjüngte Natur. Wir pumpen in unsere Adern falsche Pferdekräfte, aus den rasenden Wolken gestohlene Volts. Motore und Morseapparate knirschen Revolution – aber es ist nicht dasselbe, es sind nicht, o russische Brüder, geschwungene Poeme innerster Kraft, eure Kurven geschleuderten Felsblöcks, Eleganz des Lassos, Pfiffe aus dem feixenden Mund – Urdichtung![96]

Der Hinweis auf die „*März*luft" spielt auf den Ausbruch der Februarrevolution an, die nach dem gregorianischen Kalender am 8. März begann, während das Adjektiv „rot" deren bolschewistische Fortsetzung, die Oktoberrevolution, alludiert. Überdeutlich ist bei Goll nicht nur die expressionistische Vereinnahmung der revolutionären Poesie („Dichtung ist ein *Schrei* aus blutiger Erdentiefe"), sondern auch die kulturpessimistische Kontrastierung der moribunden europäischen Kunst mit der kraftstrotzenden russischen Vitalität, die im Vergleich der Revolutionslyrik mit einer Bombenexplosion manifest wird. Wiewohl Goll mit dem Marxismus liebäugelt und die Revolution als ein „Signal aufwärtsschreitender Menschheit" präsentiert, zeigt er sich letztendlich eher einer expressionistisch-ahistorischen Vision verpflichtet. Die Revolution repräsentiert einen „Scheiterhaufen verwesenden Jahrhunderts". Sie erscheint nicht als Manifestation einer wie immer gearteten Geschichtsphilosophie, sondern vor allem als deren Unterbrechung, als dionysische Offenbarung einer zeitlosen Ursprünglichkeit. Den Revolutionären sind „alte Säfte aus den Knochen geperlt". In ihnen fließt „Ur-Blut". Diese dionysische ‚Revolution des Körpers' spielt Goll gegen die Revolution

---

96 Iwan Goll: Russische Revolutionslyrik [Vorwort]. In: Menschen 5 (Juli 1921) 113/3, S. 33f.

der Technik aus, die der Futurismus in Europa verkündet hatte. Letztere erscheint jetzt als eine Art groteske ,Prothesen-Revolution' („Wir pumpen in unsere Adern falsche Pferdekräfte, aus den rasenden Wolken gestohlene Volts"), die angesichts der kraftvollen Natürlichkeit der russischen „Ur-Dichtung" zur Vergeblichkeit verurteilt ist.

2.3.5 Abschied vom ,guten Europäer': Rudolf Leonhard

Wiewohl ohne die vorherige Intensität berief man sich auch im Spätexpressionismus gelegentlich auf den Begriff des ,guten Europäers'. So argumentierte etwa Wilhelm Herzog im Oktober 1919 in der Zeitschrift *Das Forum*.[97] Otto Flake stellte seine Nachkriegszeit-Chroniken unter die Ägide von Nietzsches Leitbegriff. Die Sammlung trägt den Titel *Zum guten Europäer* (1924):

> Zum guten Europäer, es klingt wie das Aushängeschild eines der alten Häuser, die in unseren alten Städten stehn. Gäbe es die ehrwürdige Sitte noch, so würde ich dem Haus, in dem ich wohnen möchte, diesen Namen geben. Was nicht mehr Wirklichkeit ist, macht man zum Symbol. Man wohnt nur noch in Büchern.[98]

Die in der Nachkriegszeit verbreitete Europa-Skepsis und Europa-Müdigkeit brachte allerdings nicht nur einen Abschied vom ,Europa'-Ideal, sondern auch von Nietzsches Kategorie des ,guten Europäers' mit sich. Dies lässt sich am deutlichsten an Rudolf Leonhards Betrachtungen *Die Ewigkeit dieser Zeit* (1924) belegen, die den bezeichnenden Untertitel *Eine Rhapsodie gegen Europa* tragen.

Der Kontext von Leonhards Schrift ist die allmähliche Reintegration Deutschlands in den europäischen Markt[99] und die vom Hochgradfreimaurer Richard Coudenhove-Kalergi urgierte Schaffung einer auch wirtschaftlichen paneuropäischen Union. Gerade 1923 hatte Coudenhove-Kalergi seine programmatische Schrift *Paneuropa* publiziert, in welcher er u.a. den Abbau der nationalen Zollgrenzen und die Entstehung einer europäischen Zollunion – unter

---

97 „Nein, dieser gute Europäer war kein Nationalist, kein Verherrlicher neudeutscher ,Kultur'" (Wilhelm Herzog: Friedrich Nietzsche und die Deutschen. In: Das Forum 4 [Oktober 1919] 1, S. 1–24, hier S. 1).

98 Otto Flake: Zum guten Europäer. Zwölf Chroniken Werrenwags. Berlin: Elena Gottschalk Verlag 1924, S 1. Dort vgl. vor allem die siebte Chronik: *Vom Nationalismus* (ebd., S. 83–93).

99 Dazu Peter Krüger: Die Ansätze zu einer europäischen Wirtschaftsgemeinschaft in Deutschland nach dem Ersten Weltkriege. In: Wirtschaftliche und politische Integration in Europa im 19. und 20. Jahrhundert. Hg. von Helmut Berding. Göttingen: Vandenhoeck & Ruprecht 1984, S. 149–168.

Ausschluss der Sowjetunion und Großbritanniens – forderte, um die europäischen Staaten in den Stand zu setzen, mit der nordamerikanischen Industrie erfolgreich konkurrieren zu können.[100] Das Coudenhove-Kalergi vorschwebende Ziel waren die „Vereinigten Staaten von Europa" nach nordamerikanischem Modell. Vor Coudenhove-Kalergi hatte übrigens bereits Albert Demangeon in *Le Déclin de l'Europe* (1920) für eine wirtschaftliche europäische Union plädiert und auch Maximilian Harden hatte in seiner Schrift *Deutschland, Frankreich, England* (1923) eine enge wirtschaftliche Zusammenarbeit zwischen Deutschland und Frankreich befürwortet.

In seinen Betrachtungen *Die Ewigkeit dieser Zeit* betrachtet Leonhard diese wirtschaftlichen Europa-Entwürfe als groteske Verzerrung der Utopie des ‚guten Europäers':

> [...] der „gute Europäer", einmal eine hohe feurige Konzeption und ein abgesagter Feind jeder etwaigen europäischen Gemütlichkeit, ist, seit er aus einem utopischen zu einem historischen Wesen wurde, so entartet wie der Erdteil Europa von jener lüstern glühenden Jungfrau, die sich von einem dampfenden schäumenden Stier durch den Ozean spielend ins Abenteuer ihres Blutes und Schicksals tragen ließ.[101]

Damit besiegelt Leonhard – vor dem Horizont der spätexpressionistischen Europa-Skepsis – die Degradierung von Nietzsches Kategorie. Anthropologisch verkörpert der ‚gute Europäer' für Leonhard jetzt den Typus des internationalen Lobbyisten à la Coudenhove-Kalergi:

> Der gute Europäer – einst ein Sprung über die Grenzen des Pfahlbürgers, heute ein Verzicht auf Weltbürgerschaft – ist die Lebensform der internationalen Hotels, ein Smoking, der in der einen Tasche gefälschte Theosophie, in der andern verdrehten und dann ängstlich belächelten Marxismus, in der Nähe des Geschlechtsteils Rennbahntips und im Herzen Bergwerkskuxe hat. Er hat nicht die sinnliche, fruchtbare, sprungbereite, furchtbare, sondern die faule und verfettete Skepsis. Aber er glaubt an Automobile, verdorben, weil er die Überwindung der Fernen vor dem Gefühl der Fernen kennen gelernt hat (erfahren hat er nichts!), an Zeitungen, weil er sich hüten wird, anders als in der Anonymität des Kurs- und Valutazettels zu erscheinen, und diese Annehmlichkeit vor dem Schauspiel der in den kurzen Protokollen des Lokalberichts Verendenden besser genießt; an die Quittierbarkeit seiner Maitressen, weil er die Dämonie der Unberührten und die Leidenschaft der Huren niemals peinlich verstand, und an jedes Stück Butter, weil die Kalorienrechnung eine gute und klare Sache ist und er vom Hinsiechen der Unterernährten und der ermattenden Gier der Ver-

---

100 Rudolf Leonhard: Die Ewigkeit dieser Zeit. Eine Rhapsodie gegen Europa. Berlin: Die Schmiede 1924, S. 114.
101 Ebd., S. 54.

hungernden immer peinlich wegsah. Und er glaubt an das, was er die europäische Kultur zu nennen wagt.[102]

Aus dem Repräsentanten einer geistigen Elite, wie in Nietzsches kühnen Entwürfen, ist jetzt die sarkastische Karikatur der Finanz-Elite geworden, deren profitorientierte Internationalität Leonhard als „Verzicht auf Weltbürgerschaft" diagnostiziert.

---

102 Ebd., S. 54 f. Dass der ‚gute Europäer' an den Geschlechtsteilen „Rennbahntipps" trägt, deutet seine verdinglichte Sexualität an, während seine Gefühlskälte dadurch umschrieben wird, dass er an der Stelle des Herzens Aktien („Bergwerkskuxe") hat. Skeptisch ist er wie sein Vorgänger bei Nietzsche, aber sein Zweifeln ist nicht „sprungbereit", also Ausdruck eines experimentierenden philosophischen Bewusstseins, sondern „faul und verfettet", ein Abbild seines Zynismus. Seine Skepsis hindert ihn nicht daran, einen verdinglichten Glauben an Fetische wie Automobile, Börsenkurse, austauschbare Geliebte – und Kalorien zu hegen. Wiewohl der ‚gute Europäer' auf dem internationalen Parkett agiert – er verkörpert die „Lebensform der internationalen Hotels" –, erkennt Leonhard in ihm einen „Verzicht auf Weltbürgerschaft". Ihm sind Nationen von Anfang an gleich und austauschbar, sie repräsentieren keine historischen und kulturellen Gebilde, sondern nur Spielmarken, künftige Absatzmärkte und Chancen zur Profitmaximierung. Er ist „überall zuhause [...], weil er nichts kennt" (ebd., S. 56), d. h. weil ihm die Möglichkeit kultureller Erfahrung durch seine Auflösung der Nationen in abstrakte, auswechselbare Profiträume abhandenkam.

3 Expressionistische Konzepte der Weltliteratur

Neben Nietzsche prägte auch Goethe das supranationale Selbstverständnis der Expressionisten.[1] Sein Konzept der ‚Weltliteratur‘[2] erlebte im Expressionismus eine Rezeption, die in der Forschung bis heute unbeachtet blieb[3] und im Folgenden genauer profiliert werden soll.

3.1 ‚Weltliteratur‘ und ‚Weltpoesie‘

Im Expressionismus lassen sich zwei unterschiedliche Semantiken des Weltliteratur-Begriffs unterscheiden, die sich beide von Goethe herleiten. Der Terminus wurde zum einen *retrospektiv* eingesetzt, im Sinne dessen, was Goethe als ‚Weltpoesie‘ bezeichnet.[4] Die Voraussetzung dafür lieferte Goethes Konzeption von Literatur als einem „universalen anthropologischen Vermögen"[5] und als „Gemeingut der Menschheit".[6] Als ein internationaler und polyphoner Literaturkanon setzt sich ‚Weltliteratur‘ in dieser Auffassung aus den einzelnen Nationalliteraturen zusammen und umfasst das Wertvolle aus der heterogenen Literaturproduktion verschiedener Völker und Zeiten.

---

1 Folgende Ausführungen basieren auf meinem Aufsatz: Konzepte der ‚Weltliteratur‘ im deutschen Expressionismus. In: Comparatio 13 (2021) 1, S. 123–140.
2 Zu Goethes Konzept vgl. Dieter Lamping: Die Idee der Weltliteratur: ein Konzept Goethes und seine Karriere. Stuttgart: Kröner 2010, sowie Hendrik Birus: Goethes Idee der Weltliteratur. Eine historische Vergegenwärtigung. In: Weltliteratur heute. Konzepte und Perspektiven. Hg. von Manfred Schmeling. Würzburg: Königshausen und Neumann 1995(Saarbrücker Beiträge zur Vergleichenden Literatur- u. Kulturwissenschaft, Bd. 1), S. 5–28. Vgl. ferner Manfred Koch: Weimaraner Weltbewohner. Zur Genese von Goethes Begriff ‚Weltliteratur‘. Tübingen: Niemeyer 2002.
3 Goßens' Untersuchung (Peter Goßens: Weltliteratur. Modelle transnationaler Literaturwahrnehmung im 19. Jahrhundert. Stuttgart/Weimar: Metzler 2011) rekonstruiert die Begriffsgeschichte bis ins 20. Jahrhundert, lässt aber den Expressionismus unbeachtet.
4 Der Begriff fällt etwa im ersten Heft des sechsten Jahrgangs von *Ueber Kunst und Altertum:* „Auffallend mußte hiebey seyn daß ein halbrohes Volk mit dem durchgeübtesten gerade auf der Stufe der leichtfertigsten Lyrik zusammentrifft, wodurch wir uns abermals überzeugen daß es eine allgemeine Weltpoesie gebe und sich nach Umständen hervortue; weder Gehalt noch Form braucht überliefert zu werden, überall wo die Sonne hinscheint ist ihre Entwicklung gewiß" (J. W. Goethe: Serbische Gedichte. In: FA II, 22, S. 383–387, hier S. 386f.).
5 Koch: Weimaraner Weltbewohner, S. 261, Anm. 76. Zum Begriff ‚Weltpoesie‘ vgl. auch Goßens: Weltliteratur, S. 22f.
6 „Ich sehe immer mehr, fuhr Goethe fort, daß die Poesie ein Gemeingut der Menschheit ist, und daß sie überall und zu allen Zeiten in hunderten und aber hunderten von Menschen hervortritt." (FA II, 12 (39), S. 224 [Eckermann, 31. Januar 1827]).

https://doi.org/10.1515/9783111010540-005

In einem anderen Sinne, der sich Goethes eigener Verwendungsweise eher annähert, wurde ‚Weltliteratur' dagegen *prospektiv* verwendet, für eine noch nicht vorhandene, *transnationale* Literaturproduktion, die aus einem kosmopolitischen Austausch zeitgenössischer Literaten hätte entstehen sollen. Mit dieser Kategorie umschreibt Goethe eine nicht mehr national gebundene, sondern aus einem übernationalen Geist geschaffene Literaturproduktion, welche die durch den technischen Fortschritt ermöglichte Vernetzung der Kulturen einlöst. In diesem prospektiven Sinne verwendete er den Begriff im Gespräch mit Eckermann vom 31. Januar 1827: „Nationalliteratur will jetzt nicht viel sagen, die Epoche der Weltliteratur ist an der Zeit, und jeder muß jetzt dazu wirken, diese Epoche zu beschleunigen".[7] Die Idee von Weltliteratur, von Goethe bei der Lektüre der Zeitschrift *Le Globe* erarbeitet,[8] wird von ihm zuweilen von der Kategorie der Weltpoesie auch ausdrücklich abgegrenzt.[9] Sie ist kein Kanon des national Wertvollen, sondern ein Kanon des international Relevanten. Von der „schon lange" existierenden Kenntnisnahme der Literatur-Nationen untereinander unterscheidet Goethe somit sein Verständnis von Weltliteratur, indem er sie als soziales Netzwerk der „lebendigen" Literaten auffasst und als das Resultat ihres gemeinsamen „gesellschaftlichen" Wirkens. Als solche ist Weltliteratur im Unterschied zur re-

---

7 Ebd., S. 225 (Vgl. auch die Passage aus dem Aufsatz über Alexandre Duvals historisches Drama *Le Tasse* im Heft VI/1 von *Kunst und Alterthum*: „Die Mittheilungen, die ich aus französischen Zeitblättern gebe, haben nicht etwa allein zur Absicht, an mich und meine Arbeiten zu erinnern, ich bezwecke ein Höheres, worauf ich vorläufig hindeuten will. Überall hört und lies't man von dem Vorschreiten des Menschengeschlechts, von den weiteren Aussichten der Welt- und Menschenverhältnisse. Wie es auch im ganzen hiemit beschaffen seyn mag [...], will ich doch von meiner Seite meine Freunde aufmerksam machen, daß ich überzeugt sei, es bilde sich eine allgemeine *Weltliteratur*, worin uns Deutschen eine ehrenvolle Rolle vorbehalten ist." (J. W. Goethe: Le Tasse. In: FA I 22, S. 353–357, hier S. 356), sowie den Dankesbrief an Streckfuß für dessen *Adelchi*-Übersetzung: „Ich bin überzeugt daß eine Weltliteratur sich bilde, daß alle Nationen dazu geneigt sind und deshalb freundliche Schritte thun. Der Deutsche kann und soll hier am meisten wirken, er wird eine schöne Rolle bey diesem großen Zusammentreten zu spielen haben." (Goethe an Streckfuß, 23.1.1827, Konzept. In: FA II 10 (37), S. 443–446, hier S. 443).
8 Horst Günther: ‚Weltliteratur', bei der Lektüre des *Globe* konzipiert. In: Ders.: Versuche, europäisch zu denken. Deutschland und Frankreich. Frankfurt/Main: Suhrkamp 1990, S. 104–125.
9 „Wenn wir eine europäische, ja eine allgemeine Weltliteratur zu verkünden gewagt haben, so heißt dieses nicht daß die verschiedenen Nationen von einander und ihren Erzeugnissen Kenntnis nehmen, denn in diesem Sinne existiert sie schon lange, setzt sich fort und erneuert sich mehr oder weniger; nein! hier ist vielmehr davon die Rede, daß die lebendigen und strebenden Literatoren einander kennen lernen und durch Neigung und Gemeinsinn sich veranlaßt finden gesellschaftlich zu wirken. Dieses wird aber mehr durch Reisende als durch Korrespondenz bewirkt, indem ja persönlicher Gegenwart ganz allein gelingt das wahre Verhältnis unter Menschen zu bestimmen und zu befestigen". (J. W. Goethe: ⟨Zu den Versammlungen deutscher Naturforscher und Ärzte⟩. In: FA I 25, S. 79 f., hier S. 79).

trospektiven Weltpoesie prospektiv. Sie ist noch nicht verwirklicht und wird von Goethe gleichermaßen als Ideal verstanden. Als Konzept trägt sie vom gegenwärtigen Aneinander-Rücken der Nationen Rechnung. Sie ist die Konsequenz aus der Entstehung eines Weltmarktes[10] und eines globalen Kommunikationsraums[11] und gibt sich als die literarische Kristallisation der universellen Mobilität und Vernetzung der Moderne zu erkennen.

3.2 Weltliteratur und Weltpoesie im Ersten Weltkrieg

Mit den Sondernummern seiner Zeitschrift *Die Aktion* bemühte sich Franz Pfemfert um eine implizite, pazifistische Aktualisierung von Goethes Konzept im Sinne einer Dialogizität der europäischen Gegenwartsliteratur. Gewidmet waren diese Hefte auf demonstrative Weise gerade den Ländern, mit denen sich Deutschland im Krieg befand: Russland, Großbritannien, Frankreich, Belgien und Italien.[12] Sie erschienen mitten im Krieg, von Oktober 1915 bis Mai 1916, und waren als Anthologien angelegt, in denen die zeitgenössischen Schriftsteller des europäischen Auslands in deutscher Übersetzung zu Wort kamen. Jedes Heft wurde ferner von einer „Notiz" des Herausgebers Pfemfert begleitet, welche dem Leser weiterführende Literaturangaben und Übersetzungshinweise zur weiteren, selbständigen Vertiefung an die Hand gab. Wiewohl auf das europäische Ausland begrenzt und

---

10 „Die Bourgeoisie hat durch die Exploitation des Weltmarkts die Produktion und Konsumtion aller Länder kosmopolitisch gestaltet. [...] Und wie in der materiellen, so auch in der geistigen Produktion. Die geistigen Erzeugnisse der einzelnen Nationen werden Gemeingut. Die nationale Einseitigkeit und Beschränktheit wird mehr und mehr unmöglich, und aus den vielen nationalen und lokalen Literaturen bildet sich eine Weltliteratur." (Karl Marx/ Friedrich Engels: Manifest der Kommunistischen Partei. In: Dies.: Werke, Bd. 4. Berlin: Dietz 1974, S. 459 – 493, hier S. 466.)
11 So Goethe in einem Brief an Thomas Carlyle: „Wie durch Schnellposten und Dampfschiffe rücken auch durch Tages-, Wochen- und Monatsschriften die Nationen mehr aneinander, und ich werde, so lang es mir vergönnt ist, meine Aufmerksamkeit besonders auch auf diesen wechselseitigen Austausch zu wenden haben. [...] lassen Sie uns der eröffneten Communication immer freyer gebrauchen!" (An Carlyle, 8.8.1828. In: WA IV 44, S. 257).
12 Hervorzuheben ist auch das *Aktions*-Heft vom Oktober 1914, in welchem Pfemfert den gerade gefallenen Charles Péguy mit einem Nachruf und einem Bildnis von Egon Schiele als Titelzeichnung gehuldigt hatte. „CHARLES PÉGUY in dem wir Deutsche die stärkste und reinste sittliche Kraft verehren, die sich im heutigen französischen Schriftwesen äußerte, dieser Apostel und Erzieher ist auf dem Schlacht-Felde gefallen. Wir betrauern den Tod dieses großen Mannes, der gegen uns die Waffen führen mußte, wie den eines unserer eigenen Besten. Was er hinterließ, dessen Erbe treten auch wir an. Charles Péguy hat für die Menschheit gelebt und starb für die groteske Idee, die sich die übelsten seiner Landsleute von nationaler Ehre machten." (Franz Pfemfert: Charles Péguy. In: Die Aktion 4 (24. Oktober 1914) 42/43, Sp. 823).

ohne explizite Bezugnahme auf Goethe entsprach Pfemferts publizistische Unternehmung durchaus dem Geist von Goethes Konzept, indem sie das Netzwerk der „lebendigen" Literaten Europas auf subversive Weise gerade in einer Zeit aufrechtzuerhalten versuchte, als es vom Krieg und von der Kriegspropaganda zerrissen worden war.

Gewidmet war das erste Oktober-Heft der *Aktion* von 1915, das die ‚Länder-Sondernummer' eröffnete, dem Gedächtnis des nur fünf Jahre vorher verstorbenen Tolstoi.[13] Die Nummer veröffentlichte u. a. dessen Essay über die – in Deutschland gerade stärksten Zensureingriffen unterworfene – „öffentliche Meinung" als „Resultante aller moralischen Kräfte eines Volkes"[14] und brachte auch Texte von Gegenwartsschriftstellern wie Alexander Blok (die Gedichte *Der Spuk* und *Ich erwache*) und Andrei Bely (die Kurzerzählung *Newski-Prospekt*). Das Heft zierten Holzschnitt-Porträts des polnisch-jüdischen Graphikers Marcel Słodki (*Tolstoi, Puschkin* und *Dostojewski*).[15]

Am 20. November 1915 erschien das Heft „England".[16] Franz Pfemfert widmete es Earl Loreburn und Lord Courtney, die im britischen Oberhaus gegen den Kriegseintritt Großbritanniens gesprochen hatten. Neben retrospektiven Beiträgen kamen auch Gegenwartsschriftsteller wie William Butler Yeats, Gilbert Keith Chesterton und Rupert Chawner Brooke zu Wort. Auch bildende Künstler, namentlich die beiden schottischen Koloristen Samuel John Peploe und John Duncan Fergusson sowie die englische Vortizistin Jessica Stewart Dismorr, wurden mit eigenen Arbeiten vorgestellt.[17]

---

13 „Vor fünf Jahren, im November, aus einer Welt, die ihm taub und verstockt gegenüberstand, starb Leo Tolstoi. Seinem Gedächtnis widme ich dieses Heft ‚Rußland'" (Die Aktion 5 (13. Oktober 1915) 43/44, Sp. 529).

14 Leo Tolstoi: Über die öffentliche Meinung. In: Die Aktion 5 (13. Oktober 1915) 43/44, Sp. 551–553.

15 Heftinhalt: Marcel Słodki: Tolstoi (Titelblatt); Maximilian Harden: Worte zu diesem Hefte (Sp. 529–531); Alexander Puschkin: Der Prophet (Sp. 531); Nikolai Nekrassow: Das vergessene Dorf (Sp. 532); Alexander Blok: Der Spuk. Übertr. von Reinhold von Walter (Sp. 533 f.); Alexander Blok: Ich erwache. Übertr. von Reinhold von Walter (Sp. 534); Theodor Däubler: Die Russin (Sp. 534 f.); Iwan Turgenjew: Jegoruschka (Sp. 535–536); N. N.: Briefe von Analphabeten. Übers. und eingeleitet von Leo Blumberg (Sp. 537–543); Marcel Słodki: Puschkin (Sp. 538); Marcel Słodki: Dostojewski (Sp. 541 f.); Andrej Belyj: Newski-Prospekt. Deutsch von Nadja Strasser (Sp. 543–549); Wladimir Solowjew: Der Übermensch Friedrich Nietzsches (1897) (Sp. 549–551); Leo Tolstoi: Über die öffentliche Meinung (Sp. 551–553); Franz Pfemfert: Kleine Bücherliste (Sp. 553); Franz Pfemfert: Ich schneide die Zeit aus. XIV (Sp. 553 f.); Franz Pfemfert: Erich Baron ... Reinhold von Walter ... Richard Hirschfeld ... Walter Ferl ... (Sp. 554).

16 Die Aktion 5 (20. November 1915) 47/48.

17 Heftinhalt: Samuel John Peploe: Studie (Titelblatt); Percy Bysshe Shelley: Lied (Sp. 581); William Butler Yeats: Die da nie müde werden (Sp. 581–583); George Meredith: Liebe im Tal.

Das Frankreich-Heft, das am 4. Dezember 1915 erschien,[18] brachte außer den Symbolisten (Mallarmé, Verlaine, Laforgue, Schwob) auch – für den Expressionismus zentrale – Gegenwartsautoren wie Francis Jammes und Paul Claudel, zusammen mit André Gide, Léon Bloy, André Suarès und dem von Pfemfert als Gegenwartsschriftsteller charakterisierten Stendhal. Auch die Frankreich-Nummer war intermedial angelegt, zeigte Einblicke in das Schaffen von Picasso, Henri Matisse, André Derain und Othon Friesz, und war mit Schriftstellerporträts von André Rouveyre (*Bergson, Paul Claudel, Leon Bloy, André Gide*) geziert.[19]

Pfemfert bedachte schließlich auch Belgien und Italien mit einer Sondernummer seiner Zeitschrift. Das Belgien-Heft erschien am 5. Februar 1916,[20] etwa 18 Monate nach dem deutschen Überfall des neutralen Belgiens. Darin liegt vermutlich der Hintergrund von Pfemferts Entscheidung, das Heft mit einem Holz-

---

Deutsch von Gisela Etzel Sp. 583–589; Jessie Dismorr: Aktstudie (Sp. 586); Hilaire Belloc: Im Gasthaus zum Löwen (Sp. 589–594); Anne Estelle Rice: Mädchen (Sp. 590); John Duncan Fergusson: Studie (Sp. 594); Algernon Charles Swinburne: Ballade von Lasten. Deutsch von Rudolf Borchardt (Sp. 594–596); Hardres O'Grady: Gedicht. (Leben nur ein bisschen ... Deutsch von Franz Blei) (Sp. 596); Oscar Wilde: Sonett (Sp. 597); Rupert Chawner Brooke: Der Hügel. Übertr. von Hanns Braun (Sp. 597); Rupert Chawner Brooke: Sonett. Übertr. von Hanns Braun (Sp. 597); Georges Banks: Die Schauspielerin Mansfield (Sp. 598); Gilbert Keith Chesterton: Der Bub. (1909) Sp. 598–601; Gilbert Keith: Der Idolatrie des Reichen (Sp. 601–603); Samuel Butler: Aus dem Notizbuch (Sp. 603–605); Oscar Wilde: Zwölf Gedanken (Sp. 605); Franz Pfemfert: Notiz zu dieser Nummer England (Sp. 605–606); Franz Pfemfert: Kleiner Briefkasten (Sp. 606).
18 Die Aktion 5 (4. Dezember 1915) 49/50.
19 Heftinhalt: André Derain: Schöpfung; Charles Baudelaire: Morgendämmerung in Paris. Übertr. von Ferdinand Hardekopf (Sp. 607); Stéphane Mallarmé: Armes, blasses Kind ... Deutsch von August Brücher (Sp. 608–609); André Rouveyre: Bergson (Sp. 609); Henri Bergson: Über Kunst. Deutsch von Jakob Hegner (Sp. 609–613); Henri de Toulouse-Lautrec: Federzeichnung (Sp. 612); Félix Vallotton: Marcel Schwob (Sp. 613); Marcel Schwob: Erdachter Lebenslauf. Deutsch von Franz Blei (Sp. 613–617); Pablo Picasso: Studie (Sp. 616); Othon Friesz: Zeichnung (Sp. 617); Jules Laforgue: Mondschein. Deutsch von Max Brod (Sp. 618); Paul Verlaine: L'heure du Berger. Deutsch von August Brücher (Sp. 618); Paul Claudel: Der Stimmführer im *Ruhetag* (Sp. 618–621); Henri Matisse: Landschaft (Sp. 619f.); André Rouveyre: Paul Claudel (Sp. 621); Charles-Louis Philippe: Ein Jugendbrief (Sp. 622–623); Stendhal: Romansätze. Ausgew. und übers. von Ferdinand Hardekopf (Sp. 623f.); André Rouveyre: Léon Bloy (Sp. 624); Léon Bloy: Über die Gemeinplätze der Bürger. [Übertr. von Maria Einstein] (Sp. 624f.); Félix Vallotton: Francis Jammes (Sp. 625); Francis Jammes: Aus *Pensée des Jardins*. Deutsch von August Brücher (Sp. 625f.); Francis Jammes: Von einer Hündin und einem Kind. Deutsch von August Brücher (Sp. 625); Francis Jammes, Francis: Über den Flug. Deutsch von August Brücher Sp. 625f.; André Suarès: Venedig: San Zanipolo. Übertr. von Franz Blei (Sp. 626f.); André Gide: Reflexionen. Übers. von Ferdinand Hardekopf (Sp. 627f.); André Rouveyre: André Gide (Sp. 628); Ernst Hello: Lachen und Weinen. Deutsch von Jakob Hegner (Sp. 629–632); Franz Pfemfert: Notiz zu dieser Nummer ‚Frankreich' (Sp. 632).
20 Die Aktion 6 (5. Februar 1916) 5/6.

schnitt von Georges Minne zu eröffnen, der die Überschrift *Trauer* trägt. Am Belgien-Heft hatten Maeterlinck, Max Elskamp, Charles de Coster, Théodore Hannon und der damals im englischen Exil lebende Großstadtdichter und Pazifist Émile Verhaeren Anteil, dessen Pamphlet *La Belgique sanglante* schon erschienen war.[21]

---

21 Heftinhalt: Georges Minne: Trauer (Titelblatt); Émile Verhaeren: Der Auszug (1908). Freie Nachdichtung von Theodor Däubler (Sp. 53–56); Émile Verhaeren: Mit Hund und Katz ... Freie Nachdichtung von Theodor Däubler (Sp. 53); Émile Verhaeren: Die Leute hier sind angstgescheucht ... Freie Nachdichtung von Theodor Däubler (Sp. 53 f.); Émile Verhaeren: Das sind Muttergottesbilder ... Freie Nachdichtung von Theodor Däubler (Sp. 54); Émile Verhaeren: Die Leute von hier haben Furcht ... Freie Nachdichtung von Theodor Däubler (Sp. 54); Émile Verhaeren: Auf Dämmerstrassen ... Freie Nachdichtung von Theodor Däubler (Sp. 54); Émile Verhaeren: Die Leute hier sind ungeschickt ... Freie Nachdichtung von Theodor Däubler (Sp. 54 f.); Émile Verhaeren: Weg von der Pritsche ... Freie Nachdichtung von Theodor Däubler (Sp. 55); Émile Verhaeren: Die Knechte, gedungen ... Freie Nachdichtung von Theodor Däubler (Sp. 55); Émile Verhaeren: Die Leute von hier, diese Leute ... Freie Nachdichtung von Theodor Däubler (Sp. 55 f.); André Rouveyre: Verhaeren (Sp. 55); Maurice Maeterlinck: Turmszene aus Princesse Malaine. Von Hermann Hendrich übers. 1890 (Sp. 57–60); Félix Vallotton: Der Dichter Maeterlinck (Sp. 58); Max Elskamp: Ein armer Mann ... Übertr. von Paul Adler (Sp. 60); Max Elskamp: Auf den Montag. Übertr. von Paul Adler (Sp. 60 f.); Max Elskamp: Auf den Dienstag. Übertr. von Paul Adler (Sp. 61); Max Elskamp: Auf den Mittwoch. Übertr. von Paul Adler (Sp. 61 f.); Max Elskamp: Auf den Donnerstag. Übertr. von Paul Adler (Sp. 62); James Ensor: Federskizze (Sp. 62); Max Elskamp: Auf den Freitag. Übertr. von Paul Adler (Sp. 62 f.); Félix Vallotton: Max Elskamp (Sp. 63); Max Elskamp: Auf den Sonnabend. Übertr. vom Paul Adler (Sp. 63–64); Charles de Coster: Von drei vornehmen Jungfrauen und ihrer grossen Schönheit. Übers. von August Brücher (Sp. 64); Charles de Coster: Bianca, Clara und Candida. Eine Legende. Übers. von August Brücher (Sp. 64–69); Charles de Coster: Wie ein arabischer Prinz sich in die Jüngste verliebte und was daraus folgte. Übers. von August Brücher (Sp. 64 f.); Charles de Coster: Worin man sieht, wie Satan die Mädchen verfolgt, die sich von der Welt zurückziehen wollen. Übers. von August Brücher (Sp. 65 f.); Georges Minne: Der Täufer (Sp. 66); Charles de Coster: Von der Stimme des himmlischen Bräutigams und von dem schönen Ritter in silberner Rüstung. Übers. von August Brücher (Sp. 67); Charles de Coster: Wie auf Befehl des Himmels die drei Jungfrauen sich aufs Geratewohl auf den Weg machten. Übers. von August Brücher (Sp. 67 f.); Charles de Coster: Wie die drei Jungfrauen eine grüne Insel erblickten, und von den schönen Blumen, die dort waren. Übers. von August Brücher (Sp. 68); Charles de Coster: Von den zwei Bischöfen und den verdorrten Händen. Übers. von August Brücher (Sp. 69); Charles de Coster: Von der Kirche zu Haeckendover und dem geschickten Handwerker, der dort arbeitete. Übers. von August Brücher (Sp. 69); James Ensor: Napoleons Abschied (Sp. 70); Camille Lemonnier: James Ensor. Deutsch von Ferdinand Hardekopf (Sp. 70 f.); Valère Gille: Die Kunst. Deutsch von Heinrich Schaefer (Sp. 71); Charles Lerberghe: Die goldene Bark. Übers. von Camill Hoffmann (Sp. 72); Maurice Maeterlinck: Alte Lieder. Übers. von Ferdinand Hardekopf (Sp. 72 f.); Maurice Maeterlinck: Mein gutes Lieb ins Kloster ging .... Übers. von Ferdinand Hardekopf (Sp. 72); Maurice Maeterlinck: Sie kettet sie in eine Grott ... Übers. von Ferdinand Hardekopf (Sp. 72 f.); Maurice Maeterlinck: Sie töteten drei Mägdelein ... Übers. von Ferdinand Hardekopf (Sp. 73); Théodore Hannon: Offertorium. Übers. von Stefan Wronski [d. i. Ferdinand Hardekopf] (Sp. 73 f.);

Am 19. Februar 1916 erschien schließlich die Italien-Sondernummer, die dem Futurismus gewidmet war. Der programmatische Pazifismus, der Pfemferts Weltliteratur-Konzept leitete, führte in diesem Fall zu einer entsprechenden Manipulation der futuristischen Literatur. Das antiösterreichische und bellizistische Pathos, das Marinettis Futurismus bereits vor dem Krieg prägte, kam in der *Aktion* nicht vor. Im Vordergrund des Heftes standen Paolo Buzzi[22] sowie gemäßigte Futuristen *sui generis* wie Aldo Palazzeschi und Corrado Govoni. Die bildenden Künstler Medardo Rosso, Luigi Baldo und Ardengo Soffici wurden ebenfalls mit eigenen Werken vorgestellt.[23]

Dass im Ersten Weltkrieg die Kategorie der Weltliteratur allerdings auch in den Dienst des bellizistischen Diskurses genommen werden konnte, belegt das Beispiel von Wilhelm Herzog. Aktualisierte Pfemfert die Weltliteratur-Idee vor dem Hintergrund des Weltkriegs im pazifistischen Sinne, indem er in seiner Zeitschrift dem gefährdeten internationalen Netzwerk der europäischen Gegenwartsliteratur Unterschlupf gewährte, so trug die von Wilhelm Herzog herausge-

---

Félicien Rops: Briefe (und eine Zeichnung). Deutsch von Franz Blei (Sp. 74–77); Gregoire Le Roy: Die Zeiten der Vergangenheit. Deutsch von Heinrich Schaefer (Sp. 77); Ferdinand Hardekopf: Anmerkung zur *Princesse Maleine* (Sp. 77f.); Franz Pfemfert: Notiz zu dieser Sondernummer ‚Belgien' (Sp. 78); Franz Pfemfert: Kleiner Briefkasten (Sp. 78).
22 Entnommen wurde Buzzis Zyklus *Notturnini* der Mailänder Anthologie: I poeti futuristi. Con un proclama di F. T. Marinetti e uno studio sul verso libero di Paolo Buzzi. Milano: Edizioni futuriste di *Poesia* 1912, S. 145–147.
23 Heftinhalt: Medardo Rosso: Eindruck im Omnibus (Titelblatt); Giovanni Papini: Hanswurst. Übertr. von Jakob Hegner (Sp. 79–82); Enrico Pea: Der Heilige und das Geschöpf. Übertr. von Paul Adler (Sp. 82–84); Else Zur Mühlen: Der heilige Hieronymus. Nach Leonardo da Vinci (Sp. 84); Paolo Buzzi: Kleine Nachtbilder. Übers. von Paul Adler (Sp. 84–86); Paolo Buzzi: Die Hunde. Übertr. von Paul Adler (Sp. 84f.); Paolo Buzzi: Die Frauen. Übertr. von Paul Adler (Sp. 85); Luigi Baldo: Tänzer (Sp. 85); Paolo Buzzi: Trunkene. Übertr. von Paul Adler (Sp. 85f.); Paolo Buzzi: Die Dichter. Übertr. von Paul Adler (Sp. 86); Paolo Buzzi: Arme Schläfer, am Ende Tote. Übertr. von Paul Adler (Sp. 86); N. N.: Platz von San Marco (Sp. 87–88); Aldo Palazzeschi: Die Bildnisse der Ammen. Übertr. von Theodor Däubler (Sp. 87–89); Giovanni Pascoli: Der Taumel. Übertr. von Benno Geiger (Sp. 90f.); Luciano Folgore: Der Marsch. Übertr. von Else Hadwiger (Sp. 91); Aldo Palazzeschi: Paradiesische Einblicke. Deutsch von Theodor Däubler (Sp. 92); Medardo Rosso: Das kranke Kind (Sp. 92); Filippo Tommaso Marinetti: Am Strande hingelagert. Übertr. von Else Hadwiger (Sp. 93); Gabriele d'Annunzio: Anrufung. Deutsch von Otto von Taube (Sp. 93–94); Corrado Govoni: Seele. Übertr. von Else Hadwiger (Sp. 94); Tavolata [recte: Italo Tavolato]: Die Seele Weiningers. Deutsch von Paul Adler (Sp. 95–101); Ardengo Soffici: Der Spiegel (Sp. 96); Else von Zur Mühlen: Die heilige Anna Selbdritt. Nach Leonardo da Vinci (Sp. 100); Stefano Infessura: Aus dem Römischen Tagebuch (Sp. 101–104); Theodor Däubler: Kleine Anmerkungen über die Kunst im heutigen Italien (Sp. 103f.); Franz Pfemfert: Notiz zu dieser Sondernummer ‚Italien' (Sp. 104); Franz Pfemfert: Kleiner Briefkasten (Sp. 104).

gebene und in Einzellieferungen erscheinende *Welt-Literatur*-Anthologie[24] einen ganz anderen Charakter. Dies betrifft nicht nur ihre Anlage als retrospektiver Kanon der ‚Weltpoesie‘, sondern auch ihre nur vordergründige Internationalität. Von den zwischen 1915 und 1917 in Herzogs *Welt-Literatur* veröffentlichten 97 Werken (meist Erzählungen oder Roman-Auszüge) stammt nur ein Drittel aus dem europäischen Ausland, nämlich Frankreich und Russland.[25] Bei den restlichen Texten handelt es sich um Werke aus dem Fundus der deutschen Literaturgeschichte, der somit einen weltliterarischen Führungsanspruch zugeschrieben wurde.[26] Darin zeigt sich, dass die Kategorie von Weltliteratur im Krieg auch als ein Multiplikator und Katalysator nationalliterarischer Hegemonialansprüche dekliniert werden konnte.[27]

3.3 Spätexpressionistische Weltliteratur-Konzepte im Zeichen Goethes

Mustert man das literarische Feld der unmittelbaren Nachkriegszeit, so lässt sich gerade im Spätexpressionismus eine Konjunktur der Weltliteratur-Idee beobachten, welche im Zusammenhang mit den damaligen Bemühungen stand, an den internationalen Literaturdiskurs der Vorkriegszeit wieder anzuknüpfen und den verloren gegangenen supranationalen Literaturraum zu rekonstruieren.

Auf Goethes Konzept beriefen sich nicht zufällig oft Autoren mit einer transnationalen Biographie. Einer von ihnen war der in Italien geborene, österreichisch-tschechische Essayist, Dramaturg und Erzähler Guido Glück (1882–

---

24 Dazu Carla Müller-Feyen: Engagierter Journalismus: Wilhelm Herzog und *Das Forum* (1914–1929). Zeitgeschehen und Zeitgenossen im Spiegel einer nonkonformistischen Zeitschrift. Frankfurt/Main u. a.: Lang 1996, S. 134–139.

25 Die *Welt-Literatur* publizierte insgesamt nur 34 ausländische Werke. Darunter finden sich lediglich acht französische (Daudet, Balzac, Maupassant, Flaubert, Mérimée, Stendhal, Chateaubriand, Pitaval) und fünf russische Schriftsteller (Turgenew, Gogol, Puschkin, Dostojewskij und Tolstoi).

26 Trotz dieser Nationalisierung des Weltliteraturkonzepts führte der Einsatz für Heinrich Manns Novellen schließlich doch zu einer Beschlagnahmung der Zeitschrift durch die Polizei und zur Anklage des Herausgebers Herzog und des Verlegers Walther C. F. Hirth „wegen Verbreitung unzüchtiger Schriften" (Carla Müller-Feyen: Engagierter Journalismus, S. 138).

27 Die im Raum der Weltliteratur ausgetragene Spannung zwischen Kosmopolitismus und Hegemonialdenken wurde vor allem von Pascale Casanova reflektiert („Exerted within this *international literary space* are relations of force and a violence peculiar to them – in short a *literary domination*". Pascale Casanova: The World Republic of Letters. Cambridge, Mass. u. a.: Harvard Univ. Press 2004, S. xii).

1945).[28] In seinem Aufsatz *Weltbürgertum*, der 1918 im expressionistischen Blatt *Der Mensch* erschien, nahm Glück auf Goethes Weltliteratur-Begriff explizit Bezug, um nach dem Weltkrieg die Idee des Weltbürgertums neu zu beleben:

> Goethe [...], der nicht als spekulativer Kopf, doch als ein Stück wirkender Natur tiefere Einsichten als andere besaß, entwickelte bei der Frage der Weltliteratur einen Begriff des Kosmopolitismus in solch tiefgründiger, großzügiger Weise, daß er uns vielfach Führer sein kann.[29]

Der aus der Ukraine stammende Schriftsteller Michael Charol-Prawdin (1894 – 1970)[30] wiederum visierte die Weltliteratur-Frage in seinem Essay *Übersetzungen* von 1919 an.[31] Prawdin übersiedelte kurz vor dem Ausbruch des Ersten Weltkriegs aus der Ukraine nach Deutschland und entschied sich aufgrund der Russischen Revolution, in Deutschland zu bleiben, wo er als Korrespondent für die *Berliner Börsen-Zeitung* tätig war, bevor er nach Hitlers Machtergreifung nach London emigrierte.[32] Gerade vor dem Hintergrund seines transnationalen Lebenslaufs verteidigte Prawdin gegen die deutschtümelnden Nationalisten die Praxis des Übersetzens als Katalysator der Weltliteratur-Idee.[33] Argumentationstechnisch ist

---

28 Das katholische Deutschland. Hg. von Wilhelm Kosch. Augsburg: Haas & Grabherr 1933, S. 484.

29 Guido Glück: Weltbürgertum. In: Der Mensch 1 (Januar 1918) 1, S. 11–14, hier S. 12.

30 Er verfasste u. a. *Eine Welt zerbricht. Ein Tatsachenroman* (1933) sowie *Das Erbe Dschingis Chans* (1935).

31 Michael Charol: Übersetzungen. In: Der Kritiker 1 (7. Juni 1919) 14, S. 12–14.

32 Biographisches Handbuch der deutschsprachigen Emigration nach 1933. Hg, von Werner Röder. München: Saur 1983, Bd. 2, S. 565.

33 Bereits Ende des 19. Jahrhunderts hatte der deutschtümelnde Sprachpurist Eduard Engel, der ausgerechnet Herausgeber des *Magazins für die Literatur des Auslandes* war, die in Deutschland grassierende „Übersetzungsseuche" angeprangert (Die Übersetzungsseuche in Deutschland. Leipzig: Wilhelm Friedrich 1879). Die Kritik minderwertiger Übersetzungen verbindet Engel dort mit dem kulturtheoretischen Argument der konstitutiven ‚Schwäche' von Übersetzervölkern: „Dem guten Leumund längst vergangener Zeiten, vielleicht auch einigen grünen Oasen in der immer breiter sich ausdehnenden Uebersetzungswüste verdanken wir Deutsche den zweifelhaften Ruhm: das Uebersetzervolk par excellence zu sein. Es ist das eigentlich für kein Volk, welches von solcher literarischen Nachrede betroffen wird, ein beneidenswerther Vorzug, denn die literarhistorische Erfahrung wie der oberflächlichste Blick auf die zeitgenössische Bibliographie lehren, dass die ‚Uebersetzervölker' im Allgemeinen nicht gerade die ersten Stellen in der literarischen Welthierarchie einnehmen" (ebd., 4. Aufl. Leipzig: Wilhelm Friedrich 1881, S. 4). Der ‚Import' der Übersetzungsliteratur führe somit zu einer Schwächung des Absatzmarkts der heimischen Literatur (ebd., S. 9). Der Kampf gegen die Übersetzungsliteratur erreichte begreiflicherweise im Ersten Weltkrieg einen Höhepunkt. Im Vergleich zur Vorkriegszeit erlebte die übersetzerische Praxis in den Kriegsjahren einen drastischen Rückschlag, wie man auch der –

der Versuch bemerkenswert, gegenüber den Nationalisten das Übersetzen fremder Literatur gerade als Förderung der Heimatliteratur zu präsentieren. Gerechtfertigt wird das Übersetzen als unverzichtbares Instrument zur Selbstbehauptung der eigenen Literatur im Wettbewerb der Nationalliteraturen untereinander:

> Jede Nation, die nicht auf dem zweiten Platz treten will, die in der Kulturgemeinschaft der Nationen an der führenden Stelle zu beharren gedenkt, muß diesem Umstand Rechnung tragen. Ihre Künstler und Dichter müssen alle Schöpfungen der Weltliteratur kennen. Sie müssen sich an ihnen heranbilden, aus ihnen schöpfen, wollen sie einmal Gleichwertiges schaffen. Erinnern wir uns nur an die unheimliche Belesenheit unserer Klassiker, an das ungeheure Wissen unserer ersten Dichter und Denker, dann wird uns die Bedeutung des Wissens klar. Nicht Benachteiligung der Heimatdichter ist die Übersetzung, sondern ihre Förderung. Erschließung neuer gewaltiger Quellen, die ihre volle Entwicklung erst ganz ermöglichen.[34]

‚Weltliteratur' bezeichnet bei Prawdin allerdings nicht nur den für die Weiterentwicklung der Nationalliteraturen unverzichtbaren Kanon der Weltpoesie, sondern auch das prospektive Ideal einer künftigen, nicht mehr nationalen Literaturästhetik, welche ebenfalls aus der zentralen Tätigkeit des Übersetzens hervorgehen wird. Was die Übersetzungen als „Brücken für Nationen" begünstigen werden, wird die Entstehung von „Weltschriftsteller[n]" und von „neue[n] Werke[n] vom allgemein europäischen, ja zuletzt vom allgemein menschlichen Typus" sein: „Und dann wird auch das große Ideal der echten, wahren Weltliteratur und der Weltbürger endlich verwirklicht werden".[35]

---

lückenhaften – Bibliographie von Wolfgang Rössig (Literaturen der Welt in deutscher Übersetzung. Hg. von Wolfgang Rössig. Stuttgart: Metzler 1997, S. 165–168) entnehmen kann. Auch im Krieg wurde das nationalpatriotische Argument wiederaufgegriffen, demzufolge das Übersetzen die Entwicklung der eigenen Literatur beeinträchtigen würde. So diagnostizierte etwa der angesehene Erfolgsschriftsteller Ludwig Fulda, der Verfasser des Aufrufs „An die Kulturwelt!" von 1914, in seinem Pamphlet *Deutsche Kultur und Ausländerei* (1916) eine für die autochthone Literaturproduktion abträgliche „Überschwemmung mit wahllosem Massenimport" aus dem literarischen Ausland: „Wir haben uns zu Hebammendiensten für das Ausland bereit gefunden, indem wir seine bescheidensten Lichtchen, noch bevor sie ihm selbst aufgegangen waren, ungeduldig auf den Ruhmesleuchter stellten. Wir haben die Überschwemmung mit wahllosem Massenimport zu einer derartigen Hochflut anschwellen lassen, daß unsere eigene Produktion darin kläglich zu versinken und zu ertrinken drohte" (Ludwig Fulda: Deutsche Kultur und Ausländerei. Leipzig: S. Hirzel 1916, S. 26).
34 Michael Charol: Übersetzungen, S. 13–14.
35 Ebd., S. 14.

3.3.1 Iwan Golls weltliterarischer Atlas *Les Cinq Continents* (1922)

Wie in der Kriegszeit Pfemferts und Herzogs Weltliteratur-Entwürfe in ihrer kosmopolitisch-pazifistischen bzw. nationalliterarischen Tendenz einander entgegengesetzt waren, so in der Nachkriegszeit die Konzepte von Iwan Goll und Klabund – nicht nur aufgrund ihrer unterschiedlichen medialen Umsetzung (Übersetzung vs. Literaturgeschichtsschreibung), sondern vor allem deshalb, weil sie die Weltliteratur-Idee aus einer frankozentrischen bzw. germanozentrischen Perspektive aktualisierten.

Iwan Golls Anthologie *Les Cinq Continents – Anthologie mondiale de poésie contemporaine* von 1922[36] stellt den bedeutendsten spätexpressionistischen Versuch dar, die Weltliteratur-Idee im Medium der Übersetzung programmatisch einzulösen.[37] ,Weltliteratur' wird bei Goll ins Außereuropäische erweitert und als Welt*lyrik* gattungsspezifisch zugespitzt. Seine Anthologie vereinigt zeitgenössische Lyrik aus fünf Kontinenten in französischer Übertragung, wie auch der programmatische Titel („Fünf Kontinente") betont.[38] Trotzdem handelt es sich immer noch um eine eurozentrische Konzeption, da die europäische Literatur am stärksten vertreten ist. Unter den nicht-europäischen Literaturen widmet Goll der japanischen Gegenwartslyrik besondere Aufmerksamkeit.[39] Darauf folgt die afri-

---

36 Ivan Goll: Les cinq continents – Anthologie mondiale de poésie contemporaine. Paris: La Renaissance du livre 1922.

37 Vgl. dazu bisher nur die eher essayistischen Ausführungen von Guillelmo de Torre: Literaturas europeas de vanguardia. Madrid: Rafael Caro Raggio 1925, S. 350 – 365.

38 Als instruktiv erweist sich die Kontrastierung von Golls Anthologie mit der Darstellung des Berliner Literaturhistorikers Richard M. Meyer *Die Weltliteratur im 20ten Jahrhundert. Vom deutschen Standpunkt aus betrachtet* (Stuttgart/Berlin: Deutsche Verlags-Anstalt 1913). Wiewohl Meyer die amerikanische Literatur in seine Darstellung stellenweise mit einbezieht, wird bei ihm ,Weltliteratur' *de facto* zum Synonym für ,europäische Literatur'. Die gesamte „orientalische Literatur" (darunter fasst Meyer die indische, japanische, chinesische, arabische und persische Poesie zusammen) wird kurzerhand zu einer „Sache des Spezialstudiums" erklärt (S. 204) und nicht weiter besprochen. Auch der Vergleich mit zeitgenössischen Sammlungen von Gegenwartsdichtung belegt die Internationalität von Golls Konzept für damalige Verhältnisse. Die nur ein Jahr nach Golls Anthologie erschienene *Anthologie poétique du 20ᵉ siècle* von Robert de la Vaissière etwa gilt gar ausschließlich der französischen Dichtung.

39 Kaiser Mutsuhito: *Poésies I–IV*; Die Kaiserin [Masako Ichijō]: *Poésie*; Nico D. Horigoutchi: *Tankas*; Rofū Miki: *Le cap pâle*; Hakushū Kithara: *Chansonette*; Takeshi Yanagizawa: *L'Automne*; [Seigo] Shiratori: *Les cadeaux*; Doppo Kunikida: *L'îlot du large* (S. 259 – 267). Als Übersetzer firmieren Horigoutchi, Yanagizawa und T[akamatsu] Yoshié.

kanische Dichtung,[40] China,[41] die hebräische und jiddische Dichtung,[42] die Indianer Nordamerikas,[43] Armenien,[44] die Türkei[45] und Indien.[46]

Gerade der ausgeprägte Gegenwartsbezug nähert Golls Anthologie an Goethes Verständnis von Weltliteratur an. Die Sammlung ist ein kollektives Werk, an dem nicht weniger als 45 Übersetzer/-innen, darunter Goll selbst, mitwirkten.[47] Das Corpus der insgesamt 148 Gedichte ist in fünf Sprachgruppen unterteilt: „anglo-saxon", „latin", „germanique", slave" und „oriental". Die Leitmetapher, unter der Goll in seinem Vorwort die Anthologie stellt, ist der Weltatlas:

> Une mappemonde sur une table de travail est le plus beau jouet et le délassement le plus doux que l'on puisse trouver. L'homme oublie sa tristesse quotidienne en parcourant d'un doigt rêveur le Globe qui contient tout. Navigateur de l'infini, pendant cinq minutes, il va se reposer dans une paysage lointain. Tel devrait être le sentiment de celui qui, en ouvrant cette anthologie de poésie mondiale, y trouvera la figure de quelque pays inconnu, une silhouette dessinée à gros traits, sans autre detail [...].[48]

Den Leser seiner Anthologie imaginiert Goll wie einen virtuellen Reisenden.[49] Die Voraussetzung dafür liegt im Welterschließungspotential, das Goll der Dichtung zuerkennt. Wiewohl Ausdruck des Individuellen, vermittelt die Poesie die uni-

---

40 *Chanson d'une femme qui a mis au monde des jumeaux* (Stamm der Herero); *Chanson quand on coupe l'écorce* (Stamm der Herero); *Chanson de femme*; *Trois chansons pour danser*; *Chant d'amour* (Stamm der Zulu); *Chant* (Ostafrika, Stamm der Vandau) (S. 294–298). Die von Myrthe Eberstein, Carl Einstein und Natalie Curtis Burlin gesammelten Gedichte wurden von Ivan Goll übersetzt.
41 Tcheng-Loh: *Retour d'Europe*; *Le printemps à Ourga*; *Le cheval*; Liang Tchi Thao: *Appel à moi-même*; *Chansons de Formose I–IV* (S. 268–271). Die Texte wurden von Tcheng-Loh (1876–1939) zusammen mit Ivan Goll übertragen.
42 Haim-Nachman Bialik: *La dernière parole*; *Cité du Massacre*; Morris Rosenfeld: *Au peuple*; *Le Juif à Jésus*; S. S. Froug [recte: Simon Samuel Frug (1860–1916)]: *Les étoiles et le sable* (S. 274–283), übersetzt von L[upus] Blumenfeld.
43 *Dans des buffles*; *L'assassin*; *Prière pour de la pluie* (S. 291–292). Die von Alice Corbin Anderson und Mathilde Coxe Stevenson zusammengetragenen Texte wurden von Ivan Goll übertragen.
44 Hrand Nazariant[z]: *Vahakn*; Elie [recte: Eghia] Demirdjibachian: *Houng* (S. 286–290), übersetzt von dem in Italien lebenden armenischen Dichter Nazariantz (1880–1962).
45 Tevfik Fikret: *La vie* (S. 284 f.), übersetzt von Yusuf Ali.
46 Rabindranath Tagore: *Gintanjali I–III* (S. 272–273), in der Übersetzung von André Gide.
47 Die Übersetzer aus dem Deutschen waren L. Charles Baudouin (1893–1963) und derselbe Goll.
48 Ivan Goll: Les cinq continents, S. 5.
49 „Il faudra que le lecteur ajoute sa propre imagination aux poèmes, de même que le voyageur apporte sa sensibilité aux contrées qu'il visite" (ebd.).

versellen „Lebensformen" eines gesamten Kulturraums[50] und gewährt somit einen direkteren Zugang zur „Seele der Völker" als die Wissenschaft oder die Politik.[51] Wie bei Goethe erscheint auch bei Goll ,Weltliteratur' als Desiderat, das allerdings gerade durch die modernen Möglichkeiten physischer und geistiger Mobilität wie ein Weltatlas greifbar nah zu sein scheint:

> Que ce livre soit aussi un symbole de ces temps, où, grâce aux possibilités de vitesse et de mouvement, déjà se forme une grande conscience internationale grâce à qui bientôt les littératures nationales seront remplacées par un art mondial.[52]

Die Herausbildung eines kosmopolitischen Bewusstseins erscheint als Adelsprädikat der europäischen Avantgarde, deren Vernetzungen Goll als Keim der künftigen Weltliteratur präsentiert. Die genealogische Hauptachse, die er entwirft, führt vom italienischen Futurismus zum französischen Surrealismus, mit dem sich Goll in Paris inzwischen identifizierte. Die vom Futurismus eingeleitete Revolution[53] wird sich allerdings prospektiv nicht in Westeuropa fortsetzen. Vielmehr setzt Goll seine Hoffnungen auf poetische Erneuerung zunächst auf Osteuropa. Die tschechische, jugoslawische oder ungarische Literatur erscheinen ihm als jünger, kraftvoller und kühner im Vergleich zur erschöpften westeuropäischen Literaturtradition. Goll bezeichnet sie als „die Neger Europas, die uns nottun".[54] Die zweite Quelle literarischer Regeneration ist ihm zufolge in Nordamerika, der Heimat des ,Dichtervaters' Walt Whitman, zu finden.[55] Für Goll ist Whitman *der* Gegenwartsdichter schlechthin, „poète de nos jours", wie kein zweiter Schriftsteller ist er „citoyen du monde" und verkörpert in geradezu paradigmatischer Weise das transnationale Bewusstsein des Weltliteratur-Konzepts.[56] Angesichts der symbolistischen Epigonalität Südamerikas und der formalen Starrheit der japanischen und chinesischen Literaturästhetik inthronisiert

---

50 „L'art entrevoit les formes de la vie de la même façon que nous regardons cette mappemonde" (ebd., S. 6). Verbürgt ist die Einheit der Weltliteratur im vitalistischen Ideal des Allebens: „Il est mathématiquement certain que les poètes de contrées et de langues entièrement différentes se retrouvent tous dans un même et unique idéal: la Vie vraie et palpitante" (ebd., S. 6).
51 „Nous entrerons plus vite dans l'âme des peuples par la fenêtre que l'art nous ouvre que par les portails majesteux, telles que les sciences et la politique" (ebd.).
52 Ebd.
53 Marinetti (*À l'Automobile de course*), Paolo Buzzi (*Il Canto dei Reclusi*), Aldo Palazzeschi (*Notre-Dame*), Luciano Folgore (*L'Elettricità*), Ardengo Soffici (*Arcobaleno*), Libero Altomare (*Apocalisse*).
54 „Ils sont les nègres d'Europe, dont nous avons besoin" (Ivan Goll: Les cinq continents, S. 9).
55 „L'Autre source d'âme thermale et de sang ferrugineux jaillit en Amérique. Comment en eût-il été autrement, après le passage du puissant Père des Poètes: Walt Whitman!" (Ebd.).
56 Ebd.

Goll schließlich als dritten und letzten Quellpunkt der Poesie die ‚primitive' Literaturproduktion der Eingeborenen Nordamerikas und Schwarzafrikas, welche gerade in ihrer angeblich unverdorbenen Ursprünglichkeit kanonisiert wird.[57]

Diese Konstruktion des ‚Primitiven' als Antizipation und Modell der Avantgarde lässt sich übrigens auch in den Nachdichtungen aus Golls Anthologie verfolgen, wie das instruktive Beispiel einiger afrikanischer Tanz-Lieder zeigt. Die bei Goll abgedruckten, von Einstein übermittelten *Trois chansons pour danser* waren bereits 1916 in deutscher Sprache in der *Aktion* erschienen.[58] Die Tanz-Lieder wurden allerdings vom ethnologieskeptischen Einstein nicht lediglich ‚gesammelt',[59] sondern im Einklang mit den ästhetischen Formprinzipien der Avantgarde literarisiert und modernisiert, und zwar ausgehend von französischen Vor-Übersetzungen, welche ihrerseits die afrikanische *oral poetry* verschriftlicht hatten.[60] Golls eigene Nachdichtungen[61] sind somit das Endergebnis einer vielfach gestaffelten Übersetzungskette, welche die ethnische, mündlich überlieferte Dichtung als eine Art Proto-Avantgarde zu konstruieren versucht.

---

57 Vgl.: „la poésie plus naïve des Nègres et des Indiens. Voici l'enfance de l'humanité et de la poésie. Instincts qui se réveillent et qui vivent sous un jour cru, c'est-à-dire vrai. Simplicité massive et symbolique. Amour réel, asentimental des choses, des couleurs, de toute la nature. Les bêtes des premiers jours de la création sont leur compagnons de vie. Poésie directe, intense, vraie. Nous tous, peoples civilisés, devons aller à leur école. Car la vraie, la grande poésie ne se compose pas de visions ou de sentences, mais du simple et profond amour de la nature. Plus que tous autres, les sauvages sont près de la terre et de la vérité. Eux aussi sont de grands frères du monde." (Ebd., S. 11).

58 Vgl.: Tanzlied. Baluba; Tanzlied. Baholono („Ich sah ..."); Tanzlied. Baholono („Im Dickicht kein Tier ..."). In: Die Aktion 6 (25. November 1916) 47/48, Sp. 651. Goll hatte sie bereits 1921 ins Französische übertragen (Action: Cahiers Individualistes De Philosophie Et D'Art 2 [August 1921] 8, S. 15).

59 In Golls Anthologie lautet der Vermerk zu den *Chansons pour danser:* „Recueillis par Carl Einstein" (Ivan Goll: Les cinq continents, S. 298).

60 Das *Tanzlied. Baluba* lernte Einstein vermutlich durch den vom Missionar Pierre Colle (1872–1961) verfassten Band *Les Baluba* kennen, der 1913 in der von Cyrille Van Overbergh (1866–1959) herausgegebenen Reihe *Collection de Monographies ethnographiques* erschienen war. Dort ist eine französische Version des Tanzliedes abgedruckt (R. P. Colle: Les Baluba (Congo Belge). Avec une introduction de Cyrille Van Overbergh. Bruxelles: Albert Dewit/Institut international de Bibliographie 1913, S. 716). Die beiden anderen von Einstein nachgedichteten Tanzlieder stammen aus dem Kulturkreis der Baholoholo. Die Quelle lieferte wahrscheinlich die Monographie von Robert Schmitz (*Les Baholoholo*) von 1912. Sie erschien ebenfalls in der von Cyrille Van Overbergh herausgegebenen Reihe *Collection de Monographies ethnographiques* und war Einstein im Musée du Congo in Terwure ebenfalls zugänglich: Robert Schmitz: Les Baholoholo. Bruxelles: Albert Dewit/Institut International de Bibliographie 1912, S. 407–412 und S. 414–416.

61 Trois chansons pour danser. In: Ivan Goll: Les cinq continents, S. 297 f.

Die in Golls Einleitung formulierten Akzentsetzungen entsprechen durchaus der Gewichtung der übersetzten Texte. So ist die nordamerikanische Gegenwartslyrik mit insgesamt zwölf Gedichten verhältnismäßig gut repräsentiert. Raum gewährt Goll vor allem der sozial engagierten, prosanahen und realistischen Poetik der ‚Chicago Renaissance' und deren Hauptvertreter Carl Sandburg, Edgar Lee Masters, Vachel Lindsay und Sherwood Anderson,[62] vergisst aber auch nicht oppositionelle Einzelgänger wie James Oppenheim, den aufgrund seines entschiedenen Pazifismus verfolgten Herausgeber von *The Seven Arts*, und Orrick Johns, Herausgeber von *New Masses*.[63] Wiewohl am Rande bezieht Goll auch den apolitischen Minimalismus der imagistischen Lyrik Ezra Pounds und Amy Lowells mit ein.[64]

Dem Vorwort entsprechend fällt auch der Anteil der slawischen Literaturen gewichtig aus. Goll übersetzt nicht weniger als 26 Texte aus der polnischen, tschechischen, ungarischen, jugoslawischen und russischen Lyrik. Obwohl darunter auch Symbolisten wie der Ungar Endre Ady, der Tscheche Otokar Březina und die Russen Alexander Blok, Andrei Bely und Waleri Brjussow präsent sind, lässt sich auch in diesem Fall die avantgardistische Färbung der Auswahl klar erkennen. Vertreten ist etwa die polnische Skamander-Gruppe um Julian Tuwim und Antoni Słonimski,[65] der Zenitismus um den Serben Ljubomir Micić, der russische Futurismus (Wladimir Majakowksy), Imagismus (Sergei Jessenin) und Akmeismus (Anna Achmatowa). Viele der von Goll präsentierten Avantgarde-Autoren waren politisch engagiert, wie der Russe Ilja Ehrenburg, der Kroate Miroslav Krleža und die Tschechen Stanislav Kostka Neumann und Jaroslav Seifert, der 1984 Nobelpreisträger wurde. Auch das Corpus der ethnischen Poesie ist durch die afrikanische[66] und die indianische Dichtung Nordamerikas[67] vertreten.

---

62 Vgl. Carl Sandburg: *Chicago*; *Killers*; *Smoke and Steel*; Edgar Lee Masters: *Whedon*; *Anne Routledge*; Vachel Lindsay: *Abraham Lincoln walks at Midnight*; Sherwood Anderson: *American Spring Song*.

63 Vgl. James Oppenheim: *The Slave*; Orrick Johns: *The Song of Youth*.

64 Vgl. Amy Lowell: *New Heavens for Old*; Ezra Pound: *The Garret*; *New York*.

65 Im Unterschied zum symbolistischen Jungen Polen war die Skamander-Gruppe um eine stärkere Einbeziehung von Alltag und Politik sowie formalästhetisch um Breitenwirkung und Verständlichkeit unter Einsatz von Umgangssprache und Dialekt bemüht.

66 Vgl.: *Chanson d'une femme qui a mis au monde des jumeaux* (Stamm der Herero); *Chanson quand on coupe l'écorce* (Stamm der Herero); *Chanson de femme*; *Trois chansons pour danser*; *Chant d'amour* (Stamm der Zulu); *Chant* (Ostafrika, Stamm der Vandau) (Les cinq continents, S. 294–298). Die von Myrthe Eberstein, Carl Einstein und Natalie Curtis Burlin gesammelten Gedichte wurden von Ivan Goll übersetzt.

67 Vgl.: *Dans des buffles*; *L'assassin*; *Prière pour la pluie* (ebd., S. 291f.). Die von Alice Corbin Anderson und Mathilde Coxe Stevenson gesammelten Texte wurden von Ivan Goll übertragen.

Andererseits lässt sich schwer übersehen, dass Golls Weltliteratur-Konzept einen *gallozentrischen* Fokus besitzt. Der Anteil der französischen Dichtung an der Weltlyrik fällt mit 14 Gedichten am stärksten aus. Dem entspricht Golls Bekenntnis zu Frankreich und Paris als einer Art Fundament und Operationsbasis der Weltliteratur: „Ce n'est qu'à Paris, au cœur du monde, que la première base d'une Anthologie Mondiale pouvait être établie".[68] Obwohl sich Golls Anthologie als Kartierung der Weltlyrik präsentiert, wird sie *de facto* zugleich vom Bestreben geleitet, die literarische Suprematie Frankreichs zu bekräftigen und Paris als „Herz der Welt" und als Hauptstadt der Weltliteratur zu deklarieren.

3.3.2 Klabunds *Geschichte der Weltliteratur* (1922)

Zeitgleich mit Goll versuchte auch Klabunds *Geschichte der Weltliteratur in einer Stunde* (1922), die Weltliteratur-Idee einzulösen, allerdings im Medium der Literaturgeschichte.[69] Obwohl der retrospektive Standpunkt an Goethes Weltpoesie erinnert, öffnete Klabund seinen Kanon hin zur Gegenwart und schuf somit eine Synthese zwischen den Konzepten von Weltpoesie und Weltliteratur. Eine solche Anlage besaß übrigens auch eine andere, ebenfalls völlig vergessene Anthologie Klabunds, die vor der *Geschichte der Weltliteratur* erschien und die er zusammen mit dem Schweizer Zoologen Karl Soffel (1877–1947) herausgab: *Der Tierkreis* (1920). Vor dem Hintergrund der Signifikanz, welche die Sphäre der Animalität für die expressionistische Poetik besitzt, versucht sie „einen Querschnitt durch die Weltliteratur" „unter dem Aspekt des Tiersymbols" zu geben,[70] und zwar von Altägypten bis in die Gegenwart.

Im Unterschied zu Goll, bei dem der Goethe-Bezug implizit blieb, berief sich Klabund ausdrücklich auf Goethe und eröffnete seine *Geschichte der Weltliteratur in einer Stunde* mit einem Zitat aus dem Weltliteratur-Gespräch:

> „Wenn wir Deutschen nicht aus dem engen Kreise unserer eigenen Umgebung hinausblicken, so kommen wir gar zu leicht in einen pedantischen Dünkel. Ich sehe mich daher gern bei fremden Nationen um und rate jedem, es auch seinerseits zu tun. *Goethe*".[71]

---

68 Ivan Goll: Les cinq continents, S. 12.
69 Klabund: Geschichte der Weltliteratur in einer Stunde. Leipzig: Dürr & Weber 1922.
70 Vgl.: Der Tierkreis. Das Tier in der Dichtung aller Völker und Zeiten. Eine Anthologie hg. von Karl Soffel und Klabund. Berlin: Erich Reiß Verlag [1920] (Vorwort). Erfasst sind Tiergedichte und -erzählungen u. a. aus Altägypten, China, Japan, Indien, Persien, Arabien, der Türkei, der Südsee, Afrika und Nordamerika.
71 Klabund: Geschichte der Weltliteratur, S. 3.

Die Vermittlungsmission der Deutschen untermauerte Klabund ferner mit Hilfe eines Hofmannsthal-Zitats, das die Deutschen als „Volk der Mitte und der Vermittlung" bezeichnet:

> „Wir sind Deutsche," sagt einmal Hofmannsthal, „und unserer Sprache, die ja unser Schicksal ist, ist dies Merkmal gegeben, daß in ihr wie in keiner die geistigen Schöpfungen anderer Völker in ihrer Herrlichkeit wieder auferstehen und ihr eigenstes Wesen offenbaren können, wodurch wir als das Volk der Mitte und der Vermittlung auserlesen und beglaubigt sind."[72]

Wurde der Weltliteratur-Gedanke von Pfemfert pazifistisch und von Goll avantgardistisch fundiert, so erhält er bei Klabund eine pseudoreligiöse Färbung, die dem ‚neuen Irrationalismus' der Zwanziger Jahre entspricht.[73] Die Argumentation gegen den Literatur-Nationalismus[74] ist nicht mehr pazifistisch oder ästhetisch, sondern mystisch-religiös. Als „untrüglicher Beweis für das Dasein Gottes"[75] und als „mystisches Gebäude", das die Nationalliteraturen überwölbt, repräsentiert die Weltliteratur jetzt ein Monument der Universalität der ‚Seele' über die nationalsprachlichen Differenzen hinweg, als Kreuzungspunkt der „seelischen Strömungen",[76] die von den einzelnen Literaturen transportiert werden. In der Nachfolge Walther Rathenaus[77] und der Expressionisten[78] konzipiert auch Klabund die ‚Seele' als göttliches inneres Leben in der entgötterten Moderne. Im Unterschied zum zweckgerichteten Intellekt zeichne sie sich durch zweckfreies Für-Sich-Sein aus.[79] Wird die Seele auf diese Weise zum Surrogat für das Absolute

72 Ebd., S. 6. Hofmannsthals Zitat ist dessen Vorrede zu Karl Eugen Neumanns Übertragung der Kernschriften des Buddhismus entnommen (Hugo von Hofmannsthal: Gesammelte Werke III. Berlin: Fischer 1924, S. 148, *Das Werk von K. E. Neumann*).
73 Dazu Helmut Kiesel: Aufklärung und neuer Irrationalismus in der Weimarer Republik. In: Aufklärung und Gegenaufklärung in der europäischen Literatur, Philosophie und Politik von der Antike bis zur Gegenwart. Hg. von Jochen Schmidt. Darmstadt: Wiss. Buchges. 1989, S. 497–521.
74 „Engstirnige Patrioten wollen die Völker voneinander abschließen. Ein solcher Abschluß würde nur die seelische Verkümmerung und Verkrüppelung eines Volkes zur Folge haben; abgesehen davon, daß er kaum möglich ist" (Klabund: Geschichte der Weltliteratur, S. 6).
75 Ebd., S. 5.
76 Ebd., S. 6.
77 Walther Rathenau: Zur Mechanik des Geistes. Berlin: Fischer 1913. Seit der Aufnahme in den Gesammelten Schriften 1925 trug Rathenaus Abhandlung den Titelzusatz: „oder Vom Reich der Seele".
78 Vgl. etwa Friedrich Burschell: Vom Charakter und der Seele. In: Die Weißen Blätter 2 (1915), S. 3–29, und Paul Kornfeld: Der beseelte und der psychologische Mensch. Kunst, Theater und Anderes. In: Das junge Deutschland 1 (1918) 1, S. 1–13.
79 Gerade die Opposition zum Intellekt ist zentral in Rathenaus Seelen-Verständnis: „Der Triumph des Intellektes ist der Zweck. [...] Die Seele aber will nichts. Sie trägt in sich Streben und

in einer entzauberten Welt deklariert,[80] so veranschaulicht ihrerseits gerade die Weltliteratur, als Sammelbecken und Fundus der seelischen Strömungen der Einzelliteraturen, die grenzenlose Universalität der ‚Seele'.

Vor diesem Hintergrund differenziert Klabund zwischen der nationalen und der supranationalen Komponente jeder Literatur. Ist die nationale Dimension des Literarischen an die Sprache gebunden, so verkörpert die – offenbar sprachunabhängige – „seelische Strömung" dagegen das transnationale Potential einer Volksliteratur. Sie liefere den Beweis für die Unmöglichkeit, Literaturen – und religiöse Konfessionen – artifiziell voneinander abzugrenzen:

> Die Dichtung jedes Volkes ist national und übernational zugleich. National in dem Sinn, daß sie auf der Sprache beruht: dem eigensten, was ein Volk schaffen kann. Übernational, indem sie seelische Strömungen, die von anderen Völkern kommen, aufnimmt, staut, für sich verarbeitet und weiter gibt. Engstirnige Patrioten wollen die Völker voneinander abschließen. Ein solcher Abschluß würde nur die seelische Verkümmerung und Verkrüppelung eines Volkes zur Folge haben; abgesehen davon, daß er kaum möglich ist. Wir sehen heute alle Völker der Erde sich gegen den Bolschewismus wehren, mit den verzweifeltsten Mitteln. Trotz geographischer und geistiger Blockade hat er aber eine Wirkung getan, die aus der Geschichte unserer Zeit nicht mehr wegzudenken ist. Die reiche deutsche Literatur des Mittelalters ist ohne den Einfluß der französischen Troubadoure (die heutige ohne Flaubert und Dostojewski), die englische Literatur ohne die Italiener, die italienische ohne den Einbruch des deutschen Blutes in Italien (Kaiser Friedrich II. von Hohenstaufen: der auch der erste Dichter in italienischer Sprache und vielleicht der Erfinder des Sonettes war), Goethe ohne die Antike nicht vorstellbar. [...] Selbst die Bibel wäre nichts ohne die indischen Mythen, die über Ägypten den Weg nach Jerusalem fanden. Und Christus wandelt in den Spuren Krischnas. Wir wollen unser geistiges Auge öffnen und es den Sonnenstrahlen aller Kulturen darbieten.[81]

Erfüllung, Dissonanz und Auflösung. Ihr Wesen ist zweckfrei, und im Sinne der Erscheinungswelt zwecklos". (Rathenau: Zur Mechanik des Geistes, S. 38 f.).

80 „Hat die Seele in ihrem Aufstieg gelernt, mit ausgebreiteten Schwingen über der Erscheinungswelt betrachtend, freudvoll sinnend zu ruhen, so entfremdet sich der Blick dem bunten Wesen, und ihre eigene Kraft hebt sie entsagend hinweg von der Welt, jenem Licht entgegen, in welchem das Außen und das Innen verschmilzt. Die Begriffe der Zweckfreiheit, der Willenlosigkeit sagen nichts mehr; sie wird zum schlechthin Absoluten" (Rathenau: Zur Mechanik des Geistes, S. 39).

81 Klabund: Geschichte der Weltliteratur, S. 6. Gerade in der Religiosität erblickt Klabund übrigens die Affinität zwischen der deutschen und der russischen Kultursphäre sowie die künftige Weltmission, mit welcher er beide Völkern betraut. „Die nächste Zukunft der Erde hängt von den großen Völkern ab, in denen Gottes Traum am lebendigsten geträumt wird: von Rußland und von Deutschland" (ebd., S. 111). Beide Länder erscheinen als im religiösen ‚Schlaf' noch versunkene Enklaven, aus denen einzig eine globale Regeneration ausgehen kann, die Klabund als Resakralisierung konzipiert. Diese kulturtypologische Parallelisierung verrät den Einfluss von Rilkes religiös-übersteigertem, panslawischem Russland-Bild. „Rußland grenzt an kein Land, Rußland

Seine Grundierung erhält der Weltliteratur-Gedanke bei Klabund durch die expressionistische Kulturkritik. In seinem im *Aktions*-Verlag erschienen Buch *Europa und Asien* hatte der expressionistische Kulturkritiker Theodor Lessing bereits 1918 für eine Reorientierung der westlichen Kultur an Asien plädiert.[82] Hintergrund der Argumentation Lessings war eine tiefe Desillusion über die ‚europäische Kultur'.[83] Die selbstzerstörerische Dynamik des europäischen Nationalismus veranlasste Lessing zu einer Generalabrechnung mit den Aporien der europäischen Kultur. Der Machtgedanke, die Technisierung und die Reduktion der Natur zum Substrat der Beherrschung erweisen sich in Lessings Diagnose nicht als Nebeneffekte, sondern als Grundtendenzen der europäischen Kultur, die im Weltkrieg bis zu ihrer letzten Konsequenz getrieben wurden. In diesem Kontext tiefgreifender Europa-Skepsis idealisierte Lessing – unter Berufung auf Schopenhauer[84] – Asien als friedlichen Antipoden des bellizistischen Westens. Nicht Herrschaft und materialistische Gier, sondern Selbstbescheidung und Verachtung der irdischen Güter sind die Werte, die Lessing mit dem östlichen Kulturraum in Verbindung bringt.[85] Der europäische Wille zur Macht steht der asiatischen Erlösung vom Willen gegenüber. Dem Außer-Sich-Sein des Europäers, der im Besitz- und Reflexionsdrang sich selbst verliert, antwortet das In-Sich-Sein des Asiaten, der eine noch wesenhafte Existenzform repräsentiert: „Asien schlummert ganz im sicheren Sein, während Europa immer den *Sinn* und *Bedeutung* des Seins besitzen will und darüber sein Wesen verliert".[86]

Die Hochschätzung der östlichen Literaturen in Klabunds Weltliteratur-Konzept, sein Interesse für die indische,[87] die chinesische[88] und die japanische Li-

---

grenzt an Gott. Dieser Ausspruch eines jungen deutschen Dichters könnte von Dostojewski sein: er bezeichnet äußerst prägnant die Idee des geistigen Panslawismus, den alle großen Russen gepredigt haben bis zur Ächtung und Verachtung jeglichen Westlertums" (ebd., S. 104 f.).

82 Theodor Lessing: Europa und Asien. Berlin-Wilmersdorf: Verlag der Wochenschrift *Die Aktion* 1918.

83 „August 1914 riß ein Schleier", schreibt Lessing: „Hinter der Kulturmaske zeigt sich die Bestie. Die kluge, alles könnende, alles wissende, alles leistende, die Erde übermächtigende Bestie Europa. Europa, sein Christentum, seine Heldenmoral, seine Entwicklungsethik, sein Fortschritt und sein Glück steht jetzt nackend vor aller Augen" (ebd., S. 126).

84 Ebd., S. 105.

85 „Die Anbilder, an hand derer der Mensch Asiens sich erbaut und auferbaut, sind allesamt würdereiche Bilder der Selbstbescheidung, Selbstüberwindung und resignierenden *Verachtung* dieser Erde und ihres Lebens. Der Europäer dagegen verehrt in seinen Vorbildern gerade die Macht, Bemächtigung, ja Übermächtigung der Erde zugunsten der Menschenwohlfahrt. Hier also ist Wille zur Macht, dort Wille zur Erlösung am Werke gewesen" (Ebd., S. 45 f.).

86 Ebd., S. 41.

87 Klabund: Geschichte der Weltliteratur, S. 8 – 11.

88 Ebd., S. 14 – 18.

teratur[89] ist offenbar Theodor Lessings Kulturphilosophie verpflichtet. In Lessings Nachfolge führt auch Klabund die Dichotomie zwischen West und Ost auf eine universelle Polarität zweier konträrer anthropologischer Typen zurück, wobei der östliche eine mystisch-magische und der westliche eine rationalistisch-instrumentelle Beziehung zur Welt verkörpere:

> Das östliche Denken, wie Laotse es denkt, ist ein mystisches, ein magisches Denken, ein Denken an sich. Das westliche Denken ist ein rationalistisches, empiristisches Denken, ein Denken um sich, ein Denken zum Zweck. Der östliche Mensch beruht in sich und hat seinen Sinn nur in sich. Seine Welt ist eine Innenwelt. Der westliche Mensch ist „außer sich". Seine Welt ist die Außenwelt. Der östliche Mensch schafft die Welt, der westliche definiert sie. Der westliche ist der Wissenschaftler, der östliche ist der Weise, der Helle, der Heilige, der Wesentliche [...].[90]

Ferner versucht Klabund, durch seinen Orientalismus auch das historische Trauma von Kriegsniederlage und Versailler Vertrag zu verarbeiten. Explizit ist der Rückgriff auf Gandhis Konzept vom passiven Widerstand als dem einzig beschreitbaren Weg für Deutschland, um sich aus den „Ketten der Entente" zu befreien,[91] und ebenso zentral die Aufwertung des Taoismus,[92] mit dem sich Klabund in diversen Übersetzungen zu Beginn der Zwanziger Jahre auseinandersetzte[93] und den er der erniedrigten Nation als angemessene Geisteshaltung ans Herz legte. Schon 1919 hatte Klabund seine Landsleute dazu aufgerufen,[94] die Schuld am Krieg innerlich zu akzeptieren und die Strafen, die

---

89 Ebd., S. 18–20.
90 Ebd., S. 14f.
91 „Tagore wie die übrigen heutigen indischen Dichter wollen die politische und soziale Freiheit ihres Volkes. Aber der Unterschied zwischen ihrer Art zu revoltieren, und der europäischen, bezeichnet zugleich den Unterschied zwischen östlicher und westlicher Seele. Die Inder schaffen *in sich* eine Weltordnung und Weltanschauung, die Europäer *außer sich*. [...] Er [Gandhi] organisierte den Boykott der englischen Verwaltung 1905. Und heute spricht er die Worte, die Deutschland, das in den Ketten der Entente liegt, trösten und auf den rechten Weg weisen können, der einzig zum wahren Frieden führt: ‚Wir müssen unseren Kampf mit reinen Waffen führen, Bosheit durch Güte, Lüge durch Wahrheit besiegen. Der List müssen wir mit Offenheit, der Gewalt mit Geduld begegnen.' Dies fordert Gandi [sic], nicht weil Indien schwach, sondern weil es stark ist" (ebd., S. 11).
92 Ebd., S. 14.
93 Klabund: Tao – Eine Auswahl aus den Sprüchen des Lao Tse, verdeutscht von Klabund, mit einer kurzen Anmerkung von Hermann Hesse. In: Vivos voco, 1919, S. 53–56; Laotse: Mensch werde wesentlich! Sprüche. Deutsch von Klabund. (Mit Umschlag-Illustration von Helmuth Körber.) Berlin-Zehlendorf: Fritz Heyder 1921; Wang-Siang: Das Buch der irdischen Mühe und des himmlischen Lohnes. Übertragen von Klabund. Hannover: Paul Steegemann Verlag 1921.
94 *„Sieh nur nach innen! Schiele nicht nach aussen!* (Dies würde auch dem heiligen Geist des Tao widersprechen, nach dem Du künftig leben und sinnen sollst: denn Du wirst der Chinese Europas

Deutschland von den Siegermächten auferlegt wurden, zu tragen. Aus dem Deutschen hätte „der Chinese Europas" werden sollen.[95] Gemäß dem Diktum des *Tao-Te-King* „Der Welt Allerweichstes überwindet der Welt Allerhärtestes"[96] sollte gerade das besiegte Deutschland am Ende als der moralische Sieger hervorgehen: *„Das zarte Herz überwindet die härteste Herrschaft".*[97]

Wie Golls Weltlyrikanthologie ist auch Klabunds Weltliteratur-Geschichte von der Poetik der Avantgarde geprägt. Fast alle ausländischen Autoren/-innen, die im Expressionismus rezipiert wurden, kommen bei ihm vor – angefangen mit August Strindberg, der mit einem hymnischen Preis bedacht wird.[98] Allerdings lässt sich auch in Klabunds ‚Weltliteratur'-Entwurf genau wie bei Goll eine – spiegelbildliche – nationalliterarische Präokkupation erkennen. Nicht nur macht Klabund aus seiner Irritation gegenüber der französischen Europa-Rhetorik von

---

werden.) [...] Vielleicht, dass Du, Deutscher, dennoch als endgültiger Sieger hervorgehst: wenn Du zur letzten Einsicht kommst. *Der Herzhaftere wird der endliche Sieger sein. Das zarte Herz überwindet die härteste Herrschaft"* (Klabund: Hör' es Deutscher! In: Der Revolutionär 1 (1919), S. 2 f.).

95 Ebd., S. 2.

96 So die Übersetzung durch Victor von Strauß (vgl. Ingrid Schuster: China und Japan in der deutschen Literatur: 1890 – 1925. Bern/München: Francke 1977, S. 171).

97 Klabund: Hör' es, Deutscher, S. 3. Wie Simson nach seiner Blendung Riesenkräfte wuchsen, so werde auch Deutschland – so Klabund – „die Säulen des Sklavenhauses stürzen und sie begraben unter den Ruinen ihres Hochmuts und ihrer Schande" (Ebd., S. 2). Dazu Joachim Grage: Heroismus der Entsagung. Klabunds chinesische Erzählung *Der letzte Kaiser* und das Ende des deutschen Kaiserreichs. In: Deutsch-chinesische Helden und Anti-Helden: Strategien der Heroisierung und Deheroisierung in interkultureller Perspektive. Hg. von Achim Aurnhammer und Chen Zhuangying. Baden-Baden: Ergon 2020, S. 107 – 117, hier S. 115.

98 „Die Schläfer läutet August Strindberg (1849 bis 1912) unsanft aus dem Traum. Es brennt! Es brennt! schreit er. Ich brenne! Ich brenne! Er brennt wie einer jener ersten Christen in den Gärten Neros: eine lebendige Fackel. Sein Gewissen wie ein Seismograph: er verzeichnet die feinsten Erschütterungen. Er leidet nicht nur an sich: er leidet an der Menschheit, an Gott, dem Teufel, dem Weibe, am Protoplasma, an der Urzelle. Er hat die Qual des Zusammenlebens, Zusammenleben-müssens zwischen Mann und Frau wie keiner gestaltet, die Tragödie der Kleinigkeiten und Kleinlichkeiten (*Totentanz*). Wie Sträflinge aneinandergekettet gehen sie durch das Leben (*Advent, Gespenstersonate*). Gespenster sind alle Menschen, über die zuweilen ein wirklicher Mensch wie eine Blüte erblüht, um in der Stickluft zu verwelken. Alle tragen trübe Schuld, die sich wie eine Krankheit forterbt oder ansteckt: Geiz, Bosheit, Herrschsucht (der Alte in der *Gespenstersonate*), Sinnlichkeit (*Fräulein Julie*). Er geht endlich seinen Weg nach Damaskus: der Zweifler lernt wieder glauben. Er schreibt das *Inferno*. Sein vollendetes Kunstwerk ist das *Traumspiel*, in dem Indras Tochter herniedersteigt, das leidvolle Leben einer Frau zu träumen, zu erlegen: das schönste der zahllosen Traumspiele der Weltliteratur." (Klabund: Geschichte der Weltliteratur, S. 92).

Pierre Jean Jouve und Marcel Martinet keinen Hehl.[99] Der französischen Kultur schreibt er ein grundsätzliches Unverständnis des Expressionismus zu[100] und verwandelt Romain Rolland, Henri Barbusse, Paul Claudel und Francis Jammes schlechterdings in „deutsche Franzosen":

> Romain Rolland, der den Roman des deutschen Musikers Johann Christoph schreibt, Henri Barbusse, mit seinem Schützengrabenroman „Feuer", Paul Claudel, Francis Jammes: das sind eigentlich deutsche Franzosen. Wie Charles de Coster flämisch in französischer Sprache schreibt, so schreiben sie deutsch in französischer Sprache.[101]

Während alle übrigen Nationaldichter – unter denen kein Franzose rangiert – in ihrem gattungsästhetischen Partikularismus befangen bleiben, vermag Goethe sie durch seine monumentale *persona* zu überragen und die bloße ästhetische Sphäre vitalistisch zu transzendieren:

---

99 „P. J. Jouve singt wie Jules Romains einen Sang für Europa. *„Singen will ich für Europa, hoffen für Europa"*. Marcel Martinet schreit: O ihr Dichter Deutschlands! Ungekannte Brüder! Duhamel läßt die Bekenntnisse eines Bureauschreibers um Mitternacht in den verzweifelten Ruf ausklingen: Was soll ich tun? Ganz Europa ruft diesem ratlosen Ruf ein Echo. Es ist zwecklos, immer Europa! Brüderlichkeit! Menschheit! zu schreiben. Ein jeder beginne bei sich selbst. Der Bureauschreiber klage nicht die Welt, sondern sich selbst an, und denselben Rat möchte ich den deutschen Generälen geben, die in dicken Büchern mit ihrer Unschuld hausieren gehen wie überjährige Jungfrauen und dem armen Lastesel Volk alles aufpacken, um pfeifend nebenher zu schreiten. Jouve und Martinet apostrophieren uns als Brüder, aber die amerikanischen Quäker und die amerikanischen Studenten, die, wie ich in Innsbruck am schwarzen Brett der Universität las, täglich 750 Mahlzeiten verarmten Studenten zukommen lassen *„als Zeichen ihrer brüderlichen Gesinnung"* (so stand zu lesen), handeln brüderlich. Ihr aber: Martinet, Jouve: macht schöne Worte, Worte, Worte" (Klabund: Geschichte der Weltliteratur, S. 67). Dagegen salviert Klabund den pazifistischen Thesenroman von Paul Reboux *Les Drapeaux* (1921) als Versuch, die „Geschwisterehe" zwischen Deutschland und Frankreich zu retten (ebd.).
100 „Das Französische kennt nur eine Sprache, die jeder spricht, deren Regeln zeremoniell sind und deren Entwicklung abgeschlossen ist. In einer solchen Sprache muß eine streng formale Tradition wirken. In Deutschland gibt es nur eine geistige Tradition: es ist der Geist der Mystik, der Geist des deutschen Volksliedes, der Geist der Romantik, der auch im sogenannten Expressionismus spukt. Frankreich kennt den Expressionismus nicht. Der Geist seiner Sprache erlaubt ihn nicht. Wie die Alten, so zwitschern die Jungen, und nur einige Allerjüngste vollführen, von Ausländern (dem Galizier Guillaume Apollinaire und dem Rumänen Tristan Tzara) angeregt, dadaistische Jazztänze." (Ebd., S. 55). Vgl. auch: „Die Tiefe der deutschen Romantik ist der französischen fremd. Die deutsche ist ein tiefer Brunnen, die französische ein flaches Gewässer – aber beide sind von der gleichen Sonne bestrahlt" (ebd., S. 61).
101 Ebd., S. 66. Vgl. auch: „Jammes, Barbusse und Rolland haben in Deutschland begeistertere Leser gefunden als in Frankreich. Sie gelten ja den Franzosen kaum als Franzosen ..." (ebd., S. 67).

> Shakespeare ist der Genius des Dramas, wie Litaipe der der Lyrik, Dostojewski der des Romans, Homer der des Epos, Dante der der Allegorie. Aber sie alle überragt ein Deutscher: Goethe: dessen Leben selbst das vollkommenste Dichtwerk war, das je gelebt wurde.[102]

Abschließend lässt sich daher festhalten, dass die Bilanz der expressionistischen Bezugnahmen auf Goethes Weltliteratur-Konzept eine grundsätzliche Ambivalenz spiegelt. Sie bezeugt zum einen das Bemühen, die zerrissenen Fäden der avantgardistischen Dialogizität neu zu knüpfen und Goethes Weltliteratur-Kategorie pazifistisch zu aktualisieren. Andererseits dokumentiert sie implizit die weiterhin dominante Rolle der nationalen Diskurse, welche gerade auch in der Nachkriegszeit selbst die transnationalen Konzepte der Avantgarde im nationalen Sinne färbten.

---

102 Ebd., S. 73.

II Übersetzen im Expressionismus

4 Ein Forschungsdesiderat

Das Übersetzen hatte im Expressionismus die Funktion, die Vernetzung und den Austausch mit den verwandten Avantgarden zu ermöglichen, und war Teil jener Strategie der Dialogizität, welche die europäischen Avantgarden programmatisch verfolgten. Der von der Avantgarde anvisierte Internationalismus ließ sich literarisch insbesondere durch das Medium ‚Übersetzung' als Überwindung von Sprach- und Kulturbarrieren adäquat einlösen. Gerade Übersetzungen profilierten die Avantgarde als ein kollektives, grenz- und sprachüberschreitendes Projekt.

Die expressionistische Übersetzungspoetik hat in der Forschung bisher kaum Aufmerksamkeit erfahren. Das in Paul Raabes Lexikon zusammengetragene Corpus expressionistischer Übersetzungen[1] blieb bisher unbeachtet. Dies ließe sich mit einer lange Zeit herrschenden, grundsätzlichen Geringschätzung des Mediums ‚Übersetzung' erklären, das nicht als ‚vollgültiges' Dichten empfunden wurde.[2] Allerdings hat auch die Übersetzungswissenschaft es versäumt, sich mit dem Phänomen des Übersetzens in der Zeit der Avantgarde auseinanderzusetzen. Das von Harald Kittel herausgegebene, monumentale Handbuch zur literarischen Übersetzung, *Übersetzung/Translation/Traduction*, klammert im Überblickskapitel „Übersetzung im Rahmen der Kulturgeschichte des deutschsprachigen Sprachraums"[3] die im Expressionismus entstandenen Übersetzungen vollends aus.

Wenn im Folgenden diese Forschungslücke durch eine systematische Sichtung und bibliographische Erschließung des expressionistischen Übersetzungscorpus geschlossen werden soll, ist es im Vorfeld unerlässlich, sich über den Status der literarischen Übersetzung in ihrem Verhältnis zur literarischen Autorschaft Gedanken zu machen.

---

1 Raabe 1985, S. 729–733.
2 Anzeichen einer inzwischen verstärkten Aufmerksamkeit für die literarische Übersetzung in Folge des *translational turn* ist das seit 2018 geförderte DFG-Schwerpunktprogramm „Übersetzungskulturen der Frühen Neuzeit" (SPP 2130) (vgl. das inzwischen vorgelegte Handbuch: Übersetzen in der Frühen Neuzeit: Konzepte und Methoden = Concepts and Practices of Translation in the Early Modern Period. Hg. von Regina Toepfer, Peter Burschel, Jörg Wesche; unter Mitarbeit von Annkathrin Koppers. Berlin: De Gruyter 2021 [Übersetzungskulturen der Frühen Neuzeit 1]). Eine ähnliche Schwerpunktsetzung in der Klassischen Moderne-Forschung zeichnet sich noch nicht ab.
3 Übersetzung – Traduction – Translation. Bd. 2. Hg. von Harald Kittel, Armin Paul Frank und Norbert Greiner. Berlin: De Gruyter 2007, S. 1701–1799.

https://doi.org/10.1515/9783111010540-006

5 Translatorische Autorschaft

Übersetzungen stellen zweifellos eine wesentliche Komponente in Kulturtrans-ferprozessen dar.[1] Sie sind das Medium, durch welches literarische Alterität in eine Kultur importiert und erfahrbar gemacht werden kann. Dass die literarische Übersetzung allerdings nicht nur eine Begegnung mit der kulturellen Alterität, eine Introjektion des Fremden, sondern auch dessen überformende Remodellie-rung und als solche einen ebenso dezidiert projektiven Vorgang darstellt, ist in der Übersetzungstheorie immer wieder reflektiert worden. Es handelt sich um die Dichotomie von „Hinüber- oder Herüberübersetzen",[2] die bereits Goethe in sei-nem Nekrolog auf den Dichter-Übersetzer Christoph Martin Wieland als Spagat zwischen widerstreitenden „Übersetzungsmaximen" reflektiert hatte[3] und welche jeder literarischen Übersetzung innewohnt. Jeder Übertragung ist die Dialektik vom „Hinüber- oder Herüberübersetzen" eigen, jede Übersetzung besitzt *eo ipso* einen dialektischen Charakter, da sie das Fremde in die Aufnahmekultur einführt und es zugleich über-schreibt.

Dass sich allerdings das Überschreiben nicht im Sprachwechsel erschöpft, darauf haben die *Descriptive Translation Studies* seit langem aufmerksam ge-macht.[4] Übersetzen ist nicht nur ein textueller, sondern zugleich auch ein we-sentlich kontextueller Akt. Wie Gideon Toury hervorgehoben hat, entstehen Übersetzungen nicht im luftleeren Raum: „After all, translations do not come into being in a vacuum. Not only is the act performed in a particular cultural envi-ronment, but it is designed to meet certain needs there, and/or occupy a certain

---

1 Zur Kulturtransferforschung vgl.: Transferts. Les relations interculturelles dans l'espace franco-allemand (XVIIIe et XIXe siècle). Hg. von Michel Espagne und Michael Werner. Paris Éd. Re-cherche sur les Civilisations 1988.
2 Übersetzen – Übertragen – Überreden. Hg. von Sabine Eickenrodt et al. Würzburg: Königs-hausen & Neumann 1999, S. 18.
3 „Es gibt zwei Übersetzungsmaximen: die eine verlangt, daß der Autor einer fremden Nation zu uns herüber gebracht werde, dergestalt, dass wir ihn als den Unsrigen ansehen können; die andre hingegen macht an uns die Forderung, dass wir uns zu dem Fremden hinüber begeben, und uns in seine Zustände, seine Sprachweise, seine Eigenheiten finden sollen. Die Vorzüge von beiden sind durch musterhafte Beispiele allen gebildeten Menschen genugsam bekannt" (J. W. Goethe: Zu brüderlichem Andenken Wielands 1813. In: MA IX, S. 945–965, hier S. 955).
4 Bei den Descriptive Translation Studies handelt es sich um eine zieltext- und zielkulturorien-tierte Übersetzungstheorie (*target-orientation*), die sich von den bis in die 70er Jahre vorherr-schenden, ausgangstextorientierten Übersetzungstheorien (von Friedrich Schleiermacher bis Hugo Friedrich) abhebt.

https://doi.org/10.1515/9783111010540-007

‚slot' within it".[5] Übersetzen ist Teil eines interkulturellen Aneignungsprozesses, der von den Bedürfnissen der Aufnahmekultur gesteuert wird und dort auch einen spezifischen Platz zugewiesen bekommt. Von kontextueller Relevanz ist nicht nur der geschichtliche Zusammenhang oder die Spezifik der Zielkultur.[6] Auch der ideologische Horizont und die Poetik der Übersetzer/-innen gehören zu den kontextuellen Faktoren, welche die Remodellierung des Ausgangstextes steuern. Dies hat André Lefevere nachdrücklich betont: „Ideology and poetics particularly shape the translator's strategy in solving problems raised by elements in the Universe of Discourse of the original and the linguistic expression of that original"[7]. Die Anerkennung der Rolle, welche der Kontextualität im translatorischen Prozess zukommt, führt auch zur Einsicht in die manipulativen Vorgänge des Übersetzens: „all translation", so Theo Hermans, „implies a degree of manipulation of the source text for a certain purpose".[8] Spannend sind Übersetzungen als Untersuchungsgegenstände gerade wegen ihres manipulativen Potentials, als Manifestation zugrundeliegender Ideologeme und Machtstrukturen.[9] Der Terminus ‚Manipulation' ist in diesem Zusammenhang nicht pejorativ konnotiert, sondern beschreibend, und charakterisiert die – bewussten oder unbewussten[10] –

---

5 Gideon Toury: Descriptive Translation Studies – and Beyond. Rev. ed., 2. expanded ed. Amsterdam/Philadelphia: Benjamins 2012, S. 6.

6 „One context is, of course, that of history. The other context is that of culture. The questions that now dominate the field are able to dominate it because research has taken a ‚cultural turn', because people in the field began to realise, some time ago, that translations are never produced in a vacuum, and that they are also never received in a vacuum" (André Lefevere/Susan Bassnett: Where are we in Translation Studies. In: Constructing Cultures. Essays on Literary Translation. Hg. von dens. Clevedon u. a.: Multilingual Matters 1998, S. 1–11, hier S. 3). Auch Theo Hermans hebt hervor, dass „übersetzerische Normen und Praktiken" „eng mit den ideologischen und ästhetischen Ansichten einer Gesellschaft sowie deren Wertvorstellungen verknüpft" sind (Theo Hermans: Descriptive Translation Studies. In: Handbuch Translation. Hg. von Mary Snell–Hornby et al. 2., verb. Aufl. Tübingen: Stauffenburg-Verlag 2003, S. 96–100, hier S. 99).

7 André Lefevere: Translation, Rewriting and the Manipulation of Literary Fame. London/New York: Routledge 1992, S. 48.

8 Theo Hermans: Introduction. Translation Studies and a New Paradigm. In: The Manipulation of Literature. Studies in Literary Translation. Hg. von dems. London/Sydney: Croom Helm 1985, S. 7–15, hier S. 11.

9 Theo Hermans: Translation in Systems. Descriptive and System-oriented Approaches Explained. Manchester: St. Jerome 1999.

10 Aiga Kramina unterscheidet zwei Klassen translatorischer Manipulation. Bewusste Manipulationen sind solche, die ideologisch, wirtschaftlich, sozial, politisch und kulturell bedingt sind; unbewusst sind dagegen Manipulationen, die unbeabsichtigt, aufgrund der Unkenntnis von Übersetzenden erfolgen (Aiga Kramina: Translation as Manipulation: Causes and Consequences, Opinions and Attitudes. In: KALBŲ STUDIJOS 6 (2004), S. 37–41). Auch Kramina betont den Akzeptanzdruck, dem Übersetzende ausgesetzt sind. Ziel sei die Erstellung eines für das Ziel-

Praktiken der Neugestaltung des Ausgangstextes als Zieltext. Wie David Katan ausführt, lässt sich translatorische Manipulation mit einem Vergrößerungsglas vergleichen:

> distortion in itself is neither good nor bad. It is a way of directing the addressee to what the speaker or writer considers is important. Distortion does not give us an objective picture of reality, but functions like a zoom lens allowing the reader to focus on certain aspects, leaving other aspects in the background.[11]

„Rewriting", den Kernaspekt translatorischer Manipulation, charakterisieren Susan Bassnett und André Lefevere als einen ambivalenten Akt, der – stets Ausdruck von Macht – der Entwicklung von Literatur und Gesellschaft förderlich sein kann, indem er neue ästhetische Konzepte einführt und als Motor interkultureller Innovation wirkt. „Rewriting" kann aber auch Innovationen unterdrücken, verzerren und hemmen, und bei den Lesenden ein kritisches Sensorium für Manipulationsvorgänge schärfen.[12] Vermutlich ist Übersetzen die radikalste Form von „Rewriting" („translation as one, probably the most radical form of rewriting in a literature or a culture").[13] Es ist nicht nur ein Akt der Umschreibung, sondern auch der *Über*schreibung, der sich in der Zielkultur als ein Doppelgängerphänomen auswirkt, das dem Original den Primat streitig macht.[14]

---

publikum „akzeptablen" Textes: „the translator, striving to produce a text acceptable for the target community, has to manipulate between the various constrains under the influence of the political and literary power structures in a given society" (ebd., S. 37).

11 David Katan: Translating Cultures: An Introduction for Translators, Interpreters and Mediators. London/New York: Routledge 2014, S. 188.

12 „Translation is of course, a rewriting of an original text. All rewritings, whatever their intention, reflect a certain ideology and a poetics and as such manipulate literature to function in a given society in a given way. Rewriting is manipulation, undertaken in the service of power, and in its positive aspect can help in the evolution of a literature and a society. Rewritings can introduce new concepts, new genres, new devices and the history of translation is the history also of literary innovation, of the shaping power of one culture upon another. But rewriting can also repress innovation, distort and contain, and in an age of ever increasing manipulation of all kinds, the study of manipulation processes in literature as exemplified by translation can help us towards a greater awareness of the world in which we live" (Susan Bassnett/André Lefevere: General editor's preface. In: A. L.: Translation, Rewriting and the Manipulation of Literary Fame, S. vii).

13 André Lefevere: Why waste our time on rewrites? The trouble of interpretation and the Role of Rewriting in an Alternative Paradigm. In: The Manipulation of Literature, S. 215 – 243, hier S. 241.

14 Willis Barnstone betont, dass es auch in Bezug auf die Trias Autor/-in-Text-Rezipient/-in zu einer Doppelung kommt. Übersetzer/-innen treten einerseits als Autoren/-innen der Übersetzung auf, sind zugleich aber auch Leser/-innen des Prätextes („to produce a translation the normal triad of author-text-receiver is doubled. So technically, we may discover that we are reading the writing of an author who is reader-translator of another author's writing" (Willis Barnstone: The

Die manipulative Dimension des Übersetzens, welche die *Descriptive Translation Studies* ans Licht gebracht haben, wird im Folgenden unter der Kategorie der ‚translatorischen Autorschaft' verhandelt. Diese spezielle Ausprägung von Autorschaft ist seit einiger Zeit in den Fokus der Reflexion geraten.[15] Dass literarisches Übersetzen eine Form von ‚authorship' darstellt, gilt umso mehr im Falle von schriftstellerisch tätigen Übersetzer/-innen, wie im Übersetzungscorpus, das evaluiert werden soll. ‚Translatorische Autorschaft' unterscheidet sich zwar von literarischer Autorschaft im eigentlichen Sinne im Hinblick auf ihre mangelnde Autonomie. Als Teil einer ‚collaborative authorship' ist sie eine sekundäre ‚authorship', die von der primären Autorschaft des Ausgangstextes wesentlich eingeschränkt ist.[16] Trotzdem besitzt sie einen durchaus schöpferischen Gestaltungsspielraum, selbst wenn sie sich als ‚disguised authorship' nur unter der Maske fremder Autorschaft artikuliert und auch in rechtlicher Hinsicht ein Schattendasein fristet.[17] Der quasi-auktoriale Status, den literarische Übersetzer/-innen inne haben, umfasst eine Vielzahl von Praktiken, die von der textuellen Selektion über die Kommentierung (*discours d'accompagnements*)[18] bis hin zur Translation selbst als Akt sprachlicher Neuschöpfung reicht.

Das Phänomen translatorischer Autorschaft soll anschließend noch an zwei Fallstudien diversifiziert werden. Sie dokumentieren zwei im Expressionismus gleichermaßen belegte und entgegengesetzte Übersetzungspraktiken, welche die

Poetics of Translation. History, Theory, Practice. New Haven and London: Yale University Press 1993, S. 13).

15 Zu nennen ist vor allem der Anglist und Übersetzungstheoretiker Lawrence Venuti (The translator's invisibility: a history of translation. London/New York: Routledge 1995, 2. Aufl. 2008). Venuti warnt davor, Übersetzungen am Kriterium der Transparenz zu messen, denn dies hat zur Folge, dass der Übersetzungsvorgang und die Übersetzer/-innen virtuell aufgehoben werden („The more fluent the translation, the more invisible the translator, and presumably, the more visible the writer or meaning of the foreign text", ebd., S. 1). Vgl. auch den Sammelband: The Translator as Author. Perspectives on Literary Translation. Hg. von Claudia Buffagni, Beatrice Garzelli und Serenella Zanotti. Berlin: LiT 2011.

16 So hat Umberto Eco die Übersetzung als ‚Quasi-Text' bezeichnet (Umberto Eco: Quasi dasselbe mit anderen Worten. Über das Übersetzen. München/Wien: Hanser 2006). Zur ‚Quasi-Autorschaft' des Übersetzens vgl. Evelyn Dueck: Diener zweier Herren. Der Übersetzer zwischen Fergendienst und Autorschaft. In: Theorien und Praktiken der Autorschaft. Hg. von Matthias Schaffrick und Marcus Willand. Berlin u. a.: De Gruyter 2014, S. 287–306.

17 „The translator's shadowy existence in British and American cultures is further registered, and maintained, in the ambiguous and unfavorable legal status of translation, both in copyright law and in actual contractual arrangements" (Lawrence Venuti: The translator's invisibility: a history of translation, S. 8).

18 Robert Dion: L'Allemagne de *Liberté*: Sur la germanophilie des intellectuels québécois. Ottawa: Königshausen & Neumann 2007.

Varianzbreite translatorischer Autorschaft bezeugen: zum einen Praktiken der Modernitätssteigerung, die dem Ausgangstext einen avantgardistischen Charakter verleihen und sich dadurch von nicht-expressionistischen Übersetzungspoetiken gezielt abgrenzten; zum anderen Strategien der Modernitätsreduktion, die dagegen um eine Konventionalisierung des Ausgangstextes bemüht sind und gerade dadurch um dessen Aufnahme im kulturellen Zielkontext werben.

5.1 Avantgardistische Aktualisierung: Baudelaire

Stefan Georges Baudelaire-Umdichtungen, die seit 1901 im Berliner Bondi-Verlag vorlagen, waren der Katalysator der expressionistischen Baudelaire-Aneignung. Auch Gottfried Benns Baudelaire-Rezeption, auf die im abschließenden Teil dieser Studie am Beispiel des Gedichts *Untergrundbahn* (1913) eingegangen werden soll,[19] erfolgte vermutlich über George.[20] Georges Umdichtungen kanonisierten nicht nur einen ‚purgierten‘, symbolistisch überformten Baudelaire, sondern besiegelten auch eine translatorische Ko-Autorschaft zwischen dem französischen Dichter und dem ‚Meister‘, gegen welche die expressionistische Generation aufbegehrte.

Die 1920 von Hans Havemann (1887–1985) vorgelegte Auswahl-Übertragung aus Baudelaires *Fleurs du Mal* liefert dafür ein einleuchtendes Beispiel. Sie grenzt sich von George ab und rückt ausgerechnet die von ihm gemiedenen Bilder kruden Verfalls und nihilistischer Verzweiflung in den Vordergrund, welche als Präfigurationen der Avantgarde perspektiviert werden. Bereits in seiner Vorrede charakterisiert Havemann seine Übertragung als ein Korrektiv gegenüber George:

> Das Abseitigste, Verworfenste, aus den tiefsten Untergründen Aufgestiegene, was Charles Baudelaire zum Gedicht formte, ist in diesen Blättern von den Blumen des Bösen ausgelesen.
>
> Sublime Kunst, die am Rande der Verwesung gedeiht, aus Fäulnis, Absud und Leichen erblüht. Rausch und Verfallenheit, Begnadung und Verdammnis, Verzückung im Pesthauch.
>
> Ein Großer, der nachgestaltend von dem Werk dieses Dichters vieles in Vollendung unserer Sprache gegeben hat, hat hier Halt gemacht. Hat seinem Mitgehen Schranken errichtet, die dem vom Feuer des Infernums brennenden Herzen Baudelaires, seinen mit den Räuschen aller Länder vertrauten, von den Dünsten des Grauens umwitterten Sinnen nicht gezogen waren.

---

19 Vgl. dazu das Kapitel: „Sexus trifft Gehirn – zur Baudelaire- und Nietzsche-Lektüre in Gottfried Benns *Untergrundbahn* (1913)“ in der vorliegenden Studie.
20 Helmuth Berthold: Französische Einflüsse. In: Benn-Handbuch: Leben – Werk – Wirkung. Hg. von Christian M. Hanna und Friederike Reents. Stuttgart: Metzler 2016, S. 37–40, hier S. 38.

> Sei es drum gewagt, dem Schrankenlosen bis in seine letzten Tiefen zu folgen, den letzten Becher der Lust und der erhabenen Schwermut ihm nachzukosten. Der in die Qualen und Ekstasen des Grauenvollen versunkene Baudelaire sei hier ganz enthüllt.[21]

Die translatorische Modernitätssteigerung zeigt sich schon in der textuellen Selektion. So übersetzte Havemann, der seine Vorrede mit einem Vers aus *Danse macabre* – „Nur den Starken berauscht mit Lüsten das Entsetzen"[22] – abschließt, etliche Gedichte, die George nicht übertragen hatte, und zwar nicht nur *Une Charogne*, sondern auch *Sur Le Tasse en Prison d'Eugène Delacroix, Le Gouffre, L'Irrémédiable, Une Martyre* und *Danse Macabre*. Die avantgardistische Aktualisierung prägt aber auch Havemanns Übersetzungspoetik. Von Georges Umdichtung der Magna Charta des Symbolismus, des *Correspondances*-Sonetts,[23] grenzt sie sich deutlich ab.[24] Von Georges Version[25] übernimmt Havemann keine einzige Reimlösung und setzt vielmehr unreine Reime ein („Säulen"/„Eilen", „strömen"/ „Einvernehmen", „Kinder"/„ungesünder").[26] Bemerkenswert ist ferner sein Be-

---

21 Charles Baudelaire: Der Verworfene. Nachdichtungen von Hans Havemann. Mit sechs Urholzschnitten von Curt Stoermer. Hannover: Der Zweemann Verlag 1920, S. 5.

22 Ebd.

23 „La Nature est un temple où de vivants piliers / Laissent parfois sortir de confuses paroles; / L'homme y passe à travers des forêts de symboles / Qui l'observent avec des regards familiers. // Comme de longs échos qui de loin se confondent / Dans une ténébreuse et profonde unité, / Vaste comme la nuit et comme la clarté, / Les parfums, les couleurs et les sons se répondent. // Il est des parfums frais comme des chairs d'enfants, / Doux comme les hautbois, verts comme les prairies, / – Et d'autres, corrompus, riches et triomphants, / Ayant l'expansion des choses infinies, / Comme l'ambre, le musc, le benjoin et l'encens, / Qui chantent les transports de l'esprit et des sens" (Charles Baudelaire: Œuvres complètes. Texte établi, présenté et annoté par Claude Pichois. 2 Vol. Paris: Gallimard 1975–1976. Vol. 1, S. 11).

24 Dies zeigt sich schon in der Metrik. Während George Baudelaires Alexandriner durch regelmäßige *vers communs*, gereimte fünfhebige Jamben, ersetzt, entscheidet sich Havemann für einen unregelmäßig gebauten sechshebigen Vers, der die Sechshebigkeit des Alexandriners evoziert.

25 „*EINKLÄNGE* / Aus der natur belebten tempelbau / Oft unverständlich wirre worte weichen · / Dort geht der mensch durch einen wald von zeichen / Die mit vertrauten blicken ihn beschaun. // Wie lange echo fern zusammenrauschen / In tiefer finsterer geselligkeit · / Weit wie die nacht und wie die helligkeit / Parfüme farben töne rede tauschen. // Parfüme gibt es frisch wie kinderwangen / Süss wie hoboen grün wie eine alm – / Und andre die verderbt und siegreich prangen // Mit einem hauch von unbegrenzten dingen · / Wie ambra moschus und geweihter qualm / Die die verzückung unsrer seelen singen" (Stefan George: Sämtliche Werke. Bd. 13/14: Die Blumen des Bösen: Umdichtungen. Stuttgart: Klett-Cotta 1983, S. 14).

26 „*Beziehungen* / Die Natur ist ein Tempel, wo lebendige Säulen / Zuweilen seltsam verworrene Worte entschlüpfen lassen. / Es irrt der Mensch vorüber an der Symbole Massen, / Die mit vertrauten Blicken ihn betrachten im Eilen. // Wie wenn lange Echos von ferne zusammenströmen / In einer nebelhaften und doch tiefen Einheit, / Mächtig wie die Nacht und des Himmels Reinheit, / So ist in Düften, Farben und Tönen ein Einvernehmen. // Es gibt Düfte frisch wie das Fleisch

mühen, Baudelaires Sonett zu modernisieren. In diese Richtung weist nicht nur die Übersetzung des Titels *Correspondances* durch die neutrale Vokabel *Beziehungen*, sondern auch die Wiedergabe der ersten Strophe. Das Vorüberirren des Menschen „an der Symbole Massen" (V. 3) (anstelle der „forêts"), die ihn „im Eilen" (V. 4) betrachten, überformt die Korrespondenzenlehre im Horizont der expressionistischen Großstadtpoetik.

Eine ähnliche avantgardistische Aktualisierung lässt sich auch in anderen expressionistischen Baudelaire-Übersetzungen beobachten. Einige Beispiele sollen dies exemplarisch belegen. In *Le Crépuscule du matin* etwa entwirft Baudelaire ein urbanes Tableau der Morgendämmerung in Abgrenzung von der romantischen Naturlyrik.[27] Nicht der Hahn singt wie in einer friedlichen Landidylle, vielmehr verkündet die Wache die martialische und städtische Reglementierung der Zeit. Auch in V. 2 wird die Landidylle gebrochen, an die Stelle der zu erwartenden Bäume treten die Straßenlaternen des modernen Paris. In der zweiten Strophe evoziert Baudelaire schlafende Jünglinge, Lichtwende, Müdigkeit und Kälte. In der dritten Strophe intensiviert er die Disharmonie durch Bilder der Apathie, der Entbehrung und des Schmerzes. In der letzten Strophe schließlich stehen sich nur noch zwei überdimensionale Protagonisten gegenüber: das aufsteigende Sonnenlicht und die allegorische Personifikation der Großstadt Paris als Arbeiter oder Handwerker. So wird die „Nachtarbeit" der Ausschweifenden durch die Tagarbeit abgelöst.

---

der Kinder, / Milde wie Hoboen, grün wie der Wiesen Labung, / Und andere triumphierend, reicher doch ungesünder, // Haben der unendlichen Dinge hohe Begabung, / Wie Ambra und Moschus, Weihrauch und Benzoin, / Die von Geist und Sinnen singen Harmonien" (Charles Baudelaire: Der Verworfene, S. 75).

27 „La diane chantait dans les cours des casernes, / Et le vent du matin soufflait sur les lanternes. // C'était l'heure où l'essaim des rêves malfaisants / Tord sur leurs oreillers les bruns adolescents; / Où, comme un oeil sanglant qui palpite et qui bouge, / La lampe sur le jour fait une tache rouge; / Où l'âme, sous le poids du corps revêche et lourd, / Imite les combats de la lampe et du jour. / Comme un visage en pleurs que les brises essuient, / L'air est plein du frisson des choses qui s'enfuient, / Et l'homme est las d'écrire et la femme d'aimer. // Les maisons çà et là commençaient à fumer. / Les femmes de plaisir, la paupière livide, / Bouche ouverte, dormaient de leur sommeil stupide; / Les pauvresses, traînant leurs seins maigres et froids, / Soufflaient sur leurs tisons et soufflaient sur leurs doigts. / C'était l'heure où parmi le froid et la lésine / S'aggravent les douleurs des femmes en gésine; / Comme un sanglot coupé par un sang écumeux / Le chant du coq au loin déchirait l'air brumeux / Une mer de brouillards baignait les édifices, / Et les agonisants dans le fond des hospices / Poussaient leur dernier râle en hoquets inégaux. / Les débauchés rentraient, brisés par leurs travaux. // L'aurore grelottante en robe rose et verte / S'avançait lentement sur la Seine déserte, / Et le sombre Paris, en se frottant les yeux / Empoignait ses outils, vieillard laborieux." (Charles Baudelaire: Œuvres complètes. Vol. 1, S. 103 f.).

In Georges Umdichtung, *Morgendämmerung*,[28] lassen sich die für seine symbolistische Poetik charakteristischen Stilzüge konstatieren: parataktische Entrhetorisierung, präsentische Entnarrativierung und poetische Stilisierung. George löst die Hypotaxen parataktisch auf und drängt somit die rhetorische Struktur des Originals zurück. Zugleich entnarrativiert er den Prätext durch den Übergang vom „imparfait narratif" ins Präsens – für den Symbolismus ist Lyrik nicht zeitgebunden, sondern soll vielmehr die Zeiterfahrung aufheben. Schließlich dämpft er die Ästhetik des Hässlichen. So werden etwa in V. 15 die kalten Brüste der Bettlerinnen ausgespart („Die bettlerin abgemagert · mit starrendem blut ·"). Der Hahnenruf in V. 20 „zerreißt" nicht den Morgendunst („déchirait"), sondern „durchdringt" ihn nur.

In seiner 1915 in der *Aktion* publizierten Übertragung *Morgendämmerung in Paris*[29] grenzt sich Ferdinand Hardekopf (1876–1954) entschieden von George ab:

---

28 „Die frühwache tönt in den höfen der kasernen · / Die morgenwinde blasen auf die laternen. // Das ist die zeit wo gefährliche träume wehn · / Die braunen jünglinge auf ihren kissen sich drehn. / Die lampe macht in den tag einen roten flecken: / So bleibt ein blutiges auge zitternd stecken. / Die seele unter des störrischen körpers gewicht / Die nämlichen kämpfe des tags und der lampe ficht. / Wie in einem antlitz voll tränen die leise verwischen · / In lüften entschwebender dinge schauer sich mischen. / Der mann hat am schreiben · die frau hat am lieben genug. // Schon sieht man auf einzelnen häusern des rauches flug. / Die freudenmädchen mit aschfahlen augendecken / Und offenem mund im stumpfen schlafe sich strecken · / Die bettlerin abgemagert · mit starrendem blut · / Bläst sich auf die finger und bläst in die glimmende glut. / Es ist die stunde wo unter frost und entbehren / Die schmerzen der wöchnerinnen sich vermehren. / Wie seufzer gedämpft von erbrochenen blutes schaum / Durchdringen die hahnenrufe den qualmigen raum. / Ein meer von nebeln badet mauern und dächer · / Die sterbenden in den winkeln der krankengemächer / Stossen beschwerlich die lezten schluchzer heraus – Die sünder von ihrer arbeit matt gehen nach haus. // Die morgenröte in rosa und grünem gewande / Kommt frierend langsam daher am Seine-strande / Und das düstre Paris das den schlaf aus den augen sich streift · / Ein rüstiger alter mann · nach dem werkzeuge greift" (Stefan George: Sämtliche Werke. Bd. 13/14: Die Blumen des Bösen: Umdichtungen, S. 146).
29 „Man blies Reveille auf den Höfen der Kasernen, / Und Morgenwind durchfuhr die klirrenden Laternen. // Das war die Stunde wo der bösen Träume Schwarm / Den Jüngling anfällt in des letzten Schlummers Arm; / Wo, wie ein Aug voll Blut das zuckt und sich zersetzt, / Die Lampe einen Fleck rot auf das Frühlicht ätzt; / Und wo der Geist, vom Zwang des Körpers deprimiert, / Den Kampf der Lampe und des Dämmerlichts kopiert. / Wie Brisen im Gesicht die Tränen schwinden lassen, / So fröstelt es im Raum von Dingen die verblassen./ Schreibmüde ist der Mann und liebesmatt die Frau. // Von Häusern hier und da steigt schmaler Rauch ins Grau. / Die Sklavinnen der Lust, bleifahl das Augenlid, / Mund offen, schlafen nun und sind im Schlaf stupid. / Die Bettlerin schleppt hin der Brüste Magerkeit, / Haucht auf die kalte Hand und haucht aufs Feuerscheit. / Das ist die Stunde wo, zerfroren, ungehegt, / Der Wöchnerinnen Qual sich zu verschlimmern pflegt. / Als würde ein Geschluchz durch Blutsturz abgeschnitten, / Zerreißt jetzt Hahnenschrei das Nebelmeer inmitten. / Ein Schleierwogen wird die Bautenpracht umspülen. /

Er lässt sich von geradezu konträren Übersetzungsprinzipien leiten, die Georges ‚symbolistischen Baudelaire' dekonstruieren. Bereits metrisch unterscheidet sich Hardekopf durch seine Nachbildung von Baudelaires Alexandrinern von Georges *vers commun*. Er führt die von George aufgelösten Hypotaxen wieder ein („Das war die Stunde *wo* der bösen Träume Schwarm / Den Jüngling anfällt in des letzten Schlummers Arm; / *Wo*, wie ein Aug voll Blut das zuckt und sich zersetzt, / Die Lampe einen Fleck rot auf das Frühlicht ätzt; / Und *wo* der Geist, vom Zwang des Körpers deprimiert, / Den Kampf der Lampe und des Dämmerlichts kopiert" [Hervorh. d. Verf.]). Er bewahrt das Narrative durch die Beibehaltung des Präteritums zumindest im Incipit („Man *blies* Reveille auf den Höfen der Kasernen, / Und Morgenwind *durchfuhr* die klirrenden Laternen. // Das *war* die Stunde [...]" [Hervorh. d. Verf.]), obwohl er danach ins Präsens (und in V. 21 gar ins Futur [„Ein Schleierwogen wird die Bautenpracht umspülen"]) wechselt.[30] Schließlich macht Hardekopf auch Georges poetische Stilisierung rückgängig. Er unterstreicht Baudelaires rohe protonaturalistische Bildlichkeit („Die Bettlerin schleppt hin der Brüste Magerkeit", V. 15). Ferner nimmt er die großstädtische Lokalisation mit in den Titel auf (*Morgendämmerung* in Paris) und macht aus Baudelaires Text einen

----

Doch Sterbenden entflieht, tief in den Nachtasylen, / Der letzte Röchelhauch, verkrächzt und abgehackt. / Ein Wüstling geht nach Haus, von seinem Tun zerplackt. // Das Morgenrot steigt auf, in rosa-grünem Flor, / Steigt aus dem leeren Strom, frostzitternd, still, empor, / Und düster greift Paris, noch halb im Traumeskreis, / Zu seinem Handwerkszeug, ein arbeitsamer Greis" (Charles Baudelaire: Morgendämmerung in Paris. Übertr. von Ferdinand Hardekopf. In: Die Aktion 5 (4. Dezember 1915) 49/50, Sp. 607).

30 Noch radikaler betont Havemann später in seiner Übertragung den narrativen Charakter des Textes durch die durchgängige Beibehaltung des Präteritums: „Die Reveille erklang schon im Hof der Kasernen / Und der Morgenwind blies gegen die Laternen. // Ein Schwarm von bösen Träumen plagte in dieser Stunde / Braune Knaben im Kissen mit geschlossenem Munde. / Gegen das Licht der Frühe, ein blutiges Auge das wallt, / Zeichnet als roter Fleck sich der Lampe flackre Gestalt. / Seele, herabgezogen von störrischen Leibes Gewicht, / Rang im gleichen Kampf wie Lampe und Tageslicht. / Tränenüberströmtes Antlitz, getrocknet von Winden, / War die Luft voll Schauer der Dinge die entschwinden. / Frauen waren müde zu lieben, der Mann zu schreiben. // Häuser begannen schon Rauch zum Himmel zu treiben. / Frauen im Freudenhause sanken, die Lider bleich. / Offenen Mundes in tiefen Schlaf nun dumpf und weich. / Mit kalten, mageren Brüsten schleppten sich Bettlerinnen, / Bliesen auf Scheite und Finger, um Wärme zu gewinnen. / In dieser Stunde rangen in Kälte, Elend und Grauen / Mit ihren schlimmsten Schmerzen die gebärenden Frauen. / Wie ein Schluchzen und Würgen, das im Blutsturz endet, / Dunstige Luft zerreißend, der Hahn seinen Schrei entsendet. / Die Gebäude rings badet ein' Nebelmeer, / Und aus Hospitalen sandten Sterbende her / Ihr letztes Röcheln in ungleichen Stößen, erstickt von Schleim. / Von Ausschweifungen gebrochen kehrten die Prasser heim. // In rosiggrünem Gewande rückt' fröstelndes Morgenrot / Langsam näher und näher zur Seine öde und tot, / Und das dumpfe Paris rieb die Augen sich leis, / Packt' in die Faust sein Werkzeug, arbeitsamer Greis" (Charles Baudelaire: Der Verworfene, S. 23).

Vorläufer der expressionistischen Großstadtlyrik. Auch das Klangbild wird schriller und schärfer. Die Frühwache „tönt" nicht mehr, „man[bläst] Reveille" (V. 1), während „Le chant du coq" zum „Hahnen*schrei*" (V. 20) wird. Die Klangebene wird von dem im Expressionismus äußerst beliebten ‚zer'-Präfix dominiert (V. 5: „ein Aug voll Blut sich *zer*setzt"; V. 17: „Der Wöchnerinnen Qual *zer*froren"; V. 20: „*Zer*reißt jetzt Hahnenschrei das Nebelmeer"; V. 24: „Ein Wüstling geht nach Haus, von seinem Tun *zer*plackt"). Aggressiv und zerstörerisch mutet auch Hardekopfs Wahl des Verbs „ätzen" in V. 6 an: „Die Lampe einen Fleck rot auf das Frühlicht *ätzt*" (George: „Die lampe macht in den tag einen roten flecken"). Ins Gewicht fällt schließlich auch die humoristische Reimpoetik („deprimiert"/„kopiert"; „Augenlid"/„stupid"), die Georges hohen Duktus sabotiert.

Ein weiteres instruktives Beispiel liefern die Übersetzungen von Baudelaires *L'Amour et le crâne*.[31] Das Gedicht spielt auf den antiken Vergänglichkeitstopos des *homo bulla* an[32] und wurde wahrscheinlich durch den Kupferstich des Hendrick Goltzius „Quis evadet?" (Wer kann [der Vergänglichkeit] entrinnen?") (1594) angeregt. Im Zentrum steht allerdings nicht die Vergänglichkeit, sondern die zerstörerische Wirkung des Eros. Er thront auf dem Schädel der Menschheit und bildet aus ihrer Lebensessenz Blasen, die ins Nichts aufgehen. George versucht, die Länge von Baudelaires achtsilbigen und fünfsilbigen Versen wiederzugeben, verzichtet aber auf durchgehende Reimbildung.[33] Nur die geraden Verse

---

31 „*L'Amour et le Crâne / Vieux cul-de-lampe* / L'Amour est assis sur le crâne / De l'Humanité, / Et sur ce trône le profane, / Au rire effronté, // Souffle gaiement des bulles rondes / Qui montent dans l'air, / Comme pour rejoindre les mondes / Au fond de l'éther. // Le globe lumineux et frêle / Prend un grand essor, / Crève et crache son âme grêle / Comme un songe d'or. // J'entends le crâne à chaque bulle / Prier et gémir: / – ‚Ce jeu féroce et ridicule, / Quand doit-il finir? // Car ce que ta bouche cruelle / Eparpille en l'air, / Monstre assassin, c'est ma cervelle, / Mon sang et ma chair!'" (Charles Baudelaire: Œuvres complètes. Vol. 1, S. 119 f.).
32 Der Topos begegnet bereits in der lateinischen Literatur zuerst bei Varro (*De re rustica* 1,1,1), und zwar schon als Sprichwort zitiert: „ut dicitur, si est homo bulla" („wenn, wie es heißt, der Mensch eine Luftblase ist" Übers. vom Verf.). Ähnlich liest man bei Petronius (*Satyrikon* 42,4): „Heu eheu! Utres inflati ambulamus. [...] Nos non pluris sumus quam bullae." („Weh, o weh! Als aufgeblasene Schläuche gehen wir umher. [...] Wir sind nicht mehr wert als Luftblasen" Übers. vom Verf.).
33 „*DIE LIEBE UND DER SCHÄDEL / (ALTER BUCHZIERRAT)* / Auf dem schädel der menschheit / Wie auf einem thron / Sizt die liebe und schmäht sie / Mit keckem hohn · // Bläst lustig die runden blasen · / Sie steigen hinauf / Als strebte zu fernen welten / Im äther ihr lauf. // Es flüchtet in weitem fluge / Der lichte schaum · / Plazt und speit seine seele / Die zart ist wie goldner traum. // Der schädel bei jeder blase / Stöhnt im gebet: / Wann das spöttische furchtbare spiel / Wol zu ende geht! // Was grausam dein mund vergeudet / Im übermut / Mein hirn ists · mordendes scheusal · / Mein fleisch und mein blut." (Stefan George: Sämtliche Werke. Bd. 13/14: Die Blumen des Bösen: Umdichtungen, S. 171 f.).

sind gereimt. Im Einklang mit der symbolistischen Poetik drängt er die Diskursivität zurück. Auffallend ist die parataktische Auflösung des Nebensatzes in V. 6 („Souffle gaiement des bulles rondes / Qui montent dans l'air", „Bläst lustig die runden blasen · / Sie steigen hinauf"), die Streichung des Strophenenjambements sowie die Tilgung der kausalen Konjunktion „Car" in der letzten Strophe („Car ce que ta bouche cruelle", „Ach, was da deine frechen Backen"). Zugleich mildert George die Bildlichkeit ab. „Le profane", „der Schändliche" – Attribut der Liebe in der ersten Strophe – bleibt unübersetzt. Das befremdliche Reimwort „cervelle" in V. 19 – „Monstre assassin, c'est ma cervelle" – wird durch die Inversion der Bilder: „Mein hirn ists · mordendes scheusal ·" eskamotiert.

Wie bereits Havemann und Hardekopf bemüht sich auch Wilhelm Klemm (1881–1968) um die Abgrenzung von Georges symbolistischer Translationspoetik und die Konstruktion eines ‚avantgardistischen Baudelaire'. Seine Übertragung *Seifenblasen*,[34] die 1916 in der Aktion erschien, dokumentiert die erstrebte George-Überbietung. Während bei George die ungeraden Verse reimlos sind, ist Klemms Umdichtung durchgehend gereimt,[35] was auch durch eine Bildinterpolation („Glücksekstasen" in V. 7) und einen gebrochenen Reim („frevel-/Hafte" in V. 3) erkauft ist. Zudem dekonstruiert Klemm Georges ‚symbolistischen Baudelaire' und beansprucht den französischen Dichter für die Avantgarde, indem er in seine Umdichtung typisch expressionistische Elemente einführt. Markant sind in dieser Hinsicht das expressionistische Gemeinschaftsgefühl, auf das sich Klemm durch die Wir-Perspektive gleich in V. 1 beruft („Auf *unserer* Menschheit nacktem Schädel"), die Emotionalisierung („Glücks*ekstasen*", „*Rausch* des Lichts") sowie die Intensivierung des Spleen-Bewusstseins, das George weitgehend verdrängt hatte. Der Schädel ist jetzt „nackt", die von der Liebe hervorgebrachte Luftblase („songe d'or") löst sich ins „Nichts" auf, das jetzt in Reimstellung auftritt („Und platzend speien sie *in's Nichts* / Goldnen Seelenschaum", V. 11–12). Schließlich sorgen Vulgarismen für eine gezielte Entweihung von Georges hohem Duktus („Ach, was da deine frechen *Backen* / *Paffen* in die Luft, / Sind meines Hirnes blutige Schlacken, / *Maledeiter Schuft!*" [Hervorh. d. Verf.]).

---

34 „*Seifenblasen* / Auf unserer Menschheit nacktem Schädel / Amor sitzt und lacht, / Er, der auf diesem Throne frevel- /Hafte Scherze macht. // Bläst lustig bunte Seifenblasen / Hoch in's Licht empor, / Die ziehen wie in Glücksekstasen / Auf zum Himmelstor. // Die runden sich im Rausch des Lichts / Bälle, bunt wie Traum, / Und platzend speien sie in's Nichts / Goldnen Seelenschaum. // Bei jeder neuen Blase hör'ich / Dumpf den Schädel flehn: / Dies Spielen, lasterhaft und töricht, / Laß zu Ende gehn! // Ach, was da deine frechen Backen / Paffen in die Luft, / Sind meines Hirnes blutige Schlacken, / Maledeiter Schuft!" (Charles Baudelaire: Seifenblasen. Deutsch von Wilhelm Klemm. In: Die Aktion 6 (4. März 1916) 9/10, Sp. 116).
35 Das Reimpaar „Traum"/„Schaum" übernimmt Klemm allerdings von George.

Im Zuge der Textanalyse haben sich somit Strategien der avantgardistischen Aktualisierung herauskristallisiert, welche Baudelaire als Ahnherrn der Avantgarde perspektivieren. Zu den translatorischen Manipulationsstrategien, die einer solchen genealogischen Überformung vorstehen, gehören die Profilierung von Baudelaires Identität als Großstadtdichter, die Intensivierung des Spleen-Bewusstseins, die Härte im Klangbild, ironische Brechungen, etwa in der Reimpoetik, Emotionalisierung durch die kollektive Wir-Perspektive sowie eine Stilsenkung, welche die erhabene symbolistische Diktion aufkündigt.

5.2 Konservative Retrodatierung: Palazzeschi

Dass sich translatorische Autorschaft nicht nur als Modernisierung, sondern auch – umgekehrt – als Konventionalisierung auswirken konnte, zeigen die expressionistischen Einbürgerungsversuche der futuristischen Lyrik Aldo Palazzeschis (1885 – 1974). Der italienisch-österreichische Expressionist Theodor Däubler (1876 – 1934) bemühte sich in seinen Übertragungen aus Palazzeschis Sammlung *L'Incendiario* (*Der Brandstifter*),[36] dessen Bruch mit dem traditionellen Lyrikverständnis abzumildern und Palazzeschis ‚undichterischer Lyrik' ein herkömmliches poetisches Gewand zu verleihen. Der Versuch, Palazzeschi in die verhältnismäßig konservativere deutsche Literaturlandschaft einzubürgern, führte somit zu einer Abschwächung seiner Modernität. Für diese translatorische Retrodatierung lassen sich auch biographische Gründe anführen: Theodor Däubler gehörte generationsmäßig nicht zu der Alterskohorte der meist zwischen 1885 und 1896 geborenen Expressionisten/-innen und zählte eher zu den – noch vom Symbolismus geprägten – ‚Vaterfiguren' der jungen Bewegung. Schließlich gibt es auch medienspezifische Gründe: Däublers Übersetzungen waren ursprünglich nicht für das Medium ‚Zeitschrift' entstanden, sondern sollten als Buchpublikation vorgelegt werden. Als Übertragungen, die sich auf dem literarischen Buchmarkt hätten behaupten müssen, waren sie bereits *per se* konservativer dimensioniert als Zeitschriftenübersetzungen. Eine solche Konventionalisierung entspricht Gideon Tourys ‚erstem Übersetzungsgesetz', dem ‚law of growing standardisation': „in translation, source-text textemes tend to be converted into target-language (or target-culture) repertoremes."[37] Innovative Textmerkmale fallen einer formaläs-

---

36 Wenn nicht anders angegeben, wird im Folgenden aus Däublers Übersetzungskonvolut *Literatenschmaus* zitiert, das sich in den Archivbeständen der Klassik Stiftung Weimar befindet (GSA 12/II, 10).
37 Gideon Toury: Descriptive Translation Studies, S. 303.

thetischen Standardisierung zum Opfer: „in translation, textual relations obtaining in the original are often modified, sometimes to the point of being totally ignored, in favour of [more] habitual options offered by the target repertoire".[38]

Ein konservativer Habitus lässt sich bei Däubler bereits im Bereich der Metrik beobachten. Er zielt auf die metrische Regulierung von Palazzeschis freien Versen ab und nimmt dafür auch eine Abweichung von der Versanzahl der Originaltexte in Kauf. Das Idealziel metrischer Stabilisierung zeigt sich etwa im *Landsitz Himmelblau* im Einsatz von Doppelfügungen:

Esangui dame,	Lauter Damen, schwach und blass,
sottili nelle loro vesti celesti	Hell und schlank im Blaugewand
a grandi code,	Zogen lange Schleppen nach
di rasi lucenti,	Ganz aus Atlas, ganz aus Glanz.[39]
di pallidi damaschi.	

Durch Hendiadyoin wird aus „esangui" „schwach und blass", aus „sottili" „hell und schlank" – offensichtlich aus metrischen Gründen, um den unruhigen *verso libero* zu normieren. Der ergänzte Binnenreim („Ganz"/„Glanz") belegt die große Bedeutung, die Däubler der Klangebene beimisst.

Ferner normalisiert Däubler die verstörende Diktion der Prätexte. Bei Palazzeschi herrscht ein befremdlich sachlicher Stil, der sich von der Alltagssprache kaum unterscheidet und den für die Gattung ‚Lyrik' konstitutiven, subjektiven Ausdruck vermissen lässt. Ein lyrisches Ich ist in seiner frühen Sammlung *Cavalli bianchi* (*Weiße Pferde*, 1905) weder grammatisch noch indirekt durch Anredeformen präsent.[40] Diese ungewöhnliche Depersonalisation und Versachlichung dämpft Däubler durch Strategien der Emotionalisierung, Poetisierung und vor allem klanglich-euphonischer Auratisierung, welche die Zäsur der futuristischen Avantgarde mit dem Symbolismus entschärfen.[41] Durch seinen provokatorischen Kolloquialstil und die parodistische Entzauberung der Dichter-Rolle verfolgt Palazzeschi einen futuristischen Bruch mit der Tradition, der von Däubler somit nur halb mitvollzogen wird. Markant sind bei ihm vielmehr Strategien der Auratisierung, welche Palazzeschis Aufnahme beim deutschen Publikum begünstigen sollen.

---

38 Ebd., S. 304.
39 *Landsitz Himmelblau*, V. 22–25.
40 Dazu Anette Hülsen: Der Weg der Lyrik Aldo Palazzeschis – von *I cavalli bianchi* bis *Nove sinfonie*. Diss. Münster: Kleinheinrich 1990, S. 30.
41 Dies verrät die Bedeutung, welche die symbolistische Poetik für Däubler immer noch besaß und die auch seine zahlreichen Übersetzungen des belgischen Symbolisten Émile Verhaeren belegen. Einige erschienen im Belgien-Heft der *Aktion* vom 5. Februar 1916.

Palazzeschis Emotionslosigkeit wird von Däubler korrigiert und mit einer traditionellen Lyrikauffassung in Einklang gebracht. Aussagesätze werden zuweilen in Fragen[42] oder Ausrufe umgewandelt,[43] manchmal durch die Ergänzung von Abtönungspartikeln und Ausrufezeichen,[44] welche den Bildern zusätzliche Ausdruckskraft verleihen. Ferner ergänzt Däubler oft eine Wir-Perspektive[45] und führt einmal auch eine Ihr-Apostrophe ein, welche auf die Lesenden abzielt und diese somit emotional beteiligt.[46]

Im Hinblick auf die textuelle Selektion gibt der Übersetzer der vorfuturistischen Produktion (den Sammlungen *Cavalli bianchi* und *Lanterna*) den Vorzug und spart einige der kühneren Texte aus, etwa die skandalösen *Fiori*, eine Parodie der Zivilisationsflucht in die Natur, bei der sich die Gartenidylle als Ausbund aller denkbaren sexuellen Perversionen herausstellt. Ebenso unterdrückt wurde die höhnische Grabschändung des Dichters in *Postille*.

Auch in den übersetzten Dichtungen entschärft Däubler die futuristische Dichterparodie, wie seine Übertragung eines der bekanntesten Texte Palazzeschis, *E lasciatemi divertire!* (*Und laßt mir mein Vergnügen!*) belegt.[47] Dort inszeniert das sinnlose und unartikulierte Lallen des Dichters den Traditionsbruch der Avantgarde und wechselt sich mit den verdutzten Kommentaren des konsternierten Publikums ab, das den Dichter als „fesso" (Dummkopf) apostrophiert:

> Ma se d'un qualunque nesso
> son prive,
> perché le scrive
> quel fesso?[48]

---

42 Vgl. „Di fuori più nulla. // Silenzio" und: „Kommt Niemand mehr hinzu? // Schweigt alles?" (*Auf Schloss Goldenhorst*, V. 21 f.).
43 Vgl. „pesante trascinano il manto di lutto, le donne" und: „Wie schwer allen dreien / Die schleppende Trauergewandung herabfällt" (*Der feuchte Park*, V. 24 f.).
44 Vgl. „grondante di dense fanghiglie" und: „*Ja* träufelnde Fäulnisbehänge!" (*Der feuchte Park*, V. 5, Hervorh. d. Verf.).
45 Vgl. etwa: „Unsichtbare Spiegel bestreichen *uns* leise" (*Verbotene Spielerei*, V. 1), „Und leise weitherwogend / Erreicht *uns*, beinahe erloschen / Der Schwall einer Glocke" (V. 5 – 7), „Grosse Bäume beugen ihre Äste / Unter der Apfellast ⟨zu uns⟩ herüber" (*Der Anger mit den Giftbeeten*, V. 4 f.), „Sie naht *uns* geschwind wie der Wind" (*Auf Schloss Goldenhorst*, V. 24) (Hervorh. d. Verf.).
46 Vgl. „Di fuori ecco il parco serrato serrato serrato" und: „So seht *ihr* von aussen: Der Park ist verschlossen!" (*Der feuchte Park*, V. 17, Hervorh. d. Verf.).
47 Übers. vom Verf.
48 Aldo Palazzeschi: E lasciatemi divertire! In: L'Incendiario 1905 – 1909. 2ª Edizione. Milano: Edizioni futuriste di *Poesia* 1913, S. 247, V. 34 – 37 („Aber wenn seine Worte jeden Sinns beraubt sind, warum schreibt er sie, dieser Idiot?", Übers. vom Verf.).

Däubler domestiziert Palazzeschis Dichterschmähung. Er verniedlicht das Schimpfwort „fesso" zu „Bengel" und konstruiert einen entsprechenden infantilen Kontext:

> Das ist ganz ohne Zusammenhang!
> So was schreibt jeder Bengel hin.
> Warum macht er mit solchem Widersinn
> Nicht lieber seiner Amme bang.[49]

Der Übersetzer schwächt auch den gegen den Dichter gerichteten Vorwurf der Pose:

> Ma giovinotto,
> ditemi un poco una cosa,
> non è la vostra una posa,
> di voler con così poco
> tenere alimentato
> un sì gran foco?[50]

Die vorgeworfene Diskrepanz zwischen Schein („großes Feuer") und Wesen („così poco") findet bei Däubler keine Entsprechung. Vielmehr ist das Publikum bei Däubler ehrerbietig bereit, trotz aller Absonderlichkeit die Größe des Dichters anzuerkennen, wie der interpolierte Vers über die Gewalt seiner Visionen belegt:

> Nun aber, mein liebes Herrchen,
> So sagt, mit Eurem Hin und Her,
> Seid ihr nicht auch ein wenig Snob?
> Warum bleibt Ihr so ein Närrchen?
> So glimmt in Euch gewiss ein grosses Feuer,
> Eure Visionen sind ungeheuer.[51]

Abschließend lässt sich festhalten, dass Däubler durch Strategien der Auratisierung Palazzeschis Rezeption bei dem deutschen, mit dem Futurismus völlig unvertrauten Publikum zu erleichtern versuchte. Seine poetische Fortschreibung repräsentiert in dieser Hinsicht eine Rückschreibung, eine Retrodatierung der Avantgarde aus dem Geist symbolistischer Klangmagie heraus. Gegenüber

---

49 Aldo Palazzeschi: So laßt mir mein Vergnügen! V. 34 – 37.
50 Aldo Palazzeschi: E lasciatemi divertire! In: L'Incendiario 1905 – 1909, S. 248, V. 58 – 63 („Aber junger Mann, / sagen Sie mal, / ist die Ihre nicht eine Pose, / mit so wenig / ein so großes Feuer / weiter zu füttern?", Übers. vom Verf.).
51 Aldo Palazzeschi: So laßt mir mein Vergnügen! V. 58 – 62.

der futuristischen Entzauberung der poetischen Aura verhält sie sich wie eine erneute Verzauberung, die den futuristischen ‚Incendio' unter Kontrolle zu bringen versucht.

6 Expressionistischer Übersetzungskanon I: Buchpublikationen

6.1 Übersetzung und Kanon

Das Verhältnis zwischen Übersetzung und Kanon ist in der Forschung bisher theoretisch unterreflektiert geblieben. Obwohl in den letzten Jahrzehnten eine intensive Debatte zum Thema ‚Kanon' geführt wurde,[1] ist die Beziehung von Kanon und Übersetzung so gut wie ignoriert worden.[2] Dies ist umso erstaunlicher, als gerade Kanonisierungsprozesse, welche sich in der deutschen Literaturgeschichte abgespielt haben, keineswegs immer national dimensioniert waren, sondern oft eine eminent internationale Dimension besaßen. In der deutschen Frühromantik etwa – ausgerechnet in der Zeit der allmählichen Entstehung der Germanistik als Disziplin – berief sich Friedrich Schlegel im *Gespräch über die Poesie* (1800) auf einen durchaus fremdsprachigen Kanon, um das Romantische zu definieren: „Da suche und finde ich das Romantische, bei den ältern Modernen, bei Shakespeare, Cervantes, in der italienischen Poesie, in jenem Zeitalter

---

1 Vgl. zuletzt: Christine Meyer: Questioning the Canon: counter-discourse and the minority perspective in contemporary German literature. Berlin/Boston: De Gruyter 2021. Vgl. auch: Kanon, Macht, Kultur: theoretische, historische und soziale Aspekte ästhetischer Kanonbildungen [DFG-Symposion 1996]. Hg. von Renate von Heydebrand. Stuttgart u. a.: Metzler 1998; Literarische Kanonbildung. Hg. von Heinz Ludwig Arnold in Zusammenarbeit mit Hermann Korte. München: edition text + kritik im Richard Boorberg Verlag 2002, sowie den Sammelband: Kanonbildung. Protagonisten und Prozesse der Herstellung kultureller Identität. Hg. von Robert Charlier und Günther Lottes (= Aufklärung und Moderne, Band 20). Hannover: Wehrhahn 2009.
2 Zu den wenigen Ausnahmen gehört der nicht sonderlich ergiebige Beitrag von José Lambert: Translation, or the Canonization of Otherness. In: Literaturkanon – Medienereignis – kultureller Text: Formen interkultureller Kommunikation und Übersetzung. Hg. von Andreas Poltermann. Berlin: Erich Schmidt 1995, S. 160–178, der ebenfalls das Fehlen einer theoretischen Reflexion über die Beziehung von Übersetzung und Kanon konstatiert („in the literature on canons and canonization the problem of translation is completely ignored", S. 163). Vgl. sonst nur den dekonstruktivistischen Beitrag von Mihály Szegedy-Maszák: Literary Canons: National and International. Budapest: Akadémiai 2001 (Studies in modern philology, Volume 16), vor allem: „Translation and Canon Formation", S. 59–65 („The relations between translation and canon formation are governed by one principle: one the one hand, literature by its very nature is untranslatable, on the other hand, no literary work exists that cannot be read as translation", S. 64), sowie den informativen Überblicksartikel von Stuart Gillespie zu Übersetzung und Kanonisierung in der englischen Literatur des 17. und 18. Jahrhunderts: Translation and Canon-Formation. In: The Oxford History of Literary Translation in English. 5 Bde. Band 5: 1660–1790. Hg. von S. G. und D. Hopkins. Oxford: Oxford University Press 2005, S. 7–20.

https://doi.org/10.1515/9783111010540-008

der Ritter, der Liebe und der Märchen, aus welchem die Sache und das Wort selbst herstammt".[3]

Im Folgenden wird für einen funktionalistischen Kanonbegriff plädiert und unter ‚Kanon' eine interessegeleitete Wertsetzung verstanden, welche von einer bestimmten Gruppe vor dem Horizont ihrer eigenen kulturellen Praxis vorgenommen wird. Für dieses funktionalistische Kanonverständnis hat sich in der Forschung etwa Christoph Bode ausgesprochen: „Der Wert eines literarischen Textes ist keine Eigenschaft, die ihm inhärent wäre. Ein Kunstwerk, eine Komposition, ein Gedicht ist wertvoll *für* einen bestimmten Menschen, *für* eine bestimmte Gruppe, *für* eine bestimmte Gesellschaft und Kultur".[4] Auch Hermann Korte hat das gesellschaftlich-kulturelle Bedingungsgefüge von Kanonisierungsprozessen hervorgehoben. Die Kanonbildung beschreibt er als einen „gesellschaftlich-kulturelle[n] Prozess, in dessen Verlauf ein Kollektiv, in der Regel politische und kulturelle Eliten, ein Textcorpus als hochbedeutenden, wertvollen Traditionsbestand auswählt und kulturelle Praktiken herausbildet, um die Überlieferung für nachkommende Generationen zu sichern".[5] Die Selektionspraxis, die dem Kanon zugrunde liegt, charakterisiert Korte als ein Medium kollektiver Sinnstiftung: „Ein Kanon entsteht erst vor dem Horizont eines durch ihn repräsentierten gesellschaftlichen Wert- und Sinnkontexts, und er wird in dem Moment marginal, in dem er seine identitätsstiftende Funktion sowie sein im Alltag verankertes Deutungsmonopol als Traditionsbestand und Speicher kulturellen Wissens verliert."[6] Simone Winko hat die gruppengebundene Valenz von Kanonisierungsprozessen weiter spezifiziert und drei Leitfunktionen ausdifferenziert, welche literarische Kanones für die sie stiftenden Kollektive besitzen können: „Erstens tragen sie zur Selbstdarstellung und Identitätsstiftung einer Gruppe und Gesellschaft bei [...]. Zweitens haben Kanones Legitimationsfunktionen; sie dienen zur Rechtfertigung und Abgrenzung der Gruppe gegen andere. Und drittens liefern Kanones Handlungsorientierung".[7]

---

3 Friedrich Schlegel: Schriften zur Literatur. Hg. von Wolfdietrich Rasch. München: Deutscher Taschenbuch-Verlag 1972, S. 318.
4 Christoph Bode: Kanonisierung durch Anthropologisierung. Das Beispiel der englischen Romantik. In: Begründungen und Funktionen des Kanons. Beiträge aus der Literatur- und Kunstwissenschaft, Philosophie und Theologie. Hg. von Gerhard R. Kaiser und Stefan Matuschek. Heidelberg: Winter 2001, S. 89–105, hier S. 90.
5 Hermann Korte: Kleines Kanonglossar in 25 Stichwörtern. In: Literarische Kanonbildung, S. 25–38, hier S. 28.
6 Ebd., S. 28 f.
7 Simone Winko: Literarische Wertung und Kanonbildung. In: Grundzüge der Literaturwissenschaft. Hg. von Heinz Ludwig Arnold und Heinrich Detering. 4. Aufl. München: Deutscher Taschenbuch Verl. 2001, S. 585–600, hier S. 597.

Ausgehend von diesem funktionalistischen Verständnis von Kanon als einem gruppengebundenen und -spezifischen Vehikel der Selbstinszenierung und Identitätsstiftung eines bestimmten Kollektivs soll im Folgenden die Spezifik des Kanons expressionistischer Übersetzungen reflektiert werden. Kontextuell betrachtet stellt er einen Gegen-Kanon, einen „Kanon des Verbotenen" (Theodor W. Adorno) dar.[8] Er opponiert gegen das bürgerliche Literaturverständnis zum einen ideologisch und formalästhetisch, indem er die anti-bürgerliche, anarchistische Poetik der Avantgarde artikuliert und den bürgerlichen Begriff der ‚schönen Literatur' subvertiert.[9] Andererseits tritt er durch seine Internationalität dem im zeitgenössischen literarischen Feld herrschenden Nationalismus entgegen. Auch gegenüber den einzelnen fremdsprachigen Kanones, wie sie in den zeitgenössischen Literaturgeschichten tradiert wurden, setzen sich die expressionistischen Übersetzer/-innen ab. In ihren Übersetzungen geben sie der zeitgenössischen, schon allein aus chronologischen Gründen nicht kanonischen Literatur den Vorzug. Sie widmen sich meist nicht kanonischen Autoren/-innen oder, bei kanonisierten Literaturgrößen, richten ihre Aufmerksamkeit auf gerade nicht kanonische Werke. Misst man das expressionistische Corpus französischer Autoren/-innen an dem Kanon der zeitgenössischen Literaturgeschichtsschreibung, etwa der Literaturgeschichte von Hermann Suchier, so stellt sich heraus, dass viele der bedeutendsten Namen des expressionistischen Übersetzungskanons bei Suchier gar nicht vorkommen.[10] Arthur Rimbaud etwa wird von Suchier gar nicht erwähnt, ebenfalls Francis Jammes und Émile Verhaeren. Charles Baudelaire wird zwar kurz besprochen, aber nicht als Ahnherr der modernen Großstadtdichtung.[11]

---

8 „Der Begriff ‚Gegenkanon' empfiehlt sich insbesondere dort, wo der Anspruch erhoben wird, den herrschenden Kanon abzulösen" (Renate von Heydebrand: Versuch einer Zusammenfassung. In: Kanon, Macht, Kultur, S. 616–625, hier S. 616).
9 Vgl. die mehrfach wiederaufgelegte Literaturgeschichte von Gustav Brugier: „Die Nationalliteratur heißt auch die *schöne* Literatur. Sie umfaßt ja die Werke der *Dichtkunst*, und diese hat, wie die Malerei und Tonkunst, uns den Genuß des *Schönen* zu vermitteln" (G. B.: Geschichte der deutschen Literatur. 12. Aufl., wesentl. umgearb. u. erg. von E[lisabeth] M[argarete] Hamann. Freiburg im Breisgau u. a.: Herder 1911, S. 3).
10 Hermann Suchier / Adolf Birch-Hirschfeld: Geschichte der französischen Litteratur von den ältesten Zeiten bis zur Gegenwart. Neuer Abdruck. Leipzig und Wien: Bibliographisches Institut 1905.
11 Ebd., S. 706 f. Das insgesamt eher negativ gezeichnete Baudelaire-Porträt schließt ihn übrigens aus dem Kanon aus: „Die Verse Baudelaires sind die Verse eines künstlerisch begabten Menschen, dem nur der Genuß das Leben wert macht, und der, nachdem er erkannt hat, wie schal und wertlos der Genuß ist, seinen Ekel und Groll gegen das Leben in raffinierter Weise als allgemein gültige Weisheit auftischt. So ist seine Philosophie doch nur das mit absichtlicher Roheit zur Schau getragene Resultat höchst beschränkter Lebenserfahrung, nicht der Schmerzensschrei eines Mannes, der sich ein edles Menschenideal gebildet hat, und der nun seiner Enttäuschung

Von Paul Verlaine werden gerade die *Erotica*, welche der Expressionismus neu entdeckte, übergangen.[12]

Im Hinblick auf die Diachronie besitzt der expressionistische Übersetzungskanon eine doppelte Disposition. Er dokumentiert zum einen den Dialog mit den zeitgenössischen Vertretern der internationalen Avantgarde. Zum anderen bezeugt er die Stiftung einer alternativen Tradition, welche retrospektiv legitimationsstiftend wirken und eine Art Vorgeschichte der Avantgarde liefern soll.

Ein zentrales formalästhetisches Spezifikum dieses Kanons *qua* ‚Übersetzungskanons' liegt darin, dass die Kanonisierungspraxis durch den Akt des Übersetzens erfolgt. So betrachtet verläuft sie weitgehend implizit, sie ergibt sich aus der textuellen Selektion und dem Übersetzungsakt selbst. Gleichwohl wird diese implizite Praxis oft auch explizit gemacht: durch assistierende Vor- und Nachworte, welche die Übersetzungen begleiten und perspektivieren, durch Rezensionen sowie Profilierungen der übersetzten Autoren/-innen in den expressionistischen Zeitschriften. Ein weiteres Spezifikum liegt darin, dass der expressionistische Übersetzungskanon sich nicht in einem passiven Selektionsakt erschöpft. Er impliziert vielmehr ästhetische Neuschöpfung und ruft Fragen der – translatorischen – Autorschaft auf den Plan. Zu den von Simone Winko bereits herausgearbeiteten Funktionen der 1) Selbstdarstellung und Identitätsstiftung, 2) Legitimationsfunktion und Abgrenzung und 3) Handlungsorientierung kommt somit 4) eine zentrale poetologische Funktion als Selbstvergewisserung der eigenen Autorschaft hinzu. Der Übersetzungskanon birgt somit eine doppelte Kanonisierung in sich, als Kanon der übersetzten Autoren/-innen und zugleich der Übersetzer/-innen, die durch ihre Versionen diesen Kanon erst konstituieren. Er wirkt als beflügelnder Katalysator der eigenen Autorschaft, nobilitiert sie durch den Kooperationspakt mit der fremden Autorschaft und amplifiziert sie durch die Remodellierung des fremden Werks zum Spiegel der eigenen Poetik.

6.2 Formate

Übersetzungen wurden im Expressionismus sowohl im Medium Zeitschrift als auch in Buchform publiziert. Methodologisch erscheint es sinnvoll, diese Formate auseinanderzuhalten. Der Bezug auf die Gegenwartsliteratur des Auslands ist in den Zeitschriften nämlich noch profilierter als in den Einzelveröffentlichungen.

---

darüber Ausdruck gibt, daß die Wirklichkeit seiner hohen Vorstellung so wenig entspricht" (ebd., S. 707).

12 Ebd., S. 712.

Zwar sind bereits die Einzelpublikationen auf die Gegenwartsliteratur hin perspektiviert – etwas weniger als die Hälfte machen Übertragungen von noch lebenden Autoren/-innen aus. Die in Buchform publizierten Übertragungen besitzen allerdings darüber hinaus einen ausgeprägteren historisierenden Charakter und dienten stärker als die Zeitschriftübersetzungen auch der Traditionsvergewisserung der Avantgarde.

6.3 Periodisierung

Im Einklang mit der von Raabes Lexikon *Die Autoren und Bücher des literarischen Expressionismus* (1985) vorgeschlagenen Periodisierung des literarischen Expressionismus wurde im Folgenden ebenfalls das Zeitfenster 1910–1924 untersucht.[13] Der Begriff ,Expressionismus' wurde bekanntlich im Juli 1911 von Kurt Hiller auf die Literatur übertragen.[14] Die Keimzelle des Expressionismus, der „Neue Club", der auf der Sezession von Kurt Hiller, Erwin Loewenson und weiteren sechs Mitgliedern aus der „Freien Wissenschaftlichen Vereinigung" beruhte, wurde allerdings bereits im Jahre 1909 gegründet. Die erste Nummer des *Sturms* datiert auf den 3. März 1910. Am 20. Februar 1911 erschien das erste Heft der *Aktion*. Seinerseits wird der Spätexpressionismus gewöhnlich von 1919 bis 1923 angesetzt, d. h. bis zu den missglückten Umsturzversuchen des ,Deutschen Oktobers' bzw. des Novemberputsches Hitlers,[15] während das Jahr 1924 bereits als Teil einer neuen Phase der Stabilisierung betrachtet wird, die von der Neuen Sachlichkeit dominiert wurde. Allerdings herrscht auch Einigkeit darüber, dass die Mehrzahl der neusachlichen Werke erst Mitte der 1920 Jahre publiziert wurde.[16] Vor diesem Hintergrund scheint es angebracht, auch die unmittelbaren chronologischen Ränder, d. h. die Jahre 1910 und 1924, zu berücksichtigen, um die Phasen des Übergangs, d. h. Inkubationszeit und Ausklang der expressionistischen Bewegung zu beleuchten.

---

13 Vgl. Raabe 1985, S. 610–868 („Die Bücher 1910–1924"). In der Einleitung bemerkt Raabe, dass „das Ende des Expressionismus" mit dem „Ende der Inflation 1922/23" zusammenfiel, wobei er hinzufügt, dass „die letzten Bücher der expressionistischen Periode" „teilweise noch 1924" veröffentlicht wurden (ebd., S. 12). Bei Ralf Georg Bogner wird dagegen das Jahr 1925 als obere Epochengrenze angenommen (Einführung, S. 20).

14 „Wir sind Expressionisten" (Kurt Hiller: Die Jüngst Berliner. In: Heidelberger Zeitung 53 [22 Juli 1911] 169, S. 3.).

15 Walter Fähnders: Avantgarde und Moderne 1890–1933. Stuttgart/Weimar: Metzler 1998, S. 224.

16 Johannes G. Pankau: Einführung in die Literatur der Neuen Sachlichkeit. Darmstadt: Wiss. Buchges. 2010, S. 15.

6.4 Übersetzungscorpus

Als Grundlage für die Konstitution des Corpus diente dem Verfasser das von Paul Raabe zusammengestellte Repertorium der expressionistischen Übersetzungen.[17] Es verzeichnet zwischen 1911 und 1924 nicht weniger als 222 eigenständige, d. h. in Buchform vorgelegte Übertragungen von expressionistischen Autoren/-innen.[18] Ergänzt wurde dieser Bestand durch Veröffentlichungen, die a) bei Raabe 1985 nicht verzeichnet, b) irrtümlich datiert oder c) um solche, die zwar in den Autoren/-innenbibliographien, nicht aber in der Gesamtbibliographie der Übersetzungen[19] aufgenommen wurden. So unterlässt es Raabe, im chronologischen Repertorium der Übersetzungen die 1910 erschienenen Publikationen – im Unterschied zur Lyrik, Drama und Epik – zu verzeichnen.

---

17 Raabe 1985, S. 729–733. Bei Paul Zechs Deubel-‚Übersetzung' *Die rotdurchrasten Nächte* (bei Raabe 1985 unter 339/73 verzeichnet) handelt es sich um eine Eigendichtung Zechs (dazu Alfred Hübner: Die Leben des Paul Zech. Eine Biographie. Heidelberg: Morio 2021, S. 187). Auch der utopische Detektivroman *Der blaue Strahl* (Raabe 1985, 346/45) ist in Wirklichkeit eine Eigenschöpfung der Übersetzerin Hermynia zur Mühlen, die sich als Autorin des Pseudonyms Lawrence H. Desberry bediente (dazu Jörg Thunecke: Die rote Gräfin: Leben und Werk Hermynia zur Mühlens während der Zwischenkriegszeit (1919–1934). In: Die rote Gräfin: Leben und Werk Hermynia zur Mühlens während der Zwischenkriegszeit (1919–1933). Hg. von Susanne Blumesberger und Jörg Thunecke. Wien: Praesens Verlag 2019, S. 17–78, zu *Der blaue Strahl:* S. 44–46). Zwei Übersetzungen von Otto Pick aus dem Tschechischen fallen anders als bei Raabe angegeben erst auf das Ende der dreißiger Jahre (František Langer: Herr Pickwick. Heiteres Spiel in drei Akten (12 Bildern) nach dem Roman *Der Pickwick-Club* von Charles Dickens. Deutsch von Otto Pick. Basel: Reiß Bühnenvertrieb o. J. [1939]; František Langer: Reiterpatrouille. Schauspiel in drei Aufzügen. Deutsch von Otto Pick. [Bühnenmanuskript]. Basel: Reiß Bühnenvertrieb o. J. [Berlin: Bloch 1940]. Die Übersetzung von Gleizes' Traktat über den Kubismus durch Fred Antoine Angermayer und Hans Jacob wird in Raabes Liste zweimal aufgeführt. Autor des Theaterstücks *Die Glocken* (*Zvony*) ist nicht František Langer (Raabe 1985, 233/12), sondern Fráňa Šrámek.
18 Dieses Kriterium gilt auch für die folgende Übersicht und die zusammengetragene Bibliographie. Nachdichtungen, die von Übersetzern ohne eigenes literarisches Werk stammen, werden im Folgenden nur punktuell miteinbezogen, selbst wenn sie in expressionistischen Verlagen erschienen sind oder von expressionistischen Autoren herausgegeben wurden.
19 Vgl. Raabe 1985, S. 729–733.

Die vorgenommenen Ergänzungen zu Raabes Bibliographie betreffen den Frühexpressionismus,[20] den Kriegsexpressionismus,[21] vor allem aber den Spätexpressionismus.[22] Die gegenüber Raabe aktualisierte, emendierte und vielfach

---

20 Vgl.: Michail Kusmin: Taten des großen Alexander. (Die autorisierte Übersetzung besorgte Ludwig Rubiner.) München: Hyperion 1910; Nikolai Gogol: Abende auf dem Gutshof bei Dikanka. Phantastische Novellen. Deutsch von Ludwig Rubiner und Frida Ichak. Vorrede von Rotfuchs Paniko. München/Leipzig: Georg Müller 1910 (Gogol: Sämtliche Werke. Bd. 3); Honoré Gabriel de Mirabeau: Briefe an Sophie aus dem Kerker von Vincennes. Deutsch mit einer Einleitung von Otto Flake. Mit einer Portraitradierung von Peter Halm. München/Leipzig: Georg Müller 1910; Benjamin de Constant: Adolf. Aus den Papieren eines Unbekannten. Übersetzt und eingeleitet von Otto Flake. München/Leipzig: Georg Müller 1910; Iwan S. Turgenjew: Rudin. Die neue Generation. Übersetzt von Ludwig Rubiner und Frida Ichak. München und Leipzig: Georg Müller Verlag 1911 (Sämtliche Werke in 12 Bänden, Bd. 2.); Fráňa Šrámek: Flammen. Deutsche Übertr. von Otto Pick. Mit einem Vorwort von Hermann Bahr. Leipzig: Ernst Rowohlt Verlag 1913; František Langer: Die Entführung der Eveline Mayer. Eine Pantomime. Berechtigte Übertragung aus dem Tschechischen von Otto Pick. Heidelberg: Saturn-Verlag Hermann Meister 1913 (Kleine Saturnbücher 1913); Das Balzac-Buch. Erzählungen und Novellen. Aus dem Französischen des Honoré de Balzac übersetzt und eingeleitet von Ernst Stadler. Straßburg-Leipzig: Josef Singer Verlag 1913 (das bei Raabe 1985 unter 286/7 vermerkte Datum [„1903"] ist falsch).
21 Vgl.: Die Troerinnen des Euripides. In deutscher Bearbeitung von Franz Werfel. Leipzig: Kurt Wolff Verlag 1915; Josef Gočár, Pavel Janák, František Kysela: Čechische Bestrebungen um ein modernes Interieur. Mit einer Einl. von Václav Vilém Štech. [Übersetzt von Otto Pick.] Prag: Prager Künstlerwerkstätten [F. Rivnác] 1915; Walt Whitman: Grashalme. Einige Gedichte deutsch [von] Adolf Knoblauch. [Staatsbibliothek zu Berlin. Handschriftenabteilung; Nachl. 331, 117]; František Langer: Die goldene Venus. Renaissance-Novellen. Erste berechtigte Übersetzung aus dem Tschechischen von Otto Pick. Berlin: Borngräber 1918.
22 Vgl.: Josef Svatopluk Machar: K. u. K. Kriminal. Erlebt 1916; Geschrieben: 1917–1918. Vom Verfasser genehmigte Übertragung aus dem Tschechischen von Otto Pick. Wien/Leipzig: Deutschösterreich. Verlag 1919; Alexander Dumas: Die Kameliendame. Deutsche Übertragung von Otto Flake. Berlin: Hyperion 1919; Voltaire: Die Romane und Erzählungen. Vollständige Ausgabe mit Kupferstichen von Moreau le Jeune. Herausgegeben und eingeleitet von Frida Ichak und Ludwig Rubiner. Bd. 1–2. Potsdam: Gustav Kiepenheuer 1919 (Bd. 1 von Frida Ichak und Ludwig Rubiner übertragen); Voltaire: Fabeln. Übersetzung und Nachwort von Curt Moreck. München: Roland-Verlag Dr. Albert Mundt o.J. [1920] (Kleine Roland-Bücher. Bd. 16); Jean-Jacques Rousseau: Die neue Heloise. Hg. von Curt Moreck. Neudruckt unter teilweiser Benutzung der deutschen Ausgabe von 1761. Mit 24 Kupfern von Chodowiecki und Gravelot. Bd. 1–2. Berlin: Pantheon 1920; [Lindsay, Vachel:] Der Kongo. Apotheose in drei Teilen von Hyazinth Lehmann [d. i. Emerich Reeck (der Verf. ist bei Raabe 1985 nicht geführt)]. [Freie Bearbeitung nach dem Amerikanischen des Vachel Lindsay. Mit einer Titelzeichnung von Silura Glanis. Berlin-Wilmersdorf: A. R. Meyer 1920 (Erster Privatdruck des Clubs Kartoffelsalat); [Lindsay, Vachel:] Und Simson soll über euch kommen. Zwei Negerpredigten von Hyazinth Lehmann Bearbeitung nach dem Amerikanischen des Vachel Lindsay. Titelzeichnung von Ludwig Wronkow. Berlin: A. R. Meyer 1920 (Zweiter Privatdruck des Clubs Kartoffelsalat); Alaeddin und die Wunderlampe. Aus Tausend und eine Nacht (Textvision

besorgte Curt Moreck). Mit 11 Vollbildern und der Buchausstattung von Ferdinand Staeger. München: Hugo Schmidt 1920; John Galsworthy: Jenseits. Aus dem Englischen übersetzt durch Hermynia zur Mühlen. Zürich: Max Rascher Verlag 1921; Die neue Welt. Eine Anthologie jüngster amerikanischer Lyrik. Hg. und übersetzt von Claire Goll. Berlin: S. Fischer-Verlag 1921; Michel de Montaigne: Reisetagebuch. Übertragen und eingeleitet von Otto Flake. München: Georg Müller Verlag 1921; Alphonse Daudet: Die Abenteuer des Herrn Tartarin aus Tarascon. Neu übersetzt von Klabund. Mit vielen Vollbildern und Vignetten von George Grosz. Berlin: Erich Reiß Verlag 1921; Alfred de Musset: Die beiden Geliebten. Deutsch von Hans Jacob. München-Pullach: Südbayerische Verlagsanstalt 1921; Mark Twain: Tom Sawyers Abenteuer. Hg. und übertr. von Ulrich Steindorff. Berlin: Ullstein 1921; Giacomo Casanova: Briefwechsel mit J[ohann] F[erdinand] Opiz. Hg. nach d. Hs. d. J. F. Opiz durch Fr. Khol u. Otto Pick. Die Übertr. aus d. Franz. wurde v. Otto Pick bes. Mit e. Nachwort d. Hrsg. Berlin: Verlag Benjamin Harz 1922; Guillaume Bouchet: Die Galanten Schwänke aus den *Sérees* des G. B. Zum ersten Mal übertragen von Sigbert Romer [d. i. Konrad Haemmerling]. o. O.: Privatdruck des Herausgebers o. J. (ca. 1922); Jacques Cazotte: Der Liebesteufel. Mit 6 Tafeln nach Kupfern von Moreau Le Jeune & Marillier. Nachwort [und Übersetzung] von Curt Moreck. München: Georg Ed. Sanders Verlag 1922; Alexander S. Puschkin: Mozart und Salieri. Aus dem Russ. übertr. von Reinhold v. Walter. Berlin: Verlag Skythen 1922; Alexander S. Puschkin: Kleine Dramen. Aus dem Russ. übertr. von Reinhold v. Walter. Berlin: Verlag Skythen 1922; Molière: Komödien. Eine Auswahl in vier Bänden. Mit einer biographischen Einleitung von Sainte-Beuve. Illustriert von Tony Johannot. Aus dem Französischen übersetzt von Hans Jacob (*Don Juan oder Der Steinerne Gast*; *Der Arzt wider Willen*; *George Dandin*), Alfred Wolfenstein (*Die Zwangsheirat, Scapins Streiche, Der Geizige*; *Der eingebildete Kranke*), Alfred Neumann (*Der Misanthrop*). München, O. C. Recht Verlag 1922 [im Folgenden werden nur die Übertragungen der Expressionisten Jacob, Wolfenstein und Neumann berücksichtigt]; Upton Sinclair: Der Liebe Pilgerfahrt. Übertragung von Hermynia zur Mühlen. Potsdam: Gustav Kiepenheuer 1922; Mark Twain: Durch Dick und Dünn – Hg. und übertr. von Ulrich Steindorff. Berlin: Ullstein 1922; Ders.: Ein Bummel durch Europa. Hg. und übertr. von Ulrich Steindorff. Berlin: Ullstein 1922; Albert Rhys Williams: Durch die Russische Revolution 1917–1918. Erste deutsche Übersetzung von Hermynia zur Mühlen. Berlin: Vereinig. Internat. Vlg-Anst., 1922; Verlaine: Freundinnen. Nachdichtungen von Alfred Richard Meyer. O. O.: Privatdruck 1866 [1923] [„Dieses Buch wurde nur für Subskribenten gedruckt und kommt nicht in den Handel"]; Han Ryner: Peterchen; Gespräche eines Dichters mit seinem verstorbenen Kinde. (Übertr. v. Fred Antoine Angermayer.) Mit 1 [eingedr.] Zeichn. von Gabriel Belot. Berlin/Dresden: Rar-Verl. 1923.; Mark Twain: Tolle Geschichten. Hg. und übertr. von Ulrich Steindorff. Berlin: Ullstein 1923; Han Ryner: Psychodors Wanderschaft. (Diese autorisierte Übertragung von Fred Antoine Angermayer stellt die erste deutsche Ausgabe dar.) Leipzig: Wolkenwanderer-Verlag (1924); Robert L. Stevenson: Der Junker von Ballantrae. Eine Wintermär. (Aus dem Englischen) übertr. von Paul Baudisch. München/Berlin: Buchenau & Reichert 1924; Demjan Bjedny: Die Hauptstraße. Aus dem Russischen nachgedichtet von Johannes R. Becher. Nachwort von L[eo] Trotzki. Wien: Verlag für Literatur und Politik 1924; Honoré de Balzac: Schnurrige, knurrige, affentheurliche und pantagreulliche, emphatische, ekstatische, fanatische, doch nit dogmatische sondern Trollatische Geschichten, auch Contes Drôlatiques gennenet, und gesammlet in Tourähner abteyen, ans Licht bracht durch Sieur de Balzac [...] zum ersten in eynen Urvätter-modell vergossen [...] so Fischartlich travestieret [...] durch Walter Mehring. Bd. 1–2. Berlin: Verlegt unnd in Trukk geben durch ERNNST Rowohlt 1924 (Honoré de Balzac: Gesammelte Werke); Leoš Janáček: Vier Männerchöre. 1. Drohung. 2. O Liebe. 3. Ach Krieg, Krieg! (Volksliedertexte.) 4. Deine schönen Augen. (Text von Jar. Tichy.) Neuausgabe mit deut-

ergänzte Gesamtbibliographie der expressionistischen Übertragungen von 1910 bis 1924, die 275 Übersetzungen umfasst, ist der vorliegenden Studie als bibliographischer Anhang beigefügt („Gesamtbibliographie der expressionistischen Übersetzungen in Buchform [1910 – 1924]").

Der Großteil der Übertragungen (mehr als 100 Einzelveröffentlichungen) stammt aus der Literatur des Kriegsgegners Frankreich, was die Frankophilie des Expressionismus unterstreicht. Weit davon entfernt, sich im Antagonismus zur französischen Literatur und Kunst zu entwickeln, entstand der Expressionismus vielmehr gerade dank der vielfältigen Anregungen jenseits des Rheins, die bereits um 1900 seine Überwindung des Ästhetizismus und – durch den *Renouveau Catholique* – die expressionistische Resakralisierung des literarischen Diskurses präfigurierten.[23] Die Übersetzungspolitik der expressionistischen Generation bestätigt somit die zentrale Bedeutung Frankreichs für die deutschsprachige Avantgarde.

Mit weitem Abstand folgt die Literatur eines anderen Kriegsgegners, England (insgesamt 30 Publikationen). Das Interesse, das der Expressionismus der tschechischen (24) und der russischen Literatur (17) zollte, deutet auf die Bedeutung der nicht-deutschsprachigen Literaturproduktion in Österreich-Ungarn sowie auf die historische Signifikanz der Oktoberrevolution hin. Unter den nichteuropäischen Literaturen fällt der stärkste Anteil der nordamerikanischen Literatur zu (33).

---

schem Text von Max Brod. Prag: Hud. Matice 1924. Originalausgabe: Brünn: Winkler 1886; Wladimir Majakowski: 150 Millionen. Autorisierte Nachdichtung von Johannes R. Becher. Berlin: Malik-Verlag 1924 (Malik-Bücherei. Bd. 5); Andrei Levinson: Meister des Balletts. Aus dem Russischen übersetzt von Reinhold v. Walter. Potsdam: Müller & co/Petersburg/Berlin: S. Efron 1924; Bret Harte: Kalifornische Erzählungen. Deutsch von Paul Baudisch. Mit 66 Illustrationen von Rudolf Schlichter. Potsdam: Gustav Kiepenheuer 1924; Literatenschmaus – Gedichte von Aldo Palazzeschi Futurist[.] Aus dem Italienischen frei übersetzt von Theodor Däubler Futurist (Klassik-Stiftung Weimar GSA 12/II, 10) (undatiert).

23 Dazu Helmut Gier: Die Entstehung des deutschen Expressionismus und die antisymbolistische Reaktion in Frankreich: die literarische Entwicklung Ernst Stadlers. München: Fink 1977, sowie: Moderne und Antimoderne: der *Renouveau catholique* und die deutsche Literatur; Beiträge des Heidelberger Colloquiums vom 12. bis 16. September 2006. Hg. von Wilhelm Kühlmann und Roman Luckscheiter. Freiburg i. Br. u. a.: Rombach 2008.

6.5 Whitmans Internationalismus als Leitbild

Auf ideologischer Ebene artikulierte der expressionistische Übersetzungskanon einen Internationalismus, der von Walt Whitman intensiv profitierte.[24] Zentrale Bedeutung besitzt in dieser Hinsicht die Hymne *Salut au Monde!*, die 1856 in *Leaves of Grass* erschien.[25] Sie war bereits 1907 von Johannes Schlaf in seiner Reclam-Ausgabe der *Grashalme* ins Deutsche übertragen worden.[26] Von der insgesamt 13 Sektionen aufweisenden Hymne übertrug Gustav Landauer 1915 in den *Weißen Blättern* den zentralen 11. Abschnitt,[27] in welchem das lyrische Ich seinen Gruß über Sprachen und nationale Grenzen hinweg an die gesamte Menschheit richtet:

> You whoever you are!
> You daughter or son of England!
> You of the mighty Slavic tribes and empires! you Russ in Russia!
> You dim-descended, black, divine-soul'd African, large, fine headed, nobly-form'd, superbly destin'd, on equal terms with me!
> You Norwegian! Swede! Dane! Icelander! you Prussian!
> You Spaniard of Spain! you Portuguese!
> You Frenchwoman and Frenchman of France!
> You Belge! you liberty-lover of the Netherlands! (you stock whence I myself have descended;)
> You sturdy Austrian! you Lombard! Hun! Bohemian! farmer of Styria!
> You neighbor of the Danube!
> You working-man of the Rhine, the Elbe, or the Weser! you working-woman too!
> You Sardinian! you Bavarian! Swabian! Saxon! Wallachian! Bulgarian!
> You Roman! Neapolitan! you Greek!

24 Zu Whitmans Weltliteratur-Auffassung vgl. Walter Grünzweig: *Salut au Monde!*: Walt Whitmans weltliterarische Programmatik und sein globales Netzwerk. In: Lamping, Dieter/Tihanov, Galin (Hg.): Vergleichende Weltliteraturen/Comparative World Literatures. DFG-Symposion 2018. Berlin: J.B. Metzler 2019, S. 163–182.
25 In der Ausgabe von 1856 trägt die Hymne noch den Titel *Poem and Salutation*. Erst 1860 erhielt sie die Überschrift *Salut au Monde*.
26 Walt Whitman: Grashalme. In Auswahl übertragen von Johannes Schlaf. Stuttgart: Reclam 1907. Nachdruck: Stuttgart: Reclam 1968, S. 131–142 (*Salut au Monde*). Zur übersetzerischen Rezeption von Whitmans *Leaves of Grass* vgl. Monika Maria Schaper: Walt Whitmans *Leaves of Grass* in deutschen Übersetzungen – Eine rezeptionsgeschichtliche Untersuchung. Frankfurt a.M.: Lang 1976.
27 Walt Whitman: Salut au Monde! Übers. von Gustav Landauer. In: Die Weißen Blätter 2 (April 1915) 4, S. 392f. Es handelt sich um eine Übertragung der 11. Sektion des Gedichts. Wiederabgedruckt wurde Landauers Nachdichtung 1918: Walt Whitman: Salut au Monde! Deutsch von Gustav Landauer. In: Menschliche Gedichte im Krieg. Hg. von René Schickele. Zürich: Max Rascher 1918 (Europäische Bibliothek. Herausgegeben von Rene Schickele. Bd. 3), S. 53–55.

You lithe matador in the arena at Seville!
You mountaineer living lawlessly on the Taurus or Caucasus!

You Bokh horse-herd watching your mares and stallions feeding!
You beautiful-bodied Persian at full speed in the saddle shooting arrows to the mark!
You Chinaman and Chinawoman of China! You Tartar of Tartary!
You women of the earth subordinated at your tasks!
You Jew journeying in your old age through every risk to stand once on Syrian ground!
You other Jews waiting in all lands for your Messiah!
You thoughtful Armenian pondering by some stream of the Euphrates! you peering amid the
    ruins of Nineveh! You ascending mount Ararat!
You foot-worn pilgrim welcoming the far-away sparkle of the minarets of Mecca!
You sheiks along the stretch from Suez to Bab-el-mandeb ruling your families and tribes!
You olive-grower tending your fruit on fields of Nazareth, Damascus, or lake Tiberias!
You Thibet trader on the wide inland or bargaining in the shops of Lassa!
You Japanese man or woman! you liver in Madagascar, Ceylon, Sumatra, Borneo!
All you continentals of Asia, Africa, Europe, Australia, indifferent of place!
All you on the numberless islands of the archipelagoes of the sea!
And you of centuries hence when you listen to me!
And you each and everywhere whom I specify not, but include just the same!
Health to you! good will to you all, from me and America sent!

Each of us inevitable,
Each of us limitless – each of us with his or her right upon the earth,
Each of us allow'd the eternal purports of the earth,
Each of us here as divinely as any is here. [...]²⁸

In reimlosen Langversen und in der Form eines poetischen Katalogs apostrophiert
Whitman die gesamte, in einer panoramaartigen, universalistischen Vision vereinigte Menschheit. Zunächst spricht er sie durch die vielfache „You"-Anapher als
Gegenüber an, bevor er im letzten Abschnitt durch die erste Person Plural („Each
of *us*") mit ihr verschmilzt. Grundlage dieser internationalistischen Poetik war für
Whitman das demokratische und multikulturelle Projekt der Vereinigten Staaten
als Fundament einer pankulturellen Gemeinschaft unterschiedlicher Völker und
Kulturen. So entbietet das lyrische Ich seinen universellen Gruß gerade vom
nordamerikanischen Boden aus („Health to you! good will to you all, from me and
America sent!"). Zugleich profitiert Whitmans Hymne vom demokratisch-libera-
len Gedankengut der Französischen Revolution. 1789 war von der französischen
Nationalversammlung die universelle Erklärung der Menschen- und Bürgerrechte
(*Déclaration des Droits de l'Homme et du Citoyen*) verabschiedet worden, welche
wiederum durch die Amerikanische Revolution und die Grundrechteerklärung

---

28 Walt Whitman: Leaves of Grass. Philadelphia: David McKay 1891–1892, S. 112–120, hier
S. 118 f.

von Virginia (*Virginia Declaration of Rights*, 1776) geprägt worden war. Darauf folgte 1791 die von Olympe de Gouges verfasste Erklärung der Rechte der Frau und Bürgerin (*Déclaration des droits de la femme et de la citoyenne*), welche die volle rechtliche, politische und soziale Gleichstellung der Geschlechter forderte. Intertextuell bedeutsam für Whitmans Hymne ist vor allem eine Schrift, die im historischen Kontext der Französischen Revolution entstand – Volneys (Constantin François de Chassebœuf, comte de Volney) Abhandlung *Les Ruines, ou Méditations sur les révolutions des empires* (1791).[29] Der Text war von Thomas Jefferson – dem dritten Präsidenten der USA – übersetzt worden.[30] Whitmans Vater besaß ein Exemplar davon.[31] Dort analysiert Volney nicht nur den Untergang antiker Zivilisationen, sondern entwirft auch den Gedanken einer universellen Fraternität und Harmonie aller Nationen, die erst durch die Aufhebung ihrer jeweiligen, einander befehdenden Religionen möglich werden soll. Gerade der religiöse Irrationalismus muss überwunden werden, damit die Weltvölker unter einer globalen ‚Religion der Vernunft' („religion of evidence and truth") in Harmonie und Eintracht leben können.[32]

Volneys universalistisches Konzept beeinflusste Whitmans *Salut au Monde!* auf maßgebliche Weise. So adaptiert der amerikanische Dichter aus dem Kapitel XIX. von Volneys Schrift – „General Assembly of the Nations" – die panoramatische Vision einer universellen Generalversammlung aller Völker der Erde, die wie bei Whitman in ihren jeweiligen ethnischen Physiognomie kaleidoskopartig aufgezählt werden:

A scene of a new and astonishing nature then opened to my view. All that the earth contains of people and of nations; men of every race and of every region, converging from their various climates, seemed to assemble in one allotted place; where, forming an immense congress, distinguished in groups by the vast variety of their dresses, features, and complexion, the numberless multitude presented a most unusual and affecting sight.

---

29 Harold Aspiz: Science and Pseudoscience. In: A companion to Walt Whitman. Ed. by Donald D. Kummings. Malden, Mass.: Blackwell 2006, S. 216–232, hier S. 226.

30 [Constantin-François Volney:] A new translation of Volney's ruins: or Meditations on the revolution of empires. Made under the inspection oft he author. Paris: Printed for Levrault, quai Malaquais 1802. Da Jefferson mit der präsidentiellen Wahlkampagne beschäftigt war, wurden die letzten vier Kapitel der Schrift vom französisch-amerikanischen Dichter Joel Barlow übersetzt.

31 Floyd Stovall: The Foreground of *Leaves of Grass*. Charlottesville: University of Virginia Press 1974, S. 50.

32 Vgl. den Schlussappell der Schrift: „Be the legislators of the whole human race, as you are the interpreters of nature herself. Show us the line of partition between the world of chimeras and that of realities; and teach us, after so many religions of error and delusion, the religion of evidence and truth!" (A new translation. Vol. 2, S. 228).

On one side I saw the European, with his short close coat, pointed triangular hat, smooth chin, and powdered hair; on the other side the Asiatic, with a flowing robe, long beard, shaved head, and round turban. Here stood the nations of Africa, with their ebony skins, their woolly hair, their body girt with white and blue tissues of bark, adorned with bracelets and necklaces of coral, shells, and glass; there the tribes of the north, enveloped in their leathern bags; the Laplander, with his pointed bonnet and his snow-shoes; the Samoyede, with his feverish body and strong odor; the Tongouse, with his horned cap, and carrying his idols pendant from his neck; the Yakoute, with his freckled face; the Kalmuc, with his flat nose and little retorted eyes. Farther distant were the Chinese, attired in silk, with their hair hanging in tresses; the Japanese, of mingled race; the Malays, with wide-spreading ears, rings in their noses, and palm-leaf hats of vast circumference;*[[33]] and the tattooed races of the isles of the southern ocean and of the continent of the antipodes.**[[34]] The view of so many varieties of the same species, of so many extravagant inventions of the same understanding, and of so many modifications of the same organization, affected me with a thousand feelings and a thousand thoughts.[***][35] I contemplated with astonishment this gradation of color, which, passing from a bright carnation to a light brown, a deeper brown, dusky, bronze, olive, leaden, copper, ends in the black of ebony and of jet. And finding the Cassimerian, with his rosy cheek, next to the sun-burnt Hindoo, and the Georgian by the side of the Tartar, I reflected on the effects of climate hot or cold, of soil high or low, marshy or dry, open or shaded. I compared the dwarf of the pole with the giant of the temperate zones, the slender body of the Arab with the ample chest of the Hollander; the squat figure of the Samoyede with the elegant form of the Greek and the Sclavonian; the greasy black wool of the Negro with the bright silken locks of the Dane; the broad face of the Kalmuc, his little angular eyes and flattened nose, with the oval prominent visage, large blue eyes, and aquiline nose of the Circassian and Abazan. I contrasted the brilliant calicoes of the Indian, the well-wrought stuffs of the European, the rich furs of the Siberian, with the tissues of bark, of osiers, leaves and feathers of savage nations; and the blue figures of serpents, flowers, and stars, with which they painted their bodies. Sometimes the variegated appearance of this multitude reminded me of the enamelled meadows of the Nile and the Euphrates, when, after rains or inundations, millions of flowers are rising on every side. Sometimes their murmurs and their

---

33 „*This species of the palm-tree is called Latanier. Its leaf, similar to a fan-mount, grows upon a stalk issuing directly from the earth. A specimen may be seen in the botanic garden."
34 „**The country of the Papons of New Guinea."
35 „***A hall of costumes in one of the galleries of the Louvre would, in every point of view, be an interesting establishment. It would furnish an admirable treat to the curiosity of a great number of persons, excellent models to the artist, and useful subjects of meditation to the physician, the philosopher and the legislator. / Picture to yourself a collection of the various faces and figures of every country and nation, exhibiting accurately, color, features and form; what a field for investigation and enquiry as to the influence of climate, customs, food, etc. It might truly be called the science of man! Buffon has attempted a chapter of this nature, but it only serves to exhibit more strikingly our actual ignorance. Such a collection is said to have been begun at St. Petersburg, but it is also said at the same time to be as imperfect as the vocabulary of the three hundred languages. The enterprise would be worthy of the French nation."

motions called to mind the numberless swarms of locusts which, issuing from the desert, cover in the spring the plains of Hauran.[36]

Inmitten dieser imaginären Versammlung ergreift der Gesetzgeber („Lawgiver") das Wort und ruft die Nationen dazu auf, Tyrannei und Zwietracht zu verbannen und sich zu einer großen harmonischen Familie zu vereinigen. Dieser Bund soll kein transzendentes Fundament, sondern eine ausschließlich naturrechtliche Grundlage haben und von einem universellen Bekenntnis zur Gerechtigkeit, Gleichheit und Vereinigung getragen werden:

> „O nations! let us banish all tyranny and all discord; let us form but one society, one great family; and, since human nature has but one constitution, let there exist in future but one law, that of nature—but one code, that of reason—but one throne, that of justice—but one altar, that of union".
>
> He ceased; and an immense acclamation resounded to the skies. Ten thousand benedictions announced the transports of the multitude; and they made the earth re-echo JUSTICE, EQUALITY and UNION.[37]

Obwohl Whitman Volneys radikale Religionskritik nicht übernimmt,[38] entwirft er in seiner Hymne *Salut au Monde!* in Volneys Nachfolge eine globale Poetik, welche sich zur Gleichheit aller Menschen bekennt und die Parität aller Völker der

---

36 A new translation. Vol. 1, S. 169–173.
37 Ebd., S. 164.
38 Whitman betrachtet die einzelnen Religionen nicht als Hindernis auf dem Weg zur Völkerverständigung, sondern als berechtigte Ausprägungen der jeweiligen Kulturen und zählt sie wie die unterschiedlichen Ethnien und Nationalitäten auf: „I see the place of the idea of the Deity incarnated by avatars in human forms, / I see the spots of the successions of priests on the earth, oracles, / sacrificers, brahmins, sabians, llamas, monks, muftis, exhorters, / I see where druids walk'd the groves of Mona, I see the mistletoe and vervain, / I see the temples of the deaths of the bodies of Gods, I see the old signifiers. / I see Christ eating the bread of his last supper in the midst of youths and old persons, / I see where the strong divine young man the Hercules toil'd faithfully and long and then died, / I see the place of the innocent rich life and hapless fate of the beautiful nocturnal son, the full-limb'd Bacchus, / I see Kneph, blooming, drest in blue, with the crown of feathers on his head, / I see Hermes, unsuspected, dying, well-belov'd, saying to the people *Do not weep for me,* / *This is not my true country, I have lived banish'd from my true country, I now go back there,* / *I return to the celestial sphere where every one goes in his turn"* (Walt Whitman: Leaves of Grass, S. 115f.). Alle Religionen sind somit gleich heilig, während sie alle bei Volney aufgrund ihres jeweils beanspruchten Wahrheitsmonopols gleich schädlich sind. Selbst dem Gleichheitsgedanken schreibt Whitman ein wiewohl vages religiöses Fundament zu: „My spirit has pass'd in compassion and determination around the whole earth; / I have look'd for equals and lovers, and found them ready for me in all lands; / *I think some divine rapport has equalized me with them"* (ebd., S. 157, Hervor. vom Verf.).

Erde affirmiert. Whitmans lyrisches Ich mischt sich wahllos („indiscriminately")
unter sie.[39] Dass diese Haltung zugleich mit einem Kulturimperialismus verbunden war, der dem Vereinigten Staaten den Primat unter den Nationen zuteilte, hat
die Forschung ebenfalls betont.[40]

Für die expressionistische Generation besaß der von Whitman propagierte
Internationalismus, sein Ideal globaler Fraternität eine tragende Rolle und wurde
vor dem geschichtlichen Horizont des Ersten Weltkriegs neu aktualisiert. Der
politische Hintergrund der expressionistischen Whitman-Rezeption war der Zerfall der sog. Zweiten Internationale bzw. Sozialistischen Internationale, die 1889
in Paris gegründet worden war. Sie löste sich zu Beginn des Ersten Weltkriegs 1914
auf, als sich die sozialistischen Parteien im Rahmen der Burgfrieden-Politik jeweils mit ihren kriegführenden Regierungen abgefunden hatten.[41] Gerade vor
diesem Hintergrund erklärt sich auch die Bedeutung Whitmans als poetischen
Wortführers eines Internationalismus, der politisch von den sozialistischen Parteien verraten worden war.

6.6 Erster Weltkrieg als historische Folie

Der expressionistische Übersetzungskanon hatte im Ersten Weltkrieg seine geschichtliche Voraussetzung. Er entstand vor allem in den Kriegsjahren und in der
unmittelbaren Nachkriegszeit. Thematisch steht der Weltkrieg im Mittelpunkt
einiger Übersetzungen, wie Georges Duhamels *Vie des martyrs (1914–1916)*[42] –
eines Werks, das die Fronterfahrung des Gründers der „Abbaye de Créteil" als
Militärarzt spiegelt. Direkten Bezug auf den Ersten Weltkrieg nehmen auch Jerome

---

39 „I see ranks, colors, barbarisms, civilizations, I go among them, I mix indiscriminately, / And I
salute all the inhabitants of the earth." (Walt Whitman: Leaves of Grass, S. 118).
40 Whitmans Überzeugung, dass die Vereinigten Staaten den Internationalismus bereits in sich
verwirklicht hatten und dass ihnen daher ein Primat gegenüber anderen Nationen gebührte,
erklärt auch seine enthusiastische Unterstützung des Kriegs gegen Mexiko. Zu Whitmans Kulturimperialismus vgl. den instruktiven Beitrag von Walter Grünzweig: Imperialism. In: A companion to Walt Whitman. Hg. von Donald D. Kummings. Malden, Mass.: Blackwell 2006, S. 151–
163.
41 James Joll: The Second International, 1889–1914. 2nd ed. New York: Harper and Row 1965;
Georges Haupt: Socialism and the Great War: The Collapse of the Second International. Oxford:
Clarendon Press 1972; Ders. Aspects of International Socialism, 1871–1914. Cambridge: Cambridge
University Press 1986.
42 Georges Duhamel: Leben der Märtyrer. 1914–1916. Berechtigte Übertragung aus dem Französischen von Ferdinand Hardekopf. Zürich: Max Rascher Verlag [1919] (Europäische Bücher).

Klapka Jeromes pazifistischer Kriegsroman *All Roads Lead to Calvary* (1919)[43] –
der Autor hatte im Weltkrieg im französischen Sanitätskorps gedient – und Leonid
N. Andrejews Tagebuch-Roman *Иго войны* (*Das Joch des Krieges*).[44] Der bellizistische Kontext erklärt ferner auch das translatorische Interesse für Texte,
welche die Legitimität der Kriegsführung hinterfragen. Dies ist etwa bei Voltaires
Dialog *Du Droit de la Guerre* der Fall. Es ist der elfte aus der Dialogsammlung *L'A,
B, C* (1768) und wurde von Alfred Wolfenstein zusammen mit Passagen aus dem
sechsten Dialog *Des Abus* übersetzt.[45] Dort problematisiert Voltaire die Kategorie
des ‚Kriegsrechts' und kritisiert Hugo Grotius' Konzept vom *ius in bello* aus seinem
Traktat *De iure belli ac pacis* (1625), in welchem der niederländische Philosoph auf
sowohl natur- als auch völkerrechtlicher Basis Vorschriften zu entwickeln versuchte, die auch in der Ausnahmesituation des Krieges gelten sollen. Gerade der
Einsatz von Giftgas und giftiger Kampfstoffe, den die Haager Landkriegsordnung
von 1899 verboten hatte, machte bereits in den ersten Weltkriegsmonaten den
prekären Status der Bemühungen deutlich, das im Krieg entfesselte Zerstö-
rungspotential zu reglementieren und juristisch zu legitimieren.

Der Weltkrieg stellte nicht nur den historischen Bedingungsrahmen und einen zentralen thematischen Komplex in vielen Übersetzungen dar, sondern
wirkte auch als Katalysator des übersetzerischen Transfers. Dies bestätigt die
diachrone Achse. Vor dem Kriegsausbruch (1910 – 1914) umfasste das Corpus gerade 23 Publikationen. Trotz der Zensurauflagen intensivierte sich in den
Kriegsjahren 1915 – 1918 die translatorische Vermittlung. Insgesamt 31 Einzelveröffentlichungen lassen sich in den Kriegsjahren verzeichnen. Im Spätexpressionismus (1919 – 1924) fand dann ein explosionsartiger Anstieg statt, der mit dem
Bedürfnis zu erklären ist, die Kriegserfahrung zu verarbeiten und den vom Krieg
unterbrochenen Dialog mit der internationalen Avantgarde wiederherzustellen.
Auch begünstigte das revolutionäre Klima nach der Abdankung des Kaisers am
28. November 1918 das Nachkriegsübersetzen. In der unmittelbaren Nachkriegs-

---

43 Jerome K. Jerome: Alle Wege führen nach Golgatha. Roman. Einzig berechtigte Übersetzung
aus dem Englischen von Hermynia Zur Mühlen. München: Drei Masken Verlag 1922.
44 Leonid Andrejew: Hinter der Front. Ins Deutsche übersetzt von Hermynia Zur Mühlen. Zürich:
Rascher 1918 (Europäische Bibliothek) (Teilveröffentlichung aus *Das Joch des Krieges*). Ders.: Das
Joch des Krieges. Roman. Aus dem russischen Manuskript übertragen von Hermynia Zur Mühlen.
Zürich: Rascher Verlag 1918 (Europäische Bücher).
45 François Marie Arouet de Voltaire: Vom Kriegsrecht. Übersetzt von Alfred Wolfenstein. Jena:
Eugen Diederichs Verlag 1916 (Flugblätter an die deutsche Jugend 10). Voltaires Dialog *Du Droit de
la Guerre* wurde später auch von Iwan Goll übertragen (Das Lächeln Voltaires. Ein Buch in diese
Zeit. [Hg. und übersetzt von] Iwan Goll. Basel/Leipzig: Rhein-Verlag 1921 S. 128 – 132).

zeit bis 1924 wurden insgesamt mehr als 200 Übertragungen vorgelegt. Als das produktivste Jahr erweist sich 1922 mit 52 publizierten Titeln.

6.7 Der expressionistische Filter

Der Übersetzungskanon lässt die expressionistische Protest-Poetik deutlich erkennen. Zwar fehlen nicht Konzessionen an das bürgerliche Lesepublikum. Dies belegen etwa die zahlreichen Übersetzungen zeitgenössischer Erfolgsautoren/-innen, darunter Charles Dickens, Mary Annette Gräfin Arnim und Frances Hodgson Burnett. Insgesamt aber wird das bürgerliche Literaturverständnis deutlich in Frage gestellt. Universalismus (Whitman), Kultur- und Gesellschaftskritik (Jonathan Swift, Voltaire, Upton Sinclair), Dekonstruktion des Ästhetizismus (Oscar Wilde), Anarchismus (Percy Bysshe Shelley, Anatole France, Fráňa Šrámek), französische Revolution, Pariser Kommune und russische Revolution (Honoré de Mirabeau, Eugène François Vidocq, Jean-Baptiste Clément, Eugène Pottier, Henri Barbusse, Wladimir W. Majakowski), Vitalismus und Erotik (Arthur Rimbaud, Paul Verlaine), Fantastik (William Beckford) und eine alternative, systemkritische Religiosität (Dostojewski, Tolstoi, Francis Jammes, Charles Péguy) bilden die Schwerpunkte. Das Genre der ‚exotischen Satire‘, welche Nationalismuskritik durch Kulturperspektivismus betreibt, ist ebenfalls vertreten (Théophile Gautier, Han Ryner). Durch ihre Übersetzungen stellten die Expressionisten/-innen die chauvinistische, kapitalistische, autoritäre und materialistische Zivilisation des modernen Europas in Frage und betrieben eine radikale, umfassende Systemkritik. Auch die Erprobung experimenteller Formen in Lyrik, Prosa und Drama repräsentiert eine Absage an das bürgerliche Literaturverständnis. Als repräsentativ für diese formalästhetische Experimentierdimension sind etwa Guillaume Apollinaire (*Zone*) und Aldo Palazzeschi (*L'Incendiario*) zu nennen, aber auch der Erzählband *Bozí muka* (*Die Martersäule*) des tschechischen Avantgarde-Schriftstellers Karel Čapek sowie das burleske Monodrama *В кулисах души* (*In den Kulissen der Seele*) des russischen Dramatikers Nikolai N. Evreinov. Die experimentalästhetische Innovation ist im Corpus allerdings nur schwach ausgeprägt. Zudem lässt sich zu Beginn der zwanziger Jahre eine starke Wiederentdeckung des Naturalismus beobachten, welche die antimimetische Avantgardeästhetik überlagert und die Neue Sachlichkeit präludiert.

Der expressionistische Übersetzungskanon weist ferner einen markanten *Gegenwartsbezug* auf. Etwas weniger als die Hälfte der in Buchform übersetzten Schriftsteller/-innen zählten zur Gegenwartsliteratur und lebten zu Beginn des expressionistischen Jahrzehnts noch. Von insgesamt 275 vorgelegten Einzelveröffentlichungen beziehen sich fast die Hälfte (etwa 115) auf noch lebende Autoren/-innen. Extrem ausgeprägt ist der Gegenwartsbezug in der tschechischen Literatur, aus welcher ausschließlich zeitgenössische Werke übersetzt wurden. Groß ist der Anteil der Gegenwartsliteratur auch in den Übersetzungen aus dem Französischen, dem Nordamerikanischen und aus dem Russischen. Im Teilcorpus der französischen Literatur sind von 121 Übertragungen 40, d. h. ein Drittel, Übersetzungen von zeitgenössischen Werken. Im nordamerikanischen Teilcorpus sind es zwei Drittel (22 von 33), im russischen ist es mehr als die Hälfte (10 von 17). Aus der englischen Literatur stammen 12 von 28 übersetzten Werken, d. h. etwas weniger als die Hälfte, von lebenden Autoren/-innen.

6.8 Übersetzer und Übersetzerinnen

Der expressionistische Übersetzungskanon unterlag einer topographischen und kontextuellen Varianz. Während die Konzentration auf die französische Literatur deutsche, österreichische sowie schweizerische Autoren/-innen verband, war das Interesse für die polnische und tschechische Literatur vor allem österreichischen Expressionisten wie Arthur Ernst Rutra, Otto Pick, Max Brod und Franz Werfel gemeinsam. Zu den Übersetzern/Übersetzerinnen zählen durchaus prominente Akteure der Avantgarde, wie Iwan Goll, Ernst Stadler, Klabund, Albert Ehrenstein, Alfred Wolfenstein, Franz Werfel, Claire Goll u. a. Der produktivste Übersetzer war der noch unerforschte Konrad Haemmerling (1888 – 1957) (‚Curt Moreck'),[46] die

---

46 Raabe 1985, S. 338 – 344, Nr. 210. Haemmerling legte nicht weniger als 23 Übersetzungen in Buchform unter den Pseudonymen: Curt Moreck, Sigbert Romer, Beatus Rhein und Konrad Merling vor. Über sein Leben ist wenig überliefert. Nach Schauspielunterricht bei Max Martersteig in Köln studierte Haemmerling in Köln und Bonn, bevor er sich in München als freier Schriftsteller niederließ. Später siedelte er nach Berlin um. Seine literarische Produktion ist bis heute unbeachtet geblieben. Der Roman *Jokaste die Mutter* erschien 1912, allerdings nicht im Kurt Wolff Verlag (Raabe 1985, S. 338, Nr. 210/2), sondern bei Rowohlt. Zwei weitere Werke – *Der Riese* und, illustriert von Josef Eberz (1880 – 1942), *Der strahlende Mensch* – erschienen im spätexpressionistischen Verlag „Die Wende". Die Erzählung *Der Flammende* erschien 1918 in der Zeitschrift *EOS* (1 [Juli 1918] 1, S. 75 – 93). Neu aufgelegt wurde sie 1921 im Walter Seifert-Verlag, mit drei beachtlichen Zinkzeichnungen des expressionistischen Graphikers Ernst Rudolf Vogenauer (1897– 1972) (Lang 1975, S. 233). Haemmerling publizierte 1918 Lyrik in der von Hermann Kruse herausgegebenen Zeitschrift *Agathon*, 1919 rezensierte er für die *Neue Bücherschau* u. a. Alfred Lemms *Der fliehende Felician*, Rudolf Leonhards *Beate und der grosse Pan* und Richard Huelsenbecks *Verwandlungen*. Die Beziehungen zur Avantgarde sind auch über die Korrespondenz dokumentiert. Überliefert sind ein Brief an Axel Juncker, bei dem Autoren wie Max Brod, Franz Werfel und Otto Pick vor dem Wechsel zu Kurt Wolff publiziert hatten (Universitätsbibliothek Leipzig; Kurt-Taut-Sammlung; Signatur: Kurt-Taut-Slg./1/M-Q/M/104), sowie Briefe an den spätexpressionistischen Leipziger Verleger Adriaan Michiel van den Broecke (ebd., Kurt-Taut-Slg./1/M-

produktivste Übersetzerin dagegen die Wienerin Hermynia zur Mühlen (1883–1951), die sich in den ersten Jahren der Weimarer Republik vor allem durch die Verdeutschung der Romane Upton Sinclairs verdient machte, aber auch eine Vielzahl weiterer Autoren/-innen übersetzte.[47]

6.9 Verlage

Unter den am stärksten involvierten Verlagshäusern rangieren der Leipziger Insel-Verlag (25 Publikationen), der Münchner Kurt Wolff Verlag (20)[48] sowie der Imprintverlag Hyperion (4), von dem Kurt Wolff Inhaber war, ferner – ebenfalls in München – der Georg Müller Verlag (17) und der Drei Masken Verlag (4). Hinzu kamen in Weimar der Gustav Kiepenheuer Verlag (13) und in Berlin der von Wieland Herzfelde (1896–1988), Bruder von John Heartfield, gegründete Malik-Verlag,[49] der ein dezidiert politisches Profil besaß und das Eintreten für die

Q/M/102 und 103), Herausgeber der kurzlebigen Zeitschriften *Evoe* und *Der Bastard* (Raabe 1985, S. 89, Nr. 46), die um Haemmerlings Mitarbeit geworben hatte. Er stand auch mit der französischen Übersetzerin Magdalena Janssen (1874–1946) in Kontakt, mit welcher er Voltaire und Edmond de Goncourt übersetzte (Korr.: Münchner Stadtbibliothek/Monacensia, Nachl. Marie Janssen). Auch Briefe an Michael Georg Conrad und Erich Petzet haben sich erhalten (ebd., Nachl. Michael Georg Conrad bzw. Bayerische Staatsbibliothek, E. Petzetiana IVb). Der Kontakt mit Theodor Tagger (,Ferdinand Bruckner') ist durch Briefe aus den Fünfzigern Jahren bezeugt (Archiv der Akademie der Künste, Ferdinand Bruckner-Archiv, 1093, 1094).

47 Raabe 1985, S. 549–554, Nr. 346; Killy Bd. 12, S. 717 f.; Die rote Gräfin: Leben und Werk Hermynia zur Mühlens während der Zwischenkriegszeit (1919–1933). Hg. von Susanne Blumesberger und Jörg Thunecke. Wien 2019. Als Schriftstellerin und Übersetzerin ist Hermynia zur Mühlen bis heute verkannt. Hermine Isabella Gräfin Folliot de Crenneville-Poutet wuchs als Tochter eines österreichischen Diplomaten auf und genoss eine polyglotte und kosmopolitische Erziehung. Ihre Großmutter mütterlicherseits, die aus britischen Adelskreisen stammte, vermittelte ihr die Vertrautheit mit der englischen Sprache. 1908–1912 lebte sie als Ehefrau des Gutsbesitzers Viktor von zur Mühlen in Livland. Auf ihre intensive Auseinandersetzung mit sozialkritischer und anarchistischer Literatur folgte die Scheidung, der sechsjährige Kuraufenthalt in Davos (1913–1919) und die Rückkehr nach Deutschland, wo sie der KPD beitrat und als politische Schriftstellerin wirkte. Zu ihrem Œuvre gehören die in den 1920er Jahren entstandenen, u. a. von George Grosz und John Heartfield illustrierten *Proletarischen Märchen* (insgesamt 29 Kunstmärchen, darunter: *Was Peterchens Freunde erzählen*. Berlin: Malik Verlag 1921, und: *Das Schloß der Wahrheit*, Berlin: Verlag der Jugendinternationale 1924).

48 Dazu das Standard-Werk von Wolfram Göbel: Der Kurt Wolff Verlag 1913–1930: Expressionismus als verlegerische Aufgabe, mit einer Bibliographie des Kurt Wolff Verlages und der ihm angeschlossenen Unternehmen 1910–1930. Frankfurt/Main: Buchhändler-Vereinigung, 1977.

49 Wieland Herzfelde: Der Malik-Verlag – 1916–1947. Ausstellungskatalog. Berlin: Deutsche Akademie der Künste 1967; The Malik-Verlag: 1916–1947. Berlin, Prague, New York; an exhibition

Avantgarde mit einem ebenso starken kommunistischen Engagement verband (16). Zu den Verlagen zählten ferner Ernst Rowohlt (9), der Kunstverlag Fritz Gurlitt (6), der „Verlag der Wochenschrift *Die Aktion*" (3) und der Alfred Richard Meyer Verlag (3),[50] in Potsdam Gustav Kiepenheuer (13), in Hannover Paul Steegemann (1894–1956)[51] (10) – der Verleger, der Anfang der dreißiger Jahre eine Hitler-Parodie (*Mein Krampf*) plante[52] und sich Anfang der zwanziger auf *Erotica* spezialisiert hatte. Eine Vielzahl von Wiener Verlagen waren punktuell beteiligt: der Kunstliteraturverlag Anton Schroll, die Wiener Literarische Anstalt, der jüdische Paul Zsolnay-Verlag, der Verlag für Literatur und Politik, der Verlag der Wiener Graphischen Werkstätte sowie der Musikverlag Universal-Edition. In der Schweiz boten der Zürcher Rascher Verlag (7) und in Basel/Leipzig der Rhein-Verlag (4) eine verlegerische Plattform. Auch Prager Verlagshäuser wie Orbis, die Prager Künstlerwerkstätten und der Musikverlag Hudební Matice waren am übersetzerischen Transfer beteiligt.

6.10 Europäische Literaturen

6.10.1 Antike Literatur

Im Folgenden soll nun das übersetzte Corpus nach Literaturräumen überblicksartig gemustert und exemplarisch ausgewertet werden. Trotz der intensiven Antike-Rezeption des Expressionismus[53] ist die Anzahl antiker Texte relativ gering, vermutlich, weil die Praxis des Übersetzens antiker Literatur in den Augen der jungen Autoren/-innen als zu konservativ empfunden wurde. Nicht zufällig grenzen sich die wenigen Übersetzungen gegen den gymnasialen Schulkanon des wilhelminischen Kaiserreichs ab, indem sie kanonische Texte anders akzentuieren oder über den Kanon hinausgehen.

---

organized by James Fraser und Steven Heller, autumn 1984. New York: Goethe House 1984; Frank Hermann: Malik – Zur Geschichte eines Verlages 1916–1947. Düsseldorf: Droste Verlag 1989.
50 Raabe 1985, S. 329–337, Nr. 207, Herbert Günther: Alfred Richard Meyer, der Mensch, der Dichter, der Verleger. In: Imprimatur NF 6 (1968/69), S. 163–191, Jörg Deuter: „Meyer, Alfred Richard". In: NDB Bd. 17 (1994), S. 327f.
51 Raabe 1985, S. 448f., Nr. 288.
52 Das mit Hans Reimann (1889–1969) anvisierte Projekt kam nicht zustande. Vgl. Jochen Meyer: „Steegemann, Paul". In: NDB Bd. 25 (2013), S. 104f.
53 Dazu Antje Göhler: Antikerezeption im literarischen Expressionismus. Berlin: Frank & Timme, 2012.

So betont Max Brod (1884 – 1968)[54] in der Einleitung zu seiner an Karl Wilhelm Ramler[55] angelehnten Übertragung Catulls die „bunte Mischung aller Seelenzustände, in der oft Heiliges neben Niedrigstes, Verbitterung, Hohn neben innigstes Gefühl zu stehen kommt",[56] als spezifische Modernität des lateinischen Dichters. Sie scheint Brod die expressionistische Aversion gegen psychologische Rationalisierung und Schematisierung zu antizipieren.[57] Der Bruch mit dem Schulkanon wird auch an der Vorliebe der expressionistischen Generation für nicht-kanonische Texte greifbar. Der österreichische Expressionist Albert Ehrenstein (1886 – 1950)[58] brachte 1923 Hölderlins Übertragung des *Οἰδίπους Τύραννος* (*König Ödi-*

---

54 Raabe 1985, S. 81–89, Nr. 45; Killy Bd. 2, S. 212–217; LDJA 4, S. 93–141. Beachtung im Früh-expressionismus fand Brod als Verfasser des gefeierten Romans *Schloss Nornepygge* (1908). Der Roman erschien im Stuttgarter Axel Juncker-Verlag. 1912 wechselte Brod zum ‚expressionistischen' Kurt Wolff Verlag. Zu Brods expressionistischem Œuvre vgl. Ingeborg Fiala-Fürst: Max Brod als Lyriker und Expressionist. In: Max Brod (1884–1968): die Erfindung des Prager Kreises. Hg. von Steffen Höhne, Anna-Dorothea Ludewig und Julius H. Schoeps; in Verbindung mit Hans-Gerd Koch und Hans-Dieter Zimmermann. Köln/Weimar/Wien: Böhlau Verlag 2016, S. 39–58.

55 Kajus Valerius Katullus in einem Auszuge. Lateinisch und deutsch. Von Karl Wilhelm Ramler. Leipzig: Bey Paul Gotthelf Kummer 1793.

56 „Gerade durch diese bunte Mischung aller Seelenzustände, in der oft Heiliges neben Niedrigstes, Verbitterung, Hohn neben innigstes Gefühl zu stehen kommt, tritt die Mannigfaltigkeit und seelische Spannkraft des Dichters blendend hervor. Ja, man könnte die Ansicht wagen: ein Freund, der das Wesen Catulls ganz tief verstand, habe seine Gedichte absichtlich so durcheinandergeworfen, um jedes pedantische systematische Psychologisieren über den Autor recht zu erschweren ..." (Max Brod: Einleitung. In: Catullus: Gedichte. Vollständige Ausgabe. Deutsch von Max Brod, mit teilweiser Benützung der Übertragung von K. W. Ramler. München/Leipzig: Georg Müller Verlag 1914 [Klassiker des Altertums, 2. Reihe. Bd. 12], S. 12).

57 In der von Catull gepflegten *variatio* meint Brod eine Affinität zu modernen Techniken der Wiederholung bei Knut Hamsun, Paul Claudel und Robert Walser auszumachen: „Diese nervöse, elegante Bewegung der Zeilen ist Kampf und Todeszuckung, Auflehnung und Ermatten. Mit dieser Ruhelosigkeit und Herzensnot, so nah unseren Gegenwartskämpfen, hängt auch die, fast sagte ich, moderne Art der Wiederholungen zusammen, die Catull wie eine Einrammung von Pfeilern im steten Fluß seiner Zeilen ausgebildet hat und die seine Sprache in eine seltsame Ähnlichkeit zu Autoren der jüngsten Zeit wie Hamsun, Claudel, Walser bringt. Manches schöpft seine ganze bezaubernde Bewegung aus dieser Wiederholung und Variation geteilter Wortgruppen, die etwas ungemein Musikalisches, Motivisch-Durchgearbeitetes haben. Catull wiederholt aber auch gern Zeilen eines Gedichts oder Wendungen, die er einmal festgeprägt hat, in anderen Gedichten, zitiert sich selbst, schafft auf diese Art (wie Balzac zwischen seinen Romanen) neue Erinnerung, Verknüpfung, und nicht nur hierdurch wird das absolute Sein einer in sich bestehenden, nur in sich zusammenhängenden dichterischen Eigenwelt deutlich, fast greifbar, die ihre edle Glut über den Verfall hinweg neuen Menschen reicht; uns" (ebd., S. 11f.).

58 Raabe 1985, S. 125–128, Nr. 62; ÖBL 1815–1950, Bd. 1 (Lfg. 3, 1956), S. 227 und ÖBL Online-Edition, Lfg. 4 (30.11.2015); Killy Bd. 3, S. 206–208; LDJA Bd. 6, S. 110–132; MLDJL, S. 128–131; Armin A. Wallas: Albert Ehrenstein: Mythenzerstörer und Mythenschöpfer. München: Boer 1994.

pus) heraus, die er mit der Flachheit der zeitgenössischen Sophokles-Übersetzungen polemisch kontrastierte.[59] Bei den religiös dimensionierten Autoren lässt sich auch eine christliche Überformung der Antike beobachten. In der Vorbemerkung zu seiner Übertragung der während des Peloponnesischen Krieges verfassten *Τρῳάδες* (*Die Troerinnen*), die Franz Werfel (1890 – 1945)[60] vor dem Hintergrund des Ersten Weltkrieges pazifistisch perspektivierte, entwirft er anhand der tugendhaften Hekuba eine christliche Deutung der Tragödie. Sie präsentiert den skeptischen „Atheisten Euripides als Vorboten […] des Christentums“:[61]

In ärmlichen Verhältnissen von jüdisch-ungarischen Eltern in Wien geboren, wurde Ehrenstein von Karl Kraus' *Fackel* mit dem Gedicht *Wanderers Lied* lanciert. Die von Oskar Kokoschka illustrierte, grotesk-fantastische Erzählung *Tubutsch* (1911) machte ihn in den Kreisen der Avantgarde bekannt. In den Gedichtbänden *Der Mensch schreit* (1916) und *Die rote Zeit* (1917) brachte Ehrenstein seinen entschiedenen Pazifismus im Medium entlarvender Satire zum Ausdruck. Er war Lektor im Kurt Wolff Verlag. Die Dichtungen der frühen 1920er Jahren – *Briefe an Gott* (Lpz./ Wien 1922) und Nachdichtungen aus dem Chinesischen: *Ich bin der unnütze Dichter, verloren in kranker Welt* (Bln. 1970, aus dem Nachl.) – lassen den aggressiven Duktus der Antikriegsgedichte vermissen und sind von einer resignativen Haltung geprägt.
59 „Die griechischen Trauerspiele, die Dramen von der Verblendung des Ödipus, von der Verblendung des Kreon, sprachen bisher nur in unwürdiger Form zur deutschen Menge. Auf den Bühnen, vor der Öffentlichkeit lärmen sprachlich lachhafte, angeblich rhythmische Pegasusritte, die geschäftigen Verballhornungen beschäftigungslos skandierender Gymnasialphilologen oder Tendenzgymnastiker. Zaunkönigsflüge. Freudisch aufgeklärte Industrieritter lieferten die pikante Anekdote vom jungen Schwellfuß, der in die Familie geheiratet hat. Ich möchte von all diesen absehen, sie sind magistrale Grammatiker oder Neolibrettisten, keineswegs Dichter […]. Friedrich Hölderlins geweihten, himmelhoch über Schulmännerweisheit oder den Geltungswillen der Tantiemenwelt erhabenen Nachbildungen des *Ödipus* und der *Antigone* fehlt immer noch die Bühne. Keiner vorher und keiner nachher aus dem professoral greisen oder jungen Deutschland, das sich so gern am uralten Hellas vergreift, ließ uns Schöpfungen ahnen. Man vergesse raschestens diese Notübersetzer und Klägliches schwitzende Bearbeiter, sie bleiben auf dem Theater, bieten Wortrausch, Rampenstückchen, falschen Marmor, das Land der Griechen mit der Geldseele suchend. Bei Sophokles und seinem herrlich gewaltigen, höchsten und tiefstem Diener Hölderlin ist Opferhandlung, Entsühnung, Mysterium" (Albert Ehrenstein: Vorwort. In: Ödipus der Tyrann. Ein Trauerspiel des Sophokles. Übersetzt von Friedrich Hölderlin, mit einem Vorwort von Albert Ehrenstein. Regensburg/Leipzig: Habbel & Naumann Verlag 1923, S. 4 f.).
60 Raabe 1995, S. 517–523, Nr. 330; ÖBL 1815–1950, Bd. 16 (Lfg. 70, 2019), S. 130 f.; Killy Bd. 12, S. 307–311; LDJA Bd. 20, S. 301–325.
61 „Denn obgleich Hekuba in allem Widersinn erkennt, erkennt sie ihn doch immer nur aus dem einen Sinn heraus, den sie unerbittlich in sich trägt, eben aus der Tugend. Darin scheint mir erst der geistreiche Schluß der Tragödie verständlich, die das Leben nicht so einfach sieht, als dass sein Weh im Tod zu Ende sein könnte! Warum stirbt die Heldin nicht? Warum bleicht ihr nicht der letzte Effekt, zu dem sie sich schon anschickt, der Tod in Trojas Flammen? Warum ‚nimmt sie das Leben an die Brust', um es zu Ende zu tragen? Der Dichter gibt dem Menschen nicht das Recht zu seinem Tod! Die Pflicht des Menschen ist, zu leben! Und das Leben des Menschen ist die Pflicht.

„Vorbote des Glaubens zu sein, ist das Schicksal des Skeptikers, denn die letzte historische Konsequenz der Skepsis ist die Moral, die zugleich die erste Dämmerung des Glaubens ist."[62]

In der Nachkriegszeit zeichnete sich ein Interesse für die Satire ab, welche der anthropologischen Desillusionierung des Spätexpressionismus entsprach.[63] Symptomatisch dafür sind Albert Ehrensteins 1925 erschienene, freie Übertragungen nach Lukians Ἀληθῆ διηγήματα (*Eine wahre Geschichte*), Λούκιος ἢ ὄνος (*Lucius oder der Esel*) und Ἑταιρικοὶ Διάλογοι (*Hetärengespräche*).[64] Damit begehrte Ehrenstein gegen den verstaubten bürgerlichen Gymnasialunterricht auf,[65] indem er Lukian, ‚Protos Heuretes‘ des unzuverlässigen Erzählens,[66] als Ahnherrn Swifts und Voltaires porträtierte:[67] „Seine Phantasie hat Logik, Linie und Farbe. Seine Satire trifft über das jeweilige zeitgenössische Opferlamm und Wissenschaft hinaus – heutige Professoren, Schmalzjournalisten und Danebendenker."[68] Eh-

---

Pflicht aber ist der Trotz gegen die unmenschliche Schöpfung, Widerstand gegen die Natur, Glaube an das Mittlertum der Menschheit, die da ist, ihren Sinn der Welt zu leihen. Und so sehen wir den verrufenen Atheisten Euripides als Vorboten, Verkünder, als frühe Taube des Christentums." (Franz Werfel: Vorbemerkung. In: Euripides: Die Troerinnen. In deutscher Bearbeitung von Franz Werfel. Leipzig: Kurt Wolff Verlag 1915, S. 9).

62 Ebd., S. 10.

63 Hans-Jürgen Knobloch: Das Ende des Expressionismus. Von der Tragödie zur Komödie. Frankfurt/Main u. a.: Lang 1975.

64 Albert Ehrenstein: Lukian. Berlin: Rowohlt [1925].

65 „Er ist der Sophistentod, Götzenzerschmetterer, Pfannenschreck, Wetterer wider eine gewisse abergläubisch mystische Sektierer-Impotenz der Seele. Sein Schnee fährt über die Glatzen, sein Hagel fällt sie. Lukian ist der freieste Mensch inmitten der Sklaverei jenes widerwärtigsten, unfruchtbarsten Imperialismus der Jahrhunderte, den wir das römische Reich nennen. Alexander der Große, zerstreut, vergaß Italien rechtzeitig zu erobern, zu hellenisieren. Daher: die Schulbubenzüchter und Unterrichts-Minister Europas, die acht Jahre unserer Jugend hinwürgen, stopfen unseren Darm voll mit barbarischen Lateinern, mit der langen Weile der Pyramiden, mit Dilettanten und Historikern, mit römischen „Dichtern", von denen keiner „aere perennius" ist. Lukian kennen sie nicht, die phlegmatischen Grammatiker! Denn dieser Meister des Dialogs und Aufsatzes ist kein bequemes Leichtgewicht, sondern eine imponierende parodistische Mischung aus Plato und Aristophanes. Kühn, hellsichtig: der Erderschütterer, ein Mensch, der selbstständig des Gottes nicht bedarf." (Albert Ehrenstein: Lukian, S. 174 f.).

66 „Ich, Lukian von Samosata, beurkunde also hiermit, daß ich mich hinsetze, Dinge zu erzählen, die mir nie passiert sind; Dinge, die ich weder selbst gesehen noch von anderen gehört habe, ja, was noch mehr ist, die nicht nur nicht existieren, sondern auch nie sein werden, weil sie – mit einem Wort – gar nicht möglich sind, denen also meine Leser nicht den geringsten Glauben schenken sollen! Fürwahrlich: Ich lüge das Blaue vom Himmel herunter" (ebd., S. 10).

67 „Das erste Buch seiner *Wahren Geschichte:* hier ist viele Jahrhunderte, zwei Jahrtausende fast, ehe sie geboren wurden – Rabelais, Swift, Voltaire, Wieland, Maryatt, Scheerbart, Wells!" (Ebd., S. 175).

68 Ebd.

renstein berief sich auf den „Lukianentdecker unter den Deutschen", Christoph Martin Wieland, und erneuerte dessen zuweilen „gezwungen akademische" Version von 1788/89[69] im Einklang mit dem „energisch[en]" und „frei[en]" Stilideal des Expressionismus.[70] Auch Curt Morecks Herausgabe von Wilhelm Heinses *Satyricon*-Übertragung[71] 1922 bestätigt das Interesse für das Satirische im Spätexpressionismus.[72] An dem Corpus expressionistischer Antike-Übersetzungen wird schließlich auch das Bestreben deutlich, sich mit provokatorischer Gebärde über die Schranken der bürgerlichen Moral hinwegzusetzen. So brachte Alfred Richard Meyer die in der Tradition der griechisch-römischen Päderastiedichtung stehenden ‚Marathus-Elegien' Tibulls (I 4, 8 und 9) 1923 in eigener Umdichtung mit fünf homoerotischen Radierungen von Otto Schoff (1884 – 1938)

---

69 Lukians von Samosata Sämtliche Werke. Aus dem Griechischen übersetzt und mit Anmerkungen und Erläuterungen versehen von Christoph Martin Wieland. 6 Bände. Leipzig: Weidmannsche Buchhandlung 1788 – 1789.

70 „Winke und Versionen der Übersetzer Rode, Floerke, Paulz, Fischer halfen mir. Im übrigen: ich erneuerte des begeisterten Lukianentdeckers unter den Deutschen: Wielands vielbenützte, vortreffliche, aber oft gezwungen akademische Übertragung zeitgemäß, energisch und frei. Lukian hätte mich für unfrei gehalten, wenn mich seine Freiheiten sklavisch gebunden hätten. Er wird meine gelegentlich ehrerbietigst aller altphilologischen Texttreue den Rücken kehrende Respektlosigkeit verstehen" (ebd., S. 176).

71 Begebenheiten des Enkolp. Aus dem *Satyricon* des Petron übersetzt. Rom [Schwabach:] Mizler 1773.

72 „[Petronius Arbiter] war ein ganzer Kerl von Fleisch und Blut mit einem hellen Lachen. Was tut's, wenn er sich nach der Mode seiner Tage einen feisten Schlemmerbauch anmästete, bewahrte er sich doch sein freies Hirn und einen tanzenden Geist! Klaren, scharfes Blickes äugte er, vielleicht aus Fettlidern, in seine verrottete Welt, tiefer schauend als andere und Mitmenschen demaskierend bis auf das nackte Gebein. Seine Spottlust ist nicht die eines fetten Bürgers, den Behagen kitzelt und gemeine Wonne; er ist Spötter aus Geistüberlegenheit, dem es nicht der Mühe lohnt, eine Welt zu hassen, von der auch er ein Teil zu sein das Vergnügen hat. Wäre er Lohnschreiber gewesen, mischte sich seiner Satire wohl mehr Galle bei, triefte sie vom Geifer des um die irdischen Güter Benachteiligten; doch ist er Schriftsteller aus Kultur und Neigung, und kann als solcher noch mit Güte und Wohlwollen seine Kreaturen sehen und schildern. Zynische Offenheit gegenüber den Dingen des Lebens, den Sitten eines Völkchens, das die römische Erde in holder Unbekümmertheit überwimmelt, machte ihn zum großen Realisten der niedergehenden Antike. [...] Den Menschen von heute sei es in die Hand gegeben als ein Stück Vergangenheit, aber auch als ein Spiegel, in dem sie immerwieder das Gesicht der eigenen Gegenwart erblicken mögen" (Curt Moreck: Nachwort. In: Petronius: Die Abenteuer des Encolp. Ein Roman in zwei Büchern [in einem Band.]. (Dieser Ausgabe liegt die deutsche Übertragung von Wilhelm Heinse zugrunde; gekürzt und überarbeitet von C. M.) Hannover: Paul Steegemann Verlag 1922, S. 207f. u. S. 210).

heraus[73] – Texte, welche zeitgenössische Altphilologen als anstößig aus dem Corpus der Elegien ausgeschieden hatten.[74]

6.10.2 Hebräische Literatur

Angesichts des jüdischen Anteils am Expressionismus erscheint die hebräische Literatur unterrepräsentiert. Der Grund dafür ist im säkularisierten Selbstverständnis der meisten Expressionisten/-innen jüdischer Herkunft und in dem von ihnen vertretenen Internationalismus zu suchen. Dem Zionismus als national-religiöser Bewegung konnten sie nur skeptisch gegenüberstehen.[75] Dies erklärt,

---

73 Tibullus: Das Buch Marathus. Elegien der Knabenliebe. Deutsche Nachdichtung von Alfred Richard Meyer. [Gedruckt im Frühjahr 1923 bei Otto von Holten Berlin in einer einmaligen Auflage von 220 Exemplaren. Mit 5 Radierungen von Otto Schoff handschriftlich signiert.] Berlin: Fritz Gurlitt Verlag 1923 (Neue Bilderbücher Reihe 5).

74 „Dabei kamen auch in die Delia- und Nemesis-Elegien einige nicht dahin gehörige Gedichte. So hat man sogar unter die Elegien des ersten Buches die widerlichen ja scheusslichen Produkte einer leider im Süden Europas damals wie noch jetzt besonders im Oriente heimischen Knabenliebe, die sogenannten Marathus-Elegien (vulgo lib. I, el. 4, 8 und 9) aufgenommen, die ich dem Tibullus nicht beilegen mag, selbst wenn alle Kenner der Poesien des Tibullus es behaupteten. Wohl ist es möglich, dass sie sich wie zwei ebenso hässliche und langweilige Priapeia unter den Papieren des Tibullus befunden haben. Diese widerlichen Produkte habe ich nicht mit aufgenommen, weil ich Freunden des Altertums damit gewiss keine Freude und keinen Genuss bereitet hätte." (Die Elegien des Albius Tibullus und einiger Zeitgenossen, erklärt von B. Fabricius. Berlin: Nicolaische Verlags-Buchhandlung R. Stricker 1881, S. VIII).

75 Alfred Wolfenstein (LDJA Bd. 20, S. 373–383) bekannte sich provokatorisch zur Diaspora, die er als das „kostbarste und fruchtbarste Element" des Judentums charakterisierte: „Und denken wir nicht doch sowohl im Innersten, die Heimatlosigkeit des Juden sei nicht nur sein Schicksal, sondern zugleich sein kostbarstes und fruchtbarstes Element? Und wenn er, wie der Dichter, ewig und überall in einer Verbannung lebt, so entstehe und wirke aus solchem geheimnisvollen Abstand, aus solcher Spannung doch alles, was sein Geist zu geben hat?" (zit. nach: Arnim A. Wallas: Deutschsprachige jüdische Literatur im 20. Jahrhundert. Bd. 3. Hg. von Andrea M. Lauritsch. Wuppertal: Arco 2008, S. 299–317, hier S. 310). Auch Ludwig Rubiner lehnte den Zionismus entschieden ab. Er würde nur zur Isolation der Juden in einer anachronistischen Sondergemeinschaft führen (LDJA Bd. 18, S. 413–420). Albert Ehrenstein empfand zwar eine starke Aversion gegen das Christentum als Fundament des Antisemitismus und eine entsprechende Faszination für das Judentum, betrachtete allerdings den Zionismus als „Kasernierung" und „Uniformierung" des Judentums: „Sehr früh entwickelte sich eine ungemein starke Abneigung gegen Jesus Christus in mir; ich fand, es werde eine unverdient kräftige Reklame für ihn getrieben mit tausend Kirchen, Kapellen und Kreuzhölzern, ihm zu Ehren, den ich von Anbeginn in kindlichem Haß für den ‚stinkenden Saujuden' und die restliche Insektensprache verantwortlich machte. [...] Das Judentum selbst sprach zu mir mit heiligen Klängen, die ich kaum verstand, ergreifenden Zeremonien, die mich in Gebetmänteln umrauschten, mit Riemenbanden. Die

warum sich im Corpus kaum Übersetzungen aus dem Hebräischen verzeichnen lassen, mit Ausnahme zweier Übertragungen von Theodor Tagger und Max Brod. Der österreichisch-jüdische Expressionist Theodor Tagger (1891–1958),[76] u. a. Verfasser des in der Reihe des Kurt Wolff Verlags „Der jüngste Tag" erschienenen Gedichtbandes *Der zerstörte Tasso* (1918),[77] stand im Briefwechsel mit Martin

---

Schönheit des Seders ließ mich aber keineswegs die blutige Schattenseite: Beschneider und Schächter, vergessen, noch gar die Pharisäischen ‚Religionslehrer' und Rabbiner: Schächter, die den kindlichen Glauben beschnitten." (A. E.: Menschlichkeit. In: Den ermordeten Brüdern. Umschlagzeichnung von G. Rabinovitch. Zürich: Max Rascher 1919, S. 11); „Exzessiver Zionismus scheint mir nicht der Weg zur Erfüllung. Ein jüdischer Nationalpark, ein Indianerterritorium, eine Reservation, in der statt wilder Bisons gemäßigte Israeliten verwahrt werden, etwa unter der milden Herrschaft eines mittlerweile zum Dschingiscohn avancierten kaiserlichen Rats und Großrabbiners – das wäre Flucht, Flucht ins Herbarium. Und neue freiwillige Kasernierung, Uniformierung des Judentums." (Ebd., S. 12). Trotz der Einflussnahme Martin Bubers zeigte Franz Werfel wenig Interesse für den Kulturzionismus. Den staatsbildenden Zionismus empfand er als „sentimentalen Ghetto-Chauvinismus" und verglich ihn „als ‚invertierten Juden Antisemitismus' mit Weiningers ‚Selbsthass'." (Judentum im Leben und Werk Franz Werfel. Hg. von Wilhelm Hemecker und Hans Wagener, unter Mitarb. von Katharina J. Schneider. Berlin/Boston (Mass.): De Gruyter 2011, S. 100). Rudolf Leonhard war ebenfalls nicht zionistisch eingestellt. Dass er im Zionismus keine Lösung sah, belegen auch spätere politische Stellungnahmen („Zwischen imperialistischen Mühlsteinen. Zum Problem der Besiedelung Palästinas durch die Juden nach dem 2. Weltkrieg." in: Heute und Morgen, 1947, S. 539–541). Auch ein anderer prominenter jüdischer Übersetzer, Otto Pick, war am Zionismus nicht interessiert. Claire Goll verstand sich als Atheistin: „Wenn man mir in dem Alter, in dem man das Übernatürliche braucht, einen Gott gegeben hätte, so wäre ich mit größerem Gleichmut Atheistin geworden. Durch die Schuld meiner Mutter habe ich mein Leben lang versucht, das Absolute zu erreichen, obwohl ich in keiner Form an eine höhere Macht glaube. Gott ist aufs lächerlichste vermenschlichte Erfindung der ganzen Menschheit. In den Jahrmilliarden, die unsere Erde alt ist, sollte sich Gott erst vor viertausend Jahren den Juden und vor knapp zweitausend den Christen offenbart haben, mit deutlicher Bevorzugung der weißen Rasse unter Vernachlässigung der Schwarzen, der Gelben und der Rothäute? Auf solche Märchen kann ich mühelos verzichten." (C. G.: Ich verzeihe keinem. Eine literarische Chronique scandaleuse unserer Zeit. Aus dem Französischen übersetzt von Ava Belcampo. Bern/München: Scherz-Verlag 1978, S. 13). Am ehesten dem Judentum verbunden war Iwan Goll, der durch seine Eltern mit den Ritualen und Sitten des Judentums vertraut war: „Glaubte er an einen jüdischen Gott? Vielleicht. Er war von einer bigotten Mutter, die dauernd die Bibel in der Hand hatte, im Glauben erzogen worden. [...] Auch Golls Vater, den er mit sieben Jahren verloren hatte, war sehr fromm gewesen. Zweifellos blieb Goll hauptsächlich im Andenken an ihn dem Familienglauben verbunden." (Claire Goll: Ich verzeihe keinem, S. 274).

76 Raabe 1985, S. 463–466, Nr. 300; Killy Bd. 2, S. 220 f. („Bruckner, Ferdinand"); LDJA Bd. 4, S. 169–196 („Bruckner, Ferdinand"); MLDJL, S. 91–93.

77 Theodor Tagger: Der zerstörte Tasso. Ausgewählte Gedichte. Leipzig: Kurt Wolff 1918 (Der jüngste Tag 62/63).

Buber. Obwohl er der zionistischen Bewegung fernblieb,[78] veröffentlichte er 1918 eine ausgewählte Übertragung der Davidpsalmen,[79] die im Zeichen seiner Kierkegaard- und Pascal-Rezeption steht. Geprägt ist seine Übersetzung durch die Dichotomie zwischen den „Gottlosen" und dem auserwählten Einzelnen als Figuration des expressionistischen Dichters.[80]

Im Unterschied zu Tagger war Brod ein dezidierter Zionist.[81] Er legte 1923 eine Neuübersetzung des *Hoheliedes* vor, welche die Bedeutung des Erotischen für den Expressionismus bekräftigt.[82] In seiner Übertragung versucht Brod, sich durch „eine entschiedenere Umstellung der Verse, als bisher üblich", der Originalfassung anzunähern.[83] Dafür wird der Text durch Zersplitterung und Verschiebung ganzer Versgruppen neu umgeordnet und in 19 umfangsmäßig stark ungleiche Komplexe sequenziert,[84] während die Hervorhebung der Sprecherrollen (‚Der Hirt', ‚Schullamith', ‚Der König', ‚Die zurückbleibenden Hirten', ‚Chor der Frauen') für einen stärkeren szenisch-dialogischen Charakter als in der Luther-Übersetzung sorgt. Das Ziel der Neuanordnung ist offensichtlich eine stärkere Narrativierung, wie die Einteilung in vier narrative Makro-Sequenzen zeigt: „I Auf dem Lande", „II Der Raub", „III Im Palast Schlomóhs" und „IV Die Flucht". So verleiht Brod dem Lied die Gestalt eines Liebesdramas zwischen Sulamith, ihrem Ge-

---

78 Der Briefwechsel mit Buber ist zwar nicht erhalten, Tagger publizierte jedoch 1916 einen Brief, in dem er die Gründe für seine Ablehnung des Zionismus in seiner doppelten Dimension von nationaler und religiöser Bewegung erklärt, indem er eine „Trennung von Staat und Kirche" „auf dem Gelände des Judentums" fordert (Brief an einen Juden. In: Die Weißen Blätter 3 (1916) I/2, S. 250–253, hier S. 251).
79 Psalmen Davids. Ausgewählte Übertragungen [von Theodor Tagger]. Berlin: Heinrich Hochstim Verlag 1918.
80 Dazu Gregor Gumpert: Lust an der Tora. Lektüren des 1. Psalms im 20. Jahrhunderts. Würzburg: Ergon Verlag 2004, S. 45–73, hier S. 71.
81 Dazu Gaëlle Vassogne: Brod und der Zionismus. In: Dies.: Max Brod in Prag: Identität und Vermittlung. Tübingen: Niemeyer 2009, S. 89–112 (Conditio Judaica 75); Mark H. Gelber: Max Brod und der Prager Zionismus. In: Max Brod (1884–1968), S. 241–250, sowie Milan Tvrdík: Max Brod – Zionismus und Kulturvermittlung. In: Mitteleuropa denken: Intellektuelle, Identitäten und Ideen. Der Kulturraum Mitteleuropa im 20. und 21. Jahrhundert. Hg. von Walter Pape und Jiří Šubrt. Berlin/Boston: De Gruyter 2019, S. 203–222.
82 Das Lied der Lieder. Neu übertragen aus dem Hebräischen von Max Brod. Einbandzeichnung von Emil Preetorius. München: Hyperionverlag 1923.
83 „Ich habe das *Lied der Lieder* unter Zurückgreifen auf ältere Übersetzungen aus dem Urtext neu übersetzt. Durch eine viel entschiedenere Umstellung der Verse, als bisher üblich, glaube ich es seiner Urform angenähert zu haben". (ebd., S. 66).
84 „Meine Anordnung zerlegt das Gedicht in 19 Komplexe, von denen einige bedeutenden Umfang haben, einzelne nur aus einem oder zwei Versen bestehen" (ebd.).

liebten – dem Hirten – und König Salomo als dessen Rivalen.[85] In der im *Hohelied* besungenen sinnlichen Liebe erkennt Brod den höchsten Ausdruck des von ihm geprägten Begriffs des ,Diesseitswunders', als Epiphanie des Unendlichen gerade im Endlichsten und Vergänglichsten sinnlicher Regungen.[86] Das ,Diesseitswunder' beschreibt Brod als dritten Weg, von den Einseitigkeiten der „heidnischen Diesseitsbejahung und der christlichen Diesseitsverneinung" gleichermaßen entfernt.[87] Neben dem Talmud habe – so Brod in seinem Nachwort – nur Søren Kierkegaard in *Furcht und Zittern* (*Frygt og Bæven*) (1843) diesen dritten Weg erahnt. Brod bezieht sich auf Kierkegaards philosophische Lektüre von Abrahams Sohnesopfer und seine Fundierung des Glaubens auf der Erfahrung des Absurden, die das von ihm angeführte Zitat aus *Furcht und Zittern* zusammenfasst:

> Es gehört ein rein menschlicher Mut dazu, allem Zeitlichen zu entsagen, um das Ewige zu gewinnen. Aber es gehört ein paradoxer und demütiger Mut dazu, um die ganze Zeitlichkeit

---

85 Dieser dramaturgische Verlauf ist auch von einem Teil der Forschung erwogen worden. Vgl. Christoph Uehlinger: *Das Hohelied* – Anthologie oder Dramaturgie? In: Welt und Umwelt der Bibel 6 (2001) 21, S. 34 – 39.

86 „Diesseitswunder: daß von höchster Entrückung aus gesehen, die Welt der Materie nicht zu Nebeln verdunstet, daß die Farbe und irdischen Rhythmus behält, auch aus der Perspektive der Unendlichkeit. Viel davon steht in Dantes göttlichem Gedicht, der Hölle, Zwischenort und Himmel durchwandelt, ohne sein Florenz, ohne Beatricen zu verlieren. Doch einmal ist in der Weltliteratur Gesang emporgeschossen wie aus dem Zentrum dieses Gefühls hervor und es entstand jenes *Lied der Lieder* [...]. Denn Liebe ist des Diesseitswunders kühnste Ausdrucksform. Und damit kein Mißverständnis sei: ich meine hier nicht Menschenliebe, Freundlichkeit, Freundschaft – sondern Kühnstes scheint mir eben, daß auch die nackteste Beziehung von Mensch zu Mensch, vergänglichstes Fluten, Kommen und Gehen endlicher Liebkosungen, daß all dies besteht und Sinn hat auch unter dem Aspekt der Unendlichkeit. Kein Strindberg braucht zu belehren, daß es nicht so ist. Gewiß es ist nicht so, auf irdischer Ebene; aber möglich ist es als ein Wunder, als das Diesseitswunder kat exochen. Zeugnis hierfür: die Aufnahme des *Liedes der Lieder* in den Kanon der heiligen Schriften, und es ist ein Wort des R. Akiba überliefert, daß das *Hohe Lied* als das heiligste aller Bibelschriften anzusehen sei. Nicht Irrtum im Autor, wie die heutige gelehrte Kritik feststellen zu müssen meint, nicht künstliche Symboldeutung ist Ursache der Rezeption (dieser Rezeption, die ich für den genialsten, gottnächsten Augenblick der Menschheit in Jahrtausenden halte), – sondern das durchaus richtige Gefühl, daß in diesem Gedicht das Diesseitswunder inkarniert ist, mit all seiner Liebekraft, der das Vergänglichste noch Bedeutung, – das Vitalste ,eine Flamme Gottes' ist." (Max Brod: Vom Diesseitswunder und der Liebe. In: das Lied der Lieder, S. 62– 65).

87 „Der heidnischen Diesseitsbejahung und der christlichen Diesseitsverneinung wird hier ein neues Ideal entgegengestellt: Das Diesseitswunder baut sich auf überwundenem Leben auf" (ebd., S. 55).

kraft des Absurden zu ergreifen, und das ist der Mut des Glaubens. Durch den Glauben gab Abraham den Isaak nicht auf; sondern durch den Glauben gewann er ihn.[88]

Daran schließt Brod auch seine Kierkegaard-Deutung an: „Nicht die ‚unendliche Resignation' ist Kierkegaards letztes Wort, sondern die Neufundierung in dieser Welt kraft des Wunders".[89]

6.10.3 Französische Literatur

Unter den neueren europäischen Literaturen ist die französische Literatur mit insgesamt 122 Buchpublikationen am stärksten vertreten. Zahlreiche Vermittler/-innen waren am übersetzerischen Transfer beteiligt, allen voran jene Übersetzer, die aus dem Elsass und aus Lothringen stammten, wie Ernst Stadler (1883–1914)[90] und insbesondere Otto Flake (1880–1963),[91] die beide zur Gruppe ‚Das jüngste

---

88 Ebd., S. 56f. Der von Brod zitierte Kierkegaard-Auszug stammt aus *Furcht und Zittern* in der Übersetzung von Hermann Gottsched (Jena: Diederichs 1909, S. 43).

89 Das Lied der Lieder, S. 57.

90 Raabe 1985, S. 446f., Nr. 286; Killy Bd. 11, S. 159–162. Vgl.: Ernst Stadler und seine Freundeskreise: geistiges Europäertum zu Beginn des zwanzigsten Jahrhunderts; [Eine Wanderausstellung der Staats- und Universitätsbibliothek Carl von Ossietzky Hamburg]. Mit Bild- und Textdokumenten dargestellt von Nina Schneider. Hamburg: Kellner 1993.

91 Raabe 1985, S. 137–143, Nr. 73; Killy Bd. 3, S, 466–468; Gerd Stockebrand: Otto Flake und der literarische Expressionismus. Diss. Würzburg 1987. Flake wirkte im Kreis des „Jüngsten Elsaß" mit René Schickele und Ernst Stadler zusammen. Mit ihnen gab er ab 1902 die Zeitschrift *Der Stürmer*, die 1903 in *Der Merker* umbenannt wurde. 1905–1907 war Flake Hauslehrer in St. Petersburg, danach u. a. Korrespondent in Paris. Im Krieg war er in Brüssel als Theaterzensor tätig und verkehrte u. a. mit Gottfried Benn. Das Hauptwerk seiner frühen Schaffenszeit ist der bei Fischer erschienene Roman *Die Stadt des Hirns* (1919), als Vorstoß zu einer geistig-abstrakten und nicht mehr mimetisch berichtenden Erzählästhetik. Ausgangspunkt ist im Vorwort das konstatierte Fehlen einer expressionistischen Romanästhetik („Bildende Kunst läuft mit vollen Segeln von den behaglich bewohnten Küsten des Realismus, Impressionismus durch die glückliche Ausfahrt des Expressionismus auf die unbefleckte Insel des Abstrakten, [...] Lyrik quillt aus geöffneter Tiefe des *Simultanen*, Benn, Ehrenstein, Sternheim formten die Novelle des Unbürgerlichen – der Roman ist nicht über den Expressionismus hinausgelangt". Otto Flake: Vorwort zum neuen Roman. [*Die Stadt des Hirn.*] In: Die Neue Bücherschau 1 (1919) 4, S. 8f., hier S. 8). Daraus entsteht das Programm eines neuen, Abstraktion, Simultaneität und Unbürgerlichkeit vereinenden, expressionistischen Romankonzepts („Der neue Roman wird möglich sein durch Vereinigung von Abstraktion, Simultaneität, Unbürgerlichkeit", ebd.). 1918–1920 war Flake Korrespondent in Zürich und hatte Kontakte zu den Dadaisten. Er gab mit Walter Serner und Tristan Tzara die letzte Dada-Publikation in Zürich, *Der Zeltweg* (1919), heraus. Sein Schlüsselroman *Nein und Ja* (1920) spielt im Milieu des Züricher Dadaismus. Flakes Essays sind neuerdings wiederaufgelegt worden (O. F.:

Elsaß' bzw. zum Kreis der Zeitschrift *Der Stürmer* (Januar–November 1902) ge-
hörten, sowie der aus Lothringen stammende Iwan Goll (1891–1950), dessen
Muttersprache Französisch war.[92] Mit insgesamt zwölf Übertragungen aus dem
Französischen war Otto Flake nach Curt Moreck (13 Übertragungen) und Hans
Jacob (1896–1961) (16 Übertragungen)[93] der aktivste Übersetzer. Zu den weiteren
Mittlerfiguren zählten Paul Zech (1881–1946),[94] Alfred Wolfenstein (1883–1945),[95]
Claire Goll (1891–1977),[96] Rudolf Leonhard (1889–1953),[97] Ferdinand Hardekopf
(1876–1954),[98] Max Krell (1887–1962),[99] Erik-Ernst Schwabach (1891–1938)[100]
(Bankiererbe und Mäzen der Expressionisten/-innen, Teilhaber am Kurt Wolff-

---

„Wiederum vergleicht Frankreich!": Essays und Skizzen. Hg. von Christian Luckscheiter und
Hansgeorg Schmidt-Bergmann. Halle: Mitteldeutscher Verlag 2020).

92 Raabe 1985, S. 160–167, Nr. 86; Killy Bd. 4, S. 314–317; LDJA Bd. 9, S. 212–230.

93 Raabe 1985, S. 232–234, Nr. 133; DP Bd. 1, S. 493. Der aus Berlin stammende Hans Jacob
(Pseud. Jean-Jacques) studierte Romanistik in Berlin und München und war vor allem journa-
listisch tätig. Von 1911 bis 1914 übersetzte er fremdsprachige Beiträge – u. a. Marinettis futuristische Manifeste – für diverse expressionistische Zeitschriften (*Die Aktion, Der Sturm, Neue Jugend,
Neue Blätter*). Er war Mitherausgeber der *Neuen Jugend. Eine Zeitschrift für moderne Kunst und
jungen Geist* (1914) und verfasste eine Biographie Arthur Rimbauds (*Das Leben des Dichters Jean-
Arthur Rimbauds*. München: Allgemeine Verlangsanstalt 1921).

94 Raabe 1985, S. 536–542, Nr. 339; Killy Bd. 12, S. 621–624; Alfred Hübner: Die Leben des Paul
Zech. Eine Biographie. Heidelberg: Morio 2021.

95 Raabe 1985, S. 530–533, Nr. 335; Killy Bd. 12, S. 537–539; LDJA Bd. 20, S. 373–383; Armin A.
Wallas: „Wolfenstein, Alfred". In: MLDJL, S. 622–625.

96 Raabe 1985, S. 156–160, Nr. 85; Killy Bd. 4, S. 313f.; LDJA Bd. 9, S. 196–212.

97 Raabe 1985, S. 304–308, Nr. 188; Killy Bd. 7, S. 348f.; LDJA Bd. 15, S. 275–295; Wolfgang
Emmerich: „Leonhard, Rudolf". In: NDB Bd. 14 (1985), S. 251–253.

98 Raabe 1985, S. 187–189, Nr. 191; Killy Bd. 5, S. 2f.; Paul Raabe: „Hardekopf, Ferdinand". In:
NDB Bd. 7 (1966), S. 647. Hardekopf unterhielt Verbindungen zum Milieu des Berliner Frühexpressionismus, bevor er sich 1916 in die Schweiz absetzte. Nach einem erneuten Berlin-Aufenthalt
1921/22 lebte er in Paris und in der Schweiz. Er verfasste drei bei Kurt Wolff und im Verlag der
Aktion erschienenen Buchpublikationen – *Der Abend. Ein kleines Gespräch* (1913, Ludwig Rubiner
gewidmet), *Lesestücke* (1916) und *Privatgedichte* (1921) – sowie Gedichte, Prosa und Nachdichtungen aus dem Französischen für *Den Sturm, Die Aktion, Pan, Die Bücherkiste, Die rote Erde, Die
Weißen Blätter*. Seine Verse wurden in die von Kurt Hiller herausgegebene, frühexpressionistische
Anthologie *Der Kondor* (1912) aufgenommen.

99 Raabe 1985, S. 286–288, Nr. 169; Killy Bd. 7, S. 37; Evelyn Lacina: „Krell, Max". In: NDB Bd. 13
(1982), S. 1. Krell war Dramaturg in Weimar, verfasste aber auch Novellen und Erzählungen, die
unter dem Einfluss Kasimir Edschmids stehen und in diversen expressionistischen Zeitschriften
publiziert wurden (*Das Junge Deutschland, Münchner Blätter für Dichtung und Graphik, Das Tribunal, Der Anbruch*). Er gab die Sammlung *Die Entfaltung. Novellen an die Zeit* (1921) heraus.

100 Raabe 1985, S. 429f., Nr. 272; ÖBL 1815–1950, Bd. 11 (Lfg. 54, 1999), S. 407. Peter Widlok: Erik-
Ernst Schwabach (1891–1938): Verleger, Autor und Mäzen des Expressionismus. Köln/Weimar/
Wien: Böhlau Verlag 2017.

Verlag und Herausgeber der *Weißen Blätter*), Fritz Max Cahén (1891–1966),[101] aber auch österreichische Expressionisten/-innen wie Hermynia zur Mühlen, Arthur Ernst Rutra (1892–1942)[102] und Fred Angermayer (1889–1951).[103]

Der expressionistische Filter zeigt sich auf unterschiedlichen Ebenen. Bereits an den Übersetzungen der älteren französischen Literatur wird deutlich, dass die expressionistische Systemkritik einen zentralen Schwerpunkt darstellte. Sie erklärt die ausgeprägte Vorliebe für satirisches Schreiben: für die ‚soziale Satire' (La Bruyère, Molière, Tallemant des Réaux) –, die ‚exotische Satire' (Théophile Gautier), vor allem aber die ‚aufklärerische Satire' Voltaires. Zentral ist ferner der Gestus der Dissidenz, die Ablehnung des bürgerlichen Literaturverständnisses.[104] Die vitalistische Kulturkritik, der Vitalismus als Steigerung der Lebensintensität, als Feier „aufatmender Körperlichkeit"[105] erklärt das ausgeprägte Interesse für

---

101 Raabe 1985, S. 96, Nr. 52; Lowenthal 1981, S. 40; Walk 1988, S. 51; LDJA Bd. 4, S. 370–372. Cahén studierte in Marburg und Paris. Im Frühexpressionismus verfasste er Gedichte und Rezensionen für *Die Aktion* und *Die Bücherei Maiandros*, wo auch seine Versionen nach Léon Deubel erschienen.

102 Raabe 1985, S. 399 f., Nr. 254; ÖBL 1815–1950, Bd. 9 (Lfg. 44, 1987), S. 339. Der aus Lemberg (L'viv) gebürtige Rutra entstammte mütterlicherseits einer jüdischen Gelehrtenfamilie. Er studierte an der Universität Wien 1911–15 und war Mitglied des Akademischen Verbandes für Literatur und Musik, dem auch sein Freund Robert Müller angehörte. 1917 promovierte er zum Dr. phil., danach arbeitete er als Verlagsangestellter (u. a. Georg Müller Verlag, Kurt Wolff Verlag) und Publizist in München. Er übersetzte aus dem Polnischen und Französischen. Sein eigenes literarisches Schaffen steht stark unter dem Einfluss Robert Müllers (Robert Müller. Denkrede. München: von Weber 1925), was sich in seiner Kritik am Materialismus und seinem Konzept idealistischen Menschentums zeigt. Vermutlich kam er nach Oktober 1942 in einem KZ um.

103 Raabe 1985, S. 25–27, Nr. 6; Uwe Baur/Karin Gradwohl-Schlacher: Literatur in Österreich 1938–1945. Handbuch eines literarischen Systems. Band 3: Oberösterreich. Wien/Köln/Weimar: Böhlau 2014, S. 118–125. Vermutlich absolvierte der aus Mauthausen stammende Angermayer eine gymnasiale Ausbildung in Paris und verbrachte danach einige Zeit in Großbritannien. Nach dem Ersten Weltkrieg bewegte er sich im Kreis um Georg Kaiser und übersetzte einige seiner Dramen ins Französische. Gemeinsam mit Georg Kaiser und dem Schauspieler Wilhelm Dieterle rief er 1924 das „Dramatische Theater" in Berlin ins Leben. Ebenfalls kurzlebig war das gemeinsam mit Paul Zech konzipierte Zeitschriftenprojekt „Das dramatische Theater". Seine Dramen – *Morgue* (1921), *Raumsturz* (1922) und *Reliquien* (1923) – stehen unter Kaisers Einfluss. 1933 bekam er die Goldene Dichternadel durch Joseph Goebbels verliehen und wurde in den Dichterkreis des Reichsbundes der deutschen Freilicht- und Volksschauspiele berufen.

104 „Das gesuchte und zugleich erlittene Außenseitertum vieler expressionistischen Autoren und ihrer literarischen Hauptfiguren ist eng verknüpft mit ihrer Antibürgerlichkeit" (Thomas Anz: Literatur des Expressionismus. Stuttgart/Weimar: Metzler 2002, S. 75).

105 „Dekadent ist alles, was dem Diesseits, dem Leben, dem Bravourstück solitärer Kraft, dem Abenteuer, dem heidnisch-unschuldigen Lachen aufatmender Körperlichkeit und den Sensationen espritttrunkener Nerven abhold ist. [...]; daß wir es wissen und bewußt uns dagegen wehren, verdanken wir zum größten Teil Nietzsche" (Erwin Loewenson: Zur Schopenhauer-Psychologie.

erotische Literatur. Davon zeugt etwa die Übersetzung von Verlaines und Rimbauds skandalösen erotischen Dichtungen, die einen radikalen Angriff auf die bürgerliche Sexualmoral darstellten. Durch seine abenteuerliche Biographie und sein alle Konventionen sprengendes Œuvre avancierte Arthur Rimbaud auch zum Vorreiter des expressionistischen Lebenskults und der entfesselten Formensprache der Avantgarde. Vielen der in der Nachkriegszeit entstandenen Übersetzungen eignet ferner ein Schwellenstatus, indem sie von der zunehmenden Politisierung des Spätexpressionismus zeugen und zugleich den Übergang in die mimetischen Dokumentarformen der Neuen Sachlichkeit widerspiegeln. Das Interesse an der Französischen Revolution reflektierte das politische Klima der unmittelbaren Nachkriegszeit, die von Novemberrevolution, Spartakusaufstand und Räterepubliken geprägt war. Im Spätexpressionismus knüpfte man an Realismus (Balzac) und Naturalismus (Zola) wieder an.

Die Übersetzungen zeitgenössischer Literatur dokumentieren den Dialog mit Vertretern der französischsprachigen Avantgarde wie Émile Verhaeren, Guillaume Apollinaire und den Schriftstellern des *Renouveau Catholique*. In der Nachkriegszeit lässt sich eine Rezeption des zeitgenössischen Pazifismus (Georges Duhamel) sowie eine deutliche Politisierung (Henri Barbusse) beobachten, welche die Entwicklung vom Früh- zum Spätexpressionismus, vom Individualismus unter Nietzsches Ägide hin zum Kommunitarismus, vom Übermenschen zum Mitmenschen belegt.[106] Auch im zeitgenössischen Übersetzungskanon bestätigt sich die Signifikanz der Erotik (Dunan). Die Vorliebe für die ‚exotische Satire‘ (Ryner) ist mit dem expressionistischen Kulturperspektivismus und der Nationalismuskritik in Zusammenhang zu bringen. Schließlich zeigt sich am Interesse für die Antipsychiatrie (Dominique) die expressionistische Aufwertung des Irren, welche sich ebenfalls aus dem vitalistischen Ansatz herleitet, verkörperte doch

---

Der Masochismus des Unterbewußtseins. Vorgetragen im „Neuen Club" am 23.11.1910. Unveröffentlichtes Zitat nach Gunter Martens: Vitalismus und Expressionismus: ein Beitrag zur Genese und Deutung expressionistischer Stilstrukturen und Motive. Stuttgart u. a.: Kohlhammer 1971, S. 192).

106 Dies hat Walter H. Sokel nachdrücklich betont: „Der verwandelte Expressionist, ob er sich nun zu Christus oder zum Aktivismus bekehrt hat, bemüht sich, ‚wahrhaft all-gemein‘ zu werden, d. h. er bemüht sich, alles in sich selbst auszulöschen, was ihn von seinen Mitmenschen trennt. Er lehnt den Goethesch-Nietzscheschen Kult der Persönlichkeit und den Stolz auf die Individualität völlig ab, die den größten Teil der deutschen Kulturtradition im neunzehnten und frühen zwanzigsten Jahrhundert erfüllten und im Kult des ‚großen Mannes‘ oder des Übermenschen gipfelten" (Der literarische Expressionismus: der Expressionismus in der deutschen Literatur des zwanzigsten Jahrhunderts. München/Wien: Langen-Müller 1970, S. 195).

der Wahnsinn für die expressionistische Generation den noch nicht zivilisatorisch degenerierten und korrumpierten Naturzustand.[107]

Aufgrund der schieren Menge an französischen Literaturübertragungen mag im Folgenden eine chronologische Aufschlüsselung dazu dienen, das übersetzte Corpus zu ordnen und differenzierter zu würdigen.

16.–17. Jahrhundert

Aus dem 16. Jahrhundert fanden lediglich Michel de Montaignes (1533–1592) Reisetagebuch (*Journal de voyage de Michel de Montaigne en Italie, par la Suisse et l'Allemagne en 1580 et 1581*),[108] was das Interesse des Übersetzers Otto Flake für Reiseliteratur unterstreicht,[109] sowie die galanten Schwänke aus den *Serées* (1585–1598) des Guillaume Bouchet (1513–1594) Beachtung.[110]

Die Übertragungen aus dem 17. Jahrhundert zeigen zum einen das expressionistische Interesse für die soziale Satire und die Parodie sozialer Typen. Verdeutscht wurden die Theophrastischen *Caractères* (*Les Caractères de Théophraste, traduits du grec, avec les caractères ou les mœurs de ce siècle*) (1688) des Jean de La Bruyère (1645–1696),[111] eine Auswahl aus den Komödien Molières (1622–1673)[112] sowie die anekdotischen *Historiettes* (1657–1659) des Gédéon Tallemant, Sieur des Réaux (1619–1692).[113] Zum anderen zeichnet sich erneut die Bedeutung unorthodoxer Religiosität ab. Der österreichische Expressionist Theodor Tagger,

---

107 Thomas Anz: Literatur des Expressionismus, S. 55.
108 Michel de Montaigne: Reisetagebuch. Übertragen und eingeleitet von Otto Flake. München: Georg Müller Verlag 1921. Die Übertragung entstand bereits 1908, auf der Grundlage einiger Vorgängerübersetzungen, u. a. der von Alessandro d'Ancona (1889), welche Flake auch aufgrund ihrer gelehrten Glossen schätzte (ebd., S. 18).
109 1917 erschien im Fischer-Verlag Flakes *Logbuch* mit Reiseskizzen von Paris (1912), Konstantinopel (1914) und Brüssel (1916).
110 Guillaume Bouchet: Die Galanten Schwänke aus den *Sérees* des G. B. Zum ersten Mal übertragen von Sigbert Romer [d. i. Konrad Haemmerling]. o. O.: Privatdruck des Herausgebers o. J. (ca. 1922); gedruckt wurde der Band im Verlag der Brüder Philipp und Wilhelm Suschitzky (Anzengruber-Verlag) in Wien und ist mit vier monogrammierten (E.F.) Original-Lithographien geziert.
111 Jean de La Bruyère: Charaktere. Neue deutsche Ausgabe von Otto Flake. Bd. 1–2. München: Georg Müller Verlag 1918.
112 Molière: Komödien. Eine Auswahl in vier Bänden. Mit einer biographischen Einleitung von Sainte-Beuve. Illustriert von Tony Johannot. Aus dem Französischen übersetzt von Hans Jacob (*Don Juan oder Der Steinerne Gast*; *Der Arzt wider Willen*; *George Dandin*), Alfred Wolfenstein (*Die Zwangsheirat*, *Scapins Streiche*, *Der Geizige*; *Der eingebildete Kranke*) und Alfred Neumann (*Der Misanthrop*). München, O. C. Recht Verlag 1922.
113 Gédéon Tallemant des Réaux: Geschichten. Deutsch von Otto Flake. Bd. 1–2. München: Georg Müller Verlag 1913.

Sohn einer französischen Übersetzerin, legte eine Übertragung aus den ersten vier Kapiteln der *Pensées* des Blaise Pascal (1623 – 1662) vor.[114] Zentral ist das nicht-konfessionelle Verständnis von Religion. Pascals Sentenz „Ich kann nur aner-kennen, die suchen, indem sie seufzen" eröffnet den Band.[115]

18. Jahrhundert

Das Spektrum der übersetzten Literatur aus dem 18. Jahrhundert reicht von Klassikern wie Abbé Prévost (1697 – 1763),[116] Jean-Jacques Rousseau (1712 – 1778)[117] und Denis Diderot (1713 – 1784)[118] bis hin zu weniger kanonischen Texten, wie die kulinarische Epistel Friedrichs des Großen (1712 – 1786) (1772)[119] oder die okkul-tistische Novelle *Le Diable amoureux. Nouvelle espagnole* (1772) des Jacques Ca-

---

114 Blaise Pascal: Größe und Nichtigkeit des Menschen. Übertragung von Theodor Tagger. München: Georg Müller Verlag 1918. Wie Tagger im Nachwort vermerkt, legte er seiner Überset-zung die gerade erschienene Garnier-Edition der „Pensées. Sur la Religion et sur quelques autres sujets. nouvelle edition conforme au véritable texte de l'Auteur et contenant les additions de Port-Royal indiquées par des crochets" (1918) zugrunde und setzte sich dadurch von den damaligen deutschen Übertragungen ab. Er vermerkt weiter: „Von dieser Ausgabe weichen mir bekannte deutsche auf das erstaunlichste ab, in der Anordnung des Textes, in der Verschiebung der Kapitel, in der Hineinmischung anderer Schriften Pascals. Aber leider auch noch im Geist, und ich kann keine mir bekannte Übersetzung als vollwertig anerkennen. Vielleicht erklärt das die bisher ge-ringe Beschäftigung der Deutschen mit Pascal, und eine Gleichgültigkeit, die ihm keinen Scha-den, ihnen keine Ehre macht. Freilich waren es wohl fachberuhigte Philosophen, die ihn bear-beitet haben mit ihrem Deutsch, und überschüttet mit ihrer Vernunft" (ebd., S. 106 f.).
115 Ebd., S. 7. Seiner Übersetzung stellt Tagger ferner ein Zitat des Kritikers der offiziellen Kirchlichkeit Søren Kierkegaard voran. Das Kierkegaard-Zitat („Was hier geboten wird, ist nur eine *pièce* ...") stammt aus dem Vorwort zu den *Philosophischen Brocken* (1844).
116 Abbé Prevost [Antoine-François Prévost d'Exiles]: Die Abenteuer der Manon Lescaut und des Chevalier des Grieux. (Deutsch von K. Merling [Curt Moreck]). München: Rösl & Cie 1922.
117 Jean-Jacques Rousseau: Die neue Heloise. Hg. von Curt Moreck. Neudruck unter teilweiser Benutzung der deutschen Ausgabe von 1761. Mit 24 Kupfern von Chodowiecki und Gravelot. Bd. 1 – 2. Berlin: Pantheon 1920.
118 Denis Diderot: Romane und Erzählungen, Bd. 1 – 3. Bd. 1 übersetzt von Hans Jacob. Potsdam: Gustav Kiepenheuer Verlag 1920.
119 Gerichtet ist die Epistel an Friedrichs Ersten Hofküchenmeister Noël aus Périgieux („Je ne ris point: vraiment, monsieur Noël, / Vos grands talens vous rendront immortel". Œuvres de Frédéric Le Grand. Tome XII. Berlin: chez Rodolphe Decker 1849, S. 85 – 89, hier 85, Au Sieur Noël, Maitre d'Hotel). Vgl.: Friedrich der Große: Kulinarische Epistel. Übertragen im Versmaß des Originals von Alfred Richard Meyer. Berlin-Wilmersdorf: A. R. Meyer Verlag 1922 (Gedruckt in 200 Exemplaren mit einer Radierung auf Kaiserlich Japan von Ch[arlotte] Ch[ristine] Engelhorn). Meyer hatte 1908 eine dem Kaiser gewidmete Gesamtübertragung der Oden vorgelegt, im „Verlag Deutsches Adels-Archiv Maximilian Rosen".

zotte (1719 – 1792), die als Präludium zur fantastischen Erzählung der Moderne wiederentdeckt wurde.[120]

Zwei Schwerpunkte werden erkennbar: Voltaire und die Französische Revolution. Voltaires Bedeutung für den Expressionismus[121] datierte auf die Zeit vor dem Krieg, wie der Essay von René Schickele *Voltaire und seine Zeit* (1910) belegt.[122] 1916, mitten im Krieg, übersetzte Alfred Wolfenstein Voltaires Dialog *Du Droit de la Guerre*, den elften aus der Dialogsammlung *L'A, B, C* (1768), zusammen mit Passagen aus dem sechsten Dialog *Des Abus*.[123] Von der militärischen Zensur nicht genehmigt, durfte das subversive Flugblatt, wiewohl bereits gedruckt, nicht verkauft werden.[124] In der Nachkriegszeit, mit dem Untergang des Wilhelminischen Autoritätsstaates, intensivierte sich die Voltaire-Rezeption. Eine zentrale Rolle spielte 1917 Franz Pfemferts Publikation von Victor Hugos Rede zur Hun-

---

120 Jacques Cazotte: Der Liebesteufel. Mit 6 Tafeln nach Kupfern von Moreau Le Jeune & Marillier. Nachwort [und Übersetzung] von Curt Moreck. München: Georg Ed. Sanders Verlag 1922.
121 Dazu Robert Vilain: „Maske des Lächelns". Voltaire im deutschen Expressionismus. In: Frankreich und der deutsche Expressionismus/France and German Expressionism. Hg. von Frank Krause. Göttingen: V & R unipress 2008, S. 115 – 140.
122 Eugène La Poudroie [d. i. René Schickele]: Voltaire und seine Zeit. Berlin und Leipzig: Hermann Seemann Nachf. 1910. Das bei Raabe 1985 (262/4) vermerkte Erscheinungsjahr 1905 ist nicht korrekt.
123 Œuvres complètes de Voltaire, avec des notes et une notice historique sur la vie de Voltaire. Tome VI: Philosophie. Dialogues. Paris: Furne 1837, S. 703 – 706 (*Des Abus*) und 695 – 698 (*Du Droit de la Guerre*). Aus *Des Abus* exzerpiert Wolfenstein nur einige wenige einleitende Stellen (S. 703 f.). Obwohl die Redner nicht genauer charakterisiert sind und voneinander in ihren Ansichten des Krieges kaum abweichen, wird Voltaires Dialog von der starken Persönlichkeit von A dominiert, dem die längsten Redepartien zufallen und den Krieg ohne Appell verurteilt. Krieg setzt er stets mit Angriffskrieg gleich (dazu Roland Mortier: Singularité du dialogue *L'A, B, C*. In: Revue Voltaire 5 (2005), S. 105 – 111, hier S. 110). Die Rolle des Sprachrohrs von Voltaires Kriegskritik fällt bei Wolfenstein dagegen dem Redner B zu, während die beiden anderen Gesprächspartner durch ihre kurzen Zwischenbemerkungen und Fragen wie bei Voltaire nur als Stichwortgeber fungieren. Der Verteidigungskrieg wird bei Voltaire nicht als Krieg, sondern als „résistance" charakterisiert: „Il n'ya a certainement dans ce monde que des guerres offensives; la défensive n'est autre chose que la résistance à des voleurs armés" (Œuvres complètes, S. 697). Wolfenstein übersetzt: „Der Begriff des Krieges ist der des offensiven Krieges. Die Defensive ist nichts als Abwehr von Verbrechern" (Vom Kriegsrecht, S. 4). Voltaires drastische Charakterisierung des Heroismus als „fleischfressend" („héroisme carnassier", S. 695) verstieß offenbar zu sehr gegen die offizielle Heroismus-Rhetorik und wurde von Wolfenstein getilgt.
124 François Marie Arouet de Voltaire: Vom Kriegsrecht. Übersetzt von Alfred Wolfenstein. Jena: Eugen Diederichs Verlag 1916 (Flugblätter an die deutsche Jugend 10). Zur Militärzensur im Ersten Weltkrieg vgl. Christoph Cornelißen: Militärzensur der Presse im Deutschen Kaiserreich während des Ersten Weltkriegs. In: Propaganda, (Selbst-)Zensur, Sensation. Grenzen von Presse- und Wissenschaftsfreiheit in Deutschland und Tschechien seit 1871. Hg. von Michal Anděl u. a. Essen: Klartext 2005, S. 33 – 50.

dertjahrfeier Voltaires vom 30. Mai 1878, die auf das Voltaire-Bild der expressionistischen Generation nachhaltig wirkte.[125] Hugos Fokussierung auf Voltaires „Lächeln" in seinem Wechsel von Spott und Güte[126] lieferte 1921 Iwan Goll das Stichwort für seine eigene Voltaire-Auswahl (*Das Lächeln Voltaires*). 1919 erschien Ludwig Rubiners (1881–1920)[127] Voltaire-Essay,[128] der sich ebenfalls auf Hugo beruft, und die von ihm und seiner Frau Frida Ichak (1879–1952) herausgegebene Edition der Romane und Erzählungen. Der erste Band wurde von dem Ehepaar, der zweite von Else von Hollander übertragen.[129] In demselben Jahr erschien auch Curt Morecks Übersetzung von Voltaires *Fabeln*, die ihn als Vorreiter der Französischen Revolution profiliert.[130] 1920 publizierte der Kurt Wolff

---

125 „Voltaire hat den strahlenden Krieg aufgenommen, den Krieg eines Einzelnen gegen alle, das heißt, den großen Krieg. Den Krieg des Gedankens gegen die Materie, den Krieg der Vernunft gegen das Vorurteil, den Krieg der Gerechtigkeit gegen die Ungerechtigkeit, den Krieg des Unterdrückten gegen den Unterdrücker, den Krieg der Güte, den Krieg der Sanftmut" (Victor Hugo: Hundertjahrfeier für Voltaire. In: Das Aktionsbuch. Hg. von Franz Pfemfert. Berlin-Wilmersdorf: Verlag Die Aktion 1917, S. 23–35, hier S. 28).

126 „Er hat die Gewalt durch das Lächeln besiegt, den Despotismus durch den Sarkasmus, die Unfehlbarkeit durch die Ironie [...] Ich habe soeben das Wort ‚Lächeln' ausgesprochen, ich halte mich dabei auf. Das Lächeln, das ist Voltaire. [...] Die neue Gesellschaft, das Verlangen nach Gleichheit und Rechten und dieser Anfang von Brüderlichkeit, der sich Duldsamkeit nennt, die gegenseitige Gutwilligkeit, die Ausgleichung der Menschen und der Rechte, die als oberstes Gesetz erkannte Vernunft, die Austilgung der Vorurteile und Parteilichkeiten, die Heiterkeit der Seelen, der Geist der Nachsicht und des Verzeihens, Harmonie und Frieden, das ist alles aus diesem großen Lächeln hervorgegangen" (ebd., S. 28 f.).

127 Raabe 1985, S. 395–397, Nr. 251; Killy Bd. 10, S. 73–75; LDJA Bd. 18, S. 413–420. 1912 hatte Rubiner zusammen mit Carl Einstein seinen Wohnsitz nach Paris verlegt. Nach dem Kriegsausbruch flüchtete er in die Schweiz, bis er 1918 aufgrund seiner Verherrlichung der russischen Revolution ausgewiesen wurde.

128 Ludwig Rubiner: Der Dichter Voltaire. In: Die Weißen Blätter 6 (Januar 1919) 1, S. 9–16.

129 Voltaire: Die Romane und Erzählungen. Vollständige Ausgabe mit Kupferstichen von Moreau le Jeune. Herausgegeben und eingeleitet von Frida Ichak und Ludwig Rubiner. Bd. 1–2. Potsdam: Gustav Kiepenheuer 1919 (Bd. 1 von Frida Ichak und Ludwig Rubiner, Bd. 2 von Else von Hollander übertragen) (Bd. 1: *Die Welt, wie sie ist – Der einäugige Lastträger – Cosi-Sancta – Zadig oder das Geschick – Memnon oder die menschliche Weisheit – Bababek und die Fakire – Mikromegas – Die beiden Getrösteten – Die Reise Scarmentados – Der Traum des Platon – Geschichte eines Brahminen – Candide oder der Optimismus – Der Weiße und der Schwarze –Jeannot und Colin – Indisches Abenteuer – Das Naturkind –* Bd. 2: *Der Mann mit den vierzig Talern – Die Prinzessin von Babylon – Die Briefe Amabeds – Das Gedächtnis – Der weiße Stier – Lobrede auf die Vernunft – Geschichte Jennis oder der Weise und der Atheist – Die Ohren des Grafen von Chesterfield und der Pfarrer Goudman – Die Blinden als Farbensachverständige*).

130 „Kommend als Verbannter, gehend als Freund, gerufen oder verfolgt, bewahrte sein hellsichtiges Auge sich Kraft der Wahrnehmung für die souveräne Ungerechtigkeit in der Gemeinschaft der Menschheit, für das ewige Mißverhältnis zwischen dem, was sein könnte, sein sollte,

Verlag Paul Klees nervös-linienförmige *Candide*-Illustrationen.[131] 1921 übersetzte Hans Jacob Voltaires Bericht seines Aufenthalts in Berlin, der die illiberalen preußischen Verhältnisse verspottet: „Man muß gestehen, daß im Vergleich mit dem von Friedrich Wilhelm ausgeübten Despotismus die Türkei eine Republik ist".[132] Auch Goll rezipierte Voltaire und legte in demselben Jahr seine Auswahl *Das Lächeln Voltaires. Ein Buch in diese Zeit* vor.[133] Dort würdigt er den Philosophen nicht nur als Aufklärer, sondern beansprucht ihn zugleich für die expressionistische Menschheitspoetik. Die Grundlage von Voltaires satirischer Kulturkritik sei gerade in seiner integralen Humanität zu suchen: „Er war ganz Mensch, und ganz wahr, und vielleicht kann man da nicht anders als bös erscheinen, wenn man die namenlosen Verbrechen und Torheiten seiner Nächsten entdeckt."[134]

---

und dem, was ist. Dank dieser Erkenntnis ward er Zerstörer, Zerstörer einer bedrängenden Wirklichkeit, die mit der tropischen Vegetation ihres Unrechts in den Himmel schoß. Sein Werk war Anhäufung von Sprengstoff für kommende Generationen, der mit seiner komprimierten Explosivkraft die Fundamente erschüttern, Breschen schlagen konnte und schlug. Die Menschheit ward einen Schritt weiter gebracht durch den Geist. Voltaire wurde Vorläufer und Vorbereiter der Revolution. [...] Anklageakten jenes großen Prozesses gegen eine Weltordnung und ihre Sachwalter sind seine Schriften, in vielem schon sind sie Gericht und Urteil. Die Fanale des Spottes brennen mit der Farbe der Scham und lohen sein „Ich klage an!" gegen den verdunkelten Himmel der Menschheit. Aber sein weltbesserndes Wollen, das er auch in Taten umsetzte, verschmäht die dürre, dürftige Abstraktion agitatorischer Dokumente; es kernt sich ein in die weltweise, elegante Erzählung oder den facettenreichen Dialog eines über den Dingen stehenden Geistes. Unzerstörbar und immer gegenwärtig in der Idee sind jene kleinen Geschichten und Gespräche Voltaires, von denen der Herausgeber eine Auswahl hier bietet. Der Staub der Archive hat ihnen nichts anhaben können." (Voltaire: Fabeln. Übersetzung und Nachwort von Curt Moreck. München: Roland-Verlag Dr. Albert Mundt o. J. [1920] (Kleine Roland-Bücher. Bd. 16), S. 59 f.).

131 Voltaire: Kandide oder Die beste Welt. Eine Erzählung. Mit 26 Federzeichnungen von Paul Klee. München: Kurt Wolff 1920. Dazu Manfred Clemenz: Der Mythos Paul Klee: Eine biographische und kunstgeschichtliche Untersuchung. Köln u. a. 2016, S. 74 f.

132 François Marie Arouet de Voltaire: Mein Aufenthalt in Berlin. Hg. und übersetzt von Hans Jacob. München: O. C. Recht Verlag 1921, S. 5. Jacob liest Voltaires Memoiren als „document humain" (ebd., S. 80): „es geht nicht um den Historiker, Dramatiker, Philosophen, Astronomen oder Journalisten Voltaire, sondern um den Menschen. Um den Menschen an seiner empfindlichsten Stelle: vor dem Spiegel, den er sich selbst vorhält. [...] So sind diese Memoiren, die alle Vorzüge seines blendenden Briefstiles haben, ein getreues Spiegelbild Voltaires, dem alle Einzelheiten und Erlebnisse sich seiner einen großen Idee zuwandten, dem Begriff der ‚humanité', der Menschlichkeit, der Güte, wie es Ludwig Rubiner genannt hat" (ebd., S. 79).

133 Das Lächeln Voltaires. Ein Buch in diese Zeit. [Hg. und übersetzt von] Iwan Goll. Basel/Leipzig: Rhein-Verlag 1921.

134 Ebd., S. 9.

Durch eine intermediale Kreuzung erscheint Candide als Urahne Charlots, dem Goll seine surrealistische Kinodichtung *Chaplinade* (1920) gewidmet hatte:[135]

> Heute wollen wir Voltaire lesen, wie wir statt zu Schiller ins Kino gehen. Candide ist Charlots Großahne. Beide repräsentieren jenen tölpelhaften, idealen Optimismus, den naiven Kampf mit dem tückischen Objekt und dem sehr viel dümmeren Subjekt. Beiden zeigen in großer Allegorie die Lächerlichkeit des sinnlosen „Ernst des Lebens". Seine Romane benutzt Voltaire, um uns seine ganze Gesinnung darzutun, seine Bitternis über die Rohheit der Geschäfte und Kriege und seine rücksichtslose Gesinnung in punkto Mensch, Vaterland und Heldentum. Seine Romane sind nicht französisch, nicht europäisch, sondern globisch, sie führen uns in wundervoller Unwirklichkeit zu allen entdeckten und unentdeckten Ländern der Welt, und zeigen in trostreicher Ironie, dass überall der Bazillus Mensch derselbe ist, ganz wie – Charlot![136]

Noch stärker in der zeitgenössischen Aktualität verwurzelt war das Interesse für die Französische Revolution, die man als historische Folie der revolutionären Wirren der Nachkriegszeit perspektivierte. Bereits 1910 hatte Otto Flake einige Briefe Mirabeaus (1749 – 1791) an Sophie de Monnier aus dem Revolutionsgefängnis von Vincennes übertragen.[137] Ludwig Rubiner entwarf 1913 ein Vorwort zum Abenteuerroman des Landstreichers Vidocq, der in Frankreich während der Revolutionszeit lebte. Ein Auszug aus dem vierbändigen Roman erschien 1920 in Rubiners Übersetzung. 1919 gab Moreck unter dem makaber-ironischen Titel *Madame Guillotine* eine Anthologie von Revolutionserzählungen heraus.[138] Veröffentlicht wurden ferner zwei Dramen aus Romain Rollands (1866 – 1944) Trilogie *Théâtre de la révolution* (1909) (*Le 14 juillet*; *Danton*; *Les loups*). 1919 erschien die

---

135 Yvan Goll: La Chaplinade ou Charlot poète (1920). In: Œuvres. Bd. 1. Hg. von Claire Goll und François Xavier Jaujard. Paris 1968, S. 106 – 127 (zugleich: Iwan Goll: Die Chapliniade. Eine Kinodichtung. Mit vier Zeichnungen von Fernand Léger. Dresden 1920).

136 Das Lächeln Voltaires, S. 10.

137 Honoré Gabriel de Mirabeau: Briefe an Sophie aus dem Kerker von Vincennes. Deutsch mit einer Einleitung von Otto Flake. Mit einer Portraitradierung von Peter Halm. München/Leipzig: Georg Müller Verlag 1910.

138 Madame Guillotine. Revolutionsgeschichten. (Hg. von Curt Moreck. Mit 8 Bildbeigaben von Wilhelm Thöny.) München: Georg Müller 1919. Das Bild der Revolution, das Moreck unter Berufung auf Mikhail Bakunin entwirft, ist pessimistisch: „In Wahrheit lebt der Geist nur in der Revolution; aber er kommt nicht zum Leben durch die Revolution, er lebt nach ihr schon nicht mehr" (ebd., S. XIV). Die Anthologie enthält Texte von Kurt Martens, Wilhelm Schmidtbonn, Anatole France, August Strindberg, Wilhelm Schäfer, Thomas Carlyle, Max Krell, Curt Moreck, Otto Rung, Jakob Wassermann, Émile Zola, Guy de Maupassant, Michail Arzybaschew, Max Brod, Rudolf Leonhard, Gustav Meyrink und Waleri Brjussow. Den Band zieren acht Bildbeigaben des österreichischen Malers Wilhelm Thöny (1888 – 1949), der 1923 die Grazer Sezession gründete.

deutsche Übersetzung von Romain Rollands *Danton*,[139] worauf 1920 *Les loups* folgten.[140] 1923 wurde Edmond und Jules de Goncourts *Histoire de Marie Antoinette* eingedeutscht[141] und ein Jahr später die Memoiren des Scharfrichters Charles-Henri Sanson (1739–1806) in der Übersetzung von Alfred Wolfenstein,[142] der auch Victor Hugos letzte Novelle *Quatrevingt-treize* (1874) über den Vendée-Aufstand übertrug.[143] Beobachten lässt sich auch ein Interesse für die Pariser Commune (18.03.–28.05.1871), das durch Walter Mehrings (1896–1981) Nachdichtungen von Revolutionsliedern der Kommunarden Jean-Baptiste Clément (1836–1903) und Eugène Pottier (1816–1887) bezeugt ist.[144]

19. Jahrhundert
Noch vielfältiger sind die expressionistischen Akzente im Hinblick auf die französische Literatur des 19. Jahrhunderts. Vier Schwerpunkte kristallisieren sich heraus: Romantik, Exotismus, Realismus/Naturalismus und Symbolismus. Aus der protoromantischen Literatur legte Otto Flake eine deutsche Version von Benjamin Constants (1767–1830) psychologischem Roman *Adolphe: anecdote Trouvée Dans Les Papiers d'Un Inconnu* (1816) vor, in dem die Darstellung der Außenwelt zugunsten der Auslotung der Innenwelt zurückgedrängt wird.[145] In Constant erkennt Flake einen „Vorläufer modernster Seelenzustände", der einen „Radikalismus der Selbstbeobachtung" vertritt und die moderne Subjektivierung des Erzählens antizipiert.[146] Max Krell verdeutschte erstmalig das Prosagedicht *La Bacchante* von Maurice de Guérin (1810–1839), angespornt von Rilkes Nach-

---

139 Romain Rolland: Danton. Deutsch von Lucy von Jacobi und Wilhelm Herzog. München: Georg Müller Verlag 1919.
140 Romain Rolland: Die Wölfe. Deutsch von Wilhelm Herzog. München: Georg Müller Verlag 1920 (das bei Raabe 1985 unter 122/27 vermerkte Datum [„1914"] ist falsch).
141 Edmond und Jules de Goncourt: Marie Antoinette. Übersetzt und herausgegeben von Konrad Merling [Curt Moreck]. Mit 1 Bildnis nach einem Kupfer von L. S. Boizot. München: Rösl & Cie 1923.
142 Henri Sanson: Denkwürdigkeiten der Scharfrichterfamilie Sanson. Hg. und verdeutscht von Alfred Wolfenstein. München: Rösl & Cie 1924.
143 Victor Hugo: Dreiundneunzig [1793]. Roman. Deutsch von Alfred Wolfenstein. Mit einem Nachwort von Heinrich Mann. Leipzig: Paul List Verlag [1925] (Epikon – Eine Sammlung klassischer Romane. Herausgegeben von E. A. Rheinhardt).
144 Eugène Pottier/Jean Baptiste Clément: Französische Revolutionslieder aus der Zeit der Pariser Commune. Übertragen und eingeleitet von Walter Mehring. Einbandzeichnung von Bernhard Naudin. Berlin: Der Malik-Verlag 1924 (Malik-Bücherei Bd. 1).
145 Benjamin de Constant: Adolf. Aus den Papieren eines Unbekannten. Übersetzt und eingeleitet von Otto Flake. München/Leipzig: Georg Müller Verlag 1910.
146 Ebd., S. 1.

dichtung von Guérins *Le Centaure*, wie er selbst im Nachwort betont.[147] Beachtung fanden zudem Klassiker der französischen Romantik: die Erzählungen Gérard de Nervals (1808–1855),[148] Alexandre Dumas' (1802–1870) semiautobiographischer Roman *La Dame aux Camélias* (1848)[149] und Alfred de Mussets (1810–1857) Novelle *Les deux Maîtresses* (1840).[150] Dass auch die Romantik-Rezeption gesellschaftskritische Akzente setzte, zeigt Alfred Wolfensteins Übersetzung von Victor Hugos (1802–1885) Novelle *Le Dernier Jour d'un Condamné* (1829) im Kontext der Debatte um die Abschaffung der Todesstrafe in der Weimarer Republik.[151]

Die Affinität zum Satirischen zeigt sich in der Vorliebe für das Genre der ‚exotischen Satire', welche als Medium der expressionistischen Zivilisationskritik wirkte. So übersetzte Max Pulver (1889–1952)[152] 1922 Théophile Gautiers (1811–1872) Erzählung *Eldorado ou Fortunio* (1837),[153] die in der Tradition von Montes-

---

147 „Im Jahre 1839 stirbt Maurice de Guérin, an Dichtung wenig mehr hinterlassend, als was die Seiten eines kleinen Oktavbandes ausfüllt. Die Geschichte der Literatur verzeichnet ihn nicht; allein in der Niederschrift berühmter Freunde kommt einige Erinnerung über die Jahrzehnte fort, auch diese bleibt ein dünner Lichthof im Nebel seines Vorübergangs. Dann erscheint 1911 die erste deutsche Übertragung des *Kentauern*, die Rainer Maria Rilke schrieb. Die wundervolle Zartheit der Hingabe an Sinn und Wort des Originals erweckt das Gedächtnis. Diese Nachdichtung macht den Hintergrund vergessen; vielmehr: sie webt sich in ihn ein, löst sich in ihm auf. Es ist so, daß man den französischen Text wechselweise mit dem deutschen lesen kann, ohne eine Schwankung im Rhythmus, eine Trübung der Atmosphäre, eine Beugung des Geistes zu entdecken. Dieses außerordentliche Gedicht in Prosa mußte reizen, mehr von Guérin zu suchen. Es fand sich das zweite, *Die Bacchantin*, dem *Kentauern* gleich aus dem Nachlaß gehoben und hier zuerst dem Versuch einer deutschen Wiedergabe überlassen" (Maurice de Guérin: Die Bacchantin. Zum ersten Mal übertragen von Max Krell. Mit Beifügung des französischen Originals. München: Musarion-Verlag [1922] (Der Liebesgarten), S. 79–81).
148 Gérard de Nerval: Erzählungen. Ausgewählt und übertragen von Alfred Wolfenstein. Bd. 1–3. München: Drei Masken-Verlag 1921.
149 Alexander Dumas: Die Kameliendame. Deutsche Übertragung von Otto Flake. Berlin: Hyperion 1919.
150 Alfred de Musset: Die beiden Geliebten. Deutsch von Hans Jacob. München-Pullach: Südbayerische Verlagsanstalt 1921. Ders.: Die beiden Geliebten. (Erzählungen und eine Komödie. Übertragen von Alfred Neumann.) München: Georg Müller Verlag 1924 (Zwei-Mark-Bücher, Serie 2).
151 Victor Hugo: Der letzte Tag eines Verurteilten. Übertragen von Alfred Wolfenstein. [Berlin:] Malik-Verlag [1925] (Malik-Bücherei Bd. 9). Vgl. auch Wolfensteins Drama *Die Nacht vor dem Beil* (1929).
152 Der spätere Dozent für Graphologie und Menschenkunde in Zürich trat als junger Autor der Avantgarde mit zahlreichen Gedichtpublikationen u. a. in der *Aktion* sowie mehreren Veröffentlichungen im Kurt Wolff Verlag vor. Vgl. Raabe 1985, S. 380–382, Nr. 238.
153 Théophile Gautier: Fortunio. [Die neue Übertragung für diese Ausgabe besorgt [von] M[ax] Pulver.] Original-Lithographie von Werner Schmidt. München: Drei Masken Verlag [1922] (Obelisk-Drucke 8).

quieus *Lettres Persanes* (1721) mit dem satirischen Abschiedsbrief des in Indien erzogenen, Paris- und Europa-müden Protagonisten endet, der für den ‚Hort der Kultur' nur Kopfschütteln übrig hat.[154] Der schwerreiche Nabob lässt seinem Spott über das elende Europa freien Lauf: Er mokiert sich über kaltes Nieselwetter, verkümmerte Natur („die kläglichen Wölfe, die nicht einmal Kraft genug haben, ein Dutzend Bauern aufzufressen"),[155] Hässlichkeit und Armut, die sich als Schönheit und Reichtum ausgeben, spießbürgerliche Mode, Journalisten-Unwesen und Gerontokratie. An der europäischen Vorliebe für das Alte, auf den Brettern („Alle gefeierten und vom Publikum verehrten Schauspielerinnen sind mindestens sechzig Jahre alt")[156] wie an den Wänden („alle schönen Bilder von Galerien stammen von alten Meistern"),[157] diagnostiziert Fortunio die Symptome einer erschöpften Kultur, die sich überlebt hat.

Definierte sich der Frühexpressionismus wesentlich über seinen Antinaturalismus, so kam es zu Beginn der zwanziger Jahre, im Übergang zur Neuen Sachlichkeit, vielfach zur Wiederanknüpfung an Realismus und Naturalismus. Der Zuspruch, den Honoré de Balzac (1799–1850) erfuhr, ist durch eine Fülle von Übertragungen belegt.[158] Wiederentdeckt wurden auch Guy de Maupassant

---

154 „Mein lieber, teurer Radin-Mantri! Dieser Brief wird mir nicht lange vorauseilen. – Ich kehre nach Indien zurück, wahrscheinlich, um nicht mehr wegzugehn. Du erinnerst dich, wie glühend ich Europa zu besuchen wünschte, das Land der Kultur, wie man es nennt; aber Gott strafe meine Augen! Wenn ich gewußt hätte, was das ist. So hätte ich mir die Mühe nicht gemacht." (Théophile Gautier: Fortunio, S. 179).

155 Ebd.

156 Ebd., S. 183.

157 Ebd.

158 Im Falle Balzacs lässt sich im Übergang vom Früh- zum Spätexpressionismus die Metamorphose von einem visionären zu einem politischen Schriftsteller beobachten. In Hofmannsthals Nachfolge feierte Ernst Stadler den Begründer des soziologischen Realismus in seinem *Balzac-Buch* von 1913 als wesentlich schöpferisch-visionären Autor und setzte ihn – unter Berufung auf Oscar Wilde – Zolas sterilem Naturalismus entgegen: „Der Unterschied zwischen dem *Assommoir* Zolas und den *Illusions Perdus* Balzacs', heißt es in einem Dialog Oskar Wildes, ‚ist der Unterschied zwischen unschöpferischem Realismus und schöpferischer Realität.'" (Das Balzac-Buch. Erzählungen und Novellen. Aus dem Französischen des Honoré de Balzac übersetzt und eingeleitet von Ernst Stadler. Straßburg-Leipzig: Josef Singer Verlag 1913, S. 11. Bei dem von Stadler zitierten Dialog Oscar Wildes handelt es sich um *Zwei Gespräche von der Kunst und vom Leben* [Leipzig: Insel 1907, S. 15]). Für ein neues Balzac-Bild sorgte bereits 1912 Heinrich Mann in seinem Essay *Der französische Geist*, der ein dezidiert politisches Balzac-Porträt entwarf und ihn zusammen mit Zola als Lehrer der Demokratie feierte: „Das ist die Wirkung dieser Romane[,] dieser Gedichte: sie haben die Demokratie erzogen. Das ist die Wirkung Zolas und das ist, seinen Tendenzen zum Trotz, die von Balzac. (Denn der Roman, diese Enthüllung der weiten Welt, dies grosse Spiel aller menschlichen Zusammenhänge ist gleichmacherisch von Natur; er wird gross mit der Demokratie, unter der das Drama in seiner aristokratischen Enge abstirbt. Balzac ist der

(1850 – 1893), von dem Ernst Weiß (1882 – 1940) und Erik-Ernst Schwabach den Roman *Pierre et Jean* (1887/88) übersetzten,[159] sowie Émile Zola (1840 – 1902). Verdeutscht wurden Zolas Novellen *Les Quatre Journées de Jean Gourdon* (1874) aus den *Nouveaux Contes à Ninon* und *Pour une nuit d'amour* (1883) sowie einige Romane aus dem zwanzigbändigen *Rougon-Macquart*-Zyklus, nämlich *La Curée*

Dichter der kämpfenden Demokratie, Zola der triumphierenden)." (Heinrich Mann: Der französische Geist. In: Die Aktion 2 (18. Dezember 1912) 51, S. 1607 – 1611, hier S. 1608). In Heinrich Manns Nachfolge feierte Max-Hermann Neiße 1919 in seiner Besprechung der neuen Übersetzung von *Le Cousin Pons* im Kurt Wolff Verlag Balzacs Roman als Anklageakt gegen die amusische französische Bourgeoisie und Antizipation der spätexpressionistischen Gesellschaftskritik: „Der weichmutige Eigenbrötler Pons und sein biedrer deutscher Musikerfreund gehen unter in der ungleichen Auseinandersetzung mit der konsolidierten Gemeinheit praktischer fühlloser Gewissen, und das Martyrium der reinlichen Gesinnung, die dem Getriebe des Schwindelgezüchts nicht gewachsen zwischen dem tyrannischen Egoismus der Nobelbourgeoisie und dem skrupellosen Dienern der Unteren um Bourgeoisievorrechte hilflos zerrieben wird, ist mit all seinen Demütigungen, seinem Verraten- und Verkauftsein, seiner fatalistischen Verlassenheit so gründlich dargestellt, daß das Klima einer gesamten Zeitartung noch für Heutiges exemplarisch gebrandmarkt steht. Und wie Balzacs Werk in der umfassenden Übersicht seiner Gegenständlichkeit die Struktur der heut endlich aufzulösenden Wirtschaft wahrheitsgemäß enthält, deckt es ihre Triebe und Tendenzen auf als die gottverlassensten Methoden zur Entseelung und Entgottung, zur Versklavung und Verdinglichung alles Menschlichen und wächst über seine chronistische Absicht zum aufreizenden Dokument des notwendigen Ansturms gegen die Fundamente der kapitalistisch-bureaukratischen, besitz- und machtgierigen Bürgerichsucht. Das Bürgertum, das heut im entscheidenden Endtreffen berannt werden soll, ist im Grunde das gleiche, das Balzacs ehrlicher Haß traf: ‚sans respect pour les arts, en adoration devant les résultats, ne prisaient que ce quelles avaient conquis depuis 1830: des fortunes ou des positions sociales éminentes'– ‚ohne Respekt für die Künste, nur in Anbetung vor den Resultaten, nur abschätzend, was sie erobert hatten: Vermögen oder bedeutende soziale Stellungen.'" (Max Herrmann-Neiße: Der Vetter Pons. [Von Balzac]. In: Die Erde 1 (1. August 1919) 14/15, S. 474 – 476, hier S. 475 f.). Das spätexpressionistische Interesse für Balzac belegt eine erstaunlich intensive übersetzerische Rezeption in der Nachkriegszeit. Sie ist vor allem den Übersetzern Hans Jacob, Curt Moreck, Ossip Kalenter (1900 – 1976), Paul Mayer (1889 – 1970), Otto Flake und in Wien Emil Alphons Rheinhardt (1889 – 1945) zu verdanken. An der Balzac-Gesamtausgabe, die in der unmittelbaren Nachkriegszeit bei Rowohlt erschien und ein legendärer Verlagserfolg wurde, beteiligten sich auch Expressionisten, darunter Walter Mehring, Franz Hessel, Otto Flake, Paul Zech und Ernst Weiß. Im Kontext des spätexpressionistischen Balzac-Kults ist auch an Walter Hasenclevers fünfaktiges Drama *Gobseck* (1920) zu erinnern, nach dem gleichnamigen Roman aus dem Zyklus der *Comédie humaine* – ein Stück, das mitten in der politischen Desillusion und sozialen Verelendung der Nachkriegszeit das Streben nach Gold als dämonische Verlockung hinterfragt (dazu: Bert Kasties: Walter Hasenclever. Eine Biographie der deutschen Moderne. Tübingen: Niemeyer 1994, S. 208).
159 Guy de Maupassant: Die Brüder. Roman. Deutsche Übertragung von E[rnst] W[eiß]. Berlin: Ullstein-Verlag 1924 (Maupassant, Werke). Ders.: Peter und Hans. Roman. Deutsche Übertragung von E[rik] E[rnst] Schwabach. München: Kurt Wolff [1924] (Maupassant, Romane und Novellen).

(1871–72, 2. Teil des *Rougon-Macquart*-Zyklus), *Le Ventre de Paris* (1873, 3. Teil), *L'Assomoir* (1877, 7. Teil) und *La Bête humaine* (1890, 17. Teil).[160]

Von Anfang an spielte der französische Symbolismus eine zentrale Rolle im Expressionismus. Von der anders akzentuierten Baudelaire-Rezeption war bereits die Rede.[161] Hans Havemanns Auswahl-Übertragung aus Baudelaires *Fleurs du Mal – Der Verworfene* (1920) – verstand sich, wie bereits die Überschrift verrät, als Korrektiv zu Georges einseitig ästhetisch dimensionierten Umdichtungen. 1923 verdeutschte der Begründer und Förderer der *Weißen Blätter* Erik-Ernst Schwabach auch die *Petits Poèmes en prose*.[162]

Auch das expressionistische Bild Paul Verlaines setzte sich vom symbolistischen deutlich ab. Stefan George hatte Verlaine ob des musikalischen Zaubers seiner Lyrik kanonisiert, im Expressionismus wurde er als erotischer Dichter neu perspektiviert. Diese programmatische Aufwertung der Sinnlichkeit ergab sich aus dem Vitalismus und entsprach dem Ziel, die Sexualität aus den Zwängen der bürgerlichen Moral zu befreien.[163] Die Bejahung des vitalistischen Ideals implizierte eine Neuentdeckung der Körperlichkeit, im Einklang mit der zeitgenössischen Lebensreform. Der unorthodoxe Freud-Schüler Otto Gross (1877–1920) konzipierte die Psychoanalyse als Vertiefung von Nietzsches Vitalismus,[164] als

---

160 Émile Zola: Die vier Tage des Jean Gourdon. Durchgesehen und hg. von Hans Jacob. München. Musarion-Verlag 1920. Ders.: Gesammelte Novellen. Durchgesehen und hg. von Hans Jacob. Bd. 1–3. Potsdam: Gustav Kiepenheuer Verlag 1921. Ders.: Um eine Liebesnacht. Hg. und durchgesehen von Hans Jacob. München: O. C. Recht 1921 (Novellen in Gelb; Bd. 2). Ders.: Die Jagdbeute. Von Max und Elsa Brod übertragen. München: Kurt Wolff 1923 (Die Rougon-Macquart Bd. 2). Ders.: Der Bauch von Paris. Übertragen von Arthur Ernst Rutra. München: Kurt Wolff Verlag 1923 (Die Rougon-Macquart Bd. 3). Ders.: Die Schnapsbude. Übertragen von Arthur Ernst Rutra. München: Kurt Wolff Verlag 1923 (Die Rougon-Macquart Bd. 7). Ders.: Die Bestie im Menschen. Übertragen von Max Pulver. München: Kurt Wolff Verlag 1924 (Die Rougon-Macquart Bd. 17).
161 Vgl. dazu das Kapitel: „Avantgardistische Aktualisierung: Baudelaire‘" in der vorliegenden Studie.
162 Charles Baudelaire: Kleine Gedichte in Prosa. Ausgewählt und übertragen von Erik Ernst Schwabach. Mit 6 Originalkupferstichen von Eddy Smith. Potsdam: Müller 1923 (Sanssouci-Bücher Bd. 1). Übertragen wurden sechsundzwanzig der insgesamt fünfzig Prosagedichte des *Spleen de Paris* (1869): *Der Fremde, Die Verzweiflung der alten Frau, Künstlerbeichte, Ein Spassvogel, Das zwiefache Zimmer, Ein Uhr nachts, Die Wilde und das Modepüppchen, Venus und der Narr, Die Uhr, Eine halbe Welt in deinem Haar, Das Spielzeug des Armen, Abenddämmerung, Pläne, Die Augen der Armen, Berauscht euch, Schon!, Fenster, Malen wollen, Die Gaben des Mondes, Rassepferd, Der Spiegel, Der Hafen, Der galante Schütze, Wolken und Suppe, Die verlorene Aureole, Any where out of the world (Nur nicht in dieser Welt).*
163 Dazu Thomas Anz: Literatur des Expressionismus, S. 56 f.
164 Otto Gross: Von geschlechtlicher Not zur sozialen Katastrophe. Mit einem Essay von Franz Jung zu Werk und Leben von Otto Gross sowie einem Nachwort von Raimund Dehmlow. Hamburg: Nautilus 2000, S. 66.

psychische „Umwertung der Werte" und zugleich als revolutionäre „Befreiung der vom Unbewußten gebundenen Individualität".[165] Er propagierte die Emanzipation der Affekte und Triebe von der Unterordnung unter das „Vaterrecht" als Grundlage der bürgerlichen Familie und pathogene Instanz der Triebeinschränkung.[166] Hans von Flesch-Brunningen (1895 – 1981) rief in einem Manifest von 1914 eine „Revolution der Erotik" aus,[167] während Raoul Hausmann (1886 – 1971) 1919 „die Auflösung der existierenden kleinbürgerlich-moralischen Sexualverhältnisse" forderte.[168] Im Kontext dieser programmatischen Befreiung der Sexualität von den gesellschaftlichen Zwängen übersetzten die Expressionisten (namentlich Curt Moreck, Hans Schiebelhuth und Alfred Richard Meyer) sämtliche *Erotica* Verlaines, die bis dahin in kleiner Auflage und klandestin erschienen waren: die sechs Sonette *Les Amies*, die lesbische Sexualität zum Gegenstand haben (zunächst Ende 1867 unter dem Pseudonym Pablo de Herlagnez in Brüssel bei Auguste Poulet-Malassis publiziert),[169] ferner die Sammlung *Femmes* (publiziert ebenfalls in Brüssel bei Henri Kistemaeckers 1890)[170] sowie den Gedichtzyklus *Hombres,* ebenfalls mit homosexueller Thematik (veröffentlicht postum 1903 bei dem Pariser Verleger Albert Messein).[171] *Femmes* und *Hombres* erschienen ohne Verlagsnamen mit der Angabe: „Imprimé sous le manteau et ne se vend nulle parte". Auch die deutsche Nachdichtung *Männer* wurde als klandestiner Druck und ohne Nennung der Übersetzer publiziert. „Diese Ausgabe in Deutschland

---

165 Otto Gross: Zur Überwindung der kulturellen Krise. In: Die Aktion 3 (2. April 1913) 14, Sp. 384 – 387, hier Sp. 384.

166 Ebd., Sp. 386.

167 Hans von Flesch-Brunningen: Die Revolution der Erotik. In: Wiecker Bote 1 (1914) 11/12, S. 5 – 12.

168 Raoul Hausmann: Zur Weltrevolution. In: Die Erde 1 (1919) 12, S. 369 – 373, hier S. 369.

169 Paul Verlaine: Freundinnen. Sechs Sonette. Mit Radierungen von R. R. Junghans. (Umdichtung von Curt Moreck.) Berlin: C. P. Chryseliusscher Verlag [1920] (davon ein Privatdruck in 500 nummerierten Exemplaren auf handgeschöpften Bütten abgezogen); Freundinnen. Nachdichtungen von Alfred Richard Meyer. O. O.: Privatdruck [1923]. Meyers Nachdichtungen enthalten auch die Übertragung von Verlaines *Ballade Sappho,* die wie *Les Amies* aus der Sammlung *Parallèlement* (1889) (als deren Abschluss) stammt. Meyer hatte seine Umdichtung der *Ballade* bereits 1911 in der *Aktion* publiziert (Paul Verlaine: Sapphische Ballade. Übers. von Alfred Richard Meyer. In: Die Aktion 1 (27. November 1911) 41, Sp. 1298).

170 Paul Verlaine: Frauen. Deutsche Umdichtung des Buches *Femmes* von Curt Moreck mit vier bisher unveröffentlichten Gedichten aus dem Manuskript. Hannover: Paul Steegemann Verlag 1919. Die unveröffentlichten Texte sind *Prometheus, Liebeskämpfe, Die Hinrichtung* und *Sieche Madonna.*

171 Paul Verlaine: Männer. Deutsche und französische Ausgabe des Buches *Hombres.* [Übersetzt von Curt Moreck und Hans Schiebelhuth.] Zürich: Offizin I. H. François 1920 (Hannover: Steegemann).

erscheinen zu lassen", liest man im Nachwort, „wurde uns durch die dort herrschende Mentalität unmöglich gemacht. Wir geben sie deshalb in der Schweiz und anonym heraus".[172] Ziel der Übersetzer sei es gewesen, „eines der seltensten Dokumente einer Ausnahmeliteratur den Lesern zu bieten, die gewillt sind, auch die düsteren Seiten des Lebens zu durchforschen und die Abgründe der Seele zu erkennen".[173] Das Nachwort verbindet somit Verlaines *Erotica* mit dem expressionistischen Bekenntnis zur Wahrhaftigkeit des Erlebens jenseits der bürgerlichen Moralschranken. Dass der Band ohne Angabe des Verlags Paul Steegemann und der Übersetzer (Curt Moreck und Hans Schiebelhuth) erschien, konnte Denunziation und Indizierung nicht verhindern. Die Staatsanwaltschaft beschlagnahmte die Publikation zusammen mit der zweiten Ausgabe der *Frauen* und der von Franz Blei verdeutschten Novelle von Aubrey Beardsleys *Venus und Tannhäuser*.[174] Als Beispiel für Morecks und Schiebelhuths Umdichtung von Verlaines *Hombres* sei das 1891 datierte Einleitungsgedicht zitiert, das die obszöne Programmatik des Originals erheblich abschwächt:

Männer

O lästere, Dichter, nicht; besinne dich!
Es ist oft schön, bei einer Frau zu liegen
Und ihrem weichen Fleisch sich anzuschmiegen;
Manchmal erfreute dieses Glück auch mich.

Herrliches Liebesnest ist ihr Gesäß!
Ich lasse knieend dort die Zunge spielen,
Indes die Finger andern Schacht durchwühlen,
Wie Schweinchen wuscheln durch ihr Freßgefäß.

Den Leib erhöhend dient im Wollustbette
Als Stütze ihr Gesäß zum Minnespiele,
Herrliches Polster für die Liebesmette,
Daß tiefer sich der Mann ins Weib verwühle.

Rast meiner Hände, Freude meiner Glieder!
Mit deiner Frische, deinem vollen Rund

---

172 Nachwort. In: ebd., S. 53.
173 Ebd. Auch Curt Moreck beruft sich in seinem Nachwort zu dem Band *Frauen* auf das expressionistische Wahrhaftigkeitspostulat: „Der Dichter ist berufen oder verdammt, in allen Manifestationen seines Geistes auszusagen über sich und die Strahlbrechungen des Erlebens in seiner Seele, schamlos bis zur Lasterhaftigkeit, wahr bis zur Unzucht" (Curt Moreck: Verlaines *Femmes*. In: Paul Verlaine: Frauen, S. 48).
174 Dazu vgl. den Dokumentationsband: Paul Steegemann Verlag 1919–1935, 1949–1955. Sammlung Marzona [Sprengel-Museum Hannover, 3.X.1994–15.I.1995]. Hg. von Jochen Meyer. [Katalog Ulrich Krempel; Egidio Marzona]. Stuttgart: Hatje 1994, S. 67.

Bist du mein Ruhekissen immer wieder,
Und rasch erholt sich dort der schnelle Vagabund.

Allein, wer möchte dich dem Manngesäß vergleichen,
Das sich weit wollustreicher noch erwiesen,
Als Freudenblume und als Schönheitszeichen
Von den Besiegten und Leibeigenen gepriesen.

Schlimm! spricht die Liebe, wie die Stimme der Geschichte.
Mannliebe, Hellas' reiner Ruhm galt dir!
Einst warst du Roms göttliche Zier,
Um dich verging einst glorreich Sodoma, das lichte.

Shakespeare, nachdem Ophelia er verließ,
Cordelia, Desdemona, sang, für Frauen kalt,
Sein Jubellied der männlichen Gestalt,
Die er in wundervollen Versen pries.

Mannsüchtig waren einst die Valois, und heut zum Hohn
Europas, das verspießt und ganz verweibt,
Bewundern wir die Königsjunger auf dem Bayernthron,
Den Ludwig, den das Herz zu seinem Stallknecht treibt.

Sogar der Frauen Fleisch verkündet
Rühmend des stolzen Jungferers Lieblichkeiten,
Und darum, durch den Rat Rousseaus begründet,
Gilt's, Dichter, daß du „Damelassen" spielst zuzeiten.[175]

---

175 Paul Verlaine: Männer, S. 7 f. „Ô ne blasphème pas, poète, et souviens-toi. / Certes la femme est bien, elle vaut qu'on la baise, / Son cul lui fait honneur, encor qu'un brin obèse / Et je l'ai savouré maintes fois, quant à moi. // Ce cul (et les tétons) quel nid à nos caresses! / Je l'embrasse à genoux et lèche son pertuis / Tandis que mes doigts vont fouillant dans l'autre puits / Et les beaux seins, combien cochonnes leurs paresses! // Et puis, il sert, ce cul, encor, surtout au lit / Comme adjuvant aux fins de coussins, de sous-ventre, / De ressort à boudin du vrai ventre pour qu'entre / Plus avant l'homme dans la femme qu'il élit, // J'y délasse mes mains, mes bras aussi, mes jambes, / Mes pieds. Tant de fraîcheur, d'élastique rondeur / M'en font un reposoir désirable où, rôdeur, / Par instant le désir sautille en vœux ingambes. // Mais comparer le cul de l'homme à ce bon cu / À ce gros cul moins voluptueux que pratique / Le cul de l'homme fleur de joie et d'esthétique / Surtout l'en proclamer le serf et le vaincu, / ‚C'est mal,' a dit l'amour. Et la voix de l'Histoire. / Cul de l'homme, honneur pur de l'Hellade et décor / Divin de Rome vraie et plus divin encor, / De Sodome morte, martyre pour sa gloire. / Shakspeare, abandonnant du coup Ophélia, / Cordélia, Desdémona, tout son beau sexe / Chantait en vers magnificents qu'un sot s'en vexe / La forme masculine et son alleluia. // Les Valois étaient fous du mâle et dans notre ère / L'Europe embourgeoisée et féminine tant / Néanmoins admira ce Louis de Bavière, / Le roi vierge au grand cœur pour l'homme seul battant. / La Chair, même, la chair de la femme proclame / Le cul, le vit, le torse et l'œil du fier Puceau, / Et c'est pourquoi d'après le conseil à Rousseau, / Il faut parfois, poète, un peu ‚quitter la dame'" (Paul Verlaine: Œuvres poétiques complètes. Texte établi et

Wiewohl er über Verlaines zügellose Homoerotik „erschüttert" war, wie ein Tagebucheintrag bezeugt,[176] ging Thomas Mann, dem der Verleger den Band *Frauen*
sowie die Korrekturbogen von *Männern* übersandt hatte, doch auf Steegemanns
Bitte ein, indem er ihm seine Solidarität durch den *Brief an einen Verleger* be-
kundete.[177] Dort argumentiert Mann dahingehend, dass „große Moralisten" stets
auch „große Sünder" gewesen seien und dass das weite „Gebiet des Sittlichen"
auch das „Unsittliche" umfasse.[178] Über die Beschlagnahme protestierte vergeblich auch Kurt Tucholsky in der *Weltbühne*.[179] Einzelübertragungen aus Verlaines
erotischer Lyrik erschienen außerdem in den *Weißen Blättern* und in der *Aktion*.[180]

---

annoté par Yves-Gérard Le Dantec. Édition révisée, complétée et présentée par Jacques Borel.
Paris: Gallimard 1989, S. 1404 f.).

176 „Las gestern mit Erschütterung Gedichte von Verlaine *Frauen* und *Männer*, die der Verleger
Steegemann geschickt. Ungeheuere Unzucht. Gedanken darüber" (Thomas Mann: Tagebücher.
1918–1921. Hg. von Peter de Mendelssohn. Frankfurt/Main: Fischer 1979, S. 459, Eintrag vom
11.08.1920).

177 Thomas Mann: Brief an einen Verleger. In: Ders.: Essays. Bd. 2: Für das neue Deutschland
1919–1925. Hg. von Hermann Kurzke und Stephan Stachorski. Frankfurt/Main: Fischer 1993,
S. 27 f. Der Brief, der Garmisch 18.08.1920 datiert, hätte vermutlich in der dadaistischen Zeitschrift
Der Marstall veröffentlicht werden sollen, die aber im Sommer 1920 eingestellt wurde. Er erschien
1922 in Manns Essayband *Rede und Antwort*. Die Aussage der beiden germanistischen Heraus-
geber von Thomas Manns Essays, Hermann Kurzke und Stephan Stachorski, „Die Zyklen *Femmes*
und *Hombres* fehlen bis heute in den französischen Gesamtausgaben von Verlaines Gedichten" (T.
M.: Essays, S. 301), entbehrt der Grundlage. Zu diesem Zeitpunkt (1993) lagen die beiden Zyklen in
Verlaines Gesamtausgabe bereits vor (Paul Verlaine: Œuvres poétiques complètes, S. 1387–1403
[*Femmes*], 1404–1416 [*Hombres*]).

178 „Große Moralisten waren meistens auch große Sünder. Von Dostojewski sagt man, daß er ein
Kinderschänder gewesen sei. […] Jedenfalls öffnen in den Werken dieses Religiösen die Schlünde
der Wollust sich jeden Augenblick. […] Das Gebiet des Sittlichen ist weit, es umfaßt auch das
Unsittliche. Große Moralisten, Menschen des weit gespannten Erlebnisses, durchmessen es ganz"
(Thomas Mann: Brief an einen Verleger, S. 27 f.). Die Dostojewski-Stelle spielt vermutlich auf eine
Passage bei Dmitri Mereschkowski an („Es existiert handschriftlich ein ungedruckter Abschnitt
aus den *Dämonen*, die Beichte Stawrogins enthaltend, in der er unter anderem die Schändung
eines Mädchens erzählt". D. M.: Tolstoi und Dostojewski als Menschen und Künstler. Leipzig:
Schulze 1903, S. 119).

179 „Das ist Zensur. Nun will ich mir aber nicht von Herrn Staatsanwalt Orthmann vorschreiben
lassen, was ich lesen darf, und wenn das so weiter geht, dann haben wir in vier Wochen eine
obrigkeitliche Bevormundung, die sich in gar nichts von Metternichs Zensur unterscheiden wird"
(Kurt Tucholsky: Gesammelte Werke. Hg. von Mary Gerold-Tucholsky und Fritz J. Raddatz. Bd. 1:
1907–1924. Reinbek bei Hamburg: Rowohlt 1960, S. 766).

180 Vgl. die Übertragungen von „L'écartement des bras m'est cher" aus *Odes en son honneur* (Die
Weißen Blätter 7 (1920) 6, S. 269, *Gedicht*, übers. von Theodor Däubler) sowie der *Ballade Sappho*
(Die Aktion 1 (1911) 41, Sp. 1298, *Sapphische Ballade*, übers. von Alfred Richard Meyer) und des

Als Vermittler Verlaines wirkte zudem Stefan Zweig, der 1911 eine Auswahl-übertragung herausgab, die auch Georg Trakl rezipierte.[181] Die Intensität der ex-pressionistischen Verlaine-Rezeption veranlasste Zweig, 1922 eine zweite Auswahl herauszugeben, welche auch einige expressionistische Versionen von Paul Zech, Max Brod, Walter Hasenclever und Alfred Wolfenstein aufnahm.[182] Wolfenstein selbst legte übrigens 1925 eine eigenständige Auswahl vor, welche auch Verlaines erotische Lyrik einbezieht.[183]

Anders als im deutschsprachigen Symbolismus, wo er fast völlig unbeachtet blieb, erlebte Arthur Rimbaud im Expressionismus eine intensive Rezeption. Er stellte für die Expressionisten/-innen den Archetyp ihres eigenen vitalistischen Dichtungsideals dar. Dass der junge Rimbaud nach einem fulminanten Frühwerk der Dichtung für immer den Rücken kehrte, um als Abenteurer in Afrika sein Glück zu versuchen, wirkte im Expressionismus als antizipatorische Vorweg-nahme der Abkehr der Avantgarde vom Ästhetizismus. Translatorisch vermittelt wurde Rimbaud hauptsächlich durch die von Karl Klammer besorgte, spätro-mantische Auswahlübertragung.[184] Einen entscheidenden Einfluss übte er auf diesem Weg auf Trakl aus.[185] Im Original und in Klammers Nachdichtung wirkte er

---

Sonetts *Sur le balcon*, (Die Aktion 5 (1915) 35/36, Sp. 447, *Auf dem Balkon*), welche die lesbische Liebe besingen.

181 Paul Verlaine: Gedichte. Eine Anthologie der besten Übertragungen. Hg. von Stefan Zweig. 3. Aufl. Berlin/Leipzig 1911.

182 Paul Verlaine. Gesammelte Werke in zwei Bänden. Hg. und eingeleitet von Stefan Zweig. Bd. 1: Gesammelte Gedichte. Eine Auswahl der besten Übertragungen. Leipzig: Insel 1922 (dort die Übertragungen von *Beams* durch Theodor Däubler, *Sonntag* durch Alfred Wolfenstein, *Brüssel (Ringelspiel)* und *Das Abendessen* durch Max Brod, *Kaleidoskop* durch Walter Hasenclever sowie *Ein Witwer spricht* und *Erbbegräbnis* durch Paul Zech).

183 Paul Verlaine: Armer Lelian. Gedichte der Schwermut, der Leidenschaft und der Liebe. Übertragen von Alfred Wolfenstein. Berlin: Paul Cassirer Verlag 1925.

184 Arthur Rimbaud: Leben und Dichtung. Übertragen von K. L. Ammer. Eingeleitet von Stefan Zweig. Leipzig: Insel 1907. Zur Klammerschen Übertragung vgl. Reinhold Grimm: Werk und Wir-kung des Übersetzers Karl Klammer. In: Neophilologus 44 (1960), S. 20–36, Rémy Colombat: Rimbaud – Heym – Trakl: essais de description comparée. Bern [u. a.]: Lang 1987, ferner Barbara Haberlander: K. L. Ammer. Portrait eines österreichischen Übersetzers. Dipl.-Arb. Salzburg 1992; Colette Faber-Bellion: Die Rimbaud-Übersetzung von K. L. Ammer: Beispiele aus den *Illumina-tions*. In: Studien zur Literatur des 19. und 20. Jahrhunderts in Österreich. Festschrift Alfred Doppler. Hg. von Johann Holzner u. a. Innsbruck 1981, S. 121–140 und Wolfgang Pöckl: K. L. Ammer (1879–1959) – ein großer Name in statu evanescendi. In: Übersetzer als Entdecker. Hg. von Andreas F. Kelletat und Aleksey Tashinskiy. Berlin: Frank & Timme 2014, S. 253–264, bes. S. 257–260.

185 Zu Trakls Rimbaud-Rezeption vgl. vor allem: Adolf Meschendörfer: Trakl und Rimbaud. In: Klingsor 2 (1925) 2, S. 93–96; Herbert Lindenberg: Georg Trakl and Rimbaud: A Study in Influence and Development. In: Comparative Literature 10 (1958), S. 21–35; Friedhelm Papp: Der Einfluss

auf Georg Heym, den jungen Brecht, Jakob van Hoddis, Hans Arp, Albert Ehrenstein, Ludwig Rubiner und Iwan Goll, um nur die bedeutendsten Autoren zu
nennen.[186] Obwohl Klammers Umdichtung spätromantisch und konservativ dimensioniert ist, betonte der Expressionismus an Rimbaud vor allem die Züge,
welche den Horizont der symbolistischen Poetik sprengten: den gewaltsamen
Bruch mit der Tradition, die rebellische Attitüde, den rauschhaften Vitalismus
und die Ästhetik des Hässlichen und des Verfalls. Anfang der zwanziger Jahre
legte Hans Jacob seine Rimbaud-Biographie vor.[187] 1924 erschien dann Paul Zechs
Nachdichtung von Rimbauds Prosagedichten.[188] Drei Jahre später ließ Zech seine
Biographie[189] sowie eine äußerst freie Umdichtung von Rimbauds Lyrik folgen,[190]

Rimbauds auf Georg Trakl. In: Revue de littérature comparée 32 (1958), S. 396–406; Margareta
Leidl: Trakl und Rimbaud. Diss. Innsbruck 1958; Reinhold Grimm: Georg Trakls Verhältnis zu
Rimbaud. In: GRM N. F. 9 (1959), S. 288–315; Ingeborg Schiller: L'Influence de Rimbaud et de
Baudelaire dans la poésie préexpressionniste allemande: Georg Heym, Georg Trakl et Ernst
Stadler. Diss. Paris 1968; Rémy Colombat: Rimbaud – Heym – Trakl. Vol. 2; Jean Voellmy: Rimbaud
et Georg Trakl: convergences et divergences. In: Parade sauvage 17/18 (2001), S. 311–323.

186 Zum Einfluss Rimbauds auf die expressionistische Generation vgl. den reichhaltigen Beitrag
von Reinhold Grimm: Werk und Wirkung des Übersetzers Karl Klammer. In: Neophilologus 44
(1960) 1, S. 20–36, bes. S. 29–34. Zur Rimbaud-Rezeption Trakls und Heyms vgl. vor allem Rémy
Colombat: Rimbaud – Heym – Trakl: essais de description comparée. Bern u.a. 1987. Zu den
Übersetzungen vgl. bisher nur Daniela Rauthe: „Ich ist ein anderer". Die deutschsprachige Rezeption Arthur Rimbauds. Diss. Jena 2001, S. 31–124.

187 Hans Jacob: Das Leben des Dichters Jean-Arthur Rimbaud. München: Allgemeine Verlags-
anstalt 1921.

188 Arthur Rimbaud: Erleuchtungen. Gedichte in Prosa. Deutsche Nachdichtung von Paul Zech
[Initial von Hanns Thaddäus Hoyer entw. und von Bruno Rollitz in Holz geschn.] Leipzig: Wolkenwanderer-Verlag 1924 (Der Schatzbehalter 5).

189 Paul Zech: Jean-Arthur Rimbaud. Ein Querschnitt durch sein Leben und Werk. Leipzig:
Wolkenwanderer Verlag 1927. Ein Jahr später erschien Zechs Übertragung des *Bateau ivre* als
Separatdruck mit Holzschnitten von Willi Geissler (1848–1929): Das trunkene Schiff. Ballade von
Arthur Rimbaud. Deutsche Nachdichtung von Paul Zech. Holzschnitte von Willi Geissler. Bo-
chum: Schacht-Verlag 1928 (Die Schacht-Maler H. 2).

190 Zech selbst betont den freien Charakter seiner Version: „Auf wörtliche Übereinstimmungen
mit dem Originaltext machen die Nachdichtungen keinen Anspruch. Sogenannte ‚Übersetzungen'
geben im besten Fall nur das Gerippe der Vorlage wieder. Mir kam es aber auf die Wiedergabe des
dichterischen Gehaltes, der musikalischen, rhythmischen und lautmalerischen Werte, der Dynamik des menschlichen Bekenntnisses und seiner Polarität im allgemeinen an". (Das gesammelte Werk des Jean-Arthur Rimbaud. In freier Nachdichtung von Paul Zech. Leipzig: Wolkenwanderer-Verlag 1927, S. 136). Zechs freie Rimbaud-„Adaptation" (Andreas Wittbrodt: Verfahren
der Gedichtübersetzung: Definition, Klassifikation, Charakterisierung. Frankfurt a. M. [u. a.]: Lang
1995, S. 343) ist bis heute nicht umfassend untersucht worden. Vgl. die allgemeine Charakterisierung bei Rauthe („Ich ist ein anderer") sowie punktuelle Erwähnungen in motivgeschichtlichen
Untersuchungen zu *Ophélie*, *Dormeur du val* und *Le Bateau ivre*: Bernhard Blume: Das ertrunkene

welche an eine Eigenschöpfung grenzt[191] und auch die Vorlage für Zechs szenische Rimbaud-Ballade *Das trunkene Schiff* (1924) lieferte,[192] die 1926 in der Volksbühne Berlin unter der Regie von Erwin Piscator und mit Bühnenbildern von Georg Grosz aufgeführt wurde.[193] Es handelt sich um eine Version, die auf Berrichons Rimbaud-Ausgabe[194] sowie auf Klammers Übersetzung aufbaut,[195] zugleich

---

Mädchen: Rimbauds *Ophélie* und die deutsche Literatur. In: GRM 35 (1954), S. 108–119; Paul Pörtner: *Das trunkene Schiff:* Abenteuer eines Gedichtes. In: Schweizer Monatshefte für Politik, Wirtschaft, Kultur 43 (1963), S. 987–999; Willi Huntemann: Fremdheit im Gedicht und Übersetzungsverfahren am Beispiel von Rimbauds *Le Dormeur du Val*. In: JIG 23 (1991) 1, S. 109–123; Ders.: Vom Parnaß zu Prometheus. Zur Übersetzung intertextuell konstituierter Texte am Beispiel zweier Rimbaud-Übertragungen von Paul Zech (*Ophélie* und *Oraison du Soir*). In: JIG 24 (1992) 1, S. 37–51. Dankbar bin ich Isabell Oberle für ihre Unterstützung bei der folgenden Auswertung von Zechs Rimbaud-Version.

191 Erst 1930 legte Alfred Wolfenstein eine Übertragung des Gesamtwerks mitsamt der gesamten Prosa und einiger wichtiger Briefe vor, welche sich dagegen enger am Original hält: Arthur Rimbaud: Leben, Werk und Briefe. Übertragen und hg. von Alfred Wolfenstein. Mit 4 Kupfertiefdrucktafeln und einem Faksimile. Berlin: Internationale Bibliothek 1930. Dafür erntete Wolfenstein 1930 den ersten deutschen Übersetzerpreis.

192 Das trunkene Schiff. Eine szenische Ballade von Paul Zech. Leipzig: Schauspiel-Verlag [1924]. Das Rimbaud-Stück, das bereits Züge der dokumentarischen Theaterästhetik zeigt, wurde am 21. Mai 1926 in der Volksbühne Berlin unter der Regie von Erwin Piscator uraufgeführt. Das Bühnenbild entwarf Georg Grosz.

193 Dazu Alfred Hübner: Die Leben des Paul Zech. Eine Biographie. Heidelberg: Morio 2021, S. 387.

194 Wie die Gedichtanordnung verrät, diente Zech als Vorlage offenbar die Neuauflage von Berrichons Ausgabe, die bereits 1912 erschienen war (Paterne Berrichon: Jan-Arthur Rimbaud Le Poète (1854–1873). Poèmes, lettres et documents inédits. Portrait en héliogravure et autographe. Paris: Mercure de France 1912). Gegenüber dieser Ausgabe hat Zech zwei Fälschungen ergänzt (*Mein Herz singt* und *Ich bin mit Fluch geschlagen*) und insgesamt vierzehn Texte nicht übertragen (aus den Gedichten: *Accroupissements*, *Chant de guerre parisien*, *Est-elle almée*, *Age d'or*, *Marine*, *Mouvement*, *Charles d'Orléans à Louis XI*, aus den Prosagedichten: *Scènes*, *Angoisse*, *Veillées*, *Métropolitain*, *Soir historique*, *Parade* und *Démocratie*).

195 Dass Zechs freie Adaptation auf Klammers Übertragung aufbaut, beweisen wörtliche Anleihen, gemeinsame Fehler und Umstellungen. Eine aufzählende Übersicht der wörtlichen Übernahmen bietet Barbara Haberlander: K. L. Ammer, S. 66–85. Beispiele hierfür sind etwa die „reißenden Flüsse" (Klammer V. 1, Zech V. 1) für „[f]leuves impassibles" (Rimbaud, V. 1) in der ersten Strophe des *Bateau ivre* oder das „Faltenspiel" (Klammer V. 36, Zech V. 40) im selben Gedicht. Weitere Beispiele sind „Blutsturz" (V. 7) für „sang craché" (V. 7) in *Voyelles*, „liebefühlende[n] Körper" (Klammer S. 228, Zech S. 221) für „corps amoureux" (S. 294) in *Being beautous* oder die abschwächende Umdeutung des religionskritischen Titels *Le Mal* in *Elend* (Klammer) bzw. *Ewiges Elend* (Zech). Übersetzungsfehler wurden von Zech ebenfalls übernommen, z. B. „Landstraße (Klammer S. 240, Zech S. 225) für „banlieue" (S. 299) in *Ouvriers* oder „Abenteuer" für „aventuriers" in *Villes* (vgl. bereits Colette Faber-Bellion: Die Rimbaud–Übersetzung von K. L. Ammer, S. 131). Dass sich Zech auch Klammers Reimlösungen zu eigen machte, zeigt die letzte

aber eigene Akzente setzt. Vor allem wird Rimbauds Lyrik aktualisiert, um sie in ein Medium der expressionistischen Kulturkritik zu verwandeln. So avanciert Zechs Rimbaud zum Vorreiter der expressionistischen Menschenverbrüderung, des Pazifismus und der Utopie des ‚Neuen Menschen'. Der sozialrevolutionäre Protest von Rimbauds Poetik wird zugespitzt und die Kritik an sozialen Missständen verdeutlicht. Formalästhetisch zeigt sich Zechs Adaptation dagegen eher konservativ – ein Befund, der die Ergebnisse der neueren Forschung bestätigt, welche etwa das ‚Massenphänomen' der expressionistischen Sonettistik erstmals ins Blickfeld genommen und auf die Diskrepanz zwischen den formzerstörerischen Deklarationen und der formalästhetischen Umsetzung hingewiesen hat.[196] Nicht nur in seiner eigenen lyrischen Produktion favorisierte Zech kodifizierte und kanonische Dichtungsformen wie das Sonett. Auch in seinen Übersetzungen versuchte er, den bei Rimbaud vorgefundenen Formenschatz zu bewahren.[197]

Strophe des *Bateau ivre*. Klammer übersetzt: „Seit ich gezogen auf euren Bahnen, / Meere der Sehnsucht, was soll mir noch Ladung und Last; / mich schreckt der Popanz von Flammen und Fahnen, / und die hohlen Brücken erdrücken mich fast." (V. 93 – 96). Zechs Lösung schlägt bekannte Töne an: „Seit Fieber der Sehnsucht die Wege mir bahnen, / was soll da noch Ladung und Last?! / Ich hasse den Popanz der Fürsten und Fahnen und die steinernen Brücken erdrücken mich fast." (V. 105 – 108). Auch Umstellungen sowohl von ganzen Strophen als auch von einzelnen Versen übernimmt Zech an wenigen Stellen, so die Vertauschung der letzten und vorletzten Strophe des *Bateau ivre* sowie die der Verse 17 und 18 in *Les Pauvres à l'église*.

196 Vgl. Hans Peter Buohler: Das deutschsprachige Sonett im Expressionismus. In: Expressionismus 1 (2015), S. 36 – 46, sowie ders.: Tradition und Avantgarde: Das Sonett im Expressionismus. Baden-Baden: Ergon 2021.

197 So behält Zech die drei- und vierzeiligen Strophen, die in der Auswahl der Gedichte vorherrschen, bei, gibt die Sonette formgetreu wieder und reproduziert auf metrischer Ebene Alexandriner und Achtsilbler. Vgl. dazu auch Hans–Henrik Krummacher: Paul Zech und Rainer Maria Rilke. Zur Wirkung Rilkes im Expressionismus und im Exil. In: Zeit der Moderne: Zur deutschen Literatur von der Jahrhundertwende bis zur Gegenwart. Hg. von H.-H. K., Fritz Martini und Walter Müller–Seidel. Stuttgart: Kröner 1984, S. 485 – 532, hier S. 503, und Peter Stücheli: Poetisches Pathos. Eine Idee bei Friedrich Nietzsche und im deutschen Expressionismus. Bern u. a.: Lang 1999, S. 176. Dass Zech, wie er in seinen Marbacher Aufzeichnungen *Begegnungen mit Jean-Arthur Rimbaud* (DLA 73.578) behauptet, Rimbaud durch einen Vortrag in Paris Ende März 1905 kennengelernt habe, ist frei erfunden. Die dort erdichtete Begegnung mit Rimbauds Schwester verfolgt offenbar das allzu deutliche und peinliche Ziel, Zech als ‚autorisierten' Rimbaud-Übersetzer zu beglaubigen. Ähnlich erfunden sind die Zusammentreffen mit Émile Verhaeren und Léon Deubel in Paris. Angebliche, 1910 bzw. 1913 erschienene Privatdrucke mit Übersetzungen der Gedichte und des *Bateau ivre* (Ward B. Lewis: Poetry and Exile. An Annotated Bibliography of the Works and Criticism of Paul Zech. Bern u. a.: Lang 1975) dürften ebenso ins Reich der Fiktion gehören. Zu Zechs Rimbaud-Aufzeichnungen vgl. den gutgläubigen Aufsatz von Hans W. Panthel: Nachfolge aus Bewunderung. Paul Zechs Aufzeichnungen über Jean Arthur Rimbaud. In: JdSG 29 (1985), S. 6 – 21.

20. Jahrhundert
Émile Verhaeren

Der für den Expressionismus bedeutendste Dichter unter den französischsprachigen Zeitgenoss/-innen war der belgische Lyriker Émile Verhaeren, der aufgrund seiner kosmopolitischen Bejahung der Moderne von Stefan Zweig als ‚europäischer Whitman' gefeiert wurde.[198] Seine postsymbolistische Poetik mit ihrem Fokus auf Urbanisierung und Industrialisierung wirkte auf die junge Dichter/-innengeneration vor allem über Zweigs Nachdichtungen. 1904 erschien Zweigs erste Auswahl von 23 Gedichten im Berliner Verlag Schuster & Loeffler als *Ausgewählte Gedichte* in einer Auflage von 350 Exemplaren, mit Buchschmuck von Théo van Rysselberghe (1862–1926).[199] Im März 1910 veröffentlichte dann der Leipziger Insel-Verlag die zweite Auflage, die diesmal 51 Nachdichtungen enthielt,[200] sowie die Dramen *Le Cloître*, *Hélène de Sparte* und *Philippe II*[201] und Zweigs Verhaeren-Biographie.[202] Die epochemachende Wirkung von Stefan Zweigs Übersetzungen soll im abschließenden Teil dieser Studie am Beispiel von Georg Heyms Gedicht *Der Krieg* textnah untersucht werden.

Da die Expressionisten/-innen Verhaeren über Zweig rezipierten, legten sie keine eigene Übersetzung vor, obwohl viele Zeitschriften, darunter *Die Aktion*, *Die Bücherkiste*, *Neue Blätter*, *Das Neue Pathos*, *Der Ruf* und *Die Weißen Blätter*, Ver-

---

198 „Verhaeren hatte als erster von allen französischen Dichtern versucht, Europa das zu geben, was Walt Whitman Amerika: das Bekenntnis zur Zeit, das Bekenntnis zur Zukunft. Er hatte die moderne Welt zu lieben begonnen und wollte sie für die Dichtung erobern. Während für die anderen die Maschine das Böse, die Städte das Häßliche, die Gegenwart das Unpoetische waren, hatte er für jede neue Erfindung, jede technische Leistung Begeisterung, und er begeisterte sich an seiner eigenen Begeisterung, er begeisterte sich wissentlich, um sich in dieser Leidenschaft stärker zu spüren. Aus den kleinen Gedichten des Anfangs wurden große, strömende Hymnen. ‚Admirez-vous les uns les autres', war seine Parole an die Völker Europas. Der ganze Optimismus unserer Generation, dieser in der heutigen Zeit unseres grauenhaftesten Rückfalls längst nicht mehr verständliche Optimismus fand bei ihm den ersten dichterischen Ausdruck, und einige seiner besten Gedichte werden noch lange das Europa und die Menschheit bezeugen, die wir damals erträumt." (S. Z.: Die Welt von Gestern. Erinnerungen eines Europäers. Düsseldorf/Zürich: Artemis & Winkler 2002, S. 149).
199 Émile Verhaeren: Ausgewählte Gedichte. In Nachdichtung von Stefan Zweig. (Buchschmuck von Th. van Rysselberghe). Berlin: Schuster & Löffler 1904.
200 Émile Verhaeren: Ausgewählte Gedichte. Nachdichtung von Stefan Zweig. Zweite Auflage. Leipzig: Insel-Verlag 1910.
201 Émile Verhaeren: Drei Dramen. Nachdichtung von Stefan Zweig. Leipzig: Insel-Verlag 1910.
202 Stefan Zweig: Émile Verhaeren. Leipzig: Insel 1910.

haeren-Versionen publizierten. Eine Ausnahme stellt Paul Zech dar, der 1917 den Zyklus *Les Blés mouvants* (1912) im Insel-Verlag verdeutschte.[203]

Guillaume Apollinaire

Die Expressionisten firmierten auch die erste deutsche Nachdichtung von Guillaume Apollinaires (1880 – 1918) *Zone*, d. h. des Eröffnungsgedichts aus der gerade erschienenen Sammlung *Alcools* (1913) **(Abb. 1)**.[204] Der Verfasser, Fritz Max Cahén (1891 – 1966), war der erste deutsche Apollinaire-Übersetzer überhaupt.[205]

Bekanntheit erlangte Apollinaire in Deutschland durch verschiedene Beiträge, die Herwarth Walden in seiner Zeitschrift *Sturm* veröffentlichte. Der zeitweise enge Kontakt zwischen Walden und Apollinaire muss wohl Ende 1912, vermittelt durch Robert Delaunay oder Ludwig Rubiner, seinen Anfang genommen haben, findet sich doch bereits im Dezember 1912 ein erster Beitrag Apollinaires im *Sturm*.[206] An Walden adressierte Postkarten Apollinaires zeugen, obgleich Ant-

---

203 Émile Adolphe Gustave Verhaeren: Die wogende Saat. Deutsche Nachdichtung von Paul Zech. Leipzig: Insel-Verlag 1917. Dazu Hubert Roland: Un Verhaeren expressionniste. La traduction allemande des *Blés mouvants* (*Die wogende Saat, 1914 – 1917*) par Paul Zech. In: Textyles (2017) 50/ 51, S. 89 – 102. Die Übersetzung der Sammlung *Les blés mouvants* (1912) durch Paul Zech wurde angeblich bereits 1914 fertig gestellt. Aufgrund von Verhaerens antideutschem Pamphlet *La Belgique sanglante* (1915) wurde sie jedoch nicht gedruckt und erschien schließlich mitten im Krieg als Hommage an den 1916 verstorbenen Dichter (Die wogende Saat. Deutsche Nachdichtung von Paul Zech. Leipzig: Insel-Verlag 1917).
204 Guillaume Apollinaire: Zone. Autorisierte Nachdichtung von Fritz Max Cahén. (Das Titelbild zeichnete Marie Laurençin.) Berlin-Wilmersdorf: A. R. Meyer Verlag [1913].
205 In seinen Memoiren schildert Cahén, wie er durch Alfred Richard Meyer dazu angeregt wurde: „Zu dieser Zeit stand Meyer mit seinem Freund Guillaume Apollinaire in lebhaftem Briefwechsel. Der Franzose galt nun überall als der berufene ästhetische Theoretiker der neueren bildenden Kunst und als ein Dichter von hohem Rang. In Deutschland war er außer bei denen, die französisch lasen, so gut wie unbekannt. Lediglich Herwarth Walden hatte einige wenige Gedichte in deutscher Übertragung im *Sturm* veröffentlicht. Meyer bat Apollinaire, einzelne seiner Arbeiten in deutsche Nachdichtung als Lyrisches Flugblatt, das heißt als Miniaturbüchlein veröffentlichen zu dürfen und gab mir den Band *Alcools* mit der Bitte, eine geeignete Wahl zu treffen. Ich entschied mich für das epische Gedicht *Zone*, von dem Iwan Goll später schrieb, es habe den eigentlichen Anfang der neuen Literatur des 20. Jahrhunderts gebildet. Meine Nachdichtung erschien mit einer Titelzeichnung von Marie Laurencin, der Freundin Apollinaires, von der er sich vor kurzer Zeit getrennt hatte. Damit war ich Autor der ersten in sich geschlossenen Apollinairenachdichtung in deutscher Sprache" (Fritz Max Cahén: Der Weg nach Versailles. Erinnerungen 1912 – 1919. Schicksalsepoche einer Generation. Boppard am Rhein: Harald Boldt Verlag 1963, S. 29 f.).
206 Guillaume Apollinaire: Realité, peinture pure. In: Der Sturm 3 (1912), 138/139, S. 224 f. Obwohl der Aufsatz in deutscher Sprache abgedruckt ist, findet sich keine Angabe des Übersetzers. Vgl. Ina Maria Brümann: Apollinaire und die deutsche Avantgarde. Hamburg: Krämer 1988, hier S. 67 f.

Abb. 1: Guillaume Apollinaire: Zone. Autorisierte Nachdichtung von Fritz Max Cahén. (Das Titelbild zeichnete Marie Laurençin.) Berlin-Wilmersdorf: A. R. Meyer Verlag [1913].

wortbriefe Waldens nicht überliefert sind, von einem freundschaftlichen Verhältnis, auch kam es bei abwechselnden Aufenthalten in Paris und Berlin zu gegenseitigen Besuchen. Insbesondere Apollinaires Karten aus den ersten Monaten des Jahres 1913 bekunden seine „Begeisterung [...] für Walden und den *Sturm*",[207] ihr Inhalt lässt vermuten, daß Apollinaire an einem Ausbau der Beziehungen zu Walden und zum *Sturm* interessiert war. Der zeitweise intensive persönliche Kontakt nahm in der zweiten Hälfte des Jahres 1913 ab, die Gründe dafür sind unklar.[208] Neben einem möglichen politischen Anlass[209] wären künstlerische Rivalitäten zu vermuten, bestehen doch zwischen Apollinaire und der „Wortkunsttheorie" des *Sturm*-Kreises einige Gemeinsamkeiten: Neben dem

---

207 Ebd., S. 70.
208 Vgl. ebd., S. 74. Brümann vermutet, dass Walden aufgrund seiner strengen ästhetischen Maßstäbe Werke Apollinaires abgelehnt haben könnte.
209 „Es scheint, daß der von Apollinaire vollzogene Abbruch aller Beziehungen zur deutschen Avantgarde bei Ausbruch des Krieges, seine nationalistische und antideutsche Einstellung, die in ihrem Vorurteil auch die mit ihm befreundeten Künstler nicht ausnimmt, von Walden mit völligem Ignorieren beantwortet wurde." (Ebd. S. 94).

„Interesse an formalen Sprachexperimenten" verbindet sie etwa die ähnliche Kunstkonzeption des „art pur" sowie die „Tendenz zum synthetischen Denken mit mystisch-individualistischen Zügen, die der Kunst und dem Künstler eine Art religiösen Charakter verleihen".[210] Neben Herwarth Walden trug insbesondere Alfred Richard Meyer zur Verbreitung Apollinaires in Deutschland bei. Auch mit Meyer stand Apollinaire „in lebhaftem freundschaftlichen Kontakt".[211] Von Meyers Apollinaire-Verehrung zeugt etwa seine Dichtung *Paris*, in dem er die Struktur von *Zone* „nachzuahmen" versuchte, obgleich Meyer dem Dadaismus näher stand.[212] Mit seinen *Lyrischen Flugblättern* und der *Bücherei Maiandros* bot Meyer eine wichtige „Plattform für das Bekanntwerden Apollinaires in Kreisen der deutschen Avantgarde". Zudem zeugen Aufzeichnungen Cahéns von Diskussionen des großen, aus Künstlern und Literaten bestehenden Zirkels um Meyer über Apollinaire.[213] Als ein weiterer bedeutender „Vermittler zwischen Apollinaire und den deutschen Lesern" wirkte schließlich Iwan Goll, der sich auch in seinem eigenen lyrischen Schaffen von Apollinaire anregen ließ.[214]

Auf inhaltlicher wie formaler Ebene ist die Multidimensionalität Kennzeichen von Apollinaires *Zone:* Die einzelnen Szenen, aus denen das Gedicht montage- und collageartig zusammengesetzt ist, weisen räumliche und zeitliche Sprünge auf. So entsteht der Eindruck des Fragmentarischen, der durch die „Aufsplitterung der Persönlichkeit in Subjekt und Objekt"[215] intensiviert wird, spricht sich das lyrische Ich in seinem suchenden Monolog doch auch selbst als „Du" an. Der kontrastiven Aneinanderreihung einzelner Szenen entsprechen die zahlreichen, die Bildsprache des Gedichts durchziehenden Kontraste (Sakrales/Profanes, Religion/Technik, Tradition/Moderne, Freude/Verzweiflung, Heiterkeit/Resignation).[216] Das heterogene, simultane Nebeneinander entspricht der modernen Großstadt, die das lyrische Ich zeitweise durchwandert und auch ästhetisch aufzunehmen versucht. Reales und Irreales verschmelzen immer wieder und sind beim Lesen nur schwer auseinanderzuhalten, während die durch das lyrische Ich perspektivierte Realität mit dessen Erinnerungsfragmenten und mythologischen Bildern zusammenfließt. Inhaltliche und formale Heterogenität profilieren sich

---

210 Ebd., S. 79 f.
211 Ebd., S. 96.
212 Ebd., S. 93.
213 Ebd., S. 100. Vgl. Fritz Max Cahén: Der Alfred Richard Meyer-Kreis (Berlin 1913 – 14). In: Paul Raabe: Expressionismus. Aufzeichnungen und Erinnerungen der Zeitgenossen. Freiburg: Walter-Verlag 1965, S. 111–115.
214 Vgl. Brümann: Apollinaire, S. 105 und S. 101.
215 Ebd., S. 87.
216 Ebd.

wechselseitig, wie an dem Alternieren zwischen alltäglich-erzählerischen und feierlich-lyrischen Elementen ersichtlich wird. Die „unterschiedlichen Verslängen, das unregelmäßige Versmaß, die unkonventionelle Verwendung von Reimen, Assonanzen bis zum völligen Fehlen des Endreimes" unterstützen die Multidimensionalität zusätzlich.[217] Dementsprechend sieht Ina Maria Brümann mit dem „Simultanitätsgedanke[n], [dem] Collage- und Montageverfahren und [der] Darstellung der zivilisatorischen Modernität" die „Merkmale avantgardistischer Dichtung" in *Zone* „exemplarisch vereinigt".[218]

Eine im November 1913 publizierte Rezension des Übersetzers Cahéns zu *Alcools* gibt Aufschluss über sein Interesse an Apollinaire, den er als „romantische[n] Rationalist[en]" bezeichnet. Cahén betont darin das Neuartige in der Lyrik Apollinaires, für dessen Gedichte sich die „sicherlich nicht unfruchtbar verlaufende literarische récherche de la paternité" erübrige, „denn ihr Ton ist neu, ohne sich auf den neuen Jargon zu beschränken".[219] Damit nimmt Cahén bereits das Urteil über Apollinaire als einen auf der Schwelle zur Moderne stehenden Dichter vorweg. Sein Gedicht *Zone* beginnt dann auch mit der Absage an die alte Welt und der Hinwendung zur Großstadt und ihrer Ästhetik, die das lyrische Ich flaneurhaft durchwandert. Zugleich muss es feststellen, dass sich ihm sein eigenes Selbst entzieht, „das er im Ich wie im Du seiner wechselnden Stimmen vergeblich zur Rede zu stellen sucht".[220]

Cahéns Übersetzung, die in der Forschung bislang unbeachtet blieb,[221] folgt Apollinaires Wortlaut recht genau, ohne deshalb die Form zu vernachlässigen. Er übernimmt nicht nur den Verzicht auf Satzzeichen. Er bildet auch die montageartigen Szenenwechsel, die zeitlichen Brüche und inhaltlichen Sprünge zwischen einzelnen Strophen und innerhalb einzelner Verse nach. Auch der Wechsel zwischen „Ich" und „Du", der Monolog des lyrischen Ichs mit sich selbst und seine damit verwobene Selbstansprache findet sich bei Cahén wieder. Apollinaires Anaphern übernimmt Cahén jedoch nur zu Anfang,[222] später kassiert er sie.[223]

---

217 Ebd.

218 Ebd., S. 86 f.

219 Fritz Max Cahén: Apollinaire, Guillaume: Alcools [Rezension]. In: Die Bücherei Maiandros, Beiblatt, 1. November 1913, S. 9 f.

220 Hans Robert Jauß: Die Epochenschwelle von 1912, Guillaume Apollinaires *Zone* und *Lundi rue Christine*. In: Ders.: Studien zum Epochenwandel der ästhetischen Moderne. Frankfurt/Main: Suhrkamp 1989, S. 216–257, hier S. 219 f.

221 In ihrer Apollinaire-Monographie wertet Ina Maria Brümann Cahéns Übertragung nicht aus.

222 V. 33–40: „C'est le beau lys que tous nous cultivons / C'est la torche aux cheveux roux que n'éteint pas le vent / C'est le fils pâle et vermeil de la douloureuse mère / C'est l'arbre toujours touffu de toutes les prières / C'est la double potence de l'honneur et de l'éternité / C'est l'étoile à six branches / C'est Dieu qui meurt le vendredi et ressuscite le dimanche / C'est le Christ qui

Anders als bei seinen recht freien Nachdichtungen der Dichtungen Léon Deubels[224] erlaubt sich der Übersetzer in seiner Übertragung von Apollinaires *Zone* insgesamt kaum eigene dichterische Ergänzungen.[225] Es scheint ihm eher daran gelegen zu sein, Apollinaire und dessen ästhetische Innovationen zu verbreiten. Die fast durchgängigen Paarreime des Originals hat Cahén größtenteils nachgebildet: Mehr als zwei Drittel (106) der insgesamt 155 Verse sind gereimt.[226]

Renouveau Catholique

Einen weiteren Schwerpunkt im Dialog des Expressionismus mit der französischen Gegenwartsliteratur bildete der *Renouveau Catholique*[227] und der damit verbundene religiöse Antimodernismus, der wesentliche Aspekte der expressionistischen Kulturkritik präfigurierte. Ein im Expressionismus intensiv rezipierter Autor war Francis Jammes (1868–1938), ein aus der Provinz Béarn am Fuß der

---

monte au ciel mieux que les aviateurs" – „Das ist die schöne Lilie die wir alle wider Willen ehren / Das ist im roten Haar die Fackel die der Wind nicht löscht / Das ist der schmerzensreichen Mutter weiss und rotes Kind / Der Baum dem von vielen Gebeten stets blätterreich die Aeste sind / Das ist die Doppelkraft von Ehr und Ewigkeit/ Der Stern von dem ein sechsfach Licht ergeht / Ist Gott der Freitag stirbt und Sonntag aufersteht / Er der gen Himmel steigt als bester der Luftschiffer Christ".

223 Teilweise geschieht dies bereits in den Versen 106–109: „Te voici à Marseille au milieu des pastèques / Te voici à Coblence à l'hôtel du Géant / Te voici à Rome assis sous un néflier du Jap on / Te voici à Amsterdam avec une jeune fille que tu trouves belle et qui est laide" – „Da bist Du in Marseille zwischen lauter Wassermelonen / Coblenz kommt dann Hotel zum Riesen / Rom und Du sitzt unter Mispeln aus Japan / Da bist Du in Amsterdam mit einem hässlichen Mädchen Du findest sie schön / Mit einem Leydener Studenten soll sie zum Altar gehen"; V. 122–125, „Ils croient en Dieu ils prient les femmes allaitent des enfants / Ils emplissent de leur odeur le hall de la gare Saint-Lazare / Ils ont foi dans leur étoile comme les rois-mages / Ils espèrent gagner de l'argent dans l'Argentine" – „Die Männer betend die Frauen saugende Kinder in Armen / Sie erfüllen mit ihrem Geruch die Bahnhofshalle von Saint Lazare / Zu ihrem Stern haben sie Glauben wie die heiligen drei Könige / In Argentinien hoffen sie Geld zu verdienen".

224 Cahén: Der Weg nach Versailles, S. 29.

225 Eine Ausnahme stellt der antiklerikale Zusatz in der mariologischen Devotionsszene von V. 33 dar: „C'est le beau lys que tous nous cultivons" – „Das ist die schöne Lilie die wir alle *wider Willen* ehren" (Herv. d. Verf.).

226 Hervorzuheben sind auch die zuweilen ergänzten Alliterationen. Vgl. V. 147: „J'ai une pitié immense pour les coutures de son ventre" – „Riesengross Mitleid habe ich mit den *L*inien ihres *L*eibs"; V. 145: „Les laitiers font tenter leurs bidons dans les rues" – „Milchleute lassen ihre *K*annen in den Strassen *k*lirren" (Herv. d. Verf.).

227 Karl Heinz Bloching: Die Autoren des literarischen *renouveau catholique* Frankreichs: Biographisch-bibliographische Skizzen. Bonn: Verlag des Borromäusvereins 1966; Albert Fuß: Der *Renouveau catholique* und seine Rezeption in Deutschland, in: Religiös-kulturelle Bewegungen im deutschen Katholizismus seit 1800. Hg. von Anton Rauscher. Paderborn u.a.: Schöningh 1986, S. 137–167.

Pyrenäen stammender Schriftsteller.[228] Seine schlichte Frömmigkeit und seine ländliche Naturpoetik antizipierten die expressionistische Moderne-Kritik.

Zu den frühesten Zeugnissen der Jammes-Rezeption dürfte Alfred Döblins Novelle *Die Ermordung einer Butterblume* (entstanden 1905 und 1910 im *Sturm* publiziert)[229] zählen. Eine der bisher übersehenen intertextuellen Vorlagen der Erzählung[230] scheint eine kurze Skizze Jammes' aus den 1903 im Anhang zum *Roman du lièvre* erschienenen *Notes* gewesen zu sein. Jammes, der eine gut dokumentierte botanische Obsession hegte – so musste er als Schüler nachsitzen, weil er während des Geschichtsunterrichts in der Betrachtung einer roten Mohnblüte versunken war[231] –, erzählt dort von seiner „Ermordung" einer Blume, die er bei einem Spaziergang gepflückt hatte („et je n'arrive qu'à *meurtrir* la plante"), sowie von den furchtbaren Schuldgefühlen, von denen er seitdem geplagt wurde.[232] Jammes' franziskanische Naturfrömmigkeit verfremdete der frühe,

---

228 Zu Francis Jammes vgl.: Thomas Braun: Des poètes simples: Francis Jammes. Bruxelles: La Libre Esthétique 1910; Albert de Bersaucourt: Francis Jammes poète chrétien. Paris: Falque 1910; Augusta Guidetti: Francis Jammes. Turin: Bocca 1931; Werner Gutheil: Francis Jammes als Symbolist und Katholik. Diss. Marburg 1932; Heinz Burkhardt: Natur und Heimat bei Francis Jammes. Diss. Jena 1937; Henry Derieux: Francis Jammes. Paris: Mercure de France 1938; Monique Parent: Francis Jammes: étude de langue et de style. Paris: Les Belles Lettres 1957; Robert Mallet: Le jammisme: Francis Jammes. Paris: Mercure de France 1961. Jean-Pierre Inda: Francis Jammes: par delà les poses et les images d'Epinal. Pau: Éd. Marrimpouey Jeune 1975. Ivan Gobry: Francis Jammes, le poète rustique de la foi. Paris: Téqui 1988.
229 Alfred Döblin: Die Ermordung einer Butterblume. In: Der Sturm 1 (8. September 1910) 28, S. 220 f., und 1 (15. September 1910) 29, S. 229.
230 Horst-Jürgen Gerick hat auf Vsevolod Mikhailovich Garshins *Die rote Blume* (1883) als mögliche intertextuelle Vorlage aufmerksam gemacht (Horst-Jürgen Gerick: Döblins *Ermordung einer Butterblume* und Garšins *Rote Blume*. In: Vsevolod Garshin at the Turn of the Century: An International Symposium in Three Volumes. Hg. von Peter Henry, Vladimir Porudominsky und Mikhail Girshman. Oxford: Northgate Press 2000, Bd. 2, S. 184–189).
231 Francis Jammes: Mémoires. Paris: Mercure de France 1971, S. 121 („Motif de punition: regarde des fleurs durant la classe d'histoire").
232 Vgl.: „Dans une mousse ensoleillée, et transparente comme une algue ou une émeraude, j'ai enveloppé les racines de ces premières pâquerettes de Janvier. Elles sont les seules fleurs de ces temps-ci, avec des rares pervenches et des ajoncs. Trop d'amour les gonflait sans doute. Il fallait qu'elles naquissent malgré la glace. Les lanières blanches des capitules sont violacées à l'extrémité, et entourent des fleurons qui sont d'un jaune verdâtre comme le dessous d'un vieux cèpe. Les racines boueuses sentent la campagne labourée. J'ai eu la cruauté de cueillir ces fleurs, et elles sont lamentables à present, aussi blessées que des bêtes le pourraient être et voici que, lentement, et comme si elles étaient mues par une crainte terrible, les feuilles des capitules se recourbent au dedans pour recouvrir et protéger les robes des corolles minuscules que je ne puis plus voir. Délicatement, j'essaie de soulever ces feuilles, mais elles me résistent *et je n'arrive qu'à meurtrir la plante*. Imbécile! Est-ce que je n'aurais pu laisser vivre ces fleurs au bord de leur fossé?

antifranzösisch eingestellte Döblin, indem er sie auf den blumenhassenden Bürger Michael Fischer umwidmete. Jammes Schuldgefühle für die „Ermordung" der gepflückten Blume werden bei Döblin ins Hyperbolische gesteigert und erhalten die Züge einer grotesken Psychose. So opfert Fischer der ‚ermordeten‘ Blume Speise und Trank und legt für sie ein Konto an, um seine Untat zu sühnen. Durch die groteske Überspitzung und konsequente Pathologisierung wird Jammes’ kreatürliche Mitleidspoetik von Döblin parodistisch *ad absurdum* geführt. Aber die expressionistische Karriere des Pyrenäen-Dichters sollte erst beginnen.

In seiner provokatorischen Schlichtheit antizipierte Jammes die expressionistische Ablehnung des Ästhetizismus. 1897 erschien im Mercure de France unter dem Titel *Le Jammisme* sein antisymbolistisches Manifest, das als neues dichterisches Ziel das „Lob Gottes" („la louange de Dieu") verkündete und anstelle der symbolistischen Künstlichkeit kindlich-naive Einfalt forderte. Wie „Kinder" sollen die Dichter die Wunder der Schöpfung imitieren. Den symbolistischen Kult des Artifiziellen verwarf Jammes konsequent. So nimmt er in seinem Manifest auf die mit Edelsteinen inkrustierte Schildkröte aus Huysmans *À rebours* polemisch Bezug, um sie als negatives Beispiel einer pervertierten Poesie hinzustellen, welche die göttliche Schöpfung entstellt und daher den Titel von ‚Dichtung‘ nicht verdient:

> I. – Je pense que la Vérité est la louange de Dieu; que nous devons la célébrer dans nos poèmes pour qu'ils soient purs; qu'il n'y a qu'une école: celle où, comme des enfants qui imitent aussi exactement que possible un beau modèle d'écriture, les poètes copient avec

---

Là, elles eussent senti le grésillement frais du sol imbibé, un oiseau les aurait effleurées, la trompe des moustiques aurait pompé leur pollen, et elles seraient mortes doucement, à côté de leurs amies." (Francis Jammes: Notes. In: Le roman du lièvre, Clara d'Ellébeuse, Almaïde D'Étremont, Des Choses, Contes, etc. Paris: Mercure de France 1903, S. 313–314. „In einen sonnigen Schaum, durchsichtig wie eine Alge oder ein Smaragd, habe ich die Wurzeln dieser ersten Gänseblümchen im Januar gewickelt. Sie sind zu dieser Zeit die einzigen Blumen, mit seltenen Strandschnecken und Ginster. Zu viel Liebe ließ sie zweifellos anschwellen. Sie mussten trotz des Eises geboren werden. Die weißen Bänder der Blütenköpfe sind an der Spitze violett und umgeben Blüten, die grünlich-gelb sind wie die Unterseite eines alten Steinpilzes. Die schlammigen Wurzeln riechen nach gepflügter Landschaft. Ich war so grausam, diese Blumen zu pflücken, und sie sind jetzt zu beklagen, so verwundet wie Tiere sein könnten, und siehe da, langsam und wie von einer schrecklichen Furcht bewegt, kräuseln sich die Blätter der Blütenköpfe nach innen, um die Kleider der winzigen Blumenkronen, die ich nicht mehr sehen kann, wieder zu bedecken und zu schützen. Vorsichtig versuche ich, diese Blätter anzuheben, aber sie widerstehen mir und *ich schaffe es nur, die Pflanze zu ermorden.* Dummkopf! Hätte ich diese Blumen nicht am Rand ihres Grabens leben lassen können? Dort hätten sie das kühle Knistern des aufgeweichten Bodens gespürt, ein Vogel hätte sie gestreift, der Rüssel der Mücken hätte ihren Pollen eingesaugt und sie wären sanft neben ihren Gefährtinnen gestorben." Übers. und Hervor. vom Verf.).

conscience un joli oiseau, une fleur ou une jeune fille aux jambes charmantes et aux seins gracieux.

II. – Je crois que cela suffit. Que voulez-vous que je préjuge d'un écrivain qui se plaît à dépeindre une tortue vivante incrustée de pierreries? Je pense, qu'en cela, il n'est point digne du nom de poète: parce que Dieu n'a pas créé les tortues dans ce but, et parce que leurs demeures sont les étangs et le sable de la mer.

III. – Toutes choses sont bonnes à décrire lorsqu'elles sont naturelles; mais les choses naturelles ne sont pas seulement le pain, la viande, l'eau, le sel, la lampe, la clef, les arbres et les moutons, l'homme et la femme, et la gaîté. Il y a aussi parmi elles, des cygnes, des lys, des blasons, des couronnes et la tristesse. [...][233]

In seinem Brüsseler Vortrag *De la simplicité en littérature* von 1900,[234] der von einer „Prière pour offrir à Dieu de simples paroles" eröffnet wird, fordert Jammes wiederum die „simplicité chrétienne" in Fragen des Stils. Die Aufgabe des Dichters sei es, „den Menschen die Tore des Lebens zu öffnen".[235] Er resemantisiert auch den Terminus ‚poésie pure', der jetzt zum Synonym für eine Dichtung wird, die frei von Künstlichkeit ist: „La poésie pure, la poésie contre la littérature, est donc, pour moi, celle qui est dévêtue d'emphase, de luxe, et s'exprime simplement."[236]

---

233 Francis Jammes: Le Jammisme. In: Mercure de France 21 (März 1897), S.492f. („I. – Ich denke, dass die Wahrheit das Lob Gottes ist; dass wir es in unseren Gedichten feiern müssen, damit sie rein sind; dass es nur eine Schule gibt: diejenige, in der die Dichter, wie Kinder, die ein schönes Schriftmodell möglichst genau nachahmen, gewissenhaft einen hübschen Vogel, eine Blume oder ein junges Mädchen mit anmutigen Beinen und anmutigen Brüsten nachahmen. II. – Ich glaube, das ist genug. Was erwarten Sie, dass ich über einen Schriftsteller urteile, der sich daran erfreut, eine lebende, mit Juwelen besetzte Schildkröte darzustellen? Ich denke, dass er dadurch den Namen eines Dichters nicht verdient: weil Gott die Schildkröten nicht zu diesem Zweck erschaffen hat und weil ihre Behausungen die Teiche und der Sand des Meeres sind. III. – Alle Dinge sind beschreibungswürdig, wenn sie natürlich sind; aber natürliche Dinge sind nicht nur Brot, Fleisch, Wasser, Salz, eine Lampe, ein Schlüssel, Bäume und Schafe, Mann und Frau, und Fröhlichkeit. Darunter sind auch Schwäne, Lilien, Wappen, Kronen und Traurigkeit." (Übers. d. Verf.). Dazu Monique Parent: Le Manifeste du Jammisme. In: Bulletin de l'Association Francis Jammes 25 (1997), S.9–22; Lucienne Cantaloube-Ferrieu: Un manifeste littéraire de M. Francis Jammes: Le Jammisme. In: Fins de siècle: Terme – évolution – révolution? Actes du congrès national de la Société française de littérature générale et comparée, Toulouse, 22–24 septembre 1987. Textes recueillis et prés. par Gwenhaël Ponnau. Toulouse: Presses universitaires du Mirail 1989, S.313–322; Francesco Viriat: Le Jammisme. Manifeste pour une simple beauté sans rhétorique. In: Le Frisson esthétique 1 (2006), S.56–63.
234 Francis Jammes: De la simplicité en littérature. In: ders.: Solitude peuplée. Fribourg: Egloff 1945, S.7–50.
235 Ebd., S.13.
236 Ebd., S.27.

Jammes erfreute sich im Expressionismus großer Resonanz. In einer frühen Würdigung von 1912 rühmte Alfred Wolfenstein gerade das Unbeholfene und Ungeschickte seines Stils, das sich vom parnassischen Formvollendungsideal gezielt abgrenzte.[237] 1913 legte Ernst Stadler Nachdichtungen von Jammes' Lyrik aus den beiden Gedichtbänden *Le Deuil des Primevères* (1901) und *Clairières dans le Ciel* (1906) unter dem Titel *Gebete der Demut* in der Reihe „Der Jüngste Tag" des Münchner Kurt Wolff Verlags vor.[238] Der Band enthält u. a. vier der insgesamt vierzehn *Gebete* (*Quatorze prières*), die *Le Deuil des Primevères* abschließen. Stadlers Nachdichtungen läuteten die expressionistische Jammes-Rezeption ein und wurden so populär, dass sie stets neu aufgelegt wurden. Die zweite, um acht *Gebete* vermehrte Auflage erschien 1917.[239] Ihr folgte dann 1920 eine dritte und 1921 eine vierte Auflage, als viertes der „Stundenbücher" des Kurt Wolff Verlags, das – wie bereits *Die Weißen Blätter* 1915[240] – alle 14 *Gebete* vollständig und in der

---

237 Alfred Wolfenstein: Francis Jammes. In: Die Aktion 2 (1. Mai 1912) 18, Sp. 560 f.

238 Francis Jammes: Die Gebete der Demut. Übersetzt von Ernst Stadler. Leipzig: Kurt Wolff 1913 (Der Jüngste Tag Bd. 9). *Le Deuil des Primevères* gehören fünf der neun Gedichte der Erstauflage an, nämlich die vier *Gebete* und *Amsterdam*. *Clairière dans le Ciel* sind die vier restlichen Texte entnommen. Die Erstauflage von 1913 enthält somit folgende Nachdichtungen: *Gebet zum Geständnis der Unwissenheit*; *Gebet, mit den Eseln ins Himmelreich einzugehen*; *Gebet, um Gott einfältige Worte anzubieten*; *Gebet, daß ein Kind nicht sterbe*; *Mein niedrer Freund ...*; *Amsterdam*; *Ich war in Hamburg*; *Die Kirche, mit Blättern geschmückt*; *Die Taube*. Davon war bereits drei 1912 in der *Aktion* (*Ich war in Hamburg*) und in den *Neuen Blättern* (*Gebet, mit den Eseln...*; ; *Die Kirche, mit Blättern geschmückt*) erschienen. Zugleich plante Stadler eine größere Sammlung, die *Franziskanischen Gedichte*, die allerdings nicht zustande kam (dazu: E. S.: Dichtungen, Schriften, Briefe. Kritische Ausgabe. Hg. von Klaus Hurlebusch und Karl Ludwig Schneider. München: Beck 1983, S. 658–664). Zu Stadlers Jammes-Nachdichtungen vgl. Helmut Gier: Die Entstehung des deutschen Expressionismus und die antisymbolistische Reaktion in Frankreich: die literarische Entwicklung Ernst Stadlers. München: Fink 1977, S. 293–386; Maurice Godé: Ernst Stadler traducteur de Francis Jammes, In: Traduire, transposer, adapter. Hg. von Roger Sauter und M. G. Aix-en-Provence: Université de Provence 2009 (Cahiers d'Études Germaniques 56), S. 127–142, sowie Roman Luckscheiter: Demut als Aufbruch. Ernst Stadlers Übertragungen von Francis Jammes und Charles Péguy im Kontext des Expressionismus. In: Moderne und Antimoderne: der Renouveau catholique und die deutsche Literatur, S. 219–234.

239 Die vermehrte Auflage von 1917 enthält insgesamt 18 Nachdichtungen: *Gebet zum Geständnis der Unwissenheit*; *Gebet, mit den Eseln ins Himmelreich einzugehen*; *Gebet, um Gott einfältige Worte anzubieten*; *Gebet, daß ein Kind nicht sterbe*; *Gebet, daß die anderen glücklich seien*; *Gebet, einen Stern zu erlangen*; *Gebet, den Glauben im Wald zu finden*; *Gebet, daß mein Sterbetag schön und rein sei*; *Gebet, Gott zu loben*; *Gebet um Sammlung*; *Gebet, ein einfaches Weib zu finden*; *Gebet um einen letzten Wunsch*; *Mein niedrer Freund ...*; *Amsterdam*; *Ich war in Hamburg*; *Die Kirche, mit Blättern geschmückt*; *Die Taube*.

240 Francis Jammes: Franziskanische Gebete. Übers. von Ernst Stadler. In: Die Weißen Blätter 2 (Mai 1915) 5, S. 551–564.

ursprünglichen Reihenfolge brachte. 1916 erschien Jammes' *Roman du lièvre* (1903) in der Verdeutschung von Jakob Hegner in seinem eigenen Hellerauer Verlag in Dresden und zugleich in einer zweiten Auflage mit den kongenialen Illustrationen Richard Seewalds (1889–1976) im Kurt Wolff Verlag.[241] Die Übersetzung wurde in den expressionistischen Zeitschriften begeistert besprochen[242] und ein längerer Auszug erschien in den *Weißen Blättern*.[243] Klabunds *Franziskus* (1921),[244] entstanden 1916, profitiert als ‚Bildungsroman eines Hundes' intertextuell von Hegners Übersetzung des ‚Hasenromans', wie auch die Übernahme der Gestalt des Hl. Franziskus als Schutzheiligen der Tiere zeigt, und erprobt in Jammes' Nachfolge das Erzählen aus der Perspektive eines Tieres. Es ist auch kein Zufall, dass Klabund zwei Texte Jammes' – *Betrachtung über eine Schnepfe* und *Das Paradies der Tiere* – in seiner Anthologie *Der Tierkreis* aufnahm.[245]

In der unmittelbaren Nachkriegszeit folgten weitere Übertragungen. Felix Grafe (1888–1942) verdeutschte 1919 *Almaïde d'Étremont, ou: L'Histoire d'une jeune fille passionnée* (1901).[246] Seine Übertragung wurde in diversen expressionistischen Blättern rezensiert.[247] In demselben Jahr veröffentlichte der Wiener

---

241 Francis Jammes: Der Hasenroman. Übers. von Jakob Hegner. Mit 24 Orig.-Lithographien von Richard Seewald. München: Kurt Wolff 1916.

242 Vgl. die Rezensionen von Johann Frerking (Das Hohe Ufer 1 [Januar 1919] 1, S. 27), Karl Atzenbeck (Die Bücherkiste 2 [Herbst 1920] 3/4, S. 25–27) und Helmud Kolle (Die Freude 1 [1920], S. 158). Atzenbeck lässt sich in seiner Besprechung zu hymnischen Tönen hinreißen: „Francis Jammes, der himmlische Hirte und Verkünder des großen Bruderreiches, ist der allermenschlichste der Dichter. Seine Sprache, ein Prachtwerk und leibgewordenes Wunder dichterischen Schaffens, ist die der Auserwählten, der Heiligen, der göttlich Einfältigen, der Kinder und der Eremiten. Sein Buch in der großen Ausgabe des verdienstvollen Münchener Verlages, mit den köstlichen, in begeisterter Liebe zur Dichtung erschauten Bildern von Seewald, ist eines der schönsten, die uns geschenkt wurden seit weit mehr als einem Jahrzehnt." (Karl Atzenbeck: Der Hasenroman (Francis Jammes: Der Hasenroman. Mit Lithogr. von Richard Seewald. Kurt Wolff Verlag, München). In: Die Bücherkiste 2 [Herbst 1920] 3/4., S. 27).

243 Francis Jammes: Der Hasenroman. 1. Buch. Übers. von Jakob Hegner. In: Die Weißen Blätter 3 (Juli 1916) 7, S. 17–45.

244 Klabund: Franziskus. Ein kleiner Roman. Berlin: Erich Reiß Verlag 1921.

245 Der Tierkreis. Das Tier in der Dichtung aller Völker und Zeiten. Eine Anthologie hg. von Karl Soffel und Klabund. Berlin: Erich Reiß Verlag [1920], S. 108–111 und S. 111f.

246 Francis Jammes: Almaide oder der Roman der Leidenschaft eines jungen Mädchens. Berechtigte Übertragung von Felix Grafe. Hellerau: Hellerauer Verlag Jakob Hegner 1919.

247 Carl Stang: Jammes, Francis: Almaide oder Leidenschaft eines jungen Mädchens. In: Die Flöte 2 (Juli 1919) 4, S. 63f.; Johann Frerking: Jammes, Francis: Almaide oder der Roman der Leidenschaft. 1919. In: Das Hohe Ufer 1 (April 1919) 4, S. 112; Hans Theodor Joel: Jammes, Francis: Almaide. In: Die Neue Bücherschau 1 (1919) 1, S. 35 sowie ders.: Jammes, Francis: Almaide. In: Der Weg 1 (April 1919) 4, S. 10.

Expressionist Emil Alphons Rheinhardt (1889–1945),[248] der 1920 die Anthologie österreichischer expressionistischer Lyrik *Die Botschaft* herausgab,[249] seine Übersetzung *Das Paradies. Geschichten und Betrachtungen* in der Reihe „Der jüngste Tag".[250] 1921 verdeutschte der expressionistische Essayist und Herausgeber Friedrich Burschell (1889–1970)[251] den Roman *Monsieur le curé d'Ozeron* (1918),[252] während Claire Goll den autobiographischen Band *Le poète rustique* (1920) übersetzte.[253] Die expressionistische Verehrung für Jammes war so groß, dass man Barthold Heinrich Brockes als Wegbereiter des Jammismus präsentierte.[254] Durch seine Langzeilen wirkte Jammes auch als formales Vorbild, was sich etwa an Anton Schnacks (1892–1973) Kriegssammlung *Tier rang gewaltig mit Tier* (1920) beobachten lässt.[255]

Ein anderer Vertreter des *Renouveau Catholique* war der im Krieg gefallene Charles Péguy (1873–1914), der einen christlichen Sozialismus propagierte.[256] Auch seine Rezeption wurde von Ernst Stadler maßgeblich gefördert.[257] Unter dem Titel *Republikanisches Heldentum* übersetzte Stadler einen Abschnitt aus Péguys

248 Raabe 1985, S. 391–393, Nr. 246; Armin A. Wallas: „Mich durchstieß der Schrei der Jahrtausende". E. A. Rheinhardt. In: Literatur und Kritik 313 (1997) 14, S. 69–82.

249 Die Botschaft. Neue Gedichte aus Österreich. Gesammelt u. eingeleitet von E. A. Rheinhardt. Wien u.a.: Strache 1920. Die erste Anthologie hatte Oskar Maurus Fontana (1889–1969) 1915 herausgegeben: Aussaat: Prosa und Verse einer neuen Jugend. Hg. von O. M. Fontana. Konstanz am Bodensee: Reuß & Itta 1915.

250 Francis Jammes: Das Paradies. Geschichten und Betrachtungen. Berechtigte Übertragung von E[mil] A[lphons] Rheinhardt. Leipzig/München: Kurt Wolff Verlag 1919 (Der jüngste Tag, Bd. 58/59).

251 Raabe 1985, S. 94f., Nr. 49.

252 Francis Jammes: Der Pfarrherr von Ozeron. Roman. Übertragen von Friedrich Burschell. München: Drei Masken Verlag 1921.

253 Francis Jammes: Dichter ländlich. Berechtigte Übersetzung von Claire Goll. Basel/Leipzig: Im Rhein-Verlag 1921. Zu Claire Goll als Jammes-Übersetzerin vgl. Hervé Rougier: *Le poète Rustique* et *l'Almanach du poète Rustique*. Œuvres traduites de Francis Jammes par Claire Goll. In: Le rayonnement international de Francis Jammes. [Colloque Francis Jammes, Orthez-Pau, 7–8 octobre 1993.] Biarritz: J & D éditions 1995, S. 11–22.

254 N. N.: Der Ahne Francis Jammes: Ein deutscher Dichter B. H. Brockes. In: Der Zweemann 1 (Januar 1920) 3, S. 18.

255 Schnacks Verehrung für Jammes findet in seinem autobiographischen pazifistischen *Lied an Frankreich* Ausdruck, wo er von sich schreibt: „rosig und trunken von den blühenden Versen Francis Jammes['], ergriffen, beseligt, entzückt" (Anton Schnack: Lied an Frankreich. In: Das Tribunal 1 (August/September 1919) 8/9, S. 103).

256 Alexandre de Vitry: Conspirations d'un solitaire: l'individualisme civique de Charles Péguy. Paris: Les Belles Lettres 2015.

257 Dazu Helmut Gier: Die literarische Entwicklung Ernst Stadlers, S. 254–285.

Schrift *Notre jeunesse* (1910),[258] der 1912 in der *Aktion* erschien.[259] Dort entwirft Péguy das Konzept eines ethischen Radikalismus, das über die ‚Politik', d. h. den taktierenden Parlamentarismus, die ‚Mystik' als bedingungslose und rational nicht zu begründende Gesinnungsethik stellt, die bis zur absoluten Selbsthingabe und zum Martyrium reichen kann. Der von Péguy propagierte sittliche Idealismus war mit dem marxistischen Determinismus unvereinbar. Ihm setzte er einen christlich dimensionierten Sozialismus des freien Willens entgegen, der nicht durch eine gewaltsame Revolution, sondern eine ethisch-religiöse Umkehr herbeigeführt werden sollte. Genau darin antizipierte Péguy das expressionistische Konzept der ‚Wandlung' als einer ‚moralischen Revolution': „La révolution sociale" – so lautet ein zentrales Diktum Péguys – „sera moral, ou elle ne sera pas".[260] Péguys christlich-ethisches Revolutionsverständnis lieferte vielen Expressionisten/-innen auch die Grundlage für ihre Kritik an der bolschewistisch-materialistischen Oktoberrevolution. Das ethische Ideal selbst rangiert höher als seine politische Verwirklichung mit fragwürdigen Mitteln. Gerade in diesem Sinne stellt Alfred Wolfenstein über die „Revolution" das „Revolutionäre", d. h. die Bereitschaft zur inneren Metanoia.[261]

Nach seinem Tod im Feld bei Villeroy, kurz vor Beginn der Marneschlacht, wurde Péguy von der *Aktion* zum Märtyrer stilisiert. Franz Pfemfert gab 1918 Péguys Aufsätze heraus[262] und Otto Pick übersetzte 1919 den Auszug der Passionsgeschichte (*Die Litanei vom schreienden Christus*) aus dem Mysterienspiel über Johanna von Orléans *Mystère de la charité de Jeanne d'Arc* (1910).[263] Pick spart dort die zentrale Gestalt der Johanna von Orléans, über die Péguy schon als Student ein Drama verfasst hatte, aus und überträgt nur die von der Klosterfrau Madame

---

258 Péguys Schrift war am 17. Juli 1910 als Heft der *Cahiers de la Quinzaine* erschienen. Zugleich vermutet Gier (ebd., S. 259), dass sich in der Wahl von Stadlers Titel (*Republikanisches Heldentum*) seine Lektüre der 1911 erschienen *Œuvres choisies* niedergeschlagen hat. Dort ist der von Stadler übertragene Abschnitt unter der Überschrift *Qu'il y a eu un héroisme républicain* abgedruckt.
259 Charles Péguy: Republikanisches Heldentum. Übertr. von Ernst Stadler. In: Die Aktion 2 (8. Mai 1912) 19, Sp. 581–583. Zum Folgenden Helmut Gier: Die Entstehung, S. 258–263.
260 Charles Péguy: Œuvres en prose complètes. Éd. prés., établie et annotée par Robert Burac. Vol. 1. Nouv. éd. Paris: Gallimard 1987, S. 729.
261 Alfred Wolfenstein: Über der Revolution das Revolutionäre. In: Revolution 1 (23. November 1918) 1, S. 3f.
262 Charles Péguy: Aufsätze. Übertragen von Gustav Schlein und Ernst Stadler. Berlin-Wilmersdorf: Verlag der Wochenschrift *Die Aktion* 1918 (Aktionsbücher der Aeternisten. Bd. 6). Vgl. die kurze Besprechung von Günther Hildebrandt: Péguy, Charles: Aufsätze. In: Der Orkan 2 (Oktober 1918) 4/5, S. 79.
263 Charles Péguy: Die Litanei vom schreienden Christus. Übertragen von Otto Pick. München: Kurt Wolff Verlag 1919 (Drugulin-Drucke NF Bd. 8).

Gervaise vorgetragene Erzählung, die sich ganz um den von Christus in seiner letzten Stunde ausgestoßenen, verzweifelten Schrei dreht. Somit aktualisiert er Péguys Mysterienspiel vor dem Hintergrund der Leidenserfahrungen des Weltkriegs und verwandelt Christus in eine Präfiguration des gefallenen Autors. Der mit der Johanna-Gestalt verbundene nationale Diskurs wird dagegen ausgeklammert.

Henri Barbusse

Als weiterer prominenter Gegenwartsautor wirkte in der Nachkriegszeit der Schriftsteller und kommunistische Politiker Henri Barbusse (1873 – 1935). An dessen Rezeption lässt sich die zunehmende Politisierung des Expressionismus beobachten.[264] Im literarischen Feld vielfach präsent war Barbusse als Adressat offener Briefe und dichterischer Appelle, die auch in französischer Sprache verfasst wurden.[265] Iwan Goll übersetzte 1920 Barbusses *Clarté*-Manifest *La lueur dans l'abîme* (*Der Schimmer im Abgrund*), das einen radikal internationalistischen Kurs verfolgte und die Überwindung von Klassen und Nationen propagierte.[266] Ein Jahr danach erschien eine Auswahl aus der Gedichtsammlung *Pleureuses* (1895) in der Übertragung des österreichischen Expressionisten Fred Antoine Angermayer, der in seinem Vorwort *Ave, Poeta!* Barbusse anlässlich seines Wiener Besuchs als „Bruder" apostrophiert.[267] 1922 übertrug Wieland Herzfelde den Aufruf an die

---

264 Zu Barbusse vgl. Horst F. Müller: Studien und Miszellen zu Henri Barbusse und seiner Rezeption in Deutschland. Frankfurt/Main u. a.: Lang 2010.

265 1918 erschien ein pathetischer Appell an Barbusse, vom Dresdner Expressionisten Heinar Schilling (1894 – 1955) in französischer Sprache verfasst (Heinar Schilling: Offener Brief an Henri Barbusse. In: Menschen 1, Sonderflugblatt, 21. November 1918, S. 1). 1919 erschien in *Der Friede* ein Barbusse gewidmetes Gedicht, ebenfalls in französischer Sprache (R. A.: An Henri Barbusse. In: Der Friede 3 (28. Februar 1919) 58, S. 121).

266 Henri Barbusse: Der Schimmer im Abgrund. Ein Manifest an alle Denkenden. Deutsche Ausgabe von Iwan Goll. Basel/Leipzig: Rhein Verlag [1920].

267 „Fort mit den lügenden Masken; offen und bloß alle Wunden! Aufgerissen die Herzen, die durch die Lüge erstickt! Denn nur im Sturme der Wahrheit, und nur im Willen zur Liebe, nur in geläuterter Demut und im gerechten Erbarmen kann neue Menschheit erstehen! ... Niedergerissen die Grenzen, die Bruder von Bruder geschieden! Eingestürzt alle Mauern, die Willkür und Vorrecht beschützt! ... Ausgelöscht alle Fackeln, die böser Wille entzündet! Abgeschafft jeden Götzen, den eine Blindheit erwählt! Aufgedeckt jede Lüge, drin die Geschlechter vermodert! ... Flammenzeichen geworfen mitten ins Dunkel der Welt! Angesetzt an die Lippen, allerletzte Fanfaren! Daß eine Menschheit erstehe, wenn sie die Worte vernimmt: „Wahrheit! Liebe! und Mitleid! ... seien die einzigen Götter, denn nur allein diese Dreizahl bindet die Menschen in *Eins!*"... Der Dichter, dem flammende Bäche das Herz und die Seele verzehrten, daß jedes geschriebene Wörtchen ein Vollkommnes, Liebendes, ward; der *Mensch*, der in *lauterster Reinheit* sich hoch über alle emporhob; in unbegrenztem Erbarmen, voll schöpferisch glühenden Willens, durch Hölle und Feuer

Intellektuellen *Le couteau entre les dents – Aux intellectuels* (*Das Messer zwischen die Zähne*).[268]

René Maran

Mit *Batuala. Die Geschichte eines Negers* (1922) und *Dschuma. Ein Negerhund* (1928) verdeutschte Claire Goll zwei Romane des aus Martinique stammenden, in Frankreich aufgewachsenen Autors René Maran (1887–1960) (*Batouala*, 1921, und *Djouma, chien de Brousse*, 1927).[269] Während Maran seine Romane unabhängig voneinander publizierte, schloss Goll diese unter der Beigabe des Obertitels *Die Seele Afrikas* zusammen und setzte sie somit eigenständig, auch durch die Bandangaben, in Beziehung zueinander. Ihre Übersetzungen haben Anteil an dem zeitgenössischen Afrikanismus. Den Wunsch nach Einsicht in das vermeintlich authentische Seelenleben Afrikas spricht Goll, die sich dem Thema auch in ihrem späteren Roman *Der Neger Jupiter raubt Europa* (1926) zuwandte, dann auch mit ihrer Titelbeigabe an. Golls Übersetzung von Marans Romanen hängt wohl mit der öffentlichen Aufmerksamkeit zusammen, die er nach dem Prix Goncourt für *Batouala* 1921 erhalten hatte. Marans kontroverse Kolonialismus-Anklage (er war selbst in der Kolonialverwaltung tätig) prägt vor allem sein von Goll ebenfalls übersetztes Vorwort, das gegen die Kolonialmächte und das von ihnen bemühte Zivilisationsargument Stellung nimmt:

> Zivilisation, Zivilisation, Stolz der Europäer, Schlachthaus der Unschuldigen [...]. Du baust dein Königreich auf Kadavern auf. Was du auch wollen oder tun magst, du lebst von der Lüge. Bei deinem Anblick quellen Tränen und schreit der Schmerz. Du bist die Macht, die vor Recht geht. Du bist keine Fackel, aber ein Brand. Was du berührst, ist totgeweiht ...[270]

---

geschrieben, als hätt' ihn das Schicksal gesandt: *ist Henri Barbusse, unser Bruder!*" (Henri Barbusse: Zehn Gedichte aus dem Gedichtbande *Pleureuses*. Einzige berechtigte Nachdichtung mit einer Einleitung von Fred Antoine Angermayer. Wien: Wiener Literarische Anstalt 1921, S. 8 f.).
268 Henri Barbusse: Das Messer zwischen die Zähne. Ein Aufruf an die Intellektuellen. Übersetzt von Wieland Herzfelde. Berlin: Malik-Verlag 1922 (Kleine revolutionäre Bibliothek Bd. 11).
269 René Maran: Die Seele Afrikas. Deutsche Ausgabe von Claire Goll. Bd. 1: Batuala. Ein echter Negerroman. Bd. 2: Dschuma. Ein Negerhund. Basel/Leipzig: Rhein-Verlag 1922/1928. Zu Maran vgl. Femi Ojo-Ade: René Maran, the Black Frenchman: A Bio-Critical Study. Washington: Three Continents Press 1984, und Keith Cameron: René Maran. Boston: Twayne Publishers 1985.
270 René Maran: Geleitwort. In: Batuala, S. 7 f. Eine so explizite Kolonialismus-Kritik findet sich auf der Erzählebene der Romane zwar nicht wieder, da sich die Texte auf die Geschichte um die afrikanischen Protagonisten konzentrieren. Trotzdem trägt Marans Held Batuala bereits Züge einer kolonialen, entfremdeten Identität, indem er gezwungen ist, sein kulturelles Selbstverständnis durch die Opposition zur weißen ‚Zivilisation' und ihren ‚Werten' – Verlogenheit, Ausbeutung, Effizienzwahn, Grausamkeit – zu artikulieren. Bezeichnend dafür ist bereits Batualas Lob der Muße zu Beginn des Romans: „Ja, die Weissen! Sie täten viel besser daran, alle mitein-

Antikolonialistische Akzente lassen sich auch in der Reportageliteratur des linken Spätexpressionismus beobachten. Karl Otten (1889–1963)[271] übersetzte 1924 den Bericht des französischen Journalisten Albert Londres (1884–1932) über die Zustände einer französischen Strafkolonie ('Bagno') im südamerikanischen Französisch-Guyana.[272]

Weitere zeitgenössische Schriftsteller/-innen

Die Bedeutung, die der Erste Weltkrieg für den expressionistischen Übersetzungskanon hatte, schlägt sich in einer Vielzahl von Übertragungen nieder. Zu ihnen zählt auch die Übersetzung von Georges Duhamels (1884–1966) *Vie des martyrs (1914–1916)* (1917) durch Ferdinand Hardekopf, die 1919 in der Schweiz erschien.[273] Duhamel wirkte als Krankenträger und als Militärarzt während der Schlacht von Artois im Frühjahr 1915 sowie bei der Schlacht von Verdun und bei der Schlacht an der Somme 1916. In seinen Feldlazaretten war er mit Schwerverwundeten konfrontiert, die aus den bombardierten Schützengräben und den

---

ander wieder dahin zu gehen, woher sie gekommen waren. Sie täten besser daran, sich mit ihrem Heim oder der Bebauung ihres Landes zu begnügen, statt sich auf blödes Geldanhäufen zu verlegen. Das Leben ist so kurz. Arbeit ist gut für solche, die es nicht zu nehmen verstehen. Nichtstun degradiert den Menschen keineswegs: Denn bei näherem Zusehen ist Nichtstun und Faulheit absolut nicht dasselbe" (ebd., S. 22f.).

271 Raabe 1985, S. 364–367, Nr. 225; Killy Bd. 9, S. 35f.; Thomas Diecks: „Otten, Karl". In: NDB Bd. 19 (1999), S. 652f. Während des Studiums in München verkehrte Otten mit Frank Wedekind, Heinrich Mann, Otto Gross und Erich Mühsam und schloss sich dessen anarchistischer „Gruppe Tat" an. Nach Kriegsausbruch wurde er als Pazifist verhaftet, später freigelassen, 1917 allerdings wegen der pazifistischen Sammlung *Thronerhebung des Herzens* (1917) zu Festungshaft in Koblenz verurteilt, aus welcher er 1918 von Revolutionären befreit wurde.

272 Albert Londres: Bagno: Die Hölle der Sträflinge. [Aus dem Franz. von Karl Otten]. Mit Vorw. Von Paul Block. Berlin: E. Laubsche Verlagsbuchhandlung 1924.

273 Georges Duhamel: Leben der Märtyrer. 1914–1916. Berechtigte Übertragung aus dem Französischen von Ferdinand Hardekopf. Zürich: Max Rascher Verlag [1919] (Europäische Bücher). Im „Vorwort zur deutschen Ausgabe" charakterisiert Hardekopf Duhamel als Vertreter der französischen Unanimisten: „*Georges Duhamel*, geboren 1882 in Paris, gehört zur Gruppe der ‚Unanimisten', in deren programmatisches Gedichtbuch im Jahre 1908 erschien: *La vie unanime* von Jules Romains. Neben Charles Vildrac galt Duhamel als der bedeutendste Lyriker dieses Kreises. Er hat lyrische, dramatische und kritische Bände veröffentlicht. [...] Duhamel, Chroniqueur des *Mercure de France* für die neue Dichtung, ging als Arzt in den Krieg. Was er da sah, schrieb er in seinen Band *Vie des Martyrs*, dessen Übersetzung hier vorliegt" (ebd., [S. 7]). Das in der Forschung unterbelichtete Interesse der Expressionisten für die Unanimisten bestätigt auch Theodor Däublers Übersetzung von Charles Vildracs Komödie *Le Paquebot Tenacity* (1920), die laut einem Programmzettel unter dem Titel *Das Schiff Tenacity. Komödie in vier Akten* am 19. März 1922 im Wiener Burgtheater aufgeführt wurde. Das Manuskript der Übersetzung konnte nicht ermittelt werden.

Schlachtfeldern evakuiert worden waren, und musste Traumatisierte, Brand-
kranke, Vergaste, Verstümmelte medizinisch versorgen. Duhamels chronikalisch
angelegte Aufzeichnungen reihen Porträts von Menschen aneinander, die nur
noch Schatten ihrer selbst sind, und liefern eine systematische Demontage des
Kriegspropaganda-Topos vom schönen Heldentod. Das Eröffnungskapitel spricht
allerdings, vermutlich aus Zensurgründen, durchaus noch affirmativ von der
„grandeur du sacrifice", gar von einem Aufwachen aus dem Schlummer des
Friedens und einer existenziellen Daseinssteigerung im Krieg („La souffrance les
a réveillés du sommeil de la douce vie [...]. Les voici plus qu'eux-mêmes [...]").[274]
Von solcher vermeintlich höheren Existenz ist allerdings in den Aufzeichnungen
selbst wenig zu spüren. So setzt das darauffolgende Kapitel über die beiden
Verwundeten Carré und Lerondeau auf recht nüchterne Weise ein und lässt die
angekündigte Daseinssteigerung arg vermissen:

> Sie kamen an, wie zwei Pakete mit der selben Sendung, zwei unbequeme, elende Pakete,
> schlecht verpackt und von der Post arg mitgenommen. Zwei Menschenkörper, eingewickelt
> in Leinenzeug und Wolltücher, eingezwängt in absonderliche Apparate, deren einer den
> ganzen Mann umschloss, wie ein Sarg aus Zink und Eisendraht.
> Sie schienen ohne jedes Alter. Oder waren sie beide nicht eigentlich über tausend Jahre
> alt, so alt wie die Mumien, die tief in ihren Sarkophagen eingegürtet liegen?
> Man hat sie gewaschen, gekämmt, aus ihrer Hülle herausgeschält und, mit grösster
> Vorsicht, auf saubere Tücher gelegt. Und da hat man sehen können, dass der eine ein
> Greisenantlitz hatte, und dass der andere noch ein Kind war.[275]

Formalästhetisch wechselt der Ich-Erzähler oft ins Präsens, um eine größere
Unmittelbarkeit zu erzielen. Ferner enthält er sich demonstrativ glossierender
Kommentare über die Kriegsursachen und präsentiert sich als Helfer, der ganz in
seiner – oft vergeblichen – Tätigkeit als Feldarzt aufgeht.[276] Gerade diese huma-
nistische Poetik der tätigen Nächstenliebe fand im Expressionismus Anklang.

---

274 Georges Duhamel: Vie des martyrs. 1914–1916. Paris: Mercure de France 1917, S. 9. („Das
Leiden weckte sie aus dem Schlummer des süßen Lebens [...]. Hier sind sie mehr als sie selbst
[...]", Übers. d. Verf.).
275 Georges Duhamel: Leben der Märtyrer. 1914–1916, S. 13.
276 „Ihr Herren, die ihr euch versammelt, um zu beraten über die Ursachen des Krieges, über das
Ende des Krieges, über die Abnutzung der Bestände und über die Grundlagen der zukünftigen
Gesellschaft: verzeiht mir, dass ich euch meine Meinung über alle diese wichtigen Fragen nicht
sagen kann; ich bin wirklich zu sehr mit der Wunde des armen Gregor beschäftigt. Sie sieht nicht
befriedigend aus, diese Wunde. Wenn ich sie betrachte, so kann ich an nichts anderes denken. Das
Schreien des Verwundeten liesse mir nicht die Ruhe, mit euch über die Entwicklung der
Schlachten und über die Neugestaltung der Landkarte von Europa zu diskutieren" (ebd., S. 179).

Gleich nach ihrem Erscheinen besprach die Zeitschrift *Der Friede* Duhamels *Vie des martyrs* als würdiges Gegenstück zu Barbusses Roman *Le Feu* (1916).[277]

Die Übersetzung von Anatole Frances (1844–1924) fantastischem Roman *La Revolte des Anges* (1914) durch Rudolf Leonhard[278] bestätigt die Bedeutung des

---

[277] „[Duhamel] hat, als französischer Arzt ins Feld eingerückt, eine Blutchronik niedergeschrieben Tag für Tag. Das mächtige Epos *Feu* von Barbusse gibt die Vision des Gesamtzustandes ‚Krieg'. Duhamel aber blickt im Feld nur auf *eine* Erscheinung; weiß nur von einem Erlebnis: schreit nur eine Klage: Die Verwundeten und ihr Schicksal sind ihm Hölle und Himmel. Denn über die Fetzen ihrer zerstückelten Leiber gebeugt, sucht er mit seiner Seele – ihre Seelen. Leuten, die die Verwundeten besuchen, und dann beruhigt erzählen, die wären in guten Betten gut aufgehoben, fühlten sich gar nicht unglücklich, seien trotz ihres Schicksals dieselben geblieben – solchen Leuten erwidert Georges Duhamel: ‚Seid ihr gewiß, sie wiederzuerkennen? Ihr, die jetzt eben auf diese Menschen blicktet, seid ihr sicher, sie auch gesehen zu haben? Unter ihren Verbänden glühen Wunden, von welchen ihr kein Wissen habt. Im tiefsten Grund dieser Wunden, dieses verstümmelten Fleisches erbebt und weint die unbegreiflichste, seltsamste Seele. Die scheu und zögernd nur sich enthüllt, die kinderrein sich hingibt! Daß ich euch helfen könnte, diese zu erlauschen – ist meine Sehnsucht. In dieser Zeit, in der nichts mehr dem Einst gleicht, sind auch die Männer hier – andere als ihr sie kanntet. Der Schmerz hat sie aus dem süßen Daseinsschlummer geweckt, und Tag um Tag erfüllt er sie mit taumelnder Trunkenheit. Sie sind zu Höheren geworden als sie gewesen; was wir früher an ihnen geliebt hatten. waren nur glückliche Schatten. Sammeln wir ehrfürchtig ihre schlichten Geständnisse; prägen wir uns die geringsten ihrer Gebärden unverlierbar ein. Und sagt es mir zu, versprecht es mir, daß wir gemeinsam daran denken wollen – in jeder Stunde des Tages jetzt und später, wenn die Trauer der Zeiten und die Größe des ungeheuren Opfers unsere Herzen erbeben lassen wird.' – – – Nach dieser leidenschaftlichen Einleitung gleiten Erscheinungen und Begebenheiten vorüber, die, aus der Tragik verstümmelten Fleisches erstanden, zu einer metaphysischen Bejahung der Körperdurchseelung gelangen. Eine unerschöpfliche Skala von Leidensarten und Arten zu Leiden enthält dieses Buch der Märtyrer. Da ist der Mutige, der Kleinmütige, der Ungeduldige und der Sanftmütige. Der Lustige und der Tragische. Da ist der Korbflechter Auger, dem die Gnade geschenkt ist. Weil er heiteren Sinnes zu leiden weiß. Und da ist Grégoire, ein Paria im Krankensaal, weil er nicht vermag, auf eine den anderen angenehme Weise unglücklich zu sein. Von den Tausenden, die schreien und jammern, schreit und jammert nicht einer gleich dem anderen. So wie die unerschöpflich gestaltende Natur keine Wiederholung des Menschenbildes kennt, so hat die Phantasie ihres Sadismus keine Grenzen. Mit kaltem wägenden, analysierenden, energischen Tatsinn steht der Arzt Duhamel inmitten dieses Chaos von Verzweiflung. Er sortiert sozusagen die außerordentlichen Fälle. Mit heißer, mitleidsvoller Andacht beugt der Dichter Duhamel zu jedem dieser vom Schicksal Vernichteten sich herab und löst aus dem Stammeln ihrer Pein, aus dem Angstschweiß ihrer Martern die Schönheit schlichter Größe" (Anima: Duhamel, Georges: Leben der Märtyrer. In: Der Friede 2 (20. September 1918) 35, S. 214 f., hier S. 214).

[278] Anatole France: Aufruhr der Engel. Roman. Deutsch von Rudolf Leonhard. München/Leipzig: Kurt Wolff Verlag 1917. Dem Roman *Révolte des Anges* entnommen (Kap. XVIII–XXI) ist auch die vom Engel Nectaire erzählte *Weltgeschichte*, die später im Musarion-Verlag erschien: Anatole France: Eine Weltgeschichte. Deutsch von Rudolf Leonhard, Umschlagzeichnung und sieben Federzeichnungen von Rolf von Hoerschelmann. München: Musarion Verlag 1919.

Revolutionsthemas für den Expressionismus. Ausgangspunkt ist der Antagonismus zwischen Gott und seinen Engeln, der zu Verstimmung und schließlich zur Rebellion der letzteren führt. Der Schluss des Romans erteilt allerdings der Revolutionslösung eine skeptische Absage. In einem Traum hat Satan, der Anführer der aufständischen Engel, erfahren, dass die Eroberung des Himmels nur eine Perpetuierung des Übels unter verändertem Vorzeichen nach sich ziehen würde:

> „Gefährten", sagte der große Engel, „nein, erobern wir den Himmel nicht. Es genügt, daß wir es können. Denn Krieg erzeigt wiederum Krieg und Sieg Niederlage. Der besiegte Gott wird Satan und der siegreiche Satan wird Gott. Möge mir das Geschick dieses furchtbare Los ersparen!"[279]

Anstelle der Revolution rät Satan seinen Gefährten, Egoismus und Krieg, Habgier und Gewalt unter den Menschen zu bekämpfen[280] – eine Position, die der expressionistischen Poetik der ‚Wandlung' recht nahekommt. Leonhard selbst entwickelte sich allerdings bald zum kommunistischen Revolutionssympathisanten, wie seine 1923 entstandene Übersetzung der Lenin-Biographie von Henri Guilbeaux (1884–1938) zeigt.[281] Im Lager der Revolutionsgegner dagegen übertrug Max Pulver den mit dem „Prix de la Renaissance" ausgezeichneten Roman *La Cavalière Elsa* (1921) des Pierre Mac Orlan (Pierre Dumarchey) (1882–1970), der die Oktoberrevolution als warnendes Menetekel und als sich über den Kontinent ergießende, apokalyptische Flut imaginiert.[282] Auch im Corpus der französischen

---

279 Anatole France: Aufruhr der Engel, S. 475.
280 Ebd., S. 476.
281 Henri Guilbeaux: Wladimir Iljitsch Lenin: Ein treues Bild seines Wesens. Übertr. ins Dt. u. Mitw. v. Rudolf Leonhard. Berlin: Verlag Die Schmiede 1923; Ders.: Joseph Solvaster. Ein Roman. Aus dem französischen Manuskript übersetzt von Hermynia Zur Mühlen. Dresden: Rudolf Kaemmerer 1920.
282 Pierre Mac Orlan: Die Reiterin Elsa. Deutsch von Max Pulver. München: Recht 1923. Teil einer Trilogie, die *La Vénus internationale* (1923) und *Le Quai des brumes* (1927) miteinschließt, erzählt der Roman die Geschichte von Elsa Grünberg, einem heranwachsenden deutschen Mädchen, das nach Russland zieht und die Russische Revolution erlebt. Ihr Vater wird zum „commissaire des embellisements de la rue" berufen und es ist Elsas Idee, die unzähligen an den Bäumen von Sewastopol erhängten Leichen zu schmücken, um sie in die Umgebung zu integrieren. Elsa wird zum Aushängeschild einer kombinierten russisch-chinesischen Armee, die Europa erobert und sich in Paris aufstellt. Vgl. Roger W. Baines: ‚Inquietude' in the work of Pierre Mac Orlan. Amsterdam/Atlanta: Rodopi 2000, S. 12.

Übersetzungen spiegelt sich somit die Dichotomie wider, die unter den Expressionisten/-innen in der Einschätzung der Oktoberrevolution herrschte.[283]

Mit André Suarès (1868–1948)[284] und Jacques Rivière (1886–1925)[285] sind im Corpus zwei prominente Herausgeber der *Nouvelle Revue Française* vertreten. Auf Resonanz stieß auch Charles-Louis Philippe (1874–1909), dem der frühe Georg Lukács einen Aufsatz in seiner Essay-Sammlung *Die Seele und die Formen* 1911 gewidmet hatte („Sehnsucht und Form: Charles-Louis Philippe")[286] und der über Lukács auch auf Thomas Mann wirkte. Friedrich Burschell übersetzte Philippes Romane für den Insel-Verlag.[287] Gerade *Marie Donadieu* wurde von Lukács ausführlich besprochen, der Philippe als Meister des neuen, ,lyrischen Romans' charakterisiert.[288]

Während die Übertragung des Romans *La Triple Caresse* (1922) der anarchistischen und feministischen Schriftstellerin Renée Dunan (1892–1936)[289] durch den Berliner Expressionisten Manfred Georg(e) (Manfred Cohn, 1893–1965)[290] der expressionistischen ,Revolution der Erotik' entsprach, belegt die Al-

283 Dazu vgl. Mario Zanucchi: Die deutschen Expressionisten und die Oktoberrevolution. In: Russische Revolutionen 1917. Kulturtransfer im europäischen Raum. Hg. von Elena Korowin und Jurij Lileev. Paderborn u. a.: Fink 2020, S. 141–164.

284 André Suarès: Portraits. Deutsch mit einem Nachwort von Otto Flake. München: Drei Masken-Verlag 1922.

285 Jacques Rivière: Studien. Übertragen von Hans Jacob. Potsdam: Gustav Kiepenheuer Verlag 1921.

286 Georg von Lukács: Die Seele und die Formen. Essays. Berlin: Egon Fleischel & Co. 1911, S. 195–228.

287 Charles Louis Philippe: Charles Blanchard. Fragment. Übertragen von W[ilhelm] Südel und F[riedrich] Burschell. Leipzig: Insel-Verlag 1922. Ders.: Marie Donadieu. Übertragen von F[riedrich] Burschell. Leipzig: Insel-Verlag 1922 (Bibliothek der Romane 79).

288 „Immer hat es Dichtungen gegeben, denen der weltschaffende Wille der großen Epik abging, deren Handlung manchmal kaum die einer Novelle war, die aber dennoch über das Einzelfallartige der Novelle hinausgingen und aus dem Gefühl einer Seele heraus eine andere, allesumfassende Kraft erlangten. Wo nur eine Seele der Held war und nur ihre Sehnsucht die Handlung, die aber dennoch zu Held und Handlung geworden sind. Lyrische Romane nennt man sie meistens – ich würde für sie am liebsten die mittelalterliche Bezeichnung chante-fable wählen [...]. Das ist die Form Charles-Louis Philippes." (Georg von Lukács: Sehnsucht und Form: Charles-Louis Philippe. In: Die Seele und die Formen, S. 224).

289 Renée Dunan: Zärtlichkeiten. Roman. Übersetzt von M[anfred] Georg. Berlin: K. Ehrlich 1924 (Bücher der Leidenschaft 25).

290 Raabe 1985, S. 153–155, Nr. 82; LDJA Bd. 8, 385–397. Georg(e) hatte Kontakte zu Kurt Pinthus, Walter Hasenclever, Gottfried Benn, Ernst Toller, Rudolf Leonhard u. a. Nach dem Krieg war in er in der „Deutschen Friedensgesellschaft" aktiv. Seit 1915 veröffentlichte er in der *Aktion, Marsyas, Der Friede, Kothurn* und anderen Zeitschriften. Seine Novelle *Der Rebell* (1918) wurde von Walter Gramatté illustriert.

bert Einstein gewidmete Verdeutschung von *Les Voyages de Psychodore, philos-*
ophe cynique (1903) des anarchistischen Philosophen und Schriftstellers Han
Ryner (Henri Ner) (1861–1938)[291] erneut die Beliebtheit der ‚exotischen Satire' im
Expressionismus. Nach dem Verlust seiner Geliebten durchquert der zynische
Philosoph Psychodor viele Welten, von denen jede von Menschen anderen
Schlages (die Angewurzelten, die Augenlosen, die Rückwärtsschreitenden, die
Pitaniaten, die Eintagsfliegen, die Unsterblichen etc.) bevölkert ist, und in jeder
Welt schreiben die dort Lebenden der Relativität ihrer Wirklichkeitsperspektive
universelle Gültigkeit zu. „Die phantastischsatirische Tendenz Psychodors und
seiner Wanderschaft" – so der Übersetzer Fred Antoine Angermayer – „zeigt
unerbittlich auf allen Aberglauben und auf alle aufgeblähte Dummheit, die den
Menschen, diese Krone der Schöpfung, auszeichnen".[292]

Hans Jacobs Übertragung des mit dem Balzac-Preis ausgezeichneten Romans
Notre Dame de la Sagesse (1924) von Pierre Dominique Lucchini (1891–1973)[293]
unterstreicht schließlich die expressionistische Aufwertung des Wahnsinns als
vitalen, unverdorbenen Naturzustandes. Der Protagonist Thibaut ist ein Mystiker,
der – wie die expressionistische Generation – in Tolstois Nachfolge die Menschenliebe predigt und sein Hab und Gut an die Armen verteilen will. Deshalb
haben ihn die geldgierigen Verwandten im Asyl von Villejuif internieren lassen,
wie er selbst dem Assistenzarzt Bour erzählt:

> Allerdings habe ich Maeterlinck, Ibsen, Gogol und Tolstoi, vor allem Tolstoi, und Rousseau,
> Fourier, Kropotkin geliebt, aber auch viele andere, die Sie gar nicht kennen, Leute, die gar
> nicht oder schlecht schreiben, die sprechen, so gut wie sie es eben können, meistens Un-
> bekannte, die ich durch Zufall bei einem Meeting traf, Halbchristen, Sozialisten, Anarchis-
> ten, Freiheitsschwärmer, Leute, die in das Volk verliebt waren – was liegt an Namen! –
> Begeisterte, gute, empfindsame Menschen, die an die natürliche Güte des Menschen und den
> unbestimmten Fortschritt der Welt glaubten, Menschen, die etwas ... verrückt sind, wie Sie
> sagen, nicht wahr, die sich aber ganz hingaben mit Körper und Seele ... Ihr Vermögen und
> ihre Zeit, ihre Gesundheit, ihre Zukunft, alles ging dabei verloren, Herr Doktor. [...] Meine
> Verwandten [...] hatten dafür kein Verständnis. Sie waren in alten Irrtümern befangen. Da ich
> mein Geld an die Armen verteilte, hatten sie nur den einen Gedanken, mich daran zu hin-

---

291 Han Ryner: Psychodors Wanderschaft. (Diese autorisierte Übertragung von Fred Antoine
Angermayer stellt die erste deutsche Ausgabe dar.) Leipzig: Wolkenwanderer-Verlag (1924).
292 Fred Antoine Angermayer: Han Ryner. Eine Studie. In: Das Buch der Wolkenwanderer.
Leipzig: Wolkenwanderer-Verlag 1924, S. 48–58, hier S. 53.
293 Pierre Dominique: Unsere liebe Frau von der Weisheit. Roman. Übersetzt aus dem Französischen von Hans Jacob. Berlin/Wien/Leipzig: Paul Zsolnay 1924. Die Widmung lautet: „Dem
Weisesten von uns / Der, während seine Kameraden / Notare oder Ärzte, / Enthaltsame Famili-
enväter / Oder alkoholische alte Junggesellen wurden, / Nichts besseres gefunden hat, / (Intel-
ligent und ausgeglichen, wie er war,) / als verrückt zu sein" (ebd., S. 7).

dern. Wiedergeben! Das schien ihnen ein solcher Gegenstand zum gesunden Menschenverstand zu sein![294]

Durchaus im Einklang mit der expressionistischen Programmatik hinterfragt Pierre Dominique, selbst Arzt, das Ideal psychischer ‚Gesundheit', indem er die Kategorien von ‚Krankheit' und ‚Gesundheit' als Produkt sozialer Macht- und Disziplinierungsprozesse aufdeckt und damit die kritischen Ansätze Michel Foucaults und der antipsychiatrischen Bewegung antizipiert.

Exophone Übersetzungen

Iwan Golls exophone[295] Übertragungen expressionistischer Dichtungen ins Französische kehren in der unmittelbaren Nachkriegszeit die Richtung des französisch-deutschen Transfers um, mit dem Ziel, den vom Krieg zerrissenen Faden der deutsch-französischen Verständigung wieder anzuknüpfen. Die von Goll vorgelegte Anthologie *Le cœur de l'ennemi*,[296] die 1919 in Paris im Verlag der Zeitschrift *Les Humbles* mit 16 Holzschnittillustrationen von Louis Moreau (1883–1958) erschien, enthält pazifistische Dichtungen deutschsprachiger Expressionisten in Golls französischer Übertragung.[297] Ein Jahr danach brachte Goll zusammen mit seiner Frau Claire als Gegenstück die Anthologie „französischer Freiheitslyrik" *Das Herz Frankreichs* im Georg Müller Verlag heraus.[298]

Die Idee, pazifistische Dichtungen aus dem Feindeslager in einer Anthologie für das französische Publikum zusammenzutragen, verdankte Goll wohl einem Gedicht des französischen Pazifisten Marcel Martinet (1887–1944) – „Poètes

---

294 Ebd., S. 36 f.
295 Zur Exophonie vgl.: Exophonie: Anders-Sprachigkeit (in) der Literatur. Hg. von Susan Arndt und Dirk Naguschewski. Berlin: Kadmos 2007; Yasemin Yildiz: Beyond the Mother Tongue: The Postmonolingual Condition. New York: Fordham University Press 2013; Matthias Zach: Extraterritoriality, Exophony and the Literary Text. Ex(tra)territorial: Reassessing Territory in Literature, Culture and Languages. Hg. von Didier Lassalle und Dirk Weissmann. Amsterdam/New York: Editions Rodopi 2017, S. 217–230; zu Exophonie und Übersetzung: Rosella Pugliese: Exophonic Writing: a New Paradigm in Translation. In: Academic Exchange Quarterly 16 (2012) 1, S. 161–166.
296 Le cœur de l'ennemi. Poèmes actuels traduits de l'allemand par Ivan Goll et illustrés de 16 bois gravés par Louis Moreau. [Paris:] Édition de la Revue littéraire des Primaires *Les Humbles* 1919.
297 Zu Golls Rolle im deutsch-französischen Kulturtransfer nach dem Ersten Weltkrieg vgl. Heike Schmidt: Art mondial. Formen der Internationalität bei Yvan Goll. Würzburg: Königshausen & Neumann 1999, bes. S. 37–41.
298 Das Herz Frankreichs. Eine Anthologie französischer Freiheitslyrik. Hg. und übersetzt von Iwan Goll und Claire Goll-Studer. München: Georg Müller Verlag 1920.

d'Allemagne, ô frères inconnus ..." –, das 1917 in den *Weißen Blättern* erschienen war[299] und im Exergum der Anthologie zitiert wird:

Vous tous, ayant besoin de vous enfuir de ce silence immense,
Ayant besoin sur vos visages
Du crachat des fous et des lâches,
Ayant besoin de témoigner enfin pour l'homme,
Jeunes gens inconnus, poètes d'Allemagne,
Vous n'avez pu vous taire.[300]

Würdigt Martinet den pazifistischen Beitrag der Expressionisten als „unbekannte Brüder", so versucht Goll durch seine Anthologie, diese Apostrophierung einzulösen. Gerade die von Martinet evozierten „unbekannten Brüder" stellt Goll in seiner Anthologie dem französischen Lesepublikum vor. Bereits die Metonymie vom „Herz des Feindes" zitiert einen dieser ‚unbekannten Brüder', nämlich Wilhelm Klemm, Militärarzt an der französischen Front und Verfasser des freirhythmischen Gedichts *Schlacht an der Marne* (1914),[301] dem später Goll den Titel seiner Anthologie entnahm:

Mein Herz ist so groß wie Deutschland und Frankreich zusammen,
Durchbohrt von allen Geschossen der Welt.[302]

Sowohl Maurice Wullens (1894–1945), Herausgeber der Zeitschrift *Les Humbles*,[303] als auch Goll[304] zitieren in ihren Einleitungen Klemms Distichon in Golls Übersetzung, die in der Anthologie auch *in extenso* abgedruckt ist,[305] und erheben

---

299 Marcel Martinet: Poètes d'Allemagne, ô frères inconnus ... In: Die Weißen Blätter 4 II (Juni 1917) 5, S. 246–251. Das Gedicht stammt aus der von der französischen Zensur verbotenen Sammlung *Les Temps maudits*, die zunächst in Genf 1917 im Verlag der Zeitschrift *Demain* erschien.
300 Le cœur de l'ennemi, [S. 1]. „Ihr alle, die dieser immensen Stille entfliehen müsst, die Ihr auf Euern Gesichtern das Spucken der Wahnsinnigen und Feiglinge braucht, die Ihr schließlich für den Menschen Zeugnis ablegen müsst, unbekannte Jugendliche, Dichter aus Deutschland, Ihr konntet nicht schweigen." (Übers. d. Verf.).
301 Wilhelm Klemm: Schlacht an der Marne. In: Die Aktion 4 (24. Oktober 1914) 42/43, Sp. 834.
302 Ebd., V. 7 f.
303 Vgl. Wullens' Vorwort zu Golls Anthologie: „Poètes d'Allemagne, ô frères jadis inconnus, enfin connu, nous sommes des hommes tous simplement. Et tout heureux de trouver devants nous des hommes, nous vous tendons nos mains fraternelles et voud donnons une étreinte loyale, d'homme à homme. / Poètes d'Allemagne, ô frères enfins connus!" (Le cœur de l'ennemi, S. 3).
304 Ebd., S. 6.
305 In seiner Übertragung hebt Goll die beiden Verse, die bei Klemm die zweite Strophe abschließen, dadurch hervor, dass er das dreistrophige Gedicht zweistrophig umgestaltet und diese

es zu einer Leitformel des französisch-deutschen Dichter/-innendialogs der Nachkriegszeit.

In seinem *Avant-Propos* wendet sich Goll an das französische Publikum und bittet es, in der Stimme des Feindes eine menschliche Stimme zu vernehmen („Attendez encore un instant, ne fermez point la page, ayez foi en l'Homme qui parle à l'Homme").[306] Seine Anthologie enthält ins Französische übertragene, pazifistische Dichtungen expressionistischer Autoren/-innen.[307] Die von Goll getroffene Textselektion betont die expressionistische Frankophilie. Zu den übertragenen Dichtungen gehört etwa die poetische Hommage Johannes R. Bechers *An Zola* (1916),[308] Walter Hasenclever Gedicht auf den vom französischen Nationalisten Raoul Villain ermordeten Jan Jaurès (1859 – 1914), eine führende Gestalt der 1889 in Paris gegründeten Zweiten Internationale, *Jaurès' Auferstehung* (1919),[309] sowie Karl Ottens Hommage an Marcel Martinet, der Gedichtzyklus *Für Martinet* (1917).[310]

Le cœur de l'ennemi enthält auch eine Selbstübersetzung Golls aus seinem Romain Rolland gewidmeten *Requiem für die Gefallenen von Europa* (1917).[311] Es

---

Formel somit zur Achse des Textes macht: „Mon cœur est grand comme l'Allemagne et la France réunies, / Il est troué par les balles du monde entier". (Ebd., S. 18).

306 Ebd., S. 6.

307 Johannes R. Becher: *An Zola*, Albert Ehrenstein: *Europa stirbt*, Iwan Goll: *Requiem*, Walter Hasenclever: *Jaurès' Auferstehung*, Wilhelm Klemm: *Schlacht an der Marne* und *Schlacht am Nachmittag*, Rudolf Leonhard: *Bruder und Schwester*, Karl Otten: *Für Martinet*, Ludwig Rubiner: *Das Himmlische Licht*, René Schickele: *Gloria Victis!*, Claire Studer: *An mein Kind*, Georg Trakl: *Grodek*, Franz Werfel: *Der Mächtige*, Alfred Wolfenstein: *An die von 1914*, Stefan Zweig: *Inscription sur une statue de Liebknecht*. Die Originalfassung von Zweigs Liebknecht-Hommage ist bis heute verschollen. Daher sei im Folgenden Golls französische Übersetzung wiedergegeben: „Seul / Comme jamais homme / Ne fut seul par cette tempête du monde, / Seul il dressa le front / Au-dessus de soixante-dix millions de crânes casqués! / Il cria / Seul/ En voyant la Terre sombrer, / Il cria par les sept Ciels de l'Europe, / Où Dieu était mort et sourd. / Il cria cette grande parole rouge: / Non!" (Le cœur de l'ennemi, S. 32). Das Gedicht trägt den Zusatz: „Ecrit en 1916". Unabhängig davon, ob man den Text als eine Fälschung betrachtet oder ob man Zweigs Autorschaft gelten lässt, ist die Datierung wohl irrtümlich, sofern sie nicht absichtlich falsch ist. Als wahrscheinlicher ist eine spätere Entstehung im Jahre 1919, im Zuge der Liebknecht-Heroisierung nach seiner Ermordung am 15. Januar, anzunehmen. Den Anlass lieferte vermutlich die Verweigerung des Ehrengrabs durch einen Berliner Magistrat im April 1919.

308 Johannes R. Becher: An Zola. In: Ders.: Verbrüderung. Leipzig: Kurt Wolff Verlag 1916, S. 35 f.

309 Walter Hasenclever: Jaurès' Auferstehung. In: An alle Künstler! Berlin: [Willi Simon] 1919, S. 23 f.

310 Karl Otten: Für Martinet. In: Die Aktion 7 (3. November 1917) 43/44, Sp. 584 – 588.

311 Golls *Requiem* erschien zunächst in der von Henri Guilbeaux (1884 – 1938) herausgegebenen Monatszeitschrift *Demain* (Iwan Goll: Requiem für die Gefallenen von Europa. Genf: Bücherei der Zeitschrift *Demain* 1917). Das Titelblatt entwarf die expressionistische Künstlerin Marianne von

handelt sich um die Übertragung von drei ‚Rezitativen' („Da feierte der Tod seinen Karneval", „Und tief ins Mark der Länder biss sich der gefrässige Krieg" und „O ihr Brüder alle!"), die bereits 1917 in der von Claude Le Maguet (Jean Salives, 1887– 1979) herausgegebenen Genfer Zeitschrift *Les Tablettes* (1917–1919) erschienen waren.[312] Die französische Fassung mutet insgesamt weniger innovativ an, auch weil die expressionistischen Komposita („Schattenmasken", „Seelenwolken", „riesenschattete", „Blutwind", „Seelenmenschen") im Französischen verloren gehen, was eine Abschwächung der Ausdrucksintensität mit sich bringt.[313] Kompensiert wird dies in der französischen Fassung des ersten Rezitativs durch einen teilweise elliptischen Telegrammstil, der auch durch die hämmernden Ausrufezeichen adäquater als die geordnete Syntax der deutschen Version das Schlachtgetümmel formalästhetisch einfängt,[314] sowie durch die Umschreibung von Vergleichen in Fragen.[315] Das inzwischen eingetretene Kriegsende führt zu einer Entmilitarisierung des Vokabulars: „Schlachtfeld" wird zu „charnier",[316] „Kamerad" zu „ami",[317] „Helmhaupt" zu „front".[318] Die interne Fokalisierung auf das Ich als Soldat, dem „Angreifer" gegenüberstehen, wird im ersten Rezitativ

Werefkin (1860–1938). Noch im selben Jahr erschien eine zweite Auflage im Rascher-Verlag (Iwan Goll: Requiem für die Gefallenen von Europa. Leipzig/Zürich: Rascher & Cie 1917).

312 In: Les Tablettes. Ed. Claude Le Maguet 1 (August 1917) 11, S. 3 f.

313 „Schwarze *Schattenmasken* huschten" (Requiem, S. 18), „*Masques* noirs qui sautaient" (Le cœur de l'ennemi, S. 12); „*riesenschattete* der Krieg" (Requiem, S. 27), „*jetait son ombre géante*" (Le cœur de l'ennemi, S. 12); „*rollte* in den nächtlichen Gewittern" (Requiem, S. 28), „*tonnant* la nuit pendant l'orage" (Le cœur de l'ennemi, S. 13); „*Blutwind* die Fahnen über den Plätzen, Kasernen und Bars" (Requiem, S. 28), „Drapeaux *gonflés de sang* sur les places, sur les casernes, devant les bars" (Le cœur de l'ennemi, S. 13); „O ihr subtilen Seelenmenschen!" (Requiem, S. 31), „Hommes subtils" (Le cœur de l'ennemi, S. 14, Hervorh. d. Verf.).

314 „Da feierte der Tod seinen Karneval" (Requiem, S. 18), „La Mort, le carneval de la Mort!" (Le cœur de l'ennemi, S. 12); „Jenseits des feurigen Granatenwalds bäumten sich die Menschenkurven" (Requiem, S. 18), „Au-delà d'une forêt ivre d'obus: les courbes immenses des hommes!" (Le cœur de l'ennemi, S. 12);

315 Vgl.: „Einem Apachen blitzt das spitze Bajonett blank wie die gefletschten Zähne" (Requiem, S. 19), „Un apache: est-ce sa baïonnette, est-ce sa bouche aux dents aigües qui brillent?" (Le cœur de l'ennemi, S. 12).

316 Vgl.: „rotschimmernde Seelenwolken blähten sich über dem Schlachtfeld" (Iwan Goll: Requiem für die Gefallenen von Europa. Genf: Bücherei der Zeitschrift *Demain* 1917, S. 18); „Masques noirs qui sautaient; âmes, qui formaient des nuages rougeâtres au-dessus du charnier" (Le cœur de l'ennemi, S. 12).

317 „Mein armer Kamerad" (Requiem, S. 19); „Mon pauvre ami" (Le cœur de l'ennemi, S. 12).

318 Vgl.: „dem Gold und Blut ums Helmhaupt funkeln" (Requiem, S. 19); „tu as de l'or et du sang autour de ton front" (Le cœur de l'ennemi, S. 12).

teilweise aufgegeben, um der Erzählerstimme Äquidistanz zwischen den Kämpfenden zu verleihen.[319]

6.10.4 Englische Literatur

Als Vermittler/-innen der englischen Literatur wirkten Hermynia zur Mühlen, Ulrich Steindorff (1888–1978), Sohn des Ägyptologen Georg Steindorff,[320] ferner Curt Moreck, Felix Grafe, Paul Steegemann, Rudolf Leonhard, der ursprünglich von Karl Wolfskehl geförderte Hans Schiebelhuth (1895–1944)[321] u. a. Das insgesamt 30 Buchpublikationen umfassende Corpus zeigt Übersetzungstendenzen, die wiederum mit zentralen Aspekten der expressionistischen Programmatik korrelieren.

Erneut werden Akzentverschiebungen im symbolistisch-dekadenten Kanon sichtbar. Die expressionistische Oscar Wilde-Rezeption zeigt zum einen Kontinuitäten zum dekadenten Ästhetizismus, was die Verdeutschung der *Salome* durch Curt Moreck (1919) belegt,[322] zum anderen lotet sie auch dessen Kehrseiten aus, wie die Übertragung der im Gefängnis entstandenen *Ballade of Reading Gaol* (1898) zeigt. In ihr legte Wilde von seiner zweijährigen Haftzeit bei Zwangsarbeit im Zuchthaus von Reading Zeugnis ab, zu welcher er wegen „grober Unzucht" („gross indecency"), d. h. seiner homosexuellen Liaison zu Alfred Douglas, verurteilt worden war, nachdem das von ihm gegen Douglas' Vater Lord Queensberry angestrengte Verfahren gekippt und Wilde von Ankläger zum Angeklagten geworden war. Wilde ließ den Text zunächst unter der Nummer seiner Gefängnis-

---

319 Vgl.: „Aus dem Gestrüpp *meiner* Angreifer bricht braungolden ein Männerbart" (Requiem, S. 18, Hervorh. d. Verf.); „Voici le buisson des baïonettes: la barbe dorée d'un homme y fleurit" (Le cœur de l'ennemi, S. 12).

320 Raabe 1985, S. 449–451, Nr. 290.

321 Raabe 1985, S. 413–416, Nr. 263; Killy Bd. 10, S. 332f. Schiebelhuths erste Sammlung *Die Klänge des Morgens* (1912) steht noch in Georges Nachfolge. Zwischen 1918 und 1922 publizierte er Gedichte und kritische Beiträge für diverse expressionistische und dadaistische Zeitschriften (*Die Dachstube, Münchner Blätter für Dichtung und Graphik, Das Tribunal, Der Weg, Der Zweemann, Die Neue Schaubühne*). Seine Lyriksammlungen *Der kleine Kalender* (1919) und die „neo-dadaistischen Ungedichte" *Der Hakenkreuzzug* (1920), welche die Judenpogrome der Nationalsozialisten antizipieren („Es ist ein Hakenkreuz auf dieser Welt! / Meidet jeden Meier! / Schwarz-weiß-rötet Eure Gesinnungen! / Nähert Euch dem Weltpopogrom!"), erschienen im Verlag der Avantgardezeitschrift *Die Dachstube*.

322 Oscar Wilde: Salome. Tragödie in einem Akt mit 16 Zeichnungen von Aubrey Beardsley. Deutsch von Curt Moreck. Hannover: Heinrich Böhme Verlag 1919.

zelle, C.3.3., veröffentlichen.[323] Die von dem österreichischen jüdischen Expressionisten und *Anbruch*-Redakteur Felix Grafe (Felix Löwy) (1888–1942)[324] verfasste Nachdichtung wurde von der Forschung, die sich auf Wildes dramatische Rezeption konzentriert hat,[325] bis heute ignoriert.[326] Die 1917 erschienene Übersetzung[327] ist eine vollständige Übertragung der 109 Strophen, die wie bei Wilde in sechs Sektionen eingeteilt sind. Den regelmäßigen Wechsel zwischen jambischen Tetrametern und Trimetern[328] hat Grafe eingehalten. Nachgebildet hat Grafe ferner nicht nur die Endreime (*abcbdb*). Auf virtuose Weise hat er vielmehr auch die

323 Im Folgenden sämtliche Zitate nach der Erstausgabe: [Oscar Wilde:] The Ballad of Reading Gaol. By C.3.3. Royal Arcade London W: Leonard Smithers 1898. Erst die siebente Edition, die im Juni 1899 erschien, enthüllte Wildes Verfasserschaft.
324 Zu Grafe Raabe 1985, S. 173, Nr. 190; NDB Bd. 6, S. 727–728; Killy Bd. 4, S. 365–366; ÖBL 1815–1950, Bd. 2 (Lfg. 6, 1957), S. 45; Hans Heinz Hahnl: Vergessene Literaten. Fünfzig österreichische Lebensschicksale. Wien: Österreichischer Bundesverlag 1984, S. 159–162. Grafe debütierte 1908 mit einigen Gedichtübertragungen in Karl Kraus' *Fackel*. Nachdichtungen nach Oscar Wilde (*Die Ballade von Reading Gaol*, 1917) und Francis Jammes (*Almaide*, 1919) folgten. Seine eigene Lyrik stand zunächst unter dem Einfluss des französischen Symbolismus (Idris. München: Hyperion-Verlag Hans von Weber 1910) und dialogisierte dann mit dem Expressionismus (Ruit Hora. Neue Gedichte. München: Hans von Weber 1916). Grafe übersetzte auch Algernon Charles Swinburnes *Atalanta*, ferner Percy Bysshe Shelley, Paul Verlaine, Albert Samain, William Shakespeare, Lord Byron, Gabriele d'Annunzio, Lorenzo Stecchetti (Olindo Guerrini) sowie den anti-habsburgischen tschechischen Dichter Josef Svatopluk Machar (1864–1942). 1918–1920 war er Redakteur der expressionistischen Zeitschrift Der Anbruch in Wien. Er fand 1938 Anschluss an die österreichische Widerstandsbewegung und wurde 1941 aufgrund eines gegen Hitler gerichteten Gedichts unter Anklage des Hochverrates von den Nationalsozialisten hingerichtet. Seine Dichtungen liegen in der von Joseph Strelka veranstalteten hist.-krit. Ausgabe vor (Wien: Bergland Verlag 1961).
325 Robert Vilain: Tragedy and the apostle of Beauty: the early literary reception of Oscar Wilde in Germany and Austria. In: The reception of Oscar Wilde in Europe. Hg. von Stefano Evangelista. London: Continuum 2010, S. 173–188; Sandra Mayer: Oscar Wilde in Vienna: Pleasing and teasing the audience. Leiden/Boston: Brill Rodopi 2018.
326 Eine knappe Würdigung findet sich in der Einleitung von Joseph Strelka zu seiner Grafe-Ausgabe (J. S.: Einleitung. In: Felix Grafe: Dichtungen. Wien: Bergland Verlag 1961, S. 53f.).
327 Oscar Wilde: Die Ballade von Reading Gaol. Deutsche Nachdichtung von Felix Grafe. Berlin: Hyperionverlag [1917] [mit einer Titelzeichnung von Alfred Kubin.] [Davon erschien 1920 eine zweite Auflage im Sedez-Format, mit Deckelillustration von Emil Preetorius.]
328 Diese Alternanz zitiert die traditionelle Balladenstrophe, die Wildes Freund Alfred Douglas meisterhaft benutzte, mit dem Unterschied, dass Wilde die vierzeilige Balladestrophe sechszeilig erweitert, nach dem Vorbild von Thomas Hoods *Dream of Eugene Aram* (1895) (Nicholas Frankel: Oscar Wilde. The Unrepentant Years. Cambridge (Mass.)/London: Harvard University Press 2017, S. 188).

von Wilde eingesetzten Binnenreime[329] – nicht selten drei in einer einzigen Strophe[330] – in seiner Nachdichtung reproduziert.[331] Zitiert sei als Beispiel etwa seine Übertragung der siebenten Strophe aus dem fünften Gesang, in der es Grafe gelingt, sämtliche Binnenreime nachzubilden:

Each narrow *cell* in which we *dwell*	Die Zelle *ist* mit fauligem *Mist*
Is a foul and dark latrine,	Uns finster angefüllt,
And the fetid *breath* of living *Death*	es atmet *Pest* das höllische *Nest*,
Chokes up each grated screen,	Vom lebendigen Tode umhüllt.
And all, but *Lust*, is turned to *dust*	Und jeder *hier* ist nichts als *Tier*,
In Humanity's machine.[332]	verzerrt zum Menschenbild.[333]

Die Kontinuitäten zum Formbewusstsein der symbolistischen Generation sind nicht zu übersehen – nicht zufällig war Grafe ein Verehrer Stefan Georges. Andererseits zeigt sich, dass die Nachbildung der Form mit einer expressiven Intensivierung einhergeht. Dies belegt die Ergänzung des Wortes „Pest" als Stei-

---

329 Vgl. „He does not stare upon the air / [...] He does not pray with lips of clay" ([Oscar Wilde:] The Ballad, S. 5), „And watched with gaze of dull amaze" (ebd., S. 7), „But grim to see is he gallows-tree" (ebd.), „The loftiest place is that seat of grace / [...] But who would stand in hempen band" (ebd., S. 8), „To dance to flutes, to dance to lutes / [...] But it is not sweet with nimble feet" (ebd.), „So with curious eyes and sick surmise / [...] For none can tell to what red Hell" (ebd.), „And the iron gin that waits for Sin" (ebd., S. 9), „In Debtors' Yard the stones are hard" (ebd., S. 10), „So it was there he took the air" (ebd., S. 11), „He often said that he was glad" (ebd., S. 11), „For he to whom a watcher's doom" (ebd.), „What word of grace in such a place" (ebd.).
330 „With slouch and swing around the ring / [...] We did not care: we know we were / [...] And shaven head and feet of lead" (ebd., S. 11), „They glided past, they glided fast, / [...] They mocked the moon in a rigadoon / [...] And with formal pace and loathsam grace" (ebd., S. 15), „With the pirouettes of marionettes, / [...] But with flutes of Fear they filled the ear, / [...] And loud they sang, and long they sang, / For they sang [...]" (ebd.), „,Oho!', they cried, ,The world is wide, / [...] And once, or twice, to throw the dice / [...] But he does not win who plays with Sin'" (ebd.).
331 Vgl. etwa: „Doch bittre Last trägt der Galgenast" (Oscar Wilde: Die Ballade, S. 18), „Ob dürr, ob grün: er mag nicht blühn" (ebd.), „Ins Himmelreich, den Engeln gleich" (ebd.), „Doch keiner spürt die Lust, geschnürt" (ebd.), „Im Höllengrund als wie ein Hund" (ebd., S. 19), „Ein eisern Band an jeder Hand" (ebd., S. 21), „Denn wen Beruf zum Wächter schuf" (ebd., S. 24), „Zu Grunde treibt, verloren bleibt" (ebd.), „Geschnitzt mit Stolz aus des Teufels Holz" (ebd., S. 25), „Wir seiften das Seil, wir schleiften in Eil" (ebd.), „der Sack ward gestopft und der Stein geklopft" (ebd., S. 26), „daß mancher Tor die Furcht verlor" (ebd., S. 27), „Die eigne Qual erschien so schal" (ebd.), „Die Nacht war nah – der Tod war da" (ebd., S. 28), „Und keiner schlief, wir bebten tief" (ebd.), „Es klang wie Lauf, hinab, hinauf" (ebd., S. 29), „Dem Schlaf ist feind, wer Tränen weint" (ebd., S. 29), „Vergossenes Blut, das brennt mit Glut" (ebd., S. 30), „Und sicher trifft, wie Schwert und Gift" (ebd.).
332 [Oscar Wilde:] The Ballad, S. 27.
333 Oscar Wilde: Die Ballade, S. 57.

gerung von „fetid breath" sowie des Reimwortes „Tier", das die animalische Regression der Gefängnisinsassen pointiert. Während die zitierte Strophe bei Wilde von der Metapher der Maschine abgeschlossen wird, die alles zu Staub verwandelt, steht bei Grafe die Verzerrung im Vordergrund, und zwar nicht die zu erwartende Entstellung des Menschlichen ins Tierische, sondern – als expressive Überbietung – die Verzerrung des Tierischen zum Menschlichen: „verzerrt zum Menschenbild". So entmenschlicht sind offenbar die Insassen inzwischen geworden, dass das Menschliche an ihnen nur noch einer grotesken Deformation ihres verwilderten Zustandes gleicht.

Diese translatorischen Prinzipien lassen sich in Grafes Umdichtung vielfach beobachten. Die Nachbildung der Versmusikalität durch Binnenreime geht mit der expressiven Intensivierung der Vorlage und Steigerung ihrer unheimlichen Bildlichkeit einher:

For none can *tell* to what red *Hell* His sightless soul may stray.[334]	Im *Höllengrund* als wie ein *Hund* Wird mancher Leib verscharrt.[335]
About, *about*, in ghostly *rout* They trod a saraband:[336]	Das ging im *Kreis*, wie Knochen *weiß* verschlungene Figur.[337]
And loud they *sang*, and long they *sang* For they sang to wake the dead.[338]	Und bis ins *Mark posaunenstark* erdröhnte ihr Gesang.[339]
What word of *grace* in such a *place* Could help a brother's soul? [340]	Zu Grunde *treibt*, verloren *bleibt* die Seele, die dort zerschellt.[341]

Die Verdüsterung der Diktion belegt auch das letzte Zitat. Die rhetorische Frage verwandelt sich bei Grafe in einen Aussagesatz und die Hilfe, die der Seele durch ein Wort der Gnade gespendet werden könnte, in ein Bild bedrohlicher Hilflosigkeit.

Auch in anderen Passagen steigert Grafe im Modus produktiven Weiterdichtens die Unheimlichkeit von Wildes Ballade. Das Schlussbild der zehnten Strophe ist der leere Raum, in dem die Gehenkten die zuckenden Füße fallen lassen: „Nor

---

334 [Oscar Wilde:] The Ballad, S. 8.
335 Oscar Wilde: Die Ballade, S. 19.
336 [Oscar Wilde:] The Ballad, S. 15.
337 Oscar Wilde: Die Ballade, S. 32.
338 [Oscar Wilde:] The Ballad, S. 15.
339 Oscar Wilde: Die Ballade, S. 33.
340 [Oscar Wilde:] The Ballad, S. 11.
341 Oscar Wilde: Die Ballade, S. 24.

drop feet foremost through the floor / Into an empty space".[342] Grafe intensiviert die Stelle durch das ergänzte unheimliche Detail vom „gebrochenen Auge": „Nicht jeder taumelt in leere Luft, / eh ihm das Auge brach".[343] Das Bild der Lederriemen, mit denen der zum Tode Verurteilte vom Henker erdrosselt wird, sodass er keinen Durst mehr verspürt („And binds one with three leathern thongs, / That the throat may thirst no more"),[344] entwickelt Grafe zur unheimlichen Metapher der „Lederzungen" („Wer Lederzungen hat am Hals, / der spürt den Durst nicht mehr").[345] Während die Wächter bei Wilde auf den Sträfling aufpassen („And by each side a Warder walked, / For fear the man might die"),[346] sind sie in der Nachdichtung sinistre, auf Beute lauernde Geier („Zwei Wächter lauerten auf ihn / wie Geier auf ein Aas").[347] Jeder Tag im Zuchthaus wirkt auf die Gefangenen wie ein Jahr („And that each day is like a year, / A year whose days are long"),[348] während er bei Grafe wie ein Jahr „kriecht" („und wie ein Jahr kriecht jeder Tag, / für jeden, der verbannt").[349] Eine Steigerung der emotionalen Wirkung erreicht Grafe auch durch rhetorische Fragen,[350] *exclamationes* und Ausrufezeichen[351] sowie interpolierte Apostrophen („Ihr alle, hört mich an!").[352] Ferner sorgen auch – im Expressionismus beliebte – Komposita, wie etwa „schicksalsgelb"[353] „verzweiflungsschwarz",[354] „schreckensschwarz",[355] „fessellahm",[356] „schmerzens-

---

342 [Oscar Wilde:] The Ballad, S. 3.
343 Oscar Wilde: Die Ballade, S. 11.
344 [Oscar Wilde:] The Ballad, S. 4.
345 Oscar Wilde: Die Ballade, S. 13.
346 [Oscar Wilde:] The Ballad, S. 10.
347 Oscar Wilde: Die Ballade, S. 22.
348 [Oscar Wilde:] The Ballad, S. 26.
349 Oscar Wilde: Die Ballade, S. 54.
350 „Wo ist ein Auge dieser Welt, / das so voll Sehnen brennt, / nach jenem kleinen Netz im Blau / das man den Himmel nennt, / nach jeder Wolke weißbeschwingt / am flüchtigen Firmament?" (Ebd., S. 8).
351 „Und ach! Er weiß nicht, wie so heiß / die Blicke durchs Gitter irren!" (Ebd., S. 14), „Und keiner schlief, wir bebten tief / In schrecken, Schmerz und Scham. / Und gräßlich war's, wie schon das Ohr / Gespenstertritt vernahm, / wie mit dem Sack durchs Dämmergrau / der Henker näher kam!" (Ebd., S. 28).
352 Ebd., S. 10.
353 Vgl. „das schicksalsgelbe Loh'n" (Ebd., S. 12).
354 Vgl. „im verzweiflungsschwarzen Raum" (Ebd., S. 16).
355 „Da wußte ich, man hielt Gericht / im schreckensschwarzen Saal" (Ebd., S. 20).
356 „Die Welt ist groß. Doch unser Los / Ist fessellahmes Bein!" (Ebd., S. 33).

heiß",[357] „wahnsinnstoll",[358] „verzweiflungsbang",[359] „wildäugig" für expressive Intensivierung.[360]

Zusätzlich pointiert wird das fatalistische Geschichtsbild durch die wieder-holte Evokation des „Schicksals": „Sechs Wochen ging er durch den Hof / Und kannte sein Geschick",[361] „denn jeder fühlte, weiß vor Angst, das Schicksal im Genick".[362] Der im Juli 1896 zum Tode verurteilte Charles Thomas Woolridge, dem Wilde seine Ballade gewidmet hatte („In Memoriam C. T. W."), wird bei Grafe heroisiert („Wir sahn ihn an: da ging ein Mann / so nah dem Grabesschoß!")[363] und ins Christologische überhöht („Und seltsam war, daß er den Tod / für solche Schuld erlitt").[364] Auch das Kollektiv der sozial Deklassierten erfährt eine Auf-wertung. Als Expressionist bekennt sich Grafe programmatisch zu den Ausge-stoßenen und Erniedrigten.[365] Bei Wilde weinen sie um den, der „wie ein Vieh"[366] hingerichtet wurde, wie sie es immer tun („For his mourners will be outcast men, / And outcasts always mourn").[367] Bei Grafe trauern sie um ihn, wie niemand sonst zu weinen weiß („denn seinesgleichen weint um ihn / wie keiner sonst weinen kann").[368]

Das expressionistische Interesse an Wildes Ballade bezeugt nicht nur Grafes beeindruckende Übersetzung. Bereits 1907 hatte Erich Heckel eine Reihe von postum erschienenen Xylographien[369] angefertigt **(Abb. 2)**,[370] die in der For-schung als „Inkunabeln des expressionistischen Buchholzschnitts" gelten, die

---

357 „Noch niemals so sah ich ein Aug' / sich heften schmerzensheiß / an jenes flüchtige Wol-kenspiel" (Ebd., S. 43).
358 „Doch jedes Herz schlug wahnsinnstoll / ein schmetterndes Signal!" (Ebd., S. 40).
359 „Und horch, da klang verzweiflungsbang / die Glocke uns ins Ohr" (Ebd.).
360 „Wildäugiger Schlaf geht ruhlos um / vom Schrei der Zeit bedrängt" (Ebd., S. 57).
361 Ebd., S. 15.
362 Ebd., S. 43.
363 Ebd., S. 17.
364 Ebd.
365 Dies betont auch Joseph Strelka in seiner knappen Auswertung von Grafes Wilde-Übertra-gung (J. S.: Einleitung. In: Felix Grafe: Dichtungen, S. 54).
366 „They hanged him as a beast is hanged" ([Oscar Wilde:] The Ballad, S. 25).
367 Ebd., S. 25.
368 Oscar Wilde: Die Ballade, S. 53.
369 „William Nicholson, Felix Vallotton, Paul Gauguin und Edvard Munch hatten den Holz-schnitt, nachdem er lange Zeit nur als Reproduktionstechnik bedeutend war, bereits als künst-lerisches Ausdrucksmittel wiederentdeckt, für Deutschland besorgten das die Brücke-Künstler" (Lang 1975, S. 21).
370 Oscar Wilde: The Ballad of Reading Gaol mit zwölf Strichätzungen nach den Originalholz-schnitten von Erich Heckel. New York: Ernest Rathenau 1963 (600 num. Ex.)

Abb. 2: Erich Heckel: Titelblatt. In: Oscar Wilde: The Ballad of Reading Gaol mit zwölf Strich-ätzungen nach den Originalholzschnitten von E. H. (1907). New York: Ernest Rathenau 1963 (600 num. Ex.).

„am Beginn expressionistischer Illustrationskunst überhaupt" stehen.[371] Nicht nur in der Technik des Holzschnitts, sondern auch im Genre des Frontalporträts **(Abb. 3)** profitierte Heckel wesentlich von Edvard Munchs Xylographien

---

371 Lang 1975, S. 35.

Abb. 3: Erich Heckel: Bildtafel I. In: Oscar Wilde: The Ballad of Reading Gaol [...] Bild: 20 x 14,92 cm, Blatt: 36,04 x 21,59 cm.

(Abb. 4).[372] 1923 erschienen dann die Radierungen von Otto Pankok (1893 – 1966), welche die Übertragung von Arthur Holitscher zieren[373] und – dies hat die For-

---

[372] Bereits Lothar Lang hat auf das Vorbild Munchs aufmerksam gemacht (Lang 1975, S. 36). Wenig ergiebig dagegen die Ausführungen von Ronald Salter (Erich Heckel und Oscar Wilde. *The Ballad of Reading Gaol* aus expressionistischer Sicht. In: Illustration 63 [1980] 2, S. 48 – 50).
[373] Oscar Wilde: Ballade des Zuchthauses zu Reading. Deutsche Nachdichtung von Arthur Holitscher. Originalradierungen von Otto Pankok. Berlin: Axel Juncker 1923.

Abb. 4: Edvard Munch: Bildnis eines bärtigen Mannes (1905). Holzschnitt, 68,4 x 45,7 cm.

schung bisher übersehen – mit Vincent van Gogh dialogisieren. So zitiert Pankoks *Rundgang im Gefängnishof* **(Abb. 5)** Van Goghs *Die Runde der Gefangenen* (1890) **(Abb. 6)**, die zu einer politischen Anklage zugespitzt wird.[374] Pankoks *Gefangener*

---

[374] So ist der Wächter im Vordergrund bei Pankok satirisch überzeichnet, im Unterschied zum Wächter bei Van Gogh, dessen Gesicht kaum erkennbar ist. Ferner herrscht bei Pankok beklemmende Enge. Die Häftlinge laufen gebeugt, wie erdrückt. Im Vergleich zu Van Gogh ist die Anlage wesentlich dynamischer. Die Kraftlinie, die bei Pankok durch die beiden Häftlinge hindurch geht,

Abb. 5: Otto Pankok: Rundgang im Gefängnishof. In: Oscar Wilde: Ballade des Zuchthauses zu Reading. Deutsche Nachdichtung von Arthur Holitscher. Originalradierungen von O. P. Berlin: Axel Juncker 1923, Bild: 19,0 x 13,5 cm, Blatt: 32,5 x 26 cm.

---

repräsentiert sowohl ein architektonisches Element (den Sockel der Mauer) als auch die Bewegungsrichtung der Häftlinge.

Abb. 6: Vincent van Gogh: Die Runde der Gefangenen (1890). Öl auf Leinwand, 80 x 64 cm, Puschkin-Museum, Moskau.

(Abb. 7) wiederum verarbeitet offensichtlich ein anderes Van Gogh-Gemälde, den *Trauernden alten Mann* (1890) **(Abb. 8).**[375]

---

375 Auch in dieser Radierung wird Van Goghs Vorbild expressiv intensiviert. Bei Van Gogh wird die Gestalt von unten erkundet, im Sinne einer empathischen Annäherung. Bei Pankok erscheint der Gefangene dagegen durch die Perspektive von oben erdrückt, wie unter einer Last gebeugt. Die Konturen der Zeichnung sind bei Van Gogh fließend und weich, bei Pankok sind sie eckig und

Abb. 7: Otto Pankok: Gefangener. In: Oscar Wilde: Ballade des Zuchthauses zu Reading. Deutsche Nachdichtung von Arthur Holitscher. Originalradierungen von O. P. Berlin: Axel Juncker 1923, Bild: 19,0 x 13,5 cm, Blatt: 32,5 x 26 cm.

Was sich im Übersetzungskanon ferner abzeichnet, ist die Vorliebe für das Phantastische und Gotische. Hans Schiebelhuth übersetzte William Thomas

---

kantig, die Hände sind überdimensional und stärker verformt. Enge und Bedrängnis entstehen auch dadurch, dass der Raum in Pankoks Radierung oben abgeschlossen ist.

Abb. 8: Vincent van Gogh: Trauernder alter Mann (1890). Öl auf Leinwand, 81 x 65 cm. Rijksmuseum Kröller-Müller, Otterlo.

Beckfords (1760–1844) phantastische Erzählung *Vathek* (1786),[376] die bereits Stéphane Mallarmé schätzte und in der *Aktion* von Carl Einstein in einer begeis-

376 William Beckford: Vathek. Eine arabische Erzählung. Deutsch von Hans Schiebelhuth. Mit 10 signierten Radierungen von Fritz Heubner. Berlin: Fritz Gurlitt Verlag 1924 (Die neuen Bilderbücher. Reihe 5).

terten Besprechung zum Paradigma des „Kunstmärchens" als letzter Reflex des „Mythus" in der Moderne erklärt worden war:

> Ein Buch der artistischen Imagination, der Willkür; [...]. Vathek ist ein Kunstmärchen. Der Glaube an die Realität, die Möglichkeit des Märchens schwand; da der Mythus ausstarb, ging dem Märchen der gläubige Gehalt verloren [...] [,] doch ein Wille blieb, der der Wirklichkeit übermüdet ist, und man bildet eine, die ästhetisch wahr ist im Sinne des ornamentalen bildhaften Zusammenhangs.[377]

Aufgrund dieser ornamentalen Konstruktion des Phantastischen erscheint Beckfords Erzählung Einstein als Antizipation der abstrakten Kunst der Avantgarde:

> Beckford ist der Vater der Heutigen, die entwicklungslos im Fieber ihres oft intellektuellen Spleens produzieren; [...] ihre Landschaften, Menschen sind Konstruktionen; diese Dichter zehren mit ihrer Stilisierung den Stoff auf. Ich möchte sie im Gleichnis Schwarzweisskünstler nennen, solche, die mit abstrakten Farben arbeiten.[378]

Auch weitere Translationen bezeugen das expressionistische Interesse für das Phantastische und Gotische. Paul Steegemann übertrug Edward Bulwer-Lyttons (1803–1873)[379] okkultistische Erzählung *Zanoni* (1842) sowie Robert Louis Stevensons Novelle (1850–1894) *The Suicide Club* (1878),[380] die von Richard Oswald (*Unheimliche Geschichten*, 1919) verfilmt worden war. Die Novelle wurde von Ernst Schütte (1890–1951) illustriert (**Abb. 9**), der in den 1920er Jahren Bücher für den Paul Steegemann Verlag gestaltete, bevor er als Bühnenbildner und Ausstattungschef am Deutschen Theater in Berlin zu Max Reinhardt wechselte.[381]

Der Exotismus bildete einen weiteren Schwerpunkt. Er schlug sich vor allem im Interesse für Joseph Rudyard Kipling (1865–1936) nieder.[382] Übersetzt wurden

---

377 Sabine Ree [Carl Einstein]: Über das Buch *Vathek*. In: Die Aktion 3 (5. März 1913) 10, Sp. 298–301, hier Sp. 298. Dazu Dirk Heisserer: Negative Dichtung: zum Verfahren der literarischen Dekomposition bei Carl Einstein. München: Iudicium-Verl. 1992, S. 94 f.

378 Sabine Ree [Carl Einstein]: Über das Buch *Vathek*, S. 300.

379 Edward Bulwer: Die Geisterseher. Eine okkulte Erzählung. Deutsche Übersetzung von Rainer Maria Schulze [d. i. Paul Steegemann.] Hannover: Steegemann 1922.

380 Robert Louis Stevenson: Der Klub der Selbstmörder. Illustriert von Ernst Schütte. Übertragen von Rainer Maria Schulze [d.i. Paul Steegemann]. Hannover und Leipzig: Steegemann 1922.

381 Hans Vollmer: Allgemeines Lexikon der bildenden Künstler des 20. Jahrhunderts, Bd. 4. Leipzig: Seemann 1954, S. 557.

382 Rudyard Kipling: Schlichte Geschichten aus den Indischen Bergen. Übertragen von Marguerite und Ulrich Steindorff. Weimar: Gustav Kiepenheuer Verlag 1914 (Liebhaber-Bibliothek Bd. 18). Ders.: Das Dschungelbuch. Übertragen von M.[arie]-H.[elene] und Max Krell. Mit Original-Lithographien von Richard Janthur. Berlin: Fritz Gurlitt Verlag 1921 (Die neuen Bilderbücher. Folge

Abb. 9: Der Klub der Selbstmörder. Illustriert von Ernst Schütte. Übertragen von Rainer Maria Schulze [d.i. Paul Steegemann]. Hannover und Leipzig: Steegemann 1922.

---

4). Kiplings Popularität im Expressionismus bestätigt auch ein Essay von Robert Müller (*Die Zeitrasse*). Er vergleicht dort die unter der ungeheuerlichen Anspannung des Krieges ans Licht gekommene neue geistige ‚Zeitrasse‘, die er von Albert Ehrenstein paradigmatisch verkörpert sieht, mit dem Seebeben aus Kiplings Erzählung *A matter of Fact* (1892), das zwei riesige See-

sowohl Kiplings erste Sammlung von Kurzerzählungen *Plain tails from the hills* (1888) als auch – in einer von Richard Janthur (1883–1956) illustrierten Luxus-Ausgabe, die bei Fritz Gurlitt erschien – *The Jungle Book* (1894).[383]
Auch im englischen Übersetzungscorpus zeigt sich die bereits konstatierte Vorliebe für die Satire. Der mit Franz Pfemfert und Georg Grosz befreundete Max Herrmann-Neiße (1886–1941)[384] verfasste 1918 einen Essay über Jonathan Swift (1667–1745)[385] und gab eine Auswahl aus Swifts Satiren heraus,[386] den er als „Klassiker nicht der Beruhigung, sondern des unabhängigsten Kampfes, nicht der Idylle, sondern der Politik" präsentierte.[387] Das Interesse für den pikaresken Ro-

---

schlangen an die Meeresoberfläche hinaufschleudert: „In dieser Erzählung wird geschildert, wie ein Unterwasservulkan seinen Ausbruch hatte. Ein Seebeben türmte die Gründe der Meere zu oberst und mit ihnen alle die Wesen, die dorten dunkel und unter dem Druck von Wasserwelten gedeihen. Jetzt kommen sie an das grausame Licht, sie taumeln, die schreien grotesk entblösst, von Dunkelsicherheiten geladen, unerträglich entsetzt, sie bersten von innen her, sie sterben aus sich heraus! Mit diesen Geschöpfen möchte ich die Rasse dieser Zeit vergleichen. Irgendwo bekam die Gesellschaftskruste einen Riss – seit damals sieht man diese heimliche Gattung an der Oberfläche". (Robert Müller: Die Zeitrasse. In: Der Anbruch 1 (15. Dezember 1917) Flugblatt 1, S. 2). Müller nennt als Titel der Erzählung *Die Seeschlangen*, gemeint ist aber *Matter of Fact*.
383 Zu Richard Janthur vgl. Lang 1975.
384 Raabe 1985, S. 207–209; S. 118.
385 Max Herrmann-Neiße: Swift. In: Die Aktion 8 (20. April 1918) 15/16, Sp. 192–195.
386 Jonathan Swift: Attacken. Eine kleine Auswahl besorgt von Max Herrmann. München/Wien/ Zürich: Dreiländerverlag 1919 (Dokumente der Menschlichkeit Bd. 3).
387 „Anthologien aus dem Bestande der beglaubigten Klassiker, deren unschädliche Brauchbarkeit für Schule und Haus feststeht, pflegen Bestätigungen zu sammeln für die bequeme Passivität aller offiziellen Konvention gegenüber. Hier sei zum Werke eines bedingungslos Großen hingeführt, der bis auf den Kern der Zusammenhänge drangt und, wenn überhaupt, so nur mit Fälschungen und Abschwächungen bekannt ist. Jonathan Swift, Klassiker nicht der Beruhigung, sondern des unabhängigsten Kampfes, nicht der Idylle, sondern der Politik. Und zwar wächst er aus der Politik des Sonderfalles, ledig aller legitim historischen Rechnung, in die unzeitgemäße, absolute, universale Politik. Sein Mittel: die Satire. Entschlossenheit zu Wahrheit und Recht muß bitter erfahren, wie Milde versagt, Nachsicht eine Sünde bleibt. Es gilt also, die Kompaktheit von gemeiner und verlogner Neigung immer wieder aufzugeißeln und dies widerstrebende Material in die bessere Form hinein zu lästern! So wurden *Gullivers Reisen* die Bibel der radikalen Unabhängigkeit von Phantasie und Intellekt, und Swifts gesamte Schöpfung besteht als eine grundsätzliche Encyklopädie. Ihre Weisheit endet dabei: sich „über die Laster und Verderbtheiten der eigenen Rasse" zu erheben – bei diesem einzigen Heroismus, der reinen Herzens ist und von positivem Werte. Daher kann ihre vorbildliche Attacke gegen alle Art von Unterdrückung uns heute noch die Entartung, die wir in uns selber groß werden ließen, heilen helfen. Denn alles, was von Swifts Leistung abgetan wird, ist auch nach der Umkehr der deutschen Geschicke noch allzu kräftig in den Meinungen und Absichten vorhanden. Ein paar der schlagenden, sicheren und unnachgiebigen Streiche wider sehr mächtige Feinde des wahrhaft Menschlichen sind hier aus dem weiten Plane von Swifts europäischer Kampagne herausgelöst, die überzeugen sollen zum

man mit seinem ‚Blick von unten' korrespondierte mit dem expressionistischen Außenseitertum. So gab der expressionistische Kritiker Rudolf Kurtz (1884– 1960)[388] *The Adventures of Peregrine Pickle* (1751) des schottischen Dichter-Arztes Tobias George Smollett (1721–1771) in der Übertragung von Wilhelm Christhelf Sigmund Mylius heraus.[389]

Von Bedeutung ist ferner die Kanonisierung ‚rebellischer Autorschaft', die Heroisierung aufrührerischer Autoren/-innen und ihrer Kampfansage an die etablierte Ordnung. Dies belegt zunächst Rudolf Leonhards erstmalige Verdeutschung der Dichtungen der Maria Stuart Königin von Schottland (1542–1587).[390] Leonhards Vorlage war die 1907 erschienene und von Patricia Stewart-Mackenzie Arbuthnot besorgte englische Version der ursprünglich in französischer Sprache verfassten Dichtungen.[391] Leonhard überträgt die dort abgedruckten Gedichte in derselben Reihenfolge, übersetzt aber ausgehend von den französischen Origi-

---

fruchtbaren Erlebnis des vollständigen schwindelfrei geklärten, gipfelluftigen Systems. Auf daß man entschieden und stark genug werde, endgültig mit dem Unerträglichen aufzuräumen und praktisch zielbewusst den glücklicheren, moralischen und freiheitlichen Erdenbezirk zu ermöglichen." (Ebd., S. 39 f.). Herrmann-Neiße benutzte hauptsächlich die bei Erich Reiß erschienene Ausgabe von Felix Paul Greve (Jonathan Swift: Prosa-Schriften) sowie, punktuell, die Auswahl von Gottlob Regis (Das Swiftbüchlein oder Auswahl aus D. Jonathan Swifts und seiner nächsten Freunde Äußerungen. Gesammelt und deutsch hg. von Gottlob Regis. Berlin: Duncker und Humblot 1847).

388 Raabe 1985, S. 293 f., Nr. 178. Kurtz gründete 1909 das Kabarett „Schall und Rauch" und war als Kritiker für expressionistische Zeitschriften tätig (*Der Brenner, Der Sturm, Die Aktion, Saturn, Die Weißen Blätter, Das Junge Deutschland*). 1913 wurde er Dramaturg bei der Film-Unions AG und 1916 Direktor der Filmgesellschaft. Man verdankt ihm eine der ersten Studien über den expressionistischen Film (Expressionismus und Film. Berlin: Verlag der Lichtbildbühne 1926). Er gab auch Else Hadwigers Marinetti-Nachdichtungen heraus (Filippo Tommaso Marinetti: Futuristische Dichtungen. Autorisierte Übertragungen von Else Hadwiger mit einführenden Worten von Rudolf Kurtz und einem Titelporträt vom Futuristen Carrà. Berlin-Wilmersdorf: A. R. Meyer-Verlag [1912]).

389 Tobias George Smollett: Peregrine Pickle. Nach der W. Ch. S. Myliusschen Übersetzung hg. von Rudolf Kurtz. Bd. 1–4 (in 2 Bd.) München: Georg Müller Verlag 1917 (Die Bücherei der Abtei Thelem, Bd. 15/16).

390 Maria Stuart Königin von Schottland: Sämtliche Gedichte. Zum ersten Mal in die deutsche Sprache übertragen von Rudolf Leonhard. Berlin-Wilmersdorf: Alfred Richard Meyer Verlag 1921. Die schmale Ausgabe ziert ein Titelporträt von Willy Schrader nach dem anonymen französischen Bildnis aus dem 19. Jahrhundert aus der Hermitage-Galerie.

391 Queen Mary's Book. A collection of poems and essays by Mary Queen of Scots. Hg. von Mrs. P. Stewart-Mackenzie Arbuthnot. London: George Bell and Sons 1907. Zum literarischen Œuvre der Mary Stuart vgl. Sarah M. Dunnigan: Scottish Women Writers c. 1560–c. 1650. In: A History of Scottish Women's Writing. Hg. von Douglas Gifford und Dorothy McMillan. Edinburgh: Edinburgh University Press 1997, S. 15–43, zu Mary Stuart S. 17–26.

nalfassungen, die im Anhang abgedruckt sind.[392] Seinen Übertragungen stellte Leonhard ein programmatisches Sonett voran, das die Königin zur expressionistischen Vorbildfigur stilisiert:

Maria Stuart

Republikanerin von Geblüt, beflügelt
von Lust zur Kreatur, mit allen Sinnen
Empörer, grüßen wir der Königinnen
frömmste und sündigste, die ungezügelt

für ihren Leib, mit Brüsten sanft gehügelt   5
und wildem Feuer tief im Herzen innen,
versuchte was sie wollte zu gewinnen – –
Nicht was sie wollte hat uns so beflügelt.

Nicht was sie wollte riß uns zu Sonetten,
doch was sie litt und was sie leidend lebte   10
und lebend sprach und sprechend litt und strebte.

Die Liebende, zur Sterbenden geworden,
sang auf. Wir lieben sie! In ihren Ketten!
Sie aber würde ihre Gatten immer wieder morden.[393]

Signifikant ist bereits die Apostrophierung von Maria Stuart als „Republikanerin von Geblüt". Mit subtiler Ironie widmet Leonhard den Titel ‚princesse du sang' republikanisch um, im Sinne einer genealogischen Legitimation der republikanischen Idee, als deren Vertreterin Maria im Sonett erscheint.[394] Zugleich lässt

---

392 Queen Mary's Book, S. 158–172 („Appendix IV: Mary's Poems in the Original French").
393 Rudolf Leonhard: Maria Stuart. In: Maria Stuart Königin von Schottland: Sämtliche Gedichte. Zum ersten Mal in die deutsche Sprache übertragen von Rudolf Leonhard. Berlin-Wilmersdorf: Alfred Richard Meyer Verlag 1921, S. 2. Während die Oktave mit umschließendem Reim petrarkistisch dimensioniert ist, erinnert das Sextett mit seinem Paarreim eher an die französische Sonettistik (*abba abba cdd ece*).
394 Vielleicht könnte ihre Empathie für die Armen und sozial Benachteiligten Leonhard zu einer solchen ahistorischen Überformung ihrer Gestalt veranlasst haben. So betont die Einleitung von Stewart-Mackenzie Arbuthnot („The Character of Mary Stuart"), dass sich die Königin bei Gerichtsverfahren für die Sache der Armen wiederholt einsetzte: „Mary did not neglect the serious business of government that claimed a large portion of her time. Miss Strickland notices that she had considerable talent for domestic legislation, and instances her revival of the noble appointment of her father, of an advocate to plead the causes of the poor. Mary herself often presided in the courts while these cases were being tried, for more equity. [...] She had not studied law, and yet, by the natural light of her judgement, when she reasoned of matters of equity and justice, she ofttimes had the advantage of the ablest lawyers" (Patricia Stewart-Mackenzie Arbuthnot: The Character of Mary Stuart. In: Queen Mary's Book. S. 14–16).

sich am Reimwort „beflügelt" (V. 1) auch die Auseinandersetzung mit Schiller ablesen, dessen Tragödie Leonhards Sonett intertextuell durchzieht. „Beflügelt" fühlt sich Maria bei Schiller von ihrem glühenden katholischen Glaubensbekenntnis: „Wo Tausende anbeten und verehren, / Da wird die Glut zur Flamme, und *beflügelt* / Schwingt sich der Geist in alle Himmel auf."[395] Bei Leonhard ist die Königin dagegen „beflügelt" von der expressionistischen „Lust zur Kreatur". In der Einleitung zu ihren Dichtungen betont Stewart-Mackenzie Arbuthnot Marias Tierliebe („We find that she was worshipped by children and loved animals")[396] und zitiert auch die Anekdote über ihr Schoßhündchen, das selbst nach ihrem Tod nicht von ihr weichen wollte.[397] Das Maskulinum „Empörer" erinnert an die Maskulinisierung, die bei Schiller ihr Rededuell mit Elisabeth abschließt: „– Regierte Recht, so läget Ihr vor mir / Im Staube jetzt, denn ich bin Euer *König*."[398] Das Porträt, das Leonhard von Maria Stuart entwirft, lässt sie aber in Antithese zu Schillers idealistischer Tugend-Heldin treten. Dass ihre Sexualität zum Zentrum ihres rebellischen Habitus wird, darin liegt gegenüber Schiller das Novum von Leonhards Umdeutung der Maria Stuart. Als kennzeichnend für ihr rebellisches Wesen betrachtet Leonhard nicht nur das katholische Glaubensbekenntnis in einem protestantischen Land. Maria war vielmehr „mit *allen* Sinnen / Empörer" (V. 2f.), was die revolutionäre Dimension gerade ihrer Sinnlichkeit betont. Nicht wie bei Schiller ihre Sittlichkeit, sondern ihr „Leib", der durch die „sanft gehügelt[en]" „Brüsten" in seinem Verführungspotential evoziert wird, sowie das „wilde Feuer" ihrer Leidenschaft[399] stehen jetzt im Vordergrund. Maria Stuart wird

---

395 Friedrich Schiller: Maria Stuart. In: Sämtliche Werke in 5 Bänden. Auf der Grundlage der Textedition von Herbert G. Göpfert hg. von Peter-André Alt, Albert Meier und Wolfgang Riedel. Bd. 2. München/Wien: Hanser 2004, S. 670, V. 3611–3613 (Hervorh. d. Verf.).

396 Patricia Stewart-Mackenzie Arbuthnot: The Character of Mary Stuart, S. 23.

397 „Then one of the Executioners pulling off her garters, espied her little dogg which was crept under her clothes, which could not be gotten forth but by force, yet afterward wold not depart from the dead corpse, but came and lay betweene her head and her shoulders, which being imbrued with her bloode, was carryed away and washed" (A Reporte of the MANNER of the EXECUTION of the Sc. Q. performed the viiith. of February, Anno 1586 in the great hall of Fotheringhay, with Relacion of Speeches uttered and Accions happening in the said Execution, from the delivery of the said Sc. Q. to Mr. Thomas Androwes Esquire Sherife of the County of Northampton unto the end of the said Execution. In: Original Letters illustrative of English History; including numerous Royal Letters: from autographs in the British Museum and one or two other collections. With notes and illustrations by Henry Ellis […]. Second series in four volumes. Vol. 3. London: Harding and Lepard 1827, S. 113–118, hier S. 117).

398 Friedrich Schiller: Maria Stuart, S. 628, V. 2450f.

399 Auch diese Stelle birgt ein Schiller-Zitat. So meint die Amme zu Maria im vierten Auftritt des ersten Aufzugs: „Eure Wangen, sonst der Sitz / Schamhaft errötender Bescheidenheit, / Sie glühten nur vom Feuer des Verlangens." (Ebd. S. 561, V. 339–341).

von Leonhard zu einer Vorkämpferin der expressionistischen Sexualrevolution umgedeutet, wie sie der Freud-Schüler Otto Gross in seinem Essay „Zur Überwindung der kulturellen Krise" (1913) entworfen hatte. Die Befreiung ihrer sexuellen Bedürfnisse von der repressiven Ordnung stellt den Mittelpunkt von Marias Revolte gegen die patriarchalische Sozialdisziplinierung der weiblichen Sexualität dar. Was bei Schiller im Gespräch mit der Amme Kennedy als temporäre Verirrung erscheint, das Feuer von Marias Leidenschaft, das sie zum Gattenmord verführte,[400] wird von Leonhard provokatorisch zum bestimmenden Merkmal ihres Wesens erklärt. Das Ausleben ihrer Sexualität wird zum revolutionären Akt deklariert, der gegen die patriarchalische Ordnung aufbegehrt. „Ungezügelt", d.h. ohne sittliche Bedenken, versuchte sie, „für ihren Leib", d.h. für sich als sinnliches Wesen das, was sie sich vorgesetzt hatte, zu erreichen. Wenn bei Schiller die Amme über Marias Herz kommentiert: „offen ists / Der Scham",[401] so ist ihr Herz bei Leonhard auf programmatische Weise scham-los.

Vorbildlich für die expressionistische Generation, die Leonhards Sonett in der Wir-Form evoziert („grüßen wir", „uns"), ist nicht die von Maria Stuart erstrebte Restauration des Katholizismus in England, wie die Anapher von V. 8/9 ausdrücklich klarstellt, welche Oktave und Sextett zusammenschweißt (*„Nicht was sie wollte* hat uns so beflügelt. / *Nicht was sie wollte* riß uns zu Sonetten"). Die poetische Nachfolge, die durch die Wiederholung des Reimworts „beflügelt" (V. 1 und 8) pointiert wird, erwächst vielmehr aus ihrem existenziellen Martyrium. Nicht als Katholikin, sondern als Märtyrerin ist sie vorbildlich. Dies betont das dreifache, das Verb mit seinem eigenen Partizip verbindende Polyptoton „was sie *litt* und was sie *leidend lebte* /und *lebend sprach* und *sprechend litt* und strebte" (V. 10 f.), das zur emotionalen Intensivierung eingesetzt wird, um den Leidensweg der Königin zu pointieren. Dass „die Liebende" gerade „als Sterbende" „aufsang", charakterisiert ihre Dichtungen als Schwanengesang und stiftet erneut durch die Verbindung von Gesang und Leiden ihre Affinität zur expressionistischen Systemkritik – eine Nähe, welche auch die beiden Ausrufe „Wir lieben sie! In ihren Ketten!" emphatisch bekräftigen.

Ihren rebellischen Habitus unterstreicht Leonhard im Epilog noch einmal durch den Hinweis auf die Ermordung ihrer Ehemänner. In Wirklichkeit wurde Maria zu Lebzeiten nur des Mordes an ihrem katholischen Gatten Henry Stuart, Lord Darnley verdächtigt, der wiederum mutmaßlicher Drahtzieher der Ermordung ihres Liebhabers David Rizzio war. Ihr erster Ehemann, König Franz II. von

---

400 Ebd.

401 „– Doch Ihr seid keine / Verlorne – ich kenn Euch ja, ich bins, / Die Eure Kindheit auferzogen. Weich / Ist Euer Herz gebildet, offen ists / Der Scham – der Leichtsinn nur ist Euer Laster" (ebd., S. 562, V. 358–362).

Frankreich, starb an einer Ohrentzündung, während ihr dritter und letzter Gatte, James Hepburn, seine letzten Tage auf Schloss Dragsholm auf der Insel Seeland als Gefangener verbrachte. Leonhard spricht Maria von dem Verdacht des Gattenmords nicht frei und lässt sie auch nicht, wie Schiller, ihre Mittäterschaft bereuen.[402] Vielmehr amplifiziert er auf provokatorische Weise die unheimliche Aura der Königin und verwandelt sie in eine serielle Gattenmörderin. Der sowohl inhaltlich als auch formal aufgrund der sieben Hebungen ‚maßlose' Schlussvers „Sie aber würde ihre Gatten immer wieder morden" nimmt auf Marias Vers „Den König, meinen Gatten, ließ ich morden"[403] aus dem siebenten Auftritt des fünften Aufzugs von Schillers Tragödie Bezug, überbietet und kehrt ihn zugleich um. An die Stelle der Reue tritt das provokative Bekenntnis zum Gattenmord als Zerschlagung des Patriarchats. Marias Ermordung ihres Gemahls wird zum weiblichen Gegenstück und zur historischen Präfiguration des expressionistischen Vatermords und der darin chiffrierten Rebellion der Avantgarde gegen Autoritäten und gegen die Familie als – so die Formulierung von Otto Gross – „*Herd aller Autorität*".[404] Ähnlich wie Leonhard hatte bereits der Dadaist Raoul Hausmann 1919 die „Abdankung des männlichen Geistes" gefordert,[405] als Voraussetzung für die Entstehung der neuen revolutionären Gemeinschaft. Was sie auszeichnen soll, ist die „radikale Umstellung von bloß ökonomischer Gerechtigkeit zu einer Sexualgerechtigkeit", „die die Frau endlich zur Frau werden läßt".[406]

---

402 Wie aus dem Gespräch mit ihrer Amme Hanna Kennedy hervorgeht, wird Marie von Bothwell zu dieser Tat verführt und lässt den Mord aufgrund ihrer Schwäche geschehen. Sie ist einem Unwürdigen in Liebe verfallen und verschuldet den Tod ihres Mannes mit, der andererseits ihrem Gewissen keine Ruhe gibt: „Kennedy. Schickt endlich diesen bösen Geist zur Ruh'. / Ihr habt die Tat mit jahrelanger Reu', / Mit schweren Leidensproben abgebüßt. / Die Kirche, die den Löseschlüssel hat / Für jede Schuld, der Himmel hat vergeben. / Maria. Frischblutend steigt die längst vergebne Schuld / Aus ihrem leichtbedeckten Grab empor! / Des Gatten racheforderndes Gespenst / Schickt keines Messedieners Glocke, kein / Hochwürdiges in Priesters Hand zur Gruft" (ebd., S. 560, V. 281 – 290).

403 Ebd., S. 673, V. 3697.

404 „Man kann jetzt erst erkennen, dass in der *Familie der Herd aller Autorität* liegt, dass die Verbindung von Sexualität und Autorität, wie sie sich in der Familie mit dem noch geltenden Vaterrecht zeigt, jede Individualität in Ketten schlägt" (Otto Gross: Zur Überwindung der kulturellen Krise. In: Die Aktion 3 (2. April 1913) 14, Sp. 384 – 387, hier Sp. 386). Zum expressionistischen Protest gegen die Väter vgl. Thomas Anz: Literatur des Expressionismus, S. 80 – 82.

405 „Dieser innerste Kernpunkt der Revolution, die Abdankung des männlichen Geistes und des einseitigen männlichen Ordnungstriebes, muß durch Auflösung der existierenden kleinbürgerlich-moralischen Sexualverhältnisse von Grund aus zu einer neuen Gemeinschaftsbildung [...] führen" (Raoul Hausmann: Zur Weltrevolution. In: Die Erde 1 (15. Juni 1919) 12, S. 368 – 371, hier S. 369).

406 Ebd.

Leonhards Nachdichtungen sind insgesamt eng an die altfranzösischen Originaltexte gehalten, setzen aber zumindest punktuell auch eigene Akzente. Dem Sonett an Elisabeth etwa verleiht Leonhard einen typisch expressionistischen, vitalistisch-voluntativen Gestus dadurch, dass Marias Schreiben jetzt nicht „ihrer Neigung folgt", Königin Elizabeth zu sehen, sondern regelrecht darum „ringt", die „Erfüllung", d. h. das Treffen der beiden, zu „erzwingen":

Donc, chere sœur, si ceste carte suit   Drum, teure Schwester, dieses Schreiben *ringt*
L'affection de uous ueoir qui me presse   Bedrängt, um dich zu sehn – mein Herz ist offen –
C'est que ie uiz en peine et en tristesse   Von Not und Trauer lebe ich betroffen,
Si promtement leffect ne s'en ensuit.[407]   Wenn es nicht bald und nicht *Erfüllung zwingt*.[408]

Das Martyrium aus den *Verses written in a Book of Hours* – „Un Cœur que loutrage martire"[409] – evoziert Leonhard durch das ergänzte Bild der „Zangen": „Herzen, die Schanden mit Zangen fassen".[410] Denkwürdig ist auch seine Nachdichtung des titellosen Sonetts, das in der englischen Fassung die Überschrift *A Poem on Life* trägt und das Leonhard *Ein Lebensgedicht* betitelt:

Que suisie helas et de quoy sert ma   Was bin ich, ach, was ist mein Leben wert,
   vie
Ien suis fors qun corps priue de cueur   Entherzt bin ich in nichts als Leib gebannt,
Un ombre vayn un obiect de malheur   Ein Schatten, matt, ein Unglücksgegenstand,
Qui na plus rien que de mourir en uie   Der eines nur: zu sterben nur begehrt.

Plus ne portez O enemis danuie   Tragt mir, o Feinde, tragt nicht mehr das *Schwert*,
A qui na plus lesprit a la grandeur   Ich bin von Geist und Größe längst *entmannt*,
Ia consomme dexsessiue doulleur   Von übermäßigem Schmerze ausgebrannt,
Vottre ire en brief ce voirra assouie   In Bälde sieht sich Euer Zorn geleert.

Et vous amys qui mauez tenu chere   Ihr Freunde hieltet teuer mich. Doch nun
Souuenez vous qui sans heur sans   Bedenkt, daß ohne Glück und Gnadenhände
   santay
Ie ne scaurois auqun bon uvre fayre   Ich keine großen Werke weiß zu tun.
Souhaitez donc fin de calamitay   Erbetet meinem Elend doch ein Ende.
Et que su bas estant asses punie   Daß ich *schon* hier, genug für meine Sünde
Iaye ma part en la ioye infinie[411]   Gestraft, an meinen Platz endloser Freuden mün-
                                                              de.[412]

407 Queen Mary's Book, S. 162.
408 Maria Stuart Königin von Schottland: Sämtliche Gedichte, S. 6 (Hervorh. d. Verf.).
409 Queen Mary's Book, S. 168.
410 Maria Stuart Königin von Schottland: Sämtliche Gedichte, S. 11.
411 Queen Mary's Book, S. 171 f.

Leonhards Nachdichtung hält das Reimschema des Originals ein, das in der Oktave einem petrarkistischen und im Sextett einem englischen Sonett folgt (*abba abba cdcdee*). Markant ist nicht nur seine drastische Umschreibung des Neids („danuie") durch das Bild des „Schwerts" (V. 5), sondern auch die Metaphorik der ‚Entmannung' („Ich bin von Geist und Größe längst *entmannt*", V. 6), die an die maskuline Überformung der Maria Stuart aus dem Incipit-Gedicht wieder anknüpft. Das Couplet birgt schließlich eine provozierende Säkularisierung der christlichen Botschaft. Durch die Ergänzung des Zeitadverbs „schon" und des unmittelbar daran anschließenden Kommas wird die irdische Existenz nicht mehr nur zum Ort der Strafe, sondern zugleich zum Ort der erhofften Erfüllung. Die „endlosen Freuden" sind jetzt nicht mehr wie im Original die himmlischen, die dem Jenseits vorbehalten sind, sie erweisen sich vielmehr als die *irdischen* Freuden des Diesseits, der leiblich-sinnlichen Existenz, die Maria für sich einklagt: „Daß ich *schon hier*, genug für meine Sünde / Gestraft, an meinen Platz endloser Freuden münde". So schwört Maria *de facto* der christlichen Transzendenz ab, während sie einen rebellischen Anspruch auf ihren „Platz",[413] auf Erfüllung im Diesseits erhebt, im Einklang mit dem sozial- *und* sexualrevolutionären Programm der Avantgarde.

Die expressionistische Kanonisierung ‚rebellischer Autorschaft' zeigt sich auch in Alfred Wolfensteins Nachdichtungen nach Percy Bysshe Shelley (1792 – 1822), die in der Forschung unterbelichtet blieben[414] und die Bedeutung des Anarchismus für den expressionistischen Übersetzungskanon bekräftigen.[415] 1922 legte Wolfenstein eine Auswahl aus Shelleys Dichtungen im Berliner Paul Cassirer

---

412 Maria Stuart Königin von Schottland: Sämtliche Gedichte, S. 14 (Hervorh. d. Verf.).

413 Auch darin liegt ein intertextueller Bezug zu Schillers Tragödie. Während ihres Rededuells im vierten Auftritt des dritten Aufzugs meint Elisabeth höhnisch zu der vor ihr Knieenden: „Ihr seid an Eurem Platz, Lady Maria! (Friedrich Schiller: Maria Stuart, S. 622, V. 2257).

414 Darin ist Susanne Schmid uneingeschränkt zuzustimmen: Wolfenstein „is still awaiting his discovery as a major Expressionist writer and translator." (Susanne Schmid: An ‚Unseen Presence': Shelley in Germany. In: The Reception of P. B. Shelley in Europe. Hg. von S. S. and Michael Rossington. London u. a.: Continuum 2008, S. 146 – 155, hier S. 153). Zu Wolfensteins Shelley-Bild vgl. Klaus Siebenhaar: Ästhetik und Utopie. Das Shelley-Bild Alfred Wolfensteins – Anmerkungen zum Verhältnis von Dichtung und Gesellschaft im Spätexpressionismus. In: Preis der Vernunft: Literatur und Kunst zwischen Aufklärung, Widerstand und Anpassung; Festschrift für Walter Huder. Hg. von K. S. Berlin u. a.: Medusa Verl.-Ges. 1982, S. 121 – 134.

415 Zu Shelleys Anarchie-Konzeption vgl. Michael Henry Scrivener: Radical Shelley: the philosophical anarchism and utopian thought of Percy Bysshe Shelley. Princeton, NJ: Princeton Univ. Press 1982.

Verlag vor,[416] die vermutlich auf der von Thomas Hutchinson 1909 herausgegebenen Oxforder Gesamtausgabe der Dichtungen beruhte.[417] 1924 folgte, in demselben Verlag, Wolfensteins Bearbeitung von Shelleys Tragödie *The Cenci* (1819).[418] In seinem Nachwort zu der Auswahl von 1922 erklärt Wolfenstein Shelley zu einem Vorreiter der Avantgarde aufgrund seines Anarchismus und der von ihm verkörperten Einheit von Dichtung und politischem Kampf: „Ein engelhafter und zugleich der irdischesten Gemeinschaft zugeneigter Geist wie er ist in der neuen Zeit selten erschienen. Was unsere Generation suchte, den Einklang von Dichtertum und Kämpfertum, besaß er in reiner Form."[419] Wolfenstein betont die Symbiose von Dichtung und anarchistischer Rebellion in Shelleys kurzem Leben, von der frühen Schrift des Schülers *The Necessity of Atheism* über die Konflikte mit dem Vater, der dem Sohn den Unterhalt verweigerte, und die politische Agitation für die Gleichberechtigung irischer Katholiken bis hin zum endgültigen Aufbruch von England. Er porträtiert ihn als „Besessene[n] von der Liebe" und Verkündiger universeller Verbrüderung.[420] Shelleys Bekenntnis zum Diesseits präsentiert

---

416 Percy Bysshe Shelley: Dichtungen. In neuer Übertragung von Alfred Wolfenstein. Berlin: Paul Cassirer Verlag 1922. Wolfensteins Anthologie ist in sechs Sektionen eingeteilt: *Gedichte*, *Adonais. Elegie auf den Tod von John Keats* (*Adonais. An Elegy on the Death of John Keats*), *Alastor oder Der Geist der Einsamkeit* (*Alastor; or, The Spirit of Solitude*), *Epipsychidion. An Emilia V–, nun gefangen im Kloster* (*Epipsychidion*), *Freiheit* sowie *Gesang von Mond und Erde*, ein Auszug aus dem lyrischen Drama *Der entfesselte Prometheus* (*Prometheus Unbound*). Der Zyklus *Gedichte* umfasst die Dichtungen *Hymne an die geistige Schönheit* (*Hymn to Intellectual Beauty*), *Die Lerche* (*To a Skylark*), *Ode an den Westwind* (*Ode to the West Wind*), *In Niedergeschlagenheit bei Neapel* (*Stanzas written in Dejection, near Naples*), *Klage* (*A Lament*), *Schmerz* (eine auf fünf Strophen reduzierte Fassung der dreizehnstrophigen *Invocation to Misery*), *Der Sonnenuntergang* (*The Sunset*) und *Ende* (*Lines: „When the lamp is shattered"*). Der Zyklus *Freiheit* wurde von Wolfenstein selbst aus einigen Gedichten Shelleys mit thematischem Freiheitsbezug zusammengestellt: *Freiheit* (*Liberty*), *Ode an die Freiheitskämpfer* (*An Ode written October 1819, before the Spaniards had recovered their liberty*), *England im Jahre 1819* (eine Überarbeitung des Sonetts *England in 1819*, das die Sonettform aufgibt), sowie *Chöre aus Hellas* (ein kurzer Auszug aus dem lyrischen Drama *Hellas*).
417 The Complete poetical works of Percy Bysshe Shelley: including materials never before printed in any edition of the poems. Hg. von Thomas Hutchinson. London: Oxford Univ. Press 1909.
418 Percy Bysshe Shelley: Die Cenci. Drama in 5 Akten. In neuer deutscher Bearbeitung von Alfred Wolfenstein. Berlin: Paul Cassirer Verlag 1924. Zu Wolfensteins *Cenci*-Bearbeitung vgl. Stuart Curran: Shelley's *Cenci*: scorpions ringed with fire. Princeton, NJ: Princeton Univ. Press 1970, S. 218–223 sowie Susanne Schmid: An ‚Unseen Presence', S. 153–155.
419 Alfred Wolfenstein: Nachwort. In: Percy Bysshe Shelley: Dichtungen, S. 89.
420 „Er war ein Besessener von der Liebe. Sie verbreitet sich nicht als milde Welle wie bei heutigen Missionaren der Brüderlichkeit, sie stürmt zum Himmel. Er gehört der Zukunft; wie ihn Swinburne den eigentlich göttlichen Dichter für unsere Gegenwart nannte. Ein Freund ist er, den

Wolfenstein als Vorwegnahme der expressionistischen Lebensbejahung und markiert seine Distanz zur romantischen Transzendenz. Als anarchistischer Dichter erscheint Shelley als ein Antagonist der reaktionären Romantik. Shelleys Traumpoetik sei nicht romantischer Eskapismus, keine fromme Weltflucht, sondern politische Utopie: „Seine traumhaften Bezirke und Gestalten sind keine abgeneigten Gegenbilder zur Wirklichkeit[,] sondern Urbilder, geahnte Vollkommenheiten der Erde. Sein Traum ist Befreiung, nicht nur eigene[,] sondern aller, seine Entrücktheit ist der Gemeinschaft dienstbar, Wirkliches steigernde Utopie".[421] Im Unterschied zu den Romantikern, welche die Freiheit als eskapistische Abwendung vom Wirklichen konzipierten, verstand Shelley sie Wolfenstein zufolge als „Vorbedingung jeder wirklichen Liebe".[422]

Exemplarisch sei das Eröffnungsgedicht von Wolfensteins *Freiheits*-Zyklus ausgewertet:

Freiheit

Wenn Feuerberge einander schrecken
Und Donner schreit in den Donner sausend
Und Ozeane einander wecken,
Von einer Wolke glühn Inseln tausend,
Und Erdbeben im Himmelsbeben: 5

Freiheit! – die blitzt heller: Die Wogen
Sind niedrig! dunkel Vulkan! in matten
Winden wird Sonne ein Irrlicht: geflogen
Kommst du! Und Herren und Knechte wie Schatten
Der Nacht im Wagen des Morgens![423]   10

Kontrastiert man die Nachdichtung mit ihrer Vorlage, dem 1824 von Mary Shelley in den *Posthumous Poems* publizierten Gedicht *Liberty*, so lässt sich Wolfensteins ‚translatorische Autorschaft' unschwer profilieren:

---

wir uns in jeder treulosen und ahnungslosen Zeit am Leben wünschten! (Einem solchen Wunsche entsprang auch der Versuch dieser gedrängten Übertragung)." (Ebd., S. 90).
421 Ebd., S. 91.
422 „Auch die Romantiker schwärmten für die Freiheit, das ist, sie wollten lieblos frei vom Wirklichen sein zugunsten alles Möglichen. [...] Shelley aber, der die Freiheit zu unserer allgemeinsten Eigenschaft machen möchte, liebt sie als die Vorbedingung jeder wirklichen Liebe!" (ebd., S. 91 f.).
423 Ebd., S. 69.

I
THE fiery mountains answer each other;
Their thunderings are echoed from zone to zone;
The tempestuous oceans awake one another,
And the ice-rocks are shaken round Winter's throne,
When the clarion of the Typhoon is blown.   5

II
From a single cloud the lightening flashes,
Whilst a thousand isles are illumined around,
Earthquake is trampling one city to ashes,
An hundred are shuddering and tottering; the sound
Is bellowing underground.   10

III
But keener thy gaze than the lightening's glare,
And swifter thy step than the earthquake's tramp;
Thou deafenest the rage of the ocean; thy stare
Makes blind the volcanoes; the sun's bright lamp
To thine is a fen-fire damp.   15

IV
From billow and mountain and exhalation
The sunlight is darted through vapour and blast;
From spirit to spirit. from nation to nation.
From city to hamlet thy dawning is cast. –
And tyrants and slaves are like shadows of night   20
In the van of the morning light.[424]

Unverkennbar ist zunächst die extreme formalästhetische Komprimierung – aus 21 Versen werden bei Wolfenstein 10. Obwohl Wolfenstein das Reimschema des Originals (*ababx*) einhält, verdichtet er die vier Strophen Shelleys zu nur zwei Strophen. Er streicht einige Zeilen ersatzlos (etwa V. 4, 5, 12, 16, 17), ballt andere extrem zusammen und verkürzt sie nach einem typisch expressionistischen, brachylogischen Stilideal. Von V. 8 – 10 bleibt nur „Erdbeben", von V. 18 – 19 nur „geflogen / Kommst du". Ohne Vergleichsglied wird die *comparatio* von V. 6 zu einem absoluten Komparativ verkürzt („Freiheit! – die blitzt heller"). Auch die Bilder, mit denen die Freiheit verglichen wird – die Wogen, der Vulkan, die Sonne –, sind nur noch verkürzte, implizite Vergleiche, die des expliziten Bezugs zur „Freiheit" entbehren. Zur Konzentration dient auch die wiederholte Ellipse des Prädikats (V. 5: „Erdbeben im Himmelsbeben", V. 7: „Dunkel Vulkan", V. 9 – 10: „Und Herren und Knechte wie Schatten / Der Nacht"). Ferner eliminiert Wolfenstein die Adjektivierung (etwa V. 1: „fiery" oder V. 3: „tempestuous"), die ihm wohl

---

424 The Complete poetical works of Percy Bysshe Shelley, S. 616.

dekorativ und abgenutzt erschien. Die Enjambements in der zweiten Strophe sorgen durch syntaktische Brüche und Einschnitte für ‚harte Fügungen' („Die Wogen / Sind niedrig", „in matten / Winden", „geflogen / Kommst du", „Schatten / Der Nacht"). Konventionelle Bilder passt Wolfenstein durch Komposita („Feuerberge", „Himmelsbeben") den formalästhetischen Ansprüchen der Avantgarde an. Ausrufe („Freiheit! – *die* blitzt heller", „Kommst du!", „des Morgens!") emotionalisieren die Diktion. Selbst der expressionistische Schrei-Gestus („Donner schreit in den Donner") fehlt nicht.

Der spätexpressionistische Dialog mit der zeitgenössischen englischen Literatur, der vor allem dank Hermynia Zur Mühlen zustande kam, stand im Zeichen von Pazifismus, Sozialismus und Internationalismus. Zur Mühlen übertrug den pazifistischen Kriegsroman *All Roads Lead to Calvary* (1919) (*Alle Wege führen nach Golgatha*) von Jerome Klapka Jerome (1859 – 1927),[425] der vor allem für die humorvolle Erzählung über einen Bootsausflug auf der Themse *Three Men in a Boat: To Say Nothing of the Dog* (1889) bekannt ist und im Weltkrieg im französischen Sanitätskorps diente. In Jeromes Bildungsroman wird Joan Allway, Absolventin des Girton College, Journalistin und dann Krankenwagenfahrerin im Ersten Weltkrieg. Jeromes sozialistischer Roman *Anthony John* (1923) bezeugt seine Tolstoi-Verehrung, die er mit dem Expressionismus teilte.[426] Wie Tolstoi verkörpert auch Jeromes Protagonist einen radikalen christlichen Altruismus, der bis zur Selbstopferung reicht. So verzichtet er am Ende des Romans auf seine vermögende Klientel, um Rechtsanwalt für die Mittellosen zu werden.[427] Erkennbar ist der sozialkritische Einschlag der Zeit auch an der Übertragung des Romans *Democracy* (1919) des irischen Schriftstellers Shaw Desmond (1877–1960).[428] Der Held Denis Destin entwickelt sich vom Verkäufer zum politischen Agitator, wird aber – nach einem gescheiterten Generalstreik – von der aufge-

---

425 Jerome K. Jerome: Alle Wege führen nach Golgatha. Roman. Einzig berechtigte Übersetzung aus dem Englischen von Hermynia Zur Mühlen. München: Drei Masken Verlag 1922.

426 Jerome K. Jerome: Anthony John. Roman. Einzig berechtigte Übertragung aus dem Englischen von Hermynia Zur Mühlen. Frankfurt/M.: Taifun-Verlag 1924.

427 Im Roman wird der zeitgenössische Tolstoismus auch durch den Architekten Landripp vertreten, der bei der Arbeit stirbt und dessen radikale christliche Ethik dann vom Protagonisten Anthony John eingelöst wird. Landripp geht von einem unvollkommenen Gott aus, der auf die Hilfe des Menschen angewiesen ist, um in der Welt wirken zu können. Zu Jeromes Tolstoi-Rezeption vgl. Ruth Marie Faurot: Jerome K. Jerome. New York: Twayne 1974, S. 174 f.

428 Shaw Desmond: Demokratie. Ein Roman. Einzig berechtigte Übertragung aus dem Englischen von Hermynia Zur Mühlen. Berlin-Fichtenau: Verlag Gesellschaft und Erziehung 1922 (Romane der neuen Gesellschaft. Bd. 2).

brachten Menge gekreuzigt, was ihm eine gewisse Affinität zu den zahlreichen Dichter-Märtyrern der expressionistischen Generation verleiht.[429]

Seine Kritik an Bellizismus und Nationalismus formuliert Douglas Goldring (1887–1960) von einer internationalistischen Warte aus. Goldring war eine prominente Figur der englischen Avantgarde, hatte 1910 die Zeitschrift *The Tramp* gegründet und Werke von Wyndham Lewis und Filippo Tommaso Marinetti publiziert. Er war auch Mitglied der „Club 1917", einer Gruppe von Sozialisten, Pazifisten und Kriegsdienstverweigerern, welche mit der russischen Revolution sympathisierten. Zur Mühlen verdeutschte Goldrings *Letters written in exile*,[430] d. h. seine Korrespondenz aus den Jahren seines freiwilligen Exils in Irland, wo er auch Zeuge des Osteraufstands von Ende April 1916 wurde. In seinen *Letters* rechnet Goldring mit seiner anfänglichen Kriegsbegeisterung selbstkritisch ab.[431] Zugleich artikuliert er seine Kritik am wiedererwachten irischen Nationalismus aus einer sozialistisch-internationalistischen Perspektive:

> So weit mir klar wurde, herrscht die Ansicht, es sei gleichgültig, ob die Welt in Flammen aufgehen, Europas Zivilisation vernichtet werde und Tod und Unheil Millionen Menschen treffe – so lange dies keine Irländer sind. Alles, was nicht im direkten Zusammenhang mit der irischen Freiheit steht, erscheint dem Irländer belanglos. Die Kirchturmpolitik der irländischen patriotischen Intellektuellen versetzt meinen Internationalismus in die gleiche Raserei, in die er den Militarismus der „Morning Post" versetzt. Was den Krieg anbelangt, so steht der Durchschnittsirländer dem Strom menschlichen Denkens allzu fern, um Partei zu ergreifen. Er billigt weder den Krieg, noch mißbilligt er ihn, er interessiert ihn bloß insofern, als er auf Irland eine Rückwirkung ausübt. [...] Meiner Ansicht nach liegt die größte

---

429 „Kreuzigt ihn! Kreuzigt ihn!' Zwei schwarze Bretter wurden von den Barrikaden herbeigeschleppt. Hammer und Nägel. Hammerschlag durchdrang die Luft. Destin und das Mädchen, in der Menge eingekerkert, unfähig, sich zu rühren, ahnten was jetzt komme. Die Bretter, in der Form eines maltesischen Kreuzes, wurden auf die Erde gelegt, darauf der unbewegliche Creegan. Krachende, splitternde Laute – in der blutroten Sonne wurde das Kreuz aufgestellt, gegen die Säule gelehnt. Dort hing die hagere Gestalt, die Hände von Nägeln durchbohrt, die Füße mit Stricken gefesselt. Das gewaltige Haupt lag auf der Brust – die Augen blickten zu den emporgehobenen Gesichtern nieder. Einmal regte sich die breite Brust, der Kopf hob sich. Noch ein Atemzug, noch ein Heben des Hauptes ... Dann sank der Kopf in die Schatten des Todes." (Ebd., S. 245).
430 Douglas Goldring: Briefe aus der Verbannung. Aus dem Englischen von Hermynia Zur Mühlen. München: Kurt Wolff Verlag 1920. Die Briefe beginnen im April 1918 aus Irland und werden dann mit der Korrespondenz aus London fortgesetzt, nach Goldrings Rückkehr nach England im Januar 1919. Zu Goldring Guy Woodward: Douglas Goldring: ‚An Englishman' and 1916. In: Literature & History 26 (2017) 2, S. 195–212.
431 Douglas Goldring: Briefe aus der Verbannung, S. 6 f.

> Schwäche der irländischen Position darin, daß die Irländer während des ganzen Krieges wilde Nationalisten und schlechte Europäer sind.[432]

Die Problematik des Nationalismus steht auch im Mittelpunkt der 1917 verfassten Abhandlung des zionistischen Schriftstellers Israel Zangwill (1864–1926) *The principle of nationalities* (*Das Nationalitätenprinzip*), die ebenfalls Hermynia Zur Mühlen 1919 für den Zürcher „Internationalen Verlag" eindeutschte.[433] Nicht so sehr der von Zangwill vertretene Zionismus als nationalistische Ideologie als vielmehr seine Dekonstruktion von essentialistischen Definitionen des Nationenbegriffs dürfte das Interesse der expressionistischen Übersetzerin geweckt haben. In seiner Schrift, die aus einer Rede am Londoner „South Place Institute" im März 1917 hervorging, versucht sich Zangwill über den Nationalitätsbegriff Rechenschaft abzulegen, in dessen Namen – so bemerkt er gleich zu Beginn – im Weltkrieg „Millionen Menschen gestorben sind und noch sterben werden".[434] Zangwill verwirft sämtliche essentialistische Fundierungen des Nationenbegriffs, seien sie ethnisch, linguistisch, religiös, geopolitisch oder kulturell, und zwar angesichts der ethnischen Vielfalt Russlands und der Vereinigten Staaten, der Mehrsprachigkeit Kanadas und der Schweiz, der religiösen Pluralität Russlands und Persiens sowie der kulturellen Wandlungen eines jeden Volkes. Nach der ironischen Erwägung, ob vielleicht die gemeinsamen Schulden die gesuchte Grundlage des Nationenbegriffs darstellen („A Nationality is a group with a Debt")[435] –, gelangt Zangwill zu einer Bestimmung der Nationalität als eines kollektiven *psychischen* Zustands, der durch eine politische Realität faktual gestützt ist: „Nationalität ist eine Geistesverfassung, die einer politischen Tatsache entspricht".[436] Diese Geistesverfassung sei nichts anderes als ein Bewusstsein potentieller Außenbedrohung, das eine bestimmte Gemeinschaft zusammenhalte. ‚Nationalität' erweist sich aus dieser Perspektive als ein Forschungsgegenstand für die „psychology of crowds":

> Da die Nationalität in ihrem inneren oder konkaven Gesichtspunkt eine Gefühlssache ist, so kann sie nur durch die Psychologie erklärt werden. Dies ist – oder sollte wenigstens – eine

---

432 Ebd., S. 16 f.
433 Israel Zangwill: Das Nationalitätenprinzip. Einzig berechtigte Übertragung aus dem Englischen von Hermynia Zur Mühlen. Zürich: Internationaler Verlag 1919. Über Zangwill vgl. Meri-Jane Rochelson: A Jew in the Public Arena. The Career of Israel Zangwill. Detroit: Wayne State University Press 2008.
434 Israel Zangwill: Das Nationalitätenprinzip, S. 3.
435 Israel Zangwill: The principle of Nationalities. New York: The Macmillan Company 1917, S. 44.
436 Israel Zangwill: Das Nationalitätenprinzip, S. 15. Vgl.: „Nationality [...] is a state of mind corresponding to a political fact." (Israel Zangwill: The principle of nationalities, S. 46).

Abteilung der ‚Massenpsychologie' sein. Sie entspricht jenem Prozess, den ich als „Gesetz der fortwährenden Cooperation" bezeichnen möchte. Dies ist das Gesetz, durch das zufällige Atome durch gegenseitigen Magnetismus zu einer Gemeinde, einem Korps, einem Gespann, einer Partei vereinigt werden, von denen jede ihren eigenen Gruppengeist hat. [...] Doch ist die Gefahr der elektrisierende Funke: ein Hauch der Gefahr verbrüdert die ganze Welt. [...] Gross ist die Macht des Ortes, und die Nationalität ist ihr Produkt. Doch entsteht sie bloss bei einer durch gemeinsame Gefahr hervorgebrachten Temperatur und der opferwilligen Cooperation gegen jene.[437]

Dass auch ein anderer jüdischer Schriftsteller, der Berliner Expressionist Alfred Lemm (1889–1918), zeitgleich mit Zangwill auf das Instrumentarium der Massenpsychologie zurückgriff, um den deutsch-nationalistischen Diskurs zu dekonstruieren, soll später an seiner Erzählung *Der Herr mit der gelben Brille* (1915) dargelegt werden.[438]

6.10.5 Tschechische Literatur

Der bedeutendste Vermittler moderner tschechischer Literatur für die expressionistische Generation war der mit Brod, Kafka und Werfel befreundete Otto Pick (1887–1940).[439] Er wirkte nicht nur als Feuilletonredakteur und Theaterkritiker in Prag, sondern trat seit 1911 auch als Autor in expressionistischen Zeitschriften hervor. Er publizierte insgesamt mehr als 150 Beiträge – darunter Gedichte, Novellen, Aufsätze, Rezensionen und Übersetzungen – in führenden Periodika der Avantgarde.[440] Weitere Mediatoren aus dem Tschechischen waren Franz Werfel, in Kollaboration mit Emil Saudek (1876–1941), ferner Rudolf Fuchs (1890–1942)[441]

---

437 Israel Zangwill: Das Nationalitätenprinzip, S. 17 f.
438 Vgl. dazu das Kapitel: „Nationalismus als Massenwahn – zur Rezeption Gustave Le Bons in Alfred Lemms Erzählung *Der Herr mit der gelben Brille* (1915)" in der vorliegenden Studie.
439 Raabe 1985, S. 375–377, Nr. 233; Killy Bd. 9, S. 227; ÖBL 1815–1950, Bd. 8 (Lfg. 36, 1979), S. 62.
440 Dazu zählen *Die Aktion*, *Der Brenner*, die von Alfred Richard Meyer herausgegebene Anthologie *Der Mistral*, *Der Ruf*, *Saturn*, *Die Weißen Blätter*, *Der Sturm*, die Wiener Zeitschriften *Der Anbruch* und *Der Friede* sowie die böhmische Zeitschrift *Der Mensch*. Pick veröffentlichte auch in den Prager *Herder-Blättern*, in dem von Max Brod herausgegebenen und im Kurt Wolff Verlag erschienenen Jahrbuch *Arkadia*, in der „Sammelschrift" *Das jüdische Prag* (1917) und im „Sammelbuch" *Deutsche Dichter aus Prag* (1919).
441 Raabe 1985, S. 151 f., Nr. 79; LDJA Bd. 8, S. 228–239; Wininger, Bd. 2, S. 191. Befreundet war der aus Podebrad in Böhmen gebürtige Fuchs mit Franz Werfel, Max Brod, Paul Kornfeld, Otto Pick, Willy Haas u. a. Er engagierte sich kulturpolitisch für die Völkerverständigung und das Zusammenleben der Minderheiten in Böhmen, bekannte sich 1920 zum Kommunismus und sympathisierte mit dem sozialistischen Zionismus.

und Max Brod, der Libretti und Liedertexte der tschechischen Komponisten Leo Eugen Janáček (1854–1928)[442] und Vitězslav Novák (1870–1949)[443] sowie ein historisches Drama von Arnošt Dvořák (1881–1933)[444] über König Wenzel IV. verdeutschte.

An dem insgesamt 24 Buchpublikationen umfassenden Corpus wird das Interesse für Symbolismus, Avantgarde und literaturpolitische Dissidenz der K. u. k.-Monarchie deutlich. Anerkennung fand vor allem der symbolistische Dichter Otokar Březina (Václav Ignác Jebavý) (1868–1929), der nach dem Vorbild des französischen Symbolismus in die tschechische Dichtung die freien Rhythmen eingeführt hatte. Seine mystisch und zugleich pantheistisch dimensionierte Hymnik verbindet die formalästhetischen Impulse des Symbolismus mit Nietzsches Lebensbejahung.[445] Beachtung fanden ferner die beiden Brüder Josef

---

442 Leoš Janáček: Jenufa. (Ihre Ziehtochter.) Oper aus dem mährischen Bauernleben in drei Akten von Gabriele Preiß. Deutsche Übersetzung von Max Brod. Wien/Leipzig: Universal-Edition (1918) (Universal-Edition. Nr. 6004). Ders.: Katja Kabanowa. Oper in 3 Akten. Nach A. N. Ostrowskijs Gewitter in der Übersetzung von Vincenc Červinka. Ins Deutsche übertragen von Max Brod. [Textbuch]. Wien/Leipzig: Universal Edition 1922. Ders.: Vier Männerchöre. 1. Drohung. 2. O Liebe. 3. Ach Krieg, Krieg! (Volksliedertexte.) 4. Deine schönen Augen. (Text von Jar. Tichy.) Neuausgabe mit deutschem Text von Max Brod. Prag: Hud. Matice 1924. Originalausgabe: Brünn: Winkler 1886. Dazu Alena Wagnerová: Max Brod als Übersetzer der Libretti der Opern Leoš Janáčeks. In: Max Brod (1884–1968), S. 251–264.
443 Vitězslav Novák: Der Burgkobold. Komische Oper in einem Aufzug. Text von Ladislav Stroupežnický. Deutsche Übersetzung von Max Brod. [Textbuch]. Wien: Universal-Edition [1916].
444 Arno Dvořák: Der Volkskönig. Drama in fünf Akten. Deutsch von Max Brod. Leipzig: Kurt Wolff Verlag 1914. Brod hatte das Drama 1911 rezensiert (M.B.: Ein tschechisches Drama. In: Die Schaubühne (30.03.1911), S. 350–353). In seiner Übersetzung versuchte Brod, die nationalistische Stoßrichtung des Dramas abzuschwächen, wie er selbst in einem Brief an Paul Kisch von Ende 1913/Anfang 1914 betont: „Ich habe an dieser Umarbeitung [des Dramas *Král Wenzel IV*] Anteil genommen und sie dahin gelenkt, daß das Chauvinistische durch jenen edleren Nationalismus ersetzt würde, der in der eigenen Nation ein ‚Volk Gottes' sieht, das zur Erlösung der ganzen Menschheit berufen ist" (zit. nach Gaëlle Vassogne: Max Brods literarische Tätigkeit im Lichte der Briefe im Museum der tschechischen Literatur. In: Max Brod (1884–1968), S. 357–396, hier S. 363). Vor dem Hintergrund dieses „edleren Nationalismus" liegt offenbar Brods Verständnis des jüdischen Ethos als „Messianismus" und „Welterlösung" (M. B.: Unsere Literaten und die Gemeinschaft. In: Der Jude 1 (1916) 7, S. 457–464, hier S. 464).
445 Otokar Březina: Baumeister am Tempel. Einzig berechtigte Übertragung von Otto Pick. München: Kurt Wolff Verlag 1920. Ders.: Winde von Mittag nach Mitternacht. In deutscher Nachdichtung von Emil Saudek und Franz Werfel. München: Kurt Wolff Verlag 1920 (Drugulin-Drucke. NF 9). Ders.: Musik der Quellen. Aus dem Tschechischen übertragen von Emil Saudek unter Mitwirkung von Franz Werfel. München: Kurt Wolff Verlag 1923. Zu Březina vgl. Urs Heftrich: Otokar Březina: zur Rezeption Schopenhauers und Nietzsches im tschechischen Symbolismus. Heidelberg: Winter 1993, sowie Josef Vojvodík: Symbolismus im Spannungsfeld zwischen ästhe-

(1887–1945) – vor allem Maler und Graphiker –[446] und Karel Čapek (1890–1938)[447] als Vertreter der tschechischen Avantgarde. 1917 veröffentlichte Karel Čapek den Erzählband *Boží muka* (*Die Martersäule*), den Pieck in zwei Bänden – *Gottesmarter* (1918) sowie *Kreuzwege* (1919) in der Reihe *Der jüngste Tag* (Bd. 64) – übersetzte.[448] Dort erprobt Čapek eine experimentelle, philosophische Erzählästhetik, die vom amerikanischen Pragmatismus profitiert und die moderne Wissensrelativierungen in den Naturwissenschaften sowie den erkenntniskritischen Umbruch des modernen Denkens reflektiert. Der amerikanische Pragmatismus, vor allem die von William James geforderte Wechselwirkung zwischen Theorie und Praxis, lieferte Čapek die Begründung für die avantgardistische Verbindung von Kunst und Leben.[449]

Prominent war auch das Interesse für dissidente und oppositionelle Literaten der Habsburgermonarchie. Zu ihnen zählte der anarchistische Schriftsteller Fráňa Šrámek (1877–1952), der wegen seiner pazifistischen Ansichten eine Gefängnisstrafe verbüßen musste.[450] Von ihm verdeutschte Pick u. a. die Sammlung libertärer und pazifistischer Novellen *Flammen*, welche sich auch in Kafkas Bibliothek befand. Sie erschien 1913 mit einem Vorwort Hermann Bahrs, der Šrámek als

---

tischer und eschatologischer Existenz: Motivische Semantik im lyrischen Werk von Otokar Březina. München: Sagner 1998.

446 Josef Čapek: Der Sohn des Bösen. Übersetzt von Otto Pick. Berlin-Wilmersdorf: Verlag der Wochenschrift *Die Aktion* (Franz Pfemfert) 1918 (Der rote Hahn. Bd. 24/25).

447 Karel Čapek: Gottesmarter. Novellen. Übertragung aus dem Tschechischen von Otto Pick. Berlin: S. Fischer Verlag 1918. Ders.: Kreuzwege. Übertragung aus dem Tschechischen von Otto Pick. Leipzig: Kurt Wolff Verlag 1919 (Der jüngste Tag. Bd. 64). Ders.: WUR – Werstands Universal Robots. Utopisches Kollektivdrama in drei Aufzügen. Deutsch von Otto Pick. Prag/Leipzig: Orbis 1922.

448 Dazu Dorothea Uhle: Avantgarde, Zivilisationskritik und Pragmatismus in Karel Čapeks *Boží muka*. Frankfurt/Main u. a.: Lang, 2006, sowie Alexander Borais: Karel Čapeks Poetik der noetischen Detektion im Kontext seiner Pragmatismus-Rezeption. Hamburg: Disserta-Verl. 2011.

449 Dorothea Uhle: Avantgarde, S. 116 f.

450 Fráňa Šrámek: Erwachen. Ein Akt. Übertragen von Otto Pick. Heidelberg: Saturn-Verlag Hermann Meister 1913 (Umschlagzeichnung von Herbert Großberger). Ders.: Flammen. Deutsche Übertr. von Otto Pick. Mit einem Vorwort von Hermann Bahr. Leipzig: Ernst Rowohlt Verlag 1913 (die Sammlung enthält die Novellen *Elis auf Gröding, Flammen, Treue Liebe, Sie entrissen ihr die Blüten und zerbrachen ihre Ästchen, Tragikomödie* und *Siehe, ein Mensch...!*). Ders.: Der silberne Wind. Roman. Übertragen von Otto Pick. Wien/Prag/Leipzig: Ed. Strache Verlag 1920. Ders.: Sommer. Komödie in drei Akten. Übertragen von Otto Pick. Reichenberg/Prag/Leipzig/Wien: Heris-Verlag 1921 (Heris-Bücher. Bd. 2). Ders.: Die Glocken. Dramatische Legende. Deutsch von Otto Pick. [Bühnenmanuskript] – Basel, Reiß Bühnenvertrieb o. J.

Schüler von Georges Sorel porträtiert.[451] Die in erlebter Rede verfasste, titelgebende Novelle *Flammen* entspricht in ihrer ungenierten und provozierenden Darstellung der Sexualität zugleich dem expressionistischen Vitalismus und Erotik-Kult. Beschrieben werden die sinnlichen Regungen der vereinsamten und sexuell unerfüllten fünfunddreißigjährigen Auguste, die zwischen bigotter Frömmigkeit und Promiskuität gespalten ist. Die drastische Erotik[452] steigert sich durch die Charakterisierung des Beichtvaters als ausgehungertes, sexuell getriebenes Tier ins Blasphemische.[453] Spazierend auf der Suche nach potentiellen Liebhabern wird Auguste von jungen Männern als schon verblüht verschmäht und nimmt sich am Ende das Leben. Die Erzählung *Sie entrissen ihr die Blüten und zerbrachen ihre Ästchen* berichtet von der Begegnung zwischen dem Ich-Erzähler – einem Soldaten, der die Armee innerlich verabscheut – und einer pazifistischen Lehrerin. In der durchmilitarisierten, auf Herrschaft und Unterdrückung ausgerichteten Gesellschaft des Habsburgerreichs hat sie keine Chance und wird am Ende in einem Irrenhaus eingesperrt.[454]

Zu den subversiven Autoren zählte ferner Josef Svatopluk Machar (1864–1942), Autor des Manifests *Česká moderna*.[455] Während des Weltkriegs gehörte Machar der tschechischen Geheimorganisation „Maffia" an, die am Sturz des Kaisers arbeitete, und wurde 1916 wegen staatsfeindlicher Tätigkeit inhaftiert.[456] Die Zeit der Haft beschreibt er in seinem von Otto Pick übersetzten Bericht *Kriminál* (1918, deutsch: *K. u. K. Kriminal*, 1919).

---

451 „Er klingt zuweilen nach dem jüngsten Frankreich, man glaubt die geistige Luft der Syndakalisten, der Schüler George Sorels zu spüren, er hat den glühenden Atem der letzten französischen Generation." (Hermann Bahr: Vorwort. In: Frána Šrámek: Flammen, S. VII).

452 „Ihre Zunge ist schwarz von wollüstigen Schreien, ihre Brüste sind wie die Humpen betrunkener Zecher, ihr ganzer Leib ist wie ein weinbeflecktes Tischtuch, mit einem Ausschlag unreiner Wünsche besudelt..." (Frána Šrámek: Flammen, S. 29).

453 „Alle Schreie des hungrigen, sündhaften Fleisches seufzte sie dort aus in des Beichtigers Ohr. Dann endlich öffnete sie die Augen und harrte. Die herausgewälzten Augen in ihrem kreidigen Gesicht warteten. Jetzt endlich beachtete sie den Beichtiger. Auf sie hernieder stierte die gewöhnliche männliche Bestie, ausgehungert wie sie; eine gemeine männliche Bestie" (ebd., S. 32).

454 „Und der Erzähler war sehr traurig, als er sagte: ‚Ich habe sie nicht wiedergesehen'. Auch seine Gefährten waren traurig; und ein wenig neugierig. Er sagte kurz: ‚Sie ließ sich nicht befehlen, wann und wie sie blühen solle. Sie entrissen ihr die Blüten und zerbrachen ihre Ästchen. Sie hetzten sie matt. Sie ist im Irrenhaus...'" (Ebd., S. 69).

455 Josef Svatopluk Machar: K. u. K. Kriminal. Erlebt 1916; Geschrieben: 1917–1918. Vom Verfasser genehmigte Übertragung aus dem Tschechischen von Otto Pick. Wien/Leipzig: Deutschösterreich. Verlag 1919.

456 Dazu: Die entzauberte Idylle: 160 Jahre Wien in der tschechischen Literatur. Zsgest. u. hg. von Christa Rothmeier. Wien: Verl. d. Österr. Akad. d. Wiss. 2004, S. 678 f.

Auch Petr Bezruč (Vladimír Vašek) (1867–1958) wurde 1915 unter Anklage des Hochverrats festgenommen und in Brünn inhaftiert. Seine für die tschechische Literaturgeschichte bedeutsamen *Slezské písně* (*Schlesische Lieder*), welche die Unterdrückung, Ausbeutung und Enteignung der Tschechen durch deutsche Kohlenmagnaten und polnischen Klerus schildern, erschienen 1916 im Kurt Wolff Verlag mit einer Vorrede von Franz Werfel.[457] Dort versucht Werfel, die nationalistischen Töne von Bezručs Sammlung aus ihren sozialgeschichtlichen Ursachen in der Unterdrückung des tschechischen Volks heraus nachzuvollziehen – „Unser Herz fühlt connational mit allen Unterdrückten aller Völker. Unser Geist haßt die Macht- und Selbstbewußtseinsform aller Völker".[458] Zudem bemüht sich Werfel, die formalästhetisch eher avantgardefernen Volkslieder aufgrund ihrer sozialkritischen Solidaritätspoetik[459] für den Expressionismus zu vereinnahmen.

6.10.6 Russische Literatur

Die russische Literatur war für das Selbstverständnis des Spätexpressionismus von herausragender Bedeutung. Die Entwicklung des Expressionismus vom frühen, durch Nietzsche geprägten individualistischen Vitalismus hin zu einem re-

---

457 Petr Bezruč: Die schlesischen Lieder. Verdeutscht von Rudolf Fuchs. Vorrede von Franz Werfel. Leipzig: Kurt Wolff Verlag 1916.
458 Franz Werfel: Vorrede. In: Petr Bezruč: Die schlesischen Lieder, S. V–XXI, hier S. VIf.
459 „Die Unterdrückung ist der unendlichste Stoff für den Dichter. Denn hier werden die gewaltigsten schöpferischen Kräfte des Menschen angerührt, Erbarmen und Zorn, von der kleineren wärmenden Flamme des Mitleids bis zum Vulkan des Irrsinns. Dieser Stoff kann aber seine Unmittelbarkeit verlieren, besonders in Zeiten, wo die Macht so klug ist, die Eitelkeit des Dichters zu fetieren, in Zeiten, wo der Dichter mit dem Fürsten geht. [...] Wenn es der aktuellen Mondanität gerade gelingt, dem Dichter eine Haltung abzutrotzen, die sich zwar nicht mit ihr identifiziert, aber in ungefährlicher Sphäre sich hält, in sublimer Unnahbarkeit, dann entsteht das, was man *Klassizismus* nennt. [...] Denn man muß sich einer Realität *erbarmen* mit ganzer Seele, wenn man sie in eine vollkommene Gestalt bringen will, und man erbarmt sich nur armer Wesen. In solchen Zeiten wendet sich das irritierte Gewissen des Dichters durchaus dem Ausdruck zu, er nimmt seinen Schmerz und seinen Kampf der Welt weg und konzentriert beide auf sein Werk. Das im ehrlichsten Falle! Aber die klassische Literatur entgeht ihrer Strafe nicht, sie wird durch ihren Platonismus zugrunde gerichtet. Sie beginnt die Gesichte durch Ideen zu ersetzen, die unmittelbaren Lebendigkeiten durch Abstraktionen! Das heißt aber, ihr liegt nichts mehr am Herzen! Ebenso wie dem hochentwickelten Kultur-Individuum, das durch Wohlstand gesichert ist, nichts mehr am Herzen liegt, denn es empfindet die heißesten Fragen nur dialektisch! Aus welchem Grunde? Aus Kälte, aus Lebensferne, aus Interesselosigkeit! Diesem Schicksal entgeht die Literatur kleiner Völker eher, wenn sie nicht rein provinziell ist, und soferne diese Völker überhaupt geistig potent sind." (Ebd., S. VIIIf.).

ligiös geprägten Kommunitarismus vollzog sich wesentlich unter der Ägide Fjodor M. Dostojewskis und des späten Lew N. Tolstoi, welche die wichtigsten Schlagworte des Spätexpressionismus lieferten. Sie verkörperten den Paradigmenwechsel vom ‚Leben' hin zur ‚Liebe', vom Übermenschen zum Mitmenschen, von der Vereinzelung zur Gemeinschaft. Auf den expressionistischen Dostojewski-Kult soll im letzten Teil dieser Studie ausführlich eingegangen werden.[460] Wiewohl auch punktuell von Avantgarde-Autoren übersetzt[461] – einige Romane Dostojewskis wurden von Gregor Jarcho (1894–1949) übertragen[462] –, wirkten Dostojewski und Tolstoi vor allem über bereits vorhandene Übertragungen. Dostojewski wurde hauptsächlich in der von Arthur Moeller van den Bruck herausgegebenen Edition des Münchner Piper-Verlags,[463] Tolstoi in der Gesamtausgabe des Eugen Diederichs Verlag rezipiert.[464]

---

460 Vgl. dazu das Kapitel: „Dostojewski transmedial".

461 Rubiners Frau Frida Ichak-Rubiner übertrug die Tagebücher Tolstois, während Jarcho einige Romane Dostojewskis übersetzte (vgl.: Leo Tolstoi: Tagebuch 1895–1899. Nach dem geistigen Zusammenhang ausgewählt, hg. und eingeleitet von Ludwig Rubiner. Aus dem Russischen übersetzt von Frida Ichak-Rubiner. Zürich: Max Rascher Verlag 1918; Fedor M. Dostojewski: Der ewige Gatte. Übertragen von Gregor Jarcho. Dresden/Leipzig: H. Minden Verlag 1921. Ders.: Die Dämonen. Roman. [Übertragen von Gregor Jarcho.] Bd. 1–2. Berlin: I. Ladyschnikow Verlag [1924]. Ders.: Verbrechen und Strafe. Ein Roman in sechs Teilen. Mit einem Nachwort. Deutsch von Gregor Jarcho. Bd. 1–2. Berlin: Propyläen-Verlag 1924).

462 Raabe 1985, S. 241, Nr. 140, sowie Grete Fischer: Dienstboten, Brecht und andere Zeitgenossen in Prag, Berlin, London. Olten/Freiburg i. Br.: Walter 1966, S. 266. Als Übersetzer und Bühnendichter tätig, ist Gregor Jarcho eher eine Randfigur der Avantgarde. Alle biographischen Einträge geben Torgelow in Pommern als Geburtsort an, dorthin wurde der russische Kriegsgefangene aber nur durch die Kriegswirren verschlagen. Er hatte Kontakte zu der Berliner Zeitschrift *EOS* (Raabe 1964, Nr. 46), die 1920 eine Szene von ihm publizierte (Gregor Jarcho: Der Leichenweg. In: EOS 1 (Oktober 1920) 4, S. 105–109). Er verfasste u. a. das „Geigenspiel" *Ara und Mawa*, das 1921 in der Reihe des Kiepenheuer-Verlags *Der dramatische Wille* erschien. Für die Dostojewski-Gesamtausgabe des Ladyschnikow-Verlags übersetzte er u. a. *Den ewigen Gatten* (1921), *Die Dämonen* (1924), *Verbrechen und Strafe* (1924) (bereits Alexander Eliasberg hatte in seiner 1921 erschienenen Übertragung (Potsdam: Kiepenheuer) diesen neuen Titel gewählt, der dem russischen Original eher entspricht), *Aufzeichnungen aus einem toten Hause* (1925) und *Erniedrigte und Beleidigte* (1925). Diese Versionen blieben in den expressionistischen Revues allerdings unbeachtet. 1926 erschien von Jarcho auch eine dramatische Bearbeitung des *Idioten*: Der Idiot. Von F(edor) M(ihajlovic) Dostojewskij. Für die deutsche Bühne bearb. von Gregor Jarcho. Berlin: I. Ladyschnikow Verlag o.J. [1926?] (Österreichisches Theatermuseum 843969-B). Die Bearbeitung ist bei Raabe 1985 nicht verzeichnet.

463 F. M. Dostojewski: Sämtliche Werke. Unter Mitarbeit von Dmitri Mereschkowski, Dimitri Philossophoff und Anderen herausgegeben von Moeller van den Bruck. München: R. Piper & Co. 1906–1919. Dazu Christoph Garstka: Arthur Moeller van den Bruck und die erste deutsche Gesamtausgabe der Werke Dostojewskijs im Piper-Verlag: 1906–1919; eine Bestandsaufnahme sämtlicher Vorbemerkungen und Einführungen von Arthur Moeller van den Bruck und Dmitrij S.

Der russische Übersetzungskanon unterlag einem starken diachronen Wandel. Zu Beginn des expressionistischen Jahrzehnts fanden voravantgardistische Autoren wie Nikolai W. Gogol (1809–1852),[465] Iwan S. Turgenjew (1818–1883)[466] und Michail A. Kusmin (1872–1936)[467] Aufmerksamkeit. In der Nachkriegszeit polarisierte sich die Translationsprogrammatik. Im Zuge der Politisierung des Spätexpressionismus verschrieben sich Hermynia Zur Mühlen und Johannes R. Becher (1891–1958)[468] pazifistischer und sozialistischer Literatur. Die Wiener Übersetzerin übertrug Leonid N. Andrejews (1871–1919) Roman *Иго войны* (*Das Joch des Krieges*) (1916),[469] der zunächst in der Schweiz in René Schickeles Reihen *Europäische Bibliothek* und *Europäische Bücher* erschien, Alexander Bogdanovs (Alexander A. Malinowski) (1873–1928) utopischen Roman *Красная звезда* (*Der rote Stern. Ein utopischer Roman*) (1907)[470] sowie Alexej I. Swirskis (1865–1942) *Schwarze Leute. Erzählung aus dem Bergmannsleben.*[471] Becher seinerseits über-

---

Mereschkowskij unter Nutzung unveröffentlichter Briefe der Übersetzerin E. K. Rahsin; mit ausführlicher Bibliographie. Geleitw. von Horst-Jürgen Gerigk. Frankfurt/Main u. a.: Lang 1998.

464 Leo N. Tolstoj: Gesammelte Werke. Von dem Verf. genehmigte Ausg. von Raphael Löwenfeld. Jena: Diederichs 1910–1917.

465 Nikolai Wassiljewitsch Gogol: Abende auf dem Gutshof bei Dikanka. Phantastische Novellen. Deutsch von Ludwig Rubiner und Frida Ichak. Vorrede von Rotfuchs Paniko. München/Leipzig: Georg Müller Verlag 1910 (Gogol: Sämtliche Werke. Bd. 3).

466 Iwan S. Turgenjew: Rudin. Die neue Generation. Übersetzt von Ludwig Rubiner und Frida Ichak. München und Leipzig: Georg Müller Verlag 1911 (Sämtliche Werke in 12 Bänden, Bd. 2).

467 Michail Kusmin: Taten des großen Alexander. (Die autorisierte Übersetzung besorgte Ludwig Rubiner.) München: Hyperion 1910.

468 Raabe 1985, S. 42–50, Nr. 19.

469 Leonid Andrejew: Hinter der Front. Ins Deutsche übersetzt von Hermynia Zur Mühlen. Zürich: Rascher 1918 (Europäische Bibliothek) (Teilveröffentlichung aus *Das Joch des Krieges*). Ders.: Das Joch des Krieges. Roman. Aus dem russischen Manuskript übertragen von Hermynia Zur Mühlen. Zürich: Rascher Verlag 1918 (Europäische Bücher). Zur Mühlens Übersetzung ist inzwischen mit einem Nachwort von Eckhard Gruber neu aufgelegt worden (Berlin: Elektrischer Verlag 2013). Andrejew war ein Freund Maxim Gorkis. Während des russisch-japanischen Krieges verfasste er seinen pazifistischen Roman *Das rote Lachen*, der 1905 auch in Deutschland erschienen war. Sein zweiter pazifistischer Roman, *Das Joch des Krieges*, entstand in der Künstlerkolonie Kuokalla nahe Sankt Petersburg. Andrejew befürwortete die Februarrevolution, bekämpfte aber die Bolschewiken. *Das Joch des Krieges* ist als Kriegstagebuch des fünfundvierzigjährigen Buchhalters Ilia Petrowitsch Dementjew angelegt, der die verheerenden Auswirkungen des Krieges im Hinterland festhält.

470 Alexander Bogdanoff: Der rote Stern. Ein utopischer Roman. Aus dem Russischen übertragen von Hermynia Zur Mühlen. Berlin-Schöneberg: Verlag der Jugendinternationale 1923 (Internationale Jugendbücherei. Bd. 1).

471 A[lexej] I[wanowitsch] Swirski: Schwarze Leute. Erzählung aus dem Bergmannsleben. Übertragen aus dem Russischen von Hermynia Zur Mühlen. Berlin-Schöneberg: Verlag der Jugendinternationale 1923 (Kleine Jugendbücherei).

setzte Agitprop-Dichtung aus Sowjet-Russland. Er brachte 1924 eine Nachdichtung von Demjan Bjednys (1883 – 1945) *Главная улица* (*Die Hauptstraße*) (1922)[472] sowie von Wladimir W. Majakowskis (1893 – 1930) großdimensionierter Dichtung *150 000 000* (1921) heraus.[473] Bechers äußerst freie Fassung von Majakowskis Langgedicht[474] blieb lange Zeit die einzige Buchausgabe des russischen Futuristen in Deutschland.[475]

Nicht alle Übersetzer stimmten allerdings in den Revolutionsjubel ein. Ein entschiedener Revolutionsgegner war der in St. Petersburg geborene Übersetzer Reinhold von Walter (1882 – 1965).[476] Er war bereits 1917 nach Deutschland emigriert. In seiner freirhythmischen Dichtung *Der Kopf* (1919), die Ernst Barlach illustrierte,[477] erscheint die Oktoberrevolution als Tyrannei eines dämonischen und verkrüppelten „Kopfes" über einen blinden und gefügigen Volkskörper.[478] Nicht

---

472 Demjan Bjedny: Die Hauptstraße. Aus dem Russischen nachgedichtet von Johannes R. Becher. Nachwort von L[eo] Trotzki. Wien: Verlag für Literatur und Politik 1924. Die Ausgabe enthält die Nachdichtung von *Die Hauptstraße* und *Kommunistische Marseillaise* sowie Trotzkis Portrait Bjednys. Von ihm schreibt Trotzki: „Er ist kein Dichter, der der Revolution nahegekommen, zu ihr hinabgestiegen ist, der die Revolution akzeptiert hat. Er ist ein Bolschewik der ‚dichterischen Waffengattung'" (ebd., S. 27), von dem Trotzki allerdings auch die Übernahme alter Formen betont („Demjan sucht keine neuen Formen. Er benutzt sogar ausdrücklich die alten kanonisierten Formen. Aber diese erwachen bei ihm zu neuem Leben", ebd., S. 28).
473 Wladimir Majakowski: 150 Millionen. Autorisierte Nachdichtung von Johannes R. Becher. Berlin: Malik-Verlag 1924 (Malik-Bücherei. Bd. 5).
474 Es handelt sich um eine äußerst freie Übertragung, welche den Originaltext nicht nur stark umschreibt, sondern auch erheblich verkürzt. Ganze Passagen – etwa Majakowskis blasphemisches Gebet (im Original V. 269 – 307), die Parusie-Aufforderung an Gott und die Inthronisation des revolutionären Kollektivs zum gottähnlichen Schöpfer-Zerstörer – werden von Becher ausgespart. Die futuristischen Forminnovationen werden ferner zugunsten der propagandistischen Aussage zurückgedrängt. So normalisiert Becher Majakowskis montageartig zerhackte Versifikation und stellt die zersprengte Verseinheit wieder her.
475 Erst 1940/1941 brachte der österreichische Schriftsteller H. Huppert in Moskau zwei Übersetzungen von Majakowskis Dichtungen heraus (vgl. Peter Drews: Die deutschsprachige Rezeption slavischer Literatur. Die Aufnahme slavischer Belletristik im deutschsprachigen Raum von den Anfängen bis 1945. Berlin: Wissenschaftlicher Verlag 2017, S. 201).
476 Raabe 1985, S. 505 – 507, Nr. 324.
477 Reinhold von Walter: Der Kopf. Ein Gedicht. Mit zehn Holzschnitten von Ernst Barlach. Berlin: Paul Cassirer 1919.
478 Das titelgebende Bild besitzt eine doppelte, antike und christliche Semantik. Es weist zurück auf das Urbild der Revolutionäre, Catilina, der – nach Plutarchs Cicero-Vita – in einer Rede im Senat verkündet haben soll, dem hauptlosen Körper des römischen Volkes einen Kopf geben zu wollen. Zugleich liefert es eine Karikatur des messianischen Anspruchs der Revolution durch den im Text auch explizit markierten Bezug zur Christophorus-Legende. Der *Legenda Aurea* zufolge trug der damals noch Reprobus genannte Heilige das Christuskind auf der Schulter über einen Fluss, das ihn, am anderen Ufer angelangt, daraufhin als Christusträger taufte. In von Walters

weiter verwunderlich ist es daher, dass von Walter der revolutionären Literatur keine Beachtung schenkte. Er widmete sich Alexander Sergejewitsch Puschkin (1799–1837)[479] sowie dem klassizistischen Ballettkritiker und -historiker André Levinson (1887–1933).[480] Mit seiner Ablehnung der Oktoberrevolution war Walter im Expressionismus übrigens keineswegs allein. Viele Expressionisten – darunter Fritz von Unruh in seinem Gespräch mit Trotzki,[481] Alfred Wolfenstein im Essay *Über der Revolution das Revolutionäre* (1918)[482] oder Julius Maria Becker in seinem Stationendrama *Das letzte Gericht* (1919) – lehnten den bolschewistischen Terror ab und hielten an der christlich dimensionierten ‚Wandlung' als ‚Revolution der Seele' fest.

Beachtung im übersetzten Kanon fand auch das vorrevolutionäre Avantgarde-Theater. Bedeutsam ist in dieser Hinsicht die von der Forschung bisher nicht ausgewertete Übersetzung von Nikolai N. Evreinovs (1879–1953) Monodrama *В кулисах души* (*In den Kulissen der Seele*) (1912)[483] durch den österreichischen

---

Kontrafaktur trägt der blinde Koloss dagegen eine satanische Gestalt, die ihn verhöhnt und nicht ins Licht, sondern in die Finsternis führt. In dem die Dichtung abschließenden Sonett (*Überwinder*) feiert von Walter das Ideal der christlichen Selbstüberwindung und präsentiert die christliche Feindesliebe (Mat. 5. 44) als Alternative zu einer gewaltsamen Umwälzung. Als „Überwinder" erscheint im Sonett der zu Tode gepeinigte Galeerensklave, der im „Tod" die „Liebe" „lernt" (V. 12) und es über sich bringt, den ihn peinigenden Aufseher als „Bruder" (V. 13) zu betrachten. Das Fundament absolutistischer Herrschaft liefert jetzt gerade der bis zur Selbstverleugnung reichende christliche Lebenswandel der Untertanen, die von „ihren Gnaden" (V. 14) die soziale Hierarchie legitimieren. An die Stelle des überlebten Gottesgnadentums tritt somit ein ‚Liebesgnadentum' als neue Legitimationsquelle autokratischer Herrschaft.

479 Alexander S. Puschkin: Kleine Dramen. Aus dem Russ. übertr. von Reinhold v. Walter. Berlin: Verlag Skythen 1922. Ders.: Mozart und Salieri. Aus dem Russ. übertr. von Reinhold v. Walter. Berlin: Verlag Skythen 1922.

480 Andrei Levinson: Meister des Balletts. Aus dem Russischen übersetzt von Reinhold v. Walter. Potsdam: Müller & co/Petersburg/Berlin: S. Efron 1924.

481 Fritz von Unruh: Meine Begegnung mit Trotzki im Jahre 1930. In: Sämtliche Werke. Hg. von Hanns Martin Elster. Bd. 7. Berlin: Haude & Spener 1970, S. 432f.

482 Alfred Wolfenstein: Über der Revolution das Revolutionäre. In: Revolution 1 (23. November 1918) 1, S. 3f.

483 Csokor übersetzte den Titel als „Die Kulissen der Seele". Vgl. Nikolaj N. Evreinoff: Die Kulissen der Seele. Monodrama. Deutsch von Franz Theodor Csokor. Wien/Zürich/Leipzig: Verlag der Wiener Graphischen Werkstätte (1920) (Die Bücher der Zeit; Bd. 2). Abgedruckt ist der russische Text in: Nikolaj Nikolaevič Evreinov: V kulisach duši. In: Dramatičeskie sočinenija. 3 Bde. Bd. 3. Petrograd: Academia 1923, S. 31–41. Zum Vergleich mit Csokors Übersetzung herangezogen wird im Folgenden der in dieser Ausgabe publizierte Text. Es ist allerdings davon auszugehen, dass er mit Csokors Vorlage nicht völlig übereinstimmt. Dies belegt etwa eine Passage, die im russischen Druck fehlt, sich aber sowohl bei Csokor als auch in der englischen Übersetzung von 1915 findet, nämlich der Vorwurf der karikierten Gattin an die Adresse ihres Ehemannes, er sei ein gottloser

Expressionisten Franz Theodor Csokor (1885–1969),[484] der als Mittler zwischen der russischen und deutschsprachigen Theateravantgarde wirkte. Csokor hatte 1913 in Sankt Petersburg sein Drama *Thermidor* aufgeführt und kehrte zwischen 1913 und 1914 als Dramaturg der Theatertruppe um Ida Orlov für einige Monate dorthin zurück.[485] Die für ihn während seines russischen Aufenthalts prägendste Begegnung war die mit dem Regisseur, Dramatiker und Theatertheoretiker Evreinov.[486]

Evreinov war eine Schlüsselfigur der russischen Theaterreform des frühen 20. Jahrhunderts.[487] Sein Einakter *In den Kulissen der Seele* entstand 1912 und erlebte seine Premiere 1915 auf der Petersburger Kleinkunstbühne „Krivoe Zerkalo" („Der Zerrspiegel"),[488] die Evreinov zwischen 1910 und 1917 leitete. Ihr Gründer Alexander Kugel (1864–1928) charakterisierte sie als „Theater des Skeptizismus und der Negation".[489] Einige dort inszenierte Stücke persiflierten die

---

Atheist. Diese Anschuldigung findet sich sowohl bei Csokor („Ein Mensch, der die Kirche kaum noch von außen kennt?!", Die Kulissen der Seele, S. 17) als auch in der englischen Übersetzung von 1915 („An atheist who refuses to kneel down or cross himself before the blessed Sacrament", The Theatre of the Soul. A Monodrama in One Act by N. Evreinof. Translated by Marie Potapenko and Christopher St. John. London: Hendersons 1915, S. 23 f.), wurde aber in der Druckfassung von 1923 aus leicht begreiflichen Gründen getilgt. Vor diesem Hintergrund wird bei der Auswertung von Csokors Übersetzung auch die englische Umdichtung kontrastiv herangezogen.

484 Raabe 1985, S. 99–102, Nr. 54.

485 György Sebestyén: Wut und Gelächter. Der Dramatiker Franz Theodor Csokor. In: Immer ist Anfang: der Dichter Franz Theodor Csokor. Hg. von Joseph P. Strelka. Bern: Lang 1990, S. 15–24, hier S. 20.

486 Paul Wimmer: Der Dramatiker Franz Theodor Csokor. Innsbruck: Wagner 1981, S. 35.

487 Zu Evreinov vgl. Swetlana Lukanitschewa: Das Theatralitätskonzept von Nikolai Evreinov: Die Entdeckung der Kultur als Performance. Tübingen/Basel: Francke 2013.

488 Zu Evreinovs Einakter vgl. Spencer Golub: Mysteries of the Self. The Visionary Theatre of Nikolai Evreinov. In: Theatre History Studies 2 (1982), S. 15–35; Sharon Marie Carnicke: The Theatrical Instinct. Nikolai Evreinov and the Russian Theatre of the Early Twentieth Century. New York: Lang 1989; Christine Müller-Scholle: Das russische Drama der Moderne. Frankfurt/Main: Lang 1992, S. 35–42; Swetlana Lukanitschewa: Vom Sagbaren zum Sichtbaren. Das Monodrama-Konzept von Nikolai Evreinov im Kontext theatraler Wirkungsästhetik des frühen 20. Jahrhunderts. In: Welt – Bild – Theater. Band 2: Bildästhetik im Bühnenraum. Unter Mitarbeit von Anne Rieger hg. von Kati Röttger. Tübingen: Narr 2012, S. 153–165; Dies.: Das Theatralitätskonzept von Nikolai Evreinov, S. 147–153; Stephan Kossmann: Die Stimme des Souveräns und die Schrift des Gesetzes. Zur Medialität dezisionistischer Gestimmtheit in Literatur, Recht und Theater. München/Paderborn: Fink 2012, hier S. 232–254; Amy Skinner: Nikolai Evreinov: *V kulisakh dushi* (1912). In: Key Words: A Journal of Cultural Materialism (2017) 15, S. 94–96, sowie Peter Berger: Das unrettbare Ich und die Bühne. Zur Produktivität der Subjekt-Semantik im Drama und Theater um 1900. Göttingen: V&R unipress 2021, S. 252–261.

489 Alexander R. Kugel: List'ja s dereva. Vospominanija, Leningrad: Vremja 1926, S. 207.

naturalistische Dramenästhetik. So parodierte die Inszenierung von Gogols *Revizor* dessen Aufführung durch Konstantin Stanislawski. In *Die vierte Wand* (*Četvertaja stena*) (aufgeführt 1915) stellte Evreinov den Abriss der naturalistischen vierten Wand dar.[490] In seinem als „Monodrama" untertitelten Einakter *В кулисах души* (*In den Kulissen der Seele*) (1912) parodierte Evreinov dagegen die von ihm selbst wenige Jahre zuvor propagierte Theaterrevolution, das Prinzip monodramatischer Darstellung, das er in seinem Moskauer Vortrag *Vvedenie v monodramu* (*Einführung in das Monodrama*) (1908) programmatisch dargelegt hatte.[491] Dieses Konzept besitzt große Affinität zu dem von Strindberg bereits in seiner *Damaskus*-Trilogie (1898–1901) praktizierten dramatischen Monoperspektivismus, den Evreinov somit in die russische Theaterdebatte einführte.

Unter Berufung auf Karl Borinski und Karl Groos geht Evreinov in seinem Vortrag *Einführung in das Monodrama* von der Annahme aus, dass die ästhetische Kraft des Dramas auf dem sympathetischen, emotionalen Miterleben des Bühnengeschehens durch das Publikum beruht. Der Schlüssel dafür ist die einfühlende Identifikation des Publikums mit den *dramatis personae* und die sich daraus ergebende Illusion, das Bühnengeschehen selbst mitzustiften. Dazu ist aber erforderlich, dass das Publikum seine ungeteilte Konzentration auf eine einzige Figur als Fokalpunkt richtet. Aus dieser Fokalisierung entsteht das Monodrama nach Evreinovs Verständnis, d.h. eine dramatische Präsentation, welche die Bühnenwelt um die Hauptfigur so zeigt, wie sie selbst diese Welt in jedem Augenblick ihrer Bühnenexistenz wahrnimmt. Das Monodrama filtert das gesamte Bühnengeschehen durch das Bewusstsein der Hauptfigur und ermöglicht so dem Publikum durch ungeteilte Fokussierung das Maximum an emotionaler Anteilnahme.

Evreinov selbst schuf in seinem späteren Einakter *В кулисах души* (*In den Kulissen der Seele*) eine brillante Selbstparodie seines monodramatischen Konzepts, indem er das Bühnengeschehen jetzt in den Seelenraum der Hauptfigur verlegte, was das Prinzip der ungeteilten Identifikation hyperbolisch überbietet und ins Groteske treibt. Die Handlung spielt buchstäblich in der Brust einer Person: Ein großes Herz und eine große Lunge stellen den Bühnenrahmen dar. Eröffnet wird der Einakter von einem „Professor", der in einem burlesken, me-

---

490 Claudia Pieralli: Il pensiero estetico di Nikolaj Evreinov dalla teatralità alla ‚poetica della rivelazione'. Firenze: Firenze University Press 2015, S. 58.

491 Nikolaj Nikolaevič Evreinov: V vedenije v monodramu [1909], In: Ders.: Demon teatral'nosti. Moskau/St. Petersburg: Letnij Sad 2002, S. 99–112. Der Text wurde am 16. Dezember 1908 im Rahmen von Waleri Jakowlewitsch Brjussows Moskauer „Literarisch-künstlerischem Zirkel" vorgelesen und daraufhin auch in St. Petersburg am 21. Februar 1909 im Theater-Klub und am 4. März desselben Jahres im Kommissarzhevskaya-Theater erneut vorgetragen.

tafiktionalen Prolog Evreinovs Einakter als herausragendes Werk würdigt, das theoretisch auf der Höhe der Zeit sei und von dem Seelenbild der zeitgenössischen Psychoanalyse (Wilhelm Wundt, Théodule Ribot und Sigmund Freud) Rechnung trage.[492] Das angekündigte Drama inszeniert Identität als Pluralität mehrerer Ichs: das ‚rationale‘, das ‚emotionale‘ sowie das jenseits der Reizschwelle liegende, schlummernde ‚unterbewusste‘ Selbst („Я подсознательному").[493] Der aufgehende Vorhang gibt den Blick frei auf den Seelenraum eines anonymen Herrn, in dem Gefühl, Verstand und Unterbewusstsein hausen. Die ersten beiden Ichs prallen wegen einer Chansonette aufeinander, der das Gefühls-Ich heillos verfallen ist. Das Verstandes-Ich zeigt seinem Gegenspieler, dass sich sein überspannt idealisiertes Bild der Geliebten als eine Karikatur erweist. An deren Stelle führt das Verstandes-Ich das idealisierte Bild der legitimen Gattin ein, das sich allerdings ihrerseits abermals als *Fata morgana* entpuppt, die eine groteske Frauenperson verhüllt. Das Gefühls-Ich jagt die idealisierte Gemahlin hinaus und führt sie wieder herein, wie es sie sieht, als eine keifende arrogante Frau mit falschen Zöpfen und in einem schmierigen Schlafrock. Darauf folgt das burleske Ringen der Geliebten mit der Gattin, mal in ihrer grotesken, mal in ihrer idealisierten Erscheinung. Schließlich tötet das emotionale das rationale Ich, entdeckt jedoch bald, dass die junge Sängerin, in die es verliebt ist, es abweist, weil es mittellos ist. Das verzweifelte emotionale Selbst ruft das Individuum an, zu dem es als Teilidentität gehört, und bittet es, sich ins Herz zu schießen. Ein großes Loch öffnet sich im Zwerchfell, aus dem Blutbänder fließen. Ein Schaffner mit brennender Laterne betritt schließlich die Bühne und das ‚dritte Ich‘ ‚steigt‘ daraufhin in ein neues Individuum ‚um‘.

Die Trias Gefühl, Verstand und Unterbewusstsein dürfte Evreinov – dies ist der Forschung bisher entgangen – Théodule Ribots *Essai sur l'imagination créatrice* (1900) entnommen haben.[494] Im Mittelpunkt der szenischen Aktion steht der

---

492 Evreinov denkt vermutlich an die 1900 publizierte *Traumdeutung*. Die Studie *Das Ich und das Es* wird erst 1923 erscheinen.

493 V kulisach duši, S. 36. Der Terminus wurde vermutlich von Théodule Ribot übernommen. In seinen frühen französischen Schriften und in den *Studien über Hysterie* (1895) hat Freud den damals in Psychologie und Psychopathologie gängigen Begriff des ‚Unterbewussten‘ nur punktuell verwendet, um das ‚Unbewusste‘ zu bezeichnen. Den Begriff des ‚Unterbewussten‘ wurde dann schon in der *Traumdeutung* (1900) aufgegeben (Jean Laplanche und Jean-Bertrand Pontalis: Das Vokabular der Psychoanalyse. Bd. 2. Frankfurt/Main: Suhrkamp 1972, S. 568 f.). ‚Subconscient' ist dagegen ein Terminus, den Ribot in seinem *Essai sur l'imagination créatrice* (1900) systematisch benutzt und mit anderen Begriffen wie ‚facteur inconscient' und ‚conscience subliminal' alterniert.

494 „Étant composée, elle [l'imagination créatrice] peut être décomposée en ses éléments constituants que nous étudierons sous ce trois titres: facteur intellectuel, facteur affectif ou émo-

Konflikt zwischen dem Gefühls-Ich und dem Verstand-Ich, welche die beiden konträren Faktoren verkörpern, die Ribot zufolge zusammen mit dem *facteur inconscient* (der Inspiration) die imaginative Tätigkeit steuern: der *facteur intellectuel* und der *facteur affectif.*[495] Während sie aber bei Ribot im Einklang miteinander agieren, entwickelt sich die dramatische Aktion bei Evreinov gerade aus dem Konflikt von Emotionalität und Rationalität, wodurch Ribot offenbar mit Freud kombiniert wird. Die burleske Ehebruchsposse erweist sich somit als Fallstudie über die Pathologien der Imagination. Emotionalität und Rationalität bringen gegensätzliche und überspannte Imaginationsbilder hervor, die sich gegenseitig aufheben. Ihr Widerstreit mündet in einen pathologischen „état d'obsession", in dem die Emotionalität die Rationalität endgültig ausschaltet – und damit, bar der regulierenden Kontrolle des Intellekts, sich selbst untergräbt.[496]

---

tionnel, facteur inconscient" (Théodule Ribot: Essai sur l'imagination créatrice. Paris: Félix Alcan 1900, S. 9).

495 Den *facteur inconscient* vergleicht Ribot mit der Inspiration, er bildet einen Zustand, der wie der Schlaf nicht vom individuellen Willen abhängig und unpersönlich ist (ebd., S. 43). Der *facteur intellectuel* dagegen ist der rationale Aspekt der imaginativen Tätigkeit. Er operiert nach dem Prinzip der Analogie, spürt Ähnlichkeiten auf und wird von Ribot als mit der rationalen Forschung verwandt betrachtet (ebd., S. 23). Dagegen ist der *facteur affectif ou émotionel* „primitif, originel" (ebd., S. 27) und wird von „sentiments, émotions et passions" getrieben (ebd., S. 35). Dass das Gefühls-Ich bei Evreinov als Jüngling, das Verstandes-Ich dagegen mit grauem Haar dargestellt wird, hat ebenfalls eine Entsprechung bei Ribot, der die Verbindung zwischen Fortpflanzungstrieb und imaginativer Tätigkeit thematisiert („En faveur de la connexion on peut alléguer: 1) L'influence bien connue de la puberté sur l'imagination des deux sexes s'exprimant en rêveries, en aspirations vers un idéal insaisissable [...]. 2) Par contre, avec la vieillesse qui est, en résumé, une déchéance de la nutrition, une atrophie progressive, la décroissance de la faculté génératrice et celle de l'imagination constructive coïncident", ebd., S. 64 f.) und eine Passage aus François-René de Chateaubriands *Mémoires d'Outre-tombe* über die Entstehung einer phantasmatischen Liebe als „idéal insaisissable" anführt, die Evreinov dann in seinem Einakter offenbar ausbaute: „L'ardeur de mon imagination, ma timidité, la solitude firent qu'au lieu de me jeter au dehors, je me repliai sur moi-même; faute d'objet réel, j'évoquai par la puissance de mes vagues désirs un fantôme qui ne me quitta plus; je me composai donc une femme de toutes les femmes qu j'avais vues. Cette charmeuse me suivait partout, invisible, je m'entretenais avec elle comme avec un être réel; elle variait au gré de ma folie; Pygmalion fut moins amoureux de sa statue" (ebd., S. 64, Anm. 1). Ist der *facteur affectif ou émotionel* von einer *émotion fixe* (bei Evreinov: die Imagination der jungen Geliebten) getrieben, so setzt der *facteur intellectuel* ihm eine ebenso starke *idée fixe* (das ebenfalls idealisierte Bild der eigenen Gattin als Verkörperung ehelicher Treue) entgegen (ebd., S. 66).

496 Zum pathologischen „état d'obsession" vgl. ebd., S. 72. Ribot versteht unter dem „état d'obsession" eine obsessive Fixierung der Imagination, welche Zwangsvorstellungen hervorbringt. Evreinov stellt die imaginative Pathologie als Widerstreit in der Imagination selbst dar, als Verselbständigung einer hypertrophen Emotionalität von der rationalen Kontrolle.

Csokor übersetzte Evreinovs Einakter und bemühte sich auch um eine deutschsprachige Aufführung, die unter der Regie von Karl Etlinger (1879–1946) am 27.04.1920 an der Wiener Renaissancebühne mit dem Bühnendekor von Oskar Friedrich Werndorff (1880–1938) ein Publikumserfolg wurde. In demselben Jahr erschien auch Csokors Übersetzung im „Verlag der Wiener Graphischen Werkstätte" **(Abb. 10).**[497] In seinem Nachwort präsentiert Csokor Evreinov als Theo-

Abb. 10: Nikolaj N. Evreinoff: Die Kulissen der Seele. Monodrama. Deutsch von Franz Theodor Csokor. Wien/Zürich/Leipzig: Verlag der Wiener Graphischen Werkstätte (1920) (Die Bücher der Zeit; Bd. 2).

retiker des monodramatischen Prinzips und Vorreiter der expressionistischen Dramentechnik:

> In der jungrussischen Literatur steht Nikolaj Nikolajewitsch Evreinoff an vorderster Stelle. Seine künstlerische Bedeutung darin wiegt umso mehr, zumal er praktisch und theoretisch als Vorkämpfer des Expressionismus im russischen Drama angesehen werden muß, eines Expressionismus, den er unter dem Namen „das monodramatische Prinzip" schon zu einer Zeit verfocht, da anderwärts das Sammelwort der Ausdruckskunst für jenes neue Kunstwollen noch nicht gefunden war. Nikolaj Nikolajewitsch Evreinoff macht in seinen Werken die Protagonisten zum Schauplatz der Handlung; mit Nerven und Sinnen des Helden erleben wir dessen Welt, zu jener grotesken Dämonie verzerrt, in der sie ihm Vision wird.[498]

Csokor nimmt auf Evreinovs Vortrag *Einführung in das Monodrama* (1908) Bezug, verkennt allerdings, dass dessen Einakter zugleich auf eine kabarettistische Persiflage dieses monodramatischen Konzepts hinausläuft. So blendet Csokor, der den Einakter als Antizipation des expressionistischen Dramenmodells deutet, den Aspekt der Selbstparodie aus.[499] Das Stück deutet er vielmehr als den letzten burlesken Ausläufer einer religiösen Dramatik, die sich aus den mittelalterlichen Moralitäten und den *Autos Sacramentales* Calderóns herleitet: „Gleichwie bei Calderon, dem Expressionisten des Barock, streiten hier Gefühl und Verstand, Gestalt geworden, gegeneinander, nur zieht Evreinoff die letzte, ins Burleske fast umschlagende Konsequenz: Er verlegt die Bühne auch szenisch in das Innere eines Menschen."[500] Dieser Lesart darf man angesichts der allegorischen Psychomachie eine gewisse Plausibilität nicht absprechen. Sie entbehrt zugleich auch nicht einer gewissen Ironie, da gerade Zeitgenossen wie Alexander A. Blok und Leonid N. Andrejew Evreinov einen hohlen und zynischen Dandy schalten, der über die „Theatralität" gerade die „Moralität" vergessen habe.[501] Bei Csokor avanciert er zum Calderón der russischen Avantgarde.

---

497 Das Titelblatt entwarf der Graphiker, Maler und Bühnenbildner Bernd Steiner (1884–1933).
498 Franz Theodor Csokor: Nikolaj Nikolajewitsch Evreinoff und sein Werk. In: Nikolaj N. Evreinoff: Die Kulissen der Seele, S. 21.
499 Während Müller-Scholle (Das russische Drama, S. 36) und in ihrer Nachfolge Gennady Vasilyev (Wiener Moderne: Diskurse und Rezeption in Russland. Berlin: Frank & Timme 2015, S. 274) den Einakter als „Lehrstück" interpretieren, das psychologische Erkenntnisse Wundts und Freuds auf die Bühne transponiert, betont Peter Berger (Das unrettbare Ich, S. 260) zu Recht dessen parodistische Dimension und schreibt in Bezug auf Csokor von einem „(produktiven) Missverständnis".
500 Franz Theodor Csokor: Nikolaj Nikolajewitsch Evreinoff und sein Werk. In: Nikolaj N. Evreinoff: Die Kulissen der Seele, S. 21.
501 Vgl. die kolportierten Urteile bei Jurij P. Annenkov: Dnevnik moich vstreč. Cikl' tragedii. Moskva: Chudožestvennaja literatura 1991, S. 141.

Csokors Übertragung entstand auf Grundlage einer von ihm überarbeiteten Rohübersetzung.[502] Zum einen amplifiziert er die groteske Ästhetik des Einakters und die damit verbundene Komik.[503] Vor allem aber überformt er den Einakter vor der Folie des christlichen Seelentheaters. Wie in den Moralitäten und den Autos Sacramentales gilt der Hauptfokus dem Kampf des Guten und des Bösen um die Menschenseele. Gerade darin besteht der „tief menschliche, beinahe unheimliche" Zug des Einakters, den Csokor im Nachwort hervorhebt.[504] Mit dieser Formulierung zielt er offenbar auf die Anthropologie der religiösen Dramatik und ihres Kampfs zwischen Gut und Böse im Menschen ab. Die menschliche und zugleich sittliche Rahmung des dramatischen Spiels unterstreicht Csokor so durch Bemerkungen, welche auf ironische Weise zugleich den moralischen Fehltritt des Helden benennen (die Ergänzungen Csokors in kursiv): „Das ungefähr also, *meine Damen und Herren,* ist der Schauplatz des *großen* mißgelaunten Individuums, *um das es sich hier handelt, irgendeines Herrn Iwanow, der sich in einem für einen anständigen Charakter ungehörigen Milieu, beispielsweise einem Tanzlokale oder ähnlichem befindet und betrinkt".[505] Die existenzielle Dimension des Geschehens betont Csokor auch durch die stärkere wechselseitige Bezogen-

---

502 „Evreinoff [...] verschaffte mir auch durch unseren gemeinsamen Bekannten E. Mocroussof eine in der russischen Wort- und Satzfolge gehaltene Rohübersetzung, die ich freilich erst stilistisch und grammatikalisch umformen mußte, ehe ich meine eigentliche Übertragung gestalten konnte" (Franz Theodor Csokor: Nikolaj Nikolajewitsch Evreinoff, S. 21 f.).
503 Dies geschieht etwa im Prolog durch die Wiederholung der Frage, die der Professor an das Publikum richtet – („Sie verstehen?" Nikolaj N. Evreinoff: Die Kulissen der Seele, S. 9 – 11) –, welche die karikaturartigen Züge des Gelehrten verstärkt. Das ERSTE ICH besitzt bei Evreinov „zurückhaltende Manieren" („сдержанными манерами", V kulisach duši, S. 34), bei Csokor ist er *„peinlich* korrekt in seinen Manieren" (Nikolaj N. Evreinoff: Die Kulissen der Seele, S. 11), wobei Csokor diese Korrektheit auch durch interpolierte Regieanweisungen („ERSTES ICH (*gemessen*): Schwatzen Sie nicht!") unterstreicht (ebd., S. 12). Die französische Kokotte erhält jetzt auch einen „ausländischen Akzent": „DIE GELIEBTE (*lacht hell auf*): Haha, haha, haha! (*Mit ausländischem Akzent und etwas schnarrendem Sprechen*): Welches Pathos! Welche Theaterworte!" (Ebd., S. 18). Csokors antifranzösische Seitenhiebe sind vor dem Hintergrund des Versailler Vertrags alles andere als überraschend („ZWEITES ICH: [...] A propos, lieber Freund, lernen Sie doch endlich französisch. Hören Sie? Herr, ich beschwöre Sie! Man braucht diese Sprache wie einen Bissen Brot!" Ebd., S. 15). Das von der Kokotte gesungene Chanson hat Csokor getilgt.
504 So attestiert Csokor dem „kleinen Werke" „trotz allem Groteskkomischen" einen *„tief menschlichen, beinahe unheimlichen* Zug" (Franz Theodor Csokor: Nikolaj Nikolajewitsch Evreinoff, S. 22, Hervorh. vom Verf.).
505 Nikolaj N. Evreinoff: Die Kulissen der Seele, S. 10; „Вот, так сказать, примерный „театр действия" растроенного „Я" („Hier ist sozusagen der exemplarische ‚Schauplatz' des mißgelaunten ‚Ichs'" Übers. vom Verf.). V kulisach duši, S. 34); „Such is the scene in which the ‚entity self' plays its part" (The Theatre, S. 15).

heit der Seelenkräfte.[506] Zugleich führt er einen für die Moralitäten charakteristischen religiösen Diskurs ein. Das DRITTE ICH bezeichnet er wiederholt als „das unsterbliche" und konturiert es somit als christliches Bild der unsterblichen Seele.[507] Das ERSTE ICH gemahnt das ZWEITE ICH nicht nur an ethische Werte, sondern auch an „Religion",[508] während die Erscheinung der Gattin mit dem Kind auf dem Arm jetzt an eine Madonna erinnert.[509] Durch die *„ehrfürchtige"* Art, mit der das ERSTE ICH vom Unterbewussten spricht, betont Csokor erneut dessen göttlichen Status („Das ewig Gleiche. Die erhabene Ruhe").[510] Auch ergänzte Warnungen, den Schlafenden nicht zu wecken, dienen dazu, dessen numinose Aura herauszustreichen.[511] Csokor verleiht dem ZWEITEN ICH zudem eine stärkere Reflexivität, durch welche es seine nicht nur sinnliche, sondern auch fast dämonische Natur betont.[512]

---

506 Falls das ZWEITE ICH das Unterbewusste weckt, meint das ERSTE ICH zu ihm: „es wird schlimmer für Sie" („Вам же будет хуже", V kulisach duši, S. 36). So auch in der englischen Übersetzung: „Don't disturb his peace. If you do, it is you who will suffer for it" (The Theatre, S. 18). Csokor dagegen betont stärker, dass es sich um *ein* Individuum handelt und dass auch das rationale Ich durch das unbedachte Verhalten des Gefühls-Ichs in Mitleidenschaft gezogen wäre. So ruft das ERSTE ICH bei ihm aus: „Um Himmelswillen, rühren Sie es nicht an! *Wir sind verloren,* wenn es aufwacht." (Die Kulissen der Seele, S. 15, Hervorh. vom Verf.).
507 Vgl.: „das dritte ‚Ich', das unsterbliche, im Reiseanzug" (Die Kulissen der Seele, S. 11); „Я – 3-е в дорожном пиджаке" („das dritte Ich in einer Reisejacke", Übers. vom Verf.) (V kulisach duši, S. 34).
508 „Haben Sie sich denn je auch nur einmal daran erinnert, daß es etwas gibt, wie ethische Werte? Kategorische Imperative? Oder Religion? Hä?" (Die Kulissen der Seele, S. 12). Im russischen Original ist dagegen nur von edler Gedankenarbeit und moralischer Integrität die Rede („Пробуждается ли в вас когда-нибудь ну, скажем, интерес к умственным занятиям, к благородной работе мысли, посещают ли вас соображения о нравственном достоинстве?" V kulisach duši, S. 35) („Erwacht jemals in Ihnen, sagen wir, ein Interesse für geistige Beschäftigungen, für edle Gedankenarbeit, kommen Ihnen Gedanken von moralischer Würde?", Übers. vom Verf.). Auch in der englischen Übersetzung fehlt der Religionsbezug.
509 *„Er führt von links die madonnenhaft schöne Erscheinung der Gattin mit dem Kinde auf dem Arm vor"* (Die Kulissen der Seele, S. 16). Vgl.: „Выводит слева прекрасный образ жены, пяньчащей ребенка" („Zeigt links ein schönes Bild einer Frau, die ein Kind stillt", Übers. vom Verf.) V kulisach duši, S. 38.
510 „ERSTES ICH (*ehrfürchtig*): Das ewig Gleiche. Die erhabene Ruhe." (Die Kulissen der Seele, S. 13); „Я 1. Как всегда... высшее спокойствие..." („Erstes Ich. Wie immer ... höchste Ruhe", Übers. vom Verf.) V kulisach duši, S. 36. In der englischen Übersetzung wird die Gattin als „verfluchte Kirchgängerin" („You bloody churchgoer", The Theatre, S. 25) apostrophiert. Diese Beleidigung fehlt sowohl bei Csokor als auch in der russischen Fassung von 1923.
511 „ERSTES ICH: Pst! Den lassen Sie!" (Die Kulissen der Seele, S. 11). Die Passage fehlt im russischen Text und auch in der englischen Übersetzung.
512 Bei Evreinov klingt das ZWEITE ICH in seinem platt-hedonistischen Pragmatismus lakonisch und brutal: „Я 2. Ах, опять точки зрения! .. Какое мне до всего этого дело?! .. Она прекрасна!

Csokor projiziert auf den Einakter auch Aspekte der expressionistischen Poetologie. So betont das ZWEITE ICH jetzt den „revolutionären" Charakter seiner Leidenschaft („Ich bin ein Dichter! Ich bin die Liebe! Flamme! Revolution!").[513] Während das ZWEITE ICH bei Evreinov seiner Gattin vorhält, sein Leben vergiftet zu haben, hat sie bei Csokor seine vitalistische „Lebenskraft" „zermahlen".[514]

Am Schluss des Einakters steigt das dritte Ich von einer anonymen Existenz in die nächste um. Es wird von einem Kofferträger, der wie Diogenes eine Laterne trägt, geweckt, der als nächste Station „Neu-Iwanowka" ausruft und das dritte Ich dazu auffordert, umzusteigen.[515] Durch die Erweiterung des Toponyms durch das

---

.. О чем же рассуждать?" („Ah, wieder Standpunkte! Was interessiert mich das alles?! Sie ist schön! Worüber soll man reden?" Übers. vom Verf.) V kulisach duši, S. 36. Bei Csokor dagegen entwickelt es einen höheren Reflexivitätsgrad und wird zum bewussten Antipoden der Seele. Dies geschieht auch dadurch, dass es sich jetzt über die Metapher vom „Seelentempel" abschätzig äußert und sich zu „Fleisch und Blut" bekennt. Dass es gar den Teufel herbeiwünscht, unterstreicht dessen unterschwellige dämonische Qualität: „Gott, wie borniert und affektiert das ist! ‚Tempel der Seele' – der Teufel hole ihren Tempel. Fleisch und Blut will ich! Und das ist sie! Anbetungswürdig durch ihren Körper!; wer wird da überlegen?" (S. 14). Gerade das Adjektiv „anbetungswürdig" lässt die *Femme fatale* als Götze und dekadent-dämonisches Gegenprinzip zur sakralen Sphäre des Seelischen erscheinen. Das ZWEITE ICH bezeichnet sie später daher auch als „kindlich und satanisch zugleich" (S. 14). Bei Evreinov preist es dagegen nur ihre „exquisite Schärfe" („Вы забыли до чего она прекрасна, до чего она необычайна, в своей изысканной пикантности!..." („Sie haben vergessen, wie schön sie ist, wie außergewöhnlich sie ist, in ihrer exquisiten Schärfe!", Übers. vom Verf.), V kulisach duši, S. 37).

513 Nikolaj N. Evreinoff: Die Kulissen der Seele, S. 12. Das Stichwort „Revolution" fehlt sowohl in der englischen Übersetzung von 1915 als auch im russischen Text von 1923. Vgl.: „Я 2 (вспылив). [...] Я поэт! .. Я любовь! .. Я пламя!.." („Zweites Ich (aufbrausend). [...] Ich bin ein Poet! ... Ich bin die Liebe! ... Ich bin die Flamme!" Übers. vom Verf.) V kulisach duši, S. 35). Vgl. auch den ebenfalls ergänzten Ausruf: „Ich bin ein Künstler!" (Ebd., S. 12).

514 „ZWEITES ICH: [...] Meine Lebenskraft hat sie mir zermahlen mit der grenzenlosen Banalität ihres Wesens" (Die Kulissen der Seele, S. 16). „Она мне всю жизнь отравила" („Sie hat mir mein ganzes Leben vergiftet", Übers. vom Verf.) V kulisach duši, S. 39; „M2: [...] She has poisoned my whole life" (The theatre, S. 23).

515 „Кондуктор. Новая Ивановка... Кому пересадка?.. Господин Подсознательный, а господин Подсознательный!.. Извольте выходить... Вам пересадка... Новая Иваповка... Я 3-ье. Новая Ивановка? Хорошо... Новая Иваповка, так' Новая Ивановка!. .." („SCHAFFNER. Neu-Iwanowka [Neue Jedermannstadt] ... Wer hat Anschluss ...? Herr Unterbewusster, Herr Unterbewusster... Bitte steigen Sie aus ... Sie haben Anschluss ... Neu-Iwanowka ... DRITTES ICH: Neu-Iwanowka? Gut ... Neu-Iwanowka, so Neu-Iwanowka! ..." (Nikolaj Nikolaevič Evreinov: V kulisach duši, S. 41, Übers. vom Verf.). Der Schluss bedient sich einer ironischen Fahrtmetaphorik. So ist Neu-Iwanowka (Nowaja Iwanowka) der Name zahlreicher Dörfer und Städte in Russland, Ukraine, Belarus und Kasachstan. Zugleich ist Iwanow aber einer der verbreitetsten russischen Familiennamen. Neu-Iwanowka umschreibt daher das Versprechen einer Erneuerung, die aufgrund der Anonymität der neuen Identität ausbleibt. Doppelbödig ist auch „пересадка", d. h.

Adjektiv „Neu" wird eine Erneuerung versprochen, die aufgrund der Anonymität des „Iwanows" zugleich auch in Zweifel gezogen wird. Csokor unterstreicht im Finale genau diese ironische Pointe durch burleske Elemente wie die Riesenkappe sowie den gähnenden Abtritt:

> EIN SCHAFFNER (*mit brennender Laterne tritt ein; hastig*): Sie, Herr! Stehen Sie auf, Herr! Sie müssen umsteigen. Ja, – umsteigen! In einen anderen Herrn Iwanow!
>
> DRITTES ICH (*erhebt sich*): Ein neuer Iwanow? Schon wieder? Na, probieren wir's mit dem neuen Iwanow. Es ist ja ohnehin immer dasselbe. (*Es setzt seine Riesenkappe auf, nimmt den Koffer und folgt gähnend dem Schaffner.*)[516]

6.10.7 Weitere europäische Literaturen

Die Übertragungen aus dem Italienischen bestätigen das Interesse des Expressionismus für die erotische Literatur, etwa für Pietro Aretinos antipetrarkistische, burlesk-pornographische *Sonetti sopra I sedici modi* (1524)[517] und für Giovanni Boccaccios *Decameron*.[518] Als Übersetzer aus dem Spanischen trat Curt Moreck hervor. Er übertrug in der unmittelbaren Nachkriegszeit Francisco de Quevedos Traumbilder in Dialogform *Sueños y discursos de verdades* (in einer mit 61 Zeichnungen des niederländischen Malers Leonaert Bramer gezierten Prachtausgabe) und betont im Nachwort deren Affinität zur kinematographischen Sprache („Sind Quevedos leichte, flüchtige Traumgestalten nicht […] Schöpfungen eines modernen Lichtbildners? Sind sie nicht köstliche, oft unheimlich-heimlich aufgenommene Kinematographien der Menschheit?").[519] Ferner über-

---

(chirurgische) Transplantation (hier im Sinne eines Seelen-Transfers, einer Seelenwanderung), aber zugleich auch Anschluss im Sinne von Zugverbindung.

516 Nikolaj N. Evreinoff: Die Kulissen der Seele, S. 19.

517 Pietro Aretino: Die sechzehn wollüstigen Sonette. Deutsche Umdichtung von E[del] v[on] d[er] Z[unft] [d.i. Paul Steegemann.] [Hannover: Steegemann 1919] (Bücherei Georg Brummel; Bd. 1) (vgl. Paul Steegemann Verlag 1919–1935, 1949–1955: Sammlung Marzona: Sprengel Museum Hannover. Katalog von Jochen Meyer, Ulrich Krempel und Egidio Marzona. Hannover 1994, S. 116, Nr. 46a).

518 Giovanni Boccaccio: Das Dekameron. (Deutsche Übertragung von Curt Moreck.) München: G. Hirth's Verlag Nachf. [1921]. Ders.: Das Dekameron. Übertragung von Albert Wesselski. Nachschöpfung der Gedichte von Theodor Däubler. Einleitung von André Jolles. Titel und Einbandzeichnung von Walter Tiemann. Leipzig: Insel-Verlag 1921.

519 Ernst Wilhelm Bredt: Quevedo. In: Francisco Gómez de Quevedo y Villegas: Wunderliche Träume. Umdichtung von Curt Moreck mit den 61 Zeichnungen Leonhard Bramers. Nach den Originalen in der graphischen Sammlung des bayerischen Staates zum erstenmal herausgeben von E[rnst] W[ilhelm] Bredt. München: Hugo Schmidt 1919, S. 60.

setzte er Cervantes' *Don Quixote* (nach Ludwig Tiecks Übersetzung) sowie das *Heptameron* der Margarete von Navarra.[520]

Im Krieg erhielt das Übersetzen auch eine geopolitische Signifikanz. Der Dresdner Publizist Friedrich Markus Huebner (1886–1964),[521] Mitarbeiter zahlreicher expressionistischer Zeitschriften (*Sturm*, *Aktion*, *Phoebus*, *Weißen Blätter*, *Zeit-Echo*, *Neue Jugend* u. a.) und während des Weltkriegs in Brüssel tätig, übersetzte für den Insel-Verlag flämische Literatur, um mit kulturpolitisch-propagandistischer Absicht die kulturelle Affinität zwischen Flandern und dem Deutschen Reich hervorzuheben.[522] Huebner verdeutschte die *Visionen* der Hadewijc von Antwerpen (13. Jhd.) sowie *Das Buch von den zwölf Beghinen* und *Die Zierde der geistlichen Hochzeit* des Jan van Ruusbroec (1239–1381). Ferner bürgerte Huebner den zeitgenössischen flämischen Schriftsteller und Maler Felix Timmermans (1886–1947) in Deutschland ein.[523] Eine seiner Übersetzungen nach Timmermans – *Beatrix. Eine brabantische Legende* – erschien mit sechs Radierungen des Autors. Von geopolitischer Bedeutung im Hinblick auf die Beziehungen des Deutschen Reichs mit den noch neutralen Staaten war auch die translatorische

---

520 Miguel de Cervantes Saavedra: Leben und Taten des scharfsinnigen Ritters Don Quixote. Mit 32 Kupfern von Daniel Chodowiecki. (Einleitung von Heinrich Heine.) Nach der Tieckschen Übertragung [von] Curt Moreck neu bearbeitet. Bd. 1–4. Berlin: Eigenbrödler-Verlag 1921. Margareta von Navarra: Liebesgeschichten. (Heptameron. Übertragen von Curt Moreck.) München, G. Hirth's Verlag Nachf. 1921.

521 Raabe 1985, S. 226–229, Nr. 131; Killy Bd. 5, S. 626f.

522 Zu Huebner vgl. das Standardwerk von Hubert Roland: Leben und Werk von Friedrich Markus Huebner (1886–1964). Vom Expressionismus zur Gleichschaltung. Münster: Waxmann Verlag 2009. So porträtiert Huebner Jan van Ruisbroeck 1916 als einen „in Statur und Art echt germanische[n] Geist", „ohne dessen männliche Stimme die deutsche Mystik nicht ihre abgestufte erhabene Harmonie besäße" (Friedrich Markus Huebner: Die Wechselbeziehungen deutscher und flämischer Mystik. In: Süddeutsche Monatshefte 16 (August 1916) 11, S. 563–570, hier S. 567).

523 Schwester Hadewich: Visionen. Aus dem Flämischen von Friedrich Markus Huebner. Leipzig: Insel-Verlag 1916 (Insel-Bücherei, Nr. 207). Lanzelot und Sanderein. Aus dem Flämischen von Friedrich Markus Huebner. Leipzig: Insel-Verlag 1916 (Insel-Bücherei, Nr. 208). Jan van Ruisbroeck: Das Buch von den zwölf Beghinen. Aus dem Flämischen von Friedrich Markus Huebner. Leipzig: Insel-Verlag 1916 (Insel-Bücherei, Nr. 206). Ders.: Die Zierde der geistlichen Hochzeit. Aus dem Flämischen übertragen und hg. von Friedrich Markus Huebner. Leipzig: Insel-Verlag 1918 (erweiterte Ausgabe: 1924 [Der Dom]). Flämisches Novellenbuch. Gesammelt und übertragen von Friedrich Markus Huebner. Leipzig: Insel-Verlag 1918. Mariechen von Nymwegen. Aus dem Flämischen von Friedrich Markus Huebner. Leipzig: Insel-Verlag 1918 (Insel-Bücherei, Nr. 243). Felix Timmermans: Die sehr schönen Stunden von Jungfer Symforosa dem Beginchen. (Übertragen von Friedrich Markus Huebner.) Leipzig: Insel-Verlag 1919 (Insel-Bücherei, Nr. 308). Beatrix. Eine brabantische Legende. Verdeutscht durch Friedrich Markus Huebner. Mit 6 Radierungen von Felix Timmermanns. Leipzig: Insel-Verlag 1921.

Tätigkeit von Nell Walden (1887–1975).[524] Sie übertrug Kriegserzählungen des dänischen Schriftstellers und Offiziers Herman Aage von Kohl (1877–1946) im Sinne einer ‚literarischen Bündnisstiftung' mit dem neutralen Dänemark.[525] Die Erzählungen – *Riugés Hængekøje, Den røde Sol* und *Dyrets Minut* – stammen allesamt aus der Sammlung *De røde Navne: Fortællinger fra Kampene i Manchuriet* (*Die roten Namen: Geschichten aus Kämpfen in der Mandschurei*) (1905) und beziehen sich auf den russisch-japanischen Krieg von 1904/05. Diese Übersetzungen belegen, dass die vermeintliche politische Neutralität des *Sturms* eine Chimäre ist und dass sich die Zeitschrift durchaus in den Dienst der reichsdeutschen Anstrengungen stellte, Dänemark dem Einfluss Frankreichs zu entziehen. Daran zeigt sich das reichspolitische Engagement des *Sturms*, der im Krieg unter dem Deckmantel der Neutralität den deutschen Kriegspropagandaapparat unterstützte.[526] Signifikant ist in dieser Beziehung auch die 1915 von Herwarth Walden mitgegründete und mitherausgegebene dänischsprachige Propagandazeitschrift *Nutiden* (*Zukunft*), für die er das Layout des *Sturms* benutzte.[527]

Nach dem Krieg spiegeln einige Übersetzungen ferner das Erstarken des nationalen Diskurses sowohl im linken als auch im rechten Expressionismus. Im linken Lager sympathisierte man mit der Gründung des polnischen Nationalstaates – die unabhängige Zweite Polnische Republik wurde am 11. November 1918 in Warschau ausgerufen – im Sinne des Rechts der Völker auf Selbstbestimmung. Rudolf Leonhard feierte in seinen *Polnischen Gedichten* (1918) die

---

524 Raabe 1985, 504f. Nr. 323. Zu Nell Walden: Jessica Sjöholm Skrubbe: Nell Walden & *Der Sturm*. Halmstad: Mjellby Konstmuseum 2015.

525 Aage von Kohl: Die Hängematte des Riugé. Übers. a.d. Dän. v. Nell Walden. Berlin: Der Sturm 1915. Ders.: Die rote Sonne. Übers. a.d. Dän. v. Nell Walden. Berlin: Der Sturm 1915. Ders.: Der tierische Augenblick. Übers. a.d. Dän. v. Nell Walden. Berlin: Der Sturm 1915.

526 Diese Einsichten verdankt man den Forschungen von Kate Winskell: The Art of Propaganda: Herwarth Walden and Der Sturm, 1914–1919. In: Art History 18 (1995) 3, S. 315–344. Vgl. auch Marjam Trautmann: Eine digitale Edition. Ausgewählte Briefe von Jacoba van Heemskerck und Franz Marc an Herwarth Walden (1914–1915). (Masterarbeit) Mainz 2017, S. 31.

527 Die Zeitschrift wurde von „Mitgliedern wohlhabender germanophiler Kreise in Dänemark" finanziert und entsprach dem Layout des *Sturm*. Vgl. Marjam Trautmann: Eine digitale Edition, S. 30; Jenny Petra Vock: „Der Sturm muss brausen in dieser toten Welt". Herwarth Waldens *Sturm* und die Lyriker des *Sturm*-Kreises in der Zeit des Ersten Weltkriegs: Kunstprogrammatik und Kriegslyrik einer expressionistischen Zeitschrift im Kontext. Trier: Wiss. Verl. Trier 2006 (Schriftenreihe Literaturwissenschaft Bd. 73), S. 79, sowie Winskell: Propaganda, S. 323f. Im Auftrag des Auswärtigen Amtes reiste Walden 1915 nach Schweden und Dänemark und organisierte eine Franz Marc-Ausstellung in Stockholm. Dazu Brent Douglas McBride: A Critical Mass for Modernism in Berlin: Der Sturm (1910–32); Die Aktion (1911–32); and Sturm-Bühne (1918–19). In: The Oxford Critical and Cultural History of Modernist Magazines. Bd. 3 Europe: 1880–1940. Hg. von Peter Brooker u.a. Oxford u.a.: Oxford Univ. Press, S. 773–797, hier S. 789.

polnische Unabhängigkeitsbewegung. Der österreichische Expressionist Arthur Ernst Rutra übersetzte 1919 die Werke des polnischen Nationaldichters Adam Mickiewicz (1798–1855).[528] Im Vorwort zu den *Sonetten aus der Krim* profiliert Rutra den aus seiner Heimat verbannten Mickiewicz als „Dichter der Emigration" und sein Werk als „elementare[n] Ausbruch einer getretenen und geknebelten Volksseele".[529] Dass man die Kategorie des ‚Volks' im historischen Kontext des Versailler Vertrags indessen auch im Sinne einer mythisch überhöhten, sagenhaften Schicksalsgemeinschaft propagierte, belegt das in der Nachkriegszeit erstarkte Interesse für keltische und nordische Mythologie. Einer der aktivsten Mitarbeiter des *Sturms*, Adolf Knoblauch (1882–1951),[530] verdeutschte 1920 Volkserzählungen aus dem walisischen *Mabinogion* (*Taliesin, Yspaddaden Pankawr* sowie *Kaiser Arturs Schachspiel* aus dem *Traum des Ronabuy*).[531] Der völkische Expressionist Rudolf John Gorsleben (1881–1930) aus Metz, bekennender Antisemit[532] und ariosophischer Runologe, legte zu Beginn der Zwanziger Jahre eine Übertragung der altisländischen *Edda* vor, die bis in die Zeit des Nationalsozialismus mehrere Auflagen erlebte.[533]

---

528 Adam Mickiewicz: Poetische Werke. Bd. 1 (Übertragen von Arthur Ernst Rutra. Eingeleitet von [Alexander] Brückner.) München: Georg Müller Verlag 1919 (Polnische Bibliothek. Abt. 2, Bd. 2), sowie ders.: Sonette aus der Krim. Nachdichtung und Vorwort von Arthur Ernst Rutra. Berlin: Verlag Die Schmiede 1919 (Kleine Roland-Bücher Bd. 11).

529 „Dichter der Tragik, der inneren Zerrissenheit seines Volkes, seines von tiefster Eigenart durchsättigten Lebens, seiner Vorzüge und Schwächen, Dichter der von glühender Vaterlandsliebe erfüllten Hingabe. Sein Werk ist bis zur höchsten Leidenschaftlichkeit gesteigerter Ausdruck des gesamten Volksempfindens, elementarer Ausbruch einer getretenen und geknebelten Volksseele, ist tiefe Erfülltheit einer Kultur" (Arthur Ernst Rutra: Vorwort. In: Adam Mickiewicz: Sonette aus der Krim, S. 7).

530 Raabe 1985, S. 277, Nr. 160; Jenny Petra Vock: „Der Sturm muss brausen in dieser toten Welt". Herwarth Waldens *Sturm* und die Lyriker des *Sturm*-Kreises in der Zeit des Ersten Weltkriegs: Kunstprogrammatik und Kriegslyrik einer expressionistischen Zeitschrift im Kontext. Trier: Wiss. Verl. Trier 2006 (Schriftenreihe Literaturwissenschaft Bd. 73), S. 479–487; Volker Pirsich: Adolf Knoblauch zum 100. Geburtstag am 25. Mai 1982. Adolf Knoblauch und sein Verhältnis zum *Sturm* Herwarth Waldens. In: Auskunft 2 (1982), S. 83–107; Simone Zupfer: Netzwerk Avantgarde, S. 152–162.

531 Kymrische Dichtungen. Deutsch von Adolf Knoblauch. Leipzig: Insel-Verlag 1920 (Insel-Bücherei Nr. 299).

532 Raabe 1985, S. 167, Nr. 87. Vgl. Rudolf John Gorsleben: Die Überwindung des Judentums in uns und außer uns. München: Deutscher Volksverlag 1920. Gorsleben debütierte mit der ‚ernsthaften Komödie' *Der Rastaquär* (1913), die im Kurt Wolff Verlag erschien.

533 Die Edda. Übertragen von Rudolf John Gorsleben. München-Pasing: W. Simon 1922 (Neue vermehrte Aufl. in zwei Bänden: Bd. 1: Die Edda [Lieder-Edda]. 3. vermehrte Aufl. 1922 – Bd. 2: Die erzählende Edda 1924 – Neue Gesamtausgabe in zwei Bänden: Leipzig: Koehler & Amelang 1935);

6.11 Nordamerikanische Literatur

Mit insgesamt 33 Übertragungen ist die nordamerikanische Literatur die unter den nicht-europäischen am intensivsten übersetzte. Zu den Vermittelnden zählten in erster Linie Hermynia Zur Mühlen mit rund 17 Übersetzungen, ferner Ulrich Steindorff, der sich auf Mark Twain spezialisierte, Alfred Wolfenstein, Paul Steegemann, Iwan Goll und Gustav Landauer, Claire Goll, der in Paul Raabes Autorenlexikon nicht geführte Emerich Reeck (Pseud. Hyazinth Lehmann) (1891–1953) aus Arnswalde (Choszczno) im heutigen Polen,[534] der bereits erwähnte Mitarbeiter des *Sturms* Adolf Knoblauch, der expressionistische Dramatiker Bernhard Bernson (1888–1963) aus Lemberg[535] und der Wiener Schriftsteller Paul Baudisch (1899–1977).[536]

Nirgendwo lässt sich der Übergang vom hymnischen Frühexpressionismus zu der dokumentarischen Ästhetik der Neuen Sachlichkeit deutlicher profilieren als in der expressionistischen Rezeption der nordamerikanischen Literatur.

Der für den Frühexpressionismus zentrale Autor war ohne Zweifel Walt Whitman (1819–1892),[537] den man vor allem durch die Nachdichtungen von Johannes Schlaf (1907) rezipierte.[538] Whitman lieferte das Vorbild für die expressionistische Hymnik, und zwar sowohl formalästhetisch – Langzeile, Katalogform, Nähe zur biblischen Sprache – als auch ideologisch. Von herausragender Bedeutung für den Expressionismus war Whitmans Idealismus, seine mystische Konzeption des Individuums als weltumfassende Identität. Die philosophische Grundlage dafür lieferte der von Ralph Waldo Emerson propagierte Transzendentalismus, der seinerseits Impulse der deutschen Romantik verarbeitete. Den

---

Das Blendwerk der Götter. Aus der jüngeren Edda ins Hoch-Deutsche übertragen von Rudolf John Gorsleben. Mit Holzschnitten von Peter Trumm. Pasing vor München: Die Heimkehr 1923.

534 https://www.lexikon-westfaelischer-autorinnen-und-autoren.de/autoren/reeck-emerich/ #/autor (08.12.2021).

535 Raabe 1985, S. 62, Nr. 27.

536 Ebd., S. 39f., Nr. 16.

537 Dazu vgl. das Standardwerk von Walter Grünzweig: Walt Whitman: Die deutschsprachige Rezeption als interkulturelles Phänomen. München: Fink 1991 (zugleich: Constructing the German Walt Whitman. Iowa City: University of Iowa Press 1995).

538 Zu Schlafs Whitman-Nachdichtungen vgl. Edward Allan McCormick: Die sprachliche Eigenart von Walt Whitmans *Leaves of Grass* in deutscher Übertragung. Ein Beitrag zur Übersetzungskunst. Bern/Stuttgart: Verlag Paul Haupt 1953, S. 48f. Schlafs vielfach fehlerhafte Übertragungen, in denen sich auch zahlreiche Entlehnungen aus früheren Übersetzungen erkennen lassen, stellten andererseits die erste volkstümliche Whitman-Ausgabe in deutscher Sprache dar (Harry Law-Robertson: Walt Whitman in Deutschland. Diss. Gießen: Münchow 1935, S. 22). Schlafs Ausgabe enthält insgesamt 83 Gedichte. Alle zwölf Gedichtgruppen aus *Leaves of Grass* sind zum ersten Mal vertreten, in der gleichen Anordnung wie im Original.

Philosophen hatte Whitman im März 1842 bei einem Vortrag in New York über *Nature and the Powers of the Poet* kennengelernt. Damals hatte Emerson bereits seine wichtigsten Vorlesungen der 1830er Jahre sowie den ersten Band der *Essays* (1841) veröffentlicht – der zweite Band, *Essays: Second Series*, mit dem New Yorker-Vortrag, wurde 1844 publiziert. Vor allem Emersons pantheistischer Idealismus übte auf den Dichter, dessen *Leaves of Grass* erst 1855 erscheinen sollten, einen prägenden Einfluss aus. In Emersons Philosophie ist die Seele eine absolute Größe, welche die Beschränkungen von Zeit und Raum aufhebt und omnipräsent ist:

> The soul circumscribeth all things. [...] it abolishes time and space. The influence of the senses has, in most men, overpowered the mind to that degree, that the walls of time and space have come to look solid, real and insurmountable; and to speak with levity of these limits, is, in the world, the sign of insanity. Yet time and space are but inverse measures of the fource of the soul. A man is capable of abolishing them both.[539]

Auch bei Whitman trägt das Ich den gesamten Kosmos in sich. So unterstreicht die Vorrede zur Erstausgabe der *Leaves of Grass* von 1855, dass äußeres Reichtum die unermesslichen Schätze der Innerlichkeit nicht aufwiegt: „The most affluent man is he that confronts all the shows he sees by equivalents out of the stronger wealth of himself."[540]

Nicht nur Whitmans pantheistischer Idealismus, auch seine Solidaritätspoetik, die den Expressionismus ebenfalls entscheidend beeinflusste, wurde von Emerson angestoßen, nämlich von dessen Begriff der *Over-Soul*, ‚Überseele'. Der gleichnamige Aufsatz von 1841 entwirft das Konzept einer göttlichen Überseele, die alle Menschen transzendiert und vereint.[541] Dadurch sind alle einzelnen Seelen durch eine gemeinsame Überseele miteinander verbunden. Bereits in seiner Rede *The American Scholar* (1837) hatte Emerson diesen Gedanken unter Rückgriff auf den Mythos von den entzweiten Kugelmenschen aus Platos *Symposion* (189d–193d) angedeutet. Auch Emerson geht von einem ursprünglich

---

539 Ralph Waldo Emerson. The Over-Soul. In: Essays. Boston: James Munroe and Co. 1841, S. 222–245, hier S. 225 f.

540 Walt Whitman: Leaves of Grass. Brooklyn, New York: 1855, S. VII.

541 Vgl. „that Unity, that Over-Soul, within which every man's particular being is contained and made one with all other; that common heart, of which all sincere conversation is the worship, to which all right action is submission [...]. We live in succession, in division, in parts, in particles. Meantime within man is the soul of the whole; the wise silence; the universal beauty, to which every part and particle is equally related; the eternal ONE.". (Ralph Waldo Emerson: The Over-Soul. In: Essays, S. 222 f.).

einheitlichen Menschen (*One Man*) aus, der nur in der Gesellschaft als Ganzes gegeben und in den einzelnen Individualitäten lediglich partiell gegenwärtig sei:

> It is one of those fables, which, out of an unknown antiquity, convey an unlooked-for wisdom, that the gods, in the beginning, divided Man into men, that he might be more helpful to himself; just as the hand was divided into fingers, the better to answer its end. It is one of those fables, there is One Man, – present to all particular men only partially, or through one faculty; and that you must take the whole society to find the whole man.[542]

Das Konzept der *Over-Soul* liegt auch Whitmans berühmtestem Gedicht, *Song of Myself*, zugrunde.[543] Dort entwirft Whitman ein kosmisches, plurales Ich, das wie Emersons *Over-Soul* bzw. *One Man* alle partikularen Identitäten transzendiert und sie alle in einer übergreifenden Vision solidarisch vereint. Von diesem kollektiven, allumfassenden Über-Ich heißt es, dass es die empirische Erscheinung des lyrischen Ichs definitiv übersteige: „I pass death with the dying and birth with the new-wash'd babe, / and am not contain'd between my hat and boots".[544] Diese Poetik schlägt sich in Whitmans oxymorischem Duktus nieder, der alles und sein Gegenteil gleichermaßen demokratisch umfasst („I am large. I contain multitudes").[545] Eingelöst wird sie aber auch durch die universelle Metamorphose des lyrischen Ichs, seine Selbstverwandlung und solidarische Anteilnahme am Schicksal jedes anderen Ichs. So präsentiert sich das lyrische Ich in der 37. Sektion des *Song of Myself* als eine Instanz, die alle geächteten und leidenden Wesen in sich verkörpert.

> You laggards there on guard! look to your arms!
> In at the conquer'd doors they crowd! I am possess'd!
> Embody all presences outlaw'd or suffering,
> See myself in prison shaped like another man,
> And feel the dull unintermitted pain.

---

542 Ralph Waldo Emerson: The American Scholar. In: The American Scholar – Self-Reliance – Compensation. Hg. von Orren Henry Smith. New York/Cincinnati/Chicago: American Book Company 1911, S. 21–46, hier S. 22.

543 Der Text, ohne Titel und Sektioneneinteilung, eröffnete bereits die Erstausgabe der *Leaves of Grass* von 1855 und erhielt erst später, in der letzten Ausgabe (1891–1892), die Überschrift *Song of Myself*. In der zweiten Auflage (1856) trug der Text die Überschrift *Poem of Walt Whitman, an American*, der in der dritten (1860) Edition zu *Walt Whitman* verkürzt wurde. In der vierten Auflage (1867) wurde die Hymne in zweiundfünfzig nummerierte Abschnitte unterteilt. *Song of Myself* ist einer der meistinterpretierten Texte Whitmans. Dazu: Walt Whitman's *Song of Myself*. A Mosaic of Interpretations. Hg. von Edwin Haviland Miller. Iowa City: University of Iowa Press 1989.

544 Walt Whitman: Leaves of Grass. Philadelphia: David McKay, 1891–1892, S. 34.

545 Ebd., S. 78. Vgl. auch: „By God! I will accept nothing which all cannot have their counterpart of on the same terms" (ebd., S. 48).

For me the keepers of convicts shoulder their carbines and keep watch,
It is I let out in the morning and barr'd at night.

Not a mutineer walks handcuff'd to jail but I am handcuff'd to him and walk by his side,
(I am less the jolly one there, and more the silent one with sweat on my twitching lips.)

Not a youngster is taken for larceny but I go up too, and am tried and sentenced.

Not a cholera patient lies at the last gasp but I also lie at the last gasp,
My face is ash-color'd, my sinews gnarl, away from me people retreat.

Askers embody themselves in me and I am embodied in them,
I project my hat, sit shame-faced, and beg.[546]

Whitman lieferte den Expressionisten ein zentrales Vorbild, um die Selbstreferentialität des Symbolismus zu überwinden und eine neue Poetik der menschlichen Solidarität zu entwerfen.[547] Sein intertextueller Einfluss war derart bedeutsam, dass er im Folgenden zumindest überblicksartig kurz dargestellt werden soll, bevor die übersetzerische Rezeption rekonstruiert wird.

Die expressionistische Whitman-Rezeption der Vorkriegszeit stand im Zeichen des in *Song of Myself* entworfenen Universalismus, der in Franz Werfels[548] Sammlung *Der Weltfreund* (1911) seinen paradigmatischen Ausdruck fand. Werfels Programmgedicht *An den Leser* (entstanden schon 1910) nimmt auf Whitmans ebenfalls leser/-innenadressiertes Kurzgedicht *Thou Reader* intertextuell Bezug und entfaltet die für Whitman typische Poetik universeller Verbrüderung („Mein einziger Wunsch ist, Dir, o Mensch verwandt zu sein!", V. 1). Werfel ahmt Whitmans Langzeilen nicht konsequent nach (seine Verse schwanken zwischen vier und zehn Hebungen), übernimmt aber die poetische Technik der Selbstverwandlung des lyrischen Ichs in jedes Schicksal aus Whitmans *Song of Myself*:

Mein einziger Wunsch ist, Dir o Mensch, verwandt zu sein!
Bist Du Neger, Akrobat, oder ruhst Du noch in tiefer Mutterhut,

---

546 Ebd., S. 64.
547 „In der Gegenüberstellung zum Symbolismus erscheint Whitmans Bejahung des Werts des Lebens, sein Eintreten für menschliche Solidarität und seine Hinwendung zur modernen Wirklichkeit als Bruch mit den bisher herrschenden Maßstäben." (Helmut Gier: Die Entstehung des deutschen Expressionismus und die antisymbolistische Reaktion in Frankreich: die literarische Entwicklung Ernst Stadlers. München: Fink 1977, S. 168 f.).
548 Unklar ist, welche Übersetzung Werfel benutzte. Er erzählt retrospektiv, *Leaves of Grass* habe er mit siebzehn oder achtzehn kennengelernt (World-Telegram 1941, zit. nach Walter Grünzweig: Constructing the German Walt Whitman, S. 128). Es handelte sich vermutlich um die Übertragung von Johannes Schlaf, die 1907 bei Reclam erschien, oder um jene von Willhelm Schölermann, die 1904 im Eugen Diederichs-Verlag publiziert wurde. 1904 war auch die Auswahlübertragung von Karl Federn im Bruns Verlag (Minden) erschienen.

Klingt Dein Mädchenlied über den Hof, lenkst Du Dein Floß im Abendschein,
Bist Du Soldat oder Aviatiker voll Ausdauer und Mut.

Trugst Du als Kind auch ein Gewehr in grüner Armschlinge?   5
Wenn es losging, entflog ein angebundener Stöpsel dem Lauf.
Mein Mensch, wenn ich Erinnerung singe,
Sei nicht hart, und löse Dich mit mir in Tränen auf!

Denn ich habe alle Schicksale durchgemacht. Ich weiß
Das Gefühl von einsamen Harfenistinnen in Kurkapellen,   10
Das Gefühl von schüchternen Gouvernanten im fremden Familienkreis,
Das Gefühl von Debutanten, die sich zitternd vor den Souffleurkasten stellen.

Ich lebte im Walde, hatte ein Bahnhofamt,
Saß gebeugt über Kassabücher und bediente ungeduldige Gäste.
Als Heizer stand ich vor Kesseln, das Antlitz grell überflammt,   15
Und als Kuli aß ich Abfall und Küchenreste.

So gehöre ich Dir und allen!
Wolle mir, bitte, nicht widerstehn!
Oh, könnte es einmal geschehen,
daß wir uns, Bruder, in die Arme fallen![549]   20

In Whitmans Nachfolge verabschiedet Werfel den ästhetizistischen Elitarismus zugunsten eines demokratischen, egalitären Dichtungsverständnisses, das die Solidarität des lyrischen Ichs mit den Einsamen, Schwachen und sozial Deklassierten betont. Im Unterschied zu Whitman indes, der seine universelle Anteilnahme in der 37. Sektion des *Song of Myself* im Präsens als gegeben formuliert, wird der Solidarismus bei Werfel zu einer Wunschphantasie (V. 1, 19 f.) depotenziert. Das expressionistische Pathos der Gemeinschaft entpuppt sich somit als die visionäre Kehrseite der realgeschichtlichen Entfremdung.

Dass die Russische Revolution eine Zäsur auch im Hinblick auf die Whitman-Rezeption bedeutete, zeigt Johannes R. Bechers Prosagedicht *Die Schlacht* (1917). Der Text, der als Untertitel die Widmung *An die Soldaten der Sozialistischen Armee* trägt, ist in sechs Sektionen gegliedert. Die zweite enthält auch eine Nachdichtung von Whitmans Meditation „As I ponder'd in silence" und schildert in hochpathetischen Tönen den Kampf um die expressionistische Weltverbrüderungsutopie, welche jetzt im kommunistischen Sinne politisch aufgeladen wird.[550]

---

549 Franz Werfel: Der Weltfreund. Berlin-Charlottenburg: Axel Juncker-Verlag 1911, S. 110 f.
550 Becher lehnt sich an die militärische Metaphorik von „As I ponder'd in silence" an. Bei Whitman verlangt das Phantom, „der Genius der Dichter der alten Länder", von der Poesie, sie solle den Kriegsheroismus fördern und gute Soldaten ausbilden. Darauf antwortet das lyrische Ich mit einer Anaklasis, die ‚Krieg' zu einem poetologischen Kampf um seine Leserschaft umdeutet, die für die Umsetzung seiner Ideale eintreten soll: „„Auch ich, hochmütiger Schatten, singe den

Die letzte Sektion, *Nachschrift für Bruder Whitman*, legt nicht nur von Bechers Bewunderung, sondern auch von dessen Kritik an dem amerikanischen Dichter Zeugnis ab, die u. a. „Politik", „Wirtschaftslehre" und „Philosophie" betrifft.[551] Was sich abzeichnet, ist die Ablösung von Whitmans demokratischem Universalismus durch die marxistische Konzeption des Klassenkampfs.

Im Spätexpressionismus schließlich knüpfte man erneut an Whitman an, allerdings vor dem Hintergrund des Weltkriegs – etwa in der noch im Krieg entstandenen und postum erschienenen Hymne *An die Soldaten des großen Krieges* (veröffentlicht 1921) des Arbeiterdichters Gerrit Engelke (1890 – 1918) und in Armin T. Wegners (1886 – 1978) *Funkspruch in die Welt* (1924). Engelkes gereimte Hymne *An die Soldaten des Großen Krieges*, die seine Sammlung *Rhythmus des neuen Europas* abschließt, entstand noch während des Krieges. Von *Salut au Monde!* angeregt ist das Thema der weltweiten Brüderschaft in der sechsten Strophe. Wie bei Whitman werden die verschiedenen Nationalitäten und apostrophiert. Zugleich perspektiviert Engelke seine Vorlage auf den Ersten Weltkrieg hin, denn sein Appell richtet sich jetzt an die Frontsoldaten der unterschiedlichen Länder, und zwar mittels der schon von Werfel aufgegriffenen Technik der universalen Identifikation des lyrischen Ichs aus Whitmans *Song of Myself*:

Krieg; und einen langwierigeren und gewaltigeren als irgendeinen sonst; / Mit wechselndem Glück wogt er in meinem Lied; mit Flucht, Angriff, Rückzug, verzögertem und ungewissem Sieg / (Der dennoch, denk ich, schließlich sicher oder so gut wie sicher ist) auf dem Schlachtplan der Welt, / Um Tod und Leben, Leib und ewige Seele. / Wohl! auch ich bin gekommen, den Sang der Schlachten zu singen, / Und auch ich fördere vor allem tapfre Krieger'" (Walt Whitman: Grashalme. In Auswahl übertragen von Johannes Schlaf. Nachwort von Johannes Urzidil. Stuttgart 1968, S. 3 f., *Als ich mit stillem Sinnen*). Auch Becher beschreibt analog zu Whitman einen ‚heiligen Krieg', um „die gute Idee" zu verwirklichen. Whitmans „tapfre Krieger" kehren bei ihm als expressionistische „Soldaten der guten Idee" (Johannes R. Becher: Die Schlacht. In: Das neue Gedicht. Auswahl (1912–1918). Leipzig: Insel 1918, S. 187) wieder: „Schlacht … um die Ausbreitung der Liebe, um die endliche Menschwerdung: um Verbrüderung, Haltung; um Geist und Tat: um die Entdeckung geheimster Mechanismen, um eine nie je so schön erträumte Verwirklichung; um die Eroberung des Leibs, um die Nacht der Vergewaltigung; um den Sieg der Menschheit, um Utopia, die Vollendung, um das Paradies …" (ebd., S. 188).

551 „Ja, hätte ich beinahe gesagt, ich übernehme für dieses Jahrhundert Dein Kommando. Aber, es ist nichts damit, lieber Bruder: ich habe zuviel an Dir zu kritisieren (halt, nimm es mir nicht übel, ganz wie im gewöhnlichen Sinne spreche ich …), mir paßt so manches nicht –: ich habe andere Ansichten, ha ganz offen gestanden wesentlich andere in betreff der Ausbildung der Infanterie, und Deiner Meinung über die schwere Artillerie zum Beispiel kann ich nun schon absolut gar nicht beipflichten. Das sind ja allerdings nur technische Unterschiede, wenn Du so willst, aber sie liegen eben doch viel viel tiefer, denn in Politik, Wirtschaftslehre, Philosophie verstehen wir uns manchmal auch schon wieder gar nicht. Darum soll Jeder sein eigenes Heer führen und dafür auch im vollsten Umfange verantwortlich sein" (ebd., S. 135).

Lagst du bei Ypern, dem zertrümmerten? Auch ich lag dort.
Bei Mihiel, dem verkümmerten? Ich war an diesem Ort.
Dixmuide, dem umschwemmten? Ich lag vor deiner Stirn,
In Höllenschluchten Verduns, wie du in Rausch und Klirrn.
Mit dir im Schnee vor Dünaburg, frierend, immer trüber,
An der leichenfressenden Somme lag ich dir gegenüber.
Ich lag dir gegenüber überall, doch du wußtest es nicht!
Feind an Feind, Mensch an Mensch und Leib an Leib, warm und dicht.[552]

Armin T. Wegners *Funkspruch in die Welt* aus der Sammlung *Die Straße mit den tausend Zielen* (1924) übernimmt aus *Salut au monde!* den Topos moderner, universeller Vernetzung, die bei Whitman die „electric telegraphs of the earth" symbolisieren.[553] Der Text ist nicht nur in Langzeilen verfasst, sondern – ebenfalls nach Whitmans Vorbild – auch reimlos:

An alle, alle, alle! An die Völker Europas und die Völker Amerikas!
An die Steppenhorden Asiens, die Reisbauern Indiens und die Völker der Südsee!
An die steinernen Dschungeln der Städte,
An den einsamsten Kamelhirten, der in seinem Zelte betet!
Aus verschüttetem Brunnen hebe ich mein Herz und rufe euch zu: trinkt! trinkt!   5
Durch den zerrissenen Drahtverhau, durch das zerfetzte, faulende Fleisch der Erde, die
      Blutwelle der Meere:
So lange sah ich euch nicht. So lange entstellte Haß euer Antlitz.
Seid ihr das wirklich?

Laß mich herantreten zu euch mit entblößtem Haupte, ihr Völker, die Hände berühren,
Euch in die Augen schauen, tief, tief, wie die Liebenden nach langer Getrenntheit.   10
Ihr Einsamen, die ihr verschüttet lagt, die das Schweigen zerbrach,
Die ihr vertrieben über die Fremdheit der Erde irrtet,
Ihr Einäugigen, ihr von Tränen geschwächten Mütter! Ihr alle, die ihr besessen und belogen
      wart –
O der Geruch der Leichenfelder der Erde,
Der durch das Filter eurer Herzen steigt, ihr Wiederbekehrten, ist süßer als   15
      Paradiesduft.
Und ihr, Geliebteste, aus den Gefängnissen aller Länder,
Denen wir die Ketten vom bleichen Strunk ihrer Hände lösten,
Muß ich nicht niederknien, in Freudentränen eure Lende zu küssen?

O Arme, die den Erdball umspannen!
Liebe strahlt aus meinen zehn Fingerspitzen.   20
Und noch das Haar auf meinem Haupte ist Flamme der Liebe.

---

552 Gerrit Engelke: An die Soldaten des Großen Krieges. In: Rhythmus des neuen Europa. Gedichte. Jena: Eugen Diederichs 1921, S. 105–108, hier S. 105 f.
553 Walt Whitman: Leaves of Grass, S. 248.

O Freude, daß ich zwei Augen habe, auf euch zu schauen!
O Freude, daß ich einen Mund habe, zu sprechen, der nicht mehr verschlossen ist,
Mit euch den Atemzug des Friedens zu spüren, den tiefen und ruhigen Puls der
    Freundschaft –
Ein zersprungenes Gefäß der Liebe, hinzuströmen in alle Äcker der Welt.[554]   25

Wegners Text simuliert einen telegraphischen Funkspruch, der die kosmische Expansion des lyrischen Ichs versinnbildlicht. Mit gewaltigem Schwung umspannt es den gesamten „Erdball" (V. 19) und strömt sich „in alle Äcker der Welt" (V. 25) aus, um Frieden und Liebe zwischen den Völkern zu verkünden.

Die Lösung von Whitmans Vorbild lässt sich an Iwan Golls viermal überarbeiteter Hymne *Der Panama-Kanal* (1914, 1918, 1918, 1924) ablesen, die vor allem in der dritten Prosa-Fassung Whitmans utopischer Poetik eine Absage erteilt.[555] Ausgangspunkt war die Eröffnung des Panama-Kanals. Sie stand 1912, als die Dichtung verfasst wurde, bevor (der Kanal wurde im August 1914 eröffnet) und wurde von Goll vor dem Hintergrund von Whitmans Hymne *Passage to India* über die Eröffnung des Suez-Kanals vom 17. November 1869 poetisch verarbeitet. Von Whitman übernimmt Goll das Motiv des grandiosen Kanalbaus. Im Gegensatz zu Whitmans optimistischer Geschichtsphilosophie allerdings, in welcher die technische Entwicklung die Voraussetzungen für die seelische Verbrüderung stiftet, dominiert bei Goll eine typisch expressionistische Kulturkritik, die den vorzivilisatorischen Ursprung mit einem paradiesischen Zustand gleichsetzt. Der Bau des Kanals erscheint daher als Verlust des Paradieses. Die implizite Kritik an Whitman, die sich daraus ergibt, wird in der dritten Prosa-Fassung deutlich, die 1918 entstand und einen Gegenentwurf zu der optimistisch-utopischen ersten und zweiten Versfassung darstellt. Jetzt zeigt sich erst recht die grundsätzliche Ambivalenz des Baus: Er soll zur Verbrüderung führen, bringt aber die Entfremdung von der Natur mit sich und entpuppt sich durch die Opfer, die er unter den Arbeitern fordert, als ein gigantisches Symbol der Unterdrückung.

Whitman erfreute sich einer Hochkonjunktur auch in der bildenden Kunst der Avantgarde.[556] Bereits die Maler der *Brücke* waren von Whitmans Pantheismus und seiner Ablehnung der restriktiven christlich-bürgerlichen Moral fasziniert.

---

554 Armin T. Wegner: Funkspruch in die Welt. In: Die Straße mit tausend Zielen. Dresden: Sibyllen-Verlag 1924, S. 117 f.

555 Abgedruckt sind die vier Fassungen in: Yvan Goll: Der Panamakanal. In: Yvan Goll im deutschen Expressionismus. Berlin: Akademieverlag 1962, S. 52–65.

556 Zur Whitman-Rezeption im bildkünstlerischen Expressionismus vgl. Dayna Lynn Sadow: The Influence of Walt Whitman on the German Expressionist Artists Karl Schmidt-Rottluff, Erich Heckel, Max Pechstein and Ernst Ludwig Kirchner. Diss. Michigan State University 1994.

Fritz Bleyl zufolge pflegte Erich Heckel, Whitman-Gedichte zu rezitieren.[557] Ernst Ludwig Kirchner besaß mehrere Whitman-Ausgaben[558] und war ein tiefer Verehrer Whitmans,[559] den er seit der frühen *Brücke*-Zeit intensiv rezipiert hatte.[560] Den frühverstorbenen Georg Heym, dessen nachgelassene Dichtungen Kirchner illustriert hatte (*Umbra Vitae*, 1924), charakterisierte er als einen „Whitman in deutsche Psyche übersetzt".[561] Es war aber Willy Jaeckel (1888–1944), der durch seine Lithographien von 1920 das Vorhaben einer expressionistischen Illustration der *Leaves of Grass* einlöste.[562]

Dass die Expressionisten/-innen Whitman nicht nur über Johannes Schlaf rezipierten, sondern auch selbst übersetzten, belegen die nachgelassenen Whitman-Nachdichtungen des *Sturm*-Mitarbeiters Adolf Knoblauch. Es handelt sich um ein auf 1916 datiertes Konvolut von Übersetzungen aus Whitmans *Leaves of Grass*, das sich in Knoblauchs Nachlass in der Berliner Staatsbibliothek befindet. Außer der fragmentarischen Übertragung der Hymne *A Song of Joys*[563] sowie weiterer Entwürfe legte Knoblauch eine vollständige Übersetzung von neun Ge-

---

557 Fritz Bleyl: Erinnerungen. In: Fritz Bleyl 1880–1966. Hg. von Magdalena Moeller, Berlin: Brücke-Museum 1993, S. 214 f.

558 Ernst Ludwig Kirchner: Dokumente, Fotos, Schriften, Briefe. Hg. von Karlheinz Gabler. Aschaffenburg 1980, S. 357, Nr. 1399–1401.

559 Margit Peterfy: Walt Whitman and Ernst Ludwig Kirchner: The Hieroglyphics of Expression. In: Revisiting Walt Whitman: On the Occasion of His 200th Birthday. Hg. von Winfried Herget. Berlin: Lang 2019, S. 39–54 (Mainzer Studien zur Amerikanistik, Band 73).

560 „Walt Whitman, der grosse Dichter war mir Leiter und Führer in der Anschauung des Lebens, in der grossen Zeit der Not und des Hungers in Dresden waren die *Grashalme* mein Trost und Ansporn und sind es heute noch" (Ernst Ludwig Kirchner: Der gesamte Briefwechsel. Hg. und komm. von Hans Delfs. Bd. 3: Briefe von 1930 bis 1942. Zürich: Scheidegger & Spiess 2010, S. 1987, Brief an Curt Valentin vom 17.04.1937).

561 Ebd.

562 Walt Whitman: Grashalme. Berlin: Erich Reiß Verlag 1920 (9. Prospero-Druck). 265 num. Expl. mit 13 Orig.-Lithographien.

563 „Dennoch, o, meiner Seele Höchstes! / Kennst du sie, die Freude des ruhigen Denkens? / Die Freude des freien und einsamen Herzens, des zärtlichen, trauernden Herzens? / Die Freuden des einsamen Spaziergangs, wann das Gemüt niedergedrückt und doch stolz ist, das Leiden und Mit-sich-Ringen? / Die geistigen Wehen, die Ekstasen, die Freuden des feierlichen Sich-Vertiefens, Tags oder Nachts? / Der Gedanke an den Tod, an die grossen Sphären: Zeit und Raum? / Die ahnungsvollen Freuden besserer, höherer Liebes-Ideale, die göttliche Geliebte, der süsse, der ewige, der vollkommene Kamerad? / Das sind deine eigenen, unsterblichen Freuden deiner würdig, o, Seele. / Während man lebt, ein Herrscher, nicht ein Sklave des Lebens zu sein. / Dem Leben wie ein Eroberer entgegenzutreten / keine trüben Dienste, keine Langeweile, / keine Klagen mehr noch höhnische Kritiken." (Adolf Knoblauch: Einige Gesänge aus Walt Whitman *Grashalme*. [Staatsbibliothek zu Berlin. Handschriftenabteilung; Nachl. 331, 117]).

dichten vor,[564] die er zu einem eigenständigen Zyklus (*Grashalme. Einige Gedichte deutsch*) bündelte.[565] Der Zyklus ist im Anhang der vorliegenden Studie erstmals publiziert. An diesen Versionen, die insgesamt eng an das Original gehalten sind und der einschlägigen Forschung bisher nicht bekannt waren,[566] lässt sich nicht nur belegen, dass die Whitman-Begeisterung auch im Krieg nicht nachließ, sondern auch, dass man in Konkurrenz zu Schlafs Übersetzungen einen ‚expressionistischen Whitman' zu kodifizieren versuchte.

Die Inklusion des nachgelassenen – und von Schlaf nicht übertragenen – Gedichts *A Thought of Columbus*, das in der ‚Deathbed Edition' von 1892 fehlt, verrät, dass Knoblauch die ‚Complete Authorized Edition' benutzte, die 1897, fünf Jahre nach Whitmans Tod, von den drei ‚literary executors' des Dichters Richard Maurice Bucke, Thomas B. Harned und Horace L. Traubel veranstaltet worden war.[567] Sie wird von *A Thought of Columbus* aus dem Zyklus *Old Age Echoes* abgeschlossen, dem vermutlich letzten von Whitmans poetischen Texten, den auch Knoblauch an den Schluss seiner Auswahl stellte. Eröffnet wird sie von *Thou Orb aloft full-dazzling*, dem Incipit des Zyklus *From Noon to starry Night*, das eine Invokation der Sonne darstellt. Die Wahl dieser Hymne als Eröffnung sowie die Übersetzung eines weiteren Gebets (*Prayer of Columbus*) verleiht Knoblauchs Anthologie einen ausgeprägt religiösen Charakter. Die restlichen Nachdichtungen stammen aus *Children of Adam* (*I heard You solemn-sweet Pipes of the Organ*), woraus Knoblauch nach eigener Aussage auch weitere Übersetzungen anfertigte, deren Rechte er in finanzieller Not an einen nicht weiter spezifizierten Verlag für eine erotische Ausgabe abtrat,[568] ferner aus *Sands at Seventy* (*After the Supper and Talk* und *The Voice of the Rain*), aus *From Noon to starry Night* (*O Magnet-South*),

---

564 *Thou Orb aloft full-dazzling, I heard You solemn-sweet Pipes of the Organ, After the Supper and Talk, The Voice of the Rain, O Magnet-South, Night on the Prairies, To You, Prayer of Columbus* und *A Thought of Columbus.*

565 Walt Whitman: Grashalme. Einige Gedichte deutsch [von] Adolf Knoblauch. [Staatsbibliothek zu Berlin. Handschriftenabteilung; Nachl. 331, 117.]

566 Knoblauchs Nachdichtungen werden weder bei McCormick (Edward Allan McCormick: Die sprachliche Eigenart von Walt Whitmans *Leaves of Grass* in deutscher Übertragung. Ein Beitrag zur Übersetzungskunst. Bern/Stuttgart: Verlag Paul Haupt 1953) noch bei Schaper (Monika Maria Schaper: Walt Whitmans *Leaves of Grass* in deutschen Übersetzungen – Eine rezeptionsgeschichtliche Untersuchung. Frankfurt a.M.: Lang 1976) noch bei Walter Grünzweig (Walt Whitman: Die deutschsprachige Rezeption als interkulturelles Phänomen. München: Fink 1991) erwähnt.

567 Walt Whitman: Leaves of Grass. Complete Authorized Edition Including *Sands at Seventy, Good Bye My Fancy, Old Age Echoes*, and *A Backward Glance O'er Travelled Roads*. Boston: Small, Maynard & Company 1897. Sämtliche Whitman-Zitate im Folgenden stammen aus dieser Ausgabe.

568 Adolf Knoblauch: Einige Gesänge aus Walt Whitman Grashalme. [Staatsbibliothek zu Berlin. Handschriftenabteilung; Nachl. 331, 117]).

aus *Whispers of heavenly Death* (*Night on the Prairies*), aus *Birds of Passage* (*To You*) und aus *Autumn Rivulets* (*Prayer of Columbus*). Dass von diesen Texten einzig *I heard You solemn-sweet Pipes of the Organ* von Schlaf übersetzt worden war, belegt den Konkurrenzcharakter von Knoblauchs Nachdichtungen und seinen Versuch, sich von Schlafs Vorgängerübertragung abzusetzen.

Formalästhetisch dämpft der Übersetzer Whitmans Innovationen, was Gideon Tourys ‚erstes Übersetzungsgesetz', das ‚law of growing standardisation' bestätigt: „in translation, source-text textemes tend to be converted into target-language (or target-culture) repertoremes."[569] So werden Whitmans Langzeilen zwar nicht durchgängig, aber recht häufig in kürzere Verse umgegossen und der traditionellen freirhythmischen Hymnik angenähert.[570] Die Bedeutung von Whitmans Zeilenstil, bei dem das Versende mit dem Satzende zusammenfällt und mit einem Interpunktionszeichen schließt, entging Knoblauch offenbar. Indes ist sie keine *quantité négligeable*. Die syntaktische Selbständigkeit und Autonomie des Einzelverses betont seine Gleichwertigkeit gegenüber den anderen Versen und stellt die prosodische Umsetzung des Demokratie-Ideals dar. Stattdessen überspielt Knoblauch oft das Versende durch Enjambements, mit dem Ergebnis, dass Whitmans Hymnen der deutschen freirhythmischen Hymnentradition angenähert werden. Umgangssprachliche Wendungen (etwa die informale Verbform „blab") werden standardsprachlich aufgelöst („I should have *blabb'd* nothing"; „nichts Anderes als dies *äussern*", *An Dich*, V. 11). Bei Whitman kann in *The Voice of the Rain* der Regengesang „Reck'd or unreck'd" (V. 10) sein. Diese sachlich-nüchterne Alternative muss Knoblauch offenbar als Sabotage der Gedichtwirkung empfunden haben, während sie bei Whitman erst recht die Autonomie des Regengesangs in seiner eigenen Sphäre pointiert. So unterdrückt der Übersetzer die undichterische Alternative und amplifiziert stattdessen den Bezug des Regengesangs zum lyrischen Ich („und kehrt dann zurück, treu und voll Liebe, *um immer bei mir zu bleiben*").[571]

---

569 Gideon Toury: Descriptive Translation Studies, S. 303.
570 Das Eröffnungsgedicht *Thou Orb aloft full-dazzling* etwa zählt im amerikanischen Original 25, in Knoblauchs Übersetzung 34 Zeilen. Der Schluss, *A Thought of Columbus*, weist im Original wiederum 25, bei Knoblauch 47 Verse auf.
571 Der Versuch, den prosaischen Duktus Whitmans stilistisch zu erhöhen, zeigt sich etwa am Einsatz von Anastrophe und Hendiadyoin („des Mississipi endlosem Laufe", *Du Wölbung hoch oben im blendenden Glanz!*, V. 23; „des Fortgehenden Gesicht und Gestalt verschwimmen", *Nach dem Abendessen und Geplauder!*, V. 18) sowie an ergänzten Alliterationen („*sch*lank, *sch*wankend, glänzend-grün, [...] O, zärtliches, wildes *W*eh! Ich kann dem dem nicht mehr widerstehn!", *O magnetischer Süden ...!*, V. 20 f.).

Der expressionistische Filter in Knoblauchs Anthologie lässt sich zunächst an der Bedeutung beobachten, welche sakrale Gedichtformen erhalten. Signifikant ist in dieser Hinsicht die Wahl der Hymne an die Sonne *Thou Orb aloft full-dazzling* als Eröffnungsgedicht sowie die Nachdichtung von *Prayer of Columbus*. Das Rollengedicht präsentiert den Seefahrer kurz vor dem Tod, wie er in einer innigen Fürsprache Gott als Anfang und Ende aller seiner Unternehmungen preist und sich auf die letzte Reise vorbereitet.[572] Expressionistisch bedeutsam ist auch die Wahl des Apostrophengedichts *To you*. Wie später Franz Werfels *An den Leser* apostrophiert Whitman den Mitmenschen als abstrakt-universelle Rolle, die von allen Lesenden existenziell besetzt werden kann: „Whoever you are, now I place my hand upon you, that you be my poem",[573] „Wer du auch bist: ich lege jetzt auf dich meine Hand, / auf dass du mein Gedicht seist".[574]

Auch formalästhetisch lassen sich in Knoblauchs Anthologie expressionistische Tendenzen finden. In der Nachdichtung von *A Thought of Columbus* fallen ergänzte dynamisierende Verbformen auf (etwa V. 3: „die sich aus sich selbst antreibt" für „spontaneous", V. 4: „das Siedende" für „the bubble", V. 26: „der reissende, ungeheure Kumulus" für „The rapid cumulus") sowie eine ebenfalls typisch expressionistische, pathetische Amplifikation und Hyperbolik (V. 2: „die rohe, rasende, unzähmbare Flamme" für „the crude and hurried ceaseless flame", V. 8: „Die zahllosen ... Kreise" für „the many ... cycles"). Weitere expressionistische Stileigentümlichkeiten wie die Transitivierung intransitiver Verben („Ich brenne weg Unsterblichkeit und Frieden!", *Nacht auf der Prärie*, V. 6) und die Vorliebe für brachylogische Komposita haben in Knoblauchs Whitman-Versionen ebenfalls Spuren hinterlassen („A phantom of the moment", V. 10, wird durch den Neologismus „Ein Augenblicks-Geisterbild" wiedergegeben).[575] Hervorzuheben ist schließlich auch, dass Knoblauch immerhin die besondere Bedeutung erkannt hat, welche Partizipialformen und insbesondere Präsenspartizipien bei Whitman

---

572 Den religiösen Duktus zeigt auch die Übersetzung von „revealing" als „Offenbarung" in *Gedanke des Kolumbus* (V. 22). Während das lyrische Ich bei Whitman in *I heard You solemn-sweet Pipes of the Organ* an der Kirche „*vorüber*geht" („as last Sunday morn I *pass'd* the church"), verwandelt Knoblauch es in einen frommen Kirchenbesucher: „als ich *durch* die Kirche vorigen Samstag Morgen schritt" (V. 2).

573 Walt Whitman: To You. In: Leaves of Grass, S. 186, V. 6.

574 Walt Whitman: An Dich (V. 6). In: Walt Whitman: Grashalme. Einige Gedichte deutsch [von] Adolf Knoblauch. [Staatsbibliothek zu Berlin. Handschriftenabteilung; Nachl. 331, 117.]

575 Dass Knoblauch auch Missverständnisse unterlaufen sind, zeigt etwa seine fehlerhafte Übersetzung von „before" als temporale Konjunktion in *Thou Orb aloft full-dazzling*, wo sie bei Whitman als räumliche Konjunktion eingesetzt wird (vgl. V. 14: „*Ehe* der Mann, den du auserwähltest, / die ganze Natur aufgibt" für „I know *before* the fitting man all Nature yields" [„Ich weiß, dass *vor* dem würdigen Menschen die ganze Natur nachgibt", Übers. vom Verf.]).

als Ausdruck seines von Wechsel und Fluidität dominierten Weltbilds besitzen. Im pointierten Unterschied zu Schlaf, der dafür kein Verständnis besaß,[576] behält Knoblauch Whitmans Gerundien-Kette in seiner Nachdichtung von *To You* bei:

> Your true soul and body appear before me,
> They stand forth out of affairs, out of commerce, shops, work, farms, clothes, the house,
> *buying, selling, eating, drinking, suffering, dying.*[577]

> Deine wahre Seele, dein wahrer Leib erscheinen mir
> und ragen weiter hervor aus Geschäften, Handel, Läden, Arbeit, Gehöften, Kleidern, Haus,
> *kaufend, essend, trinkend, leidend, sterbend.*[578]

Infolge des Ersten Weltkriegs wurde Whitman für die expressionistische Generation zunehmend auch zum ethisch-existenziellen Vorbild. Davon zeugt vor allem die von Yvan Goll und Gustav Landauer herausgegebene Übersetzung *Der Wundarzt – Briefe, Aufzeichnungen und Gedichte aus dem amerikanischen Sezessionskrieg* (1919),[579] die im Zürcher Max Rascher-Verlag anlässlich des hundertsten Geburtstags des 1819 geborenen Dichters erschien. Sie perspektivierte ihn vor dem Hintergrund des Weltkriegs und legte den Fokus auf die Erlebnisse des amerikanischen Dichters als Krankenpfleger und Lazarettsanitäter im amerikanischen Sezessionskrieg (1861–1865). Einige der dort abgedruckten Hymnen-Übersetzungen waren bereits 1915 in den *Weißen Blättern* von Landauer publiziert worden.[580] Ein Novum bildet die Übertragung von Whitmans Kriegsaufzeichnungen,

---

576 Edward Allan McCormick: Die sprachliche Eigenart von Walt Whitmans *Leaves of Grass* in deutscher Übertragung, S. 75.
577 Walt Whitman: To You. In: Leaves of Grass, S. 186, V. 4 f. (Hervor. vom Verf.).
578 Walt Whitman: An Dich (V. 4 f.). In: Walt Whitman: Grashalme. Einige Gedichte deutsch [von] Adolf Knoblauch. [Staatsbibliothek zu Berlin. Handschriftenabteilung; Nachl. 331, 117, Hervor. vom Verf.]
579 Walt Whitman: Der Wundarzt. Briefe, Aufzeichnungen und Gedichte aus dem amerikanischen Sezessionskrieg. (Die Prosa hat Iwan Goll übersetzt, die Gedichte Gustav Landauer.) Zürich: Max Rascher Verlag 1919 (Europäische Bibliothek Bd. 7).
580 Walt Whitman: Krieg. Übers. von Gustav Landauer. In: Die Weißen Blätter 2 (April 1915) 4, S. 385–397. Landauers Nachdichtungen erschienen dann 1921 in einer separaten Ausgabe im Kurt Wolff Verlag (Walt Whitman: Gedichte und Inschriften. Übertragen von Gustav Landauer. München: Kurt Wolff Verlag 1921). Im Zentrum von Landauers Auswahl steht das Kriegsthema. Der in den *Weißen Blättern* unter dem Titel *Krieg* publizierte Zyklus enthält 10 Nachdichtungen (*Ich sitze und schaue; Der Grundstein aller Metaphysik; Als ich lag, meinen Kopf in deinem Schoos, Camerado …; Ich sah in Louisiana eine Eiche wachsen; Heimkehr der Helden; Leb wohl, Soldat; Wende dich, Freiheit; Salut au Monde; Lied der Landstraße; Dank in hohem Alter*). In der Edition von 1921 kamen weitere 13 Nachdichtungen hinzu (*Das Selbst sing ich; Als ich schweigend brütete; In engen Schiffen zur See; An fremde Lande; An einen Historiker; Den Staaten; An eine Sängerin; Schließt eure*

die Goll besorgte und dem Band fast schon einen dokumentarischen Charakter verleiht. Dies betont auch die „Vorbemerkung", welche Whitman bezeichnenderweise nicht als Dichter, sondern als Helfer porträtiert:

> Den Aufzeichnungen und Briefen, die folgen, fehlt der pathetische Schwung, der die Gedichte Whitmans auszeichnet. Der Leser darf weder sprachliche Schönheiten besonderer Art, noch ungewöhnliche Gedanken erwarten. Nichts gibt es hier zu entdecken, nichts zu genießen. Fast alle Seiten könnten ebenso gut von irgend einer Krankenschwester oder einem Dienstmädchen geschrieben sein. Sie zeigen eines großen Dichters Herz in seiner letzten Einfalt. Ganz einfach und ungeformt liegen die Dinge und die Gefühle in den Händen des ersten besten Menschen, der zwischen Kranken und Sterbenden an seine Mutter schreibt. Ein einziges Mal spricht Whitman davon, wie er *berauscht* sei von *Glück zu helfen*. Das ist, in der Ausdrucksweise dieser Notizen, ein Gipfel. Einen Herzschlag weiter, und es begänne das Gedicht. [...][581]

Dieses ethisierte Whitman-Bild wirkte auch auf Franz Kafka, der – schenkt man dem Zeugnis seines Bekannten Gustav Janouch Glauben – im amerikanischen Dichter nicht so sehr den Stifter moderner Hymnik als den Anwalt der Menschenliebe bewunderte.[582]

Türen nicht; *Künftige Dichter*; *An Dich*; *Ausgehend von Paumanok*; *Der mystische Trompeter*; *Wandl ich durch die breit majestätischen Tage*; *Helle Mitternacht*; *Jahre des Modernen, Staub toter Soldaten*). In seinem Vorwort porträtiert Landauer Whitman als Dichter der Demokratie und nähert ihn dem französischen Anarchisten Pierre-Joseph Proudhon an, als dichterische Einlösung von Proudhons Synthese von Individualismus und Sozialismus: „Seine ‚Demokratie' ist ein freies Volk tätiger Menschen, die alle Hemmnisse des Kastengeistes durchbrochen haben; jeder auf seiner Scholle oder in seinem Handwerk, an seiner Maschine, ein Mann für sich selbst. Whitman vereint gleich Proudhon, mit dem er in vielem geistig verbunden ist, konservativen und revolutionären Geist, Individualismus und Sozialismus" (S. 7). Die „kosmische Liebe" (ebd.), deren zentrale Bedeutung für Whitman Landauer unterstreicht, wirkt sich ihm zufolge in den *Leaves of Grass* auch als Medium formalästhetischer Innovation aus, da sie das Spektrum der dichterischen Möglichkeiten erweitere: „Daher, daß sein poetisches Empfinden, sein rhythmisches Verklären und sein Wahrnehmen immer beieinander sind, daher kommt es, daß es nichts in der Welt gibt, was sich unter Whitmans Hand nicht zu Dichterischem wandelt, daß er auch ganz und gar nicht auf die literarisch überlieferte Mustertafel der Gleichnisse angewiesen ist, sondern ihm in einer wahrhaft homerischen Fülle Neues und Ungewohntes zum Bilde wird" (ebd., S. 14). Zu Landauers Nachdichtungen vgl. Edward Allan McCormick: Die sprachliche Eigenart von Walt Whitmans *Leaves of Grass* in deutscher Übertragung, S. 55 f., sowie Monika Maria Schaper: Walt Whitmans *Leaves of Grass* in deutschen Übersetzungen – Eine rezeptionsgeschichtliche Untersuchung. Frankfurt a. M.: Lang 1976, S. 72–78.

581 Walt Whitman: Der Wundarzt, S. 5 f. (*Vorbemerkung des Herausgebers*).

582 „Das Formale von Walt Whitmans Gedichten hat in der Welt einen ungeheuren Widerhall gefunden. Dabei liegt Walt Whitmans Bedeutung aber eigentlich woanders. Er hat die Betrachtung der Natur und der ihr augenscheinlich ganz entgegengesetzten Zivilisation zu einer einzigen

Mit dem Übergang vom hymnischen Expressionismus zur dokumentarischen Ästhetik der Neuen Sachlichkeit vollzog sich ein Paradigmenwechsel von Whitman zu Upton Sinclair (1878–1968), der sich zu Beginn der 1920er Jahre abzeichnete und auch mit einer gattungsästhetischen Reorientierung von der Lyrik hin zum Roman einherging. Sinclair, den Arthur Conan Doyle als den „amerikanischen Zola" getauft hatte,[583] vertrat einen dokumentarischen Realismus, der ein schonungsloses Bild der Brutalität der amerikanischen Gesellschaft vermittelte. Sinclairs akkreditierte Übersetzerin war Hermynia Zur Mühlen.[584] Den Pa-

---

berauschenden Lebensempfindung zusammengeschlossen, weil er ständig die kurze Dauer aller Erscheinungen vor sich sah. Er sagte: ‚Das Leben ist das wenige Übriggebliebene vom Sterben'. Deshalb widmete er sein ganzes Herz jedem Grashalm. Damit hat er mich schon sehr früh bezaubert. Ich bewunderte seine Übereinstimmung zwischen Kunst und Leben. Als in Amerika zwischen den Nord- und Südstaaten der Krieg ausbrach, durch den die größte Kraft unserer heutigen Maschinenwelt eigentlich erst richtig in Bewegung kam, wurde Walt Whitman Krankenpfleger. Er tat, was heute eigentlich jeder von uns tun sollte. Er half den Schwachen, Kranken und Geschlagenen. Er war ein wirklicher Christ und deshalb – besonders uns Juden sehr nah verwandter – bedeutsamer Grad- und Wertmesser der Menschlichkeit" (Gustav Janouch, Gespräche mit Kafka. Frankfurt/Main: Fischer 1961, S. 185 f.).

583 Jon A. Yoder: Upton Sinclair. New York: Frederick Ungar 1975, S. 2.

584 Dazu Petra Rösler: A Labor of Love. Übersetzung im Spannungsfeld von Politik und Ästhetik. Am Beispiel von Hermynia zur Mühlens Upton Sinclair-Übertragungen. Diplom-Arbeit. Graz 1992. Ihre Sinclair-Übersetzungen: Upton Sinclair: König Kohle. Roman. Mit einer Einleitung aus dem Englischen von Hermynia Zur Mühlen. Zürich: Internationaler Verlag 1918; Jimmie Higgins. Berechtigte Übertragung aus dem Amerikanischen von Hermynia zur Mühlen. Potsdam: Gustav Kiepenheuer Verlag 1919; Die Maschine. Schauspiel in 3 Aufzügen. Einzig berechtigte Übertragung aus dem Amerikanischen von Hermynia Zur Mühlen. Berlin: Malik-Verlag [1921] (Sammlung revolutionärer Bühnenwerke Bd. 6); 100%. Roman eines Patrioten. Autorisierte Übertragung von Hermynia Zur Mühlen. Mit 10 Lithographien von Georg Grosz. Berlin: Malik-Verlag [1921] (Die Rote Roman-Serie Bd. 2); Prinz Hagen. Ein phantastisches Schauspiel in 4 Aufzügen. Einzig berechtigte Übertragung aus dem Englischen von Hermynia Zur Mühlen. Berlin: Malik-Verlag 1921 (Sammlung revolutionärer Bühnenwerke Bd. 1); Das Buch des Lebens. Aus dem Manuskript übertragen von Hermynia Zur Mühlen. Einbandzeichnung von John Heartfield. Berlin: Malik-Verlag 1922; Das Haus der Wunder. Ein Bericht über Dr. Albert Abrams revolutionierende Entdeckung: Die Feststellung der Diagnose vermittels der Radioaktivität des Blutes. Aus dem Manuskript übertragen von Hermynia Zur Mühlen. Prag: Orbis-Verlag 1922; Der Liebe Pilgerfahrt. Übertragung von Hermynia zur Mühlen. Potsdam: Gustav Kiepenheuer 1922; Man nennt mich Zimmermann. Roman. Autorisierte Übersetzung aus dem amerikanischen Manuskript von Hermynia Zur Mühlen. [Einband mit Fotomontage von John Heartfield.] Berlin: Malik-Verlag [1922] (Die Rote Roman-Serie Bd. 7); Der Sumpf. Roman. Neubearbeitung. Autorisierte Übersetzung aus dem vom Autor neubearbeiteten Manuskript von Hermynia Zur Mühlen. [Einband mit Fotomontage von John Heartfield.] Berlin: Malik-Verlag [1923 bzw. 1924] (Die Rote Roman-Serie Bd. 10); Sklaverei. Roman. Einzig berechtigte Übertragung aus dem Amerikanischen von Hermynia Zur Mühlen. Titelblatt gezeichnet von Karl Lomparski. Wien/Berlin/Leipzig/New York: Interritorialer Verlag „Renais-

radigmenwechsel von Whitman zum ‚zweiten Amerikanismus' um Sinclair reflektierte Albert Ehrenstein in einem Essay von 1926,[585] der das Unzeitgemäße an
Whitmans optimistischer Hymnik konstatiert und ihn mit dem Vorwurf der Naivität konfrontiert – „Whitman wußte nicht: Gewalt ist die Losung Amerikas und
dieser Welt".[586] Anstelle von Whitmans demokratischer Zukunftsvision tritt bei
Sinclair die amerikanische Wirklichkeit: „Die Realität ‚Amerika' ist anders; au-
thentisch geschildert schmeckt sie nicht nach Kußmarmeladen und Backfisch-
konserven! Durch das Medium ‚Upton Sinclair' hat vergossenes Arbeiterblut diese
grauenhafteste Wirklichkeit feuerrot gemalt, warnend, drohend: mit den Flam-
menwerfern des Geistes beleuchtend alle Wegweiser, die ins Elend führen".[587]
Ehrenstein selbst starb mittellos in einem Armenhospiz auf Welfare Island.

---

sance" [1923]; Der Fassadenkletterer. Ein Drama in 1 Aufzug. Einzig berechtigte Übertragung aus
dem Amerikanischen von Hermynia Zur Mühlen. Berlin/Leipzig/Wien: Verlag Die Wölfe 1924; Der
Parademarsch. Eine Studie über amerikanische Erziehung. Einzig berechtigte Übertragung aus
dem Amerikanischen von Hermynia Zur Mühlen. Mit einer Einleitung. Einbandzeichnung von
John Heartfield. Berlin: Malik-Verlag [1924]; Samuel der Suchende. Roman. Neubearbeitung.
Autorisierte Übersetzung aus dem amerikanischen Manuskript von Hermynia Zur Mühlen. [Ein-
band und Schutzumschlag von John Heartfield.] Berlin: Malik-Verlag [1924].

585 Albert Ehrenstein: Upton Sinclair. In: Menschen und Affen. Berlin 1926 (zit. nach: Werke. Hg.
von Hanni Mittelmann. Bd. 5. Göttingen: Wallstein 2004, S. 233–238).

586 „[...] die erste Ahnung der Bitterkeit des neuen Amerika ging uns erst auf, als wir das Leben
des Krankenpflegers Walt Whitman lasen. Das allumfassende Herz dieses homerisch-pindari-
schen Sängers, das stark und frei und männlich allem Heroischen oder Mütterlichen zuschlug, die
Freuden und Leiden der Kinder Adams, jedes irdischen Geschöpfes teilte: mit jedem Grashalm
mitwuchs, aber auch mit jedem Gebirge, dieser hymnische Schiffskatalog der Erde begann seis-
misch zu erzittern, als Norden und Süden Amerikas aufeinander losschlugen. Whitman wußte
nicht: Gewalt ist die Losung Amerikas und dieser Welt. Er versuchte zu lindern, zu heilen, zu
helfen. Er pries die Demokratie, aber Amerikas Leitwort war von Anbeginn – Freiheit nach außen,
Brutalität nach innen. Das erste Unrecht: Mord an Millionen von Indianern und Büffelmord,
ausgeübt von Puritanern und Quäkern bis auf den vierzehnpunktigen Wilson. Die mehr als tierische Sklaverei dann, in der die Neger dahinleben mußten (beklagt auch in *Onkel Toms Hütte* von
der guten, alten Tante Beecher-Stowe) ward der ethische Vorwand eines Bürgerkrieges. In der
verlogenen Geschichte der Menschheit war und ist bisher Menschlichkeit nur ein Primavorwand,
eine Außenseiterwette, ein smarter Bluff im Pokerspiel, im Boxring: ein Börsenmanöver. Der
Norden litt wirtschaftlich unter der billigen Sklavenarbeit des Südens, da entdeckte er Menschenrechte" (ebd., S. 254 f.).

587 Ebd., S. 236. „In Sinclair lebt ein großer Gegner aller Pharisäer. Ob er nun in *Samuel der
Suchende* einen reinen Toren schildert, einen Parcival von heute, einen Idealknaben, den des
helotischen Volkes Bedrückung früh aufruft, des Kapitals Polizei früh abruft – ins Grab streckt; ob
er in *Manassas* Sklavenfrohn und Sklavenkrieg, in *Metropolis* die kleinen und großen Untaten der
kleinen und großen Millionäre besingt (wie bereits flüchtig im *Industriebaron*); ob er im *König
Kohle* die blutbespritzten Ketten der Bergarbeiter erklirren läßt; ob er in *Der Liebe Pilgerfahrt* die
Schwächen einer in materiellen Bedrängtheiten des Geistes rasch alternden Ehe schildert; in

Trotz der Konzentration auf Sinclairs Gesellschaftsromane rutschte die Lyrik nicht völlig in den Orkus des Vergessens. Dies beweist die von Claire Goll herausgegebene – und bei Raabe nicht aufgeführte – Anthologie zur jüngsten amerikanischen Lyrik *Die neue Welt* von 1921.[588] Obwohl angesichts des revolutionären Russlands inzwischen etwas verblasst,[589] verkörpert Amerika dort immer noch die urwüchsige, unverdorbene Neue Welt („Noch sind die Amerikaner ein barbarisches Volk. Nur solche Völker sind fruchtbar").[590] Diese primitivistische Perspektivierung bezeugen auch Golls Übertragungen afroamerikanischer und indianischer Dichtungen in ihrem Band.[591] Die zeitgenössische nordamerikanische Dichtung wird dort von einem Dichter-Triumvirat repräsentiert, das sich aus Carl Sandburg, Edgar Lee Masters und Nicholas Vachel Lindsay zusammensetzt. Am nächsten verbunden fühlt sich Claire Goll mit Sandburg, den sie aufgrund seiner sozialkritischen Poetik als einen „jüngeren Verhaeren" und „Anwalt aller Unbefreiten" preist.[592] Lee Masters feiert sie als den Verfasser der *Spoon River Anthology*

Jimmie Higgins die Leiden und Freuden eines in den Krieg getriebenen, in den Wahnsinn gequälten Menschen oder in *100%* die Laufbahn eines patriotischen Spitzels, in *Mobland (Man nennt mich Zimmermann)* die neuesten Abenteuer Christi – wenn der Aufersteher das Schicksal gesucht hätte, innerhalb des Macht-bereichs der Dampfwalzen amerikanischer Plutokratie und Geldwelt wiedergeboren, wiedergestorben zu werden – Upton Sinclair hat Herz für die Mühunseligen und Arbeitsüberladenen, er durchschaut das Kesseltreiben der Börsenwucherer, Händler und Wechsler, deren Zionstempel und Gralsburg eine gigantische Panzerkasse ist, er weiß, daß es hienieden nur einen Götzen gibt (der die anderen prägt): Wallstreet. Und Roosevelt oder Taft oder Wilson oder Harding oder Coolidge ist der untergeordnete Agent, der sichtbare Clerk dieses Götzen: Kalbshirn, das scheinbare, täuschend exponierte Hirn des herzlosen und also unsterblichen goldenen Kalbes, das noch kein Herakles ins Schlachthaus Chicago spediert hat" (ebd., S. 237).
588 Die neue Welt. Eine Anthologie jüngster amerikanischer Lyrik. Hg. und übersetzt von Claire Goll. Berlin: S. Fischer-Verlag 1921.
589 „Denn die ‚Neue Welt' ist nur das Land einer Zukunft, das Land der Zukunft aber ist Rußland" (ebd., S. 10).
590 Ebd., S. 7.
591 Vgl.: „Negerdichtung" (ebd., S. 73–80) und „Indianische Dichtung" (ebd., S. 81–101).
592 „Ein jüngerer Verhaeren ist Sandburg: doch metallener als der immerhin noch romantische Belgier. Härter, rücksichtsloser seine Sprache. Und er hat jenem Europäer eines voraus: den blonden Michigansee und die unendliche Prärie. Auch ist er nicht nur Mitleidender, er ist Empörer. 1916 protestierte er in seinem Buch *Chicago* gegen die zivilisierte Bestialität des Krieges, gegen die Versklavung und Entmenschung des Negers. ‚Geliebter des roten Weltherzens' nennt er sich. Und er ist der Bruder der Wesen und Dinge, Bruder des Meeres und der Urlandschaft, Bruder des armen entheimateten italienischen Arbeiters, Bruder des Kuli, Bruder der jungen verstaubten Fabrikgeschöpfe, mit deren ‚kleinen Toden' Amerika seine Vitalität bestreitet. Er ist Anwalt aller Unbefreiten; denn jeder Mensch hat ein Recht an sein Ich, und darum sagt er von sich das stolze Wort: ‚I am an individual'" (ebd., S. 8 f.).

(1915).[593] Lindsay wiederum porträtiert sie als Sprach- und Dichtungserneuerer aus dem Geist des Jazz heraus. Seine auch durch onomatopoetischen Nonsens performativ betrieben Gleichsetzung des Afroamerikanischen mit dem Primitiven und Irrationalen kam offenbar Golls Primitivismus gelegen.[594]

Die Rezeption von Lindsays Primitivismus im Spätexpressionismus bestätigen übrigens auch die Nachdichtungen des mit A. R. Meyer befreundeten Cabaret-Autors Emerich Reeck, der *The Congo. A Study of the Negro Race* (1915)[595] und –

---

593 „Edgar Lee Masters, der Grübler unter den dreien. Die Originalität seines letzten Buches: *The Spoon River Anthologie* machte ihn zum gefeiertsten Dichter Amerikas. Diese Anthologie enthält 24 psychologische Analysen. Leidenschaft, Leid einer ganzen Kleinstadt. Ohne jede Romantik wird die Banalität der Leben gebucht. Ehebrecherinnen, Mörder, Ehrgeizige, Namen und Namenlose, alle jene scheinbar im Alltagsgeriesel versickernden Existenzen, Lebende und Gestorbene auferstehen aus ihren Gräbern und lesen sich selbst eine ewige Grabschrift. Unter nacktestem Realismus birgt sich das schmerzliche Verstehen der Weltseele. Hier wird nie symbolisiert. Und vielleicht ist das wirklich die größte Kunst, statt mit Prunkworten in unscheinbarer demütiger Form das große Leben selbst sprechen zu lassen. Die Amerikaner haben Masters Buch mit Balzacs *Comédie humaine*, mit der Seelenzerlegung Dostojewskis verglichen. Für einen Lyriker welch überwältigende Ehrung!" (Ebd., S. 10).

594 „Der zweite große Dichter: Vachel Lindsay. Ein moderner Troubadour, zieht er mit Trommel und Tamburin im Westen umher, zwischen Ohio und Illinois, und wirbt für seine Gesänge. Aber er ist alles andere als Sänger der Minne, des Monds und der Nachtigallen. Er singt die Heilsarmee, eine Präsidentenwahl oder Propaganda gegen den Alkohol. Alles Dinge, so nah der Erde und doch wie weit entfernt durch die große Künstlerschaft dieses Sprach-revolutionärs. Blitzhafte Nachtreklame, ein hundertköpfiges Jazz-band-Orchester funkelt und tönt aus dieser Dichtung. Er erfindet neue, unverbrauchte Worte, er ruft eine neue Schöpfung ins Leben: gespenstische Tiere, Fabelwesen. Hier ist eine Phantasie am Werk, die man nur noch bei wilden Stämmen findet. Singen und tanzen muß man zu diesen Gedichten. Und nicht umsonst nennt Lindsay seine Ballade vom Daniel in der Löwengrube: *The Daniel-Jazz*. Es ist eine Dichtung in Synkopen. Lebenswildheit, Urseele der Eingeborenen, enthält der gewollt kannibalische *Kongo*. Eine Symphonie, deren Themen geschickt verarbeitet immer als Refrain wiederkehren. Er erzielt dadurch den eindringlich-rhythmischen Takt der Negerlieder. Auch Lindsay, wie jeder Fühlende, wandte sich schon 1914 mit ganzer Kraft gegen den Krieg" (ebd., S. 9).

595 [Vachel Lindsay:] Der Kongo. Apotheose in drei Teilen von Hyazinth Lehmann [d. i. Emerich Reeck (der Verf. ist bei Raabe 1985 nicht geführt)]. Freie Bearbeitung nach dem Amerikanischen des Vachel Lindsay. Mit einer Titelzeichnung von Silura Glanis. Berlin-Wilmersdorf: A. R. Meyer 1920 (Erster Privatdruck des Clubs Kartoffelsalat). Lindsays *The Congo: A Study of the Negro Race* besteht aus drei, mit eigenen Titeln versehenen (*Their Basic Savagery, Their irrepressible high spirits, The Hope of their religion*) Strophen, die teilweise in Paarreimen verfasst sind. Diese schildern ein am Kongo angesiedeltes Fest, wobei die Afrikaner/-innen mittels rassistischer Stereotype als barbarisch apostrophiert werden. In der letzten Strophe erfolgt die als Erlösung und Bändigung dargestellte Christianisierung der zuvor dem Voodoo-Kult folgenden Afrikaner/-innen. Den rhythmischen, für die stimmhafte Rezitation bestimmten Charakter seines Gedichts betont Lindsay zusätzlich durch die Beigabe von Leseanweisungen (z. B. „*A deep rolling bass*", „*With a philosophic pause*", „*With pomposity*"). Onomatopoetische Elemente durchziehen die Dichtung,

unter dem Titel *Zwei Negerpredigten – How Samson Bore Away the Gates of Gaza. A Negro sermon* (1917) und *The Daniel Jazz* (1920) übersetzte.[596] Lindsays lautma-

---

insbesondere die erste Strophe wird durch O- und U-Laute dominiert. Narrative Passagen, Nonsense-Wörter, die wohl die afrikanischen Sprachen symbolisieren sollen, und Passagen, in denen ein lyrisches Ich auftritt (z. B. „*Then I saw the Congo, creeping through the black*"), wechseln einander ab. Während der Verweis auf König Leopold II. („*Listen to the yell of Leopold's ghost / Burning in Hell for his hand-maimed host*") als antikolonialer Reflex verstanden werden kann, sinkt der – im Dadaismus positiver gewendete – Afrikanismus in Lindsays *Congo* in die vermeintliche Wildheit und das Barbarische der Afrikaner profilierende Rassismen herab. Reecks Nachdichtung reproduziert sämtliche rassistische Stereotypen Lindsays und ist inhaltlich und sprachlich eng an der Vorlage orientiert, übernimmt jedoch nicht alle Enjambements. Die bei Lindsay gehäuft auftretenden lautmalerischen Konstruktionen des Primitiven (z. B. „*BOOM, steal the pygmies/ BOOM, kill the Arabs, / BOOM, kill the white men, / HOO HOO HOO*"; „*Boomlay, boomlay, boomlay, boom*") finden sich teilweise und in reduzierter Anzahl auch bei Reeck, der den musikalischen Charakter seiner Vorlage damit etwas zurücknimmt. Auch die in Leseanweisungen werden übergangen.

596 [Vachel Lindsay:] Und Simson soll über euch kommen. Zwei Negerpredigten von Hyazinth Lehmann [d. i. Emerich Reeck]. Bearbeitung nach dem Amerikanischen des Vachel Lindsay. Titelzeichnung von Ludwig Wronkow. Berlin-Wilmersdorf: A. R. Meyer 1920 (Zweiter Privatdruck des Clubs Kartoffelsalat). Reecks weitere Lindsay-Nachdichtung, *Und Simson soll über euch kommen. Zwei Negerpredigten,* vereinigt dagegen zwei unterschiedliche Texte Lindsays, nämlich *The Daniel Jazz* (1920) und *How Samson Bore Away The Gates of Gaza: A Negro sermon* (1917). Lindsays teilweise paarreimendes Gedicht *The Daniel Jazz* (in: Vachel Lindsay: The Golden Whales of California, and Other Rhymes in the American Language. New York: The Macmillan Company 1920, S. 91–94. Erneut veröffentlicht in: Vachel Lindsay: The Daniel Jazz, and Other Poems. London: G. Bells & Sons 1920, S. 1–4) verarbeitet den biblischen Stoff der Geschichte Daniels in der Löwengrube (Dan 6) zu einer eigenwilligen Umdeutung: In der biblischen Geschichte versucht König Darius, für den Daniel arbeitet, zu verhindern, dass Daniel in die Löwengrube geworfen wird und hofft sodann auf dessen Rettung durch seinen Gott. Bei Lindsay hingegen lässt König Darius Daniel selbst in die Löwengrube werfen, gerade weil er einen Gott hat. Lindsays Darius agiert aus Christenhass, wobei die grausame Tat durch die Anfeuerungsrufe Darius' („*Bite Daniel. Bite Daniel. / Bite him. Bite him. Bite him!*") und die Einbeziehung des Publikums, die Lindsay als Leseanweisung seinem Gedicht voranstellt („*Let the leader train the audience to roar like lions, and to join in the refrains ‚Go chain the lions down', before he begins to lead them in this jazz*"), ironisiert wird. Die sich am Ende des Gedichts häufenden, liedartigen Wiederholungen evozieren eher den Eindruck eines sportlichen Wettkampfes. Popkulturelle Einschläge finden sich auch in Lindsays *How Samson Bore Away The Gates of Gaza* (in: Vachel Lindsay: The Chinese Nightingale, and Other Poems. New York: The Macmillan Company 1917, S. 124–127), wenn Simson mit dem Boxer Jack Johnson verglichen und sein Leben von Frauen, Alkohol und Zerstörung bestimmt wird. Lindsay folgt der biblischen Geschichte um Simson (Richter 16), doch endet das Gedicht damit, dass ihm Delilah die Haare abschneidet und die Augen aussticht (anstelle der Philister), anders als in der biblischen Version verübt Simson keine Rache durch das Umstürzen eines Hauses. Auch empfindet Simson in Lindsays Dichtung offenbar Reue und lässt einen Willen zur Umkehr spüren („*But he wept – ‚I must not love tough queens, / And spend on them my hard earned means'*"). Das

lerischer Primitivismus besaß eine gewisse Affinität zum Dadaismus, vor allem zu Hugo Ball und Tristan Tzara, welche durch das Lautgedicht (Ball) und die Collage aus außereuropäischen, afrikanischen und ozeanischen Sprachen (Tzara) eine Poetik des Primitiven inaugurierten.[597] Lindsay kam gerade in Chicago während und nach dem Ersten Weltkrieg mit Dada in Kontakt.[598] Reeck wiederum lernte vermutlich während seines Aufenthalts in den Vereinigten Staaten zwischen 1915 und 1919 die Poetik des in Amerika überaus populären Lindsay kennen.[599] Reecks Nachdichtungen bilden einen kuriosen und bisher übersehenen Fall interkulturellen ‚Re-Imports' des europäischen Avantgarde-Primitivismus. Der dadaistische

---

Gedicht wird dabei immer wieder aufgebrochen durch den mahnenden, refrainartigen Einschub „*Let Samson / Be coming / Into your mind*". Beiden Dichtungen Lindsays liegt eine sprachliche Rassenphysiognomik zugrunde, welche sich an den Predigten schwarzer Landpfarrer aus den Süd-Staaten inspiriert. Folgende Merkmale des ‚Schwarzen' kristallisieren sich heraus: Vergröberung der biblischen Handlung, Wiederholungen, logische Sprünge, ausgeprägte Rhythmik, gewaltsame Bilder, abrupte Stimmungsschwankungen. Zum Duktus des *Negro sermon* zählt auch die Überlagerung der biblischen Geschichte mit Anspielungen auf die afroamerikanische *community*, etwa der Vergleich zwischen dem biblischen Simon und dem schwarzamerikanischen Boxer Jack Johnson (*Wie Simson die Tore von Gaza wegtrug*, V. 12). Seiner Nachdichtung gab Reeck mit *Zwei Negerpredigten* einen Untertitel bei, den er offenbar dem Untertitel der zweiten Dichtung, *How Samson Bore Away the Gates of Gaza. A Negro sermon*, entnommen hat. Reecks Übertragung von Lindsays *The Daniel Jazz*, *Wie Daniel gerettet wurde*, orientiert sich – mit Ausnahme der Charakterisierung des Darius, der nicht als „a king and a wonder", sondern als „ein Greul" erscheint (V. 1), sowie der veränderten Strophenform – eng am Original, lässt aber den Schluss offen. Während Lindsays Gedicht mit der Ankunft Gabriels und dem Überleben Daniels endet, bricht Reecks Fassung mit der göttlichen Sendung Gabriels ab, sodass die Rettung Daniels letztlich ungewiss ist. Das zweite Gedicht des Bandes, *Wie Simson die Tore von Gaza wegtrug*, bezieht sich auf Lindsays *How Samson Bore Away The Gates of Gaza* und gibt das Original getreu wieder. Zwar verändert Reeck auch hier die Strophenform teilweise, indem er etwa Verse einer Strophe der vorherigen angliedert, behält die sich an das Publikum richtende, das Gedicht durch ihre Wiederholung strukturierende Mahnung („*Let Samson/ Be coming/ Into your mind*" – „*Und Simson/ soll über/ euch kommen*") jedoch bei.

597 Dazu Béchié Paul N'guessan: Primitivismus und Afrikanismus. Kunst und Kultur Afrikas in der deutschen Avantgarde. Frankfurt/Main: Lang 2002, S. 117–128.

598 Dazu Chris Mustazza: Vachel Lindsay and *The W. Cabell Greet Recordings*. In: Chicago Review 59/60 (2016) 4/1, S. 98–117, hier S. 114. Als Katalysator der Dada-Rezeption in Chicago wirkte Margaret Andersons *Little Review*.

599 Zu diesem Aufenthalt vgl. das *Lebenslauf* überschriebene Typoskript aus dem Nachlass Reecks, abgedruckt in: Helmut Birkelbach: Vor 40 Jahren verstorben: Der Hille-Forscher Emerich Reeck. In: Hille-Blätter. Ein Jahrbuch für die Freunde des Dichters 10 (1993), S. 125–131, hier S. 125–127. Ein Anknüpfungspunkt könnte in der Musikalität der Lyrik Lindsays liegen, so sind seine Werke in ihrer Betonung des rhythmischen, liedhaften Charakters explizit für die stimmhafte Rezitation vor großem Publikum bestimmt. Auch Reeck trat, zurückgekehrt nach Deutschland, im Rahmen expressionistischer Kabarettprogramme auf.

Primitivismus allerdings war von einer fundamentalen Kritik an der abendländischen ‚Kultur' motiviert. Dagegen erhält das Primitive bei Lindsay stärker ethnozentrisch-affirmative Züge und stigmatisiert die ethnische und kulturelle Alterität einer bestimmten Bevölkerungsgruppe – nämlich der Afroamerikaner/-innen –, der ein wildes, ‚unamerikanisches' Substrat unterstellt wird.[600] Dass Reeck selbst seine Nachdichtungen im Berliner ‚Klub Kartoffelsalat' unter Anwendung der Praxis des ‚Blackfacing' darbot,[601] bestätigt ihre rassistische Komponente. Er lieferte damit die (unfreiwillige) Parodie des von Claire Goll noch pathetisch beschworenen ‚Primitivismus', den bereits 1917 Carl Sternheim in seiner fulminanten Carl Einstein-Satire *Ulrike* als groteske Bewusstseinsrückbildung der Avantgarde persifliert hatte.[602]

6.12 Literaturen aus dem Nahen, Mittleren und Fernen Osten

Der expressionistische Exotismus prägte auch den Übersetzungskanon, der zahlreiche Nachdichtungen vor allem chinesischer Lyrik (insgesamt 11 Publikationen) aufweist. Punktuell vertreten sind auch die japanische, persische, arabische und indische Literatur. Der prominenteste Übersetzer war Klabund (Alfred Henschke, 1890–1928),[603] der Nachdichtungen hauptsächlich chinesischer Poesie verfasste,[604] insbesondere von Werken des genialen Dichter-Vagabunden der

---

600 Bekanntheit erlangte Lindsay durch seine Bemühungen, die orale Komponente der Dichtung durch öffentliche Rezitationen wieder ins Bewusstsein zu rücken. ‚Poetry as Performance' verstehend, unterstrich Lindsay die rhythmischen Elemente seiner Lyrik und betonte, etwa auch durch Instrumente, ihren sangbaren Charakter. Diese Form der Performance-Art erklärt möglicherweise auch sein Interesse an der afroamerikanischen Kultur, mit der er bereits früh durch seine Kindheit in Springfield, Illinois, in Kontakt geriet, durchzieht seine Texte doch eine gleichermaßen verkürzende wie rassistische Identifizierung des ‚Afrikanischen' mit dem ‚Primitiven', und ‚Irrationalen'.
601 Vgl. Alfred Richard Meyer: Die Maer von der Musa expressionistica. Zugleich eine kleine Quasi-Literaturgeschichte mit über 130 praktischen Beispielen. Düsseldorf-Kaiserswerth: Die Fähre 1948. S. 94.
602 Carl Sternheim: Ulrike. Leipzig: Kurt Wolff 1917.
603 Raabe 1985, S. 268–275, Nr. 158; Killy Bd. 6, S. 442f.
604 Li-Tai-Pe: Nachdichtungen von Klabund. Leipzig: Insel-Verlag 1916 (Inselbücherei Nr. 201); Klabund: Das Sinngedicht des persischen Zeltmachers. Neue Vierzeiler nach Omar Khayyâm. Mit Buchschmuck von Willy Orth. München: Roland-Verlag 1917; Der Feueranbeter. Nachdichtung des Hafis. München/Berlin: Roland-Verlag Albert Mundt 1919 (Kleine Roland-Bücher. Bd. 12); Ders.: Dumpfe Trommel und berauschtes Gong. Nachdichtungen chinesischer Kriegslyrik. Leipzig: Insel-Verlag 1915 (Insel-Bücherei Nr. 183); Ders.: Die Geisha O-sen. Geisha-Lieder nach japanischen Motiven. München: Roland-Verlag Albert Mundt 1918; Ders.: Das Blumenschiff. Nachdichtungen

Tang-Zeit Li Bai (701–762). Eine ungleich prononciertere sozialkritische Übersetzungspoetik vertrat der andere prominente Übersetzer chinesischer Dichtung, Albert Ehrenstein,[605] der dagegen den satirischen Dichter Bai Juyi (Po Chü-i bzw. Pe Lo T'ien) (772–846) bevorzugte.[606] 1924 legte Ehrenstein auch *Nachdichtungen revolutionärer chinesischer Lyrik aus drei Jahrhunderten* im kommunistischen Malik-Verlag vor und setzte sich somit von der „parfümiert[en]" Manieriertheit der zeitgenössischen Chinoiserien entschieden ab.[607] Zu den weiteren Übersetzer/innen zählten Alfred Richard Meyer, der gemeinsam mit dem Theater- und Filmkritiker Ernst Ulitzsch Nachdichtungen chinesischer und persischer Liebesgedichte sowie des Kālidāsa zugeschriebenen *Ṛtusaṃhāra* (ऋतुसंहार) (4./5. Jh.)[608]

---

chinesischer Lyrik. Berlin: Erich Reiß Verlag 1921; Wang-Siang: Das Buch der irdischen Mühe und des himmlischen Lohnes. Übertragen von Klabund. Hannover: Paul Steegemann Verlag 1921; Laotse: Mensch werde wesentlich! Sprüche. Deutsch von Klabund. (Mit Umschlag-Illustration von Helmuth Körber.) Berlin-Zehlendorf: Fritz Heyder 1921.

605 Albert Ehrenstein: Schi-King: Das Liederbuch Chinas. Gesammelt von Kung-Fu-Tse. Hundert Gedichte dem Deutschen angeeignet. Nach Friedrich Rückert von Albert Ehrenstein. Leipzig/ Wien/Zürich: E. P. Tal-Verlag 1922; Ders.: Pe-Lo-Thien. Einband-Illustration u. Titel-Vignette von Georg Alexander Mathéy. Berlin: Ernst Rowohlt Verlag 1923; Ders.: China klagt. Nachdichtungen revolutionärer chinesischer Lyrik aus drei Jahrtausenden. Berlin: Der Malik-Verlag 1924 (Malik-Bücherei Bd. 8). Zu Ehrensteins Nachdichtungen vgl. Ingrid Schuster: China und Japan in der deutschen Literatur: 1890–1925. Bern/München: Francke 1977, S. 104–108, und Arne Klawitter: Wie man chinesisch dichtet, ohne chinesisch zu verstehen. Deutsche Nach- und Umdichtungen chinesischer Lyrik von Rückert bis Ehrenstein. In: Arcadia. Zeitschrift für Allgemeine und Vergleichende Literaturwissenschaft 48 (2013) 1, S. 98–115.

606 Grundlage von Ehrensteins Nachdichtungen waren August Pfizmaiers Prosa-Übersetzungen (A. P.: Der chinesische Dichter Pe-lŏ-thien. Wien: Gerold 1886).

607 Dieser Anspruch charakterisiert bereits Ehrensteins Po-Chü-i-Nachdichtungen, wie einer Ankündigung des Bandes zu entnehmen ist: „Chinesische Lyrik – das war ins Deutsche übertragen meist chinesisch angemalter Geibel. Lag's an der Auswahl, lag's an den Mittlern – die Pfirsichblüten chinesischer Dichter dufteten im Deutschen meistens ein bißchen parfümiert. Von solcher Süßigkeit sind die Dichtungen *Pe-Lo-Thien* frei, die Albert Ehrenstein soeben in einem wunderschönen ausgestatteten Bande bei Ernst Rowohlt herausgegeben hat. Es sind Dichtungen der edelsten Schwermut, deren Meister und Opfer ja nicht nur Pe-Lo-Thien, sondern auch der deutsche Albert Ehrenstein ist" (Das Tage-Buch 4 [1923] 2, S. 968). Die Ankündigung spielt auf Hans Bethges *Pfirsichblüten aus China* (1920) an.

608 Es handelt sich um eine Dichtung in sechs Gesängen, welche die sechs indischen Jahreszeiten schildern – Sommer (*grīṣma*), Regenzeit (*varṣā/pāvas*), Herbst (*śarat*), Winter (*hemanta*), kühle Zeit (*śiśira*) und schließlich Frühling (*vasanta*), der das indische Jahr abschließt. Es ist wahrscheinlich, dass Meyer bei seiner Nachdichtung die Verdeutschung des Orientalisten und A. W. Schlegel-Schülers Peter von Bohlen (1796–1840) aus dem Jahre 1839 zugrunde gelegt hat. Auch sie ist in Paarreimen verfasst. (Vgl.: Die Jahreszeiten von Kâlidâsa. Aus dem Sanskrit übersetzt von P. v. Bohlen. In: Morgenblatt für gebildete Leser 1839, Nr. 264 vom 4. November, S. 1503 f. (*Der Sommer*), Nr. 265 vom 5. November, S. 1057 f. (*Die Regenzeit*), Nr. 266 vom 6. No-

vorlegte,[609] ferner Marguerite und Ulrich Steindorff, die Kakuzō Okakuras *Buch vom Tee* (茶の本) übersetzten,[610] sowie der aus Königsberg gebürtige expressionistische Dramatiker Rolf Lauckner (1887–1954). Er verdeutschte 1924 Kālidāsas *Shakuntala*-Drama,[611] das Ernst Ludwig Kirchner in seinem fünfteiligen lithographischen Zyklus von 1907 illustriert hatte.[612]

---

vember, S. 1063 f. (*Der Herbst*), Nr. 270 vom 11. November, S. 1077 f. (*Der Winter*), Nr. 274 vom 15. November, S. 1093 f. (*Der Frühling*). Von Bohlens Übertragung erschien vollständig, d. h. unter Einschluss der „Thaueszeit" als fünfte Jahreszeit, unter dem Titel: Ritusanhâra, id est Tempestatum cyclus [...]. Lipsiae: Wigand 1840). Meyer folgt allerdings nicht der Strophenabfolge des Originals bzw. von Bohlens Übertragung, er kombiniert und disponiert die Strophen auf eigenwillige Weise neu um. Auch beschränkt er sich in seiner Nachdichtung nicht nur – wie der Titel *Der indische Frühling* vermuten lassen könnte – auf den Vasanta-Gesang, sondern bezieht auch die anderen Jahreszeiten mit ein. Ein Vergleich der beiden Fassungen erlaubt, den expressionistisch-freizügigen, ja lasziven Charakter seiner avantgardistischen Version zu ermessen. Ausgehend von folgender Strophe aus dem Winter-Gesang etwa („Sie finden den vollen Busen von Nägelspuren wund / Und fühlen, wie vom Küssen verletzt der schöne Mund; / Da röthen sie die Lippen mit eifrigem Bemühn / Und lassen bei Sonnenaufgang die Knospen neu erblühn". Ritusanhâra, id est Tempestatum cyclus, S. 106, Nr. 15) intensiviert Meyer die erotische Dimension. Dies geschieht durch metaphorische Interpolationen (die Brust als „wüstes Schlachtfeld", die Beackerung der Lippen durch die „Pflüge" der Küsse) sowie durch die gezielte Lüftung metaphorischer Verschleierung (das Erblühen der Knospen wird zum Sich-Aufrichten der Brustwarzen disambiguiert): „Der Busen ist ein wüstes Schlachtfeld blutiger Nägelspuren / Wie Pflüge heiße Küsse durch der Lippen Schwellung fuhren. / Doch Balsam rötet schnell die Haut des Mundes wieder zart. / Und schon des Abends sind der Brüste Spitzen wieder hart" (Kalidasa: Der indische Frühling. Sanskrit-Strophen des Ritusanhára. (Die deutsche Nachdichtung der vorstehenden Verse ist besorgt von Alfred Richard Meyer und Ernst Ulitzsch.) Berlin: Fritz Gurlitt 1921, sine pag.).

609 Das Blumenboot der Nacht. Chinesische Liebesgedichte. (Die deutsche Nachdichtung der vorstehenden Verse ist besorgt von Alfred Richard Meyer und Ernst Ulitzsch. Mit 11 Originallithographien von Richard Janthur.) Berlin: Fritz Gurlitt Verlag 1921; Die Rosen von Schiras. Persische Liebesgedichte. (Die deutsche Nachdichtung der vorstehenden Verse ist besorgt von Alfred Richard Meyer und Ernst Ulitzsch. Mit 11 Originallithographien von Richard Janthur.) Berlin: Fritz Gurlitt Verlag 1921 (Das geschriebene Buch; Bd. 4); Kalidasa: Der indische Frühling. Sanskrit-Strophen des Ritusanhára. (Die deutsche Nachdichtung der vorstehenden Verse ist besorgt von Alfred Richard Meyer und Ernst Ulitzsch.) Berlin: Fritz Gurlitt Verlag 1921 (Das geschriebene Buch. Bd. 1) [100 Expl. Mit 11 Orig.-Lithographien von Richard Janthur].
610 Kakuzō Okakura: Das Buch vom Tee. Aus dem Englischen von Marguerite und Ulrich Steindorff. Leipzig: Insel-Verlag 1919 (Insel-Bücherei Nr. 274).
611 Sakuntala. Ein indisches Schauspiel in sieben Akten. Ins Deutsche übertragen von Rolf Lauckner. Berlin: Volksbühnen-Verlags- und Vertriebs GmbH 1924. Zu Lauckner vgl. Raabe 1985, S. 300–303, Nr. 184; Killy Bd. 7, S. 261; Gisela Henze-Fliedner: „Lauckner, Rolf". In: NDB Bd. 13 (1982), S. 698 f. Lauckners frühe Dramen, die zum Teil expressionistische Züge tragen, hatten großen Publikumserfolg: *Christa die Tante* (1918), *Predigt in Litauen* (1919), *Wahnschaffe* (1920),

Die dominierende Gattung ist die Lyrik. Meist handelt es sich um Nachdichtungen aus zweiter Hand, die auf bereits ‚klassische' Übertragungen zurückgreifen oder – bewusst oder unbewusst –Fälschungen aus dem 19. Jahrhundert wieder in Umlauf bringen und mit echten Übersetzungen vermengen. So beruht Albert Ehrensteins Übersetzung des *Shījīng*, der ältesten Sammlung chinesischer Lyrik (entstanden wohl zwischen dem 10. und dem 7. Jahrhundert v. Chr.), auf den Übersetzungen von Victor von Strauss und den Nachdichtungen Friedrich Rückerts, von denen etliche Neudichtungen ohne chinesische Vorlage sind.[613]

Die starke Präsenz des asiatischen Kulturraums und insbesondere der chinesischen Literatur ist nicht nur die langzeitliche epigonale Wirkung einer China-Mode, die in Europa spätestens seit den Anthologien von Marquis d'Hervey-Saint-Denys (*Poésies de l'époque des Thang*, 1862) und Judith Gautier (*Le livre de Jade*, 1867) eingesetzt hatte, sondern erhält vor dem Hintergrund der expressionistischen Kulturkritik auch eine zeitspezifische Fundierung. Relevant ist in dieser Hinsicht vor allem Theodor Lessings Artikelserie *Europa und Asien*, die 1917 in der *Aktion* und 1918 auch als Broschüre erschien. Europa – so Lessings Kulturdiagnose – definiere sich auch in seinem kulturellen Wirken über das bürgerliche Prinzip der ‚Leistung'.[614] Die asiatische Kultur sei dagegen „Gestalt und Ausdruck des Blutes", natürlich gewachsen, organisch und notwendig.[615] Dem europäischen Schreiberling als Hochstapler und „Gefühlsindustriellen"[616] stehe der asiatische Dichter als genialisches, authentisches Naturtalent gegenüber.[617]

Schrei aus der Straße (1922). *Der Sturz des Apostels Paulus* (1917) wurde von Max Reinhardt 1919 am Deutschen Theater in Berlin uraufgeführt.

612 Ernst Ludwig Kirchner: Das graphische Werk. Hg. von Annemarie und Wolf-Dieter Dube. München: Prestel Verlag 1967, Nr. 14 – 18.

613 Vgl. Ruixin Han: Die China-Rezeption bei expressionistischen Autoren. Frankfurt/Main u. a.: Lang 1993, S. 176, sowie Yunru Zou: SCHI-KING. Das „Liederbuch Chinas" in Albert Ehrensteins Nachdichtung. Ein Beispiel der Rezeption chinesischer Lyrik in Deutschland zu Beginn des 20. Jahrhunderts [Mannheimer Studien zur Literatur- und Kulturwissenschaft Bd. 39]. St. Ingbert: Röhrig Universitätsverlag 2006, S. 255.

614 „Bei Allem was der Europäer ‚Kultur' nennt handelt es sich um irgend ein Können, Schaffen, Leisten, Produzieren. Er entwirft Maschinen, Brücken, Eisenbahnen, lenkbare Luftschiffe. Er schreibt Bücher, malt Bilder, komponiert Musikwerke. Er bringt, wohin er kommt, eine Fülle von Wissen, eine Menge neuer Bedürfnisse, eine Unsumme Fertigkeiten und Technik" (Theodor Lessing. Europa und Asien. Berlin-Wilmersdorf: Verlag der Wochenschrift *Die Aktion* 1918, S. 34).

615 „Darum tragen die Erzeugnisse dieser Menschen jenen Stempel natürlicher Sicherheit und klarer Selbstverständlichkeit, stiller Innigkeit und Einfachheit, Klarheit und Begriflichkeit für Jedermann, der nur das Gewachsene und Gewordene, nie aber bloß Geschaffenes und Geleistetes trägt" (ebd., S. 40).

616 Ebd., S. 39.

Paradigmatisch für die Rezeption von Lessings Kulturkritik im Expressionismus ist eine von Klabund vorgelegte Sammlung von Laozi-Sprüchen, die 1921 unter dem programmatisch expressionistischen Titel *Mensch werde wesentlich!* erschien und Nachdichtungen von 28 Sprüchen aus Laozis *Daodejing* umfasst.[618]

---

617 „Nichts ist dem Genius, den Natur hervorbringt, fremder als ein Berufsstand von Gelehrten, Artisten, Literaten, deren übersteigerte Geistigkeit nur eine Leistung ist, nicht Gepräge und Form, die das Leben selber annahm." (Ebd., S. 41). Dem entspricht auch die ästhetische Opposition zwischen der mimetischen Gegenständlichkeit der europäischen Kunst und der amimetischen Symbolik der asiatischen Ästhetik, die Lessing als Vorläuferin des Expressionismus charakterisiert: „Blicken wir einen Augenblick von dem Unterschiede des europäischen und asiatischen *Wissens* vom Leben zu den Unterschieden des *künstlerischen* Weltbildes der zwei Erdhälften hinüber. Da finden wir, daß die europäische Kunst im Vergleich zu der Asiens fast durchweg *gegenständliche* Kunst ist. Der Maler will die wahrgenommene Landschaft oder das beobachtete Bildnis ‚wirklichkeitstreu' auf die Leinwand bringen. Der Dichter sein Werk aus analytischen Elementen, beobachteten Einzelheiten zusammensetzen (‚verdichten'). Selbst der Musiker rühmt sich einer Art: Objektivität. – Nichts davon in Asien! Hier zeigen Gedicht und Gemälde, unbekümmert um Psychologie oder Perspektive, den Ausdruck einer Seele, die in Milliarden Gestalten ganz ungeteilt sich den Sinnen bietet" (ebd., S. 93 f.). Ist die europäische Kunst um die Rekonstruktion des wirklichen Gegenstandes bemüht, so kreist die chinesische Kunst dagegen nicht um die Wiedergabe eines Gegenstandes, sondern eines seelischen Erlebnisses. Daher empfiehlt Lessing den expressionistischen Künstler/-innen, bei ihren asiatischen Kollegen „in die Schule zu gehen": „Die asiatische Kunst [...] hängt immer noch an den Visionen des Augenblicks, so daß der Künstler sich nicht scheut, das Gesehene so wiederzugeben wie es just *seinem* Erleben sich bietet, z. B. einen an sich geringfügigen Gegenstand riesengroß und übermächtig zu zeichnen, falls er für ihn eine höhere seelische Bedeutung hat, als die an sich gleich großen Gegenstände der Umgebung [...]. Daher können die ‚expressionistischen' Maler der Gegenwart, die nicht photographieren, sondern Gesichte bannen wollen, bei Künsten Asiens wohl in die Schule gehen, von denen man schön gesagt hat: Sie geben nur ein Baumblatt, aber es ist der ganze Frühling" (ebd., S. 94 f.).

618 Einige dieser Nachdichtungen hatte Klabund 1919 bereits in *Vivos voco* publiziert, in seine Sammlung übernahm er sie teilweise unverändert und teilweise in freierer Übersetzung (Klabund: Tao/ Eine Auswahl aus den Sprüchen des Lao Tse, verdeutscht von Klabund, mit einer kurzen Anmerkung von Hermann Hesse. In: Vivos voco, 1919, S. 53 – 56). Seine Bearbeitungen stützen sich maßgeblich auf Richard Wilhelms Übersetzung *Laotse. Vom Sinn und Leben* (Jena 1911). Klabund wählt eine eigenständige Reihenfolge der Sprüche, seine Auswahl aus dem chinesischen Original zeugt von einer Fokussierung der ethischen und politischen Thematik, während die metaphysischen Sprüche kaum berücksichtigt werden. Dies entspricht seinem Verständnis Laozis: Im Nachwort schreibt Klabund, nachdem er, sich auf den Historiker Sze ma Tsien (1. Jahrhundert v. Chr.) berufend, die Legende um die Entstehung des *Daodejing* wiedergegeben hat, die Sammlung diene „zum Nach-denken und Nach-leben" (Klabund. Laotse: Mensch werde wesentlich! Sprüche. Deutsch von Klabund. (Mit Umschlag-Illustration von Helmuth Körber.) Berlin-Zehlendorf: Fritz Heyder 1921, S. 32). Dies impliziert eine praktische Handlungsanweisung, die dem daoistischen Gebot des Nichthandelns entgegenläuft; die daoistische Vernunftphilosophie wird zu einer nachzuerlebenden Philosophie umgeformt (vgl. Christian von Zimmermann: Mensch /

Der Titel von Klabunds Sammlung zitiert einen Vers des Angelus Silesius aus den *Geistreichen Sinn- und Schlußreimen* (1657) bzw. dem *Cherubinischen Wandersmann* (1674).[619] Bereits Ernst Stadler hatte dieses Diktum in seinem Gedicht *Der Spruch* zur expressionistischen Losung umgedeutet. Klabund konstruiert dadurch eine Verwandtschaft zwischen der daoistischen Weltsicht, der deutschen Mystik und dem Expressionismus mit Blick auf die Überwindung der Grenze zwischen dem Ich und dem Dao durch die Innenschau.[620] Das Gebot, „wesentlich" zu werden, erläutert Klabund im Nachwort seines Textes. In Theodor Lessings Nachfolge formuliert er dort ein polares Weltbild, in dem das auf die „Innenwelt" bezogene östliche Denken mit dem westlichen, „rationalistische[n], empiristische[n] Denken" kontrastiert wird. „Wesentlich" kann der westliche Mensch erst durch die Nachahmung des östlichen Menschen werden. Der Daoismus, dem Klabund um diese Zeit selbst anhing, erscheint somit als „Heilmittel" und als Weg, die Zerrissenheit der westlichen Kultur zu überwinden.[621]

Dass die Beschäftigung mit der chinesischen Poesie Klabund auch dazu veranlasste, seinen Bellizismus zu hinterfragen, zeigen seine Nachdichtungen chinesischer Kriegslieder *Dumpfe Trommel und berauschtes Gong* (1915),[622] die im Folgenden ausführlich ausgewertet werden sollen.[623] Zu Beginn des Konflikts

---

werde wesentlich. Laotse. Sprüche (1920). In: Klabund: Werke in acht Bänden. Band 7: Übersetzungen und Nachdichtungen. Hg. von Christian v. Zimmermann. Heidelberg: Elfenbein 2001, S. 263–267, hier S. 264).

619 „Mensch werde wesentlich: denn wann die Welt vergeht, / So fält der Zufall weg / daß wesen daß besteht." (Johannis Angeli Silesii Geistreiche Sinn- und Schlußreime. Wien: Johann Jakob Kürner 1657, S. 61 Nr. 30 [*Zufall und Wesen*]).

620 Vgl. Kuei-Fen Pan-Hsu: Die Bedeutung der chinesischen Literatur in den Werken Klabunds. Eine Untersuchung zur Entstehung der Nachdichtungen und deren Stellung im Gesamtwerk. Frankfurt/Main u. a.: Lang 1990, S. 121.

621 Ebd., S. 129.

622 Klabund: Dumpfe Trommel und berauschtes Gong. Nachdichtungen chinesischer Kriegslyrik. Leipzig: Insel-Verlag 1915 (Insel-Bücherei Nr. 183). Zu Klabunds Sammlung *Dumpfe Trommel und berauschtes Gong* vgl. den summarischen Überblick von Kuei-Fen Pan-Hsu: Die Bedeutung der chinesischen Literatur, S. 84–91.

623 Folgende Ausführungen beruhen auf meinem Beitrag: „Was bleibt vom Heldentum?" Klandestine Autorschaft in Klabunds chinesischen Nachdichtungen *Dumpfe Trommel und berauschtes Gong* (1915). In: Zeitschrift für interkulturelle Germanistik 11 (2020), S. 25–41. Klabunds Sammlung *Dumpfe Trommel und berauschtes Gong* umfasst insgesamt dreißig Texte, die der Epoche der Dynastie Thang (618–907 n. Chr.) angehören. Die am stärksten vertretenen Dichter sind Li Bai (oder Li Po) mit zwölf Texten und sein Dichterfreund Du Fu mit neun Gedichten. Zentral ist allerdings die Dialektik von Übersetzung und Eigenschöpfung. Etwas weniger als die Hälfte von Klabunds Nachdichtungen aus dem Chinesischen besitzt keine chinesische Vorlage. Die Rezeption der kulturellen Alterität verbindet sich somit mit der Projektion des Eigenen auf das Fremde. Zudem handelt es sich bei Klabunds Übersetzungen um Übertragungen aus zweiter

hatte er sich als Patriot durch seine Kriegsliederproduktion hervorgetan.[624] Die
Forschung hat inzwischen auch seine Tätigkeit als Informant des Militärnach-

---

Hand, die auf französische und deutsche Vorgängerversionen zurückgehen. Von Klabunds dreißig
Nachdichtungen konnte Han (Ruixin Han: Die China-Rezeption bei expressionistischen Autoren.
Diss, Frankfurt/Main: Lang 1993) 16 chinesische Vorlagen identifizieren. Allerdings ist Hans Liste
lückenhaft. So geht Klabunds Nachdichtung *Tod der Jünglinge auf dem Schlachtfeld* – wie zu
zeigen sein wird – auf ein Gedicht des Qu Yuan zurück (国殇), das Han nicht kennt. Bei Han
ebenso wenig verzeichnet ist Li Bais Gedicht 春日行: 深宫高楼入紫清, das die Vorlage für Klabunds *Das Friedensfest* darstellt (vgl. 25 T'ang poets. Index to English translations. Compiled by
Sydney S. K. Fung and Shu Tim Lai, Hong Kong: Chinese University Press 1984, S. 94, Nr. 0584).
Trotzdem besitzt eine immer noch beträchtliche Anzahl von Klabunds chinesischen Nachdichtungen keinen chinesischen Prätext. So gehen von den zwölf Gedichten, die Klabund Li Bai zuschreibt, nur zehn auf chinesische Vorlagen zurück: *Krieg in der Wüste Gobi, Nach der Schlacht,
Die vier Jahreszeiten, Schreie der Raben, Der große Räuber, An der Grenze, Winterkrieg, Fluch des
Krieges, Ode auf Nanking* und *Das Friedensfest*. Die restlichen beiden Gedichte, die Klabund Li Bai
zuschreibt, dürften dagegen Fälschungen sein. So wurde *Die weiße und die rote Rose* offenbar von
Judith Gautier verfasst und als chinesische Dichtung ausgegeben wurde, wie Ferdinand Stocès
vermutet (F. S.: Sur les sources du *Livre de Jade* de Judithe Gautier [1845–1917]. In: Revue de
littérature comparée 3 [2006] 319, S. 335–350, hier 343). *Die junge Frau steht auf dem Warteturm*
dürfte dagegen die Eigenschöpfung eines anderen Übersetzers, Otto Hauser, sein. Noch prekärer
ist es um die Autorschaft von Li Bais Dichterfreund Du Fu bestellt. In Klabunds Sammlung ist er
mit neun Dichtungen vertreten, von denen allerdings nur fünf auf chinesische Originalgedichte
zurückgehen: *Ausmarsch, Der Werber, Die junge Soldatenfrau, Rückkehr in das Dorf Ki-ang* sowie
Waffenspruch, den Klabund versehentlich dem Dichter Tsüi-tao zuschreibt. Vier weitere Nachdichtungen, nämlich *Die Maske, Nachts im Zelt, Sieger mit Hund und schwarzer Fahne, O mein
Heimatland*, besitzen hingegen keine Vorlage bei Du Fu. Auch bei *Der Abschied* dürfte es sich um
eine Fälschung bzw. Eigenschöpfung Gautiers handeln. Wie *Die weiße und die rote Rose* ist auch
dieses Gedicht Gauthiers Anthologie *Le livre de jade* entnommen, wo es unter der Überschrift *Les
adieux* zuerst Roa-Li, dann in einer späteren Auflage von 1902 Li-Oey zugeschrieben wird (dazu F.
S.: Sur les sources du *Livre de Jade*, S. 341). Klabund selbst benennt im Nachwort zu seiner Anthologie die von ihm herangezogenen Übersetzungen: „Den Übertragungen liegen hauptsächlich
zugrunde: Marquis d'Hervey Saint Denys: Poësies de l'époque des Thangs, Paris 1862; Judith
Walter: Le livre de Jade (gemeinsam mit Tin-tun-ling), Paris 1867; Harlez, Bulletins de l'académie
belgique royale (La poësie chinoise), Brüssel. Ergänzend wurden herangezogen: Viktor von
Strauß' Übersetzungen des Schī-Kīng (Heidelberg 1899), A. Forke, Blüthen chinesischer Dichtung
(Madgeburg 1899, zuerst im Ostasiatischen Lloyd, Shanghai); O. Hauser: Li-tai-po (Weimar); O.
Hauser: Die chinesische Dichtung (Berlin 1908); W. Grube: Geschichte der chinesischen Literatur
(Leipzig 1902); Pfizmaier: Li-sao (in den Denkschriften der Wiener Akademie 1852) und sonstige
Arbeiten Pfizmaiers in den Denkschriften; H. Heilmann: Chinesische Lyrik (München 1905) zu-
grunde" (Klabund: Dumpfe Trommel und berauschtes Gong. Nachdichtungen chinesischer
Kriegslyrik, Berlin: Elfenbein 2009, S. 44).
624 Dazu zählen die Anthologien *Soldatenlieder* (1914), das von Richard Seewald illustrierte
Kleines Bilderbuch vom Kriege (1914), *Das deutsche Soldatenlied, wie es heute gesungen wird* und
Dragoner und Husaren (beide 1915).

richtendienstes in der Schweiz aufgedeckt.[625] Dass sich allerdings allmählich ein Wandel in seiner Einstellung zum Krieg vollzog, dokumentieren seine chinesischen Nachdichtungen von 1915. In einer autobiographischen Skizze, die im Deutschen Literaturarchiv Marbach aufbewahrt ist, betont er selbst retrospektiv die bedeutsame Rolle dieser Übersetzungsarbeit: „Schon im Frühling 1915 bereitete sich der Umschwung in ihm vor, als er die chinesische Kriegslyrik schrieb".[626] Signifikant ist in dieser Hinsicht auch Klabunds Nachwort, das den elegischen Duktus der chinesischen Kriegslyrik unterstreicht und deren Abstand von der heroischen Tradition der abendländischen Kriegsdichtung betont:

> Die chinesische Kriegslyrik überrascht durch die Kraft ihrer Anschauung und die Unerbittlichkeit ihrer Resignation, die sie von der meist hymnisch oder episch gearteten Kriegsdichtung aller übrigen Völker scharf unterscheidet. [...] In seinem Sohn allein erscheint der Mensch verewigt. In der Familie ist er unsterblich. Darum heißt Krieg für den Chinesen: fern von der Heimat sterben ... unbestattet im Mondlicht verwesen ... die Knochen nicht von frommer Kinder Hand gesammelt ... kein Ahne sein ... sterben ... (aber ein Ahne ist unsterblich).[627]

Diese Charakterisierung der chinesischen Kriegslyrik als wesentlich elegisch findet ihre Entsprechung auch in Klabunds Anthologie. Zwar finden sich dort auch Texte, die den Tod für das Vaterland verklären oder an die soldatische Kameradschaft appellieren. Insgesamt dominiert allerdings eine elegische Sicht auf den Krieg, durch welche Klabund – im Modus klandestiner Autorschaft – seine eigene Skepsis gegenüber dem deutschen Militarismus artikuliert. Klabund dekonstruiert das heroische Ethos nicht nur dadurch, dass er in seine Anthologie vor allem kriegskritische Texte aufnimmt.[628] Er greift auch in die Vorlagen ein, indem

---

625 Markus Pöhlmann: Der Grenzgänger. Der Dichter Klabund als Propagandist und V-Mann im Ersten Weltkrieg, in: Zeitschrift für Geschichtswissenschaft 55 (2007) 5, S. 397–410.

626 Klabund: Autobiographie (93.151.58, Deutsches Literaturarchiv Marbach). Zit. nach: Klabund in Davos: Texte, Bilder, Dokumente. Zsgest. von Paul Raabe. Zürich: Arche-Verl. 1990, S. 110–112, hier S. 111.

627 Klabund: Dumpfe Trommel und berauschtes Gong, S. 45.

628 Von den insgesamt dreißig Texten der Sammlung haben nur wenige – etwa acht – explizit bellizistischen Charakter. Dazu gehören *Chinesisches Soldatenlied*, *Die Maske*, *Die junge Soldatenfrau*, *Sieger mit Hund und schwarzer Fahne*, *Nach der Schlacht*, *Der große Räuber* und *An der Grenze*. *Chinesisches Soldatenlied* etwa appelliert an den Wert der Kameradschaft, *Der große Räuber* unterstreicht die Überlegenheit des kriegerischen Ruhms gegenüber der dichterischen Fama und feiert den expressionistischen Vitalismus in Gestalt des kraftstrotzenden Räubers, in *Die junge Soldatenfrau* ermuntert die Braut den Ehemann zum tapferen Kampf für das Vaterland, *An der Grenze* rechtfertigt den Krieg als Kampf gegen die Barbaren. Eine größere Anzahl von Texten – etwa achtzehn – zeichnet dagegen auf jeweils unterschiedliche Weise ein negatives Bild

er *einerseits* die in den Dichtungen bereits präsente Kritik des Krieges verstärkt und *andererseits* bellizistische Dichtungen im antiheroischen Sinne kontrafakturartig modifiziert. Gerade diese beiden Strategien sollen im Folgenden durch genauere Textanalysen rekonstruiert werden. Schließlich verrät auch das Arrangement der Gedichte Klabunds Versuch, seinen Abstand von der offiziellen Kriegspropaganda zu markieren. Das Abschlussgedicht der Anthologie ist nicht zufällig *Das Friedensfest* nach Li Bai – eine Friedensapotheose, welche die Frühlingssymbolik zusätzlich unterstreicht.[629] Was sich in Klabunds Sammlung abzeichnet, ist eine ‚klandestine Poetik‘, die im Medium der Übersetzung den von der Kriegspropaganda verordneten Heroismus unterläuft. Unter dem Deckmantel der Nachdichtung erprobt Klabund neue, unheroische Perspektiven auf den Krieg und problematisiert damit auch seine frühere kriegsaffirmative Lyrikproduktion.

Paradigmatisch für Klabunds Verfahren, der Kriegskritik seiner Vorlagen zusätzlichen Nachdruck zu verleihen, ist bereits das Eröffnungsgedicht, *Klage der Garde*. Den Ausgangstext bildet die deutsche Übersetzung des Rollengedichts *Kriegsminister* (祈父) aus den kleineren höfischen Festliedern des *Shījīng* durch

---

des Krieges und hinterfragt explizit oder implizit den militaristischen Diskurs. Zahlreiche Gedichte reflektieren die menschlichen und materiellen Verwüstungen des Krieges (darunter *Epitaph auf einen Krieger, Tod der Jünglinge auf dem Schlachtfeld, Der weiße Storch, Ausmarsch, Der Werber, Rückkehr in das Dorf Ki-ang, Krieg in der Wüste Gobi, Fluch des Krieges, Ode auf Nanking*). *Ausmarsch* geißelt die Machtgier des Kaisers („Unersättlich ist des Kaisers Hunger nach der Macht der Welt. / Vor seiner Stirn verdampft des Volkes Odem". Dumpfe Trommel und berauschtes Gong, S. 14, V. 13 f.). *Krieg in der Wüste Gobi* charakterisiert den Patriotismus als Deckmantel des Mordes („In Fahnen hüllt der Mordrausch sich wie in Gewänder". Ebd., S. 26, V. 7). Zentral ist ferner das elegische Motiv des durch den Krieg getrennten Liebespaares. Etliche Gedichte lassen Gattinnen zu Worte kommen, die sehnsüchtig auf ihre in die Schlacht gezogene Männer warten (*Abschied, Vom westlichen Fenster, Die weiße und die rote Rose, Schreie der Raben, Die junge Frau steht auf dem Warteturm*), oder Soldaten, die über ihre zurückgelassenen Geliebten sinnen (*Nachts im Zelt*). Andere Texte wiederum sind als Rollengedichte von Soldaten angelegt, welche über die Unmenschlichkeit des Krieges reflektieren und den Wunsch äußern, keine Soldaten mehr sein zu müssen (*Klage der Garde, Der müde Soldat, Winterkrieg*).
629 Der Forschung ist bisher entgangen, dass diese Nachdichtung auf Hans Heilmanns Übersetzung *Frühlings Anfang* nach Li Bai beruht (Die Fruchtschale. Eine Sammlung. Erster Band: Chinesische Lyrik vom 12. Jahrhundert v. Chr. bis zur Gegenwart. In deutscher Übersetzung, mit Einleitung und Anmerkungen von Hans Heilmann, München/ Leipzig: R: Piper & Co. [1905], S. 31–33). Im Mittelpunkt des Textes steht Ming-Hoang-Ti (Hiouan-tsoung), der zumindest in der ersten Zeit seiner Regierung dem Land eine Zeit des Friedens sicherte (ebd., S. 125, Anm. 25). Den irenischen Charakter des Kaisers betont Klabund durch den Titel *Das Friedensfest* sowie durch die Apostrophierung des Herrschers als „Friedenskaiser" (Dumpfe Trommel und berauschtes Gong, S. 40, V. 16).

Victor von Strauss.[630] Das Gedicht wird von Soldaten der königlichen Garde von König Xuan (827–782 v.Chr.) der Zhou-Dynastie gesprochen, die sich an den Kriegsminister und Chef der Garde im Ton bitteren Vorwurfs wenden.[631] Ihre *Klage* ist zugleich eine *Anklage* über den ungebührlichen Einsatz der königlichen Hofgarde durch den Kriegsminister und Feldmarschall in einer ruinös verlaufenen offenen Schlacht gegen die nördlichen Grenzstämme im Jahre 788 v.Chr.[632]

Die von Victor von Strauss vorgelegte Übersetzung ist ziemlich wortgetreu:

Klage der Garden über ihre ungehörige Verwendung

Reichsfeldmarschall!
Wir sind des Königes Gebiß und Krallen.
Was hast du in das Elend uns gestürzt,
Wo kein Verweilens bleibt uns Allen?

Reichsfeldmarschall!   5
Wir sind des Königs Krallen und Soldaten.
Was hast du in das Elend uns gestürzt,
Wo wir an's Ende nie gerathen?

Reichsfeldmarschall!
Fürwahr du thatst nicht weise.   10
Was hast du in das Elend uns gestürzt,
Daß Mütter müh'n sich müssen um die Speise?[633]

Diese Übertragung diente Klabund als Vorlage für die eigene Nachdichtung:

---

630 Die Sammlung des *Shījīng* (*Buch der Lieder*) ist die älteste Sammlung chinesischer Lyrik, entstanden wohl zwischen dem 10. und dem 7. Jahrhundert v.Chr., und gliedert sich in 160 Volkslieder (*fēng*), 105 kleinere und größere höfische Festlieder (*xiǎoyǎ* respektive *dàyǎ*) und 40 hymnische Preislieder zu Ehren der Ahnen (*sòng*). Vgl. Helwig Schmidt-Glintzer: Geschichte der chinesischen Literatur: von den Anfängen bis zur Gegenwart. München: Beck 1999, S. 28–35.
631 „祈父，/予王之爪牙。/胡转予于恤，/靡所止居？// 祈父，/ 予王之爪士. /胡转予于恤，/ 靡所底止？// 祈父，/ 亶不聪. / 胡转予于恤?" (Xuancong Fu und Li Ke (Hg.): 有母之尸饔. Shījīng, Shenyang 2009, S. 158).
632 Schī-Kīng. Das kanonische Liederbuch der Chinesen. Aus dem Chinesischen übersetzt und erklärt von Victor von Strauss. Heidelberg: Carl Winter's Universitätsbuchhandlung 1880, S. 296, Anm. 1.
633 Ebd., S. 296. Im Vergleich zum chinesischen Original zeichnet sich die Nachdichtung des Victor von Strauss durch eine Poetisierung der Vorlage aus. Die schlichte Aussage: „靡所止居" („Ich habe kein Haus") wird zu „Wo kein Verweilens bleibt uns Allen?" stilisiert. Während im chinesischen Original sich die Kritik am General darauf richtet, dass er die Klage der Garde „nicht hören kann" („亶不聪."), wird die Schelte des Feldherrn in der deutschen Übersetzung explizit gemacht und dessen uneinsichtiges Verhalten ausdrücklich moniert: „Fürwahr du thatst nicht weise" (V. 10).

Klage der Garde

General!
Wir sind des Kaisers Leiter und Sprossen!
Wir sind wie Wasser im Fluß verflossen ...
Nutzlos hast du unser rotes Blut vergossen ...
General!   5

General!
Wir sind des Kaisers Adler und Eulen!
Unsre Kinder hungern ... Unsre Weiber heulen ...
Unsre Knochen in fremder Erde fäulen ...
General!   10

General!
Deine Augen sprühen Furcht und Hohn!
Unsre Mütter im Fron haben kargen Lohn ...
Welche Mutter hat noch einen Sohn!
General?[634]   15

In seiner Nachdichtung potenziert Klabund die bereits in der Vorlage präsente
Kritik am Krieg. Gegenstand der Klage ist bei ihm nämlich nicht mehr das Elend
der endlosen Kriegsmärsche, sondern der Tod in der Schlacht. Wichtige Indikatoren sind in dieser Hinsicht die Aposiopesen am Versende, die das verhallende
Echo der Stimmen von Verstorbenen simulieren. Die Klage wird hier von den
Kriegsgefallenen selbst, als *eidolopoeie*, vorgetragen. Keine anderen als die toten
Soldaten sind es, die ihren Feldherrn beschuldigen.[635] Im Vergleich zum Original,
in dem sich der Anklagevers „Was hast du in das Elend uns gestürzt" („胡转予于
恤") dreimal identisch wiederholt, wirkt die Schelte jetzt differenzierter: In der
ersten Strophe monieren die Soldaten ihren nutzlosen Tod an der Front (V. 4), in
der zweiten Strophe schildern sie das bittere Los der hinterbliebenen Kinder und
Gattinnen sowie das Verfaulen ihrer Leichen „in fremder Erde" (V. 9), schließlich
beklagen die Soldaten in der dritten Strophe das Schicksal der Mütter, die sich für
kargen Lohn abmühen müssen und ihre Söhne an der Front verloren haben.
Ebenso auffallend ist, dass Klabund die Soldaten nobilitiert: Sie sind nicht mehr
„Gebiss und Kralle", sondern „Leiter und Sprossen" (V. 2), d. h. ein unverzicht-
bares Instrument für das Erklimmen der Machtleiter, und als „Adler und Eulen"
(V. 7) gewähren sie dem Kaiser Tag und Nacht ihren Schutz. Die Amplifikation der
Kritik am Krieg führt dazu, dass Klabund in der dritten Strophe den Feldherren

---

634 Klabund: Dumpfe Trommel und berauschtes Gong, S. 5.
635 Diesen Interpretationshinweis verdanke ich Susanne Neubrand, der an dieser Stelle herzlich
gedankt sei.

selbst als Zielscheibe der Klage auftreten lässt. Zu den bereits gebrauchten Doppelformeln („des Kaisers Leiter und Sprossen!", „des Kaisers Adler und Eulen!") tritt jetzt ein weiteres Hendiadyoin hinzu („Deine Augen sprühen *Furcht und Hohn*", V. 12), das den Feldherrn als sinistre und menschenverachtende Figur porträtiert.[636] Hatte bereits von Strauss das chinesische Gedicht in Reimform gebracht,[637] so intensiviert Klabund die Reimpoetik durch einen Haufenreim in der Strophenmitte (V. 2–4, 7–9, 12–14).

Ein weiteres Beispiel für Klabunds amplifizierende Militarismus-Kritik prägt auch seine Nachdichtung eines Textes, den Hans Heilmann als Gedicht des Konfuzius präsentiert. Der reimlose, freirhythmische Text hat bei Heilmann folgende Gestalt:

Menschenlos
Improvisation an dem verfallenen Grabmal eines berühmten Kriegers

Folgt nicht dem heißen Sommer der kühle Herbst?
Ist nicht der holde Lenz der Herold des traurigen Winters?
Wenn die Sonne im Osten aufgeht, eilt sie in Hast zum Untergang,
Und die Wässer aller Flüsse streben dem Ende im Meere zu.

Und doch kommen die Jahreszeiten immer wieder; von Tag zu Tag nimmt die   5
Sonne ihren Lauf zur Nacht, die Wässer erneuern sich und fließen ohn'
    Unterlaß;
Der Mensch allein lebt einmal und nicht wieder.
Und welche Spuren hinterläßt er von seinem Leib und seine[n] Taten?
Einen verfallenen Hügel, auf dem Unkraut wächst.[638]

Heilmann greift einige Reflexionen des Konfuzius über den ewigen Naturkreislauf aus dem *I-Ching*[639] auf und kontrastiert sie mit der Vergänglichkeit des mensch-

---

636 Die Kritik am Krieg unterstreicht auch das fallende Metrum in der zweiten Gedichthälfte („*Unsre* Kinder hungern... *Unsre* Weiber heulen ... / *Unsre* Knochen in fremder Erde fäulen ...", V. 8 f.). Zusätzlich beschwert wird der fallende Rhythmus in der letzten Strophe durch einen Hebungsprall in V. 13 („Frón hában"), der die Mühen der von ihren Söhnen allein gelassenen Mütter versinnbildlicht. Die weiblichen Kadenzen, welche die Mittelverse in den ersten beiden Strophen charakterisieren, werden in der Abschlussstrophe männlich klingend und verleihen der Klage somit zusätzliches Gewicht.

637 Die identischen Verse sind reimlos, die anderen hingegen gereimt.

638 Khong-Fu Tse: Menschenlos. In: Hans Heilmann: Die Fruchtschale, S. 6 f.

639 „The way of Heaven and Earth is characterized by its consistent change. Everything is going forth and coming back, its end is followed by a new beginning. The sun and the moon are always moving and shining in the sky, the four seasons are changing to foster the harvest, and the sages are consistently practicing their way to change the world. The nature of everything in the universe is revealed by watching its consistent change" (*I Ching, Heng*, Kap. 32. Zit. nach: Kwang-Kuo

lichen Kriegsruhms, die auch der Hinweis auf das „verfallene Grabmal" eines berühmten Soldaten im Untertitel hervorhebt.

In seiner kreuzgereimten, metrischen Nachdichtung in *vers communs* erweitert Klabund die Vorlage um eine Strophe, die jetzt ausschließlich der Vergänglichkeit des militärischen Heldentums vorbehalten ist, und bekräftigt somit die Reflexion über die Vergeblichkeit des Heroismus:

Epitaph auf einen Krieger

Es blühen aus dem Schnee die Anemonen.
Mit seinem Herzen spielt das Kind. Und es verweint's.
Uns, die am Brunnenrand der Erde wohnen,
Ist Sonnenauf- und niedergang nur eins.

Doch immer wieder quillt der Fluß vom Felsen,   5
Und immer wieder Mond um Frauen wirbt;
Der Herbst wird ewig seinen goldnen Kürbis wälzen,
Und ewig Grillenruf im Grase zirpt.

Es führten viele fest ihr Pferd am Zügel.
Der Ruhm der tausend Schlachten ist verweht.   10
Was bleibt vom Heldentum? Ein morscher Hügel,
Auf dem das Unkraut rot wie Feuer steht.[640]

Signifikant ist bereits die Entindividualisierung, welche den heroischen Diskurs unterläuft. In der chinesischen Vorlage ist im Untertitel immerhin vom Grab eines „*berühmten* Kriegers" (Hervorh. vom Verf.) die Rede. Klabund dagegen – durchaus im Einklang mit der Vergänglichkeitsproblematik – spricht dem Heroismus diesen Nimbus ab. Der Untertitel lautet jetzt einfach: „Epitaph auf einen Krieger".

Diese pointierte Ruhmlosigkeit der soldatischen Existenz betont auch die letzte Strophe. Die auf dem Feld erworbene Glorie erweist sich als eine flüchtige Größe, die vom ewigen Kreislauf der Natur ausgenommen ist und eben nicht wiederkehrt. Die Vergänglichkeit des Heroismus unterstreicht formal auch die Antithese zwischen der vordergründigen Festigkeit des Griffs am Zügel der Pferde durch die Reiter (V. 9) und dem Verwehen des Ruhmes (V. 10). Die Hyperbel von den „tausend Schlachten" (V. 10), die eben verweht sind, steigert noch per Kontrast den Eindruck der Vergänglichkeit des Heroischen. Die Evokation der Masse der Krieger (V. 9: „viele") trägt andererseits auch dazu bei, die Konturen des im Titel evozierten Helden, der im Gedicht hätte gefeiert werden sollen, aufzulösen.

Hwang: Foundations of Chinese Psychology. Confucian Social Relations. New York: Springer 2012, S. 103).

640 Klabund: Dumpfe Trommel und berauschtes Gong, S. 8.

In Klabunds *Epitaph auf einen Krieger* kommt dieser Krieger nicht vor, er erscheint lediglich als Teil der obskuren Masse der Gefallenen. Obgleich sich das Gedicht noch vordergründig als Epi-taph versteht, ist das Grab jetzt unauffindbar. Was auf dem „morschen Hügel" „steht", ist einzig das Unkraut, das – durch den ergänzten chromatischen Vergleich „rot wie Feuer" – die Kraft der Zerstörung und des Vergessens symbolisiert. Mit seinem subversiven Epitaphium ohne Grab verarbeitet Klabund offensichtlich die Erfahrung des Ersten Weltkriegs und projiziert sie auf das antike China.

Eine Amplifikation des pazifistischen Diskurses lässt sich schließlich auch der Nachdichtung *Fluch des Krieges* entnehmen. Klabunds Übertragung beruht auf einer freirhythmischen, reimlosen Übersetzung von Alfred Forke nach einem Text des Li Bai – *Elend des Krieges:*[641]

Fluch des Krieges

Im Schnee des Tien-schan grast das dürre Roß.
Drei Heere sanken vor dem wilden Troß.

Die gelbe Wüste liegt von weißen Knochen voll.
Der Pferde Schrei wie schrille Flöte scholl.

Es schlingen Eingeweide sich von Baum zu Baum in Schnüren,   5
Die Raben krächzend auf die Zweige führen.

---

[641] *„Elend des Krieges* Letztes Jahr kämpfte man / An der Quelle des Sang-kan, / Dieses Jahr aber ficht / Man am Ufer des Tsung-Flusses. / In den Well'n des Tiau-tschij-Sees / Wäscht von Blut man rein die Waffen, / Und man lässt die Rosse streifen / Auf Tien-schan's beschneiten Almen. / Zehntausend Li weit / Wogt und tost der Kampf, / Und drei Heere sind / Schon zertrümmert. / Sengend und mordend bestell'n die Hsiungnu ihr Feld, / Die gelbe Sandwüste, / Mit weissen Todtenknochen besät; / Seit Alters haben sie's nie anders gekannt. / Gegen die Mongolen baute / Das Haus Tsin die grosse Mauer, / Auf den Wachtthürmen entfachte / Das Haus Han die Signalfeuer, / Nie erlischt die Gluth, / Und nie ruht der Kampf. / Auf dem Schlachtfeld sinkt, / Zerstochen und zerhau'n / Mancher Krieger hin. / Das zu Tode getroffene Ross / Stösst zum Himmel seinen Schrei. / Von der Brust der Leichen reissen / Rabe und Sperber das Fleisch, / Es im Schnabel haltend, fliegen / Sie auf einen dürren Ast. / Still im Grase ruhn / Schon die Streiter all', / Und der Feldherr steht / Jetzt vereinsamt da. // All dieses Elend bringet uns / Das Schwert allein, das Mordwerkzeug. / Drum greift danach der edle Mann / Nur in der allergrössten Noth" (Alfred Forke: Blüthen chinesischer Dichtung mit 21 reproducirten chinesischen Original-Pinselzeichnungen, aus der Zeit der Han- und Sechs-Dynastie, II. Jahrhundert vor Christus bis zum VI. Jahrhundert nach Christus. Aus dem Chinesischen metrisch übersetzt von Alfred Forke. Magdeburg: Faber 1899, S. 124 f.). „战城南 去年战，桑干源，今年战，葱河道。/ 洗兵条支海上波，放马天山雪中草。/ 万里长征战，三军尽衰老。/ 匈奴以杀戮为耕作，古来唯见白骨黄沙田。/ 秦家筑城避胡处，汉家还有烽火燃。/ 烽火燃不息，征战无已时。/ 野战格斗死，败马号鸣向天悲。/ 乌鸢啄人肠，衔飞上挂枯树枝。/ 士卒涂草莽，将军空尔为。/ 乃知兵者是凶器，圣人不得已而用之。" (Peng Ding Qiu: Quan Tang Shi, S. 383).

Soldaten liegen tot auf des Palastes Stufen.
Es mag der General die Toten rufen.

So sei verflucht der Krieg! Verflucht das Werk der Waffen!
Es hat der Weise nichts mit ihrem Wahn zu schaffen.   10

Er wird die Waffe nur als letzte Rettung schwingen,
Um durch den Tod der Welt das Leben zu bezwingen.[642]

Klabunds Nachdichtung liefert eine gekürzte und in gereimte jambische Distichen gebrachte Fassung der 39 reimlose Verse zählenden Version von Forke. Die Vorlage gliedert sich in eine lange Schilderung von Kriegsverwüstungen, auf welche als Summation ein vierzeiliger Schluss folgt, der den Waffengebrauch nur im Falle einer berechtigten Notwehr rechtfertigt:

All dieses Elend bringet uns
Das Schwert allein, das Mordwerkzeug.
Drum greift danach der edle Mann
Nur in der allergrössten Noth.[643]

Klabund intensiviert die Kriegskritik bereits in der Überschrift seiner Nachdichtung, welche das „Elend des Krieges" zum „Fluch des Krieges" steigert, wobei offen bleibt, ob dieser Titel als *genitivus subiectivus* oder *obiectivus* gedeutet werden soll – je nachdem, ob man darunter den Fluch, den der Krieg mit sich führt, oder eine programmatische *detestatio* und Verwünschung des Krieges durch den Dichter versteht.

Klabund eliminiert bis auf V. 1 alle chinesischen Toponyme sowie die zeitlichen Deiktika (V. 1: „Letztes Jahr", V. 3: „Dieses Jahr") mit dem Resultat, die Kriegsschilderung zu universalisieren. Im Unterschied zum stark enjambierten, erzählerisch ausschweifenden Duktus der Übersetzung konzentriert sich Klabund auf Einzelbilder, die er im Einklang mit dem expressionistischen Zeilenstil in Einzelversen entfaltet und dann wie Fotogramme kinoähnlich aufeinanderfolgen lässt. Zudem verstärkt er die Kritik an der Waffengewalt durch die explizite doppelte Verwünschung des als „Wahn" (V. 10) apostrophierten Krieges (V. 9: „So sei verflucht der Krieg! Verflucht das Werk der Waffen! / Es hat der Weise nichts mit ihrem Wahn zu schaffen"), wobei die markanten W-Alliterationen jetzt eine Analogie zwischen „Waffen" und „Wahn" etablieren.

Dass Klabund auch kontrafakturartig verfährt und kriegsaffirmative Texte pazifistisch modifiziert, soll abschließend an seiner Nachdichtung des Gedichts

---

642 Klabund: Dumpfe Trommel und berauschtes Gong, S. 38.
643 Alfred Forke: Blüthen chinesischer Dichtung, S. 125.

Die für das Vaterland sich opfernden Soldaten aus den *Neun Liedern* (九歌·国殇) des patriotischen Dichters Qu Yuan (ca. 340 v.Chr.–278 v.Chr.) dargelegt werden.[644] Als Vorlage diente Klabund eine Übersetzung Hans Heilmanns:

Der Tod für's Vaterland

Schild und Lanze schwingend, panzerbedeckt, ziehen sie in die Schlacht.
Die Kriegswagen stoßen auf einander, es kommt zum Handgemenge.
Die Sonne wird verhüllt von den zahllosen Fahnen, im Getümmel ballen sich die Heere wie
    Wolkenmassen.
Die Geschosse kreuzen sich und voll heißer Kampfbegier dringen die Mutigen unaufhaltsam
    weiter.

„Vorwärts mit den Wagen!" klingt der Ruf, „brechen wir hervor aus den Reihen!"   5
Zur Rechten stürzen die Schlachtrosse unter ihren Streichen, zur Linken streckt ihr Schwert
    die Feinde zu Boden.
Wolken von Staub wirbeln auf zu beiden Seiten und hemmen die Viergespanne.
Sie feuern einander an, ihr Schlachtgeschrei dröhnt durch die Lüfte.

„Ach, der Himmel hat unseren Untergang beschlossen, doch unsere Herzen sind voll Stolz
    und Begeisterung!"
Wie Heroen fallen sie, ihr Schicksal erfüllend, und stürzen hinab in den reißenden   10
    Gebirgsstrom.
Sie verließen ihr Vaterland, um es nie wiederzusehen, sie zogen in den Kampf, um nicht

---

644 九歌·国殇 // 操吴戈兮被犀甲，/车错毂兮短兵接. /旌蔽日兮敌若云，/矢交坠兮士争先. / 凌余阵兮躐余行，/左骖殪兮右刃伤. /霾两轮兮絷四马， / 援玉枹兮击鸣鼓. // 天时怼兮威灵 怒，/ 严杀尽兮弃原壄. /出不入兮往不反，/平原忽兮路超远 // 带长剑兮挟秦弓，/首身离兮心 不惩. / 诚既勇兮又以武， / 终刚强兮不可凌. / 身既死兮神以灵， / 子魂魄兮为鬼雄. 李山（译 注）：《楚辞译注》，北京：中华书局，2015年6月，第77到78 页. (Chuci. Übersetzt und mit Anmerkungen versehen von Li Shan. Peking 2015, S. 77 f.). Im Folgenden eine Prosa-Übersetzung vom Verfasser: „Die Soldaten nehmen den scharfen Dolch aus Wu in die Hand und ziehen einen Harnisch von Nashornhaut an. Die Kriegswagen stoßen aufeinander, es kommt zum Nahkampf. Die Sonne wird von den Fahnen verhüllt und die feindliche Armee versammelt sich wie Wolkenmassen. Die Pfeile fallen einer nach dem anderen und die Soldaten wetteifern miteinander, die Gegner zu töten. // Die Feinde greifen unsere Stellung an und machen sich über unsere Kampftruppe her. Das Gespannpferd zur Linken ist gestorben und das rechte wird von einem Schwert verletzt. Zwei Räder des Kriegswagens sind abgefallen und vier Pferde werden behindert, die Soldaten trommeln mit den Schlegeln aus Jade. // Der Himmel ist in Rage und die würdevollen Götter sind wütend. Alle Soldaten werden grausam getötet und ihre Leichen ins Feld geworfen. Sie kämpfen, schreiten immer vorwärts und weichen nicht zurück. Der Wind wirbelt Staub auf und der Weg ist weit. Sie tragen das lange Schwert und den Bogen aus Qin. Selbst wenn der Kopf vom Rumpf abgetrennt wird, ändert dies nichts an ihrer Treue. // Die Soldaten sind äußerst mutig und voll Schlagkraft. Stets sind sie stark und unerschrocken, niemand kann sie bezwingen. Ihre Körper sind gestorben, während ihr Geist unsterblich ist. Ihre unerschütterlichen Seelen werden zu Helden unter den Gespenstern."

wiederzukehren.
Sie bleiben verloren und vergessen unter den wogenden Wellen, die ihre Leichen begraben, fern der Heimat.

Aber ihre Faust hält noch das Schwert, ihr Arm noch den Schild,
Ihr Haupt mochte sinken, doch nicht ihr Herz.
Todesmutig sterben sie mit den Waffen in der Hand.   15
Ihre Tapferkeit und Mannhaftigkeit sind unerschütterlich.
Ihre Leiber sind gefallen, ihre Seelen schwangen sich auf ins Geisterreich.
Wie unter den Lebenden, werden sie Helden unter den Geistern sein.[645]

In seiner Nachdichtung schafft Klabund eine Kontrafaktur des heroisch-patriotischen Ausgangstextes:

Tod der Jünglinge auf dem Schlachtfeld

Sie schwingen über den bestirnten Häupten
Der Lanzen tausend Sonnen jugendlich.
Die Sichelwagen rollen in bestäubten
Glanzwolken. Pfeil und Auge kreuzen sich.

Sie stoßen kurze Schwerter in die Pferde.   5
Am Abgrund steigen Leichen hügelan.
Der Viergespanne regellose Herde
Verbeißt sich Tier in Tier und Mann in Mann.

Und Knaben, von der Tiefe angezogen,
Fallen von Stein zu Stein. Im Bergstrom zart   10
Treiben die Leiber auf den weißen Wogen
Von guter Mütter schlanker Hand bewahrt.

Die betten sie im Meer an ihre Herzen,
Wenn der Gesang der Geister himmlisch braust.
Noch halten sie die Schwerter grau und erzen   15
In der zum letzten Kampf verkrampften Faust.[646]

Signifikant ist bereits der paratextuelle Eingriff: Aus *Der Tod für's Vaterland* wird jetzt *Tod der Jünglinge auf dem Schlachtfeld*. Dadurch streicht Klabund die patriotische Emphase des Prätextes. Die adverbiale Finalbestimmung „für's Vaterland" ersetzt er durch die nüchterne lokale und modale Bestimmung „auf dem Schlachtfeld", welche nur noch Ort und Umstände des Sterbens benennt. Zudem betont Klabund das junge Alter der Gefallenen: Es sind jetzt „Jünglinge", die ihr

---

645 Kiu-Yuen: Der Tod für's Vaterland. In: Hans Heilmann: Die Fruchtschale, S. 7 f.
646 Klabund: Dumpfe Trommel und berauschtes Gong, S. 9. Die prosaischen Langzeilen von Heilmanns Vorlage gießt Klabund in kreuzgereimte fünfhebige Jamben mit regelmäßig alternierenden Kadenzen um.

Leben auf dem Schachtfeld lassen und „jugendlich" (V. 2) schwingen sie die Lanzen über ihren Häuptern. Darin liegt eine aktualisierende Annäherung des chinesischen Prätextes an den Ersten Weltkrieg, bei dem bekanntlich die Welle der ‚August-Begeisterung' gerade auch die – von der Wilhelminischen Schule entsprechend indoktrinierte – junge Generation der Gymnasiasten und Studenten erfasst hatte.

In der Anfangsstrophe steigert Klabund die Erscheinung der jungen Krieger ins Hyperbolische. Die Vorlage erzählt nämlich eher sachlich-neutral vom Aufbruch der Krieger in die Schlacht („Schild und Lanze schwingend, panzerbedeckt, ziehen sie in die Schlacht", V. 1) und verleiht der Szenerie einen unheimlichen Charakter durch die von den Fahnen verhüllte Sonne (vgl. V. 3) sowie den Vergleich der Heere mit „Wolkenmassen" (V. 3). Dagegen stilisiert Klabund die jungen Soldaten durch den Rekurs auf Licht-Effekte zu glanzvollen Kriegern. Dazu zählen das Bild der „bestirnten Häupte[r]" (V. 1), die hyperbolische Genitivmetapher „der Lanzen tausend Sonnen" (V. 2), welche die im Sommerlicht glänzenden Piken ins Kosmische überhöht, sowie die durch die rollenden Sichelwagen entstehenden „Glanzwolken" (V. 4).

Die anfängliche Heroisierung untergräbt allerdings der weitere Verlauf des Textes systematisch. So eliminiert Klabund die zahlreichen Hinweise auf den heldenhaften Kampfesmut der Krieger. In seiner Nachdichtung entfallen etwa die Antonomasie von V. 4: „voll heißer Kampfbegier dringen *die Mutigen* unaufhaltsam weiter" und auch der Hinweis auf den Kampfmut in V. 15: „*Todesmutig* sterben sie mit den Waffen in der Hand". Die heroisierende Glosse von V. 16: „Ihre Tapferkeit und Mannhaftigkeit sind unerschütterlich" hat bei Klabund keine Entsprechung. Auch die Apostrophierung der Kämpfenden als Helden in V. 10 des Prätextes („*Wie Heroen* fallen sie, ihr Schicksal erfüllend") lässt er unerwähnt. Ferner tilgt Klabund die im Original eingesetzten Ethopoiiai als Mittel der dramatischen Vergegenwärtigung heroischer Beherztheit („‚Vorwärts mit den Wagen!' klingt der Ruf, ‚brechen wir hervor aus den Reihen!'", V. 5, „‚Ach, der Himmel hat unseren Untergang beschlossen, doch unsere Herzen sind voll Stolz und Begeisterung!'", V. 9). Zudem lässt Klabund die ἀριστεία, den heroischen Zweikampf als Regression ins Animalische erscheinen und verquickt in der Schlachtszene die Sphäre des Menschlichen und des Tierischen. So führt Klabund die Anastrophe „Der Viergespanne regellose Herde" (V. 7) ein, welche die Kriegswagen als wilde Tierhorde charakterisiert. Auf diese Weise erscheint die Schlachtsituation als regressiver Schauplatz tierhafter Instinkte. Zur Animalisierung trägt auch die durch Enjambement hervorgehobene Verbmetapher „Verbeißt sich" (V. 8) bei, die sich als Zeugma sowohl auf die Tiere als auf die Soldaten bezieht („Verbeißt sich Tier in Tier und Mann in Mann"). Auch die dritte und vierte Strophe relativieren die heroisierende Rhetorik des Incipit. Bereits V. 6 („Am

Abgrund steigen Leichen hügelan") profiliert neben der Horizontalen als Dimension heroischer Kampfbewährung die Vertikale, das Sich-Auftürmen der Leichen. Die beiden letzten Strophen dann lösen die horizontale Perspektive des Kampfes durch eine vertikale, nach unten gerichtete Blickachse endgültig ab. So sinkt der Blick sukzessive stufenweise abwärts, von der heroischen Sphäre der „*bestirnten* Häupten" und der „tausend *Sonnen*" der Lanzen hinab zum Grab der Soldaten auf dem Meeresgrund.[647]

Der Gedichtschluss zeigt eine Ästhetisierung des Kriegsgeschehens in der Form einer märchenhaften Überformung, welche dem Text den Charakter einer spätromantischen Ballade verleiht. So erscheint das Sterben auf dem Schlachtfeld wie in der chinesischen Vorlage („Ach, der Himmel hat unseren Untergang beschlossen", V. 9 der Heilmann-Übersetzung) als das Resultat numinoser Naturkräfte und als die Folge der Sogwirkung, die von der Tiefe auf magisch-unerklärliche Weise ausgeht („von der Tiefe angezogen", V. 9 in Klabunds Nachdichtung).[648] Andererseits verklärt Klabunds Nachdichtung weniger den Heroismus als die mütterliche Liebe. Sind bei Qu Yuan die Gefallenen noch im Jenseits Helden („Wie unter den Lebenden, werden sie Helden unter den Geistern sein", V. 18 der Heilmann-Übersetzung), verwandeln sie sich bei Klabund in Kinder zurück. Ins Jenseits gehen sie nicht als Krieger, sondern als Söhne ein, die von ihren als Wogen metaphorisierten Müttern geborgen werden.

Klabund blieb Informant des Militärnachrichtendienstes und publizierte in der patriotischen Zeitschrift *Jugend* unter Pseudonym weiterhin Schmähgedichte gegen Russland, England und Italien.[649] Gerade die Begegnung mit der chinesischen, pointiert unheroischen Kriegslyrik gab ihm jedoch die Möglichkeit, den eigenen Bellizismus zu hinterfragen und unter dem Schutz klandestiner Autorschaft subversive Inhalte zu vermitteln.

---

647 Den Sturz der Knaben „von Stein zu Stein" betonen formal ein dreifaches Enjambement (V. 9, 10, 11) sowie die Synaphie von V. 9/10 („ángezógen / Fállen"), welche für rhythmische Kontinuität sorgt.

648 Eine Überformung ins Imaginäre zeigt auch die Szene vom Liegen der Leichen unter den Meereswellen. Im Unterschied zur Vorlage, welche die Verlorenheit und das Vergessenwerden der Gefallenen im Meer beklagt („Sie bleiben verloren und vergessen, unter den wogenden Wellen, die ihre Leichen begraben, fern der Heimat", V. 12), pathetisiert Klabund die Szene und anthropomorphisiert die Wellen zu Müttern, welche ihre gefallenen Söhne beerdigen.

649 Darauf weist Pan-Hsu (Die Bedeutung der chinesischen Literatur, S. 219) zu Recht hin.

6.13 Kunstliteratur

Das expressionistische Übersetzungscorpus reflektiert schließlich auch den bildkünstlerischen Kanon der Avantgarde. Abgesehen von einigen Ausnahmen[650] liegt der Schwerpunkt auf den Vorreitern der expressionistischen Kunst: Vincent Van Gogh, Paul Gauguin, James Ensor und August Rodin. Interesse weckten Vincent van Goghs Korrespondenz mit seinem Bruder Theo,[651] Paul Gauguins Briefwechsel mit Georges-Daniel de Monfreid[652] sowie seine Memoiren *Avant et après*[653] und Paul Colins Essay über James Ensor.[654] Auf Resonanz stieß ferner Auguste Rodin, der auch in der expressionistischen Dichtung intermedial präsent ist.[655] Von ihm übertrug Max Brod 1917 die Abhandlung über die *Kathedralen Frankreichs* (1914) für den Kurt Wolff Verlag.[656] Beachtung fand auch der Kubismus. Fred Antoine Angermayer und Hans Jacob übersetzten 1922 die Abhandlung *Du cubisme* (1912) von Albert Gleizes.[657] Otto Pick wirkte dagegen als Vermittler des tschechischen Kubismus durch die Übersetzung eines Bildbands über kubistische Architektur, Kunsthandwerk und Innenausstattung in Prag[658] – einer Stadt, die durch den Verein „Skupina"

---

650 Peter Paul Rubens: Die Briefe des P. P. R. Übersetzt und eingeleitet von Otto Zoff. Mit einem Selbstbildnis des Künstlers in Kupferdruck und 11 Bildern in Tonätzung auf Tafeln. Wien: A. Schroll Verlag 1918; Die altfranzösischen Bildteppiche. Mit einer Einleitung von Florent Fels. Aus dem Französischen von F[red] A[ntoine] Angermayer. Berlin: E. Wasmuth 1923.

651 Vincent van Gogh: Briefe an seinen Bruder. Zusammengestellt von seiner Schwägerin J[ohanna] van Gogh-Bonger. Ins Deutsche übertragen von Leo Klein-Diepold. [Die Übersetzung der französischen Briefe [von] Carl Einstein.] Bd. 1.2. Berlin: Paul Cassirer 1914.

652 Paul Gauguin: Briefe an Georges-Daniel de Monfreid. Autorisierte Übersetzung von Hans Jacob. Potsdam: Gustav Kiepenheuer Verlag 1920.

653 Paul Gauguin: Vorher und nachher. Aus dem Manuskript übertragen von Erik Ernst Schwabach. München: Kurt Wolff Verlag 1920.

654 Paul Colin: James Ensor. Übertragen von Hans Jacob. Potsdam: Gustav Kiepenheuer Verlag 1921.

655 Vgl. etwa das Triptychon von Theodor Tagger *Von drei Bildwerken von Rodin* (I. Balzac, II: *L'enfant prodigue*, III. *L'homme qui marche*). In: Ders.: Der Herr in den Nebeln. Berlin: Heinrich Hochstim Verlag 1917, S. 49–51.

656 Auguste Rodin: Die Kathedralen Frankreichs. Berechtigte Übertragung von Max Brod. Mit Handzeichnungen Rodins auf 32 Tafeln. Leipzig: Kurt Wolff Verlag 1917.

657 Albert Gleizes: Vom Kubismus. Die Mittel zu seinem Verständnis. Deutsch von Fred Antoine Angermayer und Hans Jacob. Berlin: Verlag Der Sturm 1922.

658 Josef Gočár, Pavel Janák, František Kysela: Čechische Bestrebungen um ein modernes Interieur. Mit einer Einl. von Václav Vilém Štech. [Übersetzt von Otto Pick.] Prag: Prager Künstlerwerkstätten [F. Rivnáč] 1915.

(1911) um den Architekt Pavel Janák (1882–1956) und die „Prager Künstlerischen Werkstätten" („Pražské Umělecké Dílny", 1912) inzwischen zu einem Zentrum der kubistischen Ästhetik in Europa avanciert war.

7 Expressionistischer Übersetzungskanon II: Zeitschriften

Auch die Zeitschriften trugen maßgeblich zur Herausbildung des expressionistischen Übersetzungskanons bei. Ausgewertet wurden im Folgenden Paul Raabes Bibliographie *Index Expressionismus* (1972)[1] sowie die Datenbank *Der literarische Expressionismus online* des De Gruyter Verlags, welche fast alle bedeutenden Zeitschriften und Anthologien des literarischen Expressionismus erschließt. In der Datenbank erfasst sind 150 expressionistische oder Expressionismus-nahe Zeitschriften[2] und Anthologien.[3] Ergänzt wurde die Datenbank durch weitere dort

---

1 Index Expressionismus: Bibliographie der Beiträge in den Zeitschriften und Jahrbüchern des literarischen Expressionismus, 1910 – 1925; in achtzehn Bänden. Hg. von Paul Raabe. Nendeln: Kraus-Thomson 1972.

2 Das in der der Datenbank *Der literarische Expressionismus online* erfasste Corpus umfasst folgende Zeitschriften und Jahrbücher: *Agathon, Die Aktion, Der Anbruch, Die Argonauten, Arkadia, Aufschwung, Der Bastard, Berliner Romantik, Der Bildermann, Der Blutige Ernst, Der Brand, Der Brenner, Die Bücherei Maiandros, Die Bücherkiste, Bulletin D, Cabaret Voltaire, DADA, Die Dachstube, Der Dada, Daimon, Deutsche Bühne, Deutsche Kunst, Die Dichtung, Diogenes, EOS, EVOE, Der Einzige, Die Erde, Die Erhebung, Der Feuerreiter, Die Flöte, Das Flugblatt, Das Forum, Freie Strasse, Die Freude, Der Friede, Die Gäste, Die Gefährten, Der Gegner, Genius, Herder-Blätter, Das Hohe Ufer, Das Jahrbuch der Zeitschrift* Das Neue Pathos, *Jedermann sein eigener Fussball, Das Junge Deutschland, Die Junge Kunst, Kain, Der Komet, Konstanz, Kothurn, Kräfte, Der Kritiker, Kündung, Die Kugel, Der Lose Vogel, Der Marstall, Marsyas, Der Mensch, Menschen, Der Mistral, Münchner Blätter für Dichtung und Graphik, Neue Blätter, Neue Blätter für Kunst und Dichtung, Neue Blätter für Kunst und Literatur, Die Neue Bücherschau, Der Neue Daimon, Neue Erde, Neue Jugend, Neue Jugend, Die Neue Kunst, Die neue Literatur, Das Neue Pathos, Das Neue Rheinland, Die Neue Schaubühne, Der Orkan, PAN, Phaeton, Phoebus, Die Pleite, Renaissance, Die Rettung, Revolution, Der Revolutionär, Romantik, Die Rote Erde, Der Ruf, Saturn, Die Schammade, Die Schöne Rarität, Schutzhaft, Die Sichel, Der Silberne Spiegel, Sirius, Der Strom, Der Sturm, Sturm-Bühne, Der Sturmreiter, Summa, Tätiger Geist, Das Tribunal, Der Ventilator, Der Weg, Die Weißen Blätter, Wiecker Bote, Die Zeit im Buch, Zeit-Echo, Das Zeitblatt, Der Zeltweg, Das Ziel, Der Zweemann.*

3 Erfasst wurden in der Datenbank *Der literarische Expressionismus online* folgende Anthologien und Sammelwerke: *Das Aktionsbuch, An alle Künstler!, Ballhaus, Die Botschaft, Buch der Toten, Dada-Almanach, Deutsche Dichter aus Prag, Die Entfaltung, Expressionismus, Fanale, Die Flut, Die Gemeinschaft, Juden in der deutschen Literatur, Das jüdische Prag, Kameraden der Menschheit, Das Kestnerbuch, Das Kinobuch, Der Kondor, Der Krieg, Lyrische Dichtung Deutscher Juden, Lyrisches Bekenntnis, Menschheitsdämmerung, Menschliche Gedichte im Krieg, Der Mistral, Die neue Bühne, Der neue Frauenlob, Die neue Zeit, Neuer Leipziger Parnass, Die Pforte, Schöpferische Konfession, Sturm-Abende, Verkündigung, Verse der Lebenden.*

https://doi.org/10.1515/9783111010540-009

nicht verzeichnete Anthologien.[4] Das Ergebnis war ein Textcorpus von mehr als 1600 übersetzten literarischen Beiträgen, das von einer markanten Bezugnahme auf die Gegenwartsliteratur des Auslands zeugt. Gegenüber der eher retrospektiven Übersetzungspolitik, die das marktbedingt konservativere Buchformat charakterisiert, galt das Interesse der Zeitschriften vorrangig der internationalen Avantgarde.

7.1 Literaturräume

7.1.1 Französische Literatur

Die in Zeitschriften und Anthologien mit Abstand meistvertretene Literatur ist die französische. Über 700 Übersetzungen und französische Texte boten dem deutschsprachigen Lesepublikum einen Einblick in das Werk vieler französischer oder belgischer Schriftsteller/-innen aus unterschiedlichen Epochen und literarischen Strömungen. Die mit jeweils über 50 Beiträgen meistrezipierten Gegenwartsautoren sind Francis Jammes und der Dadaist Tristan Tzara (eigentlich Samuel Rosenstock) (1896–1963), wobei die Dichtungen des letzteren nicht übersetzt, sondern in Originalsprache publiziert wurden.

---

4 Es handelt sich um das 1914 im Kurt Wolff-Verlag erschienene *Bunte Buch*, mit Beiträgen von Baudelaire, Verlaine, Jammes, Rodin, Suarès, Pascoli; ferner um den von Heinz Barger herausgegebenen *Almanach der neuen Jugend auf das Jahr 1917* mit Beiträgen von José Maria de Heredia, Jean-Paul Jouve, Aldo Palazzeschi, Rimbaud und Whitman; um den Almanach *Die neue Dichtung* von 1918, mit Beiträgen des tschechischen Dichters Petr Bezruč, dessen *Schlesische Lieder* in der Übersetzung von Rudolf Fuchs mit einem Vorwort von Franz Werfel im Kurt Wolff-Verlag 1916 erschienen waren; schließlich um die von Franz Pfemfert 1916 herausgegebene Anthologie: Die Aktions-Lyrik. Jüngste tschechische Lyrik. Eine Anthologie. Berlin: Verlag der Wochenschrift *Die Aktion*. An dieser Anthologie wirkten Paul Eisner, Rudolf Fuchs, Hans Janowitz, Jan Löwenbach, Otto Pick, Ernst Pollak und Emil Saudek als Übersetzer mit. Übertragen wurden Dichtungen von Petr Bezruč, Otokar Březina, Viktor Dyk, Otokar Fischer, Stanislav Hanuš, Karel Hlaváček, Jiří Karásek von Lvovic, Josef Kodiček, Petr Křička, Jan Svatopluk Machar, Stanislav Kostka Neumann, Antonín Sova, Frána Šrámek, Ervin Taussig, Otakar Theer, Karel Toman und Richard Weiner. Berücksichtigt wurden schließlich auch Else Hadwigers Übersetzungsanthologien italienischer Futuristen: Filippo Tommaso Marinetti: Futuristische Dichtungen. Übers. von Else Hadwiger. Berlin-Wilmersdorf: A. R. Meyer-Verlag 1912, sowie: Paolo Buzzi: Hamburg – Ein futuristisches Diptychon. Autorisierte Übersetzung von Else Hadwiger. Berlin-Wilmersdorf: A. R. Meyer 1920.

Jammes erweist sich somit als der in expressionistischen Periodika und Anthologien meistübersetzte fremdsprachige Schriftsteller überhaupt.[5] Zwischen Oktober 1912 und Januar 1920 wurden Jammes' Prosa und Gedichte – in den Nachdichtungen von Ernst Stadler und Oskar Loerke (Lyrik) sowie von August Brücher, Emil Alphons Reinhardt, Jakob Hegner und Felix Grafe (Prosa) – in einer Vielzahl von Zeitschriften publiziert.[6] Besondere Berücksichtigung erfuhren Stadlers Jammes-Nachdichtungen. So brachten *Die Weißen Blätter* 1915 Stadlers Übersetzungen des kompletten Zyklus der *Quatorze prières* aus der Sammlung *Le Deuil des Primevères* (1901) in der originalen Reihenfolge.[7] Aus seiner Prosa wurden das erste Buch aus dem *Roman du lièvre* (1903), das letzte Kapitel aus *Almaïde d'Étremont, ou: L'Histoire d'une jeune fille passionnée* (1901) sowie das erste Kapitel des Romans *Clara d'Ellébeuse ou L'Histoire d'une ancienne jeune fille* (1899) publiziert.[8] Große Aufmerksamkeit wurde ferner der Sammlung von Skizzen *Pensée des jardins* (1906) zuteil,[9] aus welcher etliche kurze Glossen und Reflexionen übersetzt wurden.[10] Aus derselben Sammlung wurden auch verschie-

---

5 Zu diesem überraschenden Befund war bereits Helmut Gier gelangt (H. G.: Die Entstehung des deutschen Expressionismus und die antisymbolistische Reaktion in Frankreich: die literarische Entwicklung Ernst Stadlers. München: Fink 1977, S. 287).

6 Dazu zählten *Die Aktion* (11), *Die Weißen Blätter* (15), *Neue Blätter* (8), *Der Friede* (7), *Das Hohe Ufer* (3), *Bücherei Maiandros* (2), *Daimon* (2), *Menschliche Gedichte im Krieg* (2), *Anbruch* (1), *Das Tribunal* (1), *Der Orkan* (1), *Der Zweemann* (1), *Die Freude* (1), *Die neue Literatur* (1) sowie die von Raabe nicht erfasste Anthologie *Das bunte Buch* (1914) (2) (Francis Jammes: Die Taube. Deutsch von Ernst Stadler. In: Das bunte Buch. Leipzig: Kurt Wolff Verlag 1914, S. 34; ders.: Amsterdam. In: ebd., S. 42–45).

7 Francis Jammes: Franziskanische Gebete. Übers. von Ernst Stadler. In: Die Weißen Blätter 2 (Mai 1915) 5, S. 551–564.

8 Francis Jammes: Der Hasenroman. 1. Buch. Übers. von Jakob Hegner. In: Die Weißen Blätter 3.III (Juli 1916) 7, S. 17–45; Almaide d'Etrémont. Das letzte Kapitel aus einer Novelle. Nachdichtung von Felix Grafe. In: Der Anbruch 1 (24. September 1918) 10, S. 2f.; Klara. Deutsch von Jakob Hegner. In: Das Hohe Ufer 2 (März/April 1920) 3/4, S. 33–43.

9 Francis Jammes: Aus *Pensée des Jardins*. Deutsch von August Brücher. In: Die Aktion 5 (4. Dezember 1915) 49/50, Sp. 625f.

10 Darunter *De la vue chez les végétaux*, *De la folie chez les végétaux*, *Sur la neige*, *Sur le théâtre*, *Sur les origines de la végétation terrestre*, *De la noblesse des plaintes*, *Méditation sur l'Astrologie*, *Sur le vol* und *Sur une chienne et sur un enfant*. Vgl.: Francis Jammes: Über Pflanzen. Deutsch von Jakob Hegner [*Ihr Gesicht*; *Ihr Wahnwitz*]. In: Neue Blätter 1 (1912) 5, S. 38; Über den Schnee. Deutsch von August Brücher. In: Die Aktion 6 (8. Januar 1916) 1/2, Sp. 7f. Über das Theater. In: Der Friede 3 (31. Januar 1919) 54, S. 48; Über Pflanzen. Deutsch von Jakob Hegner [*Ihr Ursprung*; *Die rote Taubnessel*; *Ihr Wappen*]. In: Neue Blätter 1 (1912) 6, S. 45f.; Betrachtung über Astrologie. [Übertr. von E. A. Rheinhardt]. In: Daimon 1 (Juni 1918) 3, S. 150–153; Über den Flug. Von einer Hündin und einem Kind. Deutsch von August Brücher. In: Die Aktion 5 (4. Dezember 1915) 49/50, Sp. 625f.

dene Meditationen übersetzt.[11] Aus den *Contes* wurden drei Erzählungen übertragen: *Le Paradis, Le Paradis des Bêtes* und *Le Mal de vivre*.[12] Aus der Sammlung
Des Choses wurde die gleichnamige Skizze *Des Choses* sowie *Aux Pierres* übersetzt.[13] Hinzu kamen Rezensionen,[14] bildkünstlerische Hommagen,[15] Dichtergedichte[16] und kritische Würdigungen.[17]

---

11 *Méditation sur une goutte de rosée, Méditation sur une salle à manger, Méditation sur une
bécasse* sowie *Méditation sur un baptême* (*Dédicace du Psaume à une Fleure et à une Papillon*).
Vgl.: Francis Jammes: Betrachtungen über einen Tautropfen. Übertr. von E. A. Rheinhardt. In: Der
Friede 3 (16. Mai 1919) 69, S. 402–404; Betrachtung über ein Speisezimmer. Übers. von E. A. R. In:
ebd. 3 (18. April 1919) 65, S. 306f.; Betrachtung über eine Schnepfe. Übers. von E. A. R. In: ebd. 3
(28. Februar 1919) 58, S. 142f.; Ländlicher Taufpsalm. Widmung an eine Blüte und einen Falter. In:
Neue Blätter 2 (1912) 1, S. 69–75.
12 Francis Jammes: Das Paradies. Deutsch von Emil Alphons Rheinhardt. In: Der Friede 1 (24. Mai
1918) 18, S. 434; Das Tierparadies. Übers. von Jakob Hegner. In: ebd. 1 (3. Mai 1918) 15, S. 362; Der
Weltmüde. In: Das Hohe Ufer 2 (Oktober/Dezember 1920) 10/12, S. 148–151.
13 Francis Jammes: Betrachtung über die Dinge. [Übertr. von E. A. Rheinhardt]. In: Daimon 1
(Februar 1918) 1, S. 32–38; Lob der Steine. In: Die Freude 1 (1920), S. 58–60.
14 Karl Otten: Jammes, Francis: Die Gebete [Rezension]. In: Die Neue Kunst 1 (März 1913) 3,
S. 350f.; Johann Frerking: Jammes, Francis: Almaide oder der Roman der Leidenschaft. 1919
[Rezension]. In: Das Hohe Ufer 1 (April 1919) 4, S. 112; Hans Theodor Joel: Jammes, Francis: All-
maide [Rezension]. In: Der Weg 1 (April 1919) 4, S. 10; Carl Stang: Jammes, Francis: Almaide oder
Leidenschaft eines jungen Mädchens [Rezension]. In: Die Flöte 2 (Juli 1919) 4, S. 63f.; Johann
Frerking: Jammes, Francis: Das Paradies [Rezension]. In: Das Hohe Ufer 1 (Juli 1919) 7, S. 186f.;
Hans Theodor Joel: Jammes, Francis: Almaide [Rezension]. In: Die Neue Bücherschau 1 (1919) 1,
S. 35; K. Atzenbeck: Jammes, Francis: Der Hasenroman [Rezension]. In: Die Bücherkiste 2 (Herbst
1920) 3/4, S. 25–27; Helmud Kolle: Jammes, Francis: Der Hasenroman [Rezension]. In: Die Freude
1 (1920), S. 158.
15 Félix Vallotton: Francis Jammes [Zeichnung]. In: Die Aktion 5 (4. Dezember 1915) 49/50,
Sp. 625; Karl Jakob Hirsch: À Francis Jammes [Zeichnung]. In: ebd. 9 (4. Januar 1919) 1, Sp. 11.
16 Wilhelm Stolzenburg: Francis Jammes. In: Der Strom 1 (1919) 2, S. 22.
17 Als Beispiel sei der Jammes-Essay des luxemburgischen Kritikers Pol Michels (1897–1956)
auszugsweise zitiert: „Jammes hat nirgends ein Äquivalent. Wir finden diese Art in keiner Literatur. [...] Die Gefühle Jammes' sind exklusiv die des Kindes. Sind echt, ursprünglich, beharrlich.
Keine Spur von Mache. Jedoch findet sich die Forderung des ‚Wieder-zum-Kinde-Werdens' nicht
vor. Nie hat man die Empfindung, als komme er aus einer Ammenstube oder als führe er dorthin.
Er inkarniert unbewußt diese ‚Kindheit'. Ja, seine Seele kam nie aus diesem Stadium. Wir werden
bei ihm von keiner Perspektive aus an Heines alte Kammerjungfer mit dem Verjüngungselixier
erinnert. Die Naivität Jammes' ist also nicht affektiert. [...] Er ist tief religiös, ja überzeugter Katholik. Für ihn ist Katholizismus kein wilder Fanatismus wie für Bloy, kein militanter Klerikalis-
mus wie für die Herren der ‚Action Française', keine sublime Ekstasenanhäufung wie für Verlaine,
kein schwindelschwüler Symbolismus wie für Rilke, und besonders keine prédilection d'art wie
für die Romantiker. Er (als Kind) spricht gelassen zu seinem Gott, klar, vertrauensvoll wie zu
seinem Vater. [...] Er spricht, und das ist ganz natürlich, von den letzten Dingen mit der letzten
Einfalt. So ist auch seine Sprache die denkbar einfachste". (Pol Michels: Über das Kind und das

Außer Jammes wurden auch weitere Vertreter des ‚Renouveau catholique' rezipiert, nämlich Charles Péguy[18] und Paul Claudel. Claudels Mysterienspiel *L'Annonce faite à Marie* (*Mariä Verkündigung*) (1912) war am 03.10.1913 in Hellerau aufgeführt worden, und zwar in der Übertragung von Jakob Hegner, der das Geschehen ins deutsche Mittelalter transponiert hatte, und unter der Regie von Claudel selbst und Alexander von Salzmann. Hegners Übersetzung erschien schon 1912 in der Zeitschrift *Neue Blätter*.[19] Claudel ist in den expressionistischen Zeitschriften mit etwa 20 Beiträgen vertreten.[20] *Die Weißen Blätter* brachten 1915 auch Hegners Übertragung von Claudels in Shanghai verfasstem und in China spielendem Drama *Le repos du septième jour* (1901).[21] Carl Einstein widmete ihm in den *Weißen Blättern* 1913 einen längeren Essay.[22]

Neben der neukatholischen Richtung fand auch der französische Whitmanismus von Émile Verhaeren Anklang. Von dem belgischen Dichter, der in Whitmans Nachfolge einen hymnischen Vitalismus vertrat, wurden insgesamt 20

Religiöse in Francis Jammes. In: Die Aktion 6 (5. August 1916) 31/32, Sp. 448). Vgl. auch Alfred Wolfenstein: Francis Jammes. In: ebd. 2 (1. Mai 1912) 18, Sp. 560 f.

18 Charles Péguy: Republikanisches Heldentum. Übertr. von Ernst Stadler. In: Die Aktion 2 (8. Mai 1912) 19, Sp. 581–583; Maria in Schmerzen [Erzählung]. In: Neue Blätter 1 (1912) 4, S. 26–28; Maria in Schmerzen [Erzählung]. In: Die Aktion 4 (24. Oktober 1914) 42/43, Sp. 823–827; Persönliche Erinnerungen an Jaurès. Übers. v. Gustav Schlein. In: ebd. 7 (3. März 1917) 9/10, Sp. 105–109; Clemenceau 1904. Übers. von Gustav Schlein. In: ebd. 7 (19. Mai 1917) 20/21, Sp. 261–264; Renan. Übers. von Gustav Schlein. In: ebd. 7 (14. Juli 1917) 27/28, Sp. 372–374; Das Elend. Übers. von Gustav Schlein [Aufsatz]. In: ebd. 7 (8. September 1917) 35/36, Sp. 469–471; Zola. Übers. von Gustav Schlein [Aufsatz]. In: Das Aktionsbuch. Hg. v. Franz Pfemfert. Berlin-Wilmersdorf: Verlag *Die Aktion* 1917, S. 55–63; Republikanisches Heldentum. Übers. von Ernst Stadler. In: ebd., S. 147–149; Aus der Litanei vom schreienden Christus. Übertr. von Otto Pick [Prosa]. In: Saturn 5 (August 1919) 4, S. 159–164; Über die Charakterdarstellung im Tragischen. Von Rosa Semler und Josef Kalmer. In: Die Neue Schaubühne 2 (Februar 1920) 2, S. 36 f.

19 Paul Claudel: Verkündigung. Ein geistliches Stück in vier Ereignissen und einem Vorspiel. Deutsch von Jakob Hegner. In: Neue Blätter 2 (1912) 2/3/4, S. 6–177.

20 Vgl. etwa Paul Claudel: Die Hymne des heiligen Abendmahls. Dt. von [Jakob] Hegner. In: Neue Blätter 1. (1912) 2, S. 12–14; Gesang vom Duft. Übers. von Josef Kalmer [d. i. Josef Kalmus]. In: Aufschwung 1 (1919) 3, S. 39 f.; Deux Cantiques. In: Daimon 1 (1918) 2, S. 93–96. Zu erinnern ist auch an die Claudel-Übersetzung Franz Bleis (Die Musen. Eine Ode von Paul Claudel. Deutsch von Franz Blei. Leipzig: Kurt Wolff Verlag 1917). Blei hatte Claudels Oden für *Die Weißen Blätter* rezensiert (F. B.: Paul Claudel: Cinq Grandes Odes. Nouv. Revue française. Paris [Rezension]. In: Die Weißen Blätter 1 [1914] 9, S. 1009).

21 Paul Claudel: Der Ruhetag. Drei Akte. Übertr. von Jakob Hegner. In: Die Weißen Blätter 2 (September 1915) 9, S. 1063–1124.

22 Carl Einstein: Über Paul Claudel. In: Die Weißen Blätter 1 (1913) 3, S. 289–297.

Beiträge übersetzt[23] – etwa *L'Action* (*Die Tat*) aus den *Visages de la vie* (*Hymnen an das Leben*) (1899), wo sich die Absage an die lähmende Büchergelehrsamkeit mit einem enthusiastischen Preis der rettenden und befreienden Tat verbindet. Dieses protoexpressionistische Programmgedicht erschien 1912 in Zweigs Übertragung in der Zeitschrift *Die Neuen Blätter*. In demselben Jahr erschien auch Zweigs Nachdichtung von *L'effort* (*Die Arbeit*) aus *La Multiple Splendeur* (1906), eine Liebeserklärung an die Werktätigen und an die Sphäre der manuellen Arbeit, die als heroischer und prometheischer Gestaltungswillen gepriesen wird. Aus derselben Sammlung übersetzte Paul Zech 1913 *La Ferveur* (*Begeisterung*), wo Verhaeren die Bewunderung als eine kosmische Expansion des lyrischen Subjekts feiert, dessen ‚Gehirn' über sich hinaus wächst und zum Spiegel des universellen Lebens wird. Zechs Nachdichtung der Hymne *Le port* (*Der Hafen*) aus der Sammlung *Les Villes tentaculaires* (1895) belegt die Rezeption von Verhaerens Großstadtpoetik mit ihrer Beschwörung der modernen Technik, des internationalen Handels und des zivilisatorischen Fortschritts in Whitmans Nachfolge. Der Hafen wird zur Utopie eines endlich realisierten Babels, wo sich alle Völker und Sprachen vermischen und sich die Stadt dem Universum hin entgrenzt. Dass zwei Nachdichtungen des zentralen Gedichts *La Révolte* aus *Les Villes tentaculaires* (von Richard Dehmel im *Neuen Pathos* und von Theodor Däubler in der *Aktion*) publiziert wurden, zeigt, dass auch Verhaerens Anarchismus auf die expressionistische Generation eine erhebliche Wirkung entfaltete.[24]

Auch Vertreter der symbolistischen Tradition sind durch Übersetzungen präsent, darunter der von den Expressionisten/-innen verehrte, frühverstorbene

23 Vgl.: Émile Verhaeren: Peter Paul Rubens. Übertr. von Mario Spiro [Essay]. In: PAN 1 (1. Januar 1911) 5, S. 153–162; Paul Verlaine. Übers. von Jean-Jacques [d. i. Hans Jacob]. In: Die Aktion 1 (1911) 25, Sp. 783 f.; Die Tat. Dt. von Stefan Zweig. In: Neue Blätter 1 (1912) 6, S. 41 f.; Die Arbeit. Übers. von Stefan Zweig. In: Der Ruf 1 (1912) 2, S. 6 f.; Fromm. Nachdichtung von Hermann Hendrich. In: Die Aktion 3 (1913) 24, Sp. 591 f.; Begeisterung. Übers. von Paul Zech. In: Das Neue Pathos 1 (1913) 1, S. 7 f.; Abseits. Übers. von Paul Zech. In: ebd. 1 (1913) 5/6, S. 31; Die Abendstunden. Nachdichtung von Paul Zech. In: Die Weißen Blätter 1 (1913) 3, S. 234–236; Die Nachmittagsstunden. Übers. von Paul Zech. In: Das Neue Pathos 2 (1914) 1, S. 9–11; Der Hafen. Übers. von Paul Zech. In: ebd. 2 (1914) 2, S. 53 f.; Richard Dehmel: Aufruhr. Nach Emile Verhaeren. In: Das Neue Pathos 2 (Juni 1914) 2, S. 60; Die lichten Stunden. Übers. von Paul Zech. In: Die Weißen Blätter 1 (1914) 11/12, S. 1205–1208; Der Auszug (1908). Freie Nachdichtung von Theodor Däubler. In: Die Aktion 6 (1916) 5/6, Sp. 53–56; Revolte. (Aus: *Die Verführung der Städte*). In: Die Aktion 6 (1916) 49/50, Sp. 659–661; Ein aktuelles Vorwort. (Aus der Zeitschrift: *Demain*) Übers. von Recha Rothschild [Vorwort]. In: Die Bücherkiste 2 (1920) 1/2, S. 3 f.; Gedichte. Übers. von Ludwig Scharf. In: Die Weißen Blätter 4 (1917) 1, S. 1–14 [Die Fabriken; Das Kaufhaus; Die Forschung; Der Tod]; Ein Briefwechsel zwischen Verhaeren und Romain Rolland. In: Der Zweemann 1 (März 1920) 5, S. 3 f.
24 Vgl. dazu das Kapitel: „Intertextuelle Apokalyptik – Georg Heyms Dialog mit Émile Verhaeren im Gedicht *Der Krieg I* (1911)" in der vorliegenden Studie.

poète maudit Léon Deubel (1879–1913). Vor allem Deubels frühe Poetik, wie sie sich in den Sammlungen *La Chanson balbutiante* und *Chant des routes et des déroutes* ausprägte, wurde maßgeblich von Verlaine, Mallarmé, Rimbaud und Laforgue beeinflusst. Bereits 1912 – ein Jahr, bevor in Frankreich Louis Pergaud im *Mercure de France* einige Dichtungen Deubels herausgab – erschien unter dem Titel *Ailleurs* eine kleine Anthologie ausgewählter französischer Verse Deubels im Alfred Richard Meyer-Verlag. Nach Deubels Tod 1913 veröffentlichten *Die Aktion*,[25] *Die Bücherei Maiandros*,[26] *Die Neue Kunst*[27] und *Das Neue Pathos*[28] mehr als 30 Übertragungen seiner Dichtungen, darunter auch etliche von Paul Zech fabrizierte Fälschungen, welche gerade die Popularität Deubels im Expressionismus bezeugen. Neben Deubel wurden auch die Väter der symbolistischen Poetik – Charles Baudelaire (mit 27 Nachdichtungen vertreten), Arthur Rimbaud (26)[29] sowie Paul Verlaine (18) – intensiv rezipiert.

Im Falle Verlaines bestätigt sich die bereits im Kapitel zu den Einzelpublikationen konstatierte Akzentverschiebung gegenüber der symbolistischen Re-

---

25 Léon Deubel: „Das Blut der Zukunft". Übers. von Hermann Hendrich. In: Die Aktion 3 (1913) 26, Sp. 642; ders.: Das Totengeläut. Übers. von Hermann Hendrich. In: ebd. 3 (1913) 34, Sp. 812; ders.: Die Hoffnung. Übers. von Hermann Hendrich. In: ebd. 3 (1913) 37, Sp. 874 f.; ders.: Herzensangst. Übers. von Hermann Hendrich. In: ebd., Sp. 875.

26 Léon Deubel: „Ich liebe ... ich glaube ...". Übers. von Fritz Max Cahén. In: Die Bücherei Maiandros 6: In memoriam Léon Deubel (1. September 1913), S. 2; ders.: Die Wege. Übers. von Alfred Richard Meyer. In: ebd., S. 2; ders.: Wald. Übers. von Alfred Richard Meyer. In: ebd., S. 3; ders.: „O Heer". Übers. von Fritz Max Cahén und Alfred Richard Meyer. In: ebd., S. 3; ders.: Der ewige Lobgesang. Übers. von Rudolf Leonhard. In: ebd., S. 4; ders.: Ideal. Übers. von Alfred Richard Meyer. In: ebd., S. 5; ders.: All meine Sonnen. Übers. von Alfred Richard Meyer. In: ebd., S. 5; ders.: Die Einladung zum Spaziergang. Übers. von Rudolf Leonhard. In: In: ebd., S. 6; ders.: An die Menge. Übers. von Fritz Max Cahén. In: ebd., S. 7; ders.: Das Totengeläut. Übers. von Alfred Richard Meyer. In: ebd.; ders.: Morgen. Übers. von Fritz Max Cahén und Alfred Richard Meyer. In: ebd., S. 8; ders.: Grabschrift. Übers. von Fritz Max Cahén. In: ebd., S. 8.

27 Léon Deubel: Demain. In: Die Neue Kunst 1 (1913) 1, S. 63; Ders: Leidenschaft. In: ebd. 1 (1913) 2, S. 143–147; ders.: Das Bett. In: ebd., S. 143; ders.: Verführung. In: ebd., S. 144; ders.: Segnung. In: ebd., S. 145; ders.: Leidenschaft. In: ebd., S. 146; ders.: Orgie. In: ebd., S. 147.

28 Léon Deubel: Vier Gedichte. Übers. von Paul Zech. In: Das Neue Pathos 1 (1913) 3/4, S. 26–30; ders.: Balkon. Übers. von Paul Zech. In: ebd., S. 27; ders.: Der Gefangene. Übers. von Paul Zech. In: ebd., S. 28; ders.: Aufruhr. Übers. von Paul Zech. In: ebd., S. 29; ders.: Morgen. Übers. von Paul Zech. In: ebd. S. 30; ders.: Das Grabgeläut. In: ebd. 1 (1913) 5/6, S. 47; ders.: Wahnsinn. Übers. von Paul Zech. In: ebd., S. 51; ders.: Zwei Sonette. In: ebd. 2 (1914) 1, S. 4; ders.: Armee. In: ebd., S. 4; ders.: Lastschiff Paris. In: ebd., S. 4.

29 Zu den in der Datenbank *Der literarische Expressionismus online* erfassten Nachdichtungen kommt die Übersetzung von *Les corbeaux* durch Theodor Däubler hinzu (Arthur Rimbaud: Die Raben. Deutsch von Theodor Däubler. In: Der Almanach der neuen Jugend auf das Jahr 1917. Berlin: Verlag Neue Jugend 1917, S. 36).

zeption um 1900. In den expressionistischen Zeitschriften wurde nur ein einziges Gedicht aus den für den Symbolismus so bedeutsamen *Romances sans paroles*[30] und wiederum nur ein einziges aus den *Fêtes galantes* übersetzt.[31] Stefan George etwa hatte nicht weniger als neun Gedichte aus den *Romances sans paroles* und sechs aus den *Fêtes galantes* übertragen. Von dem bereits dort beobachteten Interesse für Verlaine als erotischen Dichter zeugen die Übertragungen von „L'écartement des bras m'est cher" aus *Odes en son honneur*[32] sowie der *Ballade Sappho*[33] und des Sonetts *Sur le balcon*,[34] welche die lesbische Liebe besingen. Verlaines Profil wurde auch politisch aufgeladen – so erschienen 1919 in der Zeitschrift *Der Friede* Verlaines Erinnerungen an die Pariser Kommune.[35] Auch die religiöse Lyrik des Zyklus *Sagesse* („Le ciel est, par-dessus le toit",[36] „Un grand sommeil noir"[37] und „La mer est plus belle")[38] sowie der *Liturgies intimes*, etwa *Asperges me*[39] und das Sonett *À Charles Baudelaire*[40] fanden Anklang im Expressionimus. Das Interesse für Verlaines religiöse Lyrik erklärt sich vor dem Hintergrund des ‚Renouveau catholique', an dem *Die Weißen Blätter* maßgeblichen Anteil hatten.[41]

---

30 Die Weißen Blätter 7 (1920) 6, S. 267 f. (*Beams.* Übers. von Theodor Däubler).
31 Die Aktion 3 (1913) 32, Sp. 765 f. (*En Sourdine.* Nachdichtung von Hermann Hendrich). Weitere Verlaine-Gedichte, die in expressionistischen Zeitschriften übertragen wurden, sind: „Le soleil du matin doucement chauffe et dore" aus *La Bonne Chanson* (Die Weißen Blätter 7 [1920] 6, S. 267, Übers. von Theodor Däubler), *L'Heure du berger* (Die Aktion 5 [1915] 49/50, Sp. 618, Übers. von August Brücher), *Croquis parisien* aus den *Poèmes saturniens* (Der Feuerreiter 1 [1922] 2 [„Dem Gedächtnis Georg Heyms"], S. 66, Nachdichtung von Hans Nowak), das Gefängnis-Gedicht *Impression fausse* aus *Parallèlement* (Menschen 4 [1921] 2, S. 29, Nachdichtung von Alfred Wolfenstein) sowie die Skizze *Jeanne Trespotz* (Der Friede 3, [1919] 66, S. 336).
32 Paul Verlaine: Gedicht („Mir ist der Arme Spreizen lieb"). Übers. von Theodor Däubler. In: Die Weißen Blätter 7 (1920) 6, S. 269.
33 Die Aktion 1 (1911) 41, Sp. 1298 (Sapphische Ballade. Übers. von Alfred Richard Meyer). Meyer hat die Ballade später auch in den Privatdruck seiner Verlaine-Übersetzungen *Freundinnen* (1866 [recte: 1923]) inseriert.
34 Die Aktion 5 (1915) 35/36, Sp. 447 (Auf dem Balkon).
35 Paul Verlaine: Meine Erinnerungen an die Kommune. In: Der Friede. Bd. 3, Nr. 67, 2. Mai 1919, S. 338 f.
36 Saturn 3 (1913) 8, S. 234 (*Der Gefangene.* Nachdichtung von Paul Zech. Für Hans Ehrenbaum).
37 Die Weißen Blätter 6 (1919) 1, S. 38 („Ein schwarzer Schlaf kommt in mein Leben").
38 Der Orkan 1 (1917) 1, S. 28 (*Nachklang.* Nachdichtung von Oskar Loerke).
39 Die Weißen Blätter 7 (1920) 6, S. 270 (*Asperges me.* Übers. von Theodor Däubler).
40 Paul Verlaine: An Charles Baudelaire. Übers. von Theodor Däubler. In: Die Weißen Blätter 7 (Juni 1920) 6, S. 268.
41 Maurice Godé: Le „Renouveau catholique" dans une revue de l'expressionnisme: *Die Weißen Blätter.* In: Cahiers d'études germaniques 6 (1982), S. 103–122.

Starke Beachtung fanden auch pazifistisch und politisch engagierte zeitgenössische Schriftsteller wie Romain Rolland[42] und Henri Barbusse,[43] deren Bei-

---

42 Rolland Romain: Ist in Deutschland eine Revolution möglich? In: Das Forum 1 (April 1914) 1, S. 28–30; Dokumente der Liebe. In Das Forum 1 (Dezember 1914) 9, S. 482–492; Über dem Ringen. In: Das Forum 1 (Dezember 1914) 9, S. 482–489; Unser Nächster, der Feind. In: Das Forum 1 (März 1915) 12, S. 639–648; Für Europa. Ein Manifest der Schriftsteller u. Denker Cataloniens. In: Das Forum 1 (März 1915) 12, S. 651; Glaube und Hoffnung. [I. An die ewige Antigone II. Freiheit] Übers. von Hannah Meyersen. In: Die Weißen Blätter 3 (Juli 1916) 7, S. 92–94; Die Wölfe. Dritter Akt. (An Charles Péguy). In: Das Forum 3 (Dezember 1918) 3, S. 201–223; Tolstoi und der freie Geist. Übers. von Friederike Maria Winternitz. In: Der Friede 1 (Februar 1918) 5, 22, S. 106; Romain Rollands neues Buch: *L'Un contra tous*. Übers. von Hannah Szász [Vorwort]. In: Der Friede 1 (Juni 1918), 22/ 21, S. 531; Freistätten des Geistes. Ein offener Brief an Georg Friedrich Nicolai. In: Das Forum 3 (Januar 1919) 4, S. 243–249; Danton. Revolutionsdrama. In: Das Forum 3 (Februar 1919) 5, S. 370– 402; Danton. Revolutionsdrama. In: Das Forum 3 (März 1919) 6, S. 428–489; Zu dem Plane eines Völkerinstitutes für Weltkultur. In: Das Forum 3 (Juli 1919) 10, S. 774–778; Bemerkungen über den Musiker César Franck. In: Das Hohe Ufer 1 (Dezember 1919) 12, S. 290; Für die Unabhängigkeit des Geistes. In: Konstanz 1919 1 (August 1919) 2, Umschlag S. 2; Für die Unabhängigkeit des Geistes. In: Konstanz 1919 1, (August 1919) 2, Umschlag S. 3; Für die Unabhängigkeit des Geistes. In: Die Sichel 1, 4: Sonderheft: Landschaft (Oktober 1919), S. 59 f.; Meinem besten Freunde – Shakespeare. Übers. Franz Schulz. In: Das Forum 4 (April 1920) 7, S. 509–516; Zum Bolschewismus. In: Das Forum 4 (Mai 1920) 8, S. 561 f.; Das Leben Tolstois. In: Das Forum 4 (September 1920) 12, S. 912– 936; Die Wahrheit in dem Werke Shakespeares. Übers. von Hannah Szász. In: Die Weißen Blätter 7 (Januar 1920) 1, S. 35–48; Émile Verhaeren: Ein Briefwechsel zwischen Verhaeren und Romain Rolland. In: Der Zweemann 1 (März 1920) 5, S. 3 f.; Tolstois Ende. In: Das Forum 6 (November 1921) 2, S. 56–62; Der Genius Shakespeares. Autobiographische Erinnerungen. Übers. von Hans Mardersteig. In: Genius 3 (Frühjahr 1921) 1, S. 101–105.
43 Henri Barbusse: Das Feuer. In: Die Weißen Blätter 4 (April 1917) II, H. (3), S. 16–33; Das Frühlicht. In: Die Weißen Blätter 4, II (Mai 1917) 4, S. 117–146; Fragment aus *L'Enfer*. In: Der Friede 2 (11. Oktober 1918) 38, S. 287 f.; Die letzte Schlacht. In: Das Forum 4 (Dezember 1919) 3, S. 173–179 (zugleich in: Die Gemeinschaft. Dokumente der geistigen Weltwende. Hg. von Ludwig Rubiner. Potsdam: Gustav Kiepenheuer, [1919], S. 57–63); Der neuen Zeit entgegen. In: Der Friede 3 (20. Juni 1919) 74, S. 506–508; An Gabriele d'Annunzio. In: Die Weißen Blätter 6 (Mai 1919) 5, S. 227–231; Für Rudolf Hartig. In: Die Bücherkiste 2 (Herbst 1920) H. 3/4, S. 27; Wilhelm Herzog: Die russische Revolution und die Pflicht der Arbeiter. Rede von Henri Barbusse [Referat]. In: Das Forum 4, (Februar 1920) 5, S. 326–333; Gedichte. Nachdichtung von Fred Antoine Angermayer. In: Die Flöte 4 (Oktober 1921) 7, S. 191–194; Entfremdung (L'Eloignement). In: Die Flöte 4 (Oktober 1921) 7, S. 191; Adieu. In: Die Flöte 4 (Oktober 1921) 7, S. 191 f.; Geheimnis. (Secret). In: Die Flöte 4 (Oktober 1921) 7, S. 192–194; Das Lächeln. (Le Sourire). In: Die Flöte 4 (Oktober 1921) 7, S. 194; *Clarté* hat sich nicht verändert. Brief an einen Reformisten, M. S. ... In: Das Forum 5 (April 1921) 7, S. 247–251; An die deutschen Kameraden. In: Menschen 5 (Mai 1921) 1 (Nr. 111), S. 1–2; Weinende. Übers. von Josef Kalmer. In: Renaissance 1 (Ende März 1921) 2, S. 13; Aufbruch. Deutsch von Josef Kalmer. In: Renaissance 1 (September 1921) 10, S. 9; Entfremdung. Deutsch von Josef Kalmer. In: Renaissance 1 (September 1921) 10, S. 9; *Clarté* trotz alledem. In: Das Forum 6 (Januar 1922) 4, S. 136–149; An die Intellektuellen. Übers. von Wieland. In: Das Forum 6 (August 1922) 11, S. 359– 368.

träge vor allem in der von Wilhelm Herzog herausgegebenen, pazifistischen Zeitschrift *Das Forum* publiziert wurden. Nur vereinzelt übertragen wurden Surrealisten wie Blaise Cendrars (1887–1961) (4 Übersetzungen)[44] und Guillaume Apollinaire (7)[45] sowie Dadaisten wie Francis Picabia (1879–1953) (1),[46] Georges Ribemont-Dessaignes (1884–1974) (1)[47] und Philippe Soupault (1897–1990) (2).[48]

7.1.2 Tschechische Literatur

Tschechisch rangiert hinsichtlich der Anzahl an Übersetzungen mit etwa 240 Beiträgen auf dem zweiten Platz. Übersetzt wurden ausschließlich Gegenwartsautoren der tschechischen Moderne, die sehr von Naturalismus und Symbolismus geprägt war.[49] Die expressionistischen Zeitschriften waren insbesondere an den symbolistischen Dichter Otokar Březina interessiert (43 Beiträge),[50] der von allen

---

44 Blaise Cendrars: Kontraste, Gleichzeitigkeit, Form [Betrachtung]. In: Die Aktion 4 (14. März 1914) 11, Sp. 233 f.; Ders.: Marc Chagall. Übers. von Rudolf Blümner. [Gedicht]. In: Expressionismus. Die Kunstwende. Hg. v. Herwarth Walden. Berlin: Verlag Der Sturm 1918, S. 20 (zugleich in: Sturm-Abende. Ausgewählte Gedichte. Berlin: Verlag *Der Sturm* [ca. 1918], S. 33); Ders.: Atelier Marc Chagall. Übers. von Rudolf Blümner [Gedicht]. In: Der Sturm 9 (Januar 1919) 10, S. 130.
45 Guillaume Apollinaire: Die moderne Malerei. Übers. von Jean-Jacques. In: Der Sturm 3 (Februar 1913) 148/149, S. 272; Ders.: Pariser Brief. Februar 1913. In: Der Sturm 3 (März 1913) 150/151, S. 283; [Über Kandinsky]. In: Der Sturm 3 (März 1913) 152/153, S. 288; Ders.: Die Dame. Übers. von Fritz Max Cahén. In: Die Bücherei Maiandros, Beiblatt, 1. November 1913, S. 6; Ders.: Die Formel Marie Laurencins. In: Die Bücherei Maiandros, Beiblatt, 1. Februar 1914, S. 3; Ders.: Alexander Archipenko. In: Der Sturm 4 (1. Märzhälfte 1914) 200/201, S. 194; Ders.: Montags Rue Christine. Übers. von Balduin Alexander Möllhausen. In: Die Bücherei Maiandros, Beiblatt, 1. Mai 1914, S. 6 f.
46 Francis Picabia: Ich stamme von Javanern. Übers. von Walter Mehring. In: Dada-Almanach. Hg. v. Richard Huelsenbeck. Berlin: Erich Reiß Verlag 1920, S. 99–101.
47 Georges Ribemont-Dessaignes: ô [Gedicht]. Übersetzt aus dem Französischen von Alexis. In: Dada-Almanach. Hg. v. Richard Huelsenbeck. Berlin: Erich Reiß Verlag 1920, S. 49; Ders.: Dadaland. Übersetzung aus dem Französischen von Walter Mehring. In: ebd., S. 96–98.
48 Philippe Soupault: Die fünf Brüder; Tomatenblüten [Gedichte]. Dadatraduction Walter Mehring. In: Dada-Almanach. Hg. von Richard Huelsenbeck. Berlin: Erich Reiß Verlag 1920, S. 101 f.
49 Peter Drews: Die deutschsprachige Rezeption slavischer Literatur, S. 438.
50 Otokar Březina: Die Musik der Quellen. Deutsch von Camill Hoffmann. In: Neue Blätter 1, (1912) 11, S. 89–92; Das Lächeln der Zeit. Deutsch von Camill Hoffmann. In: Neue Blätter 1 (1912) 11, S. 89 f.; Die Gefahren der Ernte. Deutsch von Camill Hoffmann. In: Neue Blätter 1 (1912) 11, S. 90–92; Die höchste Gerechtigkeit. Übers. von Leo Fantl. In: Die Neue Kunst 1 (März 1913) 3, S. 295–298; Motiv aus Beethoven. Übers. von Otto Pick. In: Das bunte Buch. Leipzig: Kurt Wolff Verlag 1914, S. 58 f.; Die Stadt. Deutsch von Otto Pick. In: Die Aktion 5 (16. Januar 1915) 3/4, Sp. 36; Die Gegenwart. Geschrieben im Jahre 1908 [Essay]. In: Die Weißen Blätter 2 (August 1915) 8, S. 943–949; Gebet. (1897) Nachdichtung von Albert Ehrenstein. In: Die Weißen Blätter 2 (Oktober

tschechischen Autoren in den deutschsprachigen Ländern bis 1918 auch außerhalb der expressionistischen Zeitschriften am häufigsten übersetzt wurde.[51]
Darauf folgen jeweils mehr als 20 Übersetzungen von Petr Bezruč[52] und Fráňa

1915) 10, S. 1231–1233; Der Sinn des Kampfes (1906). Übers. von Otto Pick. In: Die Weißen Blätter 3
(Februar 1916) 2, S. 246–250; Die Schlangenhöhlen. Übers. von Otto Pick. In: Die Aktion 6 (4. März
1916) 9/10, Sp. 115; Meditation über Schönheit und Kunst. Übertr. Otto Pick. In: Die Aktion 6 (6. Mai
1916) 18/19, Sp. 243–247; Wieder spricht. Nachdichtung von Otto Pick. In: Die Aktion 6 (6. Mai
1916) 18/19, Sp. 247 f.; Wir grüßen den Frühling. Nachdichtung von Otto Pick. In: Die Aktion 6
(20. Mai 1916) 20/21, Sp. 275–276; Die höchste Gerechtigkeit. Deutsch von Emil Saudek. In: Die
Aktion 6 (22. Juli 1916) 29/30, Sp. 399–403; Erde? Deutsch von Otto Pick. In: Die Aktion 6
(5. August 1916) 31/32, Sp. 442 f.; Die Propheten. Deutsch von Otto Pick. In: Die Aktion 6 (19. August
1916) 33/34, Sp. 451–453; Agonie der Sehnsucht. Deutsch von Otto Pick. In: Die Aktion 6
(30. September 1916) 39/40, Sp. 542 f.; Der Besuch. Deutsch von Otto Pick. In: Die Aktion 6
(25. November 1916) 47/48, Sp. 648 f.; Erlöschen tausend Sterne ... Übers. von Otto Pick. In: Die
Weißen Blätter 3 (Dezember 1916) 12, S. 213 f.; Erde? Wieder spricht; Wir grüßen den Frühling;
Agonie der Sehnsucht; Der Besuch; Die Schlangenhöhlen; Motiv aus Beethoven; Der Wein der
Starken; Die Propheten. In: Jüngste tschechische Lyrik. Eine Anthologie. Berlin-Wilmersdorf:
Verlag der Wochenschrift Die Aktion 1916, S. 15–30; Die Erbauer des Tempels. Übers. von Otto
Pick. In: Das jüdische Prag. Eine Sammelschrift. Prag: Verlag der Selbstwehr, 1917, S. 25–27;
Lächeln der Zeit. Übertr. von Otto Pick. In: Der Mensch 1 (Januar 1918) 1, S. 3 f.; Allegorie der Erde.
In: Der Mensch 1 (Februar 1918) 2, S. 26; Vigilien. Übers. von Johannes Urzidil. Gedichtfolge. In: Der
Mensch 1 (Juni / Juli 1918) 6/7, S. 76 f.; Über den Feuern und Wassern all ... Übers. Johannes Urzidil.
In: Der Mensch 1 (Juni / Juli 1918) 6/7, S. 77 f.; Jakub Deml: Bei Otokar Brezina. Übers. von Otto Pick.
In: Die Schöne Rarität 2 (Sonderheft Böhmen, November 1918) 8, S. 122; Der Körper. [Übers.] von
Otto Pick. In: ebd., S. 124; Brudersharen. Übertr. von Emil Saudek. In: Der Neue Daimon 2 (April
1919) 3/4, S. 34–37; Sommersonnenwende. Übers. von Rudolf Fuchs. In: Die Weißen Blätter 6 (Juli
1919) 7, S. 323; Königin der Hoffnungen. Deutsch von A. E. In: Marsyas 1 (Sommer 1919) 6, S. 182–
185; Stammen Rundes Müh'. In: Genius 1 (Herbst 1919) 2, S. 262; Lied von Sonne, Erde, den
Wassern und vom Geheimnis des Feuers. In: Genius 1 (Herbst 1919) 2, S. 263–265; Sommersonnenwende. In: Genius 1 (Herbst 1919) 2, S. 266; Apotheose der Ähren. In: Die Weißen Blätter 7
(März 1920) 3, S. 138 f.

51 Peter Drews: Die deutschsprachige Rezeption slavischer Literatur, S. 438 f.

52 Petr Bezruč: Aus den *Schlesischen Liedern* des Petr Bezruč. In: Herder-Blätter 1 (Oktober 1912)
4/5, S. 50; Wer springt in die Bresche? In: Herder-Blätter 1 (Oktober 1912) 4/5, S. 50; Gaya. In:
Herder-Blätter 1 (Oktober 1912) 4/5, S. 50; Die rote Blüte. Übers. von Rudolf Fuchs. In: Saturn 3
(September 1913) 9, S. 261; Drei Gedichte. Übers. von Rudolf Fuchs. In: Die Aktion 6 (6. Mai 1916)
18/19, Sp. 249 f.; Hochland. Übers. von Rudolf Fuchs. In: Die Aktion 6 (6. Mai 1916) 18/19, Sp. 249 f.;
Ortschaft an der Ostravica. Übers. von Rudolf Fuchs. In: Die Aktion 6 (6. Mai 1916) 18/19, Sp. 250;
Ich und du. Übers. von Rudolf Fuchs. In: Die Aktion 6 (6. Mai 1916) 18/19, Sp. 250; Hrabin. Übers.
von Rudolf Fuchs. In: Die Aktion 6 (24. Juni 1916) 26, Sp. 355 f.; Wirbitz. Übers. von Rudolf Fuchs.
In: Die Aktion 6 (22. Juli 1916) 29/30, Sp. 404; Hochland. In: Das Aktionsbuch. Hg. von Franz
Pfemfert. Berlin-Wilmersdorf: Verlag Die Aktion, 1917, S. 215; Ich und du. In: ebd., S. 216; Hoch-
land; Wirbitz; Ich und du; Ortschaft an der Ostravica; Hrabin. In: Jüngste tschechische Lyrik. Eine
Anthologie. Berlin-Wilmersdorf: Verlag der Wochenschrift Die Aktion 1916, S. 7–12; Ich. Nach-

Šrámek.[53] Der hochmusikalische, symbolistisch-dekadente Dichter Karel Hlaváček (1874–1898) (12), ferner Antonín Sova (1864–1928) (4), Otokar Theer (1880–1917) (5) sowie die oppositionellen, wegen staatsfeindlicher Tätigkeit während des Ersten Weltkrieges inhaftierten Dichter Josef Svatopluk Machar und Viktor Dyk (1877–1931) (5) sind ebenfalls mit Übersetzungen vertreten. Einige der genannten Autoren (Březina, Machar, Sova) gehörten zu der Gruppierung *Česká moderna*, deren Manifest 1895 Machar verfasste und die für formalästhetische

---

dichtung von Rudolf Fuchs. In: Der Anbruch 1 (15. Dezember 1917) 1, S. 2; Didus ineptus. Übers. von Rudolf Fuchs. In: Die Schöne Rarität 1 (September 1917) 3, S. 50; Das Schön-Feld. Deutsch von Rudolf Fuchs. In: Der Anbruch 1 (15. Februar 1918) 3, S. 2; Noch lesen die Leute. Übertr. von Rudolf Fuchs. In: Daimon 1 (August 1918) 4, S. 199–200; Kantor Halfar. In: Der Friede 1 (1. März 1918) 6, S. 138; Ich und du. In: Der Friede 1 (19. April 1918) 13, S. 310; Nur einmal. Übertr. von Jaroslav Goll. In: Der Mensch 1 (März 1918) 3, S. 44 f.; Vier Gedichte (Schlesische Wälder; Die Adligen; Siebzigtausend; Also sing ich). In: Die neue Dichtung. Ein Almanach. Mit 9 Bildbeigaben von Ludwig Meidner. Leipzig: Kurt Wolff Verlag 1918, S. 48–52; Petwald. Aus dem Tschechischen von Rudolf Fuchs. Die Aktion 9 (29. März 1919) 12/13, Sp. 196; Bergmannsgedicht. In: Die Aktion 20 (August 1930) 1/3, Sp. 16; Der Bergmann. In: Die Aktion 21 (April 1931) 1/2, Sp. 26 f.
53 Fráňa Šrámek: Der letzte Tag im Jahre. Übertr. von Otto Pick. In: Die Aktion 2 (1. Januar 1912) 1, Sp. 14; Im dunkelsten Afrika. In: Die Aktion 2 (11. März 1912) 11, Sp. 338–340; Ada, Minka, Marta. Übers. von Otto Pick. In: Die Aktion 2 (24. April 1912) 17, Sp. 524 f.; Die Raupe. Übertr. von Otto Pick. In: Saturn 3 (Januar 1913) 1, S. 22–29; Erwachen. Ein Akt. Übertr. von Otto Pick. In: Saturn 3 (Juni 1913) 6, S. 147–164; Vorspiel. Übertr. von Otto Pick. In: Saturn 3 (Juni 1913) 6, S. 167–174; Im Walde. Übertr. von Otto Pick. In: Saturn 3 (Juni 1913) 6, S. 174–179; Das Mädchen. Übertr. von Otto Pick. In: Saturn 3 (Juni 1913) 6, S. 179; Zwei Gedichte. Übertr. von Otto Pick. In: Saturn 3 (Juni 1913) 6, S. 179 f.; Advent. Übertr. von Otto Pick. In: Saturn 3 (Juni 1913) 6, S. 180; Der Frühlingswanderer. Übers. von Otto Pick. In: Die Aktion 5 (18. Dezember 1915) 51, Sp. 645; Die Grossmutter. Übers. von Otto Pick. In: Die Weißen Blätter 2 (März 1915) 3, S. 382–384; Sie entrissen ihr die Blüten und zerbrachen ihre Ästchen. (1912). Übers. von Otto Pick. In: Die Aktion 6 (6. Mai 1916) 18/19, Sp. 254–259; Das Mädchen. Übers. von Otto Pick. In: Die Aktion 6 (20. Mai 1916) 20/21, Sp. 279; Soldat im Feld. Übers. von Otto Pick. In: Die Weißen Blätter 3 (Oktober 1916) 10, S. 78; Der Frühlingswanderer; Das Mädchen; Advent; Ada, Minka, Marta; Der Liebende im April. In: Jüngste tschechische Lyrik. Eine Anthologie. Berlin-Wilmersdorf: Verlag der Wochenschrift Die Aktion 1916, S. 91–96; Die Grossmutter. In: Der Friede 1 (15. März 1918) 8, S. 189 f.; Tragikomödie. Übers. von Otto Pick. In: Der Friede 2 (6. Dezember 1918) 46, S. 475–478; Soldat im Feld. Deutsch von Otto Pick. In: Menschliche Gedichte im Krieg. Hg. v. René Schickele. Zürich: Max Rascher, 1918 (Europäische Bibliothek. Herausgegeben von René Schickele. Bd 3), S. 50; Der Gefangene. Deutsch von Otto Pick. In: Die Aktion 9 (6. September 1919) 35/36, Sp. 612 f.; Vor dem Sturm. (Eine etwas rätselhafte Begebenheit). Deutsch von Otto Pick. In: Die Aktion 9 (13. Dezember 1919) 49/50, Sp. 813–816; Rum. Übertr. von Otto Pick. In: Der Friede 3 (23. Mai 1919) 70, S. 427–429; Der silberne Wind. Übertr. von Otto Pick. In: Der Friede 4 (22. August 1919) 83, S. 739 f.; Rum. Übertr. von Otto Pick. In: Saturn 5 (Februar 1920) 10, S. 378–385; Trauer, mein Geschwister. Nachdichtung von Otto Pick. In: Die Weißen Blätter 7 (März 1920) 3, S. 140.

Innovation sowie politischen Nonkonformismus eintrat.[54] František Langer (1888–1965) ist mit fünf Übersetzungen präsent. Von den avantgardistisch orientierten Brüdern Čapek wurde Josef Čapek besondere Aufmerksamkeit zuteil, der in den expressionistischen Zeitschriften neben etlichen Prosa-Skizzen auch viele seiner Zeichnungen veröffentlichen konnte.

7.1.3 Russische Literatur

Auf das Tschechische folgt eine weitere slavische Sprache, das Russische.[55] Aus der russischen Literatur wurden etwa 150 Übersetzungen publiziert. Während sich die expressionistischen Übersetzer beim Tschechischen der Lyrik widmeten, bevorzugten sie beim Russischen eindeutig die Prosa.[56] Am intensivsten wurde Leo Tolstoi rezipiert, der mit etwa zwanzig Beiträgen vertreten ist. Dies belegt, dass auch der Expressionismus an der europaweiten Strömung des Tolstoismus Anteil hatte.[57] Zu den leitenden Ideen dieser geistigen Bewegung, die sich vor allem von 1894 zuerst in Deutschland veröffentlichten Abhandlung *Царство Божие внутри вас* (*Gottes Reich ist in euch*) herleitete,[58] zählten ein anarchisch gefärbtes Christentum und die Ablehnung aller staatlichen Institutionen, der weltlichen Rechtsordnung sowie des Privateigentums. Die Tolstoianer waren darüber hinaus entschieden antimilitaristisch eingestellt und propagierten einen radikalen Pazifismus. Ein entscheidender Punkt ihres Programms, der an Tolstois Abhandlung angelehnt ist, war die Kriegsdienstverweigerung. Aufgrund seines Anti-Nationalismus und Pazifismus wirkte Tolstoi bereits in der Vorkriegszeit als ethisches Vorbild für die Expressionisten, die ihn zu einer messianischen Erlösergestalt stilisierten. Darauf folgte die klandestine Rezeption im Krieg, da die deutschen Behörden und Zensurorgane die Verbreitung seiner antimilitaristischen Schriften

---

54 Darin stimmte die expressionistische Rezeption mit den allgemeinen Tendenzen der deutschsprachigen Rezeption tschechischer bzw. russischer Literatur im Untersuchungszeitraum überein, die bereits Drews herausgearbeitet hatte. Vgl. Peter Drews: Die deutschsprachige Rezeption slavischer Literatur, S. 445.

55 Zur Rezeption der russischen Literatur in den Zeitschriften des Expressionismus vgl. die Spezialstudie von Valentin Belentschikow: Russland und die deutschen Expressionisten. Bd. 1. Frankfurt/Main u. a.: Lang 1993.

56 Peter Drews: Die deutschsprachige Rezeption slavischer Literatur, S. 245; S. 457.

57 Dazu Edith Hanke: Prophet des Unmodernen: Leo N. Tolstoi als Kulturkritiker in der deutschen Diskussion der Jahrhundertwende. Tübingen: Niemeyer 1993.

58 Leo N. Tolstoi: Gottes Reich ist in Euch, oder Das Christentum nicht als eine mystische Lehre, sondern als neue Lebensanschauung. Vollständige, vom Verfasser genehmigte Übersetzung des russischen Original-Manuskriptes von L.A. Hauff. Berlin: Verlag von Otto Janke [1894].

rigoros unterbanden, nicht zuletzt wegen der dort enthaltenen Schmähungen des deutschen Kaisers. Infolge der Niederschlagung der Revolution von 1919 kam es zu einem zweiten Tolstoismus, der gerade die Idee der Gewaltlosigkeit betonte, etwa bei Ernst Toller in *Masse Mensch* (1919) und bei Johannes R. Becher in seiner Ode *An Tolstoi* (1919). Zum zweiten Tolstoismus trug auch Ludwig Rubiners Edition von Tolstois *Tagebüchern 1895–1899* (1918) bei, die seine Frau Frida Ichak-Rubiner übersetzte.[59]

Neben Tolstoi wurde der Theoretiker des Anarchismus Pjotr Alexejewitsch Kropotkin (1842–1921) vor allem in Pfemferts *Aktion* intensiv rezipiert (18 Beiträge).[60] Zu den weiteren übersetzten Autoren zählten Maxim Gorki (1868–1936)

---

59 Leo Tolstoi: Tagebuch 1895–1899. Nach dem geistigen Zusammenhang ausgewählt, hg. und eingel. von Ludwig Rubiner. Zürich: Max Rascher Verlag 1918. In seiner Einleitung betont Rubiner den besonderen ethischen Wert der Tagebücher, welche Tolstois „Wandlung" dokumentierten, „die ihn zum öffentlichen Bekenntnis für das Volk gegen die Autoritäten der Macht, zum Bekenntnis für die Besitzlosigkeit und zum einfachen Leben trieb; jene Wandlung, die bis zu seinem Tode die Welt erschüttert hat" (ebd., S. V). „Die erste Wirkung, die der Leser dieser Tagebücher spürt, ist Heilung. Heilung inmitten von Katastrophen der Menschheit; danach Mut und eine neue Fähigkeit zu leben" (ebd., S. VI). Rubiner zählt Tolstoi nach Augustinus und Rousseau zu den großen Bekennern und Gemeinschaftsstiftern. Durch die Lehre der Gewaltlosigkeit und des Handelns nach der Offenbarung des Gewissens habe er eine holistisch religiös-politische Erfahrung der Gemeinschaft in der Moderne als „Zeitalter der Isolation" (ebd., S. VII) ermöglicht: „Augustinus im vierten christlichen Jahrhundert, der erste mächtige Führer und Gestalter der Masse: ihm war sie die Kirche. Im achtzehnten Jahrhundert Rousseau, der der Masse das Bewußtsein gab: den Sozialismus. Zu unserer Zeit der dritte Bekenntnissager, Tolstoi. Er gab der Masse ihren Sinn, zeigte ihr die eigene Führung, und in seinem absoluten Reich der Gotteskinder ist der Einzelne und die Gemeinschaft wieder ununterschieden, ein und dasselbe, ganz problemlos. Wiederum, nach dreitausend Jahren abendländischer Willenszerfleischung, herrscht nicht mehr die Macht, sondern die Heiligkeit. Mit der unseren Tagen verkündeten Lehre von der Gewaltlosigkeit und dem Handeln nach der Offenbarung des Gewissens vor Gott ist der Weg zum Osten aus dem Innern des Menschen her freigelegt. Aus dem Innern des Menschen her ist, nach der furchtbaren äußeren und inneren Weltwende unserer Zeit, die Erde wieder rund, eine Einheit" (ebd., S. XXXI). Den zeitgenössischen Tolstoi-Enthusiasmus dokumentiert auch ein von dem Wiener Expressionisten Fritz Gross (1897–1947) verfasstes Flugblatt: Bruder! Ein Blatt an Arbeiter, Soldaten, Studenten und deren Angehörige. (Geschrieben von Fritz Gross.) Nr. 1. Berlin Wilmersdorf 1919. Mit einer Beilage: [Aufruf.] Gründung eines Jugendbundes „Tolstoi".
60 Peter Kropotkin: Die Revolution der Zukunft. In: Die Aktion 1 (12. Juni 1911) 17, Sp. 515–518; Was ist Sozialismus? In: Die Aktion 1 (10. Juli 1911) 21, Sp. 646–648; Wem dient der industrielle Fortschritt? In: Die Aktion 1 (17. Juli 1911) 22, Sp. 676–679; Der Philosophische Versuch Herbert Spencer's. In: Die Aktion 1 (31. Juli 1911) 24, Sp. 749–752; Die Rolle des Gesetzes im Gesellschaftsleben. In: Die Aktion 1 (18. September 1911) 31, Sp. 964–967; Die intellektuelle Bewegung des 18. Jahrhunderts. In: Die Aktion 1 (9. Oktober 1911) 34, Sp. 1069–1071; Wissenschaft und Reaktion. In: Die Aktion 1 (4. Dezember 1911) 42, Sp. 1321–1324; Das Erwachen in den Jahren 1856–1862. In: Die Aktion 2 (12. Februar 1912) 7, Sp. 198–202; Die Bedrohte Ordnung. In: Die

(15),[61] der russische Lyriker Alexei W. Kolzow (1809 – 1842) (11),[62] ferner Dostojewski (10),[63] der von den Expressionisten zur Ikone stilisiert wurde und über
dessen Roman *Der Idiot* in der Zeitschrift *Die Argonauten* auch ein Essay von

Aktion 2 (11. Dezember 1912) 50, Sp. 1575 – 1578; Der Geist der Empörung. In: Die Aktion 4
(24. Januar 1914) 4, Sp. 69 – 71; Die Anfänge des Anarchismus. In: Die Aktion 4 (28. Februar 1914) 9,
Sp. 179 – 181; Ein Brief von Kropotkin. Übers. von Iwan Goll. In: Das Forum 4 (November 1919) 2,
S. 146 – 148; Die Kulturgrundlagen des Kathedralenbaus. Übers. von Gustav Landauer. In: Die
Gemeinschaft. Dokumente der geistigen Weltwende. Hg. v. Ludwig Rubiner. Potsdam: Gustav
Kiepenheuer, [1919], S. 133 – 140; Einige theoretische Gesichtspunke des Anarchismus. In: Die
Aktion 10 (10. Juli 1920) 27/28, Sp. 365 – 374; Die Expropriation. In: Die Aktion 10 (13. November
1920) 45/46, Sp. 639 – 642; Politische Rechte und ihre Bedeutung für die Arbeiterklasse. In: Das
Forum 4 (Juli 1920) 10, S. 756 – 763; Die bedrohte Ordnung. In: Die Aktion 11 (2. April 1921) 13/14,
Sp. 177 – 179; Unsere Reichtümer. In: Das Forum 5 (Dezember 1920 / März 1921) 3/6, S. 204 – 217.
61 Maxim Gorki: Die Uhr. Deutsch Nadja Strasser. In: Die Aktion 2 (24. April 1912) 17, Sp. 530 – 533;
Das graue Kompromisstier. In: Die Aktion 3 (26. Februar 1913) 9, Sp. 266 – 268; Wie ein Mensch
geboren ward. Novelle. In: PAN 3 (17. Januar 1913) 16, S. 380 – 386; Wie ein Mensch geboren ward.
Novelle. In: PAN 3 (24. Januar 1913) 17, S. 404 – 411; Lied vom Sturmvogel [Skizze]. In: Der Friede 2
(16. August 1918) 30, S. 94; Aufruf. In: Die Aktion 9 (4. Januar 1919) 1, Sp. 4 – 7; Zur russischen
Revolution. In: Die Bücherkiste 1 (Herbst 1919) 5/6/7, S. 63; Die Mutter. In: Der Friede 3 (27. Juni
1919) 75, S. 551 f.; Manifest an die zivilisierte Welt. In: Kain 5 (7. Januar 1919) 3, S. 2; Die Internationale der Intellektuellen. Übers. von L. S.. In: Das Forum 4 (Juni 1920) 9, S. 649 – 651; Russland
und die Weltliteratur. In: Das Forum 4 (September 1920) 12, S. 937 – 947; Vorrede für einen Katalog
der Weltliteratur. In: Genius 2 (Herbst 1920) 2, S. 293 – 297; Über bürgerliche Literatur. In: Die
Aktion 12 (18. März 1922) 11/12, Sp. 167 f.; Über Karamasowismus. In: Die Neue Schaubühne 4
(Februar 1922) 2, S. 25 – 30; Nochmals über den ‚Karamasowismus'. In: Die Neue Schaubühne 4
(April 1922) 4, S. 87 – 93.
62 Alexei Kolzow: Gedichte. Übertr. von Otto von Taube. In: Die Aktion 7 (16. Juni 1917) 24/25,
Sp. 313 – 316 [Der Mensch; Singe, Nachtigall …; Rausche nicht, Du Korn; Winde wehen …; Die
Straße; Lied des Greisen; Vor dem Bilde des Heiland; Das große Geheimnis]; Der verstummte
Dichter. Übers. von Otto von Taube. In: Die Aktion 7 (30. Juni 1917) 26, Sp. 353; Frage. In: Die Aktion
7 (25. August 1917) 33/34, Sp. 458 f.; Herbst. Deutsch von Otto von Taube. In: Die Aktion 7
(22. September 1917) 37/38, Sp. 510.
63 F. M. Dostojewski: Konstantinopel muss uns gehören. In: Die Aktion 2 (23. Oktober 1912) 43,
Sp. 1349 – 1352; Eine Kindheitserinnerung. In: Die Aktion 4 (21. November 1914) 46/47, Sp. 886 –
891; Selbstmord und Unsterblichkeit. Übertr. von E. K. Rahsin. In: Der Brenner 4 (15. März 1914) 12,
S. 543 – 554; Zwei Briefe an seinen Bruder Michail. In: Der Brenner 4 (1. und 15. Juni 1914) 17/18,
S. 763 – 778; Drei Briefe Dostojewskis. In: Das Forum 1 (Mai 1914) 2, S. 80 – 82; Petersburger
Träume. Unbekannte Erzählung mitget. von Wladimir Astrow. In: Die Weißen Blätter 5 (Juli 1918) 1,
S. 12 – 28; Über persönliche Vervollkommnung im religiösen Geiste. Übers. von E. K. Rahsin. In:
Der Brenner 6 (Ende Dezember 1919) 2, S. 122 – 132; Die Beerdigung des Allmenschen. In: Der
Strom 1 (1919) 1, S. 36 – 39; Ein kleiner Scherz des Teufels. In: Die Aktion 11 (12. November 1921) 45/
46, Sp. 638 – 640; Briefe (An eine Hörerin der höheren Frauenkurse; Drei Briefe an Iwan Ser-
gejewitsch Aksakow). In: Die Argonauten 1 (Dezember 1921) 10/12, S. 153 – 164.

Walter Benjamin erschien, sowie Michail Kusmin (10),[64] während der russische Nationaldichter Alexander Sergejewitsch Pushkin (1799–1937) mit nur drei Beiträgen kaum ins Gewicht fällt. Waleri Jakowlewitsch Brjussow (1873–1924) (8), Fjodor Sologub (1863–1927) (8) und Alexander Alexandrowitsch Blok (1880–1921) (4) sind die am intensivsten übersetzten Symbolisten, noch weniger Beiträge finden sich von Konstantin Dmitrijewitsch Balmont (1867–1942) (2), Andrei Bely (1880–1934) (2) und Alexei Michailowitsch Remisow (1877–1957) (1). Signifikant ist ferner das Kontingent von Übersetzungen politischer Literatur im Zusammenhang mit der Russischen Revolution. Dagegen fand der Revolutionsemigrant Dmitri Sergejewitsch Mereschkowski (1865–1941), der ab 1918 meistrezipierte symbolistische Prosaiker in Deutschland,[65] so gut wie keine Beachtung.[66] Futuristen wie Wladimir Wladimirowitsch Majakowski (1893–1930) (3) oder Dawid Dawidowitsch Burljuk (1882–1967) (2) sind zwar mit einigen Gedichten und Essays vertreten, ihre Rezeption hält sich aber in Grenzen.

7.1.4 Italienische Literatur

Im italienischen Corpus (fast 100 Beiträge) ist eine starke Konzentration auf den Futurismus erkennbar. Von Filippo Tommaso Marinetti (1876–1944) und Aldo Palazzeschi (1885–1974) stammen die meisten der rund 80 futuristischen Beiträge. Trotzdem ist die Vielfalt futuristischer Autoren bemerkenswert. Neben mehrmals übersetzten Dichtern, wie Ruggero Vasari (1898–1968), Ardengo Soffici (1879–1964), Giovanni Papini (1881–1956), Paolo Buzzi (1874–1956) und Luciano Folgore (1888–1956), finden sich auch Schriftsteller wie Primo Conti (1900–1988), Pitigrilli (Dino Segre) (1893–1975) und Guglielmo Jannelli (1895–1950), die mit jeweils nur einem Beitrag in italienischer Sprache präsent sind. Francesco Petrarca fand mit fünf von Erich Auerbach und Franz Spunda übersetzten So-

---

64 Michael Kusmin: Der Jüngling und das Mädchen. In: Die Aktion 2 (19. Juni 1912) 25, Sp. 789; Die Brautwahl. Ein mimisches Ballet (1906). Übers. von Johannes von Guenther [Ballett]. In: Saturn 2 (November 1912) 11, S. 243 f.; Fünf Gedichte aus den *Alexandrinischen Gesängen*. Übers. von Alexander Eliasberg. In: Münchner Blätter für Dichtung und Graphik 1 (August 1919) 8, S. 113–116 [Wenn das Wort ich höre „Alexandria"; Dreimal sah ich ihn ...; Wäre ich ein Feldherr ...; Wieder sah ich die Stadt ...; Süß ist es zu sterben]; Ein Gedicht. In drei abweichenden Fassungen übersetzt von Johannes von Guenther. In: Saturn 5 (Dezember 1919) 8, S. 323 f. [Ein nackter Knabe schlief ...; Es schlief in schöner Waldesgegend...; Es schlief ein nackter Knabe ...].
65 Peter Drews: Die deutschsprachige Rezeption slavischer Literatur, S. 177.
66 Franz Pfemfert publizierte einen Verriss von Mereschkowskis antirevolutionärer Schrift *Das Reich des Antichrist: Russland und der Bolschewismus* (1921) (F. P.: Mereschkowski: Das Reich des Antichristen [Rezension]. In: Die Aktion 11 (10. Dezember 1921) 49/50, Sp. 695).

netten einige Beachtung, dagegen erschienen nur drei Nachdichtungen Dantes (das Sonett „Tanto gentile e tanto onesta pare" wurde von Erich Auerbach in der Zeitschrift *Die Argonauten*[67] sowie von Franz Werfel in der von Raabe nicht erfassten Anthologie *Das bunte Buch* (1914) übersetzt, wo es zusammen mit dem Sonett „A ciascun'alma presa, e gentil core" ebenfalls in Werfels Nachdichtung erschien).[68] Zu verzeichnen sind außerdem Beiträge von Guido Gozzano (1883–1916)[69] und Gabriele d'Annunzio (1863–1938).[70] Die Bedeutung des Anarchismus für die Expressionisten unterstreichen drei in der *Aktion* erschienene Aufsätze des Anarchisten Luigi Fabbri (1877–1935) über Kropotkin und Michail Bakunin.[71]

7.1.5 Englische Literatur

Englischsprachige Autoren aus Großbritannien sind mit einem Kontingent von über 80 Übersetzungen vertreten. Die meistrezipierten Autoren waren Oscar Wilde, George Bernard Shaw (1856–1950) und Gilbert Keith Chesterton (1874–1936). Kurt Hillers Zeitschrift *Das Ziel* übersetzte u. a. Auszüge aus Wildes Essay *The Soul of Man Under Socialism* (1891).[72] Wildes Aufwertung des Sozialismus als Chance für die Entwicklung eines neuen wahrhaftigeren Individualismus, den das kapitalistische Privateigentum inzwischen vernichtet habe,[73] empfand Hiller of-

---

67 Dante Alighieri: Tanto gentile e tanto onesta pare. Übers. von Erich Auerbach. In: Die Argonauten 1 (Dezember 1921) 10/12, S. 198.

68 Franz Werfel: Zwei Sonette aus Dantes *Neuem Leben*. In: Das bunte Buch. Leipzig: Kurt Wolff Verlag 1914, S. 124 f. („Verstrickte Seelen, Herzen all die süßen"; „So fein und züchtig ist die Herrin mein").

69 Guido Gozzano: Die Gespräche (I und II); Augustregen; Grossmutter Speranzas Freundin; Fräulein Felicitas oder Das Glück. In: Genius 3 (Herbst 1921) 2, S. 323–335.

70 Gabriele d'Annunzio: Anrufung. Deutsch von Otto von Taube. In: Die Aktion 6 (19. Februar 1916) 7/8, Sp. 93 f.; Aus *Canto Novo*. Übertr. von Otto Wolfgang. In: Aufschwung 1 (April 1919) 3, S. 51; An die Berge. Übers. von Franz Spunda. In: Münchner Blätter für Dichtung und Graphik 1 (September 1919) 9, S. 129 f.; Aus *Canto novo*. Deutsch von Otto Wolfgang. In: Der Sturmreiter 1 (Sommer 1920) 8, S. 1.

71 Luigi Fabbri: Peter Krapotkin [Nachruf]. In: Die Aktion 11 (2. April 1921) 13/14, Sp. 201–204; Bakunin, die Anarchisten und die Internationale. In: ebd. 11 (14. Mai 1921) 19/20, Sp. 268–271; Anarchismus und Klassenkampf. In: ebd. 11 (1. Oktober 1921) 39/40, Sp. 553–556.

72 Oscar Wilde: Durch Sozialismus zum Individualismus. In: Das Ziel. Jahrbücher für geistige Politik. Jahrbuch III. Hg. von Kurt Hiller. Leipzig: Kurt Wolff Verlag 1919, S. 7–13.

73 „Das Privateigentum hat den wahren Individualismus vernichtet und einen falschen aufgestellt. Es hat einen Teil der Gemeinschaft von dem Individuell-Sein durch Aushungerung ausgeschlossen. [...] In der Tat, die Persönlichkeit der Menschen wurde so vollkommen durch seine Besitztümer absorbiert, daß die englischen Gesetze Vergehen wider das Eigentum weit schärfer

fenbar als kompatibel mit seinem eigenen elitären ‚Logokratie'-Konzept als Form eines ‚sozialistischen Aristokratismus'.[74] Shaw, Mitglied der Fabian-Society und Vertreter des Fabianischen Sozialismus, wurde vor allem als Kriegsgegner rezipiert. Publiziert wurden etwa Auszüge aus seinen *Peace Conference Hints* (1919), zu denen der denkwürdige Aphorismus gehört: „Nationen sind wie Bienen, sie können nicht töten, es sei denn auf Kosten ihres eigenen Lebens".[75] *Die Weißen Blätter* veröffentlichten Passagen aus den beiden Bänden *Der gesunde Menschenverstand im Kriege*, die zuerst im November 1914 als Sonderheft der Londoner Zeitschrift „The New Statesman" und in deutscher Übersetzung 1919 in René Schickeles „Europäischer Bibliothek" erschienen waren.[76] Chesterton wurde zum einen als Freund Shaws präsentiert, der seine Bewunderung für Shaws unparteiische Konsequenz mit der Kritik an dessen Nietzsche-Nachfolge verband. Zum anderen wurde er als Vertreter einer entschieden antiästhetizistischen, christlichen (1922 konvertierte Chesterton zum Katholizismus) und antirationalistischen Moderne wahrgenommen. Von ihm erschien 1914 in den *Argonauten* eine *Verteidigung des Schundromans*, den Chesterton als Spiegel gesunden Menschentums im Gegensatz zur morbiden Ästhetenliteratur in Schutz nimmt, sowie eine nicht weniger paradoxe *Verteidigung des Unsinns*, der als naives Staunen (*stupiditas*) und Grundlage des Spiritualismus wiederaufgewertet wird. Zu den übertragenen Schriftstellern gehört des Weiteren William Shakespeare, von dem 1912 und 1916 in der *Aktion* einige Sonette anonym übersetzt wurden, ferner der Viktorianische Schriftsteller Coventry Kersey Dighton Patmore (1823–1896), William Butler Yeats (1865–1939), von dem u. a. ein Bericht seines Besuchs bei Verlaine erschien, sowie der bereits besprochene Douglas Goldring. Punktuelle Be-

---

ahnden, denn wider die Person" (ebd., S. 9); „Die Vernichtung des Privateigentums wird den wahren, den herrlichen, den kräftigen Individualismus zur Folge haben" (ebd., S. 10).
74 „So wenig Freiheit und Sozialismus sich ausschließen, so wenig schließen Freiheit und Geistigenherrschaft sich aus. Im Gegenteil, erst Geistigenherrschaft, in einer sozialistisch geordneten Welt, würde dem Individuum das Maß von Freiheit verbürgen, das ihm zukommt und das nach den Normen einer sozialen Logik oder den Gesetzen einer sozialen Physik möglich ist. Weder Kapitalismus noch Majoritismus haben den Menschen auch nur in die Nähe dieses möglichen Stands gebracht. Freiheitlicher Sozialismus, sozialistischer Aristokratismus – das ist, mit zwei (mißverständlichen, hoffentlich nicht mißverstandenen) Schlagworten das Programm der Logokraten; und will man es ein ‚demokratisches' nennen, so spricht gar nichts dagegen – vorausgesetzt, man hat aus dem alten Begriffsschlauch zuvor den alten egalitären Schlamm geräumt." (Kurt Hiller: Zwischen Timesdemokrat und Nietzschepapst. In: Ders.: Ratioaktiv. Reden, 1914–1964. Ein Buch der Rechenschaft. Wiesbaden: Limes 1966, S. 138–161, hier S. 148 f.).
75 Bernard Shaw: Gedanken die nicht veralten. In: Das Neue Rheinland 1 (Dezember 1919) 3, S. 68–72, hier S. 69.
76 Bernard Shaw: Der gesunde Menschenverstand im Krieg. 2 Bde. Zürich: Max Rascher Verlag 1919.

rücksichtigung fanden ferner William Blake (1757–1827), Lord Byron (1788–1824), Percy Bysshe Shelley, George Meredith (1828–1909), Algernon Charles Swinburne (1837–1909),[77] Arthur Symons (1865–1945), H. G. Wells (1866–1946), Rupert Brooke (1887–1915) u. a.

7.1.6 Ungarische Literatur

Aus dem Ungarischen wurde in den expressionistischen Zeitschriften ein Kontingent von fast 80 Beiträgen übersetzt. Die Autoren stammten zum großen Teil aus dem Umfeld der bedeutenden ungarischen Zeitschrift *Nyugat* (,Westen' bzw. ,Abendland'). Die Zeitschrift wurde von Impressionismus, *art nouveau* und Symbolismus geprägt.[78] Die stärkste Beachtung fand der konservative Schriftsteller Dezső (Desiderius) Kosztolányi (1885–1936) mit etwa zwanzig Beiträgen.[79] Möglicherweise liegt der Grund in dessen Vernetzungen mit vielen ausländischen

---

77 Im DLA Marbach liegt im Nachlass von Luise Rinser ein Auszug aus Swinburnes ,Miracle-Play' *The Masque of Queen Bersabe* in A. R Meyers Übersetzung (A:Rinser, Luise: HS 2002.0007).

78 Attila Tamás: Years of the Nyugat (1908–1941). In: A History of Hungarian Literature. Hg. von Tibor Klaniczay. Budapest: Corvina Kiadó 1983, S. 333–398, hier S. 380 u. 390.

79 Desider Kosztolányi: Gedichte. [Übers.] von Heinrich Horvat. In: Der Sturm 1 (11. August 1910) 24, S. 191; Das hässliche Mädchen. Übers. von Stefan J. Klein [Erzählung]. In: Der Brenner 3 (1. Oktober 1912) 1, S. 21–30; Im Herbst. Übertr. von Stefan J. Klein [Erzählung]. In: ebd. 3 (1. Dezember 1912) 5, S. 206–216; Der Unbekannte. Übertr. von Stefan J. Klein [Erzählung]. In: ebd. 3 (1. Februar 1913) 9, S. 390–397; Das grüne Tagebuch. Übertr. von Stefan J. Klein [Erzählung]. In: ebd. 3 (15. März 1913) 12, S. 527–532; Grossvater. Übertr. von Stefan J. Klein [Erzählung]. In: ebd. 3 (15. Mai 1913) 16, S. 716–721; Der Regenschirm. Übertr. von Stefan J. Klein [Groteske]. In: ebd. 3 (1. Juli 1913) 19, S. 871–877; Morgen im Stadtwäldchen. Übers. von Stefan J. Klein [Erzählung]. In: ebd. 4 (15. Oktober 1913) 2, S. 66–70; Christine Huchs wunderbarer Besuch. Übers. Stefan J. Klein [Erzählung]. In: Saturn 3 (Juli 1913) 7, S. 181–191; Beethoven [Erzählung]. In: Der Brenner 4 (1. Februar 1914) 8/9, S. 390–397; Die alte, alte Erzählung. [Übertr. von Stefan J. Klein] [Erzählung]. In: ebd. 4 (15. Mai 1914) 16, S. 716–722; Dreizehn schlimme kleine Mädchen [Kinostück]. In: Saturn 4 (Januar 1914) 1, S. 19–26; Der fette Richter. [Übers.] von Stefan I. Klein [Erzählung]. In: Der Sturm 5 (Dezember 1914) 17/18, S. 121 f.; Der Detektiv. [Übers.] von Stefan I. Klein [Erzählung]. In: ebd. 5 (Januar 1915) 19/20, S. 132–134; Hochzeit. [Übers.] von Stefan I. Klein [Erzählung]. In: ebd. 5 (Februar 1915) 21/22, S. 138 f.; Verpelety. Übertr. von Stefan J. Klein [Erzählung]. In: ebd. 6 (1. und 2. Maihälfte 1915) 3/4, S. 20–22; Der Chinese. Übertr. von Stefan J. Klein [Erzählung]. In: ebd. 6 (1. und 2. Junihälfte 1915) 5/6, S. 35; Das Rasiermesser. Übertr. von Stefan J. Klein [Erzählung]. In: ebd. 6 (1. und 2. Augusthälfte 1915) 9/10, S. 58 f.; Appendicitis. Übers. von Stefan J. Klein [Erzählung]. In: ebd. 6 (1. und 2. Septemberhälfte 1915) 11/12, S. 67 f.; Ihr Alten ... [Übers. v. Heinrich Horvat] [Gedicht]. In: Der Friede 1 (9. Februar 1918) 3, S. 65; Adam. Nachdichtung von Heinrich Horvat [Gedicht]. In: ebd. 1 (3. Mai 1918) 15, S. 357; Im Kindergarten. Übers. von St. J. Klein [Erzählung]. In: ebd. 2 (2. August 1918) 28, S. 44–46.

Autoren, darunter Thomas Mann und Gorki.[80] Zu den übertragenen Schriftstellern zählen der *Nyugat*-Gründer Ignotus (Hugó Veigelsberg) (1869 – 1949), ferner einer der zentralen Vertreter der ungarischen Moderne, Endre Ady de Diósad (1877– 1919), ab 1912 Herausgeber der *Nyugat* und stark von Baudelaire und Verlaine geprägt, der pazifistische Dichter und herausragende Übersetzer Mihály Babits von Szentistván (1883 – 1941), Béla Révész (1876 – 1944), Gyula Szini (1876 – 1932), Zsigmond Móricz (1879 – 1942) und der Prosaist Lajos Nagy (1883 – 1954). Aus der Gruppe der *Nyugat* stammen auch der ungarisch-jüdische Dichter und Kurzgeschichtenautor Ernő Szép (1884 – 1953), Verfasser einer 1915 im *Forum* erschienenen D'Annunzio-Schelte,[81] ferner der Erzähler und Swift-Bewunderer Frigyes Karinthy (1887 – 1938), der mit sechzehn Beiträgen vertreten ist,[82] Elek Turcsányi (1889 – 1944) sowie der futurismusnahe Schriftsteller und Maler Lajos Kassák (1887 – 1967), der im Krieg die Avantgardezeitschriften *A Tett* (*Heute*) – zusammen mit Emil Szittya (1866 – 1964) – und *MA* (*Tat*) publizierte. Nur punktuell übertragen wurden der symbolistische Dichter und Übersetzer Artúr Keleti (1889 – 1969), die mit Kosztolányi befreundete Sarolta (Charlotte) Lányi (1891– 1975) sowie der dadaistische Dichter Sándor Barta (1897– 1938), der in Kassáks Zeitschrift *MA* veröffentlichte.

---

80 Attila Tamás: Years of the Nyugat (1908 – 1941), S. 367.
81 Ernst Szép [sic]: Oh, d'Annunzio. Übers. von Carrara [Monolog]. In: Das Forum 2 (Mai/Juni 1915) 2/3, S. 129 – 131.
82 Friedrich Karinthy: Der Zirkus. Übertr. von Stefan J. Klein [Erzählung]. In: Der Sturm 6 (1. und 2. Aprilhälfte 1915) 1/2, S. 6 – 9; Erde, Stein. Übertragen von Stefan J. Klein [Erzählung]. In: Zeit-Echo 1 (Februar 1915) 10, S. 140 – 143; Barabas. (Aus dem Ungarischen) [Erzählung]. In: Der Friede 2 (23. August 1918) 31, S. 114 f.; Aus Gullivers Reisen [Erzählung]. In: ebd. 2 (6. September 1918) 33, S. 167 f.; Der gelassene und wohlbedachte Mensch [Betrachtung]. In: ebd. 2 (4. Oktober 1918) 37, S. 264; Der Affe, der kleine Löwe, das Ferkel und der junge Hund [Erzählung]. In: ebd. 2 (18. Oktober 1918) 39, S. 308 f.; Das Opfer des Brutus [Erzählung]. In: ebd., S. 309 f.; Ich habe eine Entdeckung gemacht ... [Feuilleton]. In: ebd. 2 (25. Oktober 1918) 40, S. 335 f.; Der Kampf gegen das Vergessen [Aufsatz]. In: ebd. 2 (31. Oktober 1918) 41, S. 348 – 350; Ihr und ich [Betrachtung]. In: ebd. 2 (23. Dezember 1918) 48/49, S. 551; Die Revolution der Ideen [Aufsatz]. In: Die Erde 1 (15. Februar 1919) 4, S. 118 – 120; Psychologie [Glosse]. In: Der Friede 2 (17. Januar 1919) 52, S. 623; Gasparecz [Erzählung]. In: ebd. 3 (14. Februar 1919) 56, S. 95 f.; Wohltätigkeit [Erzählung]. In: ebd. 3 (28. Februar 1919) 58, S. 143 f.; Das neue Leben. Übertr. von Stefan J. Klein [Erzählung]. In: Neue Blätter für Kunst und Dichtung 2 (August 1919) 5, S. 89 – 94; Menschen haben wir doch nicht gefressen. Übers. von Stefan J. Klein [Aufruf]. In: Der Revolutionär 1 (18. und 25. Juni 1919) 11, S. 20 – 22.

7.1.7 Nordamerikanische Literatur

Unter den Übersetzungen amerikanischer Autoren (über 60 Beiträge) ragt Walt Whitman heraus: Mit über 40 Beiträgen[83] hebt er sich von E. A. Poe, Prentice

---

83 Walt Whitman: Achtundzwanzig junge Männer. Übers. von Franz Blei. In: Die Aktion 4 (10. Oktober 1914) 40/41, Sp. 809–810; Aus *Starting from Paumanok*. Übers. von Hans Reisiger. In: Das Forum 1 (Juni 1914) 3, S. 137–139; Von dem fischförmigen Paumanok kommend ... Übers. von Hans Reisiger. In: Das Forum 1 (Juni 1914) 3, S. 137 f.; Sieg, Einigung, Glaube ... Übers. von Hans Reisiger. In: Das Forum 1 (Juni 1914) 3, S. 138 f.; Americanos. Eroberer ... Übers. von Hans Reisiger. In: Das Forum 1 (Juni 1914) 3, S. 139; Aus *Calamus* [Komm, ich will den Kontinent unzertrennlich machen ...]. Übers. von Hans Reisiger. In: Das Forum 1 (Juni 1914) 3, S. 139 f.; Aus *Children of Adam*. Übers. von Hans Reisiger. In: Das Forum 1 (Juni 1914) 3, S. 140; Aus *Calamus* [Als ich am Schluss des Tages hörte ...]. Übers. von Hans Reisiger. In: Das Forum 1 (Juni 1914) 3, S. 140 f.; Ich weiss .... Übers. von Franz Blei. In: Die Aktion 5 (März 1915) 11/12, Sp. 131 f.; Ich sitze und schaue. Übers. von Gustav Landauer. In: Die Weißen Blätter 2 (April 1915) 4, S. 385; Der Grundstein aller Metaphysik. Übers. von Gustav Landauer. In: Die Weißen Blätter 2 (April 1915) 4, S. 386; Als ich lag, meinen Kopf in deinem Schoos, Camerado .... Übers. von Gustav Landauer. In: Die Weißen Blätter 2 (April 1915) 4, S. 387; Ich sah in Louisiana eine Eiche wachsen. Übers. von Gustav Landauer. In: Die Weißen Blätter 2 (April 1915) 4, S. 388; Heimkehr der Helden. Übers. von Gustav Landauer. In: Die Weißen Blätter 2 (April 1915) 4, S. 389; Leb wohl, Soldat –. Übers. von Gustav Landauer. In: Die Weißen Blätter 2 (April 1915) 4, S. 390; Wende dich, Freiheit. Übers. von Gustav Landauer. In: Die Weißen Blätter 2 (April 1915) 4, S. 391; Salut au Monde. Übers. von Gustav Landauer. In: Die Weißen Blätter 2 (April 1915) 4, S. 392 f.; Lied der Landstraße [Und nun von Stund an ...; Erschienen jetzt tausend vollkommene Männer ...; Allons. Durch Streit und Krieg ...; Dank in hohem Alter]. Übers. von Gustav Landauer. In: Die Weißen Blätter 2 (April 1915) 4, S. 394–396; Als ich schweigend brütete. Deutsch von Gustav Landauer. In: Neue Jugend 1 (September 1916) 9, S. 167; An einen Historiker. Deutsch von Gustav Landauer. In: Neue Jugend 1 (September 1916) 9, S. 168; Den Staaten. Deutsch von Gustav Landauer. In: Neue Jugend 1 (September 1916) 9, S. 168; An eine Sängerin. Deutsch von Gustav Landauer. In: Neue Jugend 1 (September 1916) 9, S. 168; Aus dem Zyklus *Ausgehend von Paumanok* [Als ich in Alabama meinen Morgengang machte]. Deutsch von Gustav Landauer. In: Der Almanach der neuen Jugend auf das Jahr 1917. Berlin: Verlag Neue Jugend 1917, S. 42; Gesang bei Sonnenuntergang. Übertr. von Max Hayek. In: Der Friede. Bd. 1, Nr. 16, 10. Mai 1918, S. 381 f.; Für Dich, o Demokratie. Übertr. von Max Hayek. In: Der Friede 1 (19. Juli 1918) 26, S. 622; Die Schläfer. Übers. von Max Hayek. In: Der Friede 2 (16. August 1918) 30, S. 90 f.; Als ich lag, meinen Kopf in deinem Schoß, Camerado –. Deutsch von Gustav Landauer. In: Menschliche Gedichte im Krieg. Hg. von René Schickele. Zürich: Max Rascher, 1918 (Europäische Bibliothek. Hg. von René Schickele. Bd 3), S. 52; Leb wohl, Soldat –. Deutsch von Gustav Landauer. In: Menschliche Gedichte im Krieg, S. 53; Salut au monde! Deutsch von Gustav Landauer. In: Menschliche Gedichte im Krieg, S. 53–55; Briefe aus dem amerikanischen Sezessionskrieg. Übers. von Iwan Goll. In: Die Weißen Blätter 5 (November 1918) 5, S. 85–96; Jahre der neuen Zeit. Übertr. von Max Hayek. In: Der Friede 3 (25. April 1919) 66, S. 313; Gedichte. Übertr. von Henriette Maas. In: Das Kestnerbuch. Hg. v. Paul Erich Küppers. Hannover: Heinrich Böhme Verlag, 1919, S. 67–69; Camarado. Übers. von O. E. Lessing. In: Der Ventilator 1 (Februar 1919) 1/2, S. 2; Nur Mut. In: Die Aktion 10 (1. Mai 1920) 17/18, Sp. 249 f.

Mulford (1834–1891), dem irrationalistischen Theoretiker der ‚Seelenkräfte‘, sowie Upton Sinclair deutlich ab. Die Whitman-Rezeption prägte vor allem die politisch engagierten Revues wie *Die Aktion* und *Das Forum* sowie die religiös dimensionierten Zeitschriften wie *Der Brenner* und vor allem *Die Weißen Blätter*, wo die meisten Whitman-Beiträge erschienen. Dagegen war *Der Sturm* am Whitman-Kult gar nicht beteiligt. Die übersetzerische Whitman-Rezeption weist auch eine signifikante diachronische Entwicklung auf. Sie war zunächst auf das brüderliche Kameradschaftsideal, den hymnischen Pantheismus sowie den Angriff auf die bürgerliche Sexualmoral (*Starting from Paumanok, Calamus* und *Children of Adam*) fokussiert. Die zweite Phase der Rezeption, von 1915 bis 1920, stand dagegen im Zeichen der Kriegslyrik aus dem Band *Drum tups* von 1865 sowie der internationalistischen Poetik von *Salut au monde*.

7.1.8 Schwedische und dänische Literatur

Schwedisch und Dänisch halten sich mit jeweils etwa 40 Beiträgen die Waage. August Strindberg ist der mit Abstand meistrezipierte Autor. Strindberg übte einen maßgeblichen, nicht zu überschätzenden Einfluss auf den Expressionismus aus, indem er das Modell des expressionistischen Stationendramas präfigurierte. Auf die expressionistische Strindberg-Nachfolge soll im abschließenden Teil dieser Studie ausführlich eingegangen werden.[84]

Im Übersetzungskanon vertreten sind auch der Erzähler Hjalmar Söderberg (1869–1941) und der Lyriker und Prosaist Pär Fabian Lagerkvist (1891–1974), der Aspekte des Expressionismus, Futurismus und Surrealismus verarbeitete. Der Großteil der Übersetzungen aus dem Dänischen (über 20)[85] sind Werke des bereits

---

84 Vgl. dazu das Kapitel: „August Strindberg und die expressionistische Dramenästhetik".

85 Aage von Kohl: Der schöne Korporal. [Aus der Novellensammlung *Die roten Namen*] [Übers.] von Nell Walden. In: Der Sturm 4 (August 1913) 174/175, S. 82–85; Die rote Sonne. [Übers.] von Nell Walden [Novelle]. In: ebd. 4 (1. Dezemberhälfte 1913) 188/189, S. 138–140; Der tierische Augenblick. Aus dem Novellenband *Die roten Namen*. [Übers.] von Nell Walden [Erzählung]. In: ebd. 4 (2. Dezemberhälfte 1913) 190/191, S. 147–150; Der Weg durch die Nacht. Roman. In: ebd. 4 (1. Januarhälfte 1914) 192/193, S. 154–156, 4 (2. Januarhälfte 1914) 194/195, S. 162–164, 4 (1. Februarhälfte 1914) 196/197, S. 171–173, 4 (2. Februarhälfte 1914) 198/199, S. 179–182; ebd. 4 (1. Märzhälfte 1914) 200/201, S. 196–199, ebd. 4 (2. Märzhälfte 1914) 202/203, S. 203–206, ebd. 5 (April 1914) 1, S. 4–7, ebd. 5 (April 1914) 2, S. 11–13, ebd. 5 (Mai 1914) 3, S. 22f., ebd. 5 (Mai 1914) 4, S. 28–30, ebd. 5 (Juni 1914) 5, S. 39; ebd. 5 (Juni 1914) 6, S. 43–46, ebd. 5 (Juli 1914) 7, S. 53–55, ebd. 5 (Juli 1914) 8, S. 60–62, ebd. 5 (August 1914) 9, S. 69–71, ebd. 5 (2. Augusthälfte/1 Septemberhälfte 1914) 10/11, S. 77–79, ebd. 5 (2. Septemberhälfte 1914) 12, S. 86f., ebd. 5 (Oktober 1914) 13/14, S. 93–98,

erwähnten Aage von Kohl. Sein Roman *Der Weg durch die Nacht* erschien nämlich im *Sturm* in einer 20-teiligen Serie. Außer Aage von Kohl fanden auch Georg Brandes (1842–1927), Hermann Bang (1857–1912), Svend Borberg (1888–1947) und Otto Rung (1874–1945) Beachtung.

7.1.9 Niederländische Literatur

Aus dem Niederländischen stammen 15 Beiträge, davon sind insgesamt sieben von den Symbolisten Albert Verwey (1865–1937)[86] und Carolus Petrus (Karel) van de Woestijne (1878–1960).[87] Besonderer Aufmerksamkeit erfreute sich der mittelalterliche Mystiker Jan van Ruusbroec (1293–1381). Die Dichterin und Politikerin Henriëtte Goverdine Anna Roland Holst (1869–1952), die u. a. mit Rosa Luxemburg und Leo Trotzki im Austausch stand, ist ebenfalls vertreten.[88]

7.1.10 Weitere Literaturen

Der altgriechische Kanon setzt sich aus Aischylos, Sophokles, Euripides (in der Bearbeitung von Franz Werfel), Lukian und Aristophanes zusammen. Übertragungen aus dem Lateinischen sind dagegen kaum vorhanden, abgesehen von Albert Ehrensteins Übersetzung von Eumolps burlesker Elegie auf den abgeschorenen Lockenschmuck aus Petrons *Satyricon* nach Wilhelm Heinse. Im Corpus präsent sind auch punktuelle Nachdichtungen polnischer Schriftsteller. Der von Stanisław Przybyszewski (1868–1927) im *Sturm* übersetzte, der Sexualfrage

---

ebd. 5 (November 1914) 15/16, S. 110 f.; ebd. 5 (Dezember 1914) 17/18, S. 115–121; Die Hängematte des Riuge. [Übers.] von Nell Walden [Erzählung]. In: ebd. 5 (November 1914) 15/16, S. 102–106.
86 Albert Verwey: Du mit der Dornenkrone ... [Übers. von Paul Zech] [Sonett]. In: Das Neue Pathos 1 (Juni 1913) 2, S. 4; Zwei Gedichte. [Übers. von Paul Zech] [Gedichte]. In: ebd. 1 (November 1913) 5/6, S. 2 f.; Der Maler. An Kandinsky [Übertr. von Paul Zech] [Gedicht]. In: Der Sturm 3 (Februar 1913) 148/149, S. 269; An Novalis. [Übers. von Paul Zech] [Gedicht]. In: Das Neue Pathos 2 (Mai 1914) 1, S. 12 f.
87 Karel van de Woestyne: Eimer Wasser. Übertr. von Hermann Hendrich [Erzählung]. In: Die Aktion 5 (27. Februar 1915) 9/10, Sp. 113–115; Stilleben. Deutsch von Hermann Hendrich [Prosa]. In: ebd. 6 (30. September 1916) 39/40, Sp. 548.
88 Henriette Roland-Holst: Der Führer und die Massen [Abhandlung]. In: Die Gemeinschaft. Dokumente der geistigen Weltwende. Hg. v. Ludwig Rubiner. Potsdam: Gustav Kiepenheuer [1919], S. 43–50; Hymnen. Deutsche Nachdichtung von Max Pulver [Hymnen]. In: Genius 2 (Frühjahr 1920) 1, S. 159–164; Der grosse Tag [Gedicht]. In: Menschen 5 (Juni 1921) 2, S. 21 f.

gewidmete Essay *Das Geschlecht* erschien 1910,[89] d. h. noch bevor Przybyszewski in der Zeitschrift *Zdrój* das Programm des polnischen Expressionismus maßgeblich mitbestimmen sollte. In der frühen Phase seines Schaffens verfasste er symbolistische Werke und war einer der führenden Vertreter der *Młoda polska*, des „polnischen Symbolismus".[90] Auch die in den expressionistischen Zeitschriften vereinzelt übersetzten Autoren Leopold Henryk Staff (1878–1957) und Kazimierz Przerwa-Tetmajer (1865–1940) gehörten dem Symbolismus an. Beachtenswert ist eine Übersetzung nach Juliusz Słowacki (1809–1849), der neben Adam Mickiewicz und Jan Kasprowicz als einer der drei Nationaldichter Polens gilt. Übertragen wurden auch Ludwik Szczepański (1872–1954) und Kornel Makuszyński (1884–1953).

Wenig Beachtung erfuhren die spanische und portugiesische Literatur. Der spanische Humanist und Theologe Diego de Covarrubias y Leyva (1512–1577) ist mit einem Sonett (*Höllischer Triumph*) vertreten, von Miguel de Cervantes Saavedra (1547–1616) erschienen zwei Gedichtübersetzungen und von dem Zeitgenossen Miguel de Unamuno y Jugo (1864–1936) wurde der Schluss seines philosophischen Kommentars zum *Don Quijote* übersetzt. Die Beiträge aus dem Portugiesischen bestritt der realistische Schriftsteller José Maria Eça de Queiroz (auch Queirós) (1845–1900). Aus dem Serbischen wurden Ivo Vojnović (1857–1929), aus dem Kroatischen Aleksa Šantić (1868–1924) und Milutin Bojic (1892–1917) jeweils einmal übertragen. Aus dem Finnischen wurde Juhani Aho (1861–1921) (unter der verzerrten Namensform „Juchani Achi") rezipiert, dessen kurze sozialrevolutionäre Parabel *Der Rat des Narren* Alexandra Ramm-Pfemfert übersetzte. Ein Auszug aus der *Edda*, dem altisländischen Epos aus dem 13. Jahrhundert, erschien in der *Aktion* in der Übertragung von Felix Genzmer, während *Der Sturm* eine *Edda*-Dichtung von Lothar Schreyer (*Skirnismol*) publizierte.

Auch der expressionistische Exotismus ist im Kanon der Zeitschriftenübersetzungen vertreten. Aus dem Bereich der indischen Literatur wurde vor allem Rabindranath Tagore (1861–1941), dem Literaturnobelpreisträger von 1913, Beachtung geschenkt. Er ist mit 20 Beiträgen (vor allem Gedichte und Erzählungen) vertreten, die von 1913 bis 1921 im *Sturm, Brenner,* der *Neuen Literatur,* dem *Frieden, Genius,* den *Weißen Blättern* und der *Flöte* erschienen. Der Einzige publizierte 1919 Tagores Essay *Nationalismus,* der die Idee der Nation als ein ethisch verwerfliches „Betäubungsmittel" diagnostiziert:

---

89 Stanislaw Przybyszewski: Das Geschlecht [Aufsatz]. In: Der Sturm 1 (29. September 1910) 31, S. 243 f., 1 (6. Oktober 1910) 32, S. 251 f.
90 Matthias Freise: Slawistische Literaturwissenschaft: eine Einführung. Tübingen: Narr Verlag 2012, S. 224.

Die Idee der Nation ist eines der wirksamsten Betäubungsmittel, die der Mensch erfunden hat. Unter dem Einfluß seiner Dünste kann ein ganzes Volk sein systematisches Programm krassester Selbstsucht ausführen, ohne sich im geringsten seiner sittlichen Verderbtheit bewußt zu werden – ja, es wird gefährlich gereizt, wenn man es darauf hinweist.[91]

Ebenfalls im indischen Raum angesiedelt sind die Reden und Gedichte von Siddhartha Gautama (Buddha), die ausschließlich in der Zeitschrift *Die Gefährten* publiziert wurden.[92]

Hans Bethge publizierte im *Sturm* zwei Nachdichtungen arabischer und asiatischer Liebeslyrik (*Der Verführer. Nach dem Arabischen* und *Asiatisches Liebeslied aus Nepal*). Einige Dichtungen sowie folkloristische Texte (insgesamt acht) wurden aus dem Chinesischen übertragen, darunter Nachdichtungen von Li Bai und Tu Fu. Klabund ließ einige seiner Geisha-Lieder im *Pan* publizieren,[93] während Jean Le Hogh in der *Neuen Jugend* drei japanische *Utas* aus der späten Heian-Periode (10. Jh.) von Kwan-Ke (Michizane Sugawara), Nōin (Tachibana no Nagayasu) und Sakanoue no Korenori übersetzte.[94]

Carl Einstein legte sechs Nachdichtungen afrikanischer Volkslieder vor, die von Missionaren und Ethnologen schriftlich mitgeteilt und von ihm der Formensprache der Avantgarde angepasst wurden.[95] Dazu zählt auch ein längeres

---

91 Rabindranath Tagore: Nationalismus. In: Der Einzige 1 (4. Mai 1919) 15/16, S. 169–171, hier S. 170.

92 Buddha: Aus den Reden Gotamo Buddhos. [Übertr. von Karl Eugen Neumann]. In: Die Gefährten 3 (1920) 1, S. 5–39

93 Klabund: Die Geisha O-sen [Gedichtzyklus]. In: PAN 3 (23. Dezember 1913) 31, S. 726. Klabund verfasste seine Sammlung *Die Geisha O-Sen* bereits 1913 in Arosa, brachte sie aber erst 1918 als selbständige Veröffentlichung heraus (Klabund: Die Geisha O-sen. Geisha-Lieder nach japanischen Motiven. München: Roland-Verlag Albert Mundt 1918). Japanische Motive und Themen aufgreifend, gehen die 28 Gedichte Klabunds späteren chinesischen und persischen Nachdichtungen voraus. Klabund war somit der einzige Schriftsteller unter den Vorkriegsdichtern, der sich von japanischen Motiven inspirieren ließ (Ingrid Schuster: China und Japan in der deutschen Literatur 1890–1925, S. 46).

94 Jean Le Hogh: Drei japanische Utas. Im Versmass des Originals übers. In: Neue Jugend 1 (April 1914) 2, S. 5 (*Kwanke, Noin, Sakanoue No Korenori*). Die drei kurzen Nachdichtungen sind Andreas Wittbrodt entgangen (Hototogisu ist keine Nachtigall. Traditionelle japanische Gedichtformen in der deutschsprachigen Lyrik (1849–1999). Göttingen: V&R unipress 2005).

95 Carl Einstein: Drei Negerlieder [Tanzlied. Baluba; Tanzlied. Bahololo (Ich sah ...); Tanzlied. Bahololo (Im Dickicht kein Tier ...). Nachdichtung von C. E. In: Die Aktion 6 (25. November 1916) 47/48, Sp. 651; Neger-Gebet. Deutsch von C. E. In: Die Aktion 6 (23. Dezember 1916) 51/52, S. 708–709; Negerlieder. Nachdichtungen [Sterbelied, zum Vertreiben der Geister; Vater, ach ach. Warum Vater verläßt du deinen Herd; Der Tod macht keine Ausnahme]. In: ebd. 7 (16. Juni 1917) 24/25, Sp. 324. Beobachten lässt sich eine grundsätzliche Dekontextualisierung, die den ethnologisch-kulturellen Hintergrund der Lieder missachtet, sowie eine ebenso starke Aktualisierung, welche

Neger-Gebet aus dem Kulturraum der Bena Kanioka, im östlichen Kasai-Gebiet, das zwei vom Missionar Henry Trilles transkribierten ‚Feuer-Gesänge' zu einem einzigen Text komprimiert.[96] Obwohl Einstein durch seine Versetzung in das

---

die afrikanischen Volkslieder als ästhetische Präfigurationen der Avantgarde vereinnahmt. Wie der Essay *Negerplastik* von 1915 verraten auch Einsteins Umdichtungen afrikanischer Lieder seine Distanz zur Ethnologie, die er als kunstfremde positivistische Tatsachenhuberei perhorreszierte. Was verlorengeht, ist u. a. der choreographische Performanz-Charakter der Gesänge – drei davon sind Tanzlieder – sowie ihre rituelle Dimension. Sowohl im Falle des Tanzliedes zur Austreibung der Krankheitsgeister aus dem Baholoholo-Kulturkreis als auch des Feuergebets der Bena Kanioka handelt es sich um magische Gesänge, die einen hohen Grad an Kontextgebundenheit besitzen und in denen das gesprochene Wort geschaffene Wirklichkeit nach sich zieht. Ihre Literarisierung beraubt die Gesänge ihrer magischen Gebrauchsfunktion und verwandelt sie in avantgardistisch-abstrakte ‚absolute Kunst', deren ‚Zweckmäßigkeit ohne Zwecke' vom europäischen Publikum in ästhetischer Kontemplation genossen werden kann. Einsteins ‚translatorische Autorschaft' wird durch den kontrastiven Vergleich mit seinen Quellen überdeutlich. Als Beispiel sei nur seine Übertragung eines Tanzliedes aus dem Kulturkreis der Baluba angeführt: „Mond / Mond / vielleicht stirbst auch Du / doch heute sehe ich Dich / So will ich Dir den Kopf schmücken / mit Federn roten Bluts" (Tanzlied. Baluba. Nachdichtung von Carl Einstein. In: Die Aktion 6 (25. November 1916) 47/48, Sp. 651). Dieses Lied hat Einstein wohl durch den vom Missionar Pierre Colle (1872–1961) verfassten Band *Les Baluba* kennengelernt, der 1913 in der von Cryille Van Overbergh (1866–1959) herausgegebenen Reihe *Collection de Monographies ethnographiques* erschienen war. Dort ist eine französische Version des Tanzliedes abgedruckt: „Kaiye, Kaiye, peut-être que toi aussi tu mourras, ... mais je te vois bien portant aujourd'hui; c'est pourquoi je veux orner ta tête des plumes de ndhub (plumes rouge-sang)." (R. P. Colle: Les Baluba (Congo Belge). Avec une introduction de Cyrille Van Overbergh. Bruxelles: Albert Dewit/Institut international de Bibliographie 1913, S. 716). Vergleicht man die französische Fassung des Mondlieds mit Einsteins Nachdichtung, so fällt ferner auf, dass Einstein die mündlich überlieferte Prosa-Vorlage in Versform bringt und ihr dadurch einen lyrischen Status gibt. Einstein bemüht sich ferner um Nostrifizierung. Er rückt den kulturell fremden Text näher an das europäische Publikum, indem er kryptische Fremdwörter eliminiert: Die doppelte Apostrophe „Kaiye, Kaiye" wird als „Mond / Mond" wiedergegeben und auch das Fremdwort „ndhub" – die Bezeichnung für einen Tukan mit rotem Gefieder – unterbleibt. Zugleich verleiht er dem Lied eine primitiv-avantgardistische Aura durch das fast vollständige Aussparen von Interpunktionszeichen (wie bei August Stramm) sowie durch grammatische Simplifizierung. So ersetzt Einstein das Futur („mourras") durch das Präsens „stirbst", und unterschlägt durch diese Primitivierung, dass das Idiom der Ost-Baluba, das Kiluba-Hemba, sogar vier unterschiedliche Formen von Futur kennt (Joseph Vandermeiren: Grammaire de la langue kiluba-hemba, telle qu'elle est parlée par les Baluba de l'est (Katanga). Bruxelles: Ministère des Colonies 1912, S. 95, § 195). Auch die Sprache der West-Baluba, das Tshiluba, kennt unterschiedliche Futurformen (Frère Gabriel, de la Congr. des Frères de la Charité: Étude des langues congolaises bantoues avec application au Tshiluba. Turnhout: Imprimerie de l'École professionnelle St Victor 1899, S. 91).

96 Neger-Gebet. Deutsch von Carl Einstein. In: Die Aktion 6 (23. Dezember 1916) 51/52, Sp. 708 f. Einstein kombiniert dort zwei Gesänge, *Chant du feu follet* und *Chant du Feu*, die er wohl bei dem Missionar Henry Trilles (*Les Légendes des Bena Kanioka et le Folk-lore Bantou*) fand, zu einem

Brüsseler Kolonialamt im Jahr 1916 mit den kolonialen Verbrechen der belgischen Besatzer konfrontiert wurde, pflegte er weiterhin einen ästhetizistischen Afrikanismus. Seine Übersetzungen haben am Antikolonialismus-Diskurs kaum Anteil. Dass der expressionistische Afrikanismus auch eine Kritik am europäischen Kolonialismus beinhalten konnte, hatte 1913 Franz Jungs Erzählung *Morenga* gezeigt, die in der *Aktion* erschienen war und an den Völkermord der deutschen Kolonialbesatzer an den Stämmen der Herero und Nama erinnerte.[97] Einstein dagegen nahm dazu in seinen Übersetzungen nicht Stellung, obwohl die von ihm übersetzten Gedichte allesamt aus den Kulturgebieten der Baluba, Baholoholo und Bena Kanioka stammen, deren Territorien nach der Berliner Konferenz von 1884/85 als „Privatbesitz der belgischen Krone" Leopold II. zugesprochen worden waren. Insbesondere die Entdeckung der vielfältigen Einsatzmöglichkeiten von Naturkautschuk und die wirtschaftliche Konjunktur der Naturkautschuk-Nachfrage Mitte der 90er Jahre hatten in diesen Regionen die Einführung eines staatlich organisierten Zwangsarbeitssystems zur Folge, das Millionen Afrikaner/-innen das Leben kostete. Zwischen 1880 und 1920 wurde die Bevölkerung von

---

einzigen Gedicht. Entnommen sind sie der längeren Erzählung *Ngana nyô né khule* (*Légende du serpent et de la tortue*). Vgl.: Henry Trilles: Les Légendes des Bena Kanioka et le Folk-lore Bantou. In: Anthropos 4 (1909) 4, S. 945–971, hier S. 965 und 966. Von Einsteins Nachdichtungen bildet *Neger-Gebet* die markanteste Aktualisierung afrikanischer Dichtung aus dem Geist der Avantgarde. Dazu Mario Zanucchi: *Negerplastik* e *Negerlieder* – Carl Einstein mediatore dell'africanismo espressionista. In: Mediazioni letterarie – Itinerari – Figure – Pratiche. Hg. von Enrico Di Pastena. Pisa: Pisa University Press 2019. Bd. 2, S. 353–369. Formalästhetisch löst Einstein vor allem durch die Aussparung von Verbformen als Temporalindikatoren sein Ideal der ‚Plastik' ein („Das Kunstwerk muß die gesamte Raumgleichung geben; denn nur, wenn es jede zeitliche Interpretation, die auf Bewegungsvorstellungen beruht, ausschließt, ist es zeitlos. Es absorbiert die Zeit, indem es, was wir als Bewegung erleben, in seiner Form integriert". Carl Einstein: Negerplastik. Mit 119 Abbildungen. Leipzig: Verlag der weißen Bücher 1915, S. 16). In der Fang-Sprache wird das Verb ‚Sein' zwar häufig ausgelassen, manchmal aber durch die unveränderliche Partikel ‚ne' ausgedrückt, wie in dem sechsten und siebten Vers des *Chant du feu-follet*: „Ndua béyèm, és'o a ne vé? Ñy'o a ne vé? [...] (Feu des sorciers, ton père est où? Ta mère est où? [...]) / Wéni o ne és'o, wéni o ne ñy'o, [...] (Tu es ton père, tu es ta mère, [...])" (Henry Trilles: Les Légendes des Bena Kanioka et le Folklore Bantou. In: Anthropos 4 (1909) 4, S. 945–971, hier S. 965). Einstein dagegen unterdrückt es systematisch: „Zauberisch Feuer. Wo dein Vater, wo deine Mutter [...]? / Du dein Vater. Du deine Mutter [...]" (Neger-Gebet, S. 708). Brachiologische Verdichtung erzielt Einstein auch dank neuartiger Komposita, die eine kubistische Integration der Syntagmen herbeiführen. So wird etwa „Fulgore qui brille" (V. 11) zu „Lichtglitzrer" (V. 11). Besonders glücklich ist die Übersetzungslösung in V. 26. Die französische Paronomasie „passer"/„surpasser" – „Wa lur, bé kébana, ké mur édâṅ édâṅ (Tu passes, ils sont vaincus, nul ne te surpasse)" – gibt Einstein geschickt im Neologismus „überwandern" wieder: „Du überwanderst Häupter Zerbrochener" (V. 26).

97 Franz Jung: Morenga. Für Otto Gross. In: Die Aktion 3 (6. Dezember 1913) 49, Sp. 1143–1146.

Belgisch-Kongo halbiert.[98] Gerade durch seine Anstellung beim Brüsseler Kolonialamt hatte Einstein durchaus die Möglichkeit, sich von den Gräueln in Belgisch-Kongo ein genaueres Bild zu machen. Auf den Genozid spielt Einstein indes
nur auf recht kryptische und verhüllende Weise an. Eine euphemistische Anmerkung zum *Tanzlied*. *Bahololo* spricht von den „Bahololo" [recte: Baholoholo]
als einem „aussterbende[n] Stamm beim Tanganika", also am Tanganjikasee, als
ob es sich um ein natürliches Aussterben handeln würde.[99] Wie die an sie an-
grenzenden Baluba-Stämme fielen auch die Baholoholo dem von den Belgiern
verübten Genozid zum Opfer. Eine weitere kryptische Anspielung auf den kolonialen Völkermord findet sich in *Negergebet*, im interpolierten V. 27, der im Originaltext fehlt: „Gespitztes Scheitelhaar rührt nicht an dich". Das im Gedicht
evozierte mythische Feuer der Bena Kanioka – so ist die Interpolation offenbar zu
deuten – kann von den Europäern, die durch die öligen Frisuren der kolonialen
Verwaltungsbeamten synekdochisch evoziert werden, nicht erstickt werden; es
bleibt als mythischer, unveräußerlicher Kulturbesitz dem räuberischen Zugriff der
Europäer entzogen. Insgesamt handelt es sich um recht euphemistische, ver-
schleiernde Bezugnahmen auf einen der grausamsten Genozide in der Geschichte
der Menschheit, den bereits Joseph Conrad in *Heart of Darkness* (1899) und Mark
Twain in seiner Satire *King Leopold's Soliloquy* (1905) couragiert angeprangert
hatten.

7.2 Übersetzer und Übersetzerinnen

Die zahlreichen Beiträge französischer Schriftsteller bedeuteten keinen geringen
Übersetzungsaufwand. Etwa 70 Übersetzer/-innen[100] trugen mit dazu bei, dass
französische Literatur in expressionistischen Kreisen so populär werden konnte.
Die wichtigsten Mittler waren Jakob Hegner, Stefan Wronski (bzw. Ferdinand
Hardekopf), Ernst Stadler und August Brücher. Sie übersetzten jeweils mehr als 20
Beiträge. Am französisch-deutschen Transfer beteiligt waren auch Theodor
Däubler, Adolf Christian, Paul Adler, Josef Kalmer und Paul Zech. Von den etwas
über zehn Übersetzern aus dem Tschechischen bestritt Otto Pick den Großteil der
Beiträge. Mit großem Abstand folgen Rudolf Fuchs und Camill Hoffmann. Rus-
sische Literatur wurde von einer Vielzahl von Mittlern, am intensivsten aber von

---

98 Dazu Adam Hochschild: Schatten über dem Kongo – Die Geschichte eines fast vergessenen
Menschheitsverbrechens. Stuttgart: Klett-Cotta 2000.
99 Carl Einstein: Drei Negerlieder. In: Die Aktion 6 (25. November 1916) 47/48, Sp. 651.
100 Die Zahlen können auch deshalb nur als Richtwerte betrachtet werden, weil bei vielen
Beiträgen Angaben zum Übersetzer fehlen.

Otto von Taube und Johannes von Guenther übertragen. Der bekannte Vermittler innerhalb des deutsch-russischen Kulturtransfers Alexander Eliasberg ist mit drei Übersetzungen vertreten. Englische Autoren wurden durch Hermynia Zur Mühlen, Jakob Hegner, der auch aus dem Französischen übersetzte, sowie Gisela Kühn-Etzel verdeutscht. Die ungarische Literatur wurde hauptsächlich von Stefan J. Klein sowie – in geringerem Umfang – von Heinrich Horvát übertragen. Für die Übersetzungen aus dem Italienischen waren Theodor Däubler, Paul Adler, Jean Jacques, Franz Spunda und Benno Geiger zuständig. Hermynia Zur Mühlen, Hans Reisiger und Max Hayek übersetzten amerikanische Schriftsteller. Emil Schering dominiert unter den schwedischsprachigen Übersetzer/-innen. Auch Nell Walden übersetzte aus dem Schwedischen, neben Hermann Kyi betätigte sie sich darüber hinaus auch als Übersetzerin aus dem Dänischen und aus dem Englischen. Paul Zech und F. M. Huebner wirkten als Vermittler niederländischer Autoren/-innen. Die polnische Literatur wurde von Arnold Gahlberg, Kurt Goldstein und Josef Kalmer verdeutscht. Spanische und portugiesische Dichtungen wurden von Paul Adler und Richard A. Bermann betreut. Aus dem Altisländischen übersetzte Felix Genzmer und aus dem Finnischen Alexandra Ramm.

7.3 Zeitschriftenprofile

Abschließend seien noch die Übersetzungsprofile der vier bedeutendsten expressionistischen Zeitschriften diversifiziert.

7.3.1 Der Sturm

Wiewohl programmatisch der bildenden Kunst verschrieben, hatte *Der Sturm* auch am literarischen Transfer teil und war eine der profiliertesten Plattformen der expressionistischen Übersetzungskultur. Im Zeitraum 1911 bis 1924 veröffentlichte die Zeitschrift ein Textcorpus von etwas mehr als 100 Übersetzungen. Das Interesse des *Sturms* an ästhetischen Innovationen spiegelt sich in dessen Übersetzungspolitik wider. Neben zahlreichen symbolistischen Übersetzungen veröffentlichte die Zeitschrift auch postsymbolistische, surrealistische, dadaistische und futuristische Dichtungen. Mit Apollinaire entstand eine Zusammenarbeit, die Walden mit dazu veranlasste, neben Berlin zeitweise Paris als Erscheinungsort der Zeitschrift anzugeben.[101] Der Richtungskampf zwischen Futurismus

---

101 Lothar Jordan: ,À travers l'Europe'. Französische Literatur in der Zeitschrift *Der Sturm* 1910 –

und Kubismus wurde auch im *Sturm*, und zwar teilweise auf Französisch, ausgetragen. Für bildende Künstler/-innen der Avantgarde war *Der Sturm* in ganz Europa das „einflußreichste und wichtigste Organ".[102] Von Josef Čapek beispielsweise, der als Maler dem Kubismus zuzurechnen ist, reproduzierte *Der Sturm* eine Vielzahl von Zeichnungen, Linolschnitten und weiteren Werken.

Der Weltkrieg brachte eine drastische Kursänderung mit sich, die vor dem Hintergrund des heutigen Kenntnisstands über Waldens Beziehungen zum Propagandaapparat des Kaiserreichs nicht weiter verwunderlich ist. *Der Sturm* unterstützte im Krieg den reichsdeutschen Kriegspropagandaapparat und profitierte finanziell sowie unternehmerisch von ihm.[103] Das Ehepaar Walden[104] arbeitete für die Zentralstelle für Auslandsdienst (ZfA).[105] *Der Sturm* gehörte in der Kriegszeit zu dem Netzwerk der insgesamt 27 privaten Nachrichtenbüros der ZfA und verrichtete hinter der Fassade der Zeitschrift und der Kunsthandlung zugleich geheimdienstliche Tätigkeiten im Dienst der Auslandspropaganda:

> Nell Walden wertete die skandinavische Tagespresse aus, fertigte schwedische Übersetzungen von Propagandaschriften an und verfasste Artikel für deutschfreundliche Blätter in Schweden. Das Nachrichtenbüro *Der Sturm* avancierte zu einem Korrespondenzbüro, durch das pro-deutsche Nachrichten an die Presse neutraler Länder gelangten, beispielsweise an skandinavische, niederländische und schweizerische Zeitungen.[106]

1920. Ein Abriß. In: Interferenzen Deutschland-Frankreich. Literatur, Wissenschaft, Sprache. Hg. von L. J. und Bernd Kortländer. Düsseldorf: Droste Verlag 1983, S. 104–110, hier S. 107.
102 Raabe 1964, S. 26.
103 Kate Winskell: The Art of Propaganda: Herwarth Walden and *Der Sturm*, 1914–1919. In: Art History 18 (1995) 3, S. 315–344.
104 Wie Van den Berg ausführt, stand Walden bereits vor Kriegsbeginn dem nationalliberalen Lager nahe und pflegte Kontakte zu Personen, die den Einsatz des *Sturms* für die Auslandspropaganda vermittelten (Hubert van den Berg: „Wir müssen durch und mit Deutschland in unserer Kunst weiterkommen". Jacoba van Heemskerck und das ‚geheimdienstliche Nachrichtenbüro *Der Sturm*'. In: „Laboratorium Vielseitigkeit". Zur Literatur der Weimarer Republik. Festschrift für Helga Karrenbrock zum 60. Geburtstag. Hg. von Petra Josting u. a. Bielefeld: Aisthesis-Verl. 2005, S. 67–88, hier S. 76).
105 „Die ZfA war ein im Oktober 1914 eingerichteter Nachrichten- und Propagandaapparat des Kaiserreichs im Rahmen des Reichsmarineamtes zur ‚Beobachtung der feindlichen Presse, in der Hauptsache mit der Verbreitung von Druckschriften, Büchern und Bildern im neutralen und im beschränkten Maße im feindlichen Ausland.' 1915 wurden die ZfA in die ‚Nachrichtenabteilung des Auswärtigen Amtes' eingegliedert, welches direkt der OHL unterstellt war" (Marjam Trautmann: Eine digitale Edition, S. 29. Vgl. auch Martin Creutz: Die Pressepolitik der kaiserlichen Regierung während des Ersten Weltkriegs. Frankfurt a. M.: Lang 1996, S. 19–23).
106 Marjam Trautmann: Eine digitale Edition, S. 29 sowie: Jenny Petra Vock: „Der Sturm muss brausen in dieser toten Welt", S. 70–73.

Vor diesem Hintergrund ist es nur klar, dass die Zeitschrift auch im Hinblick auf die Übersetzungspolitik eine entschiedene Kursänderung einschlug. So ging die Anzahl der Übersetzungen im Vergleich zu den Vorkriegsjahren drastisch zurück, wiewohl sich dieser Befund auch auf den verlangsamten Erscheinungsrhythmus der Zeitschrift und die entsprechende Reduktion ihres Textumfangs zumindest teilweise zurückführen lässt. Vor dem Krieg erschien *Der Sturm* wöchentlich oder vierzehntägig, während des Krieges dagegen nur noch monatlich. In der Vorkriegszeit war *Der Sturm* jedenfalls, obwohl der Schwerpunkt der Zeitschrift eindeutig auf der bildenden Kunst lag, auch in literarischer Hinsicht international profiliert. Circa 30 Autoren/-innen aus elf Sprachräumen waren mit Publikationen im *Sturm* vertreten. Der Krieg stellte dagegen eine deutliche Zäsur dar. Der französischsprachige Schweizer Avantgarde-Schriftsteller Blaise Cendrars, der vor dem Krieg mit fünf Beiträgen vertreten war, erschien während des Krieges lediglich einmal und das auch nur im Juli des letzten Kriegsjahrs. Die produktive Zusammenarbeit des *Sturms* mit Guillaume Apollinaire fand im Juli 1914 ihr Ende. *Der Sturm* publizierte keine weiteren Beiträge französischer Schriftsteller/-innen während des Krieges. Sein Fokus verschob sich von der französischen Literatur auf die Literatur neutraler oder verbündeter Nationen – im markanten Unterschied etwa zu den *Weißen Blättern*, die sich mit zahlreichen Beiträgen (etwa 30 Texten von acht verschiedenen Autoren) auf das Französische konzentrierten. Zudem übersetzte *Der Sturm* nur Schriftsteller, die sich während des Ersten Weltkriegs in politischer Hinsicht zurückhielten, wie Pär Lagerkvist, Aage von Kohl, Dezső Kosztolányi, Gyula Szini und František Langer.

Nach dem Krieg intensivierte sich der übersetzerische Transfer erneut, er erreichte jedoch nicht mehr das Vorkriegsniveau. Ab 1918 erschienen die Werke von etwa 18 Schriftsteller/-innen aus vorwiegend drei Sprachräumen: Ungarisch, Italienisch und Französisch, allerdings meist in der Originalsprache. Publiziert wurden originalsprachliche Dichtungen u. a. von Guglielmo Conti, Luciano Folgore, Guglielmo Jannelli, Filippo Tommaso Marinetti, Alexandre Mercereau, Roger Vitrac, Philippe Soupault und Tristan Tzara. In Bezug auf das Französische bemerkt Lothar Jordan, dass die Zeitschrift nach dem Krieg nicht mehr an die davor so intensive Auseinandersetzung mit französischer Literatur anknüpfen konnte,[107] obwohl der Kontakt nicht gänzlich verschwand.

---

107 Lothar Jordan: ‚À travers l'Europe', S. 108 f.

7.3.2 Die Aktion

Noch stärker international ausgerichtet war *Die Aktion*. Während *Der Sturm* insgesamt ein Corpus von etwas mehr als 100 Übersetzungen publizierte, kann *Die Aktion* im Zeitraum 1911 bis 1924 fast 400 Beiträge aus nicht weniger als 18 Sprachen aufweisen. Die ideologisch links ausgerichtete, gesellschaftskritische Zeitschrift nahm zahlreiche bolschewistische und anarchistische Beiträge in ihr Programm auf. Zu beobachten ist dies insbesondere an den Übertragungen aus dem Russischen.[108] *Die Aktion* veröffentlichte mit Abstand die meisten Übersetzungen aus den slavischen Sprachen.[109] Beträchtlich ist auch ihre Vermittlung französischer Literatur.[110] Die Zeitschrift enthielt sich im Krieg direkter politischer Stellungnahmen und konnte somit trotz verschärfter Zensurbedingungen weiter erscheinen.[111]

Aus der französischen Literatur wurde eine Vielzahl unterschiedlicher Autoren übersetzt. Intensiv rezipiert wurden vor allem im monographischen Belgien-Heft von 1916 Émile Verhaeren (13 Beiträge), Max Elskamp (11) und Charles de Coster (9). Mit Francis Jammes (10) ist ein weiteres zentrales Vorbild der Expressionisten in der *Aktion* vertreten. Was die russische Literatur anbelangt, zeichnet sich *Die Aktion* wie bereits gezeigt durch eine intensive Rezeption bolschewistischen und anarchistischen Schrifttums aus. Auch Beiträge der italienischen Anarchisten Luigi Bertoni und Luigi Fabbri (ein Nachruf über Kropotkin und ein Aufsatz Michail Bakunin) wurden übersetzt.[112] Am zeitgenössischen Dostojewski- und Tolstoi-Kult hatte die Zeitschrift durch Essays, Dichtergedichte und Grafiken maßgeblich Anteil. Die Anzahl der Übersetzungen hielt sich jedoch in Grenzen – von Dostojewski wurden gerade drei, von Tolstoi immerhin 11 Beiträge publiziert, darunter die sozialkritischen Essays *Patriotismus* und *Die Macht der öffentlichen Meinung*. Intensiv rezipiert wurde der russische Volksdichter Alexei Kolzow, der mit 11 Übersetzungen von Otto von Taube vertreten ist. Sein dem ersten Chorlied der *Antigone* nachempfundenes Gedicht *Der Mensch*, das in der Aktion 1917 er-

---

108 Insgesamt über 30 Texte von Anatoli Lunatscharski, Lenin, Trotzki und Kropotkin wurden übersetzt.
109 Dazu Valentin Belentschikow: Russland und die deutschen Expressionisten, S. 103–202.
110 Jean-Pierre Meylan: Les Expressionistes allemands et la littérature française, la revue *Die Aktion*. In: Études littéraires 3 (1970), S. 303–328.
111 Raabe 1964, S. 34.
112 Luigi Bertoni: Verwirklichen wir die Revolution. Übers. von Alice Rühle. In: Die Aktion 14 (Anfang Dezember 1924) 13/14, Sp. 653–656; Luigi Fabbri: Peter Krapotkin [Nachruf]. In: Die Aktion 11 (2. April 1921) 13/14, Sp. 201–204; Bakunin, die Anarchisten und die Internationale. In: ebd. 11 (14. Mai 1921) 19/20, Sp. 268–271.

schien, wurde für die expressionistische Poetik vereinnahmt.[113] Ferner Beachtung fanden August Strindberg (12), von dem die *Aktion* vor allem Erzählungen und Legenden publizierte, sowie die Dichtungen Otokar Březinas (11).

7.3.3 Die Weißen Blätter

Auch *Die Weißen Blätter* waren international orientiert und publizierten im Zeitraum 1911 bis 1920 (danach stellte die Zeitschrift ihr Erscheinen ein) etwa 90 Übersetzungen aus acht verschiedenen Sprachen. Als christlich-humanistische Zeitschrift waren Die *Weißen Blätter* allerdings formalästhetisch wenig profiliert. Futuristische Beiträge fehlen. Die Zeitschrift war aber ein bedeutsames Forum für den religiös-weltanschaulichen Diskurs des Expressionismus, mit zahlreichen Übersetzungen Tolstois, Dostojewskis[114] und Whitmans. *Die Weißen Blätter* publizierten unter den expressionistischen Zeitschriften die meisten Beiträge des amerikanischen Dichters, was wiederum die religiöse Matrix der Zeitschrift unterstreicht – Whitman wurde vom Transzendentalismus geprägt, dessen gedankliche Basis ein humanistisch geprägter Unitarismus ist. Im Krieg erhielt die Zeitschrift, die 1916–1917 in Zürich bei Rascher und 1918 in Bern beim „Verlag der *Weißen Blätter*" erschien, ein dezidiert pazifistisches Profil. Einer der am häufigsten übersetzten französischschreibenden Autoren war der Kriegsgegner und Pazifist Émile Verhaeren.

7.3.4 Der Brenner

Der Brenner entbehrte der internationalen Ausrichtung der *Weißen Blätter*. Dies zeigt sich nicht so sehr an der Anzahl an veröffentlichten Übertragungen (im Zeitraum 1911 bis 1924 insgesamt 123) als an der Konzentration auf eine relativ

---

113 „Alles, was der Herr geschaffen, / Ist so herrlich und gut, / Doch herrlicher als der Mensch / Ist nichts auf dem Erdenrunde. // Bald mag er sich selber hassen, / Hält sich bald für wert und gut, / Liebt, entliebt sich, für ein Weilchen / Leben bangt er ohne Mut; // Gibt er Freiheit seinen Wünschen / Tränkt die Erde er mit Blut; / Gibt er Willen seinem Wollen / Bäumt sich unter ihm die Flut. / Doch verändert er sein Streben, / Füllt mit Liebe sich sein Geist, / Lischt vor seiner Schönheit jede / Andere noch so helle Glut" (Alexei Kolzow: Der Mensch. Übertr. von Otto von Taube. In: Die Aktion 7 (16. Juni 1917) 24/25, Sp. 313).
114 Zur Rezeption russischer Literatur in den *Weißen Blättern* vgl. Valentin Belentschikow: Russland und die deutschen Expressionisten, S. 203–238.

schmale Autorenkohorte. Neun Übertragungen stammen vom Ungarn Kosztolányi, der im Vergleich zu den anderen Schriftstellern im Umkreis des *Nyugat* einen konservativeren Kurs verfolgte. Die Zeitschrift partizipierte durch vier Übersetzungen aus Briefen und Aufsätzen auch am expressionistischen Dostojewski-Kult. Die Zeitschrift partizipierte durch vier Übersetzungen aus Briefen und Aufsätzen auch am expressionistischen Dostojewski-Kult. Ferner zeichnete sich *Der Brenner* durch eine intensive Rezeption Søren Kierkegaards aus, die ein Alleinstellungsmerkmal gegenüber den anderen expressionistischen Zeitschriften darstellt.[115] Aus Kierkegaards religiösen Reden und Tagebüchern, die der „Brenner-Verlag" 1923 in zwei Bänden veröffentlichte, erschienen 17 Beiträge in der Übersetzung von Theodor Haecker. Das Gros der Übertragungen (81) stellen jedoch Nachdichtungen Carl Dallagos aus den Sprüchen der Gründungsschrift des Daoismus, des Daodejing dar, die 1915 im Brenner-Jahrbuch veröffentlicht wurden. Durch dieses Corpus, das 1922 durch die anonyme Übersetzung von zwei Volksliedern aus der Zeit des Kaisers Yao arrondiert wurde, nahm *Der Brenner* am expressionistischen Orientalismus maßgeblich Anteil.[116] Dallagos Übersetzungen, die denen von Klabund (*Mensch werde wesentlich,* 1921) zeitlich vorausgehen, belegen erneut die Bedeutung des Daoismus für die expressionistische Weltanschauung. 1912 publizierte die Zeitschrift auch Nachdichtungen aus dem Nachlass des Innsbrucker Dichters Hans von Vintler (1837–1890) von Aleardo Aleardi, Edmondo De Amicis, Niccolò Machiavelli, Giuseppe Gioachino Belli, Pierre-Jean de Béranger, Hégésippe Moreau, Henry Wadsworth Longfellow und Edgar Allan Poe.

---

115 Außer im *Brenner* wurde Kierkegaard nur in den *Argonauten,* und zwar nur einmal übersetzt. Vgl.: Søren Kierkegaard: Aus *Richtet selbst. Zur Selbstprüfung der Gegenwart anbefohlen.* In: Die Argonauten 1 (Dezember 1921) 10/12, S. 249–271.
116 Carl Dallago: Der Anschluss an das Gesetz oder der grosse Anschluss. Versuch einer Wiedergabe des Taoteking. In: Der Brenner 5, Jahrbuch (1915), S. 62–129. Erklärtermaßen gestaltete Dallago, des Chinesischen unkundig, seine Nachdichtungen auf der Grundlage von drei Vorlagen: der Version des Theosophen Franz Hartmann (*Betrachtungen über das Tao-Teh-King*), der von Richard Wilhelm besorgten Ausgabe (*Vom Sinn und Leben*) und der von Dallago scharf kritisierten Version von Alexander Ular (*Die Bahn und der rechte Weg*).

8 Zwischen Faszination und Abwehr: expressionistische Übersetzungen italienischer und französischer Futuristen

Als Fallstudie aus dem expressionistischen Übersetzungskanon sollen im Folgenden die Nachdichtungen italienischer und französischer Futuristen untersucht werden. Die expressionistische Futurismus-Rezeption ist von der Germanistik seit Jahrzehnten intensiv erforscht worden.[1] Allerdings ist die Rolle, welche in diesem Rezeptionsprozess Übersetzungen spielten, nur unzureichend ausgewertet worden. Diese Forschungslücke soll durch einen systematischen und umfassenden Überblick über den übersetzerischen Transfer des Futurismus im Expressionismus geschlossen werden. Es wird sich zeigen, dass die übersetzerische Futurismus-Rezeption das bereits konstatierte Phänomen ‚translatorischer Autorschaft', die Überschreibung des Fremden durch das Eigene bestätigt – ein Befund, der den Fokus auf die deutsch-italienische Dyschronie in der kulturgeschichtlichen und ästhetischen Entwicklung lenkt und die grundlegenden Differenzen zwischen der italienischen und deutschsprachigen Avantgarde widerspiegelt. Nach einer tendenziellen Überschätzung der internationalen Futurismus-Ausstrahlung durch die Forschung, die oft Marinettis propagandisti-

---

1 Hinzuweisen ist vor allem auf folgende Studien: Armin Arnold: Die Literatur des Expressionismus. Stuttgart u.a.: Kohlhammer 1966; Carmine Chiellino: Die Futurismusdebatte. Zur Bestimmung des futuristischen Einflusses in Deutschland. Frankfurt/Main: Lang 1978; Dorothea Eimert: Der Einfluss des Futurismus auf die deutsche Malerei. Köln: Kopp 1974; János Riesz: Deutsche Reaktionen auf den italienischen Futurismus. In: Arcadia 2 (1976), S. 256–271; Peter Demetz: Worte in Freiheit. Der italienische Futurismus und die deutsche literarische Avantgarde 1912–1934. München: Piper 1990; Hansgeorg Schmidt-Bergmann: Die Anfänge der literarischen Avantgarde in Deutschland – Über Anverwandlung und Abwehr des italienischen Futurismus. Ein literarhistorischer Beitrag zum expressionistischen Jahrzehnt. Stuttgart: M & P, Verl. für Wiss. und Forschung 1991; Maurice Godé: Un malentendu fécond: la réception du futurisme en Allemagne. In: Expressionisme(s) et avant-gardes. Études réunies et présentées par Isabelle Krzywkowski et Cécile Millot. Paris: L'improviste 2007, S. 227–250; Sara Terpin: Die Rezeption des italienischen Futurismus im Spiegel der deutschen expressionistischen Prosa. München: Meidenbauer 2009; Marina Bressan: *Der Sturm* e il futurismo. Mariano del Friuli: Edizioni della laguna 2010; Petra Brunnhuber: Die Rezeption des Futurismus in Deutschland und der Einfluss auf die deutschsprachige Literatur. In: Futurismus: Kunst, Technik, Geschwindigkeit und Innovation zu Beginn des 20. Jahrhunderts. Hg. von Irene Chytraeus-Auerbach und Georg Maag. Münster: LIT 2016, S. 245–262; Irene Chytraeus-Auerbach: Germany. In: Handbook of International Futurism. Hg. v. Günter Berghaus. Berlin/Boston: De Gruyter 2019, S. 484–505.

https://doi.org/10.1515/9783111010540-010

schem Werbefeldzug kritiklos erlegen ist,[2] soll gerade die Fokussierung auf diese Differenzen dazu beitragen, die Spezifik der beiden Avantgarden stärker zu profilieren.

8.1 Expressionistischer Anthropozentrismus vs. futuristischer Materialismus

Vor allem im Vorkriegsexpressionismus fehlte es nicht an einer vitalistischen Technikbejahung, die Zug-, Automobil- und Flugfahrten als Auslöser von Rauschzuständen feierte.[3] Zahlreiche Beispiele für diese frühexpressionistische Technikbejahung ließen sich anführen: etwa Walter Hasenclevers *Erster Flug* (1911),[4] der sich einem realen Flugerlebnis verdankt und der das Fliegen mit Nietzsches Vision des Übermenschen und der Transzendierung des bürgerlich-philiströsen Welt verbindet;[5] Alfred Wolfensteins *Eisenbahnfahrt* (1912),[6] welche die Geschwindigkeit als zeitvernichtendes Erlebnis der Lebenssteigerung präsentiert und sie zum Gegenstand eines religiösen Kults erhebt, der dem Zug die Erlöserrolle zuteilt;[7] ferner Ernst Stadlers *Fahrt über die Kölner Rheinbrücke bei Nacht* (1913),[8] die in gereimten Langzeilen die Zugfahrt zu einem ekstatischen Flug steigert[9] und zu einem religiösen Erlebnis stilisiert, das nicht mehr den Bahnhof zum Ziel hat, sondern das Meer als sakrale Offenbarung des Lebens-

---

2 Dies hat Günter Berghaus in diversen Beiträgen zu Recht mehrfach betont.

3 Darauf hat als erster Karlheinz Daniels aufmerksam gemacht, der allerdings die ebenso vitalistisch geprägte Technikkritik, die sich auch im Frühexpressionismus schon artikuliert, verkennt (K. D.: Expressionismus und Technik [1969]. In: Technik in der Literatur. Ein Forschungsüberblick in zwölf Aufsätzen. Frankfurt/Main: Suhrkamp 1987, S. 351–386). Ausgewogener dagegen die umfangreiche, gründliche Studie von Tessy Korber (Technik in der Literatur der frühen Moderne. Wiesbaden: Dt. Univ.-Verl. 1998, bes. S. 307–400), die das Referenzwerk zu diesem Thema darstellt.

4 Neuer Leipziger Parnass. Dem Leipziger Bibliophilenabend zum Jahresessen am 16. November 1912. Hg. v. Kurt Pinthus. Leipzig: Poeschel & Trepte 1912, S. 15 f.

5 „Hinaus denn, Zeit, nach der ich dränge, / Sei Eisen! Sei Höhensteuer! Sei Flug!" (ebd., V. 30–31). Dazu Korber: Technik, S. 344–347.

6 In: Die Aktion 2 (29. Mai 1912) 22, Sp. 689 f.

7 „Räder, euch Gegenwart vernichtenden, / Euch wird geglaubt, / O Räder über Eisen unter meinem Fleisch und Haupt" (ebd., V. 40–42).

8 In: Die Aktion 3 (23. April 1917) 17, Sp. 451.

9 „Eine Beklemmung singt im Blut. Dann dröhnt der Boden plötzlich wie ein Meer: / Wir fliegen, aufgehoben, königlich durch nachtentrissne Luft, hoch übern Strom" (ebd., V. 8 f.).

ganzen.[10] In Reinhard Johannes Sorges Dramen *Der Antichrist* (1911) und *Der Bettler* (1911) erscheint der Flieger als Übermensch, der Flug als Aufstieg zu einem höheren geistigen Dasein.[11] Als anarchischer Triumph des individuellen Willens, der bestehende Normen über Bord wirft, erscheint das Autofahren bei Marie Holzer in ihrem Prosatext *Das Automobil* (1912).[12] Vorbilder für diese vitalistische Technikbejahung lieferten neben den Futuristen auch andere Autoren, wie Walt Whitman,[13] Émile Verhaeren[14] und vor allem Johannes V. Jensen mit seinem Preis der Maschinenwelt.[15]

Die expressionistische Technikverklärung zeigt allerdings im Vergleich zum Futurismus eine vitalistische Dimension, welche das technologische Substrat überlagert und letztlich verdrängt. Nicht die Technik an sich ist die Protagonistin der expressionistischen Texte, sondern der durch sie ausgelöste Rauschzustand. Was man im Expressionismus vermisst, ist das zentrale futuristische Thema der *Materie*, die materialistische Einstellung als Grundlage der futuristischen Tech-

---

10 „Und dann die langen Einsamkeiten. Nackte Ufer. Stille. Nacht. Besinnung. Einkehr. Kommunion. Und Glut und Drang / Zum Letzten, Segnenden. Zum Zeugungsfest. Zur Wollust. Zum Gebet. Zum Meer. Zum Untergang." (Ebd., S. 13 f.).

11 Vgl. Korber: Technik, S. 352–358.

12 „Das Automobil ist der Anarchist unter den Gefährten. Es rast, Schrecken verbreitend, durch die Welt, losgelöst von althergebrachten Gesetzen. Kein Schienenstrang schreibt ihm die Wege vor, keine Pferdelunge zwingt ihn zu einem vorgeschriebenen Tempo, das in sich selber enggezogene Grenzen hat. Es ist der Herr der unbegrenzten Möglichkeiten" (Die Aktion 2 [21. August 1912] 34, Sp. 1072 f.).

13 Vgl. etwa Whitmans Gedicht *To a locomotive in Winter* (1876).

14 Vor allem Stefan Zweig bemühte sich mit seinen Übersetzungen, Verhaeren als „Schöpfer einer Großstadtpoesie im dionysischen Stil" und als Entdecker der „neuen Schönheit in den neuen Dingen" zu präsentieren (Stefan Zweig: Émile Verhaeren, Leipzig: Insel 1910, S. 15 und 91).

15 Jensens Essay *Maschinen* aus der Sammlung *Die neue Welt* (Berlin: Fischer 1908) verherrlicht die Maschine zur Quintessenz des Göttlichen im Seienden: „Die Kraft in den Muskeln des Herzens treibt den Blutstrom, die Kraft des Dampfstromes aber treibt den Stempel im Zylinder ... auf diese Weise ist der Kreislauf vollendet, die Lebenskraft des Menschen, die früher übers Ziel hinaus, in den Himmel schoß, kehrt durch die Maschine zurück. Hier ist Schwungkraft genug für die Nerven derjenigen Menschen, die nach Größe verlangen, hier ist die Melodie, die stolze Seelen bewegt, die nicht mit weniger als der vollen Erkenntnis der Wahrheit fürliebnehmen wollen" (ebd., S. 20). In der *Aktion* erschien eine begeisterte Besprechung von Jensens Essays durch Will Scheller (Die Aktion 1 (30. Oktober 1911) 37, Sp. 1179), der sie als einen „Katechismus aller Menschen" preist, „die mit vollem Bewußtsein in dieser Zeit leben". Jensens Gedicht *Mein Tempo schnitt gewaltig durch die Welt*, das von Themen wie Welteroberung, Raumüberwindung, Dynamismus und Mensch-Maschine („Turbinenschwester", V. 16) geprägt ist, wurde 1914 in der *Aktion* publiziert (Die Aktion 4 [3. Januar 1914] 1, Sp. 1).

nikverherrlichung und der sich daraus ergebenden Forderung nach Unpersönlichkeit.[16] Auf wenig Verständnis stieß der radikale futuristische Materialismus auch bei Alfred Döblin. Selbst der Verfasser des ‚Berliner Programms' *An Romanautoren und ihre Kritiker* (1913), der die naturalistische Parole „Los vom Menschen!" lanciert[17] und dadurch auch seine Distanz zum expressionistischen Humanismus markiert hatte, verwarf im *Offenen Brief an Marinetti* den futuristischen Materia-

---

16 Dazu vgl. Fausto Curi: Marinetti, il soggetto, la materia. In: Annali d'Italianistica 27, A Century of Futurism: 1909–2009 (2009), S. 295–307, sowie vor allem Domenico Pietropaolo: Science and the Aesthetics of Geometric Splendour in Italian Futurism. In: Futurism and the technological imagination. Hg. von Günter Berghaus. Amsterdam/New York: Rodopi 2009, S. 41–62. Marinetti hegte großes Interesse für die zeitgenössischen Entwicklungen auf dem Feld der Physik. Sein materialistischer Ansatz wird bereits in seinem *Technischen Manifest* deutlich: „Man muß das ‚Ich' in der Literatur zerstören, das heißt alle Psychologie. [...] Man muß sie durch die Materie ersetzen, deren Wesen man mit der Intuition fassen muß, was Physiker und Chemiker niemals erreichen werden. Man muß die Objekte in Freiheit überraschen, ihre launenhaften Beweger, das Atmen, die Empfindsamkeit und den Instinkt der Metalle, der Hölzer, des Gesteins. Man muß die erschöpfte Psychologie des Menschen durch die lyrische Eindringlichkeit der Materie ersetzen. / Hütet Euch, der Materie menschliche Gefühle zu unterschieben, erratet liebe[r] ihre verschiedenen unmittelbaren Anlässe, die kraftvolle Fähigkeit sich zu zerstreuen, die zahllosen Moleküle und die Wirbel der Elektronen. Man muß nicht Dramen der vermenschlichten Materie geben. Die Festigkeit einer Stahlplatte erweckt unsere Teilnahme durch sich selbst, die unverständliche und übermenschliche Verbindung ihrer Moleküle und Elektronen, die sich etwa dem Eindringen eines Shrapnells widersetzen. Von nun an ist die Hitze eines Stücks Eisen oder Holz weit anregender als das Lachen oder Weinen einer Frau. [...] Der Mensch versucht mit seiner jungen Freude oder mit seinem alten Schmerz die Materie zu besudeln, die weder jung noch alt ist, die eine bewundernswerte Stetigkeit an Feuer, Begeisterung, Bewegung und Zerstreuung besitzt. Die Materie ist nicht froh noch traurig. Ihre Substanz besteht aus Mut, Wille und absoluter Kraft. Sie gehört vollkommen dem erfinderischen Dichter, der sich von der[-] traditionellen, schwerfälligen, engen, an den Boden geketteten Syntax wird befreien können, die weder Arme noch Flügel hat, denn sie wird vom Verstand geleitet. Nur der unsyntaktische Dichter, der sich der losgelösten Wörter bedient, wird in die Substanz der Materie eindringen können und die dumpfe Feindlichkeit, die sie von uns trennt, zerstören. [...] Die Syntax war eine Art Unterhändler und langweiliger Führer. Man muß diesen Zwischenträger beseitigen, damit die Literatur unmittelbar in das Weltall gelangt und einen Körper mit ihm bildet." (Filippo Tommaso Marinetti: Die futuristische Literatur. Technisches Manifest. Übers. von Jean-Jacques. In: Der Sturm 3 (Oktober 1912) 133, S. 194f., hier S. 195). Zielen die formalästhetischen Techniken Marinettis darauf ab, das polymorphe Leben der Materie zu erkunden und auch die Materie ‚Sprache' vom Idealismus der Syntax zu emanzipieren, so werden im Expressionismus diese stilistischen Verfahren von ihrer materialistischen Grundlage gelöst und umfunktionalisiert.
17 Alfred Döblin: An Romanautoren und ihre Kritiker. Berliner Programm. In: Der Sturm 4 (1913) 158/159, S. 17f., hier S. 18.

lismus als Vulgärnaturalismus und warf Marinetti vor, Realität mit Dinglichkeit verwechselt zu haben.[18]

8.2 Deutsch-italienische Dyschronie

Ferner stand der technisierte Vitalismus bereits im Frühexpressionismus im Schatten einer kulturkritischen Diagnose, welche die Technik mit dem Ungeist von Materialismus und Rationalisierung in eins setzte.[19] Bereits Walther Rathenau hatte in Schriften wie *Zur Mechanik des Geistes* (1913) gerade die „Mechanisierung" der modernen Lebenswelt angeprangert und für eine neue Hinwendung zur „Seele" plädiert.[20] Die expressionistische Generation übernahm und intensivierte diese Technik-Schelte. Erklären lässt sich ihre modernisierungskritische Position durch die rasante Industrialisierung und Verstädterung, die im Deutschen Kaiserreich bereits in der zweiten Hälfte des 19. Jahrhunderts eingesetzt hatte und um 1910 schon längst ihre Schattenseiten offenbart hatte: entfremdete Arbeitsbedingungen, soziale Ungleichheit und Massenarmut, Kinderarbeit, Verschmutzung von Wasser, Luft und Boden, Verlust natürlicher Lebenszusammenhänge sowie Versklavung des Menschen durch die Maschine.[21] Während Italien die Indu-

---

18 „Sie meinen doch nicht etwa, es gäbe nur eine einzige Wirklichkeit, und identifizieren die Welt ihrer Automobile, Aeroplane und Maschinengewehre mit der Welt? [...] Oder schreiben gar der kantigen, hörbaren, farbigen Welt eine absolute Realität zu, der wir uns ehrfürchtig als Protokollführer zu nähern hätten? Sollten Sie das, der Künstler, meinen und in dem Sinne unentrinnbaren Naturalismus lehren? Entsetzlich, – und doch scheint es fast wahr zu sein. Wir sollen einzig das Meckern, Paffen, Rattern, Heulen, Näseln der irdischen Dinge imitieren, das Tempo der Realität zu erreichen suchen, und dies sollte nicht Phonographie, sondern Kunst, und nicht nur Kunst, sondern Futurismus heißen? Sie sollten ahnungslos diese lütte lütte Verwechslung: Realität ist Dinglichkeit fertig gebracht haben, Sie, Marinetti? Manchmal glaube ich das wirklich!" (Alfred Döblin: Futuristische Worttechnik. Offener Brief an Marinetti. In: Der Sturm 3 (März 1913) 150/151, S. 280–282, hier S. 282).
19 Dies betont auch Korber (Technik, S. 369: „Der bestehenden Kritik an der Technik im Expressionismus war mit der vitalistischen Technikbejahung und Motivbehandlung eines gemeinsam: Sie war vitalistisch geprägt").
20 Die Maschine erscheint bei Rathenau als Produkt des „Reichs des Intellekts", das er dem „Reich der Seele entgegensetzt: „das Reich des Intellekts [...] ist wahrhaft und eigentlich das Reich des Antichrist, denn es ruht auf Begierde und Feindschaft, wirbt um Güter und Ehren, zieht das Heilige zum Zweck herab, verhärtet die Herzen und entfremdet die Seelen" (Walther Rathenau: Zur Mechanik des Geistes. Berlin: S. Fischer 1913, S. 339).
21 Der Moloch ‚Technik' wurde bereits in der Literatur des Kaiserreichs zum Thema. In Conrad Albertis Roman *Maschinen* (1895) scheint die Spinnmaschine des Fabrikanten Segonda die Menschheit schlechthin unterwerfen zu wollen (vgl. Peter Sprengel: Geschichte der deutsch-

strialisierung erst entdeckte – und den naturalistischen Optimismus in die Sprache der Avantgarde mit aufnahm –, hatte Deutschland das naturalistische Fortschrittspathos längst hinter sich.[22] Die optimistische Naivität der futuristischen Technik-Gläubigkeit, welche den noch vorindustriellen, landwirtschaftlichen Hintergrund Italiens verrät, musste im hochindustrialisierten Deutschland verspätet und anachronistisch klingen. Die Technikbegeisterung hatte hier bereits den frühen Naturalismus charakterisiert. In den Augen der jungen Generation musste die Technik so eher als Attribut der Vätergeneration gelten und eignete sich kaum als Erkennungszeichen der deutschsprachigen Avantgarde.[23] Gegenüber dem Futurismus als antizipierender Vision der technischen Moderne verstand sich der Expressionismus als deren nachträgliche spiritualistische Korrektur – und zwar nicht erst, als der Erste Weltkrieg das destruktive Potential der technischen Modernisierung offenbarte, sondern bereits in der Vorkriegszeit.

---

sprachigen Literatur 1870 – 1900 – von der Reichsgründung bis zur Jahrhundertwende. München: Beck 1998, S. 28 – 29).

22 Den grundsätzlich verspäteten Charakter des futuristischen Fortschritts-Optimismus hatten schon Janòs Riesz und Giuseppe Bevilacqua vor dem Hintergrund des Modernisierungsgefälles zwischen Deutschland und Italien betont. Die Gründerjahre des deutschen Reichs fallen in die 1870er und 1880er Jahre, in Italien dagegen ist die Modernisierungsphase um etwa dreißig Jahre (1896 – 1914) verschoben. Dies erklärt u. a. auch das merkwürdige Hineinragen des Naturalismus und des naturalistischen Optimismus in die italienische Avantgarde (vgl. Giuseppe Bevilacqua: Futurismo ed espressionismo. In: Avantgarde, Modernität, Katastrophe. Hg. von Eberhard Lämmert und Giorgio Cusatelli. Firenze: Olschki 1995, S. 69 – 74, bes. S. 72). Diese Dyschronie ist einigen Zeitgenossen nicht entgangen. So betont etwa Rudolf Leonhard anlässlich eines Marinetti-Vortrags in Berlin im Mai 1913, dass an den futuristischen Parolen wenig Neues sei: „Das Rennautomobil, das Flugzeug, der Krieg, der Anarchismus, Revolutionen und elektrisch überstrahlte Arsenale sind die Aufgaben des futuristischen Dichters, und ihnen zu genügen muß er in übergroßer Wärme zerbersten und sich verschwenden. Der heutige, der futuristische Dichter steht auf dem Gipfel der Zeiten; er soll nicht zurücksehen, Museen und Bibliotheken sind zu zerstören. Und alle Kunst heißt Kampf. / Das alles sind Worte, die in unsern Jahrhunderten in Revolutionen, Forderungen und Untersuchungen oft gesagt wurden. [...] An alle dem, so leidenschaftlich, berauscht und berauschend es vorgetragen wurde, ist nichts Neues; auch die Schnelligkeit ist in allerhand Traum- und wirklichen Fahrten vor den Futuristen gedichtet worden". (Rudolf Leonhard: Vorträge: F. T. Marinetti – Resi Langer. In: Die Bücherei Maiandros 4/5 (1. Mai 1913), S. 6 – 7, hier S. 6). Den anachronistischen Charakter der futuristischen Technik-Glorifizierung betont auch Kurt Tucholsky, der Marinetti bei einem Auftritt in Paris Mitte der zwanziger Jahre erlebte. Der Futurismus erscheint Tucholsky als wesentlich vormodern, Marinetti selbst als „ein Provinziale", „ein Mann, der" – so Tucholsky weiter – „schäumt und tobt, wenn er vom Rhythmus der Maschine spricht, und der nicht ahnt, daß dies das sicherste Zeichen dafür ist, wie sie ihm nicht im Blut sitzt" (Kurt Tucholsky: Marinetti in Paris. Die Weltbühne [21.07.1925] 29, S. 97).

23 Gerhard P. Knapp: Die Literatur des Expressionismus: Einführung – Bestandsaufnahme – Kritik. München: Beck 1979, S. 29.

Diese Dyschronie verhinderte jedoch nicht, dass Autoren wie Johannes R. Becher für die futuristische Dichtersprache größtes Interesse an den Tag legten.[24] Es handelte sich aber um eine Faszination vor allem für formalästhetische Innovationen, welche umfunktionalisiert und von der futuristischen Programmatik gelöst wurden. So adaptiert Johannes R. Becher in seinem Gedicht *Lokomotiven* (1914, erschienen 1918 in *Päan gegen die Zeit*)[25] den Futurismus formalästhetisch – etwa dadurch, dass die von Marinetti empfohlenen Komposita an die Stelle der traditionellen Metaphern treten. „Jedes Substantiv muß seine Verdopplung haben, das heißt, das Substantiv muß ohne Konjunktion dem Substantiv folgen, dem es durch Analogie verbunden ist", hatte Marinetti im *Technischen Manifest* bekanntlich proklamiert.[26] Gerade diese analogische Verdoppelung der Substantiva macht sich Becher zu eigen.[27] Inhaltlich aber steht er – durch seine Schilderung eines ruinösen nächtlichen Eisenbahnunglücks – mit der Technik-Kritik aus Theodor Fontanes Ballade *Die Brück' am Tay* von 1880 in Dialog.[28]

---

24 Diese produktive Aneignung ist von Demetz (Worte in Freiheit) und Schmidt-Bergmann (Die Anfänge der literarischen Avantgarde) bereits intensiv und textnah untersucht worden.

25 „Die brüllen jäh ins Land –: Lokomotiven! / Steil ob der Viadukte Schwung die rasendsten Kokotten. / Die fest im Raum gestampfter Böden schliefen: / Ob Wiesen-Massen! Fluß-Turm! Nacht-Stern-Grotten! // Lokomotiven! Sturmböcke! euere spitzigen Brüste / (... Torpedos und rubinvoll ...) stoßend durch Gemäuer aller Äther grad! / Glänzender Panzerhüfte schmiegt der Draht. / Doch einstmals bäumt ihr auf vor seidener Küste: // Die Brücken platzen krätschen schwarz entzwei! / Des Tunnels Röhre knickte. Schienen lallen. / Gelöst Räder in Lüfte krallen ... / Es schnurrt ... – – – // Bengalische Feuer blühen, ringsum sausend! / Und stürzt und schlagt und poltert in den Grund! / So wirr zerschleudert. Schiefer Mund / Krümmt hoch zum Mond. Langsam rhythmisch noch die Gelenk-Gestänge auf und nieder hauen ... // (... Ein Dichter, Falter, schwebt um dich, du blankeres Tier. / Du Majestät! Wie zogst du ein in Hallen. / Der Schwestern Pfiffe gell in Lüften schallen. / Tier-Kräuter-Wildnis schmiegt im Glieder-Werk.)" (Johannes R. Becher: Lokomotiven. In: Päan gegen die Zeit. Leipzig: Kurt Wolff 1918, S. 49 [entstanden 1914]).

26 Filippo Tommaso Marinetti: Die futuristische Literatur, S. 194. Marinetti gibt dort auch einige Beispiele für diese analogische Verdoppelung des Substantivs: „Beispiel: Mann – Torpedoboot, Frau – Hafen, Menge – Brandung, Platz – Trichter, Tür – Maschinenhahn" (ebd.).

27 Vgl. etwa die Komposita in der ersten Strophe (V. 4: „Wiesen-Massen! Fluß-Turm! Nacht-Stern-Grotten"), welche die traditionelle Metaphorik verdrängen. Auch die dynamisierende Schilderung der „ins Land brüllenden" und als „Kokotten" (V. 2) erotisierten Lokomotiven zeigt sich der futuristischen Ästhetik verpflichtet.

28 Dies vermutet zurecht auch Johannes Mahr (Eisenbahnen in der deutschen Dichtung. Der Wandel eines literarischen Motivs im 19. und im beginnenden 20. Jahrhundert. München: Fink 1982, S. 222). Bei dem spektakulären Unglücksfall stürzte die als technisches Wunderwerk geltende, über drei tausend Meter lange Eisenbahnbrücke über den Firth of Tay zusammen mit einem vollbesetzten Zug ins Meer. Doch Becher geht es offenbar nicht um ein historisches Ereignis, sondern um eine prinzipielle Technikkritik. Dazu passen die verallgemeinernden Pluralformen – nicht nur „die" Lokomotiven, sondern auch „die" Brücken – und das Präsens, durch welches das

8.3 Übersetzungscorpus

Mustert man das Corpus der expressionistischen Futurismus-Übersetzungen, so stellt sich heraus, dass der übersetzerische Transfer einen wesentlich dialektischen Prozess darstellte. Die Aneignung der futuristischen Poetik besaß gleichzeitig deutlich projektive Züge. Was sich im Corpus abzeichnet, ist das bereits untersuchte Phänomen ,translatorischer Autorschaft', d. h. das Bemühen, durch Strategien der gezielten Selektion und Transformation der Ausgangstexte aus dem Futurismus einen Ableger des Expressionismus zu machen. Der Introjektion fremder Vorbilder entspricht somit zugleich deren manipulative Überformung, welche auf die Erzielung von Kompatibilität und auf die Konstruktion eines ,expressionistischen Futurismus' hinausläuft.

Die ersten Übersetzungen von Filippo Tommaso Marinetti (1876–1944) erschienen in einem Einzelband 1912,[29] etwa zeitgleich mit der Publikation der futuristischen Manifeste im *Sturm*.[30] 1912 publizierte *Der Sturm* auch einen französischsprachigen Text Marinettis, *À l'Automobile de Course*, der das futuristische Grundmotiv der Geschwindigkeit intoniert und das Rennautomobil zu einer monströsen Gottheit personifiziert.[31]

In demselben Jahr erschien im Mai-Heft des *Sturms* auch das *Manifest der futuristischen Frau* der französischen Futuristin Valentine de Saint-Point (1875–1953), das ein mit dem Futurismus kompatibles Frauenideal zu artikulieren ver-

---

vergangene Ereignis in die Gegenwart hineinragt. Das Blühen der „Bengalischen Feuer" in V. 13 evoziert den „kometenhaften Ausbruch wilder Funken", die von der Lokomotive in der Nacht geschleudert werden, während das polysyndetische Trikolon von V. 14 den Sturz des Zuges in den Abgrund ausmalt. Dass das menschliche Leid, wie Johannes Mahr behauptet, von Becher ausgeklammert werde, will nicht recht einleuchten. In dem „schiefen Mund" von V. 15, der sich „zum Mond" „krümmt", zollt der Dichter vielmehr gerade den Opfern der Technik seinen expressionistisch stilisierten Tribut. Demgegenüber ist das Bild von der triumphalen Ankunft der Lokomotive in die Bahnhofshalle in der letzten Strophe nur eine blasse Reminiszenz. Sie wird fast *sottovoce* am Schluss vom Dichter-Falter in Klammern geflüstert, bevor sich die Naturwildnis im letzten Vers wieder des prometheischen Menschenwerks bemächtigt.

29 Filippo Tommaso Marinetti: Futuristische Dichtungen. Übers. von Else Hadwiger. Hg. von Joan Bleicher. Siegen: Univ. – Gesamthochsch. 1985 [Berlin-Wilmersdorf: A. R. Meyer-Verlag 1912].
30 Filippo Tommaso Marinetti: Manifest des Futurismus. Übers. von Jean-Jacques. In: Der Sturm 2 (März 1912) 104, S. 828 f.; Tod dem Mondschein. Zweites Manifest des Futurismus. Übertr. von Jean Jacques. In: Der Sturm 3 (Mai 1912) 111, S. 50 f.; Ders.: Tod dem Mondschein. Zweites Manifest des Futurismus. Übertr. von Jean Jacques [Fortsetzung]. In: Der Sturm 3 (Juni 1912) 112, S. 57 f.; Ders.: Die futuristische Literatur. Technisches Manifest Übers. von Jean-Jacques. In: Der Sturm 3 (Oktober 1912) 133, S. 194 f.
31 Filippo Tommaso Marinetti: À l'Automobile de Course. In: Der Sturm 3 (Mai 1912) 109, S. 36.

suchte.[32] Als „politischer Irrtum" verworfen wird der zeitgenössische Feminismus, den die Autorin als Auswuchs spießbürgerlicher Moral diskreditiert. Stattdessen betont de Saint-Point das grundsätzlich androgyne Wesen des futuristischen „Helden" und „Übermenschen" als Kombination aus männlichen (Kraft) und weiblichen (Intuition) Eigenschaften und fordert vor diesem Hintergrund, dass sich die futuristische Frau traditionell maskuline Charakterzüge wie Zerstörungswillen und Grausamkeit aneignen soll.

1913 folgten weitere Marinetti-Übertragungen[33] aus der Feder von Else Hadwiger[34] und Hermann Hendrich, einem vor dem Ersten Weltkrieg in Brüssel le-

---

32 Valentine de Saint-Point: Manifest der futuristischen Frau. Uber. v. Jean Jacques. In: Der Sturm 3 (Mai 1912) 108, S. 26 f.

33 Filippo Tommaso Marinetti: An meinen Pegasus. Übers. von Hermann Hendrich [?]. In: Die Aktion 3 (13. September 1913) 37, Sp. 878 f.; Der Abend und die Stadt. Übers. von Hermann Hendrich. In: Die Aktion 3 (13. September 1913) 37, Sp. 880; Die heiligen Eidechsen. Deutsch von Hermann Hendrich. In: Die Aktion 3 (27. September 1913) 39, Sp. 919 f.; Am Strande hingelagert. Übers. von Else Hadwiger. In: Die Bücherei Maiandros, Beiblatt, 1. November 1913, S. 93.

34 Else Hadwiger (1877–vor 1935?), geb. Strauß soll am 3.10.1877 in Bonn geboren worden sein (vgl. Die Aktion. Hg. von Franz Pfemfert. Mit Einführung und Kommentar von Paul Raabe. Bd. 1. Stuttgart: Cotta 1961, S. 53) und 1911 den Prager Dichter Victor Hadwiger (1878–1911) geheiratet haben, den Gottfried Benn zu den Wegbereitern des Expressionismus zählte (Lyrik des expressionistischen Jahrzehnts. Von den Wegbereitern bis zum Dada. Mit einer Einleitung von Gottfried Benn. München 1962, S. 17). Im Wirken von Else Hadwiger als Übersetzerin lassen sich eine expressionistische und eine dadaistische Phase differenzieren. Die expressionistische Periode beschränkt sich nicht nur auf ihre Ehe mit Victor Hadwiger, sondern betrifft auch ihre Liaison mit dem jungen Johannes R. Becher nach dem Tod ihres Mannes. Von der Intensität der Beziehung zeugt der Umstand, dass Becher ihr einige Gedichte widmete (etwa: Sang den Frauen. Für Else Hadwiger. In: Die Weißen Blätter 3 (Februar 1916) 2, S. 242–243). Die Tagebücher von Harry Graf Kessler verzeichnen mehrere Besuche des Paares beim Frühstück (am 10.5.1916, 17.6.1916, 1.7. 1916 und am 20.8.1916; am 10. Mai 1916 bezeichnet Kessler Hadwiger übrigens als eine „heitere, gescheute Rheinländerin" [H. G. K.: Das Tagebuch. Hg. von Roland S. Kamzelak u. a. Bd. 5. Stuttgart: Cotta 2008, S. 538]). Im Mai 1917 wohnte Becher noch bei ihr in der Spessartstr. in Berlin-Wilmersdorf, wie aus einem Brief des Dichters an Katharina Kippenberg hervorgeht (Briefe: 1909–1958. Hg. von Rolf Harder. Berlin/Weimar: Aufbau-Verl. 1993, S. 64.) Laut Bechers Tagebüchern unterbrach sie die Beziehung, als er die Novemberrevolution nicht aktiv unterstützte (ebd., S. 77). In Wirklichkeit äußerte sie sich bereits in den Gesprächen mit Kessler besorgt über Bechers maßlosen Morphin-Gebrauch und seine „fürchterlichen Triebe" (10.05.1916). Die Annäherung an den Dadaismus überlapt sich zeitlich teilweise mit der expressionistischen Phase und datiert schon auf eine Begegnung mit Hugo Ball im Sommer 1914 zurück, wie aus einer Karte Balls vom 6.07.1914 hervorgeht. Es ist belegt, dass Hadwiger eine zentrale Rolle bei der Vermittlung des Futurismus bei den Dadaisten gespielt hat. Sie rezitierte bei der Berliner Dada-Soirée in der Sezession am Kurfürstendamm am 12. April 1918 eigene Übersetzungen von Marinettis experimentellen *Parole in libertà*, d. h. Ausschnitte aus der Schlachtbeschreibung *Zang Tumb Tumb Adrianopoli 1914*. *Parole in libertà* aus dem Ersten Balkankrieg, an dem Marinetti als Reporter

benden Übersetzer französischer Literatur.[35] Zugleich erweiterte sich der futuristische Kanon um zwei neue Dichter: Aldo Palazzeschi (Pseud. von Aldo Pietro Vincenzo Giurlani, 1885–1974)[36] – einen Vertreter des gemäßigteren florentinischen Futurismus um die Zeitschrift *Lacerba*, der mit seinen statischen, dekadenten und autoironischen Kompositionen nicht so recht in Marinettis Programm passte – sowie Luciano Folgore (Pseud. von Omero Vecchi, 1888–1966),[37] dessen sprechender Künstlername (,Blitzstrahl') offenbar den Passatismus seines bürgerlichen Namens ,Vecchi' verdecken und sein futuristisches Bekenntnis verkörpern sollte.[38]

---

teilgenommen hatte (nämlich *Treno di soldati ammalati* [*Verwundetentransport*] und *Bombardamento* [*Bombardierung*]). Der Dadaist Richard Huelsenbeck begleitete sie mit Trommel und Rassel (zum Berliner Dada-Abend vgl. Urlaute dadaistischer Poesie: der Berliner Dada-Abend am 12. April 1918. Rekonstruiert von Jeanpaul Goergen. Mit Texten von Georg Grosz u. a. Hannover: Postskriptum-Verl. 1994, sowie: Richard Sheppard: Modernism – Dada – Postmodernism. Evanston, Ill.: North Western Univ. Press 2000, S. 225–227). Mit Huelsenbeck ist Hadwiger auch auf einer im DLA Marbach aufbewahrten Fotografie aus der Mitte der zwanziger Jahre abgebildet (Signatur XLr). Zugleich trat sie auch als Pirandello-Übersetzerin auf (Luigi Pirandello: Das Diplom: Komödie in einem Akt. [Aus. d. Ital. v. Else Hadwiger.] In: Der neue Merkur: Monatshefte 8 (1924/25), S. 698–709) und übersetzte mit Hans Jacob (1896–1961) (der unter dem Pseudonym von ,Jean-Jacques' Marinettis Manifeste übertragen hatte) Charles de Costers *Ulenspiegel* (Berlin: Wegweiser Verlag 1930). Im DLA Marbach hat sich ihre Korrespondenz (1916–1934) mit Katharina Kippenberg vom Insel Verlag erhalten (Zugangsnummer: SU.2010.0001). Hadwiger trat auch als Palazzeschi-Übersetzerin auf. Von ihr erschien 1913 eine Übertragung der *Fontana malata* (Aldo Palazzeschi: Der kranke Brunnen. Aus: Zwei Proben futuristischer Lyrik. In autorisierter Übersetzung von Else Hadwiger. In: Licht und Schatten 49 (1913), o. S.). Wiederabgedruckt wurde diese Version zusammen mit einem Auszug aus Palazzeschis futuristischem Roman *Il Codice di Perelà* (*Delfo und Dori*) 1934 in der von Ruggero Vasari herausgegebenen Anthologie *Das junge Italien*, die „dem Freund Italiens" Hermann Göring gewidmet ist (Junges Italien. Eine Anthologie der zeitgenössischen italienischen Dichtung. Hg. von Ruggero Vasari. Leipzig: Max Möhring 1934, S. 259–266).

35 Hendrich übersetzte zwischen 1913 und 1916 meist französischsprachige Dichtungen für *Die Aktion*. Die erhaltene Korrespondenz mit Pfemfert findet sich im Literaturarchiv der Akademie der Künste (Inv.-Nr.: 420/1974). Er plante auch mit Hugo Ball eine Anthologie von italienischen, französischen und deutschen Gegenwartsdichtern, die aber nicht zustande kam (Inv.-Nr.: 420/1974).

36 Aldo Palazzeschi: Der kranke Brunnen. Aus: Zwei Proben futuristischer Lyrik. In autorisierter Übersetzung von Else Hadwiger. In: Licht und Schatten 49 (1913), o. S.

37 Luciano Folgore: Flugschuppen-Lied. Aus: Zwei Proben futuristischer Lyrik. In autorisierter Übersetzung von Else Hadwiger. In: Licht und Schatten 49 (1913), o. S.

38 In der Anthologie *I poeti futuristi* (1912) war Folgore mit zahlreichen Texten repräsentiert. Das von Hadwiger übersetzte *Flugschuppen-Lied* (*Canto degli hangars*) aus der Sammlung *Il canto dei motori* (Milano 1912, S. 175 f.) (*Der Gesang der Motoren*) ist allerdings nicht dieser Anthologie entnommen.

1914 lernte das deutsche Lesepublikum einen der ersten Unterzeichner des *Futuristischen Manifests* von 1909, Paolo Buzzi (1874–1956), kennen. Buzzi hatte in der – für die Vermittlung der futuristischen Dichtung im Ausland zentralen – Mailänder Anthologie *I poeti futuristi* (1912) einen Essay über den *vers libre* sowie etliche Dichtungen publiziert, welche Else Hadwiger auszugsweise für *Die Aktion* übersetzte.[39]

Das Jahr 1915 lässt sich als ‚Palazzeschi-Jahr‘ bezeichnen. *Der Sturm* publizierte zahlreiche Gedichte des Florentiner Futuristen Aldo Palazzeschi in der Übersetzung Theodor Däublers, der ein wichtiger Katalysator der Futurismus-Rezeption war und auch Augenzeugenberichte aus dem Florentiner *Lacerba*-Umkreis übermittelte.[40] Auch im darauffolgenden Jahr veröffentlichte Däubler – diesmal in der *Aktion* – weitere Palazzeschi-Übersetzungen.[41] Vor allem der Kriegsausbruch und Marinettis rabiater Bellizismus erklären diese Verschiebung des Rezeptionsfokus von ihm auf Palazzeschi. Die hauptsächlich Theodor Däubler zu verdankende Palazzeschi-Rezeption ließ ihn zu dem im Expressionismus meistübersetzten Dichter der futuristischen Generation avancieren. Von ihm erschienen insgesamt elf Übersetzungen und ein Originaltext (zum Vergleich: Von Marinetti sind es sechs Übertragungen und drei Originaltexte). Hinzu kommen weitere unveröffentlichte Palazzeschi-Übersetzungen aus Däublers Weimarer Konvolut *Literatenschmaus*.[42]

---

39 Paolo Buzzi: Das Lied der Eingeschlossenen. Übers. von E. Hadwiger. In: Die Aktion 4 (7. November 1914) 44/45, Sp. 855–858 (*Aus den Klöstern*; *Aus den Bordellen*, *Aus den Hospitälern*, *Aus den Gefängnissen*, *Aus den Irrenhäusern*, *Von den Friedhöfen*). Der *Canto dei reclusi* stammt aus Buzzis Sammlung *Aeroplani* (1908). Hadwiger entnahm den Text vermutlich Marinettis Anthologie: I poeti futuristi [...]. Milano: Edizioni futuriste di *Poesia* 1912, S. 116–119.
40 Aldo Palazzeschi: Verbotene Spielerei. Übertr. von Theodor Däubler. In: Der Sturm 6 (1. und 2. Aprilhälfte 1915) 1/2, S. 9; Rio Bo. Übertr. von Theodor Däubler. In: ebd.; Wer bin ich? Übertr. von Theodor Däubler. In: ebd.; Der Bummel. Übertr. von Theodor Däubler. In: ebd., S. 9 f.
41 Aldo Palazzeschi: X-Strahlen. Übertr. von Theodor Däubler. In: Die Aktion 6 (22. Januar 1916) 3/4, Sp. 27–29; Die Bildnisse der Ammen. Übertr. von Theodor Däubler. In: Die Aktion 6 (19. Februar 1916) 7/8, Sp. 87–89; Paradiesische Einblicke. Deutsch von Theodor Däubler. In: Die Aktion 6 (19. Februar 1916) 7/8, Sp. 92; Der Dichter unterhält sich. Nachdichtung von [Paul] Adler. In: Die Aktion 6 (4. März 1916) 9/10, Sp. 123–125; Besuch bei der Gräfin Eva Pizzardini Bo. Übers. von Theodor Däubler. In: Die Aktion 6 (8. April 1916) 14/15, Sp. 183–186; Die Kaiserin Charlotte. Deutsch von Theodor Däubler. In: Die Aktion 6 (11. November 1916) 45/46, Sp. 610 f.; Habel. Deutsch von Theodor Däubler. In: Almanach der neuen Jugend auf das Jahr 1917, S. 37–39. Else Hadwiger übrigens soll an der Berliner Dada-Soirée in der Sezession am Kurfürstendamm vom 12. April 1918 ihre eigene Übersetzung von Palazzeschis *Lasst mir den Spass* vorgetragen haben, die leider nicht überliefert ist.
42 „Literatenschmaus – Gedichte von Aldo Palazzeschi Futurist. Aus dem Italienischen frei übersetzt von Theodor Däubler Futurist" (Klassik-Stiftung Weimar GSA 12/II, 10).

Außer Palazzeschi stellte *Die Aktion* 1916 auch Corrado Govoni (1884 – 1965)[43] – Hauptvertreter des melancholischen ‚Crepuscolarismo' und nur in den Sammlungen *Poesie elettriche* (1911) und *Rarefazioni e parole in libertà* (1915) futurismusnah – dem expressionistischen Publikum vor.[44] Die wesentlich von Theodor Däubler gestaltete „italienische Sondernummer" der *Aktion* vom Februar 1916 legte den Schwerpunkt auf den vergleichsweise weniger bellizistischen Florentiner Futurismus. Dort erschienen auch weitere Buzzi-Übertragungen eines anderen Übersetzers, nämlich des tschechischen Expressionisten Paul Adler (1878 – 1946)[45] (*Kleine Nachtbilder: Die Hunde, Die Frauen, Trunkene, Die Dichter, Arme Schläfer*).[46]

Mit der Sondernummer der *Aktion* vollzog sich eine bemerkenswerte Rollenumkehrung gegenüber dem *Sturm* im Hinblick auf die Futurismus-Vermittlung.[47] Zunächst tat sich bekanntlich *Der Sturm* als Rezeptionsplattform hervor, und zwar durch die Futurismus-Ausstellungen der *Sturm*-Galerie[48] sowie durch die Übersetzungen der Manifeste Marinettis, die Jean-Jacques (Pseudonym für Hans Jacob, 1896 – 1961) 1912 und 1913 verdeutschte. *Die Aktion* nahm hingegen eine zunächst eher skeptische bis ablehnende Haltung zum bildkünstlerischen

---

43 Corrado Govoni: Seele. Übertr. von Else Hadwiger. In: Die Aktion 6 (19. Februar 1916) 7/8, Sp. 94. Das Gedicht stammt aus den *Poesie elettriche*. Die Übersetzerin entnahm es vermutlich der Anthologie *I poeti futuristi*.

44 Außerdem erschien eine weitere Dichtung von Folgore in der *Aktion*, welche die Freiheit der Bohème-Existenz verklärt, sowie eine weitere Marinetti-Übersetzung. Vgl.: Luciano Folgore: Der Marsch. Übertr.von Else Hadwiger. In: Die Aktion 6 (19. Februar 1916) 7/8, Sp. 91; Filippo Tommaso Marinetti:Am Strande hingelagert. Übertr. von Else Hadwiger. In: Die Aktion 6 (19. Februar 1916) 7/8, Sp. 93.

45 Dazu Ludo Abicht: Paul Adler. Ein Dichter aus Prag. Wiesbaden: Humanitas-Verl. 1972 sowie Desider Stern: Werke von Autoren jüdischer Herkunft in deutscher Sprache. Eine Bio-Bibliographie. 3. Aufl. München: Fruehmorgen & Holzmann 1970, S. 5. Geboren am 8.4.1878 in Zbraslav bei Prag, promovierte Adler zum Dr. jur. und wurde Richter, bevor er das Amt aufgab und ein unstetes Wanderleben begann. Die Jahre 1903 bis 1910 verbrachte Adler mit dem späteren Verleger Jakob Hegner in Italien (Pola und Florenz). 1912 ließ er sich in der Künstlerkolonie Hellerau bei Dresden nieder, wo seine bedeutendsten Dichtungen entstanden. Er publizierte neben dem Roman *Nämlich* (1915) auch Erzählungen, Übersetzungen – Adler beherrschte angeblich 14 Sprachen – und Sachbücher zur japanischen Literatur.

46 Paolo Buzzi: Die Hunde. Übertr. von Paul Adler. In: Die Aktion 6 (19. Februar 1916) 7/8, Sp. 84 f.; Die Frauen. Übertr. von Paul Adler. In: ebd., Sp. 85; Trunkene. Übertr. von Paul Adler. In: ebd., Sp. 85 f.; Die Dichter. Übertr. von Paul Adler. In: ebd., Sp. 86; Arme Schläfer, am Ende Tote. Übertr. von Paul Adler. In: ebd.

47 Vgl. den kundigen Überblick bei Demetz (Worte in Freiheit, S. 63 – 77).

48 Darunter: *Die Futuristen* [Boccioni, Carrà, Russolo, Severini]: 12.4– Anfang Mai 1912; *Gino Severini*: Juni-August 1913; *Expressionisten, Kubisten, Futuristen*: November 1913; *Futuristen*: August-Oktober 1914.

Futurismus ein.[49] Im Krieg führten die politisch äußerst vorsichtige Zurückhaltung des *Sturms* und der provokativ-internationalistische Kurs, den die *Aktion* dagegen einschlug, zu einer Rollenumkehrung. Waldens Zeitschrift unterließ es nämlich fast gänzlich, Beiträge der italienischen Kriegsgegner zu publizieren und beschränkte sich darauf, die Poetik August Stramms und seiner Epigonen zu propagieren, was das internationale Spektrum der Zeitschrift erheblich einengte. *Die Aktion* konnte somit vor allem durch Däublers Engagement *Den Sturm* als Hauptvehikel der Futurismus-Rezeption ablösen. Es handelte sich allerdings um eine stark überformte Vermittlung, denn das antiösterreichische und bellizistische Pathos, das den Futurismus bereits vor dem Krieg prägte, kam in der *Aktion* nicht vor.

In den darauffolgenden Jahren ließ das Interesse am Futurismus allmählich nach. Immerhin debütierte mit Libero Altomare (Pseud. von Remo Mannoni, 1883–1966) in der *Aktion* ein weiterer Futurist.[50] 1920 erschienen noch zwei Gedichte Buzzis, *An den Hafen* und *Hagenbeck*, in dem von Else Hadwiger herausgegebenen Einzelheft *Hamburg – Ein futuristisches Diptychon*,[51] und 1922 brachte *Der Sturm* eine eigene monographische Nummer zum Futurismus heraus, die neben druckgraphischen Werken Umberto Boccionis, Fortunato Deperos und Enrico Prampolinis auch Dichtungen u. a. des Berliner ‚Statthalters‘ Marinettis Ruggero Vasari (1898–1968) präsentierte.[52] Für Vasaris Spätfuturismus ist eine

---

49 Paradigmatisch dafür ist der von Werner Serner verfasste Essay *Gegen den Futurismus* (Die Aktion 2 [3. Juli 1912] 27, Sp. 850–851), der den Futurismus zur „Unkunst" abstempelte. Ein anonymer Beitrag von 1914 (Die Bilanz des Futurismus. In: Die Aktion 4 [4. April 1914] 14, Sp. 294) wirft der futuristischen Malerei eine Trivialisierung Picassos und Braques vor. Die *Aktion* publizierte auch Karl Kraus' Futurismus-Verriss: „Ich halte das Manifest der Futuristen für den Protest einer rabiaten Geistesarmut, die tief unter dem Philister steht, der die Kunst mit dem Verstande beschmutzt. Ich halte das Manifest der futuristischen Frau ... für eine Handlung, der ein paar lustlose Rutenhiebe zu gönnen wären" (Karl Kraus über den Futuristen-Rummel. In: Die Aktion 2 [3. Juli 1912] 27, Sp. 842).
50 Libero Altomare: Die Häuser sprechen. Übers. von Else Hadwiger. In: Die Aktion 7 (8. September 1917) 35/36, Sp. 476–478; An einen Flieger. In: Der Friede 2 (11. Oktober 1918) 38, S. 284.
51 Paolo Buzzi: Hamburg – Ein futuristisches Diptychon. Autorisierte Übersetzung von Else Hadwiger. Berlin-Wilmersdorf: A. R. Meyer 1920.
52 Vgl. Der Sturm 13 (Juli/August 1922) 7/8. Das monographische Sturm-Heft enthält folgende Dichtungen: Filippo Tommaso Marinetti, *Il cracracracranio della notte*; Ruggero Vasari: *Tempo di galoppo. Per la musica di Strawinsky*; Emilio Settimelli (1891–1954): *L'ombrello verde*; Luciano Folgore: *Uomo di Cera*; Primo Conti (1900–1988): *Cantastorie*; Pitigrilli (Pseud. von Dino Segre, 1893–1975): *Aforismi di Pitigrilli*; Guglielmo Jannelli (1895–1950), *Attimo di meraviglia*; Paolo Buzzi: *Strawinsky*; Aldo Palazzeschi: *La fontana malata*; Mario Carli (1888–1935): *I capelli della Primavera*; Francesco Carrozza (1899–1983), *La figlia della retrovia*; Luciano Nicastro (1895–

Überblendung futuristischer Motive mit einer typisch expressionistischen Technik-Kritik charakteristisch, die etwa seine ‚Tragische Synthese' *L'Angoscia delle macchine* (*Maschinenangst*) prägt.[53]

8.3.1 Marinetti expressionistisch

Dass der übersetzerische Transfer nicht lediglich auf die Aneignung fremder Muster hinauslief, sondern zugleich eine projektive Überformung des Unbekannten nach den Maßstäben des Bekannten darstellte, zeigen auch die expressionistischen Marinetti-Übertragungen. Diese klammern jene Aspekte der futuristischen Poetik aus, die mit dem Expressionismus inkompatibel waren, und vermitteln ein noch spätsymbolistisches Bild des Futurismus-Gründers. Es entbehrt nicht einer gewissen Ironie, dass Marinetti dem deutschen Publikum somit als *passatista* vorgestellt wurde. Die übersetzten Dichtungen Marinettis gehören zum großen Teil noch seiner vorfuturistischen Phase an. Meist beschränkt sich ihr innovatives Potential auf den Einsatz des inzwischen auch in Frankreich etablierten *vers libre*. Die meisten der übersetzten Marinetti-Texte entstammen der Mailänder Anthologie *I poeti futuristi* von 1912, die noch keine der experimentellen Texte enthält.[54] Die eigentlichen *parole in libertà* sollten erst 1914 erschei-

---

1977): *Prigionia*; Bruno Corra (Pseud. von Bruno Ginanni Corradini, 1892–1978): *La morte dei fiori*; Corrado Govoni: *Le sere orfane e tristi*.

53 Ruggero Vasari: Fragmente aus *Maschinenangst*. Tragische Synthese in 3 Bildern. Deutsch von Lilly Nevinny. In: Der Sturm 16 (Januar 1925) 1, S. 6–14. Zu den weiteren Texten, die Vasari im *Sturm* publizierte, zählen: Weiber. [Deutsch von Anna Well]. In: Der Sturm 13 (Februar 1922) 2, S. 32; Mar Baltico. In: Der Sturm 14 (November 1923) 11, S. 165, sowie: Unter den Linden – Kurfürstendamm. In: Der Sturm 17 (August 1926) 5, S. 71–75.

54 Der Sammelband *I poeti futuristi* enthält nämlich vier der insgesamt sieben übersetzten Texte Marinettis (*La Fanfare des Vagues, Contre les syllogismes, Hymne à la mort* und *À l'Automobile de Course*) sowie etliche Gedichte der anderen übertragenen Futuristen (Buzzi, Govoni, Folgore, Altomare und Palazzeschi). Zwei der übersetzten Gedichte Marinettis – *La Fanfare des Vagues* (übersetzen lässt sich der Titel mit *Die Fanfare der Wellen*, nicht, wie es bei Demetz [Worte in Freiheit, S. 51] heißt, *Das Fanal der Wellen*) sowie *Contre les Syllogismes* stammen aus seiner ersten selbständigen Publikation, dem epischen Gedicht *La Conquête des Étoiles* (1902), das stilistisch noch dem Symbolismus verpflichtet ist (der Band ist dem französischen Anwalt des *vers libre* Gustave Kahn gewidmet) und vom Versuch des Meeres erzählt, die Sterne zu erobern. *La Fanfare des Vagues* gehört zum ersten Gesang, *Le chant augural des vagues*. *Contre les syllogismes* ist dagegen dem dreizehnten Gesang, *L'éclaireur d'or*, entnommen. Die Überschriften dieser Auszüge gehen nicht auf die expressionistischen Übersetzer, sondern auf Marinetti selbst zurück, der beide Passagen in seiner Anthologie *I poeti futuristi* (1912) brachte. Dass Else Hadwiger sie übersetzt hat, belegt, dass Marinettis Anthologie ihre wichtigste Textvorlage war. Die ebenfalls von ihr über-

nen, in *Dune*, der onomatopoetischen Schilderung einer Autofahrt durch die Wüste, und *Zang Tumb Adrianopoli 1914*. *Parole in libertà*, einem ästhetisierenden Frontbericht aus dem Ersten Balkankrieg (1912/13). Erst diese Publikationen enthalten ‚Worte in Freiheit', also Wort-Cluster, die von allen sprachlichen Regeln befreit sind und im Druckbild mehr der Partitur eines Orchesterstücks als traditionellen Gedichten gleichen. Formalästhetisch übten sie einen bedeutenden Einfluss auf die Schweizer Dadaisten aus, auch aufgrund des direkten brieflichen Kontakts Hugo Balls zu Marinetti.[55] Der einzige experimentelle Text, der an das expressionistische Lesepublikum gelangte, war das mit dem *Supplement zum*

---

tragenen Texte *Couchés sur le sable* ... – ein Abschnitt aus *Le Chant de la Jalousie* – sowie *Hymne à la mort* gehören zum Gedichtband *Destruction. Poèmes lyriques* (1904), welcher der Stadt Paris dediziert ist (Vgl. Filippo Tommaso Marinetti: Couché sur le sable ... Pour Gustave Botta. In: Destruction. Poèmes lyriques. Paris: Librairie Leon Vanier, éditeur, A. Messein, Succ. 1904, S. 177 – 178; Ders.: Hymne à la mort. Pour Laurent Tailhade. In: ebd., S. 201 – 211. In Italienischer Sprache erschienen die Texte 1911: Stesi sulla sabbia. In: Distruzione. Poema futurista. Col processo e l'assoluzione di *Mafarka Il Futurista*. Milano: Edizioni futuriste di *Poesia* 1911, S. 200 – 201; Ders.: Inno alla morte. In: ebd., S. 227 – 240. Die deutschen Übersetzungen besorgte Else Hadwiger: Vgl. Filippo Tommaso Marinetti: Am Strande hingelagert. Übertr. von Else Hadwiger. In: Die Aktion 6 (19. Februar 1916) 7/8, Sp. 93; Ders.: Hymnus an den Tod. In: Futuristische Dichtungen. Übers. von Else Hadwiger. Hg. von Joan Bleicher. Siegen 1985 [Berlin-Wilmersdorf: A. R. Meyer-Verlag 1912], S. 14 – 23). Drei weitere Texte schließlich – *À mon Pegase* (späterer Titel: *À l'Automobile de Course*), *Les lézards sacrés* und *Le soir et la ville* – sind der Übergangssammlung *La Ville charnelle* (1908) entnommen, welche bereits futuristische Themen zeigt, allerdings noch zahlreiche Hommagen an die französischen Symbolisten (Henri Régnier, Viélé-Griffin, Gustave Kahn, Émile Verhaeren u. a.) enthält (vgl. Filippo Tommaso Marinetti: Les lézards sacrés. In: La Ville charnelle. Paris: E. Sansot & Cie. 1908, S. 29 f., À mon Pegase. In: ebd., S. 169 – 172; La soir et la ville. In: ebd., S. 145 – 150. Vgl. Filippo Tommaso Marinetti: An meinen Pegasus. Übers. von Hermann Hendrich [?]. In: Die Aktion 3 (13. September 1913) 37, Sp. 878 f.; Ders.: Der Abend und die Stadt. Übers. von Hermann Hendrich. In: Die Aktion 3 (13. September 1913) 37, Sp. 880; Ders.: Die heiligen Eidechsen. Deutsch von Hermann Hendrich. In: Die Aktion 3 (27. September 1913) 39, Sp. 919 – 920).
55 Dass der futuristische Parolibrismus die dadaistischen Buchstabenplakatgedichte entscheidend anregte, zeigt u. a. ein Tagebucheintrag Balls vom 9. 7.1915: „Marinetti schickt mir *Parole in libertà* [...]. Es sind die reinen Buchstabenplakate; man kann so ein Gedicht aufrollen wie eine Landkarte. Die Syntax ist aus den Fugen gegangen. Die Lettern sind zersprengt und nur notdürftig wieder gesammelt. Es gibt keine Sprache mehr" (Hugo Ball: Die Flucht aus der Zeit. Hg. sowie mit Anmerkungen und Nachw. versehen von Bernhard Echte. Zürich: Limmat Verl. 1992, S. 35). Bereits 1916 hatte die in Zürich herausgegebene Anthologie der Dadaisten, *Cabaret Voltaire*, Auszüge aus Marinettis und Cangiullos *Parole in libertà* publiziert (Vgl. Filippo Tommaso Marinetti: Dune. In: Cabaret Voltaire 1 (15. Mai 1916) 1, S. 22 f.; Francesco Cangiullo: Addioooo. In: Cabaret Voltaire 1 (15. Mai 1916) 1, S. 30). Zur intensiven Futurismus-Rezeption im Dadaismus vgl. die gründliche Studie von Caterina Toschi: Dalla pagina alla parete. Tipografia futurista e fotomontaggio dada. Firenze: Firenze University Press 2017.

Technischen Manifest mitabgedruckte Prosagedicht *Bataille Poids + Odeur.*[56] Das blieb für die Leserschaft der expressionistischen Periodika die einzige Dichtung, in welcher Marinetti nicht nur in der Theorie, sondern auch in der poetischen Praxis als Erneuerer der Literaturästhetik auftrat. Erst 1922 präsentierte ein monographisches Futurismus-Heft des *Sturms* weitere experimentelle Dichtungen.[57]

Die selektive Futurismus-Rezeption zeigt sich auch in der Ausklammerung von Marinettis antiösterreichischer Rhetorik. Nicht übersetzt wurde etwa der antiklerikale und antiösterreichische Versroman *Le monoplane du Pape* (1912), von dem in der Anthologie von 1912 Auszüge erschienen waren: das Eröffnungskapitel *Volando sul nuovo cuore d'Italia* sowie *La fonderie de la bataille* aus dem Schlusskapitel *La bataille de Monfalcone ou le tombeau des Papes.* Dort inszeniert Marinetti zwei Jahre vor Ausbruch des Weltkriegs einen Krieg gegen Österreich-Ungarn. Der Dichter imaginiert, auf seinem Eindecker mit einer riesigen Zange Pius X. aus dem Vatikan zu entführen und ihn als Geisel an seinem Flugzeug hängend mitzuschleppen, um den Krieg zu gewinnen. Denn die römisch-katholischen Österreicher können es nicht riskieren, das Oberhaupt der Kirche zu treffen, und blasen daraufhin bei der Entscheidungsschlacht von Monfalcone zum Rückzug. Am Ende lässt der Dichter den noch zappelnden Papst im Golf des erlösten Triest ins Meer fallen, wo er von vier herbeischwimmenden Haifischen verspeist wird.[58]

---

56 Filippo Tommaso Marinetti: Bataille Poids + Odeur. In: Supplement zum technischen Manifest der Futuristischen Literatur. Übertr. von Jean-Jacques. In: Der Sturm 3 (März 1913) 150/151, S. 279 – 280, hier S. 280.
57 *Der Sturm* veröffentlichte u. a. Marinettis Dichtung *Il cracracracranio della Notte. Parole in libertà* (Filippo Tommaso Marinetti: Il cracracracranio della Notte. Parole in libertà. In: Der Sturm 13 (Juli / August 1922) 7/8, S. 100) sowie Guglielmo Jannellis parolibristisches Gedicht *Attimo di meraviglia* (Guglielmo Jannelli: Attimo di meraviglia. In: Der Sturm 13 (Juli / August 1922) 7/8, S. 102 – 104). Im *Sturm* erschienen auch Übersetzungen von Marinettis ‚synthetischen Theaterszenen' (Filippo Tommaso Marinetti: Der Mietvertrag. Theatralische Synthese. In: Der Sturm 13 (April 1922) 4, S. 51, und: Jetzt kommen sie. Drama der Gegenstände. In: Der Sturm 13 (April 1922) 4, S. 51 f. Die Übersetzung wurde auch in Vasaris Zeitschrift *Der Futurismus* wiederabgedruckt (Der Futurismus 7/8 [November/Dezember 1922], S. 3). Sie stammen vermutlich von Rudolf Blümner stammen. Der mit Walden befreundete Blümner war ein Schüler August Stramms und bestätigt durch seine Übertragungen die Bedeutung des Futurismus für die sprachexperimentelle *Sturm*-Lyrik, die sich in Stramms Nachfolge entwickelte. Seine Laut-Dichtung *Ango Laina*, die 1921 im *Sturm* erschien, hat die futuristischen und dadaistischen Sprachexperimente zur Voraussetzung. Blümner wirkte auch an der faschistischen Berliner Futurismus-Ausstellung von 1934 „Italienische futuristische Luft- und Flugmalerei" zusammen mit Marinetti und Vasari mit.
58 So fasst Theodor Däubler den Epilog des Romans in seinem nach dem Krieg erschienenen Essay *Im Kampf um die moderne Kunst* zusammen (erschienen in: Tribüne der Kunst und der Zeit. Hg. von Kasimir Edschmid. Bd. 3. Berlin: Erich Reiß Verlag 1919) (Im Kampf um die moderne Kunst

Die expressionistische Marinetti-Rezeption soll im Folgenden anhand einiger unbeachteten Übersetzungen des Programmgedichts *An das Rennautomobil* (*À l'Automobile de Course*) untersucht werden. Die Dichtung erschien zunächst 1905 in der Zeitschrift *Poesia* unter dem Titel *À l'Automobile*, später nahm Marinetti sie in die Sammlung *La ville charnelle* (1908) unter der Überschrift *À mon Pégase* auf, schließlich erhielt sie 1912 den endgültigen Titel *À l'Automobile de Course*, den auch die Übersetzerin Else Hadwiger übernahm (*An das Rennautomobil*). Der Text, der in *La Ville charnelle* zum Zyklus *Dithyrambes* gehört, ist eine reimlose, freirhythmische Dithyrambe auf die Geschwindigkeit:

À l'Automobile de Course[59]

Dieu véhément d'une race d'acier,
Automobile ivre d'espace,
qui piétines d'angoisse, le mors aux dents stridentes!
O formidable monstre japonais aux yeux de forge,
nourri de flamme et d'huiles minérales,   5
affamé d'horizons et de proies sidérales,
je déchaîne ton cur aux teuf-teufs diaboliques,
et tes géants pneumatiques, pour la danse
que tu mènes sur les blanches routes du monde.
Je lâche enfin tes brides métalliques et tu t'élances,   10
avec ivresse, dans l'Infini libérateur!...

Au fracas des abois de ta voix...
voilà que le Soleil couchant emboîte
ton pas véloce accélérant sa palpitation
sanguinolente au ras de l'horizon...   15
Il galope là-bas, au fond des bois... regarde!...

Qu'importe, beau démon?... je suis à ta merci... prends-moi!
Sur la terre assourdie malgré tous ses échos,
sous le ciel aveuglé malgré ses astres d'or,
je vais eperronant ma fièvre et mon désir   20
à coups de glaive en pleins naseaux!...
Et d'instant en instant, je redress ma taille
pour sentir sur mon cou qui tressaille
s'enrouler les bras frais et duvetés du vent.

---

und andere Schriften. Hg. von Friedhelm Kemp und Friedrich Pfäfflin. Darmstadt: Luchterhand-Literaturverl. 1988, S. 140 f.).

59 Wie einigen Einzelheiten (etwa der Konjunktion „et" von V. 10, die in der Erstfassung noch fehlte) zu entnehmen ist, wurde der 1912 im *Sturm* publizierte französische Gedichttext der Mailänder Anthologie *I poeti futuristi* entnommen. Da die *Sturm*-Fassung einige Fehler in Akzentsetzung und Orthographie aufweist (etwa V. 7: „dechaîne" anstelle von „déchaîne", V. 10: „làche" für „lâche", V. etc.), drucke ich im Folgenden die Mailänder Fassung ab.

Ce sont tes bras charmeurs et lointains qui m'attirent!   25
ce vent, c'est ton haleine engloutissante,
insondable Infini qui m'absorbes avec joie!...
Ah! Ah!... des moulins noirs, dégingandés, ont tout à coup
l'air de courir sur leurs ailes de toile baleinée
comme sur des jambes démesurées...   30

Voilà que les Montagnes s'apprêtent à lancer
sur ma fuite des manteaux de fraîcheur somnolente.
Là! Là! regardez... à ce tournant sinistre!...
Montagnes, ô Bétail monstrueux! ô Mammouths
qui trottez lourdement, arquant vos dos immenses,   35
vous voilà dépassés... noyés...
dans l'échevau des brumes!... Et j'entends vaguement
le fracas ronronnant que plaquent sur les routes
vos jambes colossales aux bottes de sept lieues!...

Montagnes aux frais manteaux d'azur!...   40
Beaux fleuves respirant au clair de lune!...
Plaines ténébreuses! Je vous dépasse au grand galop
de ce monstre affolé... Etoiles, mes Etoiles,
entendez-vous ses pas, le fracas des abois
et ses poumons d'airain croulant interminablement?   45
J'accepte la gageure...avec Vous, mes Etoiles!...
Plus vite!... encore plus vite!... et sans répit, et sans repos!...
Lâchez les freins!... Vous ne pouvez?... Brisez-les donc!...
Que le pouls du moteur centuple ses élans!

Hourrah! Plus de contact avec la terre immonde!...   50
Enfin, je me détache et je vole en souplesse
sur la grisante plénitude
des Astres ruisselants dans le grand lit du ciel.[60]

Marinettis Prosopopoiia verwandelt das Rennautomobil in ein Pferd, ja in ein Ungeheuer mit Feueraugen, dessen Potenz kaum zu bändigen ist. Die doppelte Qualität der Geschwindigkeitspoetik zeigt sich zum einen in der raum-zeitlichen Erweiterung, zum anderen in der durch die rasante Fortbewegung ermöglichten Überwindung des Vergangenen bzw. Erschließung des Künftigen.[61] Der Verweis auf das Dichterross Pegasos in der Überschrift *À mon Pégase* betont die poetische

---

60 Filippo Tommaso Marinetti: À l'Automobile de Course. In: I poeti futuristi. Con un proclama di F. T. Marinetti e uno studio sul verso libero di Paolo Buzzi. Milano: Edizioni futuriste di *Poesia* 1912, S. 324–326 (zugleich: Der Sturm 3 (Mai 1912) 109, S. 36).
61 Franz Loquai: Geschwindigkeitsphantasien im Futurismus und im Expressionismus. In: Die Modernität des Expressionismus. Hg. von Thomas Anz und Michel Stark. Stuttgart/Weimar: Metzler 1994, S. 76–94, hier S. 76.

Inspirationsqualität der Automobilfahrt – und genauso wie bei Pegasos, der in der mythologischen Tradition Flügel besitzt, wird auch Marinettis Fahrt schließlich, in der letzten Strophe, zum Flug. Das Automobil verwandelt sich in einen Aeroplan. *Poetologisch* entspricht der 1906 publizierte Text somit bereits den Leitlinien des Manifests, das am 20. Februar 1909 im *Figaro* erschien. *Formalästhetisch* dagegen ist *À l'Automobile de Course* konservativ und erfüllt noch nicht die Anforderungen des *Technischen Manifests* von 1912. Trotz der überwiegend freirhythmischen Form sind vereinzelte Alexandriner vorhanden (V. 3, 16, 20 etc.). Die Gesetze der Syntax sind noch in Kraft. Der Text ist als Monolog eines lyrischen Ichs strukturiert und weist noch Wie-Vergleiche („comme sur des jambes démesurées...", V. 30) auf.

Marinettis Dithyrambe auf das Automobil wurde im Expressionismus gleich zweimal übersetzt:

An das Rennautomobil

Feuriger Gott aus stählernem Geschlecht,
Automobil, das fernensüchtig
geängstet stampft, in scharfen Zähnen das Gebiß!

Japanisch-fürchterliches Untier, schmiedefeueräugig
Mit Flammen und mit Ölen aufgenährt,   5
nach Horizonten gierig und nach Sternenbeute,
des Herzens teuflisches Töff-Töff befrei ich dir
und deine riesigen Pneumatiks
zum Tanze auf der Erde weißen Straßen.
Ich lasse den metallenen Zügel los und du   10
Stürmst trunken in befreiende Unendlichkeit!...

Bei deiner Stimme bellendem Lärm
fügt sich die sinkende Sonne deinem Schritt
und stärker wird ihr blutiges Beben
am Rand des Horizonts...   15
Dort jagt sie hin im Walde – schau! ...
Daß ich deiner Macht bin, schöner Teufel – sei's!
Über die Erde, taub trotz allen Widerhalls,
unter dem Himmel, blind trotz aller Sterne,
sporn ich mein Fieber und mein Verlangen   20
mit Messer stößen in die offnen Nüstern! ...
Und immer wieder richte ich mich auf,
daß ich an meinen bebenden Hals sich schmiegenfühle
des Windes frische, flaumig-weiche Arme.

Denn es sind deine zauberhaften fernen Arme, die mich ziehn! ...   25
Der Wind ist deines Atems zehrender Hauch,
abgründige Unendlichkeit, die mich empfängt! ...

Die schwarzen lendenlahmen Mühlen scheinen plötzlich
zu laufen auf der Flügel aufgesteifter Leinwand
als übergroßen Riesenbeinen ...   30

Die Berge möchten über meine Flucht
Schläfriger Frische Mäntel werfen.
Dort! dort! ... seht – da an jener finstern Kehre!
Berge, ihr riesenhaften Herde! Mammuts,
die langsam trabend ihre riesigen Rücken biegen,   35
da seid ihr überholt ... ertränkt
in Nebelsträhnen! Und ich höre dumpf
das schnurrende Geräusch der Siebenmeilenstiefel
an euren ungeheuren Füßen, das die Straße füllt.
ihr Berge mit dem Mantel blau von Frische,   40
ihr schönen Flüsse unterm Mondlicht atmend,
Ebenen voll Dunkelheit! Ich sause euch vorbei
Im Jagen meines tolles Ungetüms. Ihr meine Sterne,
hört ihr sein Rennen, seines Bellens Lärm,
seiner metallnen Lungen unaufhörlich Atmen?   45
Ich geh die Wette ein ... mit euch, ihr Sterne!
Schneller! Noch schneller! Ohne Ruh und Reue!
Die Bremsen los! Ihr könnt nicht? Brecht sie denn,
daß sich des Motors Schwung verhundertfacht!
Hurrah! Die niedre Erde fesselt mich nicht mehr.   50
Endlich befrei ich mich und fliege schon
Berauscht hinein in alle Überfülle
des Sternenstroms im großen Bett der Nacht.[62]

An meinen Pegasus

Ungestümer Gott einer stählernen Rasse,
Automobil nach Weiten lechzend,
stampfend ächzend, das Gebiß
In den knirschenden Zähnen.
O furchtbares Ungetüm, japanisches hochofenäugiges   5
Mit Flammen genährt und Erdkernölen,
Lungernd nach Horizonten und nach Sternenhimmel beuten,

Ich entfessle deines Herzens teuflisch Töftöf
und deine Radreiffriesen, zum Tanze bereit,
den du ausführst auf den blanken Straßen der Welt.   10
Auch lockr ich deine metallischen Zügel... Und berauscht
wirfst du dich in die erlösende Unendlichkeit...

62 Filippo Tommaso Marinetti: An das Rennautomobil. Übers. von Else Hadwiger. In: ders.: Futuristische Dichtungen. Berlin-Wilmersdorf o. J. [1912], S. 3 f.

Im Gegroll und Geroll deiner Stimme...
eint jäh sich die sinkende Sonne
deinem Sturmschritt, beschleunigend   15
ihr blutrünstiges Verzücken dicht überm Horizont...
Dort hinten, in der Wälder Gründen galoppiert sie ... Sieh:
Was tuts, schöner Damon?...
Dir bin ich verfallen ... Nimm mich hin!
Auf der betäubten Erde, trotz ihrem Widerhallen,   20
unter dem geblendeten Himmel, trotz seiner Gestirne Gold,

zieh ich, mein Fieber aufstachelnd und mein Begehren,
mit Schwerthieben, die mitten auf die Nüstern fallen!
Und von Augenblick zu Augenblick, empor mich ruckend
such ich zu fühlen, um meinen Hals, der zuckend,   25
sich schlingen die frischen und flaumweichen Armen des Windes.

Deine zaubrischen und fernen Arme sinds, die mich locken!
Dieser Wind, der ist dein schlinggieriger Atem,
Unergründliche Unendlichkeit, die mich aufsaugt mit Freude!...

Ha! Ha! Schwarze Mühle, gelähmte, scheinen plötzlich zu laufen   30
auf ihren Flügeln von gefischbeintem Leinen,
wie auf überlangen Beinen.

Seht, wie die Gebirge sich anschicken, meiner Flucht
Mäntel einschläfernder Kühle nachzuwerfen...
Da! Da! Schaut! An dieser unheimlichen Biegung!   35
Gebirge ihr, o unförmlich Viehzeug, o Mammuts,
die ihr schwerfällig trabt, die ungeheuren Rücken gekrümmt,
jetzt seid ihr überholt ... versunken ...
in der Nebel Strähnen! ...
Und kaum vernehmbar hör ich   40
das schnurrende Gepolter, getappt auf den Wegen von euren kolossalen
Siebenmeilenstiefelbeinen...
Gebirge mit den frischen, azurnen Mänteln!
Blaue Flüsse, eratmend im Mondenschein!
Finstre Ebenen! Ich überhol euch gestreckten Galopps
dieses scheugewordnen Untiers ... Sterne, meine Sterne,   45
hört ihr seinen Schritt, das Gedonner seines Gebells
und seiner Lungen unendlichen Bruch?

Die Wette nehm ich an ... mit euch, meine Sterne!
Schneller, noch viel schneller!
und ohne Rast und ohne Ruh! ...   50
Die Bremsen los! ... Ihr könnt nicht? ...
Zerbrecht sie doch! ...
daß des Motors Puls seine Schläge verhundertfache!
Hurra! Außer Berührung mit der scheußlichen Erde! ...
Endlich, ich löse mich los und ich fliege behend   55

durch die berauschende Fülle
der rieselnden Sterne im großen Bett des Himmels![63]

An der 1912 publizierten Übertragung von Else Hadwiger zeichnet sich die Distanz des Frühexpressionismus zu Marinettis Poetik ab. Sie verrät nicht nur eine rudimentäre Kenntnis des Französischen – Hadwiger übersetzte fast ausschließlich aus dem Italienischen –, sondern auch das Befremden, das Marinetti bei der Übersetzerin offenbar auslösen musste. Den Geschwindigkeitsrausch des raumhungrigen Automobils („ivre d'espace", V. 2) konnotiert Hadwiger pejorativ als „Sucht" („fernen*süchtig*").[64] Die Aufforderung an das Automobil, das Tempo zu verhundertfachen, muss Hadwiger offenbar als übersteigert und vermessen empfunden haben, so dass die Wendung „Plus vite! ... encore plus vite! ... et sans répit, et sans repos!..." (V. 47) (wörtlich: ‚Schneller, noch schneller, ohne Rast und ohne Ruh') bei ihr zu: „Schneller! Noch schneller! Ohne Ruh *und Reue*" wird. „Die *unergründliche* Unendlichkeit, die mich *freudig* aufnimmt" („insondable Infini qui m'absorbes avec joie!..", V. 27) wird zur *„abgründige[n]* Unendlichkeit, die mich empfängt!...." – die Fahrt führt jetzt in den Abgrund, die Freude („avec joie") bleibt aus.

Die ein Jahr später erschienene Version von Hermann Hendrich[65] profitierte zwar von der Vorgängerübersetzung, weist aber in die entgegengesetzte Richtung. Sie schwächt nicht mehr die Vorlage ab,[66] sondern verleiht im Gegenteil Marinettis präfuturistischem Gedicht eine nachträgliche futuristische Profilierung. Hatte

---

63 Filippo Tommaso Marinetti: An meinen Pegasus. Übers. von Hermann Hendrich [?]. In: Die Aktion 3 (13. September 1913) 37, Sp. 878 f. Diese Übertragung des Marinetti-Gedichts hat Demetz (Worte in Freiheit) übersehen. Die Übersetzung aus der *Aktion* ist zwar anonym, es besteht aber Grund zur Annahme, dass ihr Verfasser der Brüsseler Symbolisten-Übersetzer Hermann Hendrich ist, der auch als Autor der anderen Marinetti-Übertragung aus demselben *Aktions*-Heft (*Die heiligen Eidechsen*) firmierte.

64 Im Original bewirkt das Auto eine kosmische Akzeleration, welche sogar den Untergang der Sonne beschleunigt: „voilà que le Soleil couchant emboîte / ton pas véloce, *accélérant* sa palpitation / sanguinolente au ras de l'horizon..." (V. 13–15). In der Nachdichtung wird das blutige Beben der sinkenden Sonne „stärker" (V. 14), allerdings nicht unbedingt „schneller". Auch die Erotisierung der Maschine schwächt Hadwiger ab. Die erotisch-emphatische Aufforderung des Ich an das Automobil, es zu „nehmen" („Prends-moi!", V. 18), übersetzt sie resignativ mit „sei's!".

65 Seiner Übersetzung legte Hendrich nicht den Text aus der Mailänder Anthologie, sondern die Version aus der Sammlung „La ville charnelle" (1908) zugrunde, wo der Text unter der Überschrift „A mon Pégase" erschien (F. T. M.: À mon Pegase. In: La Ville charnelle. Paris: E. Sansot & Cie. 1908, S. 169–172).

66 So wird Hendrich etwa der Erotisierung des Fahrterlebnisses jetzt gerecht: Die Arme der Unendlichkeit, die bei Hadwiger das Ich einfach „ziehn", „locken" es, und auch der „schlinggierige Atem" des darauffolgenden V. 26 besitzt eine erotische Komponente.

Hadwiger die Geschwindigkeitseuphorie gedämpft, so amplifiziert Hendrich sie im Versuch, den Text auch formalästhetisch mit dem inzwischen im *Sturm* publizierten *Technischen Manifest* in Einklang zu bringen. Ins Gewicht fallen etwa: die Intensivierung der Lautmalerei („Im *Ge*groll und *Ge*roll deiner Stimme", V. 13; „trotz seiner *Ge*stirne *Ge*ld", V. 21; „*ge*streckten *Ga*lopps", V. 44; „das *Ge*donner seines *Ge*bells", V. 46; *„Un*ergründliche *Un*endlichkeit", V. 29); der systematische Einsatz von Partizipialformen, vor allem der aus dem Infinitiv des jeweiligen Verbs gebildeten Präsenspartizipien – „lechzend", „stampfend", „ächzend", „lungernd", „beschleunigend", „eratmend", „aufstachelnd", „zuckend" – wodurch Hendrich Marinettis Plädoyer für den dynamisierenden Infinitiv Rechnung trägt;[67] ferner die Bildung der im *Technischen Manifest* empfohlenen Komposita – gerade darin versucht Hendrich, Hadwiger zu übertreffen: „Sternenbeute" (V. 6) wird bei ihm zu „Sternhimmelbeuten", „Siebenmeilenstiefel" (V. 38) zu „Siebenmeilenstiefelbeinen".[68] Die bei Hadwiger noch herrschende Verlegenheit weicht ein Jahr später bei Hendrich einer futuristischen Aktualisierung, die von der allmählichen Einbürgerung des Futurismus zeugt.

8.3.2 Weitere Übersetzungen italienischer Futuristen

Das bei Else Hadwiger konstatierte Bemühen, die futuristische Technik-Begeisterung zu dämpfen, bestätigen auch andere Übertragungen aus dem futuristischen Corpus. So wird etwa in ihrer Übersetzung von Luciano Folgores *Canto degli Hangars* (*Flugschuppen-Lied*) der „ardimento", die Kühnheit der Motoren, zur „Vermessenheit".[69] Wenn Paolo Buzzi in den *Notturnini* (*Kleinen Nachtbildern*)

---

67 Den Infinitiv vergleicht Marinetti in seinem Manifest *L'Immaginazione senza fili e le parole in libertà* (1913) mit einem Rad, das dem Stil Dynamik verleiht, denn er negiert *eo ipso* die Form der Periode, des abgeschlossenen Satzgefüges. Und eine ähnlich ‚öffnende' Funktion erhält in Hendrichs Nachdichtung das Präsenspartizip. Manchmal ersetzen die Partizipialformen ganze Nebensätze (wie in V. 3: „qui piétines d'angoisse" wird zu: „stampfend ächzend").

68 Weitere Komposita: „hochofenaugiges", „Radreifriesen", „Sturmschritt", „flaumweichen", „schlinggieriger" etc. Hendrich hat auch Marinettis metaphorische Verschränkung von Technik und Krieg (Hadwiger war eine dezidierte Pazifistin) nachvollzogen. Während Hadwiger die „coups de glaive" (V. 21) inadäquat mit „Messerstößen" widergibt, ist Hendrichs Übertragung „mit Schwerthieben" präziser.

69 „Wir schwellten ins weite Meer der Himmel, / weit über Wolkenklippen hinweg / Maschinen aus leichtestem Metall / und aus machtvollstem Willen, / Motoren voll unendlicher Vermessenheit" (Luciano Folgore: Flugschuppen-Lied. Aus: Zwei Proben futuristischer Lyrik. In autorisierter Übersetzung von Else Hadwiger. In: Licht und Schatten 49 (1913), *sine pagina*; „Abbiamo lanciato sulle maree dei cieli, / fino oltre gli scogli delle nubi, / macchine fatte con lamine / di volontà

den Gesang mit einem Flugzeug vergleicht, so verschwindet diese technische Metaphorik in Paul Adlers Übersetzung als *quantité négligeable*, die Genitivmetapher „areoplano ... d'un canto" wird als „Schwindelflug eines Singens" enttechnisiert.[70] In Libero Altomares *A un aviatore* wird der Flieger in der letzten Strophe von seinem Flugzeug verdrängt, das sich somit von seinem Lenker autonom macht. Der futuristische Päan gilt am Ende der Maschine selbst. In der anonymen expressionistischen Übersetzung steht dagegen der Mensch, der Flieger bis zuletzt im Vordergrund:

Qual gloria ignota va cercando l'ala? ....
– Eccola: sale, tentenna
come un'antenna ne la tempesta,
cala, s'arresta a vellicare il piano
e si rimpenna lontano ...
– E gloria sia!
Non canterò l'elegia![71]

Welch fremder Ruhm ist das Ziel
deiner Flügel? ...
Sieh: du erhebst dich wankend
wie ein Segel im Sturme,
neigst dich herab und streifst
fast noch im Flug den Boden
und – Heil dir und Sieg!
Es wird kein Trauergesang![72]

Dem entspricht eine Zurückdrängung des Materialismus, der in den expressionistischen Übersetzungen gedämpft wird. In der futuristischen Metaphorik spielen die Materialien stets eine zentrale Rolle. Bei Buzzi ist das lyrische Ich im Erdpech des Lebens („onde bituminose") versunken.[73] Seine Nerven sind keine Harfensaiten aus Darm („di minugia di lira"), sondern eiserne Leitungsdrähte („filo di ferro").[74] Eine solche Poetik der Materie fand im Deutschen keine Be-

---

possente, / e motori d'ardimenti infiniti" (L. F. Futurista: Canto degli Hangars. In: Il Canto dei Motori. Milano: Edizioni futuriste di *Poesia* 1912, S. 175f., hier S. 175, V. 11–15).

70 „Ho, molte volte, le notti sveglie d'alcova, / data la mia anima ebbra di volo / all'areoplano vertiginoso d'un canto d'ubbriaco" (Paolo Buzzi: Ubbriachi. In: I poeti futuristi [...]. Milano: Edizioni futuriste di *Poesia* 1912, S. 146, V. 12–14). „Wie oft doch aus schlaflosem Schlafgemach / Gab die Seele ich hin als ein Lauscher flugtrunken / Also taumelndem Schwindelflug eines trunkenen Singens!" (P. B.: Trunkene. In: Kleine Nachtbilder. Übers. von Paul Adler. In: Die Aktion 6 (19. Februar 1916) 7/8, Sp. 84–86, hier Sp. 86, V. 12–14).

71 Libero Altomare: A un aviatore. In: I poeti futuristi [...]. Milano: Edizioni futuriste di *Poesia* 1912, S. 75f., hier S. 76, V. 43–49.

72 Libero Altomare: An einen Flieger. In: Der Friede 2 (11. Oktober 1918) 38, S. 284.

73 „Infelice, sia pure, / ed annegato perenne nell'onde bituminose della vita" (Paolo Buzzi: Al porto d'Amburgo. In: P. B.: Al porto d'Amburgo. In: Versi liberi. Milano: Fratelli Treves 1913, S. 244–249, hier S. 248, V. 103f.).

74 „Tutti i miei nervi / non son di minugia di lira / sì bene del filo di ferro / che trasporta i milioni dei wolts a distanza" (ebd., V. 92–95).

achtung.[75] Auch Bezüge zum wissenschaftlichen Vokabular, etwa dem „Atom" zu Beginn von Paolo Buzzis *Canto dei reclusi: Dai manicomii* wurden als offenbar undichterisch unterdrückt.[76] Die von den Futuristen verhöhnte Sphäre des Seelischen ist dagegen im Expressionismus immer noch hoch im Kurs. So wird die Entweihung der Seele in Corrado Govonis *Anima* ins Pathetische korrigiert und zurückgenommen: In Hadwigers Übersetzung leidet die arme Seele nicht mehr an Verstopfung, wie bei Govoni („anima stitica"), sondern ist kummervoll und schwächlich. Es ist auch nicht mehr „die" Seele, sondern *„unsere"* Seele.[77]

Eine gewisse Homogenisierung wird auch spürbar, die sich in der Angleichung des Einzelgängers Palazzeschi an die offizielle futuristische Poetik zeigt. Für Palazzeschis Selbstironie, die zu Marinettis emphatischen Proklamationen einen auffälligen Kontrast bildete, hatte man nicht immer Verständnis. Dies zeigt eine Übersetzung des Gedichts *E lasciatemi divertire!*, welche Palazzeschis selbstzerstörerische Komik mit den offiziellen Futurismus-Parolen in Einklang bringt. „Sapete cosa sono?", heißt es in Bezug auf Palazzeschis eigene Verse: „Sono robe avanzate, [...] la spazzatura delle altre poesie".[78] Dass ein Dichter die eigenen Verse als Unrat charakterisiert, musste dem Übersetzer, Paul Adler, als befremdlich anmuten. Das Adjektiv „avanzato" fasst er nämlich als ,avanciert, avantgardistisch' auf:

> Das sind keine bloßen Triller.
> Das sind Taten.
> Dichtung ist es zu den Phrasen,
> Seis von Goethe oder Schiller.[79]

---

75 „– – Unglücklich? – – vielleicht; / ewig versunken in des Lebens bittern Wellen" (Paolo Buzzi: Hamburg – Ein futuristisches Diptychon. Autorisierte Übersetzung von Else Hadwiger. Berlin-Wilmersdorf: A. R. Meyer 1920, S. 5, V. 102 f.); „und alle meine Nerven / sind Harfenseiten nicht, sind Leitungsdrähte, / die Millionen Volt in alle Fernen tragen" (ebd., V. 92–94).

76 „Noi siam gli astrali, i santi, i demoniaci: / Siam le meteore vertiginose chiuse dell'atomo umano" (Paolo Buzzi: Dai manicomii. In: I poeti futuristi, S. 118, V. 2); „Wir sind die Astrale, Heilige und Teufel, / sind tolle Meteore, die man eingesperrt hat" (P. B.: Aus den Irrenhäusern. In: Das Lied der Eingeschlossenen. Übers. von E. Hadwiger. In: Die Aktion 4 (7. November 1914) 44/45, Sp. 855–858, hier S. 857, V. 1 f.).

77 „O quelle campane, / dolci pillole domenicali / per l'anima stitica e malinconica!" (Corrado Govoni: Anima. In: I poeti futuristi, S. 216, V. 23–25); „Oder diese Glocken, / Die sanften sonntäglichen Pillen / Für unsere schwächlich-kummervolle Seele!" (C. G.: Seele. Übertr. von Else Hadwiger. In: Die Aktion 6 (19. Februar 1916) 7/8, Sp. 94, V. 23–25).

78 Aldo Palazzeschi: E lasciatemi divertire! In: I poeti futuristi, S. 419–422, hier S. 420, V. 26–29.

79 Aldo Palazzeschi: Der Dichter unterhält sich. Nachdichtung von Adler. In: Die Aktion 6 (4. März 1916) 9/10, Sp. 123–125.

Darin erklingt offenbar ein Echo von Marinettis Feldzug gegen die Passatisten, der in Palazzeschis Text vom Übersetzer hineingetragen wird. Das Ergebnis ist ein futuristisch konformer Palazzeschi, der Marinetti sicherlich nicht missfallen hätte.

Auch ein politischer Filter wird spürbar. So nimmt die politisch links ausgerichtete Übersetzerin Else Hadwiger in den von ihr übertragenen Zyklus Paolo Buzzis *Canto dei reclusi* das Teilgedicht *Dalle caserme* nicht auf, in dem von Soldaten die Rede ist, die sich darauf freuen, auf den Köpfen der Demonstranten ihre Maschinengewehre zu erproben.[80]

Andererseits dämpfte man den futuristischen Nationalismus durch eine geschickte Germanisierung. Um Marinettis unironisches Temperament, seine Neigung zum Hymnischen und Heroischen dem deutschen Leser zu vermitteln, bemühte man Friedrich Schiller.[81] Auch Paul Adler führt in seine Übertragung von Palazzeschis *E lasciatemi divertire!* eine deutsche Perspektivierung ein. Aus den „Professoren", die im italienischen Original als Hüter der Tradition überall lauern, werden in der deutschen Übersetzung angeblich Maßstäbe setzende Erfolgsautoren wie Richard Dehmel, Alfred Mombert, Max Dauthendey sowie der offenbar erfundene Paul Blech angeführt, der nicht nur aus Reimgründen hier aufgeführt wird, sondern auch, weil dessen sprechender Name auf ein minderwertiges Metall verweist und somit die Mittelmäßigkeit der in Deutschland gefeierten Durchschnittstalente symbolisiert.[82]

Nicht nur klammerte man den von den Futuristen propagierten Nationalismus aus. Die glühenden italienischen Patrioten wurden von den Übersetzern gar als germanophil präsentiert. Else Hadwiger übersetzte Buzzis Hymne *Al porto d'Amburgo* aus dessen gleichnamigem Triptychon, die den Hamburger Hafen als futuristischen „Atem der modernen Stadt" besingt, von dem sich das von der Vergangenheit erdrückte lyrische Ich elektrischen Lebensstrom erhofft: „Gloria, o

---

80 „In fondo è bello tirare a mitraglia sulle teste fitte. / Noi siamo forti e vogliamo provare la forza" (Paolo Buzzi: Dalle caserme. In: I poeti futuristi, S. 117, V. 7 f.) („Letztlich ist es schön, mit dem Maschinengewehr auf die Menge zu schießen. / Wir sind stark und wollen unsere Stärke ausleben", Übersetzung vom Verf.).

81 „Marinetti [...] ist unironisch wie alle temperamentvollen Dogmatiker und der Hymnus ist seine natürliche Äußerungsform. Er produziert einen Heroismus der Haltung, der in seiner verbissenen, unbeeinflußbaren Monumentalität *Schillers Schatten* beschwört." (Marinetti: Futuristische Dichtungen. Autorisierte Übertragungen von Else Hadwiger mit einführenden Worten von Rudolf Kurtz und einem Titelporträt vom Futuristen Carrà. Berlin-Wilmersdorf: A. R. Meyer-Verlag 1912, S. 2, Hervorh. d. Verf.).

82 „Wahrhaftig, das nenne ich frech / So zu dichten / Neben Dehmel und Mombert und Dauthendey / Und neben Paul Blech" (Der Dichter unterhält sich. Nachdichtung von [Paul] Adler, Sp. 125, V. 74–77).

respiro della Città Moderna! T'aggancio al mio moribondo anelito / di figlio di trapassati, / spero iniettarmi la linfa elettrica della vita!"[83] Buzzis Hamburger Triptychon wird bei Hadwiger allerdings zum Diptychon, das nur noch *Al porto d'Amburgo* sowie *Hagenbeck* umfasst. Nicht übersetzt wurde das zweite Gedicht des Zyklus (*Cancelliere di ferro e di pietra*), eine chauvinistische Schmähung des Hamburger Bismarck-Denkmals, des größten Bismarck-Monuments Deutschlands, damals, zu Zeiten von Buzzis Hamburger Besuch, gerade fertiggestellt.[84]

Die Übersetzungen belegen somit nicht nur, dass die expressionistische Generation größtes Interesse für die Futuristen an den Tag legte. Sie verraten auch die grundlegenden Differenzen zwischen beiden Avantgarden sowie die Dyschronien in der kulturgeschichtlichen und ästhetischen Entwicklung beider Länder. In ihrem stark transformierenden Charakter wirken die Übertragungen nicht nur als Vermittlung des Futurismus, sondern sie erfinden ihn gewissermaßen neu, indem sie ihn nach dem Vorbild des Expressionismus modellieren. Das Resultat ist ein ,expressionistischer Futurismus', den es so in Italien nie gab und der erst im schöpferischen Zwischenraum der Übersetzung entstehen konnte.

8.3.3 Coda: Nicolas Beauduins Paroxysme

Ähnlich selektiv fiel die expressionistische Rezeption des ,paroxystischen' Dichters Nicolas Beauduin (1880 – 1960) aus. Das zeitgenössische Schlagwort sollte die vulkanartig-eruptive Begeisterung für die Moderne charakterisieren, die Beauduins Dichtung an den Tag legt. Seine Poetik leitete sich – wie jene Marinettis

---

83 Paolo Buzzi: Al porto d'Amburgo. In: P. B.: Versi liberi, S. 244–249, hier S. 244, V. 1–4. Hadwiger übersetzt: „Heil dir, du Atem der modernen Stadt! / Ich klammere meinen schwachen Lebenshauch an dich / ein Sohn verstorbener Vergangenheit / und will mit starkem Lebensstrom elektrisch mich durchdringen" (P. B.: Hamburg – Ein futuristisches Diptychon. Autorisierte Übersetzung von Else Hadwiger. Berlin-Wilmersdorf: A. R. Meyer 1920, S. 2).

84 Höhnisch apostrophiert Buzzi das Hamburger Bismarck-Ehrenmal als kaiserlichen Prellstein („paracarro imperiale". Paolo Buzzi: Cancelliere di ferro e di pietra. In: P. B.: Versi liberi, S. 249 f., hier S. 249, V. 4). Indem der chauvinistische Futurist die Schlacht von Legnano evoziert, bei der die im Lombardenbund vereinten norditalienischen Kommunen das Heer Kaiser Friedrich I. Barbarossas besiegten, versucht er, die deutsche Militärmacht in die Schranken zu weisen. Der eiserne Kanzler scheint ihm mit seiner mürrischen Miene („ceffo arcigno") Europa das Gewicht seines Steinblocks aufzuerlegen (ebd., S. 250, V. 9). Vom Anblick der beiden Adler angeregt, die am Fuße des Denkmals wachen, ruft der nationalistische Dichter in einer letzten pathetisch-patriotischen Geste römische Adler aus dem Süden herbei, um dem preußischen Kanzler die dicken Augenbrauen und die wenigen, ihm noch verbliebenen Haarsträhnen wegzukratzen: „Dal sud levate, aquile romane, / ad unghiargli le sovracciglia folte, / ad arroncigliargli sul cranio i tre capegli!" (Ebd., V. 11–13).

übrigens auch – von Émile Verhaerens Lobpreis des industrialisierten und technisierten Zeitalters her.[85] Wie Marinetti drängte auch Beauduin auf die Überwindung von Dekadenz und Symbolismus sowie die entschiedene Reorientierung der Poesie an Wissenschaft und Technik. Seinem Essay *La Poésie de l'époque* (1914) zufolge[86] liege die „Beauté Nouvelle" vor allem in der Geschwindigkeit.[87] Der zeitgenössische Kritiker Roland Belhuaire verglich Beauduin daher explizit mit Marinetti.[88] Beauduins Futurismus-Affinität zeigt sich nicht zuletzt darin, dass im Sommer 1913 Guillaume Apollinaire seinen Namen neben dem Marinettis in die Liste der Unterzeichner seines Manifests *L'Antitradition futuriste* aufnahm.[89]

Auch Beauduin wurde im Expressionismus übersetzt, etwa zeitgleich mit Marinetti. Der bereits erwähnte Hermann Hendrich verdeutschte 1913 für *Die Aktion* einige Passagen aus Beauduins Rollendichtung *L'Homme cosmogonique* (1913),[90] die auch der *Sturm*-Übersetzer Adolf Knoblauch (1882–1951)[91] im dar-

---

85 Der Terminus ‚Paroxysme' geht nicht zufällig auf eine Verhaeren-Studie des belgischen symbolistischen Kritikers Albert Mockel (*Verhaeren*, 1895) zurück (Michel Décaudin: La crise des valeurs symbolistes: 20 ans de poésie française 1895–1914. Genève: Slatkine 1981, S. 367, Anm. 98). Der alte belgische Dichter Henry Maassen lancierte den Terminus und verband ihn mit Beauduins Poetik in seinem Essay *La Poésie paroxyste: Nicolas Beauduin* (1911). Das Zentralorgan des Paroxysmus war die von Beauduin herausgegebene Zeitschrift *La Vie des lettres*, die seit März 1913 erschien.
86 N. Beauduin: La Poésie de l'Époque. In: Mercure de France 398 (16. Januar 1914), S. 276–286. Dort grenzt sich Beauduin übrigens auch von Marinettis Futurismus ab, indem ihn er als ebenso abstrakten Gegenentwurf zur Vergangenheitsorientierung der Romantik betrachtet: „Le Futurisme déserte ainsi la communauté vivante pour le domaine des abstractions. Il fait alors figure de ‚nuée' esthétique, et apparaît une formule purement verbale" (ebd., S. 285).
87 „Au dogme de l'impassibilité, au hiératisme de l'attitude, à l'immobile sérénité, à la métrique mathématique, aux rythmes convenus, pout tout dire d'un mot au statique, se substitue, dans tous les domaines, une esthétique du mouvement, une esthétique dynamique, plus vraie que l'autre, puisque plus plongée dans le reel, plus identique à la vie des choses" (ebd., S. 283f.).
88 Roland Belhuaire: Deux Poètes. Nicolas Beauduin et F.T. Marinetti. In: Lucifer (1923), o. S.
89 Shirley Vinall: Marinetti, Soffici and French Literature. In: International Futurism in Arts and Literature. Ed. G. Berghaus. Berlin/New York: De Gruyter 2000, S. 15–38, hier S. 27. Dass Beauduin, wie Vinall schreibt, sich selbst in einem Brief von 1910 als Futurist bezeichnete, dürfte ein Missverständnis sein, da das Zitat bei Décaudin (S. 369) vom belgischen Dichter Henry Maassen stammt.
90 Nicolas Beauduin: Der neue Sang („O, in dieses Morgens Glut ...", „Gnadenakte ...", „O das Leben ..."). Übers. von Hermann Hendrich. In: Die Aktion 3 (13. September 1913) 37, Sp. 869–871. Zu den eher marginalen Auswirkungen des Futurismus in Frankreich vgl. Willard Bohn: France. In: Handbook of international futurism. Hg. von Günter Berghaus. Berlin/Boston: De Gruyter 2019, S. 449–468. Bohn lässt Beauduin unerwähnt.
91 Zu Knoblauchs bio-bibliographischem Profil vgl. Raabe 1985, S. 277, Nr. 160. Döblins Anerkennung geht u. a. aus einem Brief zu Knoblauchs 1915 im *Sturm*-Verlag erschienenem Roman *Die*

auffolgenden Jahr auszugsweise übertragen sollte.[92] Als Beispiel sei im Folgenden eine Passage (*Vers la Poésie Nouvelle*) aus Knoblauchs bislang unveröffentlichtem Berliner Übersetzungskonvolut publiziert, welche die Aufgaben der ‚neuen Dichtung' umreißt:

Gen die neue Dichtkunst.

Die Menschen dieser Zeit.
Wir haben genug von den mimosenhaften Seelen.
gebückt in der düstren Schwäche der Dämmerungen.
Genug von Tränen und vom traurigen Weh
nein, wir wollen nicht mehr dein Scheinbild küssen
o leere Muse,   5
Muse der Elegie,
und Muse der Fontänen
des Mondscheins in den Parktiefen und des Wasserfalls.
Die männliche Geliebte, die menschliche Muse,
sie sind's die uns not tun.   10
Die neue Schönheit zu besingen
Mit rauher Gebärde, mit brutalem Schrei
schmiede, o Dichter, schmiede Oden von Metall
anstatt noch einmal die alten Ritornelle zu mischen.

Die Anstrengung holt Atem,   15
Züge pfeifen, in den Lüften
krachen die gen die Eroberung
gereckten Avionen;
neue Gesänge sind dir dargeboten,
Dichter, Dichter!   20
Wenn die Schiene erschwingt und der Hammer,
wenn in den losgeketteten Kräften
in Wirbeln die Hölle der Kamine explodiert,
wenn auf dem Amboss und dem Schraubstock
der harte Muskel kämpft bis dass der Atem vergeht,   25
so hast du nicht mehr das Recht, deinen Kummer zu reimen,
dir selbst zu gefallen im Grunde des Du
dich zu abstrahieren von der umgebenden Welt, die wimmelt.

---

schwarze Fahne hervor (Alfred Döblin: [Brief an Adolf Knoblauch]. In: Der Sturm 6 [1. und 2. Oktoberhälfte 1915] 13/14, S. 81). Zu Knoblauch ist auch ein Lithographie-Porträt von Oskar Kokoschka (1916) überliefert (vgl. Raabe 1985, S. 277).
92 Die Vorlage von Knoblauch war nicht die auch typographisch im Sinne von Marinettis *parolibrismo* überarbeitete Edition von 1920, sondern die 1913 in Beauduins Zeitschrift *La Vie des Lettres* erschienene Fassung (N. Beauduin: L'Homme cosmogonique: La Vie des Lettres [Oktober 1913] 3, S. 369 – 406). Dies bestätigt übrigens die intensiven Austauschbeziehungen des *Sturms* mit den anderen europäischen Avantgarde-Zeitschriften.

Die Menschheit, die Menschheit das ist deine Familie
singe für sie und gieb ihr den Glauben. 30

Geh aus dir selbst hervor und aus deinem Gangstein
höher, weiter o Dichter gehe von dannen!
Da ist die Stadt im pochenden Tumulte
die Hirne schlagen gleich und Millionen Zungen
im Gelärm der ungezähmten Züge auf den Schienen 35
erharren mit Bangen, mit Inbrunst
die neuen Hymnen der Arbeit. [...][93]

In freien, im Original allerdings noch gereimten Versen verstoßen die „Hommes de ce temps" die dekadente Muse der Elegie und rufen die „männliche" Muse der modernen Zeit (V. 9) herbei. Die Aufforderung an den neuen Dichter lautet dementsprechend, die Poetik der Dekadenz über Bord zu werfen und neue, gegenwartsgerechtere „Oden von Metall" zu schmieden, welche die moderne technisierte Lebenswelt verherrlichen sollen. Dies bedeutet für den Dichter auch, den eigenen Solipsismus zu überwinden und die Massen der Großstadt zu besingen.

Nicht anders als Marinetti wurde auch Beauduin im Expressionismus mit grundsätzlichen Vorbehalten konfrontiert. Auch die expressionistische Rezeption des Paroxysmus blieb verhalten bzw. negativ. Ausgerechnet sein Übersetzer Adolf Knoblauch fühlte sich offenbar zu einer Stellungnahme genötigt, die ebenfalls im Berliner Nachlass überliefert ist. Das zweiseitige Schriftstück ist als *Lettre ouverte à un poète de Paris* (*Offener Brief an einen Pariser Dichter*) überschrieben und steht offenkundig in der Nachfolge von Döblins *Offenem Brief an Marinetti* von 1913.[94] Vermutlich unmittelbar nach der Übersetzungsarbeit entstanden, nimmt es auf Beauduins Essay *La Poésie de l'époque* kritisch Bezug. Aus dem unveröffentlichten Dokument, das die Distanz der expressionistischen Generation zum Futurismus schlagartig erhellt, sei im Folgenden eine zentrale Passage zitiert:

> [...] L'œuvre mécanique et technique de l'homme: la machine, l'auto, l'aéroplane, et les inventions in[n]ombrables du télégraphe et du téléphone, et les Dread-noughts, sont l'expression pratiquable [sic] de l'impérialisme de la violence;[[95]] loin de magnifier ou faire de la

93 Adolf Knoblauch: Der Welterzeugerische Mensch/L'homme cosmogonique, von Nicolas Beauduin. Paroxystisches Gedicht in drei Gesängen. Staatsbibliothek zu Berlin. Handschriftenabteilung; Nachl. 331. 116 (Adolf Knoblauch).

94 Zur Auseinandersetzung zwischen Knoblauch und Döblin im *Sturm* vgl. Simone Zupfer: Netzwerk Avantgarde, S. 150 – 157 („Der Kampf um Sachlichkeit: Alfred Döblins Debatte mit dem Schriftsteller Adolf Knoblauch").

95 An dieser Stelle nimmt Knoblauch offenbar auf Beauduins Essay Bezug: „Ils [les lyriques actifs] ons compris les éléments de poésie contenus dans les formidables cités modernes, dans les locomotives des grands express, dans les évolutions extra-rapides des aéroplanes, dans une

romantique avec la technique, il nous ~~affirmons haïssons~~ faut [de] haïr une vie qui abdique en faveur de l'avenir, ou l'œuvre technique de l'industrie est le maître du monde et la technique, le grand mécanicien, le décha[î]nement total de la force machinale et sinistre dans l'homme.

J'ai traduit, cher confrère, les pages de votre poème dans lequel vous magnifiez tous ces instruments colossales de l'industrie, pour l'étude du problème nouveau de la prédominance machinale et de la surmonter. C'est l'œuvre de peine du poète moderne, de donner l'humanité et la vie contemporaine qui sévèrement s'impose. Et ~~au milieu~~ dans le rythme des vers de triomphe du progrès, ~~et~~ je trouve l'homme douloureux de ma génération, qui fallait subir au procédé régénérateur de notre âge. Mais pourquoi lui donner de tel[le] voile, de telle mystification[?] Il ne peut pas admirer au but la technique à cause de leur [sic] caractère démoniaque et terriblement décevant. Il lui manque de reconnaître la plénitude arrivée de l'humanité dans l'homme ailé ou ferré de l'auto, de l'express ou du cable d'acier. Il sait[,] que les voies turbulentes manquent de mener à la graduation éternelle et à la multiplicité harmonieuse des caractères humains et véridiques. Les voies turbulentes nivelleront l'humanité. Le créateur de notre époque, l'homme de la douce solidarité, n'est pas venu, pour[]que la machine devienne la maîtresse de l'homme, ou pr[é]sente la servante passive et mécanique pour la déesse du globe. ~~E~~Le nouveau créateur témoigne[,] que la force sinistre et mystérieuse de l'homme qui tend à la machine aie perdu sa predominance et qu'elle soit bornée en faveur de la volonté et de la puissance collective de création.[96]

---

automobile de course de 100 chevaux, dans la force explosive d'une Dreadnought, dans une flotte de submersible [...]. Et leur rêve s'est agrandi de tout le merveilleux scientifique." (N. Beauduin: La Poésie de l'Époque, S. 286).

96 Adolf Knoblauch: Lettre ouverte à un poète de Paris (Offener Brief an einen Pariser Dichter). Staatsbibliothek zu Berlin. Handschriftenabteilung; Nachl. 331, 116 (Adolf Knoblauch) (editorische Eingriffe in eckigen Klammern): „Das mechanische und technische Werk des Menschen: die Maschine, das Auto, das Flugzeug, die unzähligen Erfindungen des Telegraphen und des Telefons sowie die Dreadnoughts sind der praktikable [gemeint ist: praktische] Ausdruck der Gewalt des Imperialismus; weit davon entfernt, die Technologie zu verherrlichen oder zu romantisieren, müssen wir [...] ein Leben hassen, das zugunsten der Zukunft abdankt, in dem das technische Werk der Industrie der Meister der Welt ist und die Technik, der große Mechaniker, zur völligen Freisetzung der mechanischen und unheimlichen Kraft im Menschen führt. / Ich habe, lieber Kollege, die Seiten Ihres Gedichts übersetzt, auf denen Sie all diese kolossalen Instrumente der Industrie verherrlichen, um das neue Problem der mechanischen Vorherrschaft zu untersuchen und sie zu überwinden. Es ist die mühsame und dennoch unerlässliche Aufgabe des modernen Dichters, die gegenwärtige Menschheit und das zeitgenössische Leben wiederzugeben. Und im Rhythmus der Triumphverse des Fortschritts finde ich den verwundbaren Mann meiner Generation, der den Regenerationsprozess unserer Zeit durchlaufen musste. Aber warum sollte man ihn derartig verschleiern, derartig mystifizieren? Er kann ja die Technik nicht grundsätzlich bewundern, aufgrund ihres dämonischen und schrecklich enttäuschenden Charakters. Er verfehlt es, die Pracht zu erkennen, die der Menschheit durch den geflügelten oder eisernen Mann des Autos, des Express oder des Stahlkabels zuteilwurde. Er weiß, dass die turbulenten Wege nicht zur ewigen Abstufung und zur harmonischen Vielfalt menschlicher und wahrheitsgemäßer Charaktere führen. Die turbulenten Wege werden die Menschheit nivellieren. Der Schöpfer unserer Zeit, der

In diesem regelrechten Anklageakt gegen den französischen Dichter wirft ihm sein Übersetzer nichts Geringeres als eine Mystifizierung der modernen Technikwelt vor, die deren grundsätzlich dämonischen Charakter verschleiere. Der Schöpfer der expressionistischen Generation, der „Mann der sanften Solidarität", kann den Despotismus der Maschine über den Menschen nicht akzeptieren.

Es dürfte daher kein Zufall sein, dass Knoblauch als Übersetzungsprobe gerade den Chor der „widersprechenden Stimmen" aus dem zweiten Gesang (*II. La Grande Plainte. Les voix contradictoires*) veröffentlichte, welche gegen die futuristische Technikbegeisterung opponieren und ihr die sinistren Folgen der Industrialisierung entgegenhalten:

Chor:
Klagen steigen in die Nacht in schwarzen Pfeilen.
Man möchte das sagen: eine namenlose und ruhmlose Menge,
die kämpfet in der Betrübnis um wer weiß welches Brot! ...

Geängstigte Stimmen:
O, welche Stimme weint und schluchzt und sagt, ich habe Hunger!
Welches sind diese müden Wesen, die ächzen in der Stadt,   5
finstre Gesichter, harte Augen, eigensinnige Stirnen, knechtische Hände,
und Herzen, in den roten Flammen einer Hölle verbrannt?...

Andere Stimmen:
Ein Krachen, das des Erzes und des Eisens
begleitet sie finster.

Andere Stimmen:
Man könnte denken, in ein Bagno geschlossene Titanen,   10
Gigantensklaven, welche die Nacht hämmern.
Alles raucht und grollt, und schießt hervor und blitzt auf,
inmitten der Dünste von Naphta und Erdpech.
Es ist, als ob in der Stadt, wo der Traum sich entzündet,
vorbeigeht ein Schrei, der man nicht kennt, unversöhnlichen Unglücks.

Fragende Stimmen:
Werden die Zeiten die Qual und den Schmerz beenden?   15

Eine Stimme des Unbekannten:
Niemals!

Mann der sanften Solidarität, kam nicht, um die Maschine zur Herrin des Menschen zu machen oder um die passive und mechanische Dienerin für die Göttin der Welt auszugeben. Der neue Schöpfer bezeugt, dass die unheimliche und mysteriöse Kraft des Menschen, der sich zur Maschine hingezogen fühlt, ihre Vorherrschaft verloren hat und dass sie zugunsten des Willens und der kollektiven Kraft der Schöpfung zurückgedrängt werde." (Übers. vom Verf.).

Eine menschliche Stimme:
Eines Tags! ...

Der Chor:
Der Schrei erbittert sich zu Todesröcheln!...
Alles knirscht und flammt in dem Nacht-Grabe.
Die Klage der Motoren, der mit Schatten und Blut überzogenen   20
scheint stärker zu grollen, und in der drohenden Luft,
wo man die Fabriken, die leiden, seufzen hört,
gehn in Blitzesflügen Visionen des Abgrundes vorbei,
die Galeerensklaven des Bergwerks, die Verdammten der Kohle... [...][97]

Die verteilten Chöre amplifizieren die anonyme Klage der entrechteten und ausgebeuteten proletarischen Massen der Großstadt, die sich für einen Hungerlohn abmühen müssen. Im Vordergrund stehen die Fabrikarbeiter (V. 22), aber auch die versklavten Bergwerkarbeiter („die Galeerensklaven des Bergwerks, die Verdammten der Kohle", V. 24). Das auch im Expressionismus beliebte Stilmittel der Synekdoche erlaubt es, an den Körpern der Arbeiter die Zeichen des Elends herauszustreichen („finstre Gesichter, harte Augen, eigensinnige Stirnen, knechtische Hände", V. 5) und lässt die Armut nicht nur hörbar („ich habe Hunger!"), sondern auch sichtbar werden. Als Ort des „Traums" (V. 14) erschallt in der Großstadt zugleich der Schrei menschlicher Verzweiflung (V. 15), der sich dann zu einem Todeslaut steigert (V. 18). Es ist allerdings bezeichnend, dass Beauduin die Ursache der Verelendung nicht in der Technik selbst sieht. Vielmehr lässt er die personifizierten Maschinen selbst Anteil am menschlichen Leiden nehmen. Die Motoren stöhnen (V. 20: „Die Klage der Motoren, der mit Schatten und Blut überzogenen") und die Fabriken ihrerseits „leiden" und „seufzen" zugleich (V. 21 f.).

Die Klage der „widersprechenden Stimmen" fängt Beauduin im Verlauf seiner Dichtung wieder ein, indem er sie durch die messianische Erwartung eines neuen, vom technischen Zeitalter generierten Gottes (*III. Die Erwartung*) neutralisiert. Gerade diesen technologischen Messianismus konnte Knoblauch nicht teilen. Durch seine Publikationsstrategie, welche die technikkritischen „Stimmen des Widerspruchs" aus der Gesamtdichtung isoliert und verabsolutiert, schafft er *de*

---

97 Zitiert nach dem Abzug im Nachlass („Die widersprechenden Stimmen. Von Nicolas Beaudoin [sic]") (Staatsbibliothek zu Berlin. Handschriftenabteilung; Nachl. 331, 116 (Adolf Knoblauch)). Publikationsort und -zeit konnten leider bisher nicht ermittelt werden. Es könnte sich auch um unveröffentlichte Druckfahnen handeln.

facto eine Kontrafaktur des *Homme cosmogonique*, welche Beauduins Dichtung in ein Sprachrohr der expressionistischen Technik-Schelte umwandelt.[98]

Auch mit dem ambiguen technophilen Messianismus im Schluss von Karel Čapeks Kollektivdrama *R. U. R. – Rossum's Universal Robots* (1920) übrigens konnte die expressionistische Generation wenig anfangen. Das Drama spielt in einer Fabrik, wo Maschinenmenschen erzeugt werden und liefert einen – hochaktuellen – Kommentar zu Potential und Gefahren der künstlichen Intelligenz. Otto Pick, neben Max Brod der unermüdlichste Mittler tschechischer Literatur im Expressionismus, übersetzte Čapeks Drama.[99] Die expressionistische Rezeption, soweit sie sich noch rekonstruieren lässt,[100] fiel indessen eher kritisch aus. Das nach dem Schreckensszenario des Aufstands der Maschinen gegen die Menschen doch eintretende utopische Finale dürfte expressionistischen Zuschauern wie eine irritierende Dystopie klingen. Die nach der Vernichtung der Menschen sich abzeichnende Mutation der Roboter Helena und Primus zu genuinen ‚neuen Menschen', die auch Gefühle empfinden können und vom letzten der ‚alten Menschen', dem Dr. Alquist, als neue Adam und Eva in die Welt entlassen werden, ließ den expressionistischen Humanismus als anachronistisch erscheinen und wurde von den Rezensenten entsprechend kritisiert.[101] Dass bei Čapek aus Ro-

---

98 Der Kontrafakturcharakter der Teil-Publikation geht auch aus einer vorangestellten Anmerkung des Übersetzers hervor: „Wir nehmen an, daß diese düstre Vision der Industrie unsere Leser ergreifen wird".

99 Karel Čapek: WUR – Werstands Universal Robots. Utopisches Kollektivdrama in drei Aufzügen. Deutsch von Otto Pick. Prag/Leipzig: Orbis 1922. Im tschechischen Original lautet der Dramentitel *R.U.R. – Rossumovi Univerzální Roboti* (*Rossum's Universal Robots*), der auf das tschechische Wort „rozum" (Verstand, Intellekt) anspielt. Genau diesen Kalauer hat Otto Pick in der deutschen Übersetzung von 1922 mit „Werstand" entsprechend wiederzugeben versucht.

100 Die deutsche Premiere des am 25. Januar 1921 im Prager Nationaltheater uraufgeführten Dramas fand am 6. Oktober 1921 im Stadttheater Aachen statt (Eckhard Thiele: Karel Čapek. Leipzig: Reclam 1988, S. 162). Weitere Inszenierungen folgten, etwa 1923 in Wien in der Neuen Bühne (Robert-Bühnen), unter der Regie des ungarischen Juden Eugen Robert Weiss (1877–1944), Gründer des Berliner Hebbel-Theaters, und in Berlin ebenfalls 1923 im Theater am Kurfürstendamm unter der Regie von John Gottowt, der schon an diversen expressionistischen Filmen (u. a. *Genuine* und *Nosferatu*) mitgewirkt hatte.

101 So prangert der Rezensent des *Feuerreiters* Fritz Gottfurcht in seiner Besprechung der Aufführung im Theater am Kurfürstendamm, wo auch das vielgefeierte ‚elektro-mechanische' Bühnenbild von Friedrich Kiesler zum Einsatz kam, Čapeks ‚Verrat am Menschen' an: „Menschen als Marionetten werden auch einmal in *Carl Capeks* Stück *W. U. R.* sichtbar. [...] Dieses Stück muß betrachtet werden, denn es bedeutet einen Abfall, einen Verrat, kurzum: ein Mißverständnis. Es wird in diesem Stück nichts anderes gezeigt, als eine Allegorie für ‚Aufstieg der Massen'. Es wird an den ‚künstliche Menschen' gezeigt. Kurzum: Sie werden fabriziert, arbeiten ohne Gefühl, bekommen es doch (das Gefühl), vernichten die Herren, die Herren haben das Geheimnis ihrer Herstellung, sie (die künstlichen) vernichten also sich selbst, es bleiben die neuen Menschen.

botern ‚echte' neue Menschen werden, war offenbar ein noch größerer Affront als die futuristische Entseelung des Humanen, denn es verwischte endgültig die Grenze zwischen Mensch und Maschine und traf die expressionistische Technik-Kritik an der Wurzel.

8.4 Übersetzung und intertextuelle Aneignung

Die Vermittlungstätigkeit der Zeitschriften schuf die Voraussetzung für die inter-textuelle Futurismus-Appropriation der expressionistischen Generation.

Im *Vorkriegsexpressionismus* liefert das Gedicht *Auto* (1914) des Berliner Dichters Oskar Kanehl (1888–1929) ein aufschlussreiches, bisher wenig beach-tetes Beispiel für die expressionistische Futurismus-Aneignung. Der Text ist of-fenbar als intertextuelle Replik auf Marinettis *À l'Automobile de Course* angelegt, das Kanehl vermutlich durch die Publikation im *Sturm* oder durch Hadwigers Übersetzung in ihrem Marinetti-Band *Futuristische Dichtungen* von 1912 kennen-gelernt hatte:

> *Auto*
> Wir fressen das Land
> Wie Windswut
> fliegt es durch unsern Rachen.
> Unsre Köpfe reißen vom Leib.
> Uiii   5
> bellt die Sirene.
> Der Motor stöhnt und heult.
> Auf hundert zittert der Manometer.
> Wie Raubtiere springen wir
> auf unschuldige Landschaft.   10
> Wir beißen die Wälder
> im Nacken
> und schleudern sie im Maule.
> Wir schmeißen die Städte
> wie Spielzeug hinter uns.   15
> Und Schmutz von den Hufen
> galoppierender Pferde
> spritzt von unsern Rädern die Welt,
> Unsre Augen überfliegen den Wagenflug.
> Wir werden größenwahnsinnig.   20

Künstliche? Echte? Künstliche werden Echte! Wie? Über diesen Punkt seines Sketches läßt Capek im Unklaren, da er wesentlich sein könnte" (F. G.: Berliner Theater: Technik. In: Der Feuerreiter 2 (Mai 1923) 3, S. 106 f., hier S. 107).

Zum Lachen ist alles so häßlich klein.
Hinter uns schlagen die Chausseebäume
Zusammen.
Hinter uns
fällt die Erde ein,   25
vor uns, vor uns
springt immer neues Land heran,
uii, uii
das wir fressen.[102]

Kanehl übernimmt von Marinetti die Metapher von der Fahrt als raubtierartiger Nahrungsaufnahme, widmet sie aber im Geiste des expressionistischen Anthropozentrismus auf die Passagiere um. „*Wir* fressen das Land wie Windswut", heißt es in Kanehls *Auto* gleich zu Beginn, und: „Wie Raubtiere springen *wir* / auf unschuldige Landschaft" in V. 9–10.[103] Das bei Kanehl im Gedichttitel evozierte Automobil, das bei Marinetti im Zentrum steht, kommt im Text selbst gar nicht mehr vor. Der einzige Technik-Hinweis findet sich in V. 8/9, in dem „stöhnenden" und „heulenden" „Motor" und dem „zitternden" „Manometer". In *À l'Automobile de Course* ist das lyrische Ich dem Rennautomobil ausgeliefert.[104] Bei Kanehl dagegen ist von dieser Allgewalt der Technik nichts zu spüren. Er verherrlicht nicht so sehr das Automobil als vielmehr den dadurch ermöglichten und als Entgrenzungserfahrung subjektiv genossenen Geschwindigkeitsrausch. Dem Schwund der Außenwelt, die als „Schmutz" von Pferdehufen[105] (V. 16 f.) hässlich und lächerlich erscheint, entspricht eine diametrale Steigerung des Menschen ins Gigantische („Zum Lachen ist alles so häßlich klein", V. 21). Wie bei Marinetti verwandelt sich auch bei Kanehl die Fahrt in einen Flug (V. 19): Das Fahrzeug lässt wie eine Rakete die Erde hinter sich (V. 25). Andererseits sorgen einige Elemente dafür, dass sich beim Leser Befremden und Distanz zum Text einstellt. Dazu gehören die brachialen und in ihrer Maßlosigkeit lächerlichen Hyperbeln (etwa V. 11–13: „Wir beißen die Wälder / im Nacken / und schleudern sie im Maule"). Sie

---

102 Oskar Kanehl: Auto. In: Die Aktion 4 (12. September 1914) 36/37, Sp. 759 f. Dazu Korber: Technik, S. 363 f. und Dorit Müller: Gefährliche Fahrten. Das Automobil in Literatur und Film um 1900. Würzburg: Königshausen & Neumann 2004, S. 96–98.
103 Tessy Korber („Wie in Marinettis *An das Rennautomobil* wird zunächst das Auto zum Raubtier, das die Landschaft ‚frißt'", Technik, S. 363) übersieht die anthropozentrische Umwidmung von Marinettis Metaphorik bei Kanehl. Gerade die Wendung „Unsre Köpfe" (V. 4) belegt, dass es sich bei dem Plural nicht um eine Symbiose zwischen Mensch und Maschine, sondern um die Passagiere handelt.
104 Vgl. Marinettis *À l'Automobile de Course:* „Qu'importe, beau démon, je suis à ta merci … prends-moi!" (V. 17).
105 Vgl. ebd.: „Hourrah! Plus de contact avec la terre immonde!" (V. 50).

gipfeln in das ausdrückliche Eingeständnis des eigenen Größenwahns („Wir werden größenwahnsinnig", V. 20), das die Geschwindigkeitspoetik zugleich diskreditiert. Kanehl greift Marinettis Hyperbeln auf, steigert sie zusätzlich und führt sie dadurch zugleich *ad absurdum*. Bei Marinetti geht es nur darum, Wälder zu überwinden: „vous voilà *dépassées...noyées...*" (V. 36), „Je vous *dépasse* au grand galop" (V. 42). Bei Kanehl dagegen werden die Wälder nicht nur eingeholt, sondern in den offenen Rachen der Fahrer geschleudert. Auch die verdächtigen „uii"-Sirenenrufe sorgen für eine autoironische Brechung des Duktus. So bildet Kanehl Marinettis Prätext nicht sklavisch nach, sondern relativiert ihn durch ironische Aushöhlung.

Die weiteren von Kanehl in der *Aktion* 1914 publizierten Dichtungen, welche das Motiv der rasanten Auto- oder Bahnfahrt variieren, bestätigen diese Deutung und belegen, dass Kanehls Verhältnis zur modernen Geschwindigkeit keineswegs unkritisch war. Vor allem *Einfahrt* ist hierfür bezeichnend. Die Geschwindigkeit der Zugfahrt erscheint dort als „widerwärtig wahnsinnig" – ein Echo auf den „Größenwahn" des *Auto*-Gedichts.[106] Dass das Ich wie bei Marinetti zur Beute des Zuges wird, gibt keinen Anlass zur Ekstase: „Dann bin ich in die Stadt verschleppt",[107] der Verlust der „Hütte am Meer" als Dimension nicht-entfremdeten Daseins ist die Folge.[108] Das Gedicht *Auto* gehört ebenfalls in diesen Kontext des ‚Unschuldsverlustes'. Die dort formulierten Zerstörungsphantasien richten sich bezeichnenderweise gegen die ländliche, noch unversehrte Natur („Wir fressen das Land", V. 1). Die symbolische Vergewaltigung der „unschuldigen Landschaft" durch die destruktive Gewalt des Kraftfahrzeugs („Wie Raubtiere springen wir / auf unschuldige Landschaft.", V. 9 – 10) feiert Kanehl nicht auf futuristische Weise, sondern hinterfragt sie in zivilisationskritischer Perspektive als Schändung der Natur durch eine entfesselte Technik.

Die Distanz zum Futurismus wurde im *Kriegsexpressionismus* noch deutlicher, denn die formalästhetischen Vorbehalte verbanden sich mit einer entschiedenen Absage an dem futuristischen Militarismus.[109] Vergleicht man Mari-

---

106 Oskar Kanehl: Einfahrt. In: Die Aktion 4 (6. Juni 1914) 23, Sp. 507, V. 2.

107 Ebd., V. 17.

108 „Du meine starke, stolze Hütte / einsame, makellose, du am Meer" (ebd., V. 10 f.).

109 Die expressionistische Kritik an der menschenverachtenden Kriegsverherrlichung der Futuristen findet ein Echo in den Betrachtungen *Das Lächeln von Reims* des dänischen Schriftstellers Svend Borberg, die 1919 in Schickeles *Europäischer Bibliothek* erschienen: „Freut Euch also, Ihr Wetterhähne, die Ihr die Morgenröte der technischen Renaissance mit begeisterten Kikeriki begrüßet. Freut Euch jetzt, Ihr alle, die Ihr die vorzüglichen, aber unwesentlichen Selbstverständlichkeiten der Technik als Mirakel bezeichnet, Ihr, die Ihr von den ‚Wundern' der Technik sprachet, die Ihr die ‚Seele' der Maschine und die ‚göttliche' Klugheit des Erfinders prieset, Ihr, die Ihr die Kugellager, die Zigarrenautomaten und Freilaufnaben verherrlicht als ‚Siege des Men-

nettis parolibristische Komposition *Bataille Poids + Odeur*, das im März 1913 im *Sturm* erschienen war,[110] mit expressionistischen Schlachtschilderungen wie August Stramms *Der Letzte* (1916) oder auch mit ‚neonaturalistischen' Darstellungen wie Döblins *Die Schlacht, die Schlacht!* (1915),[111] so sind die Unterschiede unübersehbar. Da, wo Marinetti die Wörter von den syntaktischen Bindungen ‚befreit', mit dem Ergebnis einer kaskadenartigen Sequenz von Geräuschen, Gerüchen und Bildern, deren Materialität auch durch exakte Quantitätsangaben

schengeistes', freut Euch, – denn Euer Tag ist da! Laßt Euch das Herz stolz im Busen schlagen – vorausgesetzt, daß Euer Herz und Euer Busen noch erhalten sind, – tretet keck zum Altar und bringt Euerm Gott, dem Moloch des Materialismus, das wohlbereitete Opfer von 10 – 15 Millionen Jünglingen und reifen Männern. Und sagt dann in Eurer lieben praktischen Materialistensprache zu ihm: An Saldo, Herr Moloch, zwei Milliarden Kilogramm Menschenfleisch, beste Qualität: genug, Herr?" (Svend Borberg: Das Lächeln von Reims. Berechtigte Übersetzung aus dem Dänischen von Klara Wechselmann. Zürich: Max Rascher Verlag 1919 (Europäische Bibliothek 6), S. 40 f.).

110 Im Folgenden sei Marinettis *Bataille* in der Übersetzung von Christa Baumgarth auszugsweise wiedergegeben: „SCHLACHT / GEWICHT+GERUCH / Mittag ¾ flöten gestöhn gluthitze *bumbum* alarm Gargaresch krachen knattern marsch Geklirr tornister gewehre hufe nägel kanonen mähnen räder killern augenbutter gestank zimt / schimmel flut und ebbe pfeffer rauferei schmutz wirbel blühender-apfelsinenbaum filigran elend würfel schachfiguren karten jasmin +muskatnuß+rose arabeske mosaik aas stacheln pfusch maschinengewehre=kies+brandung +frösche Geklirr tornister gewehre kanonen schrott atmosphäre=blei+lava+300 gerüche+50 düfte pflaster matratze abfälle pferdemist aas klipp-klapp anhäufung kamele esel *bumbuum* latrine Suk-der-silberschmiede labyrinth seide blau galabieh purpur apfelsinen muscharabie bögen hinübersetzen gabelung platz wimmeln gerberei schuhputzer perserhemd burnus gewimmel triefen schwitzen buntscheckigkeit verwirrung auswüchse schlitze höhlen schutt abbruch karbolsäure kalk lausepack / Geklirr tornister *tatatatata* hufe nägel kanonen kisten peitschenschläge uniformtuch wollfett sackgasse links trichter rechts straßenkreuzung helldunkel schwitzbad gebäck moschus binsenblume orangenblüte übelkeit rosenessenz hinterhalt ammoniak krallen kot bisse fleisch+1000 fliegen dörrobst karuben erbsen pistazien mandeln bananenbüschel datteln *bumbum* schimmliger-kuskussu aromata safran teer faules-ei begossener-hund jasmin akazie sandelholz nelken hautgout intensität aufwallen gären tuberose verfaulen zerstreuen wut sterben zerfallen stücke krümchen staub heldentum *tatatata* gewehrfeuer *pink pank pump pum pam pam* mandarine rote-wolle maschinengewehre klappern heim-für-aussätzige wunden vorwärts feuchtes fleisch schmutz lieblichkeit äther geklirr tornister gewehre kanonen kisten räder benzoëharz tabak weihrauch anis dorf ruinen brandgeruch bernstein jasmin häuser einreißen aufgabe terrakottakrüge *bumbum* veilchen schatten brunnen eselchen eselin kadaver niedermetzeln geschlecht zurschaustellung [...]" (Christa Baumgarth: Geschichte des Futurismus. Reinbek bei Hamburg: Rowohlt 1966, S. 250).

111 Alfred Döblin: Die Schlacht, die Schlacht! In: Der Neue Merkur 2 (September 1915) 1, S. 22 – 36 (im Folgenden zit. nach: A. D.: Gesammelte Erzählungen. Hamburg 1971, S. 217 – 235). Dazu Christina Althen: *Die Lobensteiner reisen nach Böhmen. Zwölf Novellen und Geschichten (1917).* In: Döblin-Handbuch: Leben – Werk – Wirkung. Stuttgart: Metzler 2016, S. 61 – 74, hier S. 64 f.

unterstrichen wird, lässt Döblin seine Narration noch durch einen auktorialen Erzähler steuern. Er verzichtet in *Die Schlacht, die Schlacht!* zwar auf das epische Präteritum und gestaltet die Narration ausschließlich im Präsens, in der Nachfolge von Marinettis präsentischer Ästhetik. Auch adaptiert er einige futuristischen Techniken wie Onomatopoeia[112] und parataktische Montage,[113] allerdings nicht im Sinne des futuristischen Materialismus, sondern der expressionistischen Introspektion. So setzt Döblin die futuristische Parataxe nicht etwa ein, um die (Sprach-)Materie vom Idealismus der Syntax zu befreien, sondern um die erlebte Rede des intern fokalisierten Erzählers und den Bewusstseinsstrom des Protagonisten Armand zu gestalten:[114] Psychiatrie statt Materialismus. Ferner relativiert Döblin die futuristische Kriegseuphorie dadurch, dass er für seine Schlachtdarstellung die Perspektive eines französischen Frontsoldaten einnimmt.

Introspektion herrscht auch bei August Stramm vor, der sich doch zum Futurismus ausdrücklich bekannte: „Meine ganze Kunst, diese Hinneigung zum Futurismus, zu Waldenscher Auffassung und alles das", heißt es in einem Brief an die Gattin vom 29. Dezember 1914.[115] Auch der stakkatoartige Telegrammstil in seiner Kurzprosa *Der Letzte* (1916)[116] gilt nicht der Schlacht als Triumph der entfesselten Materie, sondern strukturiert den Bewusstseinsstrom des Ich-Erzählers, der die Erzählsequenz eröffnet („He! da oben! lachen! ich lache!") und abschließt („ich falle doch. Mutter ich falle. Mutter"):[117]

> He! da oben! lachen! ich lache! drei Tage stürzen! brüllen! drei Tage Jahre Ewigkeiten! und bist noch nicht zerstürzt! verfluchter Himmel! Blaubalg! pafft Zigarren und stiebt Asche. alles zusammen. den Graben. Schützengraben. Schutz. Grab. die Stellung wird gehalten bis zum letzten Mann! vorwärts Jungens. Das Blaugespenst klimmt rote Augen auf. rot. feuerrot.

---

112 Vgl.: „Da!! – Radumm, dummdumm, päng-päng, päng!!", „Radumm, dumm, päng, päng" etc." (Alfred Döblin: Die Schlacht, die Schlacht!, S. 233).

113 „Wie schießen die Preußen. Die prasselnde Angst, die schreiende Wut. Weiter, weiter, wenn wir erst drin wären; nicht schießen, die Bajonette" (Alfred Döblin: Die Schlacht, die Schlacht!, S. 233).

114 Es handelt sich um keinen „inneren Monolog" (Christina Althen: *Die Lobensteiner*, S. 64), sondern um einen syntaktisch inkohärenten, assoziativen und tiefenpsychologisch avancierten Bewusstseinsstrom.

115 August Stramm. Kritische Essays und unveröffentlichtes Quellenmaterial aus dem Nachlaß des Dichters. Hg. von Jeremy D. Adler und John J. White. Berlin: E. Schmidt 1979, S. 132.

116 August Stramm: Der Letzte. In: Der Sturm 7 (Oktober 1916) 7, S. 81. Dazu Peter Demetz: Worte in Freiheit, S. 87, sowie Sara Terpin: Die Rezeption, S. 224–238.

117 So auch Schmidt-Bergmann (Die Anfänge, S. 213), dagegen Terpin (Die Rezeption, S. 232), die dem *thema probandum* ihrer Arbeit zuliebe die Erzähltechnik des Bewusstseinsstroms als futurismuskompatibel einschätzt, die materialistische Dimension des Parolibrismus allerdings verkennt.

verschlafen. Der Tag hält nicht aus. so oder so! schießt! schießt! der Wald! ja. in den Wald!
Schädel. Wolken. lustig! der beste Schütze darf. Ja. darf zuerst schlafen. Teufel! schlafen.
Mord Müdigkeit Rasen Wut! He! Bursche! Bursche da vorn! willst du? willst du schießen?! du?
ja? der Kopf zwischen die Beine geklatscht? Drückeberger! schießen! knallen! seht! sie
kommen aus dem Wald. raus aus dem Lauf! die Backe gesetzt! brav! brav! Schnellfeuer!
Blaue Bohnen! Bohnen! Blaue Augen! mein Schatz hat blaue Augen. haha! drauf! drauf! sie
laufen. Korn nehmen. Zielscheiben. laufen. Mädchenbeine. ich beiße. beiße. verflucht. Küsse
scharfe. drauf gehalten! Standvisier Aug in Auge! Wasser? was? die Läufe glühn? alle
Schläuche glühn. letzte Nacht hat die Feldflasche zerschlagen. das trockne Glas geleckt. die
Zunge blutet. schluckt. schluckt. schießt die Flinten kalt. euch selber kalt! kaltes Blut! da
vorne pfützt Wasser. Pfui Teufel! gierig! Dreck! Blut. blutiger Dreck. Blut modert zu schnell.
Feuer! Schnellfeuer! raus! nicht einschlafen! wer? nehmt ihm die Patronen aus der Tasche.
wir brauchen sie. der Kerl blutet! ein kleines Loch kann so bluten! schießen! Zielpunkt.
Donner! Knacken! das Flattern! so müßt ihr auch schießen. zielen. zielen. gut. ruhig. die
Hunde drüben. die arme Erde. Brief in der Tasche? natürlich. schlapp und gleich tot auf der
Nase. „mein lieber Mann!" ja. Männer brauchen wir. aber keine toten hier. essen. Bröckel
Schokolade. Mutter. schießt Kerle. ach Mütter weinen immer. schießt! ich war ein weicher
Junge. Teufel! Kopf hoch! die Nasen aus dem Dreck! was?! keiner? alle? Faulenzer! Verstär-
kung. hört ihr? Verstärkung kommt. Feind nicht ranlassen! die Flinten vor! Teufel! totsein ist
Schande! seht! ich schieße. schieße. Verstärkung. hört! Trommeln. Hörner. Tata trrr! eilt da
hinten! eilt! Muttertränen. Vaterbrünste. Dreck! Drei Tage Dreck! Menschen! meine Mutter hat
mich immer so sorgsam gewaschen. Grab. Hölle. Teufel. mein Arm schießt. Finger ladet.
Auge trifft. Hurrah! Hurrah! die Beine in die Hand! Hurrah! Tod und Leben! hurrah! Eisen!
hurrah! drauf! Mein Kopf! Kopf! wo ist mein Kopf? voran. fliegt. kollert. brav. Bursche! in den
Feind! beißen beißen! Säbel! ha! weich der Vaterbauch. weich. Mutter. wo bist? Mutter. seh
dich nicht? Mutter du küßt. Mutter. rauh. halte mich. ich falle doch. Mutter ich falle. Mutter.[118]

Die assoziative und syntaktisch ungeregelte Erzählsequenz, welche vermutlich
mit einem Gruppenfoto des frisch rekrutierten Soldaten beginnt und mit dessen
Tod an der Front endet, überlagert die Ebene der Synchronie (zu der akustisch-
visuelle Wahrnehmungen, Gedanken und Zwischenrufe gehören) mit Analepsen
(„ich war ein weicher Junge", „meine Mutter hat mich immer so sorgsam gewaschen"). Das tiefenpsychologische, assoziative Prinzip unwillkürlich-spontaner
Erinnerung, welche diese Zeitsprünge strukturiert, wird etwa dort greifbar, wo der
Ich-Erzähler die blauen deutschen Uniformierten erblickt, die in ihm die Erinnerung an die Augen seiner Frau wach werden lassen („Blaue Bohnen! Bohnen!
Blaue Augen! mein Schatz hat blaue Augen") oder die verzehrte Schokolade
(„Bröckel Schokolade. Mutter") ihn wie bei Prousts *mémoire involontaire* zurück in
die eigene Kindheit versetzt. Innerhalb dieses noch subjektzentrierten Rahmens
integriert Stramm futuristische Stilelemente. Dazu zählen die parataktische, zu-

---

118 August Stramm: Der Letzte, S. 81.

weilen auch asyndetische Montage („Mord Müdigkeit Rasen Wut!"), die auch bei Marinetti obsessive Verwendung von Ausrufezeichen (bei Stramm sind es mehr als achtzig in nur wenigen Zeilen), ferner dynamisierende, unflektierte Infinitiv-verbformen („drei Tage stürzen! brüllen!", „schlafen", „Korn nehmen. Zielschei-ben. laufen") und der Einsatz von Onomatopoesien („Tata trrr!").[119] Wie bei Dö-blin dient der futuristische Stil auch bei Stramm dazu, den Bewusstseinsstrom des Protagonisten zu gestalten und wird introspektiv überformt. Das Bewusstsein erweitert sich zu einem panoptischen Resonanzraum, in dem das Erlebte, Gese-hene, Gehörte, Gesagte, Gedachte und Erinnerte nahtlos ineinander übergehen. Im Innern dieses Raums verliert das Subjekt zugleich die privilegierte Stellung, die ihm durch die Rahmung zukommt, und verzichtet darauf, das Kontinuum des Erlebnisstroms zu formen. Die Stimme des Soldaten verschmilzt mit den Zwi-schenrufen der Kameraden und den Befehlen der Offiziere zur unentwirrbaren Polyphonie des Truppenkollektivs an der Front. Die Verdinglichung der Subjek-tivität, ihre Umschmelzung in anonyme ‚akustische Materie' besitzt aber im Un-terschied zu Marinettis futuristischer Überwindung des Ichs eine kriegskritische Dimension. Sie dient dazu die Degradierung des Menschen zum Schlachtmaterial zu denunzieren. Gerade diese Anklage kommt auch in den – bei Marinetti un-denkbaren – pathetischen Anrufen des Soldaten an die Mutter am Schluss der Erzählsequenz zum Ausdruck.

Einen der Hinderungsfaktoren der Futurismus-Rezeption stellte der expres-sionistische Humanismus dar. Gerade dessen Krise, die der Weltkrieg wesentlich beschleunigte, wirkte sich auf die Futurismus-Aneignung günstig aus. Dieser Vorgang lässt sich nicht nur im Dadaismus beobachten, der aufgrund seiner Verabschiedung des Subjekts eine ungleich produktivere Beziehung zum Futu-rismus unterhielt, sondern auch bei einigen Stramm-Schülern wie Franz Richard Behrens (1895–1977),[120] der 1916 in Herwarth Waldens Zeitschrift *Der Sturm* mit dem Gedicht *Expressionist Artillerist* debütierte. In seiner Lyrik vermisst man den expressionistischen Humanismus. Dafür rückt die Technik ins Zentrum, die wie im Futurismus erotisiert wird. Überschriften wie *Verliebt in meinen Stahlhelm*, *Kanonenverliebt* und *Kanonenkuss* sind aussagekräftig genug. *Sechstaktmotor* (1917) greift von Marinetti das aviatische Thema auf.[121] Das *Technische Manifest*

---

119 Ferner erweitert Stramm das Spektrum der futuristischen Techniken um Neologismen („zerstürzt"), die auch mittels der Umschaltung der Wortklassen (das Verb „pfützen" – „da vorne pfützt Wasser" – aus dem Substantiv „Pfütze") gebildet werden.
120 Gerhard Rühm hat eine Behrens-Werkausgabe in vier Bänden (München: Edition Text und Kritik 1979–2012) herausgegeben.
121 Franz Richard Behrens: Sechstaktmotor. Für Rudolf Blümner. In: Der Sturm 8 (Juni 1917) 3, S. 40. Dazu Kurt Möser: Literatur und die „Große Abstraktion". Erlangen: Palm & Enke 1983,

beginnt mit einem fliegerischen Inspirationserlebnis und in *Tod dem Mondschein* (*Uccidiamo il chiaro di luna!*), dem zweiten futuristischen Manifest, schildert Marinetti eine phantastische Luftschlacht aus der Fliegerperspektive: „Mein Apparat ist ein vielzelliger Dreidecker mit Schwanzsteuerung, 100 HP, acht Zylinder, 80 kg ... Zwischen meinen Füßen befindet sich eine ganz kleine Mitrailleuse, die ich durch einen Druck auf einen Stahlknopf abfeuern kann...".[122] Dadurch lieferte Marinetti die Vorlage für Behrens' freirhythmischen Text. Auch in *Sechstaktmotor* beschreibt ein Pilot den Verlauf einer Luftschlacht unter Aussparung der im Expressionismus sonst obligaten Kriegskritik:

Sechstaktmotor
Für Rudolf Blümner

Blühen muß meine Maschine	
Grüne Frösche	
Verspannungsbefestigungslasche	
Hellgrünheben	
Neunzehnhundertneunundsiebenzig	5
Wenn ich meine Bomben werfe	
Grüne Hunde	
Antrieb vom Geschwindigkeitsmesser	
Rote Dächer	
Fünfundzwanzig und dreißig Kilogrammquadratmeter	10
Bin ich schneller als er	
Der stille Herr	
Zelluloid	
Dunkle Bäume	
Elftausend Kilogramm	15
Aber wohin werfen	
Mondsüchtige	
Cellon	
Weiße Wölkchen	
Dreimal Hundertzwanzig Quadratmeter	20
Jetzt gilts Freund	
Der Nachtwandler	

S. 151–155. Behrens Futurismus-Rezeption ist übrigens auch dokumentarisch belegt. Wie Michael Günther in seiner sorgfältig recherchierten Studie rekonstruiert hat, notierte Behrens am 8.10.15 in seinem Feldtagebuch lakonisch „Marinetti" (Michael Günther: B = Börse + Bordell – Franz Richard Behrens. Wortkunst, Konstruktivismus und das Verschwinden der Lyrik. Frankfurt/Main u. a.: Lang 1994, S. 185), während er in einer ironischen Tagebuchnotiz vom 8. Juni 1915 „Tausend Mark Belohnung" für den Dichter ausschreibt, der „den Klangsang der Maschinengewehre aus[zu]drücken" vermöge: „A l'œuvre Futuristik" (ebd.).
122 Filippo Tommaso Marinetti: Tod dem Mondschein. Zweites Manifest des Futurismus. Übertr. von Jean Jacques. In: Der Sturm 3 (Juni 1912) 112, S. 57 f., hier S. 58.

Propeller mit geschweifter Eintrittskante
Platzende Schrappnells
Ka x Ka ypsilon und A durch W   25
Er ist stark
Der Drehwurm fährt Karusell [sic]
Aus einem Stück gebogenes Scharnier
Daunen steigen
Eins Komma eins von Hundert   30
Fünfzig Meter steht er über mir
Ganz große Kanone
Vorrichtung zur Verankerung der Verwindungsklappen bei Wind:
Halten sich zu meiner Rechten
Null Komma dreizehn Millimeter   35
Fünfzig Meter liegt er auf mich
Küken Rollengehäuse für Seilzug
Sie mehren sich
Dreizehn Komma vier Metersekunden
Was sind fünfzig Meter   40
Oberfranz franzt Strich
Haftenteil für Gürtelschnalle zum Festschnallen
Schon sind sie auf beiden Seiten
Eins Komma zwei zwei drei Kilogrammkubikmeter
Dauerfranz verfranzt   45
Bajonettförmige Befestigung von Tragdeckenholmen
Die mit Laub bedeckten Erdhütten
Fünfzehn Grad Celsius
Ich sehe sein Grinsen
Affenfahrt   50
Autokanister
Protzen Munitionswagen Gespanne
Ka ypsilon mal S mal Vquadrat
Er beugt über Bord
Ich will noch heute zum Südpol   55
Schwarzblechklempner
Ihr habt recht euch zu retten
Nullkommanullfünf neun-sechsdrei
Ich höre nichts mehr
Ha und Be   60
Tropfende Rostschutzlack
Fünf Atemzüge sitze ich ihm im Rücken
Kaltes Messer am Halse
Mäuschen und Nägel
Kugellager   65
Herz über Herz
Kreuztraversen

Splitter spritzen fünfundzwanzig Meter gurgelnd
Meine Maschine küßt mir die Hand.[123]

Während der Verzicht auf Strophe, Reim und Zeichensetzung Stramms Vorbild verraten, deutet die Verschmelzung von Flieger und Flugzeug zu einem kybernetischen Maschinenmenschen auf Marinetti hin. Wie in Stramms Prosasequenz *Der Letzte* besitzt auch Behrens Gedicht eine subjektive Rahmung (V. 1 und 69), die den Text als Bericht eines Kampffliegers in der ersten Person erscheinen lässt. Die expressionistische Introspektionspoetik aber ist auf ein Minimum reduziert. So entfällt im Vergleich zu Stramm die *mémoire involontaire* mit ihren Rückblenden. Das Interesse an der konkreten Wiedergabe der Luftschlacht dominiert. Es lassen sich verschiedene, ineinander übergehende Diskursstränge differenzieren:[124] Der innere Monolog in Bezug auf den Plan zum Bombenabwerfen bis zum Abschuss des feindlichen Fliegers; die kommentierenden Bezeichnungen für gegnerische Maschinen bzw. für das eigene Flugzeug; die Bezeichnung von technischen Vorrichtungen und Geräten im eigenen Flugzeug; Impressionen und Eindrücke des Fliegers hinsichtlich bestimmter Phänomene in der Luft oder am Boden; schließlich – und das ist für ein expressionistisches Gedicht geradezu einzigartig – technische Angaben und luftfahrttechnische Formeln. In Entsprechung zu Marinettis *sensibilità numerica* setzt Behrens Zahlen – die allerdings ausgeschrieben und somit literaturfähig gemacht werden – und mathematische Zeichen, Ausmaße des Luftraums, Distanzangaben am Boden und luftfahrttechnische Formeln ein (V. 20: „Dreimal Hundertzwanzig Quadratmeter", V. 25: „Ka x Ka ypsilon und A durch W", V. 30: „Eins Komma eins von Hundert", V. 35: „Null Komma dreizehn Millimeter"). Schließlich kommt auch die futuristische Erotisierung der Technik zum Tragen. Wenn Behrens am Ende von *Sechstaktmotor* nach Abschuss des Feindes die Maschine dem Piloten „die Hand" „küssen" lässt, so lag ihm vermutlich Marinettis bereits zitiertes Manifest *Tod dem Mondschein* vor Augen, in dem das erzählende Ich verkündet: „Unsere Aeroplane werden eure leidenschaftlichen Geliebten sein...".[125]

---

123 Franz Richard Behrens: Sechstaktmotor, S. 40. Dazu Kurt Möser: Literatur und die „Große Abstraktion", S. 153–159, Dorit Müller: Gefährliche Fahrten, S. 137–140; Michael Günther: B = Börse + Bordell, S. 182–185. Müller nimmt an, bei der im Gedicht evozierten Maschine handle es sich um einen Panzerwagen der Luftabwehr. Aus dem Text geht jedoch eindeutig hervor, dass es sich nicht um einen Artilleristen, sondern um einen Piloten handelt, der ein Kampfflugzeug fliegt.
124 Kurt Möser: Literatur und die „Große Abstraktion", S. 155.
125 Filippo Tommaso Marinetti: Tod dem Mondschein, S. 58.

III **Von der Translation zur Produktion:**
   intertextuelle und intermediale Dialoge

9 Intertextuelle Apokalyptik – Georg Heyms Dialog mit Émile Verhaeren in *Der Krieg I* (1911)

9.1 Expressionistischer Katastrophen-Hype

Apokalypsen hatten in der Avantgarde Konjunktur.[1] Eine der bekanntesten Anthologien expressionistischer Dichtung trägt nicht zufällig den Titel *Menschheitsdämmerung*.[2] Mit der Vorliebe der jungen expressionistischen Generation für Auslöschungsvisionen und Weltuntergangsfantasien hat sich die Forschung seit langem befasst.[3] Die apokalyptischen Entwürfe des Expressionismus sind moderne Apokalypsen, die sich der biblisch-theologischen Ikonographie nur noch zeichenhaft bedienen und sie mit neuen, teils sozialen, teils anti-christlichen Gehalten füllen.[4] Überdies sind es häufig Untergangsvisionen, welche die Tragik des Endes durch komisch-groteske Strategien – wie in Jakob van Hoddis' *Weltende* (1911) – aushöhlen.[5] Die Stufe der eschatologischen Erlösung nach dem Weltuntergang ist meist innerweltlich vorgestellt und bleibt oft gänzlich aus, so dass sich die Apokalyptik der Avantgarde nicht selten als „Ende ohne nachfolgende Erneuerung" präsentiert.[6]

Die Ursachen für die Ausbreitung von Weltuntergangsszenarien um die Zeitenwende zum 20. Jahrhundert sind vielfältig und lassen sich auf ein verbreitetes, sowohl systemisches als generationsspezifisches Krisenbewusstsein zurückführen. Das Endzeitgefühl generierte offenbar zum einen aus dem klaffenden Gegensatz zwischen der explosionsartigen Urbanisierung und rasanten Wirtschaftsentwicklung, die das Kaiserreich erfasst hatten, und der überlebten ständischen Ordnung, die angesichts der rasanten Modernisierungsprozesse

---

1 Die folgenden Ausführungen basieren auf meinem Aufsatz: „Als er den Mond vom Himmel geschmettert": Intertextuelle Apokalyptik in Georg Heyms Der Krieg (1911). In: Hofmannsthal-Jahrbuch zur Europäischen Moderne 30 (2022), S. 321–350.
2 Menschheitsdämmerung. Symphonie jüngster Dichtung. Hg. von Kurt Pinthus. Berlin: Ernst Rowohlt 1920.
3 Ein instruktiver Forschungsüberblick bei Angela Zawodny: „[...] erbau ich täglich euch den allerjüngsten Tag." Spuren der Apokalypse in expressionistischer Lyrik. Diss. Köln 1999, S. 10–24.
4 Christoph Eykmann: Weltende und Jüngstes Gericht als Motive im Expressionismus. In: ders.: Denk- und Stilformen des Expressionismus. München: Francke 1974, S. 44–62, hier S. 54.
5 Ebd., S. 60 f.
6 Ebd., S. 61.

https://doi.org/10.1515/9783111010540-011

morsch und dem Zusammenbruch nahe schien.[7] Ihrerseits schürte die psychologische Rebellion der jungen Generation gegen die väterliche Autorität und die bürgerliche Familie ödipale Vernichtungsphantasien.[8]

9.2 Heyms Kriegsapokalyptik

Eine spezifische Ausprägung erfuhr die expressionistische Weltuntergangstopik bei Georg Heym. Dies bezeugt der bekannte Tagebucheintrag vom 6. Juli 1910, in dem der junge Dichter seiner existenziellen Frustration Luft macht. Der seit Jahrzehnten herrschende Frieden erscheint dort als unheilvolle Lethargie und Lähmung vitaler Energien. Er ruft bei Heym den Wunsch nach einem kathartischen Aufstand oder einem revitalisierenden Krieg hervor, der schlummernde Lebenskräfte wieder freisetzen könne:

> Ach, es ist furchtbar. Schlimmer kann es auch 1820 nicht gewesen sein. Es ist immer das gleiche, so langweilig, langweilig, langweilig. Es geschieht nichts, nichts, nichts. Wenn doch einmal etwas geschehen wollte, was nicht diesen faden Geschmack von Alltäglichkeit hinterläßt. Wenn ich mich frage, warum ich bis jetzt gelebt habe. Ich wüßte keine Antwort. Nichts wie Quälerei, Leid und Misere aller Art. [...] Geschähe doch einmal etwas. Würden einmal wieder Barrikaden gebaut. Ich wäre der erste, der sich darauf stellte, ich wollte noch mit der Kugel im Herzen den Rausch der Begeisterung spüren. Oder sei es auch nur, daß man einen Krieg begänne, er kann ungerecht sein. Dieser Frieden ist so faul ölig und schmierig wie eine Leimpolitur auf alten Möbeln.[9]

Diese im Tagebuch festgehaltene Kriegssehnsucht lieferte die Grundlage für die apokalyptische Poetik, die Heym in seiner vielinterpretierten Dichtung *Der*

---

7 David Roberts: *Menschheitsdämmerung:* Ideologie, Utopie, Eschatologie. In: Expressionismus und Kulturkrise. Hg. von Bernd Hüppauf. Heidelberg: Winter 1983 (= Reihe Siegen. Beiträge zur Literatur- und Sprachwissenschaft. Bd. 42), S. 85–103, hier 95.

8 Wolfgang Schömel: „Selbstmörder gehen nachts in grossen Horden..." Die Zukunft als Katastrophe in frühexpressionistischer Lyrik. In: Text und Kontext 12 (1984) 2, S. 244–265. „In der Boheme, im Kreis marginalisierter Intellektueller trifft die Rebellion gegen kleinfamiliäre Marter zusammen mit den Reflexen des beginnenden Niedergangs der optimistischen bürgerlichen Verstandeskultur" (ebd., S. 249).

9 Georg Heym: Drittes Tagebuch. 17. Juni bis 7. Dezember 1910. In: Dichtungen und Schriften. Gesamtausgabe. Hg. von Karl Ludwig Schneider. Bd. 3: Tagebücher, Träume, Briefe. Bearb. von K.L.S. Hamburg: Heinrich Ellermann 1960, S. 135–153, hier S. 138–139. Die Fortsetzung dieser Notiz lautet: „Was haben wir auch für eine jammervolle Regierung, einen Kaiser, der sich in jedem Zirkus als Harlekin sehen lassen konnte. Staatsmänner, die besser als Spucknapfhalter ihren Zweck erfüllten, denn als Männer, die das Vertrauen des Volkes tragen sollen" (ebd., S. 139).

Krieg entwarf. Der erst postum publizierte Text entstand zwischen dem 4. und dem
10. September 1911.[10]

Der Krieg I
(Entwurf)

Aufgestanden ist er, welcher lange schlief,
Aufgestanden unten aus Gewölben tief.
In der Dämmrung steht er, groß und unerkannt,
Und den Mond zerdrückt er in der schwarzen Hand.

In den Abendlärm der Städte fällt es weit,   5
Frost und Schatten einer fremden Dunkelheit,
Und der Märkte runder Wirbel stockt zu Eis.
Es wird still. Sie sehn sich um. Und keiner weiß.

In den Gassen faßt es ihre Schulter leicht.
Eine Frage. Keine Antwort. Ein Gesicht erbleicht.   10
In der Ferne wimmert ein Geläute dünn
Und die Bärte zittern um ihr spitzes Kinn.

Auf den Bergen hebt er schon zu tanzen an
Und er schreit: Ihr Krieger alle, auf und an.
Und es schallet, wenn das schwarze Haupt er schwenkt,   15
Drum von tausend Schädeln laute Kette hängt.

---

10 Georg Heyms Gedicht *Der Krieg*. Handschriften und Dokumente; Untersuchungen zur Entstehungsgeschichte und zur Rezeption. Hg. von Günter Dammann, Karl Ludwig Schneider und
Joachim Schöberl. Heidelberg: Winter 1978 (= Beihefte zum Euphorion 9), S. 17. Zum Folgenden
vgl. ebd., S. 24–39. Der erste Entwurf umfasst sechs vollständige Strophen und eine siebte, noch
unvollständige Strophe. Er wurde daraufhin nachträglich mehrfach bearbeitet, vor allem Strophe
drei bis fünf wurden außerordentlich variantenreich verändert. Die zweite Handschrift besteht
aus drei Strophen, die vermutlich als Teilentwurf zur Erweiterung des ersten Teils des Gedichts
konzipiert wurden und inhaltlich den Strophen zwei bis sieben des ersten Entwurfes entsprechen.
Die im Folgenden abgedruckte dritte Fassung, die in *Umbra vitae* publiziert wurde und Gegenstand der Untersuchung sein wird, ist eine Zusammenstellung der ersten beiden Handschriften.
Zwei Strophen des zweiten Entwurfs wurden hier zu den sieben Strophen des ersten hinzugefügt.
Die erste Strophe ist in allen drei Fassungen thematisch die gleiche, die zweite und dritte Strophe
der dritten Fassung entsprechen denen der zweiten; es folgen Strophe zwei bis fünf der ersten
Fassung, hier als Strophen vier bis sieben; Strophe acht und neun sind im dritten Entwurf neu,
während die beiden letzten Strophen der ersten Handschrift auch den Abschluss der dritten
Fassung darstellen. Im Vergleich der Fassungen untereinander zeichnet sich eine Tendenz zur
Abstraktion und zur Erstarrung ab. Mit jeder neuen Fassung werden die Handlungsträger abstrakter und allgemeiner. So ersetzt Heym im zweiten Entwurf die konkrete Figur des Negers, der
den Krieg personifiziert, durch ein anonymes „er". Gleichzeitig erzeugt er durch die Aussparung
von Bewegungsverben eine „Szenerie der panischen Lähmung, die Städte und deren Bewohner
erfaßt" (Günter Dammann: Erläuterungen zur Entstehung von *Der Krieg I* und *Über hohe Türme*...
In: Georg Heyms Gedicht *Der Krieg*, S. 33–39, hier 36).

Einem Turm gleich tritt er aus die letzte Glut,
Wo der Tag flieht, sind die Ströme schon voll Blut.
Zahllos sind die Leichen schon im Schilf gestreckt,
Von des Todes starken Vögeln weiß bedeckt.   20

Über runder Mauern blauem Flammenschwall
Steht er, über schwarzer Gassen Waffenschall.
Über Toren, wo die Wächter liegen quer,
Über Brücken, die von Bergen Toter schwer.

In die Nacht er jagt das Feuer querfeldein   25
Einen roten Hund mit wilder Mäuler Schrein.
Aus dem Dunkel springt der Nächte schwarze Welt,
Von Vulkanen furchtbar ist ihr Rand erhellt.

Und mit tausend roten Zipfelmützen weit
Sind die finstren Ebnen flackend überstreut,   30
Und was unten auf den Straßen wimmelt hin und her,
Fegt er in die Feuerhaufen, daß die Flamme brenne mehr.

Und die Flammen fressen brennend Wald um Wald,
Gelbe Fledermäuse zackig in das Laub gekrallt.
Seine Stange haut er wie ein Köhlerknecht   35
In die Bäume, daß das Feuer brause recht.

Eine große Stadt versank in gelbem Rauch,
Warf sich lautlos in des Abgrunds Bauch.
Aber riesig über glühnden Trümmern steht
Der in wilde Himmel dreimal seine Fackel dreht,   40

Über sturmzerfetzter Wolken Widerschein,
In des toten Dunkels kalten Wüstenein,
Daß er mit dem Brande weit die Nacht verdorr,
Pech und Feuer träufet unten auf Gomorrh.[11]

---

11 Georg Heym: Der Krieg I. In: G. H.: Dichtungen und Schriften. Gesamtausgabe. Hg. von Karl
Ludwig Schneider. Bd. 1: Lyrik. Bearb. von K. L. S. und Gunter Martens. Hamburg/München:
Heinrich Ellermann 1964, S. 346 f. Über Entstehung und Wirkungsgeschichte des Textes informiert
der bereits erwähnte Band von Günter Dammann, Karl Ludwig Schneider und Joachim Schöberl
(Georg Heyms Gedicht *Der Krieg*. Handschriften und Dokumente;), der allerdings Verhaerens
intertextuelle Prätexte außer Betracht lässt. Gerhard Lemkes Nachweis angeblicher biblischer
Quellen (Georg Heyms Gedicht *Der Krieg*. Die Quelle und die Rezeption. In: Wirkendes Wort 24
[1974] 5, 319–324) bleibt spekulativ und ist auch methodologisch problematisch, weil er bei der
Quellenerschließung die konkrete, sprachlich-stilistische Faktur des Gedichts außer Acht lässt.
Über die Geschichte der Forschung informiert der ausführliche Überblick von Joachim Schöberl
(Georg Heyms Gedicht *Der Krieg* und die Geschichte seiner Deutung. In: Georg Heyms Gedicht *Der
Krieg*. Handschriften und Dokumente, S. 72–107). Aus der Forschungsliteratur seien vor allem
folgende Beiträge erwähnt: Fritz Martini: Georg Heym: *Der Krieg*. In: Die deutsche Lyrik. Form und
Geschichte. Interpretationen. Bd. 2. Hg. von Benno von Wiese. Düsseldorf: Bagel 1956, S. 425–

Formal setzt sich Heyms Dichtung aus elf vierzeiligen paargereimten Strophen mit ausschließlich männlichen Kadenzen zusammen. Das meist sechshebige[12] tro-chäische Metrum trägt in seiner klobigen Schwerfälligkeit dazu bei, den harten Eindruck des Martialischen und Kriegerischen zu evozieren.[13] Sequenzieren lässt sich der Text in vier semantische Makroabschnitte: das Aufwachen des Kriegs-dämons aus dem langen Schlaf in der ersten Strophe; in der zweiten und dritten Strophe die panische Angst, welche die Stadtbevölkerung in ihren Bann zieht; der Ausbruch des Krieges, der durch den wilden, vitalen Tanz des riesigen Dämons symbolisiert wird, und der darauffolgende Brand, der in den Strophen sechs bis neun zerstörerische Energien freisetzt und die gesamte Stadt in Schutt und Asche legt; schließlich die präteritale Retrospektive auf die ausradierte Stadt in den beiden Abschlussstrophen sowie die Charakterisierung des Krieges als gerechte Auslöschung einer korrupten Welt.

9.3 Zur historischen Folie

Dass sich Heyms Kriegsgedicht indessen nicht in einem brachialen Vitalismus erschöpft, sondern zugleich einen subtilen kulturkritischen Diskurs entfaltet, belegt sein Entstehungskontext. Lange Zeit als prophetische Antizipation des

---

449; Friedrich Leiner: Georg Heym: *Der Krieg*. In: Interpretationen moderner Lyrik. Anlässlich der Germanistenverbandstagung hg. von der Fachgruppe Deutsch-Geschichte im Bayerischen Phi-lologenverband. 6. Auflage. Frankfurt/Main u.a.: Diesterweg 1959, S. 40–47; Kurt Mautz: My-thologie und Gesellschaft im Expressionismus. Die Dichtung Georg Heyms. Frankfurt/Main u.a.: Athenäum-Verl. 1961, S. 40–78; Gunter Martens: Vitalismus und Expressionismus. Ein Beitrag zur Genese und Deutung expressionistischer Stilstrukturen und Motive. Stuttgart u.a.: Kohlhammer 1971, S. 244–257; Uwe Wandrey: Das Motiv des Krieges in der expressionistischen Lyrik. Hamburg: Luedke 1972, S. 129–132 und 221–224; Marianne Kesting: Das Warten hat ein Ende. In: Poesie der Apokalypse. Hg. von Gerhard R. Kaiser. Würzburg: Königshausen & Neumann 1991, S. 169–186, sowie Christa Karpenstein-Eßbach: Georg Heym: *Der Krieg*. In: Lyrik im historischen Kontext. Festschrift für Reiner Wild. Hg. von Andreas Böhn, Ulrich Kittstein u.a. Unter Mitarb. von Sandra Beck. Würzburg: Königshausen & Neumann 2009, S. 273–280.
12 Abweichungen in der Hebungsanzahl lassen sich in den V. 10, 31, 32, 34, 38 und 40 beob-achten. In den V. 31 und 32 etwa wird das gewaltige Auflodern der Flammen gerade durch eine Erweiterung des Metrums auf sieben bzw. acht Hebungen umschrieben. In V. 38 dagegen fängt gerade die Verkürzung des Verses auf fünf Hebungen das Versinken der Stadt in den Abgrund metrisch ein.
13 Friedrich Leiner (Georg Heym: *Der Krieg*, S. 43) fühlte sich an einen „hämmernden Marsch-takt" erinnert.

Ersten Weltkriegs gedeutet,[14] entstand *Der Krieg* im historischen Horizont der zweiten Marokkokrise, die gerade 1911 ihren Höhepunkt erreichte.[15] Auslöser der Eskalation war Frankreichs Besetzung der Festungen Fes und Rabat im Frühjahr 1911, die auf Bitte des Frankreich gegenüber freundlich eingestellten Sultans Mulay Hafid erfolgte. Diese militärische Intervention verletzte das deutsch-französische Abkommen von 1909 und bedrohte die Interessen des Deutschen Reichs, das daraufhin als Drohgebärde am 1. Juli 1911 das deutsche Kriegsschiff „Panther" in den Hafen des marokkanischen Agadir entsandte. Die deutsche Aktion hatte zum Ziel, Frankreich zur Abtretung von Französisch-Kongo als Gegenleistung für die Akzeptanz der französischen Herrschaft über Marokko zu bewegen. Infolge der Krisenzuspitzung breitete sich in der deutschen Presse Panik vor einer eventuellen Invasion französischer Kolonialtruppen aus. Frankreichs Drängen auf den Besitz Marokkos deutete man als Versuch, die französische Armee durch schwarze Truppen für einen Krieg gegen Deutschland zu verstärken. Tatsächlich hatte der im Sudan stationierte General Charles Mangin nur ein Jahr zuvor in seinem Buch *La force noire* aufgrund des demographischen Defizits Frankreichs gegenüber Deutschland für die Rekrutierung und den Einsatz afrikanischer Kolonialverbände im Kriegsfall eindringlich plädiert – ein Plan, den man schon 1910 in Angriff nahm.[16] Katastrophenszenarien vom Untergang der deutschen Kultur durch eine schwarze Invasion breiteten sich in der deutschnationalen Presse aus.[17]

Relevant ist diese historisch-kontextuelle Rekonstruktion für die adäquate Beschreibung der ästhetischen Strategie, die Heyms Text in Gang setzt. Das zugleich makabre und sarkastische Spiel, das er entfaltet, zielt mit provokatorischer Absicht auf die Brüskierung des bürgerlichen Lesers ab, dessen Ängste er nicht

---

14 So attestierten Zeitgenossen wie Anselm Ruest und Paul Zech Heym eine dichterische „Gabe der Prophezeiung" (vgl. Georg Heym: Dokumente, S. 124 f. und 132 f.).

15 Als erster wies Bernd W. Seiler auf den historischen Hintergrund der Marokkokrise hin (ders.: Die historischen Dichtungen Georg Heyms. Analyse und Kommentar. München: Fink 1972, S. 31 f.). Dazu auch Karl Ludwig Schneider: Georg Heyms Gedicht *Der Krieg I* und die Marokko-Krise von 1911. In: Georg Heyms Gedicht *Der Krieg*, S. 40 – 51, sowie die Dokumentation zur ,Marokko-Panik', ebd., S. 52 – 71.

16 Charles Mangin: La force noir. Paris: Hachette 1910. In der Tat dienten im Ersten Weltkrieg auf französischer Seite rund 170.000 sog. ,Tirailleurs Sénégalais', die bevorzugt zum Sturm auf feindliche Stellungen eingesetzt wurden. Über dieses traurige und wenig bekannte Kapitel der französischen Kolonialgeschichte informiert die ausgezeichnete Studie von Myron Echenberg: Colonial Conscripts. The *Tirailleurs Sénégalais* in French West Africa, 1857–1960. Portsmouth NH: Heinemann 1991.

17 So titulierte die deutschnationale *Rheinisch-Westfälische Zeitung* vom 23. Juli 1911 (Nr. 808): „Nordafrikanische Wilde gegen das deutsche Volk".

nur in Erfüllung gehen lässt, sondern gar mit schwarzem Humor hyperbolisch überbietet. Auf diese Kontextualität spielt bereits die Charakterisierung des Kriegsdämons als tanzender „Neger" an.[18] Sie stand vor allem in den Entwürfen im Mittelpunkt und bleibt, wiewohl abgeschwächt, auch in der Endfassung klar erkennbar, etwa an der „schwarzen Hand" (V. 4), am „schwarzen Haupt" (V. 15), an dem Kriegstanz (V. 13) sowie an der „Schädelkette" (V. 16), die auch in der deutschen Weltkriegspropaganda die ‚Kannibalen' der französischen Kolonialarmee charakterisieren wird.[19] Vor dem Hintergrund der damals geführten Angstkampagne („Französische Negerheere gegen das deutsche Volk")[20] und an deren gelegentliche Ironisierung[21] anknüpfend malt Heyms Text gerade den „schwarzen Mann" an die Wand, deutet ihn jedoch zugleich provozierend um. Das Schreckbild der deutschen Tagespresse verwandelt sich in einen biblischen Vernichtungsengel, den den Untergang einer offenbar morschen und korrupten Welt einläutet.[22] Somit zelebriert *Der Krieg* nicht nur den frühexpressionistischen Vitalismus, sondern liefert zugleich auch eine karnevaleske Persiflage der Ängste der Wilhelminischen Gesellschaft, welche Heym in einer kulturkritischen Auslöschungsfantasie virtuell untergehen lässt.

---

18 In der ersten Textstufe (1.1 H) ist von einem riesigen „Negerhaupt" die Rede – „Und sein Negerhaupt ragt riesig in die Nacht" (V. 3) –, in der dritten Textstufe (3–2 H) lässt Heym den „großen Neger" „tanzen": „Und der große Neger hebt zu tanzen an / Auf den Bergen schreit er" (Georg Heyms Gedicht *Der Krieg*, S. 23 und 28).
19 Vgl. etwa das Titelblatt der satirischen Zeitschrift *Kladderadatsch* vom 23. Juli 1916, das einen senegalesischen Infanterieschützen als Kannibalen zeigt, der um den Hals einen Schädel des Feindes anstelle des Tornisters trägt.
20 So eine Schlagzeile der *Rheinisch-Westfälischen Zeitung* (zit. nach: Georg Heyms Gedicht *Der Krieg*, S. 66).
21 So mokierte sich die Zeitschrift *Pan*, zu deren Lesern auch Heym zählte, über die Hetzkampagne der rechtsnationalen Presse in einem Beitrag zum Thema *Schwarze Truppen*: „Diesmal ist es im eigentlichen Sinne der ‚schwarze Mann', vor dem wir uns fürchten sollen [...] Wenn Frankreich Marokko nimmt, gewinnt es [...] ein ungeheures Menschenreservoir, aus dem geschickte Drillmeister in 15–20 Jahren unzählige Heerscharen pechkohlrabentintenwichsenschwarzer Kriegshelden von unwiderstehlicher Bravour hervorzuzaubern werden. Einer der Bangemacher rechnet zwei Neger ‚unter Umständen' gleich fünf Europäern und sieht schon alle Schrecken sich über Deutschland ergießen [...]" (Janus: Schwarze Truppen. In: Pan 1 (16. September 1911) 22, S. 729–731, hier S. 729).
22 Die kulturkritische Dimension der Apokalypse bei Heym betont zu Recht Karl Ludwig Schneider: „Heyms Bilder des Krieges dokumentieren weniger die inhumane Lust an der Zerstörung schlechthin, als vielmehr den Wunsch nach der Vernichtung einer Ordnung, die versagt hatte" (Karl Ludwig Schneider: Georg Heyms Gedicht *Der Krieg I*, S. 51).

9.4 Heyms Dialog mit Verhaeren

Es ist wenig bekannt, dass Heyms apokalyptische Poetik auf intertextueller Ebene von Émile Verhaeren (1855–1916) wesentlich profitierte.[23] Seine Popularität verdankte Verhaeren in nicht geringem Maße der Vermittlungstätigkeit des unermüdlichen Stefan Zweig. Dieser hatte den belgischen Dichter im August 1902 in Brüssel persönlich kennengelernt.[24] In dieser Zeit entstanden Zweigs erste Verhaeren-Übertragungen, die 1904 im Berliner Verlag Schuster & Loeffler als *Ausgewählte Gedichte* in einer Auflage von 350 Exemplaren erschienen. Mitte April 1904 veröffentlichte Zweig im *Literarischen Echo* auch sein erstes, eher sachlich-informatives Porträt des Belgiers.[25] Im März 1910 brachte der Leipziger Insel-Verlag die zweite Auflage der *Ausgewählten Gedichte*, die übersetzten Dramen *Das Kloster*, *Helenas Heimkehr* und *Philipp II* sowie Zweigs enthusiastische Verhaeren-Biographie heraus.[26] Als mustergültig charakterisiert Zweig insbesondere die Sammlung *Les Villes Tentaculaires* (1895), welche die moderne Großstadt mit ihrer Anarchie, ihren Konglomeraten von Wohnungen und Fabriken und ihrem pulsierenden labyrinthischen Leben besingt.[27] Dass Verhaerens Werk auch im

---

[23] Dass der belgische Dichter lange Zeit von der Germanistik vernachlässigt wurde, dürfte wohl mit seiner antideutschen Publizistik, insbesondere seinem Pamphlet *La Belgique sanglante* (1915) zusammenhängen, das er nach dem deutschen Überfall auf das neutrale Belgien verfasste und das ihn zu einer *damnatio memoriae* verurteilte. Vor dem Krieg allerdings wurde Verhaeren auch in Deutschland als prominenter Vertreter der Lyrik der Moderne gefeiert.

[24] Robert Dumont: Stefan Zweig et la France. Paris: Pr. Univ. de France 1967, S. 31 f. (Kap. 2: „Un ami Belge, Verhaeren").

[25] Stefan Zweig: Émile Verhaeren. In: Das literarische Echo 6 (1903/1904), Sp. 972–978.

[26] Stefan Zweig: Émile Verhaeren. Leipzig: Insel 1910. Dazu Clara Bolle: *Émile Verhaeren* (1910). In: Stefan Zweig-Handbuch. Hg. von Arturo Larcati, Klemens Revoldner und Martina Wörgötter. Berlin/Boston: De Gruyter 2018, S. 450–455. Zeitgleich erschien im Pariser Verlag Mercure de France eine französische Übertragung von Zweigs Biographie. 1914 kam auch eine englische Übersetzung bei Houghton-Mifflin, Boston–New York, heraus. Zweig feiert u. a. Verhaerens dichterische Zeitgenossenschaft, d. h. seine Abwendung vom rückwärtsgewandten Ästhetismus und seine poetische Entdeckung von Großstadt und Technologie: „Er ist nicht nur der Dichter, sondern auch der Prediger unserer Zeit. Als Erster hat er sie als *schön* empfunden, nicht aber wie die Schönfärber, die geflissentlich das Dunkle wegretuschieren und das Helle verstärken, sondern er hat sie [...] nach ursprünglicher hartnäckigster Ablehnung endlich als notwendig begriffen und den Begriff ihrer Notwendigkeit, ihrer Absicht zur Schönheit gewandelt" (Stefan Zweig: Émile Verhaeren, S. 9).

[27] Mit seiner Begeisterung stand Zweig übrigens nicht allein. In seiner Anthologie über *Die belgische Lyrik* von 1902 hatte sich Otto Hauser dazu hinreißen lassen, den Belgier als den „gewaltigste[n] Lyriker, der jemals in französischer Sprache schrieb", zu bezeichnen (Die belgische Lyrik von 1880–1900. Eine Studie und Übersetzungen von Otto Hauser. Großenhain: Baumert und Ronge 1902, S. 14. Vgl. auch Otto Hauser: Das junge Belgien. In: Aus fremden Zungen 11 (1901),

Frühexpressionismus Wertschätzung erfuhr, bezeugt die Anzahl der in den Avantgardezeitschriften publizierten Übersetzungen.[28]

Heyms Dialog mit Verhaeren entzündete sich offenbar an dessen Anarchismus.[29] Verhaerens Lyrik stellt oft den Untergang alter, überkommener Ordnungen als Katharsis und Regeneration dar. Gerade diese anarchistische Dimension erklärt das Interesse Heyms, der ebenfalls starke Sympathien für den Anarchismus hegte.[30] Anlässlich der Reichstagswahl von 1912 wünschte er sich als Ausweg aus der allgemeinen Stagnation gerade den anarchistischen belgischen Dichter oder Wedekind als Reichskanzler.[31]

Vor allem eine Dichtung hat in Heyms *Krieg* markante Spuren hinterlassen: *La Révolte*[32] aus der Sammlung *Les Villes tentaculaires* (1895), die dem expressio-

---

S. 909–911), und feierte ihn 1905 aufgrund seiner freien Rhythmen als einen „Walt Whitman seines Idioms" (Otto Hauser: Die belgische Dichterplejade. In: Literarische Warte 6 (1905), S. 648–660 und 707–715, hier S. 656). Seinerseits zögerte Johannes Schlaf in seiner Verhaeren-Monographie von 1905 nicht, ihn als „den [...] größten Dichter des zeitgenössischen Europa" zu porträtieren (Johannes Schlaf: Émile Verhaeren. Berlin/Leipzig: Schuster & Loeffler o. J. [1905], S. 14).

28 Zahlreiche expressionistische Zeitschriften veröffentlichten Verhaeren-Übersetzungen, darunter *Die Aktion*, *Die Bücherkiste*, *Neue Blätter*, *Das Neue Pathos*, *Der Ruf* und *Die Weißen Blätter*.

29 Zu Verhaerens anarchistischen Tendenzen vgl. David Gullentops: Utopie und Anarchismus in der Lyrik Émile Verhaerens. In: Anarchismus und Utopie in der Literatur um 1900: Deutschland, Flandern und die Niederlande. Hg. von Jaap Grave, Peter Sprengel und Hans Vandevoorde. Würzburg: Königshausen & Neumann 2005, S. 172–188. In Verhaerens Verlag Edmond Deman erschien Émile Royers Broschüre *Plaidoirie pour l'anarchiste Jules Moineau* (1894), die das Verteidigungsplädoyer von Émile Royer im Prozess gegen den Anarchisten Moineau enthielt. Er wurde 1892 wegen eines Dynamitattentats in Lüttich zu einer langjährigen Freiheitsstrafe verurteilt, allerdings bereits 1901 aus der Haft entlassen. Verhaeren publizierte in der anarchistischen Zeitschrift *L'En dehors* (dort erschien 1892 seine Besprechung der Werke des Malers Constantin Meunier). In der Wohnung des mit ihm befreundeten Henry van de Velde nahm er an Treffen von Intellektuellen und Künstlern teil, die mit dem Anarchismus sympathisierten, wie etwa Georges Eekhoud, Francis Vielé-Griffin, Felix Fénéon, Henri-Edmond Cross und Maximilien Luce (Gullentops: Utopie, S. 175).

30 In *Der fünfte Oktober*, einer 1911 entstandenen Novelle über die Französische Revolution aus dem Novellenbuch *Der Dieb* (1913), verarbeitete Heym Peter Kropotkins Abhandlung *Die französische Revolution*, die 1909 von Gustav Landauer übersetzt worden war. Dazu Hermann Korte: Georg Heym. Stuttgart: Metzler 1982, S. 73.

31 „Worauf kommt es an? Es kommt darauf an, daß Leute, wie meinetwegen zum Beispiel Wedekind [oder Verhaeren] (irgendwelche Namen. Man versteht aber was ich will) auch die politische Macht bekommen. Wird das möglich sein, wird man noch einmal dem Genie das Recht zuweisen, auch das Leben der Nationen zu bestimmen?" (Georg Heym: Dichtungen und Schriften. Bd. 2, S. 178, *Zu den Wahlen*). Verhaerens Name ist von Heym nachträglich gestrichen worden.

32 Émile Verhaeren: La Révolte. In: Les Villes tentaculaires. Bruxelles: Edm. Deman 1895, S. S. 72–78. Verhaerens Einfluss auf Heyms Gedicht wurde bisher nur von Christian Challot konstatiert, aber nicht wirklich analytisch und textnah untersucht (Émile Verhaeren et Georg Heym,

nistischen Dichter vermutlich in Zweigs Nachdichtung von 1910 zusammen mit anderen Verhaeren-Gedichten vorlag.[33] Dass es sich um einen für die deutschsprachige Avantgarde relevanten Text handelt, zeigen bereits die in expressionistischen Blättern erschienenen Nachdichtungen.[34] In Zweigs Übertragung[35] setzt sich *Die Revolte* aus fünfzehn freirhythmischen und reimlosen Strophen zusammen und schildert das zügellose und ungestüme Wüten einer Revolte, bei

---

poètes des grandes métropoles. In: Revue belge de philologie et d'histoire 77 (1999) 3, S. 751–764, dort 760–764). Die Vermittlerrolle Zweigs wird von Challot nicht erkannt. Zu Heym und Verhaeren vgl. auch Challots Beitrag: Émile Verhaeren – Georg Heym. Essais de lecture comparée à la lumière de l'expressionnisme allemand. In: Textyles. Revue des lettres belges de langue française 11 (1994), S. 171–185. Die lange Vernachlässigung von Heyms Verhaeren-Rezeption dürfte nicht zuletzt mit einem Zeugnis Paul Zechs zusammenhängen, demzufolge Heym vor allem Rimbaud und Baudelaire schätzte, den belgischen Dichter dagegen nur peripher rezipierte (Brief Paul Zechs an Carl Seelig vom 16. 3. 1946. In: Georg Heym: Dichtungen und Schriften. Gesamtausgabe. Hg. von Karl Ludwig Schneider. Bd. 6: Georg Heym, Dokumente zu seinem Leben und Werk. Hamburg/ München: Heinrich Ellermann 1968, S. 98). Dagegen findet man bereits in zeitgenössischen Rezensionen einige Hinweise auf Heyms mutmaßliche Auseinandersetzung mit dem belgischen Dichter (vgl. ebd. etwa S. 195, 224, 317). Schon 1911 stellte Anselm Ruest Parallelen zwischen Heym und Verhaeren her.

33 Émile Verhaeren: Die Revolte. In: E. V.: Ausgewählte Gedichte. Nachdichtung von Stefan Zweig. Leipzig: Insel-Verlag 1910, S. 73–77.

34 Übertragen wurde Verhaerens *Révolte* von einem anonymen Übersetzer in der *Aktion* beim Anlass von Verhaerens Tod im Jahre 1916 und ein Jahr später von Theodor Däubler (vgl.: Émile Verhaeren: Revolte. (Aus: *Die Verführung der Städte*). In: Die Aktion 6 (9. Dezember 1916) 49/50, Sp. 659–661 sowie ders.: Der Aufruhr. In: Der Hahn. Übertragungen aus dem Französischen von Theodor Däubler. Berlin-Wilmersdorf: Verlag der Wochenschrift *Die Aktion* (Franz Pfemfert) 1917, S. 57–62. Däublers Version ist ein Verhaeren-Porträt von André Rouveyre vorangestellt).

35 Alles spricht dafür, dass Heym Verhaeren in Zweigs Nachdichtung las. Daher wird im Folgenden darauf verzichtet, die französische Originalfassung extensiv einzubeziehen. Zweigs Übertragung entfernt sich schon allein durch den Reim von einer auf strenge semantische Äquivalenz bedachten Übersetzung, obwohl Zweig das ursprüngliche Reimschema veränderte. In seiner Nachbemerkung („Bemerkung des Übersetzers") benennt Zweig die ihn leitenden Übersetzungskriterien, nämlich „die Erhaltung des Rhythmus" und „die sinngemäße Identität der Vergleiche" (E. V.: Ausgewählte Gedichte, S. 142). Ferner verteidigt er dort seine „Verwendung unreiner Reime und zahlreicher Assonanzen" mit der Absicht, „die Freiheit Verhaerens gegenüber dem französischen Verse auch im Deutschen zu verdeutlichen" (ebd.). Auffallend ist ferner seine Akzentuierung von Verhaerens sozialpolitischer Kritik („betrogene Mengen", „Blutsteuer", „verlachte Gesetze", V. 95–100) sowie eine Expressivitätssteigerung („La toux des canons" wird zum „hustenden Schrei", V. 14), die oft auch durch Pejorativa erkauft wird. Das Befremden, das bei Verhaeren den Leichen entgegengebracht wird („chairs baroques", eigenartiges Fleisch), verwandelt sich bei Zweig in Abscheu („eklem Entsetzen", V. 80). Die Massen („foules") werden zum „Pöbel" (V. 23), „rage" wird zum „Wahnsinn" (V. 24), „cœur dans un combat" zum „Herz[en] in bitterster Qual" (V. 87). So gesehen lieferte Zweig der jungen Generation einen bereits expressiv intensivierten Verhaeren.

der eine Stadt in Brand gesetzt und zugrunde gerichtet wird.[36] Der Text liefert ein Konzentrat von Verhaerens anarchistischer Poetik, welche die Beseitigung des alten, ungerechten Gesellschaftssystems zur Bedingung eines möglichen Neuanfangs erklärt. So wird die alte Zeitrechnung außer Kraft gesetzt („le temps normal n'existant plus", V. 20). Die „échevins d'or" (V. 62), die korrupten Gemeinderäte, werden abgesetzt, rückständige Gesetze verbrannt, angehäufte Reichtümer geplündert, Kirchenheiligtümer zerstört (Heiligenbilder, Hostien und Tabernakel, V. 80 – 85). Über allem greift das personifizierte Feuer um sich, als Sinnbild für die revolutionären Ideen und ihre vernichtende Dynamik:

Die Revolte

Die Straße, in einem gurgelnden Schaum
Von Köpfen und Körpern und Schulterblättern,
Daraus sich verzweigende Arme klettern,
Scheint selbst emporzufliegen
In den wahnsinnstobenden Traum.   5
Die Straße wie Gold,
Die purpurnes Abendleuchten durchrollt. –

Der Tod
Erhebt sich auf donnernden Glockentürmen,
Der Tod, wie er aus Träumen droht   10
Mit Schwertern und Sensen und Feuerstürmen,
Mit Köpfen, die an den blutenden Stangen
Wie jählings geknickte Mohnblüten hangen.

Dumpfer Kanonen hustender Schrei,
Stumpfer Kanonen schluckendes Gröhlen   15
Zählen allein das Stöhnen, die Tränen
Der Stunde, die sich zu Tode hetzt.
Verweisungen, die leer an den Wegen gähnen
Wie Augen in ihren trostlosen Höhlen,
Schmetterten längst die Steine entzwei.   20
Die Zeit der Ordnung ist aufgelassen
Für diese fiebergepeitschten Massen,
Für diesen Pöbel, den nichts mehr entsetzt.

Der Wahnsinn stürmt aus der Erde empor
Und türmt sich auf hochgeschütteten Quadern,   25
Die helle Wut mit. schmetterndem Chor

---

36 Auch das Gedicht *Le Sonneur* (*Der Glöckner*) (Émile Verhaeren: Der Glöckner. In: E. V.: Ausgewählte Gedichte, S. 45 – 47), das ebenfalls einen Brand schildert, der sich des Glockenturms bemächtigt und dann die gesamte Stadt einäschert, hat bei Heym Spuren hinterlassen, wie sich zeigen wird.

Und neuem Blut in den quellenden Adern.
Todblaß aufkeuchend
Und schreckenhaft
Erhebt die Gier sich auf den Standarten, 30
In dieser Minute mehr erreichend
Als eines Jahrhunderts lastende Kraft
In hundert Jahren mit trägem Erwarten.

All das, was seit endlosen Zeiten
Die verwegensten Stirnen an Schrecken geboren 35
Und in den Schoß der Zukunft gesenkt,
Was in den allergeheimsten Gebeten
Die Blicke glühend heraufbeschworen
Und im dunkelsten Traum
Die wildesten Menschheitsseelen 40
Erflehten,
Ergießt sich im tausendarmigen Schaum
Dieser dürstenden Meuten,
Die Haß mit wahllosem Wüten vermählen.

Das Fest des Blutes ists, das sich gestaltet, 45
Auf Schrecknis die Fahne des Festes entfaltet. –
Über die Toten
Stampfen die Trunknen und Blutüberlohten
Den Soldaten entgegen.
Die wissen nicht Recht und Schuld mehr zu wägen 50
Und schießen verzweifelt, stumpf und gelassen
Gegen die endlos anbrausenden Massen
Des Volkes, das gierig begehrt, daß sein Haupt
Das blutige Krongold des Sieges umlaubt.

– Töten, um zu verjüngen, zu schaffen! 55
Selbst wie der unersättliche Weltgeist sein
Und rücksichtslos sein Ziel sich erraffen
Durch einer Minute erschreckenden Schein:
Töten – oder sterben, um frei zu sein!

Auf dem dunklen Grunde des Abends schwelen 60
Die Brücken und Häuser in blutigen Farben,
Bis in die Tiefen glüht in den Kanälen
Der Abglanz der feurig knisternden Garben.
Aufstrebende Türme, von Rauschgold umflirrt,
Durchschneiden das Dämmern, das endlos wird. – 65
Die Feuerarme öffnen die ruchlosen Hände
Und verstreuen ins Dunkel auffunkelnde Brände,
Und die Dächer springen in kohlendem Schein
Aufkrachend hoch in die Wolken hinein.

Drüben knattert es, Schuß für Schuß. 70

Der Tod mit geschmeidigem Finger geht
Entlang der Mauern und schießt und lädt
In fliegender Eile aus den schweren Gewehren,
Und mit titanischen Gesten mäht
Er Körper hin gleich schaukelnden Ähren.   75
Reihen sinken mit einzigem Schrei,
Und auf sie wuchtet die Stille wie Blei.
Über nackter Leiber zerschossenen Fetzen
Beginnt nun wie höhnischer Mummenschanz
Über röchelnden Ruf und eklem Entsetzen   80
Der Laternen phantastischer, spiegelnder Tanz.

Die Glockenrufe, die sich stoßen und streiten,
Brummen und summen schwarz und schwer
Ihr ängstliches Greinen hinaus in die Weiten,
Die grau wie das Meer. –   85
Dröhnend und stöhnend ruft die Glocke zum Sturm
Wie ein Herz in bitterster Qual,
Bis mit einem Mal
Die Glocke, die eben in traurigem Grimme
Gebrummt und gesummt,   90
Gleich einer erstickenden Stimme
In ihrem eingeäscherten Turme
Verstummt.

In die Stadtpaläste, wo der Hohe Rat
Die Gemeinde bemeistert und betrogener Mengen   95
Blutsteuer einschlürfte wie goldene Saat,
Ergießt sich der Strom. – Die Schlösser zersprengen,
Und die Türen sinken, von Hacken zerspalten.
Gierig entreißt man den eisernen Schränken
Den gereihten Stoß von verlachten Gesetzen.   100
Eine Fackel frißt sie mit feuriger Zunge
Und speit in schwarzen, verkohlenden Fetzen
Weithin ihr verruchtes Gedenken. –
In den Kellern beginnt Raub und Diebstahl zu walten,
Während von Fenstern und Dachgestühlen   105
Mit wildem Schwunge
Es niedersaust von Menschengestalten,
Die fallend die Luft mit den Armen durchwühlen.

Auch in den Kirchen stürmt Rasen und Hohn.
Glasfenster mit der Jungfrau auf himmlischem Thron   110
Bedecken den Boden, in Scherben zerschellt,
Wie Stoppeln ein trostloses Ackerfeld.
Verstümmelt und schief, mit zermartertem Rumpf
Hängt des Heilands Gestalt am Kreuzesstumpf.
Mit Fluchen verschüttet und mit lästernden Stößen   115

Vergossen das Öl aus den goldnen Gefäßen.
Die Heiligen peitscht man, und frevelnder Raub
Läßt nicht die Hostien am Altar ruhen,
Man streut sie zu Boden wie schneeigen Staub,
Damit sie zerkrümten unter stampfenden Schuhen.　　　　　　120

Alle Greuel des Mordes, der Schrecknis steigen
Wie Fackeln empor zu dem Sternenreigen.
Mit dem Flachland, durchflogen von Scharlachflammen,
Glüht nun die rasende Stadt zusammen,
Die Stadt, von Abendfernen umhöhnt,　　　　　　　　　　125
Die sich selbst mit feuriger Krone krönt.
Die Nacht und diese lohende Glut
Umpressen das Leben mit ihrer Wut
So eng, daß die Erde zu zittern scheint
Und das Land sich in feurigem Glast zu verzehren,　　　　130
Und mit den kälteren Himmelssphären
Auflodernd der Wahnwitz sich nun vereint!

– Töten, um zu verjüngen, zu schaffen
Oder sich selbst im Kampfe zu fällen!
Bändigen – oder die Stirn sich zerschellen!　　　　　　　135
Ob grün oder blutrot der Frühling tagt,
Ist es nicht doch
In der Tage mühsam keuchendem Joch
Die *gleiche* Triebkraft, die uns vorwärts jagt! –[37]

Verhaerens triumphale Inszenierung anarchistischer Zerstörungswut dürfte auf Heym ihre Wirkung nicht verfehlt haben. Konstatieren lässt sich der Einfluss der *Révolte* auf den *Krieg* auf unterschiedlichen Ebenen. Von Verhaerens strophisch und rhythmisch anders dimensionierter Dichtung übernahm Heym zum einen den motivisch-situativen Rahmen seines Textes, die Vision vom Untergang einer Stadt in einem verwüstenden Flammenmeer. Zum anderen verrät auch die Metaphorik seiner Dichtung die Spuren einer durchaus systematischen und minutiösen Exzerpiertechnik, welche auch weitere Gedichte aus der Zweig-Anthologie sowie andere lyrische Texte miteinbezogen hat.

Der Dialog mit Verhaeren prägt bereits die Eröffnungsstrophe, in der sich der riesige Kriegsdämon aus der Tiefe („unten aus Gewölben tief", V. 2) erhebt, wie die die gravitätische Anapher „Aufgestanden" unterstreicht. Heyms Allegorie vom aufgestandenen Krieg ist offensichtlich Verhaerens Personifikation des sich erhebenden Todes nachempfunden („Der Tod / Erhebt sich auf donnernden Glo-

---

37 Émile Verhaeren: Die Revolte. In: E. V.: Ausgewählte Gedichte. Nachdichtung von Stefan Zweig. Leipzig: Insel-Verlag 1910, S. 73–77.

ckentürmen, / Der Tod, wie er aus Träumen droht", V. 8 – 10), wobei die psychische Tiefe der dort evozierten Todesträume durch die Gewölbemetaphorik verräumlicht wird („aus Gewölben tief"). Die tiefen Gewölbe des Unbewussten metaphorisieren den Schrecktraum der ‚schwarzen Gefahr', aus dem das Gespenst des Krieges bei Heym erwächst. Verpflichtet ist die Auferstehungsszene zugleich der erwachenden Mitternacht im *Nachtwandler-Lied* aus Nietzsches *Also sprach Zarathustra*, dem Heym das Reimpaar („schlief"/„tief") entnimmt.[38] Anstelle von „erwachen" (Nietzsche) oder „sich erheben" (Verhaeren) wählt Heym allerdings das Verb „aufstehen", was eine manifeste blasphemische Anspielung auf die Osterbotschaft beinhaltet, im Sinne einer paradoxen Auferstehung des Todes. Auch das Reimwort „unerkannt" von V. 3 besitzt offenbar eine biblische Grundierung („Er war in der Welt, und die Welt ist durch ihn geworden, und die Welt hat ihn nicht erkannt", Joh. 1, 10) und lässt den Krieg als den *neuen* Messias erscheinen, der den christlichen ablöst. Die hyperbolische Metapher vom „Zerdrücken" des „Mondes" durch den Kriegsdämon erinnert ihrerseits erneut an Verhaeren, der in *Le Vent* in einer ähnlich fulminanten und rabiaten Verbmetapher den zerstörungslustigen Novemberwind den „Mond" „vom Himmel schmettern" lässt.[39]

Ungeachtet der intertextuellen Korrespondenzen zeigt der allegorische Todesdämon bei Heym indes eine grundsätzlich andere Dimensionierung. Während er bei Verhaeren explizit als „der Tod" auftritt, heißt der Kriegsriese bei Heym bis zuletzt immer nur „er", was nicht nur seine Unheimlichkeit steigert, sondern auch seine Undurchschaubarkeit unterstreicht („groß und unerkannt", V. 2). Diese Unbestimmtheit wird übrigens durch die unpersönlichen „Es"-Konstruktionen in V. 5, 8 und 9 noch gesteigert. Die unheimliche Wirkung des unerkannten „Er" ist ein ebenso unbekanntes und verstörendes „Es": „In den Gassen faßt es ihre Schulter leicht" (V. 9). In *La Révolte* ist der Todesdämon ferner nur Reflex und Spiegelung der Massen der Aufständischen. Das Volk ist Hauptträger und Motor des Aufruhrs. Bei Heym dagegen wird das Zerstörungswerk enthumanisiert und zugleich verabsolutiert. Die Menschen verkommen zu Heizmaterial, mit dem der sinistre Kriegsdämon den Stadtbrand nährt. Dem Kriegsriesen wird auch das

---

38 „*O Mensch! Gieb Acht! / Was spricht die tiefe Mitternacht? / ‚Ich schlief, ich schlief –, / Aus tiefem Traum bin ich erwacht: – / Die Welt ist tief, / Und tiefer als der Tag gedacht*" (Friedrich Nietzsche: Also sprach Zarathustra. In: KSA 4, S. 404).

39 „Saht ihr ihn damals in jener Nacht, / Als er den Mond vom Himmel geschmettert / Und die Dörfer, vom Schlafe erwacht, / Vor seiner Macht / Wie erschreckte Tiere gezetert?" (Émile Verhaeren: Novemberwind. In: Ausgewählte Gedichte, S. 49). Vgl. aber auch: „Der Glöckner schmettert mit schauernder Hand / Seine Angst weithin in das endlose Land" (Émile Verhaeren: Der Glöckner. In: ebd., S. 45).

Privileg der direkten Rede zugestanden, Heym lässt ihn in der vierten Strophe seine Krieger zusammenrufen.[40] Die menschliche Perspektivierung spielt dagegen eine untergeordnete Rolle. So entfallen im *Krieg* auch die personifizierten Emotionen der Bedrängnis, Angst, Hoffnung, Wut und Freude, die in *La Révolte* immer wieder evoziert werden.[41] Auch der städtische Raum, den beim belgischen Dichter die revolutionäre Masse erobert, steht bei Heym nicht im Vordergrund. Die Bewegungsrichtung ‚von unten nach oben‘, welche bei Verhaeren die soziale Revolution versinnbildlicht, kehrt Heym zu einer apokalyptischen Dynamik ‚von oben nach unten‘ um. Seine kulturpessimistisch-apolitische Vision erteilt Verhaerens Revolutionsoptimismus eine klare Absage. Dem entspricht auch eine grundsätzlich andere Blickführung. Verhaerens Leser befinden sich mitten im Geschehen, quasi an der Seite der Revolutionäre. Seine Todesallegorie erhebt sich sofort zwischen den Menschen, in und nicht außerhalb der Stadt. Im *Krieg* nimmt der Rezipient dagegen die Position des Riesen ein: Er schaut ebenso von oben auf die Stadt herab, kann aber den Menschen nicht näherkommen. Dies geht mit der Distanz einher, die zu Beginn zwischen der Stadt und dem Riesen besteht, der sich in den Bergen erhebt und erst im Laufe des Gedichts auf die Stadt zukommt.

In den nächsten beiden Strophen knüpft Heym an die Einleitungsstrophe der *Révolte* an, lässt allerdings die urbane Geschäftigkeit, die dort mit protofuturistischer Dynamik geschildert wird,[42] in tödlicher Stille erstarren. Noch ist der Krieg von den Städten entfernt, doch sorgt die plötzlich eintretende frostige Stille, die durch die f- („*f*ällt“, *F*rost“, „*f*remden“) und st-Alliteration („*st*ockt“, „*st*ill“) betont wird, für eine ominöse Vorahnung der bevorstehenden Katastrophe. Syntaktisch wird die sich ausbreitende Panik durch den zerhackten, atemlosen Duktus wiedergegeben: „Es wird still. Sie sehn sich um. Und keiner weiß“ (V. 8), „Eine Frage. Keine Antwort. Ein Gesicht erbleicht“ (V. 10). Der Unterschied dieser erstarrten Stille zu Verhaerens Dynamismus hinderte Heym jedoch nicht daran, weitere Bilder von seiner Vorlage punktuell zu verwerten. Dazu zählen etwa die in der Ferne läutenden Glocken („In der Ferne wimmert ein Geläute dünn“, Verhaeren: „Die Glockenrufe, die sich stoßen und streiten, / Brummen und summen schwarz

---

40 „Und er schreit: Ihr Krieger alle, auf und an“ (V. 14).

41 Challot spricht in Bezug auf Heym zu Recht von „animalisation et chosification“ des Menschlichen (Christian Challot: Émile Verhaeren et Georg Heym, S. 764).

42 „Die Straße, in einem gurgelnden Schaum / Von Köpfen und Körpern und Schulterblättern, / Daraus sich verzweigende Arme klettern, / Scheint selbst emporzufliegen / In den wahnsinnstobenden Traum. / Die Straße wie Gold, / Die purpurnes Abendleuchten durchrollt. – “ (Émile Verhaeren: Die Revolte. In: Ausgewählte Gedichte, S. 73).

und schwer / Ihr ängstliches Greinen hinaus in die Weiten", V. 82 – 84),[43] das Detail der Schulter in den Gassen ("ihre Schulter", Verhaeren: "Schulterblätter", V. 2) und das leichenähnliche Erblassen ("Ein Gesicht erbleicht", Verhaeren: "Todblaß", V. 28). Die Ratlosigkeit der Stadtbevölkerung angesichts der plötzlich ausgebrochenen, fremden Dunkelheit (V. 8: "Und *keiner weiß*") hat ebenfalls bei Verhaeren/Zweig eine Parallele, nämlich im Gedicht *Die Auswanderer* (*Le Départ*): "Aus Schicksalen, die *keiner weiß*".[44] Auch die humoristische Synekdoche von den "zitternden Bärten" in V. 12 könnte sich aus der ironischen Transformation einer Verhaeren-Stelle ergeben haben. In *Novemberwind* sind es "die Eiseneimer", die "klappern und zittern".[45]

Nach dieser Einleitung beschreibt der Mittelteil den Ausbruch des Krieges sowie das die Stadt auslöschende Feuer. Vor allem der Brand steht im Mittelpunkt. Zwar ruft Heyms Kriegsdämon seine "Krieger" (V. 14) zusammen, in der sechsten Strophe ist vom "Waffenschall" und den getöteten Wachen die Rede. Die Kriegssituation bleibt allerdings nebulös und nicht recht greifbar. Wie die leitmotivische Evokation von Feuer, Flammen und Fackeln belegt, wird die zerstörerische Dynamik vorrangig als Brand gestaltet. Darin liegt eine weitere bedeutsame Affinität zum belgischen Dichter, bei dem der Fokus neben dem Aufstand ebenfalls gerade auf dem verheerenden Feuer liegt, das die gesamte Stadt mitsamt ihrer Umgebung auslöscht.

Die vierte Strophe leitet den dionysischen Kriegstanz ein, dessen ekstatische Wucht durch die nachdrücklichen sch-Alliterationen unterstrichen wird ("*sch*reit", "*sch*allet", "*sch*warze", "*sch*wenkt", "*Sch*ädeln"). In *La Révolte* findet sich bereits nicht nur das Tanzmotiv,[46] sondern auch die makabre Zierde der Schädel, die bei Verhaeren an den blutenden Stangen des Todes hängen[47] und bei Heym den Krieg als blutrünstigen Kannibalen charakterisieren.

Die Evokation der Dämmerung in der fünften Strophe, in V. 17, lässt den Kriegsriesen als eine Gestalt erscheinen, die der Stadt zunächst Dunkelheit bringt. Er "tritt" "die letzte Glut" "aus" und wird dadurch mit dem Anbruch der Nacht

---

43 Vgl. auch: "[...] Entfesselt im Abendgrunde der Sturm / Sein tolles *Geläute*" (Émile Verhaeren: Der Glöckner. In: ebd., S. 45, Hervorh. d. Verf.).
44 Émile Verhaeren: Die Auswanderer. In: ebd., S. 61 (Hervorh. d. Verf.).
45 Émile Verhaeren: Der Novemberwind. In: ebd., S. 48.
46 Dort ist vom wilden "Tanz" "der Laternen" in der zehnten Strophe die Rede.
47 "Der Tod / [...] Mit Köpfen, die an den blutenden Stangen / Wie jählings geknickte Mohnblüten hangen" (Émile Verhaeren: Die Revolte. In: Ausgewählte Gedichte, S. 73, V. 8–13). Heyms Hyperbel "tausend Schädel" (V. 16) klingt wie eine Überbietung. Von Verhaeren/Zweig übernimmt Heym übrigens auch das Reimwort "hangen" bzw. "hängen": "Drum von tausend Schädeln laute Kette hängt" (V. 16).

analog gesetzt. Zugleich bereitet er sich allerdings auch vor, in die Stadt die *neue* Glut des Krieges zu bringen. Die Zeitbestimmung „Wo der Tag flieht" von V. 18 dient in dieser Hinsicht als Scharnier, das vom Erlöschen der Sonnenglut zum Entfachen der neuen Glut der Zerstörung überleitet: „Einem Turm gleich tritt er aus die letzte Glut, / Wo der Tag flieht, sind die Ströme schon voll Blut." Der wohl ebenfalls von Verhaeren angeregte Vergleich des riesigen Kriegsdämons mit einem Turm,[48] den auch die t-Alliteration („*T*urm", „*t*ritt", „*T*ag") unterstützt, betont in der fünften Strophe erneut die vertikale Zerstörungsachse. Das Bild der Blutströme in V. 17 spielt auf die Vision der sieben Plagen der Endzeit aus der Offenbarung des Johannes an, namentlich auf die dritte Plage: die Verwandlung aller Gewässer in Blut.[49] Zugleich zeigt sich in den nächsten beiden Versen eine Progression der Blickführung von oben nach unten, vom türmenden Riesen zu den „im Schilf", also vor den Stadtmauern ausgestreckten Leichen. Der Reim „gestreckt"/„bedeckt" sowie die Evokation der weißen Farbe, welche weiße To-

---

48 Wie bereits gezeigt, erhebt sich bei Verhaeren der Tod „auf donnernden Glockentürmen" (V. 9) und wird somit selbst zu einer turmähnlichen riesigen Gestalt. Ferner werden in der *Révolte* weiterhin Türme evoziert, die zur Stadt gehören und im Original „riesige Schatten" („ombres démesurées", V. 56) werfen. Zweig übersetzt die Stelle nicht wörtlich („Aufstrebende Türme", V. 64). Im *Glöckner* ist der Turm von der Glut wie ein Trichter ausgehöhlt („Der Turm / Ist nun ein einziger Glutentrichter" (Émile Verhaeren: Der Glöckner. In: Ausgewählte Gedichte, S. 46). Aus dem *Glöckner* könnte Heym übrigens auch das Reimpaar „Glut"/„Blut" übernommen haben: „Die nächtige Stadt steht trunken in *Glut*, / Die Mienen der rasch gesammelten Massen / Erfüllen mit Schreck und Schrei alle Gassen, / Und auf den Mauern, die jählings blinken, / Trinken / Die schwarzen Quadern das flammende *Blut*" (ebd., S. 45).
49 „Und der dritte [Engel] goss aus seine Schale in die Wasserströme und in die Wasserquellen; und es wurde Blut" (Offb 16, 4). Dem entspricht im Buch Exodus die erste Landplage: „14. Und der Herr sprach zu Mose: Das Herz des Pharao ist hart; er weigert sich, das Volk ziehen zu lassen. 15. Geh hin zum Pharao morgen früh. Siehe, er wird ans Wasser gehen; so tritt ihm entgegen am Ufer des Nils und nimm den Stab in deine Hand, der zur Schlange wurde, 16. und sprich zu ihm: Der Herr, der Gott der Hebräer, hat mich zu dir gesandt und lässt dir sagen: Lass mein Volk ziehen, dass es mir diene in der Wüste. Aber du hast bisher nicht hören wollen. 17. Darum spricht der Herr: Daran sollst du erfahren, dass ich der Herr bin: Siehe, ich will mit dem Stabe, den ich in meiner Hand habe, auf das Wasser schlagen, das im Nil ist, und es soll in Blut verwandelt werden. 18. Die Fische im Strom werden sterben, und der Strom wird stinken. Und die Ägypter wird es ekeln, das Wasser aus dem Nil zu trinken. 19. Und der Herr sprach zu Mose: Sage Aaron: Nimm deinen Stab und recke deine Hand aus über die Wasser in Ägypten, über ihre Ströme und Kanäle und Sümpfe und über alle Wasserstellen, dass sie zu Blut werden, und es sei Blut in ganz Ägyptenland, selbst in den hölzernen und steinernen Gefäßen. 20. Mose und Aaron taten, wie ihnen der Herr geboten hatte. Da hob er den Stab und schlug ins Wasser, das im Nil war, vor dem Pharao und seinen Großen. Und alles Wasser im Strom wurde in Blut verwandelt. 21. Und die Fische im Strom starben und der Strom wurde stinkend, sodass die Ägypter das Wasser aus dem Nil nicht trinken konnten; und es war Blut in ganz Ägyptenland. [...]" (2. Mose 7, 14 – 25).

deslaken assoziiert, scheinen der deutsch-jüdischen Dichterin Gertrud Simon Marx (1851–1916) entlehnt worden zu sein, die bei Heym einige Spuren hinterlassen hat.[50] In der sechsten Strophe nähert sich der Kriegsriese immer mehr und dringt schließlich in die Stadt ein. Zunächst steht er über den brennenden „Mauern", dann über „Gassen", „Toren" und „Brücken". Die Eroberung der Stadt durch den Feind in der sechsten Strophe erinnert an die von Verhaeren geschilderte Stadteinnahme durch die Aufständischen. Die Wächter, die über Toren quer liegen (vgl. V. 23), ähneln den Soldaten, die in der *Révolte* Recht und Unrecht nicht mehr unterscheiden können und als Wachinstanz daher ebenso außer Kraft gesetzt sind (V. 46–48).[51] Das Emportürmen des Kriegsdämons malt Heym durch eine vierfache „Über"-Anapher aus, die er von Verhaeren übernahm und erweiterte.[52]

In der nächsten Binnensequenz, die aus der siebenten, achten und neunten Strophe besteht, transferiert Heym – in Kontrapunkt zum belgischen Dichter – die zerstörerische Vitalität von den aufständischen Massen ganz auf den apokalyptischen Kriegsdämon selbst.[53] Wie einen Hund jagt er die Flammen in der Nacht, als Heizer nährt er mit den Leichenbergen der Stadt ein gigantisches Feuer (so wie

---

50 Um die Leichenszene auszumalen, dürfte Heym auf Marx' Gedicht „Bevor ich ahnte [...]" zurückgegriffen haben, das der Trauer einer Mutter über ihr frühverstorbenes Kind gilt: „Dann lag sie still und regungslos / *Dahingestreckt*, / Von einem Laken *weiß* und groß / Nur leicht *bedeckt*" (Gedichte. Berlin: Carl Freund 1907, „Bevor ich ahnte", S. 43 f., hier S. 43, V. 5–8, Hervorh. d. Verf.), Heym: „Zahllos sind die Leichen schon im Schilf *gestreckt*, / Von den Todes starken Vögeln *weiß bedeckt*" (V. 19 f.). Diesen Prätext verwandelt Heym in das vitalistische Bild der weißen starken Vögel des Todes. Gerade der intertextuelle Bezug zu Marx erklärt, warum die Vögel des Todes überraschenderweise „weiß" sind, denn sie werden weißen Todeslaken analog gesetzt. Das Bild von den „wimmelnden Menschen" aus Marx' Gedicht kehrt bei Heym in der achten Strophe wieder, und zwar mit demselben Reim – Gertrud Simon Marx: „Von Menschen wimmelt's um mich her" (ebd., V. 9), Heym: „Und was unten auf den Straßen wimmelt hin und her" (V. 31). Vers 11 bei Marx („Dann wurd' es plötzlich still und leer") hat offenbar die Vorlage für V. 8 bei Heym geliefert: „Es wird still" (V. 8). Auch Heyms Bild vom raschen Flug des Tags („Wo der Tag flieht", V. 18) geht offenbar auf Marx' Gedicht zurück („Die trüben, stillen Tage gehn / Dahin geschwind", V. 25 f.).
51 „Über die Toten / Stampfen die Trunknen und Blutüberlohten / Den Soldaten entgegen. / Die wissen nicht Recht und Schuld mehr zu wägen / Und schießen verzweifelt, stumpf und gelassen, / Gegen die endlos anbrausenden Massen" (Émile Verhaeren: Die Revolte, S. 74, V. 47–52).
52 Verhaeren: „*Über* nackter Leiber zerschossenen Fetzen / [...] *Über* röchelnden Ruf und eklem Entsetzen", V. 78, 80), Heym: „*Über* runder Mauern blauem Flammenschwall / Steht er, *über* schwarzer Gassen Waffenschall. / *Über* Toren, wo die Wächter liegen quer, / *Über* Brücken, die von Bergen Toter schwer" (V. 21–24, Hervorh. d. Verf.).
53 Dies betont zu Recht auch Challot: „Heym transfère sa vitalité [d.i. die der Stadt] à un antihéros, à ce démon radicalement destructeur, thanatique dont il affirme la totale domination sur les villes." (Émile Verhaeren et Georg Heym, S. 763 f.).

er bei Verhaeren „mit titanischen Gesten" Menschenkörper „gleich schaukelnden Ähren" „hinmäht", V. 74 – 75) und zündet mit seiner Stange auch die umgebenden Wälder an. Zum anderen wird auch der Brand selbst personifiziert. Er erscheint in metaphorischer Umschreibung als „roter Hund" mit mehreren Mäulern (offensichtlich ist die Anspielung auf den dreimäuligen Höllenhund Cerberus),[54] die in der Ferne entfachten Feuer werden zu „Vulkanen", „roten Zipfelmützen" sowie „gelben Fledermäusen", die in das Waldlaub „gekrallt" sind. Unterstrichen wird die zerstörerische Wut der Flammen in der achten und neunten Strophe durch die markanten f(l)-Alliterationen („*Fegt*", „*Feuerhaufen*", „*Flamme*", „*Flammen*", „*fressen*", „*Fledermäuse*"). Die Und-Anaphern von V. 29, 31 und 33 ihrerseits malen die unaufhaltsame Ausbreitung des Feuers aus.

Trotz seiner profilierteren allegorischen Rahmung, die auf eine Entpolitisierung und Enthistorisierung der Zerstörungsvision hinausläuft, profitiert Heym auffallend von Verhaerens Vitalismus. Auch bei ihm setzt die Revolte ein unerhörtes Energiepotential frei, das gerade durch den ausgeprägten Verbalstil unterstrichen wird. Im Gedicht dominieren Verben, welche Bewegung oder Gewalt zum Inhalt haben, wie „zerdrücken", „zittern", „tanzen", „schwenken", „austreten", „fliehen". Hinzu kommen Partizipialformen wie „flackend", „brennend", „glühnden". Wenn Heym die Zerstörungsdynamik durch Aktionsverben wie „springen" (V. 27), „jagen" (V. 25) und „fressen" (V. 33) umschreibt, folgt er darin Verhaeren/Zweig. So „*springen*" auch in *La Révolte* die brennenden Dächer aufkrachend hoch in den Himmel hinein.[55] Es ist die Triebkraft des Aufstands, die – so heißt es wörtlich – „uns vorwärts" „*jagt*",[56] und auch bei Verhaeren „*frißt*" eine Fackel die Gesetzbücher „mit feuriger Zunge".[57]

Gleichzeitig kombiniert Heym *La Révolte* auch mit anderen, bisher ebenfalls übersehenen Prätexten. Vor allem Eduard Mörikes *Feuerreiter*, Theodor Körners *Bergmannsleben* und Ludwig Uhlands *Taillefer*-Ballade scheinen bei ihm Spuren hinterlassen zu haben. Mörikes *Feuerreiter* entnommen sind das Reimwort „querfeldein"[58] sowie die metaphorische Umschreibung der Brände durch „rote

---

54 „[…] Cerberus, dess Schrein die Seelen peinet" (Dante: Die göttliche Komödie. Hg. von Carl Ludwig Kannegiesser. Amsterdam: Im Kunst- und Industrie-Comptoir 1809, Bd. 1, S. 42).

55 „Und die Dächer springen in kohlendem Schein / Aufkrachend hoch in die Wolken hinein" (Émile Verhaeren: Die Revolte. In: Ausgewählte Gedichte, S. 75, V. 68 f.).

56 „Die *gleiche* Triebkraft, die uns vorwärts jagt! –" (ebd., S. 77, V. 139).

57 „Eine Fackel *frißt* sie [die Gesetzesbücher] mit feuriger Zunge" (ebd., S. 76, V. 101).

58 Vgl. Heym: „In die Nacht er jagt das Feuer *querfeldein*" (V. 25), Mörike: „*Querfeldein!* Durch Qualm und Schwüle / Rennt er schon und ist am Ort! (Eduard Mörike: Der Feuerreiter. In: Mörikes Werke in vier Teilen. Hg. und mit Einleitungen und Anmerkungen versehen von August Leffson. Erster Teil: Gedichte – Idylle vom Bodensee. Hg. und mit einem Lebensbild versehen von A. L.

Zipfelmützen" (V. 29).[59] An Körners *Bergmannsleben* angelehnt, das die berg-
männische Arbeit unter Tage verherrlicht, sind bei Heym in der siebenten Strophe
das Reimpaar „Welt"/„erhellt" (V. 27/28) sowie einzelne Lexeme – das „Dunkel",
die „Nacht" und der Gott „Vulkan", der entmythologisiert zur Metapher für die in
der Stadt ausgelösten, Vulkanausbrüchen gleichenden Brände wird.[60] An Uhland
erinnert die Charakterisierung des Kriegsdämons als Köhlerknecht, der wie Taillefer das Feuer ordentlich schürt, sowie der Reim „Knecht"/„recht".[61]

Wenn bei Verhaeren auf die Darstellung des Aufstands in den V. 121–132 eine
Überschau über die glühende Stadt und ihr Umland folgt, die den Text abschließt,
so findet sich auch im Epilog von Heyms Dichtung ein – extrem verknappter –
panoramatischer Überblick über die feuerversengte Stadt (V. 37 f.). Zugleich weist
diese Schlusssequenz, welche die beiden letzten Strophen umfasst, den wohl
frappierendsten Unterschied zu *La Révolte* auf. Der Aufstand erscheint bei Verhaeren nicht bloß als Untergang, sondern als extremer Akt der Selbstbestimmung
der Stadt, so dass der Brand ihr schließlich zur *Krone* (V. 126) wird.[62] Dies erklärt,
warum „alle Greuel des Mordes" am Ende durch die Flammen „zu dem Sternenreigen" „steigen" und somit eine Verbindung zwischen Erde und Himmel
etablieren („De haut en bas", V. 55). Im französischen Original wird diese Apotheose der Revolte noch deutlicher, durch die Homophonie zwischen „désastres"
(V. 86 f.) und „des astres". Schließlich steht das ganze Land im Gold und Rot der

---

Berlin/Leipzig/Wien/Stuttgart: Deutsches Verlagshaus Bong & co. 1908, S. 27 f., hier 28, V. 15 f.,
Hervorh. d. Verf.).

59 Vgl.: „Sehet ihr am Fensterlein / Dort die rote Mütze wieder? / Nicht geheuer muß es sein /
Denn er geht schon auf und nieder" (Eduard Mörike: Der Feuerreiter, S. 27, V. 1–4).

60 Vgl. Heym: „Aus dem *Dunkel* springt der *Nächte* schwarze *Welt*, / Von *Vulkanen* furchtbar ist
ihr Rand *erhellt*" (V. 27/28), und Körner: „In das ew'ge *Dunkel* nieder / Steigt der Knappe, der
Gebieter / Einer unterird'schen *Welt*. / Er, der stillen *Nacht* Gefährte, / Atmet tief im Schoß der
Erde, / Den kein Himmelslicht *erhellt*. / [...] / Selbst *Vulkan*, der Eisenbänd'ger, / Reicht uns seine
Götterhand" (Theodor Körners sämtliche Werke in vier Teilen. Neue vervollständigte und kritisch
durchgesehene Ausgabe. Hg. von Eugen Wildenow. [...] Erster Teil. Leipzig: Max Hesses Verlag
1903, S. 42–44, hier 42 f., V. 1–6 und 27–28). Auch bei Körner übrigens sind die unterirdischen
Flammen blau. Vgl. Heym: „Über runder Mauern *blauem* Flammenschwall" (V. 21), Körner: „Und
aus *blauen* Flammen steigen / Geister in die grause Nacht" (S. 42, V. 12–13, Hervorh. d. Verf.).

61 Vgl. Heym: „Seine Stange haut er wie ein Köhler*knecht* / In die Bäume, daß *das Feuer brause
recht*" (V. 35–36), und Uhland: „Der Herzog sprach: ‚Ich hab' einen guten *Knecht*, / Den Taillefer;
der dient mir fromm und *recht*, / Er treibt mein Rad und *schüret mein Feuer* gut'" (Uhlands
Gedichte und Dramen. Erster Teil. Stuttgart: Verlag der J. G. Cotta'schen Buchhandlung 1885,
S. 182–184, hier 182, V. 9–11, *Taillefer*, Hervorh. d. Verf.).

62 „Mit dem Flachland, durchflogen von Scharlachflammen, / Glüht nun die rasende Stadt zusammen, / Die Stadt, von Abendfernen umhöhnt, / Die sich selbst mit feuriger Krone krönt"
(Émile Verhaeren: Die Revolte. In: Ausgewählte Gedichte, S. 77, V. 123–126).

Flammen und die Stadt bricht auf („La ville entière éclate", V. 88). Erst der Untergang kann den Neubeginn einläuten.[63] Zerstörung und Regeneration bedingen einander: „Töten, um zu verjüngen, zu schaffen!", lautet bei Verhaeren/Zweig der zweimal wiederholte zentrale Vers.[64]

Bei Heym tritt anstelle der Apotheose die Apokalypse. Die Zerstörung ist endgültig. Pessimismus und Nihilismus dominieren. Von der Stadt ist nur noch im Präteritum die Rede: Sie „versank" in gelbem Rauch (V. 37). Wer immer noch über den glühenden Trümmern „steht", ist einzig der Kriegsdämon. Er dreht seine Fackel „dreimal" und lässt damit „Pech und Feuer" „auf Gomorrh" (V. 44) regnen.[65] Die letzte syntaktische Periode des Gedichts gilt dem über dem Schlachtfeld thronenden Kriegsriesen und umfasst die Verse 39 – 44. Sie erstreckt sich mit einem kühnen Strophenenjambement über nicht weniger als sechs Verse und besitzt im Text eine absolute Ausnahmestellung. Diese außergewöhnliche Amplitude veranschaulicht durch die weit ausladende Syntax auf eindrucksvolle Weise den bedingungslosen und uneingeschränkten Triumph, den der Krieg über die ausgelöschte Menschheit feiert.

In *La Révolte* „krönt sich" die Stadt, bei Heym „wirft" sie „sich" „in des Abgrunds Bauch". Die komisch-groteske Metapher vom Abgrund als „Bauch" könnte indessen ebenfalls von Verhaeren angeregt worden sein. In seinem Sonett *Cuisson du pain* (*Das Brotbacken*) tauchen die Mägde das Brot in den „*Bauch*" eines flammenden Ofens.[66] Aus demselben Sonett übrigens stammt auch der Vergleich der Flammen mit tollgehetzten Hunden, der Heyms Evokation des Cerberus präfiguriert.[67] Zugleich bestätigt sich in der Abschlussstrophe Heyms eklektizistische Kombination von Verhaerens Anarchismus mit Reminiszenzen aus der deutschen Dichtungstradition. Die öde Landschaft, die sich in der Abschlussstrophe auftut, scheint an die verwüstete Szenerie angelehnt, die der von Schiller besprochene Dichter Friedrich von Matthison in *Der Genfer See* entwirft. Dort lässt

---

63 Michel Biron bemerkt über *Les villes tentaculaires*, dass sie „s'anéantiront bientôt elles-mêmes avant de renaître sous la forme utopique" (Michel Biron: La traversée des discours crépusculaires dans *Les Villes tentaculaires*. In: Textyles 11 (1994), S. 89 – 97, hier 91).

64 Émile Verhaeren: Die Revolte. In: Ausgewählte Gedichte, S. 74, V. 55 sowie S. 77, V. 133.

65 „Da ließ der HERR Schwefel und Feuer regnen vom Himmel herab auf Sodom und Gomorra und vernichtete die Städte und die ganze Gegend und alle Einwohner der Städte und was auf dem Lande gewachsen war" (1. Mose 19. 24 f.).

66 „Und nun, da ringsum schon die schwarzen Schorne rauchten, / Faßten die Mägde je zu zweit das Brett und tauchten / Rasch in des Ofens Bauch das teigig-weiche Brot" (Émile Verhaeren: Das Brotbacken. In: Ausgewählte Gedichte, S. 7, V. 9 – 11).

67 „Jäh schlugen aus der Lohe da die lechzendheißen / Glutzungen hoch – wie Hunde tollgehetzt und rot / Aufspringen, um ihr Antlitz wütend zu zerbeißen" (ebd., S. 7, V. 12 – 14).

Gott die paradiesische Seeidylle aus dem finsteren Chaos entstehen.[68] Heym kehrt die Sequenz um und entlehnt aus der dreizehnten Strophe, die auch Schiller in seiner Rezension zitiert, den Reim „Schein"/„Wüstenein" sowie die ausgebrannten „Trümmer", die er in V. 30 bringt.[69] Die w-Alliterationen unterstreichen das sich darbietende Bild der Verwüstung („Wolken", „Widerschein", „Wüstenein", „weit").

Die Dreierzahl, die auch die d-Alliteration („Der", „dreimal", „dreht") bekräftigt,[70] sowie auch die Evokation der korrupten Stadt, die unter einem Regen aus Feuer und Schwefel begraben wurde, lassen den Krieg als Geißel Gottes erscheinen. Doch zieht die Apokalypse letztlich Gott selbst mit in den Abgrund. Erscheint bereits im Incipit der Kriegsdämon als neuer Messias, der durch seine eigene Auferstehung den Platz des Auferstandenen usurpiert, so fällt auch Gott in den Vorstufen des Gedichts dem Weltuntergang zum Opfer. In einer aufgrund ihrer blasphemischen Radikalität später verworfenen Variante macht der Kriegsgott den christlichen Gott wie einen „Raben" „hüpfen" und „peitscht" ihn aus seinem Himmel hinaus:

[...] welcher Gott wie [...] einen Raben hüpfen macht[,]
und ihn | peitscht | durch [...] gestorbne‹r›, Himmel Nacht,[71]
| schlägt |
feurig treibt

Auch bei Verhaeren führt die Revolte zum Zusammenbruch des alten Glaubens. So werden die Heiligen genauso wie in Heyms Entwurf von der Menge „gepeitscht".[72]

---

68 „Da hieß, aus dieses Chaos alter Nacht, / Der Herr, so weit des Lemans Fluthen wallten, / Voll sanfter Anmuth, voll erhabner Pracht, / Sich zauberisch dies Paradies entfalten" (Friedrich von Matthison: Der Genfer See. In: Gedichte von Matthison. Fünfte vermehrte Aufl. Zürich: bei Orell, Füssli und Compagnie 1802, S. 5–15, hier S. 9, V. 53–56).
69 Vgl. Heym: „Über sturmzerfetzter Wolken *Widerschein*, / In des toten Dunkels kalten *Wüstenein*" (V. 41f.) und „Aber riesig über *glühnden Trümmern*" (V. 39), sowie Matthison: „Als senkte sich sein zweifelhafter *Schein* / Auf eines Weltalls *ausgebrannte Trümmer*, / So goß der Mond auf diese *Wüstenein* / Voll trüber Nebeldämm'rung seine Schimmer!" (Friedrich von Matthison: Der Genfer See. In: Gedichte, S. 8, V. 49–52, Hervorh. d. Verf.).
70 In der Offenbarung des Johannes ruft ein Adler nach der vierten Posaune dreimal „Wehe" (Offb 8, 13). Drei Engel kündigen das Jüngste Gericht, den Fall Babylons und die Bestrafung derer, die das Tier anbeten (Offb 14, 6–13).
71 Georg Heyms Gedicht *Der Krieg*. Handschriften und Dokumente, S. 30f. (3. 7 H, I 3, V. 43–44).
72 „Die Heiligen *peitscht man*, und frevelnder Raub / Läßt nicht die Hostien am Altar ruhen, / Man streut sie zu Boden wie schneeigen Staub, / Damit sie zerkrümten unter stampfenden Schuhen (Verhaeren: Die Revolte. In: Ausgewählte Gedichte, S. 76, Hervorh. d. Verf.).

Gott ist nicht mehr Auslöser der Apokalypse, sondern – als morscher Überrest einer überlebten Kultur – fällt ihr selbst zum Opfer.

Vollstrecker des Jüngsten Gerichts ist das Schreckbild, das die untergegangene Welt selbst beschworen hat. Heym lässt sie an sich selbst zugrunde gehen. Indem er deren Ängste vor einer französischen Revanche beim Wort nimmt und ins Hyperbolische treibt, hält er der Wilhelminischen Gesellschaft den Spiegel vor. Die herausfordernde Bejahung der zur Läuterung umgedeuteten Schreckensvision ist Teil einer wohlkalkulierten Provokationspoetik, die auf den größtmöglichen Schock des bürgerlichen Lesers abzielt. In poetologischer Hinsicht schließlich reklamiert der emphatisch inszenierte Untergang für den Expressionismus einen absoluten poetologischen Neuanfang, den die dichte intertextuelle Referentialität andererseits als fiktionale Gründungsnarrative der Avantgarde durchschaubar werden lässt.

9.5 Bilanz

Die Wahrnehmung von Heyms Gedicht *Der Krieg* als komplexes intertextuelles Gefüge und die analytische Freilegung seiner immanenten Dialogizität haben eine wesentliche Neuperspektivierung des Texts ermöglicht. Sie hat den Blick für dessen von der bisherigen Forschung vernachlässigte Literarizität geschärft und zudem die Traditionen, an die er anknüpft, profiliert. Heyms apokalyptische Poetik fand offenbar an Verhaerens anarchistischer Apokalypse ihr Schema. Wie deutlich wurde, profitiert *Der Krieg* von *La Révolte* auf unterschiedlichen Ebenen. Nach Verhaeren modelliert ist nicht nur die Grundsituation vom ruinösen Stadtbrand, sondern auch die Ästhetisierung der Zerstörung und ihre vitalistische Aufwertung als dionysisch-ekstatischer Zustand, der schlummernde Lebenskräfte freizusetzen vermag. Dem belgischen Dichter vielfach verpflichtet ist zudem Heyms Metaphorik. Ein Geflecht potentieller intertextueller Beziehungen wurde freigelegt, das hauptsächlich Verhaerens *Révolte* gilt, darüber hinaus aber auch andere Texte aus der Zweig-Anthologie (vor allem *Le Vent*, *Le Sonneur* und *Cuisson du pain*) tangiert.

Heym überschreibt seine Vorlage im Sinne einer sarkastischen Abrechnung mit dem Zweiten Kaiserreich, die den politisch progressiven Gehalt von Verhaerens Text kulturpessimistisch korrigiert. Die soziale Revolte wird zu einer zerstörerischen Kriegsvision. Die Palingenesie, die Verhaerens Aufstand grundiert, wird durch einen apokalyptischen Untergang abgelöst, auf den keine chiliastische Erneuerung folgt. Heym erteilt im *Krieg* dem optimistisch-sozialistischen Impetus des belgischen Dichters eine Absage und füllt seine Vorlage mit einer entschieden nihilistischen Dimension. In intertextueller Hinsicht verbindet er seine Haupt-

quelle mit weiteren kongenialen Assistenztexten aus der deutschen Dichtungstradition (von Friedrich von Matthison über Ludwig Uhland, Theodor Körner,
Eduard Mörike bis hin zu Nietzsche und der jüdischen Dichterin Gertrud Simon
Marx). Deren selektiver Einsatz, um einzelne Sequenzen auszumalen (den Schlaf
des Kriegsgotts, die aufgetürmten Totenberge, die ästhetischen Wirkungen des
Brands, die sich nach der Apokalypse darbietende Todeslandschaft), gewährt
einen Einblick in Heyms eklektizistische Lektüre- und Dichtungstechnik.

Die intensive Dialogizität, die sich zwischen ihm und Verhaeren entfaltet,
bezeugt, dass dem belgischen Dichter ein zentraler Platz im expressionistischen
Kanon gebührt. Ebenso deutlich profilierte sich die bislang immer noch unterschätzte Vermittlerrolle Stefan Zweigs. Bisher in der Avantgardeforschung eher
randständig wahrgenommen, dürfte die Bedeutung seiner Übersetzungstätigkeit
in Wirklichkeit kaum zu überschätzen sein. Schließlich konnte die Untersuchung
belegen, dass die expressionistische Poetik, selbst in dessen Frühphase, vom literarischen Ausland entscheidende Impulse erhielt. Dies lässt den internationalen, europäischen Horizont als unabdingbaren Rahmen für eine neue und prä-
zisere literarhistorische Würdigung der expressionistischen Avantgarde
erscheinen.

10 Sexus trifft Gehirn – zur Baudelaire- und Nietzsche-Nachfolge in Gottfried Benns *Untergrundbahn* (1913)

Gottfried Benn
Untergrundbahn

Die weichen Schauer. Blütenfrühe. Wie
aus warmen Fellen kommt es aus den Wäldern.
Ein Rot schwärmt auf. Das große Blut steigt an.

Durch all den Frühling kommt die fremde Frau.
Der Strumpf am Spann ist da. Doch, wo er endet,   5
Ist weit von mir. Ich schluchze auf der Schwelle:
Laues [G]eblühe.[1] Fremde Feuchtigkeiten.

Oh wie ihr Mund die laue Luft verpraßt!
Du Rosen-hirn, Meer-blut, du Höherzwielicht,
Du Erdenbeet, wie strömen deine Hüften   10
So kühl den Hauch[2] hervor, in dem du gehst!

Dunkel: nun lebt es unter ihren Kleidern:
Nur weißes Tier. Gelöst und stummer Duft.

Ein armer Hirnhund. Schwer mit Gott behangen.
Ich bin der Stirn so satt. O ein Gerüste   15
Von Blütenkolben löste sanft sie ab
Und schwellte mit und schauerte und triefte.

So losgelöst. So müde. Ich will wandern.
Blutlos die Wege. Lieder aus den Gärten.
20 Schatten und Sintflut. Fernes Glück: ein Sterben   20
Hin in des Meeres erlösend tiefes Blau.[3]

---

1 In der Erstveröffentlichung im *Sturm* (1913) „geblühe". Im Nachdruck von 1921 (Gottfried Benn: Untergrundbahn. In: Verkündigung. Anthologie Junger Lyrik. Hg. v. Rudolf Kayser. München: Roland-Verlag, 1921, S. 22) wurde die Stelle zu „Geblühe" korrigiert.
2 Im Nachdruck von 1921 wird aus „Hauch" „Gang".
3 Gottfried Benn: Untergrundbahn. In: Der Sturm 4 (Mai 1913) 160/161, S. 26. Forschung: Theo Meyer: Kunstproblematik und Wortkombinatorik bei Gottfried Benn. Köln u.a.: Böhlau 1971, S. 249–252; Jochen Schulte-Sasse / Renate Werner: Einführung in die Literaturwissenschaft. München: Fink 1977, S. 73–89 (Heterogene bzw. komplexe Isotopien in literarischen Texten); Barbara Schulz Heather: Gottfried Benn: Bild und Funktion der Frau in seinem Werk. Bonn: Bouvier 1979, S. 35–37; Anton Reininger: „Die Leere und das gezeichnete Ich": Gottfried Benns Lyrik. Firenze: Casa Editrice Le Lettere 1989, S. 53–60; Wilhelm Große: *Untergrundbahn* (1913). In:

https://doi.org/10.1515/9783111010540-012

Untergrundbahn erschien 1913 in der expressionistischen Zeitschrift *Der Sturm* und zugleich in der Else Lasker-Schüler gewidmeten Sammlung *Söhne. Neue Gedichte*, die in demselben Jahr bei Alfred Richard Meyer veröffentlicht wurde. Meyer hatte im März 1912 bereits *Morgue* verlegt.[4] Trotz der Versuche, im Text die Referenzspuren einer realen Fahrt mit der in Berlin gerade eingeweihten Untergrundbahn aufzudecken,[5] ist Benns „Untergrundbahn" mit einer realen U-Bahn nur metaphorisch verbunden.[6] Benn verleiht dem technologischen Terminus eine Semantik, die vom zeitgenössischen Technik- und Fortschrittsoptimismus nicht entfernter sein könnte. Alles andere als grundlos ist deshalb die Annahme eines ironischen Spiels des Verfassers mit dem Erwartungshorizont des Publikums. Die regressive Bewegung der dichterischen Untergrundbahn führt am Ende zu einer technologischen Regression: „Ich will wandern" (V. 18). Galt bereits die Fahrt mit dem D-Zug im gleichnamigen Gedicht von August 1912 „griechischem Glück",[7] so wird in *Untergrundbahn* die Sphäre der Technik zur bloßen Metapher für eine Regression ins Chthonische und Archaische. Die Untergrundbahnfahrt ist keine andere als eine rückwärtsgerichtete Fahrt in die entgegengesetzte Richtung der Evolution, mit dem Ziel, das durch die Entwicklung der Großhirnrinde verschüttete Potential sinnlicher und dichterischer Wahrnehmung freizulegen – eine Fahrt vom Verhängnis des Bewusstseins in paradiesische Bewusstlosigkeit.[8] Wie Marcus Hahn eindrucksvoll gezeigt hat, argumentiert Benn in *Untergrundbahn* implizit durch die Kontrastierung höherer und niederer Hirnregionen, im Anschluss

---

ders.: Gottfried Benn. Stuttgart: Reclam 2002, S. 48 – 52; Natalia Teuber-Terrones: Gottfried Benn: *Untergrundbahn* (1917). Eine Interpretation. In: Recherches germaniques 14 (2019): Lectures de textes poétiques de la Frühe Moderne 1890 – 1930 / Modellanalysen zur Lyrik der Frühen Moderne 1890 – 1930, S. 143 – 162.

4 Zu der Sammlung vgl. Monika Fick: *Söhne. Neue Gedichte* (1903). In: Benn-Handbuch: Leben – Werk – Wirkung. Hg. von Christian M. Hanna und Friederike Reents. Stuttgart: Metzler 2016, S. 85 f.

5 Walther Killy: Elemente der Lyrik. 2. Aufl. München: Beck 1972, S. 37; zuletzt Hugh Ridley, der eine Vielzahl von Anspielungen auf die damalige Berliner Untergrundbahn in den Text hineinliest (H. R.: Gottfried Benns Gedicht *Untergrundbahn*. Oder: „der Betrieb ist durch den Mangel an Tageslicht ein unsicherer" (Magistrat von Berlin, 1902). In: „Daß gepfleget werde der feste Buchstab." Festschrift für Heinz Rölleke zum 65. Geburtstag am 6. November 2001. Hg. von Lothar Bluhm und Achim Hölter. Trier: WVT, Wissenschaftl. Verlag Trier 2001, S. 432 – 443).

6 Nicht zuletzt dadurch setzt sich Benn von zeitgenössischen trivialen U-Bahn-Gedichten ab. Eins war gerade ein Jahr zuvor in der *Aktion* erschienen (Hellmuth Wetzel: Untergrundbahn. In: Die Aktion 2 (11. Dezember 1912) 50, Sp. 1587).

7 Gottfried Benn: D-Zug. In: Die Aktion 3 (5. Juli 1913) 27, Sp. 647 f.

8 Zur Problematik vgl. Reinhold Grimm: Bewußtsein als Verhängnis. Über Gottfried Benns Weg in die Kunst. In: Die Kunst im Schatten des Gottes. Für und wider Gottfried Benn. Hg. von R. G. und Wolf-Dieter Marsch. Göttingen: Sachse & Pohl 1962, S. 40 – 84.

an die damalige Neurologie.[9] Ebenso zentral war für Benn die Kategorie der ‚Regression', die der französische Psychologe und Philosoph Théodule-Armand Ribot (1839–1916) in seinem Werk *Les maladies de la mémoire* (1881) (ins Dt. bereits ein Jahr danach als *Das Gedächtnis und seine Störungen* übersetzt) entwickelte. Davon zeugen vor allem spätere Essays, etwa *Der Aufbau der Persönlichkeit* (1930).[10]

Während die Forschung die wissenschaftsgeschichtlichen Bezüge des Textes minutiös freigelegt hat, hat man bisher die intertextuellen Prätexte eher vernachlässigt. Weitgehend unbeachtet blieb, dass Benns *Untergrundbahn* Charles Baudelaires Sonett *À une passante* intertextuell verpflichtet ist, das der expressionistischen Generation ein Muster für die Verbindung von Liebeslyrik und Großstadterfahrung lieferte.[11] Ignoriert wurde auch Benns intensiver intertextu-

---

9 Vgl. Marcus Hahn: Gottfried Benn und das Wissen der Moderne. 2 Bde. Bd. 1: Göttingen: Wallstein 2011, S. 81–92 sowie ders.: Die armen Hirnhunde: Gottfried Benn und die Neurologie um 1900. In: Gottfried Benn. Wechselspiele zwischen Biographie und Werk. Hg. von Matías Martínez. Göttingen: Wallstein 2007, S. 203–230. So hatte der Psychiater und Hirnforscher Paul Emil Flechsig (1847–1929) im Rahmen seiner myelogenetischen Hirnlehre strikt unterschieden zwischen der Großhirnrinde einerseits als „Träger der Vorstellungsthätigkeit", der intellektuellen und emotionalen Leistungen, und den niederen Hirnteilen andererseits, „Stammhirn und Rückenmark", als Domäne der körperlichen Triebe. Flechsigs Myelogenetik ist aber auch die Erkenntnis der sukzessiven Entwicklung der Nervenfasern im Gehirn zu verdanken. So entwickelt sich das Nervenmark im Großhirn vergleichsweise später als das Stammhirn, ein Kind kommt mit einem noch unreifen Großhirn zur Welt – „und doch sind die Triebe schon mit dem ersten Athemzug in ihm mächtig, und schreiend verlangt der Körper nach Befriedigung seiner Bedürfnisse [...] Sind die Triebe befriedigt, [...] so schwinden auch die Zeichen von Bewusstsein regelmässig" (Paul Flechsig: Gehirn und Seele. Leipzig: Veit & Comp. 1896, S. 18). Die „absolute Herrschaft der niederen Triebe" (ebd.) bildet also das Ausgangsstadium der Ontogenese. Die ersehnte Rückentwicklung zu einem solchen bewusstlosen Zustand ist ein Leitmotiv von Benns Poetologie und steht auch im Zentrum von *Untergrundbahn*.
10 Zu Ribots Bedeutung für Benn vgl. Regine Anacker: Aspekte einer Anthropologie der Kunst in Gottfried Benns Werk. Würzburg: Königshausen & Neumann 2004, S. 22, Anm. 45, sowie Marcus Hahn: Gottfried Benn und das Wissen der Moderne, S. 382 f. (in der Regression „fällt das Subjekt auf eine vermeintlich ‚überwundene' psychologische und biologische Stufe der individuellen und kollektiven Entwicklung zurück und existiert als Kind unter Erwachsenen, als Verrückter unter Vernünftigen und als Primitive unter Modernen. Auslöser der zeitweiligen oder dauerhaften Regression können Traum, Hypnose, Drogenrausch, Neurose oder ein psychotischer Schub sein.")
11 Vgl. bisher nur die äußerst knappe Erwähnung bei Walter Grasskamp, der auf eine extensive Kontrastierung der beiden Texte sowie auf eine ausführliche Analyse von *Untergrundbahn* verzichtet (W. G.: Trivialität und Geschichtlichkeit. Das Motiv der Passantin. 2. Aufl. Aachen: Cobra-Verl. Rader 1984, S. 41). Natalia Teuber-Terrones (Gottfried Benn: *Untergrundbahn*) erwähnt Baudelaires Sonett, zusammen mit anderen Texten, die den Topos der „einmaligen Begegnung ohne Zukunft" variieren (darunter Friedrich Hebbel: *Auf eine Unbekannte* (1836), und *Sie sehn sich*

eller Dialog mit Friedrich Nietzsche und insbesondere mit der *Geburt der Tragödie* (1872).

Als Dichter der Großstadt war Baudelaire im Expressionismus immer noch sehr präsent, wie auch die Anzahl der Übersetzungen belegt, die in expressionistischen Zeitschriften erschienen.[12] 1920 legte Hans Havemann seine Nachdichtungen aus den *Fleurs du Mal* als Buchpublikation vor.[13] Benns Rezeption von Baudelaires Sonett erfolgte allerdings vermutlich über die 1901 publizierten, epochemachenden Umdichtungen Stefan Georges,[14] die er nachweislich kannte,[15] wobei die Lektüre des Originals nicht grundsätzlich auszuschließen ist.[16]

Baudelaires Sonett wird in *Untergrundbahn* zugleich adaptiert und überwunden. Das Motiv der verfehlten Begegnung wird von Benn nicht nur äußerlich mit dem situativen Großstadtrahmen verbunden, sondern auch als Zusammentreffen von Antipoden, von ,Sexus' und ,Gehirn', ins anthropologisch Grundsätzliche gewendet. Den Hintergrund dieser Transformation lieferte Nietzsches Kritik am sokratischen Menschen und seine Konzeption des Dionysischen aus der *Geburt der Tragödie*, aber auch die Polarisierung der Geschlechter im Rahmen der im Frühexpressionismus virulenten Thematik des ,Geschlechterkampfes', welcher der Frau das sinnliche, dem Mann das geistige Prinzip zuwies. Zentral war in dieser Hinsicht das Traktat Otto Weiningers *Geschlecht und Charakter* (1903),[17] das

---

nicht wieder (1841), Gérard de Nerval: *Une allée du Luxembourg* (1852), George Friedrich Daumer: *Schon sank die Nacht* (1853) sowie Conrad Ferdinand Meyers *Stapfen* (1882).
12 Baudelaire-Übersetzungen erschienen von 1911 bis 1922 in einer Vielzahl von Zeitschriften, wie *Aktion, Aufschwung, Brenner, Dachstube, Phaeton, Renaissance* u. a.
13 Charles Baudelaire: Der Verworfene. Nachdichtungen von Hans Havemann. Mit sechs Urholzschnitten von Curt Stoermer. Hannover: Der Zweemann 1920.
14 Charles Baudelaire: Die Blumen des Bösen. Umdichtungen von Stefan George. Berlin: Bondi 1901.
15 Baudelaires *Fleurs du Mal* kannte Benn nachweislich aus den Übertragungen Stefan Georges (Helmuth Berthold: Französische Einflüsse. In: Benn-Handbuch, S. 37–40, hier S. 38).
16 Benns Mutter, Caroline Jequier, stammte immerhin aus dem Jura-Dorf Fleurier in der französischsprachigen Schweiz, so dass Benn durch sie doch in enger Vertrautheit mit der französischen Sprache aufwuchs (Helmuth Berthold: Die Lilien und der Wein: Gottfried Benns Frankreich. Würzburg: Königshausen & Neumann 1999, S. 19). Die Berichte über seine Französisch-Kenntnisse weichen allerdings stark voneinander ab (ebd., S. 38–41).
17 Alban Berg, Oskar Kokoschka und Georg Trakl lernten Weiningers Schrift über Karl Kraus kennen (dazu: Jacques Le Rider: Der Fall Otto Weininger. Wien/München: Löcker 1985, S. 147). 1913 war *Geschlecht und Charakter* in der 14. Auflage erschienen. Zu Benns Weininger-Rezeption, die bislang nicht systematisch erforscht wurde, vgl. Ursula Kirchdörfer-Boßmann: „Eine Pranke in den Nacken der Erkenntnis". St. Ingbert: Röhrig Universitätsverl 2003, S. 125, S. 189, sowie Christian Schärf: Der Unberührbare: Gottfried Benn – Dichter im 20. Jahrhundert. Bielefeld: Aisthesis-Verl. 2006, S. 70 f.

u. a. Oskar Kokoschkas Drama *Mörder, Hoffnung der Frauen* (1909) geprägt hat.[18] Die Frau identifiziert Weininger mit dem Geschlechtstrieb selbst.[19] Beim Mann sei die Sexualität dagegen intermittierend, was bei ihm nicht nur ihr Bewusstwerden erlaube,[20] sondern auch überhaupt einen ungleich höheren Bewusstheitsgrad, der sich bis zur Genialität steigern könne.[21] Weiningers patriarchalisches Geschlechterkonstrukt ist auch in Benns *Untergrundbahn* in der Antithese von weiblicher Sinnlichkeit und männlichem Bewusstsein unschwer zu erkennen und erklärt die anthropologische Anonymität, das Fehlen einer personalen Dimension bei der erotischen Begegnung.[22]

Untergrundbahn besteht aus sechs reimlosen und unregelmäßig gebildeten Strophen – die zweite, dritte, vierte und fünfte Strophe sind vierzeilig, während die Eröffnungsstrophe drei Verse und die vierte Strophe nur zwei Verse zählt. Auch syntaktisch schwankt der Text zwischen kurzen und langen Kola, die durch Enjambements in den Folgeversen fortgesetzt werden.[23] Die von Benn gewählte strophische Gliederung bildet ein fernes Echo von Baudelaires Sonettform, im Sinne eines umgekehrten und verkürzten Doppelsonetts. Auf ein einzelnes Terzett folgen zwei Quartette und auf ein zum Distichon verkürztes Terzett wiederum zwei Quartette.

---

18 Dazu Dorle Meyer: Doppelbegabung im Expressionismus – zur Beziehung von Kunst und Literatur bei Oskar Kokoschka und Ludwig Meidner. Göttingen: Univ.-Verl. 2013, S. 142–171.
19 „Daß das Weib da ist, heißt also nichts anderes, als daß vom Manne die Geschlechtlichkeit bejaht wurde. Das Weib ist nur das Resultat dieser Bejahung, es ist die Sexualität selber" (Otto Weininger: Geschlecht und Charakter. Eine prinzipielle Untersuchung. Wien/Leipzig: Braumüller 1908, S. 406).
20 Ebd., S. 115.
21 Ebd., S. 142. Vgl. auch: „[die Frau] lebt unbewußt, der Mann bewußt: am bewußtesten aber der Genius" (ebd., S. 144).
22 „Die hier aufeinandertreffen, sind für das lyrische Ich Repräsentanten allgemeiner, anonymer Prinzipien oder Kräfte, jenseits der Individuation. Darin zeichnen sich Spuren einer geläufigen Geschlechtermetaphysik ab, wie sie von Weininger populär gemacht worden war" (Anton Reininger: „Die Leere", S. 56).
23 Bis auf die vierte Zeilengruppe besitzt jede Strophe ein Enjambement, das eine jeweils unterschiedliche Semantik entfaltet. Der erste Verssprung (V. 1 f.: „Wie / aus warmen Fellen") malt das Sich-Ausbreiten der frühlingshaften Wärme aus. Das zweite Enjambement (V. 5 f.: „Doch, wo er endet, / Ist weit von mir") betont dagegen die Distanz des Ich zu der Frau. Der dritte Zeilensprung (V. 10 f.: „wie strömen deine Hüften / So kühl den Hauch hervor") gibt die Diffusion des Frauenduftes beim Vorübergehen wieder. Das vierte Enjambement (V. 15 f.: „O ein Gerüste / Von Blütenkolben löste sanft sie ab") malt das Fallen der schweren Stirn aus, während das letzte Enjambement schließlich (V. 20 f.: „ein Sterben / Hin in des Meeres erlösend tiefes Blau") die rauschhafte Auflösung der Individualität widerspiegelt.

Die Überschrift weckt eine Vielzahl metaphorischer Assoziationen. Sie schließt sowohl eine U-Bahn-Fahrt als auch eine regressive Fahrt in die Gegenrichtung der onto- sowie phylogenetischen Entwicklung ein, assoziiert zugleich das Hinabtauchen ins Unbewusste und das erotische Eindringen in den Frauenkörper.[24] Eine zentrale Dimension dieser Metaphorik wurde offenbar von Nietzsche mit beeinflusst. Wiederholt spricht Nietzsche in der *Geburt der Tragödie* vom Dionysischen als einem verhüllten „Untergrund", der durch die Zivilisation und durch das Apollinische verdrängt wurde. Er schreibt „von jenem Fundamente aller Existenz, von dem dionysischen *Untergrunde* der Welt".[25]

Benns Gedicht lässt sich in vier Makro-Sequenzen gliedern: 1) die Frühlingsnatur (erste Strophe), 2) die fremde Frau (zweite bis vierte Strophe), 3) die Sehnsucht des lyrischen Ichs nach Überwindung des rationalen Bewusstseins („Stirn", V. 15) in der Nachfolge von Nietzsches Kritik am ‚sokratischen' Menschen (fünfte Strophe), schließlich 4) die poetisch vermittelte Vision „fremden Glücks" als Untergang der rationalen Identität, des Bewusstseins als ‚Tod' des Individuums (sechste Strophe).

In intertextueller Hinsicht adaptiert Benn Baudelaires Topos der verfehlten erotischen Begegnung und verbindet ihn mit Nietzsches Konzept des Dionysischen aus der *Geburt der Tragödie*. Von zentraler Bedeutung ist, dass Benn das Dionysische mit Hilfe der Untergrund-Metaphorik umschreibt. Das Dionysische erweist sich als eine Sphäre, die *unter* der Oberfläche der Zivilisation, der Rationalität und der Individualität liegt. So bildet das Dionysische auch das Ziel der im Titel evozierten „*Untergrund*bahn". Metaphorisch veranschaulicht wird diese chthonische Region zunächst durch den weiblichen Schoß der fremden Frau – „Dunkel: nun lebt es unter ihren Kleidern" (V. 12) – sowie durch die mythischen Anspielungen auf die Unterwelt als Reich der „Schatten" (V. 20), auf die „Sintflut"

---

24 Die Polyvalenz der Überschrift betont auch Martin Travers: „The title of the poem is multilayered. The literal journey is one into the subterranean traffic nexus of the Underground (the newly constructed Berlin *U-Bahn*); but it is also metaphorically a journey into the depths of self, into the subconscious and into the darkness of the female" (M. T.: The poetry of Gottfried Benn: Text and selfhood. Oxford u. a.: Lang 2007, S. 52).
25 KSA 1, S. 155 (Hervorh. d. Verf.). Vgl. auch: „Hier haben wir, in höchster Kunstsymbolik, jene apollinische Schönheitswelt und ihren Untergrund, die schreckliche Weisheit des Silen, vor unseren Blicken" (ebd., S. 39); „‚Titanenhaft' und ‚barbarisch' dünkte dem apollinischen Griechen auch die Wirkung, die das *Dionysische* erregte: ohne dabei sich verhehlen zu können, dass er selbst doch zugleich auch innerlich mit jenen gestürzten Titanen und Heroen verwandt sei. Ja er musste noch mehr empfinden: sein ganzes Dasein mit aller Schönheit und Mässigung ruhte auf einem verhüllten Untergrunde des Leidens und der Erkenntniss, der ihm wieder durch jenes Dionysische aufgedeckt wurde" (ebd., S. 40).

(V. 20) als mythische Überschwemmung, welche die gesamte Erdoberfläche unter Wasserfluten begrub, und schließlich auf den Meeresgrund (V. 21).

10.1 „Das große Blut steigt an": Frühling dionysisch

Ausgangspunkt bildet in der ersten Strophe, welche zugleich die erste Sequenz des Textes darstellt, eine die Sinnlichkeit stimulierende blühende Frühlingslandschaft, deren Wärme die zahlreichen w-Alliterationen auch klanglich evozieren („*weichen* ... *Wie* ... *warmen* ... *Wäldern*"). Zusammen mit der Frühlingsnatur wird ein erotisches Begehren evoziert, das auch die Anspielung auf das Menstruationsblut markiert („Das große Blut steigt an"). Das Bild vom Ansteigen des großen Blutes (V. 3) zitiert ein Bild aus der Sphäre der weiblichen Sexualität, das Menstruationsblut, und projiziert es auf die Frühlingsnatur, die somit zum kosmischen Resonanzraum menschlicher Sexualität wird. Auch der Vergleich „Wie / aus warmen Fellen" (V. 1 f.) lässt die Erotisierung des Frühlings deutlich werden.

Diese ‚Sexualisierung' des Frühlings ist schon bei Nietzsche vorgebildet. Bereits in der *Geburt der Tragödie* wird der Frühling als Auslöser der dionysischen Regungen charakterisiert:

> Wenn wir zu diesem Grausen die wonnevolle Verzückung hinzunehmen, die bei demselben Zerbrechen des *principii individuationis* aus dem innersten Grunde des Menschen, ja der Natur emporsteigt, so thun wir einen Blick in das Wesen des *Dionysischen*, das uns am nächsten noch durch die Analogie des Rausches gebracht wird. Entweder durch den Einfluss des narkotischen Getränkes, von dem alle ursprünglichen Menschen und Völker in Hymnen sprechen, oder bei dem gewaltigen, die ganze Natur lustvoll durchdringenden Nahen des Frühlings erwachen jene dionysischen Regungen, in deren Steigerung das Subjektive zu völliger Selbstvergessenheit hinschwindet.[26]

Das Rot („Ein Rot schwärmt auf", V. 3) ist übrigens bereits bei Nietzsche die Farbe des Dionysischen.[27]

Der metaphorischen Sexualisierung des Frühlings entspricht in der zweiten Sequenz die ebenfalls metaphorische Naturalisierung des Sexuellen. Die eingangs eingesetzten Naturbilder kehren später als sexuelle Metaphern erotisiert

---

26 KSA 1, S. 28 f.

27 „Aber wie verändert sich plötzlich jene eben so düster geschilderte Wildniss unserer ermüdeten Cultur, wenn sie der dionysische Zauber berührt! Ein Sturmwind packt alles Abgelebte, Morsche, Zerbrochne, Verkümmerte, hüllt es wirbelnd in eine *rothe* Staubwolke und trägt es wie ein Geier in die Lüfte" (KSA 1, S. 131 f., Hervorh. d. Verf.).

wieder. Wurde vorher der Frühling durch Bilder animalisch-menschlichen Begehrens („Wie aus warmen Fellen", „Das große Blut steigt an") charakterisiert, so wird jetzt die Sphäre der Sexualität durch Frühlingsbilder umschrieben. Die Nässe des leichten Frühlingsregens („Die weichen Schauer", V. 1) umschreibt später die durch sexuelle Erregung ausgelöste Lubrikation („fremde Feuchtigkeiten", V. 7; „und schauerte und triefte", V. 17). Auch das Blühen – das Kompositum „Blütenfrühe" (V. 1) – wird seinerseits zur Metapher für den Sexus der Frau („laues Geblühe", V. 7) und später zur ironischen Umschreibung für die phallische Erregung: („Ich bin der Stirn so satt. Oh, ein Gerüste / Von Blütenkolben löste sanft sie ab / Und schwellte mit und schauerte und triefte", V. 15 – 17). Die Expansionsdynamik des Frühlings, welche in der ersten Strophe die Verben „aufschwärmen" und „ansteigen" ausmalen, kehrt jetzt als phallisches „schwellen" (V. 17) sexualisiert wieder.

Die Entsprechung zwischen der aufblühenden Frühlingsnatur und der erotischen Frauenerscheinung ist auch metrisch. Der Abschlussvers des einleitenden Terzetts des ‚ersten' Sonetts besteht aus einer Sequenz eines jambischen Zweihebers, auf den ein jambischer Dreiheber folgt: „Ein Rot schwärmt auf. Das große Blut steigt an" (V _ V _ | V _ V _ V _). Genau diese Sequenz kehrt auch im Abschlussvers des – zum Distichon verkürzten – Terzetts des zweiten ‚Sonetts' wieder, um die Passantin zu charakterisieren: „Nur weißes Tier. Gelöst und stummer Duft" (V _ V _ | V _ V _ V _).

10.2 „Une femme passa": Baudelaires Folie

Der Auslöser der erotischen Fantasie, welche die zweite Sequenz (zweite, dritte und vierte Strophe) dominiert, ist eine fremde *femme fatale*, zu der das lyrische Ich in keinen direkten Kontakt tritt – es verharrt „auf der Schwelle" (V. 6) zum Objekt des Begehrens. Gerade im Motiv der Fehlbegegnung lässt sich ein intertextueller Bezug zu *À une passante* erkennen, als Paradigma einer modernen Liebeslyrik im Großstadtkontext:

> La rue assourdissante autour de moi hurlait.
> Longue, mince, en grand deuil, douleur majestueuse,
> Une femme passa, d'une main fastueuse
> Soulevant, balançant le feston et l'ourlet;
>
> Agile et noble, avec sa jambe de statue.   5
> Moi, je buvais, crispé comme un extravagant,
> Dans son oeil, ciel livide où germe l'ouragan,
> La douceur qui fascine et le plaisir qui tue.

Un éclair ... puis la nuit! – Fugitive beauté
Dont le regard m'a fait soudainement renaître,   10
Ne te verrai-je plus que dans l'éternité?

Ailleurs, bien loin d'ici! trop tard! jamais peut-être!
Car j'ignore où tu fuis, tu ne sais où je vais,
Ô toi que j'eusse aimée, ô toi qui le savais![28]

Wie in Baudelaires Sonett handelt es sich auch bei Benn um eine flüchtige Großstadtbegegnung und daher um eine „Liebe auf den letzten Blick",[29] obwohl der urbane Kontext bis auf den Titel weitestgehend implizit bleibt[30] und Benn die von Baudelaire eingangs evozierte Großstadtstraße durch die Frühlingslandschaft ersetzt, welche die weibliche Erotik präludiert und dann eine zentrale Rolle als metaphorische Bildspenderin erhält. Wie bei Baudelaire („Une femme passa", V. 3)

---

28 Charles Baudelaire: Œuvres complètes. Texte établi, présenté et annoté par Claude Pichois. 2 Vol. Paris: Gallimard 1975–1976, Vol. 1, S. 92. Im Folgenden die Prosaübersetzung von Friedhelm Kemp: „*An eine, die vorüberging* / Betäubend heulte die Straße rings um mich. Hochgewachsen, schlank, in tiefer Trauer, hoheitsvoller Schmerz, ging eine Frau vorüber; üppig, hob und wiegte ihre Hand des Kleides wellenhaften Saum; / Leicht und edel setzte sie wie eine Statue das Bein. Ich aber trank, im Krampf wie ein Verzückter, aus ihrem Auge, einem fahlen, unwetterschwangeren Himmel, die Süße, die betört, die Lust, die tötet. / Ein Blitz ... und dann die Nacht! – Flüchtige Schönheit, von deren Blick ich plötzlich neu geboren war, soll ich dich in der Ewigkeit erst wiedersehen? / Anderswo, sehr weit von hier! zu spät! *niemals* vielleicht! Denn ich weiß nicht, wohin du enteilst, du kennst den Weg nicht, den ich gehe, o du, die ich geliebt hätte, o du, die es wußte!" (Charles Baudelaire: Die Blumen des Bösen. Vollständige zweisprachige Ausgabe. Deutsch von Friedhelm Kemp. München: Deutscher Taschenbuch Verlag 1975, S. 199). Im Folgenden sei auch noch die gereimte und versifizierte Nachdichtung Stefan Georges abgedruckt, die Benn bekannt war: „Es tost betäubend in der strassen raum. / Gross schmal in tiefer trauer majestätisch / Erschien ein weib · ihr finger gravitätisch / Erhob und wiegte kleidbesatz und saum ·// Beschwingt und hehr mit einer statue knie. / Ich las · die hände ballend wie im wahne · / Aus ihrem auge (heimat der orkane): / Mit anmut bannt mit liebe tötet sie. // Ein strahl ... dann nacht! o schöne wesenheit / Die mich mit EINEM blicke neu geboren · / Kommst du erst wieder in der ewigkeit? // Verändert · fern · zu spät · auf stets verloren! / Du bist mir fremd · ich ward dir nie genannt · / Dich hätte ich geliebt · dich die's erkannt" (Die Blumen des Bösen. Umdichtungen von Stefan George. Berlin: Bondi 1901, S. 137). Zur Eigenart von Georges Nachdichtung, welche das Original archaisiert und die grundsätzliche Fremdheit der Frauenerscheinung betont, vgl. Mario Zanucchi: Transfer und Modifikation – Die französischen Symbolisten in der deutschsprachigen Lyrik der Moderne (1890–1923). Berlin/Boston: De Gruyter 2016 (Spectrum Literaturwissenschaft. Komparatistische Studien, Bd. 52), S. 295 f.

29 Walter Benjamin: Über einige Motive bei Baudelaire. In: ders.: Charles Baudelaire. Ein Lyriker im Zeitalter des Hochkapitalismus. Frankfurt/M.: Suhrkamp 1974, S. 119.

30 Zur Großstadt bei Benn vgl. Stefan Heerich: Krise als Stimmung – Modernität als Schicksal. Atmosphären der Großstadt in der Lyrik Gottfried Benns. In: Nouveaux cahiers d'allemand 7 (1989) 1, S. 101–120.

zeichnet sich die Fremde durch ihren Gang aus, den jetzt eine Verbmetapher und eine Synästhesie zusätzlich amplifizieren („wie *strömen* deine Hüften /so *kühl* den *Hauch hervor*, in dem du gehst!", V. 10 – 11).[31] Benn hebt die Flüchtigkeit der weiblichen Erscheinung gerade durch ihren Vergleich mit der Immaterialität des Dufts („Hauch") hervor, der kurz darauf erneut anklingt („stummer Duft", V. 13). Die Fremdheit der Frauengestalt („die fremde Frau"), ein Echo von Benns Lektüre der Baudelaire-Übersetzung Georges („Du bist mir fremd", V. 4), lässt sich nicht nur auf die Anonymität der Metropole, sondern auch auf die ontologische Wesensfremdheit der Geschlechter zurückführen. Die Domäne der Frau ist die prälogische Sphäre der sinnlichen Reizwirkung, die dem männlichen hochreflexiven Bewusstsein unweigerlich fremd bleiben muss.[32]

Wie Baudelaire evoziert auch Benn die Fremde auf synekdochische Weise über einzelne Körperteile. In *À une passante* sind es die Hand, die den Saum des Kleides wiegt, das statuarische Bein sowie das bannende Auge, bei Benn der gesprächige Mund (V. 8) sowie der Strumpf am Fußspann (V. 5): „Der Strumpf am Spann ist da. Doch wo er endet / ist weit von mir" (V. 5 f.). Auch Benn greift die Formulierung „weit von mir" („bien loin d'ici", V. 12) aus dem Sonett auf, um die Unerreichbarkeit des erotischen Phantasmas zu markieren, und verstärkt sie zudem durch den ausbleibenden Blickkontakt. Trotzdem versetzt die weibliche Erscheinung das lyrische Ich wie bei Baudelaire in größte sinnliche Erregung. „Crispé comme un extravagant" (V. 6), „im Krampf wie ein Verzückter" windet sich das lyrische Ich in Baudelaires Sonett angesichts der *passante*. Benn betont die Erregtheit durch das nervöse Schluchzen („Ich schluchze auf der Schwelle", V. 6) sowie, in der dritten Strophe, durch den ekstatisch-exklamatorischen Duktus und die beiden Ausrufezeichen.

Die Affinitäten sollen indes nicht über die formalästhetischen Differenzen hinwegtäuschen. In *À une passante* ist die Bildlichkeit noch mimetisch-referentiell und auf die Frauenerscheinung bezogen. Umschrieben wird sie durch eine Enallage („main fasteuse", V. 3), eine Genitivmetapher („jambe *de statue*", V. 5), eine personifizierende Adressierung des Abstraktums „Schönheit" („Fugitive beauté", V. 9) sowie zwei verkürzte Metaphern („Un éclair ... puis la nuit!", V. 9), die sich aber kontextuell leicht als Umschreibungen für die flüchtige Begegnung und den darauffolgenden Verlust der Frau erschließen lassen. Dagegen zeichnet sich *Untergrundbahn* durch eine Tendenz zur Abstraktion aus. Dies zeigt sich bereits in

---

31 In der Erstfassung betont Benn durch die Formulierung „wie strömen deine Hüften / so kühl den *Hauch* hervor, in dem gehst" die Flüchtigkeit der weiblichen Erscheinung gerade durch ihren Vergleich mit der Immaterialität des Dufts, der kurz darauf erneut evoziert wird („stummer Duft", V. 13).
32 Theo Meyer: Kunstproblematik, S. 252.

der ersten Strophe: Bei dem substantivierten Farbadjektiv „rot" („*Ein Rot*
schwärmt auf") bleibt der Gegenstandsbezug unklar, und auch der bestimmte
Artikel im darauffolgenden Satz („*Das* große Blut steigt an") entbehrt einer klaren
Referenz. Ermessen lässt sich Benns avantgardistische Transformation von Baudelaires Prätext zudem auch an typisch expressionistischen Stileigentümlichkeiten wie dem bis zur Hermetik kondensierten, prädikatlosen Telegrammstil (von
den 25 Sätzen, aus denen *Untergrundbahn* besteht, sind mehr als die Hälfte ohne
Verb)[33] sowie an den ebenso zahlreichen Komposita („Rosen-hirn", „Meer-blut",
„Höherzwielicht", „Erdenbeet", „Hirnhund", „Blütenkolben").

Die Apostrophen der dritten Strophe verraten eine Intimisierung: Aus dem
„sie" ist ein „Du" geworden.[34] Präfiguriert ist dieser Wechsel von der dritten zur
zweiten Person bereits bei Baudelaire, im Übergang von der Oktave zum Sextett
(„Fugitive beauté / [...] Ne *te* verrai-je plus que dans l'éternité?", V. 9–11). Die
Komposita-Metaphern betonen die Affinität der Frau zu der Frühlingsnatur, die
Verschmelzung des Menschlichen mit dem Natürlichen: „du Rosen-hirn, Meer-
blut, du Höherzwielicht" (V. 9). Das Kompositum „Rosen-hirn" suggeriert, dass
der Intellekt der Frau wesentlich naturverbunden ist. „Das Rosen-Hirn" der Frau
bindet sie an die Natur zurück – und zwar über das Motiv des Blühens sowie
chromatisch über das „*Rot*", das mit „*Rosen*" übrigens alliteriert. Das Kompositum „Meer-blut", welches das „große Blut" von V. 3 wiederaufnimmt, identifiziert
das Weibliche erneut mit der Sphäre des Elementaren. Die durch den absoluten
Komparativ („Höher") gesteigerte „Zwielicht"-Metapher umschreibt schließlich
die Verschmelzung der Gegensätze und – als Adelsprädikat des Weiblichen – die
Fähigkeit, die Entfremdung der phylogenetischen Entwicklung rückgängig zu
machen.[35] „Zwielicht" ist übrigens eine Metapher des Dionysischen bei Nietzsche,
der in der *Geburt der Tragödie* von dem „geheimnissvollen Zwielicht des Dionysischen" spricht.[36] Das angebliche instinkthafte Wesen der Frau bekräftigt nicht

---

33 Vgl.: „Die weichen Schauer. Blütenfrühe"; „Laues [G]eblühe. Fremde Feuchtigkeiten"; „Nur
weißes Tier. Gelöst und stummer Duft"; „Ein armer Hirnhund. Schwer mit Gott behangen"; die
letzte Strophe besteht – bis auf den Aussagesatz „Ich will wandern" – fast ausschließlich aus
prädikatlosen Telegrammsätzen: „So losgelöst. So müde"; „Blutlos die Wege. Lieder aus den
Gärten. / Schatten und Sintflut. Fernes Glück: ein Sterben / Hin in des Meeres erlösend tiefes
Blau".
34 Wilhelm Große: *Untergrundbahn* (1913), S. 50 f.
35 Im Nachdruck von 1921 wird „Höher-Zwielicht" zu „Götter-Zwielicht" – eine Veränderung,
welche die mythische Dimension der weiblichen Erscheinung pointiert (vgl. Verkündigung. Anthologie Junger Lyrik. Hg. von Rudolf Kayser. München: Roland-Verlag 1921, S. 22). Die integrative
Dimension des Weiblichen wird auch durch die Verbindung von oben („Hirn", „Höher") und
unten („Rosen", „Erdenbeet") veranschaulicht.
36 KSA 1, S. 83.

nur ihre Bezeichnung als „Tier" (V. 13), sondern auch das unpersönliche, durch „Tier" später aufzulösende Pronomen „es"[37] („nun lebt *es* unter ihren Kleidern", V. 12), das sie in die Rolle der psychischen Instanz des ‚Es' nach Freuds Modell zwingt.[38] Auch die hervorgehobene Stummheit („*stummer* Duft", V. 13) identifiziert die Frau mit dem unbewussten, vorpersonalen und vorsprachlichen Leben.[39]

Zentral ist ferner die erotisch konnotierte, leitmotivische Metaphorik des „Lösens". Die Frau ist „Gelöst" (V. 13), das lyrische Ich wünscht sich die Ablösung des Intellekts durch den Rausch und charakterisiert sich selbst schließlich als „losgelöst" (V. 18). Damit steht Benn zum einen in einer antiken Tradition. Bereits in der griechischen Antike erschien Eros als „*gliederlösend*" (λυσιμελής), d. h. als eine Kraft, die sich der Körper bemächtigte und sie fremdsteuerte – so schon bei Hesiod (*Theogonie*, V. 121), später bei Sappho, im Fragment 130 über den Eros:

Ἔρος δηὖτέ μ' ὁ λυσιμελής δόνει,
γλυκύπικρον ἀμάχανον ὄρπετον[40]

Dort charakterisiert Sappho den Eros nicht nur als „gliederlösend", wie in Benns Gedicht, sondern auch als „*Tier*" („ὄρπετον", äolische Form zum homerischen „ἑρπετόν"), genau wie Benn die Frau in V. 13 („weißes *Tier*") apostrophiert. Zum anderen prägt die Charakterisierung des Dionysischen als „Lösung" von der Ra-

---

37 In der Sprache der Rhetorik: eine Kataphora zur Spannungserhöhung.
38 So auch Theo Meyer: Kunstproblematik, S. 251. Das Adverb „Dunkel" (V. 12) scheint eine doppelte semantische Valenz zu haben. Einigen Interpreten zufolge ist es mit der Untergrundfahrt verbunden und markiert als situative Angabe die Einfahrt in einen Tunnel (Detlev Rossek: Tod, Verfall und das Schöpferische bei Gottfried Benn. Diss. Münster 1969, S. 27). Dies würde erklären, warum von der Frau in der Dunkelheit nur der „stumme Duft" bleibt (V. 13). „Dunkel" bezieht sich zugleich aber auch auf das Verborgene des weiblichen Sexus, der „unter ihren Kleidern" „lebt". Dies würde auch der doppelte Gebrauch des Doppelpunkts in V. 12 nahelegen, der die drei Satzglieder von V. 12 und 13 miteinander verbindet. „Dunkel", im Verborgenen lebt unter ihren Kleidern das weiße Tier (so auch Wilhelm Große: *Untergrundbahn* (1913), S. 51: „Der Bezug auf den dem Doppelpunkt folgenden Satz („nun lebt es unter ihren Kleidern") legt aber ebenfalls die Annahme nahe, mit dem „Dunkel" sei das „Dunkel" unter den Kleidern der Frau gemeint, der Genitalbereich, auf den schon die Erwähnung von „Strumpf am Spann", später dann der „Hüften" langsam hinführte").
39 Theo Meyer: Kunstproblematik, S. 251.
40 „Eros wiederum quält mich, der Gliederlösende, / süßbitteres unbezwingbares Getier" (Sappho: Gedichte. Griechisch-deutsch. Hg. und übersetzt von Andreas Bagordo. Düsseldorf: Artemis & Winkler 2009, S. 220). Auch bei Archilochos (Iambi et elegi Graeci ante Alexandrum cantati. Bd. 1: Archilochus, Hipponax, Theognidea. Hg. von Martin L. West. Oxonii: Typ. Clarendoniano 1971, Fr. 196) und Alkman (Poetarum melicorum Graecorum fragmenta. Edidit Malcolm Davies. Oxonii: Typ. Clarendoniano 1991, S. 61 f.) ist das Liebesverlangen „gliederlösend".

tionalität bereits Nietzsches *Geburt der Tragödie*, in welcher von der „dionysi-sche[n] Lösung von den Fesseln des Individuums" die Rede ist.[41]

10.3 „Armer Hirnhund" und die „physiologische Insolvenz"

Die dritte Sequenz (fünfte Strophe) erkundet die Geschlechtspolarität als Anti-these zwischen dem dionysischen Rausch und der begrifflichen Rationalität.[42] Zeichnet sich die weibliche Erscheinung durch ihr Gelöst-Sein („Gelöst", V. 13) aus, auch im Sinne ihrer angeblichen Freiheit von der Bürde des Bewusstseins, so ist dieser frei schwebende Zustand dem männlichen lyrischen Ich verwehrt, das von seinem metaphysischen Sinnbezug („Gott") belastet wird. Die Selbstcharak-terisierung als „armer Hirnhund"[43] sorgt für eine sarkastische Antithese zum „Rosen-Hirn" der fremden Frau und assoziiert auch die Vorstellung der Ketten und Fesseln des Intellekts. Das von der evolutionären Bürde erdrückte lyrische Ich stellt den Typus des aufgeklärten, ‚sokratischen' Menschen dar, den Nietzsche in der *Geburt der Tragödie* als Antipoden des Dionysischen charakterisiert.[44] Die dionysische Lösung vom Bewusstsein, die das lyrische Ich ersehnt, ist gerade aufgrund seiner hypertrophen Rationalität unmöglich. Es imaginiert zwar die Ablösung der „Stirn" durch das Phallische, das durch die frühlingshafte Blüten-metaphorik evoziert wird: „O ein Gerüste / Von Blütenkolben löste sanft sie ab / Und schwellte mit und schauerte und triefte" (V. 15 – 18).[45] Aber gerade die Kon-

---

41 KSA 1, S. 133.

42 „Gerade das differenzierte Sensorium für die sensuellen Reizwirkungen und das prälogische Leben macht dem Ich seine unlösliche Bindung an das monologische Bewußtsein bewußt" (Theo Meyer: Kunstproblematik, S. 252).

43 Das Selbstporträt als „Armer Hirnhund" könnte als Wissenschaftszitat auf die vom deutschen Physiologen Friedrich Goltz an einem Hund durchgeführten Hemisphärektomie ironisch an-spielen. Vgl. Marcus Hahn: Gottfried Benn und das Wissen der Moderne, S. 89.

44 Mit dem Aufkommen des ‚sokratischen' Menschen identifiziert Nietzsche auch das Ende der Tragödie als dionysischer Kunstform: „Man vergegenwärtige sich nur die Consequenzen der so-kratischen Sätze: ‚Tugend ist Wissen; es wird nur gesündigt aus Unwissenheit; der Tugendhafte ist der Glückliche': in diesen drei Grundformen des Optimismus liegt der Tod der Tragödie. Denn jetzt muss der tugendhafte Held Dialektiker sein, jetzt muss zwischen Tugend und Wissen, Glaube und Moral ein nothwendiger sichtbarer Verband sein, jetzt ist die transscendentale Gerechtigkeits-lösung des Aeschylus zu dem flachen und frechen Princip der ‚poetischen Gerechtigkeit' mit seinem üblichen deus ex machina erniedrigt." (KSA 1, S. 94 f.).

45 Die phallische Dimension signalisieren nicht nur durch das Bild der „Blüten*kolben*", sondern auch die Verben „Schwellen", „Schauern", „Triefen" sowie die weit ausladende polysyndetische Konstruktion. Anders Wilhelm Große (*Untergrundbahn* (1913), S. 52) und Anton Reininger („Die Leere", S. 55), die in V. 15 – 17 nur eine Regression des Hirns zum vegetativen Leben erkennen.

junktivform signalisiert, dass es sich um ein reines Wunschdenken handelt und dass die erhoffte dionysisch-phallische „Ablösung" des Hirns ausbleiben muss. Das lyrische Ich kann die anthropologisch und zivilisatorisch bedingte Entfremdung nicht von sich abschütteln. Das vom Bewusstsein erdrückte Subjekt ermangelt der urwüchsig-vitalen Kraft, um am dionysischen Frühling Anteil zu haben. Diese „physiologische Insolvenz" des Mannes infolge der „Zerebralisation" reflektierte Benn auch in seiner *Akademie-Rede* vom 5. April 1932 bei der Aufnahme in die Preußische Akademie der Künste:

> Alterung, Nachlassen der schöpferischen Spannung, Verfall der produktiven Impulse, gesamtorganisch wie individuell: die physiologische Insolvenz des Mannes ist klinische Diskussion von Wladiwostok bis Frisko, dafür schwellen seit einigen Jahrhunderten die Schädel an, das Gehirnvolumen wächst: die progressive Zerebralisation und ihre Folgen, niemand wandelt ungestraft unter Begriffen [...].[46]

Auf diese Weise wendet Benn Baudelaires Topos der verfehlten Begegnung ins Anthropologisch-Prinzipielle. Das Weibliche und das Männliche werden jetzt als Repräsentanten des Lebens bzw. des Bewusstseins zu anthropologischen Antipoden deklariert, so dass die bei Baudelaire ersehnte Wiederbegegnung hinfällig wird. Durch diese anthropologische Korrektur unterscheidet sich Benns *Untergrundbahn* auch von anderen expressionistischen Baudelaire-Aktualisierungen, die von der französischen Vorlage dagegen stärker abhängig bleiben und *À une passante* entweder ins Pathetisch-Sentimentale amplifizieren (Emil Alphons Rheinhardt: *Ode an die Vorübergehende*, 1918)[47] oder in den Dienst einer gesellschaftskritischen Diagnose über die moderne Großstadtentfremdung stellen (Franz Werfel: *Menschenantlitz*, 1927).[48]

---

46 Gottfried Benn: Akademie-Rede (1932). In: Gesammelte Werke in vier Bänden. Hg. von Dieter Wellershoff. Bd. 1: Essays, Reden, Vorträge. Stuttgart: Klett-Cotta 1977, S. 431–439, hier S. 435.
47 Emil Alphons Rheinhardt: Ode an die Vorübergehende. In: Daimon 1 (August 1918) 4, S. 187 f.
48 So entkleidet Franz Werfel in seinem Gedicht *Menschenantlitz* (1927) Baudelaires Sonett seiner morbiden Erotik und verwandelt es in ein Sprachrohr des spätexpressionistischen ‚O Mensch'-Pathos. Im Auge des Gegenübers erblickt das Ich nicht mehr „die Süße, die betört", sondern das Ewig-Menschliche: „In der trägen Abendheimkehr der Gasse, / Die uns durch die Schläuche der Städte preßt, / Treiben wir ichlos in strudelnder Masse, / Leib mit Leibern, undurchscheinlich und fest. // Doch da weckt aus dem Schlaf des Massengeschickes / Jäh uns ein Antlitz, berückenden Sinnes schwer, / Und aus dem Wolkenriß eines träumenden Blickes / Starrt eine Ewigkeit, größer als Sonne und Meer" (Franz Werfel: Das lyrische Werk. Hg. von Adolf Donald Klarmann. Frankfurt/M.: S. Fischer 1967, S. 195. Das Gedicht fehlt in der Studie von Walter Grasskamp). Erwähnenswert ist auch Kurt Tucholskys *Augen in der Großstadt* (1930): „Wenn du zur Arbeit gehst / am frühen Morgen, / wenn du am Bahnhof stehst / mit deinen Sorgen: / da zeigt die Stadt / dir asphaltglatt / im Menschentrichter / Millionen Gesichter: / Zwei fremde Augen, ein kurzer Blick, /

10.4 „Halluzination" als Wiederkehr des Mythos in der Moderne

In der vierten Sequenz der Schlussstrophe setzt der Text nur scheinbar neu an. In Wirklichkeit wird die Problematik der Entfremdung durch Bewusstsein, „Zerebration" und „Verhirnung"[49] nur weiter entwickelt, die auch im Mittelpunkt von Benns *Akademie-Rede* steht. Dort etabliert Benn die fundamentale, die Moderne charakterisierende Antithese zwischen „Begriff" und „Halluzination":

> Der Begriff und die Halluzination, sagte ich, seien die Ausdrucksmechanismen der neuen Zerebralisationsstufe [...]. Was mit diesem Halluzinatorischen gemeint ist, ist ja heute jedem bekannt. Der Expressionismus, der Surrealismus gehört hierher, van Goghs Formel: ich rechne nur mit der Erregung gewisser Augenblicke – Violante von Assys Rauschreich wird für immer am Anfang stehen – Klee, Kandinsky, Léger, der ganze Südsee-Einbruch beruht ja nicht auf logisch-empirischen, sondern auf halluzinatorisch-kongestiven Mechanismen [...].[50]

Den Expressionismus charakterisiert Benn dort als halluzinatorische Wiederkehr des Primitiven und Prälogischen mitten in einer vom Begriff durchwalteten Epoche:

> Die primitiven Völker erheben sich noch einmal in den späten. Die mystische Partizipation, durch die in früheren Menschheitsstadien saughaft und getränkeartig die Wirklichkeit genommen und in Räuschen und Ekstasen wieder abgegeben wurde, durchstößt die Bewußtseinsepoche und stellt neben die Begriffsexazerbationen eines formalistischen Späthirns die prälogische Substanz des Halluzinatorischen [...].[51]

Wie in der späteren *Akademie-Rede* wird in der letzten Sektion von *Untergrundbahn* dem „Begriff" die „Halluzination" entgegengesetzt. Angesichts der erdrückenden Last des Bewusstseins wird in der letzten Sequenz von Benns Gedicht die Vision einer halluzinatorischen Transzendierung der Individualität formuliert, und zwar im Medium der Dichtung und der Musik („Lieder", V. 19). Gerade diese prälogische Vergegenwärtigung des Mythischen soll den dionysischen Untergang des Bewusstseins zumindest visionär als „Fernes Glück" (V. 20) ausmalen.

---

die Braue, Pupillen, die Lider – / Was war das? Vielleicht dein Liebesglück ... / vorbei, verweht, nie wieder. [...]" (Großstadtlyrik. Hg. von Waltraud Wende. Stuttgart: Reclam 2014, S. 144 f., V. 1–12).
49 Vgl. die *Akademie-Rede* von 1932 („die progressive Zerebration, mit welchem Begriff die Anthropologie die unaufhaltsam fortschreitende Verhirnung der menschlichen Rasse bezeichnet" (Gottfried Benn: Akademie-Rede (1932). In: Gesammelte Werke. Bd. 1, S. 431 f.).
50 Ebd., S. 436.
51 Ebd., S. 437.

Die in Nietzsches Nachfolge von Benn getroffene, kulturkritische Diagnose der Rationalität als Dekadenz klingt bereits im unerfüllbaren phallischen Wunsch von V. 15 – 17 an und prägt auch die Abschlusssequenz des Gedichts. Die ersehnte dionysische Lösung von der Rationalität („So losgelöst", V. 18) wird sodann relativiert, und zwar durch die Betonung der bewusstseinsbedingten Müdigkeit des Ichs („So müde", V. 18).[52] Die individuelle Erschöpfung des lyrischen Ichs repräsentiert eine grundsätzlichere, zivilisatorische Entkräftung und *Décadence*, welche Benn zufolge das Resultat der Zerebration darstellt. Die in der *Akademie-Rede* reflektierte „organische Ermattung"[53] der Spezies wird somit bereits in *Untergrundbahn* inszeniert. Dass die „Wege" des lyrischen Ichs „blutlos" sind (V. 19), betont erneut seinen Ausschluss aus dem dionysischen Frühling und dem „Blut", das in der ersten Sektion des Gedichts die Sphäre des vitalen, animalisch-triebhaften Begehrens symbolisiert.

Auch metrisch setzt sich die letzte Strophe von der Anfangsstrophe ab. Das vital-beschwingte jambische Metrum, welches dort das Weibliche charakterisiert, wird in den Folgestrophen durch die Untermengung von trochäisch-daktylischen Sequenzen beschwert, welche die männliche Reflexion des lyrischen Ichs rhythmisch untermalen. Diese männlich-reflexive Beschwerung lässt sich schon in V. 7 beobachten, der das vom Ich Gedachte wiedergibt: „Laues [G]eblühe. Fremde Feuchtigkeiten" (_VV_V_V_V). Das fallende Metrum prägt dann auch die Reflexion von V. 12 („Dunkel: nun lebt es unter ihren Kleidern") (_VV_V_V_V) und verdrängt schließlich in der Abschlussstrophe endgültig das weiblich-jambische Metrum, und zwar bereits in V. 18. Dort wechselt der Rhythmus nach dem jambischen Incipit („So losgelöst. So müde") (V_V_|V_V) und wird nach der zweiten Zäsur trochäisch-fallend: „Ich will wandern" (_V_V). Die letzten drei Zeilen sind durchgehend daktylisch-trochäisch und unterstreichen die in der Abschlussstrophe vorherrschende Mattigkeit („So müde", V. 18), die in die finale Sterbensvision mündet. Diese Entkräftung grenzt das Männliche als reflexiven und erschöpften Träger des Rationalen von der weiblichen Domäne des triebhaft Vitalen ab. Den vitalen Charakter der weiblichen Erscheinung heben auch Tätigkeitsverben wie „Kommen", „Verprassen" und „Gehen" hervor. Das „Wandern" (V. 18) des Ich bildet die Reprise des Gangs der fremden Frau und signalisiert zumindest tendenziell dessen Sehnsucht nach Teilhabe am Dionysischen, wiewohl es sich im Psychisch-Voluntativen erschöpft („Ich *will* wandern") und durch seinen pro-

---

52 Diese Reprise des adverbiellen „so" ist genau kalkuliert. Zunächst wurde es antithetisch eingesetzt. Die besondere Kühle des Hauchs – „So kühl" (V. 11) – entsprach auf der anderen Seite dem Rationalitätsüberdruss des Ichs – „so satt" (V. 15). Jetzt kehrt „so" als Geminatio wieder: „So losgelöst. So müde" (V. 18).
53 Gottfried Benn: Akademie-Rede (1932). In: Gesammelte Werke. Bd. 1, S. 435.

spektiven, mentalen Charakter vom sinnlichen Gang der Frau somit kategorial getrennt bleibt.[54]

Die sinnliche Erfahrung des Dionysischen ist dem zerebral belasteten lyrischen Ich somit verwehrt. Es kann aber auf ästhetisch vermittelte Weise daran teilhaben, und zwar durch die Evokation des tragischen Mythos, der bereits in Nietzsches Deutung den dionysischen Untergang des Individuellen zum Gegenstand hat. Der Mythos, heißt es in der *Geburt der Tragödie*, „theilt mit der apollinischen Kunstsphäre die volle Lust am Schein und am Schauen und zugleich verneint er diese Lust und hat eine noch höhere Befriedigung an der Vernichtung der sichtbaren Scheinwelt".[55] Er offenbart das „Zertrümmern der Individualwelt als den Ausfluss einer Urlust".[56] Daher ist gerade der tragische Mythos adäquat, um die Erfahrung des Dionysischen in einer unsinnlich und abstrakt gewordenen Zeit, der die dionysische Sinnlichkeit physiologisch abgeht, zumindest vermittelt zu artikulieren. Denn, dies betont Nietzsche in der *Geburt der Tragödie*, „das Dionysische mit seiner selbst am Schmerz percipirten Urlust, ist der gemeinsame Geburtsschooss der Musik und des tragischen Mythus".[57] Diese Wiederkehr des Mythos in der durchrationalisierten Moderne hatte Benn auch in seiner *Akademie-Rede* als Kennzeichen der expressionistischen und surrealistischen Avantgarde reflektiert: „Die primitiven Völker erheben sich noch einmal in den späten", heißt es dort, „Die mystische Partizipation [...] durchstößt die Bewußtseinsepoche". Gerade dieses Aufblitzen des Mythos in der modernen Bewußtseinsepoche inszeniert der Schluss von Benns Gedicht.

Wie bei Nietzsche ist auch bei Benn die Musik (die „Lieder" von V. 19), welche mitten in der Moderne noch die untergegangene, zivilisatorisch verdrängte, primitiv-mythische Schicht zu vermitteln vermag. Bereits in der *Geburt der Tragödie* wird das Erklingen eines fernen, mythischen Gesangs geschildert, dem die Tra-

---

54 Auch das Motiv des Wanderns ist bei Nietzsche über den Thyrsos als *Wanderstab* präsent. In der *Geburt der Tragödie* verkündet Nietzsche das Ende des sokratischen Menschen und ruft dazu auf, den Wanderstab, den Thyrsusstab zu nehmen, um den dionysischen Festzug von Indien nach Griechenland zu begleiten: „Die Tragödie sitzt inmitten dieses Ueberflusses an Leben, Leid und Lust, in erhabener Entzückung, sie horcht einem fernen schwermüthigen Gesange – er erzählt von den Müttern des Seins, deren Namen lauten: Wahn, Wille, Wehe. – Ja, meine Freunde, glaubt mit mir an das dionysische Leben und an die Wiedergeburt der Tragödie. Die Zeit des sokratischen Menschen ist vorüber: kränzt euch mit Epheu, nehmt den Thyrsusstab zur Hand und wundert euch nicht, wenn Tiger und Panther sich schmeichelnd zu euren Knien niederlegen. Jetzt wagt es nur, tragische Menschen zu sein: denn ihr sollt erlöst werden. Ihr sollt den dionysischen Festzug von Indien nach Griechenland geleiten!" (KSA 1, S. 132).
55 Ebd., S. 24.
56 Ebd., S. 153.
57 Ebd., S. 152.

gödie selbst lauscht: „Die Tragödie sitzt inmitten dieses Ueberflusses an Leben, Leid und Lust, in erhabener Entzückung, sie horcht einem fernen schwermüthigen Gesange – er erzählt von den Müttern des Seins, deren Namen lauten: Wahn, Wille, Wehe."[58] Bei Benn ist es das lyrische Ich, das aus Gärten Lieder vernimmt. Ihr dionysischer Charakter wird auch durch ihre Naturnähe betont. Das Dionysische kam „aus den Wäldern" (V. 2), so wie die Lieder jetzt „aus den Gärten" (V. 19) erklingen.

Was in den V. 20 – 21 folgt, gibt sich offenbar als der mythische Inhalt der „Lieder" zu erkennen. Die Dyade „Schatten und Sintflut" (V. 20) bildet die Reprise der Themen der Dunkelheit (V. 12) und der Feuchtigkeit (V. 7), die jetzt ins Mythische transponiert werden. Während die dionysische ‚untere' Sphäre vorher als triebhaftes Begehren rein sinnlich konnotiert wurde, erhält sie jetzt eine mythische Perspektivierung. Die „Schatten" evozieren den antiken Mythos, den Hades, wo die Verstorbenen ein freudloses Schattendasein fristen mussten, während die „Sintflut" auf den christlichen Mythos, die Flutkatastrophe aus dem Alten Testament (Gen 7,10 – 24 und Gen 8,1 – 14) anspielt. Beide Narrative verleihen dem im Titel exponierten „Untergrund" eine mythische Aura.

Am Ende findet die mythische Abwärtsbewegung ihren Abschluss in der Meerestiefe. Als Metapher für die dionysische Auflösung der Individualität dient das Meer bereits bei Nietzsche. In der *Geburt der Tragödie* zitiert er eine berühmte Passage aus Schopenhauers *Welt als Wille und Vorstellung*, in welcher gerade das tobende Meer als Gegenpol zum scheinhaften *principium individuationis* fungiert, d. h. als Antithese zur Art und Weise, „wie das Individuum die Dinge erkennt, als Erscheinung":[59]

Wie auf dem tobenden Meere, das, nach allen Seiten unbegränzt, heulend Wellenberge erhebt und senkt, auf einem Kahn ein Schiffer sitzt, dem schwachen Fahrzeug vertrauend; so sitzt, mitten in einer Welt von Qualen, ruhig der einzelne Mensch, gestützt und vertrauend auf das principium individuationis.[60]

An anderer Stelle evoziert Nietzsche Isoldes Schwanenlied bei Tristans Leichnam aus dem Schluss von Wagners *Tristan und Isolde*, in welchem sie das Ertrinken als höchste Lust und Rückkehr in den Schoß des Ur-Einen imaginiert. Damit illus-

58 Ebd., S. 132.
59 Ebd.
60 Ebd., S. 28 (zugleich: Arthur Schopenhauer: Die Welt als Wille und Vorstellung. Gesamtausgabe in zwei Bänden nach der Edition von Arthur Hübscher und mit einem Nachwort von Heinz Gerd Ingenkamp. Stuttgart: Reclam 1987. Bd. 1, S. 496, § 63).

triert Nietzsche seine Auffassung des Dionysischen als entindividualisierenden Untergang:

> *Der tragische Mythus* ist nur zu verstehen als eine Verbildlichung dionysischer Weisheit durch apollinische Kunstmittel; er führt die Welt der Erscheinung an die Grenzen, wo sie sich selbst verneint und wieder in den Schooss der wahren und einzigen Realität zurückzuflüchten sucht; wo sie dann, mit Isolden, ihren metaphysischen Schwanengesang also anzustimmen scheint:
>
> > In des Wonnemeeres
> > wogendem Schwall,
> > in der Duft-Wellen
> > tönendem Schall,
> > in des Weltathems
> > wehendem All –
> > ertrinken – versinken –
> > unbewusst – höchste Lust!
>
> So vergegenwärtigen wir uns, an den Erfahrungen des wahrhaft ästhetischen Zuhörers, den tragischen Künstler selbst, wie er, gleich einer üppigen Gottheit der individuatio, seine Gestalten schafft, in welchem Sinne sein Werk kaum als „Nachahmung der Natur" zu begreifen wäre – wie dann aber sein ungeheurer dionysischer Trieb diese ganze Wel t der Erscheinungen verschlingt, um hinter ihr und durch ihre Vernichtung eine höchste künstlerische Urfreude im Schoosse des Ur-Einen ahnen zu lassen.[61]

Eine ähnliche Auffassung der tragischen Katastrophe als lustvolle Entgrenzung schließt Benns Gedicht ab: „Fernes Glück: ein Sterben / Hin in des Meeres erlösend tiefes Blau" (V. 20 f.).

Die abschließende Sterbensvision im erlösenden „Blau" „des Meeres" repräsentiert Benns „ligurischen Komplex" als mythische Apotheose des Südens.[62] Die Farbe „Blau" (V. 21), das letzte Wort, markiert den Abstand dieses ästhetisch vermittelten, „fernen Glücks" (V. 20) vom sinnlich unmittelbaren „Rot" des Frühlings und vom erotischen Glück der Frauenerscheinung. Auf die herbeigesehnte ‚Lösung' von der Rationalität folgt die Vision der ‚Erlösung': der Erlösung vom Typus des ‚sokratischen' Menschen. Die Überwindung des Individualitätsprinzips wird am Ende gerade durch das Verschwinden des Ich unterstrichen. Es gibt kein Ich mehr. Das Sterben ist vielmehr unpersönlich (*„ein* Sterben", V. 20).

---

61 KSA 1, S. 141.

62 „Nicht umsonst sage ich Blau. Es ist das Südwort schlechthin, der Exponent des ‚ligurischen Komplexes'" (Gottfried Benn: Probleme der Lyrik (1951). In: Gesammelte Werke. Bd. 1, S. 494–532, hier S. 512).

Der mythische Untergang des Individuums bildet Endpunkt und Ziel von Benns poetischer „Untergrundbahn", welche Baudelaire und Nietzsche intertextuell kombiniert und zugleich den Expressionismus als halluzinatorische Wiederkehr des Mythischen in der durchrationalisierten Moderne profiliert.

11 Nationalismus als Massenwahn – zur Rezeption Gustave Le Bons in Alfred Lemms Erzählung *Der Herr mit der gelben Brille* (1915)

Die expressionistische Kulturkritik nahm nicht selten auch die Form einer entschiedenen Gesellschaftskritik an.[1] Als paradigmatisch für die gesellschaftliche Entfremdung der modernen Existenz galt der jungen Generation das Phänomen der ‚Masse'.[2] Die Kritik der Masse wurde vor allem im Weltkrieg virulent. So erscheint die Masse in Alfred Wolfensteins Dialog *Ein Zwiespalt* (1915) als Medium der Nivellierung freier Individualität. Dort treten expressionistischer Individualismus und zeitgenössische Vermassung als Pazifismus und Bellizismus einander entgegen. Einer der Kontrahenten („der eine"), der den expressionistischen

---

1 Dazu vgl. den Beitrag von Christoph Eykman: Zur Sozialphilosophie des Expressionismus. In: Begriffsbestimmung des literarischen Expressionismus. Hg. von Hans Gerd Rötzer. Darmstadt: Wiss. Buchges. 1976 (Wege der Forschung CCCLXXX), S. 447–468. Eine zentrale Rolle für die expressionistische Gesellschaftskritik spielte die Schrift des Soziologen Ferdinand Tönnies *Gemeinschaft und Gesellschaft* (1887). Sie war 1912 in der zweiten Auflage erschienen (Ferdinand Tönnies: Gemeinschaft und Gesellschaft. Leipzig: Fues 1887. 2. Aufl. 1912). Die expressionistischen sozialkritischen Pamphlete sind Tönnies' Antagonismus weitgehend verpflichtet. Ernst Toller, Erich Mühsam und Martin Buber verklärten die Gemeinschaft als kommunionistische, vormoderne Form des sozialen Lebens, die sich durch gemeinsamen Besitz und Glauben auszeichnet und eine persönliche, liebevolle Verbindung der Menschen untereinander noch ermöglicht: „Es gilt die Befreiung des wirklichen Lebens zwischen Menschen und Menschen. Es gilt die Wiedergeburt der Gemeinde. Der Ortsgemeinde der Genossenschaft, der Kameradschaft, der religiösen Einung. Diese, heute sei es zu staatsähnlichen Maschinerien entartet, sei es vom Staat geduldete oder übersehene Schlupfwinkel einer unzeitgemäßen Vegetation, müssen wieder die Stätten werden, an denen das Auf-Erden-sein seelenbegabter Wesen zu seiner Fülle kommt. Hier muß sich das öffentliche, das ist das zum Gemeinschaftsleben erweiterte Leben des Menschen vollziehen. Hier allein können die inneren Bindungen der primitiven Gemeinschaft, gemeinsamer Bodenbesitz, gemeinsame Arbeit, gemeinsame Sitte, gemeinsamer Glaube – die vier Prinzipien der Bindung, die jenen vier Arten der Gemeinschaft entsprechen – in neuer Gestalt erstehn" (Martin Buber: Gemeinschaft. In: Neue Erde 1 (1919), S. 6–8, hier 7). Dem erträumten Gemeinschaftsideal setzten sie die moderne ‚Gesellschaft' als Entfremdungszusammenhang entgegen, in welcher abstrakte Funktionszusammenhänge individuelle Bindungen verdrängen.
2 Eine übergreifende Studie über die Masse in der expressionistischen Literatur steht immer noch aus. Zur Masse als literarischem Motiv vgl. Michael Gamper: Masse lesen, Masse schreiben. Eine Diskurs- und Imaginationsgeschichte der Menschenmenge 1765–1930. München u. a.: Fink 2007. Für einen instruktiven Forschungsüberblick über die Kategorie der Masse vgl. Helmut König: Wiederkehr des Massethemas? In: Masse – Macht – Emotionen. Zu einer politischen Soziologie der Emotionen. Hg. von Ansgar Klein und Frank Nullmeier, unter Mitarb. von Oliver Welsch. Opladen: Westdt. Verl. 1999, S. 27–39.

https://doi.org/10.1515/9783111010540-013

Standpunkt vertritt, nimmt den deutsch-amerikanischen Attentäter Frank Holt (Erich Münter) (1871–1915) in Schutz, der in Washington und New York spektakuläre Anschläge verübt hatte, um gegen die nur vordergründige Neutralität der USA zu protestieren,[3] und kontrastiert dessen vermeintlich ‚heroischen‘ Pazifismus mit dem Gehorsam der propagandistisch manipulierten Massen. Der andere Gesprächspartner („Der andere") verklärt dagegen die zeitgenössische Vermassung als willkommenes Resultat des Krieges, der endlich die Überwindung der Vereinzelung und die Realisation einer „Gesamtheit" mit sich gebracht habe: „Dieser Krieg hat schon die allergrößte Zusammenfassung gebracht", meint er.[4]

---

3 Münter hatte am 02.07.1915 im Kapitol einen Sprengsatz platziert, allerdings ohne Mordabsicht, so dass die Bombe nur Sachschäden anrichtete. Daraufhin begab er sich nach New York und verschaffte sich Zugang zum Haus des Bankiers John Pierpont Morgan, der Großbritannien mit Krediten und Waffen unterstützte. Er beging am 06.07.1915 im Gefängnis Selbstmord (dazu Thomas Joseph Tunney und Paul Merrick Hollister: Throttled! The Detection of the German and Anarchist Bomb Plotters. Boston: Small, Maynard & Company 1919).

4 „Ich freue mich ausdrücklich über die Massenhaftigkeit, die der Krieg endgültig als neues Leben in die Herrschaft eingesetzt hat. Ich glaube einfach nicht daran, daß die individualistische Tat, die Tat eines Menschen, in welchem das Gefühl des von einer Masse Verschiedenseins überwiegt, – die anderen so erheblich wie ihn selbst angeht, und mag sie noch so gut gemeint sein. Nur die Massenhandlung schlägt zu aller Gunsten aus, die organisierte Handlung von massenmäßig Veranlagten. Nur durch sie kann die Welt – eine Welt eine Gesamtheit werden. Dieser Krieg hat schon die allergrößte Zusammenfassung gebracht." (Alfred Wolfenstein: Ein Zwiespalt. In: Zeit-Echo 1 (Juli 1915) 20, S. 310–312, hier S. 310). Eykman (Zur Sozialphilosophie) macht zu Recht darauf aufmerksam, dass es im Spätexpressionismus, bei kommunistisch gesinnten Expressionisten wie Ludwig Rubiner, zu einer partiellen Wiederaufwertung der Masse als „wirkendes Volk" kam (L. R.: Die Erneuerung. In: Die Gemeinschaft. Dokumente der geistigen Weltwende. Hg. von Ludwig Rubiner. Potsdam: Kiepenheuer 1919, S. 75). So muss bei Rubiner der Weg der Selbstvervollkommnung in die Masse führen, die als Regenerationsfaktor und Verkörperung sittlicher Ideale erscheint. Allerdings ist selbst im politisierten Spätexpressionismus eine solche Wiederaufwertung nicht durchgängig, wie der Fall Ernst Tollers zeigt. In *Masse-Mensch* (1919/1921) artikuliert der Antagonismus zwischen der „Frau" und dem „Namelosen" die Grundopposition von Gemeinschaft und Masse. Der „Namenlose" vertritt nicht nur die Anonymität der Masse, sondern auch ihre blinde revolutionäre Gewaltbereitschaft. Während der „Namenlose" für Revolution und Blutvergießen eintritt, indem er an der ‚Heiligkeit‘ der Masse als Emanzipationssubjekt festhält, widerspricht ihm die „Frau" aus ihrer ethisch überlegenen Warte. Sie stellt die Heiligkeit der revolutionären Masse in Frage und deckt ihren Ursprung aus Rache und Gewalt auf: „Masse ist nicht heilig. / Gewalt schuf Masse. / Besitzunrecht schuf Masse. / Masse ist Trieb aus Not, / Ist gläubige Demut / [...] / Ist grausame Rache [...]" (Ernst Toller: Masse-Mensch: ein Stück aus der sozialen Revolution des 20. Jahrhunderts. Potsdam: Gustav Kiepenheuer Verlag 1924, S. 74). Vor diesem Hintergrund predigt sie Gewaltlosigkeit und die Verwandlung der Masse in Gemeinschaft: „Masse soll Volk in Liebe sein. / Masse soll Gemeinschaft sein" (ebd., S. 54). Vgl. weiter: „Gemeinschaft ist nicht Rache. / Gemeinschaft zerstört das Fundament des Unrechts. / Gemeinschaft pflanzt die Wälder der Gerechtigkeit" (ebd.).

Ihm hält „der eine" allerdings den Unterschied zwischen Masse und Gemeinschaft entgegen. Aus der Masse könne keine Gemeinschaft entstehen, denn in ihr
sei die Individualität unterdrückt. Daher fehle es in der Masse auch an Liebe,
welche die Grundlage jeder Gemeinschaft darstelle und nur über den Einzelnen
ihren Weg nehmen könne. Christus – so die religiös gefärbte Argumentation –
habe nur in seiner absoluten Vereinzelung zum Welterlöser werden können.[5]

Einen beträchtlichen und noch untererforschten Einfluss auf die expressionistische Massenkritik übte der französische Soziologe Gustave Le Bon (1841–
1931) aus.[6] Das Phänomen der Masse steht im Zentrum seiner Abhandlung *Psychologie des foules*, die 1895 erschien und 1908 ins Deutsche übersetzt worden
war.[7] Nicht jede Menschenansammlung ist nach Le Bon eine Masse. Was sie
konstituiert, ist nicht primär die physische Anwesenheit vieler Individuen – eine
Masse kann sich auch *in absentia* bilden. Vielmehr ist es das Schwinden der bewussten Persönlichkeit und die Orientierung am Kollektiv. Die Menge stellt ein
zufälliges Aggregat dar, das erst aufgrund bestimmter psychischer Kollektiv-Re-
aktionen zur Masse ‚erhitzt' werden kann:

> Das Schwinden der bewußten Persönlichkeit und die Orientierung der Gefühle und Ge-
> danken nach einer bestimmten Richtung, das die ersten Merkmale der sich organisierenden
> Masse bildet, erfordert nicht immer die gleichzeitige Anwesenheit mehrerer Individuen an
> einem einzigen Orte. Tausende getrennte Individuen können in gewissen Momenten unter
> dem Einflusse gewisser heftiger Gemütsbewegungen, etwa eines großen nationalen Ereig-
> nisses, die Merkmale einer psychologischen Masse gewinnen. [...] In gewissen Momenten
> kann ein halbes Dutzend Menschen eine psychologische Masse konstituieren, während
> Hunderte zufällig vereinigter Menschen sie nicht konstituieren können.[8]

Nach Le Bon entwickelt das Individuum in der Masse eine neue psychische Disposition. Als erstes erlangt es ein Gefühl unendlicher Macht, das ihm gestattet,

---

5 „Die Gestalt mit dem Charakter und der Bereitwilligkeit des Massenhaften hat keinen Punkt
außerhalb von sich, – und *so kann sie nichts bewegen*. Und so kann sie auch nicht lieben. Es ist
unwahr, daß vom Massengefühl eine Gemeinschaft hervorgebracht wird. Die Liebe nimmt ihren
Weg über den einzelnen. Christus konnte für die anderen etwas tun, weil er absolut allein stand.
In einen Verband eingegliedert, – sein Tod wäre nicht die Erlösung der Welt gewesen" (Alfred
Wolfenstein: Ein Zwiespalt, S. 312).
6 Dies betont auch Thomas Anz: „Eine Quelle der expressionistischen Kritik an der Masse war
zweifellos Gustave Le Bons ungemein einflussreiche, 1908 ins Deutsche übersetzte *Psychologie
der Massen*" (Thomas Anz: Literatur des Expressionismus. Stuttgart/Weimar: Metzler 2002, S. 73).
7 Gustave Le Bon: Psychologie der Massen. Übersetzung nach der 12. Aufl. von Rudolf Eisler.
Leipzig: Klinkhardt 1908 (Philosophisch-soziologische Bücherei 2). Zitiert wird sie im Folgenden
nach der 4. dt. Aufl. (Stuttgart: Alfred Kröner 1922).
8 Le Bon: Psychologie, S. 10.

Triebe auszuleben, die er als Einzelner hätte zügeln und unterdrücken müssen.[9] Zum zweiten ist der Einzelne einer epidemischen Affekt-Übertragung und -Ansteckung (‚contagion‘) ausgesetzt, die es in den Resonanzraum der Affekte der Masse verwandelt. So lässt er sich von jedem Affekt innerhalb der Masse anstecken und verstärkt wiederum den Affekt durch gegenseitige Induktion.[10] Damit geht ein grundsätzlicher Schwund der bewussten Persönlichkeit einher. Das dritte Merkmal ist die ‚Suggestibilität‘.[11] Sie ist die Voraussetzung der epidemischen Affekt-Übertragung. Le Bon vergleicht sie mit dem Zustand des Hypnotisierten, der vom Hypnotiseur nach Belieben gelenkt werden kann. So verliert das Massenindividuum das Bewusstsein und die Kontrolle über seine Handlungen, und zwar noch stärker als in der Hypnose. Hinzu kommt schließlich die Regression, die das Massenindividuum befällt. Sein Aufgehen in der Masse charakterisiert Le Bon als einen Prozess der Dekulturation und intellektuellen Rückbildung, bei dem der Einzelne mehrere Stufen auf der Leiter der Zivilisation herabsteigt und seine kulturelle Veredelung ablegt. Als impulsiver, wandelbarer, reizbarer Teil der Masse wird er nur noch von seinen Trieben gesteuert und gleicht einem vom Wind emporgewirbelten „Sandkorn".[12]

---

9 „Verschiedene Ursachen haben an dem Auftreten dieser Eigentümlichkeiten der Massen, welche die Individuen nicht besitzen, Anteil. Die erste dieser Ursachen besteht darin, daß das Individuum in der Masse schon durch die Tatsache der Menge ein Gefühl unüberwindlicher Macht erlangt, welches ihm gestattet, Trieben zu frönen, die es für sich allein notwendig gezügelt hätte. Es wird dies nun um so weniger Anlaß haben, als bei der Anonymität und demnach auch Unverantwortlichkeit der Masse das Verantwortlichkeitsgefühl, welches die Individuen stets zurückhält, völlig schwindet" (Le Bon: Psychologie, S. 14).

10 „Eine zweite Ursache, die Ansteckung, trägt ebenso dazu bei, bei den Massen die Äußerung spezieller Merkmale und zugleich deren Richtung zu bewerkstelligen. Die Ansteckung ist ein leicht zu konstatierendes, aber unerklärliches Phänomen, das man den von uns sogleich zu studierenden Phänomenen hypnotischer Art zurechnen muß. In der Masse ist jedes Gefühl, jede Handlung ansteckend, und zwar in so hohem Grade, daß das Individuum sehr leicht sein persönliches Interesse dem Gesamtinteresse opfert. Es ist dies eine seiner Natur durchaus entgegengesetzte Fähigkeit, die der Mensch nur als Massenbestandteil besitzt" (ebd., S. 14 f.).

11 „Eine dritte, und zwar die wichtigste Ursache bedingt in den zur Masse vereinigten Individuen besondere Eigenschaften, welche denen des isolierten Individuums völlig entgegengesetzt sind. Ich rede hier von der Suggestibilität, von der die erwähnte Ansteckung übrigens nur eine Wirkung ist" (ebd., S. 15).

12 „Ferner steigt durch die bloße Zugehörigkeit zu einer organisierten Masse der Mensch mehrere Stufen auf der Leiter der Zivilisation herab. In seiner Vereinzelung war er vielleicht ein gebildetes Individuum, in der Masse ist er ein Barbar, d. h. ein Triebwesen. Er besitzt die Spontaneität, die Heftigkeit, die Wildheit und auch den Enthusiasmus und Heroismus primitiver Wesen. Diesen nähert er sich noch durch die Leichtigkeit, mit der er sich von Worten und Bildern, die auf jedes einzelne Individuum gänzlich ohne Wirkung wären, beeinflussen und zu Handlungen, die zu seinen entschiedenen Interessen und bekanntesten Gewohnheiten im Widerspruche stehen,

11.1 Zur Le Bon-Rezeption in Alfred Lemms *Vom Wesen der wahren Vaterlandsliebe* (1917)

Den Ansatz von Le Bons *Psychologie der Massen* verwertete die expressionistische Generation nicht nur für ihre desillusionierte Kultur- und Revolutionskritik, wie der Fall Ernst Tollers zeigt,[13] sondern auch mitten in der Kriegszeit für ihre Analyse des Nationalismus – und des damit eng verbundenen Antisemitismus. Exemplarisch für die expressionistische Le Bon-Rezeption ist das publizistische und narrative Œuvre des vergessenen Berliner Essayisten und Erzählers Alfred Lemm (1889–1918).[14] Die Spezifik seiner Lektüre der *Psychologie der Massen* unterscheidet ihn markant von zwei späteren Schülern Le Bons, die aus dessen Theorie das rhetorische Instrumentarium nationalistischer Massenmanipulation gewannen: Benito Mussolini und Adolf Hitler.[15] Sie steht auch aber im Gegensatz zu Le

---

verführen läßt. In der Masse gleicht das Individuum einem Sandkorn in einem Haufen anderer, das der Wind ungehindert emporwirbelt" (ebd., S. 16).

13 Zu Tollers Le Bon-Rezeption in *Masse-Mensch* vgl. Simone Bigeard: Ernst Toller – Facetten eines schriftstellerischen Werks zwischen den Weltkriegen. Eine motivorientierte Untersuchung. Diss. Karlsruhe. KIT Scientific Publishing, 2018, S. 263–292 („Masse und Führer"). Bigeard vermutet, dass der Rezeptionsprozess durch Max Weber vermittelt wurde: „Der Einfluss von Le Bons Theorien auf Max Weber stellt eine Brücke zu Ernst Toller dar, der sich Weber vor Januarstreik und Novemberrevolution zugewandt hatte" (ebd., S. 264 f.).

14 Zu Lemm vgl. Hans J. Schütz: L., A. In: „Ein deutscher Dichter bin ich einst gewesen". Vergessene u. verkannte Autoren des 20. Jh. München: Beck 1988, S. 191–196. Alexander Košenina,: Neue Lebensspuren des expressionistischen Schriftstellers Alfred Lemm. In: ZfG 3 (1995), S. 600–611. Florian Sendtner: „Phantastisch bis zum Vertrackten". Der unbekannte expressionistische Schriftsteller A. L. (1889–1918). In: Menora 6 (1995), S. 181–198; Gordon Williams: A. L. and Rudyard Kipling. Ironic Commentaries on Women's Wartime Shifts. In: Comparative Literary Studies 40 (2003), S. 265–285; LDJA Bd. 15, S. 261–265; Florian Sendtner: L., A. In: MLDJL, S. 331 f.; Beata Mache: Zeit zu wirken gegen die Gehässigkeit. Literatur und der Krieg: Alfred Lemm, Hugo Sonnenschein und Uriel Birnbaum. In: Kalonymos. Beiträge zur deutsch-jüdischen Geschichte aus dem Salomon Ludwig Steinheim-Institut der Universität Duisburg-Essen 4 (2014), S. 4–7.

15 Bekanntlich war Mussolini ein glühender Bewunderer Le Bons („Ho letto tutta l'opera di Gustavo Le Bon; e non so quante volte abbia riletto la sua *Psicologia delle folle*. È un'opera capitale alla quale ancora oggi spesso ritorno" [„Ich habe das Gesamtwerk Gustave Le Bons gelesen und ich weiß nicht, wie oft ich seine *Psychologie der Massen* wieder gelesen habe. Es ist ein kapitales Werk, worauf ich heute oft zurückkomme"]. Benito Mussolini: Opera omnia. Bd. 22: Dall'attentato Zaniboni al discorso dell'ascensione (5. Novembre 1925–26. Maggio 1927) Hg. von Edoardo und Duilio Susmel. Firenze: La Fenice 1957, S. 156) und stand mit ihm gar in Briefkontakt (dazu Susanna Barrows: Distorting Mirrors: Visions of the Crowd in Late Nineteenth Century France. New Haven: Yale Univ. Pr. 1981, S. 179). Über Le Bons Einfluss auf *Mein Kampf* vgl. Alfred Stein: Adolf Hitler und Gustave Le Bon. In: Geschichte in Wissenschaft und Unterricht 6 (1955), S. 362–368.

Bon selbst und dessen autoritärem Ansatz, bei dem die fundamentale Verachtung für die Masse mit einer ebenso schrankenlosen Bewunderung für deren Führer einhergeht, deren „notwendigen" Despotismus der französische Soziologe rechtfertigt.[16] Le Bons antidemokratischem Konzept zufolge ist das Volk konstitutionell unfähig, sich selbst zu regieren, und bedarf einer starken Führerfigur, die es leitet und knechtet.[17] Die Alternative ist das Chaos.

Lemms Rezeption der *Psychologie der Massen* vor dem Hintergrund des Ersten Weltkriegs führt dagegen zu einer aktualisierenden Lektüre der *Psychologie des foules*, die sie in den Dienst seiner Nationalismus- und Antisemitismus-Kritik stellt. Die Masse erscheint bei Lemm nicht mehr als ahistorische Konstante, sondern als das historisch spezifische Medium der Weltkriegspropaganda und als die zeittypische Erscheinungsform nationalistischer und antisemitischer Volksmanipulation.[18]

Wie annähernd die Hälfte der expressionistischen Autoren/-innen entstammte auch Alfred Lehmann (1889–1918) jüdischen Eltern. Er war Sohn des jüdischen Buchhändlers Paul Lehmann und dessen Gattin Emma. Als Mitarbeiter an den wichtigsten expressionistischen Zeitschriften – darunter *Die Aktion*, *Die Weißen Blätter*, *Der Sturm*, das *Zeit-Echo* (in diesem Rahmen rezensierte er auch Döblins Roman *Die drei Sprünge des Wang-lun*)[19] – war er mit zentralen Akteuren der Avantgarde, wie Kurt Hiller, Rudolf Leonhard, Martin Buber u.a. bekannt. Thomas Mann, der den Einfluss seiner Poetik des Grotesken auf den jungen Erzähler spürte, empfahl ihn an Moritz Heimann des Fischer-Verlags[20] – leider ohne

---

16 „Die Autorität der Führer ist äußerst despotisch und verdankt nur diesem Despotismus ihre Geltung" (Gustave Le Bon: Psychologie der Massen, S. 85).

17 „In allen sozialen Schichten, den höchsten wie den niedrigsten, fällt der Mensch, sobald er nicht mehr isoliert ist, bald dem Gesetz eines Führers anheim. Die meisten Menschen, besonders die zur Volksmenge gehörigen, haben außer ihrem Berufskreis von nichts eine klare und richtige Vorstellung. Sie sind nicht imstande, sich selbst zu leiten. So dient ihnen der Führer als Leiter" (ebd.).

18 Was sich bei Lemm abzeichnet, ist eine durchaus tendenziöse Lektüre von Le Bons *Psychologie*, die sich deren Heuristik zu eigen macht und zugleich gegen deren cäsarisch-elitären Ansatz argumentiert. Die Alternative zum zerstörerischen Chaos der Masse ist bei Lemm nicht – wie bei Le Bon – die erlösende Führerfigur, sondern das seiner selbst und seiner individuellen Sittlichkeit bewusste Individuum.

19 Alfred Lemm: Alfred Döblin. Die drei Sprünge des Wang-Lun. In: Die Weißen Blätter 4, I (Januar 1917) 1, S. 82f.

20 An Lemm – schreibt Mann – sei „etwas Grotesk-Seelenhaftes", was ihn angezogen habe. Hier spüre er, „momentweise übrigens", zum ersten Mal „etwas wie eine Schüler- oder Nachkommenschaft" (Thomas Mann: Brief an Moritz Heimann vom 20.04.1917. In: Die Briefe Thomas Manns. Die Briefe von 1889 bis 1933. Band 1. Hg. von Hans Bürgin. Frankfurt/Main: Fischer 1977, S. 227).

Erfolg.[21] Im Ersten Weltkrieg engagierte er sich als freiwilliger Krankenträger an der Ostfront[22] und starb bereits 1918 in Berlin an der Spanischen Grippe. Sein schmales Œuvre umfasst die zweibändige Erzählsammlung *Mord* (1918), den Roman *Der fliehende Felician* (1917)[23] sowie politische und gesellschaftskritische Essays, in denen er sich wiederholt zum Judentum und zum deutschen Antisemitismus äußert,[24] darunter die Streitschrift *Ein Unrecht* (1916), in welcher er gegen die antisemitische Hetzkampagne von Theodor Fritschs Zeitschrift *Der Hammer* Stellung nahm.[25] Lemm stand dem Kulturzionismus des Kreises um Martin Buber nahe.[26] Er betrachtete Assimilationsbestrebungen als vergeblich und kontraproduktiv, erhoffte sich dagegen von der „zionistischen Idee" „Befreiung" für die künftigen Generationen.[27] Er setzte auf Erziehung, auf hebräischen und jiddischen Sprachunterricht, um eine künftige Auswanderung vorzubereiten.[28] Vor allem entwickelte er das Konzept eines ‚Mittellandes' in Polen, um die neuen Generationen unter der Anleitung des chassidischen Ostjuden auf den künftigen jüdischen Staat in Palästina vorzubereiten: „Die Idee des Mittellandes liegt im Bereiche leichter Verwirklichung. Jenes Land ein großer Filter, aus dem in jahrzehntelanger Klärung wieder ein neues Judentum hervortropft. So findet langsam und unter geringen Schmerzen die Trennung vom Deutschen und das Zurückwachsen auf das Jüdische statt. Über das Jüdisch-deutsche zum Hebräischen. Über Polen nach Palästina."[29] Auch Franz Kafka nahm von Lemms Projekt eines jüdischen Zwischenlands Kenntnis, wie ein Brief an Felice Bauer bezeugt.[30]

---

21 Der S. Fischer-Verlag lehnte Lemms Erzählungen ab, vermutlich aufgrund ihrer schonungslosen Sozialkritik. Sie erschienen 1918 in zwei Bänden im Münchner Roland-Verlag, unter dem Titel *Mord* (Bd. 1: *Erzählungen*; Bd. 2: *Versuche*. Nachdr. 1973).

22 Alfred Lemm: Galizisches Tagebuch. In: Zeit-Echo 2 (Mai 1916) 8, S. 116–121, sowie: Aufzeichnungen eines Krankenträgers. In: ebd. 2 (November 1916) 14, S. 211–216.

23 Der Roman erschien 1917 im Georg Müller-Verlag. Nils Gelker hat ihn sowie die Erzählsammlung *Mord* neu herausgegeben (Der fliehende Felician: Roman. Mit einem Nachwort hg. von Nils Gelker. Hannover: Wehrhahn Verlag 2018; Mord. Mit einem Nachwort hg. von Nils Gelker. Hannover: Wehrhahn Verlag 2014).

24 Dazu Roni Hirsh-Ratzkovsky: From Berlin to Ben Shemen: The Lehmann Brothers between Expressionism and Zionism. In: Association for Jewish Studies Review 41 (April 2017) 1, S. 37–65.

25 Alfred Lemm: Ein Unrecht. In: Die Schaubühne 12 (1916) 2, S. 76–79.

26 LDJA Bd. 15, S. 261–265, hier S. 262.

27 „Die zionistische Idee kann unseren Kindern Befreiung bringen." (A. L.: Wir Deutschjuden. In: Die Tat 7 (1915/1916) 11, S. 946–957, hier S. 954).

28 Alexander Košenina: Neue Lebensspuren, S. 602.

29 Alfred Lemm: Wir Deutschjuden, S. 957.

30 „Lemm kenne ich natürlich aus seinen Aufsätzen hie und da. Er ist phantastisch bis zum Vertrackten (ich weiß nicht ob Du von seiner Lehre vom Zwischenland gehört hast?) aber wahrhaftig, konsequent und zu vielem fähig" (Franz Kafka: Brief an Felice Bauer vom 29.09.1916. In:

In Lemms Publizistik ragt die bis heute vernachlässigte Abhandlung *Vom Wesen der wahren Vaterlandsliebe* heraus, die 1917 noch mitten im Krieg im Berliner Heinz Barger-Verlag erstaunlicherweise erscheinen durfte.[31] Vermutlich konnte der Essay die Kriegszensur aufgrund des irreführenden Titels umgehen. In Wirklichkeit handelt es sich um ein Elaborat, das einen pazifistischen Begriff von ‚Vaterlandsliebe' erarbeitet und auch ein alternatives Konzept von ‚Kultur' entwirft, in Konkurrenz zu dem von Thomas Mann in den *Gedanken im Kriege* (1914) geprägten.[32] Zentral ist nicht nur die von Lemm vorgenommene Entmilitarisierung von Manns Kultur-Begriff.[33] Lemm löst die Kultur-Kategorie auch von ihrer Antithese zur französischen Zivilisation und betont ihre fundamentale Pluralität. Kultur ist ein Begriff, der bei Lemm in der Pluralform dekliniert wird.[34]

Darüber hinaus unterscheidet Lemm eine „wahre" und eine „falsche Vaterlandsliebe". „Wahr", d. h. sittlich gerechtfertigt, erscheint der Patriotismus nur

---

Briefe 1914/1917: April 1914–1917. Hg. von Hans-Gerd Koch. Frankfurt/Main: Fischer 2005, S. 240 f.).

31 Alfred Lemm: Vom Wesen der wahren Vaterlandsliebe. Berlin: Heinz Barger 1917.

32 Gegen Mann polemisierte Lemm auch in einem offenen Brief: Über die Demokratie. Ein Brief an Thomas Mann. In: Der Friede 1 (5. April 1918) 11, S. 252–254.

33 Zum Kulturbegriff in Manns *Gedanken im Kriege* vgl. Philipp Gut: Thomas Manns Idee einer deutschen Kultur. Frankfurt/Main: Fischer 2008, S. 57–75. Lemm identifiziert ‚Kultur' mit der Sphäre von „Geist oder Sittlichkeit": „Macht hat in ihrem Wesen nichts mit Kultur (will sagen mit Geist oder Sittlichkeit) zu tun. Die Beziehung zwischen Macht und Kultur ist die des Mittels zum Zweck, darauf beruhend, daß in der realen Welt die Materie Baustein des Geistigen ist" (Vom Wesen, S. 3). Offensiv betriebene „Kulturausbreitung" wird von Lemm als Kulturimperialismus diagnostiziert: „Wo ‚Ausbreitung der Kultur' von einem Staat gesagt wird, indem er über seine Grenzen schielt, ist es entweder bewußte Täuschung, um vor sich selbst und vor denen, die mit dabei sein sollen, dem Willen nach Reichtum oder Land einen Deckmantel umzuhängen, oder es ist Selbsttäuschung, indem etwas ihnen selbst als Kulturwille erscheint, was in Wirklichkeit nichts als die Befriedigung jenes Faustmenschenmachtgelüstes in der volklichen Verlängerung ist. Der Mann, der im Parlament die Hinaustragung der Sprache und Sitten seines Volkes in Träger anderer Sprache und Art verlangt, hat einen Genuß in dem Gedanken, daß nun wieder eine Anzahl Menschen seine *Sprache* sprechen, und die Leser seiner Reden stimmen zu, gekitzelt von dem ganz ungeistigen Machtbewußtsein, daß in einigen Jahrzehnten einige tausend Menschen mehr den Namen ihres Volkes tragen werden" (ebd., S. 8).

34 „Doch selbst bei der Annahme des erwiesenen höheren Wertes eines Volkes, wäre es nicht das Idealbild der Erdoberfläche, wenn alle Völker sich nach dieser einen Art hin veränderten. Ist nicht gerade die Mannigfaltigkeit der Arten das Schöne an der Welt? Der Weitgeistige *kann* sein Volk nicht für das restlos Beste halten, weil er das Große, das Gute in *allen* Volksformen viel zu sehr lieben muß. Er *will* gar nicht, daß wegen seiner wenn auch besonders ausgezeichneten Rasse, andere untergehen; sondern daß diese sich gleichfalls in sich entwickeln zu möglichst eben solcher Höhe. Hierbei wird gewiß eine Beeinflussung der niederen Kultur durch die höhere günstig wirken können. Das Gute eines Volkes soll den anderen geboten werden, damit sie es in ihr Wesen verarbeiten, für ihre eigene Form verwenden können" (Lemm: Vom Wesen, S. 7).

dann, wenn er mit den universellen Prinzipien der Menschenliebe nicht in Konflikt tritt, als eine „in Maß und Art von der Gesamtsittlichkeit bestimmte Liebe".[35] Diese Liebe ist zur „unsittlichen Tat" berechtigt, wenn das Existenzrecht des eigenen Kulturkreises bedroht ist. Dann darf sie aus Notwehr das Prinzip der Menschenliebe suspendieren, um der Aggression eines anderen Staates entgegenzuwirken:

> Die gute Vaterlandsliebe setzt alles dafür ein, das Leben und die Existenzmittel der Genossenschaft, mit der er [der Einzelne] durch gleiche Art in Liebe verbunden ist, zu schützen. Sie verteidigt ohne Bedenken die Freiheit seines Volkes, sich in der ihm nötigen Spezialisation zu äußern, ein Recht jedes Volkes, weil ein Recht des Geistes. Daß die Menschen bei dieser körperlichen Verteidigung ihren Geist aufgeben können, ist sinnlos, aber muß als unausweichliche Tragik des Geist und Körper in eine Form vereinigenden Menschen hingenommen werden. Seine physischen Kräfte für die Erhaltung der eigentümlichen Färbung einzusetzen, ist in einer nuancenfreudigen Menschheit natürliches Recht und Pflicht.[36]

„Falsche" Vaterlandsliebe dagegen dient nicht zur Wiederherstellung des bedrohten Existenzrechts der eigenen Kultur, sondern zu deren unrechtmäßigen Expansion auf Kosten anderer Kulturkreise: „Sie ist eine falsche und schlechte, wenn sie sich [...] für die Bereicherung an einem andern Staat hingibt, denn dann ist die Liebe zu einer ungerechten Sache".[37] Gerade für die Analyse der „falschen" Vaterlandsliebe macht sich Lemm Le Bons Massenpsychologie zunutze. Wie der zionistische Schriftsteller Israel Zangwill (1864 – 1926) in der zeitgleich erschienenen Abhandlung *The principle of nationalities* (1917) analysiert auch Lemm den Nationalismus mit dem Begriffsinstrumentarium der Massenpsychologie.[38] In der „falschen Vaterlandsliebe" deckt er eine Rückbildung und Nivellierung des Bewusstseins auf, die dem von Le Bon untersuchten, primitiv-irrationalen Massenbewusstsein durchaus analog ist:

> Er [gemeint ist das Individuum] steckt hier [als Teil des nationalistischen Kollektivs] noch in der rohen tierischen Subjektivität, welche die höhere Kulturmenschheit sonst in keiner ihrer seelischen Sphären mehr aufzuweisen hat. *Das Bewußtsein der Menschen erfährt in der Projizierung vom Einzelleben auf das Volkliche eine ungeheure Nivellierung.* In dem Bezirk des

---

35 Alfred Lemm: Vom Wesen der wahren Vaterlandsliebe, S. 13.
36 Ebd., S. 13 f.
37 Ebd., S. 14.
38 Es ist denkbar, dass Lemm Zangwills Abhandlung kannte. Jedenfalls fand sie im Spätexpressionismus Beachtung und wurde später auch übersetzt (vgl.: Israel Zangwill: Das Nationalitätenprinzip. Einzig berechtigte Übertragung aus dem Englischen von Hermynia Zur Mühlen. Zürich: Internationaler Verlag 1919).

Volklichen befindet sich der Mensch auf einem Niveau, welches hinter dem personalen Leben um einige Jahrtausende zurückgeblieben ist. Wenn er „ich" denkt, schwingen in ihm die Kulturerrungenschaften einer langen Veredelungszeit, er ist ein geistiges Wesen; wenn er „wir" denkt, stellen sich keinerlei sittliche oder andere geistige Bedenken ein, er ist ein primitiver Urmensch. So wie der Einzelne in einer Versammlung durchaus nicht mehr als er selbst ist, sondern von der umgebenden Mehrzahl nivelliert wird, so ist das Volksbewußtsein ein niedrigeres als das Personalbewußtsein.[39]

Wie bei der von Le Bon analysierten Massenerfahrung führt auch in Lemms Diagnose die Identifikation des Individuums mit dem Kollektiv zu einer Depersonalisation und Regression:

In das Volkliche flüchten alle jene Instinkte, die im Einzelverhältnis unter der Verfolgung des strafenden Staates oder der gesellschaftlichen Ethik keine ruhige Stätte mehr haben. Die alte blindhasserische Beschränktheit, die das Geschöpf mit zwei Zentimeter längerer Nase stehenden Fußes massakrierte, wenn es sich auf dem Jagdgrund der Dreizentimeternasigen blicken ließ, erhielt sich im Vaterländischen. Hier konnten die rudimentären Kräfte der Lust am Zuschlagen und der Freude am Nackenbeugen der Mitmenschen unverdrängt bleiben. Das Blut, das im Privatleben nicht mehr fließen darf, will in frisch-fröhlichem Völkerkrieg geleckt werden. „Mein Sohn soll Deinen hauen dürfen", ist noch der schöne Traum der Völker. Das volkliche Bewußtsein ist der Nährboden alles Atavistischen. Das im Persönlichen verhaltene bricht sich, durch die Spannung mit um so stärkerer Wucht, Bahn im Volklichen.[40]

Indem Lemm den Nationalismus als Ventil des zivilisatorischen Drucks diagnostiziert, argumentiert er gegen dessen Ethisierung, wie sie im Rahmen der ‚Ideen von 1914' betrieben worden war. So konzipierte etwa Ernst Troeltsch in *Privatmoral und Staatsmoral* (1916) in Fichtes und Hegels Nachfolge das Ideal einer nationalen Sittlichkeit, der die Kantische Ethik untergeordnet werden soll. Der nationalen Ethik gebühre gegenüber der individuellen der Vorrang, ihr müsse sich die individuelle Sittlichkeit beugen. Lemm selbst war für diese ‚nationale Ethik' eingetreten. In seinem Essay *Neue Ethik*, der im Januar 1915 in der expressionistischen Zeitschrift *Das Forum* erschien, hatte er ganz im Fahrwasser der ‚Ideen von 1914' das durch die Mobilmachung entstandene „Zusammengehörigkeitsgefühl von ungeahnter Stärke" als „Begriff von Kameradschaft" verherrlicht und ihm geradezu religiöse Züge verliehen, als Verwirklichung des expressionistischen Ideals der „Gemeinschaft". Diesem hatte er das disqualifizierte Indi-

---

39 Alfred Lemm: Vom Wesen der wahren Vaterlandsliebe, S. 12. Nicht zufällig verwendet Lemm nicht das schon im 19. Jahrhundert diskriminierende und antisemitische Adjektiv ‚völkisch', sondern den von Gottfried August Bürger geprägten Neologismus ‚volklich'.
40 Alfred Lemm: Vom Wesen der wahren Vaterlandsliebe, S. 12.

vidualitätsprinzip als Synonym von Egoismus und Materialismus entgegengesetzt:

> Als in den Augusttagen von allen Seiten die Kanonen gegen das deutsche Volk aufgefahren
> wurden, da durchpulste den gesamten Staatskörper ein *Zusammengehörigkeitsgefühl* von
> ungeahnter Stärke. Es besteht für niemanden ein Zweifel, daß in dieser Zeit weniger Unrecht
> am Nebenmenschen in Deutschland geschah. Die Stimmung auf den Straßen war symbo-
> lisch: man sah ungleich mehr Rücksicht, wo Menschen zusammenkamen, hörte Worte in-
> nigeren Verständnisses füreinander. Der Angriff von außen preßte zu nahester Gemeinschaft
> zusammen. Eine unsoziale Tat war eine hassenswerte, verabscheute. Mehr kann der Ethiker
> nicht verlangen. Und alles das war nicht die Folge einer verstandesmäßigen Überlegung: ich
> helfe Dir, weil ich weiß, daß ich in dieser schweren Zeit auch bald Deine Hilfe brauche:
> sondern der Begriff der *Kameradschaft*, bisher völlig fremd der heutigen Generation, wurde
> von Millionen *erfühlt*, nachdem gemeinsame Gefahr ihn freigelegt hatte. Dieses Gefühl ist die
> letzte Notwendigkeit und für alle Ewigkeiten unentbehrlich dem Verhältnis der Menschen
> untereinander. Ohne den Sinn der Zusammengehörigkeit schärft sich der Individualismus
> beider Formen ins Unendliche zur gegenseitigen Zerfleischung.[41]

Dieses Ethik-Konzept basiert ganz auf dem Begriff der soldatischen „Kameradschaft", die Lemm als Verwirklichung der „Gemeinschaft" präsentiert. Als ‚militärische Ethik' schließt sie den Krieg programmatisch mit ein, insofern er das
Kameradschaftsideal einlöst:

> Wir können es nicht ändern, daß leben kämpfen, kämpfen töten ist. Heutige Ethik muß, im
> Einsehen ach so vieler Notwendigkeiten, bescheiden sein. Sie muß auf festumzirkelte nu-
> merierte Gebote verzichten. Sie kann nur die ungefähre Forderung aufstellen: geht in Eurem
> Kampf nicht über das eherne Grundgesetz hinweg, daß die Menschen Kameraden sind. [...]
> Heutige Ethik sagt nicht, hört auf zu kämpfen, weil ihr tötet. Sie fordert nur: Kämpft we-
> nigstens offen, auf daß ihr das Schönste und Wertvollste, was die Erde, nachdem so vieles
> haltlos wurde, noch zu vergeben hat, nicht besudelt: *Das gegenseitige Vertrauen.*[42]

Dieser ethische Bellizismus beweist keinen angeblich notwendigen Konnex zwischen Expressionismus und Kriegsapologetik. Eher belegt er das Verführungspotential der ‚Ideen von 1914', welche auch für jüdische Autoren eine erhebliche
Attraktivität besaßen, als Angebot, sich patriotisch zu bewähren. Gerade viele
jüdische Intellektuelle wie Lemm dürften in der Kriegsgemeinschaft ein willkommenes Integrationsangebot gesehen haben. Solche Vision einer jüdischen
Integration unter den Fahnen der Kameradschaftsethik zerschellte spätestens im

---

41 Alfred Lemm: Neue Ethik. In: Das Forum 1 (1915) 10, S. 540–545, hier 542.
42 Ebd., S. 543.

Oktober 1916 an der vom preußischen Kriegsminister Adolf Wild von Hohenborn verordneten ‚Judenzählung'.[43]

Von der ‚neuen Ethik' distanziert sich Lemm in seiner späteren Schrift *Vom Wesen der wahren Vaterlandsliebe*. ‚Kameradschaft' als Grundlage von Sittlichkeit wird dort problematisiert, die als egoistisch und materialistisch diskreditierte Individualität dagegen – durch Rückgriff auf Kant – als ethisches Fundament aufgewertet. Dadurch rückt Lemm von der Ethisierung der militärischen Volksgemeinschaft ab. Er stellt in seiner Schrift letztlich den Begriff der nationalen Ethik auf den Kopf, indem er dafür plädiert, die Prinzipien individueller Sittlichkeit auf die Beziehungen zwischen Staaten als handelnden Kollektivsubjekten anzuwenden[44] – eine ausgesprochen unrealistisch-provokatorische Forderung, welche aber die inzwischen gewonnene Distanz zur kollektiven Ethik unmissverständlich markiert. Nicht erst 1917 indes, sondern bereits im Dezember 1915, in seiner Erzählung *Der Herr mit der gelben Brille*, dekonstruiert Lemm den Gedanken einer kollektiven Sittlichkeit und kommt durch die Lektüre Le Bons zu einer realistischeren Einschätzung der psychischen Dynamik von Kollektiven.

11.2 *Der Herr mit der gelben Brille* (1915) als Parodie des ‚Augusterlebnisses'

Dass Lemm die Impulse aus Le Bons Massenpsychologie nicht nur in seiner publizistischen, sondern auch in seiner literarischen Produktion verarbeitete, zeigt seine Erzählung *Der Herr mit der gelben Brille*, die 1915 in den *Weißen Blättern* erschien.[45] Der von der Forschung bisher vernachlässigte Text, der weder in Jens' Darstellung zur expressionistischen Novelle[46] noch in Gampers großer Studie über Masse und Literatur Berücksichtigung findet,[47] stellt eine soziologische Miniaturstudie dar, welche mit Hilfe Le Bons das ‚Augusterlebnis' der ersten Kriegswochen als Ausbruch kollektiven Irrationalismus' parodiert. Lemms Erzählung lässt sich dem von Frank Krause ausdifferenzierten ‚skeptischen' Genre

---

43 Jacob Rosenthal: „Die Ehre des jüdischen Soldaten": die Judenzählung im Ersten Weltkrieg und ihre Folgen. Frankfurt/Main: Campus-Verl. 2007.
44 Alfred Lemm: Vom Wesen der wahren Vaterlandsliebe, S. 23 f.
45 Alfred Lemm: Der Herr mit der gelben Brille. In: Die Weißen Blätter 2 (Dezember 1915) 12, S. 1494–1501.
46 Inge Jens: Die expressionistische Novelle. Studien zu ihrer Entwicklung. Tübingen: Attempto-Verl. 1997.
47 Michael Gamper: Masse lesen, Masse schreiben. Eine Diskurs- und Imaginationsgeschichte der Menschenmenge 1765–1930. München u. a.: Fink 2007.

der expressionistischen Novellistik zuordnen. Wie zahlreiche andere expressionistische Novellen reflektiert auch *Der Herr mit der gelben Brille* einen Fall „erhellenden Wahnsinns", der zur kritischen Bewusstseinsbildung beitragen soll.[48] Insofern besitzt Lemmes Novelle auch die Züge einer Parabel, da sie einen kritischen Reflexionsprozess über die Gefahren von Nationalismus und Intoleranz beim Leser anstoßen möchte. Der *plot* ist schnell erzählt. Die in der Hauptstadt zusammengekommene Masse der Patrioten, vom flüchtigen Anblick des Kaisers euphorisiert, steigert sich in eine nationalistische Hochstimmung hinein, von welcher ein isolierter, sonderbarer Herr mit gelber Brille absticht, der die Begeisterung nicht zu teilen scheint. Die von Le Bon untersuchten Mechanismen der Massenbildung führen bei den Patrioten zum Abbau zivilisatorischer Hemmungen und zur Entwicklung eines Gefühls absoluter Übermacht, das sich an dem hilflosen Sonderling austobt. Er wird von der aufgebrachten Menge auf offener Straße straflos massakriert – ein Mord, an dem sich auch hochangesehene Mitbürger beteiligen und der unisono als Heldentat gefeiert wird.

Das Augusterlebnis ist ein in der historischen Forschung immer noch kontrovers diskutiertes Thema.[49] Unabhängig von der Frage, ob der Kriegsenthusiasmus die gesamte Bevölkerung oder – wie neuere Studien zu zeigen scheinen – hauptsächlich das städtische Bürgertum erfasste, nahm er nicht selten die Form der Massenhysterie an. Bezeichnend dafür war der Fall der sog. „Goldautos", d. h. das vermutlich von der Presseabteilung des Generalstabs lancierte Gerücht von Goldtransporten von Frankreich nach Russland.[50] Daraufhin schoss man allerorten auf angebliche Goldautos. Noch in den kleinsten Gemeinden fanden motorisierte Verfolgungsjagden auf jedes Auto statt, das sich blicken ließ. Ebenso symptomatisch für die herrschende Pogromstimmung war der ‚Radaupatriotismus' von Jugendlichen, die Jagd auf Geschäftsschilder mit Fremdwörtern mach-

---

48 „So stellen die skeptischen Texte eine Welt dar, die im entfremdenden Bann einer negativen Macht steht, deren Wirkung mit dem Einbruch eines außerordentlichen Ereignisses ausnahmsweise sinnfällig wird; häufig besteht dieses Ereignis im Ausbruch eines Wahns, dessen symbolische Gebilde der Realität näherkommen als die vermeintliche Normalität der Alltagserfahrung" (Frank Krause: Literarischer Expressionismus. Paderborn: Fink 2008, S. 199).
49 Während einige Studien (darunter Steffen Bruendel: Volksgemeinschaft oder Volksstaat – die „Ideen von 1914" und die Neuordnung Deutschlands im Ersten Weltkrieg. Berlin: Akad.-Verl. 2003, S. 70) am kollektiven Charakter der Kriegshysterie festhalten, charakterisieren andere Forschungen (vor allem Jeffrey Verhey: Der „Geist von 1914" und die Erfindung der Volksgemeinschaft. Hamburg: Hamburger Edition 2000) die Kriegsbegeisterung der Augustwochen als ein eher großstädtisches und bürgerliches Minderheitenphänomen.
50 Sven Oliver Müller: Die Nation als Waffe und Vorstellung: Nationalismus in Deutschland und Großbritannien im Ersten Weltkrieg. Göttingen: Vandenhoeck & Ruprecht 2002, S. 69.

ten,[51] oder die Hetzjagd auf Spionen. Darüber berichtet der Polizeipräsident von Stuttgart Dietrich Bittinger in einem am 10. August veröffentlichten Appell an die Polizisten:

> Schutzleute! Die Einwohnerschaft fängt an, verrückt zu werden. Die Straßen sind von alten Weibern beiderlei Geschlechts erfüllt, die sich eines unwürdigen Treibens befleißigen. Jeder sieht in seinem Nebenmenschen einen russischen oder französischen Spion und meint, die Pflicht zu haben, ihn und den Schutzmann, der sich seiner annimmt, blutig zu schlagen, mindestens aber unter Verursachung eines großen Auflaufs ihn der Polizei zu übergeben. Wolken werden für Flieger, Sterne für Luftschiffe, Fahrradlenkstangen für Bomben gehalten. Telephon- und Telegraphendrähte mitten in Stuttgart sollen zerschnitten, Brücken gesprengt, Spione standrechtlich erschossen und die Wasserleitung vergiftet worden sein.[52]

Die Kriegseuphorie begünstigte die Entstehung dessen, was Jeffrey Verhey in seiner großen Studie über den „Geist von 1914" die „karnevaleske Masse" nennt.[53] Sie trat vor allem in den größeren Städten in Erscheinung und zeichnete sich durch kollektive Enthemmung aus. Der „Geist von 1914" setzte Gesetze und Normen außer Kraft und erlaubte nationalistisch gestimmten Gruppen, eigene Verhaltensmaßregeln aufzustellen.[54]

Phänomene von Massenhysterie, wie sie aus zeitgenössischen Berichten hervorgehen, waren kein deutsches Spezifikum. So herrschte auch in Großbritannien beim Kriegsausbruch eine ähnliche paranoide Spionagehysterie. Dies hat Sven Oliver Müller eindrucksvoll gezeigt.[55] Das Londoner Sonntagsblatt *John Bull* war bei der Aufdeckung von Netzwerken deutscher Agenten und der Denunziation deutscher Sabotageakte unermüdlich – „there are spies everywhere".[56] Deutsche Kellner und Chauffeure fielen vornehmlich der britischen Spionenjagd zum Opfer. Man stellte Einheiten von Hilfspolizisten im fortgeschrittenen Alter auf, welche vorbeifahrende, verdächtige Autos beschossen. Eine „spy mania"[57] erfasste das Land – bis Mitte September gingen bei der Londoner Polizei fast 9000 Anzeigen gegen vermeintliche deutsche Spione ein, von denen sich fast alle als gegenstandslos herausstellten.[58]

---

51 Jeffrey Verhey: Der „Geist von 1914", S. 151.
52 „Vorwärts", 10.08.1914, S. 1.
53 Jeffrey Verhey: Der „Geist von 1914", S. 144–155.
54 Ebd., S. 144. Noch härter fällt die Einschätzung bei Sven Oliver Müller aus: „Der August 1914 eröffnete die Gelegenheit, durch die Überfüllung nationalistisch interpretierter Pflichten Gewalt gegen beinahe jedermann zu legitimieren" (Sven Oliver Müller: Die Nation, S. 67).
55 Zum Folgenden Sven Oliver Müller: Die Nation, S. 79f.
56 „John Bull", 24.10.1914, S. 4.
57 Davor warnte der „Daily Citizen" (5.08.1914, S. 8).
58 Sven Oliver Müller: Die Nation, S. 80.

Dass Lemms Erzählung einem sich in der fünften Kriegswoche[59] zugetragenen, merkwürdigen „Ereignis" gilt, nähert sie der Gattung ‚Novelle' an. Zugleich
wird das Novellengenre gesellschaftskritisch und politisch zugespitzt. Lemms
Novelle erzählt eine nicht nur „unerhörte", sondern auch ‚überhörte' „Begebenheit", d. h. einen von den zeitgenössischen Medien geflissentlich verschwiegenen
Vorfall:

> In der fünften Woche des Krieges trug sich in der Hauptstadt ein Ereignis zu, dessen keine
> Zeitung, wie auf eine gemeinsame Verabredung hin, Erwähnung tat. Daß die Redaktionen
> selbst von einem Vorfall, bei dem eine so große Menschenzahl – zumal aus den ersten
> bürgerlichen Kreisen der Stadt bestehend – zugegen war, nichts erfahren haben sollten, ist
> höchst unglaubhaft. Eher scheint es, als ob die Redakteure, ja Menschen, die für einen
> glatten Ablauf des Lebens sind, die Sache zu bergig, zu wenig geradlinig, jedenfalls nicht
> erquicklich fanden und deshalb Unlust hatten, sich mit ihr zu befassen. Sie gingen von der
> Voraussetzung aus, eine Zeitung hätte nicht die Aufgabe, bei ihren Lesern Anstoß zu erregen,
> und obwohl sie durchaus nicht mit Sicherheit annahmen, daß der Fall auf das Publikum so
> wirken werde, so taten sie, als hätten sie keine Nachrichten erhalten, um alle Möglichkeiten,
> wie sie auch immer seien, zu vermeiden.[60]

Bereits diese markante Pressekritik, welche die Selbstzensur der Journalisten (es
ist von „Redakteuren" die Rede, deren der verschwiegene Vorfall „nicht er-
quicklich" schien) zum Gegenstand hat, trägt zur Politisierung des Novellen-
genres bei. Der heterodiegetische Erzähler charakterisiert es als „höchst un-
glaubhaft", dass kein einziger Journalist dem Ereignis, das Gegenstand seiner
Erzählung werden soll, beigewohnt haben soll. Damit wirbt er im Gegenzug für
die Glaubwürdigkeit seiner Erzählung. Er stellt die Transparenz der zeitgenössischen Berichterstattung grundsätzlich in Frage und präsentiert seinen eigenen
Erzählakt als diskursiven Raum einer Gegen-Öffentlichkeit, der die Kriegszensur –
auch die Selbstzensur – überwindet, indem er Verdrängtes und Verschwiegenes
berichtet.

Der Erzähler schildert die sich „an einem Sonntag zwischen zwölf und eins"[61]
in der Allee Unter den Linden zugetragenen Ereignisse als singulative Erzählung
aus einer überwiegend auktorialen Übersicht (Nullfokalisierung). Der von ihm
erhobene Anspruch, ein sonst verschwiegenes Ereignis zu berichten, sowie seine
leise Ironie – etwa da, wo er bemerkt, dass die vierzackigen Blitze des kaiserlichen

---

59 Alfred Lemm: Der Herr mit der gelben Brille, S. 1494. Am 2. September hatten deutsche
Truppen die Marne erreicht und bedrohten Paris. Daraufhin hatte die französische Regierung am
3. September ihren Sitz nach Bordeaux verlegt.
60 Ebd.
61 Ebd.

Autos „nur wegen der Mittagshelligkeit nicht zu sehen waren"[62] oder da, wo er die Unruhe verbreitende Brille als „aufsässig"[63] bezeichnet – profilieren ihn als einen gesellschafts- und autoritätskritischen Erzähler.

Die vorherrschende Nullfokalisierung wechselt sich mit einigen kurzen intern und extern fokalisierten Passagen ab. So spricht der Erzähler stellenweise aus der Perspektive und mit der Stimme der Masse und konzentriert sich auf ihre Wertungen und Gefühle, etwa in den Passagen in erlebter Rede.[64] Auf diese Weise zwingt er durch interne Fokalisierung (aktoriale Mitsicht) auch dem Leser die Perspektive der fanatisierten Masse auf, was offenbar die indirekte Aufforderung eines kritischen Lesens nach sich zieht. Der mit den irrationalen Ausbrüchen der Masse konfrontierte Leser soll sich – so das rezeptionsästhetische Kalkül – in eine kritische Hermeneutik einüben, welche die Distanz zum Kollektiv wiederherstellt, in dessen Nähe der Rezipient unvermittelt gerät.

Externe Fokalisierung (neutrale Außensicht) herrscht dagegen in Bezug auf den Herrn mit der gelben Brille, dessen Erlebens- und Empfindungshorizont auch für den Erzähler verschlossen bleibt und ihn immer wieder zu Mutmaßungen veranlasst. Nicht einmal sein junges Alter ist sicher. So heißt es von ihm, dass er „ein scheinbar junger Mann"[65] war. Ob ihm die Aufmerksamkeit der Menge unangenehm ist, oder ob er sich über die von ihm verursachte Aufregung nicht im Klaren ist, sind ebenfalls Spekulationen.[66] Aufgrund der ihn abschirmenden Brille, die ihn auch dem narratorialen Blick entzieht, kann der Erzähler über dessen Gefühle nur Vermutungen aufstellen.[67] Die fehlende Introspektion konfrontiert den Leser mit einer hermeneutischen Frustration, mit welcher er – im Unterschied zu der erzürnten Masse –umzugehen lernen soll. Erneut ist von ihm eine kritische Hermeneutik verlangt, welche den Gedanken einer irreduziblen Alterität kognitiv aushalten und sich darin von der Intoleranz des Kollektivs und dessen erstrebten Differenznivellierung abgrenzen soll.

---

62 Ebd., S. 1496.

63 „Alle traten, stampften, schlugen, rissen nach der Gegend, wo man den Herrn mit der aufsässigen Brille vermutete" (ebd., S. 1501).

64 Ebd., S. 1496 f.

65 Ebd., S. 1495.

66 „Die Aufmerksamkeit, die er erregte, war ihm wohl unangenehm" (ebd.); „Der Jüngling mit der gelben Brille schien nicht zu bemerken, wie drohend die Stimmung um ihn wurde" (ebd., S. 1498).

67 „Seine unteren Gesichtszüge waren, soweit man dies bei der Verdeckung der Augen beurteilen konnte, mit Traurigkeit beschäftigt" (ebd.).

Grundmodus der Zeitgestaltung ist episches Präteritum, präsentische Anteile sind nur auf wenige Passagen beschränkt.[68] Das Erzählen ist insgesamt linear-chronologisch angelegt, weist allerdings auch einige satirische Analepsen auf, die dem Militärarzt[69] und dem Abgeordneten[70] gelten. So hat sich der Militärarzt Bretzhold, von dem der Erzähler ein groteskes Porträt zeichnet,[71] freiwillig zum Militär gemeldet, „obwohl er das dienstpflichtige Alter schon überschritten hatte",[72] offenbar um seine patriotische Reputation und sein gesellschaftliches Prestige zu steigern. Auch der Altruismus seiner Geste, sein luxuriöses Sanatorium der Militärbehörde zur Verfügung zu stellen, erweist sich als nur vordergründig. Denn die lässigen Arbeitszeiten des dort amtierenden Chefarztes und sein Verbot, „ihn des Nachts nach zehn und vor acht Uhr zu wecken",[73] führen schließlich zum Tod eines Soldaten, der das Sanatorium mit Genesungsaussichten betreten hatte. Die andere satirische Analepse betrifft den Abgeordneten Hildesheimer und dessen „beispiellose politische Laufbahn".[74] Er repräsentiert den Nationalismus als neue säkulare Religion, seinen mit Spannung erwarteten Reichstagsreden lauschen scharenweise Schulklassen als Ersatz für den überholten Religionsunterricht.[75] Das Jugendvorbild entpuppt sich als Massenverführer. So ist die Sentenz, der er als Redner seine politische Karriere verdankt, nichts anderes als das abgedroschene Klischee vom betrogenen Steuerzahler,[76]

---

68 Präsentisch gehalten sind der Erzählrahmen bzw. -vorspann, die wörtliche Rede der szenischen Dialoge, Gedankenzitate und der die Erzählung abschließende Werbespruch.

69 Ebd., S. 1496.

70 Ebd.

71 „Der Militärarzt Doktor Bretzhold hatte seinen viereckigen Oberkörper, der durch die eng um die Waden anliegenden Lederstulpen noch mächtiger wurde, zu der Ansammlung hinübergeschoben. Er hatte eine grimmige Gesichtsbildung aus viel Knochen und Fleisch, in dem sich kleine, nasse Augen ohne Lider schwarz und fast lustig vor Lebhaftigkeit bewegten" (ebd., S. 1498).

72 Ebd., S. 1496.

73 Ebd.

74 Ebd., S. 1499.

75 „Zu Hildesheimers Reden, die im ganzen Lande stets mit Spannung erwartet wurden, stellte die Fraktion neuerdings eine Anzahl Karten den höheren Lehranstalten zur Verfügung. Von der Sexta an aufwärts wurden die Schüler klassenweise von ihren Lehrern in den Reichstag geführt, um die abgeklärten Anschauungen dieses Mannes von Mund zu Ohr auf die neue Generation wirken zu lassen. Die Fraktion hatte sogar beantragt, in dieser Weise den heutzutage überholten Religionsunterricht zu ersetzen" (ebd., S. 1496).

76 „Lerche [der Schutzmann] entfernte sich schnell. Hildesheimer brüllte ihm nach. ‚Ich ersuche Sie um eine Rückäußerung, warum wir, die Bürger, unsere Steuern bezahlen!' Es war dies die berühmte Sentenz des Abgeordneten, die er auf der Höhe einer jeden Rede, wenn der Sieg ein

das auch in der Novelle auf die Masse eine ungeheure Wirkung entfaltet.[77] Dass ausgerechnet der Abgeordnete im späteren Verlauf der Novelle die wütende Menge – durch eine Instrumentalisierung Goethes – zur Selbstjustiz aufruft, diskreditiert ihn erst recht.[78]

Lemm setzt nicht nur berichtendes, sondern auch szenisches Erzählen ein. Dies signalisiert sein soziologisches Interesse und erlaubt ihm, die Stimmenvielfalt der Menge einzufangen. Zahlreich sind die ‚szenischen Dialoge', d.h. Formen des quasi-dramatischen Erzählens, bei denen die Dialoge nicht oder nur minimal durch Erzählerkommentare unterbrochen und durch inquit-Formeln zugeordnet und strukturiert werden.[79] Die tendenzielle Anonymisierung der Redeanteile oder die Verwendung eines kollektiven Wir-Subjekts[80] markiert den Zustand fortgeschrittener Identitätsauflösung als Wesenszug des Massedaseins.

Bereits zu Beginn der Novelle intoniert der Erzähler das Leitthema der Masse durch den Hinweis auf das zeitspezifische, durch den gerade ausgebrochenen Krieg bedingte Bedürfnis der Bürger nach Zusammenschluss. So bemerkt er aus der Perspektive der Zeitgenossen in einer intern fokalisierten Passage: „Man mußte in dieser lastenden Zeit Menschen um sich haben, viele gleichgestimmte Menschen".[81] Aus diesem Verlangen heraus strömen die Patrioten aus der Provinz in die Hauptstadt, um sich mit den „Volksgenossen" „zusammenhängend" zu „fühlen".[82] Was allerdings durch die Massenbildung entsteht, ist eine anonyme Naturgewalt, welche jede Individualität auslöscht.

Dafür symptomatisch ist bereits das Incipit der Novelle, in dem der Erzähler quasi in die Rolle eines naturwissenschaftlichen Beobachters schlüpft und das Sich-Ergießen der Bürger in den Straßen der Hauptstadt als einen physikalisch-

---

vollkommener sein sollte, in seine Zuhörerschaft schleuderte. Dieser Satz hatte seine ganze beispiellose politische Laufbahn begründet" (ebd., S. 1499).

77 „Sofort wuchs die Erbitterung im Publikum bedeutend" (ebd.).

78 „‚Dann hat der Bürger', schrie Hildesheimer, ‚das Recht, sich selbst zu schützen! Ich verweise Sie auf Goethe, der in seinen Wanderjahren ...'" (ebd.).

79 Vgl.: „‚Man muß ihm seine Brille zerklopfen'. ‚Haut ihm die Brille herunter'. Die Menschenmassen stießen nach vorn" (ebd., S. 1500), oder: „So begab man sich in einen nahen Bierpalast. Dort erging man sich unter dem Vorsitz des bekannten Abgeordneten Hildesheimer noch lange in Erinnerungen wie: ‚Haben Sie gesehen, wie ich ihm den Hals herunterbog und den Kopf auf den Sand schlug?', ‚Wir hatten doch sofort das gleiche Empfinden diesem Individuum gegenüber.', ‚Ich versichere Sie, wo ich hingegriffen habe ...'" (ebd., S. 1501).

80 „Einige stießen heraus: ‚Wir sollen nur immer zahlen, verlangen wir aber einmal, daß der Staat seine Pflicht tut ...' ‚Wir haben das Recht auf Schutz vor derartigen Anblicken'" (ebd., S. 1499).

81 Ebd., S. 1496.

82 Ebd., S. 1494 f.

chemischen Vorgang beschreibt. Von „Menschen" ist bezeichnenderweise nicht mehr die Rede. Wie eine magmatische und amorphe Naturkraft, die ihre Konturen ständig mutiert, ergießt sich der wimmelnde Haufen der Hurrapatrioten durch die Straßen Berlins. Die heterodiegetische Erzählerinstanz nimmt sie aus der Vogelperspektive als eine einförmige „schwarze Masse" wahr und charakterisiert sie auf naturwissenschaftliche Art als ein entmenschlichtes, „bewegliches Element":

> Hin und her in vielen Furchen rinnend wogte die schwarze Masse. Sie stieß bis an einen Damm, auf dem riesige prustende Autoomnibusse auf langen Gummischuhen heranschlürften, eine springende greifende Menge hinter sich her schleifend, und rollte wieder zurück. Sie warf sich zur Seite an den Häuserwänden hoch, floß wieder ab, preßte sich nach vorn, nach hinten, erschlaffte wieder. Vor aktuellen Schaufenstern staute sich das bewegliche Element und löste sich in kleinen, sich schnell drehenden Strudeln. Es rauschte über den Hüten von der Fülle hervorsprudelnder Beteuerungen und klatschender Ausrufe.[83]

In der Menge kristallisiert sich allerdings eine Stelle heraus, die sich in die Massendynamik nicht integrieren lässt und wie ein Fremdkörper verharrt: „Nur an einer Stelle, um einen Bogenlampenmast der Mittelpromenade herum, bog sich der Strom auseinander und ließ eine Insel. Dahinter goß er sich wieder zusammen".[84] Diese „Insel" nimmt der „Herr mit der gelben Brille", die titelgebende Figur der Novelle, ein:

> Dort stand ein scheinbar junger Mann und sah durch eine dichte gelbe Brille auf die Menschenmassen um sich. Er war an den großen eisernen Mast gelehnt, die Fußknöchel gekreuzt. Die jünglingshaften Glieder waren von einem vertragenen Stoff bedeckt. Die Menschen wichen seiner sonderbaren Brille aus. Es war eine schwarze Hornbrille mit großen runden Gläsern von einem trüben Gelb, das in Grün überging. [...] Es schien selbstverständlich, daß die Gemütsstimmung des Herrn dieselbe grünlichgelbe Farbe hatte wie seine Gläser.[85]

Vom Titelhelden der Novelle betont der Erzähler zum einen sein junges Alter – von einem „scheinbar jungen Mann" und dessen „jünglingshaften Gliedern" ist die Rede –, zum anderen sein sonderbares Aussehen. Während der „vertragene Stoff" der Kleider die Außenseiterstellung eines sozial Deklassierten vermuten lässt, präfiguriert die an den Mast angelehnte Haltung mit gekreuzten Füßen sein späteres Märtyrerschicksal. Was ihn aber als Fremdkörper charakterisiert, ist seine schwarze Hornbrille mit trüben, grüngelben Gläsern. Gerade die sonderbare

---

83 Ebd., S. 1495.
84 Ebd.
85 Ebd.

Brille, die man mit Paul Heyse als die ‚Silhouette' der Novelle bezeichnen könnte,[86] zieht die Aufmerksamkeit des Kollektivs auf sich.

Als der vorher unbemerkte Jüngling aufgrund seiner Brillenfarbe allmählich in den Fokus der Masse rückt, ereignet sich der Wendepunkt im Novellenaufbau. Aus der Farbe seiner Gläser wähnt die Menge auf seine jüdische Herkunft, d. h. auch – in antisemitischer Perspektive – auf seinen mangelnden Patriotismus schließen zu können. Erscheint er aufgrund seines jungen Alters als ein mutmaßlicher Kriegsdienstverweigerer, so erhält diese Einschätzung ihre scheinbare Bestätigung durch die grüngelbe Farbe, die ihn in den Augen der Menge als „mürrischen", „verdrossenen" Juden charakterisiert, wie aus dem antisemitischen Kommentar des Studenten hervorgeht: „‚Das ist wieder eins von jenen Insekten, welche an dem gesunden Körper unseres Volkes fressen'".[87] Was diesen Assoziationsprozess auslöst, ist offenbar die pejorative Symbolik der gelben Farbe und ihre seit dem Mittelalter kodifizierte Verbindung mit dem Judentum, etwa in Gestalt des an der Kleidung befestigten, stigmatisierenden ‚Gelben Rings', der für Juden vorgeschrieben war.[88] Der willkürliche Schluss von der gelben Brillenfarbe auf die jüdische Herkunft des jungen Mannes und von dieser wiederum auf dessen unpatriotische Gesinnung ist für die irrational agierende Menge völlig einleuchtend und zwingend – „es schien selbstverständlich", bemerkt der Erzähler, „daß die Gemütsstimmung des Herrn dieselbe grünlichgelbe Farbe hatte wie seine Gläser". In einer anderen intern fokalisierten Passage, in welcher der Erzähler in die Perspektive der Masse schlüpft, dienen die Brillengläser erneut als natürliche Spiegel des „bösen" Naturells ihres Trägers und erscheinen jetzt ins Gigantische verzerrt als geradezu dämonische Bedrohung: „Auf der hin und her schwanken-

---

86 Paul Heyse: Einleitung zu: Deutscher Novellenschatz. Hg. von P. H. und Hermann Kurz. München: Rudolph Oldenbourg o. J. [1871], S. XIX.

87 Alfred Lemm: Der Herr, S. 1498. Von dem Studenten betont der Erzähler sonst ausdrücklich die ethische Vorbildlichkeit. So ist in Bezug auf ihn davon die Rede, dass er „seine ganze freie Zeit mit gemeinnützigen Dingen ausfüllte und auch auf der Straße immer nach solchen ausschaute" (ebd., S. 1498). Als Teil des Kollektivs wird er ganz zum Triebmenschen und büßt seine sittliche Integrität ein.

88 Vgl. Robert Jütte: Stigma-Symbole. Kleidung als identitätsstiftendes Merkmal bei spätmittelalterlichen und frühneuzeitlichen Randgruppen (Juden, Dirnen, Aussätzige, Bettler). In: Saeculum 44 (1993), S. 65–89 und: Wolfgang Osiander: Gelber Fleck, gelber Ring, gelber Stern – Kleidungsvorschriften und Kennzeichen für Juden vom Mittelalter bis zum Nationalsozialismus. In: Geschichte lernen 80 (2001), S. 26–29. Neben anderen Kennzeichnungen – dem gehörnten Hut, dem rot-weißen Fleck, grünen Baretten oder Schleiern, grünen Kleidern mit roten Kreuzen – diente das seit dem Mittelalter als Schandfarbe, als Neid- und Teufelsfarbe eingestufte Gelb zur Charakterisierung der Juden (Art. „Judenabzeichen". In: Jüdisches Lexikon. Ein enzyklopädisches Handbuch des jüdischen Wissens in vier Bänden. Bd. 3. Frankfurt/Main u. a.: Jüd. Verl. 1929, Sp. 412–416, hier Sp. 412ff.).

den Menschenflut schwammen die großen Brillengläser wie böse, grüne Blasen".[89]

Auf diese Weise dekonstruiert Lemm den Antisemitismus als Erfindung eines Phantoms, auf welches sich die Wut des Kollektivs wie auf einen Sündenbock entladen kann.[90] Dass der Leser bis zuletzt darüber im Unklaren bleibt, ob diese ‚jüdische' Identitätszuschreibung gedeckt oder nur das Ergebnis der projektiven Mechanismen der Masse ist, ist nicht zufällig. Diese kalkulierte Ungewissheit lässt den Konstruktionscharakter kultureller Identitäten sowie die prinzipielle Austauschbarkeit des Opfers überhaupt hervortreten. Was dieses objektiv konstituiert, ist lediglich dessen Ohnmacht sowie die Abweichung vom Kollektiv.

Die Irritation über den vermeintlich ‚jüdischen' Abweichler und Defätisten breitet sich rasch aus und steigert sich zur offenen Feindseligkeit. An dieser von Lemm beschriebenen Dynamik lässt sich der Extremismus beobachten, der Le Bon zufolge die Masse prägt. Sie kennt keine Nuancen oder gar Zweifel, nur Extreme. So wird ihr ein leiser Verdacht unvermittelt zur Gewissheit, Antipathie zum wilden Hass:

> Alle von der Masse geäußerten Gefühle, gute und schlechte, haben zwei Eigenschaften: sie sind sehr einfach und sehr überschwänglich. In dieser wie in so vielen anderen Beziehungen nähert sich das der Masse angehörende Individuum den primitiven Wesen. Der Gefühlsnuancen nicht fähig, sieht es die Dinge nur im Groben und kennt nicht die Übergänge. In der Masse wird der Überschwang der Gefühle noch dadurch verstärkt, daß, da ein zur Äußerung gelangtes Gefühl sich durch Suggestion und Ansteckung sehr rasch ausbreitet, die sichtliche Anerkennung, die es erfährt, seine Intensität erheblich steigert.
>
> Die Einfachheit und Überschwänglichkeit der Gefühle der Massen sind der Grund dafür, daß diese weder Zweifel noch Ungewißheit kennen. Sie gehen, gleich den Frommen, sofort bis zum Äußersten. Der ausgesprochene Verdacht wird sogleich zu unumstößlicher Gewißheit. Ein Keim von Antipathie oder Mißbilligung, der bei dem isolierten Individuum nicht zur Reife käme, wird beim Massenmitglied sofort zu wildem Hasse.[91]

Das in seiner halluzinierten Wahrnehmung gefangene Kollektiv übersieht das Offensichtliche, die Sehschwäche, welcher der ominöse Herr mit einer speziellen

---

89 Alfred Lemm: Der Herr, S. 1495.
90 René Girard zufolge wenden Kollektive diese Praxis des rituellen Opfers vor allem in Krisenzeiten an, in denen die gesellschaftliche Ordnung erschüttert zu werden droht. Um die Krise psychisch zu bewältigen, wird sie einer Einzelperson oder Gruppe angelastet, die an bestimmten Merkmalen erkennbar sind, welche Girard „Opferzeichen" nennt und die ihre Alterität im Verhältnis zur Gruppe markieren (René Girard: Der Sündenbock. Zürich: Benzinger 1998, S. 31). Die grüngelbe Brillenfarbe, die an das Judengelb erinnert, stellt ein solches Opferzeichen dar.
91 Le Bon: Psychologie, S. 30.

Brille abhilft.[92] Sie wird vom Erzähler mehrfach hervorgehoben („Er sah so aus, als wenn ein Blinder in den Himmel will",[93] „Der Jüngling mit der gelben Brille schien nicht zu bemerken, wie drohend die Stimmung um ihn wurde",[94] „Dichter drang der Menschenwall auf den angelehnten Jüngling ein. Böse Worte fielen. Die unteren Gesichtszüge des sonderbaren Mannes schienen wohl angespannt, waren aber unbewegt").[95] Als der Militärarzt ihn schließlich unmittelbar bedroht, nimmt der Herr ihn nicht mit dem Blick, sondern – wie ein Blinder – mit den Ohren wahr: „,Drauf und dran!'" sprach der Militärarzt und tat den nötigen Schritt dicht vor den Herrn. Der Jüngling mit der Brille hob unsicher und *wie lauschend* das Gesicht höher."[96]

Seine Sehschwäche ist andererseits für die Ökonomie der Erzählung von zentraler Bedeutung, als sie ihn vor dem Inklusionssog der Menge schützt. Durch seine defizitäre Wahrnehmung ist der Jüngling gegen deren Ansteckungsmechanismen immun. Die von Le Bon analysierte gegenseitige Induktion, die Neigung, sich von jedem Affekt anstecken zu lassen, greift nicht: Er kann kein Teil der Gemeinschaftsseele werden. Der Herr versucht zwar, „in der Masse zu verschwinden", ein Teil von ihr zu werden, scheitert aber daran: „Er hatte verschiedene Male den Platz gewechselt, um ganz in der Masse zu verschwinden, aber es hatte sich stets in wenigen Sekunden wieder eine Insel gebildet".[97]

---

92 Die Wirkung gelber Gläser zur Verbesserung der Sehschärfe oder zum Schutz vor UV-Strahlen wurde in der zeitgenössischen Ophthalmologie oft betont, etwa von Richard Greef in seinem Überblicksartikel zum Thema ‚Augenheilkunde': „Die gelblichen oder orangefarbenen Brillen, welche in der Intensität der Farbe einer 1proz. Lösung von Naphthol entsprechen, sind nach Kriloff (A.K.: Gelbe Lichtfilter. Inaug.-Diss. St. Petersburg 1912, S. 33) die besten Schutzgläser für den täglichen Gebrauch; noch bei einer Farbe entsprechend einer Lösung von 1:1000, 1:100000 oder 1:1000000 verbessern sie die normale Sehschärfe in aufsteigender Richtung und können darum von Nutzen z.B. bei Schützenregimentern sein" (Richard Greeff: Augenheilkunde. In: Jahresbericht über die Leistungen und Fortschritte der gesamten Medizin 47 (1913) 2, S. 541–664, hier S. 574). Die gelben Gläser waren bereits in der zweiten Hälfte des 19. Jahrhunderts vom französischen Augenarzt Jean-Marie-Théodore Fieuzal (1837–1888) entwickelt worden (dazu: Richard Greef: Der Augenoptiker-Lehrling. Kurze Geschichte der Brillen und des Optikerhandwerks. Heft VI: Kurze Geschichte der Brillen und des Optikerhandwerks. Hg. vom Reichsinnungsverband des Augenoptikerhandwerks. Weimar 1941, S. 73 sowie Susanne Buck: Der geschärfte Blick Zur Geschichte der Brille und ihrer Verwendung in Deutschland seit 1850. Diss. Marburg 2002, S. 39).
93 Alfred Lemm: Der Herr, S. 1497.
94 Ebd., S. 1498.
95 Ebd., S. 1499.
96 Ebd., S. 1500 (Hervorh. d. Verf.).
97 Ebd., S. 1495.

Die Massenmitglieder verkennen die Sehschwäche des harmlosen Jünglings und stufen ihn als gefährliches Element ein. Zunächst erregt er den Argwohn eines Militärarztes:

> Der Doktor Bretzhold, ein Militärarzt, war, nachdem er einige Schritte an dem Herrn vorübergegangen war, argwöhnisch umgekehrt, und ging nun, seinen kleinen Sohn an der Hand führend, unausgesetzt an jenem vorbei und wieder zurück, aus dem deutlichen Empfinden heraus: Dieser Mann darf nicht aus dem Auge gelassen werden.[98]

Intensiviert werden die Vorbehalte des Arztes durch intern fokalisiertes Erzählen – die präsentische Zeit-Deixis („nun") und das Gedankenzitat, das seinem Misstrauen Ausdruck gibt. Diese stillen Reserven wirken auf der Ebene des Novellenaufbaus wie Antizipationen, indem sie auf den späteren Ausbruch offener Feindseligkeit gegen den fremden Herrn vorausdeuten. Der Militärarzt ist nicht der Einzige, der den Herrn ‚im Auge' behält. Die Erscheinung des sonderbaren Jünglings erregt auch die Missbilligung des Abgeordneten Hildesheimer:

> Auch von der anderen Seite wurde der Jüngling mit der gelben Brille bereits beobachtet, und zwar von dem bekannten freisinnigen Abgeordneten Hildesheimer, der mit dem leisen Fluch: ‚Diese jungen Menschen!' stehen geblieben war.[99]

Was die Aversion der Masse weckt, ist nicht nur die sonderbare Brillenfarbe, sondern auch die Teilnahmslosigkeit des Jünglings beim Vorbeifahren des kaiserlichen Wagens.

Dadurch geht Lemm über Le Bons Verständnis der Masse hinaus und wirft die Frage nach dem psychischen Zusammenhalt des Kollektivs auf. Durch seine Betonung der affektiven Dynamik antizipiert Lemm den Ansatz von Freuds *Massenpsychologie und Ich-Analyse* (1921). Das Band, das die Masse zusammenhält, leitet sich im Unterschied zu Le Bon nicht aus Suggestion, Gewalt oder gar einem kollektiven Unbewussten, sondern aus der libidinösen Triebdynamik ab.[100] Freud

---

98 Ebd., S. 1496 (Hervorh. d. Verf.). Angesichts der Verblendung der Masse entbehrt es nicht einer gewissen Ironie, dass der Erzähler gerade das intensive Augenspiel des Militärarztes und seinen lebhaften Blick betont, nämlich seine „Augen", die sich „fast lustig vor Lebhaftigkeit bewegten" (S. 1498).

99 Ebd., S. 1496.

100 Unter ‚Libido' versteht Freud eine mit der Sexualität verbundene, aber darin nicht aufgehende psychische Energie: „Libido ist ein Ausdruck aus der Affektivitätslehre. Wir heißen so die als quantitative Größe betrachtete – wenn auch derzeit nicht meßbare – Energie solcher Triebe, welche mit alldem zu tun haben, was man als *Liebe* zusammenfassen kann. Der Kern des von uns Liebe Geheißenen bildet natürlich, was man gemeinhin Liebe nennt und was die Dichter besingen, die Geschlechtsliebe mit dem Ziel der geschlechtlichen Vereinigung. Aber wir trennen

folgert, dass gerade „Liebesbeziehungen (indifferent ausgedrückt: Gefühlsbindungen)" die Individuen zu einem Ganzen zusammenschmieden.[101] Dieser Liebesbezug ist dasjenige, was Institutionen wie die Kirche oder die Armee zusammenhält: Ein „Oberhaupt" ist da, „das alle Einzelnen der Masse mit der gleichen Liebe liebt. An dieser Illusion hängt alles"[102] – „der Feldherr ist der Vater, der alle seine Soldaten gleich liebt, und darum sind sie Kameraden untereinander".[103] In der Seele des Kollektivs zeichnet sich demzufolge eine zwiefache libidinöse Bindung ab. Vertikal ist die Identifikation mit einem idealisierten Oberhaupt. Geprägt ist sie durch dieselbe Überbesetzung des geliebten Objekts wie im Zustand der Verliebtheit und fällt dementsprechend ebenso gefügig, kritiklos und unterwürfig aus. Man „liebt es wegen der Vollkommenheit, die man fürs eigene Ich angestrebt hat."[104] Hinzu kommt die horizontale Identifikation mit den anderen Massenmitgliedern als bindendes Element. Das Ich nimmt eine bedeutsame Analogie am Anderen wahr und identifiziert sich auch mit ihm.[105] So gelangt Freud zu seiner eigenen Definition von ‚Masse': „Eine primäre Masse ist eine Anzahl von Individuen, die ein und dasselbe Objekt an die Stelle ihres Ich-Ideals gesetzt und sich infolgedessen miteinander identifiziert haben."[106] Beide Dimensionen der Massenlibido werden bereits in Lemms Novelle ausgelotet.

Vertikal konstituiert sich die Masse durch den Bezug zum Kaiser als *pater patriae* und Vater-Figur, wie der Erzähler in einer intern fokalisierten Passage betont. In ihr steigert sich die personale Erzählperspektive, die aktoriale Mitsicht zur erlebten Rede, die durch Kursive (als Abbildung von Mündlichkeit: *„Ihr Schicksal war ja seine Aufgabe, wie seine Väter sich für das Wohl ihrer Väter eingesetzt hatten"*), Abtönungspartikel („Man hatte es *ja* gewußt", „Ihr Schicksal war *ja* seine Aufgabe" [Hervorh. d. Verf.]) und suggestive Fragen („Was war Vaterland ohne ihn?") markiert ist:

---

davon nicht ab, was auch sonst an dem Namen Liebe Anteil hat, einerseits die Selbstliebe, andererseits die Eltern- und Kindesliebe, die Freundschaft und die allgemeine Menschenliebe, auch nicht die Hingebung an konkrete Gegenstände und an abstrakte Ideen." (Sigmund Freud: Massenpsychologie und Ich-Analyse. Leipzig/Wien/Zürich: Internationaler Psychoanalytischer Verlag 1921, S. 42).
101 Ebd., S. 45.
102 Ebd., S. 48.
103 Ebd.
104 Ebd., S. 81.
105 „Merken wir an, daß in diesen beiden künstlichen Massen jeder Einzelne einerseits an den Führer (Christus, Feldherrn), andererseits an die anderen Massenindividuen libidinös gebunden ist" (ebd., S. 50).
106 Ebd., S. 87.

> Plötzlich fuhren die hart und lang singenden Trompetenrufe des kaiserlichen Autos, gleich vierzackigen Blitzen, die nur wegen der Mittagshelligkeit nicht zu sehen waren, zwischen die krabbelnden Straßen. Schütternd vor Eile suchten alle Köpfe nach der Schallrichtung und arbeiteten sich nach dem Rand des Dammes durch. Man hatte es ja gewußt, er würde sich heute zeigen. Ein wenig hatten es alle gehofft, als sie hierher gingen. *Ihr* Schicksal war ja *seine* Aufgabe, wie *seine* Väter sich für das Wohl ihrer Väter eingesetzt hatten. Er erst umschloß sie alle, fühlten sie, zur wirklichen Verbundenheit, was war Vaterland ohne ihn? Es war schön, in diesen Zeiten einen Kaiser zu haben.[107]

Jahre vor Freud betont Lemm die Relevanz der projektiven Liebesbindung im Zusammenhalt der Masse – „Er erst umschloß sie alle, fühlten sie, zur wirklichen Verbundenheit". Der Kaiser, der die Masse als solche erst konstituiert, bleibt *de facto* unsichtbar. Er fährt im Auto rasch vorbei und entzieht sich dem Blick der Menge. Wahrgenommen wird er nur akustisch, wie der Erzähler ironisch bemerkt: „Plötzlich fuhren die hart und lang singenden Trompetenrufe des kaiserlichen Autos, gleich vierzackigen Blitze, die nur wegen der Mittagshelligkeit nicht zu sehen waren, zwischen die krabbelnden Straßen."[108] Der Vergleich der Hupentöne mit „Blitzen" sowie die Unsichtbarkeit des Kaisers erheben ihn ins Übernatürliche und verleihen ihm den Rang einer unerforschlichen, Zeus-ähnlichen Vater-Gottheit. Gerade die Unsichtbarkeit des Kaisers lässt andererseits die psychischen, projektiven Mechanismen der Massenbildung erst recht hervortreten. Das deifizierte Oberhaupt bleibt dem Blick entzogen und wird dadurch zum Objekt einer projektiven Idealisierung.

Das plötzliche Erscheinen des kaiserlichen Autos setzt die Menge in einen euphorisierten Zustand und rührt die vorher „geregelten" Reihen durcheinander:

> Eine große Gehobenheit hatte die noch vorhin in Reihen geregelten Massen von oben durcheinander gerührt. Man drängte sich zu Knäueln zusammen, rief sich Freudenworte zu. Staub wirbelte vom sandigen Boden hoch. Viele hackten sich zu langen Ketten mit den Armen ein. Lauter und sicherer erfüllten die Unterhaltungsgeschreie die Luft. Junge Paare faßten sich fester an den Händen und schritten schneller aus. Der Herr mit der gelben Brille fiel in diesem Glück höchst unangenehm auf. Eine Anzahl Leute blieb stehen und sah mit Befremden nach ihm. Andere folgten den Blicken und unterbrachen gleichfalls die Schritte.[109]

Die refraktäre Unbeweglichkeit des Jünglings mitten im allgemeinen Jubel wirkt sich verhängnisvoll aus und leitet in der strukturellen Ökonomie der Novelle die Peripetie, den Wendepunkt und Umschlag von Glück in Unglück ein. Sie markiert

---

107 Alfred Lemm: Der Herr, S. 1496 f.
108 Ebd., S. 1496.
109 Ebd. S. 1497.

den Beginn der fallenden Handlung, in welcher der Held allerdings ebenso wenig wie vorher agiert, sondern lediglich zum Opfer einer ihn überwältigenden Gewalt wird. Nach dem von Le Bon beschriebenen Gesetz epidemischer Ansteckung breitet sich die Missbilligung des Abgeordneten unter den neu Hinzugekommenen epidemisch aus, deren erregte Zwischenreden der Erzähler im intern fokalisierten Modus der erlebten Rede wiedergibt:

> Einige von ihnen erkannten Hildesheimer von seinen Wahlreden her – in der Gegend von Neuenburg wohnten seine sichersten Wähler – man schloß sich erregt ihm an. Jawohl, man sei schon seit einer ganzen Zeit auf jenen Menschen aufmerksam geworden. Man wüßte wirklich nicht, was man davon denke sollte.[110]

Beim Vorüberzug des Kaisers nimmt der Herr mit gelber Brille eine Haltung ein, welche seine Alterität gegenüber der Masse unterstreicht:

> Während alle vorn am Fahrweg jubelten, konnte man bei dem Herrn mit der gelben Brille, der ihnen im Rücken an seinem Eisenmast einsam stehen geblieben war, eine eigentümliche ganz unerwartete Bewegung beobachten. Er streckte den Hals und die Brust weit vor und drückte die Schultern hinten fest zusammen. Seine Finger atmeten schnell. Der Mund öffnete sich zu einem saugenden Gefäß, und der Kopf legte sich in den Nacken, daß die großen, grünen Augenscheiben in die Höhe gehoben wurden: Es sah aus, wie wenn ein Blinder in den Himmel will.[111]

Die enigmatische Pose zitiert die christliche Ikonographie eines Pfeilmartyriums und widmet sie mit subtiler Ironie auf den ‚Juden‘ um. In einer burlesken und subversiven Rollenverkehrung erscheint der Nichtchrist als Hl. Sebastian, der zur Zielscheibe der Heiden wird, die jetzt allerdings Christen sind. Dass er so aussieht, als ob er „in den Himmel" wolle, nimmt mit makabrem Sarkasmus seinen späteren Tod vorweg.

Dass der Herr in den Jubel nicht mit einstimmt, deutet die Masse als Boykott patriotischen Hochgefühls und gerät daraufhin in Rage. Sie unterstellt dem sehschwachen Jüngling ein boshaftes „Glupschen",[112] fühlt sich von seinem „herausfordernden" Blick bedrängt[113] und ruft daraufhin in einer paradoxen Um-

---

110 Ebd., S. 1497 f.
111 Ebd., S. 1497.
112 „Als der Schutzmann Lerche kam, drängte sich alles um ihn. ‚Die ganze Zeit‘, rief man, ‚steht er auf demselben Fleck und glupscht uns durch seine grünen Augen an" (ebd., S. 1498).
113 „Man rief: ‚Sehen Sie sich doch diesen Menschen an. Er bezweckt nichts als Herausforderung‘" (ebd., S. 1499).

kehrung der Täter-Opfer-Rollen nach Polizeischutz.[114] In der dramatischen Ökonomie des Novellenaufbaus stellt das Einschreiten des Polizisten das retardierende Moment dar. Dass der herbeigerufene Ordnungshüter etwas „Sichtbares"
verlangt, um einzuschreiten, dient dazu, per Kontrast die Blindheit der benebel-
ten Menge zu betonen:

> [...] Schutzmann Lerche wandte den Kopf hin und her. „Sie wissen alle, wie gerne wir Ihnen
> gefällig sind und einschreiten. Dazu in einem Fall wie diesem. Aber wir haben noch nichts
> Sichtbares. Das Sichtbare ist die Hauptsache. Ohne das können wir nicht einschreiten".[115]

Gerade das Sichtbare – die Sehschwäche des fremden Herrn – übersieht das
verblendete Kollektiv. So zeigt Lemms Novelle in einer paradoxen Volte, dass die
Masse noch verblendeter als ein Blinder sein kann.[116] Schon zu Beginn heißt es
nicht ohne Ironie, dass die Bevölkerung aus der Provinz in der Hauptstadt zu-
sammengekommen war, um alles klarer zu verfolgen: „Viele Provinzler waren in
die Residenz gekommen, in der das, was in der Welt geschah, doch *viel deutlicher*
zu bemerken war".[117] Allerdings zeigt sich, dass für das nationalistisch euphori-
sierte Kollektiv Klarsicht grundsätzlich unmöglich ist.

Schließlich wird der Fremde von der aufgebrachten Menge gelyncht – eine
Szene, die im dramatischen Novellenaufbau den Stellenwert der Katastrophe
einnimmt. Darin reflektiert Lemm ein letztes Wesensmerkmal des Massenver-
haltens, die Wahrnehmung der eigenen Verbrechen als Pflichterfüllung: „Die
Massenverbrechen haben in der Regel eine mächtige Suggestion zum Beweg-
grund, und die schuldigen Individuen sind in der Folge davon durchdrungen, sie
hätten eine Pflicht erfüllt – ein Umstand, der bei dem gewöhnlichen Verbrecher
fehlt."[118] So wirken auch bei Lemm alle Figuren an dem Mord pflichtmäßig mit, in
einer Szene, die wie eine groteske Reinszenierung eines christlichen Martyriums
anmutet:

---

114 „„Wir haben das Recht auf Schutz vor derartigen Anblicken'" (ebd.).
115 Ebd., S. 1498 f.
116 Le Bon spricht an einer Stelle seiner Abhandlung von der „blinden Ergebung" der Masse
(Psychologie, S. 48).
117 Alfred Lemm: Der Herr, S. 1494 (Hervorh. d. Verf.).
118 Le Bon: Psychologie, S. 115 – 119 („Die sogenannten kriminellen Massen"), hier S. 116. Le Bon
belegt das eigenartige Phänomen des ‚pflichtgemäßen Verbrechens' an historisch überlieferten
Massakern im Kontext der Französischen Revolution wie der Enthauptung des Kommandanten
der Bastille Bernard-René Jorfan de Launay und den Septembermorden von 1792 – grausame
Verbrechen, die von den Massenindividuen als Erfüllung einer Pflicht empfunden wurden, die sie
zu irgendeiner Form der offiziellen Anerkennung wie etwa einem Verdienstorden berechtigen
dürfte.

Der Student zog seinen harten Rohrstock unaufhörlich dem Herrn über den Kopf. Mit Fäusten, Stiefeln, Stockkrücken, Handtaschen, Paketen warf man sich über ihn. Ein Bezirkvorsteher, Vorsitzender im Waisenrat, befahl seine Bulldogge dem Herrn an die Beine. Ein Professor, der gerade von seiner ‚Rede in schwerer Zeit' kam, stach mit dem Schirm seiner Gattin auf ihn ein. Der breitbäckige Junge des Militärarztes säbelte mit seinem Kindersäbel, den ihm sein Vater gleich bei Beginn des Krieges geschenkt hatte, auf alle ihm erreichbaren Teile.[119]

In der als Gemeinschaftswerk dargestellten Mord-Aktion parodiert Lemm den Gedanken nationaler Solidarität, der Abbau politischer und weltanschaulicher Differenzen im Rahmen der Burgfriedenspolitik. Innerpolitische Konflikte mussten in der Kriegszeit im Namen der klassen- und parteienübergreifenden Interessen des ‚Vaterlandes' zurückgestellt werden. Genau in diesem erklärt der Militärarzt seine Solidarität zu dem Abgeordneten: „ich gehöre politisch nicht zu den Ihren, aber in dieser Angelegenheit, denke ich, marschieren wir zusammen".[120] Seinerseits evoziert der Abgeordnete die liberal-demokratische Märzrevolution von 1848 – „,Wie Anno 48', keuchte der Abgeordnete selig".[121] Dass sich die Solidarisierung der Massenmitglieder untereinander im gemeinsamen Lynchen verwirklicht, stellt eine Parodie der ‚Ideen von 1914' dar, die sie *ad absurdum* führt.[122] Zugleich liefert Lemm auch eine fulminante *Selbstparodie*, eine Palinodie seines eigenen Essays *Neue Ethik*, in welchem er doch das „Zusammengehörigkeitsgefühl" der August-Tage gefeiert und das Ideal der Kameradschaft als Grundlage der „Neuen Ethik" propagiert hatte. Endgültig besiegelt wird die wechselseitige Verbundenheit schließlich durch die auf Vorschlag des Militärarztes erfolgte, groteske Vereinsgründung:

Die starken Männer standen hochatmend still. Es war Ihnen frisch zumute. So gekräftigt fühlten sie sich. Wie nach dem Kegeln. Doch daß man nun gleich auseinander ging – dazu war die Begeisterung zu groß. Hatten sich doch viele in der aufregenden Stunde angefreundet und fühlten das Bedürfnis, sich näher kennen zu lernen. So begab man sich in einen nahen Bierpalast. Dort erging man sich unter dem Vorsitz des bekannten Abgeordneten Hildesheimer noch lange in Erinnerungen wie: ‚Haben Sie gesehen, wie ich ihm den Hals herunterbog und den Kopf auf den Sand schlug?' ‚Wir hatten doch sofort das gleiche Empfinden diesem Individuum gegenüber.' ‚Ich versichere Sie, wo ich hingegriffen habe …' Schließlich mochte man nicht scheiden, ohne durch ein festes Band zusammen gehalten zu

---

119 Alfred Lemm: Der Herr, S. 1500.
120 Ebd., S. 1499.
121 Ebd.
122 Der horizontale Zusammenschluss äußert sich nicht zuletzt in den schwärmerischen Blicken, mit denen einige Damen – selbst an der Aktion beteiligt – die resolut „in Hemdsärmeln arbeitenden" Herren anschmachten – „Damen, die nur ein wenig von hinten schoben, riefen: ‚Dieses Temperament! dieses Temperament!'" (Ebd., S. 1500 f.).

werden. Auf Vorschlag des Militärarztes wollte man jeden Monat einmal am heutigen Tage zusammenkommen und gab der ganz formlosen Gründung – ‚um Gotteswillen keine Vereinsmeierei' – die schlichte Bezeichnung ‚Geselligkeit 6. IX. 14'.[123]

Auch der Epilog der Erzählung steht im Zeichen der im Expressionismus so beliebten, grotesken Verquickung von Lachen und Grauen,[124] welche als *humour noir* die Komik der Avantgarde prägt.[125] Hatte der Polizist Lerche zunächst noch das *corpus delicti* verlangt, so gibt es für ihn am Ende der Novelle – da vom Körper des gelynchten Herrn buchstäblich nichts mehr zu sehen ist – nichts zu vermelden:

> Alle traten, stampften, schlugen, rissen nach der Gegend, wo man den Herrn mit der aufsässigen Brille vermutete. Er wurde zerknäult, zerquetscht, zerrührt, zerstreut. In wenigen Minuten war nichts mehr von ihm zu sehen. [...] Als der Schutzmann Lerche, etwas unruhig, wie die Sache ausgelaufen sei, an den Linden vorbeiging, fand er keine Spuren des Vorfalls mehr. [...] ,Also alles in Ordnung,' dachte der Schutzmann.[126]

Die „Ordnung", die den Polizisten zufrieden stimmt, ist die dystopische einer Gesellschaft, in welcher der Störfaktor ‚Alterität' ausgelöscht ist – darauf läuft Lemms unheimliche Geschichtsprophetie hinaus.

Grotesk ist auch das Schlussbild, das den Zusammenhang zwischen Krieg und Wirtschaft, Blut und Profit pointiert: „[Lerche] sprang auf einen der Autoomnibusse, die seit einiger Zeit rings um das Verdeck die Aufschrift trugen: ‚Wer unsere Brüder, die für uns ihr Blut hingeben, wahrhaft lieb hat, sendet ihnen Emmerichs Kraftkakao'".[127] So verwandelt sich die Masse der Patrioten in einer letzten burlesken Volte in eine andere, ebenfalls manipulierte Masse: die der Konsumenten.

Lemms Erzählung *Der Herr mit der gelben Brille* legt nicht nur von der Wandlung seines Autors von Kriegsapologetik zum Pazifismus Zeugnis ab. Sie zeigt auch, dass die unterschätzte Internationalität des Expressionismus nicht nur

---

123 Ebd., S. 1501.
124 Thomas Anz: Literatur des Expressionismus. 2., aktualisierte und erw. Aufl. Stuttgart/Weimar: Metzler 2010, S. 174.
125 Dazu: André Breton: Anthologie des Schwarzen Humors [1939]. München: Rogner und Bernhard 1971. Nicht zufällig nahm Breton Erzählungen von Franz Kafka und Gedichte von Jakob van Hoddis in seine *Anthologie des schwarzen Humors* auf. Zur Geschichte und zum Begriff des *humour noir* vgl. Gerd Henninger: Zur Genealogie des Schwarzen Humors (1966). In: Das Groteske in der Dichtung. Hg. von Otto F. Best (Wege der Forschung Band CCCXCIV). Darmstadt: Wiss. Buchges. 1980, S. 124–137.
126 Alfred Lemm: Der Herr, S. 1501.
127 Ebd., S. 1501.

die Literatur oder die bildende Kunst, sondern auch die Sphäre des Wissens betrifft. Was sich bei Lemm entfaltet, ist ein Dialog mit der zeitgenössischen Sozialpsychologie (Le Bon), der wesentliche Aspekte der psychoanalytischen Massenkonzeption (Freud) antizipiert und zugleich die Bedeutsamkeit jüdischer Autorschaft für den Expressionismus besonders eindrücklich hervortreten lässt.

12 August Strindberg und die expressionistische Dramenästhetik

Unter den zahlreichen dramenästhetischen Vorbildern der expressionistischen Generation – darunter Molière[1] und Maeterlinck[2] – ragt August Strindberg heraus.[3] Über dessen Wirkung auf die expressionistische Dramatik, die kaum überschätzt werden kann, liegen inzwischen einige Studien vor.[4] Im Folgenden soll

---

1 Vor allem Carl Sternheim versuchte, Molières Zeitkritik für seine eigene Komödienästhetik fruchtbar zu machen. Zusammen mit Hofmannsthal plante er eine Molière-Ausgabe (Carl Sternheim/Hugo von Hofmannsthal: Briefe. Mitgeteilt und kommentiert von Leonhard M. Fiedler, sowie: L. M. F.: Eine Molière-Ausgabe von Hofmannsthal und Sternheim. Begegnungen und gemeinsame Pläne. In: Hofmannsthal-Blätter 4 (1970), S. 243–263) und zollte in seinem Essay *Molière, der Bürger* 1912 dem Autor von *George Dandin* und *Le Misanthrope* seine Achtung. Das entscheidende Erlebnis dürfte Sternheims Besuch der *Dandin*-Aufführung im Pariser *Odeon*-Theater 1909 gewesen sein, die den Anstoß zu dem Aufsatz gab und welche auch den Komödien *Die Hose* (1910), *Kassette* (1911) und *Bürger Schippel* (1912) bezeichnenderweise vorausgeht (dazu Volker Nölle: Eindringlinge. Sternheim in neuer Perspektive. Berlin: Schmidt 2007, S. 77 f.).
2 Die Expressionisten lasen Maeterlinck in den zeitgenössischen Übersetzungen von Oppeln-Bronikowski. Wie Peter Sprengel gezeigt hat (Die Dichter und der Krieg. „Wir haben eine Erscheinung" – Maeterlincks Einfluß auf deutsche Kriegsdichtungen (Goering, Johst, Rilke). In: Literatur im Kaiserreich: Studien zur Moderne. Berlin: Erich Schmidt 1993, S. 233–259), prägte der belgische Symbolist vor allem die expressionistische Kriegsdramatik auf entscheidende Weise. Belegen lässt sich Maeterlincks intertextueller Einfluss etwa auf Hanns Johsts *Die Stunde der Sterbenden* (1914) und auf Reinhard Görings *Seeschlacht* (1917) – eine Prägung, die sich nicht nur in der statischen Dramaturgie, sondern auch in der fatalistischen Darstellung des Krieges als schicksalhafte Leidenserfahrung niederschlägt, die obskur bleibt und aus der es kein Entrinnen gibt.
3 Bereits Albert Soergel widmet Strindberg als zentralem Vorbild der expressionistischen Generation breiten Raum in seiner Literaturgeschichte des Expressionismus (Dichtung und Dichter der Zeit. Neue Folge: Im Banne des Expressionismus. Leipzig: Voigtländer 1925, S. 176–204) und präsentiert ihn als „de[n] neue[n] Mensch, den, wie die Besten von heute, die Sehnsucht nach religiöser Erneuerung beseelt" (S. 190).
4 Vgl. Ruprecht Volz: Strindbergbilder in der Zeit des deutschen Expressionismus. In: Strindberg und die deutschsprachigen Länder. Internationale Beiträge zum Tübinger Strindberg-Symposion 1977. Hg. von Wilhelm Friese. Basel/Stuttgart: Helbing & Lichtenhahn 1979, S. 289–305. Sowohl Horst Denkler (Drama des Expressionismus. Programm – Spieltext – Theater. 2., verb. und erw. Aufl. München: Fink 1979) als auch Annalisa Viviani (Dramaturgische Elemente des expressionistischen Dramas. Bonn: Bouvier 1970) gehen in ihren Überblickstudien zum expressionistischen Drama auf Strindbergs Vorbild kaum ein. Heidemarie Oehm (Subjektivität und Gattungsform im Expressionismus. München: Fink 1993) würdigt dagegen Strindberg als zentralen Impulsgeber für die Expressionisten, unterlässt es aber, die expressionistische Rezeption von Strindbergs Dramenästhetik im Einzelnen zu untersuchen. Auf Strindberg perspektiviert ist da-

https://doi.org/10.1515/9783111010540-014

versucht werden, einige bisher unterbelichtete Aspekte der expressionistischen Strindberg-Rezeption zu vertiefen und den intertextuellen Dialog der jungen Generation mit dem schwedischen Dramatiker an einer eher unbeachteten Fallstudie zu zeigen.

12.1 Strindbergs Theaterdurchbruch in Deutschland

Um die Jahrhundertwende war Strindberg auf deutschen Bühnen noch keineswegs erfolgreich. Seine Dramen kritisierte man als misslungene Ibsen-Nachahmungen, sie stießen auf das Unverständnis des Publikums und wurden meist nach wenigen Aufführungen wieder abgesetzt. Dies änderte sich erst zu Beginn der 1910er Jahre. Gerade in der Zeit des Expressionismus stieg die Zahl der deutschen Strindberg-Aufführungen rasant an. Für die Spielzeit 1911/12 sind 127 Inszenierungen belegt. Nach Strindbergs Tod (Mai 1912) waren es in der Saison 1913/14 schon 433, und in der Spielzeit 1922/1923 mehr als tausend Aufführungen (1024).[5]

Die Etablierung des schwedischen Dramatikers war vor allem Max Reinhardt zu verdanken, dem daher eine zentrale Bedeutung als Katalysator der expressionistischen Strindberg-Rezeption zukommt.[6] Erst seine kongenialen Aufführungen, die mit den naturalistischen Konventionen brachen und Strindbergs Subjektivierung des Dramas durch Deformation und Verinnerlichung der Inszenierungsästhetik einlösten, setzten den expressionistischen Rezeptionsprozess in Gang.[7] Reinhardts Aufführung von *Dödsdansen* (*Totentanz*) im Jahre 1912 am

---

gegen die systematische Studie von Johannes F. Evelein: August Strindberg und das expressionistische Stationendrama. Eine Formstudie. New York u. a.: Lang 1996, welche die Rezeption von Strindbergs dramatischer Formensprache an einem Corpus von etwa vierzig expressionistischen Dramen untersucht. An Eveleins Standardwerk schließen auch folgende Ausführungen an.
5 Entnommen sind die Zahlen dem Dokumentationsband: Strindberg auf der deutschen Bühne. Eine exemplarische Rezeptionsgeschichte der Moderne in Dokumenten (1890 bis 1925). Hg. von Hans-Peter Bayerdörfer, Hans Otto Horch und Georg-Michael Schulz. Neumünster: Wachholtz 1983 (Skandinavische Studien. Beiträge zur Sprache, Literatur und Kultur der nordischen Länder 17), S. 14f. (laut Angabe der Herausgeber dürfte die Zahl der in dieser Statistik übersehenen Aufführungen insgesamt unter 3% liegen).
6 Dazu Kela Kvalm: Max Reinhardt und August Strindberg. Die Bedeutung der Inszenierungen der *Kammerspiele* und des *Traumspiels* für den deutschen Expressionismus. In: Strindberg und die deutschsprachigen Länder, S. 265–288.
7 Vgl. dazu Wolfgang Pasche: „Die dramentechnische Innovation Strindbergs wird dem Publikum durch Inszenierungen Max Reinhardts auf dem Deutschen Theater adäquat vermittelt. Seine Interpretationen sind verantwortlich für den endgültigen Durchbruch Strindbergs auf den deutschen Bühnen, da sie die veränderten Gestaltungsprinzipien verständlich und akzeptabel er-

Deutschen Theater in Berlin leitete den Durchbruch Strindbergs auf den deutschen Bühnen ein. Es folgte dann die Reihe der *Kammerspiele* mit der Inszenierung von *Wetterleuchten* (1913), *Scheiterhaufen* (1914) und *Gespenstersonate* (1916), die den Weg zu einer expressionistischen Bühnenkunst freimachten.[8] Die Krönung bildete die oratorisch-musikalische Doppelaufführung des *Traumspiels* im Jahre 1921 am Dramatiska Teatern in Stockholm und einige Monate später am Deutschen Theater in Berlin.

Vor allem zwei Aspekte von Reinhardts Strindberg-Regie zeigten ihre Affinität zum Expressionismus: die Überwindung des realistischen Illusionstheaters und die Intensivierung von Strindbergs Leidensästhetik. Während das in *Scheiterhaufen* ursprünglich vorgesehene Bühnenbild noch realistisch ist (der Autor hatte für die Uraufführung einen schwedischen Rokoko-Salon in Weiß und Gold vorgeschlagen), entwarf Reinhardt einen düsteren Bühnenraum aus alten grauen Möbelstücken, um die Stimmungen der Figuren einzufangen. Ein zentrales Requisit war vor allem eine purpurrote Chaiselongue, die sich dann in den Augen der Mutter in eine blutige Metzgerbank verwandelte – eine symbolische Spiegelung der Stimmung im Bühnenraum. Noch stärker löste sich Reinhardt von der realistischen Bühnenästhetik in seiner Aufführung der *Gespenstersonate*. Er ließ den bei Strindberg noch als realistischen Repräsentanten der schwedischen Gesellschaft konzipierten „Alten" zu einem unheimlichen Traumgeist werden, dessen Gestalt zu übernatürlicher Größe anschwillt, um dann wieder zusammenzuschrumpfen. Die Leidensästhetik des *Traumspiels* amplifizierte Reinhardt – dank der vom Bulgaren Pantscho H. Wladigerow (1899–1978) komponierten Bühnenmusik sowie des Einsatzes von Sprechchören – zu einem vielstimmigen Klagelied über die *condition humaine*. Das bereits in der Regieanweisung während des Szenenwechsels von Skamsund zu Fagervik vorgesehene Geschrei[9] steigerte der Regisseur zu einem expressionistischen Schrei, einer polyphonen kosmischen Klage der leidenden Menschheit – wie man dem Regiebuch zur schwedischen Inszenierung entnehmen kann:

---

scheinen lassen. Diese Aufführungen schaffen damit auch die Voraussetzung für die spätere Rezeption expressionistischer Dramatik" (W. P.: Skandinavische Dramatik in Deutschland. Björnstjerne Björnson, Henrik Ibsen, August Strindberg auf der deutschen Bühne 1867–1932. Basel/Stuttgart: Helbing & Lichtenhahn 1979 (Beiträge zur nordischen Philologie 9), S. 266).
8 Kela Kvalm: Max Reinhardt, S. 267.
9 „ALLE [strecken die Hände gen Himmel und erheben ein schmerzliches Geschrei, das einem dissonierenden Akkord gleicht]. O!" (August Strindberg: Ein Traumspiel. In: Märchenspiele, Ein Traumspiel. Verdeutscht von Emil Schering. München und Leipzig: Georg Müller Verlag 1920, S. 187).

Der Schrei wiederholt sich, „nun von unseligen, unsichtbaren Stimmen aufgenommen, schrecklich lawinenhaft anwachsend, von geeigneten Instrumenten begleitet, so daß schließlich eine Welt von Verzweiflung gellend aufschreit. Kranke, Geplagte, verfolgte, Gehetzte, Gemarterte, Frauen, Männer, Jünglinge, Greise, Tiere, dazu Pfiffe, Schüsse, Posaunen, Explosionen, Schlachtfanfaren, Menschen, die gewürgt, gemordet werden. Peitschen, Knallen, Tiere, die geschlachtet werden. Feuerglocken, Fabrikspfeifen, helle harte Trommeln, Messerklingen u. s. w. – das sinnlose Chaos einer kämpfenden, mordenden, sterbenden Welt.[10]

Im Anschluss an Reinhardt kam es auch zu expressionistischen Strindberg-Aufführungen.[11] Erwähnenswert sind vor allem die Inszenierungen Karlheinz Martins (1886–1948), der 1919 die Regie von Tollers *Wandlung* im avantgardistischen Berliner Theater „Die Tribüne" verantwortete. Zu Martins Innovationen gehörte u. a. die Lichtregie, die vor allem den Protagonisten ausleuchtete und den Hintergrund im Dunkeln ließ. Martin inszenierte mehrere Werke Strindbergs: *Die Brandstätte* (1920), *Påsk* (*Ostern*) (1921) und schließlich das Märchendrama *Kronbruden* (*Die Kronbraut*) (1924). Vor allem Martins Inszenierung der *Brandstätte* mit Ernst Deutsch und Helene Körner ragte heraus. Das verzerrte Bühnendekor mit verschobenen Hausfronten, krummen Fenstern und schiefen Türen gab die morbide Stimmung des Dramas – den Besuch des heimgekehrten Fremden an der niedergebrannten Stätte seiner Kindheit – kongenial wieder und griff den schiefen Kulissenstil *Des Cabinets des Dr. Caligari* wieder auf, der in demselben Jahr, 1920, seine Premiere gefeiert hatte (**Abb. 1 und 2**). Martins caligaresker Strindberg lässt eine denkwürdige Umkehrung des Kulturtransfers erkennbar werden. Nachdem der schwedische Dramatiker zur Formierung der avantgardistischen Dramatik entschieden beigetragen hatte, änderte sich sein Status am Ende des expressionistischen Jahrzehnts offensichtlich vom Vorbild zum Nachbild, so dass seine Dramatik jetzt durch die neue Stummfilmästhetik intermedial überschrieben wurde.

12.2 Übersetzungen

Die Popularität, die der schwedische Dramatiker im Expressionismus genoss, geht bereits aus der Fülle der Übersetzungen hervor, die seit 1911 in den expressionistischen Zeitschriften erschienen. Es handelt sich nicht um Dramen, da sich die dramatische Gattung schlichtweg nicht für das Medium ‚Zeitschrift' eignete,

---

10 Zit. nach: Kela Kvam: Max Reinhardt, S. 277.
11 Paul Schultes: Expressionistische Regie. Diss. Köln 1981, S. 143–150 und 317–320.

Abb. 1: August Strindberg: Die Brandstätte. Kammerspiele des Deutschen Theaters Berlin (17. September 1920), Regie: Karl Heinz Martin. Auf dem Bild: Ernst Deutsch (Fremdling) und Anni Mewes (Matilde).

sondern um kürzere Formen (Erzählungen, Novellen, Märchen, Legenden und Gedichte). Vor allem *Die Aktion*,[12] *Der Sturm*,[13] *Pan*[14] und *Konstanz 1919*[15] druckten

---

12 August Strindberg: Das Schöne und das Gute. Übers. von Emil Schering [Betrachtung]. In: Die Aktion 1 (4. September 1911) 29, Sp. 913–915; Heimkehr. Übers. von Emil Schering [Dichtung]. In: ebd. 1 (9. Oktober 1911) 34, Sp. 1078–1081; Autobiographisches. Deutsch von Emil Schering [Gedicht]. In: ebd. 2 (26. Februar 1912) 9, Sp. 268–270; Die Kunst zu Sterben. Übers. von Emil Schering [Essay]. In: ebd. 2 (22. Mai 1912) 21, Sp. 657 f.; Balzac, Goethe, Schiller [Autobiographie]. In: ebd. 2 (12. Juni 1912) 24, Sp. 755–757; Ein Ibsen–Porträt. [Übers. von Gabriel Max]. In: ebd. 2 (30. Oktober 1912) 44, Sp. 1390–1392; Vogel Phönix. Übers. von Emil Schering [Novelle]. In: ebd. 4 (26. September 1914) 38/39, Sp. 790–794; Attila. Übers. von Emil Schering [Novelle]. In: ebd. 4 (24. Oktober

Abb. 2: August Strindberg: Die Brandstätte. Kammerspiele des Deutschen Theaters Berlin (17. September 1920), Regie: Karl Heinz Martin. Auf dem Bild: Harald Paulsen (Alfred) und Anni Mewes (Matilde).

1914) 42/43, Sp. 836–846; Ist das nicht genug? Übers. von Emil Schering [Erzählung]. In: ebd. 4 (24. Dezember 1914) 50/52, Sp. 925–930; Das Märchen vom Sankt Gotthard. Übers. von Emil Schering [Erzählung]. In: ebd. 5 (3. April 1915) 14/15, Sp. 171–180; Leontopolis. Deutsch von Emil Schering [Legende]. In: ebd. 5 (25. Dezember 1915) 52, Sp. 663–665; Das Lamm. Übers. von Emil Schering [Erzählung]. In: ebd. 6 (23. April 1916) 16/17, Sp. 209–214; Eine Legende. Deutsch von Emil Schering. In: ebd. 6 (23. Dezember 1916) 51/52, Sp. 688f.; Gerichtstage. Deutsch von Emil Schering [Erzählung]. In: ebd. 7 (30. März 1917) 13, Sp. 173–179.
13 Strindberg, August: Schlafwandler. Übers. von Emil Schering [Aufzeichnung]. In: Der Sturm 1 (8. September 1910) 28, S. 219f. und 1 (15. September 1910) 29, S. 227f.; Das tausendjährige Reich [Erzählung]. In: ebd. 1 (3. November 1910) 36, S. 283–284 und 1 (10. November 1910) 37, S. 291–293; Zuchtwahl des Journalisten [Erzählung]. In: ebd. 1 (29. Dezember 1910) 44, S. 347f. und 1 (5. Januar 1911) 45, S. 356f.; Die Drangsale des Lotsen. Ein Märchen. In: ebd., 1 (25. März 1911) 56, S. 444f. und 2 (1. April 1911) 57, S. 452f.
14 August Strindberg: Monoplan oder Biplan. Volksstaat oder Hofstaat. Übertr. von Emil Schering [Aufsatz]. In: PAN 1 (15. Juli 1911) 18, S. 603–609; Der Volksstaat. Übertr. von Emil Schering [Aufsatz]. In: ebd. 1 (1. August 1911) 19, S. 621–624; ‚Hut ab.' Übertr. von Emil Schering [Aufsatz]. In: ebd. 2 (1. Dezember 1911) 5, S. 143–145; Der Günstling des Publikums [Aufsatz]. In: ebd. 2 (1. Februar 1912) 11, S. 331–333; Die Windmühlen. Ein Akt. Übers. von Emil Schering [Akt]. In: ebd. 2 (8. Februar 1912) 12, S. 351–367.

Strindberg-Übertragungen. Hinzu kommen weitere Blätter, welche sporadisch ebenfalls Übersetzungen Strindbergs brachten.[16] Die Übertragungen stammen meist von Emil Schering, der für die fehlende Qualität seiner Versionen viel Kritik erntete.[17]

12.3 Publizistische Rezeption

12.3.1 Kanonisierung im Frühexpressionismus

Auch in der expressionistischen Publizistik wurde Strindberg bereits früh gefeiert. Zu den ersten Würdigungen zählt eine Kritik von Herwarth Walden von 1911,[18] der anlässlich der deutschen Premiere des *Scheiterhaufens* unter Regie von Adolf Lantz seine Dramenästhetik vom Naturalismus abgrenzt.[19] In zwei Aufsätzen von 1912 unterstreicht René Schickele die gruppenstiftende Funktion Strindbergs, indem er ihn als Siegeslied, „Päan", und als „Erkennungswort" der jungen Generation charakterisiert.[20] Er stilisiert den schwedischen Dramatiker zum Auslö-

---

15 August Strindberg: Der letzte Schuss [Erzählung]. In: Konstanz 1919 1 (November 1919) 15, S. 69 – 72; 1 (November 1919) 16, S. 76; 1 (Dezember 1919) 17, S. 79 f.; 1 (Dezember 1919) 18, S. 84 und 1 (Dezember 1919) 19/20, S. 87 – 89.

16 August Strindberg: Über die Materie als lebendes Wesen [Erzählung]. In: Der Brenner 4 (15. Oktober 1913) 2, S. 82 – 92; Menschenrechte. Übers. von Emil Schering [Aufsatz]. In: Das Forum 1 (Januar 1915) 10, S. 536 – 540; Vorstudie zum *Schwarzen Handschuh*. Übers. von Emil Schering [Erzählung]. In: Das Junge Deutschland 1 (Februar 1918) 2, S. 53 – 56; Strindberg über Weininger [Brief]. In: Der Friede 4 (15. August 1919) 82, S. 717; Der Mensch der Zukunft [Auszug]. In: Der Revolutionär 2 (Juli 1920) 24, S. 20 f.

17 John Landquist: Die Rechtfertigung eines Irren. In: Der Sturm 6 (1915), S. 10 f. Vgl. auch Franz Blei: Strindberg – Schering – Péladan. In: Das Hohe Ufer 2 (1920), S. 62 – 64 („Mit dieser frechen Behauptung, Strindberg habe so schwedisch [...] geschrieben wie Schering deutsch, mit der Behauptung, [Strindberg] [...] hätte[-] keine Kunst der Sprache gekannt, was den Übersetzer entbinde, seinerseits eine zu haben, damit glaubt Schering das Urteil zu hindern, das über ihn den Spruch fällt: nie sei deutsche Sprache schmählicher verhunzt worden als von diesem von kindlichem Dünkel besessenen Manne, der sich im gleichen Vorwort mitzuteilen nicht entblödet, daß er einem Ideal (gemeint ist die Strindbergübersetzung) ‚ein Menschenleben habe opfern müssen'", ebd., S. 63).

18 Herwarth Walden: Strindberg. [Von Trust] [Kritik]. In: Der Sturm 2 (Dezember 1911) 91, S. 727.

19 „Nur grobe Sinne können das Drama naturalistisch verstehen" (ebd.). Die Lantz-Inszenierung wurde auch in der *Aktion* von Anselm Ruest besprochen (Der Scheiterhaufen. Drama in 3 Akten von August Strindberg [Kritik]. In: Die Aktion 2 (1. Januar 1912) 1, Sp. 12 – 14).

20 „Der Päan: August Strindberg ist unser Erkennungswort. Sein Leben war ein Kulturkampf. Dieser Kosmos, der Strindberg heißt, hat unter Ausbrüchen von Vulkanen in seinen Bahnen gekracht – und immer weitere Kreise geschwungen! In dem *einen* Leben ward mehr denn *eine* Kultur

ser einer geistigen „Revolution" und kontrastiert ihn mit dem noch unlängst gefeierten Henrik Ibsen. Während für den resignativen Ibsen die „korrupte Moral" nur Experimentierobjekt gewesen sei, habe Strindberg einen wahrhaften „Kulturkampf" initiiert, aus dem ein eigener dramatischer Kosmos entstanden sei.[21] Der politisch engagierte Erich Mühsam dämpfte diesen Enthusiasmus in seinem ambivalenten Nachruf von 1912, der bei aller Bewunderung für „die ungeheure dichterische Dynamik", Strindbergs „Weltbild", nämlich seine „Flucht ins Christentum" und die Misogynie rügte, die ihn mit seinem Freund Otto Weininger verband.[22] Enthusiastische Töne schlägt dagegen Paul Zechs Strindberg-Essay aus demselben Jahr an. Zech bezeichnet den schwedischen Dramatiker als einen „Fanatiker des zeitgenössischen Gefühls"[23] und reklamiert ihn für den expressionistischen Subjektivismus.[24] Er attestiert ihm eine innige Fühlung mit dem

---

geschaffen. Alle Bündel wurden gelöst, jeder Stab zersplitterte in Licht, es wurde ein irres, wunderirres Blitzen des Stromes, in dem Sonnen fließen, es wurde das schäumende Stürzen der Katarakte. Die Bündel schwimmen zerstreut ... sind in Luft und Licht zergangen. Das ist Befreiung. Die universale Skeptik, die nur wissen, wissen will. Die Erkenntnis des Menschen. Die große Revolution der Geister hat begonnen: unser 89" (René Schickele: August Strindberg. In: Die Aktion 2 (22. Januar 1912) 4, Sp. 103 f., hier Sp. 104). Um Strindberg schart sich Schickeles Kanon der Moderne: „Sanguinischer Skeptizismus – das ist Strindbergs Temperament. Es ist unser aller Temperament: denkt an Renan, Anatole France, Barrés – an Baudelaire, Rimbaud, Laforgue, Wedekind, Mann, Kerr, Shaw. [...] Strindberg ist der Plebejer und der zäheste Rebell der Schar, zäh, zäh" (ebd.).

21 „Verstockte Laienpriester, die sich Kulturträger nannten, haben für eine Generation nach der andern die Bündel seelischer Sensationen gefesselt und zur Höhe von Systemen und Bekenntnissen aufgestapelt. Ibsen nahm von ihnen, lockerte sie – und stellte sie als tragische Wahrzeichen einer korrupten Moral an ihren alten Platz zurück. Mit resignierter Geste. Diese ‚korrupte Moral' war für Ibsen: Experimentierobjekt [...]. August Strindbergs Leben war ein Kulturkampf. Dieser Kosmos, der Strindberg heisst, hat unter Ausbrüchen von Vulkanen in seinen Bahnen gekracht – und immer weitere Kreise geschwunden. In dem einen Leben ward mehr als eine Kultur geschaffen" (René Schickele: August Strindberg. In: Die Aktion 2 (22. Mai 1912) 21, Sp. 656 f., hier S. 656). „Ibsen ist ein geistreicher, scharfsichtiger Pfaffe, der gereizt wurde und unter bedingter Verantwortlichkeit Enthüllungen veröffentlicht. Strindberg: der gottfreie Mensch mit dem vielfältigst-organisierten Gehirn unter den Genies aller Zeiten" (ebd., hier Sp. 657).

22 Erich Mühsam: Strindberg [Nachruf]. In: Kain 2 (Juni 1912) 3, S. 33 – 34. „Nichts schien diesem Riesengeist göttlich, alles sah er durch die Brille einer qualvollen Teufelsgläubigkeit. Die Konsequenz der Satanskonfession Strindbergs war der Gang nach Damaskus, war die Flucht ins Christentum" (ebd., S. 34). „Auch zu seinen Feigheiten hatte Strindberg den Mut. Er zitterte vor dem Weibe, das für ihn das starke Geschlecht repräsentierte, dem er sich hörig fühlte und das er dafür hasste mit der ganzen Inbrunst seiner gigantischen Künstlerschaft" (ebd.).

23 Paul Zech: Strindberg, der Fanatiker des zeitgenössischen Gefühls. In: Saturn 2 (Dezember 1912) 12, S. 266 – 270.

24 „Sein Glück ist die Ekstase höchster Vollkommenheit. Daraus entspringt seine Weltanschauung: das Ideal eines durch Leidenschaften angefeuerten und fortzeugenden Wiedergebä-

„nervösen Zeitalter" und hebt an ihm den Fatalismus („fatalistische Orgien"), den Hang zum Märtyrertum („flagellantische Martyrien") sowie die Vorliebe für psychologische Extreme hervor, die ihn von der Gefühlswelt der Romantik unterscheidet.[25] Vor allem unterstreicht Zech die innovative Figurendarstellung, die pathologisch- abnorme Seite von Strindbergs Dramenfiguren.[26] Strindbergs Misogynie, von der sich Zech distanziert, wird nicht biographisch, sondern aus der experimentierenden und protoavantgardistischen Tendenz seiner Dramenästhetik heraus gedeutet.[27] Diese ästhetizistische Strindberg-Rezeption, die im schwedischen Dramatiker den großen ästhetischen Neuerer, das überragende dramatische Genie feierte, gipfelte 1914 in einem Essay von Wilhelm Herzog, der ihn zum

---

rens des ‚Ichs' in Welt und Umwelt. Und da er die Dinge aus diesem Gefühl heraus beantwortet und bildnerisch extrahiert, ergibt sich für die Form des jeweiligen Werkes ein mehr oder weniger erweitertes Aphorismenhaftes, das, für sich gesehen, sehr wohl abgerundet ist, in seiner Umrahmung und der inneren Spiegelung. [...] Der Kampf des reinen Individuums um seine irdische Entäusserung, seine Gottwerdung, seine Emanzipation von der Zufälligkeit jeweiliger Gefühlsüberschwange – das ist die Vitalität, die Idee des dichterischen Werkes Johan August Strindbergs" (ebd., S. 269).

25 „Von den grossen dichterischen Begabungen unserer Zeit ist kaum eine so heiss umstritten und so Spielball aller möglichen kritischen Elemente, wie gerade Johan August Strindberg. Und wiederum ist auch kaum ein Dichter so eng diesem nervösen Zeitalter verschwistert, wie dieser einsame Nordländer. Seine krampfhafte Atemlosigkeit und der explosiv knatternde Rhythmus seiner dichterischen Erlebnisse wird nie Gemeingut jener Komplexe werden, die gewohnheitsmäßig nach vollbrachter Sättigung sich jenes Narkotikums einschläfernder Melodien bedienen. Wer sich in die angestrengt fatalistischen Orgien oder flagellantischen Martyrien seiner dichterischen Eruption einfühlen will, muss die Postkutschenromantik, das waschlappige Augenverdrehen verlogener Gefühlsausbrüche abgetan haben, wie etwas Aussätziges. Der muss die ganze Wüstenei zwischen Gottsuchertum und fanatischer Lossagung, zwischen kindlicher Ehrfurcht und Naivität einerseits und intellektueller Blasiertheit andererseits durchwandert haben. Das Gefühl einer völligen Ratlosigkeit muss ihn beherrschen neben sklavischer Bedrücktheit und dem kettenrasselnden Gebrüll nach dem narkotischen Allheilmittel: Tod. Ein von allen Brutalitäten der Zeit zerfleischtes Nervensystem" (ebd., S. 266f.).

26 „Die Kunst Strindbergs verlangt vor dem Auge des Beschauers ein gänzlich neues Sehen. Ein angespanntes Eindringen aller Sinne in die pathologischen Charaktertiefen seiner, durch ein fast hallucinatorisches Temperament gesehenen Geschöpfe, die zum Teil alle einen krankhaften Trieb zum Abnormen haben" (ebd., S. 267).

27 „Er denkt jedes Geschehnis bis zur äussersten Grenze aus. Unbekümmert um Form- und Schönheitsgefühl. Am klarsten tritt diese Dämonie der p[h]ys[i]ologischen Hysterie in dem Verhältnis des Dichters zur Frau zu Tage. Mit einer blindwütigen Verbissenheit schwingt er die Geissel über den zarten Nacken des schwachen Geschöpfes, Trieb als Verbrechen, Liebe als grenzenlose Habsucht ausdeutend. [...] Aber diese willkührliche Raserei des Dichters entspringt weniger einem inneren Schmerzgefühl, das von einer durch fremde Hand geschlagenen Wunde herrühren könnte, als der unersättlichen Ruhelosigkeit, ein Extrem bis zur Neige auszuschöpfen" (ebd.).

einzig großen Europäer nach Nietzsches Tod und zum Shakespeare des Jahrhunderts verklärt.[28]

12.3.2 „Kommunionistische" Strindberg-Kritik im Kriegs- und Spätexpressionismus

Als die expressionistische Generation aus dem unglücklichen ästhetischen Subjektivismus ausbrach und nach festem Halt in einer „kommunionistischen" Gemeinschaft suchte,[29] wandelte sich auch ihr Strindberg-Bild entsprechend. Die ästhetizistische Verherrlichung der großen Persönlichkeit, den Nietzscheschen Kult des Übermenschen, gab man zugunsten einer Huldigung des Mitmenschen auf, so dass auch Strindberg jetzt nicht mehr als herausragender Dichter-Gott, sondern im Gegenteil gerade als Bruder charakterisiert wurde. Bereits 1913 zeichnete sich diese Akzentverlagerung vom Ästhetischen hin auf das Ethische in einem Essay von Heinrich Marno ab, der dem schwedischen Dramatiker Tolstoi und Dostojewski an die Seite stellt.[30] 1915 versuchte Klabund, Strindberg für den militaristischen Diskurs zu vereinnahmen – „Strindberg (als Fahne)" lautete die Parole.[31] 1916 sah Gustav Landauer in Strindberg nicht mehr den aristokratischen großen Mann, sondern vor allem den Leidenden, und erkannte in ihm das Modell der unglücklich-isolierten – und zunehmend als defizitär empfundenen –

---

28 Wilhelm Herzog: Tagebuch. August Strindberg und unsere Zeit. In: Das Forum 1 (Mai 1914) 2, S. 65–69.

29 Den Terminus prägte Fritz von Unruh: „Ja wir sind Kommunionisten, weil wir allen Menschen die eine große, heilige Kommunion vermitteln, das Bild ihrer Vergöttlichung" (Flügel der Nike: Buch einer Reise. Frankfurt: Frankfurter Societäts-Druckerei 1925, S. 123).

30 Heinrich Marno: Betrachtung über Strindberg. In: Der Brenner 3 (1913) 8, S. 352–361, hier S. 356.

31 „Strindberg (als Fahne) kämpft in diesem Kriege mit. Überall. (Er ist keineswegs neutral.) Die geistigkünstlerischen Wirkungen dieses Krieges werden, so darf man hoffen, in allen Ländern, sie mögen siegen oder unterliegen (oder keines von beiden) – die gleichen sein. Der Innerliche, der Abenteurer, der Verschwender des Geistes, die Jugend wird triumphieren über den Philister, den paragraphischen Glatzkopf, den intellektuellen Nußknacker, den impressionistischen Meier. (Eine Fahne des Triumphes! heißt Strindberg.) Ibsen fahre dahin. Strindberg bleibt. Steht. Ragt." (Klabund: Eine Fahne des Triumphs … In: Das Programm. Blätter der Münchner Kammerspiele 1915. Nr. 1: Strindberg-Sonderheft, S. 10 f., hier S. 10). Im Rahmen dieser nationalistischen Instrumentalisierung erkennt Klabund nicht mehr in der experimentellen Psychologie oder im Geschlechterkrieg, sondern im „Blut" den Wesenszug von Strindbergs Dramenästhetik: „Die Psychologie seines Blickes ist nicht das Wesentliche (soweit sie professionale Gemüter entzückt.) Auch die Weiber und Weibchen als These – Nebensache. Hauptsache: als Blut." (ebd., S. 10 f.).

avantgardistischen Schriftstellerexistenz.[32] Eine 1915 entstandene lyrische Hommage Kurt Heynickes schaffte einen Kompromiss zwischen der ästhetizistischen und der sittlich-objektiven Perspektive. Strindberg wird als Märtyrer präsentiert, der allerdings aus seinem Leid heraus zugleich einen ästhetischen Kosmos entstehen lässt. Ebenso hält Heynicke noch an der avantgardistischen Exklusivität seiner Ästhetik fest.[33] In Heynickes späteren Strindberg-Gedichten von 1917 wurde dann der individualistische durch den kommunionistischen Diskurs überlagert.[34]

---

32 Gustav Landauer: Strindberg. In: Neue Jugend 1 (1916) 7, S. 135 f.

33 „Dein Kreuz war aus Sternen. / Feuer Gottes / deine Seele. / Ewigkeit / gebar dein Schmerz / Unendlichkeit / deine Tiefe / Du hast in Liebe empfangen / Dich wissen / die Wissenden" (Kurt Heynicke: Strindberg. In: Der Sturm 6 (1915/1916), S. 87, zugleich: Rings fallen Sterne. Gedichte. Berlin: Der Sturm 1917, S. 29). Während die christologische Kreuz-Metaphorik Strindberg zum Leidenden und somit zum Mitmenschen stilisiert, verklärt Heynicke ihn zugleich zum *alter deus*, der aus seinem Leid heraus Ewigkeit und Unendlichkeit gebärt. Auch der Terenz verpflichtete Schluss („Ah, dictum sapienti sat est", *Phormio* 541) betont noch den elitär-avantgardistischen Charakter des Strindberg-Kults, der allerdings 1915 so exklusiv nicht mehr war.

34 So wird im halbierten Sonett *Strindbergs* Traumspiel (1917) Strindbergs Dramaturgie zum Vehikel der kommunionistischen Mensch-Religion. Exklusivität ist nur noch eine des Leidens, allerdings ist der Text noch in der individuellen Ich-Form gehalten: „Die langen Straßen schwimmen in die Zeit / Zeitlos enteil ich meinen Schritten. / Mir ist ein Tropfen Ewigkeit ins Herz gefallen. / Ich bin ein Mensch / und bin das tiefste Leid von allen. // So dornen meine Schmerzen in die Welt / urgotteslicht umglänzt / mich zu erlösen in die Hände Gottes" (Kurt Heynicke: Strindbergs *Traumspiel*. In: Rings fallen Sterne, S. 31). In *Nach Strindbergs* Ostern (1917), das auf das Passionsspiel *Påsk* (1900) intertextuell Bezug nimmt, verschiebt sich der Fokus endgültig ins Religiöse. Die Wir-Perspektive dominiert jetzt, obwohl im Gedichtschluss Heynicke erneut betont, dass dieses Wir-Kollektiv von der Masse abgehoben ist, so dass erneut ein Kompromiss zwischen Avantgarde-Bewusstsein und Kommunionismus entsteht: „Auf allen Lichtern tropfen Dornenkronen / Blut steht auf Zweigen / hell / wie Morgentau. / Und unser Weg quält uns mit spitzen Steinen / hinblutend / schreiten wir mit nackten Füßen. / Schwer ist das Holz zu tragen / und Leib und Stab sind müde. / Bis eine Sonne über Glocken steht. / Bis aus dem Kreuze Osterlilien sprießen. / Wir quälen alle unsern Weg / wir / die wir nicht die Seichtheit glatter Tage / in den Seelen tragen" (Kurt Heynicke: Nach Strindbergs *Ostern*. In: Rings fallen Sterne, S. 30). Bereits die Bezugnahme auf Strindbergs Passionsspiel zeigt von der Wandlung des Strindberg-Bildes. Der einsame Ästhet wird zum christlichen Dichter. Die Handlung des Dramas spielt sich zwischen Gründonnerstag und Karsamstag ab. Das Passionsspiel folgt hierbei der biblischen Erzählung von dem Leiden, Sterben und der Auferstehung Christi. Inszeniert wird die Leidensgeschichte der Familie Heyst, welche aufgrund der strafbaren Handlungen des Vaters von der Gesellschaft isoliert ist. Die Schuld des Vaters lastet auf der Familie bis zu dem Zeitpunkt, als der Gläubiger Lindkvist Barmherzigkeit zeigt und die Familie von den Schulden entlastet. Auch bei Heynicke dominieren die religiösen Elemente, welche die Schuldhaftigkeit und das Leiden der Menschheit zum Thema machen: Eine tropfende Dornenkrone, das Blut und das Kreuz (das durch die Metonymie des „Holzes" in V. 8 evoziert wird) verweisen auf Stationen des Lebenswegs Jesu. Auf Strindbergs *Ostern* spielen ferner zwei Bilder an: das Wandern auf steinigem Wege – so heißt es in *Ostern*: „Hinaus auf die steinigen Wege und wandern mit wunden Füssen, denn der Weg führt

An diesen Hommagen lässt sich recht deutlich die Entwicklung des Expressionismus vom elitär-monumentalisierenden Ästhetizismus („Du"-Apostrophe) über den noch individuell perspektivierten (jedoch zugleich universell inklusiven) Mensch-Diskurs („Ich"-Form) bis hin zur Gemeinschaftsstiftung („Wir"-Aussage) nachzeichnen. Die erstrebte Überwindung des Individualismus und die Suche nach Allgemeinheit und Gemeinschaft führten schließlich auch zu einer expliziten Strindberg-Kritik und zur Infragestellung seiner dramenästhetischen Vorbildfunktion.[35] Im Februar 1918 erschien der in dieser Hinsicht hochbedeutsame Essay von Walter Fürth *August Strindberg. Die Tragödie eines Vernunftwesens.* Als Strindbergs größte Schuld erscheint dort dessen – „heidnische" – Sehnsucht nach seinem eigenen Ich.[36] Darin spiegele sich im Grunde die Tragik jedes Schriftstellers – auch des Avantgarde-Künstlers. Denn in seiner Ich-Suche sei er notwendigerweise „Widerpart des Helfenden".[37] Anstelle von Strindbergs Schrei nach Gerechtigkeit soll der Ausruf nach Gnade treten.[38] Die noch von Zech gepriesenen, ästhetisch-experimentellen Extreme erweisen sich, unter dem Blickwinkel des Sittlichen, als Einseitigkeiten. Erschien Strindberg vorher als „Leidender", so erscheint er jetzt als „Sünder", dessen Sünde aus egoistischer Ich-

---

aufwärts, und darum ist er mühsam..." (August Strindberg: Jahresfestspiele. Advent – Ostern – Mittsommer. Übersetzt von Emil Schering. München 1912, S. 156) – sowie das Symbol der Osterlilien. In *Ostern* sind gerade die Osterlilien, die in der Abwesenheit Gottes, also in der Dunkelheit am meisten zu leiden haben: „Alles, alles leidet, aber die Blumen am meisten!" (Ebd., S. 154). Die Dunkelheit, in welcher die Blumen zu verdorren drohen, wird bei Heynicke von der Sonne gebrochen: „Bis eine Sonne über Glocken steht" (V. 10). Aber auch in *Ostern* wird letztlich die Osterblume vom Sonnenlicht regeneriert: „die hat einen Kelch, der Sonnenlicht getrunken hat, darum ist er gelb und stillt die Schmerzen" (ebd., S. 133).

35 Zu Recht bemerkt Walter H. Sokel, dass sich die Geschichte des expressionistischen Dramas in Deutschland als eine Bewegung charakterisieren lässt, die fort von Strindbergs *Traumspiel* hin zu der weniger dunklen und zugleich intersubjektiv verbindlicheren Form des parabolischen oder allegorischen Dramas führt (Der literarische Expressionismus: der Expressionismus in der deutschen Literatur des zwanzigsten Jahrhunderts. München/Wien: Langen-Müller 1970, S. 199).

36 Walter Fürth: August Strindberg. Die Tragödie eines Vernunftwesens. In: Der Mensch 1 (1918) 2, S. 28–31. „Die Sehnsucht nach seinem eignen Ich, dieses heidnische Verlangen nach dem letzten, heiligen Rest, der das wahre Jerusalem sein müßte, ist die größte Schuld Strindbergs, weil er, der Wissende, der um die Dinge Herumhängende nicht weiß, daß das wahre Ich Gott (der Vater) ist. Das ist seine Tragik und die Tragik jedes, der das ist, was man Künstler nennt" (ebd., S. 28).

37 „Und darin ist der Künstler der Widerpart des Helfenden, des Erlösenden, des Liebenden (im hohen Sinne des Wortes), der nur das Andere, den Menschen, die Dinge, die Welt will und darob sich selbst vergißt und vielleicht zum letzten Narren wird" (ebd., S. 28 f.).

38 „Nicht Gerechtigkeit (der fürchterliche Schrei, der aus jedem Werke Strindbergs, des Kämpfenden, hallt), sondern ‚Gnade!' sei das Losungswort" (ebd., S. 29).

Fixierung erwächst.[39] Vor diesem Hintergrund erscheint auch Strindbergs Misogynie als symptomatisch für die sündhafte Absonderung von den Mitmenschen und von der Realität.[40] Den Ausklang des expressionistischen Strindberg-Kults besiegelte Kurt Walter Goldschmidt 1922 in seinem Aufsatz *Strindberg und kein Ende*,[41] der von einem „ungebührlich überschätzte[n] Werk" sprach, das seinen Zenit längst überschritten habe.[42]

12.4 Subjektivierung und Episierung in Strindbergs Nachinferno-Dramatik

Für die expressionistische Generation zentral war vor allem Strindbergs postnaturalistische Dramatik, die nach der sog. ‚Inferno-Krise' entstand und in welcher er sich vom Naturalisten zum christlichen Mystiker entwickelte. Gerade diese Dramenproduktion, welche die Trilogie *Till Damaskus* (*Nach Damaskus*) (erster und zweiter Teil: 1898, dritter Teil: 1904) eröffnete, leitete eine theaterästhetische Revolution ein, die auf die expressionistische Generation massiv wirkte.[43] Zu Strindbergs Innovationen zählt vor allem die Lösung von der aristotelischen Mimesis-Doktrin durch eine grundsätzliche Subjektivierung der Dramenform, die ausschließlich auf den Protagonisten hin fokussiert wird. Die Subjektivität begibt sich nicht in eine zwischenmenschlich-dramatische Dialektik. Sie dominiert vielmehr das dramatische Spiel und fängt das übrige von ihrer Perspektive aus

---

39 „Hier ist aber die große, magische Macht Strindbergs verankert: In dem Erlebnis der Sünde, seiner Sünde. Wenn er aufheult: ‚Dieses Leben ist ja schon die Hölle!', so ist er so einsam, daß er den Schmerz aus seiner Brust herauswölbt und zur Halle der Verantwortlichkeit baut. Dies ist der ethische Sinn der Sünde, daß sie die Verantwortung steigert" (ebd.).

40 „Unter dem Aspekt der Sünde muß auch Strindbergs Stellung zur Frau gewertet werden. Doch auch hier ist Strindberg einseitig [...]. Das Weib ist dem Manne das ‚Andere', das Nieverstandene, nicht weil sie sein Verhängnis ist, sondern weil sie ihm die größere Realität, das Ruhende, das Körperliche ist. Sein Trieb zum Weibe ist nichts anderes, als die Sucht, eine unendliche Angst und Furcht vor der Welt, vor dem ‚Andern' in sich zu ersticken" (ebd.).

41 Kurt Walter Goldschmidt: Strindberg und kein Ende. In: Die Flöte 4 (1922) 10, S. 291–296.

42 „Seltsam, daß die Diskussionen über Strindberg noch nicht zur Ruhe kommen wollen. Sein lange unterschätztes, heute schon wieder ungebührlich überschätztes Werk ist nun nachgerade vom grellen Scheinwerferlicht der Öffentlichkeit völlig abgeleuchtet. Die auf seinen Namen getaufte Zeit-Mode und Zeit-Sensation scheint bereits ihren Höhepunkt überschritten zu haben" (ebd., S. 291).

43 Zum Folgenden Fritz Paul: August Strindberg. Stuttgart: Metzler 1974, S. 53–60, sowie Johannes F. Evelein: August Strindberg, S. 6–25.

ein.[44] Sie wird sich selbst gegenständlich, sie reflektiert, inszeniert und erzählt sich selbst, sodass das dramatische Spiel durch die epische Darstellung verdrängt wird. Auf der Figurenebene folgt daraus die Depersonalisierung aller Nebenfiguren, die nur noch zu Reflexen und Spiegelungen der Hauptfigur werden. Auf der Handlungsebene ist die Folge der Subjektivierung und Episierung die Stationentechnik. Die Einheit der Stationenabfolge liegt nicht mehr in einer einheitlichen dramatischen Handlung, sondern im identisch bleibenden Ich. Schließlich resultiert daraus auch eine grundsätzliche Auflösung des realistischen Raum- und Zeitbegriffs, da Zeit und Raum nur noch Medien und Spiegel der Hauptfigur werden.

Für die neue Dramaturgie zentral ist das Motiv der Wanderung, das Strindbergs Dramen der postnaturalistischen Phase leitmotivisch durchzieht und auch die *Damaskus*-Trilogie prägt. Im dritten Teil wird die Wanderung des Unbekannten konkret dargestellt. Aber auch in den beiden anderen Teilen wird das Motiv durch Requisiten wie Wegweiser, Wanderkleidung und Szenenangaben (Straßenecke, Landstraße, Hohlweg) hervorgehoben. Der Mensch als Wanderer ist bei Strindberg ein Typus, der sich vom *homo viator* der christlichen Anthropologie herleitet. Bei Strindberg wandert der Mensch als Pilger aus, in der Nachfolge von Adam und Eva, die aus dem Paradies vertrieben über die Erde wandern müssen. Strindbergs Wanderungsdramen sind zugleich auch Stationendramen – darin liegt die Verbindung mit der Passionsgeschichte und der Form des mittelalterlichen Mysterienspiels. Die Wanderung, die in Strindbergs *Nach Damaskus* der „Unbekannte" unternimmt, ist wie Christi Passion in Leidensstationen eingeteilt.[45] Den Begriff der Station verwendet Strindberg explizit erst in seinem späten Drama *Stora landsvägen* (*Die große Landstraße*) (1909), dessen Untertitel „ett vandringsdrama med sju stationer", „Ein *Wanderdrama* in sieben *Stationen*" lautet. Aber auch in den vorausgehenden Werken lässt sich eine Strukturierung des dramatischen Geschehens nach Stationen erkennen. Unter ‚Station' ist eine formgebende Einheit gemeint, welche den Charakter einer Etappe im Werdegang der Hauptfigur trägt. Als dramaturgische Einheit kann die Station (wie etwa in der *Großen Landstraße*, aber auch in einigen expressionistischen Dramen wie Julius Maria Beckers *Das letzte Gericht* oder Ernst Tollers *Wandlung*) mit der Szene zusammenfallen.[46] Sie kann aber auch (wie in *Nach Damaskus*) eine dramatische

---

44 Peter Szondi: Theorie des modernen Dramas 1880–1950. Frankfurt/Main: Suhrkamp 1965, S. 45.
45 Dass der „Unbekannte" allerdings nur sieben, nicht vierzehn Stationen durchläuft, unterscheidet ihn wiederum vom Erlöser.
46 Johannes F. Evelein: August Strindberg, S. 14 f.

Komponente darstellen, welche sich kleiner als die Szene erweist[47] oder im Gegenteil (wie in Georg Kaisers *Von morgens bis mitternachts* oder Paul Kornfelds *Verführung* und *Himmel und Hölle*) mehrere Szenen umfasst. Wie der Titel bereits verrät, ist in *Nach Damaskus* Ziel der Wanderung die Wandlung, die Transformation des Unbekannten von Saulus in Paulus. Trotzdem steht – im Unterschied zur expressionistischen Dramenästhetik – bei Strindberg gerade die Wanderung selbst und nicht die Läuterung im Mittelpunkt. So endet die Trilogie mit dem Tod der alten Identität des Unbekannten, ohne dessen spirituelle Wiedergeburt zu inszenieren.[48]

Subjektivierung und Episierung des Dramas gehen bei Strindberg Hand in Hand. Die einzige Wirklichkeit, welche Gültigkeit besitzt, ist die der Hauptfigur. Daraus folgt, dass die dramatische Welt eine epische Objektivierung des Monagonisten darstellt. Nicht nur Raum und Zeit, sondern auch die Nebenfiguren sind ein Reflex des spielenden Ich und ihm untergeordnet. Alles findet seine Existenzberechtigung in ihm, alles entsteht und zerfällt durch dessen subjektive Schau. Strindbergs episierende Überformung des Dramas im Sinne einer präsentativen Ästhetik, welche die Selbstinszenierung des spielenden Ich zum Ziel hat, bringt auch die Auflösung der naturalistischen Figurenpsychologie mit sich, d. h. eine Depersonalisierung der Nebenfiguren, welche jetzt keine autonome dramatische Wirklichkeit mehr besitzen und lediglich zu Projektionen werden. Figuren wie der Bettler oder Cäsar in *Nach Damaskus* sind Verdoppelungen des Unbekannten, gegenständlich gewordene Abspaltungen seiner Psyche, die von ihm ‚erzählen‘. Die Nebenfiguren besitzen keine Individualität, sondern bilden Ausstrahlungen des spielenden Ich. Durch diese Spiegelung der Ich-Figur in den Nebenfiguren entsteht eine Scheindialogizität, da die Figurenrede *de facto* aus einem polyphonen inneren Monolog besteht. Auch die Figur, die als Gegenspielerin des Unbekannten auftritt, die namenlose Dame, wird von ihm projektiv

---

47 Wie Evelein betont (ebd.), verteilen sich in *Nach Damaskus* die sieben Stationen über sechs Szenen.

48 Gerade der Versucher malt dem im Sterben liegenden Unbekannten in der letzten Szene (IV 3) eine triumphale Wandlung aus, im Sinne einer hybriden und anmaßenden Auferstehungs- und Umtaufungsvision. Ihr setzt der Unbekannte in seiner neu gefundenen Demut sein hartnäckiges Schweigen entgegen: „DER VERSUCHER. [...] Du sollst dich in den Sarg legen und scheinbar sterben; der alte Mensch soll drei Schaufeln Erde haben und man wird De Profundis singen. Darauf erstehst du von den Toten, hast deinen alten Namen abgelegt, und wirst wieder getauft wie ein kleines neugeborenes Kind! – Wie wirst du heißen? DER UNBEKANNTE [antwortet nicht]. DER VERSUCHER. Es steht dort geschrieben: Johannes; Bruder Johannes, weil er in der Wüste gepredigt und ... DER UNBEKANNTE. Stör mich nicht!" (August Strindberg: Nach Damaskus. Erster, zweiter, dritter Teil. Verdeutscht von Emil Schering. 6. Aufl. München und Leipzig: Georg Müller 1918, S. 267 [IV 3]).

überformt und „Eva" getauft. Bereits an dieser (misogynen) Namensgebung wird das Thema der Geschlechterpolarität und des Geschlechterkriegs deutlich, das im Expressionismus – man denke nur an Oskar Kokoschkas skandalös-blutrünstigen Einakter *Mörder, Hoffnung der Frauen* (1907) – intensiv rezipiert wurde. Als „Eva" erscheint die Dame als Urtypus der fatalen Frau, die den Mann in sündige Versuchung führt. Andererseits erhält sie in *Nach Damaskus* nicht nur die Rolle der Verführerin, sondern auch der Führerin, die wie eine Parze durch ihre Häkelarbeit das Schicksal des Unbekannten webt, ihm letztlich zur Läuterung verhilft und zum Ruhepunkt der Kirche führt.[49]

Nicht weniger innovativ ist bei Strindberg auch die Auflösung der logischen Handlungsstruktur und des realistischen Raum- und Zeitbegriffs. Die drei aristotelischen Einheiten werden aufgekündigt. So wechselt der Schauplatz der Handlung, das Geschehen erstreckt sich über eine große Zeitspanne, und auch die Handlung selbst zerfällt in mehrere Handlungssegmente, eben Stationen, die oft untereinander austauschbar sind. Die Einheit der Handlung wird durch die Einheit des Ich ersetzt.[50] Der kausal-logische Konnex zwischen den Sequenzen entfällt. Im ersten Teil der *Damaskus*-Trilogie sind die siebzehn Stationen in Form einer symmetrischen Krebsfuge angeordnet, so dass sich jeweils etwa Szene 1 und 17 („An der Straßenecke"), 2 und 16 („Beim Arzt"), 3 und 15 („Hotelzimmer") entsprechen. Das Zentrum dieser Symmetrie liefert die Szene 9, „Das Asyl". Ferner besitzen die Orts- und Zeitangaben nicht mehr realistischen Charakter, sondern haben die epische Funktion, die Wanderung des Monagonisten auf symbolischer Ebene zu kommentieren und abzubilden.

Die in *Nach Damaskus* erprobten Innovationen wurden von Strindberg in der nachfolgenden Dramenproduktion variiert und weitergeführt. Dies gilt vor allem für *Advent, Ett mysterium* (1899) und *Ett drömspel* (*Ein Traumspiel*) (1901). In *Advent* geht die realistische in eine surreale Ebene über. Dem grausamen Paar des Richters und der Richterin tritt aus ihrem Mausoleum eine gespenstische Prozession ihrer Opfer entgegen. Szenenwandel auf offener Bühne und Übergänge zwischen realen und surrealen Szenen knüpfen an die *Damaskus*-Dramatik an. Der Einsatz der *laterna magica* und der Bildprojektion sorgen ihrerseits für eine Intensivierung der epischen Tendenz.[51] Im *Traumspiel* entwickelte Strindberg seine episierende Dramenästhetik im Anschluss an die *Damaskus*-Trilogie weiter, und zwar durch den Versuch, „die unzusammenhängende Form des Traumes

---

49 Johannes F. Evelein: August Strindberg, S. 39–43.
50 Peter Szondi: Theorie des modernen Dramas 1880–1950, S. 47.
51 Fritz Paul: August Strindberg, S. 64 f.

nachzuahmen".[52] Traumhaft ist die dramatische Welt in dem Sinne, dass sie die Wirklichkeit des Wachzustands übersteigt und eine Synthese von Realität und Irrealität schafft. Der Unterschied zwischen Traumsphäre und Wachbewusstsein wird aufgehoben, beides geht ineinander über.[53] Die episierende Darstellung umfasst somit sowohl das Bewusstsein als auch die Sphäre des Unbewussten.[54] Markant ist auch die Abwendung vom Katholizismus der *Damaskus*-Trilogie. Bei den einzelnen Stationen der Lebensreise von Indras Tochter, die im *Traumspiel* zu den Menschen herabsteigt und am Ende ihrer parabelhaften Erdenwanderung in die höheren Regionen zurückkehrt, handelt es sich um eine beliebig fortsetzbare Variation des Grundmotivs vom bedauernswerten menschlichen Leid (der Schlüsselsatz der Tochter lautet: „Es ist schade um die Menschen"),[55] das sich durch keine Theodizee mehr rechtfertigen lässt. In diesem Sinn erhält die Traumdramaturgie auch die zentrale Aufgabe, die Hinfälligkeit der Existenz als traumhafter Schatten zu betonen. Die Lösung des Welträtsels, zu der Indras Tochter am Ende gelangt, ist das Nichts: „Die Welt, das Leben und die Menschen sind also nur ein Phantom, ein Schein, ein Traumbild...".[56] Aus der Erfahrung der Sinnlosigkeit erwächst die Anklage gegen die Gottheit. Nachdem ihre göttliche Inspektionsreise ans Ende gelangt ist, verlässt Indras Tochter die Erde und verspricht dem „Dichter", in seinem Namen bei ihrem Vater ihre Klage über das Menschenleid zu erheben.[57]

Auf *Traumspiel* folgten die zwischen 1907 und 1909 entstandenen *Kammerspiele Oväder* (*Wetterleuchten*), *Brända tomten* (*Die Brandstätte*), *Spöksonaten* (*Gespenstersonate*) und *Pelikanen* (*Der Pelikan* bzw. *Der Scheiterhaufen*), die Strindberg für seine eigene Bühne, das „Intima teatern" in Stockholm verfasste.

---

52 „Im Anschluß an sein früheres Traumspiel *Nach Damaskus* hat der Verfasser in diesem Traumspiel versucht, die unzusammenhängende, aber scheinbar logische Form des Traumes nachzubilden. Alles kann geschehen, alles ist möglich und wahrscheinlich. Raum und Zeit existieren nicht; auf einem unbedeutenden wirklichen Grunde spinnt die Einbildung weiter und webt neue Muster: eine Mischung von Erinnerungen, Erlebnissen, freien Einfällen, Ungereimtheiten und Improvisationen. Die Personen teilen sich verdoppeln sich, doublieren sich, verdunsten, verdichten sich, zerfliessen, sammeln sich. Aber ein Bewusstsein steht über allen, das ist das des Träumers; für das giebt es keine Geheimnisse, keine Inkonsequenz, keine Skrupel, kein Gesetz" (August Strindberg: Ein Traumspiel, S. 144, „Erinnerung").
53 „DER DICHTER: Dann weiß ich, was Traum ist – Was ist Gedicht? DIE TOCHTER: Nicht Wirklichkeit, aber mehr als Wirklichkeit – nicht Traum, aber wache Träume ..." (ebd., S. 205).
54 Fritz Paul: August Strindberg, S. 77–87.
55 August Strindberg: Ein Traumspiel, S. 193.
56 Ebd., S. 220.
57 „DIE TOCHTER [...] Ich fühle jetzt den ganzen Schmerz des Daseins, / So ist es also Mensch zu sein ... / [...] Sag deinen Brüdern dass ich an sie denke / Wohin ich geh, und dass ich ihre Klage / In deinem Namen hin zum Throne bringe." (ebd., S. 223f.).

Ihre Gattungsbezeichnung stellt nicht nur eine Hommage an Max Reinhardts 1906 eröffnete Berliner Kammerspiele dar, sondern weist auch auf Strindbergs intermediales Bestreben, die Idee der Kammermusik auf das Drama zu übertragen.[58] Vor allem die *Gespenstersonate* erweist sich als das bedeutendste Werk des Zyklus und steht, durch die Einführung einer Spielleiterfigur wie Direktor Hummel, am Ursprung der modernen epischen Dramatik.[59]

Strindbergs letztes, esoterisches Drama *Stora landsvägen* (*Die große Landstraße*) (1909) knüpft bereits im Untertitel „Ein Wanderungsdrama in sieben Stationen" an die Stationentechnik der *Damaskus*-Trilogie an. Es zieht die Konsequenzen aus der Aushöhlung der dramatischen Dialogie durch die Entwicklung einer Scheindialogizität, welche die Autonomie der Figuren endgültig aufhebt. Sie sprechen nicht mehr mit-, sondern ineinander. Der scheinbare Dialog entpuppt sich als Monolog mit verteilten Rollen.[60]

12.5 Strindberg im expressionistischen Drama: Franz Theodor Csokors *Die rote Straße* (1918)

Strindbergs prägenden Einfluss auf den Expressionismus erkannten bereits die Zeitgenossen. So präsentierte der Literaturhistoriker Paul Landau schon 1920 Strindberg als Archegeten der expressionistischen Dramatik.[61] Strindbergs Dra-

---

58 Fritz Paul: August Strindberg, S. 77–87.

59 So die Charakterisierung durch Peter Szondi: „Mit Direktor Hummel steht wohl zum ersten Mal innerhalb dieser Entwicklung [vom bürgerlichen Gesellschaftsstück zum epischen Theater] das epische Ich selber auf der Bühne, wenn auch noch in der Vermummung einer Dramenperson. Im ersten Akt schildert er dem Studenten die Einwohner des Hauses, die sich, bar jeder dramatischen Selbständigkeit, am Fenster als Vorstellungsgegenstände zeigen; im zweiten, beim ‚Gespenstersouper', wird er zum Entlarver ihrer Geheimnisse" (Theorie des modernen Dramas 1880 – 1950, S. 55 f.).

60 Vgl. etwa folgenden Dialog zwischen der Hauptfigur, dem Jäger, und seinem Doppelgänger, dem Wanderer, aus *Der Großen Landstraße:* „DER WANDERER Haben Sie bemerkt, dass die Beere der Traube einer Flasche gleicht, und die Ranke einem Korkenzieher? Das ist eine deutliche Signatura. DER JÄGER Aber der Beerensaft hat keine von den Eigenschaften des Chloroforms, DER WANDERER bis die Beere zerstampft und im Hefe und Maische verfault ist, DER JÄGER so dass der Geist des Weins von der schmutzigen Hülle der Materie befreit wird, DER WANDERER und an die Oberfläche steigt wie ein Meeresschaum, DER JÄGER Aus dem Aphrodite geboren wurde, DER WANDERER unbekleidet" (August Strindberg: Spiele in Versen. Abu Casems Pantoffeln – Fröhliche Weihnacht! – Die große Landstraße. Verdeutscht von Emil Schering. 8. Aufl. München und Leipzig: Georg Müller 1918, S. 179).

61 „Die Dichterjugend sieht in ihm [d. h. Strindberg] Vorbild und Meister, und zwar sind es hauptsächlich die Dramen seiner späteren Zeit, die den größten Einfluß auf die Bühnenwerke

men seien Landau zufolge „echte expressionistische Kunst", „Ausdruck einer seelischen Notwendigkeit ohne Rücksicht auf die Natur".[62] Er unterstreicht, dass Strindbergs Subjektivismus das Fundament für die expressionistische Dramatik lieferte. Landau betont zunächst Strindbergs Verzicht auf eine objektive Wirklichkeitsdarstellung und die konsequente Fokussierung auf subjektive Seelenzustände.[63] Mit dieser Subjektivierung gehe andererseits auch eine Tendenz zur Abstraktion und Universalisierung in der Figurendarstellung einher, welche Landau zufolge die expressionistische Typisierung und Menschheitskonzeption vorwegnehme.[64] Schließlich hebt Landau hervor, dass auch Strindbergs Handlungsführung nicht realistisch dimensioniert sei, sondern einen abstrakten, mathematisch-musikalischen Charakter besitze.[65]

Als Fallstudie für die expressionistische Strindberg-Nachfolge soll im Folgenden *Die rote Straße* (1918) des Wiener Dramatikers Franz Theodor Csokor (1885–1969) analysiert werden.[66] Der heute so gut wie vergessene österreichische

---

unserer jüngsten Dramatiker ausüben, denn Strindberg hat in diesen Werken einen neuen Stil und eine neue Technik geschaffen; die Dramatik des Expressionismus" (Paul Landau: Strindberg als Dramatiker des Expressionismus. In: Die Deutsche Bühne 12 (1920), S. 371–374, hier S. 371).

62 Ebd., S. 374.

63 „Alle Gestalten, die auf der Bühne erscheinen, sind nur Abspaltungen seines [d.h. Strindbergs] Wesens, Ausstrahlungen seines Ichs. Die Szenen und Bilder sind nicht wirkliche Vorgänge, sondern nur Spiegelungen seiner Gefühle, Abbilder der Visionen und Phantasien, in denen sein inneres Erleben sich offenbart." (Ebd., S. 373).

64 „Das Ich wird zur Menschheit. Strindberg stellt keine individuellen Personen mehr da, sondern Typen, den Menschen an sich. [...] Nicht mehr ein bestimmter Mann und eine bestimmte Frau stehen sich gegenüber, sondern stets ist es das erste Menschenpaar, das den ewigen Kampf der Geschlechter auskämpft. Man könnte sie auch Alpha und Omega nennen, wie Munch, der Begründer des malerischen Expressionismus und Strindbergs nächster Geistesverwandter, einen großartigen Zyklus seiner Lithographien genannt hat." (Ebd.)

65 „Wie in der Kontrapunktik des von Strindberg so hochverehrten Bach werden die einzelnen Handlungsteile eng nebeneinander geführt, kunstvoll miteinander verschlungen, schematisch wiederholt. Zeit und Raum sind gleichgültig geworden. Das beste Beispiel für diese mathematisch-exakte, geradezu ‚kubistische' Form ist der erste Teil von *Nach Damaskus*, wo alle Bilder der Handlung in der zweiten Hälfte in umgekehrter Reihenfolge wiederkehren und das Stück auf demselben Punkte schließt, auf dem es begonnen." (Ebd.).

66 Eine systematische Untersuchung von Csokors Strindberg-Rezeption in der *Roten Straße* steht immer noch aus. Zum Drama vgl. den Überblick bei Heidemarie Oehm: Subjektivität, S. 151–154, ferner den tiefschürfenden Aufsatz von Primus-Heinz Kucher („Die Wollust der Kreatur [...] gemenget mit Bitterkeit". Versuch über den vergessenen Expressionisten F. Th. Csokor. In: Expressionismus in Österreich. Hg. von Klaus Amann und Armin A. Wallas. Wien u.a.: Böhlau 1994, S. 417–436, zur *Roten Straße* 427–432), der für eine nähere Untersuchung der expressionistischen Filiationen von Csokors Frühwerk plädiert, sowie die punktuellen, aber erhellenden Beobach-

Autor[67] konnte im expressionistischen Jahrzehnt eine rege, vor allem dramatische Produktion vorweisen,[68] die sich oft der Stationenform bedient und antinaturalistischen Charakter trägt.[69] Anlässlich eines Gastspiels der Truppe Ida Orloffs 1913/14 in St. Petersburg, an dem er als Dramaturg beteiligt war, setzte er sich intensiv mit Nikolai N. Evreinovs Monodrama-Konzept auseinander und übersetzte dessen Einakter *V kulisakh dushi* (*In den Kulissen der Seele*, 1911).[70] Noch früher entdeckte er Strindberg. Wie aus seiner Rede vom Ende der fünfziger Jahre hervorgeht,[71] spielte in dieser Beziehung Josef Jarno eine nicht zu unterschätzende Katalysatorrolle, dem damals im Theater in der Josefstadt an die vierzehn Strindberg-Erstaufführungen (darunter auch von *Till Damaskus* und *Ett drömspel*) zu verdanken sind.[72]

---

tungen bei Johannes F. Evelein: August Strindberg und das expressionistische Stationendrama. Eine Formstudie. New York u. a.: Lang 1996.

67 Paul Wimmer: Der Dramatiker F. Th. Csokor. Innsbruck: Wagner 1981; Brygida Brandys: F. Th. Csokor. Identität von Leben und Werk. Lódz: Wydawnictwo Uniwersytetu Łódzkiego 1988; Harald Klauhs: F. Th. Csokor. Leben und Werk bis 1938 im Überblick. Stuttgart: Heinz, Akad. Verl. 1988; Joseph P. Strelka: Immer ist Anfang. Der Dichter F. Th. Csokor. Frankfurt/Main u. a.: Lang 1990; Stefan H. Kaszynski: Csokors polnische Odyssee. In: Eine schwierige Heimkehr. Hg. von Johann Holzner u. a. Innsbruck: Inst. für Germanistik 1991, S. 253–261; Lebensbilder eines Humanisten: ein Franz-Theodor-Csokor-Buch. Hg. von Ulrich N. Schulenburg unter Mitarb. von Helmut Stefan Milletich. Wien: Löcker u. a. 1992.

68 Im expressionistischen Jahrzehnt entstanden die Einakter *Das Opfer*, *Thermidor* und *Feuer* (1911/12), das Mysterienspiel *Der große Kampf* (1915), das Stationendrama *Der Baum der Erkenntnis* (gedruckt 1916 als Manuskript und 1919 in Buchform erschienen), das als klassische Tragödie aufgebaute Drama *Die Sünde wider den Geist* (gedruckt 1916 als Manuskript und 1918 als Buchausgabe erschienen) sowie das zwischen 1916 und 1917 entstandene Stationendrama *Die rote Straße*. Hinzu kommen weitere fragmentarische Werke aus dem Nachlass (Wienbibliothek im Rathaus, ZPH 414) wie *Die Stunde des Absterbens – Eine Höllenfahrt* (1917).

69 Darüber legte sich Csokor in einem Aufsatz vom Anfang der zwanziger Jahre Rechenschaft ab: „Der Mensch des Materialismus, der seine Welträtsel erraten und seine Himmel durch die Forscherarbeit des eigene[n] Hirnes entgöttert gewähnt, hatte sich als Kunstausdruck den Naturalismus geschaffen. Bald darnach aber, [...] begann er, unsicher geworden, einen Stabilitätspunkt jenseits dieser Erde zu suchen, darauf er, der vermeintliche Herr der Schöpfung, der sich urplötzlich als sinnlos geschleuderter Lehmkloß empfand, zur Rast für das eigene Werk, für die eigenen Gedanken gelangen konnte. Keinerlei Halt mehr bot ihm die Tatsachenwelt: aus ihr und aus sich vertrieben, griff er in Wolken" (Franz Theodor Csokor: Die neue dramatische Form. (Die Wandlung und Gründe). In: Die Neue Schaubühne 3 (Februar 1921) 2/3, S. 27–32, hier S. 31).

70 Nikolaj N. Evreinoff: Die Kulissen der Seele. Monodrama. Deutsch von Franz Theodor Csokor. Wien/Zürich/Leipzig: Verlag der Wiener Graphischen Werkstätte (1920) (Die Bücher der Zeit; Bd. 2).

71 Franz Theodor Csokor: Rede über Strindberg. In: Wort in der Zeit 5 (1959) 6, S. 21–24.

72 Csokors Strindberg-Verehrung hatte auch ein biographisches Nachspiel und führte zur Begegnung und Freundschaft mit Strindbergs Tochter Kerstin. Sie und den Wiener Autor lernten sich

Die rote Straße, 1918 erschienen und 1921 aufgeführt,[73] entstand mitten im Krieg vom Herbst 1916 bis zum Frühling 1917.[74] Sein Drama verarbeitet die Impulse von Strindbergs neuer Dramenästhetik, was sich auf intertextueller Ebene reichlich belegen lässt, trägt allerdings auch der zeitgenössischen, fundamentalen Kritik an Strindbergs Subjektivismus Rechnung, wie sie etwa zeitgleich in den expressionistischen Zeitschriften formuliert wurde. Somit erweist sich *Die rote Straße* als ein Übergangsdrama, das den Paradigmenwechsel vom Ästhetischen zum Ethischen, von Strindberg zu Dostojewski inszeniert. Gerade dieser Aspekt ist von der spärlichen Forschung bisher verkannt worden.

In der *Roten Straßen* amalgamiert Csokor Impulse, die ihm von Strindberg, Georg Kaiser und Dostojewski kommen. Csokors Strindberg-Nachfolge zeigt sich vor allem an der Stationentechnik sowie an der epischen Rahmung des Dramas. Sie manifestiert sich aber auch in der Theodizee-Kritik, die Csokor aus Strindbergs *Traumspiel* übernimmt. Gott verkommt zu einer „verantwortungslosen" Instanz, während das menschliche Leiden einer plausiblen Rechtfertigung entbehrt („Das wird nicht verraten").[75] Die binnendramatische Welt der *Roten Straße* allerdings ist nicht mehr die traumhaft-subjektive, die Strindberg im *Traumspiel* und *Nach Damaskus* entwarf, sondern eine materialistische, vom Geld beherrschte Welt, in der alles, selbst die Liebe, käuflich wird. Diese expressionistische Gesellschaftskritik ist Georg Kaiser verpflichtet, dessen Stationendrama *Von morgens bis mitternachts* am 28. April 1917 in München seine Premiere erlebt hatte und dem Csokors eigenes Drama gewidmet ist.[76] Schließlich artikuliert *Die rote Straße* neben der theologischen und der sozialen auch eine von Dostojewski geprägte

---

in den dreißiger Jahren in Dornach kennen, wo Strindberg 1896 ein Haus bezogen hatte und Csokor auf dessen Spuren gewandert war (Paul Wimmer: Der Dramatiker Franz Theodor Csokor, S. 155 f.).

73 Die Aufführung des 1918 bei Kiepenheuer erschienenen Dramentextes wurde von der Zensur verboten und fand in Brünn erst am 4. März 1921 statt. Regie führte Rudolf Beer. Der ursprüngliche und später verworfene Titel lautete *Die Wollust der Kreatur*. Dass das Drama ursprünglich eine andere Gestalt hatte, geht aus einer autobiographischen Skizze des jungen Autors für Franz Brümmer um 1914 hervor. Dort ist von einer „Lebenskomödie" die Rede, in welcher „ein Beamter", „angesichts des von ihm vergeblich befehdeten Verhältnisses seiner Frau mit seinem Chef, schliesslich die Situation ausnützen lernt und zum Erpresser und Zuhälter wird" (Autobiographisches. In: Nachlass Franz Brümmer. Staatsbibliothek Berlin, S. 2r).

74 Zuerst Soldat an der Ostfront, wurde Csokor ab 1916 dem Kriegspressequartier in Wien zugeteilt.

75 Franz Theodor Csokor: Die rote Straße. Ein dramatisches Werk in vierzehn Bildern. Weimar: Gustav Kiepenheuer 1918, S. 128.

76 „Georg Kaiser / von Wanderung zu Wanderung!" (Franz Theodor Csokor: Die rote Straße, S. 3). Gerade Kaiser vermittelte 1917 Csokors Drama an Kiepenheuer (Harald Klauhs: F. Th. Csokor, S. 178).

Künstlerkritik, welche zugleich eine Distanzierung von Strindberg beinhaltet. Strindbergs Modell wird im Lichte der Kehrtwende vom Ästhetischen zum Ethischen von Csokor somit nicht nur imitiert, sondern zugleich auch einer kritischen Revision unterzogen. Als defizitär erscheint vor allem die beharrliche Ich-Fixierung, welche der Typus des expressionistischen Dichters, die Hauptfigur ER, an den Tag legt. Es handelt sich um eine Isolation, die – wie in der zeitgenössischen Strindberg-Kritik der expressionistischen Zeitschriften – als Liebesunfähigkeit und Selbst-Sucht, als ‚Versündigung‘ am Menschen diagnostiziert wird. Die ungelöste Spannung zwischen avantgardistischer Form und neuem Gemeinschaftsbekenntnis profiliert *Die rote Straße* somit als Werk des Übergangs vom Früh- in den Spätexpressionismus.

12.5.1 Strindberg-Nachfolge

Stationentechnik
Bereits der Titel von Csokors Stationendrama spielt auf Strindbergs Wanderungsdramaturgie an und evoziert dessen Spätdrama *Die große Landstraße* (1909). Die Farbe Rot konnotiert die Wanderung der Dichterfigur ER[77] im Sinne eines Passionsweges und zitiert die bereits in *Nach Damaskus* prominente, christologische Blutsymbolik,[78] die auch bei Csokor leitmotivisch wiederkehrt.[79] Strukturell übernimmt Csokor Strindbergs Stationentechnik. *Die rote Straße* setzt sich aus vierzehn stationsartigen, zyklisch angelegten „Bildern" zusammen.[80] Die Schauplätze der beiden ersten Bilder – die „Pforten der Erde" und „der

---

77 Im zweiten Bild wird ER von der weiblichen Nebenfigur ausdrücklich als „Dichter" bezeichnet (Franz Theodor Csokor: Die rote Straße, S. 11).

78 „Die Farbe Rot kommt am häufigsten vor. Das letzte Buch des Unbekannten ist rot, was die entsetzliche Kraft dieses Buches ausdrückt. Der Unbekannte möchte am Ende seiner Reise die Häkelei der Dame „rosenrot" färben, was sie nicht zulässt, weil diese Farbe die Wahrheit, nämlich die Tatsache, dass die Arbeit mit Tränen und Blut geschrieben ist und das Leben der beiden spiegelt, vertuschen würde." (Johannes F. Evelein: August Strindberg, S. 58).

79 Exponiert wird das Motiv des Blutes bereits im ersten Bild – „STIMME VON RECHTS: Was bindet sie? STIMME VON OBEN: Blut. STIMME VON LINKS: Was scheidet sie? STIMME VON OBEN: Blut" (Franz Theodor Csokor: Die rote Straße. Ein dramatisches Werk in vierzehn Bildern. Weimar 1918, S. 8). In seiner Traumvision imaginiert der Monagonist, aus einem Brunnen Blut zu trinken (Franz Theodor Csokor: Die rote Straße, S. 116).

80 Das Drama setzt sich aus der Sequenz folgender Bilder zusammen: Die Pforten der Erde; Der Berg des Gerichtes, Die Lästergasse; Der Gasthausgarten; Das Gelbe Lusthaus; Der Platz der Barmherzigkeit; Der Krankenhof; Daheim; Der Fluch; Die Halle; Der Tor; Der Korso; Das Zimmer; Der Berg des Gerichtes.

Berg des Gerichtes" – wiederholen sich in umgekehrter Reihenfolge am Ende.[81] Das Drama besitzt somit eine ähnliche kreisförmige Struktur[82] wie *Ein Traumspiel* – dort sorgt die Szene „Vor dem Schloß" für diese zyklische Rahmung – und *Nach Damaskus I*, das mit der Szene „An der Straßenecke" beginnt und endet. Wie bei Strindberg versinnbildlicht die zyklische Struktur auch bei Csokor das resignative Bewusstsein der Vergeblichkeit menschlicher Existenz – der Mensch dreht sich in einem Teufelskreis, die Zukunft erweist sich als déjà vu. Nachdem ER und SIE gestorben sind, steht das nächste Menschenpaar vor den Pforten der Erde bereit. Trotz der Stationentechnik lassen sich in der *Roten Straße* allerdings noch Spuren des klassischen Tragödienaufbaus klar erkennen.[83]

---

81 Das letzte, vierzehnte Bild ist zwar „Der Berg des Gerichtes", das Drama kehrt am Schluss aber *de facto* zum ersten Bild, „Den Pforten der Erde", zurück („Der Horizont lodert in die Pforten der Erde auf, wie in dem ersten Bild", S. 133), selbst wenn dieser Schauplatz nicht als eigenständiges Bild aufgeführt wird.

82 Ein Hinweis auf die kreisförmige Struktur des Dramas findet sich auch im zwölften Bild, als *Mise en abyme*. Dort meint der Fremdenführer: „Und hiemit, meine Damen und Herren, Stünden wir wieder beim Brunnen, unserem Ausgangspunkte. Diese ovale Allee, die wir jetzt im Beginne beschlossen und die durch Veduten und Büsche so sehr ihre Richtung verheimlicht, dass man es hier erst merkt, wie sie im Grunde nur stets in die eigene Runde zurücklief..." (Franz Theodor Csokor: Die rote Straße, S. 101).

83 Für eine Handlungsübersicht vgl. Heidemarie Oehm: Subjektivität und Gattungsform, S. 151– 155. Das zweite und dritte Bild, Der Berg des Gerichtes und die Lästergasse, sind als Exposition angelegt, indem sie den Monagonisten IHN, einen am Rande der Gesellschaft lebenden, isolierten Dichter, und die weibliche Nebenfigur SIE einführen. Im vierten Bild, dem Gartenhaus, kommt die dramatische Handlung in Gang durch die Begegnung mit dem Gelben Mann, dem SIE dann folgt. Diese Begegnung symbolisiert die Konfrontation des vereinsamten und verarmten Dichters mit der Gesellschaft, die vom Gelben Mann personifiziert ist. Er ist ein Kaufmann und ehemaliger Verlobter von IHR. Ihm gelingt es, SIE im fünften Bild, dem gelben Lusthaus, durch sein Geld zu verführen. In der sechsten Station kommt ER auf den Platz der Barmherzigkeit, der sich als Abbild des Unheils der Gesellschaft darbietet. Hier ragt der Turm der Irren in die Nacht, wobei der Wahnsinn den einzigen Zustand darstellt, der sich der instrumentellen Vernunft und Macht der Tauschgesellschaft entzieht. Im achten Bild, Daheim, sind ER und SIE von materiellen Sorgen geplagt. SIE überlegt, sich vom Gelben Mann finanziell aushalten zu lassen und dadurch auch IHN als Zuhälter zu ernähren. Im neunten und elften Bild vollzieht sich dann der Höhepunkt und die Peripetie – der Gelbe Mann rettet SIE bei einem Selbstmordversuch, woraufhin SIE sich auf ein Verhältnis mit ihm einlässt. ER beobachtet sie beide machtlos außerhalb des Palastes. Auf dem Korso im zwölften Bild trifft ER SIE, die von IHM schwanger ist, ein letztes Mal. SIE charakterisiert ihn als Satan, ER diskreditiert SIE als käufliche, bürgerliche Frau. SIE verlässt IHN für immer. Darauf folgt eine Art visionärer Anagnorisis des Monagonisten durch die Erscheinungen, mit denen er im Traum konfrontiert wird. Eine retardierende Funktion erhält die Beziehung mit der Dirne als Doppelgängerin von IHR im dreizehnten Bild. Hier erfährt ER, dass SIE bei der Geburt seines Kindes gestorben ist. Nachdem die Dirne IHM die Wohnung aufgekündigt hat, sucht ER

Epische Rahmung

Von Strindberg adaptiert Csokor auch die epische Rahmung, die bereits Strindbergs *Traumspiel* charakterisiert. Erschallt im Vorspiel zu Strindbergs Drama die Stimme des Gottes Indra, der seine Tochter aus den höheren Regionen auf die Erde unter die Menschen entsendet,[84] so erdröhnen im Ersten Bild der *Roten Straße* die Stimmen der „drei Unverantwortlichen" – vermutlich eine ironische Anspielung auf die Heilige Dreifaltigkeit –, welche die beiden Schatten IHN und SIE in das Erdentor werfen.[85] Wie *Ein Traumspiel* ist somit auch *Die rote Straße* kein dramatisches und zwischenmenschliches Spiel, sondern ein episches Spiel *über* die Menschen. Es besitzt eine grundsätzlich präsentative Struktur. Den göttlichen „Unverantwortlichen" sind die Menschen gegenständlich. Als göttliche Instanzen schaffen sie erst die menschliche, dramatische Welt und verleihen ihr eine epische Rahmung, die deren Unmittelbarkeit in Klammern setzt und relativiert. Das freie dramatische Spiel der Gegensätze wird zum Drama des unfreien Menschen. Diesen Determinismus bekräftigt auch der Bühnenentwurf von Carry Hauser für die Erstaufführung (**Abb. 3**), welcher – der Regieanweisung folgend[86] – einen aufgerissenen riesigen Haifischrachen mit spitzen Zähnen als Rahmung des dramatischen Spiels zeigt.[87]

Simultaneität und Ubiquität

Der von Strindberg übernommene Determinismus entkleidet Ort und Zeit ihrer Einmaligkeit. Das Drama spielt vielmehr in einer Dimension der Wiederholbarkeit und Ubiquität, „überall und immer wieder", wie es in den Ort- und Zeitangaben der *Roten Straße* heißt.[88] In der Tat gleicht die erste der letzten Szene aufs Wort

---

verzweifelt seine letzte Ruhe auf dem Berg des Gerichts, wo sich – im vierzehnten Bild – die Katastrophe abspielt.

84 „INDRAS STIMME: Steig nieder, sieh und höre, komm dann wieder, / Erzähl mir dann, ob ihre Klagen / Ihr Jammer wirklich sind begründet ... INDRAS TOCHTER: Wohlan, ich steig hinab [...]" (August Strindberg: Ein Traumspiel, S. 147).

85 „[...] *Aus dem Scheitel und den beiden Flanken des Rachens dröhnen die Stimmen der drei Unverantwortlichen [...] Zwei dunkle Schatten werden von rechts und links in das Erdentor geworfen, wirbeln in den Flammen wie zwei Meteore herum, treffen zusammen, prasseln auf und verlöschen. Gelächter.*" (Franz Csokor: Die rote Straße, S. 7 f.).

86 „Der Vordergrund ist eine finstere Felszackenreihe, nieder und zerklüftet, wie ein Wall einwärtsgekrümmter Zähne. Derart schwingt sie sich in die Höhe, mit dem Scheitel unter dem Mittelpunkt des oberen Bühnenrahmens und sinkt wieder ebenso herab, so dass sie einem riesenhaft aufgerissenen Haifischrachen gleicht" (ebd., S. 7).

87 Wie der biblische Jonas im Gefängnis eines Fischbauchs, so spielt sich auch das Drama der Menschheit in einem Zustand der Unfreiheit und Gottesferne ab.

88 Ebd., S. 6.

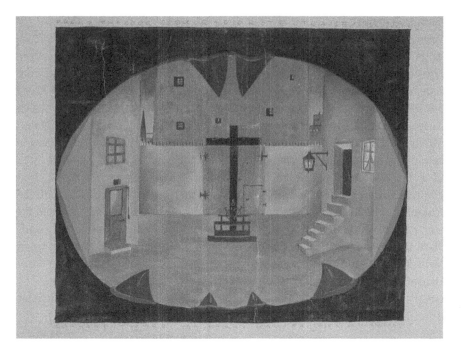

Abb. 3: Carry Hauser: Die rote Straße (1920): Platz der Barmherzigkeit. Bühnenbildentwurf, Gouache auf Papier, 36 x 48 cm, Privatsammlung, Wien.

und nach dem Tod der weiblichen und der männlichen Figur steht ein neues Menschenpaar bereit an den Pforten der Erde. Dem entspricht der Verzicht auf fiktive Eigennamen und die absolute Anonymität der Dichterfigur ER und der weiblichen Nebenfigur SIE (die Hauptfigur der Damaskus-Trilogie heißt der „Unbekannte"), welche nicht einmal gesellschaftliche Rollen wie Walter Hasenclevers „Sohn" oder Georg Kaisers „Kassierer", sondern Geschlechtsabstrakta sind. Wiederholbarkeit und Unpersönlichkeit lassen die dramatische Handlung selbst zum Abstraktum werden.

 Csokor dekonstruiert die zeitliche und räumliche Einmaligkeit des Dramengeschehens und folgt darin Strindbergs Vorbild. „Zeit und Raum existieren nicht", heißt es lapidar in einer einleitenden Erinnerung zum *Traumspiel*.[89] In diesem Sinne bedient sich der schwedische Dramatiker einer Technik der Simultaneität,

---

89 „Tid och rum existera icke" (August Strindberg: Samlade skrifter. Hg. von John Landquist. 55 Bände. Stockholm: Bonnier 1911–1920, Bd. 36, S. 215).

welche zeitlich Unvereinbares gleichzeitig präsentiert.[90] Diese simultane Darstellung sich ausschließender Zeitsegmente verstößt gegen das fiktive dramatische Zeitkontinuum und sorgt für eine Aufhebung der dramatischen Zeitsingularität. Sie kommt etwa in einem *Traumspiel*-Promemoria über die Kostüme zum Ausdruck:

> Phantasiekostüme werden eingeführt (vielleicht nach Craig oder im Stil L'Art nouveau). Agnes kann sicher eine weiße Tunika tragen; der Dichter römische Toga (und was dazu gehört: Lyra oder dgl.); der Advokat trägt eine Perücke aus dem 18. Jahrhundert, wie englische Advokaten noch heute .... Der Zettelankleber: Bürger vom 17. Jahrhundert usw. Der Offizier als Ritter.[91]

Dieselbe Mischung historischer Stile erprobt auch Csokor. So zeigen die redenden Häuser im dritten Bild der *Roten Straße* ein Nebeneinander unterschiedlicher architektonischer Stile und Epochen – von der Spätgotik bis zum Biedermeier – und tragen äußerlich-optisch zur Zeitaufhebung bei.[92]

Auch in der Gestaltung der Raumverhältnisse kommt bei Strindberg eine analoge Ubiquitätstechnik zum Einsatz,[93] mit dem Ziel, die Einmaligkeit des dramatischen Raums, die konkrete Örtlichkeitsrealität aufzuheben.[94] Ein ubi-

---

90 Dazu Hanno Lunin: Strindbergs Dramenstruktur. Diss. Emsdetten/Westf.: Lechte 1962, S. 195– 201 („Aufhebung der Zeit").

91 August Strindberg: Briefe ans intime Theater. Aus d. Schwed. übertragen von Emil Schering. München: Müller 1921, S. 121. Im zweiten Akt des *Traumspiels* lässt Strindberg Kinder in Sommerkleidern in einer winterlichen Landschaft spielen: „Zwei sommerlich gekleidete Kinder werfen Ball draussen. [...] Aber die ganze Landschaft ist in Wintertracht mit Schnee auf entlaubten Bäumen und auf dem Boden" (August Strindberg: Ein Traumspiel, S. 187).

92 „Das nach dem Vordergrund hin anschliessende Haus, das erste rechts, trägt in seiner nervös gegliederten Fassade leichte Rokokomerkmale. Sein Gegenüber, das erste Haus links, ist ein behäbiges Biedermeiergebäude, an das ein uralter dunkler Bau mit mächtigem spätgotischem Tor stösst, das zweite Haus links, in dem ‚Sie' wohnt. Eine Parkmauer grenzt daran, aus der dann das letzte, links sichtbare Haus tritt. Ein goldgelber mehrstöckiger prunkvoller Barockpalast, an dessen Flanke oberhalb der mit einem Fensterspion versehenen Pförtnerklause eine unbeleuchtete, kupferne Armlaterne vernietet ist." (Franz Csokor: Die rote Straße, S. 19). Zu einer Verwirrung der Zeitverhältnisse trägt zuweilen auch der Sprechtext bei: „SIE: [...] Oh, wie es schön ist, mein Bett! Seit Jahrtausenden liegt es bereitet für mich – [...] von der Ewigkeit in die Ewigkeit" (ebd., S. 76 f.).

93 Zum Folgenden Hanno Lunin: Strindbergs Dramenstruktur, S. 201–206 („Auflösung des Raumes").

94 Die Szenenangabe zum ersten Akt des *Traumspiels* spricht in dieser Hinsicht eine deutliche Sprache: „Die Seitenkoulissen, die für das ganze Stück stehen bleiben, sind stilisierte Wandmalereien, zugleich Zimmer, Architektur und Landschaft." (August Strindberg: Ein Traumspiel, S. 148). Was Strindberg hier anvisiert, ist ein metaphysischer, allumfassender Raum, der gleich-

quitärer Raum entsteht, wo sich jeder Ort in einen beliebig anderen verwandeln kann. Dies erklärt die Rekurrenz der Requisiten, die wie in einem Kaleidoskop in immer neuen Konstellationen wiederkehren und die Einmaligkeit des jeweiligen szenischen Raums aufheben.[95] Dass solche Umwandlungen übrigens nach Strindbergs ausdrücklicher Anweisung vor offenem Vorhang stattfinden sollten, unterstreicht deren verfremdende Valenz für das Publikum. Dem Zuschauer signalisieren sie, dass der Szenenwechsel keine Ortsveränderung, sondern eine jeweils neue Funktionalisierung desselben universalen Raums repräsentiert.

Zwar geht Csokor nicht so weit, wie Strindberg dieselben Seitenkulissen beizubehalten oder Szenenverwandlungen auf offener Bühne zu fordern. Er folgt ihm aber in der Angleichung der unterschiedlichen Räume mittels Analogien zwischen den Requisiten oder deren Refunktionalisierung. Auffallend ist etwa die allgegenwärtige Kreisförmigkeit. Der bogenförmige Platz der Barmherzigkeit ähnelt einer Bucht,[96] wie die, welche im neunten Bild der Fluss bildet.[97] Das Fenster im Palast des Gelben Mannes ist ein Ochsenauge[98] – also genauso oval, wie übrigens auch der Rundspiegel im Zimmer der Dirne[99] und die Allee im zwölften Bild,[100] allesamt Symbole des in sich zurücklaufenden und ziellosen Weges der Dichterfigur. Weitere Requisite, welche Zirkularität evozieren, sind die Sandsteinstatue des „Ecce homo", aus welcher Wasser in ein Muschelbecken sprudelt, das sich durch ein Kanalgitter nie füllt, sowie der Reif, den ER im zwölften Bild vom Mädchen erhält. Der Monagonist selbst betont die Analogien des „sinnlosen Spiels ohne Anfang und Ende" und der „vergeblichen Arbeit des Wassers" mit seinem ziellosen Lebensweg:

---

zeitig Innen und Außen, Natur und Kultur verbindet und zugleich alle möglichen potentiellen Räume unter sich subsumiert.

95 So wird im *Traumspiel* die Gittertür in der Brandmauer des Theaters zur Gittertür in der Kontorschranke der Advokatur, die sich später in die Balustrade verwandelt, welche den Chor von der Kirche abtrennt. Ihrerseits wird die Linde, die vor dem Theater steht, in den Hut- und Kleiderständer der Advokatur, bevor sie in der Kirche zum Kandelaber wird. Auch die Anschlagtafel am Bühnenausgang unterliegt einer Metamorphose. Sie mutiert zum Bekanntmachungsbrett und schließlich zur Nummerntafel für die Gesänge.

96 „*Das Segment eines buchtartigen Platzes*" (Franz Theodor Csokor: Die rote Straße, S. 43).

97 „Weiden- und schilfbewachsene Uferböschung, die von einem links oben gedachten unsichtbaren Brückenkopf nach rechts gegen den Fluss abfällt, der dort eine kleine grasbestandene Bucht bildet" (ebd., S. 75).

98 „Darüber scheint ein ovales Fenster, ein sogenanntes Ochsenauge, im Lichte einer eingesetzten gelben Mattscheibe" (ebd., S. 39).

99 Ebd., S. 118.

100 „ER: Damenkorso – oval – drittes Zeichen: Zielloser Weg! – Damenkorso? Der Name belustigt, Herr Architekt. – Oval? – Beinahe teuflisch ersonnen!" (Ebd., S. 101).

ER (das Spielzeug in seinen Händen betrachtend): Was soll ich denn nunmehr beginnen mit dir, du meines Lebens lieblichstes Gleichnis? Genügte mir nicht schon die zwecklose Arbeit des Wassers vor mir aus der Lanzenwunde, das dort in dem Herzen der Muschel verplätschert, die es doch niemals zu füllen vermag, weil sie ein Leck in die Gosse besitzt? Brauche ich obendrein dich, sinnloses Spiel ohne Anfang und Ende, auch nur zu erschaffen, damit dich irgend jemandes Hand mit einem Stocke irgendeinmal kreuz und quer über Wege hintreibe, die du selbst nie gekannt noch gewollt hast?[101]

Die Auflösung konkreter Topographie zugunsten der Etablierung eines universellen Raums lässt sich in der *Roten Straße* auch an der vielfachen Funktionsverlagerung von Kulissen und Gegenständen beobachten. Die kalkweiße Hintergrundwand des Krankenhofs im siebenten Bild[102] wird im zehnten Bild zur Hintergrundwand der Halle.[103] Die Steinstufen, die im sechsten Bild zum alten, verlotterten rechten Gebäude hinaufführen,[104] führen im zehnten Bild in den Keller hinunter.[105] Ihrerseits kehrt die Milchglasscheibe an der Tür des sechsten Bildes, des Platzes der Barmherzigkeit,[106] im zehnten Bild, in der Halle, wieder.[107] Auch das siebente und zwölfte Bild werden miteinander verbunden, und zwar durch die Alleewege und Bänke.[108] Der metallene Ofen, sich im zehnten Bild in der rechten Ecke der Halle „wie ein riesiger Wurm" in die Wand bohrt,[109] kehrt im dreizehnten Bild in der rechten Seitenwand des Zimmers wieder.[110] Die narzisstische Spiegelsymbolik verbindet das Gelbe Lusthaus,[111] das Zimmer der weiblichen Figur SIE[112] und die Wohnung der Dirne.[113]

---

101 Ebd., S. 100.
102 „Über den Hintergrund zieht sich die kalkgetünchte Spitalmauer" (ebd., S. 53).
103 Vgl. „Die kahle kalkweisse Hintergrundwand" (ebd., S. 83).
104 „Das Gebäude rechts, alt und verlottert, zeigt hinter den buntgewürfelten Vorhängen der Stockwerkfenster, deren mittleres geöffnet ist, Licht. Im Giebel seiner durch Stufen über den Platz erhöhten Türe brennt eine rotgläserne Laterne" (ebd., S. 43).
105 „Ein kellerartig gelegener Vorraum von geringer Tiefe, in den aus einer hochgelegenen eisernen Seitentüre links verwitterte Steinstufen niederführen" (ebd., S. 83).
106 „Links ein altes Haus; dürftig, ohne Stockwerk; eine Türe mit mattweisser Milchscheibe im Oberteil führt hinein" (ebd., S. 43).
107 „Die kahle kalkweisse Hintergrundwand wird in ihrer Mitte durch eine geschlossene Schiebetüre mit grosser Milchglasscheibe unterbrochen, die der dahinter gedachte Saal matt erhellt" (ebd., S. 83).
108 Ebd., S. 53 und 98.
109 „In der Ecke rechts steht ein kleiner geheizter Blechofen, dessen lange gebogene Röhre sich wie ein riesiger Wurm in die Wand bohrt" (ebd., S. 83).
110 „In der rechten Seitenwand, die stumpfwinkelig an den Hintergrund stösst, befindet sich ein Eisenöfchen" (ebd., S. 119).
111 „An den Nachbarflächen des Geldschrankes hängen riesige Spiegel in schwerer barocker Goldfassung" (ebd., S. 39).

Den Eindruck der räumlichen Kontinuität erwecken auch leitmotivisch eingesetzte Bühnenrequisite wie die Laterne, die in drei unterschiedlichen Bildern wiederkehrt,[114] und das Kreuz, das sich in immer neuen Verwandlungen durch das gesamte Drama hindurchzieht.[115] Csokor macht sich auch Strindbergs Technik

---

112 „Rechts von dem Fenster befindet sich ein Spiegel, unter dem ein sauber geordnetes Toilettentischchen steht" (ebd., S. 62).

113 „An der rechten Hälfte steht ein aufgeschlagener Waschtisch, in dem offenen Oberteil einen eigelegten Rundspiegel; das Glas ist halberblindet, zersprungen" (ebd., S. 118). Die Dirne erscheint als Doppelgängerin der weiblichen Nebenfigur. Als die Dirne ihr Gesicht entblößt, gleicht sie der Geliebten. „DIE DIRNE (*entblösst ein Gesicht von zerstörter Schönheit, das leicht an ,Sie' gemahnt)*" (ebd., S. 47). Die Parallele zwischen der geliebten SIE und der Dirne wird auch durch das Bühnenbild bekräftigt. So zitiert das dreizehnte Bild der Dirnenwohnung („*Das Zimmer*") das Zimmer der Geliebten aus dem achten Bild („*Daheim*"), das jetzt allerdings in verkommenem Zustand erscheint: „*Ein benerdiggelegener enger düsterer Raum, der in Aussehen und Anordnung der Einrichtung entfernt an das Gemach des achten Bildes erinnert, nur sehr verwahrlost*" (ebd.). Dass der halberblindete Spiegel „mit Namen und Herzen zerkratzt" ist (ebd.), weist die neue Liebesbindung zwischen ER und der Dirne als degradierte Wiederholung der alten Beziehung zwischen ER und SIE aus. Denn das Detail der im Spiegel eingeritzten Namen erinnert an das zweite Bild, wo ER und SIE wie bei Ariost Angelica und Medoro (*Rasender Roland XIX 36*) ihre Namen in einen Pflock einschneiden: „ER (*nickt*): Eben wurde die Schöpfung vollkommen. Ich will diesen Tag hier bewahren in unseren Zeichen. (*Schreibt auf den Pflock*) So weisst du damit, wie ich heisse. SIE: Und du! (*Setzt ihren Namen darunter.*)" (Franz Theodor Csokor: Die rote Straße, S. 16).

114 Offenbar fungiert sie als Symbol des ewigen Lichts und der Gegenwart oder Abwesenheit Gottes. Zunächst ist im dritten Bild an der Flanke des Barockpalastes eine unbeleuchtete kupferne Armlaterne vernietet (ebd., S. 19). Im sechsten Bild, auf dem Platz der Barmherzigkeit, brennt im Giebel der Tür des rechten Gebäudes eine rotgläserne Laterne und auch in der Nähe des Holzkreuzes „*flackert in einem roten Gläschen ein ewiges Licht*" (ebd., S. 43). Dann erlöscht das Licht. Die Laterne, die im zwölften Bild, dem Korso, aus dem Strauchwerk ragt, ist unentzündet (ebd., S. 98).

115 Zunächst erscheint das Kreuz im zweiten Bild als verstümmelter Wegweiser („Eine Hügelspitze, auf deren Gipfel ein Holzpflock von Wegweiserhöhe mit verstümmeltem Querbalken steht. Am Fusse des Pflockes ein Stein, kahl und rund, wie ein grosser Totenschädel", ebd., S. 9), während die struppige Landschaft die Ruten der Flagellation evoziert: „*Den Boden deckt niedriges Gestrüpp, das gesträubten Rutenbündeln ähnelt*" (ebd., S. 9). Im sechsten Bild, in der Mitte des Platzes der Barmherzigkeit, ragt ein leeres Kreuz mit den Insignien der Passion („Die Mitte des Platzvordergrundes nimmt ein leeres Holzkreuz ein, darauf die Passionsinsignien: INRI-Tafel, Schweisstuch mit Dornenkrone, Spottpurpur, Schimpfzepter, Geissel, Rute, Hammer, Nägel, Lanze und Schwamm in rohen Formen geschnitzt sind", ebd., S. 43), das nach Regieanweisung an den Pflock vom Berg des Gerichts erinnern soll. Diese Ähnlichkeit wird im dreizehnten Bild ausdrücklich betont: „*Der Betschemel mit dem Fünkchen des ewigen Lichtes und der verstümmelte Rumpf des ungebrochenen Kreuzes, der irgendwie an den Pflock auf dem Berg des Gerichtes gemahnt, zeichnen sich schon deutlich darauf ab*" (ebd., S. 118). Auch im zehnten Bild, in der „*Halle*", wo der Wärter die Briefe von Selbstmördern vorliest, wird die Kreuzsymbolik auf verfremdete

der ironischen Raumdegradierung zu eigen. Im dritten Akt des zweiten Teils der *Damaskus*-Trilogie verwandelt sich das Goldmacherbankett allmählich in eine mit Bettlern und Dirnen bevölkerte Spelunke.[116] Eine ähnliche antiklimaktische Raummetamorphose erzielt Csokor im zweiten Bild. Dort verewigen ER und SIE ihre Liebe, indem sie ihre Namen in einen Pflock schnitzen – bevor es sich herausstellt, dass der Liebesort als Hinrichtungsstätte und der Pfahl als Galgen gedient hat.[117]

Figurendarstellung

Wie bei Strindberg wirken Csokors Dramenfiguren als Exekutoren des Sinngehalts.[118] Das zentrale Diktum „Das wird nicht verraten" entspricht dem im *Traumspiel* leitmotivischen Wort: „Es ist schade um die Menschen"[119] und wird in der *Roten Straße* unterschiedlichen Figuren in den Mund gelegt, die als überin-

---

Weise zitiert: „*Aus der Stiegenwand links ragen Kleiderhaken; ein alter abgeschabter Männermantel nebst Hut und Stock hängen daran*" (ebd., S. 83). Das Kreuz verwandelt sich dann im zwölften Bild in eine Sandsteinstatue des „Ecce homo": „Im Scheitel des Rondelles, das auch Mitte und tiefster Punkt der ganzen Szene ist, steht vor dichtem Gebüsch eine barocke Sandsteinfigur. Diese Statue (ein „Ecce Homo"), halb nackt, spreitet sich mit beiden Händen die linke Seitenwunde, aus der ein Wasserbogen in ein darunterliegendes kleines herzförmiges Muschelbecken sprudelt, von dem es durch einen Auslauf in ein anstossendes Kanalgitter abfliesst, so dass sich die Muschel nie völlig füllt. Zu Füssen der mit Moosgrind bewachsenen Steinfigur trägt eine Volutenkartusche die krause Inschrift: ,Ihr werdet mit Freuden Wasser schöpfen aus dem Brunnen des Heilandes. Jesaias 12,3'", ebd. S. 97 f.). Aus der Seitenwunde der Statue trinkt ER im Traum sein eigenes Blut (ebd., S. 116), eine Szene, welche die eigene Selbstzerfleischung symbolisiert. Im dreizehnten Bild enthält das „*Zimmer*" ebenfalls Anspielungen auf die Passionsgeschichte. Dazu zählt etwa die „Kinderrute", die ER schwingt (ebd., S. 120), oder die „*Handtücher*", die „*über ein seitliches Querholz*" herabhängen – das eine „*gebraucht*", das andere „*rein*", in Anspielung auf die mit Jesus gekreuzigten beiden Schächer (ebd., S. 118). Im vierzehnten Bild kehrt schließlich der an Golgotha erinnernde „Berg des Gerichts" aus dem zweiten Bild wieder.
116 August Strindberg: Nach Damaskus, S. 141–150.
117 „SIE (*erschreckt*): Himmel, wo sind wir? DER GRUNDBESITZER (*vertraulich*): Auf dem Berg des Gerichtes, Madame. Auch ,Schindanger' gröblich betitelt. Pranger und Galgen war früher der Pflock da. Kein erlauchter Platz, drauf die Namen zu kratzen, wie ihr es beide getan, so ich recht sah. ER (*bäumt das Haupt nach oben*): Metzgerscherze, alter Angler? SIE (*sinkt auf den Stein hin*): Wie alles nun wieder zerrissen wird! Wie gemein!" (Franz Theodor Csokor: Die rote Straße, S. 17).
118 Hanno Lunin: Strindbergs Dramenstruktur, S. 228–240.
119 Vermutlich handelt es sich bei dem Diktum „Das wird nicht verraten" um eine Variation auf eine Stelle im Dialog zwischen Vater und Mutter im ersten Akt, die von Csokor ins Theologische transponiert wird („DER VATER: Christine, verzeih mir – alles! DIE MUTTER: Ja was? Verzeih mir, lieber Mann; wir haben uns gequält; warum? Das wissen wir nicht! Wir konnten nicht anders!". August Strindberg: Traumspiel, S. 151).

dividuelle Sprachröhre der Sinnkrise fungieren. Die Hauptfigur selbst spricht sie aus:

> ER: Warum geschah also dies, wo unser Martyrium doch niemand erlöst hat und nichts mehr geändert? Warum vermischte man erst unser Fleisch, um es sodann auseinandergefetzt vor die Strassenhunde zu werfen? Wozu wies man uns erst Paradiese zur Rast, bevor man uns unter die Hölle verstiess? Warum? Wozu? – Das wird nicht verraten.[120]

Auch der Fremde wiederholt die leitmotivische Sentenz: „ER: Kann man denn anders, als man schon ist? DER FREMDE: Das wird nicht verraten ER *(stutzt):* So sprach auch ich!".[121] Schließlich wird die Leitformel auch von den drei „Unverantwortlichen" bekräftigt, und zwar am Ende sowohl des ersten als auch des letzten Bildes.[122]

Wie bei Strindberg sind die Nebenpersonen anonym und auf ihre handlungsökonomischen Funktionen reduziert. Sie erhalten allerdings bei Csokor eine deutlich stärkere Autonomie und werden zuweilen – wie im Falle des Gelben Mannes – gar zu Antagonisten der Dichterfigur. In dem Maße, als Csokor in der *Roten Straße* die von Kaiser angeregte Gesellschaftskritik in den Vordergrund rückt, entzieht er auch die Nebenfiguren tendenziell der Ägide des Monagonisten. Diese Autonomisierung betrifft auch die weibliche Nebenfigur. Insofern nicht das individuelle Glück, wie noch bei Strindberg, sondern die Liebe zum Fokus der Wanderung der ER-Figur wird, verliert auch die Geliebte die Züge einer blassen Ausstrahlung seiner Psyche und entwickelt sich zu einer autonom agierenden Gestalt, zu der ER in einem wechselvollen Verhältnis von Spannung und Komplementarität steht.[123] Indem SIE in ihren häufigen Anklagen den Egoismus und Solipsismus der männlichen Dichterfigur zum Thema macht, wird der strikte Monosubjektivismus von Strindbergs Drama selbst problematisiert und hinterfragt.

---

120 Franz Theodor Csokor: Die rote Straße, S. 128.
121 Ebd., S. 130.
122 „STIMME VON RECHTS: Warum? STIMME VON LINKS: Wozu? STIMME VON OBEN: Das wird nicht verraten!" (Ebd., S. 8 und 134).
123 Ihre komplementäre Spannung zeigt sich auch auf der Handlungsebene. Zunächst versucht ER im sechsten Bild, Selbstmord zu begehen, woraufhin sie im neunten Bild selbst einen Suizidversuch unternimmt. Ihr Tod, von dem ER im vorletzten Bild erfährt, bedingt dann seinen eigenen Untergang im letzten Bild.

Epische Instanzen

Bei Strindberg führt der monodramatische Subjektivismus zum Einsatz von episierenden Techniken. Auch Csokor setzt epische Instanzen ein, welche in der Rolle außenstehender Beobachter auftreten und allerdings einen grundsätzlich anderen Charakter als bei Strindberg tragen. Sie betonen jetzt nicht mehr eine allgemeine Unmöglichkeit der dramatischen Aktion, sondern sind auf den Monagonisten hin perspektiviert und unterstreichen seine – pathologische – Unfähigkeit, sich zum Dramenhelden zu entwickeln. Die Episierung hebt somit die dramatische Inkompetenz der Hauptfigur hervor, indem sie deren pathologischen Solipsismus unterstreicht.

Bezeichnenderweise sind die von Csokor eingefügten episierenden Exkurse in ihrem Inneren dramatisch gebaut. So tauschen sich die Häuser im dritten Bild untereinander über IHN aus.[124] Die traumhaften Erscheinungen der Korso-Szene, die über IHN sprechen und gewissermaßen zu Gericht sitzen,[125] unterhalten sich

---

[124] Ebd., S. 19–28. Diese surreale Verlebendigung der Dingwelt wurde im Umfeld der Avantgarde bereits erprobt, etwa in Alfred Döblins groteskem Einakter *Lydia und Mäxchen* (1905), in dem sich ein Spind, ein Kandelaber und ein Stuhl in einer Dachkammer miteinander unterhalten. Bei Csokor erhalten die sprechenden Häuser der „Lästergasse" die Funktion eines Chors, der die Hauptfigur von außen beobachtet und sich über sie mokiert. Diese Unterhaltung bildet nichts anderes als den epischen „Widerhall" „der Zwangsvorstellungen des Wartenden", wie es in der Regieanweisung ausdrücklich unterstrichen wird (ebd., S. 19–20). Schon durch den Begriff „Zwangsvorstellung" betont Csokor die pathologische Dimension des Helden. Den subjektiven Projektionscharakter der Unterhaltung betont Csokor auch durch die Technik der monologischen Scheindialogizität, die er aus Strindbergs *Großer Landstraße* übernimmt. Hier wie dort sprechen die nur scheinbar selbständigen Figuren nicht mit-, sondern ineinander, wie man an der Syntax erkennt, so dass sich ihre Rede als Widerhall des mentalen Monologs der Hauptfigur zu erkennen gibt: „STIMMES DES TORES DES ZWEITEN HAUSES LINKS: Hier lohnten sich Hunde im Hause – STIMME DES ERSTEN HAUSES LINKS: Die man abends bereits von der Kette befreit – STIMME DES ERSTEN HAUSES RECHTS: Auf die Gasse hinaus gegen nächtliches Strolchen – STIMME DES ZWEITEN HAUSES RECHTS: Und aus dem Sittenamte ein Späher, der sich das Fräulein betrachtet durch mich" (ebd., S. 24).

[125] Ebd., S. 111–115. Das intertextuelle Vorbild lieferten offenbar Strindbergs *Advent* und der erste Teil der *Damaskus-Trilogie*. Im ersten Akt von *Advent* tritt dem grausamen Richterpaar eine nächtliche Totenprozession ihrer Opfer entgegen (August Strindberg: Advent. In: Jahresfestspiele. Verdeutscht von Emil Schering. München: Georg Müller 1921, S. 7–29). In der neunten Station des ersten Teils von *Nach Damaskus*, „Das Asyl", begegnet der Unbekannte im Refektorium eines alten Klosters den schemenhaften Erscheinungen aller bisher aufgetretenen Gestalten sowie seiner verstorbenen Eltern wieder. Sie werden ihm vom Konfessor als Spielleiter-Figur vorgeführt (August Strindberg: Nach Damaskus, S. 68). Auch Csokor inszeniert eine Prozession der Schatten. Die verstorbenen Eltern, die Hebamme, die Jugendgeliebte, SIE, deren Vertraute und andere Gestalten treten als klagende Geister und als Personifikationen seines Schuldbewusstseins auf. Allerdings bleiben sie weder stumm, wie in *Nach Damaskus*, noch interagieren sie dramatisch mit

ebenfalls auf dramatische Weise untereinander. So spricht SIE im Traum seine verstorbene Mutter an: „SIE (*geht nach links zu seinen Eltern*): Darf ich mich setzen, bei Ihnen? Erzählen Sie, bitte, von Ihrem Sohne! DIE ALTE (*ihr Platz machend, indes sich der Alte abwendet*): Er war nie böse im Grunde. SIE (*küsst die Hand der Alten*)".[126] Nur ER ist von der dramatischen Interaktion ausgeschlossen, da ER sich von selbst aufgrund seines übersteigerten Subjektivismus der zwischenmenschlichen Interaktion verweigert. Die episierenden Techniken unterstreichen somit die dramatische Untauglichkeit der Dichterfigur und heben deren Autismus hervor.

12.5.2 Georg Kaiser-Nachfolge

Die materialistische, vom Geld dominierte dramatische Welt der *Roten Straße* profitiert intensiv von der expressionistischen Gesellschaftskritik. Vor allem Georg Kaisers 1912 entstandenem Drama *Von morgens bis mitternachts* dürfte Csokor in dieser Hinsicht einige Impulse verdanken. Bereits der Protagonist von Kaisers Drama, der eine bei seiner Bank eingegangene große Summe veruntreut, muss die universelle Verführungskraft des Geldes konstatieren, gegen die nicht einmal die Mitglieder der Heilsarmee gefeit sind, obwohl er sich selbst am Ende von der grundsätzlichen Wertlosigkeit des Geldes überzeugt.[127] Die von Kaiser inszenierte Verführungsgewalt des Geldes verkörpert bei Csokor der Gelbe Mann, der meist als stumme Rolle auftritt. Im eindrucksvollen fünften Bild legt er seine Goldstücke auf IHR Herz und ergreift somit von IHR Besitz:

> DER GELBE MANN (schweigt und legt Gold auf). (Der Tisch liegt fast voll Gold.)
>
> SIE (*starr*): Bist du taub oder närrisch geworden? (*Reisst die Tischdecke mit allem Gold herab.*) So! – Vielleicht redest du jetzt?
>
> DER GELBE MANN (*hebt keuchend den Sack, bis seine Öffnung die Tischkante erreicht, klemmt ihn sich zwischen den Schenkeln fest und stülpt ihn ganz auf. Ein starker Schein strömt heraus. Er schaufelt nun aus vollen Händen Gold über den Tisch*).

---

den Lebenden, wie in *Advent*, sondern unterhalten sich *über* den Monagonisten, der somit zum Gegenstand ihres Dialogs wird und selbst aus der dramatischen Interaktion ausgeschlossen ist.
126 Ebd., S. 114.
127 „KASSIERER: [...] Mit keinem Geld aus allen Bankkassen der Welt kann man sich irgendwas von Wert kaufen. Man kauft immer weniger, als man bezahlt. Und je mehr man bezahlt, um so geringer wird die Ware. Das Geld verschlechtert den Wert. Das Geld verhüllt das Echte – das Geld ist der armseligste Schwindel unter allem Betrug!" (Georg Kaiser: Von morgens bis mitternachts: Stück in zwei Teilen. Berlin: Gustav Kiepenheuer 1930, S. 128).

SIE (*zornig, doch stets unsicherer*): Merkst du mich immer noch nicht? – (*Schwingt sich wieder ihm gegenüber auf die Tischkante.*) Herab jetzt damit! (*Mit beiden Fäusten das gehäufte Gold zu Boden fegend.*) Ich stosse es weg! Ich speie darauf! Geschmeide und Kleider! Fahrten und Feste! Paläste und Güter! Glanz! Lachen! Gewalt! Ich stampfe es hier unter mich! (*Da er unbekümmert fortfährt, hastig, fest weinend*) So höre und halte doch ein! Lässt sich dein Gold nicht erschöpfen? – Aber nein: Dort staffelt sich Berg über Berg!? Wahnsinn von Reichtum! Ich will es nicht länger sehen, du! Will nicht!

DER GELBE MANN (*neigt den Sack und lehrt ihn über den Tisch*).

SIE (*von dem rieselnden Gold auf den Tisch gleichsam niedergezogen, sinkt rücklings hinein. Ihre Arme stossen immer schwerer darin. Immer schwächer sträuben sich ihre Glieder*): Du sollst aber nicht! Du darfst nicht! Oh, wie sie sengt, diese Kälte! Sie lodert mir durch das Gewand! Sie wühlt ihren zuckenden Stachel in mich! – Nicht! – Das ertrage ich nicht mehr! – Genug! (*Völlig in das Gold geglitten, kreuzt sie in letzter Abwehr die Arme über den Brüsten und krampft die Beine zusammen.*)

DER GELBE MANN (*gleitet mit dem halbvollen Sack die Tischkante entlang zu ihr und legt ihr bedächtig und langsam Gold auf das Herz*).

SIE (*öffnet die Arme. Röchelnd*): Was machst du? – Erbarmen ! Ich kann nicht mit dir –! Ich liebe ihn! Einzig nur ihn! Erbarmen!

DER GELBE MANN (*legt Gold in ihren Schoss. Ihre verkrampften Beine weichen auseinander*).

SIE (*aufgelöst*): Schnell! Ende! Ich hasse dich ja! Doch dein ist die Macht! – So ende!

DER GELBE MANN (*lässt den Goldsack fallen, der aufklirrt*).

SIE (*zuckt dabei durch den ganzen Körper, der in die Goldhügel eingesunken ist*).

DER GELBE MANN (*beugt sich über sie. Sein Antlitz ist von Gier und Qual verzerrt. Er legt die Hände an ihren Leib*).[128]

Auch die Passionssymbolik, die Csokors Drama durchzieht, geht auf Kaisers Drama zurück. Eine Rolle spielt sie bereits bei Strindberg. In der *Damaskus*-Trilogie lädt die Ich-Figur alle Sünden der Welt auf sich: „Es gibt Augenblicke, da ist mir, als trüge ich in mir alle Sünde und alles Leid und allen Schmutz und alle Schmach der Welt".[129] Auch in *Der Großen Landstraße* besitzt der Jäger eine kathartische Rolle und lädt die Last der Sünden seiner Mitmenschen auf seine Schultern. Noch deutlicher wird aber der Protagonist von Kaisers Drama zur *figura Christi*. Am Ende des Dramas sinkt der Kassierer „*mit ausgebreiteten Armen gegen das aufgenähte Kreuz des Vorhangs*": „*Sein Ächzen hüstelt wie ein* Ecce – *sein Hauchen surrt wie ein* Homo."[130] Csokor amplifiziert diese Passionstopik zu einer

---

128 Franz Theodor Csokor: Die rote Straße, S. 41 f.
129 August Strindberg: Nach Damaskus, S. 92.
130 Georg Kaiser: Von morgens bis mitternachts, S. 132.

omnipräsenten Symbolik, welche die Ohnmacht des Individuums in einer vom Geld dominierten Gesellschaft symbolisiert.[131]

12.5.3 Dostojewski-Nachfolge: Selbstkritik der Avantgarde

Die rote Straße steht im Zeichen nicht nur einer Strindberg-Nachfolge, sondern auch einer Strindberg-Kritik, die zugleich eine Selbstkritik der Avantgarde beinhaltet. Sie steht im Rahmen des Paradigmenwechsels von Nietzsche zu Dostojewski, der sich in den Kriegsjahren vollzog, und der damit verbundenen Kritik an der ästhetischen Isolation. Begründete im Frühexpressionismus gerade die Abgrenzung des Künstlers von der bürgerlichen Gesellschaft das Selbstverständnis der Avantgarde, so erscheint diese Isolation jetzt als defizitär. Die subjektivistische Selbstbehauptung weicht der Suche nach einem stabilisierenden objektiven Rückhalt.[132] Anstelle der aristokratischen Verachtung der Masse trat die Kritik an der ästhetischen Isolation, anstelle von Nietzsches Lehre vom Übermenschen der Dienst am Mitmenschen. In genau diesem Sinne unterscheidet Alfred Wolfenstein 1919 die „neue" von der alten Kunst:

> Diese Kunst des menschenbrüderlichen Wesens ist nicht mehr selbstisch romantisch. Ihr Ton und ihr Inhalt weiß von der Menschlichkeit des Leidens. Nicht auf reizende Verwirrung, sondern auf Wesentlichkeit ist sie gestellt. Nicht ironischer Ferne, sondern männlicher Umarmung gleicht sie. [...] Statt romantischer Ichvollendung des Künstlers ist ihr Sinn die Erhebung des Menschen zum Weltbringer.[133]

Der Paradigmenwechsel vom individualistischen Früh- zum kommunionistischen Spätexpressionismus zeichnet sich auch bei Csokor durch eine im Vergleich zu Strindberg stärkere Dramatisierung ab. Die Wanderung der männlichen Hauptfigur erweist sich durch die Anwesenheit der weiblichen Nebenperson *a priori* als

---

131 Am Ende seines Passionsweges tötet sich Csokors ER übrigens genauso wie Kaisers Kassierer, der sich das Leben nimmt, als ein alarmierter Schutzmann ihn verhaften will (ebd., S. 131 f.).

132 Dies hat Walter H. Sokel nachdrücklich betont: „Der verwandelte Expressionist, ob er sich nun zu Christus oder zum Aktivismus bekehrt hat, bemüht sich, ‚wahrhaft all-gemein' zu werden, d. h. er bemüht sich, alles in sich selbst auszulöschen, was ihn von seinen Mitmenschen trennt. Er lehnt den Goethesch-Nietzscheschen Kult der Persönlichkeit und den Stolz auf die Individualität völlig ab, die den größten Teil der deutschen Kulturtradition im neunzehnten und frühen zwanzigsten Jahrhundert erfüllten und im Kult des ‚großen Mannes' oder des Übermenschen gipfelten" (Der literarische Expressionismus, S. 195).

133 Alfred Wolfenstein: Das Neue. [Vorwort.] In: Die Erhebung. Jahrbuch für neue Dichtung und Wertung. Hg. v. A.W. Berlin: S. Fischer Verlag, 1919, S. 1–6, hier S. 4.

zwischenmenschlich und dramatisch dimensioniert. Diese zwischenmenschliche Dialektik wird aber durch IHN als typisch Strindbergschen Helden aufgrund seiner Ichbezogenheit verfehlt.

Wie der Unbekannte in *Nach Damaskus* ist Csokors ER ein gezeichneter und stigmatisierter Außenseiter.[134] Seine Strindbergsche Ich-Fixierung, welche *ästhetisch* als Grundlage des Stationendramas strukturbildend ist, erweist sich allerdings in *ethischer* Hinsicht als hochproblematische Selbstbesessenheit. Als ein typisch frühexpressionistischer Dichter verkündet ER in überspannten, exaltierten Bildern die unmittelbar bevorstehende Apokalypse:

ER: [...] Doch einzig noch aufrecht zu stehen in jenem gewaltigsten Dämmer –

SIE (*immer gebannter*): In welchem –?

ER (*ohne ihrer zu achten, von der eigenen Vision überwältigt*): Das vor dem grossen Gerichte: Die äusserste Stunde der Erde – Oh, es durchwühlte mich oft, dieses erzene wilde Gesicht! Eine stickige Luft roch nach Leichen. Zu Jauche vergoren die Wasser. Das Land sieht aus, wie verkohlt. Längst ist die Sonne verglüht; die Sterne sind alle erloschen. Tag und Nacht rinnen gleich, nicht finster noch licht durch die sausende Stille. Es rührt sich kein Ding mehr darinnen, kein Tier und kein Mensch. Erstarrt und atemlos birgt sich die Schöpfung vor dem Geschmetter der ersten Posaune. Nur ich darf nicht ruhen, ich ganz allein in dem Riesenkadaver der Welten, denn ehe sie endeten, Liebe und Hass, Reue und Ekel, Hunger und Gier, haben sie Klage und Leid ihrer Leben in mich geschleudert, damit ich sie künde, der sie stets stumm bis zur Neige genoss. Und darum stösst es mir weiter im Fleische, schlägt, schlägt und schlägt in dem Leib, der zerfault, schlägt, bis es blossliegt in meinem Skelette, zuckend und nackt, dieses letzte, das Herz aller Herzen, mein Herz![135]

In seiner selbstangemaßten Prophetenrolle, die den Untergang der Menschheit verkündet, verabsolutiert ER auf hybride Weise seine eigene Individualität. IHM ist das eigene Herz das einzig gültige, „das Herz aller Herzen".[136]

---

134 Der Unbekannte in *Nach Damaskus* trägt eine Narbe auf der Stirn, wie auch sein Doppelgänger, der Bettler, und auch ER trägt ein Kain-Stigma: „... eine Narbe verbleibt meiner Stirne, wie einem Gezeichneten" (Franz Theodor Csokor: Die rote Straße, S. 56. Dazu Evelein: August Strindberg, S. 120 f.).

135 Franz Theodor Csokor: Die rote Straße, S. 13.

136 In seiner verblendeten Ich-Fixierung ähnelt Csokors ER Bitterlich aus Paul Kornfelds bereits 1913 entstandenem Drama *Die Verführung* (erschienen 1916), der ebenfalls ein ‚verbittertes' Opferbewusstsein zur Schau stellt und sich in seinem hybriden Selbstgefühl als universelles Zentrum für seine Mitmenschen geriert: „Und bis mein Unglück in den Himmel gewachsen sein wird, werdet Ihr alle zu mir pilgern'" (Paul Kornfeld: Die Verführung. Eine Tragödie in fünf Akten. Berlin: Fischer 1916, S. 26). „Bitterlichs feste Überzeugung, er sei das ‚Lebenszentrum' für seine Nächsten entspringt seinem übersteigerten Selbstbewußtsein, das seinen Ursprung in einer hartnäckigen Ich-Fixierung findet. Diese Ich-Fixierung führt zu Bitterlichs Mißachtung der Um-

Andererseits destruiert SIE seine beanspruchte Nachfolge Christi, indem SIE ihn beschuldigt, den Dämon des Egoismus in sich zu tragen. Indem sie ihn mit seiner fundamentalen Liebesunfähigkeit konfrontiert, weist SIE seine angebliche ethische Überlegenheit als Anmaßung zurück:

> SIE (*ausbrechend*): Klage nicht andere an! Nie drohten Dämonen um dich! Nur du wirst sie ewiglich wittern, weil du selber den ärgsten im Blut hast! Denn du allein bist der Satan für dich und für jeden an dir! Mein Leben sogst du mir aus, dass ich sah, sprach und fühlte durch dich! Jetzt aber erfuhr ich es erst: Die Menschen, vor denen du warntest, sind tausendmal besser wie du, du neidischer Krüppel im Herzen![137]

An dieser Anklage lässt sich der Abstand von Strindbergs Subjektivismus ermessen. Im letzten Bild hält der Fremde IHM vor, dass ER „tötete, die er geliebt".[138] ER selbst stellt sich am Ende als derjenige heraus, der „schändete und schlug", was sich ihm zugesellt, der „über Herzen" „hinstampft[e]", „als wären sie tönerne Scherben für seine Füsse aus Erz".[139] Als ER Gott zur Verantwortung ziehen will, zeigt der Fremde IHM bezeichnenderweise sein eigenes Gesicht.[140] Gerade die Kritik am ästhetischen Subjektivismus der Avantgarde lässt den Paradigmenwechsel von Strindberg zu Dostojewski deutlich werden, zu dem sich Csokor Anfang der zwanziger Jahre ausdrücklich bekannte.[141]

Die an dem Gelben Mann exemplifizierte *Gesellschafts*kritik wird somit in der *Roten Straße* von einer ebenso starken *Künstler*kritik überlagert, die auf die Selbstsucht und Egomanie des expressionistischen Dichters abzielt. Vor diesem Hintergrund wird auch die bei Strindberg und Kaiser intertextuell vorgeprägte Passionssymbolik ambivalent. Sie versinnbildlicht zwar das tragische Martyrium des verkannten Dichters, der an einer von der Macht des Geldes beherrschten Gesellschaft zugrunde geht. Andererseits aber erweist sich diese Passion zum Teil auch als selbstverschuldet. Die Passion wird zur Selbstzerstörung. In der

---

welt und zur Entstehung einer verzerrten, in seiner Selbstsucht gewurzelten Anschauung: die gesamte Umwelt orientiere sich an seiner Größe" (Evelein: August Strindberg, S. 97).

137 Franz Theodor Csokor: Die rote Straße, S. 109.

138 Ebd., S. 132.

139 Ebd., S. 133.

140 „DER FREMDE (*schlägt die Kapuze zurück; sein Antlitz ist das des Anderen*): Sieh mich an! ER (*taumelt*): Ich – selbst?" (Ebd.).

141 „Über zerstörten Jugendtempeln gilt es, neue Kirchen zu errichten: De unbekannten Gott! Und doch nicht unbekannt. Dem Gott, der durch die Riesen der Sixtina stürmte, der in den Nadelstichen Rembrandts brannte, der aus den Krämpfen Dostojewskis schrie. Dem immer wieder gekreuzigten, ewig unerlösten Erlöser. Dem Ecce homo in uns! In dir und mir und jedermann" (Franz Theodor Csokor: Die neue dramatische Form. (Die Wandlung und Gründe). In: Die Neue Schaubühne 3 (Februar 1921) 2/3, S. 27–32, hier S. 32).

Traumszene des zwölften Bildes erscheint ER nicht zufällig als ein Vampir seiner selbst, der aus der Sandsteinfigur sein eigenes Blut trinkt.[142] Der Reisegesellschaft führt der Fremdenführer IHN als „Hirn" vor, welches das eigene Herz zerfrisst[143] – ein vernichtendes Urteil über die egoistische Kälte des elitären Avantgarde-Projekts. Im letzten Bild der *Roten Straße*, das auch filmische Anregungen verarbeitet,[144] schlüpft der Strindbergsche Held in die pathologische Rolle des Studenten Balduin bzw. William Wilsons, der sich selbst zum Duell fordert und tötet.[145] Darin antizipiert Csokor Berthold Viertels Kritik an Strindbergs Tragödienkonzept als „Selbstzerfleischung": „Die Tragödie, im extremen Einzelfall Strindberg, entartete zum Verfolgungswahn, zur Tollwut, zur Selbstzerfleischung".[146] Sinn stiftet nicht das Selbstopfer, das sich als Irrweg erweist, sondern einzig die Liebe, der gegenüber ER allerdings taub bleibt.

So ist auch der Geschlechterkampf im Vergleich zu Strindberg, Weininger und Kokoschka bei Csokor anders dimensioniert. In der *Roten Straße* kehrt sich Csokor von der Idealisierung des Männlichen ab, der noch *Den Baum der Erkenntnis* (1916) geprägt hatte,[147] und taucht den Geschlechterkonflikt ins Soziale. Die durch den Gelben Mann allegorisierte Macht des Geldes, das Liebe zur Ware degradiert,

---

142 „ER (*bäumt sich in ungeheurer Anstrengung auf*): Leichen! Leichen! Rotten von Leichen! – Ist das ein Alp – oder jüngstes Gericht? – Weg da! Wasser! (*Stürzt an den Brunnen.*) (*Der Strahl aus der Wunde der Figur ist dunkel geworden.*) ER (*schlürft ein, ohne es zu achten. Emporschnellend*): Bitter – klebt, – das war ja – Blut?!" (Franz Theodor Csokor: Die rote Straße, S. 116).

143 „DER FREMDENFÜHRER (*vor ihm haltmachend*): Und hier, meine Herrschaften, bitte zu schauen: Die fesselndste Seltsamkeit unserer Stadt! Ein Hirn zerfrisst sich das eigene Herz!" (Ebd., S. 115).

144 Die Zerstörung des Spiegelbildes als Selbstzerstörung erinnert an die Schlussszene des Stummfilms *Der Student von Prag* (1913) von Hanns Heinz Ewers und Stellan Rye, in welcher der Student Balduin auf seinen Doppelgänger schießt und selbst stirbt (39:55 – 40:48). Das intertextuelle Vorbild lieferte E. A. Poes Novelle *William Wilson* (1839).

145 Unmittelbar nachdem ER den eigenen Doppelgänger, den Fremden, beseitigt hat, wird ER von einem Blitz getroffen, was sich als dramatisch gerechte Veranschaulichung der eigenen Selbstzerstörung auslegen lässt.

146 Berthold Viertel: Karl Kraus. Ein Charakter und die Zeit. Dresden: Kaemmerer 1921, S. 35.

147 So betont auch Harald Klauhs, dass der Weg vom *Baum der Erkenntnis* – einem ganz im Banne Kokoschkas und Weiningers stehenden Geschlechtsdrama, das kurz vor der *Roten Straße* entstand – und dem Geschlechtskonzept der *Roten Straße* „hart und steinig" gewesen sein muss: „Obwohl bereits im Frühjahr 1917 fertiggestellt, behandelt letzteres Stück den Geschlechterkampf doch auf eine ganz andere Art und Weise als ersterer. Dem muß ein innerer Prozeß Csokors vorausgegangen sein, der eine Abwendung von Weiningers Idealisierung des Mannes mitsamt dem metaphysischen Überbau einhergehen ließ mit einer Hinwendung zur Wirklichkeit und damit ‚Rehabilitation' der Frau" (Harald Klauhs: Franz Theodor Csokor, S. 176 f.). An der Abkehr von Weininger war vermutlich auch die Schauspielerin Anni Mewes beteiligt, mit dem der junge Autor in dieser Zeit in Briefkontakt stand (ebd.).

wird jetzt für die Entzweiung der Geschlechter verantwortlich gemacht. Dem entspricht eine tendenzielle Wiederaufwertung des Weiblichen. Während die Frau in *Nach Damaskus* vom Unbekannten als verführerische „Eva" neu getauft wird, spendet SIE bei Csokor der männlichen Hauptfigur Licht und dient als Orientierungsinstanz:

> ER: Mit Ihrem Licht bleibt man immer im Hellen. So sicher wie ich in der Finsternis.
>
> SIE (*erstaunt*): Wo trüge ich Lichtes an mir?
>
> ER: An Ihrem Haupte. Ihr Haar ist sein Kranz, unter dem es im Kreise herabstrahlt.[148]

Die Überlagerung Strindbergs durch Dostojewski wird auch daran deutlich, dass Csokor als Doppelgängerin der weiblichen Nebenfigur die „Dirne" als ‚heilige Prostituierte' einführt. Nach dem Vorbild der Sonja Marmeladowa gestaltet, zeigt sie durch ihre Reinheit und Aufopferung dem Mann den Weg zur inneren Läuterung – wird aber vom Strindbergschen Helden in seiner egoistischen Verblendung verschmäht. ER ist nicht in der Lage, das Selbstopfer der Dirne zu würdigen, sondern benutzt sie nur als Projektionsfläche für seine alte Liebe. Die barmherzige Dirne, die IHN in der Not aufgenommen hat, sieht ER nur als Doppelgängerin seiner Geliebten – im Einklang mit Strindbergs Monosubjektivismus, der sich aber jetzt in ethischer Hinsicht als fragwürdig erweist.[149] Die sich in ihrem letzten Gespräch offenbarende, grundsätzliche Liebesunfähigkeit des Monagonisten[150] geht seiner Selbstzerstörung im letzten Bild unmittelbar voraus.

12.5.4 Bilanz

Die rote Straße stellt nicht nur ein expressionistisches Drama dar, sondern zugleich ein Drama über den Expressionismus, dessen Aporien und subjektivistische Exzesse reflektiert und hinterfragt werden. Die monodramatische Form, die Csokor in Strindbergs Nachfolge in der *Roten Straße* erprobt, wird zugleich in

---

148 Franz Theodor Csokor: Die rote Straße, S. 10.
149 „ER [...]: Ohne Grenzen war dein Opfer! Mir hast du den Schoss geöffnet, als die Menschheit mich verstiess! Mit des Leibes Zins gespendet, mir, der die Gefühle täuschte, die noch unter deinen Armen einer anderen gegolten. Ja, ich belog dich, barmherzige Freundin: hier, auf diesem, deinem Lager, deinem einzigen um Liebe! Solch ein Tier bin ich gewesen, doch so sollte ich wohl immer: Brot für Stein und Stein für Brot! Alles war Lüge an mir! Niemals meinte ich dich! Ich glaube, ich log sogar, wenn ich dich schlug!" (Ebd., S. 123 f.).
150 „DIE DIRNE (*zitternd, als fröre sie*): Deine – Wunden, – ja, die spürst du. Immer deine –! Aber ich –?" (Ebd., S. 124).

sittlicher Perspektive verworfen. Die Antinomie, die sich somit zwischen Dramenform und ethischem Diskurs abzeichnet, lässt den Übergangscharakter der *Roten Straße* deutlich werden und zeugt von der Überlagerung der frühexpressionistischen, experimentellen Ästhetik durch den spätexpressionistischen Kommunitarismus. Die formalästhetische Subjektivierung verbindet sich mit einer sittlichen Kritik des Subjektivismus, die Csokors Drama virtuell aufhebt. Die Apokalypse der Menschheit, welche ER, der expressionistische Dichter, in der *Roten Straße* verkündet, entpuppt sich als das Ende der Avantgarde.

13 Dostojewski transmedial

13.1 Expressionistischer Dostojewski-Kult

Fjodor Dostojewski erfreute sich vor allem im mittleren und späten Expressionismus eines regelrechten Kultes, und zwar in transmedialer Perspektive, über die Mediengrenzen hinweg.[1] Er lieferte die Grundlage des expressionistischen Kommunionismus,[2] d. h. jener geistigen Haltung, die auf den frühexpressionistischen Vitalismus folgte und nach dem ästhetischen Egotismus der Anfangsjahre der Avantgarde nach einer ethisch-religiösen Neuorientierung suchte. Gerade Dostojewskis nicht dogmatisches Christentum, sein Liebeshumanismus bot eine praktikable Alternative zu Nietzsche und erlebte im Spätexpressionismus eine enthusiastische Rezeption. Nicht mehr vitalistische Egomanie, dionysischer Lebensrausch, Immoralismus, sondern Sehnsucht nach Gemeinschaft, Nächstenliebe, Mitleid, Aufopferung und eine von Dostojewski geprägte Mystik des Leidens als Tor zur Erlösung wurden jetzt die neuen Leitparolen. Im Rahmen der erstrebten Überwindung des frühexpressionistischen Subjektivismus spielte der ‚Mitmensch‘ eine Schlüsselrolle. Dies erklärt die intensive Rezeption von Dostojewskis ganz auf dem Ideal der Nächstenliebe hin fokussiertem Christentum im mittleren und späten Expressionismus.

Ein Roman Dostojewskis, der im Spätexpressionismus intensiv wirkte, war *Verbrechen und Strafe* (*Преступление и наказание*) (1866), der in der Piper-Ausgabe mit dem Doppeltitel *Rodion Raskolnikoff (Schuld und Sühne)* schon 1908 erschien. Vor allem die bereits von Dostojewski zu einer Heiligenfigur stilisierte Prostituierte Sonja Marmeladowa wurde zum Gegenstand eines regelrechten Kultes.[3] Sie verkörperte in geradezu idealtypischer Form die spätexpressionisti-

---

1 Der Terminus ‚Transmedialität‘ wird im Folgenden im Sinne von Irina O. Rajewsky als Sammelbegriff für all diejenigen „medienunspezifische[n] Wanderphänomene" verstanden, welche sich über festgelegte Mediengrenzen hinweg manifestieren und etwa „das Auftreten des gleichen Stoffs in unterschiedlichen Medien oder die Umsetzung einer bestimmten Ästhetik bzw. eines bestimmten Diskurstyps in unterschiedlichen Medien" vorsehen (Irina O. Rajewsky: Intermedialität. Tübingen/Basel: A. Francke Verlag 2002, S. 13). Im Unterschied zu Rajewsky allerdings, welche „die Annahme eines kontaktgebenden Ursprungsmediums" als für „die Bedeutungskonstitution des jeweiligen Medienprodukts" (ebd.) als irrelevant einschätzt, wird im Folgenden eine ‚transmediale Genealogie‘ des Medientransfers rekonstruiert.
2 Walter H. Sokel: Der literarische Expressionismus: der Expressionismus in der deutschen Literatur des zwanzigsten Jahrhunderts. München/Wien: Langen-Müller 1970, S. 175 – 201, vor allem 166 – 167.
3 Dazu ebd., S. 186 – 190.

https://doi.org/10.1515/9783111010540-015

sche Abwendung von Nietzsches amoralischem und solipsistischem Vitalismus und die Hinwendung zu einem kommunionistischen Ideal, das seinen höchsten Ausdruck in der durch Sonja repräsentierten Nachfolge Christi erfuhr. Die Erniedrigung, die Sonja auf sich nimmt, um ihre Familie zu retten, nähert sie bereits bei Dostojewski dem Erlöser an. Es ist gerade ihre Liebestat, der Raskolnikow seine Wandlung, seine geistig-seelische Läuterung und Wiedergeburt verdankt. Dies prädestinierte sie auch dafür, zum Emblem des kommunionistischen Menschheitsentwurfs des Spätexpressionismus zu werden.

Der immer noch unzureichend erforschte expressionistische Dostojewski-Kult[4] besaß transmedialen Charakter und schlug sich in Dichtergedichten (u. a. von Alfred Wolfenstein, Walter Rheiner, Johannes R. Becher und Rudolf Fuchs),[5] Essays, Übersetzungen und einer Vielzahl von druckgraphischen Werken, Porträts (u. a. von Bruno Beye, Vlatislav Hofman und Max Beckmann) und Illustrationen nieder. Katalysator dieser Kanonisierung war die im Münchner Piper-Verlag erschienene, monumentale Übersetzung des Gesamtwerks, die schließlich auf insgesamt 22 Bände anwuchs. Federführende Übersetzerin war Elisabeth Kaerrick (1886 – 1966),[6] obwohl auch andere, darunter Lucy Moeller van den Bruck, an der Übersetzung mitwirkten. Der für die expressionistische Generation zentrale Roman *Преступление и наказание* (*Verbrechen und Strafe*) (1866) erschien in der

---

4 Vgl. Valentin Belentschikow: Russland und die deutschen Expressionisten. Bd. 1. Frankfurt/ Main u. a.: Lang 1993, S. 127–148 und 209–232. Vgl. auch: Karlheinz F. Auckenthaler: Dostojevskijs und Tolstois Einfluss auf Franz Werfels Schaffen. In: Dostojewskij und die russische Literatur in Österreich seit der Jahrhundertwende (Literatur, Theater). Hg. von Alexandr W. Belobratow und Alexej I. Žerebin. St. Petersburg: Verl. Fantakt 1994, S. 64–85.
5 Alfred Wolfenstein: Dostojewski. In: Die Aktion 4 (1914), Sp. 330; Walter Rheiner: Beim Lesen Dostojewskijs. In: Die schöne Rarität 2 (1918/1919), S. 170; Rudolf Fuchs: Dostojewski schreibt. In: ders.: Die Prager Apteluhr. Gedichte, Prosa, Briefe. Ausgewählt, kommentiert u. mit einem Nachwort versehen v. Ilse Seehase. Halle u. Leipzig: Mitteldeutscher Verlag 1985, S. 48–49; Johannes R. Becher: An Dostojewski. In: Um Gott. Leipzig: Insel 1921 (wiederabgedruckt in: Expressionismus. Lyrik. Hg. von Martin Reso in Zusammenarbeit mit Silvia Schlenstedt und Manfred Wolter. Mit einem Nachwort von Silvia Schlenstedt. Berlin und Weimar: Aufbau-Verlag 1969, S. 111). Vgl. auch das ‚Porträt' des „Idioten" Fürst Myschkin: Heinrich Fischer: Lew Nikolajewitsch Myschkin. In: Die Botschaft. Neue Gedichte aus Österreich. Hg. von Emil Alphons Rheinhardt. Wien: Verlag Ed. Strache 1920, S. 77.
6 Galina Potapova: „Dostojewski ist nun einmal einer von den Walfischen, die sozusagen spielend ein Menschenleben alleine fressen." Die Dostoevskij-Übersetzerin Less Kaerrick – Versuch einer biographischen Skizze. In: Jahrbuch der Deutschen Dostojewskij-Gesellschaft 14 (2007), S. 31–45.

Piper-Gesamtedition mit dem Doppeltitel *Rodion Raskolnikoff (Schuld und Sühne)* bereits 1908 in ihrer Übertragung.[7]

Die Piper-Edition wirkte als zentraler Katalysator der expressionistischen Dostojewski-Rezeption. Nachweislich besaß Georg Trakl sechs Bände der Piper-Ausgabe.[8] Die Zeitschrift *Der Brenner* ihrerseits publizierte Auszüge aus dieser Piper-Edition.[9] Auf die Dostojewski-Versionen von August Scholz (1857–1923) griff in seinem Bändchen *Die Seele Rußlands* (1920) der mit Ernst Barlach[10] befreundete Kunstschriftsteller Karl Scheffler zurück.[11]

---

7 F. Dostojewski: Rodion Raskolnikoff (Schuld und Sühne). München: Piper 1908. An die epochale Bedeutung der Piper-Edition erinnert auch Hans-Georg Gadamer in einem Rückblick auf das Marburg der 20er Jahre: „Dostojewskijs Romane wühlten uns auf. Die roten Piper-Bände leuchteten wie Flammenzeichen von jedem Schreibtisch" (zit. n. Christoph Garstka: Arthur Moeller van den Bruck und die erste Gesamtausgabe der Werke Dostojewskijs im Piper-Verlag 1906–1919. Frankfurt/Main u. a.: Lang 1998, S. 141). Zu der Piper-Ausgabe vgl. auch Christoph Garstka: „Den Osten aus der Tiefe erfassen". Der „deutsche Dostojewskij" im Piper-Verlag. In: Stürmische Aufbrüche und enttäuschte Hoffnungen. Russen und Deutsche in der Zwischenkriegszeit. Hg. von Karl Eimermacher und Astrid Volpert. Paderborn: Fink 2006, S. 749–782. Von der anhaltenden Dostojewskij-Faszination der Expressionisten auch nach dem Ende der Avantgarde liefert Gottfried Benns Raskolnikow-Gedicht aus den *Statischen Gedichten* (1948), *St. Petersburg – Mitte des Jahrhunderts*, ein eindrucksvolles Zeugnis. Zu Benns Dostojewski-Rezeption vgl. David Lee: Gottfried Benns *St. Petersburg – Mitte des Jahrhunderts*. In: Erkennen und Deuten. Hg. von Martha Woodmansee und Walter F. Lohnes. Berlin: E. Schmidt 1983, S. 273–299, sowie Jürgen Schröder: „Die Laus aus Mansfeld (Westprignitz)". Gottfried Benn und Fjodor M. Dostojewski. In: Jahrbuch der Dt. Schillergesellschaft 55 (2011), S. 307–323.
8 Georg Trakl: Dichtungen und Briefe. Historisch-kritische Ausgabe hg. von Walther Killy und Hans Szklenar. 2., erg. Aufl. Salzburg: Müller 1987, Bd. 2, S. 727 (*Brüder Karamasow, Der Idiot, Raskolnikow (Schuld und Sühne), Die Dämonen, Das Gut Stepantschikowo* sowie *Die Politischen Schriften*). Zu Trakls Dostojewski-Rezeption vgl. Hanna Klessinger: Schuld und Erlösung. Zur Dostojewskij-Rezeption in Georg Trakls Lyrik. In: Jahrbuch der Deutschen Dostojewskij-Gesellschaft 20 (2013). Berlin 2014, S. 32–50.
9 F. M. Dostojewski: Selbstmord und Unsterblichkeit. (Übertr. von E. K. Rahsin [d. i. Elisabeth Kaerrick]). In: Der Brenner 4 (15. März 1914) 12, S. 543–554; Über persönliche Vervollkommnung im religiösen Geiste. [Übers. von E. K. Rahsin]. In: Der Brenner 6 (Ende Dezember 1919) 2, S. 122–132.
10 Barlach hatte bereits 1906 zusammen mit dem Bruder Nicolaus eine Reise nach Südrussland unternommen. Nicht nur die Begegnung mit den russischen Bauern, sondern auch die Lektüre Dostojewskis gab Barlach zentrale Impulse für sein Schaffen. Dazu: „Außen wie innen". Russland im Werk Ernst Barlachs. Hg. von Helga Thieme und Volker G. Probst. Güstrow: Ernst Barlach-Stiftung 2007, S. 37.
11 Fedor Dostojewskij: Die Seele Rußlands. Eingeleitet von Karl Scheffler. Deutsche Ausgabe von August Scholz. Berlin: Verlag Bruno Cassirer 1920. Die von Leo Scherpenbach herausgegebene, spätexpressionistische Monatsschrift *Die Bücherkiste* machte auf Schefflers Bändchen aufmerksam (N. N.: Wesentliche Neu-Erscheinungen. In: Die Bücherkiste 2 (Herbst 1920) H. 3/4, S. 29–31,

13.2 Dostojewski in der expressionistischen Druckgraphik

Eine Fülle von bildkünstlerischen ‚Übersetzungen' aus Dostojewskis Erzählwerken sind überliefert, welche inzwischen gesammelt, indes meist noch nicht ausgewertet wurden.[12] Die fünfzig Federzeichnungen zu den *Aufzeichnungen aus dem Kellerloch* von Walter Becker (1893–1984), in Holz geschnitten von Albert Fallscheer, erschienen übrigens 1927 ausgerechnet in der Piper-Gesamtausgabe, wodurch sich die Verbindung dieses verlegerischen Unternehmens mit der Avantgarde erneut bestätigt.[13] Auch dem von Willi Geißler (1878–1971) illustrierten Auszug *Der Großinquisitor* aus dem fünften Buch der *Brüder Karamasow* liegt die Übersetzung von Elisabeth Kaerrick zugrunde.[14]

Zu den bedeutendsten druckgraphischen Dostojewski-Transpositionen zählt Erich Heckels Holzschnitt *Die Tote* (1912), der eine Szene aus dem Roman *Der Idiot* (1868–69) im gotisierenden, gezackten Stil illustriert, der für Heckel seit 1910 charakteristisch wurde.[15] Nachdem der reiche Kaufmannssohn Rogoschin mit

---

hier S. 31). Das Bändchen enthält Auszüge aus *Ein Werdender* (Подросток), den *Brüdern Karamasow*, dem *Idioten* und den *Dämonen*. In seiner Einleitung, in welcher er sich gegen die russische Oktoberrevolution positioniert, betont Scherpenbach den unzeitgemäßen Charakter von Dostojewskis „Liebesverheißung" (XII) angesichts der revolutionären Entwicklungen in Russland und reklamiert für Deutschland die Affinität mit dem russischen Schriftsteller: „Was uns am meisten ergreift in den Werken des großen Dichters, findet im heutigen Rußland, so weit sich von hier aus urteilen läßt, am wenigsten Widerhall" (ebd., XIII).

12 Dokumentiert ist die bildkünstlerische Dostojewski-Rezeption der deutschen Avantgarde in dem Ausstellungskatalog des Lindenau-Museums Altenburg: „Dostojewski ist mein Freund" (Max Beckmann, Herbst 1914). Graphiken, Gemälde und Buchillustrationen zu Dostojewski in der deutschen Kunst zwischen 1900 und 1950. [Katalog zur Ausstellung „Dostojewski ist mein Freund ...", vom 6. Juni bis zum 5. September 1999 im Lindenau-Museum Altenburg.] [Konzeption der Ausstellung und des Kataloges Andreas Hüneke, Jutta Penndorf, Klaus Jena.] Altenburg 1999 (dort das Verzeichnis auf S. 42–69). Vgl. auch die Ergänzungen in der Rezension von Justus Lange (Journal für Kunstgeschichte 4 [2000] 4, S. 376–378). Für einen umfassenderen Nachweis der im Ausstellungskatalog nur teilweise reproduzierten Werke vgl.: Katalog der zwischen 1903/04 und 1932 edierten deutschen druckgraphischen Mappenwerke, illustrierten Büchern sowie Zeitschriften mit Originalgraphik im Lindenau-Museum Altenburg. Der ursprüngliche Bestand des Lindenau-Museums, die 1994/95 erworbene Sammlung Hoh und die Erwerbungen seit 1995. Hg. vom Lindenau-Museum Altenburg. Katalog Th. Matuszak. Leipzig 2000 (Sammlung Hoh Bd. 2).

13 Fedor M. Dostojewskij: Aufzeichnungen aus dem Kellerloch. Übertragen von E. K. Rashin. Mit 50 Federzeichnungen von Walter Becker, in Holzschnitt geschnitten von Albert Fallscheer. München: R. Piper & Co. 1927.

14 Fedor M. Dostojewskij: Der Großinquisitor. Aus dem Fünften Buch der Brüder Karamasoff abgelöst durch Wilhelm Schäfer. Mit 7 Holzschnitten von Willi Geißler. Rudolstadt: Der Greifenverlag zu Rudolstadt o. J. [1924].

15 Dazu bisher nur die spärlichen Beobachtungen bei Lang 1975, S. 35.

Nastasja Filippowna geflohen war und sie erstochen hatte, hat er sie in seinem Bett mit einem weißen Leinentuch bis über den Kopf aufgebahrt und seinen Rivalen, den verarmten Fürst Myschkin herbeigeholt. Gemeinsam halten sie Totenwache, von der Verstorbenen nur durch einen Vorhang getrennt.

Im Unterschied zu Dostojewski lüftet Heckel in seinem Holzschnitt den Vorhang vor dem Totenbett und zeigt das in der Romanvorlage unter dem Leinentuch verhüllte Antlitz der Verstorbenen. Im rechten Vordergrund ist Myschkin dargestellt, der angesichts der Ereignisse in seine frühere geistige Umnachtung zurückfällt, und ihm gegenüber der Mörder Rogoschin, der die von ihm ermordete Nastassja frech anblickt. Den Gegensatz der beiden Antipoden, die bei Dostojewski jeweils aufbrausende Leidenschaft und christliche Nächstenliebe, die materielle Gier des Bürgertums und die Sanftmut des Adels verkörpern, betont Heckel in seiner Komposition durch ihre antithetische Haltung. Rogoschin ist ausgestreckt und füllt fast den ganzen Vordergrund. Der klagende Fürst dagegen ist kleiner und verkrampft, er sitzt mit gebeugtem Oberkörper und angewinkelten Beinen und bildet dadurch einen Gegensatz zu der ausgestreckten linken Figur. Ideell getrennt werden beide auch durch den Saum der Bettdecke, welcher das Bild entzwei teilt. Sind Rogoschin und Myschkin somit auch in der Komposition einander entgegengesetzt, so betont Heckel die Nähe des Fürsten zu der Verstorbenen dadurch, dass sie einen gemeinsamen kompositorischen Block darstellen und ihre Gestalten ineinander übergehen. Verbunden sind sie auch durch Kraftlinien, etwa die Diagonale, die vom Haar der Verstorbenen über die Unterschenkel bis zu den Füßen des Klagenden führt, oder die Linie, die von Myschkins Rücken zum Kopf der Verstorbenen hinführt. Die fast klaustrophobische Enge und Kompression des Raums erwecken den Eindruck von Tragik und Bedrängnis. Dass die tote Nastassja in ihrer statuarischen Feierlichkeit an Paul Gauguins Gemälde *La Perte du pucelage, ou Éveil du printemps* (1890 – 91) angelehnt ist, hat die Forschung bisher übersehen **(Abb. 1 und 2).**

Einen noch stärkeren Anklang als *Der Idiot* fand in der expressionistischen Druckgraphik die Erzählung *Die Sanfte* (1876) aus dem *Tagebuch eines Schriftstellers.* Sie entwirft das Bild einer reinen Kindfrau, die Sonja Marmeladowa vielfach ähnelt. Sie führt eine unglückliche, aus der Not heraus geschlossene Ehe mit einem viel älteren Pfandleiher und nimmt sich am Ende der Erzählung, um die eigene Reinheit zu bewahren, selbst das Leben. Dass sich die Sanfte mit einer Marien-Ikone aus dem Fenster stürzt, nähert sie der heiligen Pelagia aus Tarsus an, die in den Märtyrertod ging, um nicht zu einer Heirat mit einem Heiden gezwungen zu werden. Ihrem entkörperten, ätherischen Wesen entsprechend fließt am Ende nur eine Handvoll Blut aus ihrem Mund.

Illustriert wurde Dostojewskis Erzählung u. a. von Marta Worringer (1881– 1965), Willi Geiger (1878 – 1971), vom jüdisch-brasilianischen Künstler Lasar Segall

(1889 – 1957), 1919 Mitbegründer der Dresdner Sezession[16] und von Otto Möller (1883 – 1964), Vertreter der Berliner Novembergruppe.[17] Dass sich an der Illustration von Dostojewskis Novelle auch Künstler versuchten, die nur zeitweilig und epigonal die expressionistische Formensprache für sich ausprobierten, zeigen die Lithographien von Bruno Krauskopf (1892 – 1960), Mitglied der Novembergruppe, für eine 1920 im Reiß-Verlag erschienene Übersetzung.[18] Beobachten lässt sich an Krauskopf, der den Expressionismus zu Beginn der zwanziger Jahre aufgab, eine eklektizistische und durchaus ironische Verquickung des expressionistischen Formenguts mit den ikonographischen Modellen der Tradition. So ist die groteske Hochzeit des alten Pfandleihers mit der Sechzehnjährigen nach dem Vorbild von Raphaels *Vermählung Mariae* gestaltet **(Abb. 3 und 4).** Die versuchte Ermordung des schlafenden Pfandleihers mit seinem eigenen Revolver durch die Sanfte spielt auf den bildkünstlerischen Archetyp des weiblichen Männermords, Caravaggios *Judith und Holofernes*, an **(Abb. 5 und 6).** Die letzte Lithographie schließlich, welche die gestorbene Sanfte mit der Marien-Ikone in den Händen zeigt, ‚profaniert‘ nicht nur die ikonographische Tradition, sondern auch die unsinnlichätherische Aura der expressionistischen Kindfrau, die auf spielerische Weise jetzt ins Erotische überformt wird. Das Modell für Krauskopfs ironische Entweihung lieferte Giovanni Lorenzo Berninis *Verzückung der heiligen Theresa von Avila* aus der Grabkapelle der Familie Cornaro in Rom **(Abb. 7, 8ª und 8ᵇ).** Erkennbar ist Berninis Vorbild sowohl in der bühnenmäßigen, perspektivischen Behandlung der Rahmung als in den goldenen Strahlenbündeln, die auf die Sanfte hinunterströmen und Dostojewskis entkörperte Heilige in eine mystisch-erotische Ekstase versetzen. Die sensuelle Pose der hingestreckten Sanften mit ihrem stöhnenden Mund ist der heiligen Theresa nachempfunden, während ihr Tuch, das einen Arm und die rechte Brust entblößt, das ähnlich drapierte, aufgewühlte Gewand des Engels aus Berninis Gruppe zitiert. So scheint Krauskopf zu Beginn der zwanziger Jahre dem spätexpressionistischen Dostojewski-Kult eine ironische Absage zu erteilen.

Auch *Verbrechen und Strafe* bzw. *Rodion Raskolnikoff (Schuld und Sühne)* fand in der spätexpressionistischen Druckgraphik Beachtung. Erwähnen lassen sich

---

16 Lasar Segall: Nach der Sanften. 5 Lithographien. In: Mappenwerk: Dresdner Verlag von 1917, Dresden 1922, Graphische Reihe, Mappe XII. Provenienz: Museum der bildenden Künste Leipzig.
17 Otto Möller: 11 Holzschnitte (inkl. Titelblatt) zu „Die Sanfte", o.J. Standort: Lindenau-Museum Altenburg.
18 Dostojewski: Die Sanfte. Berlin: Erich Reiß Verlag (Achter Prospero-Druck) 1920 [Aufl. 300 Ex.]. Provenienz: Lindenau-Museum Altenburg. Den Band zieren 10 Lithographien von Bruno Krauskopf.

Otto Gleichmanns *Raskolnikow*-Einzelblatt (1919)[19] und die unter seinem Einfluss[20] stehenden, chaotisch-phantastischen Lithographien des jungen Max Burchartz (*Raskolnikoff*, 1919) **(Abb. 9–10)**. Gleichmanns Kreidelithographie schildert mit einer filigranen und nervösen Linienführung, die an Paul Klee erinnert,[21] die erste Begegnung zwischen Raskolnikow und Sonja Marmeladowa aus dem vierten Kapitel des ersten Teils des Romans. Wie in Dostojewskis Romanvorlage läuft auch auf Gleichmanns Blatt das hilflose Mädchen unter einer stechenden Sonne mit unsicheren Schritten, schwankend, mit bloßem Kopf, ohne Schirm und Handschuhe. Umgesetzt hat Gleichmann auch das Detail des zerrissenen Kleidchens, von dem ein Fetzen herabhängt. Neben Sonja dargestellt ist nicht der elegante Bürger, der ihr nachstellt,[22] sondern der zerlumpte Raskolnikow selbst, der sie einholt und somit von dem lauernden Herrn im Hintergrund schützt. Der stark gestikulierende Raskolnikow scheint sich wie im Roman mit den Fäusten auf den Herrn zu stürzen, um Sonja zu verteidigen.

In seinen Lithographien aus der Mappe *Raskolnikoff*, die in demselben Jahr wie Gleichmanns Einzelblatt entstanden, entlehnt Burchartz von Gleichmann die hölzerne und marionettenhafte Gestik der Figuren sowie die maskenhaften Physiognomien mit den übergroßen starrenden Augen. In der Lithographie Nr. 4 wurde Raskolnikows rechte Hand aus Gleichmanns Blatt übernommen. Zugleich verleiht Burchartz Gleichmanns linienförmigen und surrealen, gewichtlosen Gestalten durch Schraffierungen mehr Volumen. Der zerklüftete und bedrohliche Häuserhintergrund, der auf die Figuren regelrecht einzustürzen scheint, verrät einen starken futuristischen Einfluss.

---

19 Sowohl Heckels als auch Gleichmanns Blatt erschienen 1920 in der expressionistischen Dostojewski-Mappe der Zeitschrift „Die Schaffenden", zusammen mit acht weiteren Dostojewski-Arbeiten anderer Künstler und einer Dichtung Johannes R. Bechers.

20 Ines Katenhusen (Kunst und Politik: Hannovers Auseinandersetzungen mit der Moderne in der Weimarer Republik. Hannover: Hahnsche Buchhandlung 1998, S. 284) konstatiert einen Einfluss Gleichmanns auf Burchartz' *Dämonen*-Mappe. Dies trifft aber m. E. umso mehr auf seine *Raskolnikoff*-Mappe zu.

21 Dazu Lang 1975, S. 28.

22 Vgl. z. B. die konfuse und fehlerhafte Bildbeschreibung des Erfurter Angermuseums: „Dargestellt ist die Szene, in der Raskolnikow zum erstenmal Sonja auf der Straße sieht und sie vor ....[Swidri]gailow schützt. Vorn nach rechts Sonja, links davon ....[Swidri]gailow, rechts etwas zurück Raskolnikow. Oben rechts ist die Sonne oder der Mond zu sehen" (Graphische Sammlung, Inventar-Nr. 9291/12).

Abb. 1: Erich Heckel: Die Tote (aus F. M. Dostojewskis *Der Idiot*). Holzschnitt auf cremefarbenem Bütten (1912). Ca. 24,5 x 29 cm (Blattgröße ca. 31 x 41 cm). Erschienen in: Die Schaffenden. Eine Zeitschrift in Mappenform 2 (1920) II. Hg. von Paul Westheim. Potsdam: Gustav Kiepenheuer Verlag (Lindenau-Museum, Altenburg).

Abb. 2: Paul Gauguin: La Perte du pucelage, ou Éveil du printemps. Öl auf Leinwand, 90 × 130 cm, 1890 – 1891, Chrysler Museum, Norfolk (USA).

Abb. 3: Bruno Krauskopf: Pinsellithographie (Umdruck) auf handgeschöpftem Bütten, Bild: 205 x 157 / Blatt: 290 x 225 mm, in: F. M. Dostojewski: Die Sanfte. Übers. von Alexander Eliasberg. Mit zehn Lithographien von B. K. Berlin: Erich Reiß Verlag 1920 (Achter Prospero Druck), nach S. 10 (Lindenau-Museum, Altenburg).

Abb. 4: Raffael: Vermählung Mariae (Lo Sposalizio). Öl auf Holz, 170 × 117 cm, 1504, Pinacoteca di Brera, Mailand.

Abb. 5: Bruno Krauskopf: Pinsellithographie, Bild: 204 x 153 / Blatt: 290 x 225 mm, in: F. M. Dostojewski: Die Sanfte, nach S. 28 (Lindenau-Museum, Altenburg).

Abb. 6: Caravaggio (Michelangelo Merisi): Judith und Holofernes. Öl auf Leinwand, 145 cm × 195 cm, c. 1598–1599 oder 1602, Galleria Nazionale d'Arte Antica, Palazzo Barberini, Rom.

Abb. 7: Bruno Krauskopf: Pinsellithographie, Bild: 205 x 159 / Blatt: 290 x 225 mm, in: F. M. Dostojewski: Die Sanfte, nach S. 46 (Lindenau-Museum, Altenburg).

Abb. 8ª/ 8ᵇ: Giovanni Lorenzo Bernini: Die Verzückung der heiligen Theresa (1645 – 1652), Marmor, H.: 350 cm, Cappella Cornaro, Santa Maria della Vittoria, Rom.

Abb. 9: Otto Gleichmann: Zum *Raskolnikow* (1919). Kreidelithographie (Umdruck), Bild: 262 x 192 / Blatt: 410 x 310 mm. Erschienen in: Die Schaffenden. Eine Zeitschrift in Mappenform 2 (1920) II. Hg. von Paul Westheim. Potsdam: Gustav Kiepenheuer Verlag (Lindenau-Museum, Altenburg).

Abb. 10: Max Burchartz: Mappe: Raskolnikoff. 10 Steinzeichnungen. Vorwort von Paul Erich Küppers. Düsseldorf, Galerie Flechtheim 1919, Nr. 4. Lithographie (Kreide, Feder, gekratzt), Bild: 383 x 302 / Blatt 690 x 495 mm (Lindenau-Museum, Altenburg). © VG Bild-Kunst, Bonn 2021.

13.3 Robert Wienes Stummfilm *Raskolnikow* (1923)

Die intensive Rezeption, die der Roman *Verbrechen und Strafe* erfuhr, belegt auch seine filmische Transposition von 1922/23.[23] Der im Oktober 1923 uraufgeführte Stummfilm *Raskolnikow* des *Caligari*-Regisseurs Robert Wiene (1873–1938) gehört zu den Meilensteinen des expressionistischen Films.[24] Er markierte zugleich den Höhepunkt der spätexpressionistischen Dostojewski-Verehrung und lieferte eine weitere transmediale Metamorphose des russischen Roman.

Sein expressionistisches Gepräge verdankt Wienes Stummfilm weniger der Schauspielästhetik als vielmehr der Kulissengestaltung, die im Unterschied zu der überwiegend naturalistischen Schauspielweise radikal antinaturalistisch dimensioniert und dem surrealen, phantastischen Dekor des *Cabinets des Dr. Caligari* (1920) nachempfunden ist.[25] Wiene wies den russischen Filmarchitekten Andrej Andrejew (1887–1967) auch explizit an, sich an das Vorbild des *Caligari* zu halten.[26] Wie schon in *Caligari* besitzt auch in *Raskolnikow* die Szenerie eine introspektive Valenz. Sie visualisiert in ihren violenten Deformationen Raskolnikows gewalttätige Disposition sowie das ganze Ausmaß seiner inneren Zerris-

---

23 Die Dreharbeiten begannen im August 1922. Gezeigt wurde der Film im Berliner Mozartsaal am 27.10.1923.

24 Dazu das Standardwerk von Jürgen Kasten: Der expressionistische Film: abgefilmtes Theater oder avantgardistisches Erzählen? Münster: MAkS-Publ. 1990, S. 79–86 (*Raskolnikow*). Vgl. auch Uli Jung/Walter Schatzberger: Robert Wiene: der *Caligari*-Regisseur. Berlin: Henschel 1995, S. 101–107. Die von mir ausgewertete Filmkopie von *Raskolnikow*, aus welcher auch die im Bildanhang reproduzierten Bilder entnommen sind, stammt aus dem EYE Film Instituut Nederland (Amsterdam) und wurde 1991 von Mark Paul Meyer restauriert. Grundlage dafür bildeten eine Nitratkopie aus den Archiven des EYE sowie eine Acetatkopie aus den Archiven des Moskauer Gosfilmofond.

25 Weitere Referenzen auf *Caligari* sind Raskolnikows ‚traumwandlerische' Spielästhetik, die an den Somnambulen Cesare erinnert, sowie die mephistophelische Gestalt des Untersuchungsrichters Porfiri Petrowitsch, der wie Caligari mit Mantelüberwurf und Stock erscheint (2:7:46). Die brutale Sequenz der Mordszene gemahnt ebenfalls durch den harten Bildschnitt und den schnellen Schnittrhythmus (sechs Einstellungen in 5,5 Sekunden) an Alans Ermordung im *Caligari*-Film (dazu Jürgen Kasten: Der expressionistische Film, S. 86).

26 Zu Andrejew soll Wiene gesagt haben: „Machen Sie alles so schräg und geneigt wie möglich!" (Zit. nach Jochen Meyer-Wendt: Zwischen Folklore und Abstraktion. Der Filmarchitekt Andrej Andrejew. In: Fantaisies russes. Russische Filmmacher in Berlin und Paris 1920–1930. Hg. von Jörg Schöning. München: Ed. Text und Kritik 1995, S. 111–128, hier S. 117). Wie Meyer-Wendt überzeugend ausführt, wird die Flächenhaftigkeit des *Caligari*-Stils in *Raskolnikow* unter dem Eindruck des russischen Konstruktivismus dreidimensional vertieft. Davon zeugt etwa die spiralförmige Verzerrung des Treppenhauses im Alptraum, welche an das Monument für die Dritte Internationale (‚Tatlin-Turm') erinnert, das im Dezember 1920 in Moskau ausgestellt worden war.

senheit.[27] In ihrer expressionistischen Verzerrung kollidiert die Filmarchitektur allerdings mit der mimetischen Stanislawski-Ästhetik der Schauspieler des Moskauer Künstlertheaters, die den Film unter Wienes Regie realisierten. Einzig der Raskolnikow-Darsteller Gregori Chmara unterscheidet sich durch sein artifizielles, schwermütig-ekstatisches Spiel vom konventionellen psychologischen Realismus der anderen Figuren.

Auch die *Lichtführung* wird auf symbolisch-expressive Weise eingesetzt, vor allem, um Raskolnikows Schuld sowie seine progressive Wandlung von existenzieller Finsternis zur moralisch-religiösen Erleuchtung aufzuzeigen. Nicht nur trägt Raskolnikow dunkle Kleidung. Er wirft auch markante Schatten, die als Indikatoren für die Schwere seiner Schuld gelten können. Die Intensität des Schattenwurfs steigert sich dann, wenn filmisch indiziert wird, dass der ‚dunkle Teil‘ Raskolnikows (beinahe als sein Doppelgänger) die Kontrolle übernimmt (etwa 23:38, als er die Axt, die künftige Mordwaffe, stiehlt). Wie sein Name signalisiert, ist Raskolnikow (von расколóть: spalten, entzweien) innerlich ‚gespalten‘, und diese Zerrissenheit wird auch durch seinen prominenten Schattenwurf angedeutet. Im Gegensatz dazu steht die religiöse Symbolik immer in Verbindung mit Licht. Auffallend ist etwa die Lichtkonzentration auf Sonjas Gesicht, welche ihre Unschuld, moralische Reinheit und christliche Güte unterstreicht.[28] In der Szene, in der Sonja Raskolnikow aus der Bibel vorliest, steht sie im erleuchteten Teil des Raums, ihr Gesicht wird von einer Kerze beleuchtet, während Raskolnikow mit dem schwarzen Hintergrund nahezu zu verschmelzen scheint (01:35:00). Der in Raskolnikows Psyche ausgetragene Kampf zwischen Gut und Böse wird mithilfe des Hell-Dunkel-Kontrasts verdeutlicht. Wenn er später Sonja seine Tat gesteht, wird auch er vom Licht angestrahlt (01:57:41). Die Bedeutung des Hell-Dunkel-Kontrastes zeigt sich in der Schlusssequenz. Unfähig, das Geständnis abzulegen, begibt sich Raskolnikow aus der Polizeistation heraus. Am Ende läuft Raskolnikow auf ein weißes, hell erleuchtetes Feld zu, in dessen Zentrum Sonja steht (02:26:43) (**Abb. 31**). Sonjas Präsenz im hell erleuchteten

---

27 Die architektonische Deformation betrifft bereits Raskolnikows klaustrophobisch winzige und erdrückende Wohnung, welche seine eigene psychische Instabilität visualisiert. Auch die Wohnung der Marmeladows wirkt durch die einfallenden Wände und die zackigen Treppen instabil und beängstigend. Bei dem Verhör mit dem Untersuchungsrichter Porfiri Petrowitsch (1:38:52) signalisieren die irregulären Bleiruten des Fensters im Hintergrund den Zusammenbruch von Raskolnikows mentalem Zustand. Gefahr vermitteln auch die extremen Höhenunterschiede. Raskolnikow wohnt in einer Dachgeschosswohnung, die – wie auch die Wohnung der Pfandleiherin – nur über eine steile Treppe erreichbar ist.

28 Kasten: Der expressionistische Film, S. 80.

Gang, der Raskolnikow zuvor in seine Dunkelheit eingesogen hatte, komplettiert seine Bekehrung und beendet seine innerliche Zerrissenheit.[29] Er geht zurück, um sein Geständnis abzulegen. In der letzten Sequenz des Films zeigt eine Nahaufnahme Raskolnikows hell erleuchtetes und zum Himmel gerichtetes Gesicht. Seine vollständige Erlösung wird durch die Eliminierung jeglicher Form von Schatten hervorgehoben. Als letzte große Geste bekreuzigt er sich (2:29:39 – 52) und unterstreicht damit seine ‚Wandlung'.

Denkwürdig sind schließlich die Traumsequenzen, deren beachtliche, kondensierte Suggestivkraft die naturalistische Konventionalität der Schauspielästhetik sprengt. Bereits in Dostojewskis Roman spielen Träume eine zentrale Rolle. Durch eine auktoriale ‚Psychonarration' werden dort fünf Träume Raskolnikows und drei Träume Swidrigailows ausführlich dargestellt. Im Film werden drei Traumszenen gezeigt, von denen die ersten beiden keine Vorlage im Roman besitzen. Bei dem *ersten* Traum handelt es sich eher um einen dreimal wiederkehrenden Tagtraum Raskolnikows (9:58, 20:50 und 27:00), in welchem die alte Pfandleiherin als ein überdimensionales Idol erscheint, das über einer zerlumpten Menschenmenge thront. Die Nöte ihrer Mitmenschen quittiert sie mit hämischem Grinsen. Diese Vision fehlt in Dostojewskis Romanvorlage und liefert eine sozialkritische Legitimierung der Mordtat im Einklang mit dem politisierten Spätexpressionismus. In der *zweiten* Traumsequenz (45:02 – 47) wird Raskolnikows Verfolgungsangst nach der begangenen Tat illustriert. Der Protagonist schreitet durch einen dunklen Korridor, der offenbar das Unbewusste symbolisiert. Das höhnische Lachen der alten Wucherin verfolgt ihn in mehrfachen Einblendungen. Die *dritte und letzte* Traumszene schließlich (1:18:08 – 22:16) nimmt auf den vierten Traum in der Romanhandlung, die Wiederholung des Mordes, Bezug. Dieser Traum steht im Zeichen einer architektonischen Deformation, die noch radikaler als sonst ausfällt. Raskolnikows Zimmer verwandelt sich in einen bedrohlich verzerrten Raum, wo ein Quadrat „wie ein überdimensionales Fallbeil als Verkörperung der Last des Gewissens auf sein Bett ragt".[30] In diesem bizarr entstellten Zimmerdekor erscheint auf einmal der dämonische Denunziant (1:18:19). Durch weitere radikal deformierte Kulissen führt er Raskolnikow zum Tatort zurück. Der Lampenpfahl, der schon außerhalb des Traums drohend auf Raskolnikow niederragte (01:16:00), erscheint nun vergrößert und noch un-

---

29 „Wiene stellt Sonja mit leicht zur Seite geneigtem Kopf dar, der von einer Aura umstrahlt ist, gerade wie bei renaissancehaften Madonnabildern: eine überzeugende Illustration von Sonjas christlicher Ethik" (Uli Jung/Walter Schatzberger: Robert Wiene, S. 106).
30 Kasten: Der expressionistische Film, S. 82.

heimlicher. An der Außenwand des Hauses ragen schwarze, zackige Flächen hoch, die in ihrer Form an Gespenster erinnern und sich unheildrohend über Raskolnikow auftürmen. Während der Denunziant im Roman auf einmal nicht mehr auf dem Hof zu sehen ist,[31] entschwindet er im Film wie ein Gespenst im deformierten Treppenhaus (1:20:08). In der Wohnung selbst wird Raskolnikow von den spitz zulaufenden Brettern der deformierten Architektur beinahe attackiert. Dann entdeckt er einen an der Wand hängenden Frauenmantel und hinter ihm die alte Pfandleiherin, die er vergeblich nochmals umzubringen versucht. Ihr Lachen ist nicht, wie in der Romanvorlage, leise und unhörbar,[32] sondern wirkt überlaut und grell, sowohl durch die groteske Mimik als auch durch die Vervielfältigung des lachenden Kopfes (1:21:05 – 29) – eine Technik, die bereits in *Caligari* zur Anwendung gekommen war. Auch am Ende der Traumsequenz weicht der Film vom Roman ab. Bei Dostojewski schauen viele Leute im Vorzimmer und auf dem Treppenflur Raskolnikow wartend und schweigend an.[33] Im Film dagegen zeigen sie mit gestrecktem Arm und Zeigefinger auf ihn, in einem expliziten Akt der Anklage (**Abb. 17**).

13.4 *Ut kinesis pictura:* Hermann Scherers *Raskolnikoff*-Mappe (1926) als Umkehrung der piktural-filmischen Medienhierarchie

Obwohl der aus Rümmingen (Markgräflerland) in Baden-Württemberg gebürtige und vor allem in der Schweiz tätige Expressionist Hermann Scherer (1893 – 1927), ein Schüler Ernst Ludwig Kirchners aus der Basler Gruppe Rot-Blau,[34] gerade

---

31 „Raskolnikow lief ihm durch den Torweg nach, aber als er in den Hof kam, war der Kleinbürger bereits verschwunden“. (Fjodor Dostojewskij: Verbrechen und Strafe. Roman. Aus dem Russischen von Swetlana Geier. 2. Aufl. Zürich: Ammann Verlag 1994, S. 373).

32 „Das alte Weib saß da und lachte – sie schüttelte sich vor leisem, unhörbarem Lachen, wobei sie sich sichtlich Mühe gab, daß er sie nicht hörte.“ (Dostojewskij: Verbrechen und Strafe, S. 375).

33 „Er stürzte hinaus, aber im Flur drängten sich bereits Menschen, die Tür zum Treppenhaus stand sperrangelweit offen, und auf dem Treppenabsatz und auf den Treppenstufen, soweit man sehen konnte – Menschen, Kopf an Kopf, alle sehen ihn an – mit angehaltenem Atem, und warten und schweigen!“ (Dostojewskij: Verbrechen und Strafe, S. 375).

34 Dazu Georg Schmidt: „Rot-Blau“. Ein Kapitel Basler Kunst. In: Architektur und Kunst 14 (1927), S. 38 – 56, sowie Konrad Bitterli: Zwischen Grossstadt-Perversitäten und Schollen-Heimatgefühl: Widersprüche in der Basler Kulturpolitik 1920 – 1940. Stationen der Künstlervereinigung „Rot – Blau“. In: Schweizer Kunst (1999), S. 64 – 78.

unlängst zum Gegenstand einer Retrospektive wurde,[35] ist der transmediale Zusammenhang zwischen seiner *Raskolnikoff*-Mappe[36] und Robert Wienes Stummfilm der Forschung bisher entgangen.[37] Die Filiation eines druckgraphischen Zyklus von einer filmischen Vorlage zeugt eindrucksvoll vom Siegeszug des neuen Mediums und soll im Folgenden in medienkomparatistischer Perspektive näher untersucht werden.[38] Gefragt wird nach den medienspezifischen Differenzen, die sich aus der Transposition des bewegten Bildes in die Druckgraphik ergeben. Daran soll eine zweite, medienhistorische Reflexion anschließen, welche Scherers intermediale Adaptation im zeitgeschichtlichen Horizont des allmählichen Bedeutungsverlustes der bildenden Kunst zugunsten des filmischen Mediums kontextualisieren wird.

Dass Scherers Zyklus eine filmische Vorlage besitzt, unterscheidet ihn von den zahlreichen Mappenwerken, welche die expressionistischen Graphiker Dostojewskis Roman widmeten. Die druckgraphische Transposition filmischer Bildlichkeit stellt eine eher ungewöhnliche Form von Transmedialität dar – bildete damals gerade der Film die avancierteste künstlerische Technik, während die Xylographie das älteste graphische Druckverfahren darstellt, das gar auf die Antike zurückreicht. Diese archaisierende Tendenz überrascht allerdings nicht weiter, wenn man sich die ästhetische Faktur der Mappe vergegenwärtigt. Im Unterschied zum Film konzentriert sich Scherer nicht auf das Dekor, sondern auf die menschliche Figur, die er der naturalistischen Schauspielästhetik entzieht und dem expressionistischen Primitivismus anpasst. So erinnern die überproportionalen Köpfe, die auch seine Holzskulpturen charakterisieren,[39] an die Proportionsverschiebungen und Deformationen, die für die indigene Kunst charakteristisch sind. In dieselbe Richtung weist die maskenhafte Abwandlung der Physiognomie mit geometrisch-kantigen Einzelformen, welche an die Ästhetik afrikanischer und ozeanischer Skulpturen und Masken erinnern. Scherers Einsatz

---

35 Expressionist Scherer: direkter, roher, emotionaler = Expressionist Scherer: more direct, more raw, more emotional. Hg. von Isabel Herda, Christine Litz; Städtische Museen Freiburg, Museum für Neue Kunst. Dresden: Sandstein Verlag 2020.

36 Die im Anhang reproduzierten Tafeln aus Hermann Scherers *Raskolnikoff*-Mappe stammen aus dem Nachlass des Künstlers und werden im Folgenden mit der freundlichen Genehmigung von Peter Bosshart abgedruckt.

37 So übersieht Monika Charkowska in ihrem sonst informativen Beitrag (Von Dostojewskij verführt. Zur Dostojewskij-Rezeption bei Hermann Scherer. In: Expressionist Scherer, S. 49–61) die Vorlage von Robert Wienes Stummfilm.

38 Gegenüber den filmischen Einstellungen, die ihnen als Vorlagen dienten, sind Scherers Holzschnitte meist spiegelbildlich, was bereits ihren Filiationscharakter zeigt.

39 Vgl. etwa die Doppelfiguren *Mutter und Kind / Frau und Mädchen* (1924) und *Das kleine Mädchen* (um 1924/1925). In: Expressionist Scherer, S. 18–19, Nr. 2 und 3.

stark deformierter und asymmetrischer Formen wird vielleicht nirgendwo deutlicher als in der Xylographie *Das Beil* (**Abb. 27**), das gegenüber dem Photogramm, das als Vorbild diente (**Abb. 28**), eine gewaltsame Deformation von Raskolnikows Gesicht zeigt. Gerade durch die stark asymmetrisch verzerrten Augen vermittelt Scherer auf kongeniale Weise die ungeheuerliche seelische Anspannung des Protagonisten unmittelbar vor der Mordtat.

Die expressive Überformung zeigt sich auch in der Schattenbehandlung, welche an die filmische Schattenästhetik anknüpft und sie vor allem auf die Portraiture überträgt. Raskolnikows schattenzerklüftetes Antlitz (**Abb. 13, 15, 22, 27, 33, 36**), das mit Sonjas schattenlosem Gesicht auffällig kontrastiert, visualisiert sein erdrückendes Schuldbewusstsein. Erst nach dem Mordgeständnis verliert sein Antlitz seine Schattenhaftigkeit (**Abb. 24**).

Eine weitere, ebenso markante Konsequenz der transmedialen Metamorphose ist die Psychologisierung der langatmigen Filmhandlung, die bei Scherer zu einem expressionistischen Monodrama wird. Dadurch nähert er sich in gewisser Weise wieder der Romanvorlage, deren ästhetische Signatur gerade die zahlreichen Gespräche und Selbstgespräche des Protagonisten als subjektivierender Filter der äußerlichen Handlung ausmachen. In *Das Kreuz* (**Abb. 36**) eliminiert Scherer sogar die Umgebung von Sonjas Zimmer und zeigt die beiden Gestalten in statuarischer Pose vor schwarzem Hintergrund. In nicht weniger als vierzehn der sechzehn Holzschnitte ist Raskolnikow präsent, meist im Vordergrund, was eine entschiedene Verinnerlichung der Handlung bewirkt. Die Subjektivierung geht mit einer Konzentration auf die Haupthandlung einher. Kürzt bereits der Stummfilm die beiden Nebenhandlungen um Marmeladow und um Raskolnikows Schwester Awdótja erheblich, so lenkt Scherer den Fokus – abgesehen von dem Bilderpaar, das der Marmeladow-Handlung gilt – nur noch auf Raskolnikow. Seine Leidensgeschichte erscheint als eine religiöse Parabel für die schuldvolle Verstrickung der menschlichen Kreatur und für deren mühevolle Suche nach Läuterung und Sühne.

Eine weitere Folge des transmedialen Wechsels stellt schließlich die *Narrativierung*, die erzählerische Aufladung der einzelnen Szenen, dar. Nicht nur versieht Scherer sie mit Titeln, ordnet sie somit den jeweiligen Film- und Romanszenen zu und konzipiert sie als einen Zyklus, der den groben Handlungsbogen des Romans kommentiert. Er verleiht seinen Szenen auch einen – im Vergleich zu den Einstellungen, die er jeweils als Grundlage wählt – stärkeren erzählerischen Charakter. In der Szene *Das Geständnis* (**Abb. 24**) etwa dient die Polizeiwache im Hintergrund der räumlichen Situierung des Geschehens. Auch im *Tod des Marmeladow* (**Abb. 20**) vervollständigen die Kinder und seine verzweifelte Ehefrau Katerina Iwanowna, die Scherer als Assistenzfiguren im Bild ergänzt, den erzählerischen Zusammenhang.

Die Narrativierung erwächst offenbar aus der medienästhetischen Herausforderung, das Nacheinander als Nebeneinander darzustellen, d. h. aus dem Zwang, die filmische Diachronie zur Synchronie zu verräumlichen. So setzt Scherer die beiden Szenen *Das Beil* (**Abb. 27**) sowie *Im Torbogen* (**Abb. 30**) aus der Kombination zeitlich sukzessiver Photogramme zusammen. Die *Traum*-Szene (**Abb. 18**) verwertet die Eröffnungseinstellung – die Großaufnahme, die den sinnenden Raskolnikow mit dem Kopf in den Händen zeigt (**Abb. 19**)[40] –, um durch den delirierenden Raskolnikow den Alptraum-Kontext zu markieren.

Mittels der Verräumlichung hilft sich Scherer auch über die Unmöglichkeit hinweg, zeitliche Abläufe darzustellen. Paradigmatisch dafür ist das letzte Bild der Mappe (**Abb. 24**). Es beruht auf einem Photogramm, das den reuigen Raskolnikow mit Sonja zeigt (**Abb. 25**). Dort bekreuzigt sich der schuldbewusste Protagonist in einer Geste der Buße. Scherer ersetzt diesen Gestus, der nur in der zeitlichen Sukzession des filmischen Mediums möglich ist, mit der Großaufnahme des Filmschlusses, die das ekstatische Geständnis des verzückten Raskolnikow mit weit aufgerissenen Augen und halboffenem Mund zeigt (**Abb. 26**).

Auf die komparatistische Analyse soll abschließend eine medienhistorische Reflexion über die Medienkonkurrenz folgen, die sich in dieser transmedialen Fallstudie abzeichnet. Im zeitgeschichtlichen Horizont der synergetischen, aber auch durchaus agonalen Beziehung zwischen Stummfilm und bildender Kunst erscheint Scherers Zyklus als der Versuch, sich auf eine transmediale Dialogizität mit dem neuen Medium einzulassen, um schließlich die ästhetische Suprematie der bildenden Kunst zu verteidigen. Um die Spezifik von Scherers Dialog mit dem neuen Medium zu beschreiben, kann es hilfreich sein, ihn mit seinen Zeitgenossen zu kontrastieren. Etwa zehn Jahre vor Scherers *Raskolnikoff*-Mappe hatte der abstrakte Maler Walter Ruttmann sein futuristisches *Letztes Bild* (1918)[41] gemalt, bevor er die Malerei für den Film aufgab: „Es hat keinen Sinn mehr zu malen" – so sein Fazit, „Dieses Bild muss in Bewegung gesetzt werden".[42] Nach einer Reihe abstrakter Experimentalstreifen realisierte er 1927 seinen erfolgreichen Dokumentarfilm *Berlin – Die Symphonie der Großstadt* und versuchte darin, seine Konzeption des Films als „Malerei mit Zeit"[43] einzulösen. „Es will", bemerkt

---

40 Möglicherweise hat diese Einstellung wiederum ein pikturales Vorbild, nämlich die sinnierende alte Frau aus Paul Gauguins großformatigem Gemälde *D'où Venons-Nous / Que Sommes-Nous / Où Allons-Nous* (1897, Boston, Massachusetts).

41 Walter Ruttmann: Letztes Bild (1918), Öl auf Leinwand, 77,0 x 104,5 cm (Privatbesitz).

42 Zit. nach Jeanpaul Goergen: Walter Ruttmann – ein Porträt. In: Walter Ruttmann. Eine Dokumentation. Hg. von Jeanpaul Goergen. Berlin: Freunde d. Dt. Kinemathek 1989, S. 17–56, hier S. 20.

43 Walter Ruttmann: Malerei mit Zeit. In: Walter Ruttmann. Eine Dokumentation, S. 73–74.

Ruttmann, „nicht mehr gelingen, die auf einen Moment zurückgeführte, durch einen ‚fruchtbaren' Moment symbolisierte Lebendigkeit eines Bildes als tatsächliches Leben zu empfinden".[44] Der als antiquiert empfundenen bildenden Kunst setzte Ruttmann den Film als „eine Kunst für das Auge" entgegen, die „sich von der Malerei dadurch unterscheidet, daß sie sich zeitlich abspielt (wie Musik), und daß der Schwerpunkt des Künstlerischen nicht (wie im Bild) in der Reduktion eines (realen oder formalen) Vorgangs auf einen Moment liegt, sondern gerade in der zeitlichen Entwicklung des Formalen".[45]

Zu Ruttmann bildet Scherer eine Art Gegenpol. Zwar stand auch er offenbar im Bann der Faszination für das neue Medium, von welchem er ästhetisch durchaus profitierte. Er stimmte aber keineswegs in Ruttmanns These der Antiquiertheit der Malerei mit ein, sondern versuchte vielmehr, die neue Filmästhetik für das alte Medium produktiv zu machen, während sein Primitivismus implizit gegen die Technisierung und Industrialisierung von Kunst rebellierte.

Die dynamische, auf rasche Bildauflösung hin angelegte Filmästhetik wird bei ihm dadurch korrigiert, dass die sich gegenseitig aufhebenden Filmbilder dieser dispersiven Dynamik entrissen werden. Zahlreiche Photogramme, die Scherer fixiert und ‚stilllegt', haben im Film eine relativ kurze Einstellungslänge, werden oft von Zwischentiteln unterbrochen[46] und gehen im filmischen Kontinuum unter.[47] Die Umwandlung der Diachronie in Synchronie eröffnet Scherer auch die Möglichkeit einer ästhetischen Steigerung, die sich in der Selektion und Neukombination einzelner Photogramme zeigt. In der Szene *„Mörder"* (**Abb. 15**) etwa montiert Scherer zwei unterschiedliche Photogramme (**Abb. 16 und 17**)

---

44 Ruttmann: Malerei mit Zeit, S. 74.

45 Ebd.

46 Dies ist der Fall etwa bei der Sequenz des in der Schenke knieenden Marmeladow (Abb. 12) (17:01–42), welche zweimal durch eingeschaltete Zwischentitel (17:05–22, 17:30–35) und durch das Bild des ihn betrachtenden Raskolnikow (17:37–41) unterbrochen wird. Auch in der relativ kurzen Denunzianten-Szene (Abb. 16) werden Zwischentitel eingesetzt (1:16:25–29). Eine andere Einstellung von Sonja und Raskolnikow (Abb. 34), die Scherer verwertet hat und die nur wenige Sekunden dauert (1:36:15–38), wird ebenfalls von einem Zwischentitel unterbrochen (1:36:25–34).

47 In der Marmeladow-Sequenz (Abb. 12) wird der knieende alte Mann – abgesehen von den Unterbrechungen – insgesamt 14 Sekunden lang gezeigt. Die Szene, die Raskolnikow zusammen mit der Pfandleiherin (Abb. 14) zeigt, dauert nur 9 Sekunden. Die Einstellung, die Raskolnikow zusammen mit dem Denunzianten (Abb. 16) zeigt, hat wiederum eine Länge von etwa 8 Sekunden. Das Bild Raskolnikows mit der gerade herausgezogenen Mordwaffe in der Hand (Abb. 28) gehört zu den kürzesten unter den von Scherer verwerteten Einstellungen und dauert lediglich 2 Sekunden. Zu den längsten Sequenzen zählen das Eröffnungsbild des sinnenden Raskolnikow (Abb. 19, etwa 20 Sekunden) sowie die abschließende Geständnisszene (Abb. 26, etwa 60 Sekunden).

zusammen, um die Expressivität der Anklage zu potenzieren. In der filmischen Vorlage, von welcher Scherer zunächst ausgeht (**Abb. 16**), wird die Anschuldigung des Denunzianten („Mörder!") über einen Zwischentitel eingeblendet. Scherer wählt sie nicht nur als Überschrift seines Holzschnitts, sondern verleiht seinem Denunzianten auch die anklagende Geste der Menge, die im Film Raskolnikow am Ende des Alptraums mit ausgestrecktem Zeigefinger anprangert (**Abb. 17**). Eine solche expressive Intensivierung begegnet auch in der Xylographie *„Unglückli-cher"* (**Abb. 33**). Dort geht Scherer von einem Photogramm aus, das Sonja an Raskolnikow angelehnt zeigt (**Abb. 34**). Verstärkt wird die Ausdruckskraft des Holzschnitts nicht nur durch ein *medium close up*, das die amerikanische Ein-stellung der Vorlage zur Nahaufnahme vergrößert, sondern auch durch das Hin-zufügen von Raskolnikows luftringender Handgeste aus einem anderen Photo-gramm (**Abb. 35**).

Ein solches Verfahren erinnert markant an die Technik der filmischen Mon-tage. Wie dort werden auch bei Scherer einzelne Einstellungen selektiert, ausge-schnitten und zu einer finalen Komposition neu zusammengefügt. Das Ergebnis ist ein statischer Meta-Film, der die filmische Vorlage als eine primäre Muster-kopie behandelt, die nach der synchronen Ästhetik der bildenden Kunst neu geschnitten und montiert wird. Auf diese Weise dringt filmische Technik ins In-nere bildkünstlerischer Praxis.

Im Vergleich zu Wienes Vorlage zeigt Scherer schließlich auch eine engere Anlehnung an Dostojewskis Text und einen transmedialen Rückgriff auf das Ausgangsmedium ‚Roman'. In seiner *Raskolnikoff*-Mappe zeichnet sich daher eine doppelte, filmisch-literarische Transmedialität ab. Scherers fundierte Textkennt-nis belegen insbesondere zwei Bilder des Zyklus (*Auf der Brücke* und *„Nein"*), die ohne filmische Vorlage sind und sich direkt auf den Romantext beziehen.[48]

---

48 In *Auf der Brücke* fühlt sich Raskolnikow von einer Frau beobachtet, unmittelbar bevor sie sich das Leben nimmt, indem sie in den Kanal stürzt: „Er spürte, daß jemand neben ihn trat, rechts, dicht an seine Seite; er sah auf – es war eine Frau, groß, mit dem gelben, länglichen Gesicht einer Trinkerin und roten, eingesunkenen Augen. Sie starrte ihm ins Gesicht, nahm aber offensichtlich nichts wahr und erkannte niemand. Plötzlich stützte sie sich mit der rechten Hand auf das Geländer, hob das rechte Bein, setzte es über das Gitter, zog das linke Bein nach und stürzte sich in den Kanal" (Dostojewskij: Verbrechen und Strafe, S. 230). *„Nein"* bezieht sich dagegen vermutlich auf eines der Gespräche zwischen Raskolnikow und dem Untersuchungs-kommissar Porfiri. In einer dieser Unterredungen etwa verneint Raskolnikow wiederholt, im Haus der Ermordeten die beiden Anstreicher gesehen zu haben: „‚Anstreicher? Nein, mir ist nichts aufgefallen', antwortete Raskolnikow langsam, als ginge er seine Erinnerungen durch, während er gleichzeitig mit höchster Anspannung seines ganzen Wesens und qualvoll stockendem Herzen fieberhaft überlegte, wo die Falle läge und ob er nicht etwas übersähe. ‚Nein, ich habe nichts

In zwei weiteren Xylographien schließlich weicht er von der filmischen Transposition signifikant ab und stellt seine Vertrautheit mit Dostojewskis Vorlage unter Beweis. *Das Kreuz* (**Abb. 36**) hat das Gespräch zwischen Raskolnikow und Sonja zum Gegenstand, in welchem sie ihm ihr eigenes Kreuz aus Zypressenholz überreichen will. Im Romantext streckt er zunächst seine Hand nach dem Kreuz aus, bevor er sie doch wieder zurückzieht, im Bewusstsein, dass er innerlich noch nicht geläutert genug ist, um Sonjas Kreuz zu tragen.[49] Der Film (**Abb. 37**) banalisiert das Gespräch, denn dort hält Raskolnikow tatsächlich Sonjas Kreuz zunächst in Händen, bevor er es ihr wieder zurückgibt. Bei Scherer dagegen, der sich enger an Dostojewskis Vorlage hält, bleibt das Kreuz außerhalb der Reichweite des befleckten Raskolnikow. Es ist jetzt offenbar Sonja, welche den Schuldigen davon abhält, das Kreuz zu profanieren, da er noch keine Bereitschaft gezeigt hat, das Leid auf sich zu nehmen. Die Schatten auf seinem Gesicht unterstreichen seine Schuld. Dagegen signalisiert Sonjas strahlend weiße Kleid ihre Reinheit.

Einen weiteren Beleg für die Fundiertheit von Scherers Dostojewski-Lektüre liefert eine andere Xylographie aus der *Raskolnikoff*-Mappe, nämlich *Auf dem Heumarkt* (**Abb. 38**). Auch der ästhetische Impuls zu dieser Darstellung scheint aus der filmischen Vorlage zu stammen. Dort (**Abb. 39**) stürzt sich die verzweifelte Katerina Iwanowa schluchzend und weinend auf die Straße, um Gerechtigkeit zu suchen.[50] Scherer streicht diese melodramatische Nebenepisode, macht sich aber die filmische Vorlage ästhetisch zunutze, um Raskolnikows Niederknien darzustellen – eine symbolträchtige Geste, welche im Roman die Sühne des Schuldigen eindrucksvoll ins Bild setzt, im Film aber übergangen wurde.[51] Im Bewusstsein

---

gesehen, und eine offenstehende Wohnung ist mir auch nicht aufgefallen ..."" (Dostojewskij: Verbrechen und Strafe, S. 360).

49 „"Hier, nimm dieses, aus Zypressenholz. [...]'. ,Gib her!', sagte Raskolnikow. Er wollte sie nicht betrüben. Aber sofort zog er die Hand zurück, die er nach dem Kreuz ausgestreckt hatte. ,Jetzt nicht, Sonja ... Lieber später', fügte er hinzu, um sie zu beruhigen. ,Ja, ja, lieber später, später,' stimmte sie eifrig zu. ,Wenn du deinen Leidensweg antreten wirst, dann wirst du es nehmen."" (Dostojewskij: Verbrechen und Strafe, S. 571).

50 Dostojewskij: Verbrechen und Strafe, S. 548.

51 „Plötzlich erinnerte er sich an Sonjas Worte: ,Geh, stell dich auf eine Kreuzung, verneige dich vor allen Menschen, küsse die Erde, weil du dich auch an ihr versündigt hast, und sage laut vor der ganzen Welt: ,Ich bin ein Mörder!' Als er sich an diese Worte erinnerte, begann er am ganzen Körper zu zittern. Und so schwer hatten auf ihm die ausweglose Pein und Unruhe dieser ganzen Zeit, besonders der letzten Stunden, gelastet, daß er sich der Möglichkeit dieses ungebrochenen, neuen, vollen Gefühls rückhaltlos überließ. Es kam wie ein Anfall plötzlich über ihn: Als Funken war es in seiner Seele aufgeglommen, und plötzlich schlugen die Flammen über ihm zusammen. Mit einem Mal löste sich alles in seinem Innern, und die Tränen strömten unaufhaltsam. Da, wo er

der gewichtigen Signifikanz dieser Geste greift Scherer auch an dieser Stelle direkt auf die Romanvorlage zurück. Von verdutzten Passanten umgeben, folgt auch bei Scherer Raskolnikow Sonjas Aufforderung:[52] Er sinkt zu Boden, kniet mitten auf dem Platz und küsst in einer ergreifenden Geste der Sühne die Erde, die er mit seinem Mord geschändet hat.

Die medienkomparatistische Analyse von Scherers *Raskolnikoff*-Mappe als transmediale Transposition von Dostojewskis Roman und von Wienes Stummfilm hat gezeigt, dass sich der deutsch-schweizerische Künstler trotz seines archaisierenden Gestus durchaus am neuen filmischen Medium, das seinerseits vom künstlerischen Expressionismus entscheidend profitiert hatte, orientiert und es als Vorbild für seinen Bilderzyklus produktiv gemacht hat. Der Medienwechsel führt bei Scherer zu einer synchronen Reorganisation der filmischen Diachronie, scheint aber andererseits auch mit einer Übernahme der filmischen Technik einherzugehen. In Selektion, Schnitt und Neustrukturierung der Einstellungen operiert Scherer gewissermaßen als ‚graphischer Regisseur' nach einem filmähnlichen Montageverfahren, wodurch die beiden Medien Druckgraphik und Kino eine ungewohnte Synthese eingehen. Scherers *Raskolnikoff*-Mappe zeigt ferner auf eindrucksvolle Weise, dass sich die Hierarchie zwischen Stummfilm und bildender Kunst inzwischen umgekehrt hat. Orientierte sich der Stummfilm zunächst noch an der bildenden Kunst,[53] so hat er jetzt *de facto* die Führungsrolle übernommen. Im Kern des archaisch Fixierten wohnt, stillgelegt, filmische Bewegung.

---

stand, stürzte er zu Boden ... Er kniete mitten auf dem Platz, verneigte sich bis zur Erde und küßte die schmutzige Erde inbrünstig und voller Glück." (Dostojewskij: Verbrechen und Strafe, S. 711 f.).

52 „‚Was du tun sollst?', rief sie, plötzlich aufspringend, und ihre Augen, die bis dahin von Tränen erfüllt waren, begannen plötzlich zu funkeln. ‚Steh auf!' (Sie packte ihn an der Schulter; er erhob sich und starrte sie beinahe verblüfft an.) ‚Sofort! Geh! Diesen Augenblick! Stell dich auf eine Kreuzung, verneige dich dann vor aller Welt, nach allen vier Himmelsrichtungen und sage allen laut: ‚Ich habe gemordet.' Gott wird dir dann wieder Leben schenken.'" (Dostojewskij: Verbrechen und Strafe, S. 568).

53 Die drei Theatermaler und Filmarchitekten, welche die Kulissen des *Caligari*-Films realisierten – Walter Reimann (1894–1933), Hermann Warm (1889–1976) und Walter Röhrig (1892–1945) –, popularisierten und trivialisierten in ihrem Filmdekor die Ästhetik der bildkünstlerischen Avantgarde, allen voran die Stadtbilder Lyonel Feiningers und Ludwig Meidners. Sie waren allerdings – entgegen einer zählebigen Legende – selbst keine Exponenten der Avantgarde und gehörten auch nicht der Künstlergruppe des *Sturms* an (dazu mit wünschenswerter Deutlichkeit Jürgen Kasten: Der expressionistische Film, S. 43–44). Hermann Warm war ein Theatermaler und seit 1918 Hausarchitekt der kinematographischen Produktionsfirma Decla, Reimann und Röhrig waren freischaffende Filmarchitekten.

Abb. 11: Hermann Scherer: In der Schenke. Holzschnitt auf Japanpapier, Bild: 333 x 271 mm, Blatt: 442 x 315 mm, Nachlass Hermann Scherer.

Abb. 12: Robert Wiene: Raskolnikow (17:03).

Abb. 13: Hermann Scherer: Bei der Alten. Holzschnitt auf Japanpapier, Bild: 331 x 275 mm, Blatt: 440 x 332 mm, Nachlass Hermann Scherer.

Abb. 14: Robert Wiene: Raskolnikow (7:56).

Abb. 15: Hermann Scherer: „Mörder". Holzschnitt auf Japanpapier, Bild: 330 x 274 mm, Blatt: 438 x 315 mm, Nachlass Hermann Scherer.

Abb. 16: Robert Wiene: Raskolnikow (1:16:31).

Abb. 17: Robert Wiene: Raskolnikow (1:22:03).

Abb. 18: Hermann Scherer: Der Traum. Holzschnitt auf Japanpapier, Bild: 330 x 310 mm, Blatt: 440 x 310 mm, Nachlass Hermann Scherer.

Abb. 19: Robert Wiene: Raskolnikow (01:34).

Abb. 20: Hermann Scherer: Der Tod des Marmeladow. Holzschnitt auf Japanpapier, Bild: 334 x 273 mm, Blatt: 440 x 310 mm, Nachlass Hermann Scherer.

Abb. 21: Robert Wiene: Raskolnikow (1:00:55).

Abb. 22: Hermann Scherer: Das Neue Testament. Holzschnitt auf Japanpapier, Bild: 334 x 275 mm, Blatt: 437 x 310 mm, Nachlass Hermann Scherer.

Abb. 23: Robert Wiene: Raskolnikow (1:34:28).

Abb. 24: Hermann Scherer: Das Geständnis. Holzschnitt auf Japanpapier, Bild: 331 x 273 mm, Blatt: 442 x 315 mm, Nachlass Hermann Scherer.

Abb. 25: Robert Wiene: Raskolnikow (2:23:22).

Abb. 26: Robert Wiene: Raskolnikow (2:29:19).

Abb. 27: Hermann Scherer: Das Beil. Holzschnitt auf Japanpapier, Bild: 330 x 273 mm, Blatt: 445 x 312 mm, Nachlass Hermann Scherer.

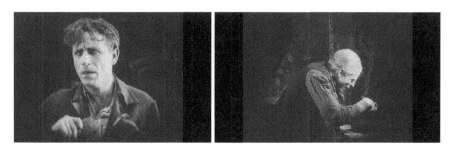

Abb. 28/29: Robert Wiene: Raskolnikow (1:26:57); (1:26:46).

Abb. 30: Hermann Scherer: Im Torbogen. Holzschnitt auf Japanpapier, Bild: 330 x 272 mm, Blatt: 445 x 312 mm, Nachlass Hermann Scherer.

Abb. 31/32: Robert Wiene: Raskolnikow (2:26:43); (2:27:18).

Abb. 33: Hermann Scherer: „Unglücklicher". Holzschnitt auf Japanpapier, Bild: 330 x 273 mm, Blatt: 437 x 310 mm, Nachlass Hermann Scherer.

Abb. 34/35: Robert Wiene: Raskolnikow (1:36:15); (1:59:19).

Abb. 36: Hermann Scherer: Das Kreuz. Holzschnitt auf Japanpapier, Bild: 331 x 274 mm, Blatt: 443 x 311 mm, Nachlass Hermann Scherer.

Abb. 37: Robert Wiene: Raskolnikow (2:01:44).

Abb. 38: Hermann Scherer: Auf dem Heumarkt. Holzschnitt auf Japanpapier, Bild: 330 x 275 mm, Blatt: 444 x 312 mm, Nachlass Hermann Scherer.

Abb. 39: Robert Wiene: Raskolnikow (2:04:27).

Anhang

Walt Whitman: Grashalme – Einige Gedichte deutsch [von] Adolf Knoblauch

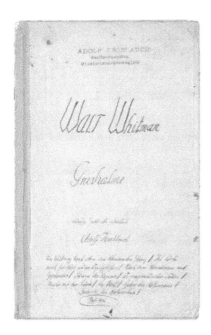

Walt Whitman / (Grashalme) / einige Gedichte deutsch / Adolf Knoblauch / Du Wölbung hoch oben im blendenden Glanz / Ich hörte euch feierlich süsse Orgelpfeifen / Nach dem Abendessen und Geplauder / Stimme des Regens / O, magnetischer Süden / Nacht auf der Prärie / An Dich! / Gebet des Kolumbus / Gedanke des Kolumbus / Juli 1916.

Editionszeichen

[...]	Streichungsvorschlag des Herausgebers
...	Ergänzungsvorschlag des Herausgebers
Streichung	Gestrichenes Wort
[...]	Unlesbares gestrichenes Wort
Text	Unterstreichung
Text	Eingekreistes Wort
//	Seitenwechsel

https://doi.org/10.1515/9783111010540-016

Du Wölbung hoch oben im blendenden Glanz!

Du Wölbung hoch oben im blendenden Glanz, du heisser Oktober-Mittag!
überflammst den Sand des grauen Gestades mit weissem Licht,
an der zischenden nahen See mit weiten Ausblicken und Schaum,
lohfarbenen Streifen und Schatten und sich ausdehnendem Blau.

Sonne vom glänzenden Mittag, an dich richte ich mein Wort,
hör ~~mich~~ Erlauchte ~~— d~~ d mich, deinen Liebenden:
Ich liebte dich immer!
Einst als Säugling, der sich sonnte,
dann als froher Knabe neben einer Waldhecke ~~zu~~
zufrieden in der Berührung deiner fernen Strahlen,
bis ich als gereifter Mann, einst jung, jetzt alt
⎰ meinen ~~An~~Ruf an dich sende.
⎱ Deine Stummheit täuscht mich nicht.
Ehe der Mann, den du auserwähltest,
die ganze Natur aufgiebt,
hören Wolken und Bäume, obgleich sie nicht in Worten antworten, seine Stimme.

Und du Sonne!
Deine Wehen, deine Hemmungen, deine jähen Ausbrüche,
die Pfeile deiner riesigen Flamme
ich verstehe und kenne deine Hemmungen, deine Flammen wohl.
Du mit befruchtender Hitze und Licht
über Myriaden Gehöften, über ~~die~~ den Landteilen und Gewässern in Nord und Süd,
über des Missis*s*ipi endlosem Laufe, ~~über~~
über Texas Grasebenen, Kanadas Wäldern
über dem ganzen Erdkreis, der sein Antlitz zu deinem Licht ~~inm~~ ~~den~~ Raum aufrichtet, //
Du, die unparteiisch Alles in dich einhüllst,
du, die Weinbeeren, Kräutern, und kleinen wilden Blumen freimütig giebst:
Giesse, giesse dich über das Meinige aus, über Mich;
Dich-Selbst! Mit nur einem einzigen fliehenden Strahl
aus den Millionen mal Millionen rühr durch diese Lieder.
Gewähre nicht nur für sie deinen tiefen Glanz, deine Stärke,
bereite Mich-Selbst für den einstigen Spätnachmittag,
bereite mich für die allmählich sich verlängernden Schatten,
bereite meine gestirnten Nächte.

* * *

Ich hörte euch feierlich süsse Orgelpfeifen

Ich hörte euch feierlich süsse Orgelpfeifen
als ich durch die Kirche vorigen Samstag Morgen schritt.
Als ich durch die Wälder in der Dämmerung ging,
hörte ich Herbstwinde eure langgezogenen Seufzerhauche
hoch oben so kummervoll.

Ich hörte den italienischen Tenor, der so vollkommen in der Oper sang,
ich hörte den Sopran in der Mitte des Quartetts!
Herz meiner Liebe! ich hörte dich leise murmeln
durch eines meiner Handgelenke, das ich um mein Haupt schlang,
hörte deinen Puls kleine Glocken läuten, als alles still war letzte Nacht unter meinem Ohr.

Nach dem Abendessen und Geplauder!

Nach dem Abendessen und Geplauder –
Nachdem der Tag getan ist!
Wie ein Freund, der von den Freunden endlichen Abschied verzögert.
Lebewohl auf Lebewohl mit bebenden Lippen spricht.

Zu hart ist es für seine Hand, jener Hände zu lassen,
nie mehr werden sie sich begegnen
nie mehr gemeinsam sein für Sorge und Freude von Mann und Jüngling!
Ihn erwartet die weit sich ausdehnende Reise,
von der er nie mehr wiederkehrt.

Er vermeidet sich zu trennen, immer wieder schiebt er auf,
immer bricht er noch nicht das letzte und noch so kleine Wort ab.
Eben, da er zur Flurtür sich wendet,
vermutet er einen vergeblichen Zurückruf,
Eben, da er die Stufen hinabsteigt, irgend etwas,
um einen Ausgenblick länger zu säumen.
Schatten der Nacht, die langsam sinken,
Nachrufe, Aufträge des Abschieds, die aufhören,
des Fortgehenden Gesicht und Gestalt verschwimmen.

Die Stimmen des Regens

„Und wer bis du?", sagte ich zu dem weich niedergehenden Regenschauer,
der mir – o, seltsam ist das zu erzählen – mir eine Antwort gab, die ich, wie folgt, übersetzte.
„Ich bin das Gedicht der Erde", sagte die Stimme des Regens,
Immer wieder erhebe ich mich, unfassbar, aus dem Lande und aus der grundlosen See
aufwärts zum Himmel, und von dort steige ich, schwankend gebildet, völlig verwandelt und
    doch das Gleiche
wieder hernieder steige ich wieder herab, die Trockenheit, den Sand und die Staubschichten
    des Erdballs zu bespülen.
All dies' in ihnen wäre ohne mich nur Samen, unaufgerührt, ungeboren –
und fortwährend wiederum, Tag und Nacht, gebe ich das Leben meinem eigenen Ursprung

zurück
und reinige ihn und verschönere ihn.
(so der Gesang: hervortretend aus seiner Geburts-Statt, wandert er seiner Erfüllung
zu und kehrt dann zurück, treu und voll Liebe, um immer bei mir zu bleiben.*)

⋆ ⋆ ⋆

O, magnetischer Süden....!

O, magnetischer Süden! O, glitzernder, duftender Süden! Mein Süden!

O, des raschen Geistes! des ~~Blutdranges~~ andrängenden Bluts! des plötzlichen Triebs! Des
leidenschaftlichen ~~Entzückens~~ Aufwallens ~~Mein~~ Dieses gutes*[n]* und Böses*[n]*! O, alles
das mir so Teure!

So teuer mir meiner Geburt Dinge – alles lebendigen Dinge! Die Bäume, wo ich geboren
wurde, die Kornähren, die Pflanzen und Flüsse!

So teuer mir meine träge dahinfliessenden, langsamen Heimatflüsse, fern, in ihren seichten
Betten aus silbernem Sand oder in Sümpfen!

So teuer mir der Roanoke, der Savannah, der Altamahaw, der Pedee, der Tombigbee, der
Santee, der Coosa und der Sabine!

O, so nachsinnend, weit ~~mich~~ von hier mich entfernend, wo ich wandere! ~~Ich~~ kehre ich mit
meiner Seele um, ihre Ufer wieder aufzusuchen!

Wieder in Florida! ich schwimme auf den durchsichtigen Seen, ich schwimme auf dem
Okeechobe, ich durchkreuze das sumpfige Flussland und ~~bin in~~ durch die lieblichen Tal
öffnungen ~~trete~~ schreite ich oder durch dichte Wälder

Ich sehe die Papageien in den Wäldern! Ich sehe den Papaw-Baum und die blühende Titi!

Wiederum, auf meinem Küstenfahrer segelnd, auf Deck, fahre ich die Küste der Georgia
hinauf, und weiter ~~hinauf am~~ hinauf die Ufer der beiden Carolina! ~~entlang.~~

Ich sehe die Lebenseiche wachsen und die Gelbkiefer und den starkduftenden Lorbeerbaum,
die Zitrone und die Orange, die Cypresse und den graciösen Palmbaum,

Ich fahre Meervorgebirge vorüber! und trete in Pamlico-Sund ein, durch seine Einfahrt, und
steure in das Binnenland meiner Vision.

Da ist die Baumwoll-Plantage! da sind die reifenden Felder, mit Reis, Zucker und Hanf!

Da ist der Kaktus, der mit Dornen Gewaffnete! Der Lorbeerbaum mit grossen, weissen Blu
men!

Da dehnt sich die weite Grenzung des Besitzes, da ~~Reichtum~~ ist Üppigkeit und da Dürre!

Die uralten Wälder, bekleidet mit Mistel und hoch h̶ sich hinaufziehendem Moos

Der Fichtengeruch und die Dunkelheit, die furchtbare Stille der Natur! (hier in diesen dichten
Sümpfen trägt der Freibeuter seiner Flinte, und der verborgene Flüchtling hat hier seine
Hütte.*)*

O, die geheimnisvolle Bezauberung dieser halb bekannten, nur halb passierbaren Sümpfe,
durch // Reptile beunruhigt, vom Gebrüll des Alligators widerhallend, von demn traurigen
Lauten der Nachtheule und der Wildkatze, und dem Gerassel der Klapperschlange,

Die Spottdrossel, der amerikanische Mimiker, der den ganzen Vormittag singt und durch die
mondlichte Nacht singt,

Der Kolibri, der wilde Truthahn, das Raccoon, das Opossum!

Ein Kentucky-Kornfeld! Das hohe, graziöse, langblättrige Korn, schlank, schwankend,

glänzend-grün, mit Quasten, mit feinen Öhrchen, jedes eingebettet in seine Hülse.
O mein Herz! O, zärtliches, wildes Weh! Ich kann dem nicht mehr widerstehn! Ich will ab
reisen!
O, ein Virginier zu sein, wo ich aufwuchs! O, ein Carolinier zu sein!
O, ununterdrückbare Sehnsucht! Ich will nach Alt-Tennessee zurückkehren und nie mehr
wandern!

Nacht auf der Prärie.

Nacht auf der Prärie!
Das Abendbrot ist vorbei, das Feuer auf dem Erdboden brennt niedrig,
die erschöpften Auswanderer schlafen in Decken gewickelt.
Ich ~~wandre~~ gehe mit mir umher – stehe und blicke zu den Sternen,
die ~~ich ...~~ mir noch niemals vorher so geschienen haben.

Ich brenne weg Unsterblichkeit und Frieden!
Und bewundre Tod, ~~...~~ erprobte Vorsätze!
Überreich! Geistig! Zusammengefasst
derselbe alte Mann, dieselbe Seele, dasselbe alte Trachten, dieselbe Genügsamkeit!
Ich war befangen, dass der Tag das Glänzendste sei!
Dann sah ich was der Nicht-Tag zur Schau stellte.
Ich war befangen, dass die Erdkugel genügte!
Dann sah ich Myriaden andrer Erdkugel rings geräuschlos entspringen.

Während die grossen Gedanken: Raum und Ewigkeit mich erfüllen,
will ich Mich-Selbst an ihnen messen
Vom Leben andrer Weltkugeln berührt,
die soweit herangelangten wie jenes der Erde
oder darauf warten, heranzugelangen,
oder weiter vorwärts eilten als Jene der Erde,
leugne ich sie sowenig hinfort, als ich mein eignes Leben leugne,
oder die Leben der Erde, die soweit herangelangten wie das Meine,
oder darauf warten, heranzugelangen.
Ich sehe, dass das Leben nicht alles zur Schau für mich herausstellen kann,
so wie auch der Tag es nicht kann,
ich sehe, dass ich auf das warten soll,
was durch den Tod zur Schau herausgestellt wird.

An Dich

Wer du auch bist: ich fürchte, dass du die Strasse der Träume wandelst,
ich fürchte, dass diese unbestimmten Wirklichkeiten unter deinen Füssen und Händen
hinschmelzen, ~~werden,~~
jetzt sogar vor dir hinschwinden: Gesichtszüge, Freuden, Sprache, Haus, Handel, Betragen,
Verdruss, Torheiten, Anzug, Verbrechen.
Deine wahre Seele, dein wahrer Leib erscheinen mir
und ragen weiter hervor aus Geschäften, Handel, Läden, Arbeit, Gehöften, Kleidern, Haus,
kaufend, essend, trinkend, leidend, sterbend.

Wer du auch bist: ich lege jetzt auf dich meine Hand,
auf dass du mein Gedicht seist,
ich flüstre mit meinen Lippen nahe an deinem Ohr,
ich habe viel Männer und Frauen geliebt,
aber keinen liebe ich mehr als dich.
Ich habe aufgeschoben, ich bin stumm gewesen,
ich hätte [...] den Weg auf dich geradezu längst vorher nehmen ~~sollen~~,
nichts Anderes als dies äussern, nichts Anderes als dich singen sollen
Ich will alles verlassen, und kommen und aus dir die Lieder bereiten.
Niemand hat dich verstanden, ich verstehe dich,
Niemand hat an dir Gerechtigkeit geübt, ~~du selb~~
du selbst hast nicht Gerechtigkeit an dir geübt.
Niemand ist, der dies nicht unvollkommen gefunden hat,
nur ich finde an dir keine Unvollkommenheit.

Niemand, der sich nicht dir unterordnen wird,
nur ich bins, der nie drein willigen wird, sich dir unterzuordnen.
Nur ich bins, der keinen Herrn über dich setzt,
keinen Eigner, keinen Besseren, keinen Gott,
ausser Dem, was in deinem inneren Selbst wartet.

Maler haben ihre wimmelnden Gruppen gemalt
und die Mittelgestalt Aller.
Vom Haupt der Mittelgestalt breitet sich ein Heiligenschein von goldfarbenem Licht.
Ich male Myriaden Häupter,
aber ich male kein Haupt ohne den Heiligenschein von goldfarbenem Licht.
Von meiner Hand, von der Stirn jedes Mannes, jeder Frau strömt es und ~~strahlt~~ flutet
    strahlend und beständig.
Grösse und Herrlichkeit singe ich über dich,
du hast nicht gewusst, was du bist.
Dein ganzes Leben hast du über dir geschlafen,
deine Lider waren die ganze Zeit geschlossen.
Was du tatest, kehrt zum Spott bereits wieder um.
(denn Glücke, Wissen, Gebete, die nicht zum Spott umkehren, was ist ihre Umkehr?)

Du bist nicht der Spott!
Unterhalb, innerhalb Seiner seh ich dich lauern,
ich verfolge dich, dahinein noch Niemand vorher dich verfolgte.
Schweigsamkeit, ~~Kanz~~Rednerkanzel*,* geschwätzige Sprechwut,
Nacht, gewohnheitsmässige Geübtheit
verbergen dich vor den Anderen,
vor mir verbergen sie dich doch nicht.
Rasiertes Gesicht, unstetes Auge, unreine Gesichtsfarbe,
halten Andre vor dir zurück,
mich halten sie doch nicht zurück.
Kecker Anzug, hässliche Haltung, Trunkenheit,
Gier, vorzeitiger Tod: alles trenne ich fort.
Es giebt im Manne, ~~oder~~ im Weibe keine Begabung,

die nicht in dich gelegt wurde,
~~es giebt keine Tugend, keine Schönheit~~
es giebt im Manne, im Weibe weder Tugend noch Schönheit,
die nicht ebensogut in dir waren,
weder Mut noch Ausdauer, nicht ebensogut in dir. //
Kein Vergnügen wartet der Andren, das nicht ähnlich deiner wartet.
~~Was mich~~ Nichts gebe ich irgend Einem, ausser dass ich dir ~~das~~ ein Gleiches gebe,
ich singe zur Ehre Niemandes, nicht Gottes meine Lieder,
eher singe ich sie zum Ruhm für dich.

Wer du auch bist: fordre dein Eigen auf jedes Wagnis.
Die Schaustücke ~~des~~ ~~im~~ in Ost und West sind matt im Vergleich zu dir;
die ungeheuren Weide, unzähligen Flüsse!
[...] ungeheuer, unzählbar wie du!
Rasereien, Elemente, Stürme,
Pendelschwingungen der Natur, Wehen der sichtbaren Auflösung,
du bist Der oder Die, [...] Herr [...] oder Herrin ihrer,
Herr oder Herrin im eignen Recht
über Natur, Elemente, Mühe, Leidenschaft, Auflösung.

Von deinen Fussgelenken fallen die Ketten
du findest ~~eine~~ unfehlbare Befriedigung.
Alt, Jung, Männlich, Weiblich,
roh, niedrig, von den Uebrigen verstossen,
was du auch bist, du kündigst dich selbst an.
Durch Geburt, Leben, Tod, Begräbnis,
für die Mittel ist vorgesorgt, nichts ist beschränkt,
durch Aengste, Verluste, Ehrgeiz, ~~Un~~
Unwissenheit, Langeweile –
Was du bist, tut seinen Weg sich auf.

* * *

Gebet des Kolumbus

Ein geschlagener, elender, alter Mann,
weit weit von Zuhaus an diese wilde Küste geworfen,
von der See und finster aufrührerischen Stirnen umschlossen,
zwölf traurige Monde,
Wund, von viel mühsamer Arbeit steif,
krank, nah dem Tode,
so gehe ich den Weg an der Küste
und öffne ein schweres Herz.

Allzu beladen bin ich mit Schmerzen,
vielleicht soll ich am nächsten Tag nicht mehr leben,
ich kann nicht rasten, nicht essen und trinken und schlafen,
bis ich mich aufwärts gedrängt,

mein Gebet noch einmal zu dir Gott aufgeatmet habe,
in dir gebadet, mit dir mich beraten,
und mich noch einmal auf dich bezogen habe.

Du kennst alle Jahre meines Lebens,
mein langes, bewegtes Leben tätiger Arbeit
und nicht allein des Gebetes.
Du kennst die Gebete und Nachtwachen des Jünglings
du kennst das feierliche, seherische Sinnen meiner Mannheit.
Du weisst es: ehe ich begann weihte ich alles, damit es zu dir gelangte,
all jene Gelübde habe ich als Mann ausgeführt und streng innegehalten,
nie habe ich Glauben und Ekstase in dir verloren.
Gefangen in Ketten, in Ungnade verzagte ich nicht,
nahm alles von dir an, als käme es von dir gradeswegs
All meine Unternehmungen sind von dir erfüllt,
All meine absichtsvollen Berechnungen, und Pläne
sind begonnen und im Gedanken von dir gefördert, //
Für dich segelte ich über die Tiefe
oder durchkreuzte das Land,
mein waren die Absichten, Inhalte, Strebungen,
die Ergebnisse überliess ich dir.

Denn ich weiss sicher, dass von dir herrühren:
Vordrängender Trieb, Feuer, unbezwinglicher Wille,
mächtiger, fühlbarer, innerer Befehl, strenger dem Worte,
Sendgebot des Himmels, das im Schlaf sogar mir zuflüsterte,
Sie alle trieben mich hervor.

Von mir, von diesem wurde das Werk vollbracht.
Die alten, überlasteten, erstickenden Länder der Erde
wurden entlastet, erlöst, die beiden Welthälften abgerundet,
das Unbekannte mit dem Bekannten verknüpft.

Ich weiss das Ende nicht, es ist alles in dir,
ob klein, ob gross, ich weiss es nicht.
Auf diese Ebenen, in diese Länder verpflanzt,
wird vielleicht das tierische, unermessliche, menschliche Unterholz
zum Wuchse und zum Wissen, das deiner würdig ist, auferstehen,
Vielleicht werden wirklich die Schwester, die ich kenne,
dort zu Werkzeugen der Ernte umgestaltet werden.
Vielleicht wird dort das leblose Kreuz, das tote Kreuz Europens,
das ich kenne, Knospen und aufblühen. [...] und aufblühen

Nur eine Anstrengung noch auf diesem bleichen Sande, meinem Altar
Mein Leben hast du erleuchtet, Gott, mit Lichtem Glanz,
du hast ihn stetig, unverlöschlich gewährt,
unbeschreiblich inneres Licht, entzündete das eigentliche Licht,
jenseits von Zeichen, Beschreibungen, Sprachen.

Nimm dafür mein letztes Wort, Gott.
Auf meinen Knieen, alt, arm, gelähmt, danke ich dir.

Nahe meinem Ziel, sind über mir die schon hüllenden Wolken, //
die Reise ist gehemmt, der Streit ist zu Ende gebracht, verloren.
Meine Schiffe gebe ich auf an dich!
Hände, Glieder werden mir kraftlos, m
mein Hirn ist gefoltert und verstört,
lass die alten Balken hinfahren, Ich will nicht mitfahren.
Ich klammre mich fest an dich, Gott,
obwohl die Wellen mich fortstossen:
Dich, wenigstens Dich, den ich kenne.
Rede ich den Gedanken des Propheten heraus
bin ich wahnsinnig? Was weiss ich vom Leben, von mir selbst?

Ich weiss mein eigenes Werk nicht einmal,
mein Vergangenes oder Gegenwärtiges.
Dunkle, stets wechselnde Vermutungen breiten sich um mich aus
von neuen, besseren Welten, ihrem mächtigen Auftrieb,
der mich verspottet und verblüfft.
Und was bedeuten diese Dinge, die ich plötzlich sehe?
Als sei es ein Wunder,
als entsiegelte eine göttliche Hand meine Augen;
Schattende, Ungeheure Gestalten
lächeln durch Luft und Himmel,
auf fernen Wogen segeln zahllose Schiffe,
und ich höre Hymnen in neuen Zungen,
die mich begrüssen!

* * *

Gedanke des Kolumbus.

Das Mysterium der Mysterien,
die rohe, rasende, unzähmbare Flamme,
die sich aus sich selbst antreibt und nährt,
das Siedende, sich Türmende
der runde feste Erdkreis.
Ein Anhauchen der Gottheit,
von dem das sich dehnende All anhebt,
die zahllosen, ein Jeder von seinem vorhergehenden Augenblick
entspringenden Kreise,
die Zeitalter der Seele, die in einer Stunde beginnen,
die weitesten, fernwirkendsten Entwicklungen von All und Menschheit.

Tausendmal tausend Meilen von diesem Ort,
vier Jahrhunderte rückwärts:
Ein sterblicher Anstoss durchbohrt seine Gehirnzelle,

ob willig oder nicht, die Geburt kann nicht aufgeschoben werden.
Ein Augenblicks-Geisterbild, geheimnisvoll,
leise kommt es daher, plötzlich,
nur ein schweigender Gedanke,
aber mehr niederbrechend als Mauern von Metall oder Stein.

Ein Flattern am Rand der Finsternis,
als [...] sei das alte Geheimnis von Zeit und Raum
nahe vor der Offenbarung.
Ein Gedanke, ein endgültiger Gedanke
arbeitet sich hervor zu Gestalt.

Vier Jahrhunderte rollen heran,
der reissende, ungeheure Kumulus:
Handel, Schiffahrt, Krieg, Frieden, Demokratie.
Die rastlosen Heerkörper
und die Fluten der Zeit, die ihrem Führer folgen,
die alten Bezirke der Zeitalter,
{ die zu neuen, umfassenderen Bereichen erhoben sind,
{ die verworrene, lang aufgeschossene
Erleuchtung des menschlichen Lebens.
Hoffnungen entfalten sich zu kühnen Anfängen,
während heute die neue Welt aufwächst.

Ein Wort meinem Gesange angefügt, dir ferner Entdecker,
wie noch nie einem Erdensohn zugesandt!
Wenn du noch hörst, höre mich mit dir reden,
denn du bist gegenwärtig:
Länder, Rassen, Künste, Heil sei dir!
~~Auf dem langen, zu dir zurück~~
Auf dem langen Weg, der zu dir zurückführt,
eine ungeheure Uebereinstimmung.
Nord, Süd, Ost, West,
Beifall, Beifall der Seele, ehrfürchtiger Widerhall,
zahllos unermeßliches Gedächtnis Dir,
Ozeane, Länder, Dein die neue Welt,
Gedanke von Dir!

[Diese Nachdichtung erschien in: Das neue Ufer. Kulturelle Beiträge der Germania. Zeitung für das deutsche Volk, am 13.12.1929]

Gesamtbibliographie der expressionistischen Übersetzungen in Buchform (1910 – 1924)

Altnordisch

Die Edda. Übertragen von Rudolf John Gorsleben. München-Pasing: W. Simon 1922 (Neue vermehrte Aufl. in zwei Bänden: Bd. 1: Die Edda [Lieder-Edda]. 3. vermehrte Aufl. 1922 – Bd. 2: Die erzählende Edda 1924 – Neue Gesamtausgabe in zwei Bänden: Leipzig: Koehler & Amelang 1935).

Das Blendwerk der Götter. Aus der jüngeren Edda ins Hoch-Deutsche übertragen von Rudolf John Gorsleben. Mit Holzschnitten von Peter Trumm. Pasing vor München: Die Heimkehr 1923.

Arabisch

Klabund: Der Feueranbeter. Nachdichtung des Hafis. München/Berlin: Roland-Verlag Albert Mundt 1919 (Kleine Roland-Bücher. Bd. 12).

Chinesisch

Das Blumenboot der Nacht. Chinesische Liebesgedichte. (Die deutsche Nachdichtung der vorstehenden Verse ist besorgt von Alfred Richard Meyer und Ernst Ulitzsch. Mit 11 Originallithographien von Richard Janthur.) Berlin: Fritz Gurlitt Verlag 1921.

Klabund: Dumpfe Trommel und berauschtes Gong. Nachdichtungen chinesischer Kriegslyrik. Leipzig: Insel-Verlag 1915 (Insel-Bücherei Nr. 183).

Ehrenstein, Albert: Pe-Lo-Thien. Einband-Illustration u. Titel-Vignette von Georg Alexander Mathéy. Berlin: Ernst Rowohlt Verlag 1923.

Ehrenstein, Albert: China klagt. Nachdichtungen revolutionärer chinesischer Lyrik aus drei Jahrtausenden. Berlin: Der Malik-Verlag 1924 (Malik-Bücherei Bd. 8).

Klabund: Das Blumenschiff. Nachdichtungen chinesischer Lyrik. Berlin: Erich Reiß Verlag 1921.

Laotse: Mensch werde wesentlich! Sprüche. Deutsch von Klabund. (Mit Umschlag-Illustration von Helmuth Körber.) Berlin-Zehlendorf: Fritz Heyder 1921.

Li-Tai-Pe: Nachdichtungen von Klabund. Leipzig: Insel-Verlag 1916 (Inselbücherei Nr. 201).

Schi-King: Das Liederbuch Chinas. Gesammelt von Kung-Fu-Tse. Hundert Gedichte dem Deutschen angeeignet. Nach Friedrich Rückert von Albert Ehrenstein. Leipzig/Wien/Zürich: E. P. Tal-Verlag 1922.

Wang-Siang: Das Buch der irdischen Mühe und des himmlischen Lohnes. Übertragen von Klabund. Hannover: Paul Steegemann Verlag 1921.

https://doi.org/10.1515/9783111010540-017

Dänisch

Aage von Kohl: Die Hängematte des Riugé. Übers. a. d. Dän. v. Nell Walden. Berlin: Der Sturm 1915.

Aage von Kohl: Die rote Sonne. Übers. a. d. Dän. v. Nell Walden. Berlin: Der Sturm 1915.

Aage von Kohl: Der tierische Augenblick. Übers. a. d. Dän. v. Nell Walden. Berlin: Der Sturm 1915.

Deutsch

Le cœur de l'ennemi. Poèmes actuels traduits de l'allemand par Ivan Goll et illustrés de 16 bois gravés par Louis Moreau. [Paris:] Édition de la Revue littéraire des Primaires *Les Humbles* 1919 [Gedichte von Johannes R. Becher, Albert Ehrenstein, Ivan Goll, Walter Hasenclever, Wilhelm Klemm, Rudolf Leonhard, Karl Otten, Ludwig Rubiner, René Schickele, Claire Studer, Georg Trakl, Franz Werfel, Alfred Wolfenstein und Stefan Zweig].

Englisch

[Amory, Thomas:] Leben, Bemerkungen und Meinungen Johann Bunkels (nebst den Leben verschiedener merkwürdiger Frauenzimmer. Nach der ersten Ausgabe von 1778 neu erzählt von Curt Moreck). Mit 16 Kupfern von Daniel Chodowiecki. Berlin: Pantheon Verlag 1920.

Arnim, Mary Annette Gräfin: Fräulein Schmidt und Mr. Anstruther. Roman von der Verfasserin von *Elisabeth und ihr deutscher Garten*. Autorisierte Übersetzung aus dem Englischen [von Marguerite und Ulrich Steindorff.] Berlin/Leipzig: Wilhelm Borngräber 1917.

Beckford, William: Vathek. Eine arabische Erzählung. Deutsch von Hans Schiebelhuth. Mit 10 signierten Radierungen von Fritz Heubner. Berlin: Fritz Gurlitt Verlag 1924 (Die neuen Bilderbücher. Reihe 5).

Bulwer, Edward: Die Geisterseher. Eine okkulte Erzählung. (Deutsche Übersetzung von Rainer Maria Schulze [d. i. Paul Steegemann.] Hannover: Steegemann 1922.

Burnett, Frances Hodgson: Der kleine Lord. Übertragen von Beatus Rhein [Curt Moreck]. Mit 8 handbemalt. Vollb. u. zahlr. Zierstücken von Dora Baum. München: Rösl & Cie 1922.

Cournos, John: Die Maske. Roman. Einzig berechtigte Übertragung aus dem Englischen von Hermynia Zur Mühlen. Konstanz: See-Verlag 1923.

Desmond, Shaw: Demokratie. Ein Roman. Einzig berechtigte Übertragung aus dem Englischen von Hermynia Zur Mühlen. Berlin-Fichtenau: Verlag Gesellschaft und Erziehung 1922 (Romane der neuen Gesellschaft. Bd. 2).

Dickens, Charles: Der Weihnachtsabend. Eine Geistergeschichte. Nach einer zeitgenössischen Übersetzung bearbeitet und herausgegeben von Beatus Rhein [Curt Moreck]. Mit 8 handbemalten farb. Vollbildern u. zahlr. farb. Zierstücken im Text von M. Rhom. München: Rösl & Cie 1922.

Eadmer: Das Leben des Heiligen Anselm von Canterbury. Übersetzt von Günther Müller. München: Theatiner-Verlag 1923.

Galsworthy, John: Jenseits. Aus dem Englischen übersetzt durch Hermynia zur Mühlen. Zürich: Max Rascher Verlag 1921.

Goldring, Douglas: Briefe aus der Verbannung. Aus dem Englischen von Hermynia Zur Mühlen. München: Kurt Wolff Verlag 1920.

Hewlett, Maurice: Italienische Novellen. Aus dem Englischen übertragen von Marguerite und Ulrich Steindorff. Leipzig: Bernhard Tauchnitz 1912 (Tauchnitz-Bibliothek Bd. 1).

Jerome, Jerome K.: Alle Wege führen nach Golgatha. Roman. Einzig berechtigte Übersetzung aus dem Englischen von Hermynia Zur Mühlen. München: Drei Masken Verlag 1922.

Jerome, Jerome K.: Anthony John. Roman. Einzig berechtigte Übertragung aus dem Englischen von Hermynia Zur Mühlen. Frankfurt/M.: Taifun-Verlag 1924.

Kipling, Rudyard: Schlichte Geschichten aus den Indischen Bergen. Übertragen von Marguerite und Ulrich Steindorff. Weimar: Gustav Kiepenheuer Verlag 1914 (Liebhaber-Bibliothek Bd. 18).

Kipling, Rudyard: Das Dschungelbuch. Übertragen von M.-H. und Max Krell. Mit Original-Lithographien von Richard Janthur. Berlin: Fritz Gurlitt Verlag 1921 (Die neuen Bilderbücher. Folge 4).

Maria Stuart Königin von Schottland: Sämtliche Gedichte. Zum ersten Mal in die deutsche Sprache übertragen von Rudolf Leonhard. Berlin-Wilmersdorf: Alfred Richard Meyer Verlag 1921.

Shakespeare, William: Cymbelin. Übersetzt und bearbeitet von Ludwig Berger. Berlin: Erich Reiß 1919.

Shelley, Percy Bysshe: Dichtungen. In neuer Übertragung von Alfred Wolfenstein. Berlin: Paul Cassirer Verlag 1922.

Shelley, Percy Bysshe: Die Cenci. Drama in 5 Akten. In neuer deutscher Bearbeitung von Alfred Wolfenstein. Berlin: Paul Cassirer Verlag 1924.

Smollett, Tobias George: Peregrine Pickle. Nach der W. Ch. S. Myliusschen Übersetzung hg. von Rudolf Kurtz. Bd. 1–4 (in 2 Bd.) München: Georg Müller Verlag 1917 (Die Bücherei der Abtei Thelem, Bd. 15/16).

Stevenson, Robert Louis: Der Klub der Selbstmörder. Illustriert von Ernst Schütte. (Übertragen von Rainer Maria Schulze [d.i. Paul Steegemann.) Hannover und Leipzig: Steegemann 1922.

Stevenson, Robert Louis: Der Junker von Ballantrae. Eine Wintermär. (Aus dem Englischen) übertr. von Paul Baudisch. München/Berlin: Buchenau & Reichert 1924.

Swift, Jonathan: Attacken. Eine kleine Auswahl besorgt von Max Herrmann. München/Wien/ Zürich: Dreiländerverlag 1919 (Dokumente der Menschlichkeit Bd. 3).

Wilde, Oscar: Die Ballade von Reading Gaol. Deutsche Nachdichtung von Felix Grafe. Berlin: Hyperionverlag o. J. [1917] [mit einer Titelzeichnung von Alfred Kubin.] [Davon erschien 1920 eine zweite Auflage im Sedez-Format, mit Deckelillustration von Emil Preetorius.]

Wilde, Oscar: Salome. Tragödie in einem Akt mit 16 Zeichnungen von Aubrey Beardsley. Deutsch von Curt Moreck. Hannover: Heinrich Böhme Verlag 1919.

Wilde, Oscar: Der Priester und der Meßnerknabe. Eine Erzählung. (Übertragen von Rainer Maria Schulze [d.i. Paul Steegemann.) Hannover und Leipzig: Steegemann 1922.

Zangwill, Israel: Das Nationalitätenprinzip. Einzig berechtigte Übertragung aus dem Englischen von Hermynia Zur Mühlen. Zürich: Internationaler Verlag 1919.

Flämisch

Beatrix. Eine brabantische Legende. Verdeutscht durch Friedrich Markus Huebner. Mit 6 Radierungen von Felix Timmermanns. Leipzig: Insel-Verlag 1921.

Flämisches Novellenbuch. Gesammelt und übertragen von Friedrich Markus Huebner. Leipzig: Insel-Verlag 1918.

Lanzelot und Sanderein. Aus dem Flämischen von Friedrich Markus Huebner. Leipzig: Insel-Verlag 1916 (Insel-Bücherei, Nr. 208).

Mariechen von Nymwegen. Aus dem Flämischen von Friedrich Markus Huebner. Leipzig: Insel-Verlag 1918 (Insel-Bücherei, Nr. 243).

Rubens, Peter Paul: Die Briefe des P. P. R. Übersetzt und eingeleitet von Otto Zoff. Mit einem Selbstbildnis des Künstlers in Kupferdruck und 11 Bildern in Tonätzung auf Tafeln. Wien: A. Schroll Verlag 1918.

Ruisbroeck, Jan van: Das Buch von den zwölf Beghinen. Aus dem Flämischen von Friedrich Markus Huebner. Leipzig: Insel-Verlag 1916 (Insel-Bücherei, Nr. 206).

Ruisbroeck, Jan van: Die Zierde der geistlichen Hochzeit. Aus dem Flämischen übertragen und hg. von Friedrich Markus Huebner. Leipzig: Insel-Verlag 1918 (erweiterte Ausgabe: 1924 [Der Dom]).

Schwester Hadewich: Visionen. Aus dem Flämischen von Friedrich Markus Huebner. Leipzig: Insel-Verlag 1916 (Insel-Bücherei, Nr. 207).

Timmermans, Felix: Die sehr schönen Stunden von Jungfer Symforosa dem Beginchen. (Übertragen von Friedrich Markus Huebner.) Leipzig: Insel-Verlag 1919 (Insel-Bücherei, Nr. 308).

Französisch

Alaeddin und die Wunderlampe. Aus Tausend und eine Nacht (Textrevision besorgte Curt Moreck). Mit 11 Vollbildern und der Buchausstattung von Ferdinand Staeger. München: Hugo Schmidt 1920.

Die altfranzösischen Bildteppiche. Mit einer Einleitung von Florent Fels. Aus dem Französischen von F[red] A[ntoine] Angermayer. Berlin: E. Wasmuth 1923.

Alt- und neufranzösische Lyrik in Nachdichtungen. Bd. 1–2. München: Recht Verlag 1922.

Apollinaire, Guillaume: Zone. Autorisierte Nachdichtung von Fritz Max Cahén. (Das Titelbild zeichnete Marie Laurencin.) Berlin-Wilmersdorf: A. R. Meyer Verlag [1913].

Aveline, Claude: Molène. Eine Erzählung. Einzig berechtigte Übertragung aus dem Französischen von Hermynia Zur Mühlen. 2. Auflage. Frankfurt/M.: Taifun Verlag 1924 (Die Signale. Bd. 5).

Balat, Jean: Lepopo, der Narr. Übersetzt von Hermynia Zur Mühlen. Frankfurt/M.: Taifun-Verlag 1924 (Die Signale. 4).

Balzac, Honoré de: Das Balzac-Buch. Erzählungen und Novellen. Aus dem Französischen des Honoré de Balzac übersetzt und eingeleitet von Ernst Stadler. Straßburg-Leipzig: Josef Singer Verlag 1913.

Balzac, Honoré de: Große und kleine Welt. Ausgewählt und ins Deutsche übertragen von Curt Moreck. Mit Holzschnitten von Daumier und Gavarni. München: G. Hirth's Verlag Nachf. 1921.

Balzac, Honoré de: Das Mädchen mit den Goldaugen. Deutsch von Hans Jacob. München: Süva 1921 (Novellen in Gelb 6).

Balzac, Honoré de: Die tödlichen Wünsche. Roman. Übersetzt von E[mil] A[lphons] Rheinhardt. Mit Zeichnungen von Alphons Woelfle. München: Drei Masken Verlag 1921.

Balzac, Honoré de: Pariser Novellen. Übersetzt von Otto Flake. Berlin: Ernst Rowohlt Verlag [1923] (Gesammelte Werke)

Balzac, Honoré de: Tante Lisbeth. Übersetzt von Paul Zech. Bd. 1.2. Berlin: Rowohlt 1923 (Gesammelte Werke in Einzelausgaben).

Balzac, Honoré de: Der unbekannte Balzac. Übertragen von Hans Jacob. Bd. 1–4. Berlin: Verlag Die Schmiede 1923–1924.

Balzac, Honoré de: Nebenbuhler. Übersetzt von Paul Mayer. Berlin: Ernst Rowohlt Verlag [1924].

Balzac, Honoré de: Ein Prinz der Bohème. Noch ein Gaudissart. Übersetzt von Otto Flake. Regensburg: Habbel & Naumann 1924.

Balzac, Honoré de: Schnurrige, knurrige, affentheurliche und pantagreulliche, emphatische, ekstatische, fanatische, doch nit dogmatische sondern Trollatische Geschichten, auch Contes Drôlatiques genennet, und gesammlet in Tourähner abteyen, ans Licht bracht durch Sieur de Balzac [...] zum ersten in eynen Urvätter-modell vergossen [...] so Fischartlich travestieret [...] durch Walter Mehring. Bd. 1–2. Berlin: Verlegt unnd in Trukk geben durch ERNNST Rowohlt 1924 (Honoré de Balzac: Gesammelte Werke);

Balzac, Honoré de: Verlorene Illusionen. Übersetzt von Otto Flake. Bd. 1–2. Berlin: Ernst Rowohlt Verlag [1924] (Gesammelte Werke).

Balzac, Honoré de: Vetter Pons. Übersetzt von Otto Flake. Berlin: Ernst Rowohlt Verlag [1924] (Gesammelte Werke).

Balzac, Honoré de: Volksvertreter. Teil 1: Der Deputierte von Arcis. Die Beamten. Übersetzt von Paul Mayer. Berlin: Ernst Rowohlt Verlag [1924].

Barbusse, Henri: Der Schimmer im Abgrund. Ein Manifest an alle Denkenden. Deutsche Ausgabe von Iwan Goll. Basel/Leipzig: Rhein Verlag [1920].

Barbusse, Henri: Zehn Gedichte aus dem Gedichtbande *Pleureuses*. Einzige berechtigte Nachdichtung mit einer Einleitung von Fred Antoine Angermayer. Wien: Wiener Literarische Anstalt 1921.

Barbusse, Henri: Das Messer zwischen die Zähne. Ein Aufruf an die Intellektuellen. Übersetzt von Wieland Herzfelde. Berlin: Malik-Verlag 1922 (Kleine revolutionäre Bibliothek Bd. 11).

Baudelaire, Charles: Der Verworfene. Nachdichtungen von Hans Havemann. Mit sechs Urholzschnitten von Curt Stoermer. Hannover: Der Zweemann Verlag 1920.

Baudelaire, Charles: Kleine Gedichte in Prosa. Ausgewählt und übertragen von Erik Ernst Schwabach. Potsdam: Müller 1923 (Sanssouci-Bücher Bd. 1).

Bouchet, Guillaume: Die Galanten Schwänke aus den *Sérees* des G. B. Zum ersten Mal übertragen von Sigbert Romer [d. i. Konrad Haemmerling]. o. O.: Privatdruck des Herausgebers o. J. (ca. 1922).

Carco, Francis: Jésus-la-Caille. Roman vom Montmartre. (Autorisierte Übertragung von Fred Antoine Angermayer.) Potsdam: Gustav Kiepenheuer Verlag 1922.

Carco, Francis: Der Gehetzte. Roman. Deutsch von F[red] A[ntoine] Angermayer. Berlin: Verlag Die Schmiede 1924 (Die Romane des 20. Jahrhunderts).

Cazotte, Jacques: Der Liebesteufel. Mit 6 Tafeln nach Kupfern von Moreau Le Jeune & Marillier. Nachwort [und Übersetzung] von Curt Moreck. München: Georg Ed. Sanders Verlag 1922.

Colin, Paul: James Ensor. Übertragen von Hans Jacob. Potsdam: Gustav Kiepenheuer Verlag 1921.

Comte, Auguste: Abhandlung über den Geist des Positivismus. Ordnung und Fortschritt. Übersetzt und herausgegeben von Friedrich Sebrecht. Leipzig: Felix Meiner 1915.

Constant, Benjamin de: Adolf. Aus den Papieren eines Unbekannten. Übersetzt und eingeleitet von Otto Flake. München/Leipzig: Georg Müller Verlag 1910.

Daudet, Alphonse: Die Abenteuer des Herrn Tartarin aus Tarascon. Neu übersetzt von Klabund. Mit vielen Vollbildern und Vignetten von George Grosz. Berlin: Erich Reiß Verlag 1921.

Diderot, Denis: Romane und Erzählungen, Bd. 1–3. Bd. 1 übersetzt von Hans Jacob. Potsdam: Gustav Kiepenheuer Verlag 1920.

Dominique, Pierre: Unsere liebe Frau von der Weisheit. Roman. Übersetzt aus dem Französischen von Hans Jacob. Berlin/Wien/Leipzig: Paul Zsolnay 1924.

Duhamel, Georges: Leben der Märtyrer. 1914–1916. Berechtigte Übertragung aus dem Französischen von Ferdinand Hardekopf. Zürich: Max Rascher Verlag [1919] (Europäische Bücher).

Dumas, Alexander: Die Kameliendame. Deutsche Übertragung von Otto Flake. Berlin: Hyperion 1919.

Dunan, Renée: Zärtlichkeiten. Roman. Übersetzt von M[anfred] Georg. Berlin: K. Ehrlich 1924 (Bücher der Leidenschaft 25).

Feydeau, Ernest Aimé: Fanny. Deutsch von Alfred Wolfenstein. Berlin: Bondy 1911 (Bibliothek Hans Bondy 8).

France, Anatole: Aufruhr der Engel. Roman. Deutsch von Rudolf Leonhard. München/Leipzig: Kurt Wolff Verlag 1917.

France, Anatole: Eine Weltgeschichte. Deutsch von Rudolf Leonhard. Umschlagzeichnung und sieben Federzeichnungen von Rolf von Hoerschelmann. München: Musarion Verlag 1919.

Friedrich der Große: Kulinarische Epistel. Übertragen im Versmaß des Originals von Alfred Richard Meyer. Berlin-Wilmersdorf: A. R. Meyer Verlag 1922 (Gedruckt in 200 Exemplaren mit einer Radierung auf Kaiserlich Japan von Ch[arlotte] Ch[ristine] Engelhorn).

Gauguin, Paul: Briefe an Georges-Daniel de Monfreid. Autorisierte Übersetzung von Hans Jacob. Potsdam: Gustav Kiepenheuer Verlag 1920.

Gauguin, Paul: Vorher und nachher. Aus dem Manuskript übertragen von Erik Ernst Schwabach. München: Kurt Wolff Verlag 1920.

Gautier, Théophile: Fortunio. [Die neue Übertragung für diese Ausgabe besorgt [von] M[ax] Pulver.] Original-Lithographie von Werner Schmidt. München: Drei Masken Verlag [1922] (Obelisk-Drucke 8).

Gleizes, Albert: Vom Kubismus. Die Mittel zu seinem Verständnis. Deutsch von Fred Antoine Angermayer und Hans Jacob. Berlin: Der Sturm 1922.

Gobineau, Joseph Arthur de: Die Renaissance: historische Szenen. Deutsch von Otto Flake. Berlin: Propyläen-Verlag 1924 (Werke der Weltliteratur).

Goncourt, Edmond und Jules de: Frau von Pompadour. Ein Lebensbild. Nach Briefen und Dokumenten. Übertragen und herausgegeben von M[agda] Janssen und [Beatus] Rhein [Curt Moreck]. München: Rösl & Cie 1922.

Goncourt, Edmond und Jules de: Marie Antoinette. Übersetzt und herausgegeben von Konrad Merling [Curt Moreck]. Mit 1 Bildnis nach einem Kupfer von L. S. Boizot. München: Rösl & Cie 1923.

Gozlan, Léon: Der intime Balzac. Anekdoten. Übersetzt von Ossip Kalenter. Mit einem Nachwort von Arthur Schurig. Hannover: Paul Steegemann Verlag 1922.

Guérin, Maurice de: Die Bacchantin. Zum ersten Mal übertragen von Max Krell. Mit Beifügung des französischen Originals. München: Musarion-Verlag [1922] (Der Liebesgarten).

Guilbeaux, Henri: Joseph Solvaster. Ein Roman. Aus dem französischen Manuskript übersetzt von Hermynia Zur Mühlen. Dresden: Rudolf Kaemmerer 1920.

Guilbeaux, Henri: Wladimir Iljitsch Lenin: Ein treues Bild seines Wesens. Übertr. ins Dt. u. Mitw. v. Rudolf Leonhard. Berlin: Verlag Die Schmiede 1923.

Der Hahn. Übertragungen aus dem Französischen von Theodor Däubler. [Titelblatt von Felix Müller, Dresden. Mit Reproduktionen von Honoré Daumier und Pailter [Louis Peltier], einem Holzschnitt von André Derain, Roger de La Fresnaye, einem Portrait Émile Verhaerens von André Rouveyre und einem zweiten Holzschnitt Dérains.] Berlin-Wilmersdorf: Verlag der Wochenschrift *Die Aktion* 1917 (Die Aktionslyrik Bd. 5).

Hamp, Peter: Die Goldsucher von Wien. Eine Begebenheit unter Schiebern. Deutsche Ausgabe von Iwan Goll. Basel/Leipzig: Rhein-Verlag 1922.

Das Herz Frankreichs. Eine Anthologie französischer Freiheitslyrik. Hg. und übersetzt von Iwan Goll und Claire Goll-Studer. München: Georg Müller Verlag 1920.

Huysmans, Joris-Karl: Gegen den Strich. Übertragen aus dem Französischen von Hans Jacob. Potsdam: Gustav Kiepenheuer Verlag 1921.

Jammes, Francis: Die Gebete der Demut. Übersetzt von Ernst Stadler. Leipzig: Kurt Wolff 1913 (Der Jüngste Tag Bd. 9).

Jammes, Francis: Almaide oder der Roman der Leidenschaft eines jungen Mädchens. Berechtigte Übertragung von Felix Grafe. Hellerau: Hellerauer Verlag Jakob Hegner 1919.

Jammes, Francis: Das Paradies. Geschichten und Betrachtungen. Berechtigte Übertragung von E[mil] A[lphons] Rheinhardt. Leipzig/München: Kurt Wolff Verlag 1919 (Der jüngste Tag, Bd. 58/ 59).

Jammes, Francis: Dichter ländlich. Berechtigte Übersetzung von Claire Goll. Basel/Leipzig: Im Rhein-Verlag 1921.

Jammes, Francis: Der Pfarrherr von Ozeron. Roman. Übertragen von Friedrich Burschell. München: Drei Masken Verlag 1921.

La Bruyère, Jean de: Charaktere. Neue deutsche Ausgabe von Otto Flake. Bd. 1–2. München: Georg Müller Verlag 1918.

Londres, Albert: Bagno: Die Hölle der Sträflinge. [Aus dem Franz. von Karl Otten]. Mit Vorw. von Paul Block. Berlin: E. Laubsche Verlagsbuchhandlung 1924.

Lothringische Volkslieder. Nachdichtungen von Iwan Lazang [Iwan Goll]. Mit einem Geleitwort von Viktor Wendel. Bilder von Alfred Pellon. Metz: P. Müller Verlag 1912.

Mac Orlan, Pierre: Die Reiterin Elsa. Deutsch von Max Pulver. München: Recht 1923.

Madame Guillotine. Revolutionsgeschichten. (Hg. von Curt Moreck. Mit 8 Bildbeigaben von Wilhelm Thöny.) München: Georg Müller Verlag 1919.

Maran, René: Die Seele Afrikas. Deutsche Ausgabe von Claire Goll. Bd. 1: Batuala. Ein echter Negerroman. Bd. 2: Dschuma. Ein Negerhund. Basel/Leipzig: Rhein-Verlag 1922/1928.

Maupassant, Guy de: Die Brüder. Roman. Deutsche Übertragung von E[rnst] W[eiß]. Berlin: Ullstein-Verlag 1924 (Maupassant, Werke).

Maupassant, Guy de: Peter und Hans. Roman. Deutsche Übertragung von E[rik] E[rnst] Schwabach. München: Kurt Wolff [1924] (Maupassant, Romane und Novellen).

Mirabeau, Honoré Gabriel de: Briefe an Sophie aus dem Kerker von Vincennes. Deutsch mit einer Einleitung von Otto Flake. Mit einer Portraitradierung von Peter Halm. München/Leipzig: Georg Müller Verlag 1910.

Molière: Komödien. Eine Auswahl in vier Bänden. Mit einer biographischen Einleitung von Sainte-Beuve. Illustriert von Tony Johannot. Aus dem Französischen übersetzt von Hans Jacob (*Don Juan oder Der Steinerne Gast*; *Der Arzt wider Willen*; *George Dandin*), Alfred Wolfenstein (*Die Zwangsheirat, Scapins Streiche, Der Geizige*; *Der eingebildete Kranke*) und Alfred Neumann (*Der Misanthrop*). München, O. C. Recht Verlag 1922.

Montaigne, Michel de: Reisetagebuch. Übertragen und eingeleitet von Otto Flake. München: Georg Müller Verlag 1921.

Musset, Alfred de: Die beiden Geliebten. Deutsch von Hans Jacob. München-Pullach: Südbayerische Verlagsanstalt 1921.

Musset, Alfred de: Die beiden Geliebten. (Erzählungen und eine Komödie. Übertragen von Alfred Neumann.) München: Georg Müller Verlag 1924 (Zwei-Mark-Bücher, Serie 2).

Nerval, Gérard de: Erzählungen. Ausgewählt und übertragen von Alfred Wolfenstein. Bd. 1–3. München: Drei Masken-Verlag 1921.

Pascal, Blaise: Größe und Nichtigkeit des Menschen. Übertragung von Theodor Tagger. München: Georg Müller Verlag 1918.

Pascal, Pierre: Die ethischen Ergebnisse der russischen Sowjetmacht. Übersetzt von Hermynia Zur Mühlen. Berlin: Malik-Verlag 1921 (Kleine revolutionäre Bibliothek, 5).

Péguy, Charles: Aufsätze. Übertragen von Gustav Schlein und Ernst Stadler. Berlin-Wilmersdorf: Verlag der Wochenschrift *Die Aktion* (Franz Pfemfert) 1918 (Aktionsbücher der Aeternisten. Bd. 6).

Péguy, Charles: Die Litanei vom schreienden Christus. Übertragen von Otto Pick. München: Kurt Wolff Verlag 1919 (Drugulin-Drucke, NF Bd. 8).

Philippe, Charles Louis: Charles Blanchard. Fragment. Übertragen von W[ilhelm] Südel und F[riedrich] Burschell. Leipzig: Insel-Verlag 1922.

Philippe, Charles Louis: Marie Donadieu. Übertragen von F[riedrich] Burschell. Leipzig: Insel-Verlag 1922 (Bibliothek der Romane 79).

Pottier, Eugène/Clément, Jean Baptiste: Französische Revolutionslieder aus der Zeit der Pariser Commune. Übertragen und eingeleitet von Walter Mehring. Einbandzeichnung von Bernhard Naudin. Berlin: Der Malik-Verlag 1924 (Malik-Bücherei Bd. 1).

Prevost, Abbé [Antoine-François Prévost d'Exiles]: Die Abenteuer der Manon Lescaut und des Chevalier des Grieux. (Deutsch von K. Merling [Curt Moreck]. München: Rösl & Cie 1922.

Rimbaud, Arthur: Erleuchtungen. Gedichte in Prosa. Deutsche Nachdichtung von Paul Zech [Initial von Hanns Thaddäus Hoyer entw. und von Bruno Rollitz in Holz geschn.] Leipzig: Wolkenwanderer-Verlag 1924 (Der Schatzbehalter 5).

Rimbaud, Arthur: Das trunkene Schiff. Eine szenische Ballade. [Deutsche Nachdichtung von Paul Zech.] Leipzig: Schauspiel-Verlag 1924.

Rivière, Jacques: Studien. Übertragen von Hans Jacob. Potsdam: Gustav Kiepenheuer Verlag 1921.

Rodin, Auguste: Die Kathedralen Frankreichs. Berechtigte Übertragung von Max Brod. Mit Handzeichnungen Rodins auf 32 Tafeln. Leipzig: Kurt Wolff Verlag 1917.

Rolland, Romain: Die Wölfe. Deutsch von Wilhelm Herzog. München: Georg Müller Verlag 1914 (2. Aufl. 1920).

Rolland, Romain: Danton. Deutsch von Lucy von Jacobi und Wilhelm Herzog. München: Georg Müller Verlag 1919.

Rolland, Romain: Michelangelo. Übersetzt aus dem Französischen von Salomon David Steinberg. Mit fünfzehn Lichtdrucken. Zürich: Rascher & Cie 1922.

Rousseau, Jean-Jacques: Die neue Heloise. Hg. von Curt Moreck. Neudruck unter teilweiser Benutzung der deutschen Ausgabe von 1761. Mit 24 Kupfern von Chodowiecki und Gravelot. Bd. 1–2. Berlin: Pantheon 1920.

Ryner, Han: Peterchen: Gespräche eines Dichters mit seinem verstorbenen Kinde. (Übertr. v. Fred Antoine Angermayer.) Mit 1 [eingedr.] Zeichn. von Gabriel Belot. Berlin/Dresden: Rar-Verl. 1923.

Ryner, Han: Peterchen: Psychodors Wanderschaft. (Diese autorisierte Übertragung von Fred Antoine Angermayer stellt die erste deutsche Ausgabe dar.) Leipzig: Wolkenwanderer-Verlag (1924).

Sanson, Henri: Denkwürdigkeiten der Scharfrichterfamilie Sanson. Hg. und verdeutscht von Alfred Wolfenstein. München: Rösl & Cie 1924.

Sindbad der Seefahrer. Ali Baba und die vierzig Räuber. Aus 1001 Nacht. Mit 11 Vollbildern und der Buchausstattung von F[erdinand] Staeger. (Textrevision von Curt Moreck). München: Hugo Schmidt 1920.

Suarès, André: Portraits. Deutsch mit einem Nachwort von Otto Flake. München: Drei Masken-Verlag 1922.

Tallemant des Réaux, Gédéon: Geschichten. Deutsch von Otto Flake. Bd. 1–2. München: Georg Müller Verlag 1913.

Van Gogh, Vincent: Briefe an seinen Bruder. Zusammengestellt von seiner Schwägerin J[ohanna] van Gogh-Bonger. Ins Deutsche übertragen von Leo Klein-Diepold. [Die Übersetzung der französischen Briefe [von] Carl Einstein.] Bd. 1.2. Berlin: Paul Cassirer 1914.

Verhaeren, Émile Adolphe Gustave: Die wogende Saat. Deutsche Nachdichtung von Paul Zech. Leipzig: Insel-Verlag 1917.

Verlaine, Paul: Frauen. Deutsche Umdichtung des Buches *Femmes* von Curt Moreck mit vier bisher unveröffentlichten Gedichten aus dem Manuskript. Hannover: Paul Steegemann Verlag 1919.

Verlaine, Paul: Freundinnen. Sechs Sonette. Mit Radierungen von R. R. Junghans. (Umdichtung von Curt Moreck.) Berlin: C. P. Chryseliusscher Verlag [1920] (davon ein Privatdruck in 500 nummerierten Exemplaren auf handgeschöpften Bütten abgezogen).

Verlaine, Paul: Männer. Deutsche und französische Ausgabe des Buches *Hombres*. ([Übersetzt von Curt Moreck und Hans Schiebelhuth.]) Zürich: Offizin I. H. François 1920 (Hannover: Steegemann).

Verlaine, Paul: Freundinnen. Nachdichtungen von Alfred Richard Meyer. O. O.: Privatdruck 1866 [1923].

Vidocq, Eugène-François: Landstreicherleben. Denkwürdigkeiten Vidocqs des Mannes mit hundert Namen. [Deutsche Erstausgabe, aus dem Französischen von Ludwig Rubiner.] München: Thespis-Verlag 1920.

Voltaire, François Marie Arouet de: Vom Kriegsrecht. Übersetzt von Alfred Wolfenstein. Jena: Eugen Diederichs Verlag 1916 (Flugblätter an die deutsche Jugend 10).

Voltaire, François Marie Arouet de: Die Romane und Erzählungen. Vollständige Ausgabe mit Kupferstichen von Moreau le Jeune. Herausgegeben und eingeleitet von Frida Ichak und

Ludwig Rubiner. Bd. 1–2. Potsdam: Gustav Kiepenheuer 1919 (Bd. 1 von Frida Ichak und Ludwig Rubiner übertragen).

Voltaire, François Marie Arouet de: Fabeln. Übersetzung und Nachwort von Curt Moreck. München: Roland-Verlag Dr. Albert Mundt o. J. [1920] (Kleine Roland-Bücher. Bd. 16).

Voltaire, François Marie Arouet de: Das Lächeln Voltaires. Ein Buch in diese Zeit. [Hg. und übersetzt von] Iwan Goll. Basel/Leipzig: Rhein-Verlag 1921.

Voltaire, François Marie Arouet de: Mein Aufenthalt in Berlin. Hg. und übersetzt von Hans Jacob. München: O. C. Recht Verlag 1921.

Zola, Émile: Die vier Tage des Jean Gourdon. Durchgesehen und hg. von Hans Jacob. München. Musarion-Verlag 1920.

Zola, Émile: Gesammelte Novellen. Durchgesehen und hg. von Hans Jacob. Bd. 1–3. Potsdam: Gustav Kiepenheuer Verlag 1921.

Zola, Émile: Um eine Liebesnacht. Hg. und durchgesehen von Hans Jacob. München: O. C. Recht 1921 (Novellen in Gelb; Bd. 2).

Zola, Émile: Der Bauch von Paris. Übertragen von Arthur Ernst Rutra. München: Kurt Wolff Verlag 1923 (Die Rougon-Macquart Bd. 3).

Zola, Émile: Die Jagdbeute. Von Max und Elsa Brod übertragen. München: Kurt Wolff 1923.

Zola, Émile: Die Schnapsbude. Übertragen von Arthur Ernst Rutra. München: Kurt Wolff Verlag 1923 (Die Rougon-Macquart Bd. 7).

Zola, Émile: Die Bestie im Menschen. Übertragen von Max Pulver. München: Kurt Wolff Verlag 1924 (Die Rougon-Macquart Bd. 17).

Griechisch

Heraklit: Die Fragmente des Heraklit von Ephesos. Ausgewählt und übertragen von Edlef Köppen. Potsdam: Presse Oda Weitbrecht 1924 (2. Druck der Presse Oda Weitbrecht).

Euripides: Die Troerinnen. In deutscher Bearbeitung von Franz Werfel. Leipzig: Kurt Wolff Verlag 1915.

Hebräische Literatur

Das Lied der Lieder. Neu übertragen aus dem Hebräischen von Max Brod. München: Hyperionverlag 1923.

Psalmen Davids. Ausgewählte Übertragungen [von Theodor Tagger]. Berlin: Heinrich Hochstim Verlag 1918.

Indisch

Kalidasa: Der indische Frühling. Sanskrit-Strophen des Ritusanhåra. (Die deutsche Nachdichtung der vorstehenden Verse ist besorgt von Alfred Richard Meyer und Ernst Ulitzsch.) Berlin: Fritz Gurlitt Verlag 1921 (Das geschriebene Buch. Bd. 1) [100 Expl. Mit 11 Orig.-Lithographien von Richard Janthur].

Kalidasa: Sakuntala. Ein indisches Schauspiel in sieben Akten. Ins Deutsche übertragen von Rolf Lauckner. Berlin: Volksbühnen-Verlags- und Vertriebs GmbH 1924.

Italienisch

Aretino Pietro: Die sechzehn wollüstigen Sonette. Deutsche Umdichtung von E[de] v[on] d[er] Z[unft] [d.i. Paul Steegemann.] [Hannover: Steegemann 1919] (Bücherei Georg Brummel; Bd. 1).

Boccaccio, Giovanni: Das Dekameron. (Deutsche Übertragung von Curt Moreck.) München: G. Hirth's Verlag Nachf. [1921].

Boccaccio, Giovanni: Das Dekameron. Übertragung von Albert Wesselski. Nachschöpfung der Gedichte von Theodor Däubler. Einleitung von André Jolles. Titel und Einbandzeichnung von Walter Tiemann. Leipzig: Insel-Verlag 1921.

Casanova, Giacomo: Briefwechsel mit J[ohann] F[erdinand] Opiz. Hg. nach d. Hs. d. J. F. Opiz durch Frantisek Khol u. Otto Pick. Die Übertr. aus d. Franz. wurde v. Otto Pick bes. Mit e. Nachwort d. Hrsg. Berlin: Verlag Benjamin Harz 1922.

Palazzeschi, Aldo: Literatenschmaus – Gedichte von A. P. Futurist[.] Aus dem Italienischen frei übersetzt von Theodor Däubler Futurist (Klassik-Stiftung Weimar GSA 12/II, 10) (undatiert).

Japanisch

Klabund: Die Geisha O-sen. Geisha-Lieder nach japanischen Motiven. München: Roland-Verlag Albert Mundt 1918.

Okakura, Kakuzō: Das Buch vom Tee. Aus dem Englischen von Marguerite und Ulrich Steindorff. Leipzig: Insel-Verlag 1919 (Insel-Bücherei Nr. 274).

Kymrisch

Kymrische Dichtungen. Deutsch von Adolf Knoblauch. Leipzig: Insel-Verlag 1920 (Insel-Bücherei Nr. 299).

Lateinisch

Catullus: Gedichte. Vollständige Ausgabe. Deutsch von Max Brod, mit teilweiser Benützung der Übertragung von K. W. Ramler. München/Leipzig: Georg Müller Verlag 1914 (Klassiker des Altertums, 2. Reihe. Bd. 12).

Petronius (gen. Arbiter): Die Abenteuer des Encolp. Ein Roman in zwei Büchern [in einem Band.]. (Dieser Ausgabe liegt die deutsche Übertragung von Wilhelm Heinse zugrunde; gekürzt und überarbeitet von Curt Moreck) Hannover: Paul Steegemann Verlag 1922.

Tibullus: Das Buch Marathus. Elegien der Knabenliebe. Deutsche Nachdichtung von Alfred Richard Meyer. [Gedruckt im Frühjahr 1923 bei Otto von Holten Berlin in einer einmaligen Auflage von 220 Exemplaren. Mit 5 Radierungen von Otto Schoff handschriftlich signiert.] Berlin: Fritz Gurlitt Verlag 1923 (Neue Bilderbücher Reihe 5).

Nordamerikanisch

Antin, Mary: Vom Ghetto ins Land der Verheißung. Autorisierte Übersetzung von Marguerite und Ulrich Steindorff. Stuttgart: Lutz 1914 (Memoirenbibliothek. Serie V, Bd. 2).

Dell, Floyd: Warst du je ein Kind? Einzig berechtigte Übertragung aus dem Amerikanischen von Hermynia Zur Mühlen. Leipzig: Verlagsanstalt für proletarische Freidenker 1924 (Wissenschaftliche Bibliothek des proletarischen Freidenkertums. Bd. 10).

Harte, Bret: Kalifornische Erzählungen. Deutsch von Paul Baudisch. Mit 66 Illustrationen von Rudolf Schlichter. Potsdam: Gustav Kiepenheuer 1924.

[Lindsay, Vachel:] Der Kongo. Apotheose in drei Teilen von Hyazinth Lehmann [d. i. Emerich Reeck (der Verf. ist bei Raabe 1985 nicht geführt)]. Freie Bearbeitung nach dem Amerikanischen des Vachel Lindsay. Mit einer Titelzeichnung von Silura Glanis. Berlin-Wilmersdorf: A. R. Meyer 1920 (Erster Privatdruck des Clubs Kartoffelsalat);

[Lindsay, Vachel:] Und Simson soll über euch kommen. Zwei Negerpredigten von Hyazinth Lehmann [d. i. Emerich Reeck]. Bearbeitung nach dem Amerikanischen des Vachel Lindsay. Titelzeichnung von Ludwig Wronkow. Berlin-Wilmersdorf: A. R. Meyer 1920 (Zweiter Privatdruck des Clubs Kartoffelsalat).

Die neue Welt. Eine Anthologie jüngster amerikanischer Lyrik. Hg. und übersetzt von Claire Goll. Berlin: S. Fischer-Verlag 1921.

Poe, Edgar Allan: Seltsame Geschichten. Übersetzt von Bernhard Bernson. Ausstattung von Emil Pretorius. Straßburg: Singer [1913] (Singer-Bücher 4.).

Poe, Edgar Allan: Romantische Liebesgeschichten. (Deutsch von Paul Steegemann. Zeichnungen und Einband von Ernst Schütte.) Hannover. Der Zweemann Verlag 1919.

Poe, Edgar Allan: Die Abenteuer des Detektivs Dupin. Illustriert von Ernst Schütte. Bd. 1 (übertragen von Rainer Maria Schulze [d. i. Paul Steegemann]. Hannover: Steegemann 1922.

Poe, Edgar Allan: A. G. Pyms abenteuerliche Erlebnisse. (Übertragen von Alfred Wolfenstein.) München: O. C. Recht-Verlag 1922 (Gestern und Heute Bd. 2).

Poole, Ernest: Der Hafen. Roman. Einzig berechtigte Übertragung aus dem Englischen von Hermynia Zur Mühlen. Berlin-Fichtenau: Verlag Gesellschaft und Erziehung 1920.

Sinclair, Upton: König Kohle. Roman. Mit einer Einleitung aus dem Englischen von Hermynia Zur Mühlen. Zürich: Internationaler Verlag 1918.

Sinclair, Upton: Jimmie Higgins. Berechtigte Übertragung aus dem Amerikanischen von Hermynia zur Mühlen. Potsdam: Gustav Kiepenheuer Verlag 1919.

Sinclair, Upton: Die Maschine. Schauspiel in 3 Aufzügen. Einzig berechtigte Übertragung aus dem Amerikanischen von Hermynia Zur Mühlen. Berlin: Malik-Verlag [1921] (Sammlung revolutionärer Bühnenwerke Bd. 6).

Sinclair, Upton: 100 %. Roman eines Patrioten. Autorisierte Übertragung von Hermynia Zur Mühlen. Mit 10 Lithographien von Georg Grosz. Berlin: Malik-Verlag [1921] (Die Rote Roman-Serie Bd. 2).

Sinclair, Upton: Prinz Hagen. Ein phantastisches Schauspiel in 4 Aufzügen. Einzig berechtigte Übertragung aus dem Englischen von Hermynia Zur Mühlen. Berlin: Malik-Verlag 1921 (Sammlung revolutionärer Bühnenwerke Bd. 1).

Sinclair, Upton: Das Buch des Lebens. 4. Tle. (Das Buch des Geistes, Das Buch des Körpers, Das Buch der Liebe, Das Buch der Gesellschaft) in 3 Bdn.. Aus dem Manuskript übertragen von Hermynia Zur Mühlen. Einbandzeichnung von John Heartfield. Berlin: Malik-Verlag 1922.

Sinclair, Upton: Das Haus der Wunder. Ein Bericht über Dr. Albert Abrams revolutionierende Entdeckung: Die Feststellung der Diagnose vermittels der Radioaktivität des Blutes. Aus dem Manuskript übertragen von Hermynia Zur Mühlen. Prag: Orbis-Verlag 1922.

Sinclair, Upton: Der Liebe Pilgerfahrt. Übertragung von Hermynia zur Mühlen. Potsdam: Gustav Kiepenheuer 1922.

Sinclair, Upton: Man nennt mich Zimmermann. Roman. Autorisierte Übersetzung aus dem amerikanischen Manuskript von Hermynia Zur Mühlen. [Einband mit Fotomontage von John Heartfield.] Berlin: Malik-Verlag [1922] (Die Rote Roman-Serie Bd. 7).

Sinclair, Upton: Der Sumpf. Roman. Neubearbeitung. Autorisierte Übersetzung aus dem vom Autor neubearbeiteten Manuskript von Hermynia Zur Mühlen. [Einband mit Fotomontage von John Heartfield.] Berlin: Malik-Verlag [1923 bzw. 1924] (Die Rote Roman-Serie Bd. 10).

Sinclair, Upton: Sklaverei. Roman. Einzig berechtigte Übertragung aus dem Amerikanischen von Hermynia Zur Mühlen. Titelblatt gezeichnet von Karl Lomparski. Wien/Berlin/Leipzig/ New York: Interritorialer Verlag „Renaissance" [1923].

Sinclair, Upton: Der Fassadenkletterer. Ein Drama in 1 Aufzug. Einzig berechtigte Übertragung aus dem Amerikanischen von Hermynia Zur Mühlen. Berlin/Leipzig/Wien: Verlag Die Wölfe 1924.

Sinclair, Upton: Der Parademarsch. Eine Studie über amerikanische Erziehung. Einzig berechtigte Übertragung aus dem Amerikanischen von Hermynia Zur Mühlen. Mit einer Einleitung. Einbandzeichnung von John Heartfield. Berlin: Malik-Verlag [1924].

Sinclair, Upton: Samuel der Suchende. Roman. Neubearbeitung. Autorisierte Übersetzung aus dem amerikanischen Manuskript von Hermynia Zur Mühlen. [Einband und Schutzumschlag von John Heartfield.] Berlin: Malik-Verlag [1924].

Twain, Mark: Huckleberry Finns Fahrten und Abenteuer. Hg. und übertragen von Ulrich Steindorff. Berlin: Ullstein 1921.

Twain, Mark: Tom Sawyers Abenteuer. Hg. und übertr. von Ulrich Steindorff. Berlin: Ullstein 1921.

Twain, Mark: Durch Dick und Dünn. Hg. und übertr. von Ulrich Steindorff. Berlin: Ullstein 1922.

Twain, Mark: Ein Bummel durch Europa. Hg. und übertr. von Ulrich Steindorff. Berlin: Ullstein 1922.

Twain, Mark: Tolle Geschichten. Hg. und übertr. von Ulrich Steindorff. Berlin: Ullstein 1923.

Whitman, Walt: Grashalme. Einige Gedichte deutsch [von] Adolf Knoblauch. [Staatsbibliothek zu Berlin. Handschriftenabteilung; Nachl. 331, 117.]

Whitman, Walt: Der Wundarzt. Briefe, Aufzeichnungen und Gedichte aus dem amerikanischen Sezessionskrieg. (Die Prosa hat Iwan Goll übersetzt, die Gedichte Gustav Landauer.) Zürich: Max Rascher Verlag 1919 (Europäische Bibliothek Bd. 7).

Williams, Albert Rhys: Durch die Russische Revolution 1917–1918. Erste deutsche Übersetzung von Hermynia zur Mühlen. Berlin: Vereinig. Internat. Vlg-Anst., 1922.

Persisch

Die Rosen von Schiras. Persische Liebesgedichte. (Die deutsche Nachdichtung der vorstehenden Verse ist besorgt von Alfred Richard Meyer und Ernst Ulitzsch. Mit 11 Originallithographien von Richard Janthur.) Berlin: Fritz Gurlitt Verlag 1921 (Das geschriebene Buch; Bd. 4).

Klabund: Das Sinngedicht des persischen Zeltmachers. Neue Vierzeiler nach Omar Khayyâm. Mit Buchschmuck von Willy Orth. München: Roland-Verlag 1917.

Polnisch

Chledowski, Casimir: Die letzten Valois. Übertragen von Arthur Ernst Rutra. München: Georg Müller Verlag 1922.

Mickiewicz, Adam: Poetische Werke. Bd. 1. Übertragen von Arthur Ernst Rutra. Eingeleitet von A[lexander] Brückner. München: Georg Müller Verlag 1919 (Polnische Bibliothek. Abt. 2, Bd. 2).

Mickiewicz, Adam: Sonette aus der Krim. Nachdichtung und Vorwort von Arthur Ernst Rutra. (Mit einer farbigen Zeichnung von Pirchan auf Vorderdeckel.) München: Roland Verlag Albert Mundt 1919 (Kleine Roland-Bücher; Bd. 11).

Russisch

Andrejew, Leonid: Hinter der Front. Ins Deutsche übersetzt von Hermynia Zur Mühlen. Zürich: Rascher 1918 (Europäische Bibliothek) (Teilveröffentlichung aus *Das Joch des Krieges*).

Andrejew, Leonid: Das Joch des Krieges. Roman. Aus dem russischen Manuskript übertragen von Hermynia Zur Mühlen. Zürich: Rascher Verlag 1918 (Europäische Bücher).

Bjedny, Demjan: Die Hauptstraße. Aus dem Russischen nachgedichtet von Johannes R. Becher. Nachwort von L[eo] Trotzki. Wien: Verlag für Literatur und Politik 1924.

Bogdanov, Alexander: Der rote Stern. Ein utopischer Roman. Aus dem Russischen übertragen von Hermynia Zur Mühlen. Berlin-Schöneberg: Verlag der Jugendinternationale 1923 (Internationale Jugendbücherei. Bd. 1).

Dostojewski, Fedor M.: Der ewige Gatte. Übertragen von Gregor Jarcho. Dresden/Leipzig: H. Minden Verlag 1921.

Dostojewski, Fedor M.: Die Dämonen. Roman. [Übertragen von Gregor Jarcho.] Bd. 1–2. Berlin: I. Ladyschnikow Verlag [1924].

Dostojewski, Fedor M.: Verbrechen und Strafe. Ein Roman in sechs Teilen. Mit einem Nachwort. Deutsch von Gregor Jarcho. Bd. 1–2. Berlin: Propyläen-Verlag 1924.

Evreinov, Nikolaj N.: Die Kulissen der Seele. Monodrama. Deutsch von Franz Theodor Csokor. Wien/Zürich/Leipzig: Verlag der Wiener Graphischen Werkstätte (1920) (Die Bücher der Zeit; Bd. 2).

Gogol, Nikolai Wassiljewitsch: Abende auf dem Gutshof bei Dikanka. Phantastische Novellen. Deutsch von Ludwig Rubiner und Frida Ichak. Vorrede von Rotfuchs Paniko. München/ Leipzig: Georg Müller Verlag 1910 (Sämtliche Werke. Bd. 3).

Kusmin, Michail: Taten des großen Alexander. (Die autorisierte Übersetzung besorgte Ludwig Rubiner.) München: Hyperion 1910.

Levinson, Andrei: Meister des Balletts. Aus dem Russischen übersetzt von Reinhold v. Walter. Potsdam: Müller & co/Petersburg/Berlin: S. Efron 1924.

Majakowski, Wladimir: 150 Millionen. Autorisierte Nachdichtung von Johannes R. Becher. Berlin: Malik-Verlag 1924 (Malik-Bücherei. Bd. 5).

Puschkin, Alexander S.: Kleine Dramen. Aus dem Russ. übertr. von Reinhold v. Walter. Berlin:
 Verlag Skythen 1922.
Puschkin, Alexander S.: Mozart und Salieri. Aus dem Russ. übertr. von Reinhold v. Walter.
 Berlin: Verlag Skythen 1922.
Russische Novellen und Märchen. Mit Beiträgen von L. Andrejew u. a. (Autorisierte Übersetzung
 ins Deutsche von Hermynia Zur Mühlen. Zürich: Rascher Verlag 1920.
Swirski, A[lexej] I[wanowitsch]: Schwarze Leute. Erzählung aus dem Bergmannsleben.
 Übertragen aus dem Russischen von Hermynia Zur Mühlen. Berlin-Schöneberg: Verlag der
 Jugendinternationale 1923 (Kleine Jugendbücherei).
Turgenjew, Iwan S.: Rudin. Die neue Generation. Übersetzt von Ludwig Rubiner und Frida
 Ichak. München und Leipzig: Georg Müller Verlag, 1911 (Sämtliche Werke in 12 Bänden,
 Bd. 2.).

Spanisch

Cervantes Saavedra, Miguel de: Leben und Taten des scharfsinnigen Ritters Don Quixote. Mit
 32 Kupfern von Daniel Chodowiecki. (Einleitung von Heinrich Heine.) Nach der Tieckschen
 Übertragung [von] Curt Moreck neu bearbeitet. Bd. 1–4. Berlin: Eigenbrödler-Verlag 1921.
Quevedo y Villegas, Francisco Gómez de: Wunderliche Träume. Umdichtung von Curt Moreck
 mit den 61 Zeichnungen Leonhard Bramers. Nach den Originalen in der graphischen
 Sammlung des bayerischen Staates zum erstenmal herausgeben von E[rnst] W[ilhelm]
 Bredt. München: Hugo Schmidt 1919.
Navarra, Margareta von: Liebesgeschichten. (Heptameron. Übertragen von Curt Moreck.)
 München, G. Hirth's Verlag Nachf. 1921.

Tschechisch

Bezruč, Petr: Die schlesischen Lieder. Verdeutscht von Rudolf Fuchs. Vorrede von Franz Werfel.
 Leipzig: Kurt Wolff Verlag 1916.
Březina, Otokar: Baumeister am Tempel. Einzig berechtigte Übertragung von Otto Pick.
 München: Kurt Wolff Verlag 1920.
Březina, Otokar: Winde von Mittag nach Mitternacht. In deutscher Nachdichtung von Emil
 Saudek und Franz Werfel. München: Kurt Wolff Verlag 1920 (Drugulin-Drucke. NF 9).
Březina, Otokar: Musik der Quellen. Aus dem Tschechischen übertragen von Emil Saudek unter
 Mitwirkung von Franz Werfel. München: Kurt Wolff Verlag 1923.
Čapek, Josef: Der Sohn des Bösen. Übersetzt von Otto Pick. Berlin-Wilmersdorf: Verlag der
 Wochenschrift *Die Aktion* (Franz Pfemfert) 1918 (Der rote Hahn. Bd. 24/25).
Čapek, Karel: Gottesmarter. Novellen. Übertragung aus dem Tschechischen von Otto Pick.
 Berlin: S. Fischer Verlag 1918.
Čapek, Karel: Kreuzwege. Übertragung aus dem Tschechischen von Otto Pick. Leipzig: Kurt
 Wolff Verlag 1919 (Der jüngste Tag. Bd. 64).
Čapek, Karel: WUR – Werstands Universal Robots. Utopisches Kollektivdrama in drei Aufzügen.
 Deutsch von Otto Pick. Prag/Leipzig: Orbis 1922.

Dvořák, Arno: Der Volkskönig. Drama in fünf Akten. Deutsch von Max Brod. Leipzig: Kurt Wolff
Verlag 1914.

Gočár, Josef, Janák, Pavel, Kysela, František: Čechische Bestrebungen um ein modernes
Interieur. Mit einer Einl. von Václav Vilém Štech. [Übersetzt von Otto Pick.] Prag: Prager
Künstlerwerkstätten [F. Rivnác] 1915.

Janáček, Leoš: Jenufa. (Ihre Ziehtochter.) Oper aus dem mährischen Bauernleben in drei Akten
von Gabriele Preiß. Deutsche Übersetzung von Max Brod. Wien/Leipzig: Universal-Edition
(1918) (Universal-Edition. Nr. 6004).

Janáček, Leoš: Jenufa. Katja Kabanowa. Oper in 3 Akten. Nach A. N. Ostrowskijs *Gewitter* in der
Übersetzung von Vincenc Červinka. Ins Deutsche übertragen von Max Brod. [Textbuch].
Wien/Leipzig: Universal Edition 1922.

Janáček, Leoš: Jenufa. Vier Männerchöre. 1. Drohung. 2. O Liebe. 3. Ach Krieg, Krieg!
(Volksliedertexte.) 4. Deine schönen Augen. (Text von Jar. Tichy.) Neuausgabe mit
deutschem Text von Max Brod. Prag: Hud. Matice 1924. Originalausgabe: Brünn: Winkler
1886.

Langer, František: Die Entführung der Eveline Mayer. Eine Pantomime. Berechtigte Übertragung
aus dem Tschechischen von Otto Pick. Heidelberg: Saturn-Verlag Hermann Meister 1913
(Kleine Saturnbücher 1913).

Langer, František: Millionen. Komödie. Deutsch von Otto Pick. [Bühnenmanuskript]. Basel:
Reiß Bühnenvertrieb 1914 (Uraufführung 1915).

Langer, František: Die goldene Venus. Renaissance-Novellen. Erste berechtigte Übersetzung
aus dem Tschechischen von Otto Pick. Berlin: Borngräber 1918.

Machar, Josef Svatopluk: K. u. K. Kriminal. Erlebt 1916; Geschrieben: 1917–1918. Vom
Verfasser genehmigte Übertragung aus dem Tschechischen von Otto Pick. Wien/Leipzig:
Deutsch-österreich. Verlag 1919.

Novák, Vitězslav: Der Burgkobold. Komische Oper in einem Aufzug. Text von Ladislav
Stroupežnický. Deutsche Übersetzung von Max Brod. [Textbuch]. Wien: Universal-Edition
[1916].

Šrámek, Fráňa: Erwachen. Ein Akt. Übertragen von Otto Pick. Heidelberg: Saturn-Verlag
Hermann Meister 1913 (Umschlagzeichnung von Herbert Großberger).

Šrámek, Fráňa: Flammen. Deutsche Übertr. von Otto Pick. Mit einem Vorwort von Hermann
Bahr. Leipzig: Ernst Rowohlt Verlag 1913.

Šrámek, Fráňa: Der silberne Wind. Roman. Übertragen von Otto Pick. Wien/Prag/Leipzig: Ed.
Strache Verlag 1920.

Šrámek, Fráňa: Sommer. Komödie in drei Akten. Übertragen von Otto Pick. Reichenberg/Prag/
Leipzig/Wien: Heris-Verlag 1921 (Heris-Bücher. Bd. 2).

Šrámek, Fráňa: Die Glocken. Dramatische Legende. Deutsch von Otto Pick.
[Bühnenmanuskript] – Basel, Reiß Bühnenvertrieb o. J.

Tschechische Erzähler. Übertragen von Otto Pick. Mit Beiträgen von Frant[išek] Langer, F. X.
Salda, Josef und Karel Čapek, Otokar Theer, K. M. Čapek-Chod, Ruzena Svobodová.
Potsdam: Gustav Kiepenheuer Verlag 1920.

Literaturverzeichnis

Archivalien

Csokor, Theodor: Autobiographisches. In: Nachlass Franz Brümmer. Staatsbibliothek Berlin. Preußischer Kulturbesitz.

Däubler, Theodor: Literatenschmaus/Gedichte von Aldo Palazzeschi Futurist/Aus dem Italienischen frei übersetzt von Theodor Däubler Futurist (Klassik Stiftung Weimar, GSA 12/II, 10).

Goll, Ywan: Brief an Majakowski vom 5. Juni 1924. Ms. 609, 510.319, Archiv Yvan Goll, Saint-Dié-des-Vosges.

Hadwiger, Else/ Kippenberg, Katharina: Korrespondenz 1916–1934. Deutsches Literaturarchiv Marbach, Zugangsnummer: SU.2010.0001.

Hendrich, Hermann/ Pfemfert, Franz: Korrespondenz – Literaturarchiv der Akademie der Künste (Inv.-Nr.: 420/1974).

Knoblauch, Adolf: Der Welterzeugerische Mensch/L'homme cosmogonique, von Nicolas Beauduin. Paroxystisches Gedicht in drei Gesängen. [Staatsbibliothek zu Berlin. Handschriftenabteilung; Nachl. 331, 116.]

Knoblauch, Adolf: „Die widersprechenden Stimmen". Von Nicolas Beaudoin [sic]. [Staatsbibliothek zu Berlin. Handschriftenabteilung; Nachl. 331, 116.]

Knoblauch, Adolf: Einige Gesänge aus Walt Whitman *Grashalme*. [Staatsbibliothek zu Berlin. Handschriftenabteilung; Nachl. 331, 117]).

Knoblauch, Adolf: Walt Whitman: Grashalme. Einige Gedichte deutsch [von] Adolf Knoblauch. [Staatsbibliothek zu Berlin. Handschriftenabteilung; Nachl. 331, 117.]

Knoblauch, Adolf: Lettre ouverte à un poète de Paris (Offener Brief an einen Pariser Dichter). [Staatsbibliothek zu Berlin. Handschriftenabteilung; Nachl. 331, 116.]

Gedruckte Quellen

A., R.: An Henri Barbusse. In: Der Friede 3 (28. Februar 1919) 58, S. 121.

Adler, Jeremy D./White, John J. (Hg.): August Stramm. Kritische Essays und unveröffentlichtes Quellenmaterial aus dem Nachlaß des Dichters. Berlin: E. Schmidt 1979.

Angermayer, Fred Antoine: Han Ryner. Eine Studie. In: Das Buch der Wolkenwanderer. Leipzig: Wolkenwanderer-Verlag 1924, S. 48–58.

Anima: Duhamel, Georges: Leben der Märtyrer. In: Der Friede 2 (20. September 1918) 35, S. 214f.

Annenkov, Jurij P.: Dnevnik moich vstreč. Cikl' tragedii. Moskva: Chudožestvennaja literatura 1991.

Anon. [Roger Frey?]: Modern French Pictures At Brighton. In: The Times, 11. Juli 1910, S. 12.

Anz, Thomas / Stark, Michael (Hg.): Expressionismus. Manifeste und Dokumente zur deutschen Literatur 1910–1920. Mit Einleitungen und Kommentaren. Stuttgart: Metzler 1982.

Apollinaire, Guillaume: Realité, peinture pure. In: Der Sturm 3 (1912) 138/139, S. 224f.

https://doi.org/10.1515/9783111010540-018

Apollinaire, Guillaume: „Je crois que l'avenir…" (1913). In: Ders.: Œuvres en prose complétes. Textes établis, présentés et annotés par Michel Décaudin. Bd. 2. Paris: Gallimard 1991, S. 508, 1595 f.

Arnold, E: Illustrierte deutsche Literaturgeschichte. Berlin: Ullstein & Co 1909.

Bahr, Hermann: Expressionismus. München: Delphin Verlag 1916.

Ball, Hugo: Die Flucht aus der Zeit. Hg. sowie mit Anmerkungen und Nachw. versehen von Bernhard Echte. Zürich: Limmat Verlag 1992.

Baudelaire, Charles: Die Blumen des Bösen. Umdichtungen von Stefan George. Berlin: Bondi 1901.

Baudelaire, Charles: Die Blumen des Bösen. Vollständige zweisprachige Ausgabe. Deutsch von Friedhelm Kemp. München: Deutscher Taschenbuch Verlag 1975.

Baudelaire, Charles: Œuvres complètes. Texte établi, présenté et annoté par Claude Pichois. 2 Vol. Paris: Gallimard 1975–1976.

Baudelaire, Charles: Seifenblasen. Deutsch von Wilhelm Klemm. In: Die Aktion 6 (4. März 1916) 9/10, Sp. 116.

Beauduin, Nicolas: L'Homme cosmogonique: La Vie des Lettres [Oktober 1913] 3, S. 369–406.

Beauduin, Nicolas: La Poésie de l'Époque. In: Mercure de France 398 (16. Januar 1914), S. 276–286.

Becher, Johannes R.: An Dostojewski. In: Um Gott. Leipzig: Insel 1921 (wiederabgedruckt in: Expressionismus. Lyrik. Hg. von Martin Reso in Zusammenarbeit mit Silvia Schlenstedt und Manfred Wolter. Mit einem Nachwort von Silvia Schlenstedt. Berlin/Weimar: Aufbau-Verlag 1969, S. 111).

Becher, Johannes R.: An Zola. In: Ders.: Verbrüderung. Leipzig: Kurt Wolff Verlag 1916.

Becher, Johannes R.: Briefe: 1909–1958. Hg. von Rolf Harder. Berlin/Weimar: Aufbau-Verl. 1993.

Becher, Johannes R.: Das neue Gedicht. Auswahl (1912–1918). Leipzig: Insel 1918.

Becher, Johannes R.: Lokomotiven. In: Päan gegen die Zeit. Leipzig: Kurt Wolff 1918, S. 49.

Becher, Johannes R.: Sang den Frauen. Für Else Hadwiger. In: Die Weissen Blätter 3 (Februar 1916) 2, S. 242 f.

Behne, Adolf: Bahr, Hermann: Expressionismus [Rezension]. In: Die Aktion 6 (19. August 1916) 33/34, Sp. 473–476.

Behrens, Franz Richard: Sechstaktmotor. Für Rudolf Blümner. In: Der Sturm 8 (Juni 1917) 3, S. 40.

Behrens, Franz Richard: B = C. Der Roman der Lyrik. Für Rudolf Blümner und Fernand Leger. In: Der Sturm 12 (November 1921) 11, S. 186–192.

Belhuaire, Roland: Deux Poètes. Nicolas Beauduin et F.T. Marinetti. In: Lucifer (1923), o. S.

Benn, Gottfried: (Hg.): Lyrik des expressionistischen Jahrzehnts. Von den Wegbereitern bis zum Dada. Mit einer Einleitung von G.B. München: Deutscher Taschenbuch Verlag 1962.

Benn, Gottfried: Alaska. In: Die Aktion 3 (26. Februar 1913) 9, Sp. 269 f.

Benn, Gottfried: Der Räuber-Schiller. In: Die Aktion 3 (25. Juni 1913), Sp. 640 f.

Benn, Gottfried: D-Zug. In: Die Aktion 3 (5. Juli 1913) 27, Sp. 647 f.

Benn, Gottfried: Gesammelte Werke in vier Bänden. Hg. von Dieter Wellershoff. Stuttgart: Klett-Cotta 1977.

Benn, Gottfried: Untergrundbahn. In: Der Sturm 4 (Mai 1913) 160/161, S. 26.

Benn, Gottfried: Untergrundbahn. In: Verkündigung. Anthologie Junger Lyrik. Hg. von Rudolf Kayser. München: Roland-Verlag 1921, S. 22.

Berrichon, Paterne: Jan-Arthur Rimbaud Le Poète (1854–1873). Poèmes, lettres et documents inédits. Portrait en héliogravure et autographe. Paris: Mercure de France 1912.

Blass, Ernst: Alfred Kerr. In: Juden in der deutschen Literatur. Essays über zeitgenössische Schriftsteller. Hg. von Gustav Krojanker. Berlin: Welt-Verlag 1922, S. 41–54.

Blei, Franz: Strindberg – Schering – Péladan. In: Das Hohe Ufer 2 (1920), S. 62–64.

Bleyl, Fritz: Erinnerungen. In: Fritz Bleyl 1880–1966. Hg. von Magdalena Moeller. Berlin: Brücke-Museum 1993, S. 214f.

Borberg, Svend: Das Lächeln von Reims. Berechtigte Übersetzung aus dem Dänischen von Klara Wechselmann. Zürich: Max Rascher Verlag 1919 (Europäische Bibliothek 6).

Bouyer, Raymond: XVIIe Exposition de la société des Artistes indépendants. In: La chronique des arts et de la curiosité 18 (1901), S. 138f.

Breton, André: Anthologie des Schwarzen Humors [1939]. München: Rogner und Bernhard 1971.

Brod, Max: Unsere Literaten und die Gemeinschaft. In: Der Jude 1 (1916) 7, S. 457–464.

Brugier, Gustav: Geschichte der deutschen Literatur. 12. Aufl., wesentl. umgearb. u. erg. von E[lisabeth] M[argarete] Hamann. Freiburg im Breisgau u. a.: Herder 1911.

Buber, Martin: Gemeinschaft. In: Neue Erde 1 (1919), S. 6–8.

Burschell, Friedrich: Vom Charakter und der Seele. In: Die Weißen Blätter 2 (1915), S. 3–29.

Busse, Carl: Geschichte der Weltliteratur. In zwei Bänden. Bielefeld/Leipzig: Verlag von Velhagen und Klasing 1910–1913.

Buzzi, Paolo: Hamburg – Ein futuristisches Diptychon. Autorisierte Übersetzung von Else Hadwiger. Berlin-Wilmersdorf: A. R. Meyer 1920.

Buzzi, Paolo: Versi liberi. Milano: Fratelli Treves 1913.

Cahén, Fritz Max: Apollinaire, Guillaume: Alcools [Rezension]. In: Die Bücherei Maiandros, Beiblatt, 1. November 1913, S. 9f.

Cahén, Fritz Max: Der Alfred Richard Meyer-Kreis (Berlin 1913–14). In: Paul Raabe: Expressionismus. Aufzeichnungen und Erinnerungen der Zeitgenossen. Freiburg: Walter-Verlag 1965, S. 111–115.

Cahén, Fritz Max: Der Weg nach Versailles. Erinnerungen 1912–1919. Schicksalsepoche einer Generation. Boppard am Rhein: Harald Boldt Verlag 1963.

Cangiullo, Francesco: Addioooo. In: Cabaret Voltaire 1 (15. Mai 1916) 1, S. 30.

Charol, Michael: Übersetzungen. In: Der Kritiker 1 (7. Juni 1919) 14, S. 12–14.

Chuci. Übersetzt und mit Anmerkungen versehen von Li Shan. Peking 2015.

Colle, R. P.: Les Baluba (Congo Belge). Avec une introduction de Cyrille Van Overbergh. Bruxelles: Albert Dewit/Institut international de Bibliographie 1913.

Corbach, Otto: Europäertum. In Die Aktion 1 (15. Mai 1911) 13, Sp. 387–391.

Corbach, Otto: Sprache und Politik. In: Pan 2 (29. Februar 1912) 15, S. 452–455.

Csokor, Franz Theodor: Die neue dramatische Form. (Die Wandlung und Gründe). In: Die Neue Schaubühne 3 (Februar 1921) 2/3, S. 27–32.

Csokor, Franz Theodor: Die rote Straße. Ein dramatisches Werk in vierzehn Bildern. Weimar: Gustav Kiepenheuer 1918.

Csokor, Franz Theodor: Rede über Strindberg. In: Wort in der Zeit 5 (1959) 6, S. 21–24.

Dante: Die göttliche Komödie. Hg. von Carl Ludwig Kannegiesser. Amsterdam: Im Kunst- und Industrie-Comptoir 1809.

Däubler, Theodor: Im Kampf um die moderne Kunst. In: Im Kampf um die moderne Kunst und andere Schriften. Hg. von Friedhelm Kemp und Friedrich Pfäfflin. Darmstadt: Luchterhand Literaturverlag 1988, S. 140 f.

Davies, Malcolm (Hg.): Poetarum melicorum Graecorum fragmenta. Oxonii: Typ. Clarendoniano 1991.

Döblin, Alfred: An Romanautoren und ihre Kritiker. Berliner Programm. In: Der Sturm 4 (1913) 158/159, S. 17 f.

Döblin, Alfred: Brief an Adolf Knoblauch. In: Der Sturm 6 (1. und 2. Oktoberhälfte 1915) 13/14, S. 81.

Döblin, Alfred: Die Ermordung einer Butterblume. In: Der Sturm 1 (8. September 1910) 28, S. 220 – 221, und 1 (15. September 1910) 29, S. 229.

Döblin, Alfred: Die Schlacht, die Schlacht! In: Der Neue Merkur 2 (September 1915) 1, S. 22 – 36.

Döblin, Alfred: Epilog. In: Ders. Auswahl aus dem erzählenden Werk. Einleitung E. H. Paul Lüth. Wiesbaden: Limes-Verlag 1948, S. 391 – 404.

Döblin, Alfred: Futuristische Worttechnik. Offener Brief an Marinetti. In: Der Sturm 3 (März 1913) 150/151, S. 280 – 282.

Dostojewskij, Fedor M.: Arme Leute. Der Doppelgänger. Zwei Romane. Übertragen von E. K. Rahsin. München und Leipzig: Piper 1910.

Dostojewskij, Fedor M.: Aufzeichnungen aus dem Kellerloch. Übertragen von E. K. Rahsin. Mit 50 Federzeichnungen von Walter Becker, in Holzschnitt geschnitten von Albert Fallscheer. München: R. Piper & Co. 1927.

Dostojewski, Fedor M.: Der Großinquisitor. Aus dem Fünften Buch der Brüder Karamasoff abgelöst durch Wilhelm Schäfer. Mit 7 Holzschnitten von Willi Geißler. Rudolstadt: Der Greifenverlag zu Rudolstadt o. J. [1924].

Dostojewskij, Fedor M.: Der Spieler. Späte Romane und Novellen. Übertragen von E. K. Rahsin. Darmstadt: Wissenschaftliche Buchgesellschaft 1965.

Dostojewskij, Fedor M.: Die Sanfte. Berlin: Erich Reiß Verlag (Achter Prospero-Druck) 1920.

Dostojewskij, Fedor M.: Die Sanfte. Köln: J. F. Marcan 1925.

Dostojewskij, Fedor M.: Die Seele Rußlands. Eingeleitet von Karl Scheffler. Deutsche Ausgabe von August Scholz. Berlin: Verlag Bruno Cassirer 1920.

Dostojewskij, Fedor M.: Krotkaja (Die Sanfte). München: Drei Masken Verlag (Obelisk Druck) 1921.

Duhamel, Georges: Vie des martyrs. 1914 – 1916. Paris: Mercure de France 1917.

Edschmid, Kasimir: Das Bücher-Dekameron. Eine Zehn-Nächte-Tour durch die europäische Gesellschaft und Literatur. Berlin: Erich Reiß Verlag 1923.

Edschmid, Kasimir: Expressionismus in der Dichtung. Rede gehalten am 13. Dezember 1917 vor dem Bund Deutscher Gelehrter und Künstler und der Deutschen Gesellschaft 1914. In: Die Neue Rundschau 29 (1918) 1, S. 359 – 374.

Edschmid, Kasimir: Über den Expressionismus in der Literatur und die neue Dichtung. Berlin: Erich Reiß Verlag 1921.

Ehrenstein, Albert: Den ermordeten Brüdern. Zürich: Max Rascher 1919.

Ehrenstein, Albert: Die Gedichte. Leipzig, Prag u. Wien: Strache 1920.

Ehrenstein, Albert: Menschlichkeit. In: Den ermordeten Brüdern. Umschlagzeichnung von G. Rabinovitch. Zürich: Max Rascher 1919.

Ehrenstein, Albert: Vorwort. In: Ödipus der Tyrann. Ein Trauerspiel des Sophokles. Übersetzt von Friedrich Hölderlin, mit einem Vorwort von A. E.. Regensburg/Leipzig: Habbel & Naumann Verlag 1923, S. 4 f.

Ehrenstein, Albert: Werke. Hg. von Hanni Mittelmann. Bd. 5: Aufsätze und Essays. Göttingen: Wallstein 2004.

Einstein, Carl: Negerplastik. Mit 119 Abbildungen. Leipzig: Verlag der weißen Bücher 1915.

Ellis, Henry (Hg.): Original Letters illustrative of English History; including numerous Royal Letters: from autographs in the British Museum and one or two other collections. Second series in four volumes. Vol. 3. London: Harding and Lepard 1827.

Emerson, Ralph Waldo: The American Scholar. In: The American Scholar – Self-Reliance – Compensation. Hg. von Orren Henry Smith. New York/Cincinnati/Chicago: American Book Company 1911, S. 21–46.

Emerson, Ralph Waldo. The Over-Soul. In: Essays. Boston: James Munroe and Co. 1841, S. 222–245.

Engel, Eduard: Die Übersetzungsseuche in Deutschland. Leipzig: Wilhelm Friedrich 1879.

Engelke, Gerrit: An die Soldaten des Großen Krieges. In: Rhythmus des neuen Europa. Gedichte. Jena: Eugen Diederichs 1921, S. 105–108.

Evreinov, Nikolaj Nikolaevič: The Theatre of the Soul. A Monodrama in One Act. Translated by Marie Potapenko and Christopher St. John. London: Hendersons 1915.

Evreinov, Nikolaj Nikolaevič: V kulisach duši. In: Dramatičeskie sočinenija. 3 Bde. Bd. 3. Petrograd: Academia 1923, S. 31–41.

Evreinov, Nikolaj Nikolaevič: V vedenjie v monodramu [1909], In: Ders.: Demon teatral'nosti. Moskau/St. Petersburg: Letnij Sad 2002, S. 99–112.

Fischer, Heinrich: Lew Nikolajewitsch Myschkin. In: Die Botschaft. Neue Gedichte aus Österreich. Hg. von Emil Alphons Rheinhardt. Wien: Verlag Ed. Strache 1920, S. 77.

Flake, Otto: Die großen Worte. In: Der Neue Merkur 4 (1920), S. 68–72.

Flake, Otto: Vorwort zum neuen Roman. [*Die Stadt des Hirn.*] In: Die Neue Bücherschau 1 (1919) 4, S. 8 f.

Flake, Otto: „Wiederum vergleicht Frankreich!": Essays und Skizzen. Hg. von Christian Luckscheiter und Hansgeorg Schmidt-Bergmann. Halle: Mitteldeutscher Verlag 2020.

Flake, Otto: Zum guten Europäer. Zwölf Chroniken Werrenwags. Berlin: Elena Gottschalk Verlag 1924.

Flat, Paul: Le musée Gustave Moreau: l'artiste – son œuvre – son influence. Paris: Societé d'édition artistique 1899.

Flechsig, Paul: Gehirn und Seele. Leipzig: Veit & Comp. 1896.

Flesch-Brunningen, Hans von: Die Revolution der Erotik. In: Wiecker Bote 1 (1914) 11/12, S. 5–12.

Folgore, Luciano: L. F. Futurista: Canto degli Hangars. In: Il Canto dei Motori. Milano: Edizioni futuriste di *Poesia* 1912, S. 175 f.

Fontana, Oskar Maurus (Hg.): Aussaat: Prosa und Verse einer neuen Jugend. Konstanz am Bodensee: Reuß & Itta 1915.

Forel, August: Der Patriotismus. In: Die Aktion 1 (7. August 1911) 25, Sp. 773 f.

Forke, Alfred: Blüthen chinesischer Dichtung mit 21 reproducirten chinesischen Original-Pinselzeichnungen, aus der Zeit der Han- und Sechs-Dynastie, II. Jahrhundert vor Christus bis zum VI. Jahrhundert nach Christus. Aus dem Chinesischen metrisch übersetzt von A. F. Magdeburg: Faber 1899.

Frerking, Johann: Jammes, Francis: Almaide oder der Roman der Leidenschaft. 1919. In: Das Hohe Ufer 1 (April 1919) 4, S. 112.

Freud, Sigmund: Massenpsychologie und Ich-Analyse. Leipzig/Wien/Zürich: Internationaler Psychoanalytischer Verlag 1921.

Fuchs, Rudolf: Dostojewski schreibt. In: ders.: Die Prager Aposteluhr. Gedichte, Prosa, Briefe. Ausgewählt, kommentiert u. mit einem Nachwort versehen v. Ilse Seehase. Halle u. Leipzig: Mitteldeutscher Verlag 1985, S. 48 f.

Fulda, Ludwig: Deutsche Kultur und Ausländerei. Leipzig: S. Hirzel 1916.

Fürth, Walter: August Strindberg. Die Tragödie eines Vernunftwesens. In: Der Mensch 1 (1918) 2, S. 28 – 31.

Gabler, Karlheinz (Hg.): Ernst Ludwig Kirchner: Dokumente, Fotos, Schriften, Briefe. Aschaffenburg 1980.

Geffroy, Gustav: L'œuvre de Gustave Moreau. Paris: L'Œuvre d'Art 1900.

George, Stefan: Sämtliche Werke. Bd. 13/14: Die Blumen des Bösen: Umdichtungen. Stuttgart: Klett-Cotta 1983.

George, Stefan: Über Kraft. In: Blätter für die Kunst. Dritte Folge, Bd. 1, Januar 1896, S. 31.

Glasenapp, Carl Friedrich/Stein, Heinrich von (Hg.): Wagner-Lexikon: Hauptbegriffe der Kunst- und Weltanschauung Richard Wagner's, in wörtlichen Anführungen aus seinen Schriften zusammengestellt von C. F. G. und H. v. S. Stuttgart: Verlag der J. G. Cotta'schen Buchhandlung 1888.

Glück, Guido: Weltbürgertum. In: Der Mensch 1 (Januar 1918) 1, S. 11 – 14.

Goldschmidt, Kurt Walter: Strindberg und kein Ende. In: Die Flöte 4 (1922) 10, S. 291 – 296.

Goll, Claire: Ich verzeihe keinem. Eine literarische *Chronique scandaleuse* unserer Zeit. Aus dem Französischen übersetzt von Ava Belcampo. Bern/München: Scherz-Verlag 1978.

Goll, Ivan: Les cinq continents – Anthologie mondiale de poésie contemporaine. Paris: La Renaissance du livre 1922.

Goll, Iwan: Die Eurokokke. Berlin: Wasservogel 1927.

Goll, Iwan: Der Torso – Stanzen und Dithyramben. München: Roland-Verlag Dr. Albert Mundt 1918.

Goll, Iwan: Requiem für die Gefallenen von Europa. Genf: Bücherei der Zeitschrift *Demain* 1917.

Goll, Yvan: Der Panamakanal. In: Yvan Goll im deutschen Expressionismus. Berlin: Akademieverlag 1962, S. 52 – 65.

Gorsleben, Rudolf John: Die Überwindung des Judentums in uns und außer uns. München: Deutscher Volksverlag 1920.

Gottfurcht, Fritz: Berliner Theater: Technik. In: Der Feuerreiter 2 (Mai 1923) 3, S. 106 f.

Grafe, Felix: Idris. München: Hyperion-Verlag Hans von Weber 1910.

Grafe, Felix: Ruit Hora. Neue Gedichte. München: Hans von Weber 1916.

Greef, Richard: Augenheilkunde. In: Jahresbericht über die Leistungen und Fortschritte der gesamten Medizin 47 (1913) 2, S. 541 – 664.

Gross, Otto: Von geschlechtlicher Not zur sozialen Katastrophe. Mit einem Essay von Franz Jung zu Werk und Leben von Otto Gross sowie einem Nachwort von Raimund Dehmlow. Hamburg: Nautilus 2000.

Gross, Otto: Zur Überwindung der kulturellen Krise. In: Die Aktion 3 (2. April 1913) 14, Sp. 384 – 387.

Hasenclever, Walter: Erster Flug. In: Neuer Leipziger Parnass. Dem Leipziger Bibliophilenabend zum Jahresessen am 16. November 1912. Hg. v. Kurt Pinthus. Leipzig: Poeschel & Trepte 1912, S. 15 f..

Hasenclever, Walter: Jaurès' Auferstehung. In: An alle Künstler! Berlin: [Willi Simon], 1919, S. 23 f.

Hatvani, Paul: Versuch über den Expressionismus. In: Die Aktion 7 (17. März 1917) 11/12, Sp. 146–150.

Hauser, Otto: Das junge Belgien. In: Aus fremden Zungen 11 (1901), S. 909–911.

Hauser, Otto: Die belgische Dichterplejade. In: Literarische Warte 6 (1905), S. 648–660.

Hauser, Otto: Die belgische Lyrik von 1880–1900. Eine Studie und Übersetzungen von O. H. Großenhain: Baumert & Ronge 1902.

Hausmann, Raoul: Zur Weltrevolution. In: Die Erde 1 (1919) 12, S. 369–373.

Heilmann, Hans: Die Fruchtschale. Eine Sammlung. Erster Band: Chinesische Lyrik vom 12. Jahrhundert v. Chr. bis zur Gegenwart. In deutscher Übersetzung, mit Einleitung und Anmerkungen von H. H., München/ Leipzig: R: Piper & Co. [1905].

Heinse, Wilhelm: Begebenheiten des Enkolp. Aus dem *Satyricon* des Petron übersetzt. Rom [Schwabach:] Mizler 1773.

Herrmann-Neiße, Max: Der Vetter Pons. [Von Balzac]. In: Die Erde 1 (1. August 1919) 14/15, S. 474–476.

Herrmann-Neiße, Max: Swift. In: Die Aktion 8 (20. April 1918) 15/16, Sp. 192–195.

Hervé, Gustave: Die Wirkungen des Patriotismus. In: Die Aktion 2 (3. Juli 1912) 27, Sp. 839 f.

Hervé, Gustave: Patriotismus als Religion. In: Die Aktion 1 (18. Dezember 1911) 44, Sp. 1377–1379.

Herzog, Wilhelm: Friedrich Nietzsche und die Deutschen. In: Das Forum 4 (Oktober 1919) 1, S. 1–24.

Herzog, Wilhelm: Tagebuch. August Strindberg und unsere Zeit. In: Das Forum 1 (Mai 1914) 2, S. 65–69.

Herzog, Wilhelm: Tagebuch. In Das Forum 1 (April 1914) 1, S. 1–16.

Heym, Georg: Dichtungen und Schriften. Gesamtausgabe. Hg. von Karl Ludwig Schneider. Hamburg/München: Heinrich Ellermann 1964–1968.

Heymann, Walther: Berliner Sezession 1911. In: Der Sturm 2 (Juli 1911) 68, S. 543.

Heynicke, Kurt: Rings fallen Sterne. Gedichte. Berlin: Der Sturm 1917.

Heynicke, Kurt: Strindberg. In: Der Sturm 6 (1915/1916), S. 87.

Heyse, Paul/Kurz, Hermann (Hg.): Deutscher Novellenschatz. München: Rudolph Oldenbourg o. J. [1871].

Hildebrandt, Günther: Péguy, Charles: Aufsätze. In: Der Orkan 2 (Oktober 1918) 4/5, S. 79.

Hiller, Kurt: Die Jüngst Berliner. In: Heidelberger Zeitung 53 (22 Juli 1911) 169, S. 3.

Hiller, Kurt: Expressionismus. In: Ders.: Die Weisheit der Langenweile. Eine Zeit- und Streitschrift. Bd. 1. Leipzig: Kurt Wolff 1913, S. 103.

Hiller, Kurt: Gedenkrede für meinen Freund Ernst Wilhelm Lotz. In: E. W. L.: Prosaversuche und Feldpostbriefe. Aus dem bisher unveröffentlichten Nachlass hg. von H. Draws-Tychsen. Diessen vor München: Huber 1955.

Hiller, Kurt: Gegen „Lyrik". In: Der Sturm 1 (25. Februar 1911) 52, S. 414 f.

Hiller, Kurt: Vom Aktivismus. In: Die Weißen Blätter 4 (1917), S. 88–94.

Hiller, Kurt: Zwischen Timesdemokrat und Nietzschepapst. In: Ders.: Ratioaktiv. Reden, 1914–1964. Ein Buch der Rechenschaft. Wiesbaden: Limes 1966, S. 138–161.

Holzer, Marie: Das Automobil. In: Die Aktion 2 (21. August 1912) 34, Sp. 1072f.

Hölderlin, Friedrich: Gesammelte Werke. Bd. 2: Gedichte. Hg. von Paul Ernst. Jena: Diederichs 1905.

Hölderlin, Friedrich: Sämtliche Werke. Historische-kritische Ausgabe. Unter Mitarbeit von Friedrich Seebass besorgt durch Norbert v. Hellingrath. Erster Band: Jugendgedichte und Briefe 1784–1794. München: Georg Müller Verlag 1913.

Huebner, Friedrich Markus: Die Wechselbeziehungen deutscher und flämischer Mystik. In: Süddeutsche Monatshefte 16 (August 1916) 11, S. 563–570.

Hugo, Victor: Hundertjahrfeier für Voltaire. In: Das Aktionsbuch. Hg. von Franz Pfemfert. Berlin-Wilmersdorf: Verlag Die Aktion 1917, S. 23–35.

Hüneke, Andreas/Penndorf/Jena, Klaus (Hgg.): „Dostojewski ist mein Freund" (Max Beckmann, Herbst 1914) – Graphiken, Gemälde und Buchillustrationen zu Dostojewski in der deutschen Kunst zwischen 1900 und 1950. [Katalog zur Ausstellung „Dostojewski ist mein Freund ...", vom 6. Juni bis zum 5. September 1999 im Lindenau-Museum Altenburg. Konzeption der Ausstellung und des Kataloges A. H., J. P. und K. J.]. Altenburg 1999.

Jacob, Hans: Das Leben des Dichters Jean-Arthur Rimbauds. München: Allgemeine Verlangsanstalt 1921.

Jammes, Francis: De la simplicité en littérature. In: ders.: Solitude peuplée. Fribourg: Egloff 1945, S. 7–50.

Jammes, Francis: Le Jammisme. In: Mercure de France 21 (März 1897), S. 492f.

Jammes, Francis: Le roman du lièvre, Clara d'Ellébeuse, Almaïde D'Étremont, Des Choses, Contes, etc. Paris: Mercure de France 1903.

Jammes, Francis: Mémoires. Paris: Mercure de France 1971.

Janouch, Gustav: Gespräche mit Kafka. Frankfurt/Main: Fischer 1961.

Jannelli, Guglielmo: Attimo di meraviglia. In: Der Sturm 13 (Juli/August 1922) 7/8, S. 102–104.

Janus: Schwarze Truppen. In: Pan 1 (16. September 1911) 22, S. 729–731.

Jarcho, Gregor: Der Idiot. Von F(edor) M(ihajlovic) Dostojewskij. Für die deutsche Bühne bearb. von G. J. Berlin: I. Ladyschnikow Verlag o. J. [1926?] (Österreichisches Theatermuseum 843969-B).

Jarcho, Gregor: Der Leichenweg. In: EOS 1 (Oktober 1920) 4, S. 105–109.

Jensen, Johannes V.: Die neue Welt. Berlin: Fischer 1908.

Joel, Hans Theodor: Jammes, Francis: Almaide. In: Der Weg 1 (April 1919) 4, S. 10.

Joel, Hans Theodor: Jammes, Francis: Almaide. In: Die Neue Bücherschau 1 (1919) 1, S. 35.

Johst, Hanns: Der Einsame. Ein Menschenuntergang. München: Delphin 1917.

Johst, Hanns: Die Stunde der Sterbenden. Leipzig: Verlag der weißen Bücher 1914.

Johst, Hanns: Propheten. Schauspiel. München: Albert Langen Verlag 1923.

Johst, Hanns: Wissen und Gewissen. Essen: Otto Schlingloff-Verlag 1924.

Jung, Franz: Morenga. Für Otto Gross. In: Die Aktion 3 (6. Dezember 1913) 49, Sp. 1143–1146.

Kafka, Franz: Briefe 1914/1917: April 1914–1917. Hg. von Hans-Gerd Koch. Frankfurt/Main: Fischer 2005.

Kaiser, Georg: Europa – Spiel und Tanz in fünf Aufzügen. Berlin: S. Fischer 1915.

Kaiser, Georg: Von morgens bis mitternachts: Stück in zwei Teilen. Berlin: Gustav Kiepenheuer 1930.

Kālidāsa: Ritusanhâra, id est Tempestatum cyclus [...]. Übers. von Peter von Bohlen. Leipzig: Wigand 1840.

Kanehl, Oskar: Auto. In: Die Aktion 4 (12. September 1914) 36/37, Sp. 759f.

Kanehl, Oskar: Einfahrt. In: Die Aktion 4 (6. Juni 1914) 23, Sp. 507.

Kasack, Hermann: Jahrmarkt Europa. In: Europa-Almanach. Hg. von Carl Einstein und Paul Westheim. Potsdam: Gustav Kiepenheuer Verlag 1925, S. 5 f.

Katalog der XXII. Ausstellung der Berliner Secession. Berlin: Verlag der „Ausstellungshaus am Kurfürstendamm" G. m. b. H. 1911.

Katalog der zwischen 1903/04 und 1932 edierten deutschen druckgraphischen Mappenwerke, illustrierten Büchern sowie Zeitschriften mit Originalgraphik im Lindenau-Museum Altenburg. Der ursprüngliche Bestand des Lindenau-Museums, die 1994/95 erworbene Sammlung Hoh und die Erwerbungen seit 1995. Hg. vom Lindenau-Museum Altenburg. Katalog Th. Matuszak. Leipzig 2000 (Sammlung Hoh Bd. 2).

Kayser, Rudolf (Hg.): Verkündigung. Anthologie Junger Lyrik. München: Roland-Verlag 1921.

Kessler, Harry Graf: Das Tagebuch. Hg. von Roland S. Kamzelak u. a. Bd. 5. Stuttgart: Cotta 2008.

Kierkegaard, Søren: Aus *Richtet selbst. Zur Selbstprüfung der Gegenwart anbefohlen.* In: Die Argonauten 1 (Dezember 1921) 10/12, S. 249 – 271.

Kirchner, Ernst Ludwig: Das graphische Werk. Hg. von Annemarie und Wolf-Dieter Dube. München: Prestel Verlag 1967.

Kirchner, Ernst Ludwig: Der gesamte Briefwechsel. Hg. und komm. von Hans Delfs. Bd. 3: Briefe von 1930 bis 1942. Zürich: Scheidegger & Spiess 2010.

Klabund/Soffel, Karl (Hg.): Der Tierkreis. Das Tier in der Dichtung aller Völker und Zeiten. Eine Anthologie. Berlin: Erich Reiß Verlag [1920].

Klabund: Franziskus. Ein kleiner Roman. Berlin: Erich Reiß Verlag1921.

Klabund: Geschichte der Weltliteratur in einer Stunde. Leipzig: Dürr & Weber 1922.

Klabund: Hör' es Deutscher! In: Der Revolutionär 1 (1919), S. 2 f.

Klabund: Tao – Eine Auswahl aus den Sprüchen des Lao Tse, verdeutscht von Klabund, mit einer kurzen Anmerkung von Hermann Hesse. In: Vivos voco, 1919, S. 53 – 56.

Klabund: Werke in acht Bänden. Band 7: Übersetzungen und Nachdichtungen. Hg. von Christian v. Zimmermann. Heidelberg: Elfenbein 2001.

Klemm, Wilhelm: Schlacht an der Marne. In: Die Aktion 4 (24. Oktober 1914) 42/43, Sp. 834.

Koffka, Friedrich: Expressionismus und einiges Andre. In: Die Schaubühne 13/1 (1917) 5, S. 104 – 107.

Kornfeld, Paul: Der beseelte und der psychologische Mensch. Kunst, Theater und Anderes. In: Das junge Deutschland 1 (1918) 1, S. 1 – 13.

Kornfeld, Paul: Die Verführung. Eine Tragödie in fünf Akten. Berlin: Fischer 1916.

Körner, Theodor: Bergmannsleben. In: Sämtliche Werke in vier Teilen. Neue vervollständigte und kritisch durchgesehene Ausgabe. Hg. von Eugen Wildenow. [...] Erster Teil. Leipzig: Max Hesses Verlag 1903, S. 42 – 44.

Kraus, Karl: Proteste. In: Die Fackel 21 (1919) 514 – 518, S. 1 – 20.

Kraus, Karl: Über den Futuristen-Rummel. In: Die Aktion 2 (3. Juli 1912) 27, Sp. 842.

Kriegs-Rundschau. Zeitgenössische Zusammenstellung der für den Weltkrieg wichtigen Ereignisse, Urkunden, Kundgebungen, Schlacht- und Zeitberichte. Hg. von der Täglichen Rundschau. Bd. 1: Von den Ursachen des Krieges bis etwa zum Schluß des Jahres 1914. Berlin 1915.

Kugel, Alexander R.: List'ja s dereva. Vospominanija, Leningrad: Vremja 1926.

Kummer, Friedrich: Deutsche Literaturgeschichte des neunzehnten Jahrhunderts. Dresden: C. Reissner 1909.

Landau, Paul: Strindberg als Dramatiker des Expressionismus. In: Die Deutsche Bühne 12
 (1920), S. 371–374.

Landauer, Gustav: Strindberg. In: Neue Jugend 1 (1916) 7, S. 135 f.

Landquist, John: Die Rechtfertigung eines Irren. In: Der Sturm 6 (1915), S. 10 f.

Le Bon, Gustave: Psychologie der Massen. Übersetzung nach der 12. Aufl. von Rudolf Eisler.
 Leipzig: Klinkhardt 1908 (Philosophisch-soziologische Bücherei 2).

Lemm, Alfred: Alfred Döblin. Die drei Sprünge des Wang-Lun. In: Die Weissen Blätter 4, I
 (Januar 1917) 1, S. 82 f.

Lemm, Alfred: Aufzeichnungen eines Krankenträgers. In: Zeit-Echo 2 (November 1916) 14,
 S. 211–216.

Lemm, Alfred: Der fliehende Felician: Roman. Mit einem Nachwort herausgegeben von Nils
 Gelker. Hannover: Wehrhahn Verlag 2018.

Lemm, Alfred: Der Herr mit der gelben Brille. In: Die Weissen Blätter 2 (Dezember 1915) 12,
 S. 1494–1501.

Lemm, Alfred: Ein Unrecht. In: Die Schaubühne 12 (1916) 2, S. 76–79.

Lemm, Alfred: Galizisches Tagebuch. In: Zeit-Echo 2 (Mai 1916) 8, S. 116–121.

Lemm, Alfred: Mord. Mit einem Nachwort hg. von Nils Gelker. Hannover: Wehrhahn Verlag
 2014.

Lemm, Alfred: Mord. München: Roland-Verlag Albert Mundt 1918 (Die neue Reihe 10).

Lemm, Alfred: Neue Ethik. In: Das Forum 1 (1915) 10, S. 540–545.

Lemm, Alfred: Über die Demokratie. Ein Brief an Thomas Mann. In: Der Friede 1 (5. April 1918)
 11, S. 252–254.

Lemm, Alfred: Vom Wesen der wahren Vaterlandsliebe. Berlin: Heinz Barger 1917.

Leonhard, Rudolf: Die Ewigkeit dieser Zeit. Eine Rhapsodie gegen Europa. Berlin: Die Schmiede
 1924.

Leonhard, Rudolf: Über den Schlachten. Berlin-Wilmersdorf: A. R. Meyer-Verlag 1914.

Leonhard, Rudolf: Vorträge: F. T. Marinetti – Resi Langer. In: Die Bücherei Maiandros 4/5
 (1. Mai 1913), S. 6 f.

Lessing, Theodor: Europa und Asien. Berlin-Wilmersdorf: Verlag der Wochenschrift *Die Aktion*
 1918.

Lindsay, Vachel: The Chinese Nightingale, and Other Poems. New York: The Macmillan
 Company 1917.

Lindsay, Vachel: The Daniel Jazz, and Other Poems. London: G. Bells & Sons 1920.

Lindsay, Vachel: The Golden Whales of California, and Other Rhymes in the American
 Language. New York: The Macmillan Company 1920.

Lukács, Georg von: Die Seele und die Formen. Essays. Berlin: Egon Fleischel & Co. 1911.

Lukian von Samosata: Sämtliche Werke. Aus dem Griechischen übersetzt und mit
 Anmerkungen und Erläuterungen versehen von Christoph Martin Wieland. 6 Bände.
 Leipzig: Weidmannsche Buchhandlung 1788 f.

Mangin, Charles: La force noir. Paris: Hachette 1910.

Mann, Heinrich: Der französische Geist. In: Die Aktion 2 (18. Dezember 1912) 51, S. 1607–1611.

Mann, Heinrich: Geist und Tat. In: Das Ziel. Aufrufe zu tätigem Geist. Hg. v. Kurt Hiller. Zweite
 Aufl. München; Berlin: Georg Müller Verlag 1916, S. 1–8.

Mann, Heinrich: Zola. In: Die Weißen Blätter 2 (November 1915) 11, S. 1312–1382.

Mann, Thomas: Brief an einen Verleger. In: Ders.: Essays. Bd. 2: Für das neue Deutschland 1919–1925. Hg. von Hermann Kurzke und Stephan Stachorski. Frankfurt/Main: Fischer 1993, S. 27 f.

Mann, Thomas: Die Briefe Thomas Manns. Die Briefe von 1889 bis 1933. Band 1. Hg. von Hans Bürgin. Frankfurt/Main: Fischer 1977.

Mann, Thomas: Tagebücher. 1918–1921. Hg. von Peter de Mendelssohn. Frankfurt/Main: Fischer 1979.

Marc, Franz: Das geheime Europa. In: Das Forum 1 (März 1915) 12, S. 632–638.

Marc, Franz: „Die Wilden" Deutschlands. In: Der Blaue Reiter. Hg. von Franz Marc und [Wassily] Kandinsky. München: R. Piper 1912, S. 4–7.

Marc, Franz: Im Fegefeuer des Krieges. In: Der Sturm 7 (April 1916) 1, S. 2.

Marinetti, Filippo Tommaso (Hg.): I poeti futuristi. Milano: Edizioni futuriste di *Poesia* 1912.

Marinetti, Filippo Tommaso: À l'Automobile de Course. In: I poeti futuristi. Con un proclama di F. T. M. e uno studio sul verso libero di Paolo Buzzi. Milano: Edizioni futuriste di *Poesia* 1912, S. 324–326.

Marinetti, Filippo Tommaso: À mon Pegase. In: La Ville charnelle. Paris: E. Sansot & Cie. 1908, S. 169–172.

Marinetti, Filippo Tommaso: Couché sur le sable ... Pour Gustave Botta. In: Destruction. Poèmes lyriques. Hg. von A. Messein. Paris: Librairie Leon Vanier 1904, S. 177 f.

Marinetti, Filippo Tommaso: Dune. In: Cabaret Voltaire 1 (15. Mai 1916) 1, S. 22 f.

Marinetti, Filippo Tommaso: Futuristische Dichtungen. Übers. von Else Hadwiger. Hg. von Joan Bleicher. Siegen: Universitäts-Gesamthochschule 1985 [Berlin-Wilmersdorf: A. R. Meyer-Verlag 1912].

Marinetti, Filippo Tommaso: Hymne à la mort. Pour Laurent Tailhade. In: Destruction. Poèmes lyriques. Hg. von A. Messein. Paris: Librairie Leon Vanier 1904, S. 201–211.

Marinetti, Filippo Tommaso: Il cracracracranio della Notte. Parole in libertà. In: Der Sturm 13 (Juli/August 1922) 7/8, S. 100.

Marinetti, Filippo Tommaso: La soir et la ville. In: La Ville charnelle. Paris: E. Sansot & Cie. 1908, S. 145–150.

Marinetti, Filippo Tommaso: Les lézards sacrés. In: La Ville charnelle. Paris: E. Sansot & Cie. 1908, S. 29 f.

Marinetti, Filippo Tommaso: Manifesto tecnico della Letteratura futurista. In: I Manifesti del Futurismo. Firenze: Lacerba 1914, S. 88–96.

Marno, Heinrich: Betrachtung über Strindberg. In: Der Brenner 3 (1913) 8, S. 352–361.

Martinet, Marcel: Poètes d'Allemagne, ô frères inconnus ... In: Die Weißen Blätter 4 II (Juni 1917) 5, S. 246–251.

Marx, Gertrud Simon: Gedichte. Berlin: Carl Freund 1907.

Marx, Karl/Engels, Friedrich: Manifest der Kommunistischen Partei. In: Dies.: Werke, Bd. 4. Berlin: Dietz 1974, S. 459–493.

Matějček Antonín: Les Indépendents: xxxi výstava Sp. výtv. um. „Mánes". Prag: Mánes 1910.

Matisse, Henri: Notes d'un peintre. In: La Grande Revue (25 Dez. 1908), S. 731–745.

Matisse, Henri: Notizen eines Malers. In: Kunst und Künstler – illustrierte Monatsschrift für bildende Kunst und Kunstgewerbe 7 (1909), S. 335–347.

Matthison, Friedrich von: Der Genfer See. In: Gedichte von Matthison. Zürich[5]: Orell, Füssli und Compagnie 1802.

Mereschowski, Dmitri: Tolstoi und Dostojewski als Menschen und Künstler. Leipzig: Schulze 1903.

Meyer, Alfred Richard: Die Maer von der Musa expressionistica. Zugleich eine kleine Quasi-Literaturgeschichte mit über 130 praktischen Beispielen. Düsseldorf-Kaiserswerth: Die Fähre 1948.

Meyer, Richard M.: Der Kanon der deutschen Klassiker. In: Neue Jahrbücher für das klassische Altertum, Geschichte und deutsche Literatur 14 (1911), S. 208–227.

Meyer, Richard M.: Die deutsche Literatur bis zum Beginn des 19. Jahrhunderts. Berlin: Georg Bondi 1920.

Meyer, Richard M.: Die Weltliteratur im 20ten Jahrhundert. Vom deutschen Standpunkt aus betrachtet. Stuttgart/Berlin: Deutsche Verlags-Anstalt 1913.

Michel, Wilhelm: Hölderlin. In: Die Bücherei Maiandros, Buch 4/5: Der Mistral. Eine lyrische Anthologie, 1. Mai 1913, S. 42–43.

Michels, Pol: Über das Kind und das Religiöse in Francis Jammes. In: Die Aktion 6 (5. August 1916) 31/32, Sp. 448.

Michels, Robert: Die historische Entwicklung des Vaterlands-Gedankens. In: Die Aktion 2 (6. November 1912) 45, Sp. 1415–1417.

Möller, Otto: 11 Holzschnitte (inkl. Titelblatt) zu „Die Sanfte", o. J. Standort: Lindenau-Museum Altenburg.

Mörike, Eduard: Der Feuerreiter. In: Mörikes Werke in vier Teilen. Hg. und mit Einleitungen und Anmerkungen versehen von August Leffson. Erster Teil: Gedichte – Idylle vom Bodensee. Hg. und mit einem Lebensbild versehen von A. L. Berlin/Leipzig/Wien/Stuttgart: Deutsches Verlagshaus Bong & co. 1908, S. 42–44.

Mühsam, Erich: Strindberg [Nachruf]. In: Kain 2 (Juni 1912) 3, S. 33 f.

Müller, Robert: Die Zeitrasse. In: Der Anbruch 1 (15. Dezember 1917) Flugblatt 1, S. 2.

Münchhausen, Börries von: Die neue Dichtung. In: Deutscher Almanach auf das Jahr 1934. Leipzig: Reclam 1933, S. 28–36.

Mussolini, Benito: Opera omnia. Bd. 22: Dall'attentato Zaniboni al discorso dell'ascensione (5. Novembre 1925–26. Maggio 1927) Hg. von Edoardo und Duilio Susmel. Firenze: La Fenice 1957.

N. N.: Der Ahne Francis Jammes: Ein deutscher Dichter B. H. Brockes. In: Der Zweemann 1 (Januar 1920) 3, S. 18.

Novalis: Werke, Tagebücher und Briefe Friedrich von Hardenbergs. Hg. von Hans-Joachim Mähl und Richard Samuel. Bd. 3. Hg. von Hans Jürgen Balmes. Darmstadt: Wissenschaftliche Buchgesellschaft 1999.

Otten, Karl: Für Martinet. In: Die Aktion 7 (3. November 1917) 43/44, Sp. 584–588.

Palazzeschi, Aldo: E lasciatemi divertire! In: L'Incendiario 1905–1909. 2a Edizione. Milano: Edizioni futuriste di Poesia 1913.

Pfemfert, Franz (Hg.): Die Aktion. Mit Einführung und Kommentar von Paul Raabe. Bd. 1. Stuttgart: Cotta 1961.

Pfemfert, Franz: Charles Péguy. In: Die Aktion 4 (24. Oktober 1914) 42/43, Sp. 823.

Pfemfert, Franz: Mereschkowski: Das Reich des Antichristen [Rezension]. In: Die Aktion 11 (10. Dezember 1921) 49/50, Sp. 695.

Pfizmaier, August: Der chinesische Dichter Pe-lŏ-thien. Wien: Gerold 1886.

Péguy, Charles: Œuvres en prose complètes. Éd. prés., établie et annotée par Robert Burac. Vol. 1. Nouv. éd. Paris: Gallimard 1987.

Pinthus, Kurt (Hg.): Menschheitsdämmerung. Symphonie jüngster Dichtung. Berlin: Ernst
　　Rowohlt 1920.
Poudroie, Eugène La [d. i. René Schickele]: Voltaire und seine Zeit. Berlin und Leipzig:
　　Hermann Seemann Nachf. 1910.
Ramler, Karl Wilhelm: Kajus Valerius Katullus in einem Auszuge. Lateinisch und deutsch.
　　Leipzig: Bey Paul Gotthelf Kummer 1793.
Rathenau, Walther: Zur Mechanik des Geistes. Berlin: Fischer 1913.
Ree, Sabine [Einstein, Carl]: Über das Buch *Vathek*. In: Die Aktion 3 (5. März 1913) 10,
　　Sp. 298 – 301.
Regis, Gottlob (Hg.): Das Swiftbüchlein oder Auswahl aus D. Jonathan Swifts und seiner
　　nächsten Freunde Äußerungen. Gesammelt und deutsch hg. von G.R. Berlin: Duncker und
　　Humblot 1847.
Rheiner, Walter: An Hölderlin. In: Die Flöte 2 (Februar 1920) 11, S. 180.
Rheiner, Walter: Beim Lesen Dostojewskijs. In: Die schöne Rarität 2 (1918/1919), S. 170.
Rheinhardt, Emil Alphons (Hg.): Die Botschaft. Neue Gedichte aus Österreich. Wien u. a.:
　　Strache 1920.
Rheinhardt, Emil Alphons: Ode an die Vorübergehende. In: Daimon 1 (August 1918) 4, S. 187 f.
Ribot, Théodule: Essai sur l'imagination créatrice. Paris: Félix Alcan 1900.
Rimbaud, Arthur: Leben und Dichtung. Übertragen von K. L. Ammer. Eingeleitet von Stefan
　　Zweig. Leipzig: Insel 1907.
Rimbaud, Arthur: Leben, Werk und Briefe. Übertragen und hg. von Alfred Wolfenstein. Mit 4
　　Kupfertiefdrucktafeln und einem Faksimile. Berlin: Internationale Bibliothek 1930.
Rubiner, Ludwig: Der Dichter Voltaire. In: Die Weißen Blätter 6 (Januar 1919) 1, S. 9 – 16.
Rubiner, Ludwig: Die Erneuerung. In: Die Gemeinschaft. Dokumente der geistigen Weltwende.
　　Hg. von L. R. Potsdam: Kiepenheuer 1919.
Ruest, Anselm: Der Scheiterhaufen. Drama in 3 Akten von August Strindberg [Kritik]. In: Die
　　Aktion 2 (1. Januar 1912) 1, Sp. 12 – 14.
Sappho: Gedichte. Griechisch-deutsch. Hg. und übersetzt von Andreas Bagordo. Düsseldorf:
　　Artemis & Winkler 2009.
Sarrazin, Otto: An alle Deutschen! In: Zeitschrift des Allgemeinen Deutschen Sprachvereins 29
　　(September 1914) 9, S. 305.
Schickele, René (Hg.): Menschliche Gedichte im Krieg. Zürich: Max Rascher 1918 (Europäische
　　Bibliothek Bd. 3).
Schickele, René: August Strindberg. In: Die Aktion 2 (22. Januar 1912) 4, Sp. 103 f.
Schickele, René: August Strindberg. In: Die Aktion 2 (22. Mai 1912) 21, Sp. 656 f.
Schickele, René: [Expressionismus.] In: Die Weißen Blätter 3 (1916), S. 135 f.
Schī-Kīng. Das kanonische Liederbuch der Chinesen. Aus dem Chinesischen übersetzt und
　　erklärt von Victor von Strauss. Heidelberg: Carl Winter's Universitätsbuchhandlung 1880.
Schiller, Friedrich: Sämtliche Werke in 5 Bänden. Auf der Grundlage der Textedition von
　　Herbert G. Göpfert hg. von Peter-André Alt, Albert Meier und Wolfgang Riedel. München/
　　Wien: Hanser 2004.
Schilling, Heinar: Das Königslied. 14 Bände. Mit 14 Orig.-Radierungen (je 7 von Alexander
　　Friedrich und Friedrich Strüver). Hellerau: Verlag des Hochstifts für Deutsche Art/Verlag
　　des Königsliedes 1925 – 1928.
Schilling, Heinar: Offener Brief an Henri Barbusse. In: Menschen 1, Sonderflugblatt,
　　21. November 1918, S. 1.

Schlaf, Johannes: Émile Verhaeren. Berlin/Leipzig: Schuster & Loeffler o. J. [1905].

Schlegel, Friedrich: Schriften zur Literatur. Hg. von Wolfdietrich Rasch. München: Deutscher Taschenbuch-Verlag 1972.

Schmitz, Robert: Les Baholoholo. Bruxelles: Albert Dewit/Institut International de Bibliographie 1912.

Schnack, Anton: Lied an Frankreich. In: Das Tribunal 1 (August/September 1919) 8/9, S. 103.

Schopenhauer, Arthur: Die Welt als Wille und Vorstellung. Gesamtausgabe in zwei Bänden nach der Edition von Arthur Hübscher und mit einem Nachwort von Heinz Gerd Ingenkamp. Stuttgart: Reclam 1987.

Segall, Lasar: Nach der Sanften. 5 Lithographien. In: Mappenwerk: Dresdner Verlag von 1917, Dresden 1922. Graphische Reihe, Mappe XII. Provenienz: Museum der bildenden Künste Leipzig.

Serner, Werner: Gegen den Futurismus. In: Die Aktion 2 (3. Juli 1912) 27, Sp. 850 f.

Shaw, Bernard: Der gesunde Menschenverstand im Krieg. 2 Bde. Zürich: Max Rascher Verlag 1919.

Shaw, Bernard: Gedanken die nicht veralten. In: Das Neue Rheinland 1 (Dezember 1919) 3, S. 68–72.

Shelley, Percy Bysshe: The Complete poetical works: including materials never before printed in any edition of the poems. Hg. von Thomas Hutchinson. London: Oxford Univ. Press 1909.

Silesius, Angelus [Scheffler, Johannes]: Geistreiche Sinn- und Schlußreime. Wien: Johann Jakob Kürner 1657.

Sonnenschein, Hugo: Erde auf Erden. [Wien] Privatdruck 1915.

Spangenberg, Max: Der Standpunkt der Freien Wissenschaftlichen Vereinigung zur Judenfrage. In: Freie Wissenschaftliche Vereinigung. Eine Berliner anti-antisemitische Studentenorganisation stellt sich vor – 1908 und 1931. Hg. von Manfred Voigts. Potsdam: Universitätsverlag 2008, S. 55–63.

Spitzer, Leo: Fremdwörterhatz und Fremdvölkerhaß. Eine Streitschrift gegen die Sprachreinigung. Wien: Manzsche Hof-, Verlags- und Universitätsbuchhandlung 1918.

Stadler, Ernst: Dichtungen, Schriften, Briefe. Kritische Ausgabe. Hg. von Klaus Hurlebusch und Karl Ludwig Schneider. München: Beck 1983.

Stadler, Ernst: Fahrt über die Kölner Rheinbrücke bei Nacht. In: Die Aktion 3 (23. April 1917) 17, Sp. 451.

Stang, Carl: Jammes, Francis: Almaide oder Leidenschaft eines jungen Mädchens. In: Die Flöte 2 (Juli 1919) 4, S. 63 f.

Sternheim, Carl/Hofmannsthal, Hugo von: Briefe. Mitgeteilt und kommentiert von Leonhard M. Fiedler, sowie: L. M. F.: Eine Molière-Ausgabe von Hofmannsthal und Sternheim. Begegnungen und gemeinsame Pläne. In: Hofmannsthal-Blätter 4 (1970), S. 243–263.

Sternheim, Carl. Materialienbuch. Hg. von Wolfgang Wendler. Darmstadt/Neuwied: Luchterhand 1980.

Sternheim, Carl: Ulrike. Leipzig: Kurt Wolff 1917.

Stewart-Mackenzie Arbuthnot, Patricia (Hg.): Queen Mary's Book. A collection of poems and essays by Mary Queen of Scots. London: George Bell and Sons 1907.

Stramm, August: Der Letzte. In: Der Sturm 7 (Oktober 1916) 7, S. 81.

Strindberg, August: Briefe ans intime Theater. Aus d. Schwed. übertragen von Emil Schering. München: Müller 1921.

Strindberg, August: Märchenspiele, Ein Traumspiel. Verdeutscht von Emil Schering. München und Leipzig: Georg Müller Verlag 1920.

Strindberg, August: Nach Damaskus. Erster, zweiter, dritter Teil. Verdeutscht von Emil Schering. 6. Aufl. München und Leipzig: Georg Müller 1918.

Strindberg, August: Spiele in Versen. Abu Casems Pantoffeln – Fröhliche Weihnacht! – Die große Landstraße. Verdeutscht von Emil Schering. 8. Aufl. München und Leipzig: Georg Müller 1918.

Suchier, Hermann/Birch-Hirschfeld, Adolf: Geschichte der französischen Litteratur von den ältesten Zeiten bis zur Gegenwart. Neuer Abdruck. Leipzig und Wien: Bibliographisches Institut 1905.

Szittya, Emil: Das Kuriositäten-Kabinett. Konstanz: See-Verlag 1923.

Tagger, Theodor: Brief an einen Juden. In: Die Weißen Blätter 3 (1916) I/2, S. 250–253.

Tagger, Theodor: Der zerstörte Tasso. Ausgewählte Gedichte. Leipzig: Kurt Wolff 1918 (Der jüngste Tag 62/63).

Tagger, Theodor: Von drei Bildwerken von Rodin (*I. Balzac, II: L'enfant prodigue, III. L'homme qui marche*). In: Ders.: Der Herr in den Nebeln. Berlin: Heinrich Hochstim Verlag 1917, S. 49–51.

Tagore, Rabindranath: Nationalismus. In: Der Einzige 1 (4. Mai 1919) 15/16, S. 169–171.

Toller, Ernst: Masse-Mensch: ein Stück aus der sozialen Revolution des 20. Jahrhunderts. Potsdam: Gustav Kiepenheuer Verlag 1924.

Tolstoi, Leo: Gottes Reich ist in Euch, oder Das Christentum nicht als eine mystische Lehre, sondern als neue Lebensanschauung. Vollständige, vom Verfasser genehmigte Übersetzung des russischen Original-Manuskriptes von L.A. Hauff. Berlin: Verlag von Otto Janke [1894].

Tolstoi, Leo: Tagebuch 1895–1899. Nach dem geistigen Zusammenhang ausgewählt, hg. und eingel. von Ludwig Rubiner. Zürich: Max Rascher Verlag 1918.

Tolstoi, Leo: Über Krieg und Staat. Deutsch von A. Syrkin. Berlin: Globus Vlg. o.J. (ca. 1900).

Tönnies, Ferdinand: Gemeinschaft und Gesellschaft. Leipzig: Fues 1887.

Trakl, Georg: Dichtungen und Briefe. Historisch-kritische Ausgabe hg. von Walther Killy und Hans Szklenar. 2., erg. Aufl. Salzburg: Müller 1987.

Trilles, Henry: Les Légendes des Bena Kanioka et le Folklore Bantou. In: Anthropos 4 (1909) 4, S. 945–971.

Trust [Herwarth Walden]: Die Kunst am Montag/Sezession. In: Der Sturm 2 (29. April 1911) 61, S. 484.

Tucholsky, Kurt: Gesammelte Werke. Hg. von Mary Gerold-Tucholsky und; Fritz J. Raddatz. Bd. 1: 1907–1924. Reinbek bei Hamburg: Rowohlt 1960.

Tucholsky, Kurt: Marinetti in Paris. Die Weltbühne (21.07.1925) 29, S. 97.

Tunney, Thomas Joseph/Merrick Hollister, Paul: Throttled! The Detection of the German and Anarchist Bomb Plotters. Boston: Small, Maynard & Company 1919.

Uhland, Ludwig: Gedichte und Dramen. Erster Teil. Stuttgart: Verlag der J. G. Cotta'schen Buchhandlung 1885.

Unruh, Fritz von: Flügel der Nike: Buch einer Reise. Frankfurt: Frankfurter Societäts-Druckerei 1925.

Unruh, Fritz von: Meine Begegnung mit Trotzki im Jahre 1930. In: Sämtliche Werke. Hg. von Hanns Martin Elster. Bd. 7. Berlin: Haude & Spener 1970, S. 432 f.

Verhaeren, Émile: Ausgewählte Gedichte. In Nachdichtung von Stefan Zweig. (Buchschmuck von Th. van Rysselberghe). Berlin: Schuster & Löffler 1904.

Verhaeren, Émile: Ausgewählte Gedichte. Nachdichtung von Stefan Zweig. Leipzig: Insel-Verlag 1910.

Verhaeren, Émile: La Révolte. In: Les Villes tentaculaires. Bruxelles: Edm. Deman 1895, S. 72–78.

Verlaine, Paul: Armer Lelian. Gedichte der Schwermut, der Leidenschaft und der Liebe. Übertragen von Alfred Wolfenstein. Berlin: Paul Cassirer Verlag 1925.

Verlaine, Paul: Gedichte. Eine Anthologie der besten Übertragungen. Hg. von Stefan Zweig. 3. Aufl. Berlin/Leipzig: Schuster & Loeffler 1911.

Verlaine, Paul: Gesammelte Werke in zwei Bänden. Hg. und eingeleitet von Stefan Zweig. Bd. 1: Gesammelte Gedichte. Eine Auswahl der besten Übertragungen. Leipzig: Insel 1922.

Verlaine, Paul: Œuvres poétiques complètes. Texte établi et annoté par Yves-Gérard Le Dantec. Édition révisée, complétée et présentée par Jacques Borel. Paris: Gallimard 1989.

Viertel, Berthold: Karl Kraus. Ein Charakter und die Zeit. Dresden: Kaemmerer 1921.

Volney, Constantin-François: A new translation of Volney's ruins: or Meditations on the revolution of empires. Made under the inspection of the author. Paris: Printed for Levrault, quai Malaquais 1802.

Voltaire [d.i. François-Marie Arouet]: Œuvres complètes de Voltaire, avec des notes et une notice historique sur la vie de Voltaire. Tome VI: Philosophie. Dialogues. Paris: Furne 1837.

Wagner, Richard: Über den Patriotismus. In: Die Aktion 3 (4. Juni 1913) 23, Sp. 563 f.

Walden, Herwarth: Strindberg. [Von Trust] [Kritik]. In: Der Sturm 2 (Dezember 1911) 91, S. 727.

Walter, Reinhold von: Der Kopf. Ein Gedicht. Mit zehn Holzschnitten von Ernst Barlach. Berlin: Paul Cassirer 1919.

Warstat, Willi: Die Grundlagen des Expressionismus. In: Die Grenzboten 73 (20. Mai 1914) 20, S. 312–318.

Wassermann, Jakob: Caspar Hauser oder die Trägheit des Herzens. Stuttgart/Leipzig: Deutsche Verlags-Anstalt 1908.

Wegner, Armin T.: Funkspruch in die Welt. In: Die Straße mit tausend Zielen. Dresden: Sibyllen-Verlag 1924, S. 117 f.

Weininger, Otto: Geschlecht und Charakter: eine prinzipielle Untersuchung. Wien u. a.: Braumüller 1908.

Wende, Waltraud (Hg.): Großstadtlyrik. Stuttgart: Reclam 2014.

Werfel, Franz: Das lyrische Werk. Hg. von Adolf Donald Klarmann. Frankfurt/M.: S. Fischer 1967.

Werfel, Franz: Der Weltfreund. Berlin-Charlottenburg: Axel Juncker-Verlag 1911.

West, Martin L. (Hg.): Iambi et elegi Graeci ante Alexandrum cantati. Bd. 1: Archilochus, Hipponax, Theognidea. Oxonii: Typ. Clarendoniano 1971.

Whitman, Walt: Grashalme. Berlin: Erich Reiß Verlag 1920 (9. Prospero-Druck). 265 num. Expl. mit 13 Orig.-Lithographien.

Whitman, Walt: Grashalme. In Auswahl übertragen von Johannes Schlaf. Stuttgart: Reclam 1907. Nachdruck: Stuttgart: Reclam 1968.

Whitman, Walt: Leaves of Grass. Brooklyn, New York 1855.

Whitman, Walt: Leaves of Grass. Philadelphia: David McKay 1891–1892.

Whitman, Walt: Leaves of Grass. Complete Authorized Edition Including *Sands at Seventy*, *Good Bye My Fancy, Old Age Echoes*, and *A Backward Glance O'er Travelled Roads*. Boston: Small, Maynard & Company 1897.

Wilde, Oscar: Durch Sozialismus zum Individualismus. In: Das Ziel. Jahrbücher für geistige Politik. Jahrbuch III. Hg. von Kurt Hiller. Leipzig: Kurt Wolff Verlag 1919, S. 7–13.

Wilde, Oscar: The Ballad of Reading Gaol. By C.3.3. Royal Arcade London W: Leonard Smithers 1898.

Wilde, Oscar: The Ballad of Reading Gaol mit zwölf Strichätzungen nach den Originalholzschnitten von Erich Heckel. New York: Ernest Rathenau 1963.

Wolfenstein, Alfred: Das Neue. [Vorwort.] In: Die Erhebung. Jahrbuch für neue Dichtung und Wertung. Hrsg. v. Alfred Wolfenstein. Berlin: S. Fischer Verlag, 1919, S. 1–6.

Wolfenstein, Alfred: Dostojewski. In: Die Aktion 4 (1914), Sp. 330.

Wolfenstein, Alfred: Ein Zwiespalt. In: Zeit-Echo 1 (Juli 1915) 20, S. 310–312.

Wolfenstein, Alfred: Eisenbahnfahrt. In: Die Aktion 2 (29. Mai 1912) 22, Sp. 689f.

Wolfenstein, Alfred: Francis Jammes. In: Die Aktion 2 (1. Mai 1912) 18, Sp. 560f.

Wolfenstein, Alfred: Jüdisches Wesen und neue Dichtung. (Tribüne der Zeit. Eine Schriftensammlung. Hg. von Kasimir Edschmid.) Berlin: Erich Reiß Verlag 1922.

Wolfenstein, Alfred: Über der Revolution das Revolutionäre. In: Revolution 1 (23. November 1918) 1, S. 3f.

Worringer, Wilhelm: Zur Entwicklungsgeschichte der modernen Malerei. In: Der Sturm 2 (August 1911) 75, S. 597–598.

Xuancong Fu/Li Ke (Hg.): 有母之尸饗. Shījīng, Shenyang 2009.

Zangwill, Israel: The principle of nationalities. New York: The Macmillan Company 1917.

Zech, Paul: Das trunkene Schiff. Eine szenische Ballade. Leipzig: Schauspiel-Verlag [1924].

Zech, Paul: Jean-Arthur Rimbaud. Ein Querschnitt durch sein Leben und Werk. Leipzig: Wolkenwanderer Verlag 1927.

Zech, Paul: Strindberg, der Fanatiker des zeitgenössischen Gefühls. In: Saturn 2 (Dezember 1912) 12, S. 266–270.

Zimmer, Fritz Alfred: Friedrich Hölderlin. In: Die Flöte 4 (1921/22), S. 132.

Zweig, Stefan: Die Welt von Gestern. Erinnerungen eines Europäers. Düsseldorf/Zürich: Artemis & Winkler 2002.

Zweig, Stefan: Émile Verhaeren, Leipzig: Insel 1910.

Zweig, Stefan: Émile Verhaeren. In: Das literarische Echo 6 (1903/1904), Sp. 972–978.

Forschung

Abicht, Ludo: Paul Adler. Ein Dichter aus Prag. Wiesbaden: Humanitas-Verl. 1972.

Althen, Christina: *Die Lobensteiner reisen nach Böhmen. Zwölf Novellen und Geschichten* (1917). In: Döblin-Handbuch: Leben – Werk – Wirkung. Stuttgart: Metzler 2016, S. 61–74.

Anacker, Regine: Aspekte einer Anthropologie der Kunst in Gottfried Benns Werk. Würzburg: Königshausen & Neumann 2004.

Ansel, Michael: G. G. Gervinus' *Geschichte der poetischen National-Literatur der Deutschen*. Nationbildung auf literaturgeschichtlicher Grundlage. Frankfurt a. M. u. a.: Lang 1990.

Anz, Thomas: Literatur des Expressionismus. Stuttgart/Weimar: Metzler 2002.

Arndt, Susan/Naguschewski, Dirk: Exophonie: Anders-Sprachigkeit (in) der Literatur. Berlin: Kadmos 2007.

Arnold, Armin: Die Literatur des Expressionismus. Stuttgart: Kohlhammer 1966.

Arnold, Heinz Ludwig (Hg.): Literarische Kanonbildung. Hg. von H. L. A. in Zusammenarbeit mit Hermann Korte. München: edition text + kritik im Richard Boorberg Verlag 2002.

Arnold, Sven: Das Spektrum des literarischen Expressionismus in den Zeitschriften *Der Sturm* und *Die weissen Blätter*. Frankfurt/M. (u. a.): Peter Lang 1998.

Asholt, Wolfgang/Fähnders, Walter (Hg.): Manifeste und Proklamationen der europäischen Avantgarde: 1909–1938. Stuttgart; Weimar: Metzler 1995.

Aspiz, Harold: Science and Pseudoscience. In: A companion to Walt Whitman. Hg. von Donald D. Kummings. Malden, Mass.: Blackwell 2006, S. 216–232.

Auckenthaler, Karlheinz F.: Dostojevskijs und Tolstois Einfluss auf Franz Werfels Schaffen. In: Dostojewskij und die russische Literatur in Österreich seit der Jahrhundertwende (Literatur, Theater). Hg. von Alexandr W. Belobratow und Alexej I. Žerebin. St. Petersburg: Verl. Fantakt 1994, S. 64–85.

Aurnhammer, Achim/Braungart, Wolfgang/Breuer, Stefan/Oelmann, Ute (Hg.): Stefan George und sein Kreis: ein Handbuch. Berlin/Boston: De Gruyter 2016.

Barnstone, Willis: The Poetics of Translation. History, Theory, Practice. New Haven and London: Yale University Press 1993.

Barrows, Susanna: Distorting Mirrors: Visions of the Crowd in Late Nineteenth Century France. New Haven: Yale Univ. Pr. 1981.

Bartsch, Kurt: Die Hölderlin-Rezeption im deutschen Expressionismus. Frankfurt/Main: Akad. Verlagsges. 1974.

Baumgarth, Christa: Geschichte des Futurismus. Reinbek bei Hamburg: Rowohlt 1966.

Baur, Uwe/Gradwohl-Schlacher, Karin: Literatur in Österreich 1938–1945. Handbuch eines literarischen Systems. Band 3: Oberösterreich. Wien/Köln/Weimar: Böhlau 2014.

Bayerdörfer, Hans-Peter/Horch, Hans Otto/Schulz, Georg-Michael (Hg.): Strindberg auf der deutschen Bühne. Eine exemplarische Rezeptionsgeschichte der Moderne in Dokumenten (1890 bis 1925). Neumünster: Wachholtz 1983 (Skandinavische Studien. Beiträge zur Sprache, Literatur und Kultur der nordischen Länder 17).

Becker, Sabina: Döblin und die literarische Moderne 1910–1933. In: Döblin-Handbuch. Leben – Werk – Wirkung. Hg. von S. B. Stuttgart: Metzler 2016, S. 330–340.

Belentschikow, Valentin: Russland und die deutschen Expressionisten. Bd. 1. Frankfurt/Main u. a.: Lang 1993.

Benjamin, Walter: Juden in der deutschen Kultur. In: Gesammelte Schriften. Frankfurt/Main: Suhrkamp 1980. Bd. II.2, S. 807–813.

Benjamin, Walter: Über einige Motive bei Baudelaire. In: ders.: Charles Baudelaire. Ein Lyriker im Zeitalter des Hochkapitalismus. Frankfurt/Main: Suhrkamp 1974.

Berg, Hubert van den/Fähnders, Walter: Metzler Lexikon Avantgarde. Stuttgart/Weimar: Metzler 2009.

Berg, Hubert van den: ‚Übernationalität' der Avantgarde – (Inter-)Nationalität der Forschung. Hinweis auf den internationalen Konstruktivismus in der europäischen Literatur und die Problematik ihrer literaturwissenschaftlichen Erfassung. In: Der Blick vom Wolkenkratzer. Avantgarde – Avantgardekritik – Avantgardeforschung. Hg. von Wolfgang Asholt und Walter Fähnders. Amsterdam/Atlanta: Rodopi 2000, S. 255–288.

Berg, Hubert van den: „Wir müssen durch und mit Deutschland in unserer Kunst weiterkommen". Jacoba van Heemskerck und das ‚geheimdienstliche Nachrichtenbüro'. In: „Laboratorium Vielseitigkeit". Zur Literatur der Weimarer Republik. Festschrift für Helga Karrenbrock zum 60. Geburtstag. Hg. von Petra Josting u. a. Bielefeld: Aisthesis-Verl. 2005, S. 67–88.

Berger, Peter: Das unrettbare Ich und die Bühne. Zur Produktivität der Subjekt-Semantik im Drama und Theater um 1900. Göttingen: V&R unipress 2021, S. 252–261.

Bersaucourt, Albert de: Francis Jammes poète chrétien. Paris: Falque 1910.

Berthold, Helmuth: Die Lilien und der Wein: Gottfried Benns Frankreich. Würzburg: Königshausen & Neumann 1999.

Berthold, Helmuth: Französische Einflüsse. In: Benn-Handbuch: Leben – Werk – Wirkung. Hg. von Christian M. Hanna und Friederike Reents. Stuttgart: Metzler 2016, S. 37–40.

Bevilacqua, Giuseppe: Futurismo ed espressionismo. In: Avantgarde, Modernität, Katastrophe. Hg. von Eberhard Lämmert und Giorgio Cusatelli. Firenze: Olschki 1995, S. 69–74.

Bigeard, Simone: Ernst Toller – Facetten eines schriftstellerischen Werks zwischen den Weltkriegen. Eine motivorientierte Untersuchung. Diss. Karlsruhe. KIT Scientific Publishing 2018.

Binder, Hartmut: Kafka-Kommentar zu sämtlichen Erzählungen. München: Winkler 1975.

Birkelbach, Helmut: Vor 40 Jahren verstorben: Der Hille-Forscher Emerich Reeck. In: Hille-Blätter. Ein Jahrbuch für die Freunde des Dichters 10 (1993), S. 125–131.

Biron, Michel: La traversée des discours crépusculaires dans *Les Villes tentaculaires*. In: Textyles 11 (1994), S. 89–97.

Birus, Hendrik: Goethes Idee der Weltliteratur. Eine historische Vergegenwärtigung. In: Weltliteratur heute. Konzepte und Perspektiven. Hg. von Manfred Schmeling. Würzburg: Königshausen und Neumann 1995 (Saarbrücker Beiträge zur Vergleichenden Literatur- u. Kulturwissenschaft, Bd. 1), S. 5–28.

Bitterli, Konrad: Zwischen Grossstadt-Perversitäten und Schollen-Heimatgefühl: Widersprüche in der Basler Kulturpolitik 1920–1940. In: Schweizer Kunst (1999), S. 64–78.

Bloching, Karl Heinz: Die Autoren des literarischen *renouveau catholique* Frankreichs: Biographisch-bibliographische Skizzen. Bonn: Verlag des Borromäusvereins 1966.

Blume, Bernhard: Das ertrunkene Mädchen: Rimbauds Ophélie und die deutsche Literatur. In: GRM 35 (1954), S. 108–119.

Bode, Christoph: Kanonisierung durch Anthropologisierung. Das Beispiel der englischen Romantik. In: Begründungen und Funktionen des Kanons. Beiträge aus der Literatur- und Kunstwissenschaft, Philosophie und Theologie. Hg. von Gerhard R. Kaiser und Stefan Matuschek. Heidelberg: Winter 2001, S. 89–105.

Bogner, Ralf Georg: Einführung in die Literatur des Expressionismus. Darmstadt: Wiss. Buchges. 2005.

Bohn, Willard: France. In: Handbook of international futurism. Hg. von Günter Berghaus. Berlin/Boston: De Gruyter 2019, S. 449–468.

Bolle, Clara: *Emile Verhaeren* (1910). In: Stefan Zweig-Handbuch. Hg. von Arturo Larcati, Klemens Revoldner und Martina Wörgötter. Berlin/Boston: De Gruyter 2018, S. 450–455.

Bollenbeck, Georg: Tradition, Avantgarde, Reaktion. Deutsche Kontroversen um die kulturelle Moderne 1880–1945. Frankfurt/Main: Fischer 1999.

Borais, Alexander: Karel Čapeks Poetik der noetischen Detektion im Kontext seiner Pragmatismus-Rezeption. Hamburg: Disserta-Verl. 2011.

Bourdieu, Pierre: Die Regeln der Kunst. Genese und Struktur des literarischen Feldes. Übers. von Bernd Schwips und Achim Russer. Frankfurt a. M.: Suhrkamp 1999.

Brandys, Brygida: F. Th. Csokor. Identität von Leben und Werk. Lódz: Wydawnictwo Uniwersytetu Łódzkiego 1988.

Braun, Thomas: Des poètes simples: Francis Jammes. Bruxelles: La Libre Esthétique 1900.

Bressan, Marina: *Der Sturm* e il futurismo. Mariano del Friuli: Edizioni della laguna 2010.

Brinkmann, Richard: Expressionismus. Internationale Forschung zu einem internationalen Phänomen. Stuttgart: Metzler 1980.

Brod, Max: Über Franz Kafka. Frankfurt/Main: Fischer 1966.

Brümann, Ina Maria: Apollinaire und die deutsche Avantgarde. Hamburg: Krämer 1988.

Bruendel, Steffen: Volksgemeinschaft oder Volksstaat – die „Ideen von 1914“ und die Neuordnung Deutschlands im Ersten Weltkrieg. Berlin: Akad.-Verl. 2003.

Brunnhuber, Petra: Die Rezeption des Futurismus in Deutschland und der Einfluss auf die deutschsprachige Literatur. In: Futurismus: Kunst, Technik, Geschwindigkeit und Innovation zu Beginn des 20. Jahrhunderts. Hg. von Irene Chytraeus-Auerbach und Georg Maag. Münster: LIT 2016, S. 245–262.

Buck, Susanne: Der geschärfte Blick. Zur Geschichte der Brille und ihrer Verwendung in Deutschland seit 1850. Diss. Marburg 2002.

Buffagni, Claudia/Garzelli, Beatrice/Zanotti, Serenella (Hgg,): The Translator as Author. Perspectives on Literary Translation. Berlin: LiT 2011.

Buohler, Hans Peter: Das deutschsprachige Sonett im Expressionismus. In: Expressionismus 1 (2015), S. 36–46.

Buohler, Hans Peter: Tradition und Avantgarde: Das Sonett im Expressionismus. Baden-Baden: Ergon 2021.

Bürger, Peter: Theorie der Avantgarde. Frankfurt/Main: Suhrkamp 1974.

Burkhardt, Heinz: Natur und Heimat bei Francis Jammes. Diss. Jena 1937.

Busse, Carl: Geschichte der Weltliteratur. In zwei Bänden. Bielefeld/Leipzig: Verlag von Velhagen und Klasing 1910–1913.

Büssgen, Antje: Friedrich Schiller. In: Benn-Handbuch: Leben – Werk – Wirkung. Hg. von Christian M. Hanna, Friederike Reents. Stuttgart: J.B. Metzler 2016, S. 31f.

Cameron, Keith: René Maran. Boston: Twayne Publishers 1985.

Cantaloube-Ferrieu, Lucienne: Un manifeste littéraire de M. Francis Jammes: *Le Jammisme*. In: Fins de siècle: Terme – évolution – révolution? Actes du congrès national de la Société française de littérature générale et comparée, Toulouse, 22–24 septembre 1987. Textes recueillis et prés. par Gwenhaël Ponnau. Toulouse: Presses universitaires du Mirail 1989, S. 313–322.

Carnicke, Sharon Marie: The Theatrical Instinct. Nikolai Evreinov and the Russian Theatre of the Early Twentieth Century. New York: Lang 1989.

Casanova, Pascale: The World Republic of Letters. Cambridge, Mass. u. a.: Harvard Univ. Press 2004.

Challot, Christian: Émile Verhaeren – Georg Heym. Essais de lecture comparée à la lumière de l'expressionnisme allemand. In: Textyles. Revue des lettres belges de langue française 11 (1994), S. 171–185.

Challot, Christian: Émile Verhaeren et Georg Heym, poètes des grandes métropoles. In: Revue belge de philologie et d'histoire 77 (1999) 3, S. 751–764.

Charkowska, Monika: Von Dostojewskij verführt. Zur Dostojewskij-Rezeption bei Hermann Scherer. In: Expressionist Scherer: direkter, roher, emotionaler = Expressionist Scherer: more direct, more raw, more emotional. Städtische Museen Freiburg, Museum für Neue Kunst. Hg. von Isabel Herda und Christine Litz. Dresden: Sandstein Verlag 2020.

Charlier, Robert/Lottes, Günther (Hg.): Kanonbildung. Protagonisten und Prozesse der Herstellung kultureller Identität (= Aufklärung und Moderne, Band 20). Hannover: Wehrhahn 2009.

Chiarini, Paolo/Gargano, Antonella/Vlad, Roman: Expressionismus. Una enciclopedia interdisciplinare. Roma: Bulzoni 1986.

Chiellino, Carmine: Die Futurismusdebatte. Zur Bestimmung des futuristischen Einflusses in Deutschland. Frankfurt/Main: Lang 1978.

Chytraeus-Auerbach, Irene: Germany. In: Handbook of International Futurism. Hg. v. Günter Berghaus. Berlin/Boston: De Gruyter 2019, S. 484–505.

Colombat, Rémy: Rimbaud – Heym – Trakl: essais de description comparée. Bern [u.a.]: Lang 1987.

Cornelißen, Christoph: Militärzensur der Presse im Deutschen Kaiserreich während des Ersten Weltkriegs. In: Propaganda, (Selbst-)Zensur, Sensation. Grenzen von Presse- und Wissenschaftsfreiheit in Deutschland und Tschechien seit 1871. Hg. von Michal Anděl u. a. Essen: Klartext 2005, S. 33–50.

Creutz, Martin: Die Pressepolitik der kaiserlichen Regierung während des Ersten Weltkriegs. Frankfurt a. M.: Lang 1996, S. 19–23.

Curi, Fausto: Marinetti, il soggetto, la materia. In: Annali d'Italianistica 27, A Century of Futurism: 1909–2009 (2009), S. 295–307.

Curran, Stuart: Shelley's *Cenci:* scorpions ringed with fire. Princeton, NJ: Princeton Univ. Press 1970, S. 218–223.

Dammann, Günter/Karl Ludwig Schneider/Joachim Schöberl (Hg.): Georg Heyms Gedicht *Der Krieg*. Handschriften und Dokumente; Untersuchungen zur Entstehungsgeschichte und zur Rezeption. Heidelberg: Winter 1978 (Beihefte zum Euphorion 9).

Dammann, Günter: Erläuterungen zur Entstehung von *Der Krieg I* und *Über hohe Türme…* In: Georg Heyms Gedicht *Der Krieg*. Handschriften und Dokumente; Untersuchungen zur Entstehungsgeschichte und zur Rezeption. Hg. von Günter Dammann, Karl Ludwig Schneider und Joachim Schöberl. Heidelberg: Winter 1978 (Beihefte zum Euphorion 9), S. 33–39.

Daniels, Karlheinz: Expressionismus und Technik [1969]. In: Technik in der Literatur. Ein Forschungsüberblick in zwölf Aufsätzen. Frankfurt/Main: Suhrkamp 1987, S. 351–386.

Demetz, Peter: Worte in Freiheit. Der italienische Futurismus und die deutsche literarische Avantgarde 1912–1934. München: Piper 1990.

Denkler, Horst: Drama des Expressionismus. Programm – Spieltext – Theater. 2., verb. und erw. Aufl. München: Fink 1979.

Derieux, Henry: Francis Jammes. Paris: Mercure de France 1938.

Dion, Robert: L'Allemagne de *Liberté:* Sur la germanophilie des intellectuels québécois. Ottawa: Königshausen & Neumann 2007.

Donat, Sebastian: Weltliteratur und Interferenz. In: Lamping, Dieter/Tihanov, Galin (Hg.): Vergleichende Weltliteraturen/Comparative World Literatures. DFG-Symposion 2018. Berlin: J.B. Metzler 2019, S. 41–58.

Donahue, Neil H. (Hg.): A Companion to the Literature of German Expressionism. Rochester, NY u. a.: Camden House 2005.

Drews, Peter: Die deutschsprachige Rezeption slavischer Literatur. Die Aufnahme slavischer Belletristik im deutschsprachigen Raum von den Anfängen bis 1945. Berlin: Wissenschaftlicher Verlag 2017.

Dueck, Evelyn: Diener zweier Herren. Der Übersetzer zwischen Fergendienst und Autorschaft. In: Theorien und Praktiken der Autorschaft. Hg. von Matthias Schaffrick und Marcus Willand. Berlin u. a.: De Gruyter 2014, S. 287–306.

Dumont, Robert: Stefan Zweig et la France. Paris: Pr. Univ. de France 1967.

Dunnigan, Sarah M.: Scottish Women Writers c. 1560–c. 1650. In: A History of Scottish Women's Writing. Hg. von Douglas Gifford und Dorothy McMillan. Edinburgh: Edinburgh University Press 1997, S. 15–43.

Dürsteler, Heinz Peter: Sprachliche Neuschöpfungen im Expressionismus. Diss. Bern 1954.

Echenberg, Myron: Colonial Conscripts. The Tirailleurs Sénégalais in French West Africa, 1857–1960. Portsmouth NH: Heinemann 1991.

Eco, Umberto: Quasi dasselbe mit anderen Worten. Über das Übersetzen. München/Wien: Hanser 2006.

Eickenrodt, Sabine et al. (Hgg.): Übersetzen – Übertragen – Überreden. Würzburg: Königshausen & Neumann 1999.

Eimert, Dorothea: Der Einfluss des Futurismus auf die deutsche Malerei. Köln: Kopp 1974.

Enderlein, Michael: Wider die „heilige deutsche Indolenz". Franz Pfemfert und *seine Aktion* im expressionistischen Jahrzehnt. In: Musil-Forum 28 (2003), S. 242–269.

Espagne, Michel/Werner, Michael (Hgg.): Transferts. Les relations interculturelles dans l'espace franco-allemand (XVIIIe et XIXe siècle). Paris: Éd. Recherche sur les Civilisations 1988.

Evelein, Johannes F.: August Strindberg und das expressionistische Stationendrama. Eine Formstudie. New York u. a.: Lang 1996.

Eykmann, Christoph: Weltende und Jüngstes Gericht als Motive im Expressionismus. In: ders.: Denk- und Stilformen des Expressionismus. München: Francke 1974, S. 44–62.

Eykmann, Christoph: Zur Sozialphilosophie des Expressionismus. In: Begriffsbestimmung des literarischen Expressionismus. Hg. von Hans Gerd Rötzer. Darmstadt: Wiss. Buchges. 1976 (Wege der Forschung CCCLXXX), S. 447–468.

Faber-Bellion, Colette: Die Rimbaud-Übersetzung von K. L. Ammer: Beispiele aus den *Illuminations*. In: Studien zur Literatur des 19. und 20. Jahrhunderts in Österreich. Festschrift Alfred Doppler. Hg. von Johann Holzner u. a. Innsbruck 1981, S. 121–140.

Fähnders, Walter: Avantgarde und Moderne 1890–1933. Stuttgart/Weimar: Metzler 1998.

Faurot, Ruth Marie: Jerome K. Jerome. New York: Twayne 1974.

Fessler, Ladina: Primitivistische Künstlerfiguren im Expressionismus: der Echoraum von Gauguins „Going native" bei Carl Einstein, Carl Sternheim und Robert Müller. Tübingen: Narr Francke Attempto 2022.

Fiala-Fürst, Ingeborg: Max Brod als Lyriker und Expressionist. In: Max Brod (1884–1968): die Erfindung des Prager Kreises. Hg. von Steffen Höhne, Anna-Dorothea Ludewig und Julius H. Schoeps; in Verbindung mit Hans-Gerd Koch und Hans-Dieter Zimmermann. Köln/Weimar/Wien: Böhlau Verlag 2016, S. 39–58.

Fick, Monika: Einzelveröffentlichungen 1912–1920. In: Benn-Handbuch: Leben – Werk – Wirkung. Hg. von Christian M. Hanna und Friederike Reents. Stuttgart: Metzler 2016, S. 87–89.

Fick, Monika: *Söhne. Neue Gedichte* (1903). In: Benn-Handbuch: Leben – Werk – Wirkung. Hg. von Christian M. Hanna und Friederike Reents. Stuttgart: Metzler 2016, S. 85 f.

Finck, Adrien/Staiber, Maryse (Hg.): Elsässer, Europäer, Pazifist: Studien zu René Schickele. Kehl u. a.: Morstadt 1984.

Fischer, Grete: Dienstboten, Brecht und andere Zeitgenossen in Prag, Berlin, London. Olten/Freiburg i. Br.: Walter 1966.

Frankel, Nicholas: Oscar Wilde. The Unrepentant Years. Cambridge (Mass.)/London: Harvard University Press 2017.

Freise, Matthias: Slawistische Literaturwissenschaft: eine Einführung. Tübingen: Narr Verlag 2012.

Frevert, Ute: Ein Dichter für viele deutsche Nationen. In: Friedrich Schiller: Dichter, Denker, Vor- und Gegenbild. Hg. von Jan Bürger und Giuseppe Bevilacqua. Göttingen: Wallstein-Verl. 2007, S. 57–75.

Fuß, Albert: Der *Renouveau catholique* und seine Rezeption in Deutschland, in: Religiös-kulturelle Bewegungen im deutschen Katholizismus seit 1800. Hg. von Anton Rauscher. Paderborn u. a.: Schöningh 1986, S. 137–167.

Gabriel, Frère de la Congr. des Frères de la Charité [Vermeersch, Henri]: Étude des langues congolaises bantoues avec application au Tshi-luba. Turnhout: Imprimerie de l'École professionnelle St Victor 1899.

Gargano, Antonella: Progetto metropoli. La Berlino dell'espressionismo. Scurelle: Silvy Edizioni 2012.

Gamper, Michael: Masse lesen, Masse schreiben. Eine Diskurs- und Imaginationsgeschichte der Menschenmenge 1765–1930. München u. a.: Fink 2007.

Garstka, Christoph: „Den Osten aus der Tiefe erfassen". Der „deutsche Dostojewskij" im Piper-Verlag. In: Stürmische Aufbrüche und enttäuschte Hoffnungen. Russen und Deutsche in der Zwischenkriegszeit. Hg. von Karl Eimermacher und Astrid Volpert. Paderborn: Fink 2006, S. 749–782.

Garstka, Christoph: Arthur Moeller van den Bruck und die erste Gesamtausgabe der Werke Dostojewskijs im Piper-Verlag 1906–1919. Frankfurt/Main u. a.: Lang 1998.

Gelber, Mark H.: Max Brod und der Prager Zionismus. In: Max Brod (1884–1968): die Erfindung des Prager Kreises. Hg. von Steffen Höhne, Anna-Dorothea Ludewig und Julius H. Schoeps; in Verbindung mit Hans-Gerd Koch und Hans-Dieter Zimmermann. Köln/Weimar/Wien: Böhlau Verlag 2016, S. 241–250.

Gerick, Horst-Jürgen: Döblins *Ermordung einer Butterblume* und Garšins *Rote Blume*. In: Vsevolod Garshin at the Turn of the Century: An International Symposium in Three Volumes. Ed. Peter Henry, Vladimir Porudominsky, and Mikhail Girshman. Oxford: Northgate Press 2000, Bd. 2, S. 184–189.

Gier, Helmut: Die Entstehung des deutschen Expressionismus und die antisymbolistische Reaktion in Frankreich: die literarische Entwicklung Ernst Stadlers. München: Fink 1977.

Gillespie, Stuart: Translation and Canon-Formation. In: The Oxford History of Literary Translation in English. 5 Bde. Band 5: 1660–1790. Hg. von S. G. und D. Hopkins. Oxford: Oxford University Press 2005, S. 7–20.

Girard, René: Der Sündenbock. Zürich: Benzinger 1998.

Gobry, Ivan: Francis Jammes, le poète rustique de la foi. Paris: Téqui 1988.

Göbel, Wolfram: Der Kurt Wolff Verlag 1913–1930: Expressionismus als verlegerische Aufgabe, mit einer Bibliographie des Kurt Wolff Verlages und der ihm angeschlossenen Unternehmen 1910–1930. Frankfurt/Main: Buchhändler-Vereinigung 1977.

Godé, Maurice: L'expressionnisme. Paris: Presses Univ. de France 1999.

Godé, Maurice: Un malentendu fécond: la réception du futurisme en Allemagne. In: Expressionnisme(s) et avant-gardes. Études réunies et présentées par Isabelle Krzywkowski et Cécile Millot. Paris: L'improviste 2007, S. 227–250.

Godé, Maurice: Ernst Stadler traducteur de Francis Jammes, In: Traduire, transposer, adapter, hg. von Roger Sauter und M. G. Aix-en-Provence: Université de Provence 2009 (Cahiers d'Études Germaniques 56), S. 127–142.

Göhler, Antje: Antikerezeption im literarischen Expressionismus. Berlin: Frank & Timme, 2012.

Golub, Spencer: Mysteries of the Self. The Visionary Theatre of Nikolai Evreinov. In: Theatre History Studies 2 (1982), S. 15–35.

Gordon, Donald E.: On the Origin of the Word Expressionism. In: Journal of the Warburg and Courtauld Institutes 29 (1966), S. 368–385.

Goergen, Jeanpaul (Hg.): Urlaute dadaistischer Poesie: der Berliner Dada-Abend am 12. April 1918. Rekonstruiert von Jeanpaul Goergen. Mit Texten von Georg Grosz u. a. Hannover: Postskriptum-Verl. 1994.

Goergen, Jeanpaul (Hg.): Walter Ruttmann. Eine Dokumentation. Berlin: Freunde d. Dt. Kinemathek 1989.

Goßens, Peter: Weltliteratur. Modelle transnationaler Literaturwahrnehmung im 19. Jahrhundert. Stuttgart/Weimar: Metzler 2011.

Göttert, Karl-Heinz: Die Sprachreiniger: der Kampf gegen Fremdwörter und der deutsche Nationalismus. Berlin: Propyläen 2019.

Gotto, Lisa/Simonis, Annette: Medienkomparatistik – Aktualität und Aufgaben eines interdisziplinären Forschungsfelds. In: Medienkomparatistik 1 (2019), S. 7–20.

Grage, Joachim: Heroismus der Entsagung. Klabunds chinesische Erzählung *Der letzte Kaiser* und das Ende des deutschen Kaiserreichs. In: Deutsch-chinesische Helden und Anti-Helden: Strategien der Heroisierung und Deheroisierung in interkultureller Perspektive. Hg. von Achim Aurnhammer und Chen Zhuangying. Baden-Baden: Ergon 2020, S. 107–117.

Grande, Jasmin et al. (Hg.): Carl Einstein und die Avantgarde. Berlin: Neofelis Verlag 2021.

Grasskamp, Walter: Trivialität und Geschichtlichkeit. Das Motiv der Passantin. 2. Aufl. Aachen: Cobra-Verl. Rader 1984.

Grimm, Reinhold: Bewußtsein als Verhängnis. Über Gottfried Benns Weg in die Kunst. In: Die Kunst im Schatten des Gottes. Für und wider Gottfried Benn. Hg. von R. G. und Wolf-Dieter Marsch. Göttingen: Sachse & Pohl 1962, S. 40–84.

Grimm, Reinhold: Georg Trakls Verhältnis zu Rimbaud. In: GRM N. F. 9 (1959), S. 288–315.

Grimm, Reinhold: Werk und Wirkung des Übersetzers Karl Klammer. In: Neophilologus 44 (1960), S. 20–36.

Große, Wilhelm: *Untergrundbahn* (1913). In: ders.: Gottfried Benn. Stuttgart: Reclam 2002, S. 48–52.

Gruber, Klemens: Die polyfrontale Avantgarde: Medien und Künste 1912–1936. Wien: Sonderzahl 2020.

Grünzweig, Walter: Constructing the German Walt Whitman. Iowa City: University of Iowa Press 1995.

Grünzweig, Walter: Imperialism. In: A companion to Walt Whitman. Hg. von Donald D. Kummings. Malden, Mass.: Blackwell 2006, S. 151–163.

Grünzweig, Walter: *Salut au Monde!:* Walt Whitmans weltliterarische Programmatik und sein globales Netzwerk. Vergleichende Weltliteraturen/Comparative World Literatures. DFG-Symposion 2018. Hg. von Dieter Lamping und Galin Tihanoy. Berlin: J.B. Metzler 2019, S. 163–182.

Grünzweig, Walter: Walt Whitman: Die deutschsprachige Rezeption als interkulturelles Phänomen. München: Fink 1991.

Guidetti, Augusta: Francis Jammes. Turin: Bocca 1931.

Gullentops, David: Utopie und Anarchismus in der Lyrik Émile Verhaerens. In: Anarchismus und Utopie in der Literatur um 1900: Deutschland, Flandern und die Niederlande. Hg. von Jaap Grave, Peter Sprengel und Hans Vandevoorde. Würzburg: Königshausen & Neumann 2005, S. 172–188.

Günther, Herbert: Alfred Richard Meyer, der Mensch, der Dichter, der Verleger. In: Imprimatur NF 6 (1968/69), S. 163–191.

Günther, Horst: ‚Weltliteratur‘, bei der Lektüre des *Globe* konzipiert. In: Versuche, europäisch zu denken. Deutschland und Frankreich. Frankfurt/Main: Suhrkamp 1990, S. 104–125.

Günther, Michael: B = Börse + Bordell – Franz Richard Behrens. Wortkunst, Konstruktivismus und das Verschwinden der Lyrik. Frankfurt/Main: Lang 1994.

Gut, Philipp: Thomas Manns Idee einer deutschen Kultur. Frankfurt/Main: Fischer 2008.

Gutheil, Werner: Francis Jammes als Symbolist und Katholik. Diss. Marburg 1932.

Haberlander, Barbara: K. L. Ammer. Portrait eines österreichischen Übersetzers. Dipl.-Arb. Salzburg 1992.

Hahn, Marcus: Die armen Hirnhunde: Gottfried Benn und die Neurologie um 1900. In: Gottfried Benn. Wechselspiele zwischen Biographie und Werk. Hg. von Matías Martínez. Göttingen: Wallstein 2007, S. 203–230.

Hahn, Marcus: Gottfried Benn und das Wissen der Moderne. 2 Bde. Bd. 1: Göttingen: Wallstein 2011.

Hahnl, Hans Heinz: Vergessene Literaten. Fünfzig österreichische Lebensschicksale. Wien: Österreichischer Bundesverlag 1984, S. 159–162.

Han, Ruixin: Die China-Rezeption bei expressionistischen Autoren. Frankfurt/Main u. a.: Lang 1993.

Hanke, Edith: Prophet des Unmodernen: Leo N. Tolstoi als Kulturkritiker in der deutschen Diskussion der Jahrhundertwende. Tübingen: Niemeyer 1993.

Hanna, Christian M.: *Morgue und andere Gedichte* (1912). In: Benn-Handbuch: Leben – Werk – Wirkung. Hg. von Christian M. Hanna und Friederike Reents. Stuttgart: Metzler 2016, S. 74–83.

Haviland Miller, Edwin (Hg.): Walt Whitman's *Song of Myself.* A Mosaic of Interpretations. Iowa City: University of Iowa Press 1989.

Haupt, Georges: Aspects of International Socialism, 1871–1914. Cambridge: Cambridge University Press 1986.

Haupt, Georges: Socialism and the Great War: The Collapse of the Second International. Oxford: Clarendon Press 1972.

Heerich, Stefan: Krise als Stimmung – Modernität als Schicksal. Atmosphären der Großstadt in der Lyrik Gottfried Benns. In: Nouveaux cahiers d'allemand 7 (1989) 1, S. 101–120.

Heftrich, Urs: Otokar Březina: zur Rezeption Schopenhauers und Nietzsches im tschechischen Symbolismus. Heidelberg: Winter 1993.

Heisserer, Dirk: Negative Dichtung: zum Verfahren der literarischen Dekomposition bei Carl Einstein. München: Iudicium-Verl. 1992.

Hemecker, Wilhelm/ Wagener, Hans (Hgg.): Judentum im Leben und Werk Franz Werfel. Berlin/ Boston (Mass.): De Gruyter 2011.

Henninger, Gerd: Zur Genealogie des Schwarzen Humors (1966). In: Das Groteske in der Dichtung. Hg. von Otto F. Best (Wege der Forschung Band CCCXCIV). Darmstadt: Wiss. Buchges. 1980, S. 124–137.

Herda, Isabel/Litz, Christine (Hg.): Expressionist Scherer: direkter, roher, emotionaler = Expressionist Scherer: more direct, more raw, more emotional. Städtische Museen Freiburg, Museum für Neue Kunst. Dresden 2020.

Herlth, Robert: Aus einem Vortrag vor dem Club Deutscher Filmarchitekten vom 22. Februar 1951. In: Caligari und Caligarismus. Hg. von Walter Kaul. Berlin 1970, S. 5.

Hermann, Frank: Malik – Zur Geschichte eines Verlages 1916–1947. Düsseldorf: Droste Verlag 1989.

Hermans, Theo: Descriptive Translation Studies. In: Handbuch Translation. Hg. von Mary Snell-Hornby et al. 2., verb. Aufl. Tübingen: Stauffenburg-Verlag 2003, S. 96–100.

Hermans, Theo: Introduction. Translation Studies and a New Paradigm. In: The Manipulation of Literature. Studies in Literary Translation. Hg. von dems. London/Sydney: Croom Helm 1985, S. 7–15.

Hermans, Theo: Translation in Systems. Descriptive and System-oriented Approaches Explained. Manchester: St. Jerome 1999.

Herwig, Henriette/Hülsen-Esch, Andrea von (Hg.): *Der Sturm:* Literatur, Musik, Graphik und die Vernetzung in der Zeit des Expressionismus. Berlin/Boston: De Gruyter 2015.

Herzfelde, Wieland: Der Malik-Verlag – 1916–1947. Ausstellungskatalog. Berlin: Deutsche Akademie der Künste 1967.

Hess, Albert: Shelleys Lyrik in deutschen Übertragungen. Diss. Zürich 1949.

Heydebrand, Renate von (Hg.): Kanon, Macht, Kultur: theoretische, historische und soziale Aspekte ästhetischer Kanonbildungen [DFG-Symposion 1996]. Stuttgart u. a.: Metzler 1998.

Hirsh-Ratzkovsky, Roni: From Berlin to Ben Shemen: The Lehmann Brothers between Expressionism and Zionism. In: Association for Jewish Studies Review 41 (April 2017) 1, S. 37–65.

Hübner, Alfred: Die Leben des Paul Zech. Eine Biographie. Heidelberg: Morio 2021.

Hülsen, Anette: Der Weg der Lyrik Aldo Palazzeschis – von *I cavalli bianchi* bis *Nove sinfonie.* Diss. Münster: Kleinheinrich 1990.

Huntemann, Willi: Fremdheit im Gedicht und Übersetzungsverfahren am Beispiel von Rimbauds *Le Dormeur du Val.* In: JIG 23 (1991) 1, S. 109–123.

Huntemann, Willi: Vom Parnaß zu Prometheus. Zur Übersetzung intertextuell konstituierter Texte am Beispiel zweier Rimbaud-Übertragungen von Paul Zech (*Ophélie* und *Oraison du Soir*). In: JIG 24 (1992) 1, S. 37–51.

Hwang, Kwang-Kuo: Foundations of Chinese Psychology. Confucian Social Relations. New York: Springer 2012.

Inda, Jean-Pierre: Francis Jammes: par delà les poses et les images d'Epinal. Pau: Éd. Marrimpouey Jeune 1975.

Jauß, Hans Robert: Die Epochenschwelle von 1912, Guillaume Apollinaires *Zone* und *Lundi rue Christine*. In: Ders.: Studien zum Epochenwandel der ästhetischen Moderne. Frankfurt/ Main: Suhrkamp 1989, S. 216–257.

Jens, Inge: Die expressionistische Novelle. Studien zu ihrer Entwicklung. Tübingen: Attempto-Verl. 1997.

Joll, James: The Second International, 1889–1914. 2nd ed. New York: Harper and Row 1965.

Jordan, Lothar: ‚À travers l'Europe'. Französische Literatur in der Zeitschrift *Der Sturm* 1910–1920. Ein Abriß. In: Interferenzen Deutschland-Frankreich. Literatur, Wissenschaft, Sprache. Hg. von L. J. und Bernd Kortländer. Düsseldorf 1983, S. 104–110.

Jüdisches Lexikon. Ein enzyklopädisches Handbuch des jüdischen Wissens in vier Bänden. Bd. 3. Frankfurt/Main u. a.: Jüdischer Verl. 1929.

Jung, Uli/Schatzberger, Walter: Robert Wiene: der *Caligari*-Regisseur. Berlin: Henschel 1995, S. 101–107.

Jütte, Robert: Stigma-Symbole. Kleidung als identitätsstiftendes Merkmal bei spätmittelalterlichen und frühneuzeitlichen Randgruppen (Juden, Dirnen, Aussätzige, Bettler). In: Saeculum 44 (1993), S. 65–89.

Karpenstein-Eßbach, Christa: Georg Heym: *Der Krieg*. In: Lyrik im historischen Kontext. Festschrift für Reiner Wild. Hg. von Andreas Böhn, Ulrich Kittstein u. a. Unter Mitarb. von Sandra Beck. Würzburg: Königshausen & Neumann 2009, S. 273–280.

Kasten, Jürgen: Der expressionistische Film: abgefilmtes Theater oder avantgardistisches Erzählen? Münster: MAkS-Publ. 1990.

Kasties, Bert: Walter Hasenclever. Eine Biographie der deutschen Moderne. Tübingen: Niemeyer 1994.

Kaszynski, Stefan H.: Csokors polnische Odyssee. In: Eine schwierige Heimkehr. Hg. von Johann Holzner u. a. Innsbruck: Inst. für Germanistik 1991, S. 253–261.

Katan, David: Translating Cultures: An Introduction for Translators, Interpreters and Mediators. London/New York: Routledge 2014.

Katenhusen, Ines: Kunst und Politik: Hannovers Auseinandersetzungen mit der Moderne in der Weimarer Republik. Hannover: Hahnsche Buchhandlung 1998.

Kesting, Marianne: Das Warten hat ein Ende. In: Poesie der Apokalypse. Hg. von Gerhard R. Kaiser. Würzburg: Königshausen & Neumann 1991, S. 169–186.

Kettler, Marc: Text-Bild-Verhältnisse im Expressionismus: eine Untersuchung des Zusammenwirkens von Literatur und Kunst anhand ausgewählter Beispiele illustrierter Texte von Alfred Döblin, Albert Ehrenstein, Georg Heym, Oskar Kokoschka und Mynona. Hamburg: Verlag Dr. Kovač 2016.

Kiesel, Helmut: Aufklärung und neuer Irrationalismus in der Weimarer Republik. In: Aufklärung und Gegenaufklärung in der europäischen Literatur, Philosophie und Politik von der Antike bis zur Gegenwart. Hg. von Jochen Schmidt. Darmstadt 1989, S. 497–521.

Killy, Walther: Elemente der Lyrik. 2. Aufl. München: Beck 1972.

Kirchdörfer-Boßmann, Ursula: „Eine Pranke in den Nacken der Erkenntnis". Zur Beziehung von Dichtung und Naturwissenschaft im Frühwerk Gottfried Benns. St. Ingbert: Röhrig Universitätsverlag 2003.

Kircher, Hartmut/Kłańska/Kleinschmidt, Erich (Hg): Avantgarden in Ost und West. Literatur, Musik und Bildende Kunst um 1900. Köln u. a.: Böhlau 2002.

Kittel, Harald/ Frank, Armin Paul /Greiner, Norbert (Hgg.): Übersetzung – Traduction – Translation. Bd. 2. Berlin: De Gruyter 2007.

Klauhs, Harald: F. Th. Csokor. Leben und Werk bis 1938 im Überblick. Stuttgart: Heinz, Akad. Verl. 1988.

Klawitter, Arne: Wie man chinesisch dichtet, ohne chinesisch zu verstehen. Deutsche Nach- und Umdichtungen chinesischer Lyrik von Rückert bis Ehrenstein. In: Arcadia. Zeitschrift für Allgemeine und Vergleichende Literaturwissenschaft 48 (2013) 1, S. 98 – 115.

Kleinschmidt, Christoph: Intermaterialität. Zum Verhältnis von Schrift, Bild, Film und Bühne im Expressionismus. Bielefeld: transcript 2012.

Klessinger, Hanna: Schuld und Erlösung. Zur Dostojewskij-Rezeption in Georg Trakls Lyrik. In: Anklang und Widerhall. Dostojewskij im weltliterarischen Kontext. Hg. von Gudrun Goes. Berlin 2014 (Jahrbuch der Deutschen Dostojewskij-Gesellschaft 20), S. 32 – 50.

Knapp, Gerhard P.: Die Literatur des Expressionismus: Einführung – Bestandsaufnahme – Kritik. München: Beck 1979.

Knobloch, Hans-Jürgen: Das Ende des Expressionismus. Von der Tragödie zur Komödie. Frankfurt/Main u. a.: Lang 1975.

Koch, Manfred: Weimaraner Weltbewohner. Zur Genese von Goethes Begriff ‚Weltliteratur'. Tübingen: Niemeyer 2002.

Kohlschmidt, Werner: Zu den soziologischen Voraussetzungen des literarischen Expressionismus in Deutschland. In: Begriffsbestimmung des literarischen Expressionismus. Hg. von Hans Gerd Rötzer. Darmstadt: Wiss. Buchges. 1976, S. 427 – 446.

König, Helmut: Wiederkehr des Massethemas? In: Masse – Macht – Emotionen. Zu einer politischen Soziologie der Emotionen. Hg. von Ansgar Klein und Frank Nullmeier, unter Mitarb. von Oliver Welsch. Opladen: Westdt. Verl. 1999, S. 27 – 39.

Konstantinović, Zoran (Hg.): Expressionismus im europäischen Zwischenfeld. Innsbruck: AMŒ 1978.

Korber, Tessy: Technik in der Literatur der frühen Moderne. Wiesbaden: Dt. Univ.-Verl. 1998.

Korte, Hermann: Der Krieg in der Lyrik des Expressionismus: Studien zur Evolution eines literarischen Themas. Bonn: Bouvier 1981.

Korte, Hermann: „Europa, dieser Nasenpopel aus einer Konfirmandennase". In: Benn-Forum 2 (2010/2011), S. 3 – 29.

Korte, Hermann: Georg Heym. Stuttgart: Metzler 1982.

Kosch, Wilhelm (Hg.): Das katholische Deutschland. Augsburg: Haas & Grabherr 1933.

Košenina, Alexander: Neue Lebensspuren des expressionistischen Schriftstellers Alfred Lemm. In: ZfG 3 (1995), S. 600 – 611.

Kossmann, Stephan: Die Stimme des Souveräns und die Schrift des Gesetzes. Zur Medialität dezisionistischer Gestimmtheit in Literatur, Recht und Theater. München/Paderborn: Fink 2012.

Kramina, Aiga: Translation as Manipulation: Causes and Consequences, Opinions and Attitudes. In: KALBŲ STUDIJOS 6 (2004), S. 37 – 41.

Krause, Frank: Literarischer Expressionismus. Paderborn: Fink 2008.

Krüger Peter: Die Ansätze zu einer europäischen Wirtschaftsgemeinschaft in Deutschland nach dem Ersten Weltkriege. In: Wirtschaftliche und politische Integration in Europa im 19. und 20. Jahrhundert. Hg. von Helmut Berding. Göttingen: Vandenhoeck & Ruprecht 1984, S. 149 – 168.

Krummacher, Hans–Henrik: Paul Zech und Rainer Maria Rilke. Zur Wirkung Rilkes im Expressionismus und im Exil. In: Zeit der Moderne: Zur deutschen Literatur von der Jahrhundertwende bis zur Gegenwart. Hg. von H.-H. K., Fritz Martini und Walter Müller–Seidel. Stuttgart: Kröner 1984, S. 485–532.

Krzywkowski, Isabelle/Millot, Cécile: Expressionisme(s) et avantgardes. Paris: L'improviste 2007.

Krzywkowski, Isabelle: Les Avant-gardes poétiques: échanges et réception entre la France et l'Allemagne. In: Expressionisme(s) et avant-gardes. Études réunies et présentées par Isabelle Krzywkowski et Cécile Millot. Paris: L'improviste 2007, S. 201–223.

Kucher, Primus-Heinz: „Die Wollust der Kreatur [...] gemenget mit Bitterkeit". Versuch über den vergessenen Expressionisten F. Th. Csokor. In: Expressionismus in Österreich. Hg. von Klaus Amann und Armin A. Wallas. Wien u. a.: Böhlau 1994, S. 417–436.

Kucher, Primus-Heinz / Unterberger, Rebecca (Hg.): Der lange Schatten des ,Roten Oktober': Zur Relevanz und Rezeption sowjet-russischer Kunst, Kultur und Literatur in Österreich 1918–1938. Bern: Lang 2019. Kühlmann, Wilhelm und Luckscheiter, Roman (Hg.): Moderne und Antimoderne: der *Renouveau catholique* und die deutsche Literatur; Beiträge des Heidelberger Colloquiums vom 12. bis 16. September 2006. Freiburg i. Br. u. a.: Rombach 2008.

Kurtz, Rudolf: Expressionismus und Film. Berlin: Verlag der Lichtbildbühne 1926.

Kvalm, Kela: Max Reinhardt und August Strindberg. Die Bedeutung der Inszenierungen der *Kammerspiele* und des *Traumspiels* für den deutschen Expressionismus. In: Strindberg und die deutschsprachigen Länder. Internationale Beiträge zum Tübinger Strindberg-Symposion 1977. Hg. von Wilhelm Friese. Basel/Stuttgart: Helbing & Lichtenhahn 1979, S. 265–288.

Lach, Edith: Die Quellen zu Georg Kaisers Stücken. Phil. Diss. [Masch.] McGill University [Canada].

Lambert, José: Translation, or the Canonization of Otherness. In: Literaturkanon – Medienereignis – kultureller Text: Formen interkultureller Kommunikation und Übersetzung. Hg. von Andreas Poltermann. Berlin: Erich Schmidt 1995, S. 160–178.

Lamping, Dieter: Die Idee der Weltliteratur: ein Konzept Goethes und seine Karriere. Stuttgart: Kröner 2010.

Lamping, Dieter: Was ist Weltliteratur? Ein Begriff und seine Bedeutungen. In: Perspektiven der Interkulturalität. Forschungsfelder eines umstrittenen Begriffs. Hg. von Anton J. Escher u. Heike C. Spickermann. Heidelberg: Universitätsverlag Winter 2018, S. 127–141.

Lange, Justus: „Dostojewski ist mein Freund" (Max Beckmann, Herbst 1914). Graphiken, Gemälde und Buchillustrationen zu Dostojewski in der deutschen Kunst zwischen 1900 und 1950. [Rezension]. In: Journal für Kunstgeschichte 4 (2000) 4, S. 376–378.

Laplanche, Jean/Pontalis, Jean-Bertrand: Das Vokabular der Psychoanalyse. Bd. 2. Frankfurt/Main: Suhrkamp 1972.

Law-Robertson, Harry: Walt Whitman in Deutschland. Diss. Gießen: Münchow 1935.

Le Rider, Jacques: Der Fall Otto Weininger. Wien/München: Löcker 1985.

Lee, David: Gottfried Benns St. Petersburg – Mitte des Jahrhunderts. In: Erkennen und Deuten. Hg. von Martha Woodmansee und Walter F. Lohnes. Berlin: E. Schmidt 1983, S. 273–299.

Lefevere, André/Bassnett, Susan: Where are we in Translation Studies. In: Constructing Cultures. Essays on Literary Translation. Hg. von dens. Clevedon u. a.: Multilingual Matters 1998, S. 1–11.

Lefevere, André: Translation, Rewriting and the Manipulation of Literary Fame. London/New York: Routledge 1992.

Lefevere, André: Why waste our time on rewrites? The trouble of interpretation and the role of rewriting in an alternative paradigm. In: The Manipulation of Literature. Studies in Literary Translation. Hg. von Theo Hermans. London/Sydney: Croom Helm 1985, S. 215–243.

Leidl, Margareta: Trakl und Rimbaud. Diss. Innsbruck 1958.

Leiner, Friedrich: Georg Heym: *Der Krieg*. In: Interpretationen moderner Lyrik. Anlässlich der Germanistenverbandstagung hg. von der Fachgruppe Deutsch-Geschichte im Bayerischen Philologenverband. 6. Auflage. Frankfurt/Main u. a.: Diesterweg 1959, S. 40–47.

Lewis, Ward B.: Poetry and Exile. An Annotated Bibliography of the Works and Criticism of Paul Zech. Bern u. a.: Lang 1975.

Lindenberg, Herbert: Georg Trakl and Rimbaud: A Study in Influence and Development. In: Comparative Literature 10 (1958), S. 21–35.

Linduschka, Heinz: Die Auffassung vom Dichterberuf im deutschen Naturalismus. Frankfurt am Main u. a.: Lang 1978.

Loquai, Franz: Geschwindigkeitsphantasien im Futurismus und im Expressionismus. In: Die Modernität des Expressionismus. Hg. von Thomas Anz und Michel Stark. Stuttgart/Weimar: Metzler 1994, S. 76–94.

Luckscheiter, Roman: Demut als Aufbruch. Ernst Stadlers Übertragungen von Francis Jammes und Charles Péguy im Kontext des Expressionismus. In: Moderne und Antimoderne: der Renouveau catholique und die deutsche Literatur, S. 219–234.

Ludewig, Peter (Hg.): Schrei in die Welt. Expressionismus in Dresden. Berlin: Buchverlag Der Morgen 1988.

Lukanitschewa, Swetlana: Das Theatralitätskonzept von Nikolai Evreinov: Die Entdeckung der Kultur als Performance. Tübingen/Basel: Francke 2013.

Lukanitschewa, Swetlana: Vom Sagbaren zum Sichtbaren. Das Monodrama-Konzept von Nikolai Evreinov im Kontext theatraler Wirkungsästhetik des frühen 20. Jahrhunderts. In: Welt – Bild – Theater. Band 2: Bildästhetik im Bühnenraum. Unter Mitarbeit von Anne Rieger hg. von Kati Röttger. Tübingen: Narr 2012, S. 153–165.

Lunin, Hanno: Strindbergs Dramenstruktur. Diss. Emsdetten/Westf.: Lechte 1962.

Lyndon, Piers: The leader and the scapegoat: A dependency Group Study. In: Group Analysis 27 (1994), S. 95–104.

Mache, Beata: Zeit zu wirken gegen die Gehässigkeit. Literatur und der Krieg: Alfred Lemm, Hugo Sonnenschein und Uriel Birnbaum. In: Kalonymos. Beiträge zur deutsch-jüdischen Geschichte aus dem Salomon Ludwig Steinheim-Institut der Universität Duisburg-Essen 4 (2014), S. 4–7.

Mahr, Johannes: Eisenbahnen in der deutschen Dichtung. Der Wandel eines literarischen Motivs im 19. und im beginnenden 20. Jahrhundert. München: Fink 1982.

Mallet, Robert: Le jammisme: Francis Jammes. Paris: Mercure de France 1961.

Martens, Gunter: Vitalismus und Expressionismus. Ein Beitrag zur Genese und Deutung expressionistischer Stilstrukturen und Motive. Stuttgart u. a.: Kohlhammer 1971.

Martini, Fritz: Georg Heym: *Der Krieg*. In: Die deutsche Lyrik. Form und Geschichte. Interpretationen. Bd. 2. Hg. von Benno von Wiese. Düsseldorf: Bagel 1956, S. 425–449.

Mattenklott, Gert: Der „werdende Europäer" als Nomade. Völker, Vaterländer und Europa. In: Nietzsche – Philosoph der Kultur(en)? Hg. von Andreas Urs Sommer. Berlin u. a.: De Gruyter 2008, S. 125–148.

Mautz, Kurt: Mythologie und Gesellschaft im Expressionismus. Die Dichtung Georg Heyms. Frankfurt/Main u. a.: Athenäum-Verl. 1961.

Mayer, Sandra: Oscar Wilde in Vienna: Pleasing and teasing the audience. Leiden/Boston: Brill Rodopi 2018.

McBride, Brent Douglas: A Critical Mass for Modernism in Berlin: *Der Sturm* (1910 – 32); *Die Aktion* (1911 – 32); and *Sturm-Bühne* (1918 – 19). In: The Oxford Critical and Cultural History of Modernist Magazines. Bd. 3: Europe 1880 – 1940. Hg. v. Peter Brooker u. a. Oxford u. a.: Oxford Univ. Press, S. 773 – 797.

McCormick, Edward Allan: Die sprachliche Eigenart von Walt Whitmans *Leaves of Grass* in deutscher Übertragung. Ein Beitrag zur Übersetzungskunst. Bern/Stuttgart: Verlag Paul Haupt 1953.

Meschendörfer, Adolf: Trakl und Rimbaud. In: Klingsor 2 (1925) 2, S. 93 – 96.

Meyer, Christine: Questioning the Canon: counter-discourse and the minority perspective in contemporary German literature. Berlin/Boston: De Gruyter 2021.

Meyer, Dorle: Doppelbegabung im Expressionismus – zur Beziehung von Kunst und Literatur bei Oskar Kokoschka und Ludwig Meidner. Göttingen: Univ.-Verl. 2013.

Meyer, Jochen (Hg.): Paul Steegemann Verlag 1919 – 1935, 1949 – 1955. Sammlung Marzona [Sprengel-Museum Hannover, 3.X.1994 – 15.I.1995]. [Katalog Ulrich Krempel; Egidio Marzona]. Stuttgart: Hatje 1994.

Meyer, Theo: Kunstproblematik und Wortkombinatorik bei Gottfried Benn. Köln u. a.: Böhlau 1971.

Meyer-Wendt, Jochen: Zwischen Folklore und Abstraktion. Der Filmarchitekt Andrej Andrejew. In: Fantaisies russes. Russische Filmmacher in Berlin und Paris 1920 – 1930. Hg. von Jörg Schöning. München: Ed. Text und Kritik 1995, S. 111 – 128.

Meylan, Jean–Pierre: Les Expressionistes allemands et la littérature française, la revue *Die Aktion*. In: Études littéraires 3 (1970), S. 303 – 328.

Michel Décaudin: La crise des valeurs symbolistes: 20 ans de poésie française 1895 – 1914. Genève: Slatkine 1981.

Mittelmann, Hanni: Expressionismus und Judentum. In: Conditio Judaica. Judentum, Antisemitismus und deutschsprachige Literatur. Interdisziplinäres Symposion der Werner-Reimers-Stiftung Bad Homburg. Bd. 3: Vom Ersten Weltkrieg bis 1933/1938. Hg. von Hans-Otto Horch und Horst Denkler. Tübingen: Niemeyer 1993, S. 251 – 259.

Ders.: Jüdische Expressionisten. Identität im Aufbruch – Leben ‚im Aufschub‘. In: Jüdische Selbstwahrnehmung. Hg. von Hans-Otto Horch und Charlotte Wardi. Tübingen: Niemeyer 1997, S. 181 – 194.

Mortier, Roland: Singularité du dialogue *L'A, B, C.* In: Revue Voltaire 5 (2005), S. 105 – 111.

Möser, Kurt: Literatur und die „Große Abstraktion". Erlangen: Palm & Enke 1983.

Müller, Dorit: Gefährliche Fahrten. Das Automobil in Literatur und Film um 1900. Würzburg: Königshausen & Neumann 2004.

Müller, Horst F.: Studien und Miszellen zu Henri Barbusse und seiner Rezeption in Deutschland. Frankfurt/Main u. a.: Lang, 2010.

Müller, Sven Oliver: Die Nation als Waffe und Vorstellung: Nationalismus in Deutschland und Großbritannien im Ersten Weltkrieg. Göttingen: Vandenhoeck & Ruprecht 2002.

Müller-Feyen, Carla: Engagierter Journalismus: Wilhelm Herzog und *Das Forum* (1914 – 1929). Zeitgeschehen und Zeitgenossen im Spiegel einer non-konformistischen Zeitschrift. Frankfurt/Main u. a.: Lang 1996.

Müller-Scholle, Christine: Das russische Drama der Moderne. Frankfurt/Main: Lang 1992.

Mustazza, Chris: Vachel Lindsay and *The W. Cabell Greet Recordings*. In: Chicago Review 59/60 (2016) 4/1, S. 98–117.

N'guessan, Béchié Paul: Primitivismus und Afrikanismus. Kunst und Kultur Afrikas in der deutschen Avantgarde. Frankfurt/Main: Lang 2002.

Nölle, Volker: Eindringlinge. Sternheim in neuer Perspektive. Berlin: Schmidt 2007.

Oehm, Heidemarie: *Sensibilità futurista della Postdamplatz di Berlino*. Zur Rezeption des italienischen Futurismus durch den literarischen Expressionismus in der Zeitschrift *Der Sturm* von 1912 bis zum ersten Weltkrieg. In: Scrittori a Berlino nel Novecento. Hg. von Giulia Cantarutti. Bologna: Patron 2000, S. 53–73.

Oehm, Heidemarie: Subjektivität und Gattungsform im Expressionismus. München: Fink 1993.

Oellers, Norbert (Hg.): Schiller – Zeitgenosse aller Epochen: Dokumente zur Wirkungsgeschichte Schillers in Deutschland. Hg., eingel. und komm. von N. O. Bd. 2: 1860–1966. Frankfurt/M.: Athenaeum-Verl. 1976.

Ojo-Ade, Femi: René Maran, the Black Frenchman: A Bio-Critical Study. Washington: Three Continents Press 1984.

Osiander, Wolfgang: Gelber Fleck, gelber Ring, gelber Stern – Kleidungsvorschriften und Kennzeichen für Juden vom Mittelalter bis zum Nationalsozialismus. In: Geschichte lernen 80 (2001), S. 26–29.

Pan-Hsu, Kuei-Fen: Die Bedeutung der chinesischen Literatur in den Werken Klabunds. Eine Untersuchung zur Entstehung der Nachdichtungen und deren Stellung im Gesamtwerk. Frankfurt/Main: Lang 1990.

Pankau, Johannes G.: Einführung in die Literatur der Neuen Sachlichkeit. Darmstadt: Wiss. Buchges. 2010.

Panthel, Hans W.: Nachfolge aus Bewunderung. Paul Zechs Aufzeichnungen über Jean Arthur Rimbaud. In: JdSG 29 (1985), S. 6–21.

Papp, Friedhelm: Der Einfluss Rimbauds auf Georg Trakl. In: Revue de littérature comparée 32 (1958), S. 396–406.

Parent, Monique: Francis Jammes: étude de langue et de style. Paris: Les Belles Lettres 1957.

Parent, Monique: Le Manifeste du Jammisme. In: Bulletin de l'Association Francis Jammes 25 (1997), S. 9–22.

Pasche, Wolfgang: Skandinavische Dramatik in Deutschland. Björnstjerne Björnson, Henrik Ibsen, August Strindberg auf der deutschen Bühne 1867–1932. Basel/Stuttgart: Helbing & Lichtenhahn 1979 (Beiträge zur nordischen Philologie 9).

Paul, Fritz: August Strindberg. Stuttgart: Metzler 1974.

Pellegrini, Alessandro: Friedrich Hölderlin: sein Bild in der Forschung. Berlin: De Gruyter 1965.

Peterfy, Margit: Walt Whitman and Ernst Ludwig Kirchner: The Hieroglyphics of Expression. In: Revisiting Walt Whitman: On the Occasion of His 200th Birthday. Hg. von Winfried Herget. Berlin: Lang 2019, S. 39–54 (Mainzer Studien zur Amerikanistik, Band 73).

Pfanner, Helmut F.: Hanns Johst. Vom Expressionismus zum Nationalsozialismus. The Hague: Mouton 1970.

Pieralli, Claudia: Il pensiero estetico di Nikolaj Evreinov dalla teatralità alla ‚poetica della rivelazione'. Firenze: Firenze University Press 2015.

Pietropaolo, Domenico: Science and the Aesthetics of Geometric Splendour in Italian Futurism. In: Futurism and the technological imagination. Hg. von Günter Berghaus. Amsterdam/New York: Rodopi 2009, S. 41–62.

Pirsich, Volker: Adolf Knoblauch zum 100. Geburtstag am 25. Mai 1982. Adolf Knoblauch und sein Verhältnis zum *Sturm* Herwarth Waldens. In: Auskunft 2 (1982), S. 83–107.

Pöckl, Wolfgang: K. L. Ammer (1879–1959) – ein großer Name *in statu evanescendi*. In: Übersetzer als Entdecker. Hg. von Andreas F. Kelletat und Aleksey Tashinskiy. Berlin: Frank & Timme 2014, S. 253–264.

Pöhlmann, Markus: Der Grenzgänger. Der Dichter Klabund als Propagandist und V-Mann im Ersten Weltkrieg, in: Zeitschrift für Geschichtswissenschaft 55 (2007) 5, S. 397–410.

Pörtner, Paul: *Das trunkene Schiff:* Abenteuer eines Gedichtes. In: Schweizer Monatshefte für Politik, Wirtschaft, Kultur 43 (1963), S. 987–999.

Potapova, Galina: „Dostojewski ist nun einmal einer von den Walfischen, die sozusagen spielend ein Menschenleben alleine fressen." Die Dostoevskij-Übersetzerin Less Kaerrick – Versuch einer biographischen Skizze. In: Jahrbuch der Deutschen Dostojewskij-Gesellschaft 14 (2007), S. 31–45.

Pugliese, Rosella: Exophonic Writing: a New Paradigm in Translation. In: Academic Exchange Quarterly 16 (2012) 1, S. 161–166.

Raabe, Paul (Hg.): Expressionismus. Aufzeichnungen und Erinnerungen der Zeitgenossen. Freiburg im Breisgau: Walter-Verlag 1965.

Raabe, Paul (Hg.): Index Expressionismus: Bibliographie der Beiträge in den Zeitschriften und Jahrbüchern des literarischen Expressionismus, 1910–1925; in achtzehn Bänden. Hg. von P. R. Nendeln: Kraus-Thomson 1972.

Raabe, Paul (Hg.): Klabund in Davos: Texte, Bilder, Dokumente. Zürich: Arche-Verl. 1990.

Rajewsky, Irina O.: Intermedialität. Tübingen/Basel: A. Francke Verlag 2002.

Rauthe, Daniela: „Ich ist ein anderer". Die deutschsprachige Rezeption Arthur Rimbauds. Diss. Jena 2001.

Reichel, Edward: Yvan Goll als Romancier – in Frankreich und in Deutschland. In: Offene Gefüge. Literatursystem und Lebenswirklichkeit: Festschrift für Fritz Nies zum 60. Geburtstag. Hg. von Henning Krauß. Tübingen: Narr 1994, S. 471–487.

Reininger, Anton: „Die Leere und das gezeichnete Ich": Gottfried Benns Lyrik. Firenze: Casa Editrice Le Lettere 1989.

Ridley, Hugh: Gottfried Benns Gedicht *Untergrundbahn.* Oder: „der Betrieb ist durch den Mangel an Tageslicht ein unsicherer" (Magistrat von Berlin, 1902). In: „Daß gepfleget werde der feste Buchstab." Festschrift für Heinz Rölleke zum 65. Geburtstag am 6. November 2001. Hg. von Lothar Bluhm und Achim Hölter. Trier: Wissenschaftl. Verlag Trier 2001, S. 432–443.

Riesz, János: Deutsche Reaktionen auf den italienischen Futurismus. In: Arcadia 2 (1976), S. 256–271.

Roberts, David: *Menschheitsdämmerung:* Ideologie, Utopie, Eschatologie. In: Expressionismus und Kulturkrise. Hg. von Bernd Hüppauf. Heidelberg: Winter 1983 (Reihe Siegen. Beiträge zur Literatur- und Sprachwissenschaft. Bd. 42), S. 85–103.

Rochelson, Meri-Jane: A Jew in the Public Arena. The Career of Israel Zangwill. Detroit: Wayne State University Press 2008.

Röder, Werner (Hg.): Biographisches Handbuch der deutschsprachigen Emigration nach 1933. München: Saur 1983.

Roland, Hubert: Leben und Werk von Friedrich Markus Huebner (1886–1964). Vom Expressionismus zur Gleichschaltung. Münster: Waxmann Verlag 2009.

Roland, Hubert: Un Verhaeren expressionniste. La traduction allemande des *Blés mouvants* (*Die wogende Saat, 1914–1917*) par Paul Zech. In: Textyles (2017) 50/51, S. 89–102.

Rosenthal, Jacob: „Die Ehre des jüdischen Soldaten": die Judenzählung im Ersten Weltkrieg und ihre Folgen. Frankfurt/Main: Campus-Verl. 2007.

Rösler, Petra: A Labor of Love. Übersetzung im Spannungsfeld von Politik und Ästhetik. Am Beispiel von Hermynia zur Mühlens Upton Sinclair-Übertragungen. Diplom-Arbeit. Graz 1992.

Rossek, Detlev: Tod, Verfall und das Schöpferische bei Gottfried Benn. Diss. Münster 1969.

Rössig, Wolfgang (Hg.): Literaturen der Welt in deutscher Übersetzung. Stuttgart: Metzler 1997.

Rothmeier, Christa (Hg.): Die entzauberte Idylle: 160 Jahre Wien in der tschechischen Literatur. Wien: Verl. d. Österr. Akad. d. Wiss. 2004.

Rougier, Hervé: *Le poète Rustique* et *l'Almanach du poète Rustique*. Œuvres traduites de Francis Jammes par Claire Goll. In: Le rayonnement international de Francis Jammes. [Colloque Francis Jammes, Orthez-Pau, 7–8 octobre 1993.] Biarritz: J & D éditions 1995, S. 11–22.

Sadow, Dayna Lynn: The Influence of Walt Whitman on the German Expressionist Artists Karl Schmidt-Rottluff, Erich Heckel, Max Pechstein and Ernst Ludwig Kirchner. Diss. Michigan State University 1994.

Salter, Ronald: Erich Heckel und Oscar Wilde. *The Ballad of Reading Gaol* aus expressionistischer Sicht. In: Illustration 63 [1980] 2, S. 48–50.

Schacherl, Lilian: Die Zeitschriften des Expressionismus: Versuch einer zeitungswissenschaftlichen Analyse. Diss. München 1958.

Schaper, Monika Maria: Walt Whitmans *Leaves of Grass* in deutschen Übersetzungen – Eine rezeptionsgeschichtliche Untersuchung. Frankfurt a. M.: Lang 1976.

Schärf, Christian: Der Unberührbare: Gottfried Benn – Dichter im 20. Jahrhundert. Bielefeld: Aisthesis-Verl. 2006.

Schiller, Ingeborg: L'Influence de Rimbaud et de Baudelaire dans la poésie préexpressionniste allemande: Georg Heym, Georg Trakl et Ernst Stadler. Diss. Paris 1968.

Schmid, Susanne: An ‚Unseen Presence': Shelley in Germany. In: The Reception of P. B. Shelley in Europe. Hg. von S. S. und Michael Rossington. London u. a.: Continuum 2008, S. 146–155.

Schmidt, Georg: „Rot-Blau". Ein Kapitel Basler Kunst. In: Architektur und Kunst 14 (1927), S. 38–56.

Schmidt, Heike: Art mondial. Formen der Internationalität bei Yvan Goll. Würzburg: Königshausen & Neumann 1999.

Schmidt-Bergmann, Hansgeorg: Die Anfänge der literarischen Avantgarde in Deutschland – Über Anverwandlung und Abwehr des italienischen Futurismus. Ein literarhistorischer Beitrag zum expressionistischen Jahrzehnt. Stuttgart: M & P, Verl. für Wiss. und Forschung 1991.

Schneider, Karl Ludwig: Georg Heyms Gedicht *Der Krieg I* und die Marokko-Krise von 1911. In: Georg Heyms Gedicht *Der Krieg*. Handschriften und Dokumente; Untersuchungen zur Entstehungsgeschichte und zur Rezeption. Hg. von Günter Dammann, Karl Ludwig Schneider und Joachim Schöberl. Heidelberg 1978 (Beihefte zum Euphorion 9), S. 40–51.

Schneider, Nina (Hg.): Ernst Stadler und seine Freundeskreise: geistiges Europäertum zu Beginn des zwanzigsten Jahrhunderts; [Eine Wanderausstellung der Staats- und

Universitätsbibliothek Carl von Ossietzky Hamburg]. Mit Bild- und Textdokumenten dargestellt von N. S. Hamburg: Kellner 1993.

Schöberl, Joachim: Georg Heyms Gedicht *Der Krieg* und die Geschichte seiner Deutung. In: Georg Heyms Gedicht *Der Krieg*. Handschriften und Dokumente; Untersuchungen zur Entstehungsgeschichte und zur Rezeption. Hg. von Günter Dammann, Karl Ludwig Schneider und Joachim Schöberl. Heidelberg 1978 (Beihefte zum Euphorion *9),* S. 72–107.

Schömel, Wolfgang: „Selbstmörder gehen nachts in grossen Horden…" Die Zukunft als Katastrophe in frühexpressionistischer Lyrik. In: Text und Kontext 12 (1984) 2, S. 244–265.

Schonlau, Anja: Syphilis in der Literatur: über Ästhetik, Moral, Genie und Medizin (1880–2000). Würzburg: Königshausen & Neumann 2005.

Schröder, Jürgen: „Die Laus aus Mansfeld (Westprignitz)". Gottfried Benn und Fjodor M. Dostojewski. In: Jahrbuch der Dt. Schillergesellschaft 55 (2011), S. 307–323.

Schuhmann, Klaus: Poetischer Weltverkehr in der deutschen Lyrik des 20. Jahrhunderts. Leipzig: Leipziger Universitätsverlag 2012.

Schulenburg, Ulrich N. (Hg.): Lebensbilder eines Humanisten: ein Franz-Theodor-Csokor-Buch. Hg. von U.N.S. unter Mitarb. von Helmut Stefan Milletich. Wien: Löcker u. a. 1992.

Schulte-Sasse, Jochen/Werner, Renate (Hg.): Einführung in die Literaturwissenschaft. München: Fink 1977.

Schultes, Paul: Expressionistische Regie. Diss. Köln 1981.

Schulz Heather, Barbara: Gottfried Benn: Bild und Funktion der Frau in seinem Werk. Bonn: Bouvier 1979.

Schuster, Ingrid: China und Japan in der deutschen Literatur: 1890–1925. Bern/München: Francke 1977.

Schütz, Hans J.: Lemm, Alfred. In: „Ein deutscher Dichter bin ich einst gewesen". Vergessene u. verkannte Autoren des 20. Jh. München: Beck 1988, S. 191–196.

Scrivener, Michael Henry: Radical Shelley: the philosophical anarchism and utopian thought of Percy Bysshe Shelley. Princeton, NJ: Princeton Univ. Press 1982.

Sebestyén, György: Wut und Gelächter. Der Dramatiker Franz Theodor Csokor. In: Immer ist Anfang: der Dichter Franz Theodor Csokor. Hg. von Joseph P. Strelka. Bern: Lang 1990, S. 15–24.

Seiler, Bernd W.: Die historischen Dichtungen Georg Heyms. Analyse und Kommentar. München: Fink 1972.

Sendtner, Florian: Lemm, Alfred. In: Metzler Lexikon der deutsch-jüdischen Literatur. Hg. von Andreas B. Kilcher. Stuttgart/Weimar: Metzler 2012, S. 331 f.

Sendtner, Florian: „Phantastisch bis zum Vertrackten". Der unbekannte expressionistische Schriftsteller Alfred Lemm (1889–1918). In: Menora 6 (1995), S. 181–198.

Sheppard, Richard: Modernism – Dada – Postmodernism. Evanston, Ill.: North Western Univ. Press 2000.

Siebenhaar, Klaus: Ästhetik und Utopie. Das Shelley-Bild Alfred Wolfensteins – Anmerkungen zum Verhältnis von Dichtung und Gesellschaft im Spätexpressionismus. In: Preis der Vernunft: Literatur und Kunst zwischen Aufklärung, Widerstand und Anpassung; Festschrift für Walter Huder. Hg. von K. S. Berlin u. a.: Medusa Verl.-Ges. 1982, S. 121–134.

Sjöholm Skrubbe, Jessica: Nell Walden & Der Sturm. Halmstad: Mjellby Konstmuseum 2015.

Skinner, Amy: Nikolai Evreinov: *V kulisakh dushi* (1912). In: Key Words: A Journal of Cultural Materialism (2017) 15, S. 94 – 96.

Soergel, Albert: Dichtung und Dichter der Zeit. Neue Folge: Im Banne des Expressionismus. Leipzig: Voigtländer 1925.

Sokel, Walter H.: Der literarische Expressionismus: der Expressionismus in der deutschen Literatur des zwanzigsten Jahrhunderts. München/Wien: Langen-Müller 1970.

Spilka, Mark: Kafka's sources of the *Metamorphosis*. In: Comparative Literature 11 (1959), S. 289 – 307.

Sprengel, Peter: Die Dichter und der Krieg. „Wir haben eine Erscheinung" – Maeterlincks Einfluß auf deutsche Kriegsdichtungen (Goering, Johst, Rilke). In: Ders.: Literatur im Kaiserreich: Studien zur Moderne. Berlin: Erich Schmidt 1993, S. 233 – 259.

Sprengel, Peter: Geschichte der deutschsprachigen Literatur 1870 – 1900 – von der Reichsgründung bis zur Jahrhundertwende. München: Beck 1998.

Staiber, Maryse: L'œuvre poétique de René Schickele: contribution à l'étude du lyrisme à l'époque du „Jugendstil" et de l'expressionnisme. Strasbourg: Presses Univ. de Strasbourg 1998.

Stark, Michael: Für und wider den Expressionismus. Die Entstehung der Intellektuellendebatte in der deutschen Literaturgeschichte. Stuttgart: Metzler 1982.

Stein, Alfred: Adolf Hitler und Gustave Le Bon. In: Geschichte in Wissenschaft und Unterricht 6 (1955), S. 362 – 368.

Stern, Desider: Werke von Autoren jüdischer Herkunft in deutscher Sprache. Eine Bio-Bibliographie. 3. Aufl. München: Fruehmorgen & Holzmann 1970.

Stöber, Rudolf: Rudolf Leonhard. Seine literarische und weltanschauliche Entwicklung. Diss. Halle/Wittenberg 1963.

Stocès, Ferdinand: Sur les sources du *Livre de Jade* de Judithe Gautier (1845 – 1917). In: Revue de littérature comparée 3 (2006) 319, S. 335 – 350.

Stockebrand, Gerd: Otto Flake und der literarische Expressionismus. Diss. Würzburg 1987.

Stovall, Floyd: The Foreground of *Leaves of Grass*. Charlottesville: University of Virginia Press 1974.

Strelka, Joseph: Einleitung. In: Felix Grafe: Dichtungen. Wien: Bergland Verlag 1961.

Strelka, Joseph: Immer ist Anfang. Der Dichter F. Th. Csokor. Frankfurt/Main u. a.: Lang 1990.

Stücheli, Peter: Poetisches Pathos. Eine Idee bei Friedrich Nietzsche und im deutschen Expressionismus. Bern [u.a.]: Lang 1999.

Stukenbrock, Anja: Sprachnationalismus: Sprachreflexion als Medium kollektiver Identitätsstiftung in Deutschland (1617 – 1945). Berlin u. a.: de Gruyter 2005.

Szegedy-Maszák, Mihály: Literary Canons: National and International. Budapest: Akadémiai 2001.

Szondi, Peter: Theorie des modernen Dramas 1880 – 1950. Frankfurt/Main: Suhrkamp 1965.

Tamás, Attila: Years of the Nyugat (1908 – 1941). In: A History of Hungarian Literature. Hg. von Tibor Klaniczay. Budapest: Corvina Kiadó, 1983, S. 333 – 398.

Terpin, Sara: Die Rezeption des italienischen Futurismus im Spiegel der deutschen expressionistischen Prosa. München: Meidenbauer 2009.

Teuber-Terrones, Natalia: Gottfried Benn: *Untergrundbahn* (1917). Eine Interpretation. In: Recherches germaniques 14 (2019): Lectures de textes poétiques de la Frühe Moderne 1890 – 1930/Modellanalysen zur Lyrik der Frühen Moderne 1890 – 1930, S. 143 – 162.

Thiele, Eckhard: Karel Čapek. Leipzig: Reclam 1988.

Thieme, Helga/Probst, Volker G.: „Außen wie innen". Russland im Werk Ernst Barlachs. Güstrow: Ernst Barlach-Stiftung 2007.

Thunecke, Jörg: Die rote Gräfin: Leben und Werk Hermynia zur Mühlens während der Zwischenkriegszeit (1919–1934). In: Die rote Gräfin: Leben und Werk Hermynia zur Mühlens während der Zwischenkriegszeit (1919–1933). Hg. von Susanne Blumesberger und J. T. Wien: Praesens Verlag 2019, S. 17–78.

Toepfer, Regina/ Burschel, Peter/ Wesche, Jörg (Hgg.): Übersetzen in der Frühen Neuzeit: Konzepte und Methoden = Concepts and Practices of Translation in the Early Modern Period. Berlin: De Gruyter 2021 (Übersetzungskulturen der Frühen Neuzeit 1).

Torre, Guillelmo de: Literaturas europeas de vanguardia. Madrid: Rafael Caro Raggio 1925.

Toschi, Caterina: Dalla pagina alla parete. Tipografia futurista e fotomontaggio dada. Firenze: Firenze University Press 2017.

Toury, Gideon: Descriptive Translation Studies – and Beyond. Rev. ed., 2. expanded ed. Amsterdam/Philadelphia: Benjamins 2012.

Tramer, Hans: Der Expressionismus. Bemerkungen zum Anteil der Juden an einer Kunstepoche. In: Bulletin des Leo Baeck Instituts 2 (1958) 5, S. 33–46.

Trautmann, Marjam: Eine digitale Edition. Ausgewählte Briefe von Jacoba van Heemskerck und Franz Marc an Herwarth Walden (1914–1915). (Masterarbeit) Mainz 2017.

Travers, Martin: The poetry of Gottfried Benn: Text and selfhood. Oxford u. a.: Lang 2007.

Tvrdík, Milan: Max Brod – Zionismus und Kulturvermittlung. In: Mitteleuropa denken: Intellektuelle, Identitäten und Ideen. Der Kulturraum Mitteleuropa im 20. und 21. Jahrhundert. Hg. von Walter Pape und Jiří Šubrt. Berlin/Boston: De Gruyter 2019, S. 203–222.

Uehlinger, Christoph: *Das Hohelied* – Anthologie oder Dramaturgie? In: Welt und Umwelt der Bibel 6 (2001) 21, S. 34–39.

Uhle, Dorothea: Avantgarde, Zivilisationskritik und Pragmatismus in Karel Čapeks *Boží muka*. Frankfurt/Main u. a.: Lang 2006.

Vandermeiren, Joseph: Grammaire de la langue kiluba-hemba, telle qu'elle est parlée par les Baluba de l'est (Katanga). Bruxelles: Ministère des Colonies 1912.

Vasilvey, Gennady: Wiener Moderne: Diskurse und Rezeption in Russland. Berlin: Frank & Timme 2015.

Vassogne, Gaëlle: Brod und der Zionismus. In: Dies.: Max Brod in Prag: Identität und Vermittlung. Tübingen: Niemeyer 2009, S. 89–112 (Conditio Judaica 75).

Vassogne, Gaëlle: Max Brods literarische Tätigkeit im Lichte der Briefe im Museum der tschechischen Literatur. In: Max Brod (1884–1968): die Erfindung des Prager Kreises. Hg. von Steffen Höhne, Anna-Dorothea Ludewig und Julius H. Schoeps; in Verbindung mit Hans-Gerd Koch und Hans-Dieter Zimmermann. Köln/Weimar/Wien: Böhlau Verlag 2016, S. 357–396.

Venturelli, Aldo: Die „Gaya Scienza" der „Guten Europäer". Einige Anmerkungen zum Aphorismus Nr. 377 des V. Buches der *Fröhlichen Wissenschaft*, in Nietzsche-Studien 39 (2010), S. 180–200.

Venuti, Lawrence: The translator's invisibility: a history of translation. London/New York: Routledge 1995.

Verhey, Jeffrey: Der „Geist von 1914" und die Erfindung der Volksgemeinschaft. Hamburg: Hamburger Edition 2000.

Vilain, Robert: „Maske des Lächelns". Voltaire im deutschen Expressionismus. In: Frankreich und der deutsche Expressionismus/France and German Expressionism. Hg. von Frank Krause. Göttingen: V & R unipress 2008, S. 115–140.

Vilain, Robert: Tragedy and the apostle of Beauty: the early literary reception of Oscar Wilde in Germany and Austria. In: The reception of Oscar Wilde in Europe. Hg. von Stefano Evangelista. London: Continuum 2010, S. 173–188.

Vinall, Shirley: Marinetti, Soffici and French Literature. In: International Futurism in Arts and Literature, ed. G. Berghaus. Berlin/New York: De Gruyter 2000, S. 15–38.

Viriat, Francesco: Le Jammisme. Manifeste pour une simple beauté sans rhétorique. In: Le Frisson esthétique 1 (2006), S. 56–63.

Vitry, Alexandre de: Conspirations d'un solitaire: l'individualisme civique de Charles Péguy. Paris: Les Belles Lettres 2015.

Vivarelli, Vivetta: Nietzsche als guter Europäer. In Nietzsche und die Kultur – ein Beitrag zu Europa? Hg. von Georges Goedert und Uschi Nussbaumer-Benz. Hildesheim/Zürich/New York: Olms 2002, S. 112–123.

Viviani, Annalisa: Dramaturgische Elemente des expressionistischen Dramas. Bonn: Bouvier 1970.

Vock, Jenny Petra: „Der Sturm muss brausen in dieser toten Welt". Herwarth Waldens Sturm und die Lyriker des Sturm-Kreises in der Zeit des Ersten Weltkriegs: Kunstprogrammatik und Kriegslyrik einer expressionistischen Zeitschrift im Kontext. Trier: Wiss. Verl. Trier 2006 (Schriftenreihe Literaturwissenschaft Bd. 73).

Voellmy, Jean: Rimbaud et Georg Trakl: convergences et divergences. In: Parade sauvage 17/18 (2001), S. 311–323.

Voigts, Manfred: Berliner Moderne – Expressionismus und Judentum. In: Handbuch der deutsch-jüdischen Literatur. Hg. von Hans Otto Horch. Berlin/Boston: De Gruyter 2015, S. 282–295.

Vojtěch Lahoda: Smysly a výraz: Osma a expresionismus. In: Expresionismus a české umění: 1905–1927. Hg. von Alena Pomajzlová. Prag: Národní galerie v Praze 1994, S. 37–61.

Vojvodík, Josef: Symbolismus im Spannungsfeld zwischen ästhetischer und eschatologischer Existenz: Motivische Semantik im lyrischen Werk von Otokar Březina. München: Sagner 1998.

Vollmer, Hans: Allgemeines Lexikon der bildenden Künstler des 20. Jahrhunderts, Bd. 4. Leipzig: Seemann 1954.

Volz, Ruprecht: Strindbergbilder in der Zeit des deutschen Expressionismus. In: Strindberg und die deutschsprachigen Länder. Internationale Beiträge zum Tübinger Strindberg-Symposion 1977. Hg. von Wilhelm Friese. Basel/Stuttgart: Helbing & Lichtenhahn 1979, S. 289–305.

Voß, Thorsten/Zilles, Sebastian (Hg.): Franz Werfels literarische Modernen?: zwischen Expressionismus, Katholizismus und Humanismus. Würzburg: Königshausen & Neumann 2022.

Wagnerová, Alena: Max Brod als Übersetzer der Libretti der Opern Leoš Janáčeks. In: Max Brod (1884–1968): die Erfindung des Prager Kreises. Hg. von Steffen Höhne, Anna-Dorothea Ludewig und Julius H. Schoeps; in Verbindung mit Hans-Gerd Koch und Hans-Dieter Zimmermann. Köln/Weimar/Wien: Böhlau Verlag 2016, S. 251–264.

Wallas, Armin A.: „Mich durchstieß der Schrei der Jahrtausende". E. A. Rheinhardt. In: Literatur und Kritik 313 (1997) 14, S. 69–82.

Wallas, Armin A.: „Wolfenstein, Alfred". In: MLDJL, S. 622–625.

Wallas, Armin A.: Albert Ehrenstein: Mythenzerstörer und Mythenschöpfer. München: Boer 1994.

Wallas, Arnim A.: Deutschsprachige jüdische Literatur im 20. Jahrhundert. Hg. von Andrea M. Lauritsch. Bd. 3. Wuppertal: Arco 2008.

Wandrey, Uwe: Das Motiv des Krieges in der expressionistischen Lyrik. Hamburg: Luedke 1972.

Weisstein, Ulrich (ed.): Expressionism as an international literary phenomenon. Paris: Didier 1973.

Widlok, Peter: Erik-Ernst Schwabach (1891–1938): Verleger, Autor und Mäzen des Expressionismus. Köln/Weimar/Wien: Böhlau Verlag 2017.

Williams, Gordon: Alfred Lemm and Rudyard Kipling. Ironic Commentaries on Women's Wartime Shifts. In: Comparative Literary Studies 40 (2003), S. 265–285.

Wimmer, Paul: Der Dramatiker Franz Theodor Csokor. Innsbruck: Wagner 1981.

Winko, Simone: Literarische Wertung und Kanonbildung. In: Grundzüge der Literaturwissenschaft. Hg. von Heinz Ludwig Arnold und Heinrich Detering. 4. Aufl. München: Deutscher Taschenbuch Verl. 2001, S. 585–600.

Winskell, Kate: The Art of Propaganda: Herwarth Walden and Der Sturm, 1914–1919. In: Art History 18 (1995) 3, S. 315–344.

Wittbrodt, Andreas: Verfahren der Gedichtübersetzung: Definition, Klassifikation, Charakterisierung. Frankfurt a. M. [u. a.]: Lang 1995.

Wittbrodt, Andreas: Hototogisu ist keine Nachtigall. Traditionelle japanische Gedichtformen in der deutschsprachigen Lyrik (1849–1999). Göttingen: V&R unipress 2005.

Woodward, Guy: Douglas Goldring: ‚An Englishman' and 1916. In: Literature & History 26 (2017) 2, S. 195–212.

Yildiz, Yasemin: Beyond the Mother Tongue: The Postmonolingual Condition. New York: Fordham University Press 2013.

Yoder, Jon A.: Upton Sinclair. New York: Frederick Ungar 1975.

Zou, Yunru: SCHI-KING. Das „Liederbuch Chinas" in Albert Ehrensteins Nachdichtung. Ein Beispiel der Rezeption chinesischer Lyrik in Deutschland zu Beginn des 20. Jahrhunderts (Mannheimer Studien zur Literatur- und Kultur-wissenschaft Bd. 39). St. Ingbert: Röhrig Universitätsverlag 2006.

Zach, Matthias: Extraterritoriality, Exophony and the Literary Text. Ex(tra)territorial: Reassessing Territory in Literature, Culture and Languages. Hg. von Didier Lassalle und Dirk Weissmann. Amsterdam/New York: Editions Rodopi 2017, S. 217–230.

Zanucchi, Mario: „Als er den Mond vom Himmel geschmettert": Intertextuelle Apokalyptik in Georg Heyms Der Krieg (1911). In: Hofmannsthal-Jahrbuch zur Europäischen Moderne 30 (2022), S. 321–350.

Zanucchi, Mario: Die deutschen Expressionisten und die Oktoberrevolution. In: Russische Revolutionen 1917. Kulturtransfer im europäischen Raum. Hg. von Elena Korowin und Jurij Lileev. Paderborn: Fink 2020, S. 141–164.

Zanucchi, Mario: Europa-Konstruktionen im deutschen Expressionismus – mit Blick auf Nietzsche. In: Cultura Tedesca. Hg. von Luca Crescenzi, Carlo Gentili und Aldo Venturelli. Rom: Istituto Italiano di Studi Germanici 2018, S. 147–162.

Zanucchi, Mario: Konzepte der ‚Weltliteratur' im deutschen Expressionismus. In: Comparatio 13 (2021) 1, S. 123–140.

Zanucchi, Mario: *Negerplastik* e *Negerlieder* – Carl Einstein mediatore dell'africanismo espressionista. In: Mediazioni letterarie – Itinerari – Figure – Pratiche. Hg. von Enrico Di Pastena. Pisa: Pisa University Press 2019. Bd. 2, S. 353–369.

Zanucchi, Mario: Transfer und Modifikation – Die französischen Symbolisten in der deutschsprachigen Lyrik der Moderne (1890–1923). Berlin/Boston: De Gruyter 2016 (Spectrum Literaturwissenschaft. Komparatistische Studien, Bd. 52).

Zanucchi, Mario: „Was bleibt vom Heldentum?" Klandestine Autorschaft in Klabunds chinesischen Nachdichtungen *Dumpfe Trommel und berauschtes Gong* (1915). In: Zeitschrift für interkulturelle Germanistik 11 (2020), S. 25–41.

Zawodny, Angela: „[…] erbau ich täglich euch den allerjüngsten Tag". Spuren der Apokalypse in expressionistischer Lyrik. Diss. Köln 1999.

Ziegerhofer, Anita: Botschafter Europas: Richard Nikolaus Coudenhove-Kalergi und die Paneuropa-Bewegung in den zwanziger und dreißiger Jahren. Wien: Böhlau Verlag 2004.

Zipfel, Frank: Weltliteratur(en) und die Weltrepublik der Literatur. Überlegungen zu den Voraussetzungen von Weltliteratur-Diskursen. In: Vergleichende Weltliteraturen/ Comparative World Literatures. DFG-Symposion 2018. Hg. von Dieter Lamping und Galin Tihanoy. Berlin: J.B. Metzler 2019, S. 19–40.

Zulović, Sabina: „Ich setze diese Zeitschrift wider diese Zeit". Die Gesellschaftskritik der Zeitschrift Aktion (1911–1919). St. Ingbert: Röhrig Universitätsverlag 2021.

Zupfer, Simone: Netzwerk Avantgarde. Strategien der Literaturkritik in den Zeitschriften des Expressionismus. Dresden: Thelem 2021.

Verzeichnis der Abkürzungen, Siglen und Kurztitel

DP	Die deutschsprachige Presse: ein biographisch-bibliographisches Handbuch. Bearbeitet von Bruno Jahn. Teil 1 + 2 (von 3). München: Saur 2005
FA	Johann Wolfgang Goethe: Sämtliche Werke. Briefe, Tagebücher und Gespräche. Hg. von Dieter Borchmeyer u. a. 40 Bde. 2 Abt. Frankfurt/Main: Dt. Klassiker Verl. 1985–2013.
JNB	Große jüdische Nationalbiographie. 7 Bde. Hg. von Salomon Wininger. Cernăuti: Orient 1925–1936.
Killy	Killy Literaturlexikon: Autoren und Werke des deutschsprachigen Kulturraumes. Hg. von Wilhelm Kühlmann. 2., vollst. überarb. Aufl. Berlin/Boston: De Gruyter 2008–2012.
KLK	Kürschners deutscher Literatur-Kalender. Berlin/New York: De Gruyter.
KSA	Friedrich Nietzsche: Sämtliche Werke: Kritische Studienausgabe in 15 Bänden. Hg. von Giorgio Colli und Mazzino Montinari. Berlin u. a.: De Gruyter 1999–2003.
Lang 1975	Lothar Lang: Expressionistische Buchillustration in Deutschland 1907–1927. Luzern/Frankfurt am Main: Bucher 1975.
LEX Online	Der literarische Expressionismus online/German Literary Expressionism Online: Zeitschriften, Jahrbücher, Sammelwerke, Anthologien. Hg. von Paul Raabe. De Gruyter. URL: https://db.saur.de/LEX.
LDJA	Lexikon deutsch-jüdischer Autoren. Lexikon deutsch-jüdischer Autoren/Archiv Bibliographia Judaica. Red. Leitung: Renate Heuer. Unter Mitarb. von Andrea Boelke-Fabian. München: Saur 1992–2013.
Lowenthal 1981	Ernst Gottfried Lowenthal: Juden in Preussen. Biographisches Verzeichnis. Ein repräsentativer Querschnitt. Hg. vom Bildarchiv Preußischer Kulturbesitz. Berlin: Reimer 1981.
MA	Johann Wolfgang Goethe: Sämtliche Werke nach Epochen seines Schaffens. Münchner Ausgabe. Hg. von Karl Richter in Zusammenarbeit mit Herbert G. Göpfert, Norbert Miller und Gerhard Sauder. München/Wien: Carl Hanser 1985–1998.
MLDJL	Metzler Lexikon der deutsch-jüdischen Literatur. Jüdische Autorinnen und Autoren deutscher Sprache von der Aufklärung bis zur Gegenwart. Hg. von Andreas B. Kilcher. Stuttgart/Weimar: Metzler 2000.
NDB	Neue Deutsche Biographie. Hg. von Hans Günter Hockerts u. a. 27 Bde. Berlin: Duncker & Humblot 1953–2020.
ÖBL	Österreichisches Biographisches Lexikon. Hg. von der Österreichischen Akademie der Wissenschaften. Wien: Verl. der Österr. Akad. der Wiss., 1957–
Raabe 1964	Paul Raabe: Die Zeitschriften und Sammlungen des literarischen Expressionismus: Repertorium der Zeitschriften, Jahrbücher, Anthologien, Sammelwerke, Schriftenreihen und Almanache 1910–1921. Stuttgart: Metzler 1964.
Raabe 1985	Paul Raabe: Die Autoren und Bücher des literarischen Expressionismus. Ein bibliographisches Handbuch. In Zusammenarbeit mit Ingrid Hannich-Bode. Stuttgart: Metzler 1985.

https://doi.org/10.1515/9783111010540-019

WA   Johann Wolfgang Goethe: Werke. Hg. im Auftrag der Großherzogin Sophie von Sachsen. Weimarer Ausgabe. Abt. I–IV [Werke, Naturwissenschaftliche Schriften, Tagebücher, Briefe]. 133 Bände in 143 Teilen. Weimar: Böhlau 1887–1919, Nachdruck München: Dt. Taschenbuch-Verl. 1987. [nebst] Bd. 144–146: Nachträge und Register zur IV. Abt.: Briefe. Hg. von Paul Raabe. München: Dt. Taschenbuch-Verl. 1990.

Walk 1988 Joseph Walk: Kurzbiographien zur Geschichte der Juden 1918–1945. Hg. vom Leo Baec Institute. Jerusalem/München/New York/London/ Paris: Saur 1988.

Wininger Salomon Wininger: Grosse Jüdische National-Biographie: mit mehr als 8000 Lebensbeschreibungen namhafter jüdischer Männer und Frauen aller Zeiten und Länder; ein Nachschlagewerk für das jüdische Volk und dessen Freunde. Cernäuti: Orient 1925–1933.

Register

https://doi.org/10.1515/9783111010540-020